ron LARSON *betsy* FARBER

ESTATÍSTICA APLICADA 6e

ron LARSON *betsy* FARBER

ESTATÍSTICA APLICADA 6e

Tradução

José Fernando Pereira Gonçalves

Revisão técnica

Manoel Henrique Salgado

Prof. Dr. do Departamento de Engenharia de Produção – UNESP Bauru

Pearson

abdr
Respeite o direito autoral

©2016 by Pearson Education do Brasil Ltda.
Copyright © 2015, 2012, 2009 by Pearson Education, Inc.

Todos os direitos reservados. Nenhuma parte desta publicação poderá ser reproduzida ou transmitida de qualquer modo ou por qualquer outro meio, eletrônico ou mecânico, incluindo fotocópia, gravação ou qualquer outro tipo de sistema de armazenamento e transmissão de informação, sem prévia autorização, por escrito, da Pearson Education do Brasil.

Gerente editorial Thiago Anacleto
Supervisora de produção editorial Silvana Afonso
Coordenador de produção editorial Jean Xavier
Editor de aquisições Vinícius Souza
Editor de texto Luiz Salla
Editores assistentes Marcos Guimarães e Karina Ono
Preparação Gisele Gonçalves
Revisão Lígia Nakayama
Capa Solange Rennó
Projeto gráfico e diagramação Casa de Ideias

Dados Internacionais de Catalogação na Publicação (CIP)
(Câmara Brasileira do Livro, SP, Brasil)

Larson, Ron
  Estatística aplicada / Ron Larson, Betsy Farber ; tradução José Fernando Pereira Gonçalves ; revisão técnica Manoel Henrique Salgado. -- São Paulo : Pearson Education do Brasil, 2016.

  Título original: Elementary statistics : picturing the world.
  ISBN 978-85-430-0477-8

  1. Estatística I. Farber, Betsy. II. Título.

15-10684   CDD-519.5

Índices para catálogo sistemático:
1. Estatística 519.5

Direitos exclusivos cedidos à
Pearson Education do Brasil Ltda.,
uma empresa do grupo Pearson Education
Av. Francisco Matarazzo, 1400,
7º andar, Edifício Milano
CEP 05033-070 - São Paulo - SP - Brasil
Fone: 19 3743-2155
pearsonuniversidades@pearson.com

Distribuição
Grupo A Educação
www.grupoa.com.br
Fone: 0800 703 3444

Sumário

Prefácio x
Agradecimentos xiii
Como estudar estatística xiv

PARTE 1 Estatística descritiva

1 Introdução à estatística — 1
Onde estamos | Para onde vamos — 1

- **1.1 Uma visão geral da estatística** — 2
- **1.2 Classificação dos dados** — 9
  - Estudo de caso — 15
- **1.3 Coleta de dados e planejamento de experimentos** — 16
  - Atividade – Números aleatórios — 26
  - Usos e abusos – Estatística no mundo real — 27
  - Resumo do capítulo — 28
  - Exercícios de revisão — 29
  - Problemas — 30
  - Teste do capítulo — 31
  - Estatísticas reais – Decisões reais: juntando tudo — 32
  - História da estatística – Linha do tempo — 33
  - Tecnologia — 34

2 Estatística descritiva — 36
Onde estamos | Para onde vamos — 36

- **2.1 Distribuições de frequência e seus gráficos** — 37
- **2.2 Mais gráficos e representações** — 52
- **2.3 Medidas de tendência central** — 64
  - Atividade – Média *versus* mediana — 78
- **2.4 Medidas de variação** — 79
  - Atividade – Desvio padrão — 98
  - Estudo de caso — 99
- **2.5 Medidas de posição** — 100
  - Usos e abusos – Estatística no mundo real — 112
  - Resumo do capítulo — 113
  - Exercícios de revisão — 114
  - Problemas — 116
  - Teste do capítulo — 117
  - Estatísticas reais – Decisões reais: juntando tudo — 118
  - Tecnologia — 119
  - Usando tecnologia para determinar estatísticas descritivas — 120
  - Capítulos 1 e 2 – Revisão acumulada — 122

PARTE 2   Probabilidade e distribuições de probabilidade

3. Probabilidade   124

Onde estamos | Para onde vamos   124

3.1 Conceitos básicos de probabilidade e contagem   125
Atividade – Simulando o mercado de ações   139

3.2 Probabilidade condicional e a regra da multiplicação   140

3.3 A regra da adição   149
Atividade – Simulando a probabilidade de sair 3 ou 4 no lançamento de um dado   157
Estudo de caso   158

3.4 Tópicos adicionais sobre probabilidade e contagem   159
Usos e abusos – Estatística no mundo real   168
Resumo do capítulo   169
Exercícios de revisão   170
Problemas   172
Teste do capítulo   173
Estatísticas reais – Decisões reais: juntando tudo   174
Tecnologia   174

4. Distribuições discretas de probabilidade   176

Onde estamos | Para onde vamos   176

4.1 Distribuições de probabilidade   177

4.2 Distribuições binomiais   187
Atividade 4.2 – Distribuição binomial   200
Estudo de caso   201

4.3 Mais distribuições discretas de probabilidade   202
Usos e abusos – Estatística no mundo real   208
Resumo do capítulo   210
Exercícios de revisão   210
Problemas   212
Teste do capítulo   213
Estatísticas reais – Decisões reais: juntando tudo   214
Tecnologia   215

5. Distribuição normal de probabilidade   217

Onde estamos | Para onde vamos   217

5.1 Introdução às distribuições normais e à distribuição normal padrão   218

5.2 Distribuições normais: encontrando probabilidades   230

5.3 Distribuições normais: calculando valores   236
Estudo de caso   243

5.4 Distribuições amostrais e o teorema do limite central   245
Atividade – Distribuições amostrais   257

5.5	**Aproximações normais para distribuições binomiais**	258
	Usos e abusos – Estatística no mundo real	266
	Resumo do capítulo	266
	Exercícios de revisão	267
	Problemas	270
	Teste do capítulo	271
	Estatísticas reais – Decisões reais: juntando tudo	272
	Tecnologia	273
	Capítulos 3 a 5 – Revisão acumulada	274

PARTE 3 Estatística inferencial

6 Intervalos de confiança — 276

Onde estamos | Para onde vamos — 276

6.1	**Intervalos de confiança para a média (σ conhecido)**	277
6.2	**Intervalos de confiança para a média (σ desconhecido)**	288
	Atividade – Intervalos de confiança para uma média (o impacto de não conhecer o desvio padrão)	296
	Estudo de caso	297
6.3	**Intervalos de confiança para a proporção**	298
	Atividade – Intervalos de confiança para uma proporção	306
6.4	**Intervalos de confiança para variância e desvio padrão**	307
	Usos e abusos – Estatística no mundo real	312
	Resumo do capítulo	313
	Exercícios de revisão	314
	Problemas	316
	Teste do capítulo	316
	Estatísticas reais – Decisões reais: juntando tudo	317
	Tecnologia	318
	Usando tecnologia para construir intervalos de confiança	319

7 Teste de hipótese com uma amostra — 322

Onde estamos | Para onde vamos — 322

7.1	**Introdução ao teste de hipótese**	323
7.2	**Teste de hipótese para a média (σ conhecido)**	338
7.3	**Teste de hipótese para a média (σ desconhecido)**	352
	Atividade – Testes de hipótese para uma média	361
	Estudo de caso	362
7.4	**Teste de hipótese para a proporção**	363
	Atividade – Testes de hipótese para uma proporção	368
7.5	**Teste de hipótese para variância e desvio padrão**	369
	Um resumo dos testes de hipóteses	377
	Usos e abusos – Estatística no mundo real	379
	Resumo do capítulo	380
	Exercícios de revisão	381

Problemas	384
Teste do capítulo	385
Estatísticas reais – Decisões reais: juntando tudo	385
Tecnologia	386
Usando tecnologia para realizar testes de hipótese	387

8 Teste de hipótese usando duas amostras — 390

Onde estamos | Para onde vamos — 390

8.1 Testando a diferença entre médias (amostras independentes, σ_1 e σ_2 conhecidos) — 391

8.2 Testando a diferença entre médias (amostras independentes, σ_1 e σ_2 desconhecidos) — 401

Estudo de caso — 409

8.3 Testando a diferença entre médias (amostras dependentes) — 410

8.4 Testando a diferença entre proporções — 419

Usos e abusos – Estatística no mundo real	425
Resumo do capítulo	426
Exercícios de revisão	427
Problemas	430
Teste do capítulo	430
Estatísticas reais – Decisões reais: juntando tudo	431
Tecnologia	432
Usando tecnologia para realizar testes de hipótese para duas amostras	433
Capítulos 6 a 8 – Revisão acumulada	435

PARTE 4 Mais inferências estatísticas

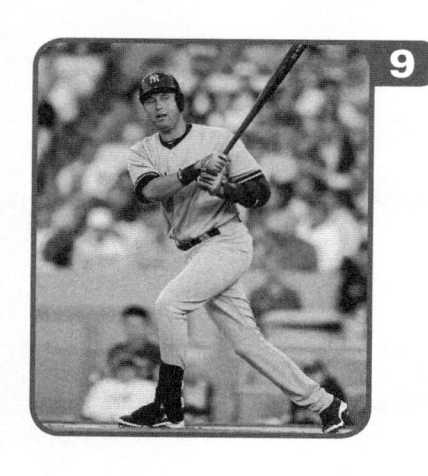

9 Correlação e regressão — 437

Onde estamos — 437
Para onde vamos — 438

9.1 Correlação — 438

Atividade – Correlação por tentativa e erro — 453

9.2 Regressão linear — 454

Atividade – Regressão por tentativa e erro — 463
Estudo de caso — 464

9.3 Medidas de regressão e intervalos de previsão — 465

9.4 Regressão múltipla — 475

Usos e abusos – Estatística no mundo real	479
Resumo do capítulo	480
Exercícios de revisão	481
Problemas	484
Teste do capítulo	484
Estatísticas reais – Decisões reais: juntando tudo	485
Tecnologia	486

Sumário ix

10 Teste qui-quadrado e a distribuição F — 488

Onde estamos — 488
Para onde vamos — 489

- 10.1 Teste de qualidade do ajuste — 489
- 10.2 Independência — 499
  - Estudo de caso — 509
- 10.3 Comparando duas variâncias — 510
- 10.4 Análise de variância — 518
  - Usos e abusos – Estatística no mundo real — 529
  - Resumo do capítulo — 529
  - Exercícios de revisão — 530
  - Problemas — 533
  - Teste do capítulo — 534
  - Estatísticas reais – Decisões reais: juntando tudo — 534
  - Tecnologia — 535
  - Capítulos 9 e 10 – Revisão acumulada — 537

11 Testes não paramétricos (somente no Site de Apoio)

Onde estamos | Para onde vamos

- 11.1 Teste dos sinais
- 11.2 Teste de Wilcoxon
  - Estudo de caso
- 11.3 Teste de Kruskal-Wallis
- 11.4 Correlação de postos
- 11.5 Testes de corridas
  - Usos e abusos – Estatística no mundo real
  - Resumo do capítulo
  - Exercícios de revisão
  - Problemas
  - Teste do capítulo
  - Estatística real – Decisões reais: juntando tudo
  - Tecnologia

Apêndices

Apêndice A Apresentação alternativa da distribuição normal padrão — 539
Apêndice B Tabelas — 545
Apêndice C Gráficos da probabilidade normal — 566
Respostas dos exercícios Tente você mesmo — 569
Respostas dos exercícios selecionados — 588
Índice de aplicações — 642
Índice remissivo — 648
Sobre os autores — 653
Fórmulas-chave — 654

Prefácio

Bem-vindo à sexta edição de *Estatística aplicada*. Você verá que este livro foi escrito com equilíbrio entre rigor e simplicidade. Ele combina instruções passo a passo, exemplos e exercícios da vida real, complementos desenvolvidos cuidadosamente, e tecnologia que torna a estatística acessível a todos.

Somos gratos pela impressionante aceitação das edições anteriores. É gratificante saber que nossa visão de combinar teoria, didática e planejamento para exemplificar como a estatística é usada para retratar e descrever o mundo tem ajudado estudantes a aprender sobre estatística e tomar decisões fundamentadas.

Novidades desta edição

O objetivo da sexta edição é uma completa atualização das principais características, exemplos e exercícios do livro.

Exemplos Essa edição inclui mais de 210 exemplos sendo, aproximadamente, 40% novos ou revisados.

Exercícios Aproximadamente 45% dos mais de 2.300 exercícios são novos ou revisados.

Teste do capítulo São testes compreensivos apresentados ao final de cada capítulo. Esses testes permitem que o estudante avalie sua compreensão dos conceitos do capítulo. As questões são apresentadas em ordem aleatória.

Ampla atualização da apresentação Aproximadamente 65% dos elementos a seguir são novos ou revisados, tornando esta edição nova e apropriada aos estudantes.

- Abertura dos capítulos.
- Estudos de casos.
- Estatísticas reais – Decisões reais: juntando tudo.

Conteúdo revisado As seguintes seções foram modificadas:

- **Seção 1.3, Coleta de dados e planejamento de experimentos**, agora inclui um exemplo distinguindo entre um estudo observacional e um experimento.
- **Seção 2.4, Medidas de variação**, agora define coeficiente de variação e contém exemplo.
- **Seção 2.5, Medidas de posição**, agora inclui procedimentos e exemplo do uso do intervalo interquartílico para identificar *outliers*. A seção define e inclui exemplo de como encontrar um percentil que corresponde a um dado específico, assim como um exemplo da comparação dos escores-z de diferentes conjuntos de dados.
- **Seção 5.5, Aproximações normais para distribuições binomiais**, agora inclui uma discussão sobre quando adicionar ou subtrair ao usar a correção de continuidade.
- **Seções 6.1, 6.2, 7.2, 7.3, 8.1 e 8.2,** foram alteradas para uma abordagem mais moderna do uso da distribuição normal padrão, quando o desvio padrão populacional é conhecido, e o uso da distribuição t, quando o desvio padrão populacional é desconhecido.
- **Capítulo 11, Testes não paramétricos,** agora está disponível apenas on-line no site de apoio.

Características da sexta edição

Guiando o aprendizado do estudante

Onde estamos e para onde vamos Cada capítulo começa com uma imagem e uma descrição de no máximo duas páginas de um problema da vida real. *Onde estamos* conecta o capítulo aos tópicos aprendidos nos capítulos anteriores. *Para onde vamos* dá aos estudantes uma visão geral do capítulo.

O que você deve aprender Cada seção está organizada por objetivos de aprendizado, apresentado em linguagem cotidiana no quadro *O que você deve aprender*. Os mesmos objetivos são usados como títulos das subseções de cada seção.

Definições e fórmulas são claramente apresentadas em caixas destacadas. Elas são frequentemente seguidas por **Instruções** que explicam *em palavras* e *em símbolos* como aplicar a fórmula ou compreender a definição.

Quadros nas margens ajudam a reforçar o entendimento:

- **Dicas de estudo** mostram como ler uma tabela, usar a tecnologia ou interpretar um resultado ou um gráfico. Além disso, guia o estudante durante os cálculos.
- **Entenda** ajuda a direcionar uma interpretação importante ou conectar conceitos diferentes.
- **Retratando o mundo** apresenta conceitos importantes ilustrados em minicasos de estudo. Cada minicaso se encerra com uma questão e pode ser usado para discussão em sala ou trabalho em grupo.

Exemplos e exercícios

Exemplos Todo conceito no livro é claramente ilustrado com um ou mais exemplos passo a passo. A maioria dos exemplos possui uma etapa de interpretação, que indica ao estudante como a solução pode ser interpretada no contexto da vida real, além de promover um pensamento crítico e habilidades de escrita. Cada exemplo, numerado e intitulado para fácil referência, é seguido de um exercício similar denominado **Tente você mesmo**, de modo que se possa praticar imediatamente o que foi aprendido. As respostas desses exercícios estão no final do livro.

Exemplos de tecnologia Muitas seções trazem exemplos que mostram como a tecnologia pode ser usada no cálculo de fórmulas, para realizar testes ou mostrar dados. São apresentadas as telas do Minitab versão 16, Excel 2013 e da calculadora gráfica TI-84 plus (sistema operacional versão 2.55). Telas adicionais são apresentadas ao final de capítulos selecionados e instruções detalhadas são fornecidas em manuais tecnológicos (em inglês) disponíveis no site www.loja.grupoa.com.br.

Exercícios A sexta edição inclui mais de 2.300 exercícios, oferecendo aos estudantes a prática na realização de cálculos, tomada de decisões, fornecimento de explicações e aplicação de resultados em situações da vida real. Aproximadamente 45% desses exercícios são novos ou revisados. Os exercícios no final de cada seção são divididos em três partes:

- **Construindo habilidades básicas e vocabulário** são exercícios de respostas curtas, do tipo verdadeiro ou falso, e de vocabulário, cuidadosamente escritos para estimular a compreensão.
- **Usando e interpretando conceitos** são problemas que envolvem habilidades ou palavras que variam do desenvolvimento de habilidades básicas a problemas mais desafiadores e interpretativos.
- **Expandindo conceitos** são exercícios que vão além do material apresentado na seção. Tendem a ser mais desafiadores e não são pré-requisitos para as seções seguintes.

Respostas usando tecnologia As respostas ao final do livro são obtidas por cálculos manuais ou com o uso de tabelas. As respostas encontradas com o uso de tecnologia (normalmente a calculadora TI-84 plus) também são incluídas quando há diferença de resultados em consequência de arredondamento.

Revisão e avaliação

Resumo do capítulo cada capítulo é encerrado com um resumo que demonstra *O que aprendemos*. Os objetivos listados estão relacionados aos exemplos de cada seção, assim como aos exercícios de revisão.

Exercícios de revisão Um conjunto de exercícios de revisão segue cada resumo do capítulo. A sequência dos exercícios segue a organização do capítulo. Respostas para exercícios selecionados encontram-se no final do livro.

Problemas Cada capítulo possui um conjunto de problemas com as respostas no final do livro.

Teste do capítulo Cada capítulo possui um teste cujas perguntas estão em ordem aleatória.

Revisão acumulada Revisões acumuladas, no final dos capítulos 2, 5, 8 e 10, concluem cada parte do livro. Os exercícios da revisão acumulada estão em ordem aleatória e podem incorporar ideias múltiplas. Ao final do livro são fornecidas as respostas destes exercícios.

Estatística no mundo real

Usos e abusos: estatística no mundo real Cada capítulo discute como as técnicas estatísticas devem ser usadas, enquanto alerta os estudantes sobre os abusos comuns. A discussão inclui questões éticas, quando apropriadas, e exercícios que ajudam os estudantes a aplicar seus conhecimentos.

Atividades com applets Seções selecionadas contêm atividades que estimulam a investigação interativa conceitual em exercícios que requerem que os estudantes cheguem a conclusões por meio do uso de applets específicos para a solução de cada atividade. O acesso aos applets está disponível no site www.loja.grupoa.com.br.

Estudo de caso Cada capítulo possui um estudo de caso com dados reais, em um contexto da vida real, e perguntas que ilustram os conceitos importantes do capítulo.

Estatísticas reais – Decisões reais: juntando tudo Esta parte encoraja os estudantes a pensarem criticamente e a tomarem decisões embasadas em dados reais. Os exercícios guiam os estudantes desde a interpretação até a conclusão.

Tecnologia Cada capítulo tem um projeto tecnológico usando Minitab, Excel e a calculadora TI-84 plus, que dão ao estudante uma visão de como a tecnologia é usada para lidar com grandes quantidades de dados ou situações da vida real.

Mantendo a forte didática da última edição

Cobertura versátil do curso O sumário foi desenvolvido para dar aos professores diversas opções. Por exemplo, os exercícios das seções Expandindo conceitos, Atividade, Estatísticas reais – Decisões reais e Usos e abusos fornecem conteúdo suficiente para o livro ser usado em um curso de mais de um semestre.

Abordagem gráfica Como a maioria dos livros de introdução à estatística, começamos o capítulo Estatística descritiva (Capítulo 2) com uma discussão sobre as diferentes formas de se representar dados graficamente. Uma diferença entre este livro e muitos outros é que **continuamos a incorporar a representação gráfica por toda a obra**. Por exemplo, veja o uso do diagrama de ramo e folhas na representação de dados na página 363. Essa ênfase na representação gráfica é benéfica para todos os estudantes, especialmente para aqueles que utilizam estratégias visuais de aprendizagem.

Abordagem ponderada O livro alcança um **equilíbrio entre cálculo, tomada de decisão e entendimento conceitual**. Fornece muitos exemplos e exercícios, incluindo os do tipo Tente você mesmo, que vão além de meros cálculos.

Variedade de aplicações da vida real Escolhemos aplicações da vida real que são representativas para a maioria dos estudantes dos cursos introdutórios de estatística. Queremos que a estatística seja viva e relevante para os estudantes, de modo que eles compreendam a importância e a razão fundamental para o estudo da estatística. Queremos que as aplicações sejam **autênticas** — mas também precisam ser **acessíveis**.

Dados e fontes Os conjuntos de dados deste livro foram escolhidos por interesse, variedade e capacidade de ilustrar os conceitos. A maioria dos **mais de 240 conjuntos de dados** contém dados reais e suas fontes. Os conjuntos de dados restantes contêm dados simulados que são representativos de situações da vida real. Todos os conjuntos de dados que possuem 20 ou mais registros estão disponíveis em vários formatos no site www.grupoa.com.br.

Tecnologia flexível Embora a maioria das fórmulas no livro seja ilustrada com cálculos "manuais", su-pomos que a maioria dos estudantes tenha acesso a algum tipo de tecnologia, tal como Minitab, Excel, ou a calculadora TI-84 Plus. Como a tecnologia varia muito, o texto é flexível. **Ele pode ser usado em cursos que utilizam apenas uma calculadora científica ou em cursos que requerem uso frequente de ferramentas tecnológicas sofisticadas.** Qualquer que seja a tecno-logia disponível, temos certeza de que você concorda que o objetivo do curso não é cálculo, mas sim ajudar os estudantes na compreensão dos conceitos básicos e usos da estatística.

Pré-requisitos Fizemos esforços para manter as manipulações algébricas ao mínimo — frequentemente mostramos versões informais das fórmulas usando pa-lavras no lugar de ou em adição a variáveis.

Escolha das tabelas Nossa experiência mostrou que os estudantes acham mais fácil usar uma tabela **de função de distribuição acumulada** (FDA) do que uma tabela "0 a z". O uso da tabela FDA para encontrar a área sob a curva normal padrão é um tópico da Seção 5.1, nas páginas 222-227. Sabendo que alguns professores preferem usar a tabela "0 a z", fornecemos uma apresentação alternativa desse tópico no Apêndice A.

Atendendo os padrões

Padrões MAA, AMATYC e NCTM Este livro atende a exigência de um **texto amigável ao estudante e que enfatiza os usos da estatística**. Nosso trabalho como professores não é criar estatísticos, mas sim usuários informados de relatórios estatísticos. Por essa razão, incluímos exercícios que requerem que os estudantes interpretem resultados, forneçam explicações escritas, encontrem padrões e tomem decisões.

Recomendações GAISE Fundada pela American Statistical Association, o projeto Guias para Avaliação e Instrução na Educação Estatística (GAISE) desenvolveu seis recomendações para o ensino de estatística introdutória em cursos superiores. São elas:

- Enfatizar a alfabetização estatística e desenvolver o pensamento estatístico.
- Usar dados reais.
- Enfatizar o entendimento conceitual em vez de um mero conhecimento de procedimentos.
- Estimular o aprendizado ativo em sala de aula.
- Utilizar tecnologia para desenvolver o entendimento conceitual e a análise de dados.
- Usar avaliações para melhorar e mensurar o aprendizado do aluno.

Os exemplos, exercícios e características deste livro atendem a todas essas recomendações.

Material de apoio do livro

No site www.grupoa.com.br professores e alunos podem acessar os seguintes materiais adicionais a qualquer momento:

Recursos para estudantes

- Download do **Capítulo 11 – Testes não paramétricos**.
- **Exercícios de múltipla escolha** adicionais exclusivos para a edição brasileira.
- Acesso aos **applets** (desenvolvidos por Webster West) para solucionar atividades de determinadas seções.
- **Conjuntos de dados** selecionados do livro, disponíveis em Excel, Minitab (v.14), calculadora TI-84 Plus e formato .txt (com delimitação tab). A disponibilidade dos conjuntos de dados estão indicados ao longo do livro.
- **Manual da calculadora gráfica** (em inglês), que oferece tutorial e exemplos resolvidos para a calculadora gráfica TI-84 Plus.
- **Manual do Excel** (em inglês), que oferece tutorial e exemplos resolvidos para Excel.
- **Manual do Minitab** (em inglês), que oferece tutorial e exemplos resolvidos para Minitab.

Recursos para professores*

- **Manual de soluções do professor** (em inglês) inclui as soluções completas para todos os exercícios das seções Tente você mesmo, Estudo de caso, Tecnologia, Usos e abusos e Estatísticas reais – Decisões reais.
- **Banco de exercícios** que contém inúmeros exercícios adicionais que o professor pode dar em aula ou utilizar em provas.
- **Apresentações em PowerPoint** totalmente editáveis e prontas para impressão que seguem o conteúdo do livro. Para uso durante a aula ou disponibilizar em cursos on-line.

---

* Esse material é de uso exclusivo para professores e está protegido por senha. Para ter acesso a ele, os professores que adotam o livro devem entrar em contato através do e-mail *divulgacao@grupoa.com.br*.

Agradecimentos

Devemos agradecer aos vários revisores que nos ajudaram a formatar e refinar *Estatística aplicada*, sexta edição.

Revisores desta edição

Dawn Dabney, Northeast State Community College
Patricia Foard, South Plains College
Larry Green, Lake Tahoe Community College
Austin Lovenstein, Pulaski Technical College
Abdallah Shuaibi, Harry S. Truman College
Jennifer Strehler, Oakton Community College
Millicent Thomas, Northwest University
Cathy Zucco-Tevelloff, Rider University

Revisores das edições anteriores

Rosalie Abraham, Florida Community College at Jacksonville
Ahmed Adala, Metropolitan Community College
Olcay Akman, College of Charleston
Polly Amstutz, University of Nebraska, Kearney
John J. Avioli, Christopher Newport University
David P. Benzel, Montgomery College
John Bernard, University of Texas — Pan American
G. Andy Chang, Youngstown State University
Keith J. Craswell, Western Washington University
Carol Curtis, Fresno City College
Dawn Dabney, Northeast State Community College
Cara DeLong, Fayetteville Technical Community College
Ginger Dewey, York Technical College
David DiMarco, Neumann College
Gary Egan, Monroe Community College
Charles Ehler, Anne Arundel Community College
Harold W. Ellingsen, Jr., SUNY — Potsdam
Michael Eurgubian, Santa Rosa Jr. College
Jill Fanter, Walters State Community College
Douglas Frank, Indiana University of Pennsylvania
Frieda Ganter, California State University
David Gilbert, Santa Barbara City College
Donna Gorton, Butler Community College
Dr. Larry Green, Lake Tahoe Community College
Sonja Hensler, St. Petersburg Jr. College
Sandeep Holay, Southeast Community College, Lincoln Campus
Lloyd Jaisingh, Morehead State
Nancy Johnson, Manatee Community College
Martin Jones, College of Charleston

David Kay, Moorpark College
Mohammad Kazemi, University of North Carolina — Charlotte
Jane Keller, Metropolitan Community College
Susan Kellicut, Seminole Community College
Hyune-Ju Kim, Syracuse University
Rita Kolb, Cantonsville Community College
Rowan Lindley, Westchester Community College
Jeffrey Linek, St. Petersburg Jr. College
Benny Lo, DeVry University, Fremont
Diane Long, College of DuPage
Austin Lovenstein, Pulaski Technical College
Rhonda Magel, North Dakota State University
Mike McGann, Ventura Community College
Vicki McMillian, Ocean County College
Lynn Meslinsky, Erie Community College
Lyn A. Noble, Florida Community College at Jacksonville — South Campus
Julie Norton, California State University — Hayward
Lynn Onken, San Juan College
Lindsay Packer, College of Charleston
Nishant Patel, Northwest Florida State
Jack Plaggemeyer, Little Big Horn College
Eric Preibisius, Cuyamaca Community College
Melonie Rasmussen, Pierce College
Neal Rogness, Grand Valley State University
Elisabeth Schuster, Benedictine University
Jean Sells, Sacred Heart University
John Seppala, Valdosta State University
Carole Shapero, Oakton Community College
Abdullah Shuaibi, Truman College
Aileen Solomon, Trident Technical College
Sandra L. Spain, Thomas Nelson Community College
Michelle Strager-McCarney, Penn State — Erie, The Behrend College
Deborah Swiderski, Macomb Community College
William J. Thistleton, SUNY — Institute of Technology, Utica
Agnes Tuska, California State University — Fresno
Clark Vangilder, DeVry University
Ting-Xiu Wang, Oakton Community
Dex Whittinghall, Rowan University
Cathleen Zucco-Tevelloff, Rowan University

Também agradecemos, especialmente, ao pessoal da Pearson Education que trabalhou conosco no desenvolvimento desta sexta edição de *Estatística aplicada*: Marianne Stepanian, Sonia Ashraf, Chere Bemelmans, Erin Lane, Jackie Flynn, Kathleen DeChavez, Audra Walsh, Tamela Ambush, Joyce Kneuer, e Rich Williams. Também agradecemos à Allison Campbell, Integra — Chicago, e ao pessoal da Larson Texts, Inc., que nos auxiliaram no desenvolvimento e produção do livro. Pessoalmente, agradecemos a nossos cônjuges, Deanna Gilbert Larson e Richard Farber, pelo amor, paciência e apoio. Também, um agradecimento especial para R. Scott O'Neal.

Trabalhamos muito para fazer de *Estatística aplicada*, sexta edição, um livro limpo, claro e agradável, que possa ser usado para o ensino e a aprendrendizagem da estatística. Apesar de todos os nossos esforços para garantir a acuidade e facilidade de uso, muitos leitores terão, sem dúvidas, sugestões de melhorias, as quais serão bem-vindas.

Ron Larson, odx@psu.edu

Betsy Farber

Como estudar estatística

Estratégias de estudo

Parabéns! Você está prestes a começar seu estudo de estatística. Conforme for avançando pelo curso, você deve descobrir como usar a estatística no seu cotidiano e na sua carreira. Além dos conhecimentos matemáticos, os pré-requisitos para este curso são uma mente aberta e disposição para estudar. Quando se está estudando estatística, o conteúdo que se aprende a cada dia se baseia no conteúdo aprendido anteriormente. Não existem atalhos — você deve prosseguir com seus estudos todos os dias. Antes de começar, leia as sugestões a seguir que ajudarão em seu sucesso.

Planeje Faça seu próprio plano de curso agora mesmo! Uma boa regra prática é estudar pelo menos duas horas para cada hora de aula. Após sua primeira prova, saberá se os esforços foram suficientes. Se você não tirou a nota que esperava, então deve aumentar seu tempo de estudo, melhorar sua eficiência no estudo ou ambos.

Prepare-se para a aula Antes de cada aula, revise seus apontamentos da aula anterior e leia a parte do livro que será coberta. Preste atenção às definições e regras destacadas. Leia os exemplos e faça os exercícios Tente você mesmo que acompanham cada exemplo. Esses passos exigem disciplina, mas eles valerão a pena, porque você se beneficiará muito mais das aulas.

Assista a aula Assista todas as aulas. Chegue na hora com seu livro, caderno e calculadora. Se você perder uma aula, obtenha as anotações de outro aluno, procure a ajuda de um monitor ou do seu professor. Tente compreender o conteúdo da aula que você perdeu antes da próxima aula.

Participe em aula Ao ler o livro antes da aula, revisar suas anotações da aula anterior ou fazer seu trabalho de casa, escreva qualquer dúvida que surgir sobre o conteúdo e pergunte ao seu professor durante a aula. Isso o ajudará (e a outros da turma) a compreender melhor o conteúdo.

Anote Durante a aula, certifique-se de tomar nota das definições, exemplos, conceitos e regras. Concentre-se nas dicas do professor para identificar material importante. Então, assim que possível, após a aula, revise suas anotações e acrescente quaisquer explicações que ajudem a tornar suas anotações mais compreensíveis para você.

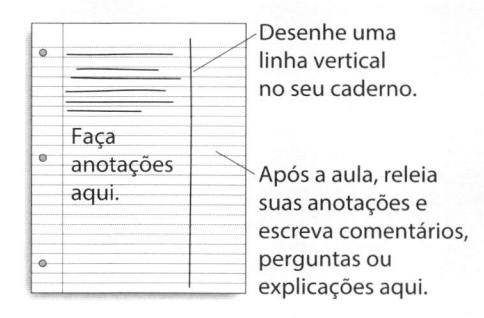

Faça o dever de casa Aprender estatística é como aprender a tocar piano ou jogar basquete. Você não consegue desenvolver as habilidades apenas assistindo alguém fazer; você mesmo deve fazer. O melhor momento para fazer o dever de casa é logo após a aula, quando os conceitos ainda estão frescos na mente. Fazer o dever neste momento aumenta suas chances de reter a informação na memória de longo prazo.

Encontre um colega de estudo Caso fique emperrado em um problema, você pode perceber que estudar com um colega é de grande ajuda. Mesmo que você ache que está ajudando mais do que sendo ajudado, você perceberá que ensinar aos outros é uma excelente forma de aprender.

Mantenha o ritmo Não fique para trás no curso. Se estiver com dificuldades, procure ajuda imediatamente — do seu professor, monitor ou colega de estudo. Lembre-se, se você tiver dificuldade com uma seção do seu livro de estatística, há uma boa chance de você ter dificuldade em seções futuras, ao menos que você tome medidas para melhorar seu entendimento.

Se ficar emperrado Todo estudante de estatística passou por essa experiência: Você faz um exercício e não consegue chegar à solução, ou a resposta obtida não é igual à do livro. Quando isso acontecer, cogite pedir ajuda ou dar uma pausa para arejar a cabeça. Você pode até se debruçar sobre ele, refazê-lo ou reler a seção do livro, mas evite ficar frustrado ou perdendo muito tempo em um único exercício.

Prepare-se para os testes Estudar rapidamente para um teste de estatística raramente funciona. Se você mantiver o ritmo de estudo e seguir as sugestões dadas aqui, você deverá estar quase pronto para o teste. Para se preparar para o teste do capítulo, revise o resumo, faça os exercícios de revisão e de revisão acumulada. Depois, reserve algum tempo para os Problemas do capítulo e para o Teste do capítulo. Analise seus resultados para localizar e corrigir os erros.

Fazendo um teste A maioria dos professores não recomenda estudar em cima da hora do teste. Isso pode causar ansiedade. O melhor remédio para a ansiedade pré-teste é estar bem preparado antecipadamente. Uma vez começado o teste, leia as instruções cuidadosamente e trabalhe de forma moderada. (Você pode ler todo o teste primeiro e então resolver as questões na ordem que lhe é mais confortável). Não se afobe! Quem tem pressa tende a cometer erros por falta de atenção. Se você terminar cedo, tire alguns minutos para limpar sua mente e então revise as questões.

Aprendendo com os erros Depois que seu teste for devolvido, revise os erros que você possa ter cometido. Isso ajuda a evitar que se repitam erros sistemáticos ou conceituais. Não descarte qualquer erro como somente um "erro bobo". Tome vantagem de qualquer erro, buscando por alternativas de melhorar suas habilidades.

PARTE I

1 Introdução à estatística

1.1 Uma visão geral da estatística

1.2 Classificação dos dados
- Estudo de caso

1.3 Coleta de dados e planejamento de experimentos
- Atividade
- Usos e abusos
- Estatísticas reais – Decisões reais
- História da estatística – linha do tempo
- Tecnologia

Em 2011, da terceira à décima quinta cidades com população acima de 50.000 habitantes e com maior percentual de crescimento populacional dos Estados Unidos eram do Texas.

Onde estamos

Você já está familiarizado com muitas das práticas da estatística, tais como realização de pesquisas, coleta de dados e descrição de populações. O que você pode não saber é que coletar dados estatísticos acurados é frequentemente difícil e de alto custo. Considere, por exemplo, a tarefa monumental de contar e descrever a população inteira dos Estados Unidos. Se você fosse o responsável por tal censo, como faria? Como asseguraria que seus resultados são acurados? Essas e muitas outras preocupações são de responsabilidade do *United States Census Bureau* (Bureau do Censo dos Estados Unidos), que conduz o censo a cada década.

Para onde vamos

No Capítulo 1 você será apresentado aos conceitos básicos e objetivos da estatística. Por exemplo a estatística foi usada para construir os gráficos da Figura 1.1, que mostram as cidades americanas (com população acima de 50.000) com maior crescimento relativo em 2011, aquelas com o maior crescimento absoluto e as regiões em que se localizam.

Para o Censo de 2010 o *Census Bureau* enviou questionários curtos a cada domicílio, com perguntas a todos os membros residentes, tais como: gênero, idade, raça e etnia. Anteriormente, um questionário maior, que cobria tópicos adicionais, era enviado a cerca de 17% da população. Porém, pela primeira vez desde 1940, o questionário longo foi substituído pela Pesquisa da Comunidade Americana, a qual pesquisará cerca de 3 milhões de domicílios por ano ao longo da década. Esses 3 milhões de domicílios formarão uma amostra. Neste texto você aprenderá como os dados coletados de uma amostra são usados para inferir características sobre a população inteira.

Figura 1.1 Crescimento populacional em cidades americanas com população acima de 50.000 habitantes (2011).

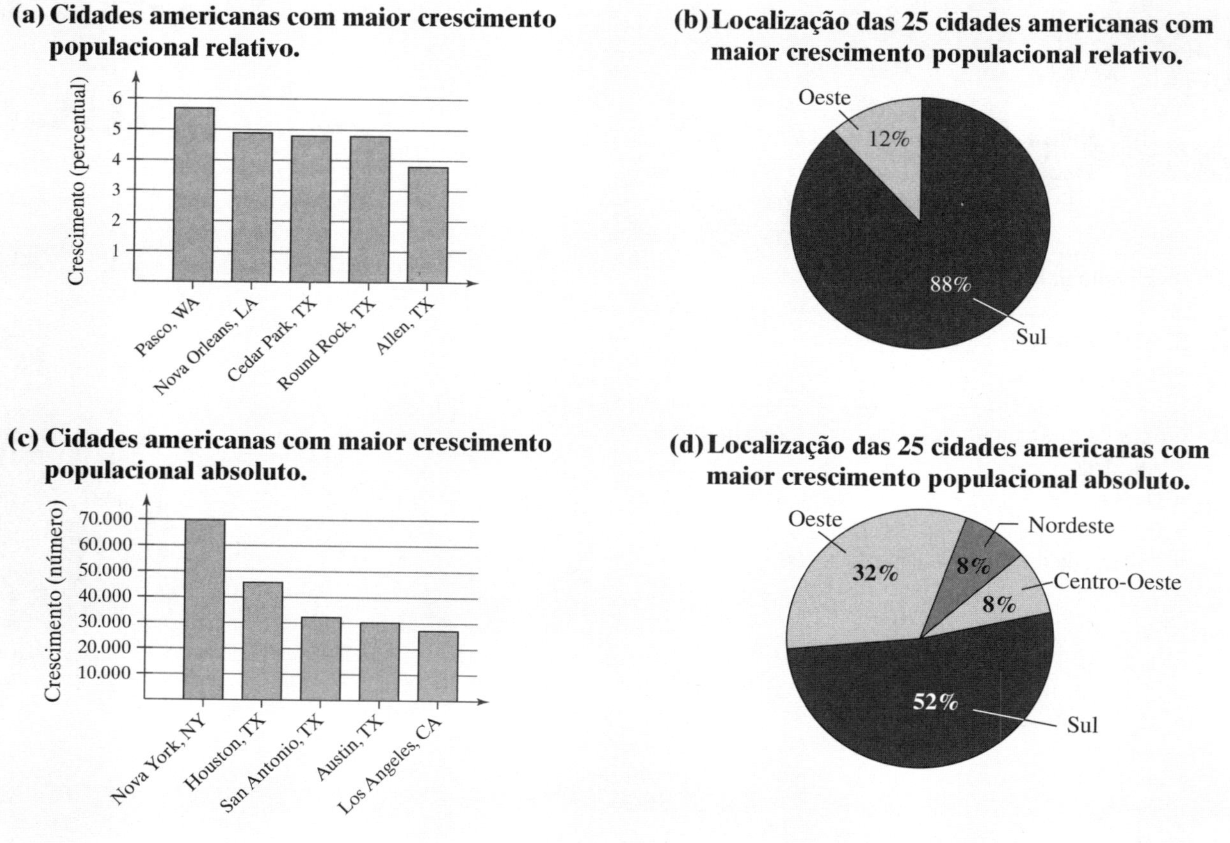

(a) Cidades americanas com maior crescimento populacional relativo.

[Gráfico de barras – Crescimento (percentual): Pasco, WA ~5,7; Nova Orleans, LA ~4,9; Cedar Park, TX ~4,8; Round Rock, TX ~4,8; Allen, TX ~3,7]

(b) Localização das 25 cidades americanas com maior crescimento populacional relativo.

[Gráfico de pizza: Oeste 12%; Sul 88%]

(c) Cidades americanas com maior crescimento populacional absoluto.

[Gráfico de barras – Crescimento (número): Nova York, NY ~70.000; Houston, TX ~45.000; San Antonio, TX ~31.000; Austin, TX ~29.000; Los Angeles, CA ~26.000]

(d) Localização das 25 cidades americanas com maior crescimento populacional absoluto.

[Gráfico de pizza: Oeste 32%; Nordeste 8%; Centro-Oeste 8%; Sul 52%]

O que você deve aprender

- Uma definição de estatística.
- Como distinguir entre população e amostra e entre um parâmetro e uma estatística.
- Como distinguir entre estatística descritiva e estatística inferencial.

1.1 Uma visão geral da estatística

Uma definição de estatística • Conjuntos de dados • Ramos da estatística

Uma definição de estatística

Quase todos os dias você está exposto à estatística. Por exemplo, considere as seguintes afirmações:

- "[Mulheres] que fumaram de um a 14 cigarros por dia tinham, aproximadamente, o dobro de risco de morte cardíaca repentina do que as não fumantes." (*Fonte: American Heart Association.*)
- "O desperdício de alimentos [nos Estados Unidos], em relação ao suprimento disponível, tem aumentado progressivamente de aproximadamente 30% em 1974 para quase 40% em anos recentes." (*Fonte: National Institute of Diabetes and Digestive and Kidney Diseases.*)
- "O percentual de estudantes de Detroit que alcançaram nível igual ou acima de *proficiência* [em leitura] foi de 7% [em um ano recente]." (*Fonte: U.S. Department of Education.*)

Ao aprender os conceitos deste livro, você terá ferramentas para se tornar um consumidor informado, compreender estudos estatísticos, conduzir pesquisa estatística e aprimorar seu pensamento crítico.

Muitas estatísticas são apresentadas graficamente. Por exemplo, considere a Figura 1.2.

Figura 1.2 Lucros de grandes empresas = grande ajuda?

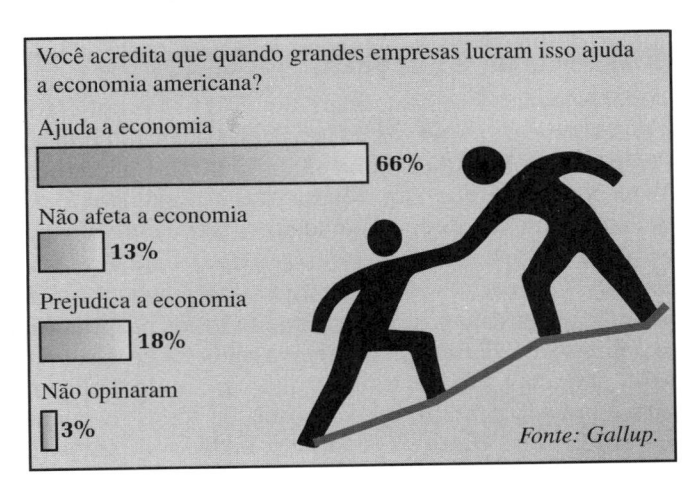

> Você acredita que quando grandes empresas lucram isso ajuda a economia americana?
>
> Ajuda a economia — **66%**
> Não afeta a economia — **13%**
> Prejudica a economia — **18%**
> Não opinaram — **3%**
>
> *Fonte: Gallup.*

A informação na figura é baseada em uma coleta de **dados**.

> **Definição**
>
> **Dados** consistem em informações provenientes de observações, contagens, medições ou respostas.

O uso de dados estatísticos remonta aos censos realizados na antiga Babilônia, Egito e, mais tarde, no Império Romano, quando os dados coletados eram sobre assuntos relacionados ao Estado, tais como nascimentos e óbitos. Na verdade, a palavra *estatística* é derivada da palavra latina *status*, que significa "estado". A prática moderna da estatística envolve mais que contar nascimentos e óbitos, conforme se vê na próxima definição.

> **Definição**
>
> **Estatística** é a ciência que trata da coleta, organização, análise e interpretação dos dados para a tomada de decisões.

Conjuntos de dados

Há dois tipos de conjuntos de dados usados em estatística. Esses conjuntos são chamados de **população** e **amostra**.

> **Definição**
>
> Uma **população** é a coleção de *todos* os resultados, respostas, medições ou contagens que são de interesse.
>
> Uma **amostra** é um subconjunto ou parte de uma população.

Uma amostra deve ser representativa de uma população de modo que seus dados possam ser usados para tirar conclusões sobre aquela população. Os dados amostrais devem ser coletados usando-se um método apropriado, tal como a *amostragem aleatória*. Quando os dados amostrais são coletados usando-se um método *inapropriado*, eles não podem ser usados para tirar conclusões sobra a população.

> **Entenda**
>
> Um censo consiste em obter os dados de interesse de uma população inteira. Mas, a menos que a população seja pequena, é normalmente impraticável obter todos os dados da população. Na maioria dos estudos, as informações devem ser obtidas de uma amostra aleatória. (Você aprenderá mais sobre amostragem aleatória e coleta de dados na Seção 1.3.)

> ### Exemplo 1
>
> #### Identificando conjuntos de dados
>
> Em uma pesquisa recente, foi perguntado a 614 proprietários de pequenas empresas nos Estados Unidos se eles achavam que a presença de sua empresa no Facebook tinha valor. Duzentos e cinquenta e oito dos 614 responderam que sim. Identifique a população e a amostra. Descreva o conjunto de dados da amostra. (*Adaptado de: Manta.*)
>
> #### Solução
>
> A população consiste nas respostas de todos os proprietários de pequenas empresas dos Estados Unidos, e a amostra consiste nas respostas dos 614 pequenos empresários pesquisados. Note na Figura 1.3 que a amostra é um subconjunto das respostas de todos os pequenos empresários dos Estados Unidos. O conjunto de dados da amostra consiste em 258 proprietários que responderam sim e 356 que responderam não.
>
> **Figura 1.3** População e amostra dos proprietários de pequenas empresas dos EUA.
>
> ```
> Respostas de todos os proprietários de pequenas empresas nos
> Estados Unidos (população)
>         Respostas dos 614 proprietários
>         de pequenas empresas na
>         pesquisa (amostra)
> ```
>
> #### Tente você mesmo 1
>
> O departamento de energia dos Estados Unidos conduz pesquisas semanais em aproximadamente 800 postos de gasolina para determinar o preço médio por galão de gasolina comum. Em 10 de dezembro de 2012, o preço médio era US$ 3,35 por galão. Identifique a população e a amostra. Descreva o conjunto de dados da amostra. (*Fonte: Energy Information Administration.*)
>
> **a.** Identifique a população e a amostra.
>
> **b.** No que consiste o conjunto de dados da amostra?

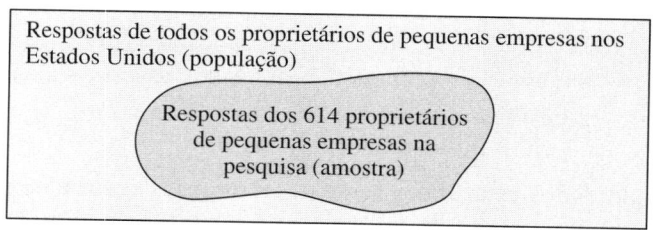

Um conjunto de dados é definido como uma população ou como uma amostra, dependendo do contexto da vida real. No caso do Exemplo 1, a população era o conjunto de respostas de todos os proprietários de pequenas empresas dos Estados Unidos. Dependendo do propósito da pesquisa, a população poderia ter sido o grupo de respostas de todos os proprietários de pequenas empresas que moram na Califórnia ou daqueles que têm negócios na internet.

Dois termos importantes usados neste livro são **parâmetro** e **estatística**.

Definição

Um **parâmetro** é a descrição numérica de uma característica *populacional*.
Uma **estatística** é a descrição numérica de uma característica *amostral*.

É importante notar que uma estatística amostral pode diferir de uma amostra para outra, enquanto um parâmetro populacional é constante para uma população.

Exemplo 2

Distinguindo entre um parâmetro e uma estatística

Determine se o valor numérico descreve um parâmetro populacional ou uma estatística amostral. Explique seu raciocínio.

1. Uma pesquisa recente com aproximadamente 400.000 empregadores reportou que o salário médio inicial para um especialista em marketing é de US$ 53.400 por ano. (*Fonte: National Association of Colleges and Employers.*)
2. A nota média de matemática obtida no vestibular pelos calouros de uma universidade é 514.
3. Em uma checagem aleatória de 400 lojas varejistas, o FDA (*Food and Drug Administration*) descobriu que 34% das lojas não estavam estocando peixes na temperatura apropriada.

Solução

1. Em razão de a média de US$ 53.400 por ano ser baseada em um subconjunto da população, ela é uma estatística amostral.
2. Em razão de a nota média de matemática de 514 ser baseada em todos os calouros, ela é um parâmetro populacional.
3. Em razão de o percentual (34%) ser baseado em um subconjunto da população, ele é uma estatística amostral.

Tente você mesmo 2

No ano passado, uma empresa com 65 funcionários teve um gasto total de US$ 5.150.694 com salários. A quantia gasta descreve um parâmetro populacional ou uma estatística amostral?

a. Determine se a quantia gasta é de uma população ou uma amostra.
b. Especifique se a quantia gasta é um parâmetro ou uma estatística.

Retratando o mundo

Quão precisa é a contagem da população americana conduzida, a cada década, pelo *Census Bureau*?
De acordo com as estimativas, a contagem da população do censo de 1940 subestimou a população em 5,4%. A precisão do censo melhorou muito desde então. A subestimação no censo de 2010 foi −0,01%. (Isso significa que o senso de 2010 *contou a mais* a população dos Estados Unidos em 0,01%, o que representa cerca de 36.000 pessoas.)

Contagem do censo dos EUA para menos.

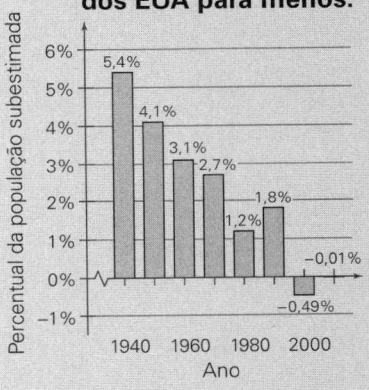

(*Fonte: Energy U.S. Census Bureau.*)

Quais são algumas das dificuldades de se coletarem dados de uma população?

Neste texto você verá como o uso da estatística pode ajudá-lo a tomar decisões fundamentadas que afetam sua vida. Considere o censo que o governo americano realiza a cada década. Quando realiza o censo, o *Census Bureau* tenta contatar todos os moradores dos Estados Unidos. Embora seja impossível contar cada um, é importante que o censo seja o mais preciso possível, pois os gestores públicos tomam muitas decisões baseadas na informação do censo. Os dados coletados indicarão como atribuir assentos no congresso e como distribuir recursos públicos.

Ramos da estatística

O estudo de estatística tem dois ramos principais: **estatística descritiva** e **estatística inferencial**.

Definição

Estatística descritiva é o ramo da estatística que envolve a organização, o resumo e a representação dos dados.
Estatística inferencial é o ramo da estatística que envolve o uso de uma amostra para chegar a conclusões sobre uma população. Uma ferramenta básica no estudo da estatística inferencial é a probabilidade. (Você verá mais sobre probabilidade no Capítulo 3.)

Exemplo 3

Estatística descritiva e inferencial

Determine qual parte do estudo representa o ramo descritivo da estatística. Que conclusões podem ser tomadas do estudo usando estatística inferencial?

1. Uma grande amostra de homens com 48 anos de idade foi estudada durante 18 anos. Observa-se na Figura 1.4 que, para os solteiros, aproximadamente 70% estavam vivos aos 65 anos, e para os casados, 90%. (*Fonte: The Journal of Family Issues.*)

Figura 1.4 Estatísticas percentuais de homens solteiros e casados ainda vivos aos 65 anos.

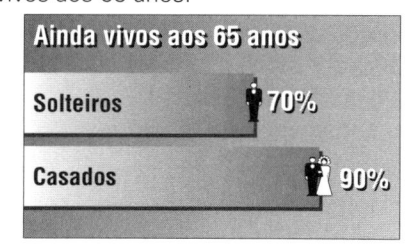

Ainda vivos aos 65 anos
- Solteiros: 70%
- Casados: 90%

2. Em uma amostra de analistas de Wall Street, a percentagem dos que previram incorretamente os lucros de empresas de alta tecnologia em um ano recente foi de 44%. (*Fonte: Bloomberg News.*)

Solução

1. A estatística descritiva envolve afirmações tais como "Para os solteiros da grande amostra de homens, aproximadamente 70% estavam vivos aos 65 anos" e "Para os casados, 90% ainda estavam vivos aos 65 anos". A Figura 1.4 também representa o ramo descritivo da estatística. Uma inferência possível tirada do estudo é que estar casado está associado a uma vida mais longa para os homens.

2. A parte do estudo que representa o ramo descritivo da estatística envolve a afirmação "A percentagem [da amostra de analistas de Wall Street] que previram incorretamente os lucros de empresas de alta tecnologia em um ano recente foi de 44%". Uma inferência possível com base no estudo é que o mercado de ações é difícil de ser previsto, até mesmo para os profissionais.

Tente você mesmo 3

Uma pesquisa conduzida com 750 pais descobriu que 31% ajudam financeiramente seus filhos até eles concluírem a faculdade e 6% fornecem apoio financeiro até eles começarem a faculdade. (*Fonte: Yahoo Finance.*)

a. Determine que parte da pesquisa representa o ramo descritivo da estatística.

b. Que conclusões podem ser tiradas da pesquisa usando estatística inferencial?

Neste texto você verá aplicações de ambos os ramos. Um tema principal será como usar estatísticas amostrais para fazer inferências sobre parâmetros populacionais desconhecidos.

1.1 Exercícios

Construindo habilidades básicas e vocabulário

1. Como uma amostra é relacionada a uma população?
2. Por que a amostra é usada mais frequentemente do que a população?
3. Qual é a diferença entre um parâmetro e uma estatística?
4. Quais são as duas ramificações principais da estatística?

Verdadeiro ou falso? *Nos exercícios 5 a 10, determine se a afirmação é verdadeira ou falsa. Se for falsa, reescreva-a de forma que seja verdadeira.*

5. Uma estatística é um valor numérico que descreve uma característica da população.
6. Uma amostra é um subconjunto de uma população.
7. É impossível para o *Census Bureau* obter todos os dados censitários sobre a população americana.
8. A estatística inferencial envolve o uso de uma população para chegar a conclusões sobre a amostra correspondente.
9. Uma população é a coleção de alguns resultados, respostas, medições ou contagens que são de interesse.
10. Uma estatística amostral não mudará de amostra para amostra.

Classificando um conjunto de dados *Nos exercícios 11 a 20, determine se o conjunto de dados é uma população ou uma amostra. Explique seu raciocínio.*

11. A receita de cada uma das 30 companhias na média industrial do Dow Jones.
12. A quantidade de energia acumulada por cada turbina de vento em um campo eólico.
13. Uma pesquisa com 500 espectadores em um estádio com 42.000 espectadores.
14. O salário anual de cada farmacêutico em uma farmácia.
15. Os níveis de colesterol de 20 pacientes em um hospital com 100 pacientes.
16. O número de televisores em cada residência nos Estados Unidos.
17. O resultado final de cada jogador de golfe em um torneio.
18. A idade de cada terceira pessoa que entra em uma loja de roupas.
19. O partido político de cada presidente americano.
20. Os níveis de contaminação do solo em 10 localidades próximas a um aterro.

Análise gráfica *Nos exercícios 21 a 24, use o diagrama de Venn para identificar a população e a amostra.*

21. Partidos dos eleitores registrados no condado de Warren

Partidos dos eleitores do condado de Warren que responderam à pesquisa on-line

22. Número de estudantes que doaram sangue em uma campanha

Número de estudantes que doaram e possuem tipo sanguíneo O$^+$

23. Idade dos adultos nos EUA que possuem telefone celular

Idade dos adultos nos EUA que possuem telefone celular Samsung

24. Renda dos proprietários de imóveis no Texas

Renda dos proprietários de imóveis com hipoteca no Texas

Usando e interpretando conceitos

Identificando populações e amostras *Nos exercícios 25 a 34, identifique a população e a amostra.*

25. Uma pesquisa com 1.015 adultos nos Estados Unidos descobriu que 32% tiveram que adiar consulta médica para si próprios ou seus familiares no ano passado por causa do custo. (*Fonte: Gallup.*)

26. Um estudo com 33.043 crianças na Itália foi conduzido para encontrar uma ligação entre uma anormalidade no ritmo cardíaco e a síndrome de morte súbita infantil. (*Fonte: New England Journal of Medicine.*)

27. Uma pesquisa com 12.082 adultos descobriu que 45,5% tomaram a vacina conta a gripe. (*Fonte: U.S Centers for Disease Control and Prevention.*)

28. Uma pesquisa com 1.012 adultos descobriu que 5% consideram a aceitação de animais de estimação um fator importante na hora de escolher um hotel.

29. Uma pesquisa com 55 escritórios de advocacia dos Estados Unidos descobriu que os honorários médios por hora eram de US$ 425. (*Fonte: The National Law Journal.*)

30. Uma pesquisa com 496 estudantes em uma faculdade descobriu que 10% planejavam viajar para fora do país durante o recesso escolar.

31. Uma pesquisa com 202 pilotos descobriu que 20% admitem que já cometeram um erro grave por causa do sono. (*Fonte: National Sleep Foundation.*)

32. Uma pesquisa com 961 consumidores que adquiriram eletrodomésticos descobriu que 23% contrataram a garantia estendida.

33. Para coletar informação sobre os salários iniciais de empresas listadas entre as 500 ações mais importantes do mercado financeiro levantadas pela *Standard & Poor*, um pesquisador contatou 65 das 500 empresas.

34. Uma pesquisa com 2.002 alunos dos ensinos fundamental e médio descobriu que eles dedicam uma média de 7 horas e 38 minutos por dia usando mídias de entretenimento.

Distinguindo entre um parâmetro e uma estatística *Nos exercícios 35 a 42, determine se o valor numérico é um parâmetro ou uma estatística. Explique seu raciocínio.*

35. O salário médio anual para 35 dos 1.200 contadores de uma empresa é de US$ 68.000.

36. Uma pesquisa com 2.514 membros do conselho de faculdades descobriu que 38% acham que a educação superior tem custo justo relativamente ao seu valor. (*Fonte: Association of Governing Boards of Universities and Colleges.*)

37. Sessenta e dois dos 97 passageiros a bordo da aeronave Hinderburg sobreviveram à sua explosão.

38. Em janeiro de 2013, 60% dos governadores dos 50 estados norte-americanos eram republicanos. (*Fonte: National Governors Association.*)

39. Em uma pesquisa com 300 usuários de computador, 8% disseram que seus computadores tinham mau funcionamento e requeriam reparos técnicos.

40. Os registros de eleitores mostram que 78% de todos os eleitores em um distrito são registrados como democratas.

41. Uma pesquisa com 1.004 adultos americanos descobriu que 52% acham que a elevação da China à potência mundial é uma grande ameaça ao bem-estar dos Estados Unidos. (*Fonte: Pew Research Center.*)

42. Em um ano recente, a nota média de matemática para todos os graduandos no ACT[1] era 21,1. (*Fonte: ACT, Inc.*)

43. Qual parte da pesquisa descrita no Exercício 31 representa o ramo descritivo da estatística? Faça uma inferência com base nos resultados da pesquisa.

44. Qual parte da pesquisa descrita no Exercício 32 representa o ramo descritivo da estatística? Faça uma inferência com base nos resultados da pesquisa.

Expandindo conceitos

45. **Identificando conjuntos de dados em artigos** Encontre um artigo de jornal ou revista que descreva uma pesquisa.
    (a) Identifique a amostra usada na pesquisa.
    (b) Qual é a população correspondente a essa amostra?
    (c) Faça uma inferência baseada nos resultados da pesquisa.

46. **Privação de sono** Em um estudo recente, voluntários que dormiram 8 horas eram três vezes mais capazes de responder corretamente às questões de um teste de matemática em relação aos que não tiveram horas de sono suficientes. (*Fonte: CBS News.*)
    (a) Identifique a amostra usada no estudo.
    (b) Qual era a população correspondente a essa amostra?
    (c) Que parte do estudo representa o ramo descritivo da estatística?
    (d) Faça uma inferência com base nos resultados do estudo.

47. **Morando na Flórida** Um estudo mostra que os cidadãos mais velhos que vivem na Flórida têm melhor memória do que aqueles que não vivem na Flórida.
    (a) Faça uma inferência com base nos resultados do estudo.
    (b) O que há de errado com esse tipo de raciocínio?

48. **Aumento no índice de obesidade** Um estudo mostra que o índice de obesidade entre meninos com idades entre 2 e 19 anos aumentou nos últimos anos. (*Fonte: Washington Post.*)
    (a) Faça uma inferência com base nos resultados do estudo.
    (b) O que há de errado com esse tipo de raciocínio?

49. **Escrita** Escreva um texto sobre a importância da estatística para um dos seguintes tópicos:
    (a) Um estudo sobre a eficácia de uma nova droga.
    (b) Uma análise de um processo de fabricação.
    (c) Chegar a conclusões sobre as opiniões de eleitores usando pesquisas.

---

1 N. do T.: ACT (*American College Testing*) é um exame educacional utilizado como critério para admissão nas universidades norte-americanas e que avalia o que o estudante aprendeu na escola.

1.2 Classificação dos dados

Tipos de dados • Níveis de mensuração

Tipos de dados

Quando realizamos um estudo, é importante saber o tipo de dado envolvido. A natureza dos dados com os quais estamos trabalhando determinará qual procedimento estatístico pode ser usado. Nesta seção você aprenderá como classificar dados por tipo e nível de mensuração. Os conjuntos de dados consistem em dois tipos: **qualitativo** e **quantitativo**.

> **O que você deve aprender**
> - Como distinguir entre dados qualitativos e quantitativos.
> - Como classificar dados em relação aos 4 níveis de mensuração: nominal, ordinal, intervalar e de razão.

> **Definição**
>
> **Dados qualitativos** consistem em atributos, rótulos ou entradas não numéricas.
> **Dados quantitativos** consistem em medidas numéricas ou contagens.

Exemplo 1

Classificando dados por tipo

Os preços de venda sugeridos para diversos veículos Honda são apresentados na Tabela 1.1. Quais dados são qualitativos e quais são quantitativos? Explique seu raciocínio. (*Fonte: American Honda Motor Company, Inc.*)

Tabela 1.1 Preços de venda sugeridos para veículos Honda.

Modelo	Preço de venda sugerido
Accord Sedan	US$ 21.680
Civic Hybrid	US$ 24.200
Civic Sedan	US$ 18.165
Crosstour	US$ 27.230
CR-V	US$ 22.795
Fit	US$ 15.425
Odyssey	US$ 28.675
Pilot	US$ 29.520
Ridgeline	US$ 29.450

Solução

A informação mostrada na Tabela 1.1 pode ser separada em dois conjuntos de dados. Um conjunto contém os nomes dos modelos dos veículos e o outro os preços de venda sugeridos. Os nomes são entradas não numéricas, portanto são dados qualitativos. Os preços de venda são entradas de medidas numéricas, portanto são dados quantitativos.

Tente você mesmo 1

As populações de diversas cidades norte-americanas são apresentadas na Tabela 1.2. Quais dados são qualitativos e quais são quantitativos? (*Fonte: U.S. Census Bureau.*)

Tabela 1.2 População de cidades norte-americanas.

Cidade	População
Baltimore, MD	619.493
Chicago, IL	2.707.120
Glendale, AZ	230.482
Miami, FL	408.750
Portland, OR	593.820
São Francisco, CA	812.826

a. Identifique os dois conjuntos de dados.
b. Decida se cada conjunto de dados consiste em entradas numéricas ou não numéricas.
c. Especifique os dados qualitativos e os quantitativos.

Níveis de mensuração

Outra característica dos dados é o nível de mensuração. O nível de mensuração determina quais operações estatísticas são apropriadas. Os quatro níveis de medida, em ordem do mais baixo para o mais alto, são: **nominal, ordinal, intervalar** e de **razão**.

Definição

Dados no **nível nominal de mensuração** são apenas qualitativos. Dados nesse nível são categorizados usando-se nomes, rótulos ou qualidades. Não é possível realizar cálculos matemáticos nesse nível.

Dados no **nível ordinal de mensuração** são qualitativos ou quantitativos. Dados nesse nível podem ser postos em ordem ou classificados, mas as diferenças entre as entradas de dados não têm sentido matemático.

Quando números estão no nível nominal de mensuração, eles simplesmente representam um rótulo. Exemplos de números usados como rótulos incluem o número da seguridade social e os números nos uniformes esportivos. Por exemplo, não faria sentido somar os números dos uniformes do Chicago Bears (time de futebol americano).

Exemplo 2

Classificando dados por nível

Nas tabelas 1.3 e 1.4 temos dois conjuntos de dados. Que conjunto de dados consiste em dados no nível nominal? Que conjunto de dados consiste em dados no nível ordinal? Explique seu raciocínio. (*Fonte: The Numbers.*)

Tabela 1.3 Cinco maiores bilheterias de 2012.

| 1. Os Vingadores |
| 2. Batman: O cavaleiro das trevas ressurge |
| 3. Jogos vorazes |
| 4. 007 – Operação Skyfall |
| 5. A saga crepúsculo: Amanhecer – Parte 2 |

Tabela 1.4 Gêneros de filme.

| Ação |
| Aventura |
| Comédia |
| Drama |
| Terror |

Solução

O primeiro conjunto de dados lista a posição de cinco filmes. Os dados consistem nas posições 1, 2, 3, 4 e 5. Em razão de as posições poderem ser listadas em ordem, esses dados estão no nível ordinal. Note que a diferença entre a posição de 1 a 5 não tem significado matemático. O segundo grupo consiste nos nomes dos gêneros de filmes. Não se pode realizar cálculo matemático com os nomes nem ordená-los. Logo, esses dados estão no nível nominal.

Tente você mesmo 2

Determine se os dados estão no nível nominal ou ordinal.

1. As posições finais para a Divisão do Pacífico da NBA (*National Basketball Association*).
2. Uma coleção de números de telefone.

a. Identifique o que cada conjunto de dados representa.
b. Especifique o nível de mensuração e justifique sua resposta.

Retratando o mundo

Em 2012, a revista *Forbes* escolheu as 100 maiores instituições de caridade nos Estados Unidos. A revista baseou sua classificação no valor das doações privadas. A United Way recebeu US$ 3,9 bilhões em doações privadas, mais que o dobro das doações recebidas pela Salvation Army.

Cinco maiores instituições de caridade segundo a *Forbes*.
1. United Way
2. Salvation Army
3. Catholic Charities USA
4. Feeding America
5. American National Red Cross

Nessa lista, qual é o nível de mensuração?

Os dois níveis mais altos de mensuração consistem somente em dados quantitativos.

Definição

Dados no **nível de mensuração intervalar** podem ser ordenados e é possível calcular diferenças que tenham sentido matemático entre as entradas de dados. No nível intervalar, um registro zero simplesmente representa uma posição em uma escala; a entrada não é um zero natural. Dados no **nível de mensuração de razão** são similares aos dados no nível intervalar, com a propriedade adicional de que, nesse nível, um registro zero é um zero natural. Uma razão de dois valores pode ser formada de modo que um dado possa ser expresso significativamente como um múltiplo de outro.

Um *zero natural* é um zero que significa "nenhum". Por exemplo, a quantia de dinheiro que você tem em uma conta de poupança pode ser de zero real. Nesse caso, o zero representa nenhum dinheiro; é um zero natural. Por outro lado, a temperatura de 0 °C não representa uma condição na qual não há calor. A temperatura de 0 °C é simplesmente uma posição na escala Celsius; não é um zero natural.

Para distinguir entre dados no nível intervalar e no nível de razão, determine se a expressão "duas vezes mais" tem algum sentido no contexto dos dados. Por exemplo, US$ 2 é duas vezes mais que US$ 1, então esses dados estão no nível de razão. Por outro lado, 2 °C não é duas vezes mais quente que 1 °C, então esses dados estão no nível intervalar.

Exemplo 3

Classificando dados por nível

Dois conjuntos de dados são apresentados nas tabelas 1.5 e 1.6. Qual conjunto consiste em dados no nível intervalar? Qual conjunto consiste em dados no nível de razão? Explique seu raciocínio. (*Fonte: Major League Baseball.*)

Tabela 1.5 Anos das vitórias do New York Yankees na Série Mundial.

| 1923, 1927, 1928, 1932, 1936, 1937, |
| 1938, 1939, 1941, 1943, 1947, 1949, |
| 1950, 1951, 1952, 1953, 1956, 1958, |
| 1961, 1962, 1977, 1978, 1996, 1998, |
| 1999, 2000, 2009 |

Tabela 1.6 Total de *home runs* da Liga Americana em 2012 (por time).

Baltimore	214	Minnesota	131
Boston	165	Nova York	245
Chicago	211	Oakland	195
Cleveland	136	Seattle	149
Detroit	163	Tampa Bay	175
Kansas City	131	Texas	200
Los Angeles	187	Toronto	198

Solução

Ambos os conjuntos contêm dados quantitativos. Considere as datas das vitórias dos Yankees na Série Mundial. Faz sentido encontrar diferenças entre datas específicas. Por exemplo, o tempo entre a primeira e a última vitória dos Yankees é

$$2009 - 1923 = 86 \text{ anos.}$$

Mas não faz sentido dizer que um ano é múltiplo do outro. Então, esses dados estão no nível intervalar. Contudo, usando o total de *home runs*, podemos encontrar diferenças e escrever razões. Com base nos dados, podemos ver que o Baltimore atingiu 39 *home runs* a mais do que o Tampa Bay, e que o New York Yankees atingiu cerca de 1,5 vez a quantidade registrada pelo Detroit. Então, esses dados estão no nível de razão.

Tente você mesmo 3

Determine se os dados estão no nível intervalar ou de razão.

1. A temperatura corporal (em graus Celsius) de um atleta durante uma sessão de exercícios.
2. Os índices cardíacos (em batidas por minuto) de um atleta durante uma sessão de exercícios.

a. Identifique o que cada conjunto de dados representa.
b. Especifique o nível de mensuração e justifique sua resposta.

As tabelas 1.7 e 1.8 resumem quais operações são apropriadas em cada um dos quatro níveis de mensuração. Quando identificar o nível de mensuração do conjunto de dados, use o nível mais alto que for adequado.

Tabela 1.7 Operações apropriadas nos níveis de mensuração.

Nível de mensuração	Categorizar os dados	Ordenar os dados	Subtrair os dados	Determinar se um dado é múltiplo do outro
Nominal	Sim	Não	Não	Não
Ordinal	Sim	Sim	Não	Não
Intervalar	Sim	Sim	Sim	Não
Razão	Sim	Sim	Sim	Sim

Tabela 1.8 Resumo dos quatro níveis de mensuração.

	Exemplo de conjunto de dados	Operações apropriadas
Nível nominal (dados qualitativos)	*Tipos de programas exibidos por uma rede de televisão* Comédia Documentários Drama Culinária Reality show Novelas Esportes Entrevistas	*Coloque em uma categoria* Por exemplo, um programa exibido pela rede poderia ser colocado em uma das oito categorias mostradas.
Nível ordinal (dados qualitativos ou quantitativos)	*Descrição da classificação de filmes dada pela Motion Picture Association of America* G Livre PG Acompanhamento dos pais é sugerido PG-13 Acompanhamento dos pais é muito necessário R Restrito NC-17 Proibido para menores de 17 anos	Coloque em uma categoria e *ordene*. Por exemplo, uma classificação PG tem uma restrição maior do que uma classificação G.
Nível intervalar (dados quantitativos)	*Temperatura média mensal (em graus Fahrenheit) para Denver, Colorado* Jan 30,7 Jul 74,2 Fev 32,5 Ago 72,5 Mar 40,4 Set 63,4 Abr 47,4 Out 50,9 Mai 57,1 Nov 38,3 Jun 67,4 Dez 30,0 (*Fonte: National Climatic Data Center.*)	Coloque em uma categoria, ordene e *encontre diferenças entre os valores*. Por exemplo, 72,5 − 63,4 = 9,1°F. Então, agosto é 9,1°F mais quente que setembro.
Nível de razão (dados quantitativos)	*Precipitação média mensal (em polegadas) para Orlando, Flórida* Jan 2,35 Jul 7,27 Fev 2,38 Ago 7,13 Mar 3,77 Set 6,06 Abr 2,68 Out 3,31 Mai 3,45 Nov 2,17 Jun 7,58 Dez 2,58 (*Fonte: National Climatic Data Center.*)	Coloque em uma categoria, ordene, encontre diferenças entre os valores e *encontre razões de valores*. Por exemplo, $\frac{7,58}{3,77} \approx 2$. Então, há cerca de duas vezes mais chuva em junho do que em março.

1.2 Exercícios

Construindo habilidades básicas e vocabulário

1. Nomeie cada nível de mensuração para o qual os dados podem ser qualitativos.
2. Nomeie cada nível de mensuração para o qual os dados podem ser quantitativos.

Verdadeiro ou falso? *Nos exercícios 3 a 6, determine se a afirmação é verdadeira ou falsa. Se for falsa, reescreva-a de forma que seja verdadeira.*

3. Dados no nível ordinal são somente quantitativos.
4. Para os dados no nível intervalar, você não pode calcular diferenças matemáticas entre os valores dos dados.
5. Mais tipos de cálculos podem ser realizados com dados no nível nominal do que com dados no nível intervalar.
6. Dados no nível de razão não podem ser ordenados.

Usando e interpretando conceitos

Classificando dados por tipo *Nos exercícios 7 a 14, determine se os dados são qualitativos ou quantitativos. Explique seu raciocínio.*

7. Alturas de balões de ar quente.
8. Capacidades de carga de caminhonetes.
9. Cores dos olhos de modelos.
10. Números de identidade de estudantes.
11. Pesos de bebês em um hospital.
12. Espécies de árvores em uma floresta.
13. Respostas em uma pesquisa de opinião.
14. Tempos de espera em um mercado.

Classificando dados por nível *Nos exercícios 15 a 20, determine o nível de mensuração dos conjuntos de dados. Explique seu raciocínio.*

15. **Seriados de comédia** Os anos em que um programa de televisão da ABC ganhou o prêmio Emmy de melhor seriado de comédia estão listados a seguir. (*Fonte: Academy of Television Arts and Sciences.*)

1955	1979	1980	1981	1982
1988	2010	2011	2012	

16. **Faculdades de negócios** As cinco melhores faculdades de negócios dos Estados Unidos em um ano recente, de acordo com a *Forbes*, estão listadas a seguir. (*Fonte: Forbes.*)

    1. Harvard.
    2. Stanford.
    3. Chicago (Booth).
    4. Pensilvânia (Wharton).
    5. Columbia.

17. **Futebol** Os números das camisas dos jogadores de um time de futebol estão listados a seguir.

5	9	78	11	14	4	15
10	31	19	23	21	18	27
7	6	1	13	3	37	20
22	17	16	2	88	8	

18. **Músicas** O tempo (em segundos) de músicas de um álbum está listado a seguir.

228	233	268	265	252
335	103	338	252	371
586	290	532	282	

19. **Lista de *best sellers*** Os cinco livros de ficção mais vendidos nos Estados Unidos segundo a lista do *The New York Times* de 23 de dezembro de 2012 são os seguintes. (*Fonte: The New York Times.*)

    1. Threat Vector.
    2. Gone Girl.
    3. The Forgotten.
    4. The Racketeer.
    5. Private London.

20. **E-mail** Os horários em que uma pessoa checa seus e-mails estão listados a seguir.

7:28	8:30	8:43	9:18
10:25	10:46	11:27	13:18
13:26	13:49	14:05	15:18
16:28	16:57	19:17	

Análise gráfica *Nos exercícios de 21 a 24, determine o nível de mensuração dos dados listados nos eixos horizontal e vertical dos gráficos.*

21. **Quão sério é o problema do aquecimento global?**

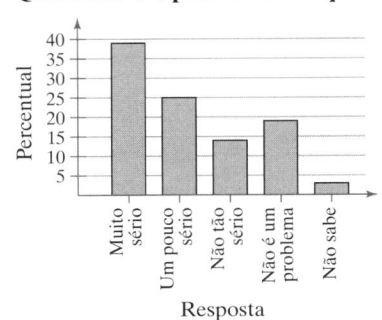

    (*Fonte: Pew Research Center*)

22. **Quantas folgas você planeja tirar no verão?**

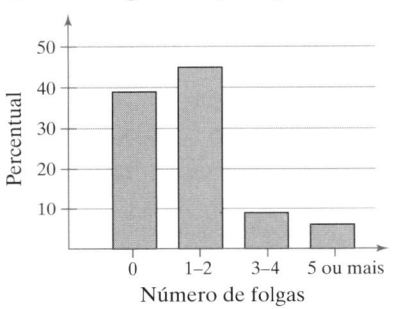

    (*Fonte: Harris Interactive*)

23. **Perfil de gênero do 112º Congresso dos EUA.**

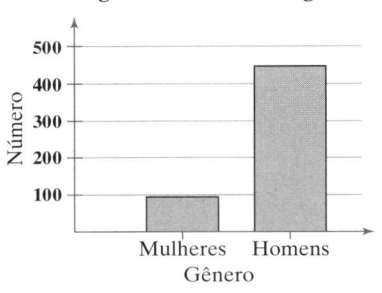

    (*Fonte: Congressional Research Service*)

24. **Mortes por acidente de veículos por ano.**

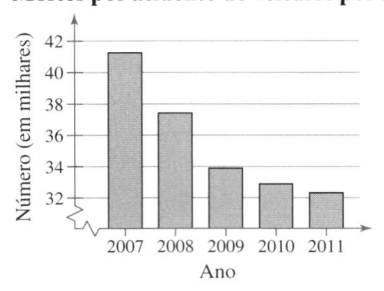

    (*Fonte: National Highway Traffic Safety Administration*)

25. Os itens a seguir aparecem em uma ficha de admissão de um consultório médico. Determine o nível de mensuração dos dados.
    (a) Temperatura.
    (b) Alergias.
    (c) Peso.
    (d) Nível de dor (escala de 0 a 10).

26. Os itens a seguir aparecem em uma ficha de emprego. Determine o nível de mensuração dos dados.
    (a) Graduação máxima atingida.
    (b) Gênero.
    (c) Ano de graduação universitária.
    (d) Número de anos no último emprego.

Classificando dados por tipo e nível *Nos exercícios 27 a 32, determine se os dados são qualitativos ou quantitativos e o nível de mensuração.*

27. **Futebol americano** Os cinco maiores times na última pesquisa sobre times universitários, divulgada em janeiro de 2013, estão listados a seguir. (*Fonte: Associated Press.*)
    1. Alabama.
    2. Oregon.
    3. Ohio State.
    4. Notre Dame.
    5. Georgia/Texas A&M.

28. **Política** Os três partidos políticos no 112º Congresso dos Estados Unidos estão listados a seguir.

    Republicano   Democrata   Independente

29. **Melhores vendedores** As regiões representando o melhor vendedor de uma empresa nos últimos seis anos nos Estados Unidos estão listadas a seguir.

    Sudeste   Noroeste
    Nordeste   Sudeste
    Sudoeste   Sudoeste

30. **Mergulho** As pontuações para os ganhadores masculinos da medalha de ouro de salto ornamental, plataforma de 10 metros, nos Jogos Olímpicos de Verão de 2012 estão listadas a seguir. (*Fonte: International Olympic Committee.*)

    97,20   86,40   99,90
    90,75   91,80   102,60

31. **Discos** Os cinco álbuns mais vendidos de 2012 estão listados a seguir. (*Fonte: Billboard.*)
    1. Adele "21".
    2. Michael Bublé "Christmas".
    3. Drake "Take Care".
    4. Taylor Swift "Red".
    5. One Direction "Up All Night".

32. **Preços dos ingressos** Os preços médios dos ingressos para dez shows da Broadway, em 2012, estão listados a seguir. (*Fonte: The Broadway League.*)

    US$ 110   US$ 88   US$ 181   US$ 97   US$ 67
    US$ 133   US$ 72   US$ 103   US$ 62   US$ 79

Expandindo conceitos

33. **Escrita** O que é um zero natural? Descreva três exemplos de conjuntos de dados que contenham um zero natural e três exemplos que não contenham.

34. Descreva dois exemplos de conjuntos de dados para cada um dos quatro níveis de mensuração. Justifique sua resposta.

Estudo de caso

Medindo a audiência dos programas de TV nos Estados Unidos

O grupo Nielsen mede a audiência de programas de TV nos Estados Unidos há mais de 60 anos. Ele utiliza diversos procedimentos amostrais, mas o principal é o rastreamento dos padrões de audiência de cerca de 20.000 domicílios, como mostra a Figura 1.5. Esses domicílios contêm aproximadamente 45.000 pessoas e são escolhidos de modo a formar uma amostra representativa da população geral. Os domicílios representam diversas localidades, grupos étnicos e faixas de renda. Os dados coletados da amostra da Nielsen de cerca de 20.000 domicílios, como mostra a Tabela 1.9, são usados para fazer inferências sobre a população de todos os domicílios nos Estados Unidos.

Figura 1.5 População e amostra da Nielsen para rastreamento dos padrões de audiência da TV nos domicílios norte-americanos.

Programas de TV vistos por todos os domicílios com TV nos Estados Unidos (114,2 milhões de domicílios)

Programas de TV vistos pela amostra da Nielsen (cerca de 20.000 domicílios)

Tabela 1.9 Medição para a semana de 03/12/2012 a 09/12/2012.

Posição	Nome do programa	Canal	Dia e horário	Audiência	Audiência entre 18 e 49 anos	Telespectadores
1	NBC Sunday Night Football	NBC	Domingo, 20:30	12,8	7,8	21.537.000
2	The Big Bang Theory	CBS	Quinta-feira, 20:00	10,3	5,2	16.945.000
3	Person of Interest	CBS	Quinta-feira, 21:00	8,7	2,9	14.175.000
4	Two and a Half Man	CBS	Quinta-feira, 20:30	8,4	4,0	13.502.000
5	Football Night in America Part 3	NBC	Domingo, 20:00	7,4	4,0	12.124.000
6	The Voice	NBC	Segunda-feira, 20:00	7,4	3,9	12.108.000
7	60 Minutes	CBS	Domingo, 19:00	7,7	1,9	11.867.000
8	The Voice	NBC	Terça-feira, 20:00	7,1	3,5	11.516.000
9	The OT	FOX	Domingo, 19:00	7,1	4,4	11.450.000
10	Criminal Minds	CBS	Quarta-feira, 21:00	7,1	3,0	11.326.000

Exercícios

1. **Índices de audiência** Cada ponto percentual de audiência representa 1.142.000 domicílios, ou 1% dos domicílios nos Estados Unidos com televisão. Um programa com índice de 8,4 tem o dobro do número de domicílios que um programa com índice de 4,2? Explique seu raciocínio.
2. **Percentagem amostral** Qual percentagem do número total de domicílios americanos com televisão é usada na amostra da Nielsen?
3. **Nível nominal de mensuração** Identifique se há coluna(s) na tabela com dados no nível nominal.
4. **Nível ordinal de mensuração** Identifique se há coluna(s) na tabela com dados no nível ordinal. Descreva duas maneiras nas quais os dados podem ser ordenados.
5. **Nível intervalar de mensuração** Identifique se há coluna(s) na tabela com dados no nível intervalar. Como esses dados podem ser ordenados?
6. **Nível de razão** Identifique se há coluna(s) na tabela com dados no nível de razão.
7. **Classificação** Como os programas estão classificados na tabela? Por que é feito dessa maneira? Explique seu raciocínio.
8. **Inferências** Quais decisões (inferências) podem ser tomadas com base nas medições da Nielsen?

O que você deve aprender

- Como planejar um estudo estatístico e como distinguir entre um estudo observacional e um experimental.
- Como coletar dados fazendo uma pesquisa ou uma simulação.
- Como planejar um experimento.
- Como criar uma amostra usando as amostragens aleatória, aleatória simples, estratificada, por conglomerado e sistemática, e como identificar uma amostra tendenciosa.

1.3 Coleta de dados e planejamento de experimentos

Planejamento de um estudo estatístico • Coleta de dados • Planejamento experimental • Técnicas de amostragem

Planejamento de um estudo estatístico

O objetivo de todo estudo estatístico é coletar dados e então usá-los para tomar uma decisão. Qualquer decisão que seja tomada usando os resultados de um estudo estatístico será tão boa quanto o processo utilizado para obtenção desses dados. Quando o processo é falho, a decisão resultante é questionável.

Embora você possa nunca desenvolver um estudo estatístico, é provável que tenha que interpretar os resultados de um. E, antes disso, deve se determinar se os resultados são confiáveis. Em outras palavras, devemos estar familiarizados com a forma de se planejar um estudo estatístico.

> **Instruções**
>
> **Planejando um estudo estatístico**
> 1. Identifique a(s) variável(is) de interesse (o foco) e a população do estudo.
> 2. Desenvolva um plano detalhado para a coleta de dados. Se usar uma amostra, certifique-se de que a amostra é representativa da população.
> 3. Colete os dados.
> 4. Descreva os dados usando técnicas de estatística descritiva.
> 5. Interprete os dados e tome as decisões sobre a população usando estatística inferencial.
> 6. Identifique quaisquer erros possíveis.

Um estudo estatístico pode, geralmente, ser categorizado como um estudo observacional ou experimental. Em um **estudo observacional**, um pesquisador não influencia as respostas. Em um **experimento**, um pesquisador, deliberadamente, aplica um tratamento antes de observar as respostas. Apresentamos a seguir um breve resumo desses tipos de estudo.

- Em um **estudo observacional**, um pesquisador observa e mede as características de interesse de parte de uma população, mas não muda as condições existentes. Por exemplo, foi realizado um estudo observacional no qual os pesquisadores observaram e registraram o comportamento oral de crianças acima de 3 anos de idade com objetos não alimentícios. (*Fonte: Pediatrics Magazine.*)

- Ao realizar um **experimento**, um **tratamento** é aplicado em uma parte da população, chamada de **grupo de tratamento**, e as respostas são observadas. Outra parte da população pode ser usada como um **grupo controle**, no qual nenhum tratamento é aplicado. (Os indivíduos nos grupos de tratamento e controle são chamados de **unidades experimentais**.) Em muitos casos, os indivíduos no grupo controle recebem um **placebo**, que é um tratamento falso, inofensivo, feito para parecer o tratamento real. As respostas do grupo de tratamento e do grupo controle podem ser comparadas e estudadas. Na maioria dos casos, é uma boa ideia usar o mesmo número de indivíduos em cada grupo. Por exemplo, foi realizado um experimento no qual diabéticos tomaram extrato de canela diariamente enquanto o grupo controle não tomou nada. Depois de 40 dias, os diabéticos que tomaram o extrato de canela reduziram seu risco de problemas cardíacos, enquanto o grupo controle não sofreu mudanças. (*Fonte: Diabetes Care.*)

Exemplo 1

Distinguindo entre um estudo observacional e um experimento

Determine se o estudo é observacional ou um experimento.

1. Pesquisadores estudam o efeito da complementação de vitamina D_3 em pacientes com deficiência de anticorpos ou com infecções frequentes do trato respiratório. Para realizar o estudo, 70 pacientes recebem 4.000 UI de vitamina D_3 diariamente por um ano. Outro grupo de 70 pacientes recebe um placebo diariamente por um ano. (*Fonte: British Medical Journal.*)

2. Pesquisadores conduzem um estudo para determinar o índice de aprovação pública nacional do presidente dos Estados Unidos. Para realizar o estudo, os pesquisadores ligam para 1.500 residentes no país e perguntaram se eles aprovavam ou não o trabalho realizado pelo presidente. (*Fonte: Gallup.*)

> **Solução**
>
> 1. Uma vez que o estudo aplica um tratamento (vitamina D_3) aos indivíduos, o estudo é um experimento.
> 2. Uma vez que o estudo não tenta influenciar as respostas dos indivíduos (não há tratamento), o estudo é observacional.
>
> **Tente você mesmo 1**
>
> A Comissão de Caça da Pensilvânia conduziu um estudo para contar o número de alces no estado. A comissão capturou e soltou 636 alces, dos quais 350 eram fêmeas adultas, 125 filhotes, 110 machos com chifres ramificados e 51 machos com chifres pontudos. Esse estudo é observacional ou um experimento? (*Fonte: Pennsylvania Game Commission.*)
>
> a. Determine se o estudo aplicou um tratamento aos indivíduos.
>
> b. Escolha um tipo de estudo apropriado.

Coleta de dados

Há várias maneiras de se coletarem dados. Frequentemente, o foco do estudo determina a melhor maneira de fazer a coleta. A seguir, há um breve resumo de dois métodos de coleta de dados.

- Uma **simulação** é o uso de um modelo matemático ou físico para reproduzir as condições de uma situação ou processo. A coleta de dados frequentemente envolve o uso de computadores. As simulações permitem que você estude situações que são impraticáveis ou mesmo perigosas para serem criadas na vida real, e frequentemente economizam tempo e dinheiro. Por exemplo, os fabricantes de automóveis usam simulações com bonecos para estudar os efeitos das colisões em humanos.
- Uma **pesquisa** é uma investigação de uma ou mais características de uma população. Mais frequentemente, as pesquisas são conduzidas com *pessoas*, por meio de perguntas. Os tipos mais comuns de pesquisas são realizados por meio de entrevistas, internet, telefone ou correio. Ao planejar uma pesquisa, é importante escolher bem as perguntas para não obter resultados tendenciosos, que não são representativos de uma população. Por exemplo, uma pesquisa é conduzida em uma amostra de médicas para determinar se o argumento principal para a escolha profissional é a estabilidade financeira. Ao planejar a pesquisa, seria aceitável fazer uma lista de razões e pedir a cada indivíduo na amostra para selecionar sua principal razão.

Planejamento experimental

Para produzir resultados significativos e não tendenciosos, os experimentos devem ser cuidadosamente planejados e executados. É importante saber quais passos devem ser realizados para que os resultados sejam válidos. Três elementos-chave de um experimento bem planejado são **controle**, **aleatorização** e **replicação**.

Em razão de os resultados poderem ser arruinados por uma variedade de fatores, a capacidade de controlá-los é importante. Um desses fatores é uma **variável de confusão**.

> **Definição**
>
> Uma **variável de confusão** ocorre quando um pesquisador não pode distinguir um ou mais fatores que causaram os efeitos provocados sobre a variável em estudo, gerando confusão.

Por exemplo, para atrair mais consumidores, o dono de uma cafeteria realiza um experimento ao pintar sua loja usando cores vibrantes. Ao mesmo tempo, um shopping center da região realiza sua grande inauguração. Se os negócios aumentarem na cafeteria, não podemos determinar se isso ocorreu por causa das novas cores ou do novo shopping. Os efeitos das cores e do shopping center se confundem.

Outro fator que pode afetar os resultados experimentais é o *efeito placebo*. O **efeito placebo** ocorre quando um indivíduo reage favoravelmente a um tratamento quando, na verdade, ele(a) recebeu um placebo. Para ajudar a controlar ou minimizar o efeito placebo, uma técnica chamada **cegamento** pode ser usada.

> **Entenda**
>
> O **efeito Hawthorne** ocorre em um experimento quando os indivíduos mudam seu comportamento simplesmente porque sabem que estão participando de um experimento.

Definição

O experimento cego (ou **cegamento**) é uma técnica na qual o indivíduo não sabe se está recebendo um tratamento ou um placebo. Em um **experimento duplo-cego**, nem o pesquisador nem os indivíduos sabem quem está recebendo um tratamento ou um placebo. O pesquisador é informado depois que todos os dados forem coletados. Esse tipo de planejamento experimental é preferido pelos pesquisadores.

Outro elemento de um experimento bem planejado é a **aleatorização**.

Definição

Aleatorização é o processo de se designar indivíduos aleatoriamente para diferentes grupos de tratamento.

Em um **planejamento completamente aleatorizado**, os indivíduos são designados para diferentes grupos de tratamento por meio de seleção aleatória. Em alguns experimentos, pode ser necessário usar **blocos**, que são grupos de indivíduos com características similares. Um planejamento experimental comumente usado é o **planejamento em blocos aleatorizados**. Para usá-lo, o pesquisador separa os indivíduos com características similares em blocos e, então, dentro de cada bloco, designa-os aleatoriamente para os grupos. Por exemplo, um pesquisador que está testando os efeitos de uma nova bebida para perda de peso pode, primeiro, dividir os indivíduos por faixa etária, tal como 30 a 39 anos, 40 a 49 anos e acima de 50 anos. Então, dentro de cada faixa, designar aleatoriamente os indivíduos ou para o grupo de tratamento ou para o grupo controle (veja a Figura 1.6).

Figura 1.6 Planejamento em blocos aleatorizados.

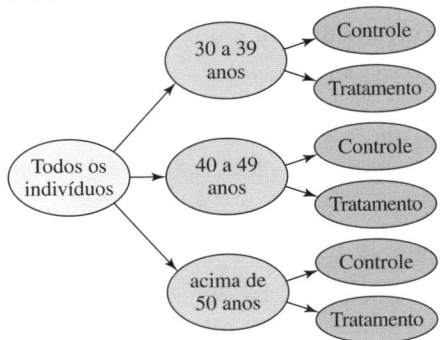

> **Entenda**
>
> A validade de um experimento refere-se à acurácia e à confiabilidade dos resultados. Os resultados de um experimento válido são mais prováveis de serem aceitos na comunidade científica.

Outro tipo de planejamento experimental é o **planejamento de pares combinados**, no qual os indivíduos são colocados em pares de acordo com a similaridade. Um indivíduo em cada par é selecionado aleatoriamente para receber um tratamento enquanto o outro indivíduo recebe um tratamento diferente. Por exemplo, dois indivíduos podem ser colocados em pares por causa da idade, de uma localização geográfica ou de uma característica física em particular.

O **tamanho da amostra**, que é o número de indivíduos em um estudo, é outra parte importante do planejamento experimental. Para melhorar a validade dos resultados experimentais, a **replicação** é necessária.

> **Definição**
>
> **Replicação** é a repetição de um experimento sob condições iguais ou semelhantes.

Por exemplo, suponha que um experimento seja planejado para testar uma vacina contra gripe. No experimento, 10.000 pessoas recebem a vacina e outras 10.000 recebem um placebo. Por conta do tamanho da amostra, a eficácia da vacina seria provavelmente observada. Mas, se os indivíduos no experimento não forem selecionados de modo que ambos os grupos sejam similares (de acordo com gênero e idade), os resultados serão de menor valor.

Exemplo 2

Analisando um planejamento experimental

Uma empresa quer testar a eficácia de uma nova goma de mascar desenvolvida para ajudar as pessoas a pararem de fumar. Identifique um problema em potencial com o planejamento experimental dado e sugira uma maneira de melhorá-lo.

1. A empresa identifica dez adultos que são fumantes há bastante tempo. Cinco deles recebem a nova goma de mascar e os outros cinco recebem um placebo. Depois de dois meses, eles são avaliados e descobre-se que os cinco indivíduos que estão usando a nova goma pararam de fumar.
2. A empresa identifica mil adultos que são fumantes há bastante tempo. Eles são divididos em blocos de acordo com o gênero. As mulheres recebem a nova goma e os homens recebem o placebo. Depois de dois meses, um número significante de mulheres tinha parado de fumar.

Solução

1. O tamanho da amostra não é grande o suficiente para validar os resultados. O experimento deve ser replicado, com amostra suficientemente maior, para melhorar a validade.
2. Os grupos não são similares. A nova goma de mascar pode ter mais efeito nas mulheres do que nos homens ou vice-versa. Os indivíduos podem ser divididos em blocos de acordo com gênero, mas depois, dentro de cada bloco, eles precisam ser aleatoriamente designados para estar no grupo de tratamento ou controle.

Tente você mesmo 2

A empresa do Exemplo 2 identifica 240 adultos fumantes. Eles são aleatoriamente designados para estar em um grupo de tratamento ou controle. Cada indivíduo recebe um DVD sobre os perigos do fumo.

Depois de quatro meses, a maioria dos indivíduos no grupo de tratamento parou de fumar.

a. Identifique um problema em potencial com o planejamento experimental.

b. Como o planejamento poderia ser melhorado?

Técnicas de amostragem

Um **censo** é uma contagem ou medição de *toda* a população. A realização de um censo fornece informações completas, mas é frequentemente caro e difícil de realizar. Uma **amostragem** é uma contagem ou medição de *parte* de uma população e é mais comumente usada nos estudos estatísticos. Para coletar dados não viesados, um pesquisador deve assegurar que a amostra é representativa da população. Técnicas de amostragem apropriadas devem ser utilizadas para garantir que as inferências sobre a população sejam válidas. Lembre-se de que, quando um estudo é realizado com dados falhos, os resultados são questionáveis. Mesmo com os melhores métodos de amostragem, um **erro de amostragem** pode acontecer. Um erro de amostragem é a diferença entre os resultados da amostra e os da população. Quando aprendemos sobre estatística inferencial, também aprendemos técnicas para controlar esses erros de amostragem.

Uma **amostragem aleatória** é aquela na qual todos os elementos de uma população têm chances iguais de serem selecionados. Uma **amostragem aleatória simples** é aquela na qual cada amostra possível de mesmo tamanho tem a mesma chance de ser selecionada. Uma maneira de coletar uma amostra aleatória simples é designar um número diferente para cada membro da população e então usar uma tabela de números aleatórios, como a Tabela B.1 do Apêndice B, aqui representada pela Tabela 1.10. As respostas, contagens ou medições provenientes de elementos da população cujos números correspondem àqueles gerados com o uso da tabela farão parte da amostra. Calculadoras e programas de computador também são utilizados para gerar números aleatórios (veja a seção *Tecnologia* no final deste capítulo).

> **Entenda**
>
> Uma **amostra tendenciosa** é a que não é representativa da população da qual é extraída. Por exemplo, uma amostra consistindo apenas em estudantes universitários entre 18 e 22 anos não seria representativa de toda a população entre 18 e 22 anos do país.

Tabela 1.10 Números aleatórios.

92630	78240	19267	95457	53497	23894	37708	79862
79445	78735	71549	44843	26104	67318	00701	34986
59654	71966	27386	50004	05358	94031	29281	18544
31524	49587	76612	39789	13537	48086	59483	60680
06348	76938	90379	51392	55887	71015	09209	79157

Parte da Tabela B.1 do Apêndice B.

Considere um estudo para estimar o número de pessoas que moram no Condado de West Ridge. Para usar uma amostra aleatória simples, no intuito de contar o número de pessoas que moram nos domicílios do condado, você poderia designar um número diferente para cada domicílio, usar uma ferramenta tecnológica ou uma tabela de números aleatórios para gerar uma amostra de números e então contar o número de pessoas que moram em cada domicílio selecionado.

Exemplo 3

Obtendo uma amostra aleatória simples

Há 731 estudantes matriculados em um curso de estatística em uma faculdade. Você deseja formar uma amostra de oito estudantes para responder às questões de uma pesquisa. Selecione os estudantes que pertencerão à amostra aleatória simples.

> **Dica de estudo**
>
> Aqui constam instruções para usar um gerador de números aleatórios inteiros em uma calculadora TI-84 plus para o Exemplo 3.
>
> [MATH]
>
> Escolha o menu PRB.
> 5:randI(
>
> [1] [,] [7] [3] [1] [,] [8] [)]
> [ENTER]
>
> ```
> randInt(1,731,8)
> {537 33 249 728…
> ```
>
> Se você continuar pressionando [ENTER], mais amostras aleatórias de oito números inteiros serão geradas.

Solução

Designe números de 1 a 731 para cada estudante do curso. Na tabela de números aleatórios, escolha um ponto de partida aleatoriamente e leia os dígitos em grupos de 3 (porque 731 é um número de 3 dígitos). Por exemplo, se você começar na terceira fileira da tabela, no começo da segunda coluna, você agruparia os números como a seguir:

719|66   2|738|6   50|004| 053|58   9|403|1   29|281| 185|44

Ignorando os números maiores do que 731, os primeiros oito números são 719, 662, 650, 4, 53, 589, 403 e 129. Os estudantes que receberam esses números formarão a amostra. Para encontrar a amostra usando a calculadora TI-84 plus, siga as instruções do box "Dica de estudo".

Tente você mesmo 3

Uma empresa emprega 79 pessoas. Escolha uma amostra aleatória simples composta de cinco para pesquisar.

a. Na Tabela B.1 de números aleatórios no Apêndice B, escolha aleatoriamente um ponto de partida.
b. Leia os dígitos em grupos de dois.
c. Escreva os cinco números aleatórios menores que 80.

Quando você escolhe os elementos de uma amostra, você deve decidir se é aceitável ter o mesmo elemento da população mais de uma vez. Se for aceitável, então o processo amostral é *com reposição*. Se não for aceitável, o processo é *sem reposição*.

Existem muitas outras técnicas de amostragem comumente usadas. Cada uma tem vantagens e desvantagens.

- ***Amostragem estratificada*** Quando é importante que uma amostra tenha elementos de cada segmento da população, devemos usar uma amostra estratificada. Dependendo do foco do estudo, elementos de uma população são divididos em dois ou mais subconjuntos, chamados de *estratos*, que compartilham uma característica similar como idade, sexo, grupo étnico ou até mesmo preferência política. Uma amostra é então selecionada aleatoriamente de cada um dos estratos. O uso de uma amostra estratificada assegura que cada segmento da população está representado. Por exemplo, para coletar uma amostra estratificada do número de pessoas que moram no Condado de West Ridge, você poderia dividir os domicílios em níveis socioeconômicos e, então, selecionar aleatoriamente residências de cada nível (veja a Figura 1.7).

Ao usar uma amostragem estratificada, alguns cuidados devem ser tomados, de modo a assegurar que todos os estratos forneçam amostras proporcionais às suas reais porcentagens de ocorrência na população. Por exemplo, se 40% das pessoas no Condado de West Ridge pertencem ao grupo de renda mais baixa, então a amostra (amostragem estratificada proporcional) deve ter uma proporção de 40% desse grupo.

Figura 1.7 Amostragem estratificada.

Grupo 1: renda baixa   Grupo 2: renda média   Grupo 3: renda alta

- *Amostragem por conglomerado* Quando a população recai em subgrupos que ocorrem naturalmente, cada um tendo características similares, uma amostragem por conglomerado pode ser a mais apropriada. Para selecionar uma amostragem em tal procedimento, divida a população em grupos, chamados *conglomerados*, e selecione todos os elementos em um ou mais (mas não em todos) conglomerados sorteados. Tipos de conglomerados poderiam ser seções diferentes do mesmo curso ou diferentes filiais de um banco. Por exemplo, para coletar uma amostra por conglomerado do número de pessoas que moram nos domicílios do Condado de West Ridge, divida os domicílios em grupos de acordo com os códigos postais, então, selecione todas as residências em um ou mais, mas não todos, códigos postais e conte o número de pessoas que vivem em cada domicílio (veja a Figura 1.8). Ao usar uma amostragem por conglomerado, devemos ter cuidado para assegurar que todos tenham características similares. Por exemplo, se um dos grupos de código postal tem uma proporção maior de pessoas de alta renda, os dados podem não ser representativos da população.

Figura 1.8 Amostragem por conglomerado — Zonas de códigos postais no Condado de West Ridge.

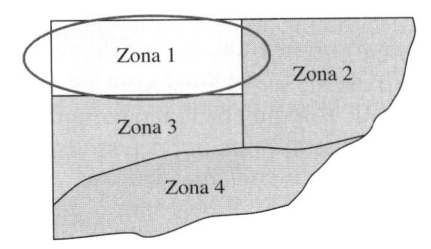

- *Amostragem sistemática* Uma amostragem sistemática é aquela na qual é atribuído um número a cada elemento da população ordenada. Essa ordenação é dividida segundo o número de elementos definidos para a amostra, gerando grupos. Um número é selecionado aleatoriamente no primeiro grupo, e, então, os demais elementos da amostra são selecionados em intervalos regulares a partir do número inicial. (Isto é, cada 3º, 5º ou 100º membro é selecionado.) Por exemplo, para coletar uma amostra sistemática do número de pessoas que moram em West Ridge, poderíamos designar um número diferente para cada domicílio, escolher aleatoriamente um número no primeiro grupo (por exemplo, domicílios de 1 a 100, sorteando o número 80) e, a partir dele, selecionar a cada 100º domicílio (80, 180, 280 e assim por diante) e contar o número de pessoas vivendo em cada um (veja a Figura 1.9). Uma vantagem da amostragem sistemática é que ela é fácil de ser usada. Contudo, caso ocorra qualquer padrão de regularidade nos dados, esse tipo de amostragem deve ser evitado.

Figura 1.9 Amostragem sistemática.

Um tipo de amostragem que frequentemente leva a estudos tendenciosos (portanto, não é recomendada) é a **amostragem por conveniência**. Uma amostra por conveniência consiste somente em membros da população que são fáceis de contatar.

Entenda

Para uma amostragem estratificada, cada um dos estratos contém elementos com certas características (por exemplo, uma faixa etária em particular). Em contraste, os conglomerados consistem em grupamentos geográficos, e cada um deve conter elementos com todas as características (por exemplo, todas as faixas etárias). Com amostras estratificadas, alguns elementos de cada grupo (estrato) são selecionados. Na amostragem por conglomerado, todos os elementos de um ou mais grupos são selecionados.

Retratando o mundo

A organização Gallup conduz muitas pesquisas (ou levantamentos) sobre o presidente, o congresso e assuntos políticos e não políticos. Uma pesquisa Gallup comumente citada é o índice de aprovação pública do presidente. Por exemplo, os índices de aprovação para o presidente Barack Obama em 2012 são mostrados no gráfico a seguir. (O índice é da pesquisa conduzida ao final de cada mês.)

Índice de aprovação do presidente, 2012.

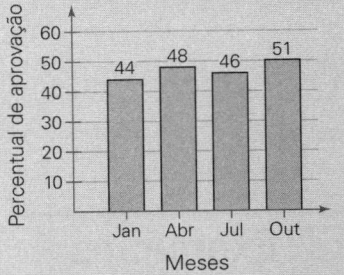

Mês	Percentual de aprovação
Jan	44
Abr	48
Jul	46
Out	51

Discuta algumas maneiras nas quais a Gallup poderia selecionar uma amostra tendenciosa para conduzir a pesquisa. Como a Gallup poderia selecionar uma amostra que não seja tendenciosa?

> ### Exemplo 4
>
> **Identificando as técnicas de amostragem**
>
> Você está realizando um estudo para determinar a opinião dos estudantes em sua escola sobre a pesquisa de células-tronco. Identifique a técnica de amostragem que você usaria ao selecionar as amostras listadas.
>
> 1. Você divide a população de estudantes com relação às graduações e, aleatoriamente, seleciona e questiona alguns estudantes em cada curso de graduação.
> 2. Você designa um número para cada estudante e gera números aleatórios. Então, você questiona cada estudante cujo número é selecionado aleatoriamente.
> 3. Você seleciona estudantes que são da sua turma de biologia.
>
> **Solução**
>
> 1. Como os estudantes são divididos em estratos (graduações) e uma amostra é selecionada de cada graduação, esta é uma amostra estratificada.
> 2. Cada amostra de mesmo tamanho tem chances iguais de ser selecionada e cada estudante tem chances iguais de ser selecionado, então esta é uma amostra aleatória simples.
> 3. Uma vez que a amostra é tomada de estudantes que estão prontamente disponíveis, esta é uma amostra por conveniência. A amostra pode ser tendenciosa porque estudantes de biologia podem estar mais familiarizados com pesquisa de células-tronco que os demais, e possuir opiniões mais firmes.
>
> **Tente você mesmo 4**
>
> Você quer determinar a opinião dos estudantes com relação às células-tronco. Identifique a técnica de amostragem que você usaria ao selecionar as amostras listadas.
>
> 1. Você seleciona uma turma aleatoriamente e questiona cada estudante.
> 2. Você designa um número para cada estudante e, depois de escolher um número inicial, questiona cada 25º aluno.
>
> a. Determine como a amostra é selecionada e identifique a técnica de amostragem correspondente.
> b. Discuta potenciais fontes de tendenciosidade (se aplicável). Explique.

1.3 Exercícios

Construindo habilidades básicas e vocabulário

1. Qual é a diferença entre um estudo observacional e um experimento?
2. Qual é a diferença entre um censo e uma amostragem?
3. Qual é a diferença entre uma amostra aleatória e uma amostra aleatória simples?
4. O que é a replicação em um experimento? Por que ela é importante?

Verdadeiro ou falso? *Nos exercícios 5 a 10, determine se a afirmação é verdadeira ou falsa. Se for falsa, reescreva-a de forma que seja verdadeira.*

5. Um placebo é um tratamento real.

6. Um experimento duplo-cego é usado para aumentar o efeito placebo.

7. Usar amostras sistemáticas garante que elementos de cada grupo dentro de uma população serão amostrados.

8. Um censo é uma contagem de parte de uma população.

9. O método para seleção de uma amostra estratificada é ordenar uma população de alguma maneira e, então, selecionar elementos da população em intervalos regulares.

10. Para selecionar uma amostra por conglomerado, divide-se a população em grupos e, então, selecionam-se todos os elementos em pelo menos um (mas não todos) dos grupos.

Estudo observacional ou experimento? *Nos exercícios 11 a 14, determine se o estudo é observacional ou um experimento. Explique.*

11. Em uma pesquisa com 177.237 adultos americanos, 65% afirmaram que visitaram um dentista nos últimos 12 meses. (*Fonte: Gallup.*)

12. Pesquisadores demonstraram em pessoas com risco aumentado para doenças cardiovasculares que 2.000 miligramas por dia de acetil-L-carnitina, em um período de 24 semanas, reduziram a pressão sanguínea e melhoraram a resistência à insulina. (*Fonte: American Heart Association.*)

13. Para estudar os efeitos da música nos hábitos de direção, oito motoristas (quatro homens e quatro mulheres) dirigiram 500 milhas enquanto ouviam diferentes gêneros musicais. (*Fonte: Confused.com.*)

14. Para estudar a relação predador-presa no Mar de Bering, pesquisadores observaram o comportamento alimentar de três espécies: gaivota-tridáctila, uria lomvia e urso-do-mar. (*Fonte: PLOS ONE.*)

Usando e interpretando conceitos

15. **Droga antialérgica** Uma companhia farmacêutica quer testar a eficácia de uma nova droga antialérgica. A empresa identifica 250 mulheres de 30 a 35 anos que sofrem de alergias severas. Os indivíduos são aleatoriamente designados em dois grupos. Um grupo recebe a nova droga e outro recebe um placebo que parece com a nova droga. Depois de seis meses, os sintomas dos indivíduos são estudados e comparados.

    (a) Identifique as unidades experimentais e tratamentos usados nesse experimento.
    (b) Identifique um problema em potencial com o planejamento experimental usado e sugira uma maneira de melhorá-lo.
    (c) Como esse experimento poderia ser planejado para ser duplo-cego?

16. **Tênis** Uma companhia de calçados desenvolveu um novo tipo de tênis criado para ajudar a retardar o princípio da artrite no joelho. Oitenta pessoas com sinais precoces de artrite foram voluntárias para o estudo. Metade dos voluntários usou o novo tênis e a outra metade usou tênis comuns, que tinham a mesma aparência dos tênis do experimento. Os indivíduos usaram os tênis todos os dias. Na conclusão do estudo, seus sintomas foram avaliados e uma ressonância magnética foi realizada em seus joelhos. (*Fonte: Washington Post.*)

    (a) Identifique as unidades experimentais e tratamentos usados nesse experimento.
    (b) Identifique um problema em potencial com o planejamento experimental usado e sugira uma maneira de melhorá-lo.
    (c) O experimento é descrito como um estudo duplo-cego controlado por placebo. Explique o que isso significa.
    (d) Dos 80 voluntários, 40 são homens e 40 são mulheres. Como os blocos poderiam ser usados no planejamento do experimento?

17. **Tabela de números aleatórios** Use a sexta linha da Tabela B.1 no Apêndice B para gerar 12 números aleatórios entre 1 e 99.

18. **Tabela de números aleatórios** Use a décima linha da Tabela B.1 para gerar 10 números aleatórios entre 1 e 920.

Números aleatórios *Nos exercícios 19 e 20, use a tecnologia para gerar os números aleatórios.*

19. Quinze números entre 1 e 150.

20. Dezenove números entre 1 e 1.000.

21. **Privação de sono** Um pesquisador quer estudar os efeitos da privação de sono nas habilidades motoras. Dezoito pessoas foram voluntárias para o experimento: Jake, Maria, Mike, Lucy, Ron, Adam, Bridget, Carlos, Steve, Susan, Vanessa, Rick, Dan, Kate, Pete, Judy, Mary e Connie. Use um gerador de números aleatórios para escolher nove indivíduos para o grupo de tratamento. Os outros nove farão parte do grupo controle. Liste os indivíduos em cada grupo. Diga qual método foi utilizado para gerar os números aleatórios.

22. **Geração de números aleatórios** Voluntários de um experimento são numerados de 1 a 90, e devem ser aleatoriamente designados a dois grupos de tratamento diferentes. Use um gerador de números aleatórios, diferente do utilizado no exercício 21, para escolher 45 indivíduos para o grupo de tratamento. Os outros 45 farão parte do grupo controle. Liste os indivíduos de acordo com o número, em cada grupo. Diga qual método foi usado para gerar os números aleatórios.

Identificando técnicas de amostragem *Nos exercícios 23 a 30, identifique a técnica de amostragem usada e discuta fontes potenciais de viés (se aplicável). Explique.*

23. Usando discagem aleatória, pesquisadores ligaram para 1.400 pessoas e perguntaram quais obstáculos (tais como cuidar de crianças) as afastavam da prática de exercícios físicos.

24. Escolhidas aleatoriamente, 500 pessoas da zona rural e 500 pessoas da zona urbana, com 65 anos ou mais, foram questionadas sobre sua saúde e experiência com drogas prescritas.

25. Questionando estudantes ao saírem da biblioteca, um pesquisador perguntou a 358 deles sobre seus hábitos com relação à bebida.

26. Depois de um furacão, a região do desastre foi dividida em 200 áreas iguais. Trinta das áreas são selecionadas, e cada domicílio ocupado é entrevistado para ajudar a concentrar os esforços de socorro que os residentes mais necessitam.

27. Escolhidos aleatoriamente, 580 consumidores de uma concessionária de automóveis são contatados e perguntados sobre sua opinião a respeito dos serviços que receberam.

28. Cada décima pessoa que entra em um shopping é perguntada sobre o nome da sua loja favorita.

29. Sementes de soja são plantadas em um campo de 48 acres. O campo é dividido em subáreas de um acre. Uma amostra é retirada de cada subárea para estimar a colheita.

30. A partir de ligações feitas para números selecionados aleatoriamente, 1.012 entrevistados foram questionados se são locatários ou proprietários de suas residências.

Escolhendo entre um censo e uma amostragem *Nos exercícios 31 e 32, determine se você faria um censo ou usaria amostragem. Se escolhesse amostragem, decida qual técnica usaria. Explique.*

31. A idade média dos 115 residentes de uma comunidade de aposentados.

32. O tipo de filme mais popular entre os 100.000 assinantes de aluguel de filmes on-line.

Reconhecendo uma questão tendenciosa *Nos exercícios de 33 a 36, determine se a pergunta da pesquisa é tendenciosa. Se for, sugira uma redação melhor.*

33. Por que ingerir alimentos integrais melhora a sua saúde?

34. Por que digitar no celular ao dirigir aumenta o risco de acidente?

35. Quanto você se exercita, em média, em uma semana?

36. Por que a mídia tem um efeito negativo nos hábitos alimentares de adolescentes do sexo feminino?

37. **Escrita** Uma amostra de medições de programas de televisão realizada pela The Nielsen Company está descrita na seção *Estudo de caso*, vista anteriormente neste capítulo. Discuta os estratos usados na amostra. Por que é importante ter uma amostra estratificada para essas medições?

Expandindo conceitos

38. **Experimentos naturais** Estudos observacionais algumas vezes são chamados de *experimentos naturais*. Explique, com suas próprias palavras, o que isso significa.

39. **Perguntas fechadas e abertas** Dois tipos de perguntas em uma pesquisa são as abertas e as fechadas. Uma pergunta aberta permite qualquer tipo de resposta; uma pergunta fechada permite somente uma resposta fixa. Uma pergunta aberta e uma pergunta fechada com suas escolhas possíveis são dadas a seguir. Liste uma vantagem e uma desvantagem de cada pergunta.

    Pergunta aberta   O que pode ser feito para que os estudantes comam alimentos mais saudáveis?

    Pergunta fechada   Como você faria para que os estudantes comessem alimentos mais saudáveis?

    1. Um curso de nutrição obrigatório.
    2. Oferecer somente alimentos saudáveis na cafeteria e retirar os alimentos não saudáveis.
    3. Oferecer mais alimentos saudáveis na cafeteria e aumentar os preços dos alimentos não saudáveis.

40. **Quem escolheu essas pessoas?** Algumas agências de pesquisa pedem que as pessoas liguem para um telefone e deem sua resposta a uma pergunta. (a) Liste uma vantagem e uma desvantagem de uma pesquisa conduzida dessa maneira. (b) Qual técnica de amostragem é usada em tal pesquisa?

41. **Analisando um estudo** Encontre um artigo que descreva um estudo estatístico.
    (a) Identifique a população e a amostra.
    (b) Classifique os dados como qualitativos ou quantitativos. Determine o nível de mensuração.
    (c) O estudo é observacional ou um experimento? Se for um experimento, identifique o tratamento.
    (d) Identifique a técnica de amostragem usada para coletar os dados.

Atividade 1.3 – Números aleatórios

O applet *Random numbers* é projetado para permitir a geração de números aleatórios a partir de um intervalo de valores. Você pode especificar valores inteiros para o valor máximo (*maximum value*), o valor mínimo (*minimum value*) e o número de amostras (*number of samples*) nos campos apropriados (veja a Figura 1.10). Você não deve usar vírgulas decimais ao preencher os campos. Quando o botão SAMPLE (amostra) é clicado, o applet gera valores aleatórios, que são mostrados como uma lista na área de texto.

APPLET

Você encontra o applet interativo para esta atividade no Site de Apoio.

Figura 1.10

```
Minimum value:    [    ]
Maximum value:    [    ]
Number of samples: [    ]
[ Sample ]
```

Explore

Passo 1 Especifique um valor mínimo (*minimum value*).
Passo 2 Especifique um valor máximo (*maximum value*).
Passo 3 Especifique o número de amostras (*number of samples*).
Passo 4 Clique em SAMPLE para gerar uma lista de valores aleatórios.

Conclua

1. Especifique o valor mínimo, máximo e números de amostras como sendo 1, 20 e 8, respectivamente, conforme mostrado na Figura 1.11. Execute o applet. Continue gerando listas até que você obtenha uma que mostre que a amostra aleatória é retirada com reposição. Escreva essa lista. Como você sabe que a lista é uma amostra aleatória com reposição?

APPLET

Figura 1.11

```
Minimum value:    [ 1  ]
Maximum value:    [ 20 ]
Number of samples: [ 8  ]
[ Sample ]
```

2. Use o applet para repetir o Exemplo 3 da Seção 1.3. Quais valores você usou para o mínimo, máximo e número de amostras? Qual método você prefere? Explique.

Usos e abusos – Estatística no mundo real

Usos

Experimento com resultados favoráveis Um experimento estudou 321 mulheres com câncer de mama em estágio avançado. Todas foram tratadas previamente com outras drogas, mas o câncer parou de responder às medicações. Então, a esse grupo de mulheres foi dada a oportunidade de experimentar uma nova droga combinada com um quimioterápico específico.

Os indivíduos foram divididos em dois grupos, um que tomou a nova droga combinada com a quimioterapia e outro que tomou somente a quimioterapia. Depois de três anos, os resultados mostraram que a nova droga, em combinação com a quimioterapia, postergou a progressão do câncer nos indivíduos. Os resultados foram tão significativos que o estudo foi interrompido e a nova droga foi oferecida para todas as mulheres no estudo. O FDA (*Food and Drug Administration*), então, aprovou o uso da nova droga em conjunto com a quimioterapia.

Abusos

Experimentos com resultados desfavoráveis Por quatro anos, 180 mil adolescentes na Noruega foram usados para testar uma nova vacina contra a bactéria mortal *meningococcus b*. Uma cartilha descrevendo os possíveis efeitos da vacina afirmava: "é improvável que haja complicações sérias"; enquanto informações fornecidas para o parlamento norueguês afirmavam: "efeitos colaterais sérios não podem ser excluídos". A vacina experimental teve alguns resultados desastrosos: mais de 500 efeitos colaterais foram reportados, sendo alguns considerados sérios, e muitos indivíduos desenvolveram doenças neurológicas graves. Os resultados mostraram que a vacina forneceu imunidade em somente 57% dos casos. Esse resultado não foi suficiente para que a vacina fosse adicionada ao programa de vacinação norueguês. Desde então, indenizações foram pagas às vítimas da vacina.

Ética

Os experimentos nos ajudam a entender mais o mundo que nos rodeia. Mas, em alguns casos, eles podem causar mais mal do que bem. Nos experimentos na Noruega, surgem algumas questões éticas. O experimento norueguês foi antiético se os interesses dos indivíduos foram negligenciados? Quando o experimento deveria ter parado? O experimento deveria mesmo ter sido conduzido? Quando os efeitos colaterais de um experimento não são reportados e são escondidos dos indivíduos, não há o que ser discutido sobre ética ele está simplesmente errado.

Por outro lado, os pesquisadores do câncer de mama não queriam negar a nova droga a um grupo de pacientes com uma doença fatal. Mas, novamente, questões surgem. Por quanto tempo um pesquisador deve manter um experimento que mostra resultados melhores dos que os esperados? Quando um pesquisador pode concluir que uma droga é segura para os indivíduos envolvidos?

Exercícios

1. ***Resultados desfavoráveis*** Encontre um exemplo de um experimento real que teve resultados desfavoráveis. O que poderia ter sido feito para evitar o resultado do experimento?

2. ***Parando um experimento*** Em sua opinião, quais são alguns dos problemas que podem surgir quando as tentativas clínicas de uma nova droga experimental ou vacina pararem mais cedo e forem distribuídas a outros indivíduos ou pacientes?

Resumo do capítulo

O que você aprendeu	Exemplo(s)	Exercícios de revisão
Seção 1.1		
• Como distinguir entre uma população e uma amostra.	1	1–4
• Como distinguir entre um parâmetro e uma estatística.	2	5–8
• Como distinguir entre estatística descritiva e estatística inferencial.	3	9 e 10
Seção 1.2		
• Como distinguir entre dados qualitativos e quantitativos.	1	11–14
• Como classificar os dados com relação aos quatro níveis de mensuração: nominal, ordinal, intervalar e de razão.	2 e 3	15–18

Seção 1.3

- Como planejar um estudo estatístico e distinguir entre um estudo observacional e um experimento.
- Como planejar um experimento.
- Como obter uma amostra usando amostragem aleatória, amostragem aleatória simples, amostragem estratificada, amostragem por conglomerado e amostragem sistemática. Como identificar uma amostra tendenciosa.

1	19 e 20
2	21 e 22
3 e 4	23–30

Exercícios de revisão

Seção 1.1

Nos exercícios 1 a 4, identifique a população e a amostra.

1. Uma pesquisa com 1.503 adultos norte-americanos descobriu que 78% são a favor das políticas governamentais que requerem melhor eficiência dos combustíveis para veículos. (*Fonte: Pew Research Center.*)
2. Trinta e oito enfermeiras que trabalham na área de São Francisco foram perguntadas a respeito da administração de assistência médica.
3. Uma pesquisa com 2.311 adultos norte-americanos descobriu que 84% consultaram assistência médica pelo menos uma vez no ano passado. (*Fonte: Harris Interactive.*)
4. Uma pesquisa com 186 adultos norte-americanos com idade de 25 a 29 anos descobriu que 76% leram um livro nos últimos 12 meses. (*Fonte: Pew Research Center.*)

Nos exercícios 5 a 8, determine se o valor numérico é um parâmetro ou uma estatística. Explique seu raciocínio.

5. Em 2012, a liga principal dos times de beisebol gastou um total de US$ 2.940.657.192 com salários de jogadores. (*Fonte: USA Today.*)
6. Em uma pesquisa com 1.000 adultos nos Estados Unidos, 65% planejam estar acordados à meia-noite para saudar o ano novo. (*Fonte: Rasmussen Reports.*)
7. Em um estudo recente com graduandos em matemática em uma universidade, 10 estudantes cursaram física como habilitação secundária.
8. Cinquenta por cento de uma amostra de 1.025 adultos norte-americanos disseram que os melhores anos dos Estados Unidos ficaram para trás. (*Fonte: Gallup.*)
9. Que parte da pesquisa descrita no Exercício 3 representa o ramo descritivo da estatística? Faça uma inferência baseada nos resultados da pesquisa.
10. Que parte da pesquisa descrita no Exercício 4 representa o ramo descritivo da estatística? Faça uma inferência baseada nos resultados da pesquisa.

Seção 1.2

Nos exercícios 11 a 14, determine se os dados são qualitativos ou quantitativos. Explique seu raciocínio.

11. As idades de uma amostra de 350 funcionários de uma empresa de software.
12. Os códigos postais de uma amostra de 200 clientes de uma loja de artigos esportivos.
13. As receitas das 500 maiores empresas na lista da *Forbes*.
14. O estado civil de todos os jogadores profissionais de golfe.

Nos exercícios 15 a 18, determine o nível de mensuração dos conjuntos de dados. Explique seu raciocínio.

15. As temperaturas máximas diárias (em graus Fahrenheit) em Sacramento, Califórnia, para uma semana de julho estão listadas a seguir. (*Fonte: National Climatic Data Center.*)

    96   77   75   84   87   94   101

16. As classes de tamanhos de automóveis para uma amostra de sedans estão listadas a seguir.

    minicompacto   subcompacto   compacto
    médio   grande

17. Os quatro departamentos de uma gráfica estão listados a seguir.

    Administração   Vendas   Produção   Faturamento

18. As remunerações totais (em milhões de dólares) dos dez maiores executivos nos Estados Unidos estão listadas a seguir.

    131   67   64   61   56   52   50   49   44   43

Seção 1.3

Nos exercícios 19 e 20, determine se o estudo é observacional ou um experimento.

19. Pesquisadores conduzem um estudo para determinar se uma droga usada para tratar hipotireoidismo funciona melhor quando ministrada pela manhã ou antes de dormir. Para realizar o estudo, 90 pacientes receberam uma pílula para tomar pela manhã e outra à noite (uma contendo a droga e outra um placebo). Após 3 meses, os pacientes são instruídos a trocar as pílulas. (*Fonte: J A M A Internal Medicine.*)

20. Pesquisadores conduzem um estudo para determinar o número de quedas que as mulheres sofrem durante a gravidez. Para realizar o estudo, os pesquisadores contataram 3.997 mulheres que deram à luz recentemente e perguntaram quantas vezes elas caíram durante a gravidez. (*Fonte: Maternal and Child Health Journal.*)

Nos exercícios 21 e 22, 200 estudantes são voluntários em um experimento para testar os efeitos da privação do sono na recuperação de memórias. Os estudantes serão colocados em um dos cinco diferentes grupos de tratamento, incluindo o grupo controle.

21. Explique como você faria um experimento de modo que ele usasse um planejamento em blocos aleatorizados.

22. Explique como você faria um experimento de modo que ele usasse um planejamento completamente aleatorizado.

Nos exercícios 23 a 28, identifique as técnicas de amostragem usadas, e discuta fontes potenciais de tendenciosidade (se aplicável). Explique.

23. Ligando para números de telefone gerados aleatoriamente, pesquisadores perguntaram a 1.003 adultos norte-americanos seus planos sobre trabalhar durante a aposentadoria. (*Fonte: Princeton Survey Research Association International.*)

24. Um estudante pediu a 18 amigos para participarem em um experimento psicológico.

25. Um estudo sobre a gravidez em Cebu, Filipinas, selecionou aleatoriamente 33 comunidades da área metropolitana, então foram entrevistadas todas as mulheres grávidas nessas comunidades. (*Fonte: Cebu Longitudinal Health and Nutrition Survey.*)

26. Oficiais de polícia param e checam o motorista de cada terceiro veículo para verificar o teor de álcool no sangue.

27. Vinte e cinco estudantes são selecionados aleatoriamente de cada ano em uma escola de ensino médio e têm pesquisados os seus hábitos de estudo.

28. Um jornalista entrevista 154 pessoas que esperam por suas bagagens no aeroporto e pergunta o quão seguras elas se sentem durante o voo.

29. Use a quinta linha da Tabela B.1 do Apêndice B para gerar 8 números aleatórios entre 1 e 650.

30. Você deseja saber o destino favorito durante o recesso escolar de 15.000 estudantes de uma universidade. Determine se você realizaria um censo ou usaria uma amostra. Se usar uma amostra, decida qual técnica de amostragem aplicará. Explique seu raciocínio.

Problemas

Solucione estas questões como se estivesse fazendo em sala de aula. Depois, compare suas respostas com as respostas dadas no final do livro.

1. Identifique a população e a amostra no seguinte estudo.

Um estudo dos hábitos alimentares de 20.000 homens foi realizado para encontrar uma ligação entre a alta ingestão de laticínios e câncer de próstata. (Fonte: Harvard School of Public Health.)

2. Determine se o valor numérico é um parâmetro ou uma estatística. Explique seu raciocínio.

    (a) Uma pesquisa com 1.000 adultos norte-americanos descobriu que 40% acham que a internet é a melhor forma de obter notícias e informação. (*Fonte: Rasmussen Reports.*)

    (b) Em uma faculdade, 90% dos membros do Conselho de Curadores aprovaram a contratação do novo presidente.

    (c) Uma pesquisa com 733 pequenos empresários descobriu que 17% têm uma vaga de trabalho em aberto. (*Fonte: National Federation of Independent Business.*)

3. Determine se os dados são qualitativos ou quantitativos. Explique seu raciocínio.

    (a) Uma lista de números de código pin de cartões de débito.

    (b) As pontuações finais em um jogo de videogame.

4. Determine o nível de mensuração dos conjuntos de dados. Explique seu raciocínio.

    (a) Uma lista dos números dos distintivos de policiais em um distrito policial.

    (b) A quantidade de cavalos-vapor (cv) dos motores de carros de corrida.

    (c) Os 10 filmes de maior bilheteria lançados em determinado ano.

    (d) Os anos de nascimento dos corredores da maratona de Boston.

5. Determine se o estudo é observacional ou um experimento. Explique.

    (a) Pesquisadores conduzem um estudo para determinar se o índice de massa corporal (IMC) influencia a frequência de enxaquecas. Para conduzir os estudos, os pesquisadores perguntaram a 162.576 pessoas seu IMC e o número de enxaquecas que elas têm por mês. (*Fonte: JAMA Internal Medicine.*)

(b) Pesquisadores conduzem um estudo para determinar se a ingestão de um multivitamínico diariamente reduz o risco de incidentes cardiovasculares sérios entre homens. Para realizar o estudo, os pesquisadores acompanharam 14.641 homens e ministraram, diariamente, o multivitamínico a um grupo e um placebo a outro grupo. (*Fonte: The Journal of the American Medical Association.*)

6. Um experimento é realizado para testar os efeitos de uma nova droga para hipertensão arterial. O pesquisador identifica 320 pessoas com idades entre 35 e 50 anos com hipertensão para participar do experimento. Os indivíduos são divididos em grupos iguais de acordo com a idade. Dentro de cada grupo, eles são selecionados aleatoriamente para o grupo controle ou para o grupo de tratamento. Que tipo de planejamento foi utilizado nesse experimento?

7. Identifique a técnica de amostragem usada em cada estudo. Explique seu raciocínio.

(a) Um jornalista vai a um local de acampamento para perguntar às pessoas como se sentem em relação à poluição do ar.

(b) Para garantia de qualidade, cada décima peça de uma máquina é selecionada de uma linha de montagem e medida sua precisão.

(c) Um estudo sobre a posição com relação ao fumo é conduzido em uma faculdade. Os estudantes são divididos por classe (calouros, alunos do segundo, terceiro e último anos). Então, uma amostra aleatória é selecionada de cada classe e entrevistada.

8. Que técnica de amostragem usada no Exercício 7 poderia levar a um estudo tendencioso? Explique seu raciocínio.

Teste do capítulo

Faça este teste como se estivesse fazendo uma prova em sala.

1. Determine se você faria um censo ou usaria uma amostra. Se fosse usar uma amostra, decida qual técnica você empregaria. Explique seu raciocínio.

(a) Os times esportivos mais populares entre as pessoas em Nova York.

(b) O salário médio de 30 empregados de uma empresa.

2. Determine se o valor numérico é um parâmetro ou uma estatística. Explique seu raciocínio.

(a) Uma pesquisa com 478 adultos americanos com idade entre 18 e 29 anos descobriu que 66% possuem um *smartphone*. (*Fonte: Pew Research Center.*)

(b) Em um ano recente, a nota média de matemática no SAT[2] para todos os alunos foi 514. (*Fonte: The College Board.*)

3. Identifique a técnica de amostragem usada em cada estudo, e discuta potenciais fontes de tendenciosidade (se aplicável). Explique.

(a) Escolhidos aleatoriamente, 200 rapazes e 200 moças estudantes do ensino médio foram perguntados sobre seus planos para após a conclusão dos estudos.

(b) Escolhidos aleatoriamente, 625 consumidores de uma loja de produtos eletrônicos são contatados e perguntados sobre o serviço que receberam.

(c) Questionando docentes enquanto saem da sala dos professores, um pesquisador pergunta para 45 deles sobre seu estilo de ensino.

4. Determine se os dados são qualitativos ou quantitativos e o nível de mensuração do conjunto de dados. Explique seu raciocínio.

(a) Os números de empregados em restaurantes *fast-food* em uma cidade estão listados a seguir.

20 11 6 31 17 23 12 18 40 22
13 8 18 14 37 32 25 27 25 18

(b) Os coeficientes de rendimento (CRs) dos alunos de uma turma estão listados a seguir.

3,6 3,2 2,0 3,8 3,0 3,5 1,7 3,2
2,2 4,0 2,5 1,9 2,8 3,6 2,5

5. Determine se as perguntas da pesquisa são tendenciosas. Em caso afirmativo, sugira uma melhor redação.

(a) Quantas horas você dorme em uma noite normal?

(b) Você concorda que a proibição da prática de skate em parques da cidade é injusta?

6. Para estudar os médicos dos Estados Unidos, pesquisadores investigaram 24.216 deles e perguntaram as seguintes informações. (*Fonte: Medscape from WebMD.*)

- Sexo (masculino ou feminino).
- Localidade (região dos Estados Unidos).
- Idade (número).
- Salário (número).
- Local de trabalho (hospital, clínica, etc.).
- Especialidade (cardiologia, medicina da família, radiologia, etc.).
- Horas assistindo pacientes por semana (número).
- Número de pacientes assistidos por semana (número).

---

2 N. do T.: SAT (*Scholastic Aptitude Test*) é um exame educacional utilizado como critério para admissão nas universidades norte-americanas que testa o raciocínio e as habilidades de leitura e escrita dos alunos.

(a) Identifique a população e a amostra.
(b) Os dados coletados são qualitativos, quantitativos ou ambos? Explique seu raciocínio.
(c) Determine o nível de mensuração para cada item acima.
(d) Determine se o estudo é observacional ou um experimento. Explique.

Estatísticas reais – Decisões reais: juntando tudo

Você trabalha em uma empresa de pesquisas. Sua empresa venceu uma concorrência e realizará um estudo para uma publicação sobre tecnologia. Os editores da publicação gostariam de saber a opinião de seus leitores sobre o uso de *smartphones* para realizar e receber pagamentos, resgatar cupons e ingressos para eventos. Eles também querem saber se as pessoas estão interessadas em usar o *smartphone* como uma carteira digital, que armazena dados da carteira de motorista, cartão do plano de saúde, entre outros.

Os editores forneceram seu banco de dados de leitores e 20 questões que gostariam que fossem aplicadas (duas questões amostrais de um estudo anterior são fornecidas nas tabelas 1.11 e 1.12). Você sabe que o custo para contatar todos os leitores é muito alto. Então, você precisa determinar uma maneira de contatar uma amostra representativa da população inteira de leitores.

Tabela 1.11 Quando você acha que os pagamentos por *smartphones* vão substituir transações por cartão para a maioria das compras?

Resposta	Percentual*
No próximo ano	2%
De 1 a menos de 3 anos	12%
De 3 a menos de 5 anos	19%
De 5 a menos de 10 anos	19%
10 anos ou mais	15%
Nunca	34%

(Fonte: Harris Interactive.)
* O total do percentual não é exatamente 100% em virtude de aproximações numéricas no cálculo dos valores.

Tabela 1.12 Quão interessado você está em usar seu *smartphone* para realizar pagamentos, em vez de usar dinheiro ou cartão?

Resposta	Percentual*
Muito interessado	8%
Um pouco interessado	19%
Não muito interessado	12%
Sem interesse	43%
Não sabe ao certo	17%

(Fonte: Harris Interactive.)
* O total do percentual não é exatamente 100% em virtude de aproximações numéricas no cálculo dos valores.

Exercícios

1. **Como você faria isso?**
   (a) Que técnica de amostragem você usaria para selecionar uma amostra para o estudo? Por quê?
   (b) A técnica que você escolheu na questão anterior fornece uma amostra representativa da população?
   (c) Descreva o método para coleta de dados.
   (d) Identifique possíveis falhas e vieses no seu estudo.

2. **Classificação de dados.**
   (a) Que tipo de dados você esperaria coletar: qualitativos, quantitativos ou ambos? Por quê?
   (b) Em quais níveis de mensuração você acha que os dados do estudo estarão? Por quê?
   (c) Os dados coletados para o estudo representam uma população ou uma amostra?
   (d) As descrições numéricas dos dados serão parâmetros ou estatísticas?

3. **Como eles fizeram isso.**
   Quando a *Harris Interactive* realizou um estudo similar, utilizou uma pesquisa via internet.
   (a) Descreva alguns erros possíveis na coleta de dados por meio de pesquisas via internet.
   (b) Compare seu método de coleta de dados no Exercício 1 com esse método.

História da estatística – Linha do tempo

Contribuinte	Período	Contribuição
John Graunt (1620–1674)	Século XVII	Estudou os registros de óbitos em Londres no início de 1600. Foi o primeiro a realizar extensas observações estatísticas a partir de grandes quantidades de dados (Capítulo 2); seu trabalho preparou a fundação para a estatística moderna.
Blaise Pascal (1623–1662) Pierre de Fermat (1601–1665)	Século XVII	Pascal e Fermat trocaram correspondências sobre problemas básicos de probabilidade (Capítulo 3) — especialmente aqueles relacionados a apostas e jogos.
Pierre Laplace (1749–1827)	Século XVIII	Estudou probabilidade (Capítulo 3) e é creditada a ele a inserção da probabilidade em uma posição matemática.
Carl Friedrich Gauss (1777–1855)	Século XVIII	Estudou regressão e método dos mínimos quadrados (Capítulo 9) por meio da astronomia. Em sua honra, a distribuição normal (Capítulo 5) é, às vezes, chamada de distribuição gaussiana
Lambert Quetelet (1796–1874)	Século XIX	Usou estatística descritiva (Capítulo 2) para analisar dados de crimes e mortalidade e estudou técnicas de censo. Descreveu distribuições normais (Capítulo 5) em conexão com características humanas, como altura.
Francis Galton (1822–1911)	Século XIX	Usou regressão e correlação (Capítulo 9) para estudar variação genética em humanos. A ele é creditada a descoberta do Teorema do Limite Central (Capítulo 5).
Karl Pearson (1857–1936)	Século XX (Início)	Estudou a seleção natural usando correlação (Capítulo 9). Formou o primeiro departamento acadêmico de estatística e ajudou a desenvolver a análise de qui-quadrado (Capítulo 6).
William Gosset (1876–1937)	Século XX (Início)	Estudou o processo de produção de cerveja e desenvolveu o teste-*t* para corrigir problemas relacionados a amostras de tamanho pequeno (Capítulo 6).

(continua)

(continuação)

Charles Spearman (1863–1945)	Século XX (Início)	Psicólogo britânico que foi um dos primeiros a desenvolver testes de inteligência usando análise de fator (Capítulo 10).
Ronald Fisher (1890–1962)		Estudou biologia e seleção natural, desenvolveu a ANOVA (Capítulo 10), salientou a importância do planejamento experimental (Capítulo 1) e foi o primeiro a identificar as hipóteses nula e alternativa (Capítulo 7).
Frank Wilcoxon (1892–1965)	Século XX	Bioquímico que usou estatística para estudar patologias de plantas. Introduziu os testes de duas amostras (Capítulo 8), o que levou ao desenvolvimento de estatísticas não paramétricas.
John Tukey (1915–2000)		Trabalhou em Princeton durante a Segunda Guerra Mundial. Apresentou técnicas de análise exploratória de dados, tais como o diagrama de ramos e folhas (Capítulo 2). Além disso, trabalhou nos Laboratórios Bell e é mais conhecido por seu trabalho com estatística inferencial (capítulos 6 a 11).
David Kendall (1918–2007)		Trabalhou em Princeton e Cambridge. É a autoridade principal em probabilidade aplicada e análise de dados (capítulos 2 e 3).

Tecnologia

MINITAB | EXCEL | TI-84 PLUS

Usando a tecnologia na estatística

Com grandes conjuntos de dados, você descobrirá que calculadoras e softwares de computador podem ajudar a realizar cálculos e criar gráficos. Dos muitos programas de estatística e calculadoras que estão disponíveis, escolhemos incorporar neste livro a calculadora gráfica TI-84 Plus, o Minitab e o software Excel.

O exemplo a seguir mostra como usar essas três ferramentas tecnológicas para gerar uma lista de números aleatórios. Essa lista pode ser usada para selecionar elementos da amostra ou realizar simulações.

Exemplo

Gerando uma lista de números aleatórios

Um departamento de controle de qualidade inspeciona uma amostra aleatória de 15 dos 167 carros que são montados em uma fábrica de automóveis. Como os carros devem ser escolhidos?

Solução

Uma maneira de selecionar a amostra é, primeiro, numerar os carros de 1 a 167. Então, você pode usar a tecnologia para formar uma lista de números aleatórios de 1 a 167. Cada uma das ferramentas tecnológicas apresentadas ao lado requer diferentes passos para gerar a lista. Cada uma, entretanto, exige que você identifique o valor mínimo como 1 e o valor máximo como 167. Cheque o manual do usuário para instruções específicas.

MINITAB

	C1
1	167
2	11
3	74
4	160
5	18
6	70
7	80
8	56
9	37
10	6
11	82
12	126
13	98
14	104
15	137

EXCEL

	A
1	41
2	16
3	91
4	58
5	151
6	36
7	96
8	154
9	2
10	113
11	157
12	103
13	64
14	135
15	90

TI-84 PLUS

randInt (1, 167, 15)
{17 42 152 59 5 116
125 64 122 55 58 60
82 152 105}

Lembre-se de que, quando você gera uma lista de números aleatórios, você deve decidir se é aceitável ter números que se repetem. Se for aceitável, então o processo de amostragem é dito com reposição. Se não for, então o processo é dito sem reposição.

Com cada uma das três ferramentas tecnológicas mostradas no exemplo anterior, você tem a capacidade de classificar a lista de modo que os números apareçam em ordem. A ordenação ajuda a ver se qualquer um dos números na lista se repete. Se não for aceitável ter repetições, você deve especificar que a ferramenta gere mais números aleatórios do que você precisa.

Exercícios

1. A SEC[3] (*Securities and Exchange Comission*) está investigando uma empresa de serviços financeiros que tem 86 corretores. A SEC decide revisar os registros de uma amostra aleatória de 10 corretores. Descreva como essa investigação poderia ser feita. Então, use a tecnologia para gerar uma lista de 10 números aleatórios de 1 a 86 e ordene a lista.

2. Um departamento de controle de qualidade está testando 25 *smartphones* de um carregamento de 300. Descreva como esse teste poderia ser feito. Então, use a tecnologia para gerar uma lista de 25 números aleatórios de 1 a 300 e ordene a lista.

3. Considere a população de dez dígitos: 0, 1, 2, 3, 4, 5, 6, 7, 8 e 9. Selecione três amostras aleatórias de cinco dígitos dessa lista. Encontre a média de cada amostra. Compare seus resultados com a média da população. Comente seus resultados. (Dica: para encontrar a média, some os dados e divida o resultado pelo número de elementos.)

4. Considere a população de 41 números inteiros de 0 a 40. Qual é a média desses números? Selecione três amostras aleatórias de sete números dessa lista. Encontre a média de cada amostra. Compare seus resultados com a média da população. Comente seus resultados. (Dica: para encontrar a média, some os dados e divida o resultado pelo número de elementos.)

5. Use números aleatórios para simular a jogada de um dado de seis faces 60 vezes. Quantas vezes você obteve cada número de 1 a 6? Os resultados são os que você esperava?

6. Você jogou um dado de seis faces 60 vezes e obteve a seguinte contagem:

20 uns	3 quatros
20 dois	2 cincos
15 três	0 seis

   Esse parece um resultado razoável? Que inferências você pode fazer do resultado?

7. Use números aleatórios para simular o lançamento de uma moeda 100 vezes, em que 0 representa cara e 1 coroa. Quantas vezes você obteve cada número? Os resultados são os que você esperava?

8. Você jogou uma moeda 100 vezes e obteve 77 caras e 23 coroas. Esse parece um resultado razoável? Que inferências você pode fazer do resultado?

9. Um analista político gostaria de pesquisar uma amostra de eleitores registrados de uma região que possui 47 zonas eleitorais. Como ele poderia usar números aleatórios para obter uma amostra por conglomerado?

---

3 N. do E.: a SEC é equivalente à CVM (Comissão de Valores Mobiliários) no Brasil.

Soluções são apresentadas nos manuais de tecnologia presentes no Site de Apoio. Instruções técnicas são fornecidas por Minitab, Excel e TI-84 Plus

2 Estatística descritiva

2.1 Distribuições de frequência e seus gráficos

2.2 Mais gráficos e representações

2.3 Medidas de tendência central
- Atividade

2.4 Medidas de variação
- Atividade
- Estudo de caso

2.5 Medidas de posição
- Usos e abusos
- Estatísticas reais – Decisões reais
- Tecnologia

Todo ano, o site de negócios Forbes.com publica uma lista das mulheres mais influentes do mundo. As categorias usadas para construir essa lista são: bilionários, negócios, estilo de vida (incluindo entretenimento e moda), mídia, organizações sem fins lucrativos, política e tecnologia. Em 2012, a primeira-dama Michelle Obama ocupava a sétima posição.

Ron Sachs/DPA/Picture-Alliance/Newscom.

Onde estamos

No Capítulo 1 você aprendeu que há muitas maneiras de coletar dados. Normalmente, os pesquisadores precisam trabalhar com dados amostrais a fim de analisar populações, mas, algumas vezes, é possível coletar todos os dados para certa população. Por exemplo, os dados a seguir representam as idades das 50 mulheres mais influentes do mundo, em 2012. (*Fonte: Forbes.*)

26, 31, 35, 37, 43, 43, 43, 44, 45, 47, 48, 48, 49, 50, 51, 51, 51, 51, 52, 54, 54, 54, 54, 55, 55, 55, 56, 57, 57, 57, 58, 58, 58, 58, 59. 59, 59, 62, 62, 63, 64, 65, 65, 65, 66, 66, 67, 67, 72, 86.

Para onde vamos

Neste capítulo você aprenderá maneiras de organizar e descrever conjuntos de dados. O objetivo é tornar os dados mais fáceis de serem entendidos descrevendo tendências, medidas centrais e variações. Por exemplo, nos dados brutos que mostram as idades das 50 mulheres mais influentes do mundo em 2012, não é fácil ver um padrão ou característica em especial. Na Tabela 2.1 e na Figura 2.1 estão algumas maneiras de organizar e descrever os dados.

Tabela 2.1

Faça uma distribuição de frequência.

Classe	Frequência, f
26–34	2
35–43	5
44–52	12
53–61	18

Classe	Frequência, f
62–70	11
71–79	1
80–88	1

Figura 2.1

Construa um histograma.

$$\text{Média} = \frac{26 + 31 + 35 + 37 + 43 + \ldots + 67 + 67 + 72 + 86}{50}$$

$$= \frac{2.732}{50}$$

$$= 54{,}64 \text{ anos} \quad \leftarrow \text{Encontre a média.}$$

$$\text{Amplitude} = 86 - 26$$

$$= 60 \text{ anos} \quad \leftarrow \text{Descubra como os dados variam.}$$

2.1 Distribuições de frequência e seus gráficos

Distribuições de frequência • Gráficos de distribuições de frequência

O que você deve aprender

- Como construir uma distribuição de frequência incluindo limites, pontos médios, frequências relativas, frequências acumuladas e limites reais ou fronteiras.
- Como construir histogramas de frequência, polígonos de frequência, histogramas de frequência relativa e ogivas.

Distribuições de frequência

Você aprenderá que há muitas maneiras para se organizar e descrever um conjunto de dados. Algumas características importantes que devem ser consideradas quando organizamos e descrevemos um conjunto de dados são seu **centro**, sua **variabilidade** (ou dispersão) e sua **forma**. As medidas centrais e as formas das distribuições serão abordadas na Seção 2.3. As medidas de variabilidade serão cobertas na Seção 2.4.

Quando um conjunto de dados tem muitos valores, pode ser difícil de observar padrões. Nesta seção, você aprenderá como organizar conjuntos de dados agrupando-os em **intervalos** chamados de **classes** e formando uma **distribuição de frequência**. Você também aprenderá como usar as distribuições de frequência para a construção de gráficos.

Definição

Uma **distribuição de frequência** é uma tabela que mostra **classes** ou **intervalos** dos valores com a contagem do número de ocorrências em cada classe ou intervalo. A **frequência** f de uma classe é o número de ocorrências de dados na classe.

Na distribuição de frequência mostrada na Tabela 2.2 há seis classes. As frequências para cada uma das seis classes são 5, 8, 6, 8, 5 e 4. Cada classe tem um **limite inferior de classe**, que é o menor número que pode pertencer à classe, e um **limite superior de classe**, que é o maior número que pode pertencer à classe. Na distribuição de frequência mostrada, os limites inferiores de classe são 1, 6, 11, 16, 21 e 26 e os limites superiores de classe são 5, 10, 15, 20, 25 e 30. A **amplitude de classe** é a distância entre os limites inferiores (ou superiores) de classes consecutivas. Por exemplo, a amplitude de classe na distribuição de frequência mostrada é $6 - 1 = 5$. Note que as classes não se sobrepõem.

A diferença entre os valores máximo e mínimo dos dados é chamada de **amplitude**. Na tabela de frequência mostrada, suponha que o valor máximo seja 29, e o mínimo seja 1. A amplitude é, então, $29 - 1 = 28$. Você aprenderá mais sobre amplitude na Seção 2.4.

Dica de estudo

Em uma distribuição de frequência, é melhor quando todas as classes têm a mesma amplitude. Normalmente, utiliza-se o valor mínimo dos dados para o limite inferior da primeira classe. Às vezes, pode ser mais conveniente escolher um valor que seja um pouco menor que o valor mínimo. A distribuição de frequência produzida irá variar levemente.

Tabela 2.2 Exemplo de uma distribuição de frequência.

Classe	Frequência, f
1–5	5
6–10	8
11–15	6
16–20	8
21–25	5
26–30	4

Instruções

Construindo uma distribuição de frequência com base em um conjunto de dados

1. Decida o número de classes para serem incluídas na distribuição de frequência. O número de classes situa-se usualmente entre 5 e 20; caso contrário, pode ser difícil detectar padrões.
2. Encontre a amplitude de classe como a seguir. Determine a amplitude dos dados, divida a amplitude pelo número de classes e *arredonde para um número próximo mais conveniente*.
3. Encontre os limites de classe. Você pode usar o menor valor dos dados como o limite inferior da primeira classe. Para encontrar os demais limites inferiores, adicione a amplitude de classe ao limite inferior da classe precedente. Então, encontre o limite superior da primeira classe. Lembre-se de que as classes não se sobrepõem. Encontre os limites superiores das classes restantes.
4. Faça uma marca de contagem para cada registro na linha da classe apropriada.
5. Conte as marcas para encontrar a frequência total f para cada classe.

Exemplo 1

Construindo uma distribuição de frequência com base em um conjunto de dados

O conjunto de dados a seguir lista os preços (em dólares) de 30 aparelhos GPS (*global positioning system*) portáteis.
Construa uma distribuição de frequência com sete classes.

128	100	180	150	200	90	340	105	85	270
200	65	230	150	150	120	130	80	230	200
110	126	170	132	140	112	90	340	170	190

Entenda

Se você obtiver um número inteiro ao calcular a amplitude de classe de uma distribuição de frequência, analise a possibilidade de utilizar o próximo número inteiro como a amplitude de classe. Fazer isso garante que você terá espaço suficiente em sua distribuição de frequência para todos os dados.

Solução

1. O número de classes (7) é dado no problema.
2. O valor mínimo é 65 e o máximo é 340, então, a amplitude é 340 − 65 = 275. Divida a amplitude pelo número de classes e arredonde para encontrar a amplitude de classe.

$$\text{Amplitude de classe} = \frac{275}{7} \quad \frac{\text{Amplitude}}{\text{Número de classes}}$$

$$\approx 39{,}29 \quad \text{Arredondar para um número próximo mais conveniente, 40}$$

3. O valor mínimo é um limite inferior conveniente para a primeira classe. Para encontrar os limites inferiores das seis classes restantes, adicione a amplitude de classe, 40, ao limite inferior de cada classe precedente. Logo, os limites inferiores das demais classes são: 65 + 40 = 105, 105 + 40 = 145, e assim por diante. O limite superior da primeira classe é 104, que é uma unidade a menos que o limite inferior da segunda classe. Os limites superiores das outras classes são: 104 + 40 = 144, 144 + 40 = 184, e assim por diante. Os limites inferiores e superiores para todas as sete classes são mostrados na Tabela 2.3.

Tabela 2.3 Limites das classes.

Limite inferior	Limite superior
65	104
105	144
145	184
185	224
225	264
265	304
305	344

4. Faça uma marca de contagem para cada registro de dados na classe apropriada. Por exemplo, o valor 128 está na classe 105–144, então faça uma marca de contagem nessa classe. Continue até que você tenha feito uma marca para cada um dos 30 valores.

5. O número de marcas de contagem para uma classe é a frequência dessa classe.

A distribuição de frequência é mostrada na Tabela 2.4. A primeira classe, 65–104, tem seis marcas de contagem. Então, a frequência dessa classe é 6. Note que a soma das frequências é 30, que é o número de valores no conjunto de dados. A soma é denotada por Σf, em que Σ é a letra grega maiúscula **sigma**.

Tabela 2.4 Distribuição de frequência para os preços (em dólares) de navegadores GPS.

Preços →

Classes	Marcas	Frequência, f
65–104	|||||		6
105–144	||||| ||||	9
145–184	|||||		6
185–224	||||	4
225–264	||	2
265–304			1
305–344	||	2
		$\Sigma f = 30$

Número de navegadores GPS

Note que a soma das frequências é igual ao número (tamanho) da amostra.

Dica de estudo

A letra grega maiúscula sigma (Σ) é usada para indicar um somatório de valores.

Tente você mesmo 1

Construa uma distribuição de frequência usando as idades das 50 mulheres mais influentes listadas na abertura deste capítulo. Use sete classes.

a. Estabeleça o número de classes.
b. Encontre os valores mínimo e máximo e a amplitude das classes.
c. Encontre os limites das classes.
d. Faça as marcas de contagem.
e. Escreva a frequência f para cada classe.

Depois de construir uma distribuição de frequência padrão tal como a do Exemplo 1, você pode incluir diversas características adicionais que ajudarão a fornecer um melhor entendimento dos dados. Essas características (**ponto médio**, **frequência relativa** e **frequência acumulada** de cada classe) podem ser incluídas como colunas adicionais em sua tabela.

> **Definição**
>
> O **ponto médio** de uma classe é a soma dos limites inferior e superior da classe dividida por dois. O ponto médio é, às vezes, chamado de *marca da classe* (*representante da classe*).
>
> $$\text{Ponto médio} = \frac{\text{(limite inferior da classe)} + \text{(limite superior da classe)}}{2}$$
>
> A **frequência relativa** de uma classe é a fração, ou proporção, de dados que está nessa classe. Para calcular a frequência relativa de uma classe, divida a frequência f pelo tamanho n da amostra. Caso queira expressar em percentagem, basta multiplicar esse resultado por 100.
>
> $$\text{Frequência relativa} = \frac{\text{frequência da classe}}{\text{tamanho da amostra}} = \frac{f}{n}$$
>
> A **frequência acumulada** de uma classe é a soma das frequências dessa classe com todas as anteriores. A frequência acumulada da última classe é igual ao tamanho n da amostra.

Você pode usar a fórmula mostrada anteriormente no quadro Definição para determinar o ponto médio de cada classe ou, após determinar o primeiro ponto médio, você pode encontrar os demais adicionando a amplitude de classe aos pontos médios anteriores. Por exemplo, o ponto médio da primeira classe no Exemplo 1 é:

$$\text{Ponto médio} = \frac{65 + 104}{2} = 84{,}5.$$

Usando a amplitude de classe de 40, os pontos médios restantes são:

$$84{,}5 + 40 = 124{,}5$$
$$124{,}5 + 40 = 164{,}5$$
$$164{,}5 + 40 = 204{,}5$$
$$204{,}5 + 40 = 244{,}5$$

e assim por diante.

Você pode escrever a frequência relativa como uma fração, um decimal ou percentagem. A soma das frequências relativas de todas as classes deve ser igual a 1 ou 100%. Devido a arredondamentos, a soma pode ser ligeiramente menor ou maior do que 1. Então, valores como 0,99 e 1,01 podem ser encontrados.

Exemplo 2

Encontrando pontos médios, frequências relativas e frequências acumuladas

Usando a distribuição de frequência construída no Exemplo 1, determine o ponto médio e as frequências relativa e acumulada para cada classe. Descreva quaisquer padrões.

Solução

Os pontos médios e as frequências relativas e acumuladas para as três primeiras classes são:

Classe	f	Ponto médio	Frequência relativa	Frequência acumulada
65–104	6	$\frac{65+104}{2}=84,5$	$\frac{6}{30}=0,2$	6
105–144	9	$\frac{105+144}{2}=124,5$	$\frac{9}{30}=0,3$	6+9=15
145–184	6	$\frac{145+184}{2}=164,5$	$\frac{6}{30}=0,2$	15+6=21

Os demais pontos médios e frequências relativas e acumuladas são mostradas na distribuição de frequência expandida na Tabela 2.5.

Tabela 2.5 Distribuição de frequências e outras medidas para os preços (em dólares) de navegadores GPS.

Classe	Frequência, f	Ponto médio	Frequência relativa	Frequência acumulada
65–104	6	84,5	0,2	6
105–144	9	124,5	0,3	15
145–184	6	164,5	0,2	21
185–224	4	204,5	0,13	25
225–264	2	244,5	0,07	27
265–304	1	284,5	0,03	28
305–344	2	324,5	0,07	30
	$\Sigma f=30$		$\Sigma\frac{f}{n}\approx 1$	

Preços — Classe
Proporção de navegadores GPS — Frequência relativa
Número de navegadores GPS — Frequência acumulada

Interpretação Há diversos padrões no conjunto de dados. Por exemplo, o preço mais comum de navegador GPS encontra-se no intervalo de US$ 105 a US$ 144. Além disso, metade dos navegadores GPS custa menos que US$ 145.

Tente você mesmo 2

Usando a distribuição de frequência construída no Tente você mesmo 1, encontre o ponto médio e as frequências relativa e acumulada para cada classe. Descreva quaisquer padrões.

a. Use as fórmulas para determinar cada ponto médio, a frequência relativa e a frequência acumulada.
b. Organize os resultados em uma distribuição de frequência.
c. Descreva quaisquer padrões nos dados.

Gráficos de distribuições de frequência

Às vezes, é mais fácil identificar padrões de um conjunto de dados olhando um gráfico da distribuição de frequência. Um desses gráficos é o **histograma de frequência**.

Definição

Um **histograma de frequência** é um diagrama de barras que representa a distribuição de frequência de um conjunto de dados. Um histograma tem as seguintes propriedades:

1. A escala horizontal é quantitativa e indica os valores dos dados.
2. A escala vertical indica as frequências das classes.
3. Barras consecutivas devem estar encostadas umas nas outras.

Em virtude de as barras consecutivas do histograma estarem encostadas, elas devem começar e terminar nas fronteiras da classe ao invés de em seus limites. As **fronteiras das classes**, também denominadas limites reais, são os números que separam as classes *sem* formar lacunas entre elas. Para valores de dados inteiros, subtrair 0,5 de cada limite inferior para encontrar as fronteiras inferiores das classes. Para encontrar as fronteiras superiores das classes, adicione 0,5 a cada limite superior. A fronteira superior de uma classe será igual à fronteira inferior da classe seguinte.

Exemplo 3

Construindo um histograma de frequência

Faça um histograma de frequência para a distribuição de frequência do Exemplo 2. Descreva qualquer padrão.

Solução

Primeiro, encontre as fronteiras das classes (limites reais). Uma vez que os valores dos dados são inteiros, subtraia 0,5 de cada limite inferior para achar as fronteiras inferiores das classes e adicione 0,5 em cada limite superior para achar as fronteiras superiores das classes. Logo, as fronteiras inferior e superior da primeira classe são as seguintes:

Fronteira inferior da primeira classe = 65 − 0,5 = 64,5.
Fronteira superior da primeira classe = 104 + 0,5 = 104,5.

As fronteiras das classes são mostradas na Tabela 2.6. Para construir o histograma, escolha valores de frequência adequados para graduar a escala vertical. Você pode marcar a escala horizontal com os pontos médios ou com as fronteiras das classes. Ambos os histogramas são mostrados nas figuras 2.2(a) e (b).

Tabela 2.6 Distribuição de frequências com limites aparentes e reais (fronteiras).

Classe	Fronteiras das classes	Frequência, f
65–104	64,5–104,5	6
105–144	104,5–144,5	9
145–184	144,5–184,5	6
185–224	184,5–224,5	4
225–264	224,5–264,5	2

(continua)

(continuação)

265–304	264,5–304,5	1
305–344	304,5–344,5	2

Figura 2.2 Indicadores de preços de navegadores GPS.

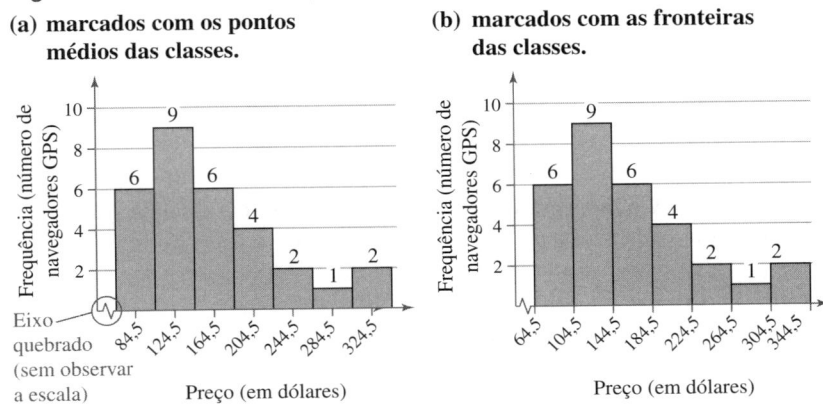

(a) marcados com os pontos médios das classes.

(b) marcados com as fronteiras das classes.

> **Entenda**
> É costumeiro, em diagramas de barras, deixar espaços entre as barras; já em histogramas, costuma-se não deixar esses espaços.

Interpretação De qualquer histograma, podemos ver que cerca de dois terços dos navegadores GPS custam abaixo de US$ 184,50.

Tente você mesmo 3

Use a distribuição de frequência do Tente você mesmo 2 para construir um histograma de frequência que represente as idades das 50 mulheres mais influentes, listadas na abertura deste capítulo. Descreva quaisquer padrões.

a. Determine as fronteiras das classes.
b. Escolha as escalas horizontal e vertical apropriadas.
c. Use a distribuição de frequência para encontrar a altura de cada barra.
d. Descreva quaisquer padrões nos dados.

Outra maneira de representar graficamente uma distribuição de frequência é usar um polígono de frequência. Um **polígono de frequência** é um gráfico de linha que enfatiza as mudanças contínuas nas frequências.

Exemplo 4

Construindo um polígono de frequência

Faça um polígono de frequência para a distribuição de frequência do Exemplo 2. Descreva quaisquer padrões.

Solução

Para construir o polígono de frequência, use as mesmas escalas horizontal e vertical que foram usadas no histograma com os pontos médios na Figura 2.2 do Exemplo 3. Então, assinale pontos que representam o ponto médio e a frequência de cada classe e conecte-os em ordem, da esquerda para a direita, com segmentos lineares. Já que o gráfico deve começar e terminar no eixo horizontal, assinale do lado esquerdo um ponto distante a uma amplitude do ponto médio da primeira classe e no lado direito marque um ponto a uma amplitude de classe depois do ponto médio da última classe (veja a Figura 2.3).

Dica de estudo

Um histograma e seu polígono de frequência correspondente costumam ser feitos juntos. Primeiro, construa o polígono de frequência escolhendo as escalas horizontal e vertical apropriadas. A escala horizontal deve consistir nos pontos médios de cada classe, e a escala vertical deve consistir nos valores de frequência apropriados. Então, assinale os pontos que representam o ponto médio e a frequência de cada classe. Após conectar os pontos com segmentos lineares, conclua desenhando as barras para o histograma.

Figura 2.3 Número de navegadores GPS em função do preço.

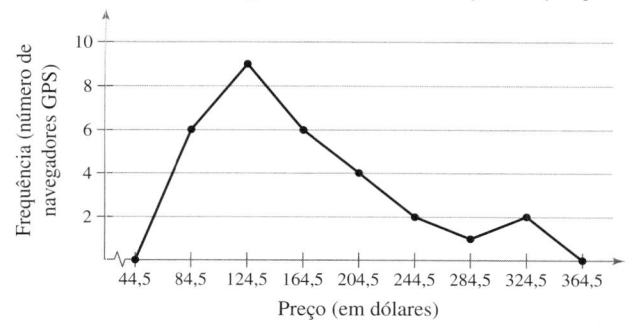

Interpretação Podemos ver que a frequência de navegadores GPS aumenta até o preço de US$ 124,50 e depois decresce.

Tente você mesmo 4

Use a distribuição de frequência do Tente você mesmo 2 para construir um polígono de frequência que represente as idades das 50 mulheres mais influentes, listadas na abertura deste capítulo. Descreva quaisquer padrões.

a. Escolha as escalas horizontal e vertical apropriadas.
b. Assinale pontos que representem o ponto médio e a frequência de cada classe.
c. Conecte os pontos e estenda os lados o quanto for necessário.
d. Descreva quaisquer padrões nos dados.

Um **histograma de frequência relativa** tem a mesma forma e a mesma escala horizontal do correspondente histograma de frequência. A diferença é que a escala vertical indica as frequências *relativas*, e não as frequências (absolutas).

Exemplo 5

Construindo um histograma de frequência relativa

Faça um histograma de frequência relativa para a distribuição de frequência do Exemplo 2.

Solução

O histograma de frequência relativa é mostrado na Figura 2.4. Note que a forma do histograma é a mesma do histograma de frequência construído no Exemplo 3. A única diferença é que a escala vertical indica as frequências relativas.

Figura 2.4 Percentagem de navegadores GPS em função do preço.

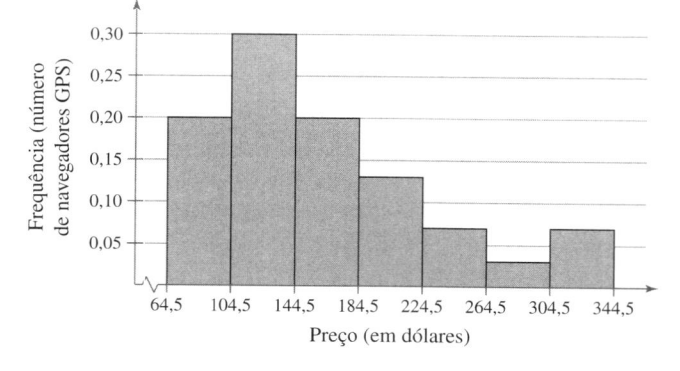

Interpretação Deste gráfico, podemos rapidamente verificar que 0,3 ou 30% dos navegadores GPS têm preços entre US$ 104,50 e US$ 144,50, informação que não é imediatamente óbvia no histograma de frequência no Exemplo 3.

Tente você mesmo 5

Use a distribuição de frequência do Tente você mesmo 2 para construir um histograma de frequência relativa que represente as idades das 50 mulheres mais influentes, listadas na página de abertura deste capitulo.

a. Use a mesma escala horizontal empregada no histograma de frequência da Figura 2.1.
b. Revise a escala vertical para refletir as frequências relativas.
c. Use as frequências relativas para encontrar a altura de cada barra.

Para descrever o número de registros de dados que são menores que ou iguais a certo valor, construa um **gráfico de frequência acumulada**.

Definição

Um **gráfico de frequência acumulada** ou **ogiva** é um gráfico de linhas que mostra a frequência acumulada até cada classe em sua fronteira superior. As fronteiras superiores são marcadas no eixo horizontal e as frequências acumuladas são marcadas no eixo vertical.

Instruções

Construindo uma ogiva (gráfico de frequência acumulada)

1. Construa uma distribuição de frequência que inclua uma coluna com as frequências acumuladas.
2. Especifique as escalas horizontal e vertical. A escala horizontal consiste nas fronteiras superiores das classes e a escala vertical indica as frequências acumuladas.
3. Assinale os pontos que representam as fronteiras superiores das classes e as frequências acumuladas correspondentes.
4. Conecte os pontos em ordem da esquerda para a direita com segmentos lineares.
5. O gráfico deve começar na fronteira inferior da primeira classe (a frequência acumulada é zero) e deve terminar na fronteira superior da última classe (a frequência acumulada é igual ao tamanho da amostra).

Retratando o mundo

O Old Faithful, um gêiser no parque nacional de Yellowstone, entra em erupção regularmente. Os tempos de duração das erupções de uma amostra são mostrados no histograma de frequência relativa.

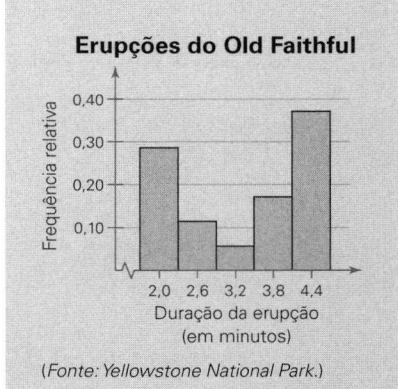

Erupções do Old Faithful

(Eixo vertical: Frequência relativa — 0,10; 0,20; 0,30; 0,40)
(Eixo horizontal: Duração da erupção (em minutos) — 2,0 2,6 3,2 3,8 4,4)

(*Fonte: Yellowstone National Park.*)

Cerca de 50% das erupções duram menos do que quantos minutos?

Dica de estudo

Outro tipo de ogiva usa percentual no eixo vertical em vez da frequência absoluta (veja o Exemplo 5 na Seção 2.5).

Exemplo 6

Construindo uma ogiva

Desenhe uma ogiva para a distribuição de frequência do Exemplo 2.

Solução

Usando as frequências acumuladas, podemos construir a ogiva mostrada na Figura 2.5. As fronteiras superiores das classes, as frequências e as frequências acumuladas são mostradas na Tabela 2.7. Note que o gráfico começa em 64,5, em que a frequência acumulada é 0, e termina em 344,5, em que a frequência acumulada é 30.

Tabela 2.7 Fronteiras (limites reais) superiores, frequências absolutas e frequências acumuladas relativas aos preços de GPS.

Fronteira superior da classe	f	frequência acumulada
104,5	6	6
144,5	9	15
184,5	6	21
224,5	4	25
264,5	2	27
304,5	1	28
344,5	2	30

Figura 2.5 Ogiva mostrando as frequências acumuladas em função dos preços de navegadores GPS.

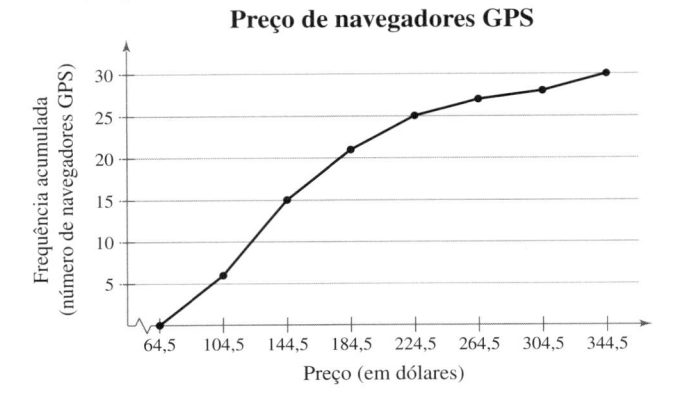

Preço de navegadores GPS

Interpretação Com base na ogiva, podemos ver que 25 navegadores GPS custam US$ 224,50 ou menos. Além disso, o maior aumento na frequência acumulada ocorre entre US$ 104,50 e US$ 144,50, uma vez que a linha do segmento é mais inclinada entre essas duas fronteiras de classe.

Tente você mesmo 6

Use a distribuição de frequência do Tente você mesmo 2 para construir uma ogiva que represente as idades das 50 mulheres mais influentes, listadas na abertura deste capítulo.

a. Especifique as escalas horizontal e vertical.

b. Assinale os pontos que representam as fronteiras superiores das classes e as frequências acumuladas.

c. Construa o gráfico e interprete os resultados.

Se você tem acesso a ferramentas tecnológicas como Excel ou a TI-84 Plus, você pode utilizá-las para construir os gráficos discutidos nesta seção.

Exemplo 7

Usando a tecnologia para construir histogramas

Use a tecnologia para construir um histograma para a distribuição de frequência do Exemplo 2.

Solução

Minitab, Excel e TI-84 Plus, cada uma dessas ferramentas tem recursos próprios para construir histogramas. Tente usá-los para desenhar os histogramas conforme mostrados nas figuras 2.6(a) a (c).

Figura 2.6 Exemplos de histogramas construídos por tecnologias.

(a) MINITAB

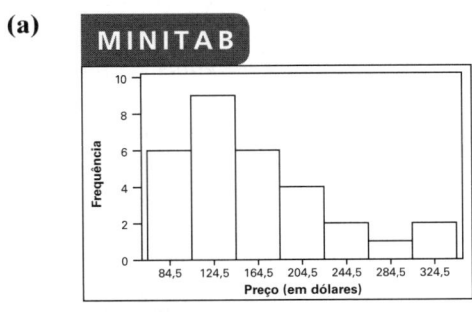

(b) EXCEL

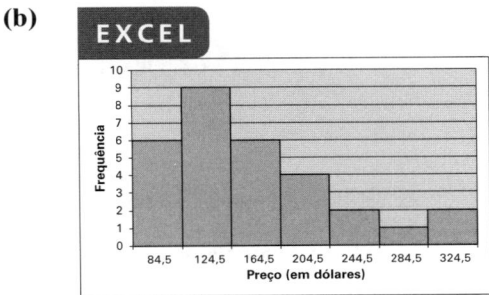

(c) TI-84 PLUS

> **Dica de estudo**
>
> Instruções detalhadas sobre o uso do Minitab, do Excel e da TI-84 Plus são mostradas nos manuais de tecnologia disponíveis **no site de apoio**. Por exemplo, aqui temos instruções para criar um histograma na TI-84 Plus.
>
> STAT ENTER
>
> Digite os pontos médios em L1.
> Digite as frequências em L2.
>
> 2nd STAT PLOT
>
> Ligue o Plot 1.
> Destaque histograma.
> Xlist: L1
> Freq: L2
>
> ZOOM 9
>
> WINDOW
>
> Ymin=0
>
> GRAPH

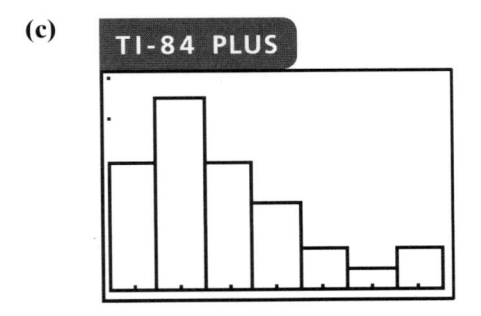

Tente você mesmo 7

Use a tecnologia e a distribuição de frequência do Tente você mesmo 2 para construir um histograma de frequência que represente as idades das 50 mulheres mais influentes, listadas na página de abertura deste capítulo.

a. Digite os dados.
b. Construa o histograma.

2.1 Exercícios

Construindo habilidades básicas e vocabulário

1. Quais são os benefícios de representar conjuntos de dados usando as distribuições de frequência?
   Quais são os benefícios de usar gráficos de distribuições de frequência?

2. Por que o número de classes em uma distribuição de frequência deve estar preferencialmente entre 5 e 20?

3. Qual é a diferença entre limites de classe e fronteiras de classe?

4. Qual é a diferença entre frequência relativa e frequência acumulada?

5. Após construir uma distribuição de frequência expandida, qual deve ser a soma das frequências relativas? Explique.

6. Qual é a diferença entre um polígono de frequência e uma ogiva?

Verdadeiro ou falso? *Nos exercícios 7 a 10, determine se a frase é verdadeira ou falsa. Se for falsa, reescreva-a de forma que seja verdadeira.*

7. Em uma distribuição de frequência, a amplitude de classe é a distância entre os limites superior e inferior de uma classe.

8. O ponto médio de uma classe é a soma de seus limites superior e inferior dividida por 2.

9. Uma ogiva é um gráfico que mostra a frequências relativas.

10. As fronteiras de classes garantem que as barras consecutivas de um histograma se encostem.

Nos exercícios 11 a 14, use os valores mínimo e máximo e o número de classes para determinar a amplitude da classe e os limites inferiores e superiores.

11. Mínimo = 9, máximo = 64, 7 classes.

12. Mínimo = 12, máximo = 88, 6 classes.

13. Mínimo = 17, máximo = 135, 8 classes.

14. Mínimo = 54, máximo = 247, 10 classes.

Lendo uma distribuição de frequência *Nos exercícios 15 e 16, use a distribuição de frequência dada para determinar (a) a amplitude das classes, (b) os pontos médios das classes e (c) as fronteiras das classes.*

15. **Temperaturas altas (°F) em Cleveland, Ohio.**

Classe	Frequência, f
20–30	19
31–41	43
42–52	68
53–63	69
64–74	74
75–85	68
86–96	24

16. **Tempo de deslocamento até o trabalho (em minutos).**

Classe	Frequência, f
0–9	188
10–19	372
20–29	264
30–39	205
40–49	83
50–59	76
60–69	32

17. Use a distribuição de frequência do Exercício 15 para construir uma distribuição de frequência expandida, como mostrada no Exemplo 2.

18. Use a distribuição de frequência do Exercício 16 para construir uma distribuição de frequência expandida, como mostrada no Exemplo 2.

Análise gráfica *Nos exercícios 19 e 20, use o histograma de frequência para (a) determinar o número de classes, (b) estimar a frequência da classe com a menor frequência, (c) estimar a frequência da classe com a maior frequência e (d) determinar a amplitude de classe.*

19. **Salário de funcionários.**

20. **Altura de montanhas-russas.**

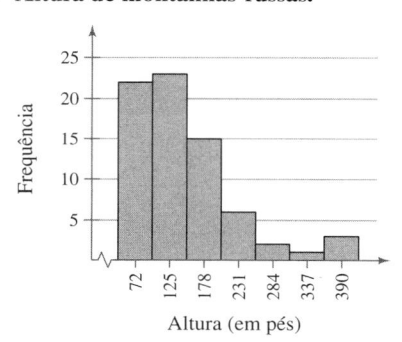

Análise gráfica *Nos exercícios 21 e 22, use a ogiva para aproximar (a) o tamanho da amostra e (b) a localização do maior aumento na frequência.*

21. **Gorilas machos.**

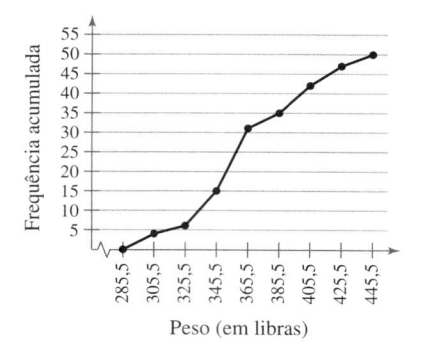

22. Mulheres adultas com idade entre 20 e 29 anos.

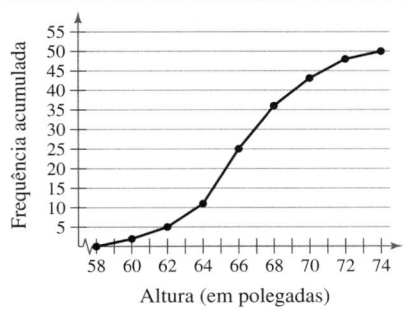

23. Use a ogiva do Exercício 21 para aproximar:
   (a) A frequência acumulada para um peso de 345,5 libras.
   (b) O peso para o qual a frequência acumulada é 35.
   (c) O número de gorilas que pesa entre 325,5 e 365,5 libras.
   (d) O número de gorilas que pesa mais que 405,5 libras.

24. Use a ogiva do Exercício 22 para obter aproximadamente:
   (a) A frequência acumulada para uma altura de 72 polegadas.
   (b) A altura em que a frequência acumulada é 25.
   (c) O número de mulheres adultas que mede entre 62 e 66 polegadas.
   (d) O número de mulheres adultas que mede mais que 70 polegadas.

Análise gráfica *Nos exercícios 25 e 26, use o histograma de frequência relativa para (a) identificar as classes com maior e menor frequência relativa, (b) obter aproximadamente a maior e a menor frequência relativa e (c) obter aproximadamente a frequência relativa da segunda classe.*

25. Comprimento do fêmur de mulheres.

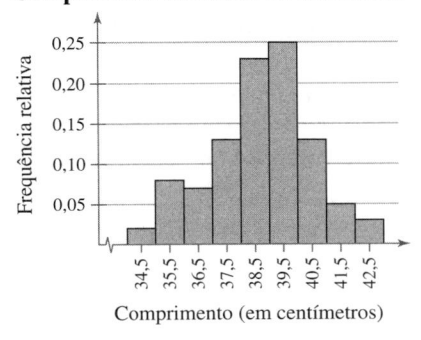

26. Tempos de resposta da emergência.

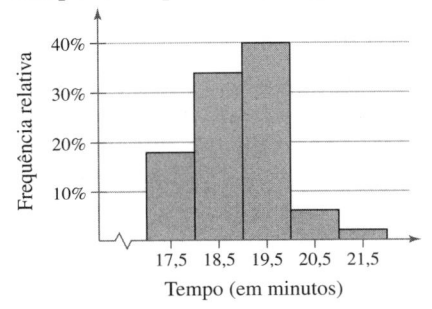

Análise gráfica *Nos exercícios 27 e 28, use o polígono de frequência para identificar as classes com a maior e a menor frequência.*

27. Notas do MCAT[1] de 60 candidatos.

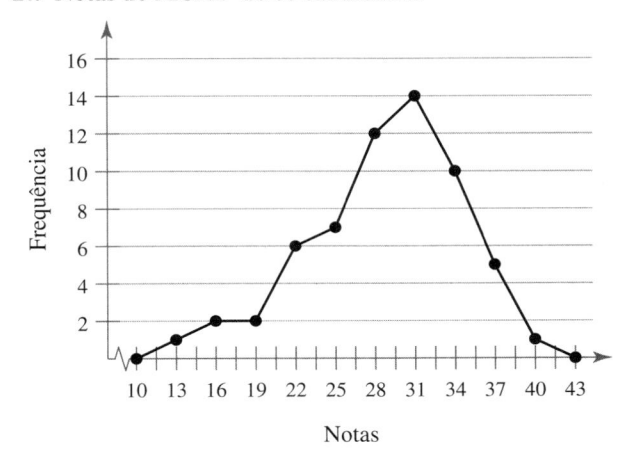

28. Tamanho do sapato de 50 mulheres no padrão norte americano

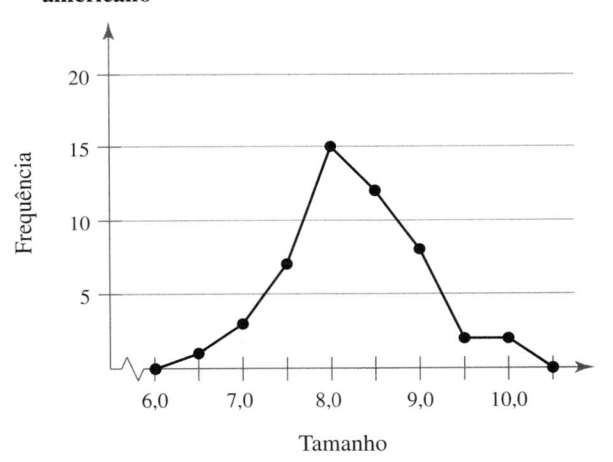

Usando e interpretando conceitos

Construindo uma distribuição de frequência *Nos exercícios 29 e 30, construa uma distribuição de frequência para o conjunto de dados, usando o número de classes indicado. Na tabela, inclua os pontos médios e as frequências relativas e acumuladas. Qual classe tem a maior frequência e qual tem a menor?*

29. Tempo de leitura em um blog político.
   Número de classes: 5
   Conjunto de dados: tempos (em minutos) gastos na leitura de um blog político em um dia:

   7 39 13 9 25 8 22 0 2 18 2 30 7
   35 12 15 8 6 5 29 0 11 39 16 15

---

1 N. do T.: MCAT (*Medical College Admission Test*) é um teste para admissão em faculdades de medicina nos Estados Unidos, Austrália e Canadá.

30. Gasto com livros.
Número de classes: 6
Conjunto de dados: quantias (em dólares) gastas em livros por um semestre:

91	472	279	249	530	376	188	341	266	199
142	273	189	130	489	266	248	101	375	486
190	398	188	269	43	30	127	354	84	

Construindo uma distribuição de frequência e um histograma de frequência
Nos exercícios 31 a 34, construa uma distribuição de frequência e um histograma de frequência para o conjunto de dados usando o número de classes indicado. Descreva quaisquer padrões.

31. Vendas.
Número de classes: 6
Conjunto de dados: vendas em julho (em dólares) de todos os representantes de vendas em uma empresa:

2.114	2.468	7.119	1.876	4.105	3.183
1.932	1.355	4.278	1.030	2.000	1.077
5.835	1.512	1.697	2.478	3.981	1.643
1.858	1.500	4.608	1.000		

32. Ardência de pimentas.
Número de classes: 5
Conjunto de dados: níveis de ardência (em milhares de unidades na escala de Scoville) de 24 pimentas do tipo tabasco:

35	51	44	42	37	38	36	39
44	43	40	40	32	39	41	38
42	39	40	46	37	35	41	39

33. Tempos de reação.
Número de classes: 8
Conjunto de dados: tempos de reação (em milissegundos) de 30 mulheres adultas a um estímulo auditivo:

507	389	305	291	336	310	514	442
373	428	387	454	323	441	388	426
411	382	320	450	309	416	359	388
307	337	469	351	422	413		

34. Tempos de prova.
Número de classes: 8
Conjunto de dados: tempos de prova (em segundos) de todos os participantes masculinos, com idade de 25 a 29 anos, em uma corrida de 5 quilômetros:

1.595	1.472	1.820	1.580	1.804	1.635
1.959	2.020	1.480	1.250	2.083	1.522
1.306	1.572	1.778	2.296	1.445	1.716
1.618	1.824				

Construindo uma distribuição de frequência e um histograma de frequência relativa
Nos exercícios 35 a 38, construa uma distribuição de frequência e um histograma de frequência relativa para os conjuntos de dados usando 5 classes. Qual classe tem a maior frequência relativa e qual tem a menor?

35. Teste de paladar.
Conjunto de dados: pontuações de 1 (mais baixa) a 10 (mais alta) dadas por 24 pessoas após testar o sabor de um novo refrigerante:

| 5 | 7 | 4 | 5 | 7 | 8 | 10 | 6 | 9 | 5 | 7 | 6 |
| 8 | 2 | 9 | 7 | 8 | 1 | 3 | 10 | 8 | 8 | 7 | 9 |

36. Anos de serviço.
Conjunto de dados: anos de serviço de 26 soldados da cavalaria do estado de Nova York:

12	7	9	8	9	8	12	10	9
10	6	8	13	12	10	11	7	14
12	9	8	10	9	11	13	8	

37. Morcegos frugívoros de Mariana.
Conjunto de dados: peso (em gramas) de 25 morcegos frugívoros de Mariana machos:

466	469	501	516	520	453	445
417	422	463	526	419	525	497
489	441	547	438	489	481	495
545	538	518	479			

38. Níveis de triglicerídeos.
Conjunto de dados: níveis de triglicerídeos (em miligramas por decilitro de sangue) de 26 pacientes:

209	140	155	170	265	138	180	295	250
320	270	225	215	390	420	462	150	200
400	295	240	200	190	145	160	175	

Construindo uma distribuição de frequência acumulada e uma ogiva
Nos exercícios 39 e 40, construa uma distribuição de frequência acumulada e uma ogiva para os conjuntos de dados usando 6 classes. Então, descreva a localização do maior aumento na frequência.

39. Idades para aposentadoria.
Conjunto de dados: idades para aposentadoria de 24 médicos:

70	54	55	71	57	58	63	65
60	66	57	62	63	60	63	60
66	60	67	69	69	52	61	73

40. Ingestão de gordura saturada.
Conjunto de dados: ingestões diárias de gordura saturada (em gramas) de 20 pessoas:

| 38 | 32 | 34 | 39 | 40 | 54 | 32 | 17 | 29 | 33 |
| 57 | 40 | 25 | 36 | 33 | 24 | 42 | 16 | 31 | 33 |

Construindo uma distribuição de frequência e um polígono de frequência
Nos exercícios 41 e 42, construa uma distribuição de frequência e um polígono de

frequência para os conjuntos de dados usando os números de classes indicados. Descreva quaisquer padrões.

41. Filhos de presidentes.

Número de classes: 6

Conjunto de dados: números de filhos de presidentes norte-americanos. (*Fonte: presidentschildren.com.*)

0	5	6	0	3	4	0	4	10	15	0	6	2	3	0
4	5	4	8	7	3	5	3	2	6	3	3	1	2	
2	6	1	2	3	2	2	4	4	4	6	1	2	2	

42. Declaração de Independência.

Número de classes: 5

Conjunto de dados: idades dos signatários da Declaração de Independência. (*Fonte: The U.S. National Archives & Records Administration.*)

40	53	46	39	38	35	50	37	48	41
70	32	41	52	40	50	65	46	30	34
69	38	45	33	41	44	63	60	26	42
34	50	42	52	37	35	45	36	42	47
46	30	26	55	57	45	33	60	62	35
46	45	33	53	49	50				

Nos exercícios 43 e 44, use os conjuntos de dados e os números de classes indicados para construir (a) uma distribuição de frequência expandida, (b) um histograma de frequência, (c) um polígono de frequência, (d) um histograma de frequência relativa e (e) uma ogiva.

43. Pulsação.

Número de classes: 6

Conjunto de dados: pulsações de todos os estudantes de uma turma:

68	105	95	80	90	100	75	70	84	98	102	70
65	88	90	75	78	94	110	120	95	80	76	108

44. Hospitais.

Número de classes: 8

Conjunto de dados: número de hospitais em cada estado. (*Fonte: American Hospital Directory.*)

12	100	52	73	354	52	34	8	212	116
13	40	17	142	99	61	76	114	81	50
22	109	56	88	72	16	103	11	28	14
75	37	28	203	156	103	36	176	12	65
27	116	377	35	89	7	62	75	39	13

Expandindo conceitos

45. O que você faria? Você trabalha em um banco e deve recomendar a quantia de dinheiro que será colocada em um caixa eletrônico a cada dia. Você não quer colocar dinheiro em excesso (por segurança) ou pouco dinheiro (por problemas com clientes). As quantias retiradas diariamente (em centenas de dólares) em um período de 30 dias são mostradas a seguir.

72 84 61 76 104 76 86 92 80 88 98 76 97 82 84
67 70 81 82 89 74 73 86 81 85 78 82 80 91 83

(a) Construa um histograma de frequência relativa para os dados. Use 8 classes.

(b) Se você colocar US$ 9.000 no caixa eletrônico a cada dia, qual é a percentagem de dias em um mês que você espera ficar sem dinheiro? Explique.

(c) Se você está disposto a ficar sem dinheiro em 10% dos dias, quanto dinheiro você deveria colocar no caixa eletrônico a cada dia? Explique.

46. O que você faria? Você trabalha no departamento de admissão de uma faculdade e deve recomendar as notas mínimas no vestibular que a faculdade aceitará para uma vaga de estudante em tempo integral. A seguir, temos as notas do vestibular de 50 candidatos.

1.760 1.500 1.370 1.310 1.600 1.940 1.380 2.210 1.620 1.770
1.150 1.350 1.680 1.610 2.050 1.740 1.460 1.390 1.860 1.910
1.880 1.990 1.520 1.510 2.120 1.700 1.810 1.860 1.440 1.230
970 1.510 1.790 2.250 2.100 1.900 1.970 1.580 1.420 1.730
2.170 1.930 1.960 1.650 2.000 2.120 1.260 1.560 1.630 1.620

(a) Construa um histograma de frequência relativa para os dados. Use 10 classes.

(b) Se você decidir por uma nota mínima de 1.610, qual é a percentagem de candidatos que cumprirão essa exigência? Explique.

(c) Se você quiser aceitar o máximo de 88% dos candidatos, qual deveria ser a nota mínima? Explique.

47. Escrito. Use o conjunto de dados a seguir e uma ferramenta tecnológica para criar histogramas de frequência com 5, 10 e 20 classes. Qual gráfico melhor representa os dados? Explique.

2	7	3	2	11	3	15	8	4	9	10	13	9
7	11	10	1	2	12	5	6	4	2	9	15	

O que você deve aprender

- Como representar graficamente e interpretar conjuntos de dados quantitativos usando diagrama de ramo e folha e diagrama de pontos.
- Como representar graficamente e interpretar conjuntos de dados qualitativos usando gráficos setoriais (gráfico de pizza) e gráficos de Pareto.
- Como representar graficamente e interpretar conjuntos de dados emparelhados usando diagramas de dispersão e gráficos da série temporal.

2.2 Mais gráficos e representações

Representando graficamente conjuntos de dados quantitativos • Representando graficamente conjuntos de dados qualitativos • Representando graficamente conjuntos de dados emparelhados

Representando graficamente conjuntos de dados quantitativos

Na Seção 2.1 você aprendeu diversas maneiras tradicionais de representar graficamente dados quantitativos. Nesta seção, você aprenderá uma nova maneira de representar dados quantitativos chamada **diagrama de ramo e folha**. Diagramas de ramo e folha são recursos da **análise exploratória de dados (AED)**, que foi desenvolvida por John Turkey em 1977.

Em um diagrama de ramo e folha, cada número é separado em um **ramo** (por exemplo, se o número é 155, os dígitos mais à esquerda do número formam o ramal 15) e uma **folha** (por exemplo, o dígito mais à direita: 5). Você deve ter tantas folhas quanto a quantidade de valores no conjunto de dados original e estas devem ter um único dígito. Um diagrama de ramo e folha é similar a um histograma, mas tem a vantagem de que o gráfico ainda contém os valores originais dos dados. Outra vantagem de um diagrama de ramo e folha é que ele fornece uma maneira fácil de ordenar os dados.

Exemplo 1

Construindo um diagrama de ramo e folha

O conjunto de dados a seguir lista os números de mensagens de texto enviadas, na semana passada, por usuários de telefonia celular em um andar de um dormitório universitário. Coloque os dados em um diagrama de ramo e folha. Descreva quaisquer padrões.

155	159	144	129	105	145	126	116	130	114
122	112	112	142	126	118	118	108	122	121
109	140	126	119	113	117	118	109	109	119
139	139	122	78	133	126	123	145	121	134
124	119	132	133	124	129	112	126	148	147

Solução

Em razão dos dados variarem de um mínimo de 78 a um máximo de 159, você deve usar valores de ramo de 7 a 15 (veja a Figura 2.7). Para construir o diagrama, liste esses ramos à esquerda de uma linha vertical. Para cada valor de dado, liste uma folha à direita de seu ramo. Por exemplo, o valor 155 tem um ramo de 15 e uma folha de 5. Faça o diagrama com as folhas em ordem crescente, da esquerda para a direita. Certifique-se de incluir uma chave.

Figura 2.7 Número de mensagens de texto enviadas.

```
 7 | 8                       Chave: 15|5 = 155
 8 |
 9 |
10 | 5 8 9 9 9
11 | 2 2 2 3 4 6 7 8 8 8 9 9 9
12 | 1 1 2 2 2 3 4 4 6 6 6 6 9 9
13 | 0 2 3 3 4 9 9
14 | 0 2 4 5 5 7 8
15 | 5 9
```

Interpretação Do gráfico mostrado, podemos perceber que mais de 50% dos usuários de telefone celular enviaram entre 110 e 130 mensagens de texto.

Tente você mesmo 1

Use um diagrama de ramo e folha para organizar as idades das 50 mulheres mais influentes listadas na abertura deste capítulo. Descreva quaisquer padrões.

a. Liste todos os ramos possíveis.
b. Liste as folhas de cada valor de dados à direita de seu ramo e inclua uma chave. Certifique-se de que as folhas estão na ordem crescente da esquerda para a direita.
c. Descreva quaisquer padrões nos dados.

> **Dica de estudo**
> É importante incluir uma chave para o diagrama de ramo e folha para identificar os valores dos dados. Isso é feito mostrando um valor representado por um ramo e uma folha.

Exemplo 2

Construindo variações do diagrama de ramo e folha

Organize o conjunto de dados do Exemplo 1 usando um diagrama de ramo e folha que tenha duas fileiras para cada ramo. Descreva quaisquer padrões.

Solução

Construa o diagrama de ramo e folha do Exemplo 1, mas agora liste cada ramo duas vezes. Use as folhas 0, 1, 2, 3 e 4 na primeira fileira do ramo e as folhas 5, 6, 7, 8 e 9 na segunda fileira do ramo. O diagrama de ramo e folha revisado é exibido na Figura 2.8. Note que, ao usar duas fileiras por ramo, obtemos um retrato mais detalhado dos dados.

> **Entenda**
> Você pode usar os diagramas de ramo e folha para identificar valores de dados incomuns chamados de *outliers*. Nos exemplos 1 e 2, o valor 78 é um *outlier* (valor extremo). Você aprenderá mais sobre *outliers* na Seção 2.3.

Figura 2.8 Número de mensagens de texto enviadas.

```
 7 |              Chave: 15|5 = 155
 7 | 8
 8 |
 8 |
 9 |
 9 |
10 |
10 | 5 8 9 9 9
11 | 2 2 2 3 4
11 | 6 7 8 8 8 9 9 9
12 | 1 1 2 2 2 3 4 4
12 | 6 6 6 6 6 9 9
13 | 0 2 3 3 4
13 | 9 9
14 | 0 2 4
14 | 5 5 7 8
15 |
15 | 5 9
```

Interpretação Do gráfico mostrado, podemos perceber que a maioria dos usuários de telefone celular enviou entre 105 e 135 mensagens de texto.

Tente você mesmo 2

Usando duas fileiras para cada ramo, revise o diagrama de ramo e folha que você construiu no Tente você mesmo 1. Descreva quaisquer padrões.

a. Liste cada ramo duas vezes.
b. Liste todas as folhas usando a fileira do ramo apropriada.
c. Descreva quaisquer padrões nos dados.

Você também pode usar um diagrama de pontos para representar graficamente dados quantitativos. Em um **diagrama de pontos**, cada valor de dado é representado usando um ponto acima do eixo horizontal. Como no diagrama de ramo e folha, um diagrama de pontos permite ver como os dados estão distribuídos, identificar valores específicos e valores incomuns extremos nos dados.

Exemplo 3

Construindo um diagrama de pontos

Use um diagrama de pontos para organizar o conjunto de dados do Exemplo 1. Descreva quaisquer padrões.

155	159	144	129	105	145	126	116	130	114
122	112	112	142	126	118	118	108	122	121
109	140	126	119	113	117	118	109	109	119
139	139	122	78	133	126	123	145	121	134
124	119	132	133	124	129	112	126	148	147

Solução

A fim de que todos os dados sejam incluídos no diagrama de pontos, o eixo horizontal pode iniciar em 75 e terminar em 160 (veja a Figura 2.9). Para representar um dado, assinale um ponto acima da posição do seu valor no eixo. Quando um valor for repetido, assinale outro ponto acima do anterior.

Figura 2.9 Número de mensagens de texto enviadas.

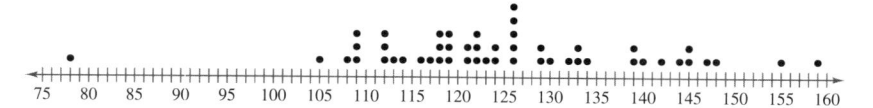

Interpretação No diagrama de pontos, podemos ver que a maioria dos valores se agrupa entre 105 e 148, e o valor que ocorre com maior frequência é 126. Você também pode ver que 78 é um valor incomum.

Tente você mesmo 3

Use um diagrama de pontos para organizar as idades das 50 mulheres mais influentes listadas na abertura deste capítulo. Descreva quaisquer padrões.
a. Escolha uma escala apropriada para o eixo horizontal.
b. Represente cada valor de dado assinalando um ponto.
c. Descreva quaisquer padrões nos dados.

A tecnologia pode ser usada para construir diagramas de ramo e folha e de pontos. Por exemplo, a Figura 2.10 mostra um diagrama de pontos feito com Minitab para os dados das mensagens de texto.

Figura 2.10 Número de mensagens de texto enviadas.

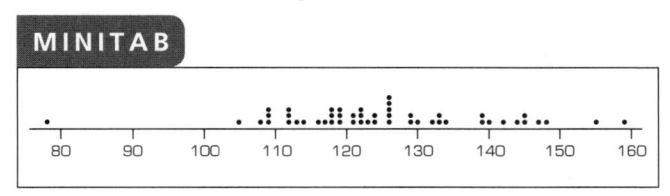

Representando graficamente conjuntos de dados qualitativos

Gráficos de pizza (setoriais) fornecem uma maneira conveniente de apresentar graficamente dados qualitativos como percentagens de um todo. Um **gráfico de pizza** é um círculo dividido em setores que representam categorias. A área de cada setor é proporcional à frequência de cada categoria. Na maioria dos casos, você interpretará um gráfico de pizza ou irá construí-lo usando tecnologia. O Exemplo 4 mostra como construir um gráfico de pizza à mão.

Exemplo 4

Construindo um gráfico de pizza

Os números de títulos conferidos (em milhares) em 2011 nos Estados Unidos constam na Tabela 2.8. Use um gráfico de pizza para organizar os dados. (*Fonte: U.S. National Center for Education Statistics.*)

Tabela 2.8 Títulos conferidos em 2011.

Tipo de título	Número (em milhares)
Tecnólogo	942
Bacharelado	1.716
Mestrado	731
Doutorado	164

Solução

Comece encontrando a frequência relativa, ou percentagem, de cada categoria, como mostra a Tabela 2.9. Então, construa um gráfico de pizza usando o ângulo central que corresponda a cada categoria, como mostra a Figura 2.11. Para determinar o ângulo central, multiplique 360° pela frequência relativa da categoria. Por exemplo, o ângulo central para o título de tecnólogo é 360° (0,265) ≈ 95°.

Tabela 2.9 Tipos de titulação, frequências absolutas, frequências relativas e medidas de ângulo.

Tipo de título	f	frequência relativa	Ângulo
Tecnólogo	942	0,265	95°
Bacharelado	1.716	0,483	174°
Mestrado	731	0,206	74°
Doutorado	164	0,046	17°

Figura 2.11 Títulos conferidos em 2011.

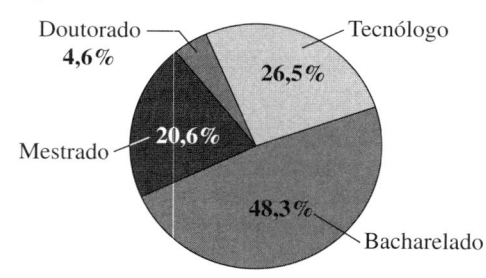

- Doutorado 4,6%
- Tecnólogo 26,5%
- Mestrado 20,6%
- Bacharelado 48,3%

Interpretação No diagrama de pizza da Figura 2.11, podemos ver que quase a metade dos títulos conferidos em 2011 foi de bacharel.

Tente você mesmo 4

Os números de títulos conferidos (em milhares) em 1990 são mostrados na Tabela 2.10. Use um gráfico de pizza para organizar os dados. Compare os dados de 1990 com os dados de 2011. (*Fonte: U. S. National Center for Education Statistics.*)

Tabela 2.10 Títulos conferidos em 1990.

Tipo de título	Número (em milhares)
Tecnólogo	455
Bacharelado	1.051
Mestrado	330
Doutorado	104

a. Encontre a frequência relativa e o ângulo central de cada categoria.
b. Construa o gráfico de pizza.
c. Compare os dados de 1990 com os dados de 2011.

Outra maneira de representar graficamente dados qualitativos é usando um gráfico de Pareto. Um **gráfico de Pareto** é um gráfico de barras verticais no qual a altura de cada barra representa a frequência ou a frequência relativa. As barras são posicionadas em ordem decrescente de altura, com a barra mais alta posicionada à esquerda. Tal posicionamento ajuda a destacar dados importantes e é frequentemente usado em negócios.

Exemplo 5

Construindo um gráfico de Pareto

Recentemente, a indústria de varejo perdeu US$ 34,5 bilhões com redução nos estoques. A redução de estoque é uma perda de estoque por meio de quebra, roubo de carga, roubo em lojas e assim por diante. As principais causas da redução de estoque são erro administrativo (US$ 4,2 bilhões), roubo por funcionários (US$ 15,1 bilhões), roubo em lojas (US$ 12,3 bilhões), desconhecida (US$ 1,1 bilhão) e fraude nas vendas (US$ 1,7 bilhão). Use um gráfico de Pareto para organizar os dados. Qual causa de redução de estoque os varejistas deveriam tratar primeiro? (*Adaptado de: National Retail Federation and The Education, University of Florida.*)

Solução

Usando frequências relativas para o eixo vertical, podemos construir o gráfico de Pareto como mostrado na Figura 2.12.

Figura 2.12 Principais causas de redução de estoque.

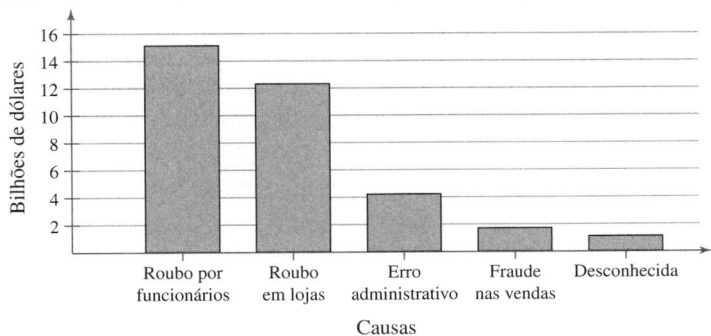

Interpretação No gráfico, é fácil ver que as causas da redução de estoque que devem ser tratadas primeiro são roubo por funcionários e roubo em lojas.

Tente você mesmo 5

A cada ano, o *Better Business Bureau*[2] (BBB) recebe reclamações de clientes. Em anos recentes, o BBB recebeu as seguintes reclamações:

14.156 reclamações sobre mecânicas de automóveis.

8.568 reclamações sobre seguradoras.

6.712 reclamações sobre corretores de hipoteca.

15.394 reclamações sobre empresas de telefonia.

5.841 reclamações sobre agências de viagens.

Use um gráfico de Pareto para organizar os dados. Que fonte é a maior causa de reclamações? (*Fonte: Council of Better Business Bureaus.*)

a. Encontre a frequência ou a frequência relativa para cada valor de dado.
b. Posicione as barras em ordem decrescente de acordo com a frequência ou a frequência relativa.
c. Interprete os resultados no contexto dos dados.

Retratando o mundo

Um instituto de pesquisa perguntou a 9.317 consumidores quanto eles planejam gastar com presentes no Dia dos Namorados para vários destinatários. Os resultados são mostrados no gráfico de Pareto. (*Fonte: BIGInsight.*)

Quanto você planeja gastar no Dia dos Namorados com presentes para:

Qual é maior, a quantia gasta com cônjuge ou o total gasto nas demais cinco categorias?

Representando graficamente conjuntos de dados emparelhados

Quando cada valor em um conjunto de dados corresponde a um valor em um segundo conjunto de dados, tais conjuntos são chamados de **conjuntos de dados emparelhados**. Por exemplo, um conjunto de dados contém os custos de um item e um segundo conjunto de dados contém as quantidades de vendas correspondentes. Já que cada custo corresponde a uma quantidade de vendas, os conjuntos de dados são emparelhados. Uma maneira de representar graficamente conjuntos de dados emparelhados é usando um **gráfico de dispersão**, no qual os pares ordenados são representados como pontos em um plano coordenado (plano cartesiano). Um gráfico de dispersão é usado para mostrar a relação entre duas variáveis quantitativas.

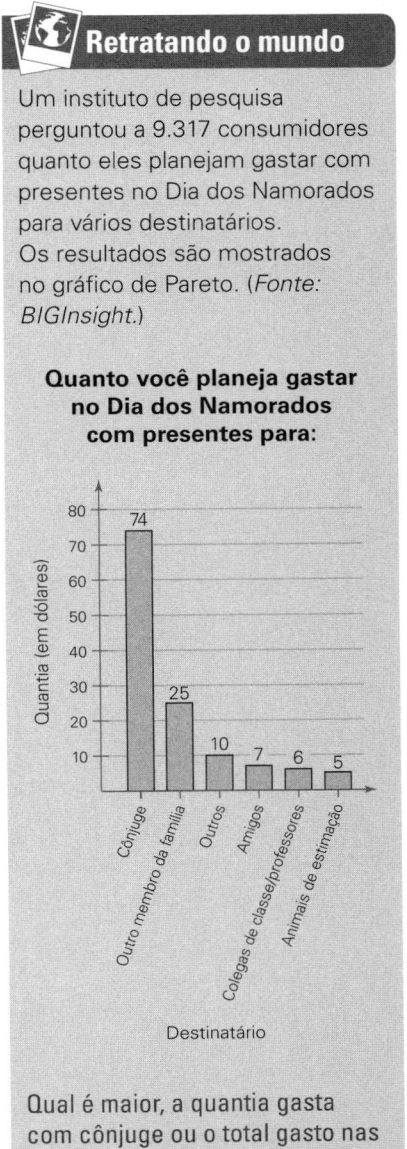

---

2 O BBB é uma organização sem fins lucrativos que atua em prol de melhores práticas de negócio.

> **Exemplo 6**

Interpretando um gráfico de dispersão

O estatístico britânico Ronald Fisher (ver p. 34) apresentou um famoso conjunto de dados chamado de conjunto de dados de Íris de Fisher. Esse conjunto de dados descreve várias características físicas, tais como o comprimento e a largura das pétalas (em milímetros), para três espécies da flor íris. No gráfico de dispersão da Figura 2.13, o comprimento das pétalas forma o primeiro conjunto de dados e a largura forma o segundo. Conforme o comprimento da pétala aumenta, o que tende a acontecer com a largura? (*Fonte: Fisher, R. A., 1936.*)

Figura 2.13 Conjunto de dados de Íris de Fisher.

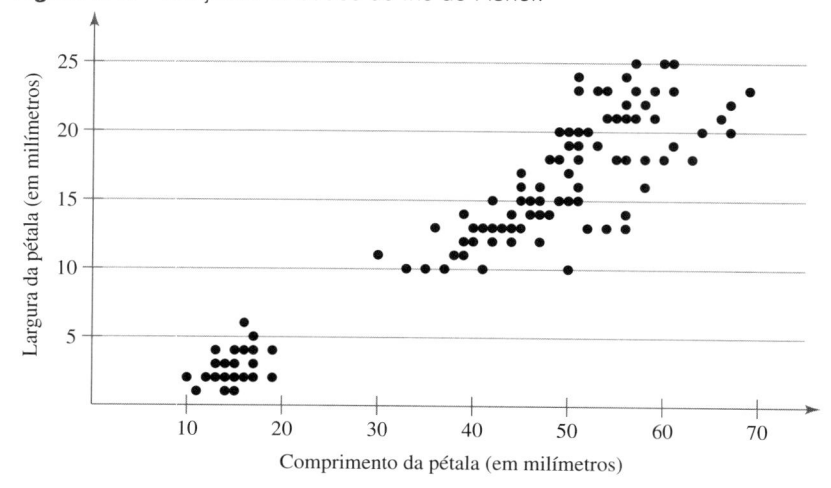

Solução

O eixo horizontal representa o comprimento da pétala e o vertical, a largura. Cada ponto no gráfico de dispersão corresponde ao comprimento e a largura da pétala de uma flor.

Interpretação Com base no gráfico de dispersão, você pode ver que, conforme o comprimento da pétala aumenta, a largura também tende a aumentar.

Tente você mesmo 6

O tempo de serviço e os salários de 10 funcionários estão listados na Tabela 2.11. Faça um gráfico de dispersão para os dados. Descreva quaisquer tendências.

a. Classifique os eixos horizontal e vertical.
b. Assinale os dados emparelhados.
c. Descreva quaisquer tendências.

Tabela 2.11 Comportamento de salários em função do tempo de serviço.

Tempo de serviço (em anos)	Salário (em dólares)
5	32.000
4	32.500
8	40.000
4	27.350
2	25.000
10	43.000
7	41.650
6	39.225
9	45.100
3	28.000

Você aprenderá mais sobre gráficos de dispersão e como analisá-los no Capítulo 9.

Um conjunto de dados quantitativos cujos valores são obtidos em intervalos regulares, durante um período de tempo, é chamado de **série temporal**. Por exemplo, a quantidade de precipitação medida a cada dia por um mês é uma série temporal. Você pode usar um **gráfico de série temporal** para representar uma série desse tipo.

Exemplo 7

Construindo um gráfico de série temporal

A Tabela 2.12 lista o número de assinantes de telefonia celular (em milhões) e o valor médio mensal da conta dos assinantes pelo serviço (em dólares) para os anos de 2002 a 2012. Construa um gráfico de série temporal para o número de assinantes de celular. Descreva quaisquer tendências. (*Fonte: Cellular Telecommunications & Internet Association.*)

Tabela 2.12 Assinantes de telefonia celular e valor médio mensal da conta no período de 2002 a 2012.

Ano	Assinantes (em milhões)	Conta média (em dólares)
2002	134,6	47,42
2003	148,1	49,46
2004	169,5	49,49
2005	194,5	49,52
2006	219,7	49,30
2007	243,4	49,94
2008	262,7	48,54
2009	276,6	49,57
2010	292,8	47,47
2011	306,3	47,23
2012	321,7	47,16

Veja o passo a passo da TI-84 Plus na página 120 e 121.

Solução

Faça o eixo horizontal representar os anos e o vertical, o número de assinantes (em milhões). Então, assinale os dados emparelhados e conecte-os com segmentos de reta (veja a Figura 2.14).

Figura 2.14 Comportamento do número de assinantes de telefonia celular no período de 2002 a 2012.

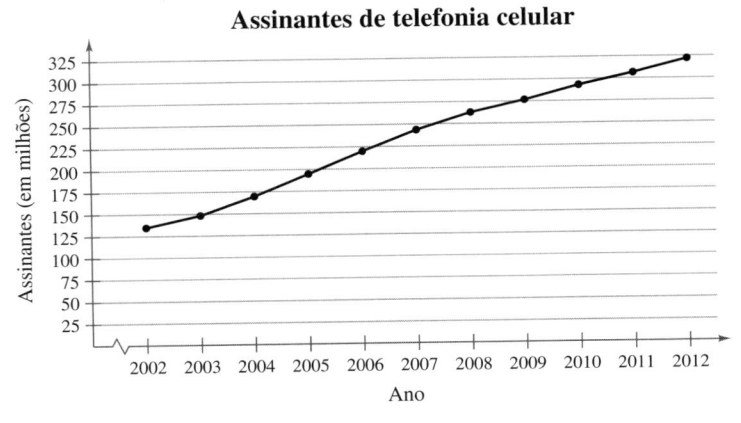

Interpretação O gráfico mostra que o número de assinantes tem aumentado desde 2002.

Tente você mesmo 7

Use a Tabela 2.12 para construir um gráfico de série temporal para o valor médio mensal da conta de celular dos assinantes, para os anos de 2002 a 2012.

a. Classifique os eixos horizontal e vertical.
b. Assinale os dados emparelhados e conecte-os com segmentos de reta.
c. Descreva quaisquer tendências.

2.2 Exercícios

Construindo habilidades básicas e vocabulário

1. Cite algumas maneiras de representar graficamente dados quantitativos e qualitativos.
2. Qual é a vantagem de se usar um diagrama de ramo e folha em vez de um histograma? Qual é a desvantagem?
3. Em termos de representação de dados, como um diagrama de ramo e folha se assemelha a um diagrama de pontos?
4. Como um gráfico de Pareto difere de um gráfico de barras verticais padrão?

Contextualizando os gráficos
Nos exercícios 5 a 8, relacione o gráfico com a descrição da amostra.

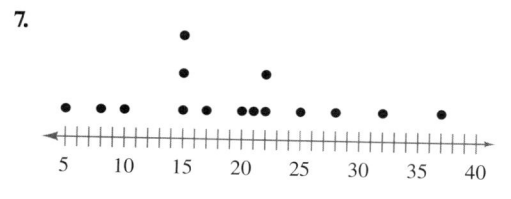

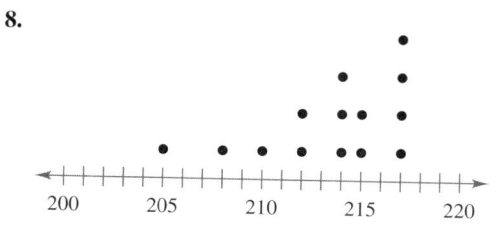

5.
```
0 | 8        Chave: 0|8 = 0,8
1 | 5 6 8
2 | 1 3 4 5
3 | 0 9
4 | 0 0
```

6.
```
6 | 7 8       Chave: 6|7 = 67
7 | 4 5 5 8 8 8
8 | 1 3 5 5 8 8 9
9 | 0 0 0 2 4
```

7. [diagrama de pontos de 5 a 40]

8. [diagrama de pontos de 200 a 220]

(a) Tempos (em minutos) que uma amostra de funcionários leva para chegar ao trabalho.
(b) Coeficientes de rendimento de uma amostra de estudantes com graduação em finanças.
(c) Velocidades máximas (em milhas por hora) de uma amostra de carros esportivos de alto desempenho.
(d) Idades (em anos) de uma amostra de residentes em um asilo.

Análise gráfica
Nos exercícios 9 a 12, use um diagrama de ramo e folha ou um diagrama de pontos para listar os valores dos dados. Qual é o valor máximo? E o mínimo?

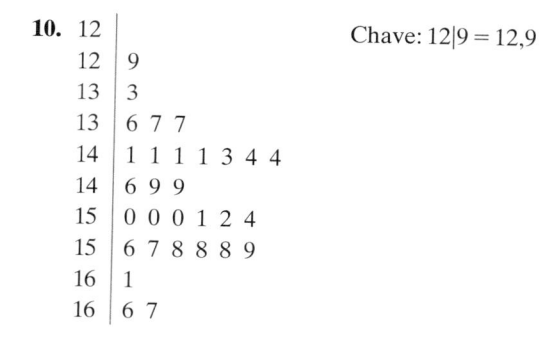

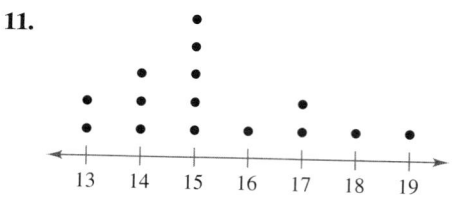

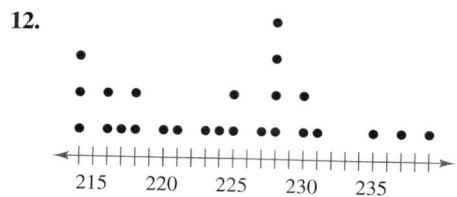

9.
```
2 | 7                        Chave: 2|7 = 2,7
3 | 2
4 | 1 3 3 4 7 7 8
5 | 0 1 1 2 3 3 3 4 4 4 4 5 6 6 6 8 9
6 | 8 8 8
7 | 3 8 8
8 | 5
```

10.
```
12 |                         Chave: 12|9 = 12,9
12 | 9
13 | 3
13 | 6 7 7
14 | 1 1 1 1 3 4 4
14 | 6 9 9
15 | 0 0 0 1 2 4
15 | 6 7 8 8 8 9
16 | 1
16 | 6 7
```

11. [diagrama de pontos de 13 a 19]

12. [diagrama de pontos de 215 a 235]

Usando e interpretando conceitos

Análise gráfica Nos exercícios 13 a 16, faça três observações a partir da análise dos gráficos.

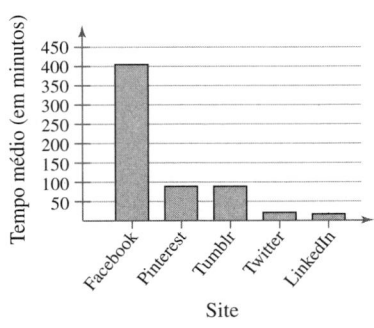

13. Tempo médio gasto por visitante em 5 redes sociais, durante um mês.

(Fonte: comScore.)

14. Roubo de veículos nos EUA.

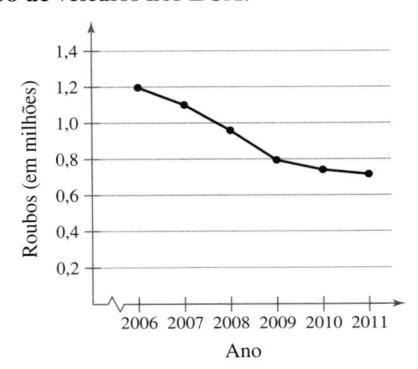

(Fonte: Federal Bureau of Investigation.)

15. Como outros motoristas nos irritam.

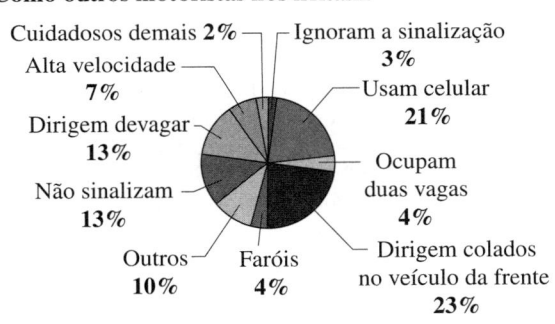

- Cuidadosos demais 2%
- Alta velocidade 7%
- Dirigem devagar 13%
- Não sinalizam 13%
- Outros 10%
- Faróis 4%
- Ignoram a sinalização 3%
- Usam celular 21%
- Ocupam duas vagas 4%
- Dirigem colados no veículo da frente 23%

(Adaptado de: Reuters/Zogby.)

16. Valor gasto com animal de estimação.

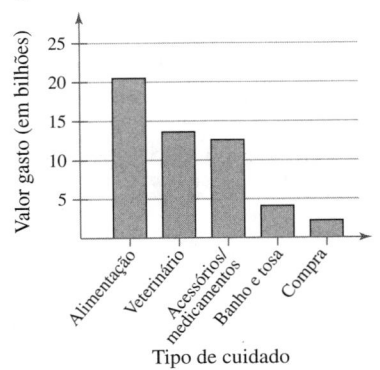

(Fonte: American Pet Products Association.)

Representando graficamente conjuntos de dados

Nos exercícios 17 a 32, organize os dados usando o tipo de gráfico indicado. Descreva quaisquer padrões.

17. Notas de provas Use um diagrama de ramo e folha para retratar os dados. Os dados representam as notas de uma turma de biologia em um teste.

75 85 90 80 87 67 82 88 95 91 73 80
83 92 94 68 75 91 79 95 87 76 91 85

18. Enfermagem Use um diagrama de ramo e folha para retratar os dados. Os dados representam o número de horas que 24 enfermeiras trabalham por semana.

40 40 35 48 38 40 36 50 32 36 40 35
30 24 40 36 40 36 40 39 33 40 32 38

19. Espessura do gelo Use um diagrama de ramo e folha para retratar os dados. Os dados representam as espessuras (em centímetros) do gelo medidas em 20 locais diferentes em um lago congelado.

5,8 6,4 6,9 7,2 5,1 4,9 4,3 5,8 7,0 6,8
8,1 7,5 7,2 6,9 5,8 7,2 8,0 7,0 6,9 5,9

20. Preços de maçãs Use um diagrama de ramo e folha para retratar os dados mostrados na tabela a seguir. Os dados representam os preços (em centavos por libra) pagos por maçãs a 28 fazendeiros.

Preços de maçãs (em centavos por libra)					
28,2	28,6	25,4	26,1	28,0	26,4
26,3	29,1	28,0	26,5	26,6	27,6
27,4	26,7	28,5	27,4	27,9	26,5
28,3	29,8	28,3	27,6	27,6	27,3
26,1	27,1	25,8	26,9		

21. Presidentes de empresas mais bem pagos Use um diagrama de ramo e folha com duas fileiras para cada ramo para retratar os dados. Os dados representam as idades dos 30 presidentes de empresas mais bem pagos. (Fonte: Forbes.)

53 72 55 67 59 57 55 59 61 60 59 56 63 58 58
52 61 65 61 50 65 59 58 66 57 64 58 59 66 56

22. Super Bowl Use um diagrama de ramo e folha com duas fileiras para cada ramo para retratar os dados. Os dados representam as pontuações dos vencedores do Super Bowl I ao Super Bowl XLVII. (Fonte: National Football League.)

35 33 16 23 16 24 14 24 16 21 32 27
35 31 27 26 27 38 38 46 39 42 20 55
20 37 52 30 49 27 35 31 34 23 34 20
48 32 24 21 29 17 27 31 31 21 34

23. Pressão arterial sistólica Use um gráfico de pontos para representar os dados. Os dados correspondem às pressões arteriais sistólicas (em milímetros de mercúrio) de 30 pacientes em um consultório médico.

120 135 140 145 130 150 120 170 145 125
130 110 160 180 200 150 200 135 140 120
120 130 140 170 120 165 150 130 135 140

24. Tempo de vida de moscas-domésticas Use um diagrama de pontos para retratar os dados. Os dados representam os tempos de vida (em dias) de 30 moscas-domésticas.

9 9 4 11 10 5 13 9 7 11 6 8 14 10 6
10 10 7 14 11 7 8 6 13 10 14 14 8 13 10

25. Investimentos Use um gráfico de pizza para retratar os dados. Eles representam o resultado de uma pesquisa que perguntou a adultos como eles investiriam seu dinheiro em 2013. (*Adaptado de: CNN.*)

Investir mais em ações	562	Não investir	288
Investir mais em títulos	144	Investir o mesmo que no ano passado	461

26. Maratona da cidade de Nova York Use um gráfico de pizza para retratar os dados. Os dados representam o número de vencedores masculinos da maratona da cidade de Nova York, de cada país, até 2012. (*Fonte: New York Road Runners.*)

Estados Unidos	15	México	4
Itália	4	Marrocos	1
Etiópia	2	Grã-Bretanha	1
África do Sul	2	Brasil	2
Tanzânia	1	Nova Zelândia	1
Quênia	9		

27. Olimpíadas Use um gráfico de Pareto para retratar os dados. Eles representam a contagem de medalhas para cinco países nos Jogos Olímpicos de Verão de 2012. (*Fonte: ESPN.*)

Alemanha	Grã-Bretanha	Estados Unidos	Rússia	China
44	65	104	82	88

28. Erros na medicação Use um gráfico de Pareto para retratar os dados. Eles representam o número de vezes que foram detectados erros na composição de medicamentos, durante um estudo de 2 meses. (*Fonte: PubMed Central.*)

Drogas não autorizadas	27	Omissão	54
Forma incorreta da droga	2	Período incorreto	37
Dose inadequada	57	Droga deteriorada	2

29. Salário por hora Use um gráfico de dispersão para retratar os dados da tabela. Os dados representam o número de horas trabalhadas e o salário por hora (em dólares) de 12 trabalhadores.

Horas	Salário por hora
33	12,16
37	9,98
34	10,79
40	11,71
35	11,80
33	11,51
40	13,65
33	12,05
28	10,54
45	10,33
37	11,57
28	10,17

30. Salários Use um diagrama de dispersão para retratar os dados mostrados na tabela. Os dados representam o número de alunos, por professor, e o salário médio dos professores (em milhares de dólares) em 10 escolas.

Número de alunos por professor	Salário médio dos professores
17,1	28,7
17,5	47,5
18,9	31,8
17,1	28,1
20,0	40,3
18,6	33,8
14,4	49,8
16,5	37,5
13,3	42,5
18,4	31,9

31. Registro de motocicletas Use um gráfico de série temporal para retratar os dados mostrados nas tabelas a seguir. Os dados representam o número de motocicletas (em milhões) registradas no período de 2000 a 2011, nos Estados Unidos. (*Fonte: U.S. Federal Highway Administration.*)

Ano	2000	2001	2002	2003	2004	2005
Registros	4,3	4,9	5,0	5,4	5,8	6,2

Ano	2006	2007	2008	2009	2010	2011
Registros	6,7	7,1	7,8	7,9	8,2	8,3

32. Indústria Use um gráfico de série temporal para retratar os dados mostrados nas tabelas a seguir. Os dados representam o percentual do produto interno bruto (PIB) dos Estados Unidos relativo ao setor industrial. (*Fonte: U.S. Bureau of Economic Analysis.*)

Ano	2000	2001	2002	2003	2004	2005
Percentagem	14,2%	13,1%	12,7%	12,3%	12,5%	12,4%

Ano	2006	2007	2008	2009	2010	2011
Percentagem	12,3%	12,1%	11,4%	11,0%	11,2%	11,5%

33. **Filmadoras** Represente os dados a seguir em um diagrama de pontos. Descreva as diferenças de como o diagrama de ramo e folha e o diagrama de pontos exibem padrões dos dados.

   Tamanho da tela de filmadoras (em polegadas)

   ```
   1 |                          Chave: 1|8 = 1,8
   1 | 8
   2 | 0
   2 | 5 5 7 7 7 7 7 7 7 7 7
   3 | 0 0 0 0 0 2 2
   3 |
   ```

34. **Basquete** Represente os dados a seguir em um diagrama de ramo e folha. Descreva as diferenças de como diagrama de pontos e o diagrama de ramo e folha exibem padrões nos dados. (*Fonte: ESPN.*)

   Altura dos jogadores do Sacramento Kings em 2012-2013

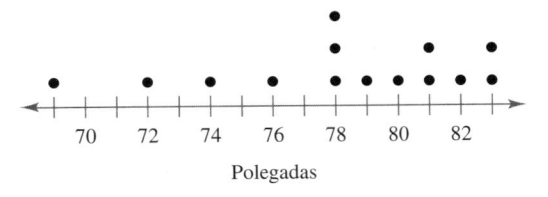

35. **Estação do ano favorita** Represente os dados a seguir em um gráfico de Pareto. Descreva as diferenças de como o gráfico de pizza e o gráfico de Pareto exibem padrões nos dados. (*Fonte: Gallup.*)

   Estação do ano favorita de adultos norte-americanos com idade de 18 a 29 anos

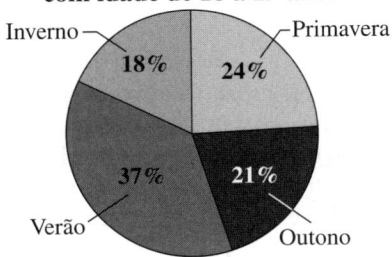

   - Primavera 24%
   - Outono 21%
   - Verão 37%
   - Inverno 18%

36. **Dia favorito da semana** Represente os dados a seguir em um gráfico de pizza. Descreva as diferenças de como o gráfico de Pareto e o gráfico de pizza exibem padrões nos dados.

   Dia da semana favorito

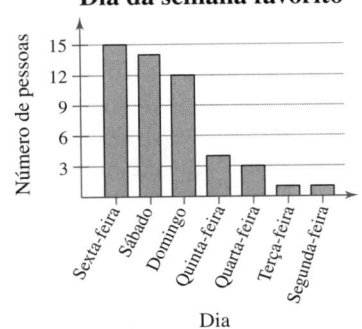

Expandindo conceitos

Um gráfico enganoso? *Um gráfico enganoso é um gráfico estatístico que não está representado adequadamente. Esse tipo de gráfico pode distorcer os dados e levar a conclusões equivocadas. Nos exercícios 37 a 40, (a) explique por que o gráfico é enganoso, e (b) redesenhe o gráfico de modo que ele não seja enganoso.*

37. **Vendas da Companhia A.**

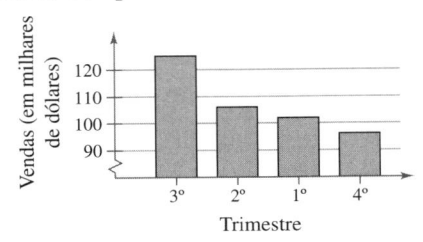

38. **Resultados de uma pesquisa.**

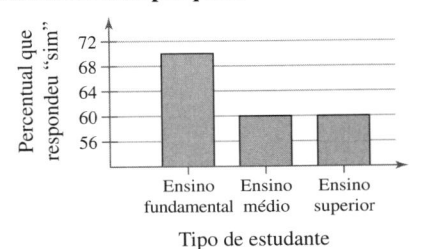

39. **Vendas da Companhia B.**
    - 1º Trimestre 38%
    - 2º Trimestre 4%
    - 3º Trimestre 38%
    - 4º Trimestre 20%

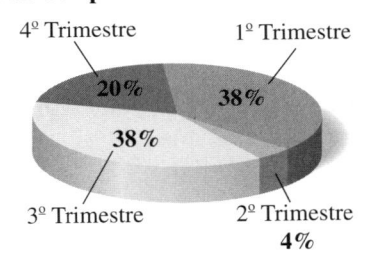

40. **Importações americanas de óleo cru por país de origem em 2012.**

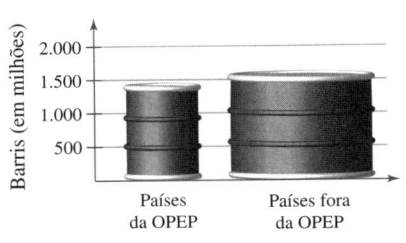

   (*Fonte: U.S. Energy Information Administration.*)

41. **Salários de escritório de advocacia** Um **diagrama de ramo e folha lado a lado** compara dois conjuntos de dados usando os mesmos ramos para cada conjunto. As folhas para o primeiro conjunto estão em um lado e as folhas para o segundo conjunto estão do outro lado. O

diagrama de ramo e folha lado a lado a seguir representa os salários (em milhares de dólares) de todos os advogados de dois pequenos escritórios de advocacia.

Escritório A		Escritório B
5 0	9	0 3
8 5 2 2 2	10	5 7
9 9 7 0 0	11	0 0 5
1 1	12	0 3 3 5
	13	2 2 5 9
	14	1 3 3 3 9
	15	5 5 5 6
	16	4 9 9
9 9 5 1 0	17	1 2 5
5 5 5 2 1	18	9
9 9 8 7 5	19	0
3	20	

Chave: 5|19|0 = US$ 195.000 para o escritório A e US$ 190.000 para o escritório B

(a) Quais são os salários mais altos e mais baixos no escritório A? E no escritório B?
(b) Quantos advogados há em cada escritório?
(c) Compare a distribuição dos salários de cada escritório. O que podemos perceber?

42. Aulas de ioga Os conjuntos de dados mostram as idades de todos os participantes em duas aulas de ioga.

Aula das 15h
40 60 73 77 51 68
68 35 68 53 64 75
76 69 59 55 38 57
68 84 75 62 73 75
85 77

Aula das 20h
19 18 20 29 39 43
71 56 44 44 18 19
19 18 18 20 25 29
25 22 31 24 24 23
19 19 18 28 20 31

(a) Faça um diagrama de ramo e folha lado a lado para representar os dados.
(b) Quais são as maiores e menores idades dos alunos da aula das 15h? E das 20h?
(c) Quantos participantes há em cada aula?
(d) Compare a distribuição das idades em cada aula. Que observação(ões) pode(m) ser feita(s)?

2.3 Medidas de tendência central

Média, mediana e moda • Média ponderada e média de dados agrupados • As formas das distribuições

O que você deve aprender

- Como encontrar a média, a mediana e a moda de uma população ou de uma amostra.
- Como encontrar uma média ponderada de um conjunto de dados e a média de uma distribuição de frequência.
- Como descrever a forma de uma distribuição: simétrica, uniforme ou assimétrica, e como comparar a média e a mediana para cada uma.

Média, mediana e moda

Nas seções 2.1 e 2.2, aprendemos sobre as representações gráficas dos dados quantitativos. Nas seções 2.3 e 2.4, aprenderemos sobre como complementar as representações gráficas com estatísticas numéricas que descrevem o centro e a variabilidade de um conjunto de dados.

Uma **medida de tendência central** é um valor que representa uma observação típica ou central de um conjunto de dados. As três medidas da tendência central mais comumente usadas são a **média**, a **mediana** e a **moda**.

Definição

A **média** de um conjunto de dados é a soma dos valores dos dados dividida pelo número de observações. Para determinar a média de um conjunto de dados, use uma das fórmulas a seguir.

$$\text{Média populacional: } \mu = \frac{\Sigma x}{N} \qquad \text{Média amostral: } \bar{x} = \frac{\Sigma x}{n}$$

A letra grega minúscula μ (pronuncia-se mi) representa a média populacional e $\bar{x}$ (lê-se "x" barra) representa a média amostral. Note que N representa o número de observações em uma *população* e n representa o número de observações em uma *amostra*. Lembre-se de que a letra maiúscula sigma (Σ) indica uma soma de valores.

Exemplo 1

Encontrando a média amostral

Os pesos (em libras) de uma amostra de adultos antes de iniciarem um estudo sobre perda de peso estão listados. Qual é o peso médio dos adultos?

274   235   223   268   290   285   235

Solução

A soma dos pesos é:

$$\Sigma x = 274 + 235 + 223 + 268 + 290 + 285 + 235 = 1.810$$

Há 7 adultos na amostra, logo $n = 7$. Para encontrar o peso médio, divida a soma dos pesos pelo número de adultos na amostra.

$$\bar{x} = \frac{\Sigma x}{n} = \frac{1.810}{7} \approx 258{,}6.$$

Resultado arredondado para uma casa decimal.

Então, o peso médio dos adultos é aproximadamente 258,6 libras.

Dica de estudo

Note que a média no Exemplo 1 tem uma casa decimal a mais do que o conjunto original de valores dos dados. Quando um resultado precisar ser arredondado, essa *regra de arredondamento* será usada no livro. Outra regra importante é que o arredondamento não deve ser feito até o resultado final do cálculo.

Tente você mesmo 1

As alturas (em polegadas) dos jogadores de um time profissional de basquete são mostradas na Tabela 2.13. Qual é a altura média?

Tabela 2.13 Altura dos jogadores.

74	78	81	87	81	80	77	80
85	78	80	83	75	81	73	

a. Calcule a soma dos dados.
b. Divida a soma pelo número de observações.
c. Interprete os resultados no contexto dos dados.

Definição

A **mediana** de um conjunto de dados é um valor que está no meio dos dados quando o conjunto está ordenado. A mediana indica o centro de um conjunto de dados ordenado, dividindo-o em duas partes com quantidades iguais de valores. Quando o conjunto de dados tem um número ímpar de observações, a mediana é o elemento do meio. Se o conjunto de dados tem um número par de observações, a mediana é a média dos dois elementos que ocupam as posições centrais.

Exemplo 2

Encontrando a mediana

Encontre a mediana para os pesos listados no Exemplo 1.

Solução

Para encontrar o peso mediano, primeiro ordene os dados.

223   235   235   268   274   285   290

Em razão de termos sete observações (um número ímpar), a mediana está no meio, é a quarta observação. Então, o peso mediano é 268 libras.

Dica de estudo

Em um conjunto de dados, há o mesmo número de valores acima da mediana bem como abaixo dela. Por exemplo, no Exemplo 2, três dos pesos estão abaixo e três estão acima de 268 libras.

Tente você mesmo 2

As idades de uma amostra de fãs em um show de rock estão listadas a seguir. Determine a idade mediana.

24 27 19 21 18 23 21 20 19 33 30 29 21
18 24 26 38 19 35 34 33 30 21 27 30

a. Ordene os dados.
b. Determine a observação do meio.
c. Interprete os resultados no contexto dos dados.

Exemplo 3

Encontrando a mediana

No Exemplo 2, o adulto pesando 285 libras decide não participar do estudo. Qual é o peso mediano dos adultos restantes?

Solução

Os pesos restantes em ordem são:

223   235   235   268   274   290

Em razão de termos seis observações (um número par), a mediana é a média dos dois elementos do meio.

$$\text{Mediana} = \frac{235 + 268}{2} = 251{,}5$$

Então, o peso mediano dos adultos restantes é 251,5 libras.

Tente você mesmo 3

Os preços (em dólares) de uma amostra de porta-retratos digital estão listados a seguir. Determine o preço mediano dos porta-retratos.

70   10   50   130   80   100   50   120   100   70

a. Ordene os dados.
b. Calcule a média das duas observações do meio.
c. Interprete os resultados no contexto dos dados.

Definição

A **moda** de um conjunto de dados é o valor que ocorre com a maior frequência. Um conjunto de dados pode ter uma moda, mais de uma moda, ou não ter moda. Quando nenhum valor se repete, o conjunto de dados não tem moda. Quando dois valores ocorrem com a mesma maior frequência, cada um é uma moda e o conjunto é chamado de **bimodal**.

Exemplo 4

Encontrando a moda

Encontre a moda dos pesos listados no Exemplo 1.

Solução

Para encontrar a moda, primeiro ordene os dados.

223   235   235   268   274   285   290

A partir dos dados ordenados, podemos ver que o valor 235 ocorre duas vezes, enquanto os demais ocorrem somente uma vez. Então, a moda dos pesos é 235 libras.

Tente você mesmo 4

Os preços (em dólares por pés quadrados) para uma amostra de condomínios de South Beach (Miami Beach, Flórida) estão listados a seguir. Determine a moda dos preços.

324	462	540	450	638	564	670	618	624	825
540	980	1.650	1.420	670	830	912	750	1.260	450
975	670	1.100	980	750	723	705	385	475	720

a. Ordene os dados.

b. Identifique o valor ou valores que ocorrem com maior frequência.

c. Interprete os resultados no contexto dos dados.

> **Entenda**
> A moda é a única medida de tendência central que pode ser usada para descrever dados no nível nominal de mensuração. Mas, quando trabalhamos com dados quantitativos, ela é raramente utilizada.

Exemplo 5

Encontrando a moda

Em um debate político nos Estados Unidos, pede-se a uma amostra dos membros da plateia que indique o partido político ao qual pertencem. Suas respostas são mostradas na Tabela 2.14. Qual é a moda das respostas?

Tabela 2.14 Preferência por partido político em uma amostra de membros de um debate.

Partido político	Frequência, f
Democrata	46
Republicano	34
Independente	39
Outro/não sabe	5

Solução

A resposta que ocorre com maior frequência é Democrata. Então, a moda é Partido Democrata.

Interpretação Nessa amostra havia mais democratas do que pessoas de qualquer outra afiliação.

Tente você mesmo 5

Em uma pesquisa, 1.077 adultos com idade entre 18 e 34 anos foram perguntados por que eles compram pela internet. Dos pesquisados, 312 disseram "para evitar multidões em feriados e aborrecimentos"; 399 disseram "preços melhores"; 140 disseram "mais variedade"; 194 disseram "conveniência" e 32 disseram "envio direto". Qual é a moda das respostas? (*Adaptado de: Impulse research*)

a. Encontre o valor que ocorre com maior frequência.

b. Interprete os resultados no contexto dos dados.

Embora a média, a mediana e a moda descrevam, cada uma, um valor típico de um conjunto de dados, há vantagens e desvantagens em seus usos. A média é uma medida mais usual e confiável, pois leva em conta cada elemento de um conjunto de dados. Contudo, a média pode ser muito afetada quando o conjunto de dados contém **valores discrepantes (*outliers*)**.

> **Definição**
>
> Um ***outlier*** é um valor que está muito afastado dos demais valores do conjunto de dados. (Veja a Seção 2.5 para um procedimento formal de determinação de um *outlier*.)

Enquanto alguns *outliers* são dados válidos, outros podem ocorrer por causa de erros no registro dos dados. Um conjunto de dados pode ter um ou mais *outliers*, causando **lacunas** em uma distribuição. As conclusões que são tomadas de um conjunto de dados que contém *outliers* podem ser falhas.

Exemplo 6

Comparando a média, a mediana e a moda

Encontre a média, a mediana e a moda da amostra das idades dos alunos de uma turma mostradas na Tabela 2.15. Qual medida de tendência central melhor descreve um valor típico (representante) desse conjunto de dados? Há *outliers*?

Tabela 2.15 Idades em uma turma.

20	20	20	20	20	20	21
21	21	21	22	22	22	23
23	23	23	24	24	65	

← Outlier (na linha do 65)

Solução

Média: $\bar{x} = \dfrac{\Sigma x}{n} = \dfrac{475}{20} \approx 23{,}8$ anos.

Mediana: $\text{mediana} = \dfrac{21 + 22}{2} = 21{,}5$ anos.

Moda: o valor que ocorre com maior frequência é 20 anos.

Interpretação A média leva em consideração todos os valores, mas é influenciada pelo *outlier* de valor 65. A mediana também leva em consideração todos os valores, e não é afetada pelo *outlier*. Nesse caso, a moda existe, mas não parece representar um valor típico (região central). Algumas vezes, uma comparação gráfica pode ajudar a decidir qual medida de tendência central melhor representa o conjunto de dados. O histograma da Figura 2.15 apresenta a distribuição dos dados e a localização da média, da mediana e da moda. Nesse caso, a mediana parece representar melhor o conjunto de dados.

Figura 2.15 Histograma representativo das idades dos alunos de uma turma mostrando medidas de tendência central e *outlier*.

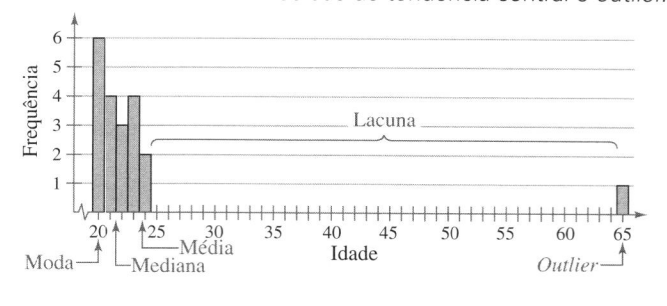

Retratando o mundo

A *National Association of Realtors* (Associação Nacional de Corretores de Imóveis dos Estados Unidos) mantém um banco de dados das casas existentes à venda. Uma lista usa o *preço mediano* das casas vendidas e outra usa o *preço médio*. As vendas para o terceiro trimestre de 2012 são mostradas no gráfico de barras duplas. (*Fonte: National Association of Realtors*.)

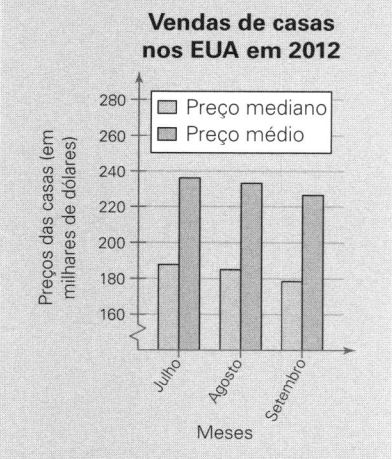

Vendas de casas nos EUA em 2012

Note no gráfico que a cada mês o preço médio está em torno de US$ 48.000 a mais do que o preço mediano. Identifique um fator que faria a média dos preços ser maior do que a mediana.

Tente você mesmo 6

Remova o valor 65 do conjunto de dados do Exemplo 6. Então, refaça o exemplo. Como a ausência desse *outlier* muda cada uma das medidas?

a. Encontre a média, a mediana e a moda.
b. Compare essas medidas de tendência central com as do Exemplo 6.

Média ponderada e média de dados agrupados

Às vezes, os conjuntos de dados possuem valores que têm um efeito maior na média do que outros. Para calcular a média de tais conjuntos, você deve encontrar a **média ponderada**.

Definição

Uma **média ponderada** é a média de um conjunto de dados cujos valores têm pesos variados. A média ponderada é dada por:

$$\bar{x} = \frac{\Sigma(x \cdot w)}{\Sigma w}$$

em que w é o peso de cada valor de x.

Exemplo 7

Encontrando a média ponderada

Você está frequentando uma disciplina na qual sua nota é determinada com base em 5 fontes: 50% da média de seu teste, 15% de sua prova bimestral, 20% de sua prova final, 10% de seu trabalho no laboratório de informática e 5% de seus deveres de casa. Suas notas são: 86 (média do teste), 96 (prova bimestral), 82 (prova final), 98 (laboratório) e 100 (dever de casa). Qual é a média ponderada de suas notas? Se a média mínima para um conceito A é 90, você obteve um A?

Solução

Comece organizando os dados e os pesos em uma tabela como a Tabela 2.16.

Tabela 2.16 Tipos de avaliação, notas e pesos para o cálculo da média ponderada.

Fonte	Nota, x	Peso, w	$x \cdot w$
Média do teste	86	0,50	43,0
Prova bimestral	96	0,15	14,4
Prova final	82	0,20	16,4
Informática	98	0,10	9,8
Dever de casa	100	0,05	5,0
		$\Sigma w = 1$	$\Sigma(x \cdot w) = 88,6$

$$\bar{x} = \frac{\Sigma(x \cdot w)}{\Sigma w} = \frac{88,6}{1} = 88,6$$

Sua média ponderada para o curso é 88,6. Logo, você não obteve um A.

Tente você mesmo 7

Houve um erro no cálculo da nota de seu exame final. Em vez de 82, você obteve 98. Qual é a sua nova média ponderada?

a. Multiplique cada nota por seu peso e encontre a soma desses produtos.
b. Determine a soma dos pesos.
c. Calcule a média ponderada.
d. Interprete os resultados no contexto dos dados.

Para dados apresentados em uma distribuição de frequência, você pode aproximar a média como mostrado na próxima definição.

Dica de estudo

Para uma distribuição de frequência que representa uma população, a média é aproximada por:

$$\mu = \frac{\Sigma(x \cdot f)}{N}$$

em que $N = \Sigma f$.

Definição

A **média de uma distribuição de frequência** para uma amostra é aproximada por:

$$\bar{x} = \frac{\Sigma(x \cdot f)}{n}$$ Note que $n = \Sigma f$

em que x e f são os pontos médios e as frequências de cada classe, respectivamente.

Instruções

Encontrando a média de uma distribuição de frequência

EM PALAVRAS	EM SÍMBOLOS
1. Determine o ponto médio de cada classe.	$x = \frac{\text{(limite inferior)} + \text{(limite superior)}}{2}$
2. Calcule a soma dos produtos dos pontos médios pelas frequências.	$\Sigma(x \cdot f)$
3. Calcule a soma das frequências.	$n = \Sigma f$
4. Determine a média da distribuição de frequência.	$\bar{x} = \frac{\Sigma(x \cdot f)}{n}$

Exemplo 8

Encontrando a média de uma distribuição de frequência

Use a distribuição de frequência da Tabela 2.17 para aproximar o número médio de minutos que uma amostra de usuários de internet gastou on-line durante sua mais recente conexão.

Tabela 2.17 Dados e operações para o cálculo da média em dados agrupados em classes.

Ponto médio das classes, x	Frequência, f	$x \cdot f$
12,5	6	75,0
24,5	10	245,0
36,5	13	474,5
48,5	8	388,0

(continua)

		(continuação)
60,5	5	302,5
72,5	6	435,0
84,5	2	169,0
	$n = 50$	$\Sigma = 2.089$

Solução

$$\bar{x} = \frac{\Sigma (x \cdot f)}{n} = \frac{2.089}{50} \approx 41,8$$

Logo, o tempo médio gasto on-line foi de aproximadamente 41,8 minutos.

Tente você mesmo 8

Use uma distribuição de frequência para aproximar a idade média das 50 mulheres mais influentes do mundo listadas na abertura deste capítulo. (Veja o Tente você mesmo 2 da Seção 2.1.)

a. Determine o ponto médio de cada classe.
b. Calcule a soma dos produtos de cada ponto médio e sua frequência correspondente.
c. Calcule a soma das frequências.
d. Determine a média da distribuição de frequência.

As formas das distribuições

Um gráfico revela diversas características de uma distribuição de frequência. Uma delas é a forma da distribuição.

Definição

Uma distribuição de frequência é **simétrica** quando uma linha vertical pode ser desenhada pelo meio do gráfico da distribuição e as metades resultantes são imagens espelhadas. Em termos práticos, um espelhamento aproximado pode caracterizar uma distribuição simétrica.

Uma distribuição de frequência é **uniforme** (ou **retangular**) quando todos os valores ou classes na distribuição têm frequências iguais ou aproximadamente iguais. Uma distribuição uniforme também é simétrica.

Uma distribuição de frequências é **assimétrica** quando a "cauda" do gráfico se alonga mais em um dos lados. Uma distribuição é **assimétrica à esquerda** (**assimetria negativa**) quando sua cauda se estende para a esquerda, e **assimétrica à direita** (**assimetria positiva**) quando sua cauda se estende para a direita.

Dica de estudo

O gráfico de uma distribuição simétrica nem sempre tem a forma de sino [veja as figuras 2.16(a) e (b)]. Algumas outras formas possíveis para o gráfico de uma distribuição simétrica são os formatos U, M ou W.

Quando uma distribuição é simétrica e unimodal, a média, a mediana e a moda são iguais. Quando a distribuição é assimétrica à esquerda, a média é menor que a mediana que é, geralmente, menor que a moda. Quando a distribuição é assimétrica à direita, a média é maior que a mediana que é, geralmente, maior que a moda. Exemplos dessas distribuições comuns são mostrados na Figura 2.16.

Figura 2.16 Algumas distribuições de valores.

(a) Distribuição simétrica.

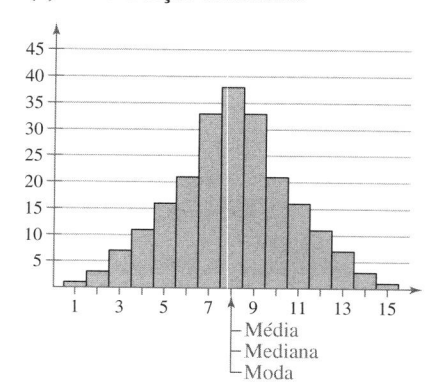

(b) Distribuição uniforme (simétrica).

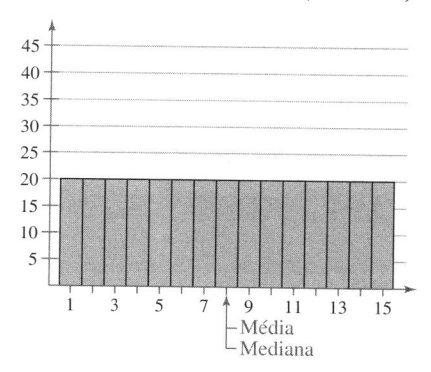

(c) Distribuição assimétrica à esquerda.

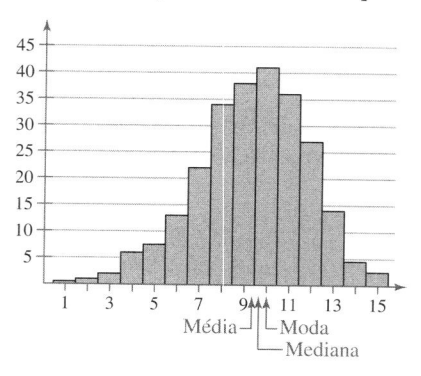

(d) Distribuição assimétrica à direita.

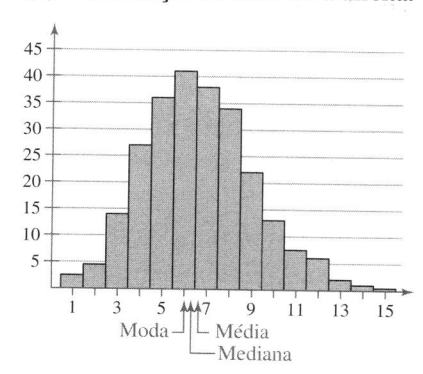

A média sempre cairá na direção em que a distribuição for assimétrica (cauda mais longa). Por exemplo, quando uma distribuição é assimétrica à esquerda, a média está à esquerda da mediana.

Entenda

Fique atento que há muitas formas diferentes de distribuições. Em alguns casos, a forma pode não ser classificada como simétrica, uniforme ou assimétrica. Uma distribuição pode ter várias lacunas causadas por *outliers* ou por **agrupamentos** de dados. Os agrupamentos podem ocorrer quando diversos tipos de dados são incluídos em um conjunto de dados. Por exemplo, um conjunto de dados do rendimento de caminhões (que é baixo) e de carros híbridos (que é alto) teria dois agrupamentos.

2.3 Exercícios

Construindo habilidades básicas e vocabulário

Verdadeiro ou falso? *Nos exercícios 1 a 4, determine se a frase é verdadeira ou falsa. Se for falsa, reescreva-a de forma que seja verdadeira.*

1. A média é a medida de tendência central que mais pode ser afetada por um *outlier*.
2. Alguns conjuntos de dados quantitativos não têm mediana.
3. Um conjunto de dados pode ter a mesma média, mediana e moda.
4. Quando cada classe de dados tem a mesma frequência, a distribuição é simétrica.

Construindo conjuntos de dados *Nos exercícios 5 a 8, construa o conjunto de dados descrito. Os valores no conjunto de dados não podem ser os mesmos.*

5. A mediana e a média são as mesmas.
6. A média e a moda são as mesmas.
7. A média *não* representa um número típico no conjunto de dados.
8. A média, a mediana e a moda são as mesmas.

Análise gráfica *Nos exercícios 9 a 12, determine se a forma aproximada da distribuição no histograma é simétrica, uniforme, assimétrica à esquerda, assimétrica à direita ou nenhuma das anteriores. Justifique sua resposta.*

9.

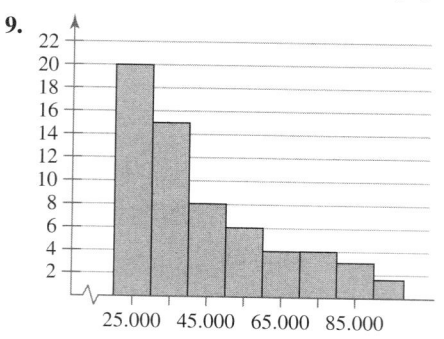

10.

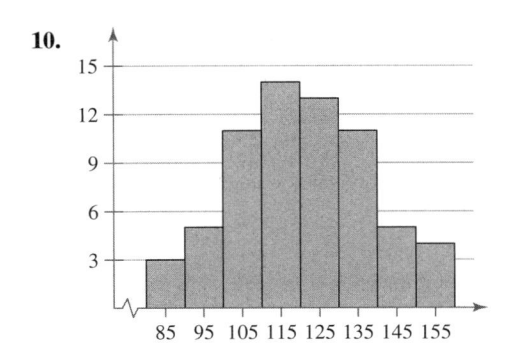

[Histograma com eixo x de 85 a 155, frequências aproximadas: 3, 5, 11, 14, 13, 11, 5, 4]

11.

[Histograma com eixo x de 1 a 12, frequências aproximadas: 15, 16, 16, 14, 14, 16, 15, 14, 15, 16, 16, 15]

12.

[Histograma com eixo x de 52,5 a 82,5, frequências crescentes: 2, 3, 4, 7, 9, 11, 15, 12]

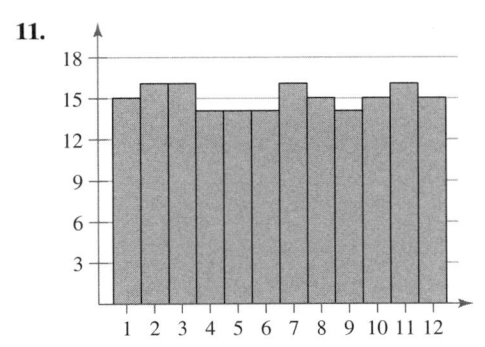

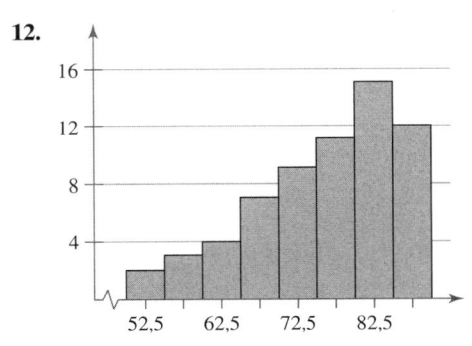

Relacionando *Nos exercícios 13 a 16, relacione a distribuição com um dos gráficos dos exercícios 9 a 12. Justifique sua decisão.*

13. A distribuição de frequência de 180 lançamentos de um dodecágono (dado de 12 faces).

14. A distribuição de frequência dos salários em uma empresa onde alguns executivos têm salários muito maiores do que a maioria dos funcionários.

15. A distribuição de frequência das notas em um teste de 90 pontos em que alguns estudantes tiveram nota muito menor do que a maioria.

16. A distribuição de frequência dos pesos para uma amostra de meninos do sétimo ano.

Usando e interpretando conceitos

Encontrando e discutindo a média, a mediana e a moda *Nos exercícios 17 a 34, encontre a média, a mediana e a moda dos dados, se possível. Se quaisquer dessas medidas não puderem ser encontradas ou não representarem o centro dos dados, explique o porquê.*

17. Créditos da faculdade O número de créditos assumidos por uma amostra de 13 estudantes de tempo integral em uma faculdade para um semestre.

12 14 16 15 13 14 15
18 16 16 12 16 15

18. Notas no LSAT[3] As notas no Law School Admission Test (LSAT) para uma amostra de sete estudantes aceitos em uma faculdade de direito.

174 172 169 176 169 170 175

19. Jornalismo A extensão (em palavras) de sete artigos do *The New York Times*. (*Fonte: The New York Times.*)

1.125 1.277 1.275 1.370 1.155 1.229 818

20. Câmara dos Deputados As idades dos membros da Câmara dos Deputados de Indiana em 19 de fevereiro de 2013. (*Fonte: Library of Congress.*)

63 49 36 43 52 43 38 50 40

21. Mensalidade As mensalidades e taxas (em milhares de dólares) para as 14 melhores universidades americanas no período 2012–2013. (*Fonte: U.S. News & World Report.*)

41 39 42 47 45 42 42
44 44 40 45 44 44 44

22. Colesterol Os níveis de colesterol para uma amostra de 10 funcionárias.

154 240 171 188 235 203 184 173 181 275

23. NFL (Liga Nacional de Futebol Americano) O número de pontos marcados pelo Denver Broncos durante a temporada regular de 2012. (*Fonte: NFL.*)

31 21 25 37 21 35 34 31
36 30 17 31 26 34 34 38

24. Falhas de energia A duração (em minutos) das falhas de energia em uma residência nos últimos 10 anos.

18 26 45 75 125 80 33
40 44 49 89 80 96 125
12 61 31 63 103 28

25. Distúrbios alimentares O número de semanas que uma amostra de 5 pacientes com distúrbios alimentares, tratados com psicoterapia psicodinâmica, levou para atingir o peso alvo. (*Fonte: The Journal of Consulting and Clinical Psychology.*)

15,0 31,5 10,0 25,5 1,0

26. Distúrbios alimentares O número de semanas que uma amostra de 14 pacientes com distúrbios alimenta-

---

[3] N. do T.: o LSAT é uma prova de admissão para a faculdade de direito.

res, tratados com psicoterapia psicodinâmica e técnicas de comportamento cognitivo, levou para atingir o peso alvo. (*Fonte: The Journal of Consulting and Clinical Psychology.*)

2,5	20,0	11,0	10,5	17,5	16,5	13,0
15,5	26,5	2,5	27,0	28,5	1,5	5,0

27. **Óculos e lentes de contato** As respostas de uma amostra de 1.000 adultos que foram indagados sobre qual tipo de lente corretiva eles usavam são mostradas na tabela a seguir. (*Adaptado de: American Optometric Association.*)

Tipos de lentes	Frequência, f
Contato	40
Óculos	570
Contato e Óculos	180
Nenhuma	210

28. **Morando sozinho** As respostas de uma amostra de 1.177 jovens que foram indagados sobre o que mais os surpreendeu quando começaram a morar sozinhos. (*Adaptado de: Charles Schwab.*)

Quantia do primeiro salário:	63
Tentativa de conseguir um emprego:	125
Número de decisões:	163
Dinheiro necessário:	326
Pagamento de contas:	150
Tentativa de economizar:	275
Dificuldade de se distanciarem dos pais:	75

29. **Nível da turma** Os níveis da turma de 25 estudantes de um curso de física.

Primeiro ano: 2   Terceiro ano: 10
Segundo ano: 5   Quarto ano: 8

30. **Facebook** O gráfico de pizza a seguir mostra as respostas de uma amostra de 614 proprietários de pequenos negócios que foram indagados sobre sua presença no Facebook. (*Adaptado de: Manta.*)

Pequenos negócios

- no Facebook, acha-o válido: 258
- no Facebook, não o acha válido: 184
- não usa mais o Facebook, não o acha válido: 31
- não usa Facebook: 141

31. **Pesos (em libras) de bagagens de mão em um voo.**

```
0 | 6 7                     Chave: 3|2 = 32
1 | 2 5 8 9
2 | 0 4 4 4 5 8 9
3 | 2 2 3 5 5 5 6 8 9
4 | 0 1 2 7 8
5 | 1
```

32. **Coeficientes de rendimento de alunos de uma turma.**

```
0 | 8                       Chave: 0|8 = 0,8
1 | 5 6 8
2 | 1 3 4 5
3 | 0 9
4 | 0 0
```

33. **Tempo (em minutos) que os empregados levam para chegar ao trabalho.**

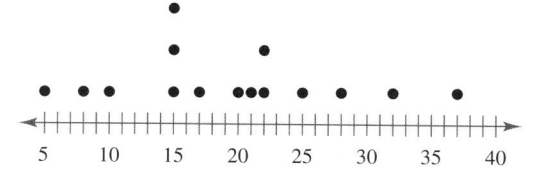

34. **Preço (em dólares por noite) de quartos de hotel em uma cidade.**

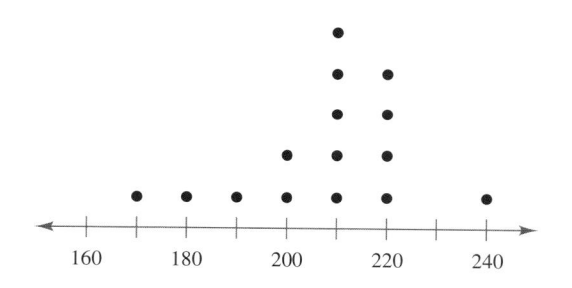

Análise gráfica *Nos exercícios 35 e 36, as letras A, B e C são marcadas no eixo horizontal. Descreva a forma dos dados. Em seguida, determine qual é a média, a mediana e a moda. Justifique sua resposta.*

35. **Dias em que os funcionários ficam doentes.**

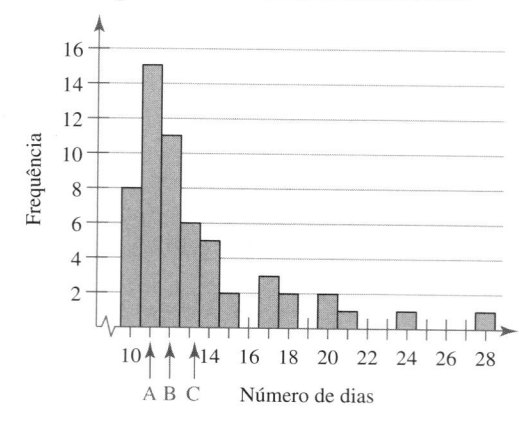

36. Salários-hora de empregados.

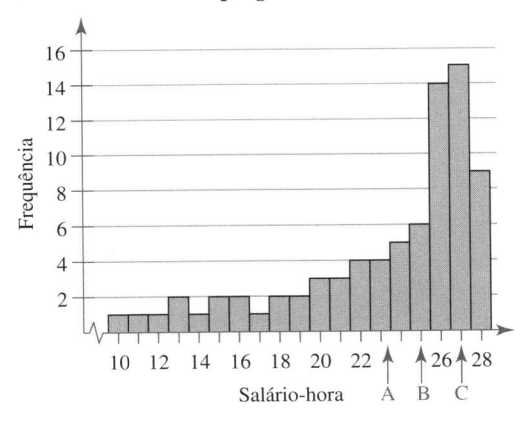

Nos exercícios de 37 a 40, sem realizar nenhum cálculo, determine qual medida de tendência central melhor representa os dados dos gráficos a seguir. Explique seu raciocínio.

37. Você envia notas de agradecimento após uma entrevista de emprego?

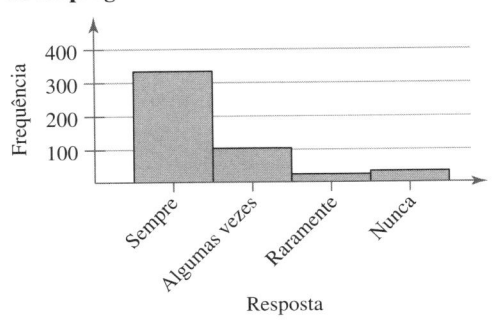

(*Adaptado de: The Ladders.*)

38. Alturas (em polegadas) de jogadores de dois times adversários de vôlei.

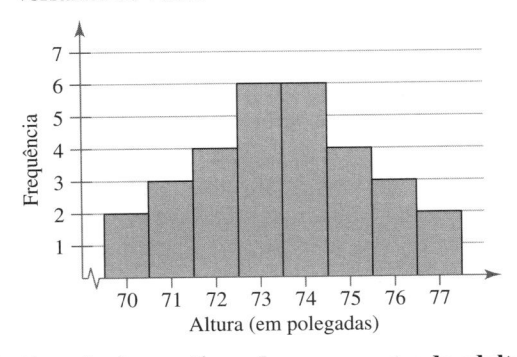

39. Frequências cardíacas de uma amostra de adultos.

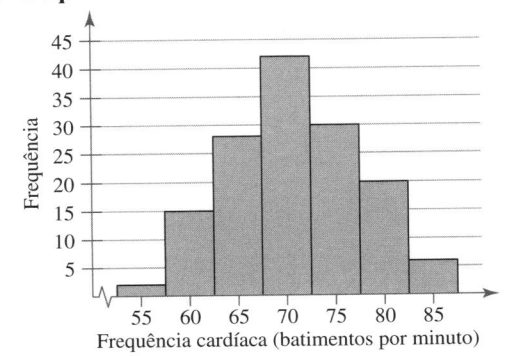

40. Índices de Massa Corporal (IMC) de pessoas em uma academia.

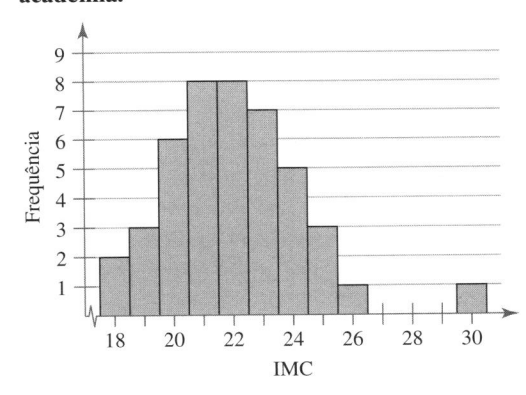

Encontrando a média ponderada *Nos exercícios 41 a 46, determine a média ponderada dos dados.*

41. Nota final As notas, e seus percentuais na nota final, de um aluno de estatística são apresentados a seguir. Qual é a nota média do aluno?

	Nota	Percentual da nota final
Dever de casa	85	5%
Testes	80	35%
Projeto	100	20%
Apresentações	90	15%
Prova final	93	25%

42. Nota final As nota, e seus percentuais na nota final, para um aluno de arqueologia são apresentadas a seguir. Qual é a nota média do aluno?

	Nota	Percentual da nota final
Revisão de artigo	95	10%
Testes	100	10%
Prova bimestral	89	30%
Apresentações	100	10%
Prova final	92	40%

43. Saldo de conta Para o mês de abril, uma conta bancária tem saldo de US$ 523 por 24 dias, US$ 2.415 por 2 dias e US$ 250 por 4 dias. Qual é a média de saldo diária para abril?

44. Saldo de conta Para o mês de maio, uma conta bancária tem saldo de US$ 759 por 15 dias, US$ 1.985 por 5 dias, US$ 1.410 por 5 dias e US$ 348 por 6 dias. Qual é a média de saldo diária para maio?

45. Graus Um estudante recebe os seguintes graus, com A valendo 4 pontos, B valendo 3 pontos, C valendo 2 pontos e D valendo 1 ponto. Qual é o coeficiente de rendimento médio do estudante?

A em 1 aula de quatro créditos

B em 2 aulas de três créditos

C em 1 aula de três créditos

D em 1 aula de dois créditos

46. Notas As notas médias para estudantes de um curso de estatística (por graduação) são dadas a seguir. Quais são as notas médias para a turma?

9 alunos de engenharia: 85

5 alunos de matemática: 90

13 alunos de administração: 81

47. Nota final No Exercício 41, foi cometido um erro no lançamento de sua nota na prova final. Em vez de 93, sua nota foi 85. Qual é a sua nova média ponderada?

48. Graus No Exercício 45, um dos graus B foi alterado para A. Qual é o novo coeficiente de rendimento médio do estudante?

Encontrando a média de uma distribuição de frequência
Nos exercícios 49 a 52, aproxime a média da distribuição de frequência.

49. Economia de combustível A distância percorrida na estrada (em milhas por galão) para 30 carros pequenos.

Distância percorrida (em milhas por galão)	Frequência
29–33	11
34–38	12
39–43	2
44–48	5

50. Economia de combustível A distância percorrida na cidade (em milhas por galão) para 24 sedans.

Distância percorrida (em milhas por galão)	Frequência
22–27	16
28–33	2
34–39	2
40–45	3
46–51	1

51. Idades As idades dos moradores de Tse Bonito, Novo México, em 2010. (*Fonte: U.S. Census Bureau.*)

Idade	Frequência
0–9	44
10–19	66
20–29	32
30–39	53
40–49	35
50–59	31
60–69	23
70–79	13
80–89	2

52. Idades As idades dos moradores de Medicine Lake, Montana, em 2010. (*Fonte: U.S. Census Bureau.*)

Idade	Frequência
0–9	30
10–19	28
20–29	17
30–39	22
40–49	23
50–59	46
60–69	37
70–79	18
80–89	4

Identificando a forma de uma distribuição
Nos exercícios 53 a 56, construa uma distribuição de frequência e um histograma de frequência para os dados usando o número de classes indicado. Descreva a forma do histograma como simétrico, uniforme, assimétrico negativo, assimétrico positivo ou nenhum dos anteriores.

53. Leitos de hospitais.

Número de classes: 5

Conjunto de dados: números de leitos em uma amostra de 24 hospitais:

149	167	162	127	130	180	160	167
221	145	137	194	207	150	254	262
244	297	137	204	166	174	180	151

54. Hospitalização.

Número de classes: 6

Conjunto de dados: números de dias que 20 pacientes ficaram hospitalizados:

6	9	7	14	4	5	6	8	4	11
10	6	8	6	5	7	6	6	3	11

55. Altura de homens.

Número de classes: 5

Conjunto de dados: alturas (aproximadas para a polegada mais próxima) de 30 homens:

67	76	69	68	72	68	65	63	75	69
66	72	67	66	69	73	64	62	71	73
68	72	71	65	69	66	74	72	68	69

56. Dado de seis lados.

Número de classes: 6

Conjunto de dados: os resultados do lançamento de um dado de seis lados 30 vezes:

1	4	6	1	5	3	2	5	4	6
1	2	4	3	5	6	3	2	1	1
5	6	2	4	4	3	1	6	2	4

57. Quantidade de café Durante uma checagem de garantia de qualidade, a quantidade de café (em onças) de seis potes de café instantâneo foi registrada como 6,03; 5,59; 6,40; 6,00; 5,99 e 6,02.

(a) Encontre a média e a mediana da quantidade de café.

(b) O terceiro valor foi medido incorretamente e é na verdade 6,04. Encontre, novamente, a média e a mediana da quantidade de café.

(c) Qual medida de tendência central, a média ou a mediana, foi mais afetada pelo erro de medição do dado?

58. Exportações dos EUA A tabela a seguir mostra as exportações dos Estados Unidos (em bilhões de dólares) para 19 países em um ano recente. (*Fonte: U. S. Department of Commerce.*)

Exportações dos EUA (em bilhões de dólares)			
Canadá:	280,9	Reino Unido:	55,9
México:	198,4	Japão:	65,7
Alemanha:	49,2	Coreia do Sul:	43,4
Taiwan:	25,9	Cingapura:	31,2
Holanda:	42,4	França:	27,8
China:	103,9	Brasil:	42,9
Austrália:	27,5	Bélgica:	29,9
Malásia:	14,2	Itália:	16,0
Suíça:	24,4	Tailândia:	10,9
Arábia Saudita:	13,8		

(a) Calcule a média e a mediana das exportações.

(b) Calcule a média e a mediana sem as exportações para o Canadá. Qual medida de tendência central, a média ou a mediana, foi mais afetada pela eliminação dos dados do Canadá?

(c) As exportações americanas para a Índia foram de US$ 21,5 bilhões. Encontre a média e a mediana acrescentando as exportações para a Índia aos dados originais. Qual medida de tendência central foi mais afetada pela inclusão dos dados da Índia?

Análise gráfica *Nos exercícios 59 e 60, identifique quaisquer agrupamentos, lacunas ou outliers.*

59. Veículos com maior eficiência de combustível em 2013.*

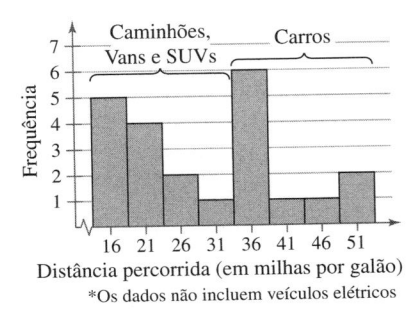

*Os dados não incluem veículos elétricos

(*Fonte: United States Environmental Protection Agency.*)

60. Caminhões, Vans e SUVs com maior eficiência de combustível em 2013.

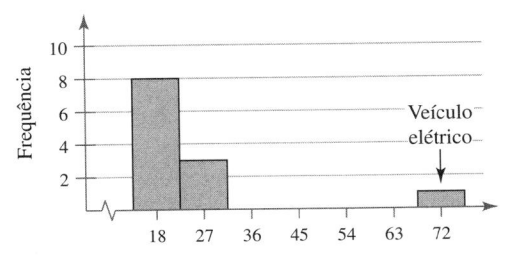

(*Fonte: United States Environmental Protection Agency.*)

Expandindo conceitos

61. Escrito Considere o conjunto de dados do exercício 59. Qual das opções abaixo você acha que é melhor para representar os dados? Explique seu raciocínio.

Opção 1: relatar a média de todos os veículos.

Opção 2: tratar os carros como um conjunto de dados e os caminhões, vans e SUVs como um segundo conjunto de dados e relatar a média de cada conjunto.

62. Golfe As distâncias (em jardas) para nove buracos de um jogo de golfe são as listadas a seguir:

336 393 408 522 147 504 177 375 360

(a) Calcule a média e a mediana dos dados.

(b) Converta as distâncias para pés. Refaça a parte (a).

(c) Compare as medidas encontradas na parte (b) com os resultados da parte (a). O que podemos notar?

(d) Use os resultados da parte (c) para explicar como encontrar rapidamente a média e a mediana do conjunto de dados original quando as distâncias são convertidas para polegadas.

63. Análise de dados Um serviço de teste ao consumidor obteve as distâncias percorridas (em milhas por galão), mostradas na tabela a seguir, em cinco testes de desempenho com três tipos de carros compactos.

	Carro		
	A	B	C
Teste 1	28	31	29
Teste 2	32	29	32
Teste 3	28	31	28
Teste 4	30	29	32
Teste 5	34	31	30

(a) O fabricante do carro A quer anunciar que seu carro teve o melhor desempenho no teste. Que medida da tendência central — média, mediana ou moda — deveria ser usada para essa afirmação? Explique seu raciocínio.

(b) O fabricante do carro B quer anunciar que seu carro teve o melhor desempenho no teste. Que medida da tendência central — média, mediana ou moda — deveria ser usada para essa afirmação? Explique seu raciocínio.

(c) O fabricante do carro C quer anunciar que seu carro teve o melhor desempenho no teste. Que medida da tendência central — média, mediana ou moda — deveria ser usada para essa afirmação? Explique seu raciocínio.

64. **Amplitude média** Outra medida da tendência central que é raramente usada, mas fácil de ser calculada, é a **amplitude média**. Ela pode ser encontrada pela fórmula:

$$\text{Aplitude média} = \frac{(\text{valor máximo}) + (\text{valor mínimo})}{2}$$

Qual dos fabricantes do Exercício 63 iria preferir usar a estatística amplitude média em seus anúncios? Explique seu raciocínio.

65. **Análise de dados** Estudantes em uma aula de psicologia experimental realizaram uma pesquisa sobre a depressão como sinal de estresse. Um teste foi aplicado em uma amostra de 30 estudantes. As pontuações são mostradas na tabela a seguir.

Pontuação no teste							
44	51	11	90	76	36	64	37
43	72	53	62	36	74	51	72
37	28	38	61	47	63	36	41
22	37	51	46	85	13		

(a) Encontre a média e a mediana dos dados.

(b) Elabore um diagrama de ramo e folha para os dados usando uma fileira por ramo. Localize a média e a mediana no diagrama.

(c) Descreva a forma da distribuição.

66. **Média aparada** Para encontrar a **média aparada** a 10% de um conjunto de dados, ordene os dados, exclua os 10% menores e os 10% maiores valores e determine a média dos valores restantes.

(a) Determine a média aparada a 10% para os dados do Exercício 66.

(b) Compare as quatro medidas da tendência central, incluindo a amplitude média.

(c) Qual é o benefício de se usar uma média aparada *versus* uma média usando todos os valores dos dados? Explique seu raciocínio.

Atividade 2.3 – Média *versus* mediana

O applet *Mean versus median* é planejado para permitir que você investigue, interativamente, a média e a mediana como medidas do centro do conjunto de dados. Pontos podem ser adicionados ao diagrama clicando com mouse acima do eixo horizontal. A média dos pontos é mostrada como uma seta verde e a mediana como uma seta vermelha. Quando os dois valores forem os mesmos, uma única seta amarela é mostrada. Valores numéricos para a média (*mean*) e a mediana (*median*) são mostrados acima do diagrama. Os pontos no diagrama podem ser removidos clicando sobre um deles e, então, arrastando-o para a lixeira. Todos os pontos no diagrama podem ser removidos simplesmente clicando-se dentro da lixeira. A amplitude dos valores para o eixo horizontal pode ser especificada introduzindo limites inferiores e superiores e, então, clicando em UPDATE (atualizar). (Veja a Figura 2.17.)

APPLET

Você encontra o applet interativo para essa atividade **no Site de Apoio**.

Figura 2.17

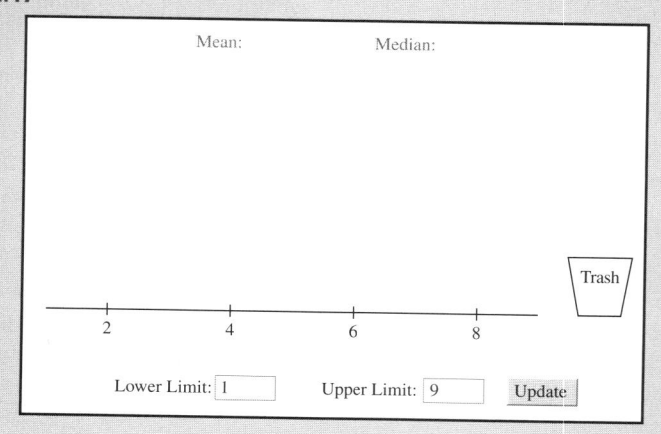

Explore

Passo 1 Especifique um limite inferior (*lower limit*).
Passo 2 Especifique um limite superior (*upper limit*).
Passo 3 Adicione 15 pontos no diagrama.
Passo 4 Remova todos os pontos do diagrama.

Conclua

1. Especifique o limite inferior como 1 e o superior como 50. Adicione pelo menos dez pontos que estejam entre 20 e 40 de modo que a média e a mediana sejam as mesmas. Qual é a forma da distribuição? O que acontece primeiramente à média e à mediana quando você adiciona alguns pontos que sejam menores que 10? O que acontece, ao longo do tempo, conforme você continua a adicionar pontos que sejam menores que 10?

2. Especifique o limite inferior como 0 e o superior como 0,75. Coloque dez pontos no diagrama. Então, mude o limite superior para 25. Adicione mais 10 pontos que sejam maiores que 20. A média pode ser qualquer um dos pontos que foi representado? A mediana pode ser qualquer um dos pontos representados? Explique.

2.4 Medidas de variação

Amplitude • Variância e desvio padrão • Interpretando o desvio padrão • Desvio padrão para dados agrupados • Coeficiente de variação

O que você deve aprender

- Como encontrar a amplitude de um conjunto de dados.
- Como encontrar a variância e o desvio padrão de uma população e de uma amostra.
- Como usar a Regra Empírica e o teorema de Chebyshev para interpretar o desvio padrão.
- Como aproximar o desvio padrão amostral para dados agrupados.
- Como usar o coeficiente de variação para comparar a variação em diferentes conjuntos de dados.

Amplitude

Nesta seção, você aprenderá diferentes maneiras de medir a variação (ou dispersão) de um conjunto de dados. A medida mais simples é a **amplitude** do conjunto.

Definição

A **amplitude** de um conjunto de dados é a diferença entre os valores máximo e mínimo. Para encontrar a amplitude, os dados devem ser quantitativos.

Amplitude = (valor máximo) − (valor mínimo)

Exemplo 1

Encontrando a amplitude de um conjunto de dados

Duas empresas contrataram 10 formandos cada. O salário inicial para cada formando é mostrado nas tabelas 2.18(a) e (b). Encontre a amplitude dos salários iniciais para a empresa A.

Tabela 2.18 Salários iniciais para as empresas A e B.

(a) **Salários iniciais para a empresa A (em milhares de dólares).**

| Salário | 41 | 38 | 39 | 45 | 47 | 41 | 44 | 41 | 37 | 42 |

(b) Salários iniciais para a empresa B (em milhares de dólares).

Salário	40	23	41	50	49	32	41	29	52	58

Solução

Ordenar os dados ajuda a encontrar os salários mínimos e máximos.

Mínimo ⟶ 37 38 39 41 41 41 42 44 45 47 ⟵ Máximo

Amplitude = (salário máximo) − (salário mínimo)
= 47 − 37
= 10.

Então, a amplitude dos salários iniciais para a empresa A é 10 ou US$ 10.000.

Tente você mesmo 1

Determine a amplitude dos salários iniciais para a empresa B.

a. Identifique os salários mínimo e máximo.
b. Determine a amplitude.
c. Compare sua resposta com a do Exemplo 1.

Ambos os conjuntos de dados no Exemplo 1 têm média de 41,5, ou US$ 41.500, mediana de 41, ou US$ 41.000, e moda de 41, ou US$ 41.000. E ainda os dois conjuntos diferem significantemente. A diferença é que os valores no segundo conjunto têm uma variação maior. Como pode ser observado nas figuras 2.18(a) e (b), os salários iniciais para a empresa B estão mais dispersos que os da empresa A.

Figura 2.18 Histograma representativo dos salários iniciais das empresas A e B.

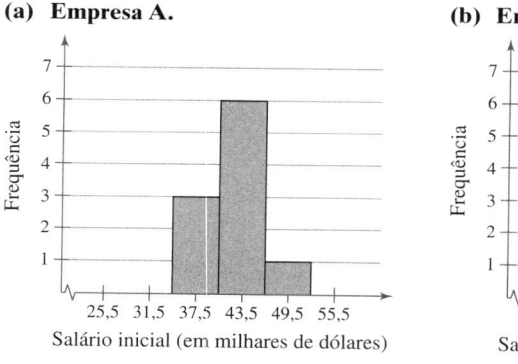

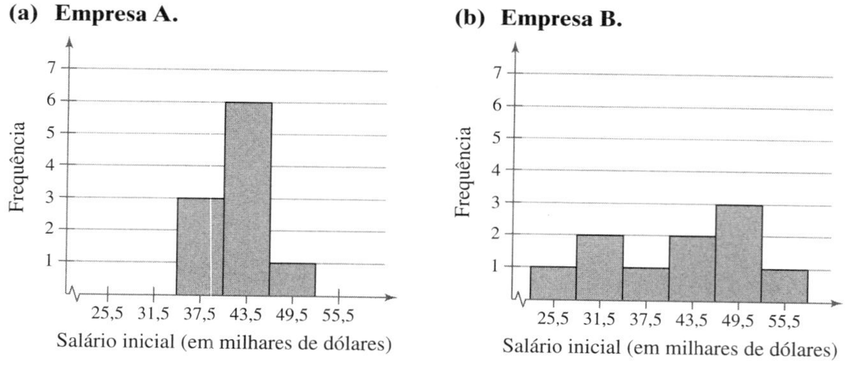

(a) Empresa A.   (b) Empresa B.

Variância e desvio padrão

Como uma medida de variação, a amplitude tem a vantagem de ser fácil de calcular. Sua desvantagem, entretanto, é que ela usa somente dois valores do conjunto de dados. Duas medidas de variação que usam todos os valores do conjunto de dados são a *variância* e o *desvio padrão*. Porém, antes de aprendermos essas medidas, precisamos entender o que chamamos **desvio** de um valor no conjunto de dados.

Definição

O **desvio** de um valor x em uma população é a diferença entre o valor e a média μ do conjunto de dados.

Desvio de $x = x - \mu$.

Considere os salários iniciais da empresa A do Exemplo 1. O salário inicial médio é $\mu = 415/10 = 41,5$ ou US$ 41.500. A Tabela 2.19 lista os desvios de cada salário em relação à média. Por exemplo, o desvio de 41 é $41 - 41,5 = -0,5$. Note que a soma dos desvios é 0. De fato, a soma dos desvios para *qualquer* conjunto de dados é 0. Então, não faz sentido encontrar a média dos desvios. Para superar esse problema, tomamos o quadrado de cada desvio. A soma dos quadrados dos desvios, ou **soma dos quadrados**, é indicada por SS_x. Em uma população, a média dos quadrados dos desvios é a **variância populacional**.

Tabela 2.19 Desvios dos salários iniciais para a empresa A.

Salário (em milhares de dólares) x	Desvio (em milhares de dólares) $x - \mu$
41	−0,5
38	−3,5
39	−2,5
45	3,5
47	5,5
41	−0,5
44	2,5
41	−0,5
37	−4,5
42	0,5
$\Sigma x = 415$	$\Sigma (x - \mu) = 0$

A soma dos desvios é 0

Definição

A **variância populacional** de um conjunto de dados com N elementos é:

$$\text{Variância populacional} = \sigma^2 = \frac{\Sigma (x - \mu)^2}{N}$$

O símbolo σ é a letra minúscula grega sigma.

Como uma medida de variação, uma desvantagem da variância é que sua unidade de medida é diferente da unidade de medida do conjunto de dados. Por exemplo, a variância para os salários iniciais (em milhares de dólares) no Exemplo 1 é medida em "milhares de dólares quadrados". Para superar esse problema, tiramos a raiz quadrada da variância para obter o **desvio padrão**.

Definição

O **desvio padrão populacional** de um conjunto de dados populacional de N elementos é a raiz quadrada da variância populacional.

$$\text{Desvio padrão populacional} = \sigma = \sqrt{\sigma^2} = \sqrt{\frac{\Sigma (x - \mu)^2}{N}}$$

Algumas observações sobre o desvio padrão.

- O desvio padrão mede a variação dos dados com relação à média e tem a mesma unidade de medida que o conjunto de dados.

- O desvio padrão é sempre maior ou igual a 0. Quando $\sigma = 0$, o conjunto de dados não apresenta variação (todos os elementos têm o mesmo valor).
- À medida que os valores se afastam da média (isto é, estão mais dispersos), o valor de σ aumenta.

Para encontrar a variância e o desvio padrão de um conjunto de dados populacional, siga as instruções a seguir.

Instruções

Determinando a variância e o desvio padrão populacionais

EM PALAVRAS	EM SÍMBOLOS
1. Calcule a média do conjunto de dados populacional.	$\mu = \dfrac{\Sigma x}{N}$
2. Calcule o desvio de cada valor.	$x - \mu$
3. Eleve cada desvio ao quadrado.	$(x - \mu)^2$
4. Some para obter a soma dos quadrados.	$SS_x = \Sigma (x - \mu)^2$
5. Divida por N para obter a variância populacional.	$\sigma^2 = \dfrac{\Sigma (x - \mu)^2}{N}$
6. Calcule a raiz quadrada da variância para obter o desvio padrão populacional.	$\sigma = \sqrt{\dfrac{\Sigma (x - \mu)^2}{N}}$

Exemplo 2

Encontrando a variância e o desvio padrão populacional

Encontre a variância e o desvio padrão populacionais dos salários iniciais para a empresa A dados no Exemplo 1.

Solução

Para esse conjunto de dados, $N = 10$ e $\Sigma x = 415$. A média é $\mu = 415/10 = 41,5$. A Tabela 2.20 resume os passos usados para encontrar SS_x.

Tabela 2.20 Soma dos quadrados dos desvios relativos aos salários iniciais para a empresa A.

Salário x	Desvio $(x - \mu)$	Quadrados $(x - \mu)^2$
41	–0,5	0,25
38	–3,5	12,25
39	–2,5	6,25
45	3,5	12,25
47	5,5	30,25
41	–0,5	0,25
44	2,5	6,25
41	–0,5	0,25
37	–4,5	20,25
42	0,5	0,25
$\Sigma x = 415$		$SS_x = 88,5$

$$SS_x = 88{,}5, \qquad \sigma^2 = \frac{88{,}5}{10} \approx 8{,}9, \qquad \sigma = \sqrt{\frac{88{,}5}{10}} \approx 3{,}0$$

Assim, a variância populacional é de aproximadamente 8,9, e o desvio padrão populacional é de aproximadamente 3,0 ou US$ 3.000.

Tente você mesmo 2

Encontre a variância e o desvio padrão populacionais dos salários iniciais para a empresa B no Exemplo 1.

a. Calcule a média e cada desvio.
b. Faça o quadrado de cada desvio e some para obter a soma dos quadrados.
c. Divida por N para obter a variância populacional.
d. Calcule a raiz quadrada da variância populacional para obter o desvio padrão populacional.
e. Interprete os resultados fornecendo o desvio padrão populacional em dólares.

> **Dica de estudo**
>
> Note que a variância e o desvio padrão do Exemplo 2 têm uma casa decimal a mais do que o conjunto de dados original. Esta é a mesma regra de arredondamento usada para calcular a média.

As fórmulas exibidas no quadro Definição a seguir para a variância amostral s^2 e o desvio padrão amostral s diferem ligeiramente daquelas para a população. Por exemplo, para encontrar s, a fórmula usa $\bar{x}$. Além disso, SS_x é dividido por $n-1$. Por que dividir por uma unidade a menos do total de elementos? Em muitos casos, uma estatística é calculada para estimar o parâmetro correspondente, tal como usar $\bar{x}$ para estimar μ. A teoria estatística tem mostrado que as melhores estimativas de σ^2 e σ são obtidas ao dividir SS_x por $n-1$ nas fórmulas para s^2 e s.

Definição

As fórmulas para calcular a **variância amostral** e o **desvio padrão amostral** de um conjunto de dados amostral de n elementos estão listadas a seguir.

$$\text{Variância amostral} = s^2 = \frac{\Sigma(x-\bar{x})^2}{n-1}.$$

$$\text{Desvio padrão amostral} = s = \sqrt{s^2} = \sqrt{\frac{\Sigma(x-\bar{x})^2}{n-1}}.$$

> **Entenda**
>
> No Capítulo 6 você aprenderá sobre *estimadores não viesados* (*não viciados*). Um estimador não viesado tende a estimar, precisamente, um parâmetro. As estatísticas s^2 e s são estimadores não viesados dos parâmetros σ^2 e σ, respectivamente.

Instruções

Determinando a variância e o desvio padrão amostrais

EM PALAVRAS	EM SÍMBOLOS
1. Calcule a média do conjunto de dados amostral.	$\bar{x} = \frac{\Sigma x}{N}$
2. Calcule o desvio de cada valor.	$x - \bar{x}$
3. Eleve cada desvio ao quadrado.	$(x - \bar{x})^2$

4. Some para obter a soma dos quadrados.

$$SS_x = \Sigma(x - \bar{x})^2$$

5. Divida por *n – 1* para obter a variância amostral.

$$s^2 = \frac{\Sigma(x - \bar{x})^2}{n - 1}$$

6. Calcule a raiz quadrada da variância para obter o desvio padrão amostral

$$s = \sqrt{\frac{\Sigma(x - \bar{x})^2}{n - 1}}$$

A Tabela 2.21 resume os símbolos usuais e indicações operacionais relativas a variância e desvio padrão

Tabela 2.21 Símbolos nas fórmulas da variância e do desvio padrão.

	População	Amostra
Variância	σ^2	s^2
Desvio padrão	σ	s
Média	μ	$\bar{x}$
Número de observações	N	n
Desvio	$x - \mu$	$x - \bar{x}$
Soma dos quadrados	$\Sigma(x - \mu)^2$	$\Sigma(x - \bar{x})^2$

> Veja o passo a passo da TI-84 Plus nas páginas 120 e 121.

Exemplo 3

Encontrando a variância e o desvio padrão amostral

Em um estudo com jogadores de futebol americano do ensino médio que sofreram lesões, os pesquisadores colocaram os jogadores em dois grupos. Jogadores que se recuperaram das concussões em 14 dias ou menos foram colocados no grupo 1. Aqueles que levaram mais de 14 dias foram para o grupo 2. Os tempos de recuperação (em dias) para o grupo 1 estão listados a seguir. Encontre a variância e o desvio padrão amostrais dos tempos de recuperação.
(*Adaptado de: The American Journal of Sports Medicine.*)

4   7   6   7   9   5   8   10   9   8   7   10

Solução

Para esse conjunto de dados, $n = 12$ e $\Sigma x = 90$. A média é $\bar{x} = 90/12 = 7{,}5$. Para calcular s^2 e s, note que $n - 1 = 12 - 1 = 11$.

$SS_x = 39$ A soma dos quadrados (veja a Tabela 2.22)

$s^2 = \dfrac{39}{11} \approx 3{,}5$ Variância amostral (divida SS_x por $n - 1$)

$s = \sqrt{\dfrac{39}{11}} \approx 1{,}9$ Desvio padrão amostral

Logo, a variância amostral é, aproximadamente, 3,5 e o desvio padrão amostral é, aproximadamente, 1,9 dia.

Tabela 2.22 Tempos de recuperação (em dias) e soma de quadrados dos desvios para o grupo 1.

Tempo x	Desvio $(x - \mu)$	Quadrados $(x - \mu)^2$
4	−3,5	12,25
7	−0,5	0,25
6	−1,5	2,25
7	−0,5	0,25
9	1,5	2,25
5	−2,5	6,25
8	0,5	0,25
10	2,5	6,25
9	1,5	2,25
8	0,5	0,25
7	−0,5	0,25
10	2,5	6,25
$\Sigma x = 90$		$SS_x = 39$

Tente você mesmo 3

Veja o estudo do Exemplo 3. Os tempos de recuperação (em dias) para o grupo 2 estão listados a seguir. Encontre a variância e o desvio padrão amostrais dos tempos de recuperação.

    43   57   18   45   47   33   49   24

a. Calcule a soma dos quadrados.
b. Divida por $n - 1$ para obter a variância amostral.
c. Calcule a raiz quadrada da variância amostral para obter o desvio padrão amostral.

Exemplo 4

Usando tecnologia para encontrar o desvio padrão

Na Tabela 2.23 são mostradas as taxas de aluguel (em dólares por pés quadrados por ano) para uma amostra de escritórios em Los Angeles. Use uma ferramenta tecnológica para encontrar a taxa de aluguel média e o desvio padrão amostral. (*Adaptado de: Cushman & Wakefield Inc.*)

Solução

O Minitab, o Excel e a TI-84 Plus têm funções que calculam a média e o desvio padrão de conjuntos de dados. Tente usar essa tecnologia para encontrar a média (*mean*) e o desvio padrão (*standard deviation*) das taxas de aluguel de escritórios. Nas figuras 2.19(a) a (c), você pode verificar que $\bar{x} \approx 31,0$ e $s \approx 12,6$.

Tabela 2.23 Taxas de aluguel de escritório.

69	29	46
24	18	43
20	25	19
24	22	35
24	28	32
30	29	20
25	38	27
60	25	31

Figura 2.19 Resultados diretos em função das ferramentas.

(a) **MINITAB**

```
Descriptive Statistics: Rental Rates

Variable       N    Mean    SE Mean   Standard Deviation   Minimum
Rental Rates   24   30.96   2.57      12.59                18.00

Variable            Q1      Median      Q3      Maximum
Rental Rates        24.00   27.50       34.25   69.00
```

— Média amostral
— Desvio padrão amostral

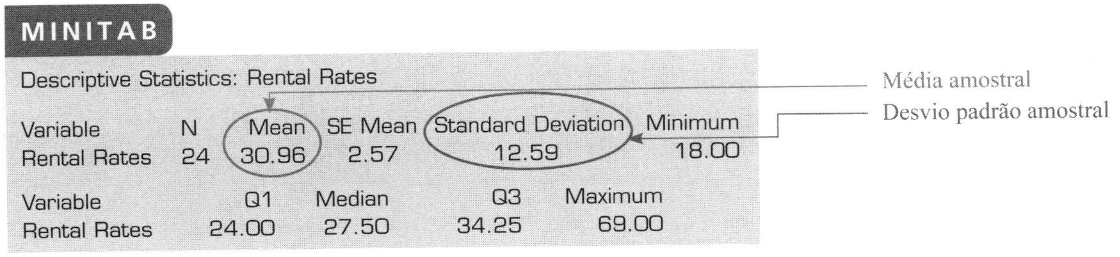

(b)

	A	B
1	Mean	30.95833
2	Standard Error	2.569666
3	Median	27.5
4	Mode	24
5	Standard Deviation	12.58874
6	Sample Variance	158.4764
7	Kurtosis	3.255136
8	Skewness	1.809882
9	Range	51
10	Minimum	18
11	Maximum	69
12	Sum	743
13	Count	24

(c) TI-84 PLUS

1-Var Stats
$\bar{x}=30.95833333$
$\Sigma x^2=743$
$\Sigma=26647$
$Sx=12.58874296$
$\sigma x=12.32368711$
$\downarrow n=24$

— Média amostral
— Desvio padrão amostral

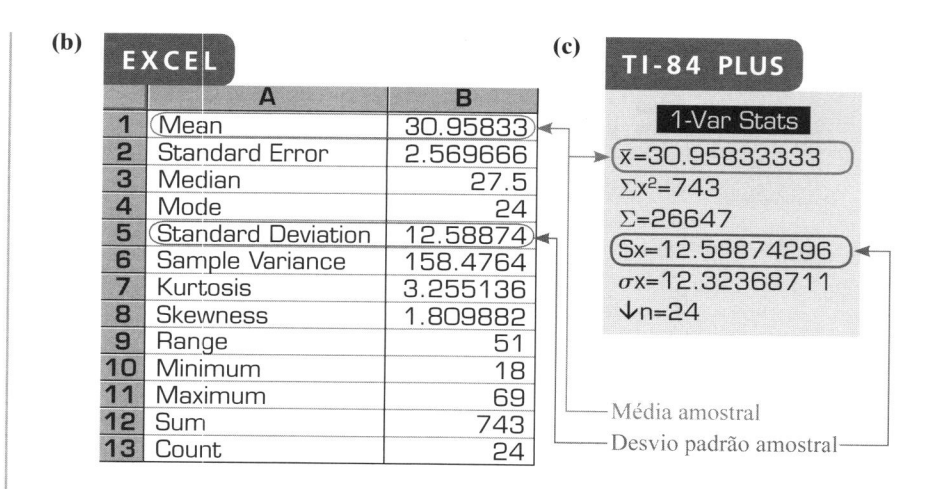

Tente você mesmo 4

Na Tabela 2.24 são mostradas as taxas de aluguel (em dólares por pés quadrados por ano) para uma amostra de escritórios em Dallas/Fort Worth. Use a tecnologia para encontrar a taxa de aluguel média e o desvio padrão amostrais. (*Adaptado de: Cushman & Wakefield Inc.*)

Tabela 2.24 Taxas de aluguel de escritório.

22	35	18
21	27	16
18	22	16
24	20	17
15	31	24
25	24	23

a. Insira os dados.
b. Calcule a média amostral e o desvio padrão amostral.

Interpretando o desvio padrão

Ao interpretar o desvio padrão de um conjunto de dados, lembre-se de que ele é uma medida que indica o quanto, em média, os valores se desviam da média desse conjunto. Quanto mais espalhados estiverem os valores, maior será o desvio padrão, conforme mostra a Figura 2.20.

Figura 2.20 Representações gráficas para visualizar a interpretação do desvio padrão.

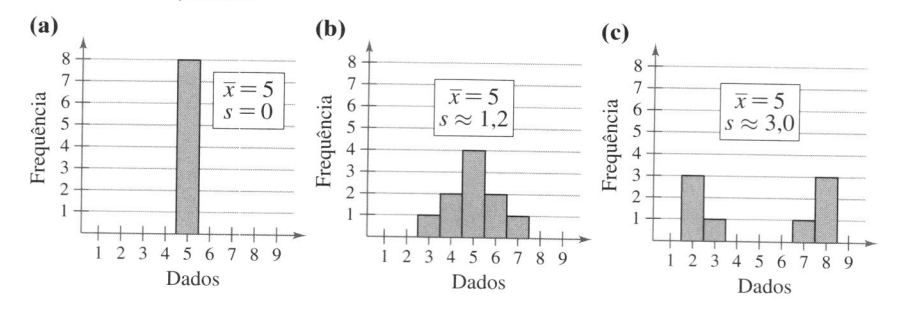

(a) $\bar{x}=5$, $s=0$
(b) $\bar{x}=5$, $s \approx 1{,}2$
(c) $\bar{x}=5$, $s \approx 3{,}0$

Entenda

Você pode usar o desvio padrão para comparar a variação em conjuntos de dados que têm a mesma unidade de medida e suas médias são aproximadamente as mesmas. Por exemplo, nos conjuntos de dados com $\bar{x}=5$, mostrados na Figura 2.20, o conjunto com $s \approx 3{,}0$ é mais disperso que os demais conjuntos. Nem todos os conjuntos de dados, contudo, utilizam a mesma unidade de medida ou têm médias aproximadamente iguais. Para comparar variações nesses conjuntos, utilize o *coeficiente de variação*, que será discutido mais adiante nesta seção.

Exemplo 5

Estimando o desvio padrão

Sem calcular, estime o desvio padrão populacional de cada conjunto de dados da Figura 2.21.

Figura 2.21

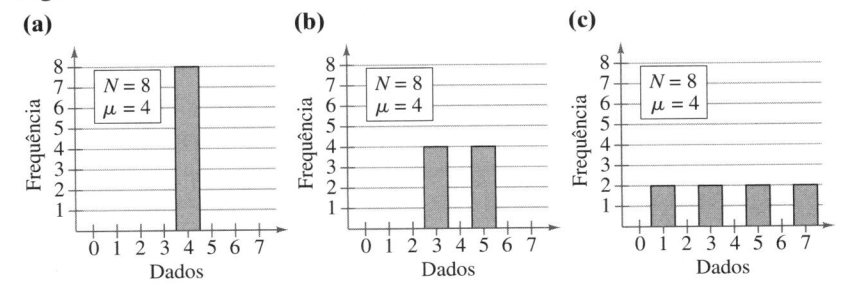

(a) $N = 8$, $\mu = 4$

(b) $N = 8$, $\mu = 4$

(c) $N = 8$, $\mu = 4$

Solução

1. Cada um dos oito elementos tem valor 4. O desvio de cada um é 0, então $\sigma = 0$.
2. Cada um dos oito elementos tem desvio de ±1. Então, o desvio padrão populacional deve ser 1. Calculando, você pode ver que $\sigma = 1$
3. Cada um dos oito elementos tem desvio de ±1 ou ±3. Então, o desvio padrão populacional deve ser aproximadamente 2. Calculando, você pode ver que $\sigma \approx 2{,}2$.

Tente você mesmo 5

Escreva um conjunto de dados que tenha 10 elementos, uma média de 10 e um desvio padrão populacional de aproximadamente 3. (Há várias respostas corretas.)

a. Escreva um conjunto de dados que tenha cinco elementos que sejam três unidades menores que 10 e cinco elementos que sejam três unidades maiores que 10.

b. Calcule o desvio padrão populacional para checar que σ é aproximadamente 3.

Para explorar mais este tópico, veja a Atividade 2.4.

Valores de dados que se encontram a mais ou menos dois desvios padrão da média são considerados incomuns, enquanto aqueles que se encontram a mais de três desvios padrão da média são muito incomuns. Valores incomuns e muito incomuns têm uma influência maior no desvio padrão do que aqueles que estão mais próximos da média. Isso acontece porque os desvios são elevados ao quadrado. Considere os valores do gráfico (c) da Figura 2.21 (veja a Tabela 2.25). Os quadrados dos desvios dos valores mais afastados da média (1 e 7) têm maior influência no valor do desvio padrão do que os que estão mais próximos da média (3 e 5).

Tabela 2.25 Valores de uma população e respectivos desvios quadráticos.

Valor x	Desvio $(x - \mu)$	Quadrados $(x - \mu)^2$
1	−3	9
3	−1	1
5	1	1
7	3	9

Retratando o mundo

Uma pesquisa foi conduzida pelo *National Center for Health Statistics* para encontrar a altura média dos homens nos Estados Unidos. O histograma mostra a distribuição das alturas para a amostra de homens examinados no grupo com idades entre 20 e 29 anos. Nesse grupo, a média era de 69,4 polegadas e o desvio padrão era 2,9 polegadas. (*Adaptado de: National Center for Health Statistics.*)

Alturas dos homens nos EUA com idades entre 20 e 29 anos

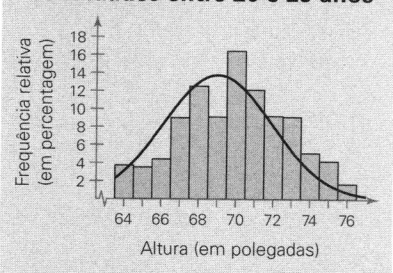

Em termos gerais, quais duas alturas limitam o intervalo com 95% dos dados centrais?

Muitos conjuntos de dados da vida real têm distribuições que são aproximadamente simétricas e em forma de sino, como mostra a Figura 2.22. Por exemplo, as distribuições das alturas dos homens e das mulheres nos Estados Unidos são aproximadamente simétricas e em forma de sino (veja a figura do quadro Retratando o mundo e a Figura 2.23). Mais adiante neste livro, estudaremos distribuições em forma de sino com mais detalhes. Agora, entretanto, a **Regra Empírica** pode ajudá-lo a ver quão valioso é o desvio padrão como uma medida de variação.

Figura 2.22 Distribuição em forma de sino — percentagens de dados em regiões centrais.

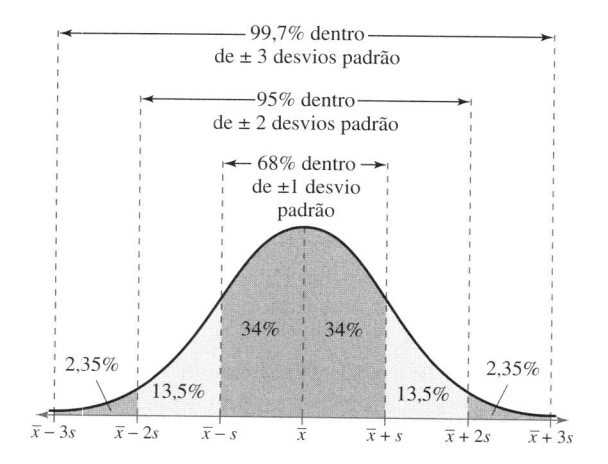

Regra Empírica (ou Regra 68-95-99,7)

Para conjuntos de dados com distribuições que são aproximadamente simétricas e com forma de sino, o desvio padrão tem estas características:

1. Cerca de 68% dos dados encontram-se dentro do intervalo de ± 1 desvio padrão em relação à média.
2. Cerca de 95% dos dados encontram-se dentro do intervalo de ± 2 desvios padrão em relação à média.
3. Cerca de 99,7% dos dados encontram-se dentro do intervalo de ± 3 desvios padrão em relação à média.

Exemplo 6

Usando a Regra Empírica

Em uma pesquisa conduzida pelo *National Center for Health Statistics*, a altura média amostral das mulheres nos Estados Unidos (com idades entre 20 e 29 anos) era de 64,2 polegadas, com um desvio padrão amostral de 2,9 polegadas. Estime a percentagem de mulheres cujas alturas estão entre 58,4 e 64,2 polegadas. (*Adaptado de: National Center for Health Statistics.*)

Solução

A distribuição das alturas das mulheres é mostrada na Figura 2.23. Em razão de a distribuição ter formato de sino, você pode usar a Regra Empírica. A altura média é 64,2, então, quando subtrair dois desvios padrão da altura média, obtém-se:

$$\bar{x} - 2s = 64{,}2 - 2(2{,}9) = 58{,}4.$$

Já que 58,4 situa-se a dois desvios padrão abaixo da altura média, a percentagem das alturas entre 58,4 e 64,2 polegadas é cerca de 13,5% + 34% = 47,5%.

Interpretação Então cerca de 47,5% das mulheres têm entre 58,4 e 64,2 polegadas de altura.

Figura 2.23 Alturas das mulheres nos EUA com idade entre 20 e 29 anos.

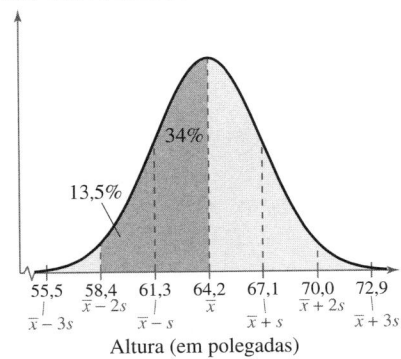

Tente você mesmo 6

Estime a percentagem de mulheres com idades entre 20 e 29 anos cujas alturas estão entre 64,2 e 67,1 polegadas.

a. A quantos desvios padrão 67,1 está à direita de 64,2?

b. Use a Regra Empírica para estimar a percentagem dos dados entre 64,2 e 67,1.

c. Interprete os resultados no contexto dos dados.

A Regra Empírica se aplica somente às distribuições em forma de sino (simétricas). Mas, e se a distribuição não for em forma de sino, ou se a forma da distribuição for desconhecida? O teorema a seguir fornece uma afirmação de desigualdade que se aplica a *todas* as distribuições. Seu nome é em homenagem ao estatístico russo Pafnuti Chebyshev (1821–1894).

Teorema de Chebyshev

A percentagem de qualquer conjunto de dados que estiver dentro de ± k desvios padrão ($k > 1$) da média é, pelo menos:

$$1 - \frac{1}{k^2}$$

- $k = 2$: em qualquer conjunto de dados, pelo menos $1 - \frac{1}{2^2} = \frac{3}{4}$, ou 75%, dos dados encontram-se dentro de ±2 desvios padrão em relação à média.

- $k = 3$: em qualquer conjunto de dados, pelo menos $1 - \frac{1}{3^2} = \frac{8}{9}$, ou 88,9% dos dados encontram-se dentro de ± 3 desvios padrão em relação à média.

Exemplo 7

Usando o teorema de Chebyshev

As distribuições das idades para Nova York e Alasca são mostradas nos histogramas da Figura 2.24. Aplique o teorema de Chebyshev aos dados de Nova York usando $k = 2$. (*Fonte: U.S. Census Bureau.*)

Figura 2.24 Distribuições dos números de habitantes de Nova York e Alasca em função da faixa etária.

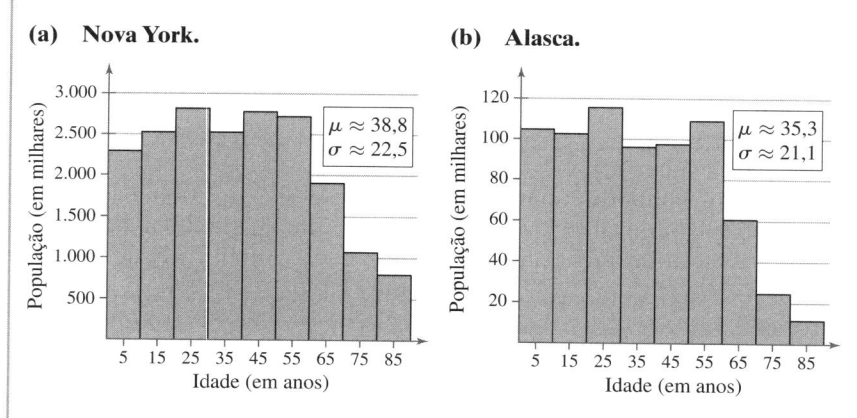

(a) Nova York. $\mu \approx 38,8$; $\sigma \approx 22,5$

(b) Alasca. $\mu \approx 35,3$; $\sigma \approx 21,1$

Solução

A Figura 2.24(a) mostra o histograma da distribuição de idades de Nova York. Movendo dois desvios padrão para a esquerda da média nos coloca abaixo de 0, porque $\mu - 2\sigma \approx 38,8 - 2(22,5) = -6,2$. Movendo dois desvios padrão para a direita da média nos coloca em $\mu + 2\sigma \approx 38,8 + 2(22,5) = 83,8$. Pelo teorema de Chebyshev, podemos dizer que pelo menos 75% da população de Nova York está entre 0 e 83,8 anos de idade.

Tente você mesmo 7

Aplique o teorema de Chebyshev aos dados do Alasca usando $k = 2$.
a. Subtraia dois desvios padrão a partir da média.
b. Adicione dois desvios padrão à média.
c. Aplique o teorema de Chebyshev para $k = 2$ e interprete os resultados.

Entenda

No Exemplo 7, o teorema de Chebyshev fornece uma afirmação de desigualdade que diz que pelo menos 75% da população de Nova York tem idade abaixo de 83,8. Essa é uma afirmação verdadeira, mas não é tão forte quanto poderia ser uma afirmação feita com base no histograma. Em geral, o teorema de Chebyshev fornece a percentagem mínima de valores que estão dentro do intervalo construído a partir do número de desvios padrão tomados em relação à média. Dependendo da distribuição, há, provavelmente, uma maior percentagem de dados nesse intervalo.

Desvio padrão para dados agrupados

Na Seção 2.1 aprendemos que grandes conjuntos de dados são mais bem representados por uma distribuição de frequência. A fórmula do desvio padrão amostral para uma distribuição de frequência é:

$$\text{Desvio padrão amostral} = s = \sqrt{\frac{\Sigma (x - \bar{x})^2 f}{n - 1}}$$

Dica de estudo

Lembre-se que as fórmulas para dados agrupados precisam ser multiplicadas pelas frequências

na qual $n = \Sigma f$ é o número de elementos no conjunto de dados.

Tabela 2.26 Número de crianças em 50 domicílios.

1	3	1	1	1
1	2	2	1	0
1	1	0	0	0
1	5	0	3	6
3	0	3	1	1
1	1	6	0	1
3	6	6	1	2
2	3	0	1	1
4	1	1	2	2
0	3	0	2	4

Exemplo 8

Encontrando o desvio padrão para dados agrupados

Você coletou uma amostra aleatória do número de crianças por domicílio em certa região. Os resultados são mostrados na Tabela 2.26. Encontre a média amostral e o desvio padrão amostral do conjunto de dados.

Solução

Esses dados poderiam ser tratados como 50 valores individuais e poderíamos usar as fórmulas para a média e o desvio padrão. Mas, como temos muitos números repetidos, é mais fácil usarmos uma distribuição de frequência (veja a Tabela 2.27).

Tabela 2.27 Número de crianças por domicílio — operações para o cálculo da média e desvio padrão.

x	f	xf	$x - \bar{x}$	$(x - \bar{x})^2$	$(x - \bar{x})^2 f$
0	10	0	−1,82	3,3124	33,1240
1	19	19	−0,82	0,6724	12,7756
2	7	14	0,18	0,0324	0,2268
3	7	21	1,18	1,3924	9,7468
4	2	8	2,18	4,7524	9,5048
5	1	5	3,18	10,1124	10,1124
6	4	24	4,18	17,4724	69,8896
	Σ = 50	Σ = 91			Σ = 145,38

$$\bar{x} = \frac{\Sigma xf}{n} = \frac{91}{50} = 1,82 \approx 1,8 \quad \text{média amostral}$$

Use a soma dos quadrados para encontrar o desvio padrão amostral.

$$s = \sqrt{\frac{\Sigma (x - \bar{x})^2 f}{n - 1}} = \sqrt{\frac{145,38}{49}} \approx 1,7 \quad \text{desvio padrão amostral}$$

Então, a média amostral é aproximadamente 1,8 criança e o desvio padrão é aproximadamente 1,7 criança.

Tente você mesmo 8

Altere para 4 três dos 6 expostos no conjunto de dados. Como essa mudança afeta a média amostral e o desvio padrão amostral?

a. Escreva as três primeiras colunas de uma distribuição de frequência.

b. Calcule a média amostral.

c. Complete as três últimas colunas da distribuição de frequência.

d. Determine o desvio padrão amostral.

Quando uma distribuição de frequência tem classes intervalores, podemos estimar a média amostral e o desvio padrão amostral usando o ponto médio de cada classe.

Exemplo 9

Usando pontos médios das classes

A Figura 2.25 mostra os resultados de uma pesquisa na qual 1.000 adultos foram questionados sobre o quanto gastam na preparação de viagens pessoais a cada ano. Faça uma distribuição de frequência para os dados. Então use a Tabela 2.28 para estimar a média amostral e o desvio padrão amostral do conjunto de dados. (*Adaptado de: Travel Industry Association of America.*)

Figura 2.25 Gastos antes de viajar.

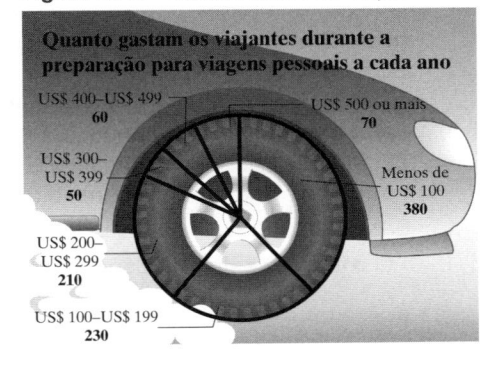

Quanto gastam os viajantes durante a preparação para viagens pessoais a cada ano

- US$ 400–US$ 499: 60
- US$ 500 ou mais: 70
- US$ 300–US$ 399: 50
- Menos de US$ 100: 380
- US$ 200–US$ 299: 210
- US$ 100–US$ 199: 230

Solução

Comece usando a distribuição de frequência para organizar os dados, como mostra a Tabela 2.28.

Tabela 2.28 Gastos para viagens e operações para o cálculo da média e desvio padrão.

Classe	x	f	xf	$x - \bar{x}$	$(x - \bar{x})^2$	$(x - \bar{x})^2 f$
0–99	49,5	380	18.810	–142,5	20.306,25	7.716.375,0
100–199	149,5	230	34.385	–42,5	1.806,25	415.437,5
200–299	249,5	210	52.395	57,5	3.306,25	694.312,5
300–399	349,5	50	17.475	157,5	24.806,25	1.240.312,5
400–499	449,5	60	26.970	257,5	66.306,25	3.978.375,0
500+	599,5	70	41.965	407,5	166.056,25	11.623.937,5
		$\Sigma = 1.000$	$\Sigma = 192.000$			$\Sigma = 25.668.750,0$

$$\bar{x} = \frac{\Sigma xf}{n} = \frac{192.000}{1.000} = 192 \quad \text{média amostral}$$

Use a soma dos quadrados para encontrar o desvio padrão amostral.

$$s = \sqrt{\frac{\Sigma (x - \bar{x})^2 f}{n - 1}} = \sqrt{\frac{25.668.750}{999}} \approx 160,3 \quad \text{desvio padrão amostral}$$

Então, a média amostral é US$ 192 por ano, e o desvio padrão é aproximadamente US$ 160,30 por ano.

Tente você mesmo 9

Na distribuição de frequência do Exemplo 9, 599,5 foi escolhido como o ponto médio para a classe de US$ 500 ou mais. Como a média e o desvio padrão amostral mudam quando o ponto médio da classe é US$ 650?

a. Escreva as quatro primeiras colunas de uma distribuição de frequência.
b. Determine a média amostral.
c. Complete as três últimas colunas da distribuição de frequência.
d. Determine o desvio padrão amostral.

> **Dica de estudo**
>
> Quando uma classe é aberta, como na classe de US$ 500 ou mais no Exemplo 9, uma alternativa é designar um único valor para representar o ponto médio. Para esse exemplo, escolhemos US$ 599,5 para a última classe.

Coeficiente de variação

Para comparar a variação em conjuntos de dados diferentes, podemos usar o desvio padrão quando os elementos dos conjuntos têm a mesma unidade de medida e suas médias são aproximadamente iguais. Para conjuntos de dados com unidades de medida diferentes ou médias diferentes, usa-se o **coeficiente de variação**.

> **Definição**
>
> O **coeficiente de variação (CV)** de um conjunto de dados descreve o desvio padrão como uma percentagem da média.
>
> $$\text{População: } CV = \frac{\sigma}{\mu} \cdot 100\% \qquad \text{Amostra: } CV = \frac{s}{\bar{x}} \cdot 100\%$$

Exemplo 10

Comparando a variação em conjuntos de dados com unidades diferentes

A Tabela 2.29 mostra as alturas (em polegadas) e pesos (em libras) populacionais dos jogadores de um time de basquete. Encontre o coeficiente de variação para as alturas e os pesos e, depois, compare os resultados.

Tabela 2.29 Alturas e pesos de um time de basquete.

Alturas	Pesos
72	180
74	168
68	225
76	201
74	189
69	192
72	197
79	162
70	174
69	171
77	185
73	210

Solução

A altura média é $\mu \approx 72,8$ polegadas com um desvio padrão de $\sigma \approx 3,3$ polegadas. O coeficiente de variação para as alturas é:

$$CV_{\text{altura}} = \frac{\sigma}{\mu} \cdot 100\%$$

$$= \frac{3,3}{72,8} \cdot 100\%$$

$$\approx 4,5\%.$$

O peso médio é $\mu \approx 187,8$ libras com um desvio padrão de $\sigma \approx 17,7$ libras. O coeficiente de variação para os pesos é:

$$CV_{\text{peso}} = \frac{\sigma}{\mu} \cdot 100\%$$

$$= \frac{17,7}{187,8} \cdot 100\%$$

$$\approx 9,4\%.$$

Interpretação Os pesos (9,4%) são mais variáveis que as alturas (4,5%).

Tente você mesmo 10

Determine o coeficiente de variação para as taxas de aluguel de escritórios em Los Angeles (veja Exemplo 4) e para as de Dallas/Fort Worth (veja Tente você mesmo 4). Após, compare os resultados.

a. Calcule a média e o desvio padrão amostral para cada conjunto de dados.

b. Calcule o coeficiente de variação para cada conjunto de dados.

c. Interprete os resultados.

2.4 Exercícios

Construindo habilidades básicas e vocabulário

1. Explique como encontramos a amplitude de um conjunto de dados. Qual é a vantagem de usarmos a amplitude como uma medida de variação? Qual é a desvantagem?

2. Explique como encontramos o desvio de um valor em um conjunto de dados. Qual é a soma de todos os desvios em qualquer conjunto?

3. Por que o desvio padrão é usado com mais frequência do que a variância?

4. Explique a relação entre a variância e o desvio padrão. Uma dessas duas medidas pode ser negativa? Explique.

5. Descreva a diferença entre o cálculo do desvio padrão populacional e o amostral.

6. Dado um conjunto de dados, como você sabe se deve calcular σ ou s?

7. Discuta as diferenças e semelhanças entre a Regra Empírica e o teorema de Chebyshev.

8. O que você deve saber sobre o conjunto de dados antes de usar a Regra Empírica?

Usando e interpretando conceitos

Raciocínio gráfico *Nos exercícios 9 e 10, encontre a amplitude do conjunto de dados representado pelo gráfico.*

9. **Idade da noiva no primeiro casamento.**

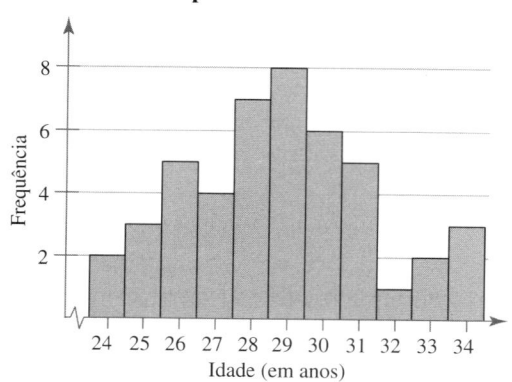

10.

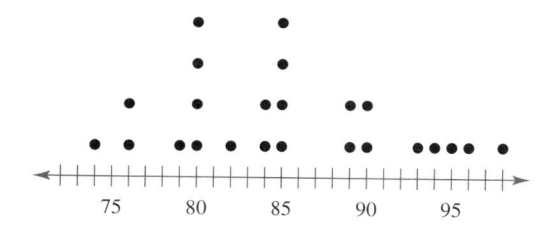

11. **Arqueologia** As profundidades (em polegadas) às quais 10 artefatos foram encontrados estão listadas.

20,7	24,8	30,5	26,2	36,0
34,3	30,3	29,5	27,0	38,5

(a) Encontre a amplitude do conjunto de dados.

(b) Altere o valor 38,5 para 60,5 e ache a amplitude do novo conjunto de dados.

12. No Exercício 11, compare sua resposta na parte (a) com a resposta da parte (b). Como *outliers* afetam a amplitude de um conjunto de dados?

Encontrando estatísticas populacionais *Nos exercícios 13 e 14, encontre a amplitude, a média, a variância e o desvio padrão para a população dada.*

13. **Vitórias no futebol americano** O número de vitórias no campeonato para cada time da Associação Americana de Futebol (*American Football Conference – AFC*) em 2012. (*Fonte: National Football League.*)

13	10	12	11	7	8	6	6
10	7	12	4	6	5	2	2

14. **Pesos dos presidentes** Os pesos (em libras) de todos os presidentes americanos desde 1952. (*Fonte: The New York Times.*)

173	175	200	173	160
185	195	230	190	180

Encontrando estatísticas amostrais *Nos exercícios 15 e 16, encontre a amplitude, a média, a variância e o desvio padrão para a amostra dada.*

15. **Idade de consumidores** As idades (em anos) de uma amostra aleatória de consumidores de uma loja de roupas.

16	18	19	17	14	15	17	17	17	16
19	22	24	14	16	14	17	16	14	18

16. **Tempo de gestação** A duração (em dias) da gravidez para uma amostra aleatória de mães.

277	291	295	280	268	278	291
277	282	279	296	285	269	293
267	281	286	269	264	299	

17. **Raciocínio gráfico** Ambos os conjuntos de dados apresentados nos diagramas de ramo e folha têm média de 165. Um tem desvio padrão de 16 e o outro de 24. Olhando os diagramas, qual conjunto tem desvio padrão igual a 24? Explique seu raciocínio.

(a)

12	8 9	Chave: 12|8 = 128
13	5 5 8	
14	1 2	
15	0 0 6 7	
16	4 5 9	
17	1 3 6 8	
18	0 8 9	
19	6	
20	3 5 7	

(b)

12		Chave: 13|1 = 131
13	1	
14	2 3 5	
15	0 4 5 6 8	
16	1 1 2 3 3 3	
17	1 5 8 8	
18	2 3 4 5	
19	0 2	
20		

18. Raciocínio gráfico Ambos conjuntos de dados mostrados nos histogramas (a) e (b) têm média de 50. Um tem desvio padrão de 2,4 e o outro de 5. Olhando os histogramas, qual conjunto tem desvio padrão igual a 2,4? Explique seu raciocínio.

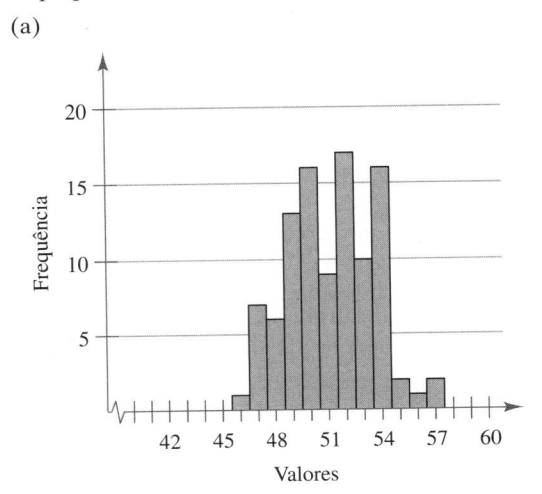

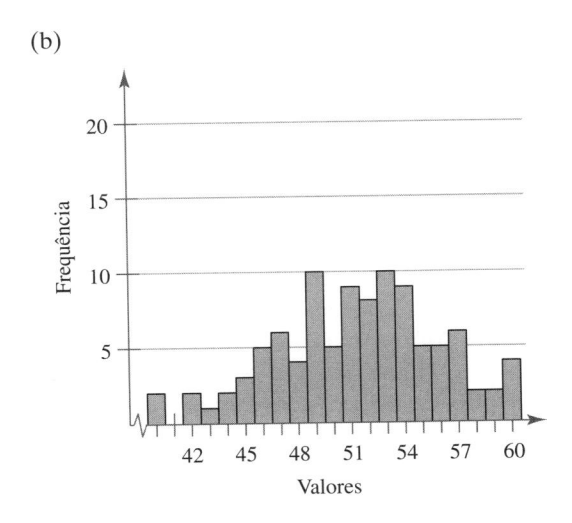

(a)

(b)

19. Ofertas salariais Você está se candidatando a um emprego em duas empresas. A empresa A oferece salários anuais iniciais com $\mu = \$31.000$ e $\sigma = \$1.000$. A empresa B oferece salários iniciais com $\mu = \$31.000$ e $\sigma = \$5.000$. Em qual empresa é mais provável que você consiga uma oferta de $\$33.000$ ou mais? Explique seu raciocínio.

20. Ofertas salariais Você está se candidatando a um emprego em duas empresas. A empresa C oferece salários anuais iniciais com $\mu = \$39.000$ e $\sigma = \$4.000$. A empresa D oferece salários iniciais com $\mu = \$39.000$ e $\sigma = \$1.500$. Em qual empresa é mais provável que você consiga uma oferta de $\$42.000$ ou mais? Explique seu raciocínio.

Raciocínio gráfico *Nos exercícios 21 a 24, compare os três conjuntos de dados. (a) Sem calcular, determine qual conjunto de dados tem o maior desvio padrão amostral e qual tem o menor. Explique seu raciocínio. (b) De que maneira os conjuntos de dados se assemelham? Como eles diferem?*

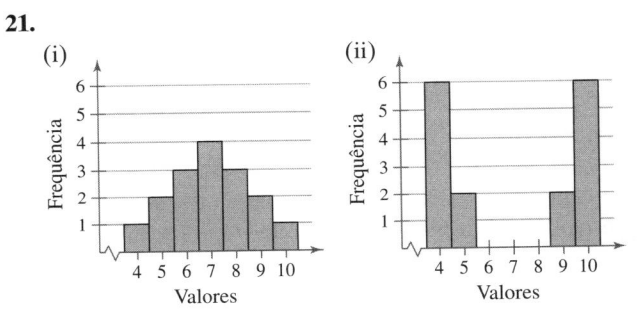

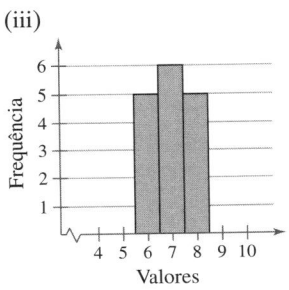

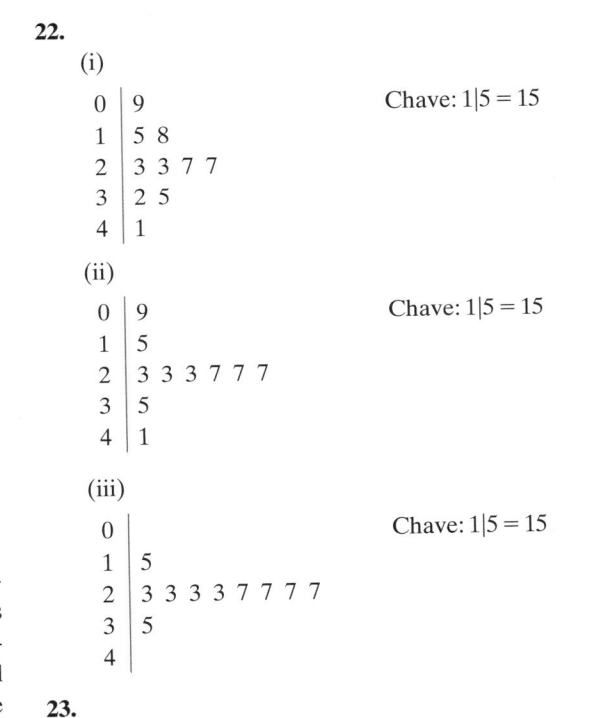

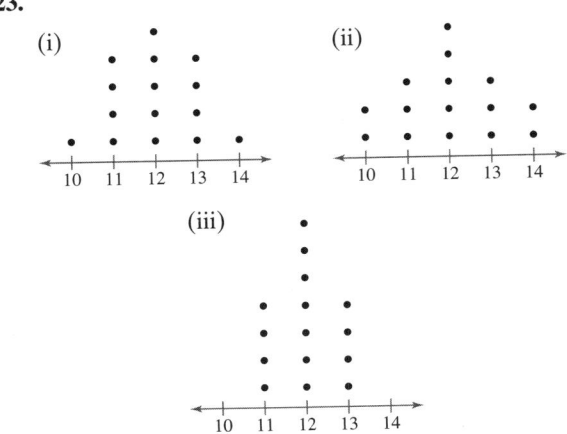

21.

(i) (ii) (iii)

22.

(i)
```
0 | 9            Chave: 1|5 = 15
1 | 5 8
2 | 3 3 7 7
3 | 2 5
4 | 1
```

(ii)
```
0 | 9            Chave: 1|5 = 15
1 | 5
2 | 3 3 3 7 7 7
3 | 5
4 | 1
```

(iii)
```
0 |              Chave: 1|5 = 15
1 | 5
2 | 3 3 3 3 7 7 7 7
3 | 5
4 |
```

23.

(i) (ii) (iii)

24.

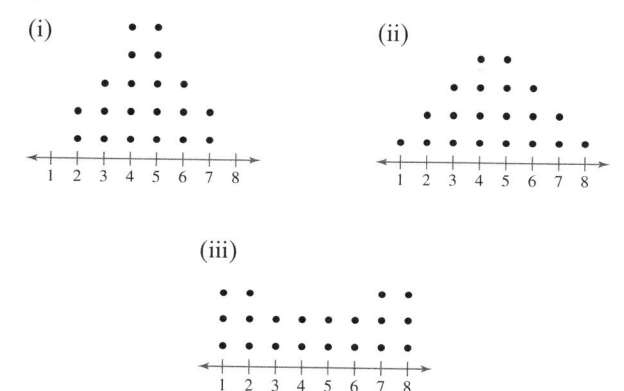

(i) [dot plot on scale 1–8]
(ii) [dot plot on scale 1–8]
(iii) [dot plot on scale 1–8]

Construindo conjuntos de dados *Nos exercícios 25 a 28, construa um conjunto de dados que tenha as seguintes estatísticas.*

25. $N = 6$
$\mu = 5$
$\sigma \approx 2$

26. $N = 8$
$\mu = 6$
$\sigma \approx 3$

27. $n = 7$
$\bar{x} = 9$
$s = 0$

28. $n = 6$
$\bar{x} = 7$
$s \approx 2$

Usando a Regra Empírica *Nos exercícios 29 a 34, use a Regra Empírica.*

29. A velocidade média de uma amostra de veículos ao longo de um trecho de uma rodovia é 67 milhas por hora, com um desvio padrão de 4 milhas por hora. Estime o percentual de veículos cujas velocidades estão entre 63 e 71 milhas por hora. (Admita que o conjunto de dados possui uma distribuição em forma de sino.)

30. A média mensal das contas de serviços públicos para uma amostra de domicílios em uma cidade é $ 70, com um desvio padrão de $ 8. Entre quais dois valores se encontram 95% dos dados? (Admita que o conjunto de dados possui uma distribuição em forma de sino.)

31. Usando as estatísticas amostrais do Exercício 29, e admitindo que o número de veículos na amostra é de 75:

(a) Estime o número de veículos cujas velocidades estão entre 63 e 71 milhas por hora.

(b) Em uma amostra de 25 veículos adicionais, quantos você esperaria ter velocidades entre 63 e 71 milhas por hora?

32. Usando as estatísticas amostrais do Exercício 30, e admitindo que o número de domicílios na amostra é de 40:

(a) Estime o número de domicílios cujas contas mensais estão entre $ 54 e $ 86.

(b) Em uma amostra de 20 domicílios adicionais, quantos você esperaria ter contas mensais entre $ 54 e $ 86?

33. As velocidades de mais oito veículos estão listadas a seguir. Usando as estatísticas amostrais do Exercício 29, determine quais dos valores são incomuns. Algum dos valores é muito incomum? Explique seu raciocínio.

| 70 | 78 | 62 | 71 | 65 | 76 | 82 | 64 |

34. As contas mensais de mais oito domicílios estão listadas. Usando as estatísticas amostrais do Exercício 30, determine quais dos valores são incomuns. Algum dos valores é muito incomum? Explique seu raciocínio.

| US$ 65 | US$ 52 | US$ 63 | US$ 83 |
| US$ 77 | US$ 98 | US$ 84 | US$ 70 |

35. Teorema de Chebyshev Você está conduzindo uma pesquisa sobre o número de animais de estimação por domicílio em certa região. De uma amostra com $n = 40$, o número médio de animais por domicílio é 2 e o desvio padrão 1. Usando o teorema de Chebyshev, determine, no mínimo, quantos domicílios têm de 0 a 4 animais.

36. Teorema de Chebyshev O Old Faithful é um famoso gêiser no Parque Nacional Yellowstone. De uma amostra com $n = 32$, a duração média das erupções do Old Faithful é de 3,32 minutos e o desvio padrão é de 1,09 minuto. Usando o teorema de Chebyshev, determine, no mínimo, quantas erupções duraram entre 1,14 e 5,5 minutos. (*Fonte: Yellowstone National Park.*)

37. Teorema de Chebyshev A nota média de uma prova de história europeia é 88 pontos, com um desvio padrão de 4 pontos. Aplique o teorema de Chebyshev aos dados usando $k = 2$. Interprete os resultados.

38. Teorema de Chebyshev O tempo médio nas finais femininas dos 800 metros livres nos jogos de verão de 2012 foi 502,84 segundos, com um desvio padrão de 4,68 segundos. Aplique o teorema de Chebyshev aos dados usando $k = 2$. Interprete os resultados. (*Adaptado de: International Olympic Committee.*)

Cálculos usando dados agrupados *Nos exercícios 39 a 42, construa uma distribuição de frequência para os dados. A seguir, use a tabela para estimar a média e o desvio padrão amostral do conjunto de dados.*

39. Carros por domicílio Os resultados de uma amostra aleatória do número de carros por domicílio em certa região são mostrados no histograma.

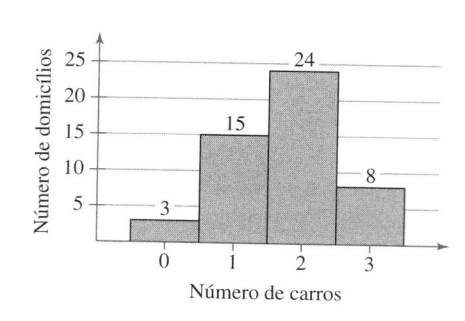

[Histograma: Número de domicílios vs Número de carros: 0→3, 1→15, 2→24, 3→8]

40. Quantidade de cafeína As quantidades de cafeína em uma amostra de porções de cinco onças de café são mostradas no histograma.

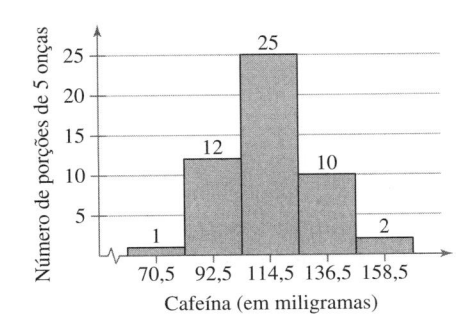

41. Horas semanais de estudo A distribuição do número de horas semanais de estudo de uma amostra de estudantes universitários é mostrada no gráfico de pizza. Use 32 como o ponto médio para "30 horas ou mais".

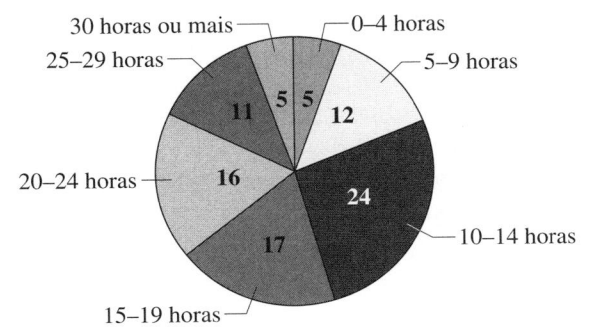

42. Renda familiar A distribuição dos rendimentos familiares mensais de uma amostra aleatória de domicílios em uma cidade americana é mostrada no gráfico de pizza. Use US$ 10.999,50 como o ponto médio para "US$ 10.000 ou mais".

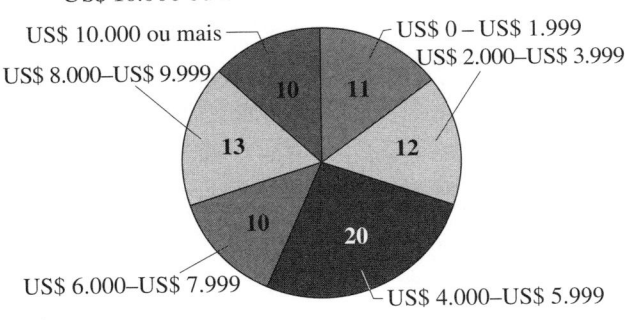

Comparando dois conjuntos de dados Nos exercícios 43 a 48, encontre o coeficiente de variação para cada um dos conjuntos de dados. Então, compare os resultados.

43. Salários anuais Uma amostra dos salários anuais (em milhares de dólares) para contadores recém-formados em Dallas e Nova York está listada a seguir.

Dallas	41,6	50,0	49,5	38,7	39,9
	45,8	44,7	47,8	40,5	44,3
Nova York	45,6	41,5	57,6	55,1	59,3
	59,0	50,6	47,2	42,3	51,7

44. Salários anuais Uma amostra dos salários anuais (em milhares de dólares) para engenheiros elétricos recém-formados em Boston e Chicago está listada a seguir.

Boston 70,4 84,2 58,5 64,5 71,6 79,9 88,3 80,1 69,9
Chicago 69,4 71,5 65,4 59,9 70,9 68,5 62,9 70,1 60,9

45. Idade e alturas As idades (em anos) e as alturas (em polegadas) de todos os lançadores do *ST. Louis Cardinals* em 2013 estão listadas a seguir. (*Fonte: Major League Baseball.*)

Idades 24 29 37 24 26 25 24 32 22 29 23 31
Alturas 72 76 73 73 77 76 72 74 75 75 74 79

46. Notas no SAT Uma amostra das notas no SAT para oito homens e oito mulheres está listada a seguir.

Notas dos homens no SAT	1.520	1.750	2.120	1.380
	1.980	1.650	1.030	1.710
Notas das mulheres no SAT	1.790	1.510	1.500	1.950
	2.210	1.870	1.260	1.590

47. Média de rebatidas Uma amostra da média de rebatidas para jogadores de beisebol de dois times adversários está listada a seguir.

Time A	0,295	0,310	0,325	0,272	0,256
	0,297	0,320	0,384	0,235	0,297
Time B	0,223	0,312	0,256	0,300	0,238
	0,299	0,204	0,226	0,292	0,260

48. Idade e pesos As idades (em anos) e os pesos (em libras) de todos os rebatedores do San Diego Chargers em 2012 estão listados a seguir. (*Fonte: ESPN.*)

Idades 25 24 24 31 25 28 26 30 22
Pesos   215 217 190 225 192 215 185 210 220

Expandindo conceitos

49. Fórmula abreviada Você usava $SS_x = \Sigma(x - \bar{x})^2$ quando calculava a variância e o desvio padrão da amostra. Uma fórmula alternativa que, às vezes, pode ser mais conveniente para cálculos à mão é:

$$SS_x = \Sigma x^2 - \frac{(\Sigma x)^2}{n}.$$

Você pode encontrar a variância amostral dividindo a soma dos quadrados por $n - 1$ e o desvio padrão amostral encontrando a raiz quadrada da variância amostral.

(a) Use a fórmula abreviada para calcular o desvio padrão amostral para os dados do Exercício 15.

(b) Compare seus resultados com os obtidos no Exercício 15.

50. Alterando dados Uma amostra dos salários anuais (em milhares de dólares) dos funcionários de uma empresa está listada a seguir.

42 36 48 51 39 39 42 36 48 33 39 42 45

(a) Encontre a média amostral e o desvio padrão amostral.

(b) Cada funcionário na amostra recebe 5% de aumento. Encontre a média amostral e o desvio padrão amostral para o conjunto de dados revisado.

(c) Para calcular o salário mensal, divida cada salário original por 12. Encontre a média amostral e o desvio padrão amostral para o conjunto de dados revisado.

(d) O que se pode concluir dos resultados de (a), (b) e (c)?

51. **Alterando dados** Uma amostra dos salários anuais (em milhares de dólares) dos funcionários de uma empresa é listada a seguir.

    40 35 49 53 38 39 40 37 49 34 38 43 47

    (a) Encontre a média amostral e o desvio padrão amostral.
    (b) Cada funcionário na amostra recebe $ 1.000 de aumento. Encontre a média amostral e o desvio padrão amostral para o conjunto de dados revisado.
    (c) Cada funcionário na amostra tem uma redução de $ 2.000 em seu salário original. Encontre a média amostral e o desvio padrão amostral para o conjunto de dados revisado.
    (d) O que se pode concluir dos resultados de (a), (b) e (c)?

52. **Desvio médio absoluto** Uma outra medida de variação útil para um conjunto de dados é o **desvio médio absoluto (DMA)**. Ele é calculado pela fórmula:

    $$DMA = \frac{\sum |x - \bar{x}|}{n}.$$

    (a) Encontre o desvio médio absoluto do conjunto de dados do Exercício 15. Depois, compare o resultado com o desvio padrão amostral.
    (b) Encontre o desvio médio absoluto do conjunto de dados do Exercício 16. Depois, compare o resultado com o desvio padrão amostral.

53. **Teorema de Chebyshev** Pelo menos 99% dos dados em qualquer conjunto de dados encontram-se dentro de quantos desvios padrão da média? Explique como você obteve sua resposta.

54. **Índice de assimetria de Pearson** O estatístico inglês Karl Pearson (1857–1936) apresentou uma fórmula para a medida da assimetria de uma distribuição.

    $$P = \frac{3(\bar{x} - \text{mediana})}{s} \quad \text{Índice de assimetria de Pearson}$$

    A maioria das distribuições tem um índice de assimetria entre –3 e 3. Quando P > 0, os dados são assimétricos à direita. Quando P < 0, os dados são assimétricos à esquerda. Quando P = 0, os dados são simétricos. Calcule o coeficiente de assimetria para cada distribuição. Descreva a forma de cada uma.

    (a) $\bar{x} = 17, s = 2,3$, mediana = 19
    (b) $\bar{x} = 32, s = 5,1$, mediana = 25
    (c) $\bar{x} = 9,2, s = 1,8$, mediana = 9,2
    (d) $\bar{x} = 42, s = 6,0$, mediana = 40

Atividade 2.4 – Desvio padrão

O applet *Standard deviation* foi desenvolvido para permitir que você investigue interativamente o desvio padrão como medida de dispersão para um conjunto de dados, como mostra a Figura 2.26. Pontos podem ser adicionados ao diagrama clicando com o mouse acima do eixo horizontal. A média dos pontos é mostrada como uma seta verde. Um valor numérico para o desvio padrão é mostrado acima do diagrama. Os pontos no gráfico podem ser removidos clicando sobre um deles e, então, arrastando-o para a lixeira (*trash*). Todos os pontos no diagrama podem ser removidos simplesmente clicando dentro da lixeira. A amplitude dos valores para o eixo horizontal pode ser especificada introduzindo limites inferiores (*lower limit*) e superiores (*upper limit*) e, então, clicando em UPDATE (atualizar).

APPLET

Você encontra o applet interativo para esta atividade no Site de Apoio.

Figura 2.26

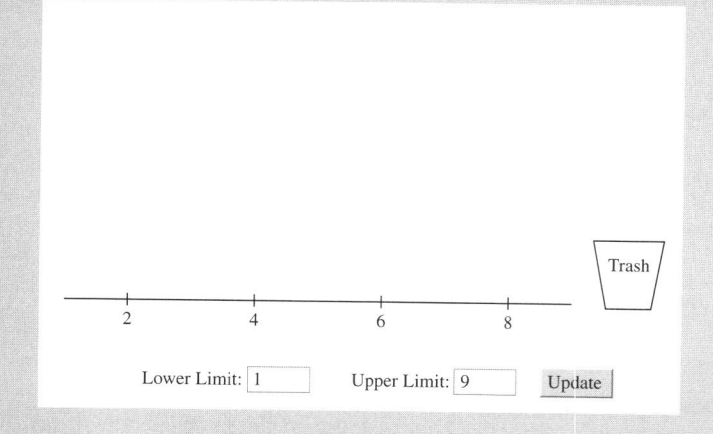

Explore

Passo 1 Especifique um limite inferior (*lower limit*).
Passo 2 Especifique um limite superior (*upper limit*).
Passo 3 Adicione 15 pontos no diagrama.
Passo 4 Remova todos os pontos do diagrama.

Conclua

1. Especifique o limite inferior como 10 e o superior como 20. Adicione 10 pontos que tenha uma média de, aproximadamente, 15 e um desvio padrão de cerca de 3. Escreva as estimativas da média e do desvio padrão. Adicione um ponto com valor de 15. O que acontece com a média e o desvio padrão? Adicione um ponto com valor de 20. O que acontece com a média e o desvio padrão?

2. Especifique o limite inferior como 30 e o superior como 40. Como podemos representar oito pontos de modo que eles tenham o maior desvio padrão possível? Use o applet para representar o conjunto de pontos e, então, use a fórmula do desvio padrão para confirmar o valor fornecido pelo applet. Como podemos representar oito pontos de modo que eles tenham o menor desvio padrão possível? Explique.

Estudo de caso

Tamanho do negócio

O número de empregados nas empresas pode variar. Uma empresa pode ter qualquer quantidade, desde um único empregado até mais de 1.000. Os dados mostrados nas tabelas 2.30 e 2.31 são os números de indústrias de manufatura, de diversos estados, em um ano recente. (*Fonte: U.S. Census Bureau.*)

Tabela 2.30 Distribuição do número de indústrias de manufatura por estado.

Estado	Número de indústrias de manufatura
Califórnia	38.937
Illinois	14.210
Indiana	8.222
Michigan	12.378
Nova York	16.933
Ohio	14.729
Pensilvânia	14.167
Texas	19.593
Wisconsin	9.033

Tabela 2.31 Distribuição do número de indústrias de manufatura por estado e por número de empregados.

Estado	1–4	5–9	10–19	20–49	50–99	100–249	250–499	500+
Califórnia	15.788	7.018	6.069	5.532	2.332	1.570	407	221
Illinois	4.989	2.364	2.328	2.219	1.146	831	213	120
Indiana	2.447	1.376	1.360	1.378	753	598	184	126
Michigan	4.485	2.143	2.013	1.910	872	676	184	95
Nova York	7.581	2.970	2.421	2.219	872	591	190	89
Ohio	4.700	2.582	2.502	2.442	1.188	911	262	142
Pensilvânia	4.670	2.476	2.359	2.364	1.088	854	235	121
Texas	7.352	3.396	3.099	2.922	1.362	973	303	186
Wisconsin	2.806	1.447	1.499	1.480	841	638	208	114

Exercícios

1. **Empregados** Qual estado tem o maior número de empregados na indústria? Explique seu raciocínio.
2. **Tamanho médio do negócio** Estime o número médio de empregados em uma indústria da manufatura para cada estado. Use 1.000 como o ponto médio para "500+".
3. **Empregados** Qual estado tem o maior número de empregados por indústria de manufatura? Explique seu raciocínio.
4. **Desvio padrão** Estime o desvio padrão para o número de empregados em uma indústria de manufatura para cada estado. Use 1.000 como o ponto médio para "500+".
5. **Desvio padrão** Qual estado tem o maior desvio padrão? Explique seu raciocínio.
6. **Distribuição** Descreva a distribuição do número de empregados em indústrias de manufatura para cada estado.

2.5 Medidas de posição

O que você deve aprender

- Como encontrar o primeiro, o segundo e o terceiro quartis de um conjunto de dados, como encontrar a amplitude interquartil e como representar um conjunto de dados graficamente usando um diagrama de caixa (*boxplot*).
- Como interpretar outras separatrizes, como o percentil, e como encontrar percentis para um valor específico.
- Como encontrar e interpretar o escore padrão (escore-z).

Quartis • Percentis e outras separatrizes • O escore padrão

Quartis

Nesta seção, você aprenderá como usar as separatrizes para especificar a posição de um elemento dentro de um conjunto de dados. **Separatrizes** são números que partilham, ou dividem, um conjunto de dados ordenado em partes iguais (cada parte tem o mesmo número de elementos). Por exemplo, a mediana é uma separatriz porque divide um conjunto de dados ordenado em duas partes com quantidades iguais de elementos.

Definição

Os três **quartis**, Q_1, Q_2 e Q_3, dividem um conjunto de dados ordenado em quatro partes iguais. Aproximadamente 1/4 dos dados recai sobre ou abaixo do **primeiro quartil** Q_1. Aproximadamente metade dos dados recai sobre ou abaixo do **segundo quartil** Q_2 (o segundo quartil é o mesmo que a mediana do conjunto de dados). Aproximadamente 3/4 dos dados recaem sobre ou abaixo do **terceiro quartil** Q_3.

Exemplo 1

Encontrando os quartis de um conjunto de dados

O número de usinas nucleares nos 15 maiores produtores de energia nuclear no mundo está listado a seguir. Encontre o primeiro, o segundo e o terceiro quartis do conjunto de dados. O que você observa? (*Fonte: International Atomic Energy Agency.*)

7   20   16   6   58   9   20   50   23   33   8   10   15   16   104

Solução

Primeiro, ordene o conjunto de dados e encontre a mediana Q_2. O primeiro quartil, Q_1, é a mediana dos valores à esquerda de Q_2. O terceiro quartil, Q_3, é a mediana dos valores à direita de Q_2.

Valores à esquerda de Q_2: 6 7 8 **9** 10 15 16 $Q_1 = 9$

$Q_2 = 16$

Valores à direita de Q_2: 20 20 23 **33** 50 58 104 $Q_3 = 33$

Interpretação Aproximadamente 1/4 dos países tem 9 usinas nucleares ou menos; aproximadamente metade tem 16 ou menos; e cerca de 3/4 têm 33 ou menos.

Tente você mesmo 1

Encontre o primeiro, o segundo e o terceiro quartis para as idades das 50 mulheres mais influentes do mundo usando o conjunto de dados listado na abertura deste capítulo.
a. Ordene os dados.
b. Determine a mediana Q_2.
c. Determine o primeiro e o terceiro quartis Q_1 e Q_3.
d. Interprete os resultados no contexto dos dados.

Exemplo 2

Usando tecnologia para encontrar os quartis

Os custos com ensino (em milhares de dólares) em 25 faculdades estão listados a seguir. Use uma ferramenta tecnológica para encontrar o primeiro, o segundo e o terceiro quartis. O que você observa? (*Fonte: U.S. News and World Report.*)

38   33   40   42   34   27   44   38   32   34   45   32   23
46   27   23   30   27   41   22   26   45   31   26   19

Solução

O Minitab e a TI-84 Plus têm funções que calculam quartis. Tente usar essa tecnologia para encontrar o primeiro, o segundo e o terceiro quartis para os dados dos custos com ensino. Das figuras 2.27(a) a (c), você pode ver que $Q_1 = 26{,}5$; $Q_2 = 32$ e $Q_3 = 40{,}5$.

Figura 2.27

(a) **MINITAB**

```
Descriptive Statistics: Tuition

Variable     N      Mean    SE Mean     StDev    Minimum
Tuition      25    33.00      1.61       8.07     19.00

Variable    Q1    Median      Q3      Maximum
Tuition   26.50   32.00     40.50     46.00
```

Dica de estudo

Note que você pode obter resultados ligeiramente diferentes ao comparar as respostas obtidas usando as ferramentas tecnológicas. Por exemplo, no Exemplo 2, o primeiro quartil determinado pelo Minitab e pela TI-84 Plus é 26,5, enquanto o resultado usando Excel é 27.

(b) **EXCEL**

	A	B
1	38	
2	33	Quartile(A1:A25,1)
3	40	27
4	42	
5	34	Quartile(A1:A25,2)
6	27	32
7	44	
8	38	Quartile(A1:A25,3)
9	32	40
10	34	
11	45	
12	32	
13	23	
14	46	
15	27	
16	23	
17	30	
18	27	
19	41	
20	22	
21	26	
22	45	
23	31	
24	26	
25	19	

(c) **TI-84 PLUS**

1-Var Stats
↑n=25
minX=19
Q_1=26.5
Med=32
Q_3=40.5
maxX=46

Interpretação Aproximadamente 1/4 dessas faculdades cobra US$ 26.500 ou menos, aproximadamente 1/2 cobra US$ 32.000 ou menos e cerca de 3/4 cobram US$ 40.500 ou menos.

Tente você mesmo 2

Os custos com ensino (em milhares de dólares) em 25 faculdades estão listados a seguir. Use uma ferramenta tecnológica para encontrar o primeiro, o segundo e o terceiro quartis. O que você observa? (*Fonte: U.S. News and World Report.*)

44 30 38 23 20 29 19 44 29 17 45 39 29
18 43 45 39 24 44 26 34 20 35 30 36

a. Insira os dados.
b. Calcule o primeiro, o segundo e o terceiro quartis.
c. Interprete os resultados no contexto dos dados.

A mediana (o segundo quartil) é uma medida de tendência central baseada na posição. A medida de variação que é baseada na posição é a **amplitude interquartil**. Essa medida indica a dispersão dos 50% centrais, conforme mostra a próxima definição.

Definição

A **amplitude interquartil (AIQ)** de um conjunto de dados é uma medida de variação que fornece a amplitude da porção central (aproximadamente metade) dos dados. A AIQ é a diferença entre o terceiro e o primeiro quartis.
AIQ = $Q_3 - Q_1$

Na Seção 2.3, um *outlier* foi descrito como um valor que está muito distante dos demais valores do conjunto de dados. Uma forma de identificar *outliers* é usando a amplitude interquartil.

Instruções

Usando a amplitude interquartil para identificar *outliers*

1. Encontre o primeiro (Q_1) e o terceiro (Q_3) quartis do conjunto de dados.
2. Encontre a amplitude interquartil: $AIQ = Q_3 - Q_1$.
3. Multiplique a AIQ por 1,5: 1,5 (AIQ).
4. Subtraia 1,5 (AIQ) de Q_1. Qualquer valor menor que $Q_1 - 1{,}5$ (AIQ) é um *outlier*.
5. Adicione 1,5 (AIQ) à Q_3. Qualquer valor maior que $Q_3 + 1{,}5$ (AIQ) é um *outlier*.

Exemplo 3

Usando a amplitude interquartil para identificar um *outlier*

Encontre a amplitude interquartil dos dados do Exemplo 1. Há algum *outlier*?

Solução

Do Exemplo 1, sabemos que $Q_1 = 9$ e $Q_3 = 33$. Então, a amplitude interquartil é $AIQ = Q_3 - Q_1 = 33 - 9 = 24$. Para identificar quaisquer *outliers*, primeiro devemos notar que $1{,}5 (AIQ) = 1{,}5 (24) = 36$. Não há valores menores que:

$Q_1 - 1{,}5 (AIQ) = 9 - 36 = -27$ Um valor menor que -27 é um *outlier*.

mas existe um valor, 104, que é maior que

$Q_3 + 1{,}5 (AIQ) = 33 + 36 = 69$.   Um valor maior que 69 é um *outlier*.

Logo, 104 é um *outlier*.

Interpretação   O número de usinas nucleares na porção central do conjunto de dados varia por, no máximo, 24. Note que o *outlier*, 104, não afeta a AIQ.

Tente você mesmo 3

Encontre a amplitude interquartil para as idades das 50 mulheres mais influentes do mundo listadas na página de abertura deste capítulo. Há *outliers*?

a. Encontre o primeiro e o terceiro quartis, Q_1 e Q_3.
b. Encontre a amplitude interquartil.
c. Identifique quaisquer valores menores que $Q_1 - 1{,}5$ (AIQ) ou maiores que $Q_3 + 1{,}5$ (AIQ).
d. Interprete os resultados no contexto dos dados.

Outra aplicação importante dos quartis é representar conjuntos de dados usando diagramas de caixa-e-bigode. Um **diagrama de caixa-e-bigode** (ou ***boxplot***) é uma ferramenta de análise exploratória de dados que destaca características importantes de um conjunto de dados. Para representar o *boxplot*, você deve conhecer os valores mostrados a seguir:

1. O valor mínimo
2. O primeiro quartil Q_1
3. A mediana Q_2
4. O terceiro quartil Q_3
5. O valor máximo

Retratando o mundo

Dos 47 primeiros Super Bowls realizados, o XIV teve o maior comparecimento de espectadores, cerca de 104.000. O Super Bowl I teve o menor número, aproximadamente 62.000. O *boxplot* resume a presença (em milhares de pessoas) nos primeiros 47 jogos. (*Fonte: National Football League.*)

Comparecimento no Super Bowl

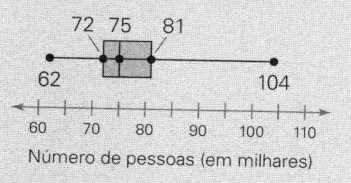

72 75 81
62   104

Número de pessoas (em milhares)

Cerca de quantos comparecimentos ao Super Bowl estão representados no bigode direito? E no esquerdo?

Veja os passo para o Minitab e a TI-84 Plus na página 120 e 121.

Entenda

Você pode usar um gráfico *boxplot* para determinar a forma da distribuição. Note que o gráfico *boxplot* no Exemplo 4 representa uma distribuição assimétrica à direita.

Esses cinco números são chamados **resumo dos cinco números** do conjunto de dados.

Instruções

Desenhando um *boxplot* (Figura 2.28)

1. Determine o resumo dos cinco números do conjunto de dados.
2. Construa uma escala horizontal que se estenda sobre a amplitude dos dados.
3. Represente os cinco números sobre a escala horizontal.
4. Desenhe uma caixa em cima da escala horizontal de Q_1 a Q_3, e desenhe uma linha vertical na caixa, em Q_2.
5. Desenhe os bigodes da caixa para os valores mínimo e máximo.

Figura 2.28 *Boxplot* com seus cinco elementos principais com a caixa e linhas (bigodes).

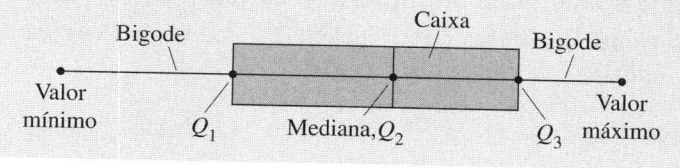

Bigode — Caixa — Bigode
Valor mínimo — Q_1 — Mediana, Q_2 — Q_3 — Valor máximo

Exemplo 4

Desenhando um *boxplot*

Desenhe um *boxplot* que represente o conjunto de dados do Exemplo 1. O que você observa?

Solução

O esquema dos cinco números é apresentado a seguir.

Mínimo = 6 $Q_1 = 9$ $Q_2 = 16$ $Q_3 = 33$ Máximo = 104

Usando esses cinco números, você pode construir o *boxplot* mostrado na Figura 2.29.

Figura 2.29 Número de usinas nucleares.

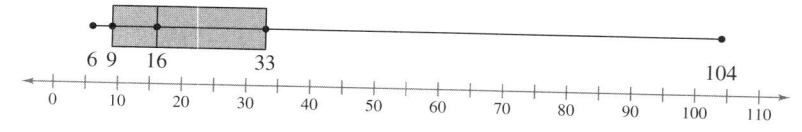

6 9 16 33   104

Interpretação A caixa representa aproximadamente metade dos dados, o que significa que cerca de 50% dos valores estão entre 9 e 33. O bigode esquerdo representa cerca de 1/4 dos dados, então aproximadamente 25% dos valores são menores que 9. O bigode direito representa cerca de 1/4 dos dados, então aproximadamente 25% dos valores são maiores que 33. Além disso, o comprimento do bigode direito é muito maior do que o esquerdo. Isso indica que o conjunto de dados tem um possível *outlier* à direita. (Você já sabe, do Exemplo 3, que o valor de 104 é um *outlier*.)

Tente você mesmo 4

Desenhe um *boxplot* que represente as idades das 50 mulheres mais influentes do mundo listadas na abertura deste capítulo. O que você observa?

a. Encontre o resumo dos cinco números do conjunto de dados.
b. Construa uma escala horizontal e represente os cinco números sobre ela.
c. Desenhe a caixa, a linha vertical e os bigodes.
d. Interprete os resultados no contexto dos dados.

Percentis e outras separatrizes

Além de usar quartis para especificar uma medida de posição, podemos também usar os percentis e os decis. Na Tabela 2.32 há um resumo dessas separatrizes.

Tabela 2.32

Separatriz	Resumo	Símbolos
Quartis	Divide um conjunto de dados em 4 partes iguais	Q_1, Q_2, Q_3
Decis	Divide um conjunto de dados em 10 partes iguais	$D_1, D_2, D_3, ..., D_9$
Percentis	Divide um conjunto de dados em 100 partes iguais	$P_1, P_2, P_3, ..., P_{99}$

> **Entenda**
> Note que o 25º percentil é o mesmo que Q_1; o 50º percentil é o mesmo que Q_2, ou a mediana; e o 75º percentil é o mesmo que Q_3.

Os percentis são geralmente usados nas áreas relacionadas à saúde e educação para indicar como um indivíduo se compara a outros em um grupo. Os percentis também podem ser usados para identificar valores excepcionalmente altos ou baixos. Por exemplo, as medidas de crescimentos de crianças são normalmente expressas em percentis. Medidas no 95º percentil ou acima são excepcionalmente altas, enquanto aquelas no 5º percentil ou abaixo são excepcionalmente baixas.

Exemplo 5

Interpretando percentis

A ogiva na Figura 2.30 representa a distribuição de frequência acumulada para as notas em um teste SAT de alunos pré-universitários. Qual nota representa o 62º percentil? (*Fonte: The College Board.*)

Figura 2.30 Frequências acumuladas percentuais em função das notas no SAT.

> **Dica de estudo**
> É importante entender o que significa o percentil. Por exemplo, o peso de uma criança de 6 meses de idade é o 78º percentil. Isso significa que a criança pesa mais que 78% de todas as crianças de mesma idade. Isso não significa que a criança pese 78% de algum peso ideal.

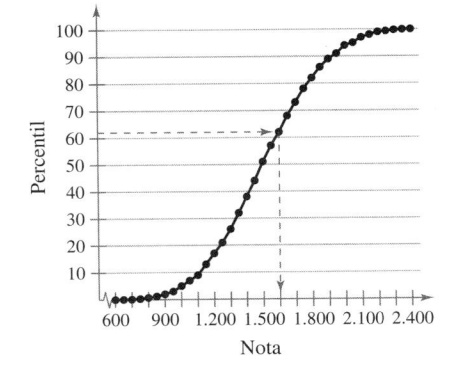

Solução

Com base na ogiva, podemos ver que o 62º percentil corresponde a uma nota de 1.600.

Interpretação Isso significa que aproximadamente 62% dos estudantes obtiveram no teste uma nota de 1.600 ou menos.

Figura 2.31 Frequências acumuladas percentuais em função das idades das 50 mulheres mais influentes do mundo.

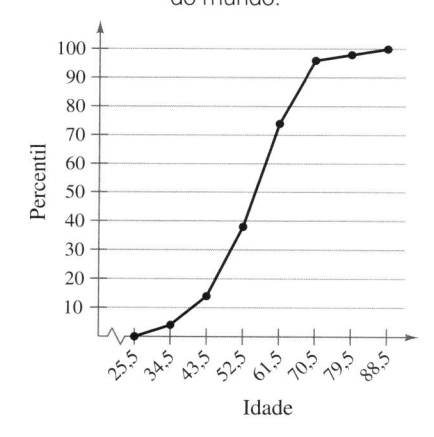

Tente você mesmo 5

As idades das 50 mulheres mais influentes do mundo estão representadas na ogiva da Figura 2.31. Qual idade representa o 75º percentil?

a. Use a ogiva para encontrar a idade que corresponde ao 75º percentil.
b. Interprete os resultados no contexto dos dados.

No Exemplo 5 foi utilizada uma ogiva para aproximar um valor que corresponde a um percentil. Também é possível utilizar a ogiva para aproximar um percentil que corresponde a um valor. Outra forma de determinar um percentil é por meio de uma fórmula.

Definição

Para encontrar o **percentil que corresponde a um valor específico x**, use a fórmula:

$$\text{Percentil de } x = \frac{\text{número de elementos menores que } x}{\text{número total de elementos}} \cdot 100$$

e então arredonde o resultado para o valor inteiro mais próximo.

Exemplo 6

Encontrando um percentil

Para o conjunto de dados do Exemplo 2, encontre o percentil que corresponde a US$ 30.000.

Solução

Lembrando que os custos com ensino estão em milhares de dólares, o valor US$ 30.000 corresponde a 30. Ordenando os dados:

19 22 23 23 26 26 27 27 27 **30** 31 32 32
33 34 34 38 38 40 41 42 44 45 45 46

Existem 9 valores menores do que 30 e o número total de elementos é 25.

$$\text{Percentil de } 30 = \frac{\text{número de elementos menores que } 30}{\text{número total de elementos}} = \frac{9}{25} \cdot 100 = 36$$

O custo com educação de US$ 30.000 corresponde ao 36º percentil.
Interpretação O custo com ensino em 36% das faculdade pesquisadas é inferior ou igual a US$ 30.000.

Tente você mesmo 6

Para os dados do Tente você mesmo 2, encontre o percentil que corresponde a US$ 26.000, que é o elemento 26.

a. Ordene os dados.
b. Determine o número de elementos menores que 26.
c. Encontre o percentil de 26.
d. Interprete os resultados no contexto dos dados.

O escore padrão

Quando conhecemos a média e o desvio padrão de um conjunto de dados, podemos medir a posição de um elemento no conjunto de dados com um **escore padrão** ou **escore-z**.

> **Definição**
>
> O **escore padrão** ou **escore-z** representa o número de desvios padrão em que um valor x encontra-se a partir da média μ. Para calcular o escore-z para um valor, use a fórmula a seguir:
>
> $$z = \frac{\text{valor} - \text{média}}{\text{desvio padrão}} = \frac{x - \mu}{\sigma}.$$

Um escore-z pode ser negativo, positivo ou zero. Quando z é negativo, o valor x correspondente é menor do que a média. Quando z for positivo, o valor x correspondente é maior que a média. E, para $z = 0$, o valor x correspondente é igual à média. Um escore-z pode ser usado para identificar valores incomuns de um conjunto de dados que seja aproximadamente em formato de sino.

Quando uma distribuição é aproximadamente em formato de sino sabemos, da Regra Empírica, que cerca de 95% dos dados encontram-se dentro do intervalo de ± 2 desvios padrão da média. Então, quando os valores dessa distribuição são padronizados, cerca de 95% dos escores-z devem estar entre –2 e 2. Um escore-z fora desse intervalo ocorrerá em cerca de 5% das vezes e seria considerado incomum. Assim, de acordo com a Regra Empírica, um escore-z menor que –3 ou maior que 3 seria muito incomum, com tal escore ocorrendo em cerca de 0,3% das vezes (como pode ser visto na Figura 2.32).

Figura 2.32 Utilizando o escore-z para qualificar ou classificar um dado.

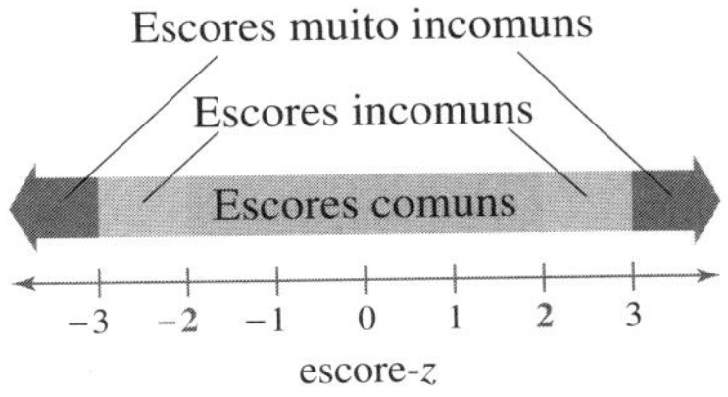

Exemplo 7

Encontrando escores-z

A velocidade média de veículos em um trecho de uma rodovia é de 56 milhas por hora (mph), com um desvio padrão de 4 mph. A velocidade de três carros nesse trecho é 62 mph, 47 mph e 56 mph. Encontre o escore-z que corresponde a cada velocidade. Admita que a distribuição das velocidades é aproximadamente em formato de sino.

Solução

O escore-z que corresponde a cada velocidade é calculado a seguir.

$x = 62$ mph
$$z = \frac{62 - 56}{4} = 1{,}5$$

$x = 47$ mph
$$z = \frac{47 - 56}{4} = -2{,}25$$

$x = 56$ mph
$$z = \frac{56 - 56}{4} = 0$$

Interpretação A partir dos escores-z, podemos concluir que a velocidade de 62 mph está 1,5 desvio padrão acima da média; a velocidade 47 mph está 2,25 desvios padrão abaixo da média e a velocidade 56 mph é igual à média. O carro que viaja a 47 mph está excepcionalmente devagar, pois sua velocidade corresponde a um escore-z de –2,25.

Tente você mesmo 7

As contas de serviços públicos de uma cidade têm média de $ 70 e desvio padrão de $ 8. Encontre os escores-z que correspondem às contas

de $ 60, $ 71 e $ 92. Admita que a distribuição das contas é aproximadamente em formato de sino.
a. Identifique μ e σ. Transforme cada valor em um escore-z.
b. Interprete os resultados.

Exemplo 8

Comparando escores-z de conjuntos de dados diferentes

A Tabela 2.33 mostra a média das alturas e o desvio padrão para uma população de homens e uma população de mulheres. Compare os escores-z de um homem e uma mulher com 6 pés de altura. Admita que as distribuições das alturas sejam aproximadamente em formato de sino.

Tabela 2.33 Médias e desvios padrão de populações de homens e mulheres.

Altura dos homens	Altura das mulheres
μ = 69,9 polegadas	μ = 64,3 polegadas
σ = 3,0 polegadas	σ = 2,6 polegadas

Solução

Note que 6 pés = 72 polegadas. Encontrando o escore-z para cada altura.

Escore-z para homem com 6 pés de altura

$$z = \frac{x - \mu}{\sigma} = \frac{72 - 69,9}{3,0} = 0,7$$

Escore-z para mulher com 6 pés de altura

$$z = \frac{x - \mu}{\sigma} = \frac{72 - 64,3}{2,6} \approx 3,0$$

Interpretação O escore-z para o homem com 6 pés de altura está dentro de 1 desvio padrão da média (69,9 polegadas), o que é uma altura típica para um homem. O escore-z para a mulher com 6 pés de altura é cerca de 3 desvios padrão da média (64,3 polegadas), o que é uma altura incomum para uma mulher.

Tente você mesmo 8

Use a informação do Exemplo 8 para comparar o escore-z de um homem e uma mulher com 5 pés de altura.
a. Converta as alturas para polegadas.
b. Calcule os escores-z para as alturas do homem e da mulher.
c. Interprete os resultados.

2.5 Exercícios

Construindo habilidades básicas e vocabulário

1. A duração de um filme representa o primeiro quartil para os filmes exibidos em um cinema. Faça uma observação sobre a duração do filme.

2. O rendimento de combustível de um carro representa o nono decil dos carros de sua classe. Faça uma observação sobre o rendimento de combustível do carro.

3. A nota de um estudante em uma prova de atuária está no 83º percentil. Faça uma observação sobre a nota do estudante na prova.

4. O QI de uma criança está no 93º percentil para sua faixa etária. Faça uma observação sobre o QI da criança.

5. Explique como identificar *outliers* usando a amplitude interquartil.

6. Descreva a relação entre quartis e percentis.

Verdadeiro ou falso? *Nos exercícios 7 a 10, determine se as afirmações são verdadeiras ou falsas. Se forem falsas, reescreva-as de forma que sejam verdadeiras.*

7. Aproximadamente 1/4 de um conjunto de dados recai abaixo do Q_1.

8. O segundo quartil é a média de um conjunto de dados ordenado.

9. Um *outlier* é qualquer número acima de Q_3 ou abaixo de Q_1.

10. É impossível ter um escore-z de 0.

Usando e interpretando conceitos

Encontrando quartis *Nos exercícios 11 a 14, (a) encontre os quartis, (b) encontre a amplitude interquartil e (c) identifique quaisquer outliers.*

11. 56 63 51 60 57 60 60 54 63 59 80 63 60 62 65
12. 36 41 39 47 15 48 34 28 25 28 19 18 50 27 53
13. 42 53 36 28 26 41 37 40 48 45
    19 38 36 56 43 34 52 38 50 43
14. 22 25 22 24 20 24 19 22 29 21
    21 20 23 25 23 23 21 25 23 22

Análise gráfica *Nos exercícios 15 e 16, use o boxplot para identificar o esquema dos cinco números.*

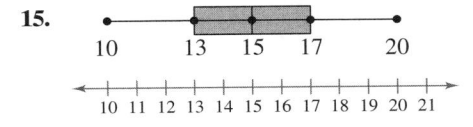

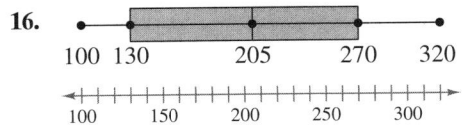

15.

16.

Construindo um *boxplot* *Nos exercícios 17 a 20, (a) encontre o esquema dos cinco números e (b) construa um boxplot que represente o conjunto de dados.*

17. 39 36 30 27 26 24 28 35 39 60 50 41 35 32 51
18. 171 176 182 150 178 180 173 170 174 178 181 180
19. 4 7 7 5 2 9 7 6 8 5 8 4 1 5 2 8 7 6 6 9
20. 2 7 1 3 1 2 8 9 9 2 5 4 7 3 7 5 4 7
    2 3 5 9 5 6 3 9 3 4 9 8 8 2 3 9 5

Análise gráfica *Nos exercícios 21 a 24, use o boxplot para determinar se a forma da distribuição representada é simétrica, assimétrica à esquerda, assimétrica à direita ou nenhuma das anteriores. Justifique sua resposta.*

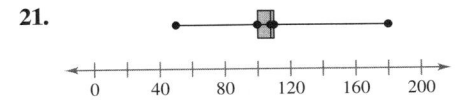

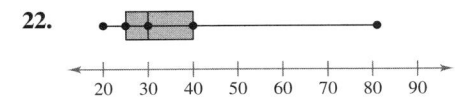

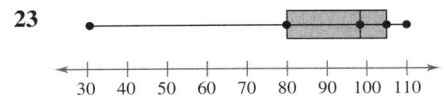

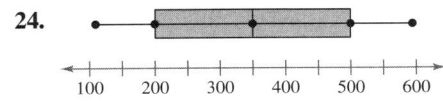

21.

22.

23.

24.

Usando tecnologia para encontrar quartis e fazer gráficos *Nos exercícios 25 a 28, use a tecnologia para (a) encontrar o primeiro, o segundo e o terceiro quartis do conjunto de dados e (b) desenhar um boxplot que represente o conjunto de dados.*

25. **Assistindo à televisão** O número de horas que uma amostra de 28 pessoas assiste à televisão diariamente.

    2 4 1 5 7 2 5 4 4 2 3 6 4 3
    5 2 0 3 5 9 4 5 2 1 3 6 7 2

26. **Dias de férias** O número de dias de férias em uma amostra de 20 funcionários em um ano recente.

    3 9 2 1 7 5 3 2 2 6
    4 0 10 0 3 5 7 8 6 5

27. **Trajeto de aeronaves** Os trajetos (em milhas), a partir de um aeroporto, de uma amostra de 22 aeronaves que chegam e partem.

    2,8 2,0 3,0 3,0 3,2 5,9 3,5 3,6
    1,8 5,5 3,7 5,2 3,8 3,9 6,0 2,5
    4,0 4,1 4,6 5,0 5,5 6,0

28. **Ganhos por hora** Os ganhos por hora (em dólares) de uma amostra de 25 fabricantes de equipamentos para rodovias.

    15,60 18,75 14,60 15,80 14,35 13,90 17,50 17,55 13,80
    14,20 19,05 15,35 15,20 19,45 15,95 16,50 16,30 15,25
    15,05 19,10 15,20 16,22 17,75 18,40 15,25

29. **Assistindo à televisão** Reporte-se ao conjunto de dados do Exercício 25 e ao *boxplot* que você desenhou para representar os dados.

    (a) Aproximadamente 75% das pessoas assistem não mais que quantas horas de televisão por dia?

    (b) Qual é a percentagem de pessoas que assistem mais que 4 horas de televisão por dia?

    (c) Se selecionarmos uma pessoa aleatoriamente a partir da amostra, qual é a probabilidade de ela ter assistido menos que 2 horas de televisão por dia? Escreva sua resposta em percentagem.

30. **Ganhos do fabricante** Reporte-se ao conjunto de dados do Exercício 28 e ao *boxplot* que você desenhou para representar o conjunto de dados.

    (a) Aproximadamente 75% dos fabricantes ganharam menos que qual quantia por hora?

(b) Qual a percentagem de fabricantes que ganharam mais de US$ 15,80 por hora?

(c) Se selecionarmos aleatoriamente um dos fabricantes da amostra, qual é a probabilidade de ele ter ganho menos de US$ 15,80 por hora? Escreva sua resposta em percentagem.

Interpretando percentis *Nos exercícios 31 a 34, use a ogiva para responder às perguntas. A ogiva representa as alturas de homens nos Estados Unidos na faixa etária de 20 a 29 anos (Adaptado de: National Center for Health Statistics.)*

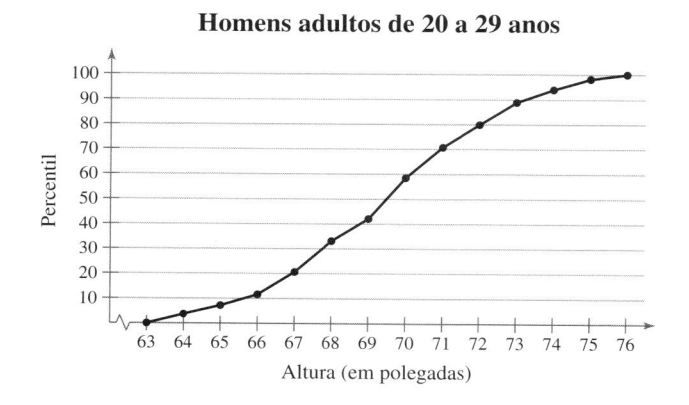

Homens adultos de 20 a 29 anos

31. Qual altura representa o 60º percentil? Como você deve interpretar isso?

32. Qual altura representa o 80º percentil? Como você deve interpretar isso?

33. Qual percentil é uma altura de 73 polegadas? Como você deve interpretar isso?

34. Qual percentil é uma altura de 67 polegadas? Como você deve interpretar isso?

Encontrando percentil *Nos exercícios 35 a 38, use o conjunto de dados que representa as idades de 30 executivos.*

43	57	65	47	57	41	56	53	61	54
56	50	66	56	50	61	47	40	50	43
54	41	48	45	28	35	38	43	42	44

35. Encontre o percentil que corresponde a uma idade de 40 anos.

36. Encontre o percentil que corresponde a uma idade de 56 anos.

37. Quais idades estão acima do 75º percentil?

38. Quais idades estão abaixo do 25º percentil?

Análise gráfica *Nos exercícios 39 e 40, os pontos médios A, B e C estão marcados no histograma. Relacione-os aos escores-z indicados. Qual escore-z, se existe algum, seria considerado incomum?*

39. $z = 0$
    $z = 2,14$
    $z = -1,43$

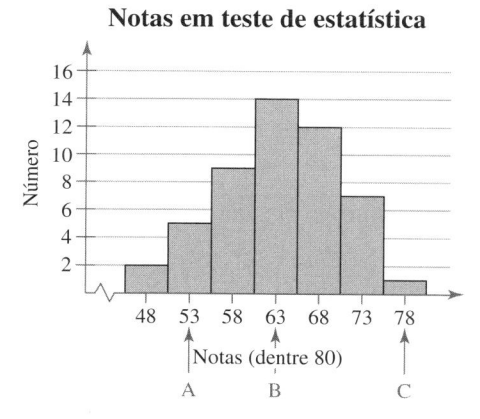

Notas em teste de estatística

40. $z = 0,77$
    $z = 1,54$
    $z = -1,54$

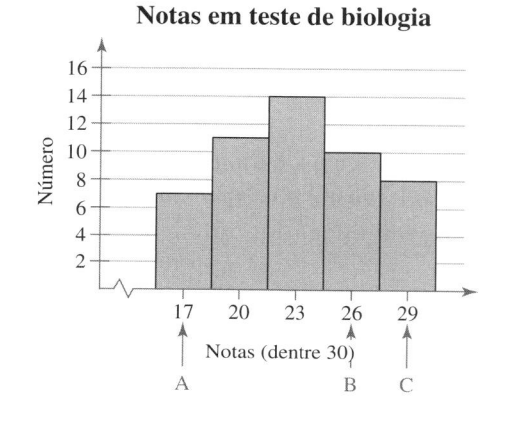

Notas em teste de biologia

Encontrando escores-z *A distribuição das idades dos vencedores do Tour de France de 1903 a 2012 é aproximadamente em forma de sino. A idade média é 28,1 anos, com desvio padrão de 3,4 anos. Nos exercícios 41 a 46, (a) transforme a idade em um escore-z, (b) interprete os resultados e (c) determine se a idade é incomum. (Fonte: Le Tour de France.)*

	Vencedor	Ano	Idade
41.	Bradley Wiggins	2012	32
42.	Jan Ullrich	1997	24
43.	Cadel Evans	2011	34
44.	Henri Cornet	1904	20
45.	Firmin Lambot	1922	36
46.	Philippe Thys	1913	23

47. **Vida útil de pneus** Certa marca de pneus automotivos tem uma vida útil com média de 35.000 milhas e desvio padrão de 2.250 milhas. Admita que a vida útil dos pneus tem distribuição em formato de sino.

(a) A vida útil de três pneus selecionados aleatoriamente é de 34.000 milhas, 37.000 milhas e 30.000 milhas. Encontre o escore-z que corresponde a cada vida útil. Determine se alguma dessas vidas úteis pode ser considerada incomum.

(b) A vida útil de três pneus selecionados aleatoriamente é de 30.500 milhas, 37.250 milhas e 35.000 milhas. Usando a Regra Empírica, encontre o percentil que corresponde a cada vida útil.

48. **Tempo de vida de moscas-da-fruta** O tempo de vida de uma espécie de mosca-da-fruta tem uma distribuição em formato de sino, com média de 33 dias e desvio padrão de 4 dias.

    (a) O tempo de vida de três moscas selecionadas aleatoriamente é de 34 dias, 30 dias e 42 dias. Encontre o escore-z que corresponde a cada tempo de vida e determine se qualquer um desses tempos é incomum.

    (b) O tempo de vida de três moscas selecionadas aleatoriamente é de 29 dias, 41 dias e 25 dias. Usando a Regra Empírica, encontre o percentil que corresponde a cada tempo de vida.

Comparando escores-z *A tabela a seguir mostra as estatísticas populacionais para as idades dos vencedores do Oscar de melhor ator e melhor ator coadjuvante de 1929 a 2013. A distribuição das idades é aproximadamente em formato de sino. Nos exercícios 49 a 52, compare o escore-z para os atores.*

Melhor ator	Melhor ator coadjuvante
$\mu \approx 44{,}0$ anos	$\mu \approx 50{,}0$ anos
$\sigma \approx 8{,}8$ anos	$\sigma \approx 14{,}1$ anos

49. Melhor ator 1984: Robert Duvall, idade: 53
    Melhor ator coadjuvante 1984: Jack Nicholson, idade: 46

50. Melhor ator 2005: Jamie Foxx, idade: 37
    Melhor ator coadjuvante 2005: Morgan Freeman, idade: 67

51. Melhor ator 1970: John Wayne, idade: 62
    Melhor ator coadjuvante 1970: Gig Young, idade: 56

52. Melhor ator 1982: Henry Fonda, idade: 76
    Melhor ator coadjuvante 1982: John Gielgud, idade: 77

Expandindo conceitos

Média dos quartis *Outra medida de posição é chamada de **média dos quartis**. Você pode encontrar a média dos quartis de conjunto de dados usando a fórmula a seguir:*

$$\text{Média dos quartis} = \frac{Q_1 + Q_3}{2}$$

Nos exercícios 53 e 54, encontre a média dos quartis dos conjuntos de dados.

53. 5 7 1 2 3 10 8 7 5 3
54. 23 36 47 33 34 40 39 24 32 22 38 41

55. **Duração das músicas** *Boxplots* lado a lado podem ser usados para comparar dois ou mais conjuntos de dados. Cada *boxplot* é desenhado sobre a mesma linha numérica para comparar os conjuntos de dados mais facilmente. A seguir são mostradas as durações (em segundos) de duas músicas de dois concertos diferentes.

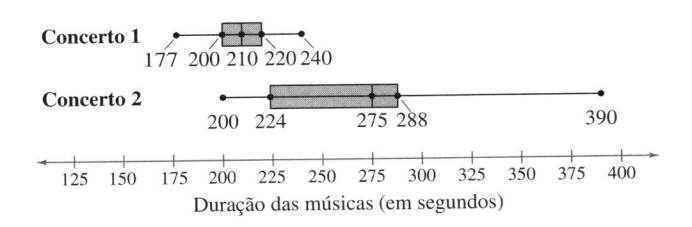

Concerto 1: 177 200 210 220 240
Concerto 2: 200 224 275 288 390
Duração das músicas (em segundos)

(a) Descreva a forma de cada distribuição. Qual concerto tem menos variação na duração das músicas?

(b) Qual distribuição é mais propensa a ter *outliers*? Explique o seu raciocínio.

(c) Qual concerto você acha que tem um desvio padrão de 16,3? Explique seu raciocínio.

(d) Você pode determinar qual concerto dura mais? Explique.

56. **Compras com cartão de crédito** As compras com cartão de crédito (arredondadas para o dólar mais próximo) realizadas nos últimos três meses por você e um amigo estão listadas a seguir.

Você: 60 95 102 110 130 130 162 200 215 120 124 28
58 40 102 105 141 160 130 210 145 90 46 76

Amigo: 100 125 132 90 85 75 140 160 180 190 160 105
145 150 151 82 78 115 170 158 140 130 165 125

Use uma ferramenta tecnológica para desenhar um *boxplot* lado a lado que represente os conjuntos de dados. Então, descreva a forma das distribuições.

Boxplot modificado *Um **boxplot modificado** é um boxplot que utiliza símbolos para identificar outliers. A linha horizontal desse boxplot se estende no lado esquerdo, até o menor valor dos dados que não seja outlier e, à direita até o maior dos dados que não seja um outlier. Nos exercícios 57 e 58, (a) identifique qualquer outlier e (b) desenhe um boxplot modificado que represente o conjunto de dados. Use um asterisco (*) para identificar outliers.*

57. 16 9 11 12 8 10 12 13 11 10 24 9 2 15 7
58. 75 78 80 75 62 72 74 75 80 95 76 72

59. **Projeto** Encontre um conjunto de dados real e aplique as técnicas apresentadas neste capítulo, incluindo gráficos e quantidades numéricas, para discutir o centro, variações, e formato do conjunto de dados. Descreva quaisquer padrões.

Usos e abusos – Estatística no mundo real

Usos

A estatística descritiva nos ajuda a ver tendências ou padrões em um conjunto de dados brutos. Uma boa descrição de um conjunto de dados consiste em (1) uma medida do centro dos dados, (2) uma medida da variabilidade (ou dispersão) dos dados e (3) a forma (ou distribuição) dos dados. Quando lemos relatórios, notícias ou anúncios preparados por outras pessoas, raramente recebemos os dados brutos usados no estudo. Em vez disso, vemos gráficos, medidas da tendência central e medidas de variabilidade. Para sermos leitores perspicazes, precisamos entender os termos e técnicas da estatística descritiva.

Abusos

Saber como as estatísticas são calculadas pode ajudar a analisar estatísticas questionáveis. Por exemplo, suponha que você esteja em uma entrevista para um cargo de vendas e a empresa lhe informa que a comissão média anual recebida pelas cinco pessoas de sua equipe de vendas é $ 60.000. Esta é uma afirmação enganosa se for baseada em quatro comissões de $ 25.000 e uma de $ 200.000. A mediana descreveria mais corretamente a comissão anual, mas a empresa usou a média, pois é uma quantia maior.

Os gráficos estatísticos também podem ser enganosos. Compare os dois gráficos de série temporal nas figuras 2.33 e 2.34, que mostram os preços das ações no final do ano da Procter & Gamble Corporation. Os dados são os mesmos para cada um. O primeiro gráfico, entretanto, tem um eixo vertical cortado, o que faz com que pareça que o preço das ações subiu muito de 2005 a 2007, caiu fortemente de 2007 a 2009 e novamente subiu muito de 2009 a 2012. No segundo gráfico, a escala no eixo vertical começa no zero. Esse gráfico mostra corretamente que os preços das ações variaram moderadamente durante esse período. (*Fonte: Procter & Gamble Corporation.*)

Figura 2.33 Preço das ações da Procter & Gamble.

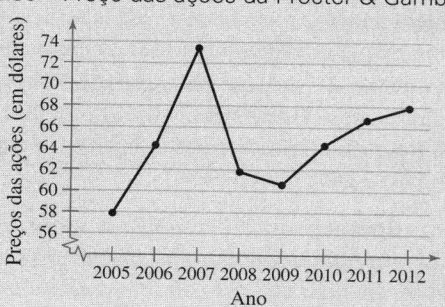

Figura 2.34 Preço das ações da Procter & Gamble.

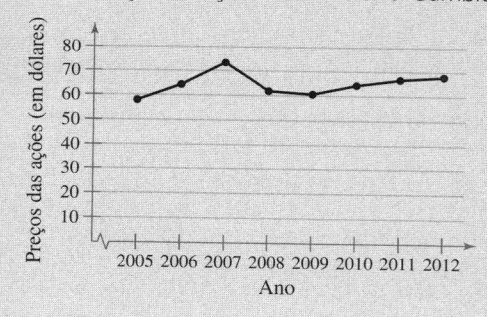

Ética

Mark Twain ajudou a popularizar o ditado "Há três tipos de mentiras: mentiras, mentiras deslavadas e estatísticas". Resumindo, até mesmo a estatística mais precisa pode ser usada para apoiar estudos ou afirmações que são incorretas. Pessoas inescrupulosas podem usar estatísticas enganosas para "provar" seus pontos de vista. Ser informado de como as estatísticas são calculadas e questionar os dados são formas de evitar ser enganado.

Exercícios

1. Use a internet ou outro recurso para encontrar um exemplo de um gráfico que pode levar a conclusões incorretas.

2. Você está publicando um artigo que discute como o consumo de farinha de aveia pode ajudar a reduzir o colesterol. Uma vez que o consumo de farinha de aveia pode ajudar as pessoas com colesterol alto, você inclui um gráfico que exagera os efeitos do consumo de farinha de aveia na redução do colesterol. Você acha que é ético publicar esse gráfico? Explique.

Resumo do capítulo

O que você aprendeu	Exemplo(s)	Exercícios de revisão
Seção 2.1		
• Como construir uma distribuição de frequência incluindo limites, pontos médios, frequências relativas, frequências acumuladas e fronteiras (limites reais).	1 e 2	1
• Como construir histogramas de frequência, polígonos de frequência, histogramas de frequência relativa e ogivas.	3–7	2–6
Seção 2.2		
• Como representar graficamente e interpretar conjuntos de dados quantitativos usando diagramas de ramo e folha e diagramas de pontos.	1–3	7 e 8
• Como representar graficamente e interpretar conjuntos de dados qualitativos usando gráficos de pizza e gráficos de Pareto.	4 e 5	9 e 10
• Como representar graficamente e interpretar conjuntos de dados emparelhados usando diagramas de dispersão e gráficos de séries temporais.	6 e 7	11 e 12
Seção 2.3		
• Como encontrar a média, a mediana e a moda de uma população e de uma amostra.	1–6	13 e 14
• Como encontrar a média ponderada de um conjunto de dados e a média de uma distribuição de frequência.	7 e 8	15–18
• Como descrever o formato de uma distribuição como simétrica, uniforme ou assimétrica e como comparar a média e a mediana para cada uma.		19–24
Seção 2.4		
• Como encontrar a amplitude de um conjunto de dados e como calcular a variância e o desvio padrão de uma população e de uma amostra.	1–4	25–28
• Como usar a Regra Empírica e o teorema de Chebyshev para interpretar o desvio padrão.	5–7	29–32
• Como aproximar o desvio padrão amostral para os dados agrupados.	8 e 9	33 e 34
• Como usar o coeficiente de variação para comparar a variação em conjuntos de dados diferentes.	10	35 e 36
Seção 2.5		
• Como encontrar o primeiro, o segundo e o terceiro quartis de um conjunto de dados, como encontrar a amplitude interquartil e como representar um conjunto de dados graficamente usando um *boxplot*.	1–4	37–42
• Como interpretar outras separatrizes, tais como os percentis, e como encontrar percentis para valores específicos.	5 e 6	43–44
• Como calcular e interpretar o escore padrão (escore-z).	7 e 8	45–48

Exercícios de revisão

Seção 2.1

Nos exercícios 1 e 2, use o conjunto de dados, que representa a razão entre o número de alunos e de professores em 20 faculdades públicas. (Fonte: Kiplinger.)

13	15	15	8	16	20	28	19	18	15
21	23	30	17	10	16	15	16	20	15

1. Construa uma distribuição de frequência para o conjunto de dados usando cinco classes. Inclua os limites de classe, pontos médios, fronteiras (limites reais), frequências, frequências relativas e frequências acumuladas.

2. Construa um histograma de frequência relativa usando a distribuição de frequência do Exercício 1. Então, determine qual classe tem a maior frequência relativa e qual tem a menor.

Nos exercícios 3 e 4, use o conjunto de dados da tabela a seguir, que representa os volumes líquidos reais (em onças) em 24 latinhas de 12 onças.

Volumes (em onças)				
11,95	11,91	11,86	11,94	12,00
11,93	12,00	11,94	12,10	11,95
11,99	11,94	11,89	12,01	11,99
11,94	11,92	11,98	11,88	11,94
11,98	11,92	11,95	11,93	

3. Construa um histograma de frequência para o conjunto de dados usando sete classes.

4. Construa um histograma de frequência relativa para o conjunto de dados usando sete classes.

Nos exercícios 5 e 6, use o conjunto de dados, que representa o número de quartos reservados durante uma noite de negócios em uma amostra de hotéis.

153	104	118	166	89	104	100	79	93	96	116
94	140	84	81	96	108	111	87	126	101	111
122	108	126	93	108	87	103	95	129	93	

5. Construa uma distribuição de frequência para o conjunto de dados com seis classes e desenhe um polígono de frequência.

6. Construa uma ogiva para o conjunto de dados usando seis classes.

Seção 2.2

Nos exercícios 7 e 8, use o conjunto de dados, que representa o índice de qualidade do ar para 30 cidades americanas. (Fonte: AIRNow.)

| 25 | 35 | 20 | 75 | 10 | 10 | 61 | 89 | 44 | 22 | 34 | 33 | 38 | 30 | 47 |
| 53 | 44 | 57 | 71 | 20 | 42 | 52 | 48 | 41 | 35 | 59 | 53 | 61 | 65 | 25 |

7. Use um diagrama de ramo e folha para exibir o conjunto de dados. Descreva quaisquer padrões.

8. Use um diagrama de pontos para exibir o conjunto de dados. Descreva quaisquer padrões.

Nos exercícios 9 e 10, use o conjunto de dados da tabela a seguir, que representa os resultados de uma pesquisa que perguntou a adultos americanos onde eles estariam à meia-noite na virada do ano. (Adaptado de: Rasmussen Reports.)

Resposta	Em casa	Na casa de um amigo	Em um bar ou restaurante	Em algum outro lugar	Não sabe
Número	620	110	50	100	130

9. Use um gráfico de pizza para exibir o conjunto de dados. Descreva quaisquer padrões.

10. Use um gráfico de Pareto para exibir o conjunto de dados. Descreva quaisquer padrões.

11. Na tabela a seguir estão listadas as alturas (em pés) e o número de andares de nove edifícios em Houston. Use um diagrama de dispersão para exibir os dados. Descreva quaisquer padrões. (Fonte: Emporis Corporation.)

Altura (em pés)	992	780	762	756	741	732	714	662	579
Número de andares	71	56	53	55	47	53	50	49	40

12. As taxas de desemprego nos Estados Unidos em um período de 12 anos estão listadas nas tabelas a seguir. Use um gráfico de série temporal para exibir os dados. Descreva quaisquer padrões. (Fonte: U.S. Bureau of Labor Statistics.)

Ano	2001	2002	2003	2004	2005	2006
Índice de desemprego	4,7%	5,8%	6,0%	5,5%	5,1%	4,6%

Ano	2007	2008	2009	2010	2011	2012
Índice de desemprego	4,6%	5,8%	9,3%	9,6%	8,9%	8,1%

Seção 2.3

Nos exercícios 13 e 14, encontre a média, a mediana e a moda dos dados, se possível. Se alguma medida não puder ser encontrada ou não representar o centro da distribuição, explique o porquê.

13. Os saltos verticais (em polegadas) de uma amostra de 10 jogadores universitários de basquete na seleção da NBA de 2012. (*Fonte: Draft Express.*)

    24,5   29,5   32,5   28,0   28,5   25,5   34,0   24,5   30,0   31,0

14. As respostas de 1.009 adultos que foram indagados se eles votariam a favor ou contra uma lei que permitiria que imigrantes ilegais vivendo nos Estados Unidos tivessem a chance de se tornar residentes legais ou cidadãos, caso atendessem a determinados requisitos. (*Adaptado de: Gallup.*)

    A favor: 734   Contra: 255   Não opinaram: 20

15. Seis notas de um teste são mostradas a seguir. Cada uma das 5 primeiras notas tem peso de 15% na nota final, e a última nota, 25%. Determine a média ponderada das notas.

    78   72   86   91   87   80

16. Quatro notas de um teste são mostradas a seguir. Cada uma das 3 primeiras notas tem peso de 20% na nota final, e a última nota, 40%. Calcule a média ponderada das notas.

    96   85   91   86

17. Estime a média da distribuição de frequência que você construiu no Exercício 1.

18. A distribuição de frequência da tabela a seguir mostra o número de assinaturas de revistas por domicílio para uma amostra de 60 domicílios. Encontre o número médio de assinaturas por domicílio.

Número de revistas	0	1	2	3	4	5	6
Frequência	13	9	19	8	5	2	4

19. Descreva a forma da distribuição para o histograma construído no Exercício 3 como simétrica, uniforme, assimétrica à esquerda, assimétrica à direita ou nenhuma dessas.

20. Descreva a forma da distribuição para o histograma construído no Exercício 4 como simétrica, uniforme, assimétrica à esquerda, assimétrica à direita ou nenhuma dessas.

Nos exercícios 21 e 22, determine se a forma aproximada da distribuição no histograma é simétrica, uniforme, assimétrica à esquerda, assimétrica à direita ou nenhuma dessas.

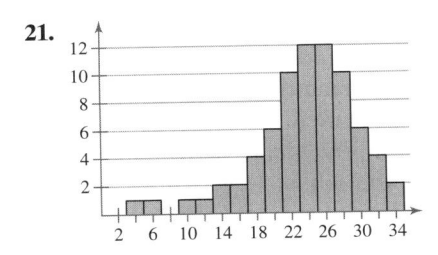

21.

22.

23. Para o histograma do Exercício 21, qual é maior: a média ou a mediana? Explique seu raciocínio.

24. Para o histograma do Exercício 22, qual é maior: a média ou a mediana? Explique seu raciocínio.

Seção 2.4

Nos exercícios 25 e 26, encontre a amplitude, a média, a variância e o desvio padrão da população.

25. As distâncias percorridas (em milhares) para a frota de uma empresa de aluguel de carros.

    4   2   9   12   15   3   6   8   1   4   14   12   3   3

26. As idades dos membros da Suprema Corte de Justiça dos Estados Unidos em 8 de fevereiro de 2013. (*Fonte: Supreme Court of the United States.*)

    58   52   76   76   64   79   74   62   58

Nos exercícios 27 e 28, encontre a amplitude, a média, a variância e o desvio padrão da amostra.

27. Os preços (em dólares) dos dormitórios, para um ano escolar, para uma amostra aleatória de universidades com quatro anos de duração.

    5.306   6.444   5.304   4.218   5.159   6.342   5.713   4.859
    5.365   5.078   4.334   5.262   5.905   6.099   5.113

28. Os salários (em dólares) de uma amostra aleatória de professores do ensino médio.

    49.632   54.619   58.298   48.250   51.842   50.875   53.219   49.924

Nos exercícios 29 e 30, use a Regra Empírica.

29. O valor médio da TV via satélite de uma amostra de domicílios era de $ 70,00 por mês com desvio padrão de $ 14,50 por mês. Entre quais dois valores encontram-se 99,7% dos dados? (Admita que o conjunto de dados tem uma distribuição em formato de sino)

30. O valor médio da TV via satélite de uma amostra de domicílios era de $ 72,50 por mês com desvio padrão de $ 12,50 por mês. Estime a percentagem de valores de televisão via satélite entre $ 60,00 e $ 85,00. (Admita que o conjunto de dados tem uma distribuição em formato de sino.)

31. A média de vendas por cliente para 40 clientes de um posto de gasolina é de $ 36,00, com desvio padrão de $ 8,00. Usando o teorema de Chebyshev, determine, no mínimo, quantos clientes gastam entre $ 20,00 e $ 52,00.

32. O tempo médio dos voos das 20 primeiras naves espaciais era de aproximadamente 7 dias e o desvio padrão era de aproximadamente 2 dias. Usando o teorema de Chebyshev, determine, no mínimo, quantos voos duraram entre 3 e 11 dias. (*Fonte: NASA.*)

33. De uma amostra aleatória de domicílios, listamos o número de aparelhos de televisão. Encontre a média e o desvio padrão amostral dos dados.

Números de televisores	0	1	2	3	4	5
Números de domicílios	1	8	13	10	5	3

34. De uma amostra aleatória de aviões, listamos o número de defeitos encontrados em suas fuselagens. Encontre a média e o desvio padrão amostrais dos dados.

Números de defeitos	0	1	2	3	4	5	6
Números de aviões	4	5	2	9	1	3	1

Nos exercícios 35 e 36, encontre o coeficiente de variação para cada um dos conjuntos de dados. Depois, compare os resultados.

35. Uma mostra dos coeficientes de rendimento médios para calouros e veteranos encontra-se a seguir.

Calouros	2,8	1,8	4,0	3,8	2,4	2,0	0,9	3,6	1,8
Veteranos	2,3	3,3	1,8	4,0	3,1	2,7	3,9	2,6	2,9

36. As idades e anos de experiência para todos os advogados de uma firma encontram-se a seguir.

Idades	66	54	37	61	36	59	50	33
Anos de experiência	37	20	23	32	14	29	22	8

Seção 2.5

Nos exercícios 37 a 40, use o conjunto de dados, que representa a economia de combustível (em milhas na rodovia por galão) de diversas motos Harley-Davidson. (Fonte: Total Motorcycle.)

53	57	60	57	54	53	54	53	54	42	48
53	47	47	50	48	42	42	54	54	60	

37. Encontre os elementos da regra dos cinco números do conjunto de dados.

38. Encontre a amplitude interquartil do conjunto de dados.

39. Faça um *boxplot* que represente o conjunto de dados.

40. Aproximadamente quantas motos se encontram no ou abaixo do terceiro quartil?

41. Encontre a amplitude interquartil do conjunto de dados do Exercício 13.

42. Os pesos (em libras) dos jogadores da defesa de um time de futebol colegial estão a seguir. Faça um *boxplot* que represente o conjunto de dados e descreva a forma da distribuição.

173	145	205	192	197	227	156	240	172	185
208	185	190	167	212	228	190	184	195	

43. A nota 75 de um estudante representa o 65º percentil das notas. Qual o percentual de estudantes que obteve nota maior que 75?

44. Em março de 2013 havia 665 estações de rádio "antigas" nos Estados Unidos. Uma estação descobre que outras 106 têm maior audiência diária do que ela. De qual percentil essa estação mais se aproxima na classificação diária de audiência? (*Fonte: Radio-locator.com.*)

A capacidade de reboque (em libras) de todas as caminhonetes em uma concessionária tem uma distribuição em formato de sino, com média de 11.830 libras e desvio padrão de 2.370 libras. Nos exercícios 45 a 48, (a) transforme a capacidade de reboque em um escore-z, (b) interprete os resultados e (c) determine se a capacidade de reboque é incomum.

45. 16.500 libras.
46. 5.500 libras.
47. 18.000 libras.
48. 11.300 libras.

Problemas

Faça estes problemas como se estivesse fazendo em sala. Depois, compare suas respostas com as respostas dadas no final do livro.

1. O conjunto de dados representa o número de minutos que 25 pessoas de uma amostra se exercita a cada semana.

108	139	120	123	120	132	123	131	131
157	150	124	111	101	135	119	116	117
127	128	139	119	118	114	127		

(a) Construa uma distribuição de frequência para o conjunto de dados usando cinco classes. Inclua limites de classe, pontos médios, frequências, frequências relativas e frequências acumuladas.

(b) Represente os dados usando um histograma de frequência e um polígono de frequência nos mesmos eixos.

(c) Represente os dados usando um histograma de frequência relativa.

(d) Descreva a forma da distribuição como simétrica, uniforme, assimétrica à esquerda, assimétrica à direita ou nenhuma delas.

(e) Represente os dados usando um diagrama de ramo e folha. Use uma linha por ramo.

(f) Represente os dados usando um *boxplot*.

(g) Represente os dados utilizando uma ogiva.

2. Use as fórmulas da distribuição de frequência para aproximar a média e o desvio padrão amostrais do conjunto de dados no Exercício 1.

3. As vendas de produtos esportivos (em bilhões de dólares) nos Estados Unidos podem ser classificadas em quatro áreas: vestuário (9,7), calçados (18,4), equipamentos (27,5) e transporte recreativo (26,1). Represente os dados usando (a) um gráfico de pizza e (b) gráfico de Pareto. (*Fonte: National Sporting Goods Association.*)

4. Listamos os salários semanais (em dólares) para uma amostra de enfermeiros.

   949   621   1.194   970   1.083   842   619   1.135

   (a) Encontre a média, a mediana e a moda dos salários. Qual medida descreve melhor um salário típico?
   (b) Encontre a amplitude, a variância e desvio padrão do conjunto de dados.
   (c) Encontre o coeficiente de variação do conjunto de dados.

5. O preço médio de residências novas de uma amostra de casas é de $ 155.000 com desvio padrão de $ 15.000. O conjunto de dados tem distribuição em forma de sino. Usando a Regra Empírica, entre quais dos dois preços estão 95% das casas?

6. Refira-se às estatísticas amostrais do Exercício 5 e use escores-z para determinar se algum dos preços a seguir é incomum.

   (a) $ 200.00   (c) $ 175.000
   (b) $ 55.000   (d) $ 122.000

7. *O número de vitórias para cada time da liga de beisebol em 2012 está listado a seguir. (Fonte: Major League Baseball.)*

95	90	73	69	93	66	85	88	72	68
89	94	93	75	94	81	74	69	98	55
97	83	88	79	61	86	81	94	76	64

   (a) Encontre o resumo da regra dos cinco números para o conjunto de dados.
   (b) Encontre a amplitude interquartil.
   (c) Represente os dados usando um *boxplot*.

Teste do capítulo

Faça este teste como se estivesse fazendo uma prova em sala.

1. O número de pontos marcados por Dwyane Wade nos primeiros 12 jogos da temporada 2012-2013 da NBA. (*Fonte: National Basketball Association.*)

   29   15   14   22   22   8   19   6   28   18   19   34

   (a) Encontre a média, a mediana e a moda do conjunto de dados. Qual medida melhor representa o centro dos dados?
   (b) Encontre a amplitude, a variância e desvio padrão do conjunto de dados.
   (c) Encontre o coeficiente de variação do conjunto de dados.
   (d) Represente os dados usando um diagrama de ramo e folha. Use uma linha por ramo.

2. O conjunto de dados representa o número de filmes assistidos em um ano por uma amostra de 24 pessoas.

121	148	94	142	170	88	221	106
186	85	18	106	67	149	28	60
101	134	139	168	92	154	53	66

   (a) Construa uma distribuição de frequência para o conjunto de dados usando seis classes. Inclua limites de classe, pontos médios, fronteiras, frequências, frequências relativas e frequências acumuladas.
   (b) Represente os dados usando um histograma de frequência e um polígono de frequência nos mesmos eixos.
   (c) Represente os dados usando um histograma de frequência relativa.
   (d) Descreva a forma da distribuição como simétrica, uniforme, assimétrica à esquerda, assimétrica à direita ou nenhuma delas.
   (e) Represente os dados utilizando uma ogiva.

3. Use as fórmulas da distribuição de frequência para aproximar a média e o desvio padrão amostrais do conjunto de dados no Exercício 2.

4. Para o conjunto de dados do Exercício 2, encontre o percentil que corresponde a 149 filmes assistidos em um ano.

5. A tabela a seguir apresenta as certificações por vendas dos 27 discos dos The Beatles. Represente os dados usando (a) um gráfico de pizza e (b) um gráfico de Pareto. (*Fonte: RIAA.*)

Certificação	Número de discos
Diamante	3
Multiplatina	11
Platina	4
Ouro	1
Nenhum	8

6. Os números de minutos que Dwyane Wade jogou nos primeiros 12 jogos da temporada 2012–2013 da NBA estão a seguir. Use um diagrama de dispersão para exibir esse conjunto de dados e o do Exercício 1. Os conjuntos de dados estão na mesma ordem. Descreva quaisquer padrões. (*Fonte: National Basketball Association.*)

   35   35   34   28   32   33   40   29   38   34   32   34

7. O conjunto de dados representa as idades de 15 professores universitários.

   46 51 60 58 37 65 40 55 30 68 28 62 56 42 59

   (a) Encontre o resumo da regra dos cinco números para o conjunto de dados.
   (b) Represente os dados em um *boxplot*.
   (c) Aproximadamente, qual percentual de professores está acima de 40 anos de idade?

8. O comprimento médio obtido em uma amostra de 125 iguanas é de 4,8 pés com um desvio padrão de 0,7 pé. O conjunto de dados tem uma distribuição em forma de sino.

   (a) Estime o número de iguanas que se encontram entre 4,1 e 5,5 pés de comprimento.
   (b) Use o escore-z para determinar se o comprimento de 3,1 pés para uma iguana é incomum.

Estatísticas reais – Decisões reais: juntando tudo

Você é membro de uma associação de imobiliárias, que representa proprietários de imóveis e gerencia quem opera o aluguel das propriedades em uma grande área metropolitana. Recentemente, a associação recebeu diversas reclamações de inquilinos de uma determinada área da cidade que estão achando que suas taxas mensais de aluguel estão muito mais altas se comparadas com as de outras partes da cidade.

Você quer investigar as taxas de aluguel e reúne os dados mostrados na Tabela 2.34. A área A representa a área da cidade onde os inquilinos estão insatisfeitos com seus aluguéis mensais. Os dados representam os aluguéis mensais pagos por uma amostra aleatória de inquilinos da área A e as três outras áreas de tamanho similar. Considere que todos os apartamentos representados são, aproximadamente, do mesmo tamanho e com as mesmas comodidades.

Você pode utilizar os dados da Figura 2.35 para possíveis justificativas na discussão do problema que envolve as reclamações de inquilinos sobre altos valores de aluguel.

Tabela 2.34 Os aluguéis mensais (em dólares) pagos por 12 inquilinos selecionados aleatoriamente em 4 áreas da sua cidade.

Área A	Área B	Área C	Área D
1.275	1.124	1.085	928
1.110	954	827	1.096
975	815	793	862
862	1.078	1.170	735
1.040	843	919	798
997	745	943	812
1.119	796	756	1.232
908	816	765	1.036
890	938	809	998
1.055	1.082	1.020	914
860	750	710	1.005
975	703	775	930

Exercícios

1. Como você faria isso?

(a) Como você investigaria as reclamações dos inquilinos que estão insatisfeitos com seus aluguéis mensais?
(b) Que medida estatística você acha que melhor representaria o conjunto de dados para as quatro áreas da cidade?
(c) Calcule a medida da parte (b) para cada uma das quatro áreas.

2. Representando os dados

(a) Que tipo de gráfico você escolheria para representar os dados? Explique o seu raciocínio.
(b) Construa o gráfico da parte (a).
(c) Baseado na sua representação dos dados, parece que os aluguéis mensais na área A são mais altos que os das outras áreas da cidade? Explique.

3. Medindo os dados

(a) Que outras medidas estatísticas deste capítulo você poderia usar para analisar os dados de aluguel mensal?
(b) Calcule as medidas da parte (a).
(c) Compare as medidas da parte (b) com o gráfico construído no Exercício 2. As medidas suportam sua conclusão no Exercício 2? Explique.

4. Discutindo os dados

(a) Você acha que as reclamações da área A são legítimas? Como você acha que elas deveriam ser tratadas?
(b) Que razões você poderia dar para o preço dos aluguéis variar entre diferentes áreas da cidade?

Figura 2.35 Aluguéis mensais mais altos.

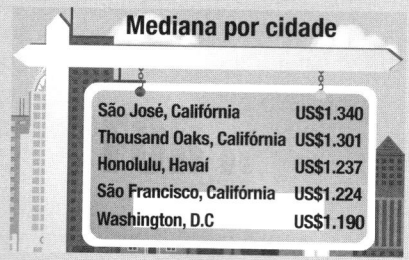

Mediana por cidade

São José, Califórnia	US$1.340
Thousand Oaks, Califórnia	US$1.301
Honolulu, Havaí	US$1.237
São Francisco, Califórnia	US$1.224
Washington, D.C	US$1.190

(Fonte: Bankrate, Inc.)

Tecnologia

MINITAB | EXCEL | TI-84 PLUS

Bilhetes de estacionamento

De acordo com dados da cidade de Toronto, Canadá, mostrados na Figura 2.36, em dezembro de 2011 havia mais de 200.000 infrações de estacionamento na cidade, com multas totalizando mais de 9.000.000 de dólares canadenses.

As multas (em dólares canadenses) para uma amostra aleatória de 100 infrações de estacionamento em Toronto, Ontário, Canadá, em dezembro de 2011 estão listadas a seguir. (*Fonte: City of Toronto.*)

30	30	30	60	40	30	40
30	40	15	30	30	90	30
30	60	60	30	60	30	100
30	30	60	30	60	60	30
30	30	30	40	105	60	40
15	30	30	30	15	30	60
60	30	40	40	40	60	40
30	30	30	60	30	30	60
30	30	30	60	40	40	40
30	100	30	30	30	30	30
40	15	30	30	60	30	30
40	30	40	40	60	30	30
30	30	40	40	30	30	30
30	30	30	60	30	30	30
30	30					

Figura 2.36 Infrações de estacionamento em Toronto, Ontário, Canadá, em dezembro de 2011 por intervalos de hora do dia e por dia da semana.

(a) **Percentuais de infrações de estacionamento por hora do dia.**

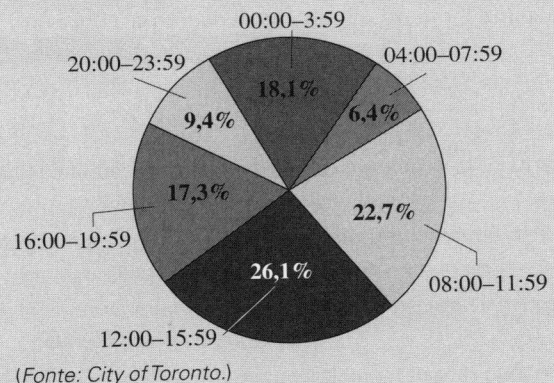

00:00–3:59: 18,1%
04:00–07:59: 6,4%
08:00–11:59: 22,7%
12:00–15:59: 26,1%
16:00–19:59: 17,3%
20:00–23:59: 9,4%

(*Fonte: City of Toronto.*)

(b) **Número de infrações de estacionamento por dia da semana.**

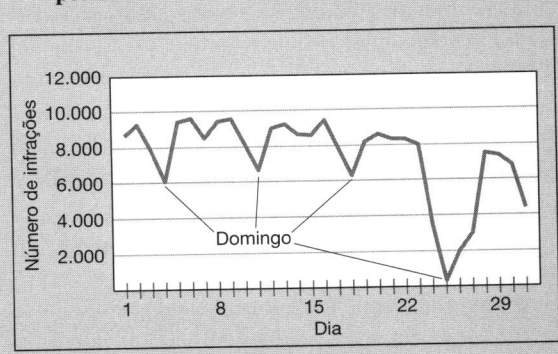

(*Fonte: City of Toronto.*)

Exercícios

Nos exercícios 1 a 5, use uma ferramenta tecnológica. Se possível, imprima seus resultados.

1. Encontre a média amostral dos dados.
2. Encontre o desvio padrão amostral dos dados.
3. Encontre o resumo dos cinco números para os dados.
4. Faça uma distribuição de frequência para os dados. Use uma amplitude de classe de 15.
5. Faça um histograma para os dados. A distribuição tem formato de sino?
6. Qual percentagem da distribuição encontra-se no intervalo de mais ou menos um desvio padrão da média? E dentro de dois desvios padrão da média? E dentro de três desvios padrão da média?
7. Os resultados do Exercício 6 estão de acordo com a Regra Empírica? Explique.
8. Os resultados do Exercício 6 estão de acordo com o teorema de Chebyshev? Explique.

9. Use a distribuição de frequência do Exercício 4 para estimar a média e o desvio padrão amostrais dos dados. As fórmulas para dados agrupados apresentam resultados que são tão precisos quanto as fórmulas para dados não agrupados?

10. Escrito Você acha que a média ou a mediana representa melhor os dados? Explique o seu raciocínio.

Usando tecnologia para determinar estatísticas descritivas

Nas figuras a seguir apresentamos algumas impressões no Minitab e da calculadora TI-84 Plus para três exemplos deste capítulo.

Veja Exemplo 7 da Seção 2.2.

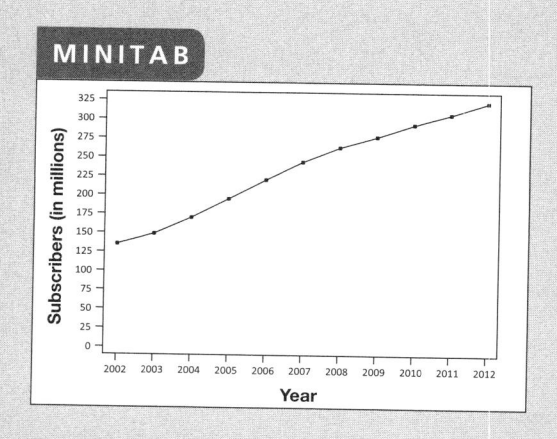

MINITAB

Bar Chart...
Pie Chart...
Time Series Plot...
Area Graph...
Contour Plot...
3D Scatterplot...
3D Surface Plot...

Veja Exemplo 3 da Seção 2.4.

MINITAB

Descriptive Statistics: Recovery Times

Variable	N	Mean	SE Mean	StDev	Minimum
Recovery times	12	7.500	0.544	1.883	4.000

Variable	Q1	Median	Q3	Maximum
Recovery times	6.250	7.500	9.000	10.000

Display Descriptive Statistics...
Store Descriptive Statistics...
Graphical Summary...
1-Sample Z...
1-Sample t...
2-Sample t...
Paired t...

Veja Exemplo 4 da Seção 2.5.

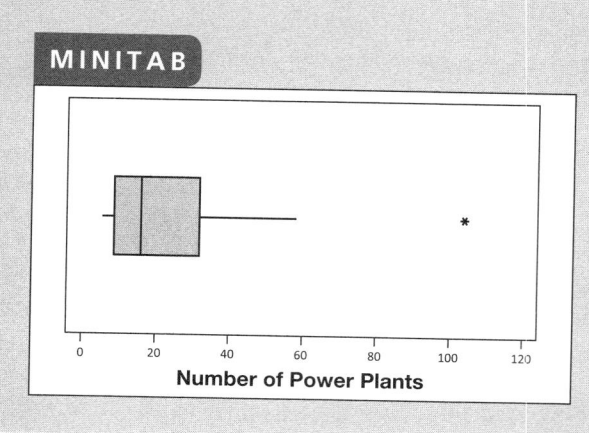

MINITAB

Empirical CDF...
Probability Distribution Plot...
Boxplot...
Interval Plot...
Individual Value Plot...
Line Plot...

Veja o Exemplo 7 da Seção 2.2.

TI-84 PLUS
STAT PLOTS
1: Plot1...Off
   L1 L2
2: Plot2...Off
   L1 L2
3: Plot3...Off
   L1 L2
4↓ PlotsOff

↓

TI-84 PLUS
Plot1 Plot2 Plot3
On Off
Type:
Xlist: L1
Ylist: L2
Mark: ■ +.

↓

TI-84 PLUS
ZOOM MEMORY
4↑ ZDecimal
5: ZSquare
6: ZStandard
7: ZTrig
8: ZInteger
9: ZoomStat
0↓ ZoomFit

↓

TI-84 PLUS
[gráfico de dispersão]

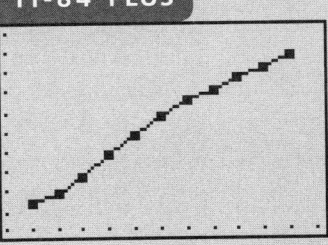

Veja o Exemplo 3 da Seção 2.4.

TI-84 PLUS
EDIT CALC TESTS
1: 1-Var Stats
2: 2-Var Stats
3: Med-Med
4: LinReg(ax+b)
5: QuadReg
6: CubicReg
7↓ QuartReg

↓

TI-84 PLUS
1-Var Stats
List: L1
FreqList:
Calculate

↓

TI-84 PLUS
1-Var Stats
$\bar{x}=7.5$
$\Sigma x=90$
$\Sigma x^2=714$
$Sx=1.882937743$
$\sigma x=1.802775638$
↓n=12

Veja o Exemplo 4 da Seção 2.5.

TI-84 PLUS
STAT PLOTS
1: Plot1...Off
   L1 L2
2: Plot2...Off
   L1 L2
3: Plot3...Off
   L1 L2
4↓ PlotsOff

↓

TI-84 PLUS
Plot1 Plot2 Plot3
On Off
Type:
Xlist: L1
Freq: 1

↓

TI-84 PLUS
ZOOM MEMORY
4↑ ZDecimal
5: ZSquare
6: ZStandard
7: ZTrig
8: ZInteger
9: ZoomStat
0↓ ZoomFit

↓

TI-84 PLUS
[boxplot]

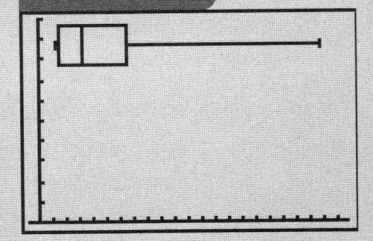

Soluções são apresentadas nos manuais de tecnologia presentes **no Site de Apoio**.
Instruções técnicas são fornecidas por Minitab, Excel e TI-84 Plus.

Capítulos 1 e 2 – Revisão acumulada

Nos exercícios 1 e 2, identifique a técnica de amostragem usada e discuta fontes potenciais de tendenciosidade (se houver). Explique.

1. Para assegurar qualidade, cada quadragésima escova de dentes é retirada de cada uma das quatro linhas de produção e testada para certificar que as cerdas não se soltam da escova.

2. Usando discagem aleatória, pesquisadores perguntaram a 1.200 adultos americanos suas opiniões sobre reforma na assistência médica.

3. Em 2012, um estudo mundial com todas as companhias aéreas descobriu que os atrasos nas bagagens eram causados por manuseio incorreto na chegada (4%), falha ao carregar (15%), erro de carregamento (5%), restrição de tamanho e peso (7%), erro de identificação (3%) manuseio incorreto na transferência (53%) e erro de bilhete / troca / segurança / outros (13%). Use um gráfico de Pareto para organizar os dados. (*Fonte: Society International de Telecomunications Aeronautics.*)

Nos exercícios 4 e 5, determine se o valor numérico é um parâmetro ou uma estatística. Explique seu raciocínio.

4. Em 2012, o salário médio de um jogador de beisebol da liga principal era US$ 3.213.479. (*Fonte: Major League Baseball.*)

5. Em uma pesquisa com 1.000 prováveis votantes, 10% disseram que a Primeira Dama dos Estados Unidos Michelle Obama estaria muito envolvida nas decisões políticas (*Fonte: Rasmussen Reports.*)

6. O salário médio anual para uma amostra de engenheiros eletricistas é US$ 83.500, com desvio padrão de US$ 1.500. O conjunto de dados tem distribuição em formato de sino.

    (a) Use a Regra Empírica para estimar o percentual de engenheiros eletricistas cujos salários anuais estão entre US$ 80.500 e US$ 86.500.

    (b) Em uma amostra adicional de 40 engenheiros eletricistas, aproximadamente quantos você esperaria que tivessem salários anuais entre US$ 80.500 e US$ 86.500?

    (c) Os salários de três engenheiros eletricistas selecionados aleatoriamente são US$ 90.500, US$ 79.750 e US$ 82.600. Ache o escore-z que corresponde a cada salário. Determine se quaisquer desses salários são incomuns.

Nos exercícios 7 e 8, identifique a população e a amostra.

7. Uma pesquisa com 1.009 adultos americanos descobriu que 26% acham que a educação superior é acessível para todos que necessitam. (*Fonte: Gallup.*)

8. Um estudo com 61.522 pacientes com medicação prescrita descobriu que eles tinham menos probabilidade de ser persistentes em refazer suas medicações quando a pílula mudava de cor. (*Fonte: Journal of the American Medical Association.*)

Nos exercícios 9 e 10, determine se o estudo é observacional ou um experimento. Explique.

9. Para avaliar o efeito de um novo dispositivo para prevenção de derrame em pessoas com ritmo cardíaco irregular, 269 pessoas receberam o dispositivo e 138 receberam o tratamento usual (afinadores de sangue). (*Fonte: U. S. National Institutes of Health.*)

10. Em um estudo com 353.564 adultos, 29,3% disseram que em algum momento eles foram diagnosticados com hipertensão. (*Fonte: Gallup.*)

Nos exercícios 11 e 12, determine se os dados são qualitativos ou quantitativos e o nível de mensuração do conjunto de dados.

11. O número de jogos iniciados por cada arremessador com pelo menos um início para o New York Yankees em 2012 está listado. (*Fonte: Major League Baseball.*)

    12   33   11   28   32   28   17   1

12. Os cinco estados com maior rendimento, em 2011, por mediana do rendimento do domicílio estão listados. (*Fonte: U. S. Census Bureau.*)

    1. Maryland   2. Alasca   3. Nova Jersey
    4. Connecticut   5. Massachusetts

13. Os números de tornados por estado em 2012 estão listados. (a) Encontre o resumo dos cinco números do conjunto de dados, (b) faça um *boxplot* que represente o conjunto de dados e (c) descreva a forma da distribuição. (*Fonte: National Oceanic and Atmospheric Administration.*)

87	0	0	29	19	26	0	1	40
25	0	2	39	33	20	145	65	53
1	17	0	7	39	75	32	4	48
1	0	1	3	8	17	8	18	41
0	15	0	10	10	37	114	1	1
16	0	2	3	6				

14. Cinco notas de testes são apresentadas a seguir. As quatro primeiras notas equivalem a 15% da nota final e a última é 40% da nota final. Encontre a média ponderada das notas.

    85   92   84   89   91

15. Os comprimentos (em pés) de uma amostra de jacarés americanos estão listados.

    6,5   3,4   4,2   7,1   5,4   6,8   7,5   3,9   4,6

(a) Determine a média, a mediana e a moda do comprimento das caudas. Qual descreve melhor o tamanho da cauda de um típico jacaré americano? Explique seu raciocínio.

(b) Calcule a amplitude, a variância e o desvio padrão do conjunto de dados.

16. Um estudo mostra que o número de mortes por doenças do coração em mulheres decresceu a cada ano nos últimos cinco anos.

    (a) Faça uma inferência baseada nos resultados do estudo.
    (b) O que há de errado com esse tipo de raciocínio?

Nos exercícios 17 a 19, use o conjunto de dados a seguir, que representa os pontos marcados por cada jogador de hockey do Montreal Canadiens na temporada 2011–2012 da NHL. (Fonte: National Hockey League.)

3	28	16	36	8	11	2	3
61	8	22	60	5	18	3	0
11	15	0	24	3	16	65	1
7	16	4	22	52	12	10	6

17. Construa uma distribuição de frequência para o conjunto de dados usando oito classes. Inclua os limites de classe, pontos médios, fronteiras (limites reais), frequências, frequências relativas e frequências acumuladas.

18. Descreva a forma da distribuição.

19. Construa um histograma de frequência relativa usando a distribuição de frequência do Exercício 17. Então, determine qual classe tem a maior frequência relativa e qual tem a menor.

PARTE II

3 Probabilidade

3.1 Conceitos básicos de probabilidade e contagem
- Atividade

3.2 Probabilidade condicional e a regra da multiplicação

3.3 A regra da adição
- Atividade
- Estudo de caso

3.4 Tópicos adicionais sobre probabilidade e contagem
- Usos e abusos
- Estatísticas reais – Decisões reais
- Tecnologia

O jogo exibido no programa de televisão norte-americano *The Price Is Right* apresenta uma grande variedade de jogos de preços nos quais os participantes competem por prêmios usando estratégia, probabilidade e seus conhecimentos sobre preços. Um jogo popular é o *Spelling Bee*[1].

Onde estamos

Nos capítulos 1 e 2, você aprendeu a coletar e descrever dados. Com os dados coletados e descritos, você pode usar o resultado para escrever resumos, tirar conclusões e tomar decisões. Por exemplo, na competição *Spelling Bee*, os participantes têm a chance de ganhar um carro escolhendo cartas com letras que formem a palavra CAR, ou escolhendo uma única carta que contém a palavra CAR. Ao coletar e analisar dados, você pode determinar as chances de ganhar o carro.

Para jogar *Spelling Bee* os participantes escolhem entre 30 cartas. Onze com a letra C, onze com a letra A, seis com a letra R e duas com a palavra CAR. Dependendo de quão bem os participantes joguem, eles podem escolher duas, três, quatro ou cinco cartas.

Antes de as cartas escolhidas serem exibidas, são oferecidos aos participantes US$ 1.000 por cada uma. Quando eles escolhem o dinheiro, o jogo acaba. Quando escolhem tentar ganhar o carro, o apresentador exibe uma carta. Após a exibição, são oferecidos aos participantes US$ 1.000 a cada carta restante. Se eles não aceitarem o dinheiro, o apresentador continuará exibindo as cartas. O jogo continua até que os participantes aceitem o dinheiro, formem a palavra CAR, exibam a palavra CAR ou exibam todas as cartas e não formem a palavra CAR.

Para onde vamos

No Capítulo 3 você aprenderá como determinar a probabilidade de um evento. Por exemplo, a Tabela 3.1 mostra os quatro modos de que os participantes do *Spelling Bee* podem ganhar um carro e as respectivas probabilidades. Da tabela pode-se verificar que, escolhendo mais cartas, você tem mais chance de ganhar. Essas probabilidades podem ser encontradas usando *combinações*, tópico que será discutido na Seção 3.4.

---

1 N. do T.: Nesse jogo, o participante deve formar a palavra "CAR", utilizando de 2 a 5 cartas de um quadro com 30. Há 11 cartas com a letra "C", 11 com a letra "A", 6 com a letra "R" e 2 com a palavra "CAR". Ele inicia o jogo com duas cartas e deve adivinhar o preço de três produtos, dentro de uma margem de tolerância. Para cada preço acertado ele ganha uma carta adicional (totalizando 5) para concorrer ao carro.

Tabela 3.1 Eventos e respectivas probabilidades no *Spelling Bee*.

Evento	Probabilidade
Ganhar escolhendo duas cartas	$\frac{57}{435} \approx 0{,}131$
Ganhar escolhendo três cartas	$\frac{151}{406} \approx 0{,}372$
Ganhar escolhendo quatro cartas	$\frac{1.067}{1.827} \approx 0{,}584$
Ganhar escolhendo cinco cartas	$\frac{52.363}{71.253} \approx 0{,}735$

3.1 Conceitos básicos de probabilidade e contagem

Experimentos probabilísticos • O princípio fundamental da contagem
• Tipos de probabilidade • Eventos complementares • Aplicações da probabilidade

O que você deve aprender

- Como identificar o espaço amostral de um experimento probabilístico e como identificar eventos simples.
- Como usar o princípio fundamental da contagem para encontrar o número de maneiras em que dois ou mais eventos podem ocorrer.
- Como distinguir entre probabilidade clássica, probabilidade empírica e probabilidade subjetiva.
- Como encontrar a probabilidade do complemento de um evento.
- Como usar um diagrama de árvore e o princípio fundamental da contagem para calcular probabilidades.

Experimentos probabilísticos

Quando meteorologistas dizem que há uma chance de 90% de chuva ou um médico diz que há 35% de chance de sucesso em uma cirurgia, eles estão afirmando a possibilidade, ou *probabilidade*, de que um evento específico ocorra. Decisões para questões como "Você deveria ir jogar golfe?" ou "Você deveria realizar a cirurgia?" são frequentemente baseadas nessas probabilidades. No capítulo anterior você aprendeu sobre o papel do ramo descritivo da estatística. O segundo ramo, estatística inferencial, tem a probabilidade como seu fundamento. Então, é necessário aprender sobre probabilidade.

Definição

Um **experimento probabilístico** é uma ação, ou tentativa sujeita à lei do acaso, pela qual resultados específicos (contagens, medições ou respostas) são obtidos. O produto de uma única tentativa em um experimento probabilístico é um **resultado**. O conjunto de todos os resultados possíveis de um experimento probabilístico é o **espaço amostral**. Um **evento** é um subconjunto do espaço amostral. Ele pode consistir em um ou mais resultados.

Exemplo 1

Identificando o espaço amostral de um experimento probabilístico

Um experimento probabilístico consiste no lançamento de uma moeda e de um dado de seis faces. Determine o número de resultados e identifique o espaço amostral.

Solução

Há dois resultados possíveis quando lançamos a moeda: cara (H) ou coroa (T). Para cada um desses, há seis resultados possíveis quando

> **Dica de estudo**
>
> Aqui está um exemplo simples do uso dos termos *experimento probabilístico*, *espaço amostral*, *evento* e *resultado*.
>
> Experimento probabilístico:
>   Lançamento de um dado de seis faces.
> Espaço amostral:
>   {1, 2, 3, 4, 5, 6}
> Evento:
>   Obter um número par, {2, 4, 6}.
> Resultado:
>   Obter um 2, {2}.

Figura 3.2 Pesquisa.

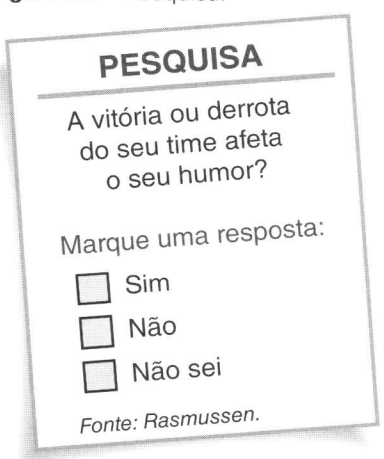

> **PESQUISA**
>
> A vitória ou derrota do seu time afeta o seu humor?
>
> Marque uma resposta:
> ☐ Sim
> ☐ Não
> ☐ Não sei
>
> *Fonte: Rasmussen.*

jogamos o dado: 1, 2, 3, 4, 5 ou 6. O **diagrama de árvore** na Figura 3.1 fornece uma visualização dos possíveis resultados de um experimento probabilístico usando ramos originados de um ponto inicial. O diagrama pode ser usado para encontrar o número de resultados possíveis em um espaço amostral, assim como resultados individuais.

Figura 3.1 Diagrama de árvore para o experimento da moeda e do dado.

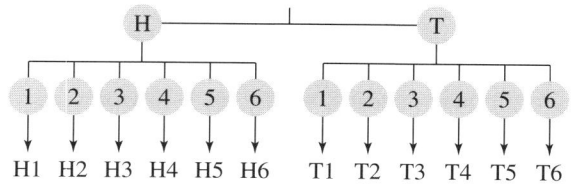

```
         H                           T
  ┌──┬──┬──┬──┬──┐          ┌──┬──┬──┬──┬──┐
  1  2  3  4  5  6          1  2  3  4  5  6
  ↓  ↓  ↓  ↓  ↓  ↓          ↓  ↓  ↓  ↓  ↓  ↓
  H1 H2 H3 H4 H5 H6         T1 T2 T3 T4 T5 T6
```

Do diagrama de árvore podemos ver que o espaço amostral tem 12 resultados.
{H1, H2, H3, H4, H5, H6, T1, T2, T3, T4, T5, T6}

Tente você mesmo 1

Para cada experimento probabilístico, determine o número de resultados e identifique o espaço amostral.

1. Um experimento probabilístico consiste em assinalar uma resposta para a pesquisa apresentada na Figura 3.2 e o gênero da pessoa que está respondendo.

2. Um experimento probabilístico consiste em assinalar uma resposta para a pesquisa apresentada na Figura 3.2 e a localização geográfica nos EUA (Nordeste, Sul, Centro-Oeste ou Oeste) de quem responde.

a. Iniciar com um diagrama de árvore formando um ramo para cada resposta possível para a pesquisa.

b. No final de cada ramo de respostas da pesquisa, desenhar um novo ramo para cada resultado de gênero possível.

c. Encontrar o número de resultados no espaço amostral.

d. Listar o espaço amostral.

No restante deste capítulo, você aprenderá como calcular a probabilidade ou possibilidade de ocorrência de um evento. Eventos são frequentemente representados por letras maiúsculas, tais como A, B e C. Um evento que consiste em um único resultado é chamado de **evento simples**. No Exemplo 1, o evento de "sair cara e face 3" é um evento simples e pode ser representado como A = {H3}. Por outro lado, o evento de "sair cara e um número par" não é simples, pois consiste em três resultados possíveis, que podem ser representados como B = {H2, H4, H6}.

Exemplo 2

Identificando eventos simples

Determine o número de resultados em cada evento. Então, decida se cada evento é simples ou não. Explique seu raciocínio.

1. Para controle de qualidade, você seleciona aleatoriamente uma peça de um lote que foi fabricado naquele dia. O evento A é selecionar uma peça com um defeito específico.

2. Você lança um dado de seis faces. O evento B é obter número superior a 4.

Solução

1. O evento *A* tem somente um resultado: escolher a peça com defeito específico. Então, o evento é simples.
2. O evento *B* tem três resultados: sair 4, 5 ou 6. Como o evento tem mais de um resultado, ele não é simples.

Tente você mesmo 2

Você pergunta a idade (valor inteiro) de um estudante em seu aniversário. Determine o número de resultados em cada evento. Decida se cada evento é simples ou não. Explique seu raciocínio.

1. Evento *C*: a idade do estudante está entre 18 e 23 anos, inclusive.
2. Evento *D*: a idade do estudante é 20 anos.
   a. Determinar o número de resultados favoráveis ao evento.
   b. Decida se o evento é simples ou não. Explique seu raciocínio.

O princípio fundamental da contagem

Em alguns casos, um evento pode ocorrer de diversas maneiras diferentes, fazendo com que não seja prático escrever todos os resultados. Quando isso ocorre, você pode confiar no **princípio fundamental da contagem**. Ele pode ser usado para encontrar o número de maneiras em que dois ou mais eventos podem ocorrer em sequência.

> **O princípio fundamental da contagem**
>
> Se um evento pode ocorrer de m maneiras e um segundo evento pode ocorrer de n maneiras, o número de maneiras que os dois eventos podem ocorrer em sequência é $m \cdot n$. Essa regra pode ser estendida para qualquer número de eventos ocorrendo em sequência.

Em palavras, o número de maneiras que eventos (compostos) podem ocorrer em sequência é encontrado multiplicando-se o número de maneiras que um evento pode ocorrer pelo número de maneiras que o(s) outro(s) evento(s) pode(m) ocorrer.

Exemplo 3

Usando o princípio fundamental da contagem

Você está comprando um carro novo. Os fabricantes possíveis, tamanhos dos carros e as cores estão listados.

Fabricantes: Ford, GM, Honda
Tamanhos: compacto, médio
Cores: branco (W), vermelho (R), preto (B), verde (G)

De quantas maneiras diferentes você pode selecionar um fabricante, um tamanho e uma cor? Use um diagrama de árvore para checar seu resultado.

Solução

Há três escolhas de fabricantes, duas de tamanhos e quatro de cores. Usando o princípio fundamental da contagem, podemos determinar que o número de maneiras para selecionarmos um fabricante, um tamanho e uma cor é:

$3 \cdot 2 \cdot 4 = 24$ maneiras.

Usando o diagrama de árvore da Figura 3.3, podemos ver por que há 24 opções.

Figura 3.3 Diagrama de árvore para seleção do carro.

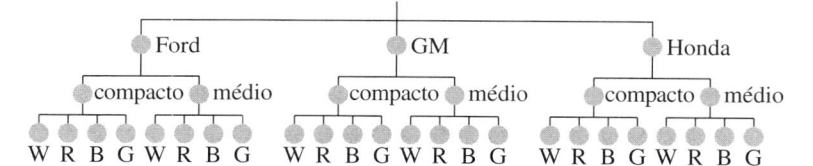

Tente você mesmo 3

Suas escolhas agora incluem mais uma empresa (Toyota) e mais uma cor, marrom (T). De quantas maneiras diferentes você pode selecionar um fabricante, um tamanho e uma cor? Utilize um diagrama de árvore para checar seu resultado.

a. Calcule o número de maneiras que cada evento pode ocorrer.
b. Use o princípio fundamental da contagem.
c. Use um diagrama de árvore para checar seu resultado.

Exemplo 4

Figura 3.4
Código de acesso

1º dígito 2º dígito 3º dígito 4º dígito

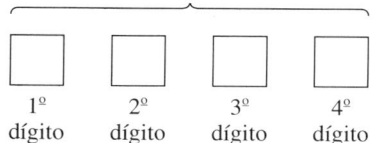

Usando o princípio fundamental da contagem

O código de acesso para o sistema de segurança de um carro consiste em quatro dígitos (veja a Figura 3.4). Cada dígito pode ser qualquer número de 0 a 9.

Quantos códigos de acesso são possíveis se:

1. Cada dígito pode ser usado somente uma vez e não pode ser repetido?
2. Cada dígito pode ser repetido?
3. Cada dígito pode ser repetido, mas o primeiro dígito não pode ser 0 ou 1?

Solução

1. Já que cada dígito só pode ser usado uma vez, há 10 escolhas para o primeiro dígito, 9 escolhas restantes para o segundo dígito, 8 escolhas restantes para o terceiro dígito e 7 escolhas restantes para o quarto dígito. Usando o princípio fundamental da contagem, podemos concluir que há:

   $10 \cdot 9 \cdot 8 \cdot 7 = 5.040$ códigos de acesso possíveis.

2. Uma vez que cada dígito pode ser repetido, há 10 escolhas para cada um dos 4 dígitos. Então, há:

   $10 \cdot 10 \cdot 10 \cdot 10 = 10^4 = 10.000$ códigos de acesso possíveis.

3. Como o primeiro dígito não pode ser 0 ou 1, há 8 escolhas para o primeiro dígito. Em seguida, há 10 escolhas para cada um dos três dígitos restantes. Então há:

   $8 \cdot 10 \cdot 10 \cdot 10 = 8.000$ códigos de acesso possíveis.

Tente você mesmo 4

Quantas placas de automóvel você pode formar, se cada placa consiste em:

1. Seis (de 26) letras do alfabeto, cada uma podendo ser repetida?

2. Seis (de 26) letras do alfabeto, cada uma não podendo ser repetida?

  3. Seis (de 26) letras do alfabeto, cada letra podendo ser repetida, mas a primeira não pode ser A, B, C ou D?

  a. Identifique cada evento e o número de maneiras como cada evento pode ocorrer.

  b. Use o princípio fundamental da contagem.

Tipos de probabilidade

O método que você utilizará para calcular uma probabilidade depende do tipo de probabilidade. Há três tipos: **probabilidade clássica**, **probabilidade empírica** e **probabilidade subjetiva**. A probabilidade de ocorrência de um evento E é escrita como $P(E)$ e lê-se "probabilidade do evento E".

Dica de estudo

Probabilidades podem ser escritas como frações, decimais ou percentagens. No Exemplo 5, as probabilidades são escritas como frações e decimais, arredondadas quando necessário para três casas decimais. Essa *regra de arredondamento* será usada em todo o livro.

Definição

Probabilidade clássica (ou **teórica**) é usada quando cada resultado em um espaço amostral é igualmente possível de ocorrer. A probabilidade clássica para um evento E é dada por:

$$P(E) = \frac{\text{número de resultados no evento } E}{\text{número total de resultados no espaço amostral}}.$$

Exemplo 5

Encontrando probabilidades clássicas

Você joga um dado de seis faces. Calcule a probabilidade de cada evento.

1. Evento A: sair um 3.

2. Evento B: sair um 7.

3. Evento C: sair um número menor que 5.

Solução

Quando o dado é lançado, o espaço amostral consiste em seis resultados: {1, 2, 3, 4, 5, 6}.

1. Há um resultado no evento $A = \{3\}$. Então,

$$P(\text{sair um 3}) = \frac{1}{6} \approx 0{,}167.$$

2. Em razão de 7 não estar no espaço amostral, não há resultados no evento B. Então,

$$P(\text{sair um 7}) = \frac{0}{6} = 0.$$

3. Há quatro resultados no evento $C = \{1, 2, 3, 4\}$. Então,

$$P(\text{sair um número menor que 5}) = \frac{4}{6} = \frac{2}{3} \approx 0{,}667.$$

Tente você mesmo 5

Você seleciona uma carta de um baralho normal (veja a Figura 3.5). Encontre a probabilidade de cada evento.

Figura 3.5 Baralho de cartas padrão.

Copas	Ouros	Espadas	Paus
A ♥	A ♦	A ♠	A ♣
K ♥	K ♦	K ♠	K ♣
Q ♥	Q ♦	Q ♠	Q ♣
J ♥	J ♦	J ♠	J ♣
10 ♥	10 ♦	10 ♠	10 ♣
9 ♥	9 ♦	9 ♠	9 ♣
8 ♥	8 ♦	8 ♠	8 ♣
7 ♥	7 ♦	7 ♠	7 ♣
6 ♥	6 ♦	6 ♠	6 ♣
5 ♥	5 ♦	5 ♠	5 ♣
4 ♥	4 ♦	4 ♠	4 ♣
3 ♥	3 ♦	3 ♠	3 ♣
2 ♥	2 ♦	2 ♠	2 ♣

1. Evento *D*: selecionar o nove de paus.
2. Evento *E*: selecionar uma carta de ouros.
3. Evento *F*: selecionar uma carta de ouros, copas, paus ou espadas.

a. Identificar o número total de resultados do espaço amostral.
b. Calcular o número de resultados do evento.
c. Determinar a probabilidade clássica do evento.

Quando um experimento é repetido muitas vezes, são formados padrões regulares. Esses padrões permitem encontrar a probabilidade empírica, a qual pode ser usada mesmo quando cada resultado de um evento não é igualmente provável de ocorrer.

Retratando o mundo

Parece que não importa o quão estranho um evento possa ser, alguém quer saber a probabilidade de ele ocorrer. A tabela a seguir lista a probabilidade de alguns eventos intrigantes ocorrerem. (*Adaptado de: Life: The Odds.*)

Evento	Probabilidade
Ser auditado pelo IRS[2]	0,6%
Escrever um best-seller da lista do *New York Times*	0,0045
Ganhar um Oscar	0,000087
Ter sua identidade roubada	0,5%
Ver um OVNI	0,0000003

Qual desses eventos tem maior chance de ocorrer? E a menor?

Definição

Probabilidade empírica (ou **estatística**) é baseada em observações obtidas de experimentos probabilísticos. A probabilidade empírica de um evento *E* é a frequência relativa do evento *E*.

$$P(E) = \frac{\text{frequência do evento } E}{\text{frequência total}} = \frac{f}{n}$$

Exemplo 6

Encontrando probabilidades empíricas

Uma empresa está conduzindo uma pesquisa pela internet com indivíduos selecionados aleatoriamente para determinar com que frequência eles reciclam. Até o momento, 2.541 pessoas foram pesquisadas. A distribuição de frequência da Tabela 3.2 mostra os resultados. Qual é a probabilidade de que a próxima pessoa pesquisada sempre recicle? (*Adaptado de: Harris Interactive.*)

Tabela 3.2

Resposta	Número de vezes, *f*
Sempre	1.054
Frequentemente	613
Algumas vezes	417
Raramente	196
Nunca	171
	$\sum f = 2.451$

Solução

O evento é uma resposta "sempre". A frequência desse evento é 1.054. Como a frequência total é 2.451, a probabilidade empírica de a próxima pessoa sempre reciclar é:

$$P(\text{sempre}) = \frac{1.054}{2.451} \approx 0,430.$$

---

[2] N. do T.: *Internal Revenue Service* (IRS) é a Receita Federal dos Estados Unidos.

Tente você mesmo 6

Uma companhia de seguro descobre que, de cada 100 reclamações, 4 são fraudulentas. Qual é a probabilidade de que a próxima reclamação recebida pela empresa seja fraudulenta?

a. Identifique o evento e encontre sua frequência.
b. Calcule a frequência total para o experimento.
c. Determine a probabilidade empírica do evento.

Exemplo 7

Usando uma distribuição de frequência para encontrar probabilidades

Uma empresa está conduzindo uma pesquisa por telefone com indivíduos selecionados aleatoriamente para determinar a idade dos usuários de sites de redes sociais. Até o momento, 975 usuários foram pesquisados. A distribuição de frequência da Tabela 3.3 mostra os resultados. Qual é a probabilidade de que o próximo usuário pesquisado tenha de 23 a 35 anos de idade? (*Adaptado de: Pew Research Center.*)

Tabela 3.3 Distribuição de frequência da série de idades dos usuários de sites de redes sociais.

Idades	Frequência, f
18 a 22	156
23 a 35	312
36 a 49	254
50 a 65	195
acima de 65	58
	$\sum f = 975$

Solução

O evento é uma resposta para "23 a 35 anos de idade". A frequência desse evento é 312. Como a frequência total é 975, a probabilidade empírica de que a próxima pessoa tenha de 23 a 35 anos de idade é:

$$P(\text{idade entre 23 e 35 anos}) = \frac{312}{975} = 0{,}32.$$

Tente você mesmo 7

Calcule a probabilidade de que o próximo usuário entrevistado tenha de 36 a 49 anos de idade.

a. Determine a frequência do evento.
b. Calcule o total das frequências.
c. Determine a probabilidade empírica do evento.

Conforme aumenta o número de vezes que um experimento probabilístico é repetido, a probabilidade empírica (frequência relativa) de um evento aproxima-se de sua probabilidade teórica. Isso é conhecido como **lei dos grandes números**.

Lei dos grandes números

Conforme um experimento é repetido um grande numero de vezes, a probabilidade empírica de um evento tende a se aproximar de sua probabilidade teórica (real).

Como exemplo dessa lei, suponha que você queira determinar a probabilidade de obter uma cara com uma moeda honesta. Você lança a moeda 10 vezes e obtém 3 caras, dessa forma você obtém uma probabilidade empírica de $\frac{3}{10}$. Como você lançou a moeda apenas algumas vezes, sua probabilidade empírica não é representativa da probabilidade teórica, que é $\frac{1}{2}$. A lei dos grandes números diz que a probabilidade empírica, após lançar a moeda alguns milhares de vezes, será bem próxima à probabilidade teórica ou real.

Figura 3.6 Probabilidade de obter cara.

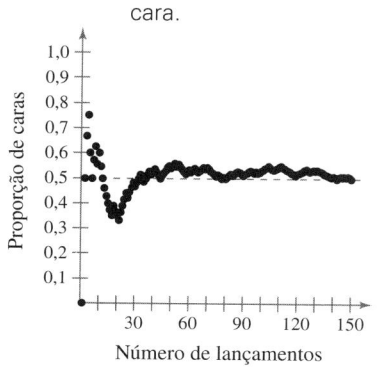

O diagrama de dispersão da Figura 3.6 mostra os resultados da simulação do lançamento de uma moeda 150 vezes. Note que, conforme o número de lançamento aumenta, a probabilidade de obter uma cara se torna cada vez mais próxima da probabilidade teórica de 0,5.

O terceiro tipo de probabilidade é a **probabilidade subjetiva**, que resulta de conjeturas e de estimativas por intuição. Por exemplo, dada a saúde de um paciente e a extensão dos ferimentos, um médico pode sentir que o paciente tem 90% de chance de recuperação total. Ou um analista de negócios pode prever que a chance de os funcionários de certa empresa entrarem em greve é de 0,25.

Exemplo 8

Classificando tipos de probabilidade

Classifique cada afirmação como um exemplo de probabilidade clássica, empírica ou subjetiva. Explique seu raciocínio.

1. A probabilidade de você tirar um A na sua próxima prova é 0,9.
2. A probabilidade de um eleitor escolhido aleatoriamente ter menos de 35 anos de idade é 0,3.
3. A probabilidade de ganhar com um bilhete em um sorteio de 1.000 bilhetes é de $\frac{1}{1.000}$.

Solução

1. Essa probabilidade é provavelmente baseada em uma conjetura. É um exemplo de probabilidade subjetiva.
2. Essa afirmação é provavelmente baseada em uma pesquisa de uma amostra de eleitores, então é um exemplo de probabilidade empírica.
3. Como você sabe o número de resultados e cada um é igualmente provável, esse é um exemplo de probabilidade clássica.

Tente você mesmo 8

Baseado em contagens anteriores, a probabilidade de que um salmão passe com sucesso através de uma barragem no rio Columbia é de 0,85. Essa afirmação é um exemplo de probabilidade clássica, empírica ou subjetiva? (*Fonte: Army Corps of Engineers.*)

a. Identifique o evento.
b. Decida se a probabilidade é determinada sabendo-se todos os resultados possíveis, se a probabilidade é estimada a partir de resultados de um experimento ou se a probabilidade é uma conjetura.
c. Escreva uma conclusão.

Uma probabilidade não pode ser negativa ou maior que 1, conforme estabelecido na regra a seguir.

Regra da amplitude das probabilidades

A probabilidade de um evento E está entre 0 e 1, inclusive. Ou seja, $0 \leq P(E) \leq 1$.

Quando a probabilidade de um evento é 1, é certa a ocorrência do evento. Quando a probabilidade de um evento é 0, o evento é impossível. Uma probabilidade de 0,5 indica que um evento tem uma chance igual de ocorrer ou não ocorrer.

A Figura 3.7 mostra a amplitude possível das probabilidades e seus significados.

Figura 3.7 Intervalo possível para uma probabilidade e significados de alguns resultados.

```
Impossível   Improvável   Chance igual   Provável   Certa
    |------------|------------|------------|------------|
    0          0,25         0,5         0,75          1
```

Um evento que ocorra com probabilidade de 0,05 ou menos é tipicamente considerado incomum. Eventos incomuns são altamente improváveis de ocorrer. Mais adiante neste livro, você irá identificar eventos incomuns quando estudar estatística inferencial.

Eventos complementares

A soma das probabilidades de todos os resultados em um espaço amostral é 1 ou 100%. Um resultado importante desse fato é que, quando sabemos a probabilidade de um evento E, podemos encontrar a probabilidade do **complemento do evento E**.

Definição

O **complemento do evento E** é o conjunto de todos os resultados em um espaço amostral que não estão incluídos no evento E. O complemento do evento E é denotado por E' e é lido como "E linha".

Figura 3.8 Ilustrando eventos complementares.

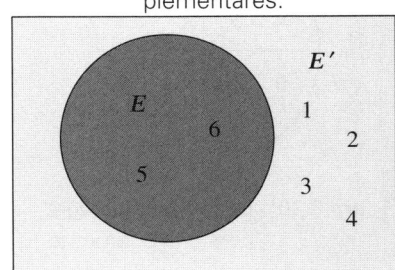

A área do retângulo representa a probabilidade total do espaço amostral (1 = 100%). A área do círculo representa a probabilidade do evento E, e a área fora do círculo representa a probabilidade do complemento do evento E.

Por exemplo, quando você jogar um dado e, sendo E o evento "o número é ao menos 5", o complemento de E é o evento "o número é menor que 5". Em símbolos, $E = \{5, 6\}$ e $E' = \{1, 2, 3, 4\}$.

Usando a definição do complemento de um evento e o fato de a soma das probabilidades de todos os resultados ser 1, pode-se escrever que:

$P(E) + P(E') = 1$

$P(E) = 1 - P(E')$

$P(E') = 1 - P(E)$

O diagrama de Venn na Figura 3.8 ilustra a relação entre o espaço amostral, um evento E e seu complemento E'.

Exemplo 9

Encontrando a probabilidade do complemento de um evento

Use a distribuição de frequência do Exemplo 7 para encontrar a probabilidade de escolher, aleatoriamente, um usuário de sites de redes sociais que não tenha idade no intervalo de 23 a 35 anos.

Solução

Com base no Exemplo 7, sabemos que

$P(\text{idade no intervalo de 23 a 35 anos}) = \dfrac{312}{975} = 0{,}32.$

Então, a probabilidade de que um usuário não tenha idade neste intervalo é:

$$P(\text{idade fora do intervalo de 23 a 35 anos}) = 1 - \frac{312}{975} = \frac{663}{975} = 0{,}68.$$

Tente você mesmo 9

Use a distribuição de frequência do Exemplo 7 para encontrar a probabilidade de se selecionar aleatoriamente um usuário que não tenha idade no intervalo de 18 a 22 anos.

a. Determine a probabilidade de se escolher aleatoriamente um usuário que tenha idade no intervalo de 18 a 22 anos.

b. Subtraia a probabilidade resultante de 1.

c. Apresente a probabilidade como fração e decimal.

Aplicações da probabilidade

Exemplo 10

Figura 3.9 Roleta para escolha aleatória de um número no intervalo de 1 a 8.

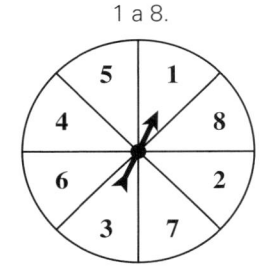

Usando um diagrama de árvore

Um experimento probabilístico consiste em lançar uma moeda e girar a roda mostrada na Figura 3.9. A roleta tem a mesma chance de parar em cada um dos números. Use um diagrama de árvore para encontrar a probabilidade de cada evento.

1. Evento A: sair coroa (T) e indicar um número ímpar.

2. Evento B: sair cara (H) ou indicar um número maior que 3.

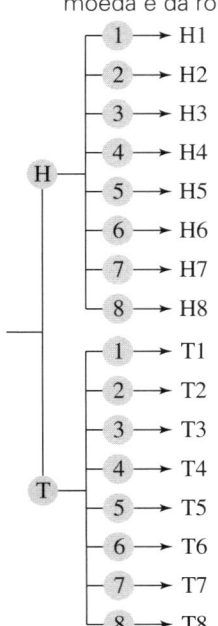

Solução

Com base no diagrama de árvore da Figura 3.10, você pode ver que há 16 resultados.

1. Há quatro resultados no evento $A = \{T1, T3, T5, T7\}$. Então,

$$P(\text{sair coroa e indicar um número ímpar}) = \frac{4}{16} = \frac{1}{4} = 0{,}25.$$

2. Há 13 resultados no evento $B = \{H1, H2, H3, H4, H5, H6, H7, H8, T4, T5, T6, T7, T8\}$. Então,

$$P(\text{sair cara e indicar um número maior que 3}) = \frac{13}{16} \approx 0{,}813.$$

Figura 3.10 Diagrama de árvore para o experimento da moeda e da roleta.

Tente você mesmo 10

Determine a probabilidade de sair uma coroa e um número menor que 6.

a. Determine o número de resultados no evento.

b. Calcule a probabilidade do evento.

Exemplo 11

Usando o princípio fundamental da contagem

Seu número de identificação na faculdade consiste em 8 dígitos. Cada dígito pode ser um número de 0 até 9 e cada dígito pode ser repetido.

Qual é a probabilidade de obter seu número de identificação quando geramos aleatoriamente oito dígitos?

Solução

Uma vez que cada dígito pode ser repetido, há 10 escolhas para cada um dos 8 dígitos. Então, usando o princípio fundamental da contagem, há $10 \cdot 10 \cdot 10 \cdot 10 \cdot 10 \cdot 10 \cdot 10 \cdot 10 = 10^8 = 100.000.000$ possíveis números de identificação. Mas somente um desses números corresponde ao seu número de identificação. Então, a probabilidade de gerar aleatoriamente 8 dígitos e obter seu número de identificação é 1/100.000.000.

Tente você mesmo 11

Seu número de identificação na faculdade consiste em 9 dígitos. Os dois primeiros dígitos de cada número serão os dois últimos dígitos do ano previsto para sua graduação. Os outros dígitos podem ser quaisquer números de 0 a 9 e cada dígito pode ser repetido. Qual é a probabilidade de você obter seu número de identificação quando geramos aleatoriamente os outros sete dígitos?

a. Calcule o número total de possíveis números de identificação.
b. Determine a probabilidade de gerar aleatoriamente seu número de identificação.

3.1 Exercícios

Construindo habilidades básicas e vocabulário

1. Qual é a diferença entre um resultado e um evento?
2. Determine qual dos números abaixo não poderia representar a probabilidade de um evento. Explique seu raciocínio.
   (a) 33,3%.   (c) 0,0002.   (e) $\frac{320}{1.058}$.
   (b) –1,5.   (d) 0.   (f) $\frac{64}{25}$.
3. Explique por que a afirmação a seguir está incorreta: *A probabilidade de chover amanhã é 150%*.
4. Quando você utiliza o princípio fundamental da contagem, o que você está contando?
5. Descreva a lei dos grandes números com suas próprias palavras. Dê um exemplo.
6. Liste as três fórmulas que podem ser usadas para descrever eventos complementares.

Verdadeiro ou falso?
Nos exercícios 7 a 10, determine se a afirmativa é verdadeira ou falsa. Se for falsa, reescreva-a de forma que seja verdadeira.

7. Você lança uma moeda e um dado. O evento "obter coroa e 1 ou 3" é um evento simples.
8. Você lança uma moeda honesta nove vezes e dá coroa em todas. A probabilidade de que dê cara no décimo lançamento é maior do que 0,5.
9. A probabilidade de $\frac{1}{10}$ indica um evento incomum.
10. Quando um evento é quase certo de acontecer, seu complemento será um evento incomum.

Relacionando probabilidades
Nos exercícios 11 a 14, relacione o evento com sua probabilidade.

(a) 0,95.   (b) 0,05.   (c) 0,25.   (d) 0.

11. Você joga uma moeda e seleciona aleatoriamente um número de 0 a 9. Qual é a probabilidade de obter coroa e selecionar um 3?
12. Um gerador de números aleatórios é usado para selecionar um número de 1 a 100. Qual é a probabilidade de selecionar o número 153?
13. Uma participante de um programa de TV deve selecionar aleatoriamente uma porta. Uma porta dobra seu prêmio em dinheiro enquanto as outras três a deixam sem prêmio. Qual é a probabilidade de que ela escolha a porta que dobre seu dinheiro?
14. Cinco de 100 gravadores digitais de vídeo em um inventário têm defeitos. Qual é a probabilidade de você selecionar aleatoriamente um item que não tenha defeito?

Usando e interpretando conceitos

Identificando um espaço amostral
Nos exercícios 15 a 20, identifique o espaço amostral do experimento probabilístico e determine o número de resultados desse espaço. Faça um diagrama de árvore quando apropriado.

15. Supondo a inicial do nome do meio de um estudante.
16. Supondo a nota de um estudante (A, B, C, D, F).
17. Tirando uma carta de um baralho normal.

18. Lançando três moedas.
19. Determinando o tipo sanguíneo de uma pessoa (A, B, AB, O) e o fator Rh (positivo ou negativo).
20. Jogando um par de dados de seis faces.

Identificando eventos simples Nos exercícios 21 a 24, determine o número de resultados no evento. Então, decida se o evento é um evento simples ou não. Explique seu raciocínio.

21. Um computador é usado para selecionar, aleatoriamente, um número entre 1 e 2.000. O evento A é selecionar o número 253.
22. Um computador é usado para selecionar, aleatoriamente, um número entre 1 e 4.000. O evento B é selecionar um número menor que 500.
23. Você seleciona aleatoriamente uma carta de um baralho normal de 52 cartas. O evento A é selecionar um ás.
24. Você seleciona aleatoriamente uma carta de um baralho normal de 52 cartas. O evento B é selecionar o dez de ouros.

Usando o princípio fundamental da contagem Nos exercícios 25 a 28, use o princípio fundamental da contagem.

25. **Menu** Um restaurante oferece um jantar especial ao preço de $12 com 5 opções de entrada, 10 opções de prato principal e 4 opções de sobremesa. Quantas refeições diferentes estão disponíveis quando você escolhe uma entrada, um prato principal e uma sobremesa?
26. **Computador** Um computador tem 3 opções de processador, 3 de placa gráfica, 4 de memória, 6 de disco rígido e 2 de bateria. De quantas formas você pode montar o computador?
27. **Imóvel** Um corretor de imóveis utiliza uma caixa com segredo para guardar as chaves de uma casa que está à venda. O código do segredo da caixa consiste em quatro dígitos. O primeiro dígito não pode ser zero e o último deve ser par. Quantos códigos diferentes estão disponíveis?
28. **Teste verdadeiro ou falso** Considerando que todas as questões são respondidas, de quantas formas um teste de seis perguntas do tipo verdadeiro ou falso pode ser respondido?

Encontrando probabilidades clássicas Nos exercícios 29 a 34, um experimento probabilístico consiste em lançar um dado de 12 faces. Encontre a probabilidade do evento.

29. Evento A: sair um 2.
30. Evento B: sair um 10.
31. Evento C: sair um número maior que 4.
32. Evento D: sair um número menor que 8.
33. Evento E: sair um número divisível por 3.
34. Evento F: sair um número divisível por 5.

Encontrando probabilidades empíricas Uma empresa está conduzindo uma pesquisa para determinar quão preparadas as pessoas estão para interrupções de energia de longo prazo, desastre natural ou ataque terrorista. A distribuição de frequência na tabela a seguir mostra os resultados. Use-a nos exercícios 35 e 36. (Adaptado de: Harris Interactive.)

Resposta	Número de vezes, f
Bem preparado	259
Um pouco preparado	952
Não muito preparado	552
Não preparado	337
Não sabe	63

35. Qual é a probabilidade de que a próxima pessoa pesquisada esteja bem preparada?
36. Qual é a probabilidade de que a próxima pessoa pesquisada não esteja muito preparada?

Usando uma distribuição de frequência para encontrar probabilidades Nos exercícios 37 a 40, use a distribuição de frequência da tabela a seguir, que mostra o número de eleitores americanos (em milhões), de acordo com a idade, para encontrar a probabilidade de que um eleitor escolhido aleatoriamente esteja na faixa etária. (Fonte: U.S. Census Bureau.)

Idades dos eleitores	Frequência, f (em milhões)
18 a 20	4,2
21 a 24	7,9
25 a 34	20,5
35 a 44	22,9
45 a 64	53,5
acima de 65	28,3

37. De 18 a 20 anos.
38. De 35 a 44 anos.
39. De 21 a 24 anos.
40. De 45 a 64 anos.

Classificando os tipos de probabilidade Nos exercícios 41 a 46, classifique a afirmação como um exemplo de probabilidade clássica, empírica ou subjetiva. Explique seu raciocínio.

41. De acordo com os registros de uma empresa, a probabilidade de que uma máquina de lavar precise de reparos durante um período de 6 anos é 0,10.
42. A probabilidade de escolher 6 números de 1 a 40 que sejam os seis números sorteados na loteria é de 1/3.838.380 ≈ 0,00000026.

43. Um analista acha que a probabilidade de queda no preço de certa ação, durante a próxima semana, é de 0,75.

44. De acordo com uma pesquisa, a probabilidade de que um cidadão com idade para votar, escolhido aleatoriamente, seja a favor da proibição do skate é aproximadamente 0,63.

45. A probabilidade de que um número selecionado aleatoriamente de 1 a 100 seja divisível por 6 é 0,16.

46. Você acha que a probabilidade de um time de futebol ganhar a próxima partida é de aproximadamente 0,80.

Encontrando a probabilidade do complemento de um evento *A distribuição etária dos moradores de San Ysidro, Novo México, encontra-se na tabela a seguir. Nos exercícios 47 a 50, encontre a probabilidade do evento. (Fonte: U.S. Census Bureau.)*

Idades	Frequência, f
0—14	38
15—29	20
30—44	31
45—59	53
60—74	36
acima de 75	15

47. Evento A: escolher aleatoriamente um morador que não tenha de 15 a 29 anos.

48. Evento B: escolher aleatoriamente um morador que não tenha de 45 a 59 anos.

49. Evento C: escolher aleatoriamente um morador que não tenha 14 anos ou menos.

50. Evento D: escolher aleatoriamente um morador que não tenha acima de 75 anos.

Experimento probabilístico *Nos exercícios 51 a 54, um experimento probabilístico consiste em lançar um dado de seis faces e rodar o disco mostrado a seguir. O disco apresenta a mesma chance de parar sobre cada cor. Use um diagrama de árvore para encontrar a probabilidade do evento e, em seguida, diga se o evento pode ser considerado incomum.*

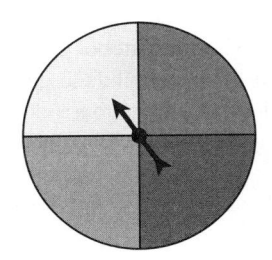

51. Evento A: sair face 5 e cor azul.
52. Evento B: sair um número ímpar e cor verde.
53. Evento C: sair um número menor que 6 e cor amarela.
54. Evento D: não sair um número menor que 6 e cor amarela.

55. **Sistema de segurança** O código de acesso em uma porta de garagem consiste em três dígitos. Cada dígito pode ser qualquer número de 0 a 9 e pode haver dígitos repetidos.
    (a) Encontre o número de códigos de acesso possíveis.
    (b) Qual é a probabilidade de selecionar aleatoriamente o código de acesso correto na primeira tentativa?
    (c) Qual é a probabilidade de não selecionar o código de acesso correto na primeira tentativa?

56. **Sistema de segurança** Um código de acesso consiste em uma letra seguida de quatro dígitos. Pode ser usada qualquer letra, o primeiro dígito não pode ser 0 e o último dígito deve ser par.
    (a) Encontre o número de códigos de acesso possíveis.
    (b) Qual é a probabilidade de selecionar aleatoriamente o código de acesso correto na primeira tentativa?
    (c) Qual é a probabilidade de não selecionar o código de acesso correto na primeira tentativa?

Sol (S) ou chuva (R)? *Você está planejando uma viagem de três dias para Seattle, Washington, em outubro. Nos exercícios 57 a 60, use o diagrama de árvore a seguir.*

57. Liste o espaço amostral.
58. Liste o(s) resultado(s) do evento "chove todos os três dias".
59. Liste o(s) resultado(s) do evento "chove em exatamente um dia".
60. Liste o(s) resultado(s) do evento "chove em pelo menos um dia".

Análise gráfica *Nos exercícios 61 e 62, use o diagrama.*

61. Qual é a probabilidade de que um eleitor na Virgínia, escolhido aleatoriamente, vote na eleição geral de 2012? (*Fonte: Commonwealth of Virginia State Board of Elections.*)

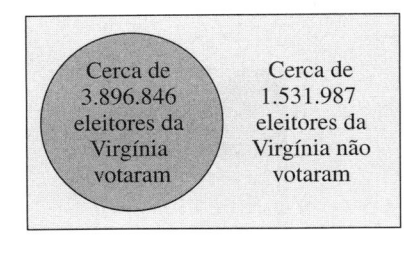

62. Qual é a probabilidade de que um eleitor escolhido aleatoriamente não vote em um candidato republicano na eleição de 2010? (*Fonte: Federal Election Commission.*)

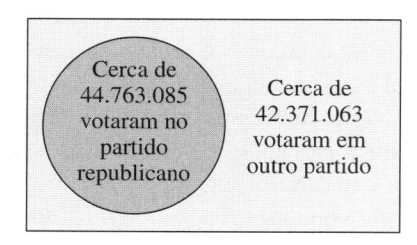

Cerca de 44.763.085 votaram no partido republicano

Cerca de 42.371.063 votaram em outro partido

Usando um gráfico de barras para encontrar probabilidades Nos exercícios 63 a 66, use o gráfico de barras a seguir, que mostra o maior nível educacional atingido pelos funcionários de uma empresa. Ache a probabilidade de que o maior nível educacional de um funcionário escolhido aleatoriamente seja:

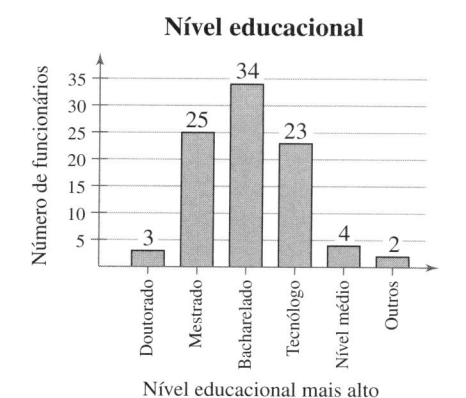

Nível educacional

Doutorado: 3; Mestrado: 25; Bacharelado: 34; Tecnólogo: 23; Nível médio: 4; Outros: 2

63. Doutorado.
64. Tecnólogo.
65. Mestrado.
66. Ensino médio.

67. **Evento incomum** Algum dos eventos dos exercícios 37 a 40 pode ser considerado incomum? Explique.

68. **Evento incomum** Algum dos eventos dos exercícios 63 a 66 pode ser considerado incomum? Explique.

69. **Genética** Um *quadrado de Punnett* é um diagrama que mostra todas as possibilidades de combinação genética em um cruzamento de pais cujos genes são conhecidos. Quando duas flores boca-de-leão cor-de-rosa (RW) são cruzadas, há quatro resultados igualmente possíveis para a composição genética dos descendentes: vermelho (RR), rosa (RW), rosa (WR) e branco (WW), conforme mostrado no quadrado de Punnett a seguir. Quando duas bocas-de-leão cor-de-rosa são cruzadas, qual é a probabilidade de que o descendente seja (a) rosa, (b) vermelho e (c) branco?

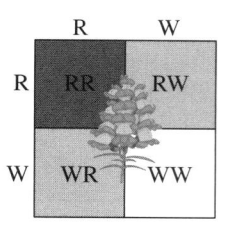

	R	W
R	RR	RW
W	WR	WW

70. **Genética** Há seis tipos básicos de coloração em cães da raça collie registrados: negro (SSmm), tricolor (ssmm), negro trifatorial (Ssmm), azul merle (ssMm), negro merle (SSMm) e negro merle trifatorial (SsMm). O quadrado de Punnett a seguir mostra as colorações possíveis do filhote de um collie negro merle trifatorial com um collie negro trifatorial. Qual é a probabilidade de que o filhote tenha a mesma cor de um de seus pais?

	SM	Sm	sM	sm
Sm	SSMm	SSmm	SsMm	Ssmm
Sm	SSMm	SSmm	SsMm	Ssmm
sm	SsMm	Ssmm	ssMm	ssmm
sm	SsMm	Ssmm	ssMm	ssmm

Pais: Ssmm e SsMm

Usando um gráfico de pizza para encontrar probabilidades Nos exercícios 71 a 74, use o gráfico de pizza a seguir, que mostra o número de trabalhadores (*em milhares*) por indústria nos Estados Unidos. (*Fonte: United States Department of Labor.*)

Trabalhadores (em milhares) por indústria nos EUA

Agricultura, silvicultura, pesca e caça **2.186**
Manufatura **14.686**
Serviços **115.675**
Mineração, pedraria, extração de óleo e gás e construção **9.921**

71. Encontre a probabilidade de que um trabalhador escolhido aleatoriamente esteja empregado na indústria de serviços.

72. Encontre a probabilidade de que um trabalhador escolhido aleatoriamente esteja empregado na indústria de manufatura.

73. Encontre a probabilidade de que um trabalhador escolhido aleatoriamente não esteja empregado na indústria de serviços.

74. Encontre a probabilidade de que o trabalhador escolhido aleatoriamente não esteja empregado na indústria de agricultura, silvicultura, pesca e caça.

75. **Futebol universitário** Um diagrama de ramo e folha para o número de pontos marcados por todos os 120 times da 1ª subdivisão de futebol americano é mostrado a seguir. Encontre a probabilidade de que um time escolhido aleatoriamente tenha marcado (a) pelo menos 51 pontos, (b) entre 20 e 30 pontos, inclusive, e (c) mais do que 72 pontos. Algum desses eventos é incomum? Explique. (*Fonte: National Collegiate Athletic Association.*)

```
1 | 9                                    Chave: 1|9 = 19
2 | 4 5 6 6 7 7 7 7 8 8 8 9 9
3 | 0 0 1 1 1 2 2 2 3 3 3 3 4 4 5 5 6 6 6 8 8 8 9 9 9 9
4 | 0 1 1 1 1 2 2 3 3 3 4 4 5 5 6 6 6 7 7 7 7 8 9 9 9 9 9 9 9
5 | 0 0 0 0 0 0 1 1 2 2 3 4 4 5 6 6 7 7 8 8 8 9
6 | 0 1 1 2 2 2 2 3 4 4 5 5 5 5 6 6 6 7 8 8 9
7 | 1 1 2 3 6 8
8 | 4 9
```

76. Preço individual de ação Uma ação individual é selecionada aleatoriamente de um portfólio representado pelo *boxplot* mostrado a seguir. Encontre a probabilidade de que o preço da ação seja (a) menor que US$ 21, (b) entre US$ 21 e US$ 50 e (c) US$ 30 ou mais.

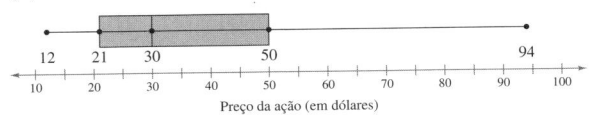

(boxplot: 12, 21, 30, 50, 94; eixo: Preço da ação (em dólares))

Escrito *Nos exercícios 77 e 78, escreva uma afirmação que represente o complemento da probabilidade.*

77. A probabilidade de selecionar aleatoriamente uma pessoa que beba chá e que tenha nível universitário (considere que você está selecionando da população de todas as pessoas que bebem chá).

78. A probabilidade de selecionar aleatoriamente um fumante cuja mãe também fumou (considere que você está selecionando da população de todos os fumantes).

Expandindo conceitos

79. **Jogando um par de dados** Você joga um par de dados de seis faces e registra a soma.
    (a) Liste todas as somas possíveis e determine a probabilidade teórica de cada uma.
    (b) Use uma ferramenta tecnológica para simular a jogada de um par de dados e registrar a soma 100 vezes. Faça a marcação das 100 somas e use esses resultados para obter a probabilidade empírica de cada soma.
    (c) Compare as probabilidades da parte (a) com as probabilidades da parte (b). Explique quaisquer similaridades ou diferenças.

Chances *Nos exercícios de 80 a 85, use a informação a seguir. As possibilidades de ganhar são frequentemente escritas em termos de chances em vez de probabilidades.* **A chance de ganhar** *é a razão do número de resultados bem-sucedidos pelo número de resultados malsucedidos.* **A chance de perder** *é a razão do número de resultados malsucedidos pelo número de resultados bem-sucedidos. Por exemplo, quando o número de resultados bem-sucedidos é 2 e o número de resultados malsucedidos é 3, as chances de ganhar são 2 : 3 (lê-se "2 para 3") ou $\frac{2}{3}$.*

80. Uma indústria de bebidas coloca peças de jogo debaixo das tampinhas de suas bebidas e afirma que uma em cada seis peças do jogo é premiada. As regras oficiais do concurso afirmam que as chances de ganhar um prêmio são 1 : 6. A afirmação "uma em cada seis peças é premiada" é correta? Explique seu raciocínio.

81. A probabilidade de ganhar um prêmio instantâneo em um jogo é $\frac{1}{10}$. As chances de ganhar um outro prêmio instantâneo em um jogo diferente são 1 : 10. Você quer a melhor chance de ganhar. Qual jogo você deveria jogar? Explique seu raciocínio.

82. As chances de um evento ocorrer são 4 : 5. Encontre (a) a probabilidade de que o evento ocorrerá e (b) a probabilidade de que o evento não ocorrerá.

83. Uma carta é escolhida aleatoriamente de um baralho normal de 52 cartas. Encontre a chance de que seja uma carta de espadas.

84. Uma carta é escolhida aleatoriamente de um baralho normal de 52 cartas. Encontre a chance de que não seja uma carta de espadas.

85. As chances de ganhar um evento A são $p : q$. Mostre que a probabilidade do evento A é dada por $P(A) = \dfrac{p}{p+q}$.

Atividade 3.1 – Simulando o mercado de ações

O applet *Simulating the stock market* permite que você investigue a probabilidade de que o mercado de ações subirá em um certo dia. O gráfico no canto superior esquerdo da Figura 3.11 mostra a probabilidade associada com cada resultado. Neste caso, o mercado tem 50% de chances de subir em certo dia. Quando clicamos em SIMULATE (simular), são simulados resultados para n dias. Os resultados das simulações são mostrados no gráfico de frequência. Quando marcamos a opção *animate* (animar), a tela mostrará cada resultado descendo para o gráfico de frequência conforme a simulação é executada. Os resultados individuais são exibidos na área de texto na extrema direita do applet. O gráfico central mostra em vermelho a proporção acumulada de vezes que o mercado subiu. A linha verde no gráfico reflete a probabilidade real de o mercado subir. Conforme o experimento é conduzido repetidas vezes, a proporção acumulada deve convergir para o valor real.

APPLET

Você encontra o applet interativo para esta atividade **no Site de Apoio**.

Figura 3.11

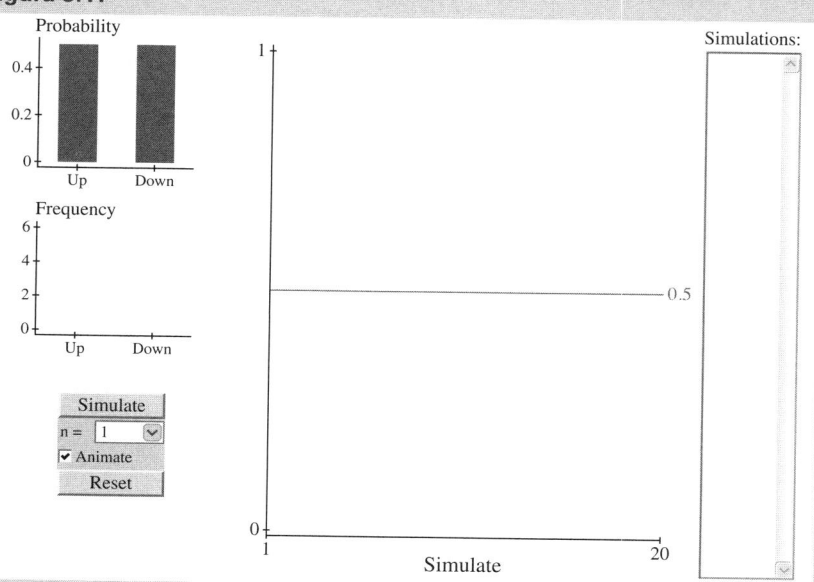

Explore

Passo 1 Especifique um valor para n.
Passo 2 Clique SIMULATE quatro vezes.
Passo 3 Clique RESET.
Passo 4 Especifique outro valor para n.
Passo 5 Clique SIMULATE.

Conclua

1. Execute a simulação usando $n = 1$ sem clicar em RESET. Quantos dias levou até que o mercado subisse por três dias seguidos? Quantos dias levou até que o mercado caísse por três dias seguidos?

2. Execute o applet para simular a atividade do mercado de ações nos últimos 35 dias úteis. Encontre a probabilidade empírica de que o mercado suba no 36º dia.

O que você deve aprender

- Como calcular a probabilidade de um evento, dado que outro evento tenha ocorrido.
- Como distinguir entre eventos independentes e dependentes.
- Como usar a regra da multiplicação para encontrar a probabilidade de dois ou mais eventos ocorrendo em sequência, e encontrar probabilidades condicionais.

3.2 Probabilidade condicional e a regra da multiplicação

Probabilidade condicional • Eventos independentes e dependentes • A regra da multiplicação

Probabilidade condicional

Nesta seção, você aprenderá como encontrar a probabilidade de dois eventos ocorrerem em sequência. Antes que você possa encontrar essa probabilidade, entretanto, você deve saber como encontrar **probabilidades condicionais**.

> **Definição**
>
> Uma **probabilidade condicional** é a probabilidade de um evento ocorrer, dado que outro evento já tenha ocorrido. A probabilidade condicional de o evento B ocorrer, dado que o evento A tenha ocorrido, é denotada por P(B|A) e lê-se "probabilidade de B, dado A".

Exemplo 1

Encontrando probabilidade condicionais

1. Duas cartas são selecionadas em sequência de um baralho normal de 52 cartas. Encontre a probabilidade de que a segunda carta seja uma rainha, dado que a primeira carta é um rei (considere que o rei não seja reposto).
2. A Tabela 3.4 mostra os resultados de um estudo no qual os pesquisadores examinaram o QI de uma criança e a presença de um gene específico nela. Encontre a probabilidade de que a criança tenha um QI alto, dado que ela tem o gene.

Tabela 3.4

	Gene presente	Gene ausente	Total
QI alto	33	19	52
QI normal	39	11	50
Total	72	30	102

Solução

1. Em razão de a primeira carta ser um rei e ela não ser reposta, restam 51 cartas no baralho, 4 das quais são rainha. Então,

$$P(B \mid A) = \frac{4}{51} \approx 0{,}078.$$

A probabilidade de que a segunda carta seja uma rainha, dado que a primeira é um rei, é de aproximadamente 0,078.

2. Há 72 crianças que têm o gene. Então, o espaço amostral consiste em 72 crianças, conforme mostrado na Tabela 3.5. Dessas, 33 tem QI alto. Então,

$$P(B \mid A) = \frac{33}{72} \approx 0{,}458.$$

A probabilidade de que uma criança tenha um QI alto, dado que ela tem o gene, é de aproximadamente 0,458.

Tabela 3.5

	Gene presente
QI alto	33
QI normal	39
Total	72

Tente você mesmo 1

Retomando o estudo na segunda parte do Exemplo 1, encontre a probabilidade de que (1) a criança não tem o gene e (2) a criança não tem o gene, dado que ela tem um QI normal.

a. Encontre o número de resultados no evento e no espaço amostral.

b. Divida o número de resultados no evento pelo número de resultados no espaço amostral.

Eventos independentes e dependentes

Em alguns experimentos, um evento não afeta a probabilidade de outro. Por exemplo, quando você joga um dado e uma moeda, o resultado do dado não afeta a probabilidade de sair cara na moeda. Esses dois eventos são *independentes*. A questão da independência de dois ou mais eventos é importante para pesquisadores em áreas como marketing, medicina e psicologia. Você pode usar probabilidades condicionais para determinar se os eventos são **independentes**.

Retratando o mundo

Truman Collins, um entusiasta da probabilidade e da estatística, escreveu um programa que encontra a probabilidade de se cair em cada casa do tabuleiro do Banco Imobiliário® durante o jogo. Collins explorou vários cenários, incluindo a carta sorte ou revés e as várias maneiras de cair ou sair da prisão. Curiosamente, Collins descobriu que o tempo de permanência na prisão afeta as probabilidades.

Casa do jogo	Probabilidade com tempo curto na prisão	Probabilidade com tempo longo na prisão
Início	0,0310	0,0291
Sorte ou revés	0,0087	0,0082
Prisão	0,0395	0,0946
Parada livre	0,0288	0,0283
Localidades	0,0219	0,0206
Estação	0,0307	0,0289
Sistema de água	0,0281	0,0265

Por que as probabilidades dependem de quanto tempo você fica na prisão?

Definição

Dois eventos são **independentes** quando a ocorrência de um deles não afeta a probabilidade de ocorrência do outro. Dois eventos A e B são independentes quando:

$P(B|A) = P(B)$ ou quando $P(A|B) = P(A)$.

Eventos que não são independentes são **dependentes**.

Para determinar se A e B são independentes, primeiro calcule $P(B)$, a probabilidade do evento B. Então, calcule $P(B|A)$, a probabilidade de B, dado A. Se os valores forem iguais, os eventos são independentes. Se $P(B) \neq P(B|A)$, então A e B são eventos dependentes.

Exemplo 2

Classificando eventos como independentes ou dependentes

Determine se os eventos são independentes ou dependentes.

1. Selecionar um rei (A) de um baralho normal com 52 cartas, sem reposição, e então selecionar uma rainha (B) do baralho.
2. Jogar uma moeda e tirar cara (A) e então jogar um dado de seis faces e tirar um 6 (B).
3. Dirigir a mais de 85 milhas por hora (A) e então sofrer um acidente de carro (B).

Solução

1. $P(B|A) = \frac{4}{51}$ e $P(B) = \frac{4}{52}$. A ocorrência de A muda a probabilidade da ocorrência de B, então os eventos são dependentes.
2. $P(B|A) = \frac{1}{6}$ e $P(B) = \frac{1}{6}$. A ocorrência de A não muda a probabilidade da ocorrência de B, então os eventos são independentes.
3. Dirigir a mais de 85 milhas por hora aumenta as chances de se envolver em um acidente, então os eventos são dependentes.

Tente você mesmo 2

Analise os eventos a seguir.

1. Fumar um maço de cigarros por dia (A) e desenvolver enfisema, uma doença crônica do pulmão (B).
2. Lançar uma moeda e tirar cara (A) e depois lançar a moeda novamente e tirar coroa (B).

a. Determine se a ocorrência do primeiro evento afeta a probabilidade do segundo evento.

b. Diga se os eventos são independentes ou dependentes.

A regra da multiplicação

Para encontrar a probabilidade de dois eventos ocorrendo em sequência, podemos usar a **regra da multiplicação**.

A regra da multiplicação para a probabilidade de A e B

A probabilidade de que dois eventos A e B ocorram em sequência é:

$$P(A \text{ e } B) = P(A) \cdot P(B|A)$$

Se os eventos A e B forem independentes, então a regra pode ser simplificada para $P(A \text{ e } B) = P(A) \cdot P(B)$. Essa regra simplificada pode ser estendida para qualquer número de eventos independentes.

Dica de estudo

Em palavras, para usar a regra da multiplicação:
1. Encontre a probabilidade de que o primeiro evento ocorra.
2. Encontre a probabilidade de que o segundo evento ocorra, dado que o primeiro tenha ocorrido.
3. Multiplique essas duas probabilidades.

Exemplo 3

Usando a regra da multiplicação para encontrar probabilidades

1. Duas cartas são selecionadas, sem reposição da primeira carta, de um baralho normal de 52 cartas. Encontre a probabilidade de selecionar um rei e depois uma rainha.
2. Uma moeda é jogada e um dado é lançado. Encontre a probabilidade de se obter cara e 6.

Solução

1. Como a primeira carta não é reposta, os eventos são dependentes.

   $P(K \text{ e } Q) = P(K) \cdot P(Q|K)$
   $= \frac{4}{52} \cdot \frac{4}{51} = \frac{16}{2.652} \approx 0,006$

   Então, a probabilidade de selecionar um rei e uma rainha, sem reposição, é de aproximadamente 0,006.

2. Os eventos são independentes.

   $P(H \text{ e } 6) = P(H) \cdot P(6)$
   $= \frac{1}{2} \cdot \frac{1}{6} = \frac{1}{12} \approx 0,083$

   Então, a probabilidade de tirar cara e 6 é de aproximadamente 0,083.

> **Entenda**
> Na Seção 3.1 vimos que uma probabilidade de 0,05 ou menos é considerada incomum. Na primeira parte do Exemplo 3, 0,006 < 0,05. Isso significa que, selecionar de um baralho um rei e depois uma rainha (sem reposição) é um evento incomum.

Tente você mesmo 3

1. A probabilidade de que um salmão nade, com sucesso, através de uma barragem é de 0,85. Encontre a probabilidade de dois salmões atravessarem a barragem com sucesso.
2. Duas cartas são selecionadas de um baralho normal, sem reposição. Encontre a probabilidade de ambas serem de copas.
   a. Determine se os eventos são independentes ou dependentes.
   b. Use a regra da multiplicação para encontrar a probabilidade.

Exemplo 4

Usando a regra da multiplicação para encontrar probabilidades

A probabilidade de que uma cirurgia reconstrutiva do ligamento cruciforme anterior (LCA) seja bem-sucedida é de 0,95. (*Fonte: The Orthopedic Center of St. Louis.*)

1. Determine a probabilidade de que três cirurgias do LCA sejam bem-sucedidas.
2. Determine a probabilidade de que nenhuma das três cirurgias do LCA seja bem-sucedida.
3. Determine a probabilidade de que pelo menos uma das três cirurgias do LCA seja bem-sucedida.

Solução

1. A probabilidade de que cada cirurgia do LCA seja bem-sucedida é 0,95. A chance de sucesso em uma cirurgia é independente da chance de sucesso nas outras cirurgias.

$P(\text{três sucessos}) = (0{,}95)(0{,}95)(0{,}95) \approx 0{,}857$

Então, a probabilidade de que todas as três cirurgias sejam bem-sucedidas é de aproximadamente 0,857.

2. Uma vez que a probabilidade de sucesso em uma cirurgia é 0,95, a probabilidade de fracasso em uma cirurgia é 1 − 0,95 = 0,05.

$P(\text{nenhum sucesso}) = (0{,}05)(0{,}05)(0{,}05) \approx 0{,}0001$

Então, a probabilidade de que nenhuma das cirurgias seja bem-sucedida é de aproximadamente 0,0001. Note que, como 0,0001 é menor que 0,05, isso pode ser considerado um evento incomum.

3. A frase "pelo menos um" significa um ou mais. O complemento do evento "pelo menos um sucesso" é o evento "nenhum sucesso". Usando a regra do complemento,

$P(\text{pelo menos um sucesso}) = 1 - P(\text{nenhum sucesso})$
$\approx 1 - 0{,}0001 = 0{,}9999.$

Então, a probabilidade de que pelo menos uma das três cirurgias seja bem-sucedida é aproximadamente 0,9999.

Tente você mesmo 4

A probabilidade de que uma cirurgia no manguito rotador seja bem-sucedida é 0,9. (*Fonte: The Orthopedic Center of St. Louis.*)

1. Calcule a probabilidade de que três cirurgias do manguito rotador sejam bem-sucedidas.
2. Determine a probabilidade de que nenhuma das três cirurgias do manguito rotador seja bem-sucedida.
3. Determine a probabilidade de que pelo menos uma das três cirurgias do manguito rotador seja bem-sucedida.

a. Decida se deve encontrar a probabilidade do evento ou do seu complemento.
b. Use a regra da multiplicação para encontrar a probabilidade. Se necessário, use o complemento.
c. Determine se o evento é incomum. Explique.

No Exemplo 4, pediu-se que você encontrasse a probabilidade usando a frase "pelo menos um". Note que foi mais fácil encontrar a probabilidade de seu complemento "nenhum", e então subtraí-la de 1.

Exemplo 5

Usando a regra da multiplicação para encontrar probabilidades

Cerca de 16.500 estudantes do último ano de faculdades de medicina dos Estados Unidos se candidataram a programas de residência em 2012; 95% deles foram combinados com as vagas de residência, e destes, 81,6% conseguiram uma combinação com uma de suas três principais preferências (veja a Figura 3.12). Os estudantes de medicina classificam os programas de residência em sua ordem de preferência e são classificados pelos recrutadores em todo o país. O termo "combinar" refere-se ao processo pelo qual a lista de preferências do estudante e a lista de preferência do recrutador se sobrepõem, resultando na colocação do estudante para uma vaga de residente. (*Fonte: National Resident Matching Program.*)

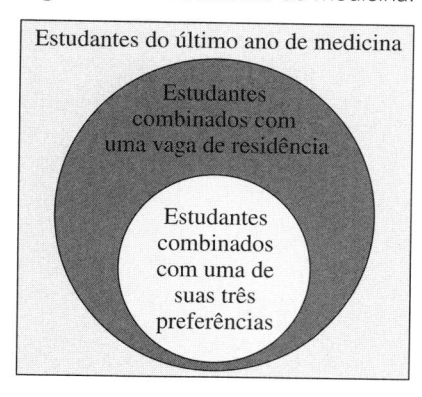

1. Encontre a probabilidade de que um estudante do último ano tenha sido combinado com uma vaga de residência *e* essa era uma de suas três principais preferências.

Figura 3.12 Faculdade de medicina.

2. Encontre a probabilidade de que um estudante selecionado aleatoriamente que tenha sido combinado com uma vaga de residência *não* tenha sido combinado com uma de suas três principais preferências.

3. Seria incomum para um estudante selecionado aleatoriamente ser combinado com uma vaga de residência *e* que esta seja uma de suas três principais preferências?

Solução

Seja A = {combinado com uma vaga de residência} e B = {combinado com uma de suas três principais preferências}. Então, $P(A) = 0,95$ e $P(B|A) = 0,816$.

1. Os eventos são dependentes.

$P(A \text{ e } B) = P(A) \cdot P(B|A) = (0,95) \cdot (0,816) \approx 0,775$

Então, a probabilidade de que um estudante selecionado aleatoriamente tenha sido combinado com uma de suas três principais preferências é de aproximadamente 0,775.

2. Para encontrar essa probabilidade, use o complemento.

$P(B'|A) = 1 - P(B|A) = 1 - 0,816 = 0,184$

Então, a probabilidade de que um estudante selecionado aleatoriamente tenha sido combinado com uma vaga de residência que não era uma de suas três principais preferências é de 0,184.

3. Não é incomum, pois a probabilidade de um estudante ser combinado com uma vaga de residência que seja uma de suas três principais preferências é de aproximadamente 0,775, o que é maior do que 0,05. De fato, com uma probabilidade de 0,775, esse evento *é provável* de ocorrer.

Tente você mesmo 5

Em um processo para seleção de júri, 65% das pessoas são mulheres. Destas, uma de cada quatro trabalha na área da saúde (veja a Figura 3.13).

1. Calcule a probabilidade de que uma pessoa selecionada aleatoriamente do júri seja mulher e trabalhe na área da saúde. Esse evento é incomum?

2. Determine a probabilidade de que uma pessoa selecionada aleatoriamente do júri seja mulher e não trabalhe na área da saúde. Esse evento é incomum?

a. Descreva os eventos A e B.
b. Use a regra da multiplicação para escrever uma fórmula e encontrar a probabilidade. Se necessário, use o complemento.
c. Calcule a probabilidade.
d. Verifique se o evento é incomum. Explique.

Figura 3.13 Seleção de júri.

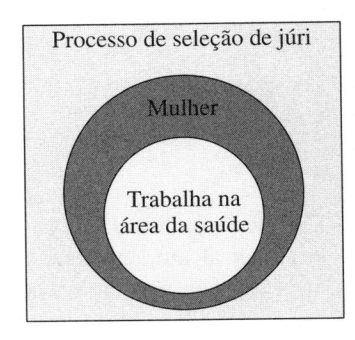

3.2 Exercícios

Construindo habilidades básicas e vocabulário

1. Qual é a diferença entre eventos dependentes e independentes?

2. Dê um exemplo de:
   (a) Dois eventos que são independentes.
   (b) Dois eventos que são dependentes.

3. O que significa a notação $P(B|A)$?

4. Explique como usar o complemento para encontrar a probabilidade de obter pelo menos um item em um experimento cujo espaço amostral é formado pelas quantidades de itens: 0, 1, 2, 3, 4.

Verdadeiro ou falso? *Nos exercícios 5 e 6, determine se a afirmação é verdadeira ou falsa. Se for falsa, reescreva-a como uma sentença verdadeira.*

5. Se dois eventos são independentes, então $P(A|B) = P(B)$.

6. Se os eventos A e B são dependentes, então $P(A \text{ e } B) = P(A) \cdot P(B)$.

Usando e interpretando conceitos

7. **Faculdade de enfermagem** A tabela a seguir mostra o número de estudantes, homens e mulheres, matriculados no curso de enfermagem na Universidade de Oklahoma, em um semestre recente. (*Fonte: University of Oklahoma Health Sciences Center Office of Institutional Research.*)

	Enfermagem	Outros cursos	Total
Homens	94	1.104	1.198
Mulheres	725	1.682	2.407
Total	819	2.786	3.605

(a) Encontre a probabilidade de que um estudante selecionado aleatoriamente seja homem, dado que é de enfermagem.

(b) Encontre a probabilidade de que um estudante selecionado aleatoriamente seja de enfermagem, dado que é homem.

8. **Poupança para emergências** A tabela a seguir mostra os resultados de uma pesquisa na qual 142 homens e 145 mulheres, trabalhadores com idades entre 25 e 64 anos, foram questionados se têm ao menos um mês de renda guardado para emergências.

	Homens	Mulheres	Total
Menos de um mês de renda	66	83	149
Um mês de renda ou mais	76	62	138
Total	142	145	287

(a) Encontre a probabilidade de que um trabalhador selecionado aleatoriamente tenha um mês de renda ou mais guardada para emergências, dado que é mulher.

(b) Encontre a probabilidade de que um trabalhador selecionado aleatoriamente seja mulher, dado que tem menos de um mês de renda guardada para emergências.

Classificando eventos *Nos exercícios 9 a 14, determine se os eventos são dependentes ou independentes. Explique seu raciocínio.*

9. Selecionar um rei de um baralho normal, recolocá-lo e então selecionar uma rainha.

10. Devolver um filme alugado depois da data correta e receber uma multa por atraso.

11. Um pai com olhos castanhos e sua filha com olhos castanhos.

12. Não colocar dinheiro em um parquímetro e receber um bilhete de estacionamento.

13. Jogar um dado de seis faces e então jogá-lo uma segunda vez de modo que soma das duas jogadas seja cinco.

14. Uma bola numerada de 1 a 52 é selecionada de uma urna, recolocada e, então, uma segunda bola numerada é selecionada da urna.

Classificando eventos baseados em estudos *Nos exercícios 15 a 18, identifique os dois eventos descritos no estudo. Os resultados indicam que os eventos são independentes ou dependentes? Explique seu raciocínio.*

15. Um estudo descobriu que pessoas que sofrem de apneia do sono, de moderada a severa, têm alto risco de sofrer de hipertensão. (*Fonte: Journal of the American Medical Association.*)

16. Estresse faz com que o corpo produza grandes quantidades de ácido, que pode irritar úlceras já existentes. Mas estresse não causa úlceras estomacais. (*Fonte: Baylor College of Medicine.*)

17. Um estudo descobriu que não há relação entre o uso de telefone celular e o desenvolvimento de câncer. (*Fonte: British Medical Journal.*)

18. De acordo com pesquisadores, infecção com o vírus da dengue torna os mosquitos mais famintos que o habitual. (*Fonte: PLoS Pathogens.*)

19. **Cartas** Duas cartas são selecionadas de um baralho normal com 52 cartas. A primeira carta é reposta antes de a segunda ser selecionada. Encontre a probabilidade de selecionar uma carta de copas e depois um ás.

20. **Moeda e dado** Uma moeda e um dado são lançados. Encontre a probabilidade de sair coroa e um número maior que 2.

21. **Gene BRCA** Uma pesquisa mostrou que aproximadamente 1 em 400 mulheres carregam uma mutação do gene BRCA. Cerca de 6 em cada 10 mulheres com essa mutação desenvolvem câncer de mama. Encontre a probabilidade de que uma mulher selecionada aleatoriamente carregará a mutação do gene BRCA e desenvolverá câncer de mama. (*Fonte: National Cancer Institute.*)

Câncer de mama e o gene BRCA

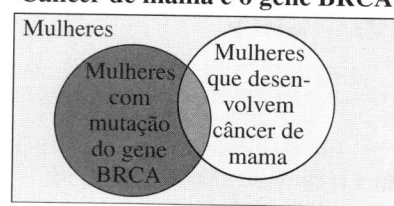

22. Picapes Em uma pesquisa nos Estados Unidos, 510 adultos foram questionados se dirigem picapes e se dirigem um Ford. Os resultados mostram que três em cada dez adultos pesquisados dirigem um Ford. Dos adultos pesquisados que dirigem um Ford, dois em cada nove dirigem uma picape. Encontre a probabilidade de que um adulto selecionado aleatoriamente dirija um Ford e uma picape.

O que você dirige?

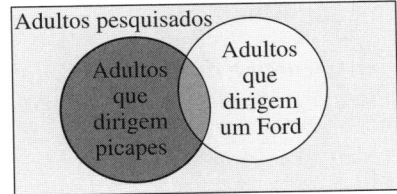

Adultos pesquisados
Adultos que dirigem picapes
Adultos que dirigem um Ford

23. Jantar fora Em uma amostra de 1.000 adultos americanos, 180 jantam fora em um restaurante mais de uma vez por semana. Dois adultos são selecionados aleatoriamente, sem reposição. (*Adaptado de: Rasmussen Reports.*)

(a) Determine a probabilidade de que ambos os adultos jantem fora mais de uma vez por semana.

(b) Determine a probabilidade de que nenhum dos adultos jante fora mais de uma vez por semana.

(c) Determine a probabilidade de que pelo menos um dos dois adultos jante fora mais de uma vez por semana.

(d) Qual dos eventos pode ser considerado incomum? Explique.

24. Informação nutricional Em uma amostra de 1.000 adultos americanos, 150 disseram que estão muito seguros com as informações nutricionais nos cardápios dos restaurantes. Quatro adultos são selecionados aleatoriamente, sem reposição. (*Adaptado de: Rasmussen Reports.*)

(a) Determine a probabilidade de que todos os quatro adultos estejam muito seguros com as informações nutricionais nos cardápios dos restaurantes.

(b) Determine a probabilidade de que nenhum dos quatro adultos esteja muito seguro com as informações nutricionais nos cardápios dos restaurantes.

(c) Determine a probabilidade de que pelo menos um dos quatro adultos esteja muito seguro com as informações nutricionais nos cardápios dos restaurantes.

(d) Qual dos eventos pode ser considerado incomum? Explique.

25. Melhor presidente Em uma amostra de 2.016 adultos americanos, 383 disseram que Franklin Roosevelt foi o melhor presidente desde a Segunda Guerra Mundial. Dois adultos americanos são selecionados aleatoriamente, sem reposição. (*Adaptado de: Harris Interactive.*)

(a) Qual a probabilidade de que ambos os adultos digam que Franklin Roosevelt foi o melhor presidente desde a Segunda Guerra Mundial?

(b) Qual a probabilidade de que nenhum dos adultos diga que Franklin Roosevelt foi o melhor presidente desde a Segunda Guerra Mundial?

(c) Qual a probabilidade de que pelo menos um dos dois adultos diga que Franklin Roosevelt foi o melhor presidente desde a Segunda Guerra Mundial?

(d) Qual dos eventos pode ser considerado incomum? Explique.

26. Pior presidente Em uma amostra de 2.016 adultos americanos, 242 disseram que Richard Nixon foi o pior presidente desde a Segunda Guerra Mundial. Três adultos americanos são selecionados aleatoriamente, sem reposição. (*Adaptado de: Harris Interactive.*)

(a) Qual a probabilidade de que todos os três adultos digam que Richard Nixon foi o pior presidente desde a Segunda Guerra Mundial?

(b) Qual a probabilidade de que nenhum dos três adultos diga que Richard Nixon foi o pior presidente desde a Segunda Guerra Mundial?

(c) Qual a probabilidade de que no máximo dois dos três adultos digam que Richard Nixon foi o pior presidente desde a Segunda Guerra Mundial?

(d) Qual dos eventos pode ser considerado incomum? Explique.

27. Tipos sanguíneos A probabilidade de que uma pessoa nos Estados Unidos tenha tipo sanguíneo B^+ é de 9%. Cinco pessoas não relacionadas são selecionadas aleatoriamente. (*Fonte: American Association of Blood Banks.*)

(a) Determine a probabilidade de que todas as cinco pessoas tenham tipo sanguíneo B^+.

(b) Determine a probabilidade de que nenhuma das cinco tenha tipo sanguíneo B^+.

(c) Determine a probabilidade de que pelo menos uma das cinco pessoas tenha tipo sanguíneo B^+.

(d) Qual dos eventos pode ser considerado incomum? Explique.

28. Tipos sanguíneos A probabilidade de que uma pessoa nos Estados Unidos tenha tipo sanguíneo A^+ é de 31%. Três pessoas não relacionadas são selecionadas aleatoriamente. (*Fonte: American Association of Blood Banks.*)

(a) Encontre a probabilidade de que as três pessoas tenham tipo sanguíneo A^+.

(b) Encontre a probabilidade de que nenhuma das três pessoas tenha tipo sanguíneo A^+.

(c) Encontre a probabilidade de que pelo menos uma das três pessoas tenha tipo sanguíneo A^+.

(d) Qual dos eventos pode ser considerado incomum? Explique.

29. Tecnologia de reprodução assistida Um estudo descobriu que 45% das transferências embrionárias realizadas com procedimentos de tecnologia de reprodução assistida (TRA) resultam em gravidez. Vinte e quatro por cento das gravidezes com TRA resultaram em nascimentos múltiplos. (*Fonte: National Center for Chronic Disease Prevention and Health Promotion.*)

Gravidezes

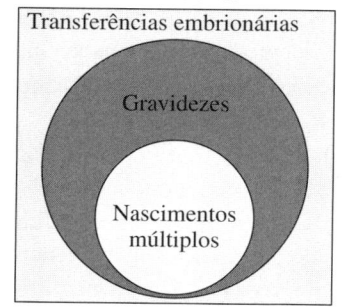

(a) Determine a probabilidade de que uma transferência embrionária selecionada aleatoriamente resultou em uma gravidez e produziu um nascimento múltiplo.

(b) Determine a probabilidade de que uma transferência embrionária selecionada aleatoriamente resultou em uma gravidez e não produziu um nascimento múltiplo.

(c) Seria incomum para uma transferência embrionária selecionada aleatoriamente resultar em uma gravidez e produzir um nascimento múltiplo? Explique.

30. Cassino De acordo com uma pesquisa, 55% dos habitantes de uma cidade se opõem a um cassino local. Desses 55%, cerca de 7 em cada 10 se opõem fortemente a um cassino. (*Adaptado de: Rochester Business Journal.*)

Cassino

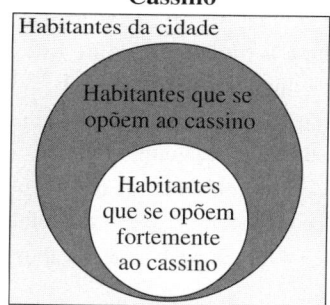

(a) Encontre a probabilidade de que um habitante selecionado aleatoriamente se oponha ao cassino e se oponha fortemente ao cassino.

(b) Encontre a probabilidade de que um habitante selecionado aleatoriamente que se opõe ao cassino não se oponha fortemente ao cassino.

(c) Seria incomum para um habitante selecionado aleatoriamente se opor ao cassino e se opor fortemente ao cassino? Explique.

31. Livros digitais De acordo com uma pesquisa, 56% das bibliotecas escolares nos EUA não têm livros digitais. Desses 56%, 8% não planejam ter livros digitais no futuro. Encontre a probabilidade de que uma biblioteca escolar selecionada aleatoriamente não tenha livros digitais e não planeje ter livros digitais no futuro. (*Fonte: School Library Journal.*)

32. Sobrevivência à cirurgia Um médico dá a um paciente uma chance de 60% de sobrevivência a uma cirurgia de ponte de safena após um ataque cardíaco. Se o paciente sobrevive à cirurgia, ele tem 50% de chances de que o problema cardíaco seja curado. Encontre a probabilidade de que o paciente sobreviva à cirurgia e o dano cardíaco seja curado.

Expandindo conceitos

*De acordo com o **teorema de Bayes**, a probabilidade do evento A, dado que o evento B tenha ocorrido, é:*

$$P(A|B) = \frac{P(A) \cdot P(B|A)}{P(A) \cdot P(B|A) + P(A') \cdot P(B|A')}$$

Nos exercícios 33 a 36, use o teorema de Bayes para encontrar P(A|B).

33. $P(A) = \frac{2}{3}$, $P(A') = \frac{1}{3}$, $P(B|A) = \frac{1}{5}$ e $P(B|A') = \frac{1}{2}$.

34. $P(A) = \frac{3}{8}$, $P(A') = \frac{5}{8}$, $P(B|A) = \frac{2}{3}$ e $P(B|A') = \frac{3}{5}$.

35. $P(A) = 0{,}25$; $P(A') = 0{,}75$; $P(B|A) = 0{,}3$ e $P(B|A') = 0{,}5$.

36. $P(A) = 0{,}62$; $P(A') = 0{,}38$; $P(B|A) = 0{,}41$ e $P(B|A') = 0{,}17$.

37. Confiabilidade do teste Um certo vírus infecta uma em cada 200 pessoas. Um teste usado para detectar o vírus em uma pessoa dá positivo 80% das vezes quando a pessoa tem o vírus e 5% das vezes quando a pessoa não tem o vírus. (Este resultado de 5% é chamado de *falso positivo*.) Seja *A* o evento "a pessoa está infectada" e *B* o evento "o teste dá positivo".

(a) Usando o teorema de Bayes, se o teste dá positivo, determine a probabilidade de a pessoa estar infectada.

(b) Usando o teorema de Bayes, se o teste dá negativo, determine a probabilidade de a pessoa *não* estar infectada.

38. Problema do aniversário Você está em uma sala que tem 24 estudantes. Você quer encontrar a probabilidade de que pelo menos dois estudantes compartilham a mesma data de aniversário.

(a) Primeiro, encontre a probabilidade de que cada estudante tenha uma data de aniversário diferente.

$$P(\text{aniversários diferentes}) = \overbrace{\frac{365}{365} \cdot \frac{364}{365} \cdot \frac{363}{365} \cdot \frac{362}{365} \cdots \frac{343}{365} \cdot \frac{342}{365}}^{24 \text{ fatores}}$$

(b) A probabilidade de que pelo menos dois estudantes tenham a mesma data de aniversário é o complemento da probabilidade da parte (a). Qual é essa probabilidade?

(c) Use uma ferramenta de tecnologia para simular o "problema do aniversário", gerando 24 números aleatórios de 1 a 365. Repita a simulação 10 vezes. Em quantas você obtive pelo menos duas pessoas com a mesma data de aniversário?

A regra da multiplicação e a probabilidade condicional Reescrevendo a fórmula para a regra da multiplicação, podemos escrever uma fórmula para encontrar probabilidades condicionais. A probabilidade condicional de o evento B ocorrer, dado que o evento A tenha ocorrido, é

$$P(B \mid A) = \frac{P(A \text{ e } B)}{P(A)}$$

Nos exercícios 39 e 40, use as informações a seguir.

- *A probabilidade de que um voo parta no horário é de 0,89.*
- *A probabilidade de que um voo chegue na hora certa é de 0,87.*
- *A probabilidade de que um voo parta e chegue na hora é de 0,83.*

39. Encontre a probabilidade de que um voo tenha partido no horário, dado que ele chegou na hora certa.

40. Encontre a probabilidade de que um voo chegue na hora, dado que ele partiu no horário correto.

3.3 A regra da adição

Eventos mutuamente exclusivos • A regra da adição • Um resumo de probabilidade

Eventos mutuamente exclusivos

Na Seção 3.2, aprendemos como encontrar a probabilidade de dois eventos A e B, ocorrendo em sequência. Tais probabilidades são denotadas por $P(A \text{ e } B)$. Nesta seção, aprenderemos como encontrar a probabilidade de que ao menos um de dois eventos ocorra. Probabilidades como essas são denotadas por $P(A \text{ ou } B)$, e dependem se os eventos são **mutuamente exclusivos**.

O que você deve aprender

- Como determinar se dois eventos são mutuamente exclusivos.
- Como usar a regra da adição para encontrar a probabilidade de dois eventos.

Definição

Dois eventos A e B são **mutuamente exclusivos** quando A e B não puderem ocorrer ao mesmo tempo.

Os diagramas de Venn nas figuras 3.14 e 3.15 mostram a relação entre eventos que são mutuamente exclusivos e eventos que não o são. Note que, quando eventos A e B são mutuamente exclusivos, eles não possuem resultados em comum, então $P(A \text{ e } B) = 0$.

Figura 3.14 A e B são mutuamente exclusivos.

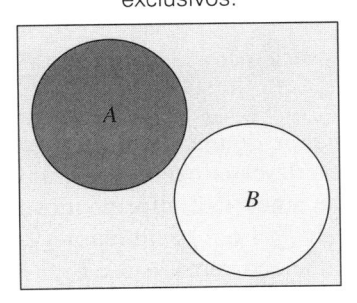

Figura 3.15 A e B não são mutuamente exclusivos.

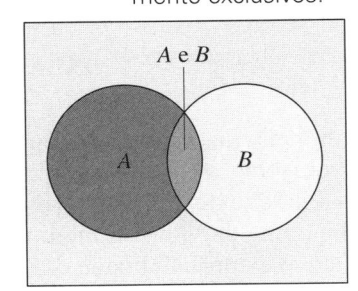

Dica de estudo

Em probabilidade e estatística, a palavra *ou* é geralmente usada como um "ou inclusivo" em vez de um "ou exclusivo". Por exemplo, há três maneiras para o "evento A ou B" ocorrer.
1. A ocorre e B não ocorre.
2. B ocorre e A não ocorre.
3. A e B ocorrem.

Exemplo 1

Eventos mutuamente exclusivos

Determine se os eventos são mutuamente exclusivos. Explique seu raciocínio.

1. Evento *A*: obter um 3 no lançamento de um dado.
   Evento *B*: obter um 4 no lançamento de um dado.
2. Evento *A*: selecionar aleatoriamente um estudante do sexo masculino.
   Evento *B*: selecionar aleatoriamente um graduando em enfermagem.
3. Evento *A*: selecionar aleatoriamente um doador de sangue com tipo O.
   Evento *B*: selecionar aleatoriamente um doador de sangue do sexo feminino.

Solução

1. O primeiro evento tem um resultado, 3. O segundo evento também tem um resultado, 4. Esses resultados não podem ocorrer ao mesmo tempo, então os eventos são mutuamente exclusivos.
2. Como o estudante pode ser um homem graduando de enfermagem, os eventos não são mutuamente exclusivos.
3. Como o doador pode ser mulher com tipo sanguíneo O, os eventos não são mutuamente exclusivos.

Tente você mesmo 1

Determine se os eventos são mutuamente exclusivos. Explique seu raciocínio.

1. Evento *A*: selecionar aleatoriamente de um baralho um valete.
   Evento *B*: selecionar aleatoriamente de um baralho uma carta de figura (valete, dama ou rei).
2. Evento *A*: selecionar aleatoriamente um veículo Ford.
   Evento *B*: selecionar aleatoriamente um veículo Toyota.
   a. Verifique se os eventos podem ocorrer ao mesmo tempo.
   b. Diga se os eventos são mutuamente exclusivos.

A regra da adição

A regra da adição para a probabilidade de *A* ou *B*

A probabilidade de que os eventos *A* ou *B* ocorram, $P(A$ ou $B)$, é dada por:
$$P(A \text{ ou } B) = P(A) + P(B) - P(A \text{ e } B).$$
Se os eventos *A* e *B* forem mutuamente exclusivos, então a regra pode ser simplificada para $P(A$ ou $B) = P(A) + P(B)$. Esta regra simplificada pode ser estendida para qualquer número de eventos mutuamente exclusivos.

Em palavras, para encontrar a probabilidade de um evento ou o outro ocorrer, some as probabilidades individuais de cada evento e subtraia a probabilidade de ambos ocorrerem simultaniamente. Conforme mostrado no diagrama de Venn da Figura 3.16, subtrair $P(A$ e $B)$ compensa a dupla contagem da probabilidade dos resultados que ocorrem em *A* e *B*.

Figura 3.16
Resultados aqui são contados duas vezes por $P(A) + P(B)$

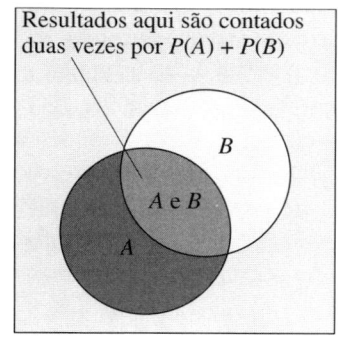

Exemplo 2

Usando a regra da soma para encontrar probabilidades

1. Você seleciona uma carta de um baralho. Encontre a probabilidade de a carta ser um 4 ou um ás.

2. Você joga um dado. Encontre a probabilidade de sair um número menor que três ou um número ímpar.

Figura 3.17 Baralho de 52 cartas.

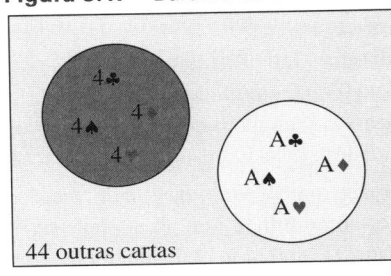

Solução

1. Se a carta for um 4, não pode ser um ás. Então, os eventos são mutuamente exclusivos conforme mostra o diagrama de Venn na Figura 3.17. A probabilidade de selecionar um 4 ou um ás é:

$$P(4 \text{ ou } \text{ás}) = P(4) + P(\text{ás}) = \frac{4}{52} + \frac{4}{52} = \frac{8}{52} = \frac{2}{13} \approx 0{,}154$$

2. Os eventos não são mutuamente exclusivos porque 1 é um resultado de ambos os eventos, como mostra o diagrama de Venn na Figura 3.18. Então, a probabilidade de sair um número menor que 3 ou um número ímpar é:

$$P(\text{menor que 3 ou ímpar}) = P(\text{menor que 3}) + P(\text{ímpar}) - P(\text{menor que 3 e ímpar})$$

$$\frac{2}{6} + \frac{3}{6} - \frac{1}{6} = \frac{4}{6} = \frac{2}{3} \approx 0{,}66$$

Figura 3.18 Lançamento de um dado.

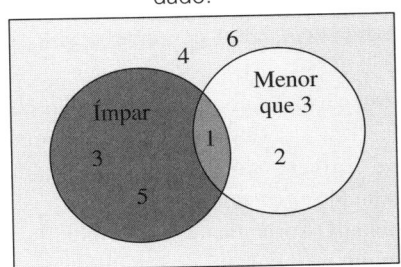

Tente você mesmo 2

1. Um dado é lançado. Encontre a probabilidade de sair um 6 ou um número ímpar.

2. Uma carta é selecionada de um baralho. Encontre a probabilidade de que seja uma carta de figura ou uma carta de copas.

a. Verifique se os eventos são mutuamente exclusivos.

b. Encontre $P(A)$, $P(B)$ e, se necessário, $P(A \text{ e } B)$.

c. Use a regra da adição para encontrar a probabilidade.

Exemplo 3

Encontrando probabilidades de eventos mutuamente exclusivos

A distribuição de frequência da Tabela 3.6 mostra o volume de vendas (em dólares) e o número de meses em que um representante de vendas atingiu cada nível de vendas nos últimos três anos. Usando esse padrão de vendas, encontre a probabilidade de que o representante venderá entre US$ 75.000 e US$ 124.999 no próximo mês.

Tabela 3.6 Volume de vendas e número de meses em que um vendedor atingiu cada nível de vendas nos últimos três anos.

Volume de vendas (em dólares)	Meses
0–24.999	3
25.000–49.999	5
50.000–74.999	6
75.000–99.999	7
100.000–124.999	9
125.000–149.999	2
150.000–174.999	3
175.000–199.999	1

Retratando o mundo

Uma pesquisa com 1.001 proprietários de imóveis perguntou sobre o intervalo de tempo entre faxinas. (*Fonte: Wakefield Research.*)

Quanto tempo passa entre faxinas?

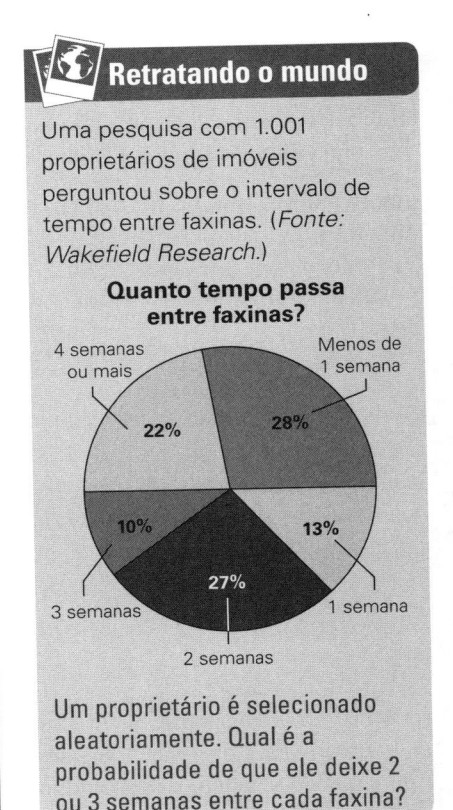

- 4 semanas ou mais: 22%
- Menos de 1 semana: 28%
- 1 semana: 13%
- 2 semanas: 27%
- 3 semanas: 10%

Um proprietário é selecionado aleatoriamente. Qual é a probabilidade de que ele deixe 2 ou 3 semanas entre cada faxina?

Solução

Para resolver o problema, defina os eventos A e B conforme segue.
A = {vendas mensais entre US$ 75.000 e US$ 99.999}
B = {vendas mensais entre US$ 100.000 e US$ 124.999}
Como os eventos A e B são mutuamente exclusivos, a probabilidade de que o representante venderá entre US$ 75.000 e US$ 124.999 no próximo mês é

$$P(A \text{ ou } B) = P(A) + P(B) = \frac{7}{36} + \frac{9}{36} = \frac{16}{36} = \frac{4}{9} \approx 0,444$$

Tente você mesmo 3

Encontre a probabilidade de o representante vender entre US$ 0 e US$ 49.999.

a. Identifique os eventos A e B.
b. Verifique se os eventos são mutuamente exclusivos.
c. Calcule a probabilidade de cada evento.
d. Use a regra da adição para determinar a probabilidade.

Exemplo 4

Usando a regra da adição para encontrar probabilidades

Um banco de sangue cataloga os tipos de sangue, incluindo fator Rh positivo ou negativo, de doadores nos últimos cinco dias. O número de doadores de cada tipo sanguíneo é mostrado na Tabela 3.7. Um doador é selecionado aleatoriamente.

1. Qual a probabilidade de que o doador tenha sangue tipo O ou tipo A?
2. Qual a probabilidade de que o doador tenha sangue tipo B ou que seja Rh negativo?

Tabela 3.7 Número de doadores em função do tipo sanguíneo e fator Rh.

		Tipo sanguíneo				
		O	A	B	AB	Total
Fator Rh	Positivo	156	139	37	12	344
	Negativo	28	25	8	4	65
	Total	184	164	45	16	409

Solução

1. Como o doador não pode ter tipo O e tipo A, esses eventos são mutuamente exclusivos. Então, usando a regra da adição, a probabilidade de que o doador escolhido aleatoriamente tenha tipo O ou tipo A é:

   $P(\text{tipo O ou tipo A}) = P(\text{tipo O}) + P(\text{tipo A})$

   $$= \frac{184}{409} + \frac{164}{409} = \frac{348}{409} \approx 0,851$$

2. Em razão de o doador poder ter tipo B e o seu Rh ser negativo, esses eventos não são mutuamente exclusivos. Então, usando a regra da adição, a probabilidade de que um doador escolhido aleatoriamente tenha sangue tipo B ou que seja Rh negativo é:

$P(\text{tipo B ou Rh neg.}) = P(\text{tipo B}) + P(\text{Rh neg.}) - P(\text{tipo B e Rh neg.}) =$

$= \dfrac{45}{409} + \dfrac{65}{409} - \dfrac{8}{409} = \dfrac{102}{409} \approx 0,249$

Tente você mesmo 4

1. Calcule a probabilidade de que o doador tenha tipo sanguíneo B ou AB.
2. Calcule a probabilidade de que o doador tenha tipo sanguíneo O ou que seja Rh positivo.
   a. Identifique os eventos A e B.
   b. Verifique se os eventos são mutuamente exclusivos.
   c. Determine $P(A)$, $P(B)$ e, se necessário, $P(A \text{ e } B)$.
   d. Use a regra da adição para encontrar a probabilidade.

Um resumo de probabilidade

Veja na Tabela 3.8 um resumo inicial sobre probabilidade.

Tabela 3.8 Probabilidades, tipos e regras.

Tipos de probabilidade e regras de probabilidade	Em palavras	Em símbolos
Probabilidade clássica	O número de resultados no espaço amostral é conhecido e cada resultado é igualmente provável de ocorrer.	$P(E) = \dfrac{\text{número de resultados no evento } E}{\text{número de resultados no espaço amostral}}$
Probabilidade empírica	A frequência de resultados no espaço amostral é estimada a partir de experimentação.	$P(E) = \dfrac{\text{frequência do evento } E}{\text{frequência total}} = \dfrac{f}{n}$
Amplitude de uma probabilidade	A probabilidade de um evento está entre 0 e 1, inclusive.	$0 \leq P(E) \leq$
Eventos complementares	O complemento do evento E é o conjunto de todos os resultados em um espaço amostral que não estão incluídos em E, e é indicado por E'.	$P(E') = 1 - P(E)$
Regra da multiplicação	A regra da multiplicação é usada para encontrar a probabilidade de dois eventos ocorrerem em sequência.	$P(A \text{ e } B) = P(A) \cdot P(B \mid A)$ Eventos dependentes $P(A \text{ e } B) = P(A) \cdot P(B)$ Eventos independentes
Regra da adição	A regra da adição é usada para encontrar a probabilidade de que pelo menos um de dois eventos irá ocorrer.	$P(A \text{ ou } B) = P(A) + P(B) - P(A \text{ e } B)$ $P(A \text{ ou } B) = P(A) + P(B)$ Eventos mutuamente exclusivos

Exemplo 5

Combinando regras para encontrar probabilidades

Use a Figura 3.19 a seguir para encontrar a probabilidade de que um jogador selecionado aleatoriamente, durante o recrutamento de jogadores, não seja um *running back* ou um *wide receiver*.

Solução

Defina os eventos A e B.

A: O jogador escolhido é um *running back*.

Figura 3.19

Recrutamento da NFL
Relação por posição dos 253 jogadores escolhidos no recrutamento da NFL de 2012:

- Offensive tackles 26
- Wide receivers 33
- Guards 13
- Quarterbacks 11
- Running backs 21
- Centers 5
- Tight ends 12
- Defensive ends 24
- Linebackers 30
- Defensive tackles 22
- Defensive backs 50
- Kickers 4
- Punters 2

B: O jogador escolhido é um *wide receiver*.

Esses eventos são mutuamente exclusivos, então a probabilidade de que o selecionado seja um *running back* ou um *wide receiver* é:

$$P(A \text{ ou } B) = P(A) + P(B) = \frac{21}{253} + \frac{33}{253} = \frac{54}{253} \approx 0,213$$

Obtendo-se o complemento de *P*(*A* ou *B*), podemos determinar que a probabilidade de selecionarmos aleatoriamente um jogador que não seja um *running back* ou um *wide receiver* é:

$$1 - P(A \text{ ou } B) = 1 - \frac{54}{253} = \frac{199}{253} \approx 0,787$$

Tente você mesmo 5

Encontre a probabilidade de um jogador selecionado aleatoriamente não ser um *linebacker* ou um *quarterback*.

a. Encontre a probabilidade de o selecionado ser um *linebacker* ou um *quarterback*.

b. Encontre a probabilidade do complemento do evento.

3.3 Exercícios

Construindo habilidades básicas e vocabulário

1. Quando dois eventos são mutuamente exclusivos, por que *P*(*A* e *B*) = 0?
2. Dê um exemplo de:
   (a) Dois eventos que sejam mutuamente exclusivos.
   (b) Dois eventos que não sejam mutuamente exclusivos.

Verdadeiro ou falso? *Nos exercícios 3 a 6, determine se a afirmação é verdadeira ou falsa. Se for falsa, explique.*

3. Quando dois eventos são mutuamente exclusivos, eles não têm resultados em comum.
4. Quando dois eventos são independentes, eles também são mutuamente exclusivos.
5. A probabilidade de o evento *A* ou o evento *B* ocorrer é: *P*(*A* ou *B*) = *P*(*A*) + *P*(*B*) + *P*(*A* e *B*).
6. Se os eventos *A* e *B* são mutuamente exclusivos, então, *P*(*A* ou *B*) = *P*(*A*) + *P*(*B*).

Análise gráfica *Nos exercícios 7 e 8, determine se os eventos mostrados no diagrama de Venn das figuras são mutuamente exclusivos. Explique seu raciocínio.*

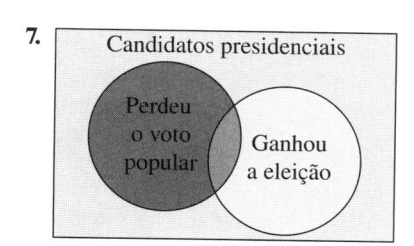

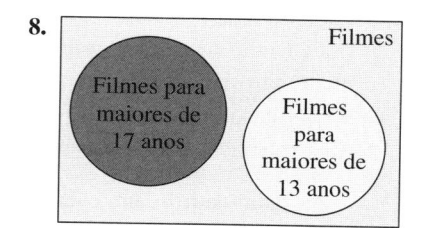

7. Candidatos presidenciais: Perdeu o voto popular / Ganhou a eleição

8. Filmes: Filmes para maiores de 17 anos / Filmes para maiores de 13 anos

Usando e interpretando conceitos

Reconhecendo eventos mutuamente exclusivos *Nos exercícios 9 a 12, determine se os eventos são mutuamente exclusivos. Explique seu raciocínio.*

9. Evento *A*: selecionar aleatoriamente uma professora de escola pública.
   Evento *B*: selecionar aleatoriamente um docente que tenha 25 anos de idade.
10. Evento *A*: selecionar aleatoriamente um estudante que faz aniversário em abril.
    Evento *B*: selecionar aleatoriamente um estudante que fez aniversário em maio.
11. Evento *A*: selecionar aleatoriamente uma pessoa que seja republicana.
    Evento *B*: selecionar aleatoriamente uma pessoa que seja democrata.
12. Evento *A*: selecionar aleatoriamente um membro do congresso americano.
    Evento *B*: selecionar aleatoriamente um senador americano do sexo masculino.

13. **Estudantes** Uma turma de biologia tem 32 alunos. Desses, 10 são formandos e 14 são do sexo masculino. Dos formandos, 4 são homens. Encontre a probabilidade de que um estudante selecionado aleatoriamente seja do sexo masculino ou um formando.

14. **Conferência** Uma conferência de matemática tem um público de 4.950 pessoas. Dessas, 2.110 são professores universitários e 2.575 são mulheres. Dos professores universitários, 960 são mulheres. Determine a probabilidade de que um participante selecionado aleatoriamente seja mulher ou professor universitário.

15. **Defeitos em caixas** Das caixas produzidas por uma empresa, 5% têm um furo, 8% têm um canto amassado e 0,4% têm um furo e um canto amassado. Encontre a probabilidade de que uma caixa selecionada aleatoriamente tenha um furo ou um canto amassado.

16. **Defeitos em latas** Das latas produzidas por uma empresa, 96% não têm furo, 93% não têm uma borda amassada e 89,3 não têm um furo e não têm uma borda amassada. Encontre a probabilidade de que uma lata selecionada aleatoriamente não tenha um furo ou não tenha uma borda amassada.

17. **Selecionado uma carta** Uma carta é selecionada aleatoriamente de um baralho normal. Determine cada probabilidade.
    (a) Selecionar aleatoriamente uma carta de paus ou um 3.
    (b) Selecionar aleatoriamente um naipe vermelho ou um rei.
    (c) Selecionar aleatoriamente um 9 ou uma carta de figura.

18. **Lançando um dado** Você lança um dado. Encontre cada probabilidade.
    (a) Sair face 5 ou um número maior que 3.
    (b) Sair um número menor que 4 ou um número par.
    (c) Sair face 3 ou um número ímpar.

19. **Distribuição de idades nos Estados Unidos** A distribuição percentual estimada da população dos Estados Unidos para 2020 é mostrada no gráfico de pizza a seguir. Encontre cada probabilidade. (*Fonte: U.S. Census Bureau.*)

Distribuição etária dos EUA

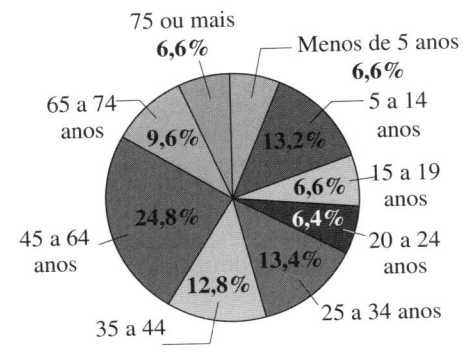

- 75 ou mais: 6,6%
- Menos de 5 anos: 6,6%
- 5 a 14 anos: 13,2%
- 65 a 74 anos: 9,6%
- 15 a 19 anos: 6,6%
- 20 a 24 anos: 6,4%
- 45 a 64 anos: 24,8%
- 25 a 34 anos: 13,4%
- 35 a 44: 12,8%

(a) Selecionar aleatoriamente uma pessoa com menos de 5 anos.
(b) Selecionar aleatoriamente uma pessoa que tenha 45 anos ou mais.
(c) Selecionar aleatoriamente uma pessoa que não tenha 65 anos ou mais.
(d) Selecionar aleatoriamente uma pessoa que tenha entre 20 e 34 anos.

20. **Netos** A distribuição percentual do número de netos para uma amostra de 1.904 avós é mostrada no gráfico de pizza a seguir. Encontre cada probabilidade. (*Fonte: AARP.*)

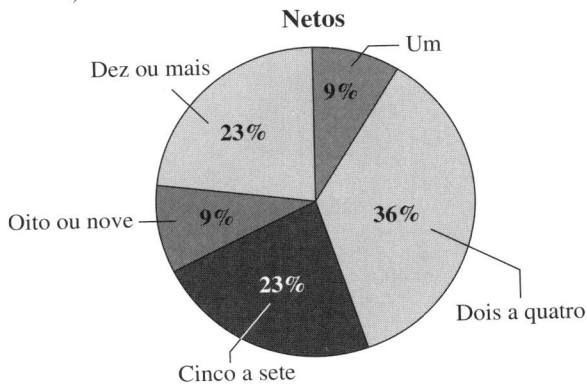

Netos

- Um: 9%
- Dois a quatro: 36%
- Cinco a sete: 23%
- Oito ou nove: 9%
- Dez ou mais: 23%

(a) Selecionar aleatoriamente um avô com um neto.
(b) Selecionar aleatoriamente um avô com menos de cinco netos.
(c) Selecionar aleatoriamente um avô com dois ou mais netos.
(d) Selecionar aleatoriamente um avô com dois a sete netos, inclusive.

21. **Educação** As respostas de 1.026 adultos americanos a uma pesquisa sobre a qualidade das escolas públicas estão no gráfico de Pareto a seguir. Encontre cada probabilidade. (*Adaptado de: CBS News Poll.*)

Que conceito você daria à qualidade das escolas públicas dos EUA?

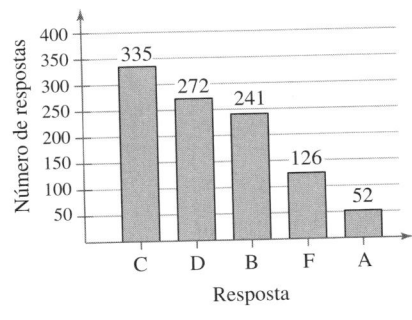

Resposta	Número de respostas
C	335
D	272
B	241
F	126
A	52

(a) Selecionar aleatoriamente da amostra uma pessoa que não deu conceito A às escolas públicas.
(b) Selecionar aleatoriamente da amostra uma pessoa que deu um conceito melhor que D às escolas públicas.
(c) Selecionar aleatoriamente da amostra uma pessoa que deu conceito D ou F às escolas públicas.
(d) Selecionar aleatoriamente da amostra uma pessoa que deu conceito A ou B às escolas públicas.

22. Privacidade As respostas de 562 usuários do Facebook a uma pesquisa sobre privacidade estão no gráfico de Pareto a seguir. Encontre cada probabilidade. (*Adaptado de: GfK Roper Public Affairs and Corporate Communications.*)

Quanto você confia no Facebook para manter seus dados pessoais com privacidade?

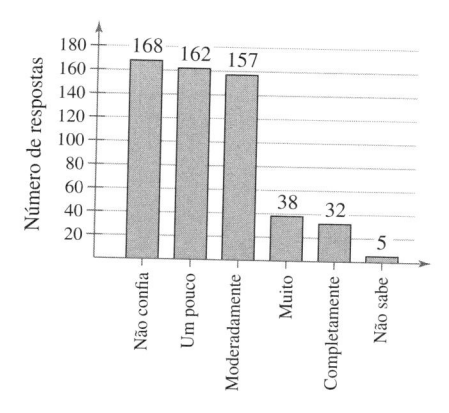

Valores do gráfico: Não confia 168; Um pouco 162; Moderadamente 157; Muito 38; Completamente 32; Não sabe 5.

(a) Selecionar aleatoriamente um usuário que confia moderadamente no Facebook.
(b) Selecionar aleatoriamente um usuário que confia completamente no Facebook.
(c) Selecionar aleatoriamente um usuário que confia muito ou completamente no Facebook.
(d) Selecionar aleatoriamente um usuário que não confia totalmente ou confia somente um pouco no Facebook.

23. Graduação em enfermagem A tabela a seguir mostra o número de homens e mulheres matriculados em enfermagem no Centro de Saúde da Universidade de Oklahoma em um semestre recente. Um estudante é selecionado aleatoriamente. Encontre a probabilidade de cada evento. (*Adaptado de: University of Oklahoma Health Sciences Center Office of Institutional Research.*)

	Estudantes de enfermagem	Estudantes de outros cursos	Total
Homens	94	1.104	1.198
Mulheres	725	1.682	2.407
Total	819	2.786	3.605

(a) O estudante é homem ou estuda enfermagem.
(b) O estudante é mulher ou não estuda enfermagem.
(c) O estudante não é mulher ou estuda enfermagem.

24. Imposto sobre alimentos A tabela a seguir mostra os resultados de uma pesquisa que perguntou a 1.048 adultos americanos se eles apoiavam ou se opunham a um imposto especial sobre alimentos pouco nutritivos (itens como refrigerante, batata frita e balas). Uma pessoa é selecionada da amostra de forma aleatória. Encontre a probabilidade de cada evento. (*Adaptado de: CBS News Poll.*)

	Apoia	Opõe	Não sabe	Total
Homem	163	325	5	493
Mulher	233	300	22	555
Total	396	625	27	1.048

(a) A pessoa se opõe ao imposto ou é mulher.
(b) A pessoa apoia o imposto ou é homem.
(c) A pessoa não sabe ou é mulher.

25. Caridade A tabela seguinte mostra os resultados de uma pesquisa que perguntou a 2.850 pessoas se elas estavam envolvidas em qualquer tipo de trabalho para caridade. Uma pessoa é selecionada aleatoriamente da amostra. Encontre a probabilidade de cada evento.

	Frequentemente	Ocasionalmente	Não	Total
Homem	221	456	795	1.472
Mulher	207	430	741	1.378
Total	428	886	1.536	2.850

(a) A pessoa está frequente ou ocasionalmente envolvida com caridade.
(b) A pessoa é mulher ou não está envolvida com caridade.
(c) A pessoa é homem ou está frequentemente envolvida com caridade.
(d) A pessoa é mulher ou não está frequentemente envolvida com caridade.

26. Pesquisa sobre os olhos A tabela a seguir mostra os resultados de uma pesquisa com 3.203 pessoas que questionou se elas usam lentes de contato ou óculos. Uma pessoa é selecionada aleatoriamente da amostra. Encontre a probabilidade de cada evento.

	Lente de contato	Óculos	Ambos	Nenhum	Total
Homem	64	841	177	456	1.538
Mulher	189	427	368	681	1.665
Total	253	1.268	545	1.137	3.203

(a) A pessoa usa somente lentes de contato ou somente óculos.
(b) A pessoa é homem ou usa lentes de contato e óculos.
(c) A pessoa é mulher ou não usa nem óculos nem lentes de contato.
(d) A pessoa é homem ou não usa óculos.

Expandindo conceitos

27. Escrito Dois eventos, com probabilidades diferentes de zero, podem ser tanto independentes como mutuamente exclusivos? Explique seu raciocínio.

Regra da adição para três eventos *A regra da adição para a probabilidade de que os eventos A ou B ou C ocorram, P(A ou B ou C), é dada por:*

$P(A \text{ ou } B \text{ ou } C) = P(A) + P(B) + P(C) - P(A \text{ e } B) - P(A \text{ e } C)$
$\quad - P(B \text{ e } C) + P(A \text{ e } B \text{ e } C).$

No diagrama de Venn, a seguir, $P(A \text{ ou } B \text{ ou } C)$ é representado pelas áreas em azul. Nos exercícios 28 e 29, encontre $P(A \text{ ou } B \text{ ou } C)$

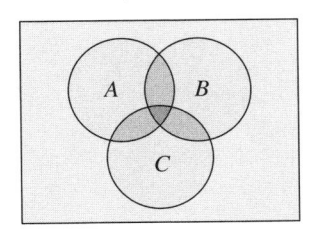

28. $P(A) = 0{,}40, P(B) = 0{,}10, P(C) = 0{,}50,$
$P(A \text{ e } B) = 0{,}05, P(A \text{ e } C) = 0{,}25, P(B \text{ e } C) = 0{,}10,$
$P(A \text{ e } B \text{ e } C) = 0{,}03.$

29. $P(A) = 0{,}38, P(B) = 0{,}26, P(C) = 0{,}14,$
$P(A \text{ e } B) = 0{,}12, P(A \text{ e } C) = 0{,}03, P(B \text{ e } C) = 0{,}09,$
$P(A \text{ e } B \text{ e } C) = 0{,}01.$

30. Explique, com suas palavras, por que, na regra da adição, para $P(A \text{ ou } B \text{ ou } C)$, $P(A \text{ e } B \text{ e } C)$ é somado ao final da fórmula.

Atividade 3.3 – Simulando a probabilidade de sair 3 ou 4 no lançamento de um dado

O applet *Simulating the probability of rolling a 3 or 4* permite que você investigue a probabilidade de sair um 3 ou um 4 com um dado honesto. O gráfico no canto superior esquerdo na Figura 3.20 mostra a probabilidade associada com cada resultado do lançamento de um dado. Quando clicamos ROLL (lançar), são realizadas n simulações do experimento de lançamento de um dado. Os resultados das simulações são mostrados no gráfico de frequência. Se marcamos a opção *animate* (animar) o, o quadro mostra cada resultado entrando no gráfico de frequência, conforme a simulação é executada. Os resultados individuais são mostrados no campo de texto, que está à direita do applet. O gráfico central mostra, em azul, a proporção acumulada de vezes que o evento de sair um 3 ou um 4 ocorre. A linha verde no gráfico reflete a probabilidade real de sair um 3 ou um 4. Conforme realizamos o experimento mais e mais vezes, a proporção acumulada deve convergir para o valor real.

APPLET

Você encontra o applet interativo para esta atividade no Site de Apoio.

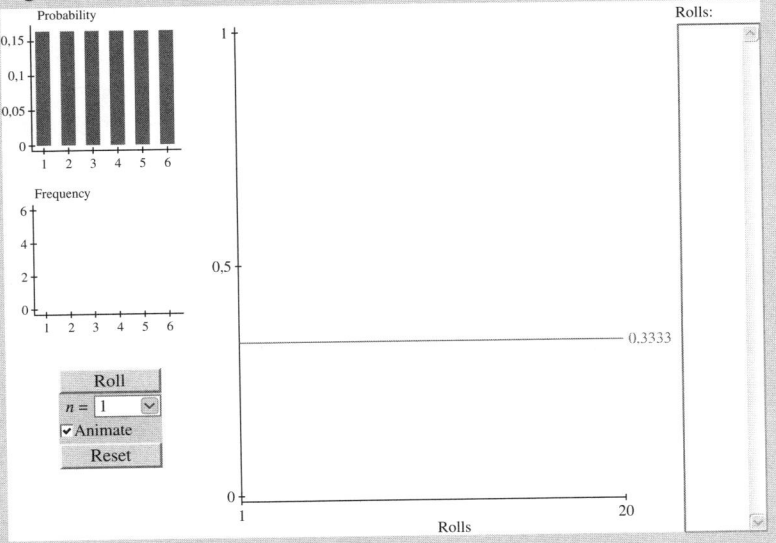

Figura 3.20

Explore

Passo 1 Especifique um valor para *n*.
Passo 2 Clique ROLL quatro vezes.
Passo 3 Clique RESET.
Passo 4 Especifique outro valor para *n*.
Passo 5 Clique ROLL.

Conclua

1. Faça a simulação usando cada valor de *n* uma vez. Limpe os resultados após cada tentativa. Compare a proporção acumulada de sair um 3 ou um 4 para cada tentativa com a probabilidade teórica de sair um 3 ou um 4.

2. Suponha que você queira modificar o applet de modo a encontrar a probabilidade de sair um número menor que 4. Descreva a posição da linha verde.

Estudo de caso

Congresso dos Estados Unidos

Nos Estados Unidos, o congresso é formado pela Câmara dos Deputados e pelo Senado. Membros da Câmara dos Deputados têm mandato de dois anos e representam um distrito de um estado. O número de deputados para cada estado é determinado pela população. Estados com populações maiores possuem mais deputados que aqueles com populações menores. O número total de deputados é definido por lei em 435 membros. Membros do senado têm mandato de 6 anos e representam um estado. Cada estado tem 2 senadores, para um total de 100. As tabelas 3.9 e 3.10 mostram a composição do 113º Congresso, por gênero e partido político, em 4 de março de 2013. Há três cadeiras vagas na Câmara dos Deputados.

Tabela 3.9 Câmara dos Deputados dos Estados Unidos.

		Partido político			
		Republicano	Democrata	Independente	Total
Gênero	Masculino	213	142	0	355
	Feminino	19	58	0	77
	Total	232	200	0	432

Tabela 3.10 Senado dos Estados Unidos

		Partido político			
		Republicano	Democrata	Independente	Total
Gênero	Masculino	41	37	2	80
	Feminino	4	16	0	20
	Total	45	53	2	100

Exercícios

1. Encontre a probabilidade de que um deputado selecionado aleatoriamente seja do sexo feminino. Encontre a probabilidade de que um senador selecionado aleatoriamente seja mulher.

2. Compare as probabilidades do Exercício 1.

3. Um deputado é selecionado aleatoriamente. Encontre a probabilidade de cada evento.
   (a) O deputado é do sexo masculino.
   (b) O deputado é republicano.
   (c) O deputado é do sexo masculino, dado que é republicano.
   (d) O deputado é do sexo feminino e democrata.
   (e) Os eventos "ser do sexo feminino" e "ser democrata" são independentes ou dependentes? Explique.

4. Um senador é selecionado aleatoriamente. Encontre a probabilidade de cada evento.
   (a) O senador é do sexo masculino.
   (b) O senador não é democrata.
   (c) O senador é do sexo feminino ou republicano.
   (d) O senador é do sexo masculino ou democrata.
   (e) Os eventos "ser do sexo feminino" e "ser independente" são mutuamente exclusivos? Explique.

5. Usando as mesmas linhas e colunas indicativas, crie uma tabela combinada para o congresso.

6. Um membro do congresso é selecionado aleatoriamente. Use a tabela do Exercício 5 para encontrar a probabilidade de cada evento.
   (a) O membro do congresso é independente.
   (b) O membro do congresso é do sexo feminino e republicano.
   (c) O membro do congresso é do sexo masculino ou democrata.

3.4 Tópicos adicionais sobre probabilidade e contagem

Permutações • Combinações • Aplicações dos princípios de contagem

Permutações

Na Seção 3.1, aprendemos que o princípio fundamental da contagem é usado para encontrar o número de maneiras nas quais dois ou mais eventos podem ocorrer em sequência. Uma aplicação importante do princípio fundamental da contagem é determinar o número de maneiras nas quais n objetos podem ser organizados em ordem. Uma ordenação de n objetos é chamada de **permutação**.

O que você deve aprender

- Como encontrar o número de maneiras nas quais um grupo de objetos pode ser ordenado.
- Como encontrar o número de maneiras para selecionarmos diversos objetos de um grupo sem nos preocuparmos com a ordem.
- Como usar os princípios de contagem para encontrar probabilidades.

Definição

Uma **permutação** é um arranjo ordenado de objetos. O número de diferentes permutações de n objetos distintos é $n!$.

A expressão **$n!$** é lida como **n fatorial**. Se n é um inteiro positivo, então $n!$ é definido da seguinte forma:

$$n! = n \cdot (n-1) \cdot (n-2) \cdot (n-3) \cdots 3 \cdot 2 \cdot 1.$$

Como caso especial, $0! = 1$. Aqui temos outros valores de $n!$:

$1! = 1 \quad 2! = 2 \cdot 1 = 2 \quad 3! = 3 \cdot 2 \cdot 1 = 6 \quad 4! = 4 \cdot 3 \cdot 2 \cdot 1 = 24.$

Dica de estudo

Note que valores pequenos de n podem produzir valores muito grandes de $n!$. Por exemplo, $10! = 3.628.800$. Certifique-se de saber usar a tecla fatorial de sua calculadora.

Figura 3.21 Sudoku.

6	7	1				2	4	9
8			7		2			1
2				6				3
	5		6		3		2	
		8				7		
	1		8		4		6	
9				1				6
1			5		9			7
5	8	7				9	1	2

Exemplo 1

Encontrando o número de permutações de *n* objetos

O objetivo de um Sudoku 9×9 é preencher o quadriculado de modo que cada fileira, cada coluna e cada quadriculado 3×3 contenha os dígitos de 1 a 9 (veja a Figura 3.21). De quantas maneiras diferentes podemos preencher a primeira fileira, que está em branco, de um quadriculado de Sudoku 9×9?

Solução

O número de permutações é $9! = 9 \cdot 8 \cdot 7 \cdot 6 \cdot 5 \cdot 4 \cdot 3 \cdot 2 \cdot 1 = 362.880$. Então, há 362.880 maneiras diferentes nas quais a primeira fileira pode ser preenchida.

Tente você mesmo 1

Os times femininos de hóquei que se classificaram para as Olimpíadas de 2014 foram: Canadá, Finlândia, Alemanha, Japão, Rússia, Suécia, Suíça e Estados Unidos. Quantas classificações finais diferentes são possíveis?

a. Identifique o número total de objetos *n*.
b. Calcule $n!$.

Você pode querer escolher alguns objetos (*r* dos *n*) em um grupo e colocá-los em ordem. Tal ordenação é chamada de **arranjo de *n* objetos tomados *r* a *r*.**

Arranjo de *n* objetos tomados *r* a *r*

O número de arranjos de *n* objetos distintos tomados *r* a *r* é:

$$A_{n,r} = \frac{n!}{(n-r)!}, \text{em que } r \leq n.$$

Observação: a permutação de *n* objetos, vista anteriormente, é denominação usual para um arranjo de *n* objetos tomados de *n* em *n*.

Dica de estudo

Instruções detalhadas para o uso do Minitab, Excel e calculadora TI-84 Plus encontram-se no manual de tecnologia disponível no **Site de Apoio**. Por exemplo, seguem abaixo as instruções para encontrar o número de arranjos de *n* objetos tomados *r* a *r* na TI-84 Plus.

Insira o número total de objetos *n*.

[MATH]

Escolha o menu PRB.
2: nPr
Insira o número de objetos tomados *r* a *r*.

[ENTER]

Exemplo 2

Encontrando $A_{n,r}$ (no MATH, $_nP_r$)

Encontre o número de maneiras de formar códigos de quatro dígitos em que nenhum dígito é repetido.

Solução

Para formarmos um código de quatro dígitos sem dígitos repetidos, precisamos selecionar 4 dígitos de um grupo de 10, então $n = 10$ e $r = 4$.

$$A_{n,r} = A_{10,4} = \frac{10!}{(10-4)!} = \frac{10!}{6!} = \frac{10 \cdot 9 \cdot 8 \cdot 7 \cdot \cancel{6} \cdot \cancel{5} \cdot \cancel{4} \cdot \cancel{3} \cdot \cancel{2} \cdot \cancel{1}}{\cancel{6} \cdot \cancel{5} \cdot \cancel{4} \cdot \cancel{3} \cdot \cancel{2} \cdot \cancel{1}} = 5.040$$

Então, é possível formar 5.040 códigos de quatro dígitos sem repeti-los.

Tente você mesmo 2

Uma psicóloga mostra uma lista de oito atividades para um indivíduo em um experimento. De quantas maneiras possíveis o indivíduo pode escolher uma primeira, uma segunda e uma terceira atividade?

a. Identifique o número total de objetos n e o número de objetos r sendo escolhidos em ordem.
b. Encontre o quociente de $n!$ e $(n-r)!$. (Liste os fatores e faça a simplificação matematica.)
c. Escrever o resultado como uma frase.

> **Exemplo 3**
>
> ### Encontrando $A_{n,r}$
>
> Quarenta e três carros começam a corrida de Daytona 500 em 2013. De quantas maneiras os carros podem terminar em primeiro, segundo ou terceiro lugar?
>
> ### Solução
>
> Precisamos selecionar três carros de corrida de um grupo de 43, então $n = 43$ e $r = 3$. Em razão de a ordem ser importante, o número de maneiras nas quais os carros podem terminar em primeiro, segundo ou terceiro é:
>
> $$A_{n,r} = A_{43,3} = \frac{43!}{(43-3)!} = \frac{43!}{40!} = \frac{43 \cdot 42 \cdot 41 \cdot 40!}{40!} = 74.046$$
>
> ### Tente você mesmo 3
>
> O conselho administrativo de uma empresa tem 12 membros. Um membro é o presidente, outro é o vice-presidente, outro é o secretário e outro é o tesoureiro. De quantas maneiras essas posições podem ser ocupadas?
> a. Identifique o número total de objetos n e o número de objetos r escolhidos em ordem.
> b. Calcule $A_{n,r}$.

Entenda

Note que o princípio fundamental da contagem pode ser usado no Exemplo 3 para obter o mesmo resultado. Há 43 escolhas para o primeiro lugar, 42 para o segundo e 41 para o terceiro. Logo, há $43 \cdot 42 \cdot 41 = 74.046$ maneiras nas quais os carros podem terminar em primeiro, segundo ou terceiro lugar.

Você pode querer ordenar um grupo de n objetos sendo que alguns deles são os mesmos. Por exemplo, considere o grupo de letras AAAABBC. Esse grupo tem quatro As, dois Bs e um C. De quantas maneiras você pode ordenar tal grupo? Usando a fórmula $A_{n,r}$, você pode concluir que há $A_{7,7} = 7!$ ordens possíveis. Entretanto, como alguns objetos são os mesmos, nem todos esses arranjos[3] são distinguíveis. Quantas permutações distinguíveis são possíveis? A resposta pode ser encontrada usando a fórmula da **permutação com elementos repetidos**.

> ### Permutação com elementos repetidos
>
> O número de **permutações com elementos repetidos** de n objetos, em que n_1 são de um tipo, n_2 de outro tipo, e assim por diante, é:
>
> $$\frac{n!}{n_1! \cdot n_2! \cdot n_3! \cdots n_k!}$$
>
> em que $n_1 + n_2 + n_3 + \cdots + n_k = n$.

---

3 N. do R.T.: nos casos em que os grupos formados têm os n objetos, a denominação usual é "permutações".

Usando a fórmula para permutação com elementos repetidos, você pode determinar que o número de permutações das letras AAAABBC é:

$$\frac{7!}{4!\cdot 2!\cdot 1!} = \frac{7\cdot 6\cdot 5}{2} = 105$$

Exemplo 4

Encontrando o número de permutações com elementos repetidos

Um empreiteiro planeja desenvolver um loteamento. O loteamento consiste em 6 casas térreas, 4 de dois andares e 2 casas com vários níveis. De quantas maneiras distintas as casas podem ser organizadas?

Solução

Haverá 12 casas no loteamento, 6 das quais são de um tipo (térreas), 4 de outro tipo (dois andares) e 2 de um terceiro tipo (vários níveis). Então, há:

$$\frac{12!}{6!\cdot 4!\cdot 2!} = \frac{12\cdot 11\cdot 10\cdot 9\cdot 8\cdot 7\cdot 6!}{6!\cdot 4!\cdot 2!} = 13.860 \text{ maneiras diferentes.}$$

Interpretação Há 13.860 maneiras distintas de organizar as casas no loteamento.

Tente você mesmo 4

O empreiteiro quer plantar seis carvalhos, nove bordos e cinco álamos ao longo da rua do loteamento. As árvores devem estar uniformemente espaçadas. De quantas maneiras distintas elas podem ser plantadas?

a. Identifique o número total de objetos n.
b. Identifique cada tipo de objeto.
c. Conte o número de objetos de cada tipo.
d. Calcule $\dfrac{n!}{n_1!\cdot n_2!\cdots n_k!}$

Entenda

Você pode pensar em uma combinação de n objetos escolhidos r a r como uma permutação com repetição de n objetos dos quais os r selecionados são considerados iguais e (n_1) os $n-r$ restantes (de outro tipo) também são considerados iguais (n_2).

Combinações

Um parque estadual administra cinco praias identificadas como A, B, C, D e E. Devido às restrições orçamentárias, novas instalações sanitárias serão construídas somente em três praias. Há 10 maneiras de as três praias serem selecionadas:

ABC, ABD, ABE, ACD, ACE, ADE, BCD, BCE, BDE, CDE

Em cada seleção, a ordem não importa (ABC é o mesmo que BAC). O número de maneiras de selecionar r dos n objetos sem levar em consideração a ordem é chamada de **combinação de n objetos tomados r a r**.

Combinação de n objetos tomados r a r

O número de combinações de r objetos selecionados de um grupo de n objetos *sem considerar a ordem* é:

$$C_{n,r} = \frac{n!}{(n-r)!\,r!}, \text{ em que } r \leq n$$

Exemplo 5

Encontrando o número de combinações

Um departamento de transportes estadual planeja desenvolver uma nova seção de uma rodovia interestadual e recebe 16 propostas para o projeto. O estado planeja contratar quatro das empresas na concorrência. Quantas combinações diferentes de quatro empresas podem ser selecionadas das 16 empresas na concorrência?

Solução

O estado está selecionando 4 empresas de um grupo de 16, então $n = 16$ e $r = 4$. Como a ordem não é importante, há:

$$C_{n,r} = C_{16,4} = \frac{16!}{(16-4)!\,4!} = \frac{16!}{12!\,4!} = \frac{16 \cdot 15 \cdot 14 \cdot 13 \cdot 12!}{12! \cdot 4!}$$

$$= 1.820 \text{ combinações diferentes}$$

Interpretação Há 1.820 diferentes combinações de quatro empresas que podem ser selecionadas a partir de 16 empresas na concorrência.

Tente você mesmo 5

O gerente de um departamento de contabilidade quer formar um comitê consultivo de três pessoas dos 20 funcionários do departamento. De quantas maneiras possíveis o gerente pode formar esse comitê?

a. Identifique o número de n de objetos no grupo e o número r de objetos a serem selecionados.
b. Calcule $C_{n,r}$.
c. Escreva o resultado como uma frase.

> **Dica de estudo**
> Seguem aqui instruções para encontrar o número de combinações de n objetos tomados r a r na TI-84 Plus. Insira o número total de objetos n.
> [MATH]
> Escolha o menu PRB.
> 3: nCr ($C_{n,r}$)
> Insira o número de objetos tomados r a r.
> [ENTER]

Aplicações dos princípios de contagem

A Tabela 3.11 resume os princípios de contagem

Tabela 3.11

Princípio	Descrição	Fórmula
Princípio fundamental da contagem	Se um evento pode ocorrer de m maneiras e um segundo evento pode ocorrer de n maneiras, então o número de maneiras que os dois eventos podem ocorrer em sequência é $m \cdot n$.	$m \cdot n$
Permutação	O número de diferentes arranjos ordenados de n objetos distintos.	$n!$
Arranjo	O número de arranjos de n objetos distintos tomados r a r, em que $r \leq n$.	$A_{n,r} = \dfrac{n!}{(n-r)!}$
Permutação com elementos repetidos	O número de permutações com elementos repetidos de n objetos, em que n_1 são de um tipo, n_2 de outro tipo, e assim por diante, e $n_1 + n_2 + n_3 + \ldots + n_k = n$.	$\dfrac{n!}{n_1! \cdot n_2! \cdot n_3! \cdots n_k!}$
Combinação	O número de combinações de r objetos selecionados de um grupo de n objetos sem considerar a ordem, em que $r \leq n$.	$C_{n,r} = \dfrac{n!}{(n-r)!\,r!}$

> **Dica de estudo**
> Para resolver um problema usando um princípio de contagem, certifique-se de escolher o método apropriado. Para ajudá-lo, considere estas perguntas:
> - *Há dois ou mais eventos separados?* Princípio fundamental da contagem.
> - *A ordem dos objetos é importante?* Arranjo / permutação.
> - *Os objetos escolhidos são de um grupo maior, no qual a ordem não é importante?* Combinação.
>
> Note que alguns problemas podem requerer o uso de mais de um princípio de contagem (veja o Exemplo 8).

Exemplo 6

Encontrando probabilidades

Um comitê consultivo de estudantes é formado por 17 membros. Três membros ocupam, no conselho, as posições de presidente, secretário e *webmaster*. Cada membro tem a mesma possibilidade de ocupar qualquer uma das posições. Qual é a probabilidade de selecionarmos aleatoriamente os três membros que atualmente ocupam tais posições?

Solução

Note que a ordem é importante, pois as posições (presidente, secretário e *webmaster*) são objetos distintos. Há um resultado favorável e há:

$$A_{17,3} = \frac{17!}{(17-3)!} = \frac{17!}{14!} = \frac{17 \cdot 16 \cdot 15 \cdot 14!}{14!} = 17 \cdot 16 \cdot 15 = 4.080.$$

maneiras de preencher as três posições. Então, a probabilidade de selecionarmos corretamente os três membros que ocupam cada posição é:

$$P(\text{selecionar os três membros}) = \frac{1}{4.080} \approx 0,0002.$$

Tente você mesmo 6

Um comitê consultivo de estudantes tem 20 membros. Dois membros ocupam, no conselho, as posições de presidente e secretário. Cada membro tem a mesma possibilidade de ocupar qualquer uma das posições. Qual é a probabilidade de selecionarmos aleatoriamente os dois membros que atualmente ocupam tais posições?

a. Calcule o número de maneiras nas quais as duas posições podem ser preenchidas.
b. Calcule a probabilidade de selecionarmos corretamente os dois membros.

Retratando o mundo

O maior prêmio de loteria já pago, US$ 656 milhões, foi o da Loteria Mega Millions. Nesse sorteio, cinco números foram escolhidos de 1 a 56 e um número, a Mega Bola, foi escolhido entre 1 e 46. Os números vencedores são mostrados a seguir.

2   4   23
38 46 23
            ↑
          Mega
          Bola

Você comprou um bilhete da loteria Mega Millions. Encontre a probabilidade de ganhar o prêmio.

Exemplo 7

Encontrando probabilidades

Encontre a probabilidade de receber 5 cartas de ouros de um baralho normal de 52 cartas.

Solução

Um baralho normal possui 13 cartas de ouros. Note que não importa qual é a ordem em que as cartas são selecionadas. O número de maneiras possíveis de selecionar 5 entre 13 cartas de ouros é $C_{13,5}$. O número possível de 5 mãos de cartas é $C_{52,5}$. Logo, a probabilidade de receber 5 cartas de ouros é:

$$P(5 \text{ ouros}) = \frac{C_{13,5}}{C_{52,5}} = \frac{1.287}{2.598.960} \approx 0,0005.$$

Tente você mesmo 7

Encontre a probabilidade de receber 5 cartas de ouros de um baralho normal que também inclui dois coringas. Neste caso, o coringa é considerado uma carta que pode ser usada para representar qualquer outra do baralho.

a. Determine o número de maneiras de escolher 5 cartas de ouros.
b. Determine o número de mãos de cinco cartas possíveis.
c. Determine a probabilidade de receber 5 cartas de ouros.

Exemplo 8

Encontrando probabilidades

Um fabricante de alimentos está analisando a presensa de uma toxina em uma amostra de 400 grãos de milho. Nessa amostra, três grãos têm níveis perigosamente altos da toxina. Quatro grãos são selecionados aleatoriamente da amostra. Qual é a probabilidade de que exatamente um grão tenha um nível perigosamente alto da toxina?

Solução

Note que não importa a ordem em que os grãos são selecionados. O número possível de maneiras de escolhermos um grão tóxico entre três grãos tóxicos é $C_{3,1}$. O número possível de maneiras de escolhermos 3 grãos não tóxicos a partir de 397 grãos não tóxicos é $C_{397,3}$. Então, usando o princípio fundamental de contagem, o número de maneiras de escolhermos um grão tóxico e três não tóxicos é:

$$C_{3,1} \cdot C_{397,3} = 3 \cdot 10.349.790 = 31.049.370$$

O número de maneiras possíveis de escolhermos 4 grãos de 400 é $C_{400,4} = 1.050.739.900$. Então, a probabilidade de selecionarmos exatamente um grão tóxico é:

$$P(1 \text{ grão tóxico}) = \frac{C_1 \cdot C_{397,3}}{C_{400,4}} = \frac{31.049.370}{1.050.739.900} \approx 0,030$$

Tente você mesmo 8

Um júri consiste em cinco homens e sete mulheres. Três jurados são selecionados aleatoriamente para uma entrevista. Encontre a probabilidade de que os três sejam homens.

a. Encontre o produto do número de maneiras de escolhermos três entre cinco homens e o número de maneiras de escolhermos zero entre sete mulheres.
b. Encontre o número de maneiras de escolhermos 3 entre 12 membros do júri.
c. Encontre a probabilidade de que todos os três sejam homens.

3.4 Exercícios

Construindo habilidades básicas e vocabulário

1. Quando calculamos o número de arranjos de *n* objetos distintos tomados *r* a *r*, o que estamos contando? Dê um exemplo.

2. Quando calculamos o número de combinações de *r* objetos de um grupo de *n* objetos, o que estamos contando? Dê um exemplo.

Verdadeiro ou falso? *Nos exercícios 3 a 6, determine se as frases são verdadeiras ou falsas. Se forem falsas, reescreva-as de forma que sejam verdadeiras.*

3. Uma combinação é uma organização ordenada de objetos.

4. O número de diferentes organizações ordenadas de *n* objetos distintos é *n*!.

5. Quando você divide o número de arranjos de 11 objetos tomados 3 a 3 por 3!, você obtém o número de combinações de 11 objetos tomados 3 a 3.

6. $C_{7,5} = C_{7,2}$.

Nos exercícios 7 a 14, faça os cálculos indicados:

7. $A_{9,5}$.
8. $A_{16,2}$.
9. $C_{8,3}$.
10. $C_{21,8}$.
11. $\dfrac{C_{8,4}}{C_{12,6}}$.
12. $\dfrac{C_{10,7}}{C_{14,7}}$.
13. $\dfrac{A_{6,2}}{A_{11,3}}$.
14. $\dfrac{A_{7,3}}{A_{12,4}}$.

Nos exercícios 15 a 18, determine se a situação envolve arranjos (permutações), combinações ou nenhuma delas. Explique seu raciocínio.

15. O número de maneiras que oito carros podem ser alinhados em fileira para um lava-jato.

16. O número de maneiras que um comitê de quatro membros pode ser escolhido dentre 10 pessoas.

17. O número de maneiras que 2 capitães podem ser escolhidos dentre 28 jogadores de um time de lacrosse.

18. O número de senhas de quatro letras que podem ser criadas quando nenhuma letra pode ser repetida.

Usando e interpretando conceitos

19. **Videogame** Você tem sete jogos de videogame diferentes. De quantos modos distintos você pode organizá-los lado a lado em uma prateleira?

20. **Esquiar** Oito pessoas competem em uma corrida de esqui. Considerando que não há empates, de quantas maneiras diferentes os esquiadores podem terminar a corrida?

21. **Código de segurança** De quantas maneiras as letras A, B, C, D, E e F podem ser organizadas para um código de segurança de seis letras?

22. **Formação inicial** A formação inicial para um time de softball consiste em 10 jogadores. Quantas ordens diferentes de rebatidas são possíveis usando a organização inicial?

23. **Corrida** Há 50 corredores em uma competição. De quantos modos os corredores podem terminar em primeiro, segundo e terceiro lugares?

24. **Competição de canto** Há 16 finalistas em uma competição de canto. Os cinco primeiros colocados recebem prêmios. De quantos modos os cantores podem terminar do primeiro ao quinto lugar?

25. **Lista de músicas** Um DJ está preparando uma lista com 24 músicas. De quantos modos distintos ele pode escolher as seis primeiras músicas?

26. **Clube de arqueologia** Um clube de arqueologia tem 38 membros. De quantos modos distintos o clube pode escolher um presidente, um vice-presidente, um tesoureiro e um secretário?

27. **Pulseiras** Você está colocando 4 espaçadores, 10 pingentes de ouro e 8 de prata em uma pulseira. De quantas maneiras distintas os espaçadores e os pingentes podem ser colocados na pulseira?

28. **Colares** Você está colocando 9 pedras azuis, 3 vermelhas e 7 verdes em um colar. De quantas maneiras distintas as pedras podem ser colocadas no cordão?

29. **Letras** De quantas maneiras distintas as letras da palavra *statistics* podem ser escritas (permutadas)?

30. **Ciência da computação** Um byte é uma sequência de oito bits. Um bit pode ser 0 ou 1. De quantas maneiras distintas podemos ter um byte com cinco zeros e três uns?

31. **Grupo experimental** De modo a conduzir um experimento, 4 indivíduos são selecionados aleatoriamente de um grupo de 20. Quantos grupos diferentes de quatro indivíduos são possíveis?

32. **Seleção de júri** Um júri de 12 pessoas é selecionado de um grupo de 40 pessoas. De quantas maneiras diferentes o júri de 12 pessoas pode ser selecionado?

33. **Alunos** Uma turma tem 30 alunos. De quantos modos diferentes 5 alunos podem formar um grupo para um trabalho? (Considere que a ordem dos estudantes não seja importante.)

34. **Seleção de números de loteria** Uma loteria tem 52 números. De quantas maneiras diferentes 6 desses números podem ser selecionados? (Considere que a ordem de seleção não seja importante.)

35. **Cardápio** Um restaurante oferece um jantar especial que permite a escolha de 10 pratos principais, 8 acompanhamentos e 13 sobremesas. Você pode escolher um prato principal, um acompanhamento e duas sobremesas. Quantas refeições diferentes são possíveis?

36. **Cardápio** Um restaurante oferece um jantar especial que permite a escolha de 12 pratos principais, 10 acompanhamentos e 6 sobremesas. Você pode escolher um prato principal, dois acompanhamentos e uma sobremesa. Quantas refeições diferentes são possíveis?

37. **Poluição da água** Uma agência ambiental está analisando amostras de água de 80 lagos. Cinco deles têm níveis perigosamente altos de dioxina. Seis lagos são selecionados aleatoriamente da amostra. Usando uma ferramenta tecnológica, de quantos modos um lago poluído e cinco não poluídos podem ser escolhidos?

38. **Contaminação do solo** Uma agência ambiental está analisando amostras de solo de 50 fazendas para avaliar a contaminação por chumbo. Oito fazendas têm níveis perigosamente altos de chumbo. Dez fazendas são selecionadas aleatoriamente da amostra. Usando uma ferramenta tecnológica, de quantos modos duas fazendas contaminadas e oito não contaminadas podem ser escolhidas?

39. **Comitê do senado** O comitê de ética do senado americano possui seis membros. Cada membro tem a mesma

possibilidade de ocupar qualquer uma das posições. Qual é a probabilidade de selecionar aleatoriamente o presidente e o vice-presidente? (*Fonte: United States Senate.*)

40. Subcomitê do senado O subcomitê do senado americano para responsabilidade fiscal e crescimento econômico possui cinco membros. Cada membro tem a mesma possibilidade de ocupar qualquer uma das posições. Qual é a probabilidade de selecionar aleatoriamente o presidente e um suplente? (*Fonte: United States Senate.*)

41. Corrida de cavalos Uma corrida de cavalos tem 12 inscritos. Supondo que não haja empates, qual é a probabilidade de que os três cavalos de um proprietário terminem em primeiro, segundo e terceiro lugares?

42. Recheios de pizzas Uma pizzaria oferece nove tipos de recheio. Nenhum é usado mais de uma vez. Qual é a probabilidade de que os recheios em uma pizza sejam calabresa, cebola e champignon?

43. Jukebox Você examina as músicas em um jukebox e conclui que gosta de 15 das 56 músicas.
(a) Qual é a probabilidade de que você goste das próximas três músicas tocadas? (Suponha que uma música não possa ser repetida.)
(b) Qual é a probabilidade de que você não goste das próximas três músicas tocadas? (Suponha que uma música não possa ser repetida.)

44. Administradores As posições de presidente, vice-presidente, secretário e tesoureiro de uma sociedade ambiental serão preenchidas de um grupo de 14 candidatos. Seis dos candidatos são membros de um grupo de debates.
(a) Qual é a probabilidade de que todas as posições sejam preenchidas pelos membros do grupo de debate?
(b) Qual é a probabilidade de que nenhuma das posições seja preenchida pelos membros do grupo de debate?

Situação financeira *Nos exercícios 45 a 48, use o gráfico de pizza a seguir, que mostra como os adultos norte-americanos avaliam sua situação financeira. (Fonte: Pew Research Center.)*

Avalie sua situação financeira

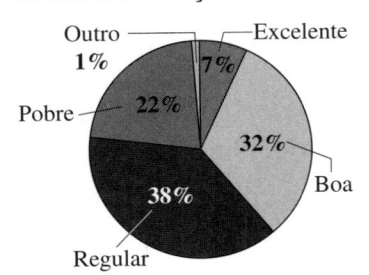

Outro 1%
Excelente 7%
Pobre 22%
Boa 32%
Regular 38%

45. Você escolhe 4 pessoas aleatoriamente de um grupo de 1.200. Qual é a probabilidade de que todas as 4 pessoas avaliem sua situação financeira como excelente? (Considere que as 1.200 pessoas estão representadas no gráfico.)

46. Você escolhe 10 pessoas aleatoriamente de um grupo de 1.200. Qual é a probabilidade de que todas as 10 avaliem sua situação financeira como pobre? (Considere que as 1.200 pessoas estão representadas no gráfico.)

47. Você escolhe 80 pessoas aleatoriamente de um grupo de 500. Qual é a probabilidade de que nenhuma das 80 pessoas avalie sua situação financeira como regular? (Considere que as 500 pessoas estão representadas no gráfico.)

48. Você escolhe 55 pessoas aleatoriamente de um grupo de 500. Qual é a probabilidade de que nenhuma das 55 pessoas avalie sua situação financeira como boa? (Considere que as 500 pessoas estão representadas no gráfico.)

49. Loteria Em uma loteria estadual, você deve selecionar corretamente 5 números (em qualquer ordem) de 40 para ganhar o prêmio máximo.
(a) De quantas maneiras os 5 números podem ser escolhidos dos 40?
(b) Você compra um bilhete dessa loteria. Qual é a probabilidade de ganhar o prêmio máximo?

50. Comitê Uma empresa que tem 200 funcionários escolhe um comitê de 15 para representar os problemas relacionados à aposentadoria dos funcionários. Quando o comitê é formado, nenhum dos 56 funcionários minoritários foi selecionado.
(a) Use uma ferramenta tecnológica para encontrar o número de maneiras que 15 funcionários podem ser escolhidos entre 200.
(b) Use uma ferramenta tecnológica para encontrar o número de maneiras que 15 funcionários podem ser escolhidos entre 144 que não são minoritários.
(c) Qual é a probabilidade de que o comitê não contenha minoritários quando este foi escolhido aleatoriamente (sem tendenciosidade)?
(d) Sua resposta na parte (c) indica que a seleção do comitê é tendenciosa? Explique seu raciocínio.

Armazém *Nos exercícios 51 a 54, um armazém emprega 24 trabalhadores no primeiro turno e 17 no segundo. Oito trabalhadores são escolhidos aleatoriamente para serem entrevistados sobre seu ambiente de trabalho.*

51. Encontre a probabilidade de escolher seis trabalhadores do primeiro turno.

52. Encontre a probabilidade de escolher três trabalhadores do primeiro turno.

53. Encontre a probabilidade de escolher quatro trabalhadores do segundo turno.

54. Encontre a probabilidade de escolher sete trabalhadores do segundo turno.

Expandindo conceitos

55. Unidades defeituosas Um carregamento de 10 fornos de micro-ondas contém 2 unidades defeituosas. Um restaurante compra três dessas unidades. Qual é a probabilidade de o restaurante comprar pelo menos duas unidades não defeituosas?

56. Unidades defeituosas Um carregamento de 20 teclados contém 3 unidades defeituosas. Uma empresa compra quatro dessas unidades. Qual é a probabilidade de a empresa comprar pelo menos três unidades não defeituosas?

57. Seleção de funcionários Quatro representantes de vendas de uma empresa serão escolhidos aleatoriamente para participar de um programa de treinamento. A empresa tem oito representantes, dois em cada uma das quatro regiões. Qual é a probabilidade de que os quatro representantes de vendas escolhidos para participar do programa de treinamento sejam somente de duas das quatro regiões?

58. Seleção de funcionários No Exercício 57, qual é a probabilidade de que os quatro representantes de vendas escolhidos para participar do programa de treinamento sejam somente de três das quatro regiões?

Cartas *Nos exercícios 59 a 62, você recebe uma mão de cinco cartas de um baralho normal.*

59. Encontre a probabilidade de que sua mão contenha duas cartas de paus e uma de cada um dos outros naipes.

60. Encontre a probabilidade de que sua mão contenha uma quadra (quatro cartas do mesmo tipo).

61. Encontre a probabilidade de que sua mão contenha um *full house* (três cartas de um tipo e duas de outro tipo).

62. Encontre a probabilidade de que sua mão contenha uma trinca (três cartas de um mesmo tipo e as outras duas diferentes entre si).

Usos e abusos – Estatística no mundo real

Usos

A probabilidade afeta decisões quando realizamos a previsão do tempo, quando são determinadas estratégias de marketing, quando medicamentos são selecionadaos e até mesmo quando jogadores são selecionados para times profissionais. Embora a intuição seja frequentemente usada para determinarmos probabilidades, seremos capazes de avaliar melhor a probabilidade de que um evento ocorra aplicando as regras de probabilidade clássica e probabilidade empírica.

Por exemplo, suponha que você trabalhe para uma corretora de imóveis e deva estimar a probabilidade de que certa casa seja vendida por certo preço dentro dos próximos 90 dias. Você poderia usar sua intuição, mas poderia avaliar melhor a probabilidade olhando os registros de vendas para casas similares.

Abusos

Um abuso comum da probabilidade é achar que as probabilidades têm "memória". Por exemplo, quando uma moeda é jogada oito vezes, a probabilidade de que ela caia com a face cara para cima todas as oito vezes é de aproximadamente 0,004. Entretanto, se a moeda já tiver sido lançada sete vezes e saiu cara em cada uma das vezes, a probabilidade de que a moeda caia em cara na oitava vez é 0,5. Cada jogada é independente de todas as outras. A moeda não "lembra" que já caiu em cara sete vezes.

Ética

Uma diretora de recursos humanos de uma empresa com 100 funcionários quer mostrar que sua empresa dá oportunidades iguais a mulheres e grupos socialmente excluídos. Há 40 mulheres empregadas e 20 funcionários de grupos socialmente excluídos na empresa. Nove dessas mulheres são de grupos socialmente excluídos. Apesar disso, a diretora reporta que 60% da empresa é ou uma mulher ou pertence a um grupo excluído. Quando um funcionário é selecionado aleatoriamente, a probabilidade de que seja uma mulher é 0,4 e a probabilidade de que seja parte de grupos socialmente excluídos é 0,2. Isso não significa, contudo, que a probabilidade de que um funcionário selecionado aleatoriamente seja mulher ou parte de grupos socialmente excluídos é 0,4 + 0,2 = 0,6, porque nove funcionários pertencem a ambos os grupos. Neste caso, seria eticamente incorreto omitir essa informação de seu relatório, pois esses indivíduos seriam contados duas vezes.

Exercícios

1. *Assumindo que probabilidade tem "memória"* Uma loteria de números com sorteios diários vende bilhetes com números de três dígitos, de 000 a 999. Você compra um bilhete a cada dia. Seu número é 389.

a. Qual é a probabilidade de ganhar na próxima terça e quarta-feira?
b. Você ganhou na terça-feira. Qual é a probabilidade de ganhar na quarta-feira?
c. Você não ganhou na terça-feira. Qual é a probabilidade de ganhar na quarta-feira?
2. Somando probabilidades incorretamente Uma cidade tem população de 500 pessoas. A probabilidade de que uma pessoa selecionada aleatoriamente tenha uma picape é 0,25, e a probabilidade de que uma pessoa selecionada aleatoriamente tenha uma SUV é 0,30. O que podemos dizer sobre a probabilidade de uma pessoa selecionada aleatoriamente ter uma picape ou uma SUV? Essa probabilidade poderia ser 0,55? Poderia ser 0,60? Explique seu raciocínio.

Resumo do capítulo

O que você aprendeu	Exemplo(s)	Exercícios de revisão
Seção 3.1		
• Como identificar o espaço amostral de um experimento de probabilidade e identificar eventos simples.	1 e 2	1–4
• Como usar o princípio fundamental da contagem para encontrar o número de maneiras nas quais dois ou mais eventos podem ocorrer.	3 e 4	5 e 6
• Como distinguir entre probabilidade clássica, empírica e subjetiva.	5–8	7–12
• Como encontrar a probabilidade do complemento de um evento e como usar o princípio fundamental da contagem para encontrar probabilidades.	9–11	13–16
Seção 3.2		
• Como encontrar a probabilidade de um evento dado que outro evento ocorreu.	1	17 e 18
• Como distinguir entre eventos dependentes e independentes.	2	19–21
• Como usar a regra da multiplicação para encontrar a probabilidade de dois ou mais eventos ocorrerem em sequência e encontrar probabilidades condicionais. $P(A \text{ e } B) = P(A) \cdot P(B|A)$ eventos dependentes $P(A \text{ e } B) = P(A) \cdot P(B)$ eventos independentes	3–5	22–24
Seção 3.3		
• Como determinar se dois eventos são mutuamente exclusivos.	1	25–27
• Como usar a regra da adição para encontrar a probabilidade de dois eventos. $P(A \text{ ou } B) = P(A) + P(B) - P(A \text{ e } B)$ $P(A \text{ ou } B) = P(A) + P(B)$ eventos mutuamente exclusivos	2–5	28–40
Seção 3.4		
• Como encontrar o número de maneiras em que um grupo de objetos pode ser organizado em ordem e o número de maneiras de escolher diversos objetos de um grupo sem considerar a ordem. $A_{n,r} = \dfrac{n!}{(n-r)!}$ Arranjo de n objetos tomados r a r $\dfrac{n!}{n_1! \cdot n_2! \cdot n_3! \cdots n_k!}$ Permutação com elementos repetidos $C_{n,r} = \dfrac{n!}{(n-r)!r!}$ Combinação de n objetos tomados r a r	1–5	41–48
• Como usar os princípios de contagem para encontrar probabilidades.	6–8	49–53

Exercícios de revisão

Seção 3.1

Nos exercícios 1 a 4, identifique o espaço amostral do experimento probabilístico e determine o número de resultados no evento. Desenhe o diagrama de árvore quando apropriado.

1. *Experimento*: jogar quatro moedas.
   Evento: obter três caras.
2. *Experimento*: jogar dois dados de seis faces.
   Evento: obter soma 4 ou 5.
3. *Experimento*: escolher um mês do ano.
   Evento: escolher um mês que comece com a letra J.
4. *Experimento*: adivinhar o sexo de três crianças em uma família.
   Evento: a família tem dois meninos.

Nos exercícios 5 e 6, use o princípio fundamental da contagem.

5. Um estudante deve escolher entre 7 aulas às 8 da manhã, 4 aulas às 9 da manhã e 3 às 10 da manhã. De quantas maneiras o estudante pode montar seu horário?
6. As placas de carros do estado da Virgínia têm três letras seguidas de quatro algarismos. Considerando que qualquer letra ou algarismo pode ser usado, quantas placas diferentes são possíveis?

Nos exercícios 7 a 12, classifique a frase como exemplo de probabilidade clássica, empírica ou subjetiva. Explique seu raciocínio.

7. Com base em contagens anteriores, um inspetor de controle de qualidade diz que há uma probabilidade de 0,05 de que uma peça escolhida aleatoriamente seja defeituosa.
8. A probabilidade de selecionarmos aleatoriamente cinco cartas de um mesmo naipe de um baralho normal de 52 cartas é de aproximadamente 0,002.
9. A chance de as ações da corporação A caírem hoje é de 75%.
10. A probabilidade de que uma pessoa possa enrolar sua língua é de 70%.
11. A probabilidade de jogar dois dados de seis faces e obter uma soma maior que 9 é de 1/6.
12. A chance de que uma pessoa selecionada aleatoriamente nos Estados Unidos tenha entre 15 e 29 anos é de aproximadamente 21%. (*Fonte: U.S. Census Bureau.*)

Nos exercícios 13 e 14, use a tabela seguinte, que mostra a distribuição aproximada dos tamanhos de empresas em um ano recente. (Adaptado de: U.S. Small Business Administration.)

Número de funcionários	1 a 4	5 a 9	10 a 19	20 a 99	100 ou mais
Percentagem de empresas	42,9%	15,1%	9,6%	10,0%	22,4%

13. Encontre a probabilidade de que uma empresa selecionada aleatoriamente tenha pelo menos 10 funcionários.
14. Encontre a probabilidade de que uma empresa selecionada aleatoriamente tenha menos que 20 funcionários.

Números de telefone *Nos exercícios 15 e 16, use a seguinte informação. Os números de telefone para uma região de um estado têm código de área 570. Os próximos sete dígitos representam os números de telefone locais para aquela região. Um número de telefone local não pode começar com 0 ou 1. Seu primo mora dentro do código de área dado.*

15. Qual é a probabilidade de gerar aleatoriamente o número de telefone de seu primo na primeira tentativa?
16. Qual é a probabilidade de não gerar aleatoriamente o número de telefone de seu primo na primeira tentativa?

Seção 3.2

Nos exercícios 17 e 18, use a tabela seguinte, que mostra o número de estudantes que fizeram, pela primeira vez, o exame de advocacia da Califórnia em julho de 2012 e o número de estudantes que o repetiram. (Fonte: The State Bar of California.)

	Aprovado	Reprovado	Total
Primeira vez	4.427	2.058	6.485
Repetiram	407	1.845	2.252
Total	4.834	3.903	8.737

17. Encontre a probabilidade de que um estudante tenha sido reprovado, dado que ele fez o exame pela primeira vez.
18. Encontre a probabilidade de que um estudante repetiu o exame, dado que ele foi aprovado.

Nos exercícios 19 a 21, determine se os eventos são dependentes ou independentes. Explique seu raciocínio.

19. Jogar uma moeda quatro vezes, obter quatro caras, jogá-la uma quinta vez e obter uma cara.
20. Fazer um curso de educação para motoristas e passar no exame de direção.
21. Tirar notas altas e obter uma bolsa de estudos.
22. Foi dado que $P(A) = 0,35$ e $P(B) = 0,25$. Há informação suficiente para encontrar $P(A \text{ e } B)$? Explique.
23. Você está fazendo compras e seu colega de quarto pediu que você trouxesse pasta de dentes e antisséptico bucal.

Entretanto, seu colega não diz as marcas que deseja. A loja tem oito marcas de pasta de dentes e cinco de antisséptico bucal. Qual é a probabilidade de você comprar a marca correta de ambos os produtos? Explique.

24. Sua gaveta de meias tem 18 pares de meias dobradas, com 8 pares de meias brancas, 6 pares de meias pretas e 4 pares de meias azuis. Qual é a probabilidade de, sem olhar na gaveta, você primeiro selecionar e remover um par preto e então selecionar um par azul e um par branco? Esse é um evento incomum? Explique.

Seção 3.3

Nos exercícios 25 a 27, determine se os eventos são mutuamente exclusivos. Explique seu raciocínio.

25. Evento A: selecionar aleatoriamente de um pote uma bala de goma vermelha.
    Evento B: selecionar aleatoriamente do mesmo pote uma bala de goma amarela.

26. Evento A: selecionar aleatoriamente uma pessoa que ame gatos.
    Evento B: selecionar aleatoriamente uma pessoa que tenha um cachorro.

27. Evento A: selecionar aleatoriamente um adulto americano registrado para votar em Illinois.
    Evento B: selecionar aleatoriamente um adulto americano registrado para votar na Flórida.

28. Foi dado que $P(A) = 0,15$ e $P(B) = 0,40$. Há informação suficiente para encontrar $P(A$ ou $B)$? Explique.

29. Uma amostra aleatória de 250 trabalhadores adultos descobre que 74% acessam a internet no trabalho, 88% acessam a internet em casa e 72% acessam a internet em casa e no trabalho. Encontre a probabilidade de que uma pessoa nessa amostra, selecionada aleatoriamente, acesse a internet em casa e no trabalho.

30. Uma amostra de concessionárias de carros descobriu que 19% dos automóveis vendidos são prata, 22% são utilitários esportivos (SUV) e 16% são utilitários esportivos prata. Encontre a probabilidade de que um automóvel vendido, selecionado aleatoriamente dessa amostra, seja prata ou um SUV.

Nos exercícios 31 a 34, encontre a probabilidade.

31. Uma carta é selecionada aleatoriamente de um baralho normal. Encontre a probabilidade de a carta estar entre 4 e 8, inclusive, ou ser de paus.

32. Uma carta é selecionada aleatoriamente de um baralho normal. Encontre a probabilidade de a carta ser vermelha ou rainha.

33. Um dado de 12 faces, numerado de 1 a 12, é jogado. Encontre a probabilidade de que a jogada resulte em um número ímpar ou um número menor que 4.

34. Um dado de 8 faces, numerado de 1 a 8, é jogado. Encontre a probabilidade de que a jogada resulte em um número par ou um número maior que 6.

Nos exercícios 35 e 36, use o gráfico de pizza a seguir, que mostra a distribuição percentual do número de estudantes em escolas públicas nos Estados Unidos. (Fonte: U.S. National Center for Education Statistics.)

Estudantes em escolas públicas
Menos de 300: 61,3%
300-499: 21,0%
500-999: 14,0%
1.000 ou mais: 3,7%

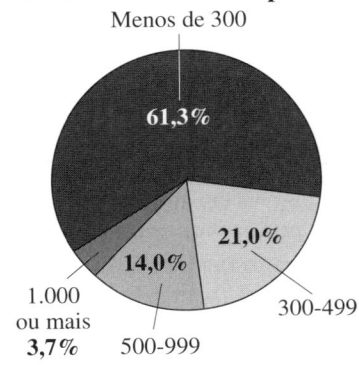

35. Encontre a probabilidade de selecionar aleatoriamente uma escola com 500 ou mais estudantes.

36. Encontre a probabilidade de selecionar aleatoriamente uma escola que tenha entre 300 e 999 estudantes, inclusive.

Nos exercícios 37 a 40, use o gráfico de Pareto a seguir, que mostra o resultado de uma pesquisa na qual 326.000 adultos foram indagados sobre com qual religião eles se identificam. (Adaptado de: Gallup.)

Qual é a sua preferência religiosa?
(Número de respostas em milhares)
- Protestante / outra cristã: 169
- Católico: 76
- Sem identidade religiosa: 51
- Outra não cristã: 8
- Não respondeu: 7
- Mórmon: 7
- Judeu: 6
- Muçulmano: 2

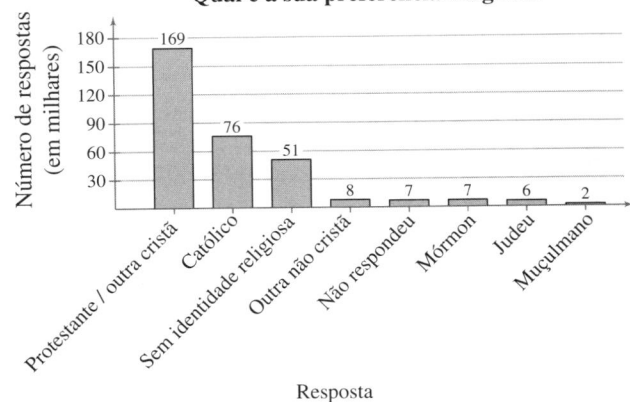

37. Encontre a probabilidade de selecionar aleatoriamente um adulto que se identifique como católico ou muçulmano.

38. Encontre a probabilidade de selecionar aleatoriamente um adulto que não tenha identidade religiosa ou que não respondeu.

39. Encontre a probabilidade de selecionar aleatoriamente um adulto que não se identifique como protestante ou outra religião cristã.

40. Encontre a probabilidade de selecionar aleatoriamente um adulto que não se identifique como judeu ou mórmon.

Seção 3.4

Nos exercícios 41 a 44, realize os cálculos indicados.

41. $A_{11,2}$.

42. $A_{8,6}$.

43. $C_{7,4}$.

44. $\dfrac{C_{5,3}}{C_{10,3}}$.

Nos exercícios 45 a 48, use combinações e arranjos.

45. Quinze ciclistas participam de uma corrida. De quantas maneiras eles podem terminar em primeiro, segundo ou terceiro lugar?

46. Cinco jogadores de um time de basquete devem escolher um jogador do time adversário para defender. De quantas maneiras eles podem escolher seu oponente a ser defendido?

47. Um editor de uma revista deve escolher, dentre 17 contos, 4 para a edição deste mês. De quantas maneiras o editor pode escolher os contos do mês?

48. Um empregador deve contratar duas pessoas de uma lista de 13 candidatos. De quantas maneiras o empregador pode escolher as duas pessoas?

Nos exercícios de 49 a 53, use os princípios de contagem para encontrar a probabilidade.

49. No pôquer, um *full house* consiste em três cartas de um tipo e duas de outro. Você recebe uma mão de cinco cartas de um baralho normal de 52 cartas. Encontre a probabilidade de ter recebido um *full house* com três reis e duas damas.

50. Um código de segurança consiste em 3 letras seguidas de um dígito. A primeira letra não pode ser A, B ou C. Qual é a probabilidade de adivinhar o código na primeira tentativa?

51. Um lote com 200 calculadoras tem três defeituosas. Encontre a probabilidade de que uma amostra de três calculadoras tenha:

(a) Nenhuma com defeito.

(b) Todas defeituosas.

(c) Pelo menos uma com defeito.

(d) Pelo menos uma sem defeito.

52. Um lote com 350 bilhetes de rifa tem 4 bilhetes ganhadores. Você compra 4 bilhetes; encontre a probabilidade de que você tenha:

(a) Nenhum bilhete vencedor.

(b) Todos os bilhetes vencedores.

(c) Dois bilhetes vencedores.

(d) Pelo menos um bilhete vencedor.

53. Uma empresa tem seis executivos seniores homens e quatro executivos seniores mulheres. Quatro executivos seniores são selecionados aleatoriamente para comparecer a um seminário de tecnologia. Encontre a probabilidade de escolher:

(a) Quatro homens.

(b) Quatro mulheres.

(c) Dois homens e duas mulheres.

(d) Um homem e três mulheres.

Problemas

Faça estes problemas como se estivesse fazendo em sala. Depois, compare suas respostas com as respostas dadas no final do livro.

1. O código de acesso ao sistema de segurança de um armazém é composto de seis dígitos. O primeiro dígito não pode ser 0 e o último deve ser um número par. Quantos códigos de acesso são possíveis?

2. A tabela a seguir mostra o número (em milhares) de graus conferidos nos Estados Unidos, por nível e gênero, em um ano recente. (*Fonte: U.S. National Center for Education Statistics.*)

		Sexo		
		Homem	Mulher	Total
Nível do grau	Tecnólogo	361	581	942
	Bacharel	734	982	1.716
	Mestrado	292	439	731
	Doutorado	80	84	164
	Total	1.467	2.086	3.553

Uma pessoa que obteve grau em um ano recente é selecionada aleatoriamente. Encontre a probabilidade de que essa pessoa seja alguém que:

(a) Obteve grau de bacharel.
(b) Obteve grau de bacharel, dado que a pessoa é mulher.
(c) Obteve grau de bacharel, dado que a pessoa não é mulher.
(d) Obteve grau de tecnólogo ou bacharel.
(e) Obteve grau de doutorado, dado que a pessoa é mulher.
(f) Obteve grau de mestre ou é homem.
(g) Obteve grau de tecnólogo e é homem.
(h) É mulher, dado que obteve grau de bacharel.

3. Qual(is) evento(s) no Exercício 2 pode(m) ser considerado(s) incomum(ns)? Explique seu raciocínio.

4. Determine se os eventos são mutuamente exclusivos. Então, determine se são independentes ou dependentes. Explique seu raciocínio.

Evento A: um golfista marcando a melhor rodada em um torneio de quatro rodadas.

Evento B: perder o torneio de golfe.

5. De um grupo de 30 candidatos, as funções de presidente, vice-presidente, secretário e tesoureiro serão preenchidas. De quantos modos diferentes as funções podem ser preenchidas?

6. Um carregamento de 250 computadores contém 3 unidades defeituosas. Determine de quantas maneiras uma empresa de vendas pode comprar três dessas unidades e receber:
(a) Nenhum item defeituoso.
(b) Todos os itens defeituosos.
(c) Pelos menos uma unidade sem defeito.

7. No Exercício 6, encontre a probabilidade de a empresa receber:
(a) Nenhuma unidade defeituosa.
(b) Todas as unidades defeituosas.
(c) Pelo menos uma unidade sem defeito.

Teste do capítulo

Faça este teste como se estivesse fazendo uma prova em sala.

1. Trinta corredores estão competindo em uma corrida *cross-country*. Sua escola tem cinco corredores inscritos. Qual é a probabilidade de que três corredores de sua escola ocupem o primeiro, o segundo e o terceiro lugares?

2. Um código de segurança consiste na primeira e na última letra do nome da pessoa, seguido de quatro dígitos.
(a) Qual é a probabilidade de adivinhar o código de uma pessoa na primeira tentativa?
(b) Qual é a probabilidade de não adivinhar o código de uma pessoa na primeira tentativa?
(c) Você sabe o primeiro nome de uma pessoa e que o último dígito é ímpar. Qual é a probabilidade de adivinhar o código de segurança dessa pessoa na primeira tentativa?
(d) As sentenças dos itens (a) a (c) são exemplos de probabilidade clássica, empírica ou subjetiva? Explique seu raciocínio.

3. Determine se os eventos são mutuamente exclusivos. Explique seu raciocínio.

Evento A: selecionar aleatoriamente um estudante nascido no dia 30 de um mês.

Evento B: selecionar aleatoriamente um estudante com aniversário em fevereiro.

4. A tabela seguinte mostra os resultados de uma pesquisa em que 28.295 adultos foram indagados se eles tiveram um resfriado ou uma gripe no dia anterior. (*Adaptado de: Gallup.*)

	Resfriado	Gripe	Nenhum	Total
Fumante	526	153	4.980	5.659
Não fumante	1.494	430	20.712	22.636
Total	2.020	583	25.692	28.295

Uma pessoa é selecionada aleatoriamente dessa amostra. Encontre a probabilidade de cada evento:
(a) A pessoa teve resfriado.
(b) A pessoa teve resfriado ou gripe.
(c) A pessoa não teve nenhuma doença, dado que é fumante.
(d) A pessoa não teve nenhuma doença, dado que é não fumante.
(e) A pessoa é fumante, dado que teve gripe.
(f) A pessoa teve gripe ou é não fumante.
(g) A pessoa teve resfriado e é fumante.

5. Qual(is) evento(s) no Exercício 4 pode(m) ser considerado(s) incomum(ns)? Explique seu raciocínio.

6. Uma pessoa é selecionada aleatoriamente da amostra do Exercício 4. Os eventos "a pessoa teve resfriado" e "a pessoa é fumante" são independentes ou dependentes? Explique seu raciocínio.

7. Há 16 estudantes fazendo apresentação de trabalho em sua turma de história.
(a) Três estudantes se apresentam por dia. Quantas ordens de apresentação são possíveis para o primeiro dia?
(b) Os temas das apresentações são baseados nas unidades do curso. A unidade B é coberta por três estudantes, a unidade C é coberta por cinco estudantes e as unidades A e D são, cada uma, cobertas por quatro estudantes. Quantas ordens de apresentação são possíveis quando as apresentações sobre a mesma unidade não são distintas entre si?

Estatísticas reais – Decisões reais: juntando tudo

Você trabalha no departamento de segurança do site de um banco. Para acessar suas contas, os clientes devem criar uma senha de 8 dígitos, como mostra a Figura 3.22. Sua função é determinar os requisitos de senha para as contas. Os procedimentos de segurança determinam que, para que o site seja seguro, a probabilidade de uma senha de 8 dígitos ser adivinhada em uma tentativa deve ser menor que $\frac{1}{60^8}$, assumindo que todas as senhas são igualmente prováveis.

Seu trabalho consiste em usar as técnicas de probabilidade que você aprendeu neste capítulo para decidir quais requisitos um cliente deve atender ao escolher sua senha, incluindo que conjunto de caracteres são permitidos, de modo que o site seja seguro de acordo com os procedimentos de segurança.

Figura 3.22

FORMULÁRIO DE REGISTRO DE CONTA
cadastre-se aqui para acessar sua conta

Selecione seu nome de usuário:

Crie uma senha de 8 dígitos:

Confirme a senha:

Exercícios

1. **Como você faria isso?**
   (a) Como você investigaria a pergunta de quais requisitos de senha (dígitos numéricos, letras minúsculas e maiúscula, entre outros caracteres) devem ser estabelecidos para atender aos procedimentos de segurança?
   (b) Que métodos estatísticos ensinados neste capítulo você usaria?

2. **Respondendo à pergunta**
   (a) Quais requisitos de senha você estabeleceria? Quais caracteres seriam permitidos?
   (b) Mostre que a probabilidade de uma senha ser adivinhada em uma tentativa é menor que $\frac{1}{60^8}$, quando os requisitos na parte (a) são usados e todas as senhas são igualmente prováveis.

3. **Segurança adicional**
   Para segurança adicional, cada cliente cria um código PIN (número de identificação pessoal) de 5 dígitos. A Tabela 3.12 mostra os 10 códigos PIN de 5 dígitos mais comumente escolhidos. Da tabela pode ser verificado que mais de um terço de todos os códigos de 5 dígitos poderiam ser adivinhados tentando esses 10 números. Para desencorajar os clientes de utilizar códigos previsíveis, você considera proibir códigos PIN que usam o mesmo dígito mais de uma vez.
   (a) Como essa exigência afetaria o número de códigos PIN possíveis?
   (b) Você decidiria proibir PINs que usam o mesmo dígito mais de uma vez? Explique.

Tabela 3.12 Códigos PIN de 5 dígitos mais populares.

Posição	PIN	Percentual
1	12345	22,80%
2	11111	4,48%
3	55555	1,77%
4	00000	1,26%
5	54321	1,20%
6	13579	1,11%
7	77777	0,62%
8	22222	0,45%
9	12321	0,41%
10	99999	0,40%

(Fonte: Datagenetics.com.)

Tecnologia

MINITAB | EXCEL | TI-84 PLUS

Simulação: compondo variações de Mozart com dados

Wolfgang Mozart (1756–1791) compôs uma grande variedade de peças musicais. Em seu jogo de dados musical, ele escreveu um minueto com um número quase infinito de variações. Cada minueto tem 16 barras. Nas oitavas e décimas sextas barras, o músico tem uma escolha de duas expressões musicais. Em cada uma das outras 14 barras, o músico tem uma escolha de 11 expressões.

Para criar um minueto, Mozart sugeriu que o músico jogue dois dados de seis faces por 16 vezes. Para as oitavas e décimas sextas barras, escolha a opção 1 quando a soma total dos dados for ímpar e a opção 2 quando for par. Para cada uma das outras 14 barras, subtraia 1 do total dos dados. O minueto da Figura 3.23 é o resultado da seguinte sequência de números:

5	7	1	6	4	10	5	1
6	6	2	4	6	8	8	2

Figura 3.23

Exercícios

1. Quantas expressões Mozart escreveu para criar o minueto do jogo de dados musical? Explique.

2. Quantas variações possíveis há no minueto do jogo dos dados musical de Mozart? Explique.

3. Use a tecnologia para selecionar aleatoriamente um número de 1 a 11.
   (a) Qual é a probabilidade teórica de cada número de 1 a 11 ocorrer?
   (b) Use esse procedimento para selecionar 100 números inteiros entre 1 e 11. Marque seus resultados e compare com as probabilidades da parte (a).

4. Qual é a probabilidade de selecionar aleatoriamente as opções 6, 7 ou 8 para a primeira barra? E para todas as 14 barras? Encontre cada probabilidade usando (a) probabilidade teórica e (b) os resultados do Exercício 3(b).

5. Use a tecnologia para selecionar aleatoriamente dois números de 1 a 6. Encontre a soma e subtraia 1 para obter um total.
   (a) Qual é a probabilidade teórica de cada total de 1 a 11?
   (b) Use esse procedimento para selecionar 100 totais entre 1 e 11. Marque os resultados e compare com as probabilidades em (a).

6. Repita o Exercício 4 usando os resultados do Exercício 5.

Soluções são apresentadas nos manuais de tecnologia presentes no **Site de Apoio**.
Instruções técnicas são fornecidas por Minitab, Excel e TI-84 Plus.

4 Distribuições discretas de probabilidade

4.1 Distribuições de probabilidade

4.2 Distribuições binomiais
- Atividade
- Estudo de caso

4.3 Mais distribuições discretas de probabilidade
- Usos e abusos
- Estatísticas reais – Decisões reais
- Tecnologia

Ryan McVay/Thinkstock.

O National Centers for Environmental Information (NCEI) é o maior arquivo mundial de dados meteorológicos em atividade. Os arquivos do NCEI são compostos de dados da guarda costeira, da administração federal de aviação, dos serviços militares, do serviço nacional do clima e de observadores voluntários.

Onde estamos

Do Capítulo 1 ao 3, você aprendeu como coletar e descrever dados e como encontrar a probabilidade de um evento. Essas habilidades são usadas em diferentes áreas do conhecimento. Dados sobre as condições climáticas, por exemplo, são usados para analisar e prever o tempo por todo o mundo. Em um dia típico, aeronaves, serviços nacionais de meteorologia, radares, sistemas de sensoriamento remoto, satélites, navios, balões meteorológicos, medidores de vento e uma variedade de outros aparelhos coletores de dados trabalham juntos para fornecer dados aos meteorologistas, que os usam na previsão do tempo. Mesmo com todos esses dados, os meteorologistas não conseguem prever o clima com exatidão. Em vez disso, eles determinam probabilidades para certas condições climáticas. Por exemplo, um meteorologista pode determinar que há 40% de chance de chuva (baseado na frequência relativa de chuva sob condições climáticas similares).

Para onde vamos

Neste capítulo você aprenderá como construir e usar distribuições de probabilidade. Conhecer a forma, o centro e a variabilidade de uma distribuição de probabilidade lhe permite tomar decisões em inferências estatísticas. Por exemplo, você é um meteorologista que está trabalhando em uma previsão climática de três dias. Supondo que a ocorrência de chuva em um dia é independente da ocorrência de chuva em outro dia, você determinou que existe 40% de probabilidade de chover (e uma probabilidade de 60% de não chover) em cada um dos três dias. Qual é a probabilidade de chover em 0, 1, 2 ou 3 dos dias? Para responder a essa questão você pode construir uma distribuição de probabilidade para os resultados possíveis.

Usando a *regra da adição* após obter as probabilidades no diagrama de árvore, você poderá determinar a probabilidade de ocorrência de chuva por vários dias (veja a Figura 4.1). Você poderá usar essa informação para representar uma distribuição de probabilidade (Tabela 4.1) também graficamente (Figura 4.2).

Figura 4.1 Cálculo das probabilidades relativas às sequências possíveis de chuva (0,40) e não chuva (0,60) nos três dias.

Dia 1	Dia 2	Dia 3	Probabilidade	Dias de chuva
			P(☀,☀,☀) = 0,216	0
			P(☀,☀,💧) = 0,144	1
			P(☀,💧,☀) = 0,144	1
			P(☀,💧,💧) = 0,096	2
			P(💧,☀,☀) = 0,144	1
			P(💧,☀,💧) = 0,096	2
			P(💧,💧,☀) = 0,096	2
			P(💧,💧,💧) = 0,064	3

Tabela 4.1 Distribuição de probabilidade de chuva para três dias.

Dias de chuva	Contagem	Probabilidade
0	1	0,216
1	3	0,432
2	3	0,288
3	1	0,064

Figura 4.2 Número de dias de chuva e respectivas probabilidades de ocorrência.

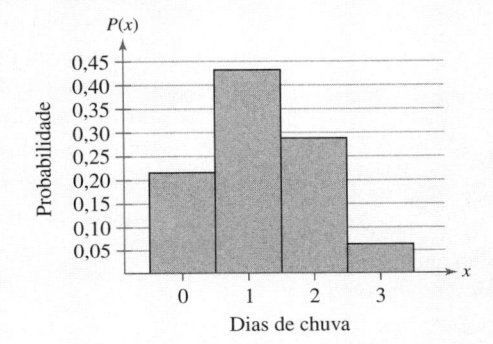

4.1 Distribuições de probabilidade

Variáveis aleatórias • Distribuições discretas de probabilidade • Média, variância e desvio padrão • Valor esperado

O que você deve aprender

- Como diferenciar variáveis aleatórias discretas de variáveis aleatórias contínuas.
- Como construir e representar graficamente uma distribuição discreta de probabilidade e como determinar se uma distribuição é uma distribuição de probabilidade.
- Como encontrar a média, a variância e o desvio padrão de uma distribuição discreta de probabilidade.
- Como encontrar o valor esperado de uma distribuição discreta de probabilidade.

Variáveis aleatórias

O resultado de um experimento probabilístico geralmente é uma contagem ou uma medida. Quando isso ocorre, esse resultado é um possível valor de uma **variável aleatória**.

Definição

Uma **variável aleatória** *x* representa um valor numérico associado a cada resultado de um experimento probabilístico (ou aleatório).

A palavra *aleatória* indica que *x* é determinado em função de um objeto escolhido ao acaso. Há dois tipos de variáveis aleatórias: **discreta** e **contínua**.

Definição

Uma variável aleatória é **discreta** quando tem um número finito ou contável de resultados possíveis que podem ser enumerados.

Dica de estudo

Na maioria das aplicações práticas, as variáveis aleatórias discretas representam dados contáveis, enquanto as variáveis aleatórias contínuas representam dados mensuráveis.

> Uma variável aleatória é **contínua** quando tem um número incontável de resultados possíveis, representados por um intervalo na reta numérica.

Você conduz um estudo sobre o número de ligações que um vendedor faz em um único dia. Os valores possíveis da variável aleatória x são 0, 1, 2, 3, 4 e assim por diante. Uma vez que o conjunto de resultados possíveis

$$\{0, 1, 2, 3, ...\}$$

pode ser listado, x é uma variável aleatória discreta. Você pode representar esses valores como pontos na reta numérica, como mostra a Figura 4.3.

Figura 4.3 Número de ligações (discreta).

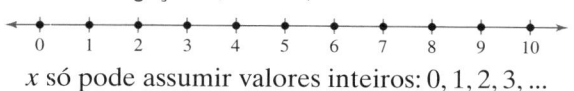

x só pode assumir valores inteiros: 0, 1, 2, 3, ...

Uma forma diferente de conduzir o estudo seria medir o tempo diário (em horas) que um vendedor passa fazendo ligações. O tempo gasto fazendo ligações pode ser qualquer número real de 0 a 24 (incluindo frações e decimais), então x é uma variável aleatória contínua. Você pode representar esses valores em um intervalo na reta, mas você não poderá enumerar todos os valores possíveis (veja a Figura 4.4).

Entenda

Valores de variáveis como volume, idade, altura e peso geralmente são arredondados para o inteiro mais próximo. Mesmo assim, são possíveis valores que representam dados medidos, portanto são variáveis aleatórias contínuas.

Figura 4.4 Horas gastas em ligações (contínua).

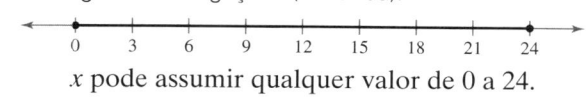

x pode assumir qualquer valor de 0 a 24.

Quando uma variável aleatória é discreta, você pode listar ou enumerar os valores possíveis que ela pode assumir. Porém, é impossível listar todos os valores para uma variável aleatória contínua.

Exemplo 1

Variáveis discretas e variáveis contínuas

Determine se a variável aleatória x é discreta ou contínua. Explique seu raciocínio.

1. x representa o número de empresas, da lista das 500 maiores, que perderam dinheiro no ano passado.
2. x representa o volume de gasolina em um tanque de 21 galões.

Solução

1. O número de empresas que perderam dinheiro no ano passado pode ser contado.
   $\{0, 1, 2, 3, ..., 500\}$
   Logo, x é uma variável aleatória *discreta*.
2. A quantidade de gasolina no tanque pode ser qualquer volume de 0 a 21 galões. Portanto, x é uma variável aleatória *contínua*.

Tente você mesmo 1

Determine se a variável aleatória x é discreta ou contínua. Explique seu raciocínio.

1. x representa a velocidade de um foguete.

2. *x* representa o número de bezerros nascidos em uma fazenda em um ano.
  a. Determine se *x* representa dados contáveis ou mensuráveis.
  b. Conclua e explique seu raciocínio.

É importante que você consiga diferenciar entre variáveis aleatórias discretas e contínuas porque técnicas estatísticas diferentes são usadas para analisar cada uma. O restante deste capítulo concentra-se nas variáveis aleatórias discretas e suas distribuições de probabilidade. O estudo das distribuições de probabilidade contínuas iniciará no Capítulo 5.

Distribuições discretas de probabilidade

Para cada valor de uma variável aleatória discreta pode ser atribuída uma probabilidade. Ao listar cada valor da variável aleatória com sua probabilidade correspondente, você estará formando uma **distribuição discreta de probabilidade**.

Definição

Uma **distribuição discreta de probabilidade** lista cada valor possível que a variável aleatória pode assumir, com sua respectiva probabilidade. Uma distribuição de probabilidade discreta deve satisfazer às seguintes condições:

EM PALAVRAS	EM SÍMBOLOS
1. A probabilidade de cada valor da variável aleatória discreta está entre 0 e 1, inclusive.	$0 \leq P(x) \leq 1$
2. A soma de todas as probabilidades é 1.	$\Sigma P(x) = 1$

Como probabilidades podem ser indicadas por frequências relativas, uma distribuição de probabilidades discreta pode ser representada graficamente em um histograma de frequência relativa (matematicamente, o usual é um gráfico de barras ou segmentos verticais).

Instruções

Construindo uma distribuição discreta de probabilidade

Seja *x* uma variável aleatória discreta com resultados possíveis $x_1, x_2, ..., x_n$.

1. Construa uma distribuição de frequências para os resultados possíveis.
2. Calcule a soma das frequências.
3. Determine a estimativa da probabilidade de cada resultado possível dividindo sua frequência pela soma das frequências.
4. Verifique que cada probabilidade esteja entre 0 e 1, inclusive, e que a soma seja 1.

Exemplo 2

Construindo e representando graficamente uma distribuição discreta de probabilidade

Um psicólogo industrial aplicou um teste de personalidade para identificar características passivo-agressivas em 150 colaboradores. Os indivíduos recebiam uma pontuação de 1 a 5, sendo 1 extremamente passivo e 5 extremamente agressivo. Uma pontuação 3 não indica nenhuma das duas características. Os resultados estão indicados na Tabela 4.2. Construa uma distribuição de probabilidade para a variável aleatória x. Depois, represente graficamente a distribuição usando um histograma.

Tabela 4.2 Distribuição de frequência dos resultados de um teste de personalidade.

Pontuação, x	Frequência, f
1	24
2	33
3	42
4	30
5	21

Solução

Divida a frequência de cada pontuação pelo número total de indivíduos no estudo para determinar a estimativa da probabilidade para cada valor da variável aleatória.

$$P(1) = \frac{24}{150} = 0{,}16 \qquad P(2) = \frac{33}{150} = 0{,}22 \qquad P(3) = \frac{42}{150} = 0{,}28$$

$$P(4) = \frac{30}{150} = 0{,}20 \qquad P(5) = \frac{21}{150} = 0{,}14$$

A distribuição discreta de probabilidade é apresentada na Tabela 4.3:

Figura 4.5 Características passivo-agressivas.

Tabela 4.3 Distribuição discreta de probabilidades para as possíveis pontuações.

x	1	2	3	4	5
$P(x)$	0,16	0,22	0,28	0,20	0,14

Note que $0 \leq P(x) \leq 1$
$\Sigma P(x) = 1$.

O histograma está indicado na Figura 4.5. Como a largura de cada barra é um, a área de cada barra é igual à probabilidade de um resultado particular. Além disso, a probabilidade de um evento corresponde à soma de áreas dos resultados incluídos no evento. Por exemplo, a probabilidade de um evento "ter uma pontuação de 2 ou 3" é igual à soma das áreas da segunda e terceira barras. (É como se desse um tratamento contínuo a uma variável discreta.)

$$(1)(0{,}22) + (1)(0{,}28) = 0{,}22 + 0{,}28 = 0{,}50.$$

Interpretação É possível verificar que a distribuição é aproximadamente simétrica.

Tente você mesmo 2

Uma empresa rastreia o número de vendas que os novos colaboradores fazem todos os dias, durante um período de experiência de 100 dias. Os resultados de um novo colaborador estão indicados na Tabela 4.4. Construa a distribuição de probabilidades e faça sua representação gráfica.

a. Determine a probabilidade de cada resultado.
b. Organize as probabilidades em uma distribuição de probabilidade.
c. Represente graficamente a distribuição de probabilidades usando um histograma.

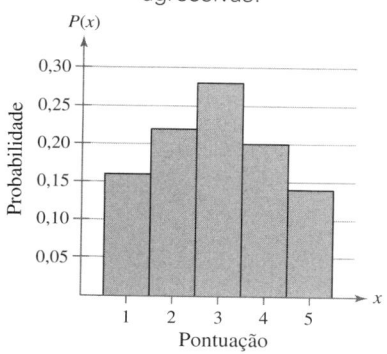

Tabela 4.4 Distribuição de frequência.

Vendas por dia, x	Número de dias, f
0	16
1	19
2	15
3	21
4	9
5	10
6	8
7	2

Exemplo 3

Verificando uma distribuição de probabilidade

Verifique que a distribuição da Tabela 4.1 é uma distribuição de probabilidade.

Solução

Se a distribuição é uma distribuição de probabilidade, então (1) cada probabilidade está entre 0 e 1, inclusive, e (2) a soma de todas as probabilidades é igual a 1.

1. Cada probabilidade está entre 0 e 1.
2. $\Sigma P(x) = 0{,}216 + 0{,}432 + 0{,}288 + 0{,}064 = 1$.

Interpretação Como ambas as condições são preenchidas, a distribuição é uma distribuição de probabilidades.

Tente você mesmo 3

Verifique que a distribuição que você montou no Tente você mesmo 2 é uma distribuição de probabilidades.

a. Verifique se a probabilidade de cada resultado está entre 0 e 1, inclusive.
b. Verifique se a soma de todas as probabilidades é 1.
c. Conclua o raciocínio.

Retratando o mundo

Um estudo foi conduzido para determinar quantos cartões de crédito as pessoas têm. Os resultados estão no histograma a seguir. (*Adaptado de: AARP.*)

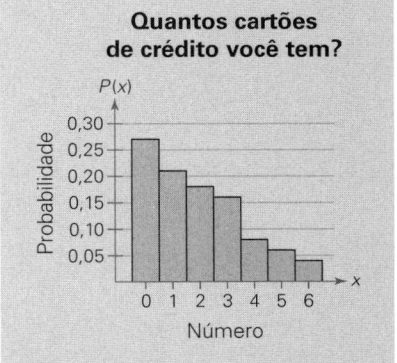

Quantos cartões de crédito você tem?

Estime a probabilidade de que uma pessoa selecionada aleatoriamente tenha dois ou três cartões de crédito.

Exemplo 4

Identificando distribuições de probabilidade

Determine se as distribuições dos itens a seguir são distribuições de probabilidade. Explique seu raciocínio.

1.
x	5	6	7	8
$P(x)$	0,28	0,21	0,43	0,15

2.
x	1	2	3	4
$P(x)$	$\frac{1}{2}$	$\frac{1}{4}$	$\frac{5}{4}$	-1

Solução

1. Cada probabilidade está entre 0 e 1, mas a soma de todas as probabilidades é 1,07, que é maior que 1. Portanto, esta *não* é uma distribuição de probabilidade.

2. A soma de todas as probabilidades é igual a 1, mas $P(3)$ e $P(4)$ não estão entre 0 e 1. Portanto, esta *não* é uma distribuição de probabilidades. As probabilidades nunca podem ser negativas ou maiores do que 1.

Tente você mesmo 4

Determine se as distribuições dos itens a seguir são distribuições de probabilidade. Explique seu raciocínio.

1.
x	5	6	7	8
$P(x)$	$\frac{1}{16}$	$\frac{5}{8}$	$\frac{1}{4}$	$\frac{1}{16}$

2.
x	1	2	3	4
$P(x)$	0,09	0,36	0,49	0,10

a. Determine se a probabilidade de cada resultado está entre 0 e 1, inclusive.
b. Determine se a soma de todas as probabilidades é 1.
c. Conclua o raciocínio.

Média, variância e desvio padrão

Você pode indicar o centro de uma distribuição de probabilidades com sua média e medir a variabilidade com sua variância e desvio padrão. A média de uma variável aleatória discreta é definida como segue.

Média de uma variável aleatória discreta

A **média** de uma variável aleatória discreta é dada por:

$\mu = \Sigma x P(x)$.

Cada valor de x é multiplicado por sua correspondente probabilidade e os produtos são adicionados.

A média de uma variável aleatória representa a "média teórica" de um experimento probabilístico que, quando realizado, não resulta necessariamente nesse valor de média. Se o experimento fosse repetido milhares de vezes, a média de todos os resultados, provavelmente, seria próxima à média da variável aleatória.

Exemplo 5

Tabela 4.5 Distribuição de probabilidade para o teste de personalidade.

x	$P(x)$
1	0,16
2	0,22
3	0,28
4	0,20
5	0,14

Encontrando a média de uma distribuição de probabilidade

A distribuição de probabilidade para o teste de personalidade discutido no Exemplo 2 está apresentada na Tabela 4.5. Encontre a pontuação média.

Solução

Use a tabela para organizar seus cálculos, como indicado na Tabela 4.6. Da tabela, você pode verificar que a pontuação média é aproximadamente 2,9. (Note que a média é arredondada para uma casa decimal a mais que os valores possíveis da variável aleatória x.)

Tabela 4.6 Cálculo da média para o teste de personalidade.

x	$P(x)$	$xP(x)$
1	0,16	1(0,16) = 0,16
2	0,22	2(0,22) = 0,44
3	0,28	3(0,28) = 0,84
4	0,20	4(0,20) = 0,80
5	0,14	5(0,14) = 0,70
	$\Sigma P(x) = 1$	$\Sigma xP(x) = 2,94 \approx 2,9$ ← Média

Interpretação Lembre que uma pontuação de 3 representa um indivíduo que não exibe nem características passivas nem agressivas, e a média é ligeiramente menor que 3. Então, a característica de personalidade média não é nem extremamente passiva, nem extremamente agressiva, mas é levemente mais próxima à passividade.

Tente você mesmo 5

Encontre a média da distribuição de probabilidade que você construiu no Tente você mesmo 2. O que você consegue concluir?

a. Determine os produtos dos possíveis resultados por suas correspondentes probabilidades.
b. Calcule a soma dos produtos.
c. Interprete os resultados.

Dica de estudo

Perceba que a média no Exemplo 5 é arredondada para uma casa decimal. Essa aproximação foi feita porque a média de uma distribuição de probabilidade deve ser arredondada para uma casa decimal a mais do que a que foi usada por uma variável aleatória x. Esta *regra de arredondamento* também é usada para a variância e o desvio padrão de uma distribuição de probabilidade.

Embora a média da distribuição de probabilidade de uma variável aleatória descreva um resultado típico, ela não dá informações sobre a maneira como os resultados variam. Para estudar a variação dos resultados, você pode usar a variância e o desvio padrão da distribuição de probabilidades de uma variável aleatória.

Variância e desvio padrão de uma variável aleatória discreta

A **variância** de uma variável aleatória discreta é:
$$\sigma^2 = \Sigma(x-\mu)^2 P(x)$$

O **desvio padrão** é:
$$\sigma = \sqrt{\sigma^2} = \sqrt{\Sigma(x-\mu)^2 P(x)}$$

Dica de estudo
Uma fórmula abreviada para a variância de uma distribuição de probabilidade é:
$$\sigma^2 = [\Sigma x^2 P(x)] - \mu^2.$$

Exemplo 6

Encontrando a variância e o desvio padrão

A distribuição de probabilidade para o teste de personalidades discutido no Exemplo 2 é mostrado na Tabela 4.7. Encontre a variância e o desvio padrão da distribuição de probabilidade.

Tabela 4.7 Distribuição de probabilidade para o teste de personalidade.

x	P(x)
1	0,16
2	0,22
3	0,28
4	0,20
5	0,14

Solução

Do Exemplo 5 você sabe que, antes de arredondar o valor, a média da distribuição é $\mu = 2{,}94$. Use uma tabela para organizar seu trabalho, conforme mostrado na Tabela 4.8:

Tabela 4.8 Cálculo da variância e desvio padrão para o teste de personalidade.

x	P(x)	x − μ	(x − μ)²	(x − μ)²P(x)
1	0,16	−1,94	3,7636	0,602176
2	0,22	−0,94	0,8836	0,194392
3	0,28	0,06	0,0036	0,001008
4	0,20	1,06	1,1236	0,224720
5	0,14	2,06	4,2436	0,594104
	ΣP(x)=1			Σ(x − μ)²P(x)=1,6164 ← Variância

Então, a variância é
$$\sigma^2 = 1{,}6164 \approx 1{,}6.$$

E o desvio padrão é:
$$\sigma = \sqrt{\sigma^2} = \sqrt{1{,}6164} \approx 1{,}3.$$

Interpretação A maioria dos valores x difere da média não mais que 1,3 ponto.

Tente você mesmo 6

Determine a variância e o desvio padrão da distribuição de probabilidade construída no Tente você mesmo 2.

a. Para cada valor de x, encontre o quadrado do desvio em relação à média e multiplique esse valor pela probabilidade correspondente de x.
b. Faça a soma dos produtos da parte (a) encontrando a variância.
c. Tire a raiz quadrada da variância para encontrar o desvio padrão.
d. Interprete os resultados.

Dica de estudo
Instruções detalhadas para usar o Minitab, Excel e a TI-84 Plus são mostradas no manual de tecnologia disponível no Site de Apoio.
Para encontrar a média e o desvio padrão da variável aleatória discreta do Exemplo 6 com a TI-84 Plus, insira os valores possíveis da variável aleatória discreta x em L1. Em seguida, insira as probabilidades $P(x)$ em L2. Então, use *1-Var stats* com L1 como a lista e L2 com a lista de frequência para calcular a média e o desvio padrão (e outras estatísticas).

Valor esperado

A média de uma variável aleatória representa o que você esperaria acontecer com a média de milhares de testes (população). Ela também é chamada de **valor esperado**.

Definição

O **valor esperado** de uma variável aleatória discreta é igual à média da variável aleatória.

Valor esperado = $E(x) = \mu = \Sigma x P(x)$.

Embora as probabilidades nunca possam ser negativas, o valor esperado de uma variável aleatória pode ser negativo.

Exemplo 7

Encontrando um valor esperado

Em um sorteio, 1.500 bilhetes são vendidos a $ 2 cada, para prêmios de $ 500, $ 250, $ 150 e $ 75. Você compra um bilhete. Qual é o valor esperado do seu ganho?

Solução

Para encontrar o ganho para cada prêmio, subtraia o preço do bilhete do prêmio. Por exemplo, o seu ganho para o prêmio de $ 500 é:

$ 500 – $ 2 = $ 498

e o seu ganho para o prêmio de $ 250 é:

$ 250 – $ 2 = $ 248.

Escreva a distribuição de probabilidade para os ganhos possíveis (ou resultados). Note que um ganho representado por um número negativo é uma perda (veja a Tabela 4.9).

–$ 2 representa uma perda de $ 2

Tabela 4.9 Distribuição de probabilidade da variável Ganho.

Ganho, x	$ 498	$ 248	$ 148	$ 73	–$ 2
Probabilidade, $P(x)$	$\frac{1}{1.500}$	$\frac{1}{1.500}$	$\frac{1}{1.500}$	$\frac{1}{1.500}$	$\frac{1.496}{1.500}$

Agora, usando a distribuição de probabilidades, você pode encontrar o valor esperado.

$$E(x) = \Sigma x P(x)$$
$$= \$\,498 \cdot \frac{1}{1.500} + \$\,248 \cdot \frac{1}{1.500} + \$\,148 \cdot \frac{1}{1.500} + \$\,73 \cdot \frac{1}{1.500} +$$
$$+ (-\$\,2) \cdot \frac{1.496}{1.500} = -\$\,1{,}35$$

Interpretação Como o valor esperado é negativo, você pode esperar perder, em média, $ 1,35 por cada bilhete que comprar.

Tente você mesmo 7

Em um sorteio, 2.000 bilhetes são vendidos por $ 5 cada, para cinco prêmios de $ 2.000, $ 1.000, $ 500, $ 250 e $ 100. Você compra um bilhete. Qual é valor esperado do seu ganho?

Entenda

Na maioria das aplicações, um valor esperado de zero tem uma interpretação prática. Por exemplo, nos jogos de azar, um valor esperado de 0 implica que o jogo é justo (uma ocorrência incomum). Na análise de lucro e prejuízo, um valor esperado de 0 representa o ponto de equilíbrio.

a. Calcule o ganho para cada prêmio.
b. Construa a distribuição de probabilidade para os ganhos possíveis.
c. Determine o valor esperado.
d. Interprete os resultados.

4.1 Exercícios

Construindo habilidades básicas e vocabulário

1. O que é uma variável aleatória? Dê um exemplo de uma variável aleatória discreta e de uma variável aleatória contínua. Justifique sua resposta.

2. O que é uma distribuição discreta de probabilidade? Quais são as duas condições que uma distribuição discreta de probabilidade deve satisfazer?

3. O valor esperado da distribuição de probabilidade de uma variável aleatória é sempre um dos valores possíveis de x? Explique.

4. O que representa a média de uma distribuição de probabilidade?

Verdadeiro ou falso? *Nos exercícios 5 a 8, determine se a afirmação é verdadeira ou falsa. Se for falsa, reescreva-a de forma que seja verdadeira.*

5. Na maioria das aplicações, variáveis aleatórias contínuas representam dados contáveis, enquanto variáveis aleatórias discretas representam dados mensuráveis.

6. Para uma variável aleatória x, a palavra *aleatória* indica que o valor de x é determinado pelo acaso.

7. A média da variável aleatória de uma distribuição de probabilidade descreve como os resultados variam.

8. O valor esperado de uma variável aleatória não pode ser negativo.

Análise gráfica *Nos exercícios 9 a 12, determine se a conjunto numérico representa uma variável aleatória discreta ou uma variável aleatória contínua. Explique seu raciocínio.*

9. O público em uma apresentação de um grupo de rock.

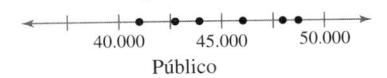

10. O período de tempo que estudantes atletas praticam por semana.

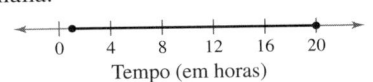

11. A distância que uma bola de beisebol percorre após ser acertada.

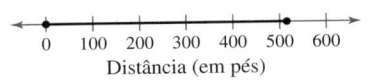

12. Mortes anuais no trânsito nos Estados Unidos (*Fonte: U. S. National Highway Traffic Safety Administration.*)

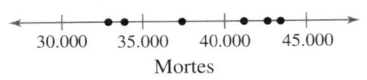

Usando e interpretando conceitos

Identificando variáveis aleatórias discretas e contínuas *Nos exercícios 13 a 18, determine se a variável aleatória x é discreta ou contínua. Explique seu raciocínio.*

13. x representa o número de livros em uma biblioteca universitária.

14. x representa o período de tempo necessário para chegar ao trabalho.

15. x representa o volume de sangue coletado para um exame.

16. x representa o número de tornados no mês de junho em Oklahoma.

17. x representa o número de mensagens colocadas a cada mês no site de uma rede social.

18. x representa a quantidade de neve (em polegadas) que caiu em Nome, Alasca, no inverno passado.

Construindo e representando graficamente distribuições discretas de probabilidade *Nos exercícios 19 e 20, (a) construa uma distribuição de probabilidade e (b) faça um gráfico da distribuição de probabilidade usando um histograma e descreva seu formato.*

19. **Televisores** O número de televisores por domicílio, em uma cidade pequena.

Televisores	0	1	2	3
Domicílios	26	442	728	1.404

20. **Hora extra** O número de horas extras trabalhadas em uma semana por funcionários.

Horas extras	0	1	2	3	4	5	6
Funcionários	6	12	29	57	42	30	16

21. **Encontrando probabilidades** Use a distribuição de probabilidades que você construiu no Exercício 19 para encontrar a probabilidade de selecionar aleatoriamente um domicílio que tenha (a) um ou dois televisores, (b) dois ou mais televisores e (c) entre um e três televisores, inclusive.

22. Encontrando probabilidades Use a distribuição de probabilidades que você construiu no Exercício 20 para encontrar a probabilidade de selecionar aleatoriamente um funcionário que tenha feito (a) duas ou três horas extras, (b) três horas extras ou menos e (c) entre duas e cinco horas extras, inclusive.

23. Eventos incomuns No Exercício 19, seria incomum para um domicílio não ter televisor? Explique seu raciocínio.

24. Eventos incomuns No Exercício 20, seria incomum para um funcionário trabalhar duas horas extras? Explique seu raciocínio.

Determinando uma probabilidade faltante *Nos exercícios 25 e 26, determine o valor da probabilidade faltante em cada distribuição de probabilidade.*

25.

x	0	1	2	3	4
P(x)	0,07	0,20	0,38	?	0,13

26.

x	0	1	2	3	4	5	6
P(x)	0,5	?	0,23	0,21	0,17	0,11	0,08

Identificando distribuições de probabilidade *Nos exercícios 27 e 28, determine se a distribuição é uma distribuição de probabilidade. Se não for, explique o porquê.*

27.

x	0	1	2	3	4
P(x)	0,30	0,25	0,25	0,15	0,05

28.

x	0	1	2	3	4	5
P(x)	$\frac{3}{4}$	$\frac{1}{10}$	$\frac{1}{20}$	$\frac{1}{25}$	$\frac{1}{50}$	$\frac{1}{100}$

Encontrando a média, a variância e o desvio padrão *Nos exercícios 29 a 34, (a) encontre a média, a variância e o desvio padrão da distribuição de probabilidade e (b) interprete os resultados.*

29. Cachorros O número de cachorros por domicílio em uma cidade pequena.

Cachorros	0	1	2	3	4	5
Probabilidade	0,686	0,195	0,077	0,022	0,013	0,007

30. Beisebol O número de jogos realizados no campeonato mundial de 1903 a 2012. (*Fonte: Adaptado de Major League Baseball.*)

Jogos realizados	4	5	6	7	8
Probabilidade	0,176	0,241	0,213	0,333	0,037

31. Cadeiras de acampamento O número de defeitos por lote de cadeiras de acampamento inspecionadas.

Defeitos	0	1	2	3	4	5
Probabilidade	0,250	0,298	0,229	0,168	0,034	0,021

32. Atividades extracurriculares O número de atividades extracurriculares ligadas à escola, por aluno.

Atividades	0	1	2	3
Probabilidade	0,059	0,122	0,163	0,178
Atividades	4	5	6	7
Probabilidade	0,213	0,128	0,084	0,053

33. Furacões O histograma da figura a seguir mostra a distribuição de furacões que atingiram o território norte-americano, por categoria, sendo 1 o nível mais fraco e 5 o mais forte. (*Fonte: National Oceanic & Atmospheric Administration.*)

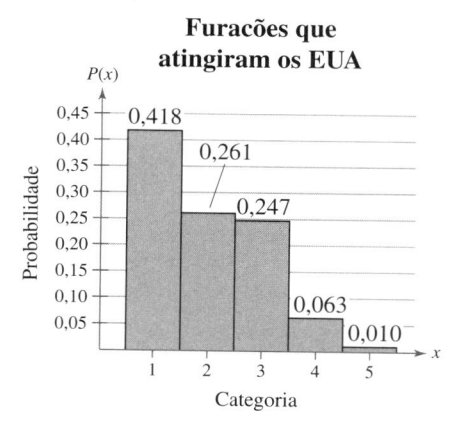

Furacões que atingiram os EUA

Categoria 1: 0,418
Categoria 2: 0,261
Categoria 3: 0,247
Categoria 4: 0,063
Categoria 5: 0,010

34. Classificação dos críticos O histograma da figura a seguir mostra a classificação dos críticos, em uma escala de 1 (mais baixo) a 5 (mais alto), de um produto em um site de varejo.

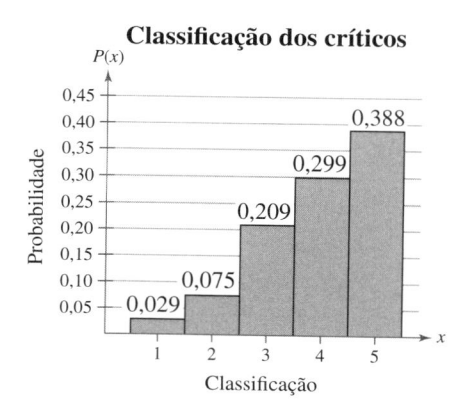

Classificação dos críticos

Classificação 1: 0,029
Classificação 2: 0,075
Classificação 3: 0,209
Classificação 4: 0,299
Classificação 5: 0,388

35. Escrito O valor esperado da análise de lucro e prejuízo feita por um contador é zero. Explique o que isso significa.

36. Escrito Em um jogo de azar, qual é a relação entre uma "aposta justa" e seu valor esperado? Explique.

Encontrando o valor esperado *Nos exercícios 37 e 38, encontre o ganho líquido esperado do jogador para uma rodada do jogo. Se x é o ganho líquido de um jogador em um jogo de azar, então E(x) é usualmente negativo. Esse valor dá a quantidade média por jogo que o jogador pode esperar perder.*

37. Em um jogo de roleta, a roda tem 38 números, 00, 0, 1, 2, ..., 34, 35 e 36, marcados em posições igualmente espaçadas. Se um jogador aposta $ 1 em um número e ganha, então ele continua com o valor e recebe $ 35 adicionais. Caso contrário, o valor inicial ($ 1) é perdido.

38. Uma instituição de caridade está vendendo bilhetes de uma rifa a $ 5 como parte de um programa para arrecadar fundos. O primeiro prêmio é uma viagem ao México no valor de $ 3.450 e o segundo prêmio é um pacote de final de semana em um spa no valor de $ 750. Os 20 prêmios restantes são cupons de combustível no valor de $ 25. O número de bilhetes vendidos é 6.000.

Expandindo conceitos

Transformação linear de uma variável aleatória *Nos exercícios 39 e 40, use a seguinte informação. Para uma variável aleatória x, uma nova variável aleatória y pode ser criada ao adotar-se uma **transformação linear** y = a + bx, em que a e b são constantes. Se uma variável aleatória x tem média μ_x e desvio padrão σ_x, então a média, a variância e o desvio padrão de y são dados pelas seguintes fórmulas:*

$$\mu_y = a + b\mu_x \qquad \sigma_y^2 = b^2 \sigma_x^2 \qquad \sigma_y = |b|\sigma_x$$

39. O salário médio anual dos funcionários de uma empresa é $ 36.000. Ao final do ano, cada funcionário recebe um bônus de $ 1.000 e um aumento de 5% (baseado no salário). Qual é o novo salário médio anual (incluindo o bônus e o aumento) dos funcionários?

40. O salário médio anual dos funcionários de uma empresa é $ 36.000 com uma variância de 15.202.201. Ao final do ano, cada funcionário recebe um bônus de $ 2.000 e um aumento de 4% (baseado no salário). Qual é o desvio padrão dos novos salários?

Variáveis aleatórias dependentes e independentes *Duas variáveis aleatórias x e y são **independentes** quando o valor de x não afeta o valor de y. Quando as variáveis não são independentes, elas são **dependentes**. Uma nova variável aleatória pode ser formada ao se encontrar a soma ou diferença das variáveis aleatórias. Se uma variável aleatória x tem média μ_x e uma variável aleatória y tem média μ_y, então as médias da soma e da diferença das variáveis serão dadas pelas seguintes fórmulas:*

$$\mu_{x+y} = \mu_x + \mu_y \qquad \mu_{x-y} = \mu_x - \mu_y$$

Se as variáveis aleatórias são independentes, a variância e o desvio padrão da soma ou diferença das variáveis aleatórias podem ser encontrados. Portanto, se uma variável aleatória x tem variância σ_x^2 e uma variável aleatória y tem variância σ_y^2, as variâncias da soma e da diferença das variáveis serão dadas pelas fórmulas a seguir. Note que a variância da diferença é a soma das variâncias.

$$\sigma_{x+y}^2 = \sigma_x^2 + \sigma_y^2 \qquad \sigma_{x-y}^2 = \sigma_x^2 + \sigma_y^2$$

Nos exercícios 41 e 42, a distribuição da pontuação do SAT para alunos pré-universitários tem média de 1.512 e um desvio padrão de 322. A distribuição da pontuação do SAT para alunas pré-universitárias tem uma média de 1.486 e um desvio padrão de 311. Um aluno e uma aluna são escolhidos aleatoriamente. Suponha que seus resultados sejam independentes. (Fonte: The College Board.)

41. Qual é a média da soma de suas pontuações? Qual é a média da diferença de suas pontuações?

42. Qual é o desvio padrão da diferença de seus resultados?

4.2 Distribuições binomiais

Experimentos binomiais • Fórmula da probabilidade binomial • Determinando probabilidades binomiais • Representando graficamente distribuições binomiais • Média, variância e desvio padrão

O que você deve aprender

- Como determinar se um experimento de probabilidade é um experimento binomial.
- Como calcular probabilidades binomiais usando a fórmula de probabilidade binomial.
- Como calcular probabilidades binomiais usando tecnologia, fórmulas e uma tabela de probabilidade binomial.
- Como construir e representar graficamente uma distribuição binomial.
- Como determinar a média, a variância e o desvio padrão de uma distribuição de probabilidade binomial.

Experimentos binomiais

Há muitos experimentos probabilísticos para os quais os resultados de cada tentativa podem ser reduzidos a dois resultados: sucesso e fracasso. Por exemplo, quando um jogador de basquete tenta um lance livre, ele pode fazer a cesta ou não. Experimentos de probabilidade como esses são chamados de **experimentos binomiais**.

Definição

Um **experimento binomial** é um experimento probabilístico que satisfaz as seguintes condições:

1. O experimento tem um número fixo de tentativas, em que cada tentativa é independente das outras.

Retratando o mundo

Em uma pesquisa recente, 2.500 adultos americanos foram indagados sobre sua visão a respeito da economia dos Estados Unidos. Uma das perguntas da pesquisa e as respostas (sim ou não) estão a seguir. (*Adaptado de: Harris Interactive*.)

Pergunta da pesquisa: No próximo ano, você espera que a economia melhore?

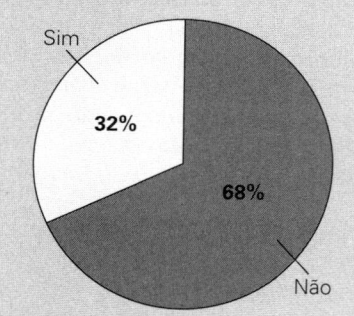

- Sim: 32%
- Não: 68%

Por que esse experimento é binomial? Identifique a probabilidade de sucesso, p. Identifique a probabilidade de fracasso, q.

2. Há apenas dois resultados possíveis para cada tentativa, que podem ser classificados como sucesso (S) ou fracasso (F).
3. A probabilidade de um sucesso é a mesma para cada tentativa.
4. A variável aleatória x conta o número de tentativas com sucesso.

Notação para experimentos binomiais

SÍMBOLO	DESCRIÇÃO
n	O número de tentativas.
p	A probabilidade de sucesso em uma única tentativa.
q	A probabilidade de fracasso em uma única tentativa ($q = 1 - p$).
x	A variável aleatória representa a contagem do número de sucessos em n tentativas: $x = 0, 1, 2, 3, ..., n$.

Vamos ver um exemplo de experimento binomial. De um baralho comum de cartas, você escolhe ao acaso uma carta, verifica se é de paus ou não, e devolve a carta ao baralho. Você repete o experimento cinco vezes, então $n = 5$. O resultado para cada tentativa pode ser classificado em duas categorias: S = tirar uma carta de paus e F = tirar uma carta de outro naipe (Figura 4.6). As probabilidades de sucesso e fracasso são:

$$p = \frac{1}{4} \quad \text{e} \quad q = 1 - \frac{1}{4} = \frac{3}{4}.$$

A variável aleatória x representa o número de cartas de paus selecionadas nas cinco tentativas. Portanto, os valores possíveis da variável aleatória são:

0, 1, 2, 3, 4 e 5.

Se $x = 2$, por exemplo, então exatamente duas das cinco cartas são de paus, e as outras três não são. Note que x é uma variável aleatória discreta porque seus valores possíveis são obtidos por meio de contagem.

Exemplo 1

Identificando e compreendendo experimentos binomiais

Determine se o experimento é binomial ou não. Caso seja, especifique os valores de n, p e q, e liste os valores possíveis da variável aleatória x. Caso não seja, explique o porquê.

1. Um certo procedimento cirúrgico tem 85% de chances de sucesso. Um médico realiza o procedimento em oito pacientes. A variável aleatória representa o número de cirurgias com sucesso.
2. Uma jarra contém cinco bolas de gude vermelhas, nove azuis e seis verdes. Você escolhe três bolas aleatoriamente, *sem reposição*. A variável aleatória representa o número de bolas vermelhas.

Solução

1. O experimento é binomial porque ele satisfaz as quatro condições de um experimento binomial. No exemplo, cada cirurgia representa uma tentativa. Há oito cirurgias e cada uma é independente das outras. Há apenas dois resultados possíveis para cada cirurgia — ou ela é um sucesso ou é um fracasso. Além disso, a probabilidade de sucesso para cada cirurgia é de 0,85. Finalmente, a variável aleatória x representa o número de cirurgias com sucesso.

Figura 4.6

Tentativa	Resultado	S ou F?
1	10 de paus	F
2	9 de paus	S
3	8 de copas	F
4	5 de ouros	F
5	J de paus	S

Há dois resultados de sucesso. Logo, $x = 2$.

$n = 8$ — Número de tentativas.
$p = 0{,}85$ — Probabilidade de sucesso.
$q = 1 - 0{,}85 = 0{,}15$ — Probabilidade de fracasso.
$x = 0, 1, 2, 3, 4, 5, 6, 7, 8$ — Valores possíveis de x.

2. O experimento não é binomial porque ele não satisfaz todas as quatro condições de um experimento binomial. No experimento, cada seleção de bola de gude representa uma tentativa, e selecionar uma bolinha vermelha é um sucesso. Quando a primeira bola é selecionada, a probabilidade de sucesso é 5/20. Porém, como a bola não é reposta, a probabilidade de sucesso nas tentativas subsequentes não é mais 5/20. Então, as tentativas não são independentes e a probabilidade de sucesso não é a mesma para cada tentativa.

Tente você mesmo 1

Determine se o experimento a seguir é binomial. Caso seja, especifique os valores de n, p e q e liste os valores possíveis da variável aleatória x. Caso não seja, explique o porquê.

Você faz um teste de múltipla escolha que consiste em 10 questões. Cada questão tem quatro respostas possíveis, mas somente uma é correta. Para completar o teste, você escolhe aleatoriamente a resposta para cada questão. A variável aleatória representa o número de respostas corretas.

a. Identifique uma tentativa do experimento e o que é um "sucesso".
b. Determine se o experimento satisfaz as quatro condições de um experimento binomial.
c. Conclua o raciocínio e identifique n, p, q e os valores possíveis de x.

Fórmula da probabilidade binomial (função de probabilidade binomial)

Há várias formas de encontrar a probabilidade de x sucessos em n tentativas de um experimento binomial. Uma forma é usar um diagrama de árvore e a regra da multiplicação. Outra, é usar a **fórmula da probabilidade binomial**.

Fórmula da probabilidade binomial

Em um experimento binomial, a probabilidade de exatamente x sucessos em n tentativas é:

$$P(x) = {}_nC_x p^x q^{n-x} = \frac{n!}{(n-x)!x!} p^x q^{n-x}.$$

Note que o número de fracassos é $n - x$.

Entenda

Na fórmula de probabilidade binomial, $C_{n,x}$ determina o número de maneiras de obter x sucessos em n tentativas, independentemente da ordem.

$${}_nC_x = \frac{n!}{(n-x)!x!}.$$

Exemplo 2

Calculando uma probabilidade binomial

Cirurgias do manguito rotador têm 90% de chance de sucesso. A cirurgia é realizada em três pacientes. Determine a probabilidade de ela ser um sucesso em exatamente dois pacientes. (*Fonte: The Orthopedic Center of St. Louis.*)

Solução

Método 1: desenhe um diagrama de árvore e use a regra de multiplicação (ver Figura 4.7).

Figura 4.7

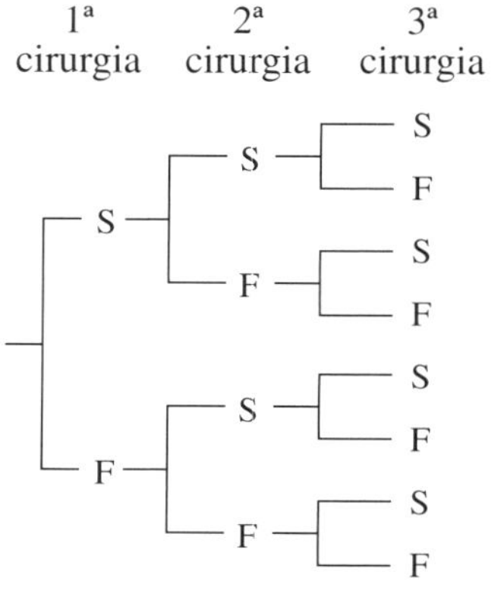

1ª cirurgia	2ª cirurgia	3ª cirurgia	Resultado	Número de sucessos	Probabilidade
S	S	S	SSS	3	$\frac{9}{10} \cdot \frac{9}{10} \cdot \frac{9}{10} = \frac{729}{1.000}$
S	S	F	SSF	2	$\frac{9}{10} \cdot \frac{9}{10} \cdot \frac{1}{10} = \frac{81}{1.000}$
S	F	S	SFS	2	$\frac{9}{10} \cdot \frac{1}{10} \cdot \frac{9}{10} = \frac{81}{1.000}$
S	F	F	SFF	1	$\frac{9}{10} \cdot \frac{1}{10} \cdot \frac{1}{10} = \frac{9}{1.000}$
F	S	S	FSS	2	$\frac{1}{10} \cdot \frac{9}{10} \cdot \frac{9}{10} = \frac{81}{1.000}$
F	S	F	FSF	1	$\frac{1}{10} \cdot \frac{9}{10} \cdot \frac{1}{10} = \frac{9}{1.000}$
F	F	S	FFS	1	$\frac{1}{10} \cdot \frac{1}{10} \cdot \frac{9}{10} = \frac{9}{1.000}$
F	F	F	FFF	0	$\frac{1}{10} \cdot \frac{1}{10} \cdot \frac{1}{10} = \frac{1}{1.000}$

Há três resultados que têm exatamente dois sucessos, e cada um tem uma probabilidade de $\frac{81}{1.000}$. Portanto, a probabilidade de uma cirurgia ter sucesso em exatamente dois pacientes é $3\left(\frac{81}{1.000}\right) = 0{,}243$.

Método 2: use a fórmula da probabilidade binomial.

Neste experimento binomial, os valores para n, p, q e x são $n = 3$, $p = \frac{9}{10}$, $q = \frac{1}{10}$ e $x = 2$. A probabilidade de exatamente duas cirurgias terem sucesso é:

$$P(2) = \frac{3!}{(3-2)!\,2!}\left(\frac{9}{10}\right)^2\left(\frac{1}{10}\right)^1 = 3\left(\frac{81}{100}\right)\left(\frac{1}{10}\right) = 3\left(\frac{81}{1.000}\right) = 0{,}243.$$

Dica de estudo

Lembre-se que $n!$ é lido "n fatorial" e representa o produto de todos os números inteiros de n a 1. Por exemplo,
$5! = 5 \cdot 4 \cdot 3 \cdot 2 \cdot 1 = 120$.

Tente você mesmo 2

Uma carta é selecionada de um baralho comum, sendo anotada e reposta no baralho. Esse experimento é repetido um total de cinco vezes. Encontre a probabilidade de selecionar exatamente três cartas de paus.

a. Identifique uma tentativa, um sucesso e um fracasso.
b. Identifique n, p, q e x.
c. Use a fórmula da probabilidade binomial.

Ao listar os valores possíveis de x com as correspondentes probabilidades, você pode construir uma **distribuição de probabilidade binomial**.

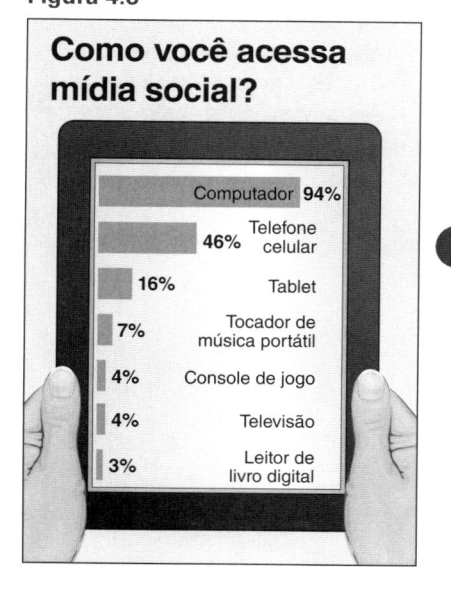

Exemplo 3

Construindo uma distribuição binomial

Em uma pesquisa, adultos americanos foram solicitados para que indicassem quais dispositivos eles utilizavam para acessar mídias sociais. Os resultados estão na Figura 4.8. Sete adultos que participaram da pesquisa são selecionados aleatoriamente e indagados se utilizam um telefone celular para acessar mídia social. Construa uma distribuição de probabilidade binomial para o número de adultos que respondeu sim. (*Fonte: Nielsen U.S. Social Media Survey.*)

Figura 4.8

Como você acessa mídia social?

- Computador 94%
- Telefone celular 46%
- Tablet 16%
- Tocador de música portátil 7%
- Console de jogo 4%
- Televisão 4%
- Leitor de livro digital 3%

Solução

Da Figura 4.8 podemos observar que 46% dos adultos utilizam um telefone celular para acessar mídia social. Então, $p = 0{,}46$ e $q = 0{,}54$. Como $n = 7$, os valores possíveis de x são 0, 1, 2, 3, 4, 5, 6 e 7.

$P(0) = {}_7C_0(0{,}46)^0(0{,}54)^7 = 1\,(0{,}46)^0(0{,}54)^7 \approx 0{,}0134.$

$P(1) = {}_7C_1(0{,}46)^1(0{,}54)^6 = 7\,(0{,}46)^1(0{,}54)^6 \approx 0{,}0798.$

$P(2) = {}_7C_2(0{,}46)^2(0{,}54)^5 = 21\,(0{,}46)^2(0{,}54)^5 \approx 0{,}2040.$

$P(3) = {}_7C_3(0{,}46)^3(0{,}54)^4 = 35\,(0{,}46)^3(0{,}54)^4 \approx 0{,}2897.$

$P(4) = {}_7C_4(0{,}46)^4(0{,}54)^3 = 35\,(0{,}46)^4(0{,}54)^3 \approx 0{,}2468.$

$P(5) = {}_7C_5(0{,}46)^5(0{,}54)^2 = 21\,(0{,}46)^5(0{,}54)^2 \approx 0{,}1261.$

$P(6) = {}_7C_6(0{,}46)^6(0{,}54)^1 = 7\,(0{,}46)^6(0{,}54)^1 \approx 0{,}0358.$

$P(7) = {}_7C_7(0{,}46)^7(0{,}54)^0 = 1\,(0{,}46)^7(0{,}54)^0 \approx 0{,}0044.$

Observe na Tabela 4.10 que todas as probabilidades estão entre 0 e 1 e que a soma é 1.

Tabela 4.10 Distribuição de probabilidade do número de adultos que utilizam celular para acessar mídias.

x	$P(x)$
0	0,0134
1	0,0798
2	0,2040
3	0,2897
4	0,2468
5	0,1261
6	0,0358
7	0,0044
	$\Sigma P(x) = 1$

Tente você mesmo 3

Sete adultos que participaram da pesquisa são selecionados aleatoriamente e indagados se eles utilizam um tablet para acessar mídia social. Construa uma distribuição binomial para o número de adultos que respondeu sim.

a. Identifique uma tentativa, um sucesso e um fracasso.
b. Identifique n, p, q e valores possíveis para x.
c Use a fórmula da probabilidade binomial para cada valor de x.
d. Use uma tabela para mostrar que as propriedades de uma distribuição de probabilidade foram satisfeitas.

Dica de estudo

Quando as probabilidades são arredondadas para um número fixo de casas decimais, a soma das probabilidades pode diferir ligeiramente de 1.

Determinando probabilidades binomiais

Nos exemplos 2 e 3 você usou a fórmula da probabilidade binomial para calcular as probabilidades. Uma forma mais eficiente de determinar as probabilidades binomiais é usar uma calculadora ou um computador. Por exemplo, você pode calcular probabilidades binomiais por meio do Minitab, do Excel e da TI-84 Plus.

Dica de estudo

Apresentamos aqui instruções para encontrar uma probabilidade binomial na calculadora TI-84 Plus. Do menu DISTR, escolha a opção *binompdf*. Insira os valores de n, p e x e calcule a probabilidade.

Exemplo 4

Determinando uma probabilidade binomial com o uso da tecnologia

Os resultados de uma pesquisa recente indicam que 67% dos adultos americanos consideram o ar-condicionado uma necessidade. Você seleciona aleatoriamente 100 adultos. Qual é a probabilidade de que exatamente 75 adultos considerem o ar-condicionado uma necessidade? Use uma ferramenta tecnológica para encontrar a probabilidade. (*Fonte: Opinion Research Company.*)

Solução

O Minitab, o Excel e a TI-84 Plus oferecem funções que permitem que você encontre probabilidades binomiais. Tente usar essas tecnologias. Você deve obter resultados parecidos com os que são mostrados nas figuras 4.9(a) a (c).

Figura 4.9 Recursos tecnológicos para o cálculo de probabilidades binomiais.

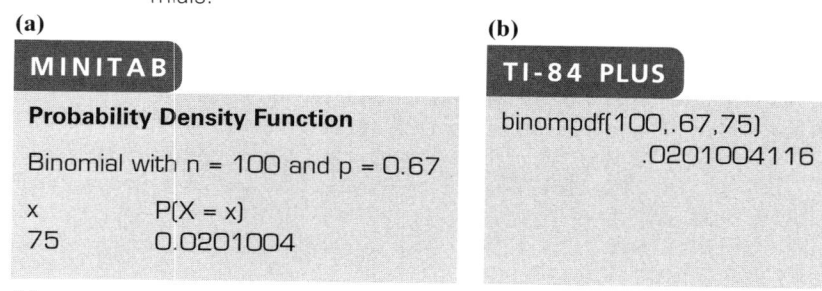

(a)

MINITAB

Probability Density Function

Binomial with n = 100 and p = 0.67

x	P(X = x)
75	0.0201004

(b)

TI-84 PLUS

binompdf(100,.67,75)
.0201004116

(c)

EXCEL

	A	B	C	D
1	BINOM.DIST(75,100,0.67,FALSE)			
2				0.020100412

Interpretação Da Figura 4.9 você pode notar que a probabilidade de que exatamente 75 adultos considerem o ar-condicionado uma necessidade é de, aproximadamente, 0,02. Como 0,02 é menor 0,05, esse evento pode ser considerado incomum.

Dica de estudo

Lembre-se de que uma probabilidade de 0,05 ou menor é considerada incomum.

Tente você mesmo 4

Uma pesquisa descobriu que 34% dos adultos americanos esconderam compras de seus cônjuges. Você seleciona aleatoriamente 200 adultos com cônjuges. Qual é a probabilidade de que exatamente 68 deles tenham escondido compras de seu cônjuge? Use a tecnologia para encontrar a probabilidade. (*Adaptado de: AARP.*)

a. Identifique n, p e x.
b. Calcule a probabilidade binomial.
c. Interprete os resultados.
d. Determine se o evento é incomum. Explique.

Exemplo 5

Calculando probabilidades binomiais por meio de fórmulas

Uma pesquisa com adultos americanos descobriu que 62% das mulheres acreditam que há uma ligação entre jogos violentos e adolescentes que apresentam comportamento violento. Você seleciona aleatoriamente quatro mulheres americanas e pergunta se elas acreditam nessa ligação entre jogos e comportamento violentos. Encontre a probabilidade de (1) exatamente duas responderem sim, (2) pelo menos duas responderem sim e (3) menos de duas responderem sim. (*Fonte: Harris Interactive.*)

Solução

1. Usando $n = 4$, $p = 0{,}62$, $q = 0{,}38$ e $x = 2$, a probabilidade de que exatamente duas mulheres respondam sim é:

   $P(2) = {}_4C_2 (0{,}62)^2 (0{,}38)^2 = 6 (0{,}62)^2 (0{,}38)^2 \approx 0{,}333.$

2. Para encontrar a probabilidade de que pelo menos duas mulheres respondam sim, encontre a soma de $P(2)$, $P(3)$ e $P(4)$.

   $P(2) = {}_4C_2 (0{,}62)^2 (0{,}38)^2 = 6 (0{,}62)^2 (0{,}38)^2 \approx 0{,}333044.$
   $P(3) = {}_4C_3 (0{,}62)^3 (0{,}38)^1 = 4 (0{,}62)^3 (0{,}38)^1 \approx 0{,}362259.$
   $P(4) = {}_4C_4 (0{,}62)^4 (0{,}38)^0 = 1 (0{,}62)^4 (0{,}38)^0 \approx 0{,}147763.$

   Logo, a probabilidade de que pelo menos duas respondam sim é:
   $P(x \geq 2) = P(2) + P(3) + P(4)$
   $\approx 0{,}333044 + 0{,}362259 + 0{,}147763$
   $\approx 0{,}843.$

3. Para encontrar a probabilidade de que menos de duas mulheres respondam sim, encontre a soma de $P(0)$ e $P(1)$.

   $P(0) = {}_4C_0 (0{,}62)^0 (0{,}38)^4 = 1(0{,}62)^0 (0{,}38)^4 \approx 0{,}020851.$
   $P(1) = {}_4C_1 (0{,}62)^1 (0{,}38)^3 = 4(0{,}62)^1 (0{,}38)^3 \approx 0{,}136083.$

   Logo, a probabilidade de que menos de duas respondam sim é:
   $P(x < 2) = P(0) + P(1) \approx 0{,}020851 + 0{,}136083 \approx 0{,}157.$

> **Dica de estudo**
>
> O complemento de "x é pelo menos 2" é "x é menos que 2". Então, uma outra maneira de encontrar a probabilidade da parte (3) do Exemplo 5 é:
>
> $P(x < 2) = 1 - P(x \geq 2)$
> $\approx 1 - 0{,}843$
> $= 0{,}157.$

Tente você mesmo 5

A pesquisa do Exemplo 5 descobriu que 53% dos homens acreditam que há uma ligação entre jogos violentos e adolescentes que apresentam comportamento violento. Você seleciona aleatoriamente cinco homens americanos e pergunta se eles acreditam nessa ligação entre jogos e comportamento violentos. Encontre a probabilidade de (1) exatamente dois responderem sim, (2) pelo menos dois responderem sim e (3) menos de dois responderem sim. (*Fonte: Harris Interactive.*)

a. Determine os valores apropriados de x para cada situação.
b. Calcule a probabilidade binomial para cada valor de x. Depois, determine a soma, se necessário.
c. Escreva os resultados em uma frase.

Você pode usar a tecnologia para verificar suas respostas. Por exemplo, a figura com tela da calculadora TI-84 Plus na Figura 4.10 mostra como verificar as partes (1) e (3) do Exemplo 5. Note que o segundo registro usa a função *binomial CDF*[1] (FDA, na língua portuguesa). Uma função de distribuição acumulada (FDA) calcula a probabilidade de "x ou menos" sucessos, somando as probabilidades correspondentes até o valor dado de x (no caso, até 1).

Figura 4.10

```
TI-84 PLUS
binompdf(4,.62,2)
            .33304416
binomcdf(4,.62,1)
            .15693392
```

---
[1] N. do T.: do inglês, *cumulative distribution function*.

Determinar probabilidades binomiais com a fórmula pode ser um processo cansativo. Para facilitar, você pode usar uma tabela de probabilidade binomial. A Tabela B.2 no Apêndice B lista a probabilidade binomial para valores selecionados de n e p.

Exemplo 6

Encontrando uma probabilidade binomial em uma tabela

Cerca de 10% dos trabalhadores (com idades acima de 16 anos) nos Estados Unidos vão para seus locais de trabalho usando carona solidária. Você escolhe oito trabalhadores de forma aleatória. Qual é a probabilidade de que exatamente quatro deles utilizem a carona solidária? Use a tabela para encontrar a probabilidade. (*Fonte: American Community Survey.*)

Solução

Uma parte da Tabela B.2 no Apêndice B é mostrada na Tabela 4.11. Usando a distribuição para $n = 8$ e $p = 0,1$, você pode encontrar a probabilidade de $x = 4$, conforme destacado nas áreas da tabela.

Tabela 4.11

							p						
n	x	0,01	0,05	0,10	0,15	0,20	0,25	0,30	0,35	0,40	0,45	0,50	0,55	0,60
2	0	0,980	0,902	0,810	0,723	0,640	0,563	0,490	0,423	0,360	0,303	0,250	0,203	0,160
	1	0,020	0,095	0,180	0,255	0,320	0,375	0,420	0,455	0,480	0,495	0,500	0,495	0,480
	2	0,000	0,002	0,010	0,023	0,040	0,063	0,090	0,123	0,160	0,203	0,250	0,303	0,360
3	0	0,970	0,857	0,729	0,614	0,512	0,422	0,343	0,275	0,216	0,166	0,125	0,091	0,064
	1	0,029	0,135	0,243	0,325	0,384	0,422	0,441	0,444	0,432	0,408	0,375	0,334	0,288
	2	0,000	0,007	0,027	0,057	0,096	0,141	0,189	0,239	0,288	0,334	0,375	0,408	0,432
	3	0,000	0,000	0,001	0,003	0,008	0,016	0,027	0,043	0,064	0,091	0,125	0,166	0,216
8	0	0,923	0,663	0,430	0,272	0,168	0,100	0,058	0,032	0,017	0,008	0,004	0,002	0,001
	1	0,075	0,279	0,383	0,385	0,336	0,267	0,198	0,137	0,090	0,055	0,031	0,016	0,008
	2	0,003	0,051	0,149	0,238	0,294	0,311	0,296	0,259	0,209	0,157	0,109	0,070	0,041
	3	0,000	0,005	0,033	0,084	0,147	0,208	0,254	0,279	0,279	0,257	0,219	0,172	0,124
	4	0,000	0,000	0,005	0,018	0,046	0,087	0,136	0,188	0,232	0,263	0,273	0,263	0,232
	5	0,000	0,000	0,000	0,003	0,009	0,023	0,047	0,081	0,124	0,172	0,219	0,257	0,279
	6	0,000	0,000	0,000	0,000	0,001	0,004	0,010	0,022	0,041	0,070	0,109	0,157	0,209
	7	0,000	0,000	0,000	0,000	0,000	0,000	0,001	0,003	0,008	0,016	0,031	0,055	0,090
	8	0,000	0,000	0,000	0,000	0,000	0,000	0,000	0,001	0,002	0,004	0,008	0,017

Interpretação Portanto, a probabilidade de que exatamente quatro dos oito trabalhadores utilizem a carona solidária é 0,005. Como 0,005 é menor que 0,05, podemos considerar o evento como incomum.

Tente você mesmo 6

Cerca de 55% de todas as pequenas empresas nos Estados Unidos têm um site na internet. Você seleciona 10 pequenas empresas de forma aleatória. Qual é a probabilidade de que exatamente quatro delas tenham um site na internet? Use a tabela para encontrar a probabilidade. (*Adaptado de: Webvisible/Nielsen Online.*)

a. Identifique uma tentativa, um sucesso e um fracasso.
b. Identifique n, p e x.
c. Use a Tabela B.2 no Apêndice B para encontrar a probabilidade binomial.
d. Interprete os resultados.
e. Determine se o evento é incomum. Explique.

Representando graficamente distribuições binomiais

Na Seção 4.1 você aprendeu a representar graficamente distribuições discretas de probabilidades. Como a distribuição binomial é uma distribuição discreta de probabilidade, você pode usar o mesmo processo.

Exemplo 7

Representando graficamente uma distribuição binomial

Cerca de 60% dos sobreviventes de câncer têm idade acima dos 65 anos. Você seleciona aleatoriamente seis sobreviventes de câncer e pergunta se possuem idade acima dos 65 anos. Construa uma distribuição de probabilidade para a variável aleatória x. Depois, represente-a graficamente. (*Adaptado de: National Cancer Institute.*)

Solução

Para construir a distribuição binomial, calcule a probabilidade para cada valor de x. Usando $n = 6$, $p = 0,6$ e $q = 0,4$ obtêm-se os valores apresentados na Tabela 4.12.

Tabela 4.12 Distribuição de probabilidades para o número de sobreviventes de câncer com mais de 65 anos.

x	0	1	2	3	4	5	6
$P(x)$	0,004	0,037	0,138	0,276	0,311	0,187	0,047

Você pode representar a distribuição de probabilidade graficamente usando um histograma, conforme a Figura 4.11. (Como uma variável discreta assume valores no conjunto dos números inteiros, a representação matemática usual é por meio de gráfico de barras ou segmentos verticais.)

Figura 4.11 Sobreviventes de câncer com 65 anos ou mais.

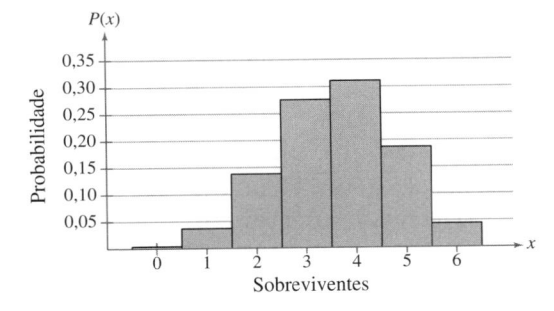

Interpretação Do histograma, podemos observar que seria incomum para nenhum, um ou todos os seis sobreviventes terem acima de 65 anos por causa das baixas probabilidades.

Tente você mesmo 7

Um estudo recente descobriu que 19% das pessoas (com idades acima de 16 anos) nos Estados Unidos possuem um leitor de livros digitais. Você seleciona aleatoriamente 4 pessoas (com idades acima de 16 anos) e pergunta se elas possuem um leitor de livros digitais. Construa uma distribuição de probabilidade para a variável aleatória x. Depois, represente-a graficamente. (*Fonte: Pew Internet & American Life Project.*)

a. Determine a probabilidade binomial para cada valor da variável aleatória x.
b. Organize os valores de x e as probabilidades correspondentes em uma tabela.
c. Use um histograma para representar graficamente a distribuição binomial. Descreva seu formato.
d. Algum dos eventos é incomum? Explique.

Note que, no Exemplo 7, o histograma é assimétrico à esquerda. O gráfico de uma distribuição binomial com $p > 0{,}5$ é assimétrico à esquerda enquanto, para $p < 0{,}5$, o gráfico é assimétrico à direita. Para $p = 0{,}5$, o gráfico da distribuição binomial é simétrico.

Média, variância e desvio padrão

Embora você possa usar as fórmulas aprendidas na Seção 4.1 para média, variância e desvio padrão de uma distribuição discreta de probabilidade, as propriedades de uma distribuição binomial permitem que você use fórmulas muito mais simples.

Parâmetros populacionais de uma distribuição binomial

Média: $\mu = np$
Variância: $\sigma^2 = npq$
Desvio padrão: $\sigma = \sqrt{npq}$

Exemplo 8

Calculando e interpretando a média, a variância e o desvio padrão

Em Pittsburgh, Pensilvânia, cerca de 56% dos dias em um ano são nublados. Calcule a média, a variância e o desvio padrão para o número de dias nublados durante o mês de junho. Interprete os resultados e determine quaisquer valores incomuns. (*Fonte: National Climatic Data Center.*)

Solução

Há 30 dias no mês de junho. Usando $n = 30$, $p = 0{,}56$ e $q = 0{,}44$ você poderá encontrar a média, a variância e o desvio padrão conforme apresentado a seguir:

$\mu = np = 30 \cdot 0{,}56$
$\quad = 16{,}8.$ Média.

$\sigma^2 = npq = 30 \cdot 0{,}56 \cdot 0{,}44$
$\quad \approx 7{,}4.$ Variância.

$\sigma = \sqrt{npq} = \sqrt{30 \cdot 0{,}56 \cdot 0{,}44}$
$\quad \approx 2{,}7.$ Desvio padrão.

Interpretação Em média, há 16,8 dias nublados durante o mês de junho. O desvio padrão é de aproximadamente 2,7 dias. Valores que distam mais do que dois desvios padrões da média são considerados incomuns. Como 16,8 − 2(2,7) = 11,4, um mês de junho com 11 dias nublados ou menos seria incomum. Da mesma forma, como 16,8 + 2(2,7) = 22,2, um mês de junho com 23 dias nublados ou mais também seria incomum.

Tente você mesmo 8

Em São Francisco, Califórnia, cerca de 44% dos dias em um ano apresentam tempo limpo. Calcule a média, a variância e o desvio padrão para o número de dias limpos durante o mês de maio. Interprete os resultados e determine quaisquer valores incomuns. (*Fonte: National Climatic Data Center.*)

a. Identifique o evento sucesso e os valores de n, p e q.
b. Determine o produto de n e p para calcular a média.
c. Determine o produto de n, p e q para calcular a variância.
d. Determine a raiz quadrada da variância para calcular o desvio padrão.
e. Interprete os resultados.
f. Determine quaisquer eventos incomuns.

4.2 Exercícios

Construindo habilidades básicas e vocabulário

1. Em um experimento binomial, o que significa dizer que cada tentativa é independente das demais?

2. Em um experimento binomial com n provas, o que indica a variável aleatória?

3. **Análise gráfica** Os histogramas exibidos nas figuras a seguir representam distribuições binomiais com o mesmo número n de tentativas, mas diferentes probabilidades p de sucesso. Associe cada probabilidade com o gráfico correto. Explique seu raciocínio.

   $p = 0{,}25$; $p = 0{,}50$; $p = 0{,}75$.

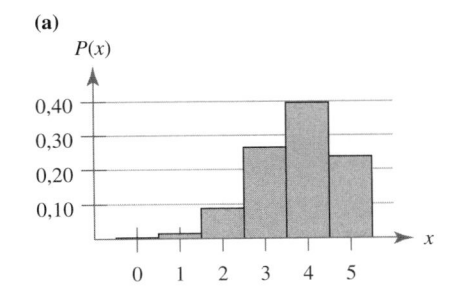

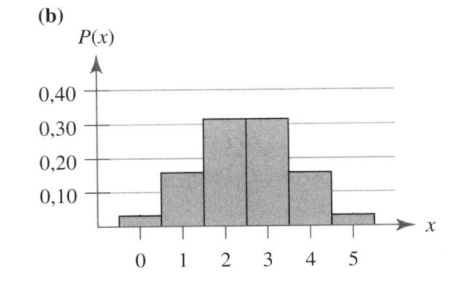

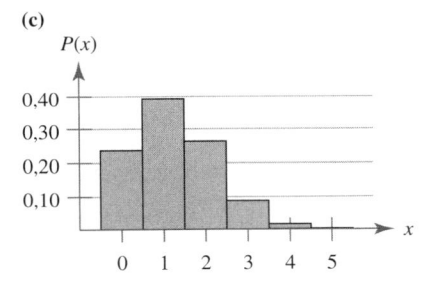

4. **Análise gráfica** Os histogramas exibidos nas figuras a seguir representam distribuições binomiais com a mesma probabilidade p de sucesso, mas diferentes números n de tentativas. Associe cada valor de n com o gráfico correto. Explique seu raciocínio. O que acontece quando o valor de n aumenta e p permanece o mesmo?

   $n = 4$; $n = 8$; $n = 12$.

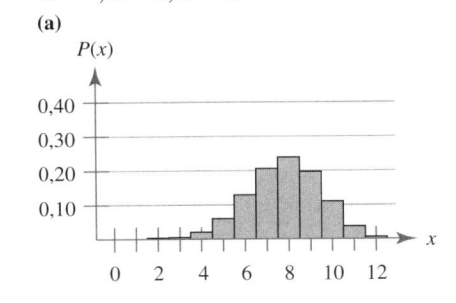

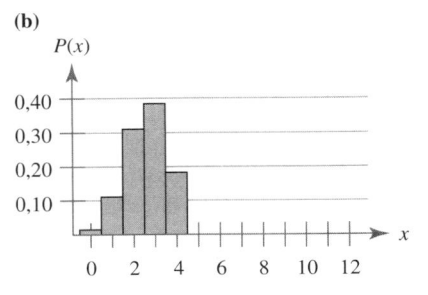

(c)

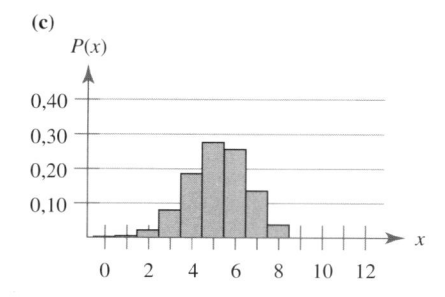

[Histograma: P(x) com valores aproximados em x=1:0,03; x=2:0,05; x=3:0,18; x=4:0,27; x=5:0,25; x=6:0,13; x=7:0,05; eixo x de 0 a 12]

5. Identifique os valores incomuns de x em cada histograma no Exercício 3.

6. Identifique os valores incomuns de x em cada histograma no Exercício 4.

Média, variância e desvio padrão *Nos exercícios 7 a 10, calcule a média, a variância e o desvio padrão da distribuição binomial para os valores de n e p.*

7. $n = 50, p = 0,4$.

8. $n = 84, p = 0,65$.

9. $n = 124, p = 0,26$.

10. $n = 316, p = 0,82$.

Usando e interpretando conceitos

Identificando e entendendo experimentos binomiais *Nos exercícios 11 a 14, determine se o experimento é binomial. Se for, identifique um sucesso, especifique os valores de n, p e q e liste os valores possíveis da variável aleatória x. Se o experimento não for binomial, explique o porquê.*

11. Videogames Uma pesquisa descobriu que 49% dos domicílios americanos possuem um console de videogame. Oito domicílios americanos são selecionados aleatoriamente. A variável aleatória representa o número de domicílios que possui um console de videogame. (*Fonte: Entertainment Software Association.*)

12. Cartas Você extrai cinco cartas, uma por vez, de um baralho normal. Uma vez que uma carta foi retirada ela não é reposta. A variável aleatória representa o número de cartas de copas.

13. Loteria Uma loteria estadual sorteia, aleatoriamente, 6 bolas numeradas de 1 a 40, sem reposição. Você escolhe seis números e compra um bilhete da loteria. A variável aleatória representa o número de coincidências do seu bilhete com os números sorteados na loteria.

14. Geração Uma pesquisa descobriu que 68% dos adultos com idades entre 18 e 25 anos acham que sua geração é única e distinta. Doze adultos com idades entre 18 e 25 anos são selecionados aleatoriamente. A variável aleatória representa o número de adultos nessa faixa etária que acha que sua geração é única e distinta. (*Fonte: Pew Research Center.*)

Determinando probabilidades binomiais *Nos exercícios de 15 a 22, determine as probabilidades indicadas. Se for conveniente, use ferramentas de tecnologia ou a Tabela B.2 do Apêndice B para encontrá-las.*

15. Notícias claras e precisas Sessenta por cento dos adultos americanos confiam que os jornais nacionais apresentam as notícias clara e precisamente. Você seleciona aleatoriamente nove adultos americanos. Determine a probabilidade de que o número de adultos que confiam que os jornais nacionais apresentam as notícias clara e precisamente seja (a) exatamente cinco, (b) pelo menos seis e (c) menos de quatro. (*Fonte: Harris Interactive.*)

16. Obesidade infantil Trinta e nove por cento dos adultos americanos acham que o governo deveria colaborar na luta contra a obesidade infantil. Você seleciona aleatoriamente seis adultos americanos. Determine a probabilidade de que o número de adultos que acham que o governo devia colaborar na luta contra a obesidade infantil seja (a) exatamente dois, (b) pelo menos quatro e (c) menos de três. (*Fonte: Rasmussen Reports.*)

17. Facilidade de votação Vinte e sete por cento dos prováveis eleitores americanos acham que é muito fácil votar nos Estados Unidos. Você seleciona aleatoriamente 12 prováveis eleitores americanos. Determine a probabilidade de que o número de prováveis eleitores que acham muito fácil votar nos Estados Unidos seja (a) exatamente três, (b) pelo menos quatro e (c) menos de oito. (*Fonte: Rasmussen Reports.*)

18. Alimentos não nutritivos Sessenta e três por cento dos adultos americanos são contra impostos especiais sobre alimentos não nutritivos e refrigerantes. Você seleciona aleatoriamente 10 adultos americanos. Determine a probabilidade de que o número de adultos americanos que são contra os impostos especiais sobre alimentos não nutritivos e refrigerantes seja (a) exatamente seis, (b) pelo menos cinco e (c) menos de oito. (*Fonte: Rasmussen Reports.*)

19. Compra de roupas Cinquenta e seis por cento dos homens não ficam ansiosos para comprar roupas. Você seleciona aleatoriamente oito homens. Determine a probabilidade de que o número de homens que não ficam ansiosos para comprar roupas seja (a) exatamente cinco, (b) mais que cinco e (c) no máximo cinco. (*Fonte: Men's Wearhouse.*)

20. *Recall* de segurança Sessenta e oito por cento dos adultos ainda considerariam uma marca de carro apesar de *recalls* de produto/segurança. Você seleciona aleatoriamente 20 adultos. Determine a probabilidade de que o número de adultos que ainda considerariam uma marca de carro apesar de *recalls* de produto/segurança seja (a) exatamente um, (b) mais que um e (c) no máximo um. (*Fonte: Deloitte.*)

21. Aposentadoria confortável Cinquenta e um por cento dos trabalhadores são confiantes que se aposentarão com um estilo de vida confortável. Você seleciona aleatoriamente 10 adultos. Determine a probabilidade de que o número de trabalhadores que são confiantes que se aposentarão com um estilo de vida confortável seja (a) exatamente dois, (b) mais que dois e (c) entre dois e cinco, inclusive. (*Fonte: Transamerica Center for Retirement Studies.*)

22. Produtos orgânicos Quarenta e três por cento dos adultos pagaria mais por produtos orgânicos. Você seleciona aleatoriamente 12 adultos. Determine a probabilidade de que o número de adultos que pagaria mais por produtos orgânicos seja (a) exatamente quatro, (b) mais que quatro e (c) entre quatro e oito, inclusive. (*Fonte: BrandSpark International/Better Homes and Gardens American Shopper Study.*)

Construindo e representando graficamente distribuições binomiais *Nos exercícios 23 a 26, (a) construa uma distribuição binomial, (b) represente a distribuição binomial usando um histograma e descreva sua forma, e (c) identifique quaisquer valores da variável aleatória x que você consideraria incomuns. Explique seu raciocínio.*

23. **100º aniversário** Sessenta e sete por cento dos adultos com 55 anos ou mais querem chegar aos 100 anos. Você seleciona aleatoriamente sete adultos com 55 anos ou mais e pergunta se eles querem chegar aos 100 anos. A variável aleatória representa o número de adultos com 55 anos ou mais que querem chegar aos 100 anos. (*Fonte: SunAmerica Retirement Re-Set.*)

24. **Mesa desarrumada** Trinta e oito por cento dos gerentes de contratação têm uma visão negativa dos trabalhadores com mesa desarrumada. Você seleciona aleatoriamente 10 gerentes de contratação e pergunta se eles têm uma visão negativa dos trabalhadores com mesa desarrumada. A variável aleatória representa o número de gerentes de contratação que têm uma visão negativa dos trabalhadores com mesa desarrumada. (*Fonte: CareerBuilder.*)

25. **Desempenho no trabalho** Quarenta e seis por cento das mães que trabalham fora dizem que seu desempenho no trabalho é o mesmo de antes de dar à luz. Você seleciona aleatoriamente oito mães que trabalham fora e pergunta como seu desempenho no trabalho mudou desde que deram à luz. A variável aleatória representa o número de mães que trabalham fora que dizem que seu desempenho no trabalho é o mesmo de antes de dar à luz. (*Fonte: Forbes.*)

26. **Normas escolares** Trinta e quatro por cento dos eleitores acham que o Congresso deveria auxiliar a redigir normas para alimentação nas escolas. Você seleciona aleatoriamente seis eleitores e pergunta se o Congresso deveria ajudar a redigir normas para a alimentação nas escolas. A variável aleatória representa o número de eleitores que acham que o Congresso deveria ajudar a redigir normas para a alimentação escolar. (*Fonte: Hart Research Associates/American Viewpoint for Kids' Safe & Healthful Foods Project.*)

Determinando e interpretando a média, a variância e o desvio padrão *Nos exercícios 27 a 32, determine (a) a média, (b) a variância e (c) o desvio padrão da distribuição binomial para a variável aleatória dada, e (d) interprete os resultados.*

27. **Politicamente correto** Cinquenta e nove por cento dos prováveis eleitores americanos acham que a maioria dos livros escolares coloca a correção política à frente da exatidão. Você seleciona aleatoriamente sete prováveis eleitores americanos e pergunta se eles acham que a maioria dos livros escolares coloca a correção política à frente da exatidão. A variável aleatória representa o número de prováveis eleitores americanos que acham que a maioria dos livros escolares coloca a correção política à frente da exatidão. (*Fonte: Rasmussen Reports.*)

28. **Músicas potencialmente ofensivas** Sessenta e nove por cento dos adultos acham que deveria ser permitido que os músicos cantassem músicas potencialmente ofensivas. Você seleciona aleatoriamente quatro adultos e pergunta se eles acham que deveria ser permitido que os músicos cantassem músicas potencialmente ofensivas. A variável aleatória representa o número de adultos que acham que deveria ser permitido que os músicos cantassem músicas potencialmente ofensivas. (*Fonte: First Amendment Center.*)

29. **Vida em Marte** Trinta e um por cento dos adultos acham que existiu vida em Marte em algum momento. Você seleciona aleatoriamente seis adultos e pergunta se eles acham que existiu vida em Marte em algum momento. A variável aleatória representa o número de adultos que acham que existiu vida em Marte em algum momento. (*Fonte: CNN/ORC Poll.*)

30. **Polícia do mundo** Onze por cento dos prováveis eleitores americanos acham que os Estados Unidos deveriam ser a polícia do mundo. Você seleciona aleatoriamente cinco prováveis eleitores americanos e pergunta se eles acham que os Estados Unidos deveriam ser a polícia do mundo. A variável aleatória representa o número de prováveis eleitores americanos que acham que os Estados Unidos deveriam ser a polícia do mundo. (*Fonte: Rasmussen Reports.*)

31. **A cara da empresa** Setenta e nove por cento dos trabalhadores americanos sabem como o seu presidente se parece. Você seleciona aleatoriamente seis trabalhadores e pergunta se eles sabem como o seu presidente se parece. A variável aleatória representa o número de trabalhadores que sabem como o seu presidente se parece. (*Fonte: CareerBuilder.*)

32. **Suprema Corte** Sessenta e três por cento dos adultos americanos não sabem o nome de um juiz da Suprema Corte. Você seleciona aleatoriamente cinco adultos e pergunta se eles conhecem o nome de algum juiz da Suprema Corte. A variável aleatória representa o número de adultos que não consegue dar nome algum. (*Fonte: FindLaw.*)

Expandindo conceitos

Experimentos multinomiais *Nos exercícios 33 e 34, use as informações a seguir.*

Um **experimento multinomial** é um experimento probabilístico que satisfaz as seguintes condições:

I. O experimento tem um número fixo de tentativas n, sendo cada tentativa independente das demais.

II. Cada tentativa tem k possíveis resultados mutuamente exclusivos: $E_1, E_2, E_3, ..., E_k$.

III. Cada resultado tem uma probabilidade fixa. Então, $P(E_1) = p_1, P(E_2) = p_2, P(E_3) = p_3, ..., P(E_k) = p_k$. A soma das probabilidades para todos os resultados é:

$$p_1 + p_2 + p_3 + \ldots + p_k = 1.$$

IV. O número de vezes que ocorre E_1 é x_1; o número de vezes que ocorre E_2 é x_2; o número de vezes que ocorre E_3 é x_3, e assim por diante.

V. A variável aleatória discreta x registra o número de vezes que $x_1, x_2, x_3, \ldots, x_k$ ocorre em n tentativas independentes, em que

$$x_1 + x_2 + x_3 + \ldots + x_k = n.$$

A probabilidade de que x ocorrerá é:

$$P(x) = \frac{n!}{x_1! x_2! x_3! \ldots x_k!} p_1^{x_1} p_2^{x_2} p_3^{x_3} \ldots p_k^{x_k}.$$

33. **Genética** De acordo com uma teoria genética, o cruzamento de plantas altas e coloridas com plantas baixas e sem cor resulta em quatro tipos de plantas: altas e coloridas, altas e sem cor, baixas e coloridas e baixas e sem cor, com as correspondentes probabilidades de 9/16, 3/16, 3/16 e 1/16. Dez plantas são selecionadas. Determine a probabilidade de que 5 sejam altas e coloridas, 2 sejam altas e sem cor, 2 sejam baixas e coloridas e 1 seja baixa e sem cor.

34. **Genética** Outra teoria genética proposta dá às correspondentes probabilidades para os quatro tipos de plantas descritas no Exercício 33 como 5/16, 4/16, 1/16 e 6/16. Dez plantas são selecionadas. Determine a probabilidade de que 5 sejam altas e coloridas, 2 altas e sem cor, 2 sejam baixas e coloridas e 1 seja baixa e sem cor.

Atividade 4.2 – Distribuição binomial

O applet *Binomial distribuition* permite simular valores de uma distribuição binomial. Você pode especificar os parâmetros para a distribuição binomial (n e p) e o número de valores a serem simulados (N). Quando você clica em SIMULATE (simular), N valores da distribuição binomial especificada serão assinalados à direita. A frequência de cada resultado é exibida na região do gráfico representado na Figura 4.12.

APPLET

Você encontra o applet interativo para esta atividade no Site de Apoio.

Figura 4.12

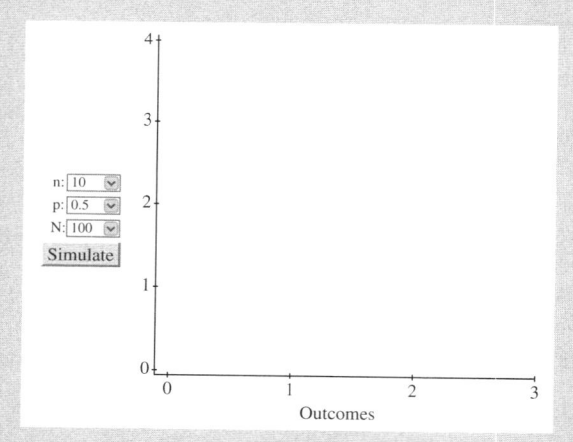

Explore

Passo 1 Especifique um valor para n.
Passo 2 Especifique um valor para p.
Passo 3 Especifique um valor para N.
Passo 4 Clique SIMULATE.

Conclua

1. Durante um ano de eleição presidencial, 70% dos eleitores aptos de um país realmente votaram. Simule selecionar $n = 10$ eleitores aptos $N = 10$ vezes (para 10 comunidades no país). Use os resultados para estimar a

probabilidade de que o número de eleitores que votaram nessa eleição seja (a) exatamente 5, (b) pelo menos 8 e (c) no máximo 7.

2. Durante um ano sem eleição presidencial, 20% dos eleitores aptos, no mesmo país do Exercício 1, de fato votaram. Simule selecionar $n = 10$ eleitores aptos $N = 10$ vezes (para 10 comunidades no país). Use os resultados para estimar a probabilidade de que o número desses eleitores que votaram nessa eleição seja (a) exatamente 4, (b) pelo menos 5 e (c) menor que 4.

3. Suponha que no Exercício 1 você selecione n = 10 eleitores aptos $N = 100$ vezes. Estime a probabilidade de que o número de eleitores que votaram nessa eleição seja exatamente 5. Compare este resultado com o resultado do Exercício 1 parte (a). Qual deles é mais próximo da probabilidade encontrada usando a fórmula de probabilidade binomial?

Estudo de caso

Distribuição do número de rebatidas em jogos de beisebol

O site oficial da liga principal de beisebol (MLB.com) registra estatísticas detalhadas sobre os jogadores e os jogos.

Durante a temporada regular de 2012, Dustin Pedroia do Boston Red Sox tinha uma média de rebatidas de 0,290. Os gráficos das figuras 4.13(a) a (c) mostram os números de rebatidas realizadas em jogos em que ele teve números diferentes de posse de bastão.

Figura 4.13

(a) Jogos com três posses de bastão.

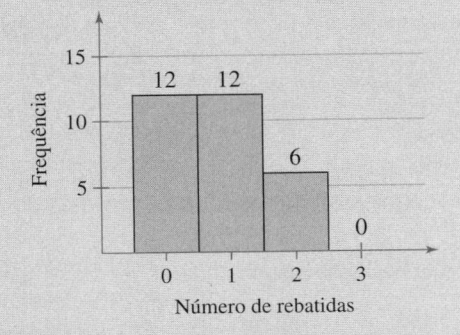

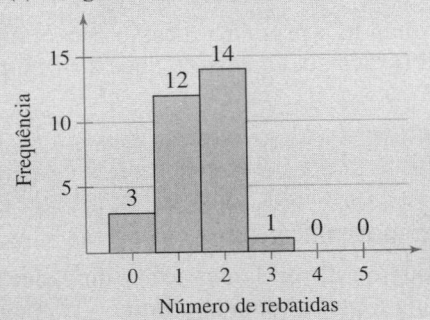

(b) Jogos com quatro posses de bastão.

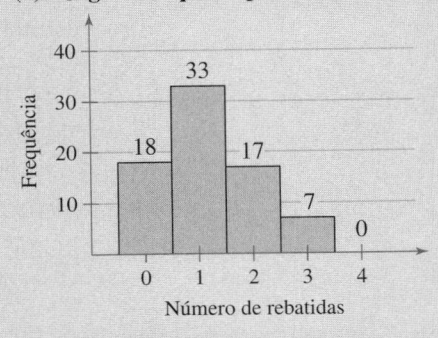

(c) Jogos com cinco posses de bastão.

Exercícios

1. Construa uma distribuição de probabilidade para:
   (a) O número de rebatidas em um jogo com três posses de bastão.
   (b) O número de rebatidas em um jogo com quatro posses de bastão.
   (c) O número de rebatidas em um jogo com cinco posses de bastão.
2. Construa distribuições de probabilidade binomiais para $p = 0{,}290$ e:
   (a) $n = 3$.
   (b) $n = 4$.
   (c) $n = 5$.
3. Compare suas distribuições dos exercícios 1 e 2. A distribuição binomial é um bom modelo para determinar o número de rebatidas em um jogo de beisebol para um dado número de posses de bastão? Explique seu raciocínio e inclua uma discussão das quatro condições para um experimento binomial.

4.3 Mais distribuições discretas de probabilidade

O que você deve aprender
- Como encontrar probabilidades usando a distribuição geométrica.
- Como encontrar probabilidades usando a distribuição de Poisson.

A distribuição geométrica • A distribuição de Poisson • Resumo das distribuições discretas de probabilidade

A distribuição geométrica

Muitas ações na vida são repetidas até que um sucesso ocorra. Por exemplo, você pode ter que enviar um e-mail diversas vezes antes de ser enviado com sucesso. Uma situação como essa pode ser representada por uma **distribuição geométrica**.

Definição

Uma **distribuição geométrica** é uma distribuição discreta de probabilidade de uma variável aleatória x que satisfaz as seguintes condições:
1. Uma tentativa é repetida até que um sucesso ocorra.
2. As tentativas repetidas são independentes umas das outras.
3. A probabilidade de sucesso p é a mesma para cada tentativa.
4. A variável aleatória x representa o número de tentativas até ocorrer o primeiro sucesso.

A probabilidade de que o primeiro sucesso ocorra na tentativa número x é:

$P(x) = pq^{x-1}$, onde $q = 1 - p$.

Em outras palavras, quando o primeiro sucesso ocorre na terceira tentativa, o resultado é FFS (Fracasso, Fracasso e Sucesso), e a probabilidade desse evento ocorrer é $P(3) = q \cdot q \cdot p$ ou $P(3) = p \cdot q^2$.

Exemplo 1

Usando a distribuição geométrica

O jogador de basquete LeBron James acerta um lance livre cerca de 75% das vezes. Calcule a probabilidade de que o primeiro lance livre que ele acerta ocorra na terceira ou quarta tentativa. (*Fonte: National Basketball Association.*)

Solução

Para determinar a probabilidade de que ele acerte seu primeiro lance livre na terceira ou quarta tentativa, primeiro temos que calcular a probabilidade de que o primeiro lance que ele acerte ocorra na terceira tentativa e a probabilidade de que o primeiro lance que ele acerte ocorra na quarta tentativa. Então, calculamos a seguir a soma das probabilidades resultantes. Usando $p = 0,75$, $q = 0,25$ e $x = 3$, temos:

$P(3) = 0,75(0,25)^{3-1} = 0,75(0,25)^2 = 0,046875$

Usando $p = 0,75$, $q = 0,25$ e $x = 4$, temos:

$P(4) = 0,75(0,25)^{4-1} = 0,75(0,25)^3 \approx 0,011719$.

Portanto, a probabilidade de que ele acerte seu primeiro lance livre na terceira ou quarta tentativa é:

$P(\text{acertar na terceira ou quarta tentativa}) = P(3) + P(4)$
$\approx 0,046875 + 0,011719$
$\approx 0,059$

Você pode usar tecnologia para conferir o resultado. Por exemplo, usando a função *geometric PDF* da TI-84 Plus, você pode encontrar $P(3)$ e $P(4)$, conforme mostra a Figura 4.14.

> **Dica de estudo**
>
> Para encontrar uma probabilidade geométrica na calculadora TI-84 Plus escolha a função *geometricpdf(* no menu DISTR. Insira os valores de p e x e calcule a probabilidade.

Figura 4.14 Utilizando o TI-84 Plus para determinar probabilidades geométricas.

```
TI-84 PLUS
geometpdf(.75,3)
            .046875
geometpdf(.75,4)
          .01171875
```

Tente você mesmo 1

Determine a probabilidade de que LeBron James acerte seu primeiro lance livre antes de sua terceira tentativa.

a. Use a distribuição geométrica para encontrar $P(1)$ e $P(2)$.
b. Calcule a soma de $P(1)$ e $P(2)$.
c. Escreva o resultado em uma frase.

Ainda que teoricamente um sucesso possa nunca ocorrer, a distribuição geométrica é uma distribuição discreta de probabilidade porque os valores de x podem ser enumerados: 1, 2, 3, ... Perceba que, conforme x se torna maior, $P(x)$ se aproxima de zero. Por exemplo:

$P(15) = 0,75(0,25)^{15-1} = 0,75(0,25)^{14} \approx 0,0000000028$.

A distribuição de Poisson

Em um experimento binomial, você está interessado em determinar a probabilidade de um número específico de sucessos em um dado número de tentativas. Suponha que, em vez disso, você queira saber a probabilidade de que um número específico de ocorrências aconteça dentro de uma dada unidade de tempo, área ou volume. Por exemplo, para determinar a probabilidade de que um funcionário fique doente por 15 dias dentro de um ano, você pode usar a **distribuição de Poisson**.

> **Definição**
>
> A **distribuição de Poisson** é uma distribuição discreta de probabilidade de uma variável aleatória x que satisfaz as seguintes condições:
>
> **1.** O experimento consiste em contar o número de vezes, x, que um evento ocorre em um dado intervalo contínuo. O intervalo pode ser de tempo, área, volume ou outro intervalo contínuo.
>
> **2.** A probabilidade de um evento acontecer é a mesma para intervalos de mesmo tamanho.

Dica de estudo

Apresentamos aqui instruções para encontrar uma probabilidade de Poisson na calculadora TI-84 Plus. No menu DISTR escolha a função *poissonpdf(*. Insira os valores de μ e x. (Note que a TI-84 Plus usa a letra grega lambda, λ, no lugar de μ). Calcule a probabilidade.

Figura 4.15 Utilizando o TI-84 Plus para determinar probabilidades de Poisson.

```
TI-84 PLUS
poissonpdf(3,4)
            .1680313557
```

Retratando o mundo

A primeira ponte suspensa construída com sucesso nos Estados Unidos, a Ponte Tacoma Narrows, se estende sobre Tacoma Narrows no estado de Washington. A ocupação média dos veículos que passam pela ponte é de 1,6 pessoa. A distribuição de probabilidade a seguir representa a ocupação de veículos na ponte durante um período de 5 dias. (*Adaptado de: Washington State Department of Transportation.*)

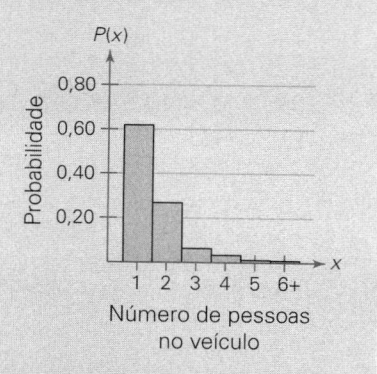

Qual é a probabilidade de que um veículo selecionado aleatoriamente tenha dois ocupantes ou menos?

---

3. O número de ocorrências em um intervalo é independente do número de ocorrências em outros intervalos não sobrepostos.

A probabilidade de haver exatamente x ocorrências em um intervalo é:

$$P(x) = \frac{\mu^x e^{-\mu}}{x!}.$$

Em que e é um número irracional aproximadamente igual a 2,71828 e μ é o número médio de ocorrências por intervalo unitário de referência.

Exemplo 2

Usando a distribuição de Poisson

O número médio de acidentes por mês em certo cruzamento é três. Qual é a probabilidade de, em qualquer mês, quatro acidentes ocorrerem nesse cruzamento?

Solução

Usando $x = 4$ e $\mu = 3$, a probabilidade de que 4 acidentes ocorram em qualquer mês no cruzamento é:

$$P(4) \approx \frac{3^4 (2{,}71828)^{-3}}{4!} \approx 0{,}168.$$

Você pode usar tecnologia para conferir o resultado. Por exemplo, usando a função *Poisson PDF* da TI-84 Plus, você pode encontrar $P(4)$, conforme mostrado na Figura 4.15.

Tente você mesmo 2

Qual é a probabilidade de que mais de quatro acidentes ocorram em qualquer mês no cruzamento?

a. Use a distribuição de Poisson para encontrar $P(0), P(1), P(2), P(3)$ e $P(4)$.
b. Calcule a soma de $P(0), P(1), P(2), P(3)$ e $P(4)$.
c. Subtraia a soma de 1.
d. Escreva o resultado como uma frase.

No Exemplo 2 você usou uma fórmula para determinar uma probabilidade de Poisson. Você também pode usar uma tabela para encontrar as probabilidades de Poisson. A Tabela B.3 do Apêndice B lista as probabilidades de Poisson para valores selecionados de x e μ. Você também pode usar ferramentas tecnológicas, como Minitab, Excel e a TI-84 Plus, para encontrar as probabilidades de Poisson.

Exemplo 3

Encontrando uma probabilidade de Poisson em uma tabela

Uma contagem populacional mostra que o número médio de coelhos, por acre, vivendo em um campo é 3,6. Use uma tabela para encontrar a probabilidade de que sete coelhos sejam encontrados em qualquer acre do campo.

Solução

Uma parte da Tabela B.3 do Apêndice B é mostrada na Tabela 4.13. Usando a distribuição para $\mu = 3{,}6$ e $x = 7$, você pode encontrar a probabilidade de Poisson conforme destacado na Tabela 4.13.

Tabela 4.13 Tabela com probabilidades de Poisson.

				μ			
x	3,1	3,2	3,3	3,4	3,5	3,6	3,7
0	0,0450	0,0408	0,0369	0,0334	0,0302	0,0273	0,0247
1	0,1397	0,1304	0,1217	0,1135	0,1057	0,0984	0,0915
2	0,2165	0,2087	0,2008	0,1929	0,1850	0,1771	0,1692
3	0,2237	0,2226	0,2209	0,2186	0,2158	0,2125	0,2087
4	0,1734	0,1781	0,1823	0,1858	0,1888	0,1912	0,1931
5	0,1075	0,1140	0,1203	0,1264	0,1322	0,1377	0,1429
6	0,0555	0,0608	0,0662	0,0716	0,0771	0,0826	0,0881
7	0,0246	0,0278	0,0312	0,0348	0,0385	0,0425	0,0466
8	0,0095	0,0111	0,0129	0,0148	0,0169	0,0191	0,0215
9	0,0033	0,0040	0,0047	0,0056	0,0066	0,0076	0,0089
10	0,0010	0,0013	0,0016	0,0019	0,0023	0,0028	0,0033

Então, a probabilidade de que sete coelhos sejam encontrados em qualquer acre é 0,0425. Como 0,0425 é menor que 0,05, o evento pode ser considerado incomum.

Tente você mesmo 3

Duas mil trutas marrons são colocadas em um pequeno lago. O lago tem um volume de 20.000 metros cúbicos. Use a tabela para encontrar a probabilidade de que três trutas sejam encontradas em qualquer metro cúbico do lago.

a. Determine o número médio de trutas marrons por metro cúbico.
b. Identifique μ e x.
c. Use a Tabela B.3 do Apêndice B para encontrar a probabilidade de Poisson.
d. Interprete os resultados.
e. Determine se o evento é incomum. Explique.

Resumo das distribuições discretas de probabilidade

Veja um resumo das distribuições discretas de probabilidade na Tabela 4.14.

Tabela 4.14

Distribuição	Resumo	Fórmulas
Distribuição binomial	Um experimento binomial satisfaz as seguintes condições: 1. O experimento tem um número fixo n de tentativas independentes. 2. Há apenas dois resultados possíveis para cada tentativa, sucesso ou fracasso. 3. A probabilidade de um sucesso p é a mesma para cada tentativa.	n = o número de tentativas. x = o número de sucessos em n tentativas. p = probabilidade de sucesso em uma única tentativa. q = probabilidade de fracasso em uma única tentativa. $q = 1 - p$.

(continua)

(continuação)

Distribuição	Resumo	Fórmulas
	4. A variável aleatória x registra o número de tentativas com sucesso. Os parâmetros de uma distribuição binomial são n e p.	A probabilidade de exatamente x sucessos em n tentativas é: $P(x) = {_nC_x} p^x q^{n-x}$ $= \dfrac{n!}{(n-x)!x!} p^x q^{n-x}$. $\mu = np$. $\sigma^2 = npq$. $\sigma = \sqrt{npq}$.
Distribuição geométrica	Uma distribuição geométrica é uma distribuição discreta de probabilidade de uma variável aleatória x que satisfaz as seguintes condições: 1. Uma tentativa é repetida até que um sucesso ocorra. 2. As tentativas repetidas são independentes umas das outras. 3. A probabilidade de sucesso p é a mesma para cada tentativa. 4. A variável aleatória x representa o número da tentativa na qual ocorre o primeiro sucesso. O parâmetro de uma distribuição geométrica é p.	x = o número da tentativa na qual ocorre o primeiro sucesso. p = probabilidade de sucesso em uma única tentativa. q = probabilidade de fracasso em uma única tentativa. $q = 1 - p$. A probabilidade de que o primeiro sucesso ocorra na tentativa número x é: $P(x) = pq^{x-1}$
Distribuição de Poisson	A distribuição de Poisson é uma distribuição discreta de probabilidade de uma variável aleatória x que satisfaz as seguintes condições: 1. O experimento consiste em contar o número de vezes, x, que um evento ocorre ao longo de um intervalo especificado de tempo, área ou volume. 2. A probabilidade de o evento ocorrer é a mesma para cada intervalo do mesmo tamanho. 3. O número de ocorrências em um intervalo é independente do número de ocorrências em outros intervalos não sobrepostos. O parâmetro de uma distribuição de Poisson é μ.	x = o número de ocorrências no intervalo dado. μ = o número médio de ocorrências em uma dada unidade de intervalo. A probabilidade de exatamente x ocorrências em um intervalo é: $P(x) = \dfrac{\mu^x e^{-\mu}}{x!}$.

4.3 Exercícios

Construindo habilidades básicas e vocabulário

Nos exercícios 1 a 4, determine a probabilidade indicada usando a distribuição geométrica.

1. Determine $P(3)$ quando $p = 0{,}65$.
2. Determine $P(1)$ quando $p = 0{,}45$.
3. Determine $P(5)$ quando $p = 0{,}09$.
4. Determine $P(8)$ quando $p = 0{,}28$.

Nos exercícios 5 a 8, determine a probabilidade indicada usando a distribuição de Poisson.

5. Determine $P(4)$ quando $\mu = 5$.
6. Determine $P(3)$ quando $\mu = 6$.
7. Determine $P(2)$ quando $\mu = 1{,}5$.
8. Determine $P(5)$ quando $\mu = 9{,}8$.
9. Com suas próprias palavras, descreva a diferença entre a variável x em uma distribuição binomial e em uma distribuição geométrica.
10. Com suas próprias palavras, descreva a diferença entre a variável x em uma distribuição binomial e em uma distribuição de Poisson.

Usando e interpretando conceitos

Usando uma distribuição para calcular probabilidades *Nos exercícios 11 a 26, calcule as probabilidades indicadas usando a distribuição geométrica, a distribuição de Poisson ou a distribuição binomial. Determine se os eventos são incomuns. Se for conveniente, use uma tabela ou tecnologia para determinar as probabilidades.*

11. **Vendas por telefone** A probabilidade de que você faça uma venda em qualquer telefonema dado é 0,19. Determine a probabilidade de que você (a) faça sua primeira venda na quinta ligação, (b) faça sua primeira venda na primeira, segunda ou terceira ligação e (c) não faça uma venda nas três primeiras ligações.

12. **Peças defeituosas** Um vendedor de peças de automóvel descobriu que 1 em cada 100 peças vendidas é defeituosa. Calcule a probabilidade de que (a) a primeira peça defeituosa seja a décima peça vendida, (b) a primeira peça defeituosa seja a primeira, segunda ou terceira peça vendida e (c) nenhuma das 10 primeiras peças vendidas seja defeituosa.

13. **Nascimentos** O número médio de nascimentos por minuto nos Estados Unidos, em um ano recente, era cerca de oito. Determine a probabilidade de que o número de nascimentos em qualquer minuto dado seja (a) exatamente cinco, (b) pelo menos cinco e (c) mais que cinco. (*Fonte: Centers for Disease Control and Prevention.*)

14. **Erros tipográficos** Um jornal descobre que o número médio de erros tipográficos por página é quatro. Determine a probabilidade de que o número de erros tipográficos encontrados em qualquer página dada seja (a) exatamente três, (b) no máximo três e (c) mais do que três.

15. **Passes concluídos** O jogador de futebol americano Tom Brady completa um passe 63,7% das vezes. Calcule a probabilidade de que (a) o primeiro passe completado seja o segundo, (b) o primeiro passe completado seja o primeiro ou o segundo e (c) ele não complete seus dois primeiros passes. (*Fonte: National Football League.*)

16. **Precipitação** Em Savannah, Geórgia, o número médio de dias, em julho, com 0,01 polegada ou mais de precipitação é de 13. Calcule a probabilidade de que, no próximo mês de julho, o número de dias com 0,01 polegada ou mais de precipitação em Savannah seja (a) exatamente 16 dias, (b) no máximo 16 dias e (c) mais de 16 dias. (*Fonte:National Climatic Data Center.*)

17. **Fabricante de vidro** Um fabricante de vidro descobre que 1 em cada 500 itens produzidos está empenado. Determine a probabilidade de que (a) o primeiro item de vidro deformado seja o décimo item produzido, (b) o primeiro item de vidro deformado seja o primeiro, segundo ou terceiro item produzido e (c) nenhum dos 10 primeiros itens de vidro produzidos seja defeituoso.

18. **Ganhar um prêmio** Um fabricante de cereais coloca uma peça de um jogo em cada uma de suas caixas de cereal. A probabilidade de ganhar um prêmio no jogo é 1 em 4. Determine a probabilidade de que você (a) ganhe seu primeiro prêmio em sua quarta compra, (b) ganhe seu primeiro prêmio em sua primeira, segunda ou terceira compra e (c) não ganhe um prêmio em suas quatro primeiras compras.

19. **Grandes furacões** Um grande furacão é um furacão com ventos de velocidade de 111 milhas por hora ou mais. No século XX, o número médio de grandes furacões que atingiram o território dos Estados Unidos, por ano, foi de cerca de 0,6. Determine a probabilidade de que o número de grandes furacões atingindo o território do país em qualquer ano dado seja (a) exatamente um, (b) no máximo um e (c) mais que um. (*Fonte: National Hurricane Center.*)

20. **Energia nuclear** Cinquenta e sete por cento dos adultos americanos são a favor da utilização de energia nuclear como uma fonte de eletricidade nos Estados Unidos. Você seleciona aleatoriamente oito adultos americanos. Determine a probabilidade de que o número de adultos americanos que são a favor da utilização de energia nuclear como uma fonte de eletricidade nos Estados Unidos seja (a) exatamente quatro, (b) menos que cinco e (c) pelo menos três. (*Fonte: Gallup Poll.*)

21. **Transplantes cardíacos** O número médio de transplantes cardíacos realizados por dia nos Estados Unidos, em um ano recente, era de aproximadamente seis. Calcule a probabilidade de que o número de transplantes cardíacos realizados em qualquer dia dado seja (a) exatamente sete, (b) pelo menos oito e (c) não mais do que quatro. (*Fonte: U.S. Department of Health and Human Services.*)

22. **Rompimento** Vinte e nove por cento dos americanos com idade entre 16 e 21 anos disseram que romperiam com seus namorados ou namoradas por US$ 10.000. Você seleciona aleatoriamente sete pessoas com idade entre 16 e 21 anos. Calcule a probabilidade de que o número de pessoas entre 16 e 21 anos que disseram que romperiam com seus namorados ou namoradas por US$ 10.000 seja (a) exatamente dois, (b) mais de três e (c) entre um e quatro, inclusive. (*Fonte: Bank of America Student Banking & Seventeen.*)

23. **Educação** Cinquenta e quatro por cento dos pais abandonariam a televisão a cabo para poder pagar a educação de seus filhos. Você seleciona aleatoriamente cinco pais. Calcule a probabilidade de que o número de pais que abandonariam a televisão a cabo para poder pagar a educação de seus filhos seja (a) exatamente três, (b) menos de quatro e (c) pelo menos três. (*Fonte: Gerber Life College Plan Survey.*)

24. **Teste de piloto** A probabilidade de que um estudante passe no exame escrito para obter uma licença de piloto particular é 0,75. Determine a probabilidade de que o estudante (a) passe na primeira tentativa, (b) passe na segunda tentativa e (c) não passe na primeira ou segunda tentativa.

25. **Cola** Cinquenta e dois por cento dos adultos disseram que colaram em um teste ou prova anteriormente. Você seleciona aleatoriamente seis adultos. Calcule a probabilidade de que o número de adultos que disseram que já colaram em um teste ou prova seja (a) exatamente quatro, (b) mais de dois e (c) no máximo cinco. (*Fonte: Rasmussen Reports.*)

26. **Petroleiro** O número médio de petroleiros em uma cidade portuária é de oito por dia. Determine a probabilidade de que o número de petroleiros em qualquer dia dado seja (a) exatamente oito, (b) no máximo três e (c) mais de oito.

Expandindo conceitos

27. **Comparando as distribuições binomial e de Poisson** Um fabricante de automóveis descobre que 1 em cada 2.500 automóveis produzidos tem um defeito de fabricação. (a) Use uma distribuição binomial para calcular a probabilidade de achar 4 carros com o defeito em uma amostra aleatória de 6.000 carros. (b) A distribuição de Poisson pode ser usada para aproximar a distribuição binomial para valores grandes de n e pequenos de p. Repita a parte (a) usando uma distribuição de Poisson e compare os resultados.

28. **Distribuição hipergeométrica** Experimentos binomiais exigem que qualquer amostragem seja feita com reposição, pois cada tentativa deve ser independente das outras. Na **distribuição hipergeométrica** cada tentativa tem dois resultados possíveis: sucesso e fracasso. Porém, a amostragem é feita sem reposição. Para uma população de N itens tendo k sucessos e $N-k$ fracassos, a probabilidade de selecionar uma amostra de tamanho n que tenha x sucessos e $n-x$ fracassos é dada por:

$$P(x) = \frac{(_kC_x)(_{N-k}C_{n-x})}{_NC_n}.$$

Em um carregamento de 15 microchips, 2 têm defeito e 13 não apresentam defeito. Uma amostra de três microchips é escolhida aleatoriamente. Determine a probabilidade de (a) os três microchips não terem defeito, (b) um microchip ter defeito e dois não terem e (c) dois microchips apresentarem defeito e um não apresentar.

Distribuição geométrica: média e variância *Nos exercícios 29 e 30, use o fato de que a média de uma distribuição geométrica é $\mu = 1/p$ e a variância é $\sigma^2 = q/p^2$.*

29. **Loteria diária** Uma loteria diária sorteia com reposição três bolas numeradas de 0 a 9. A probabilidade de se ganhar na loteria é de 1/1.000. Seja x a quantidade de vezes que você joga na loteria antes de ganhar pela primeira vez. (a) Determine a média, a variância e o desvio padrão. (b) Quantas vezes você esperaria ter que jogar na loteria antes de ganhar? Considere que custa $ 1 para jogar e os vencedores recebem $ 500. Você esperaria ganhar ou perder dinheiro ao jogar nessa loteria? Explique.

30. **Erros nos salários** Uma empresa assume que 0,5% de seus pagamentos anuais foram calculados incorretamente. A empresa tem 200 funcionários e examinou os registros da folha de pagamento de um mês. (a) Calcule a média, a variância e o desvio padrão. (b) Quantos registros de funcionários na folha de pagamento você esperaria ter que examinar antes de encontrar um com erro?

Distribuição de Poisson: variância *Nos exercícios 31 e 32, use o fato de que a variância de uma distribuição de Poisson é $\sigma^2 = \mu$.*

31. **Golfe** Em um ano recente, o número médio de tacadas por buraco do jogador de golfe Phil Mickelson era de aproximadamente 3,9. (a) Calcule a variância e o desvio padrão. Interprete os resultados. (b) Determine a probabilidade de que ele jogaria uma rodada de 18 buracos e daria mais de 72 tacadas. (*Fonte: PGATour.com.*)

32. **Falências** O número médio de declarações de falência por hora, por empresas, nos Estados Unidos em um ano recente foi de cerca de cinco. (a) Calcule a variância e o desvio padrão. Interprete os resultados. (b) Determine a probabilidade de que, no máximo, três empresas irão declarar falência em qualquer hora dada. (*Fonte: Administrative Office of the U.S. Courts.*)

Usos e abusos – Estatística no mundo real

Usos

Há incontáveis ocorrências de distribuições de probabilidade binomiais nas áreas de negócios, ciência, engenharia e muitos outros campos.

Por exemplo, suponha que você trabalhe para uma agência de marketing e esteja encarregado de criar um anúncio de TV para a marca de creme dental A. O fabricante diz que 40% dos consumidores de pasta de dentes preferem sua marca. Para verificar se sua afirmação é razoável, sua agência conduz uma pesquisa. De 100 consumidores de creme dental escolhidos aleatoriamente, você descobre que somente 35 (ou 35%) preferem a marca A. A afirmação do fabricante poderia ainda ser verdadeira? E se a sua amostra aleatória de 100 descobrisse apenas 25 pessoas (ou 25%) que expressam preferência pela marca A? Você ainda teria uma boa justificativa para continuar com o anúncio?

Conhecer as características das distribuições de probabilidade binomiais lhe ajudará a responder a esse tipo de questão. Quando você tiver concluído este livro, você será capaz de tomar decisões fundamentadas acerca da razoabilidade da afirmação do fabricante.

Ética

O fabricante do creme dental também afirma que quatro em cada cinco dentistas recomendam a marca A. A sua agência quer mencionar esse fato no anúncio de TV, mas, ao determinar como a amostra de dentistas foi formada, você descobre que os dentistas foram pagos para recomendar a pasta de dentes. Incluir essa declaração ao fazer o anúncio não seria ético.

Abusos

Interpretando o resultado "mais provável" Um mau uso comum das distribuições de probabilidade binomiais é pensar que o resultado "mais provável" é o resultado que vai acontecer na maioria das vezes. Por exemplo, imagine que você escolha, aleatoriamente, um comitê de quatro pessoas dentre uma grande população que tem 50% de mulheres e 50% de homens. A composição mais provável do comitê será dois homens e duas mulheres. Embora este seja o resultado mais provável, a probabilidade de ele acontecer é de somente 0,375. Há uma chance de 0,5 de que o comitê tenha um homem e três mulheres ou três homens e uma mulher. Portanto, quando qualquer um desses resultados ocorre, você não deve admitir que a seleção foi incomum ou tendenciosa.

Exercícios

Nos exercícios 1 a 4, suponha que a declaração do fabricante seja verdadeira — 40% dos consumidores de creme dental preferem a marca A. Use o gráfico da distribuição binomial da Figura 4.16 e ferramentas tecnológicas para responder às perguntas. Explique seu raciocínio.

Figura 4.16 Distribuição de probabilidade do número de consumidores que preferem a marca A.

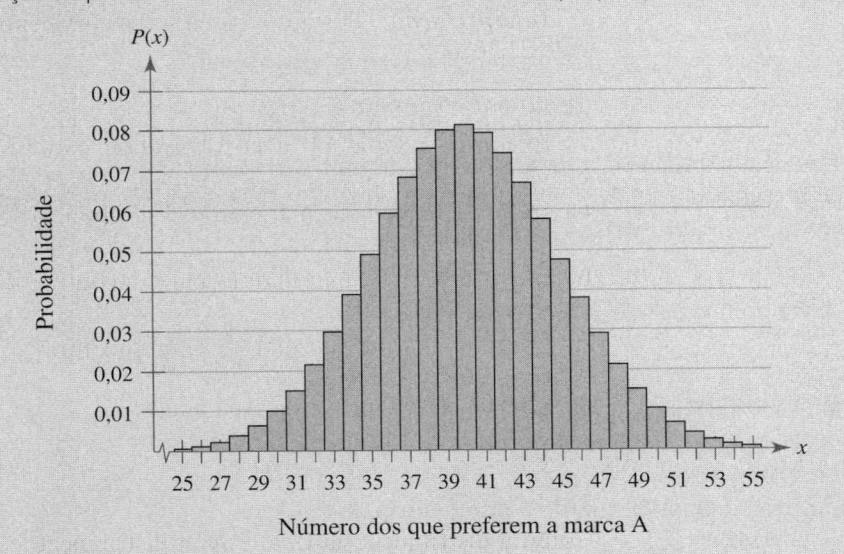

1. ***Interpretando o resultado "mais provável"*** Em uma amostra aleatória de 100, qual é o resultado mais provável? Quão provável ele é?

2. ***Interpretando o resultado "mais provável"*** Em uma amostra aleatória de 100, qual é a probabilidade de que entre 35 e 45 pessoas, inclusive, preferiram a marca A?

3. Em uma amostra aleatória de 100, você encontrou 36 pessoas que preferem a marca A. A declaração do fabricante seria confiável?

4. Em uma amostra aleatória de 100, você encontrou 25 pessoas que preferem a marca A. A declaração do fabricante seria confiável?

Resumo do capítulo

O que você aprendeu	Exemplo(s)	Exercícios de revisão
Seção 4.1		
• Como diferenciar variáveis aleatórias discretas e contínuas.	1	1 e 2
• Como construir e representar graficamente uma distribuição discreta de probabilidade.	2	3 e 4
• Como determinar se uma distribuição é uma distribuição de probabilidade.	3 e 4	5 e 6
• Como calcular a média, a variância e o desvio padrão de uma distribuição discreta de probabilidade. $\mu = \Sigma x P(x)$. Média de uma variável aleatória discreta. $\sigma^2 = \Sigma (x-\mu)^2 P(x)$. Variância de uma variável aleatória discreta. $\sigma = \sqrt{\sigma^2} = \sqrt{\Sigma (x-\mu)^2 P(x)}$. Desvio padrão de uma variável aleatória discreta.	5 e 6	7 e 8
• Como determinar o valor esperado de uma distribuição discreta de probabilidade.	7	9 e 10
Seção 4.2		
• Como determinar se um experimento probabilístico é um experimento binomial.	1	11 e 12
• Como determinar probabilidades binomiais usando a fórmula, a tabela e tecnologia. $P(x) = {}_nC_x p^x q^{n-x} = \dfrac{n!}{(n-x)!x!} p^x q^{n-x}$. Fórmula da probabilidade binomial.	2 e 4–6	13–16 e 23
• Como construir e representar graficamente uma distribuição binomial.	3 e 7	17 e 18
• Como achar a média, a variância e o desvio padrão de uma distribuição de probabilidade binomial. $\mu = np$. Média de uma distribuição binomial. $\sigma^2 = npq$. Variância de uma distribuição binomial. $\sigma = \sqrt{npq}$. Desvio padrão de uma distribuição binomial.	8	19 e 20
Seção 4.3		
• Como determinar probabilidades usando a distribuição geométrica $P(x) = pq^{x-1}$. Probabilidade de que o primeiro sucesso ocorrerá na tentativa de número x.	1	21 e 24
• Como determinar probabilidades usando a distribuição de Poisson $P(x) = \dfrac{\mu^x e^{-\mu}}{x!}$. Probabilidade de exatamente x ocorrências em um intervalo.	2 e 3	22 e 25

Exercícios de revisão

Seção 4.1

Nos exercícios 1 e 2, determine se a variável aleatória x é discreta ou contínua. Explique seu raciocínio.

1. x representa o número de bombas em uso em um posto de gasolina.
2. x representa o peso de um caminhão em uma estação de pesagem.

Nos exercícios 3 e 4, (a) construa uma distribuição de probabilidade e (b) represente graficamente a distribuição de probabilidade usando os histogramas seguintes e descreva seu formato.

3. O número de rebatidas de Derek Jeter, por jogo, durante uma temporada recente. (*Fonte: Major League Baseball.*)

Rebatidas	0	1	2	3	4
Jogos	30	65	45	15	4

4. O número de horas de sono de alunos de uma faculdade na noite anterior.

Horas	4	5	6	7	8	9	10
Alunos	1	6	13	23	14	4	2

Nos exercícios 5 e 6, determine se a distribuição é uma distribuição de probabilidade. Se não for, explique o porquê.

5. A variável aleatória x representa o número de multas que um policial aplica a cada turno.

x	0	1	2	3	4	5
$P(x)$	0,09	0,23	0,29	0,16	0,21	0,02

6. A variável aleatória x representa o número de disciplinas nas quais um aluno universitário está matriculado em um dado semestre.

x	1	2	3	4	5	6	7	8
$P(x)$	$\frac{1}{81}$	$\frac{2}{75}$	$\frac{1}{10}$	$\frac{12}{25}$	$\frac{27}{20}$	$\frac{1}{5}$	$\frac{2}{25}$	$\frac{1}{120}$

Nos exercícios 7 e 8, (a) determine a média, a variância e o desvio padrão da distribuição de probabilidade e (b) interprete os resultados.

7. O número de telefones celulares, por domicílio, em uma cidade pequena.

Telefones celulares	0	1	2	3
Probabilidade	0,020	0,140	0,272	0,292

Telefones celulares	4	5	6
Probabilidade	0,168	0,076	0,032

8. Uma emissora de televisão vende anúncios em intervalos de 15, 30, 60, 90 e 120 segundos. A distribuição dos intervalos vendidos para um dia de 24 horas está a seguir.

Duração (em segundos)	15	30	60	90	120
Probabilidade	0,134	0,786	0,053	0,006	0,021

Nos exercícios 9 e 10, determine o ganho líquido esperado do jogador para uma partida do jogo.

9. Custa $ 25 apostar em uma corrida de cavalos. O cavalo tem uma chance de 1/8 de vencer e 1/4 de ficar em segundo ou terceiro lugar. Você ganha $ 125 se o cavalo vencer e recebe seu dinheiro de volta se o cavalo ficar em segundo ou terceiro lugar.

10. Um bilhete de raspadinha custa $ 5. A tabela a seguir mostra a probabilidade de ganhar vários prêmios no bilhete.

Prêmio	$ 100.000	$ 100	$ 50
Probabilidade	$\frac{1}{100.000}$	$\frac{1}{100}$	$\frac{1}{50}$

Seção 4.2

Nos exercícios 11 e 12, determine se o experimento é um experimento binomial. Caso seja, identifique um sucesso, especifique os valores de n, p e q, e liste os valores possíveis da variável aleatória x. Se não for um experimento binomial, explique o porquê.

11. Sacos de confeitos de chocolate M&M's® contêm 24% deles na cor azul. Um confeito é selecionado de 12 sacos. A variável aleatória representa o número de confeitos azuis selecionados. (*Fonte: Mars, Incorporated.*)

12. Uma moeda honesta é lançada repetidamente até que 15 caras sejam obtidas. A variável aleatória x conta o número de lançamentos.

Nos exercícios 13 a 16, determine as probabilidades binomiais indicadas. Se for conveniente, use a tecnologia ou a Tabela B.2 do Apêndice B para encontrar as probabilidades.

13. Cerca de 30% dos adultos americanos estão tentando perder peso. Você seleciona aleatoriamente oito adultos americanos. Determine a probabilidade de que o número desses oito adultos americanos que estão tentando perder peso seja (a) exatamente três, (b) pelo menos três e (c) mais que três. (*Fonte: Gallup.*)

14. Trinta e quatro por cento dos adultos americanos possuem uma arma. Você seleciona aleatoriamente 12 adultos americanos. Determine a probabilidade de que o número desses doze adultos americanos que dizem que possuem uma arma seja (a) exatamente dois, (b) pelo menos dois e (c) mais do que dois. (*Fonte: Gallup.*)

15. Quarenta e três por cento das empresas nos Estados Unidos requerem um atestado médico quando um funcionário está doente. Você seleciona aleatoriamente nove empresas. Determine a probabilidade de que o número de empresas que requerem um atestado médico quando um funcionário está doente seja (a) exatamente cinco, (b) pelo menos cinco e (c) mais que cinco. (*Fonte: Harvard School of Public Health.*)

16. Em um dia típico, 61% dos adultos americanos obtêm notícias pela internet. Você seleciona aleatoriamente cinco adultos americanos. Determine a probabilidade de que o número desses cinco adultos americanos que obtêm notícias pela internet seja (a) exatamente dois, (b) pelo menos dois e (c) mais que dois. (*Fonte: Pew Research Center.*)

Nos exercícios 17 e 18, (a) construa uma distribuição binomial, (b) represente graficamente a distribuição binomial usando um histograma e descreva seu formato e (c) identifique quaisquer valores da variável aleatória x que você consideraria incomuns. Explique seu raciocínio.

17. Trinta e oito por cento das mulheres que trabalham fora, nos Estados Unidos, ganham mais que seus maridos. Você seleciona aleatoriamente cinco mulheres que trabalham fora, nos Estados Unidos, e pergunta se elas ganham mais do que seus maridos. A variável aleatória representa o número de mulheres americanas que trabalham fora e ganham mais do que seus maridos. (*Fonte: U.S. Bureau of Labor Statistics.*)

18. Cerca de 56% dos alunos do ensino médio dos Estados Unidos participam de atividades desportivas. Você seleciona aleatoriamente seis alunos do ensino médio do país e pergunta se eles participam de atividades desportivas. A variável aleatória representa o número de alunos do ensino médio dos Estados Unidos que participam de atividades desportivas. (*Fonte: National Federation of State High School Associations.*)

Nos exercícios 19 e 20, calcule (a) a média, (b) a variância, (c) o desvio padrão da distribuição binomial para a variável aleatória dada e (d) interprete os resultados.

19. Cerca de 14% dos motoristas americanos não possuem seguro. Você seleciona aleatoriamente oito motoristas americanos e pergunta se eles não possuem seguro. A variável aleatória representa o número de motoristas americanos que não possuem seguro. (*Fonte: Insurance Research Council.*)

20. Sessenta e três por cento das mães americanas com filhos em idade escolar escolhem comidas prontas como opção de jantar para suas famílias, de uma a três vezes por semana. Você seleciona aleatoriamente cinco mães americanas com filhos em idade escolar e pergunta se elas escolhem comidas prontas como opção de jantar para suas famílias, de uma a três vezes por semana. A variável aleatória representa o número de mães americanas que escolhem comidas prontas como opção de jantar para suas famílias, de uma a três vezes por semana. (*Fonte: Porter Novelli Health Styles.*)

Seção 4.3

Nos exercícios 21 a 25, calcule as probabilidades indicadas usando a distribuição geométrica, a de Poisson ou a binomial. Depois, determine se os eventos são incomuns. Se for conveniente, utilize uma tabela ou tecnologia para determinar as probabilidades.

21. Vinte e dois por cento dos ex-fumantes dizem que tentaram parar de fumar quatro ou mais vezes antes de se livrarem do vício. Você seleciona aleatoriamente 10 ex-fumantes. Determine a probabilidade de que a primeira pessoa que tentou parar de fumar quatro ou mais vezes seja (a) a terceira pessoa selecionada, (b) a quarta ou quinta pessoa selecionada e (c) nenhuma das sete primeiras pessoas selecionadas. (*Fonte: Porter Novelli Health Styles.*)

22. Em um período de 73 anos, furacões mataram cerca de 0,28 pessoa por dia nos Estados Unidos. Considere que essa taxa seja verdadeira para os dias atuais e constante ao longo do ano. Determine a probabilidade de que o número de pessoas nos Estados Unidos mortas por um tornado amanhã seja (a) exatamente zero, (b) no máximo duas e (c) mais que uma. (*Fonte: National Weather Service.*)

23. Trinta e sete por cento dos adultos americanos acham que mudar seus relógios para o horário de verão vale o aborrecimento. Você seleciona aleatoriamente sete adultos americanos. Determine a probabilidade de que o número de adultos americanos que acham que mudar seus relógios para o horário de verão vale o aborrecimento seja (a) exatamente quatro, (b) menos que dois e (c) pelo menos seis. (*Fonte: Rasmussen Reports.*)

24. Em uma temporada recente, o jogador de hóquei Evgeni Malkin marcou 50 gols em 75 jogos. Suponha que sua performance permaneça nesse nível na próxima temporada. Determine a probabilidade de que ele fará seu primeiro gol (a) no primeiro jogo da temporada, (b) no segundo jogo da temporada e (c) nos três primeiros jogos da temporada. (*Fonte: National Hockey League.*)

25. Em um período de 12 anos, tubarões mataram em média 5 pessoas por ano em todo o mundo. Determine a probabilidade de que o número de pessoas mortas por tubarões no próximo ano seja (a) exatamente três, (b) mais que seis e (c) no máximo cinco. (*Fonte: International Shark Attack File.*)

Problemas

Faça estes problemas como se estivesse fazendo em sala. Depois, compare suas respostas com as respostas dadas no final do livro.

1. Determine se a variável aleatória x é discreta ou contínua. Explique seu raciocínio.

   (a) x representa o número de relâmpagos que ocorrem em Wyoming durante o mês de junho.

   (b) x representa a quantidade de combustível (em galões) usada por um jato durante a decolagem.

   (c) x representa o número total de lançamentos de dados necessários para que um indivíduo obtenha um cinco.

2. A tabela a seguir lista o número de computadores por domicílio nos Estados Unidos. (*Adaptado de: U.S. Energy Information Administration.*)

Computadores	0	1	2	3	4	5
Número de domicílios (em milhões)	27	47	24	10	4	2

(a) Construa uma distribuição de probabilidade.
(b) Represente graficamente a distribuição de probabilidade usando um histograma e descreva seu formato.
(c) Calcule a média, a variância e o desvio padrão da distribuição de probabilidade e interprete os resultados.
(d) Determine a probabilidade de selecionar aleatoriamente um domicílio que tenha, pelo menos, quatro computadores.

3. Quarenta e quatro por cento dos adultos americanos acreditam que o sistema de justiça dos Estados Unidos é justo para a maioria dos americanos. Você seleciona aleatoriamente nove adultos americanos. Determine a probabilidade de que o número de adultos americanos que acreditam que o sistema de justiça dos Estados Unidos é justo para a maioria dos americanos seja (a) exatamente três, (b) no máximo quatro e (c) mais que sete. (*Fonte: Rasmussen Reports.*)

4. A taxa de sucesso na cirurgia de transplante de córnea é de 85%. A cirurgia é realizada em seis pacientes. (*Fonte: St. Luke's Cataract & Laser Institute.*)
   (a) Construa uma distribuição binomial
   (b) Represente graficamente a distribuição binomial usando um histograma e descreva seu formato.
   (c) Calcule a média, a variância e o desvio padrão da distribuição binomial e interprete os resultados.

5. Uma revista on-line descobre que o número médio de erros tipográficos por página é de cinco. Determine a probabilidade de que o número de erros tipográficos encontrados em qualquer página seja (a) exatamente cinco, (b) menos que cinco e (c) exatamente zero.

6. O jogador de basquete Dwight Howard acerta um lance livre cerca de 58% das vezes. Determine a probabilidade de ele (a) acertar o primeiro lance livre no quarto arremesso, (b) acertar o primeiro lance livre no segundo ou terceiro arremesso e (c) não acertar os três primeiros arremessos. (*Fonte: ESPN.*)

7. Qual(is) evento(s) no Exercício 6 pode(m) ser considerado(s) incomum(ns)? Explique seu raciocínio.

Teste do capítulo

Faça este teste como se estivesse fazendo uma prova em sala.

Nos exercícios 1 a 3, determine as probabilidades indicadas usando a distribuição geométrica, a de Poisson ou a binomial. Depois, determine se os eventos são incomuns. Se for conveniente, utilize uma tabela ou tecnologia para encontrar as probabilidades.

1. Uma em cada 100 declarações de imposto examinadas por um auditor precisa ser verificada. Calcule a probabilidade de que (a) a primeira declaração que necessite de verificação seja a 25ª examinada pelo auditor, (b) a primeira declaração que necessite de verificação seja a primeira ou a segunda examinada pelo auditor e (c) nenhuma das cinco primeiras declarações examinadas pelo auditor necessite de verificação. (*Fonte: CBS News.*)

2. Vinte por cento dos adultos americanos têm algum tipo de doença mental. Você seleciona aleatoriamente seis adultos americanos. Determine a probabilidade de que o número desses seis adultos americanos que têm algum tipo de doença mental seja (a) exatamente dois, (b) pelo menos um e (c) menos que três. (*Fonte: U.S. Department of Health and Human Services.*)

3. O crescimento médio da população americana é de aproximadamente quatro pessoas por minuto. Determine a probabilidade de que o crescimento na população americana em qualquer minuto dado seja de (a) exatamente seis pessoas, (b) mais do que oito pessoas e (c) no máximo quatro pessoas. (*Fonte: U.S. Census Bureau.*)

4. Determine se a distribuição é uma distribuição de probabilidade. Se não for, explique o porquê.

(a)
x	0	5	10	15	20
$P(x)$	0,03	0,09	0,19	0,32	0,37

(b)
x	1	2	3	4	5	6
$P(x)$	$\frac{1}{20}$	$\frac{1}{10}$	$\frac{2}{5}$	$\frac{3}{10}$	$\frac{1}{5}$	$\frac{1}{25}$

5. A tabela seguinte mostra as idades dos estudantes em um curso de orientação para calouros.

Idade	17	18	19	20	21	22
Estudantes	2	13	4	3	2	1

(a) Construa uma distribuição de probabilidade.
(b) Represente graficamente a distribuição usando um histograma e descreva seu formato.
(c) Calcule a média, a variância e o desvio padrão da distribuição de probabilidade e interprete os resultados.
(d) Determine a probabilidade de que um estudante selecionado aleatoriamente tenha menos de 20 anos.

6. Quarenta e um por cento dos adultos americanos planejam usar verde no *Saint Patrick's Day*.[2] Você seleciona aleatoriamente cinco adultos americanos e pergunta se eles planejam usar verde no *Saint Patrick's Day*. A variável aleatória representa o número de adultos americanos que planejam usar verde no *Saint Patrick's Day*. (*Fonte: Rasmussen Reports.*)

   (a) Construa uma distribuição de probabilidade.

   (b) Represente graficamente a distribuição usando um histograma e descreva seu formato.

   (c) Calcule a média, a variância e o desvio padrão da distribuição de probabilidade e interprete os resultados.

7. Calcule se a variável aleatória x é discreta ou contínua. Explique seu raciocínio.

   (a) x representa a duração (em minutos) de um filme.

   (b) x representa o número de filmes em exibição em um cinema.

Estatísticas reais – Decisões reais: juntando tudo

O Centro de Controle e Prevenção de Doenças (CDC)[3] é obrigado por lei a publicar um relatório sobre tecnologias de reprodução assistida (TRA). A TRA inclui todos os tratamentos de fertilidade nos quais o óvulo e o esperma são usados. Esses procedimentos geralmente envolvem a retirada de óvulos dos ovários da mulher, a combinação deles com esperma em laboratório e a recolocação dos óvulos no corpo da mulher ou a doação para outra mulher.

Você está ajudando a preparar o relatório do CDC e seleciona, de forma aleatória, 10 ciclos de TRA para uma revisão especial. Nenhum dos ciclos resultou em uma gravidez clínica. Seu gerente acha impossível selecionar aleatoriamente 10 ciclos de TRA que não resultaram em uma gravidez clínica. Use o gráfico da Figura 4.17 e seu conhecimento sobre estatística para determinar se o seu gerente está correto.

Exercícios

1. **Como você faria isso?**
   (a) Como você determinaria se o ponto de vista do seu gerente está correto, que é impossível selecionar 10 ciclos de TRA aleatoriamente que não resultaram em gravidez clínica?
   (b) Qual distribuição de probabilidade você acha que melhor descreve a situação? Você acha que a distribuição do número de gravidezes clínicas é discreta ou contínua? Explique seu raciocínio.

2. **Respondendo à pergunta**
   Escreva uma explicação que responda à seguinte pergunta: "É possível selecionar aleatoriamente 10 ciclos de TRA que não resultaram em gravidez clínica?" Inclua em sua explicação a distribuição de probabilidade apropriada e seus cálculos da probabilidade da ausência de gravidez clínica em 10 ciclos de TRA.

3. **Amostras suspeitas?**
   Alguém lhe diz que as amostras foram selecionadas aleatoriamente. Usando o gráfico da Figura 4.18, qual das seguintes amostras você consideraria suspeita? Você acreditaria que as amostras foram selecionadas aleatoriamente? Explique seu raciocínio.

Figura 4.17 Resultados de ciclos de TRA usando óvulos frescos de não doadoras ou embriões.

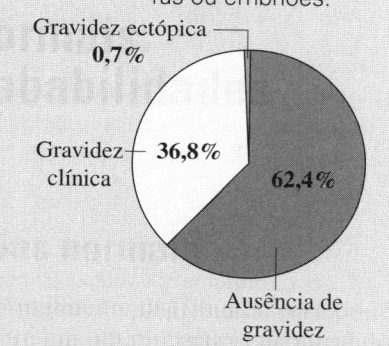

Gravidez ectópica 0,7%
Gravidez clínica 36,8%
62,4%
Ausência de gravidez

(*Fonte: Centers for Disease Control and Prevention.*)

---

2 N. do E.: dia festivo em alguns países de língua inglesa que celebram São Patrício. Nesse dia é costume que as pessoas se vistam com roupas verdes.

3 CDC é a sigla em inglês para *Centers for Disease Control and Prevention*.

(a) Selecionar aleatoriamente 10 ciclos de TRA entre mulheres de 40 anos, dos quais oito resultaram em gravidez clínica.

(b) Selecionar aleatoriamente 10 ciclos de TRA entre mulheres de 41 anos, dos quais nenhum resultou em gravidez clínica.

Figura 4.18 Taxas de gravidez e de nascidos vivos para ciclos de TRA entre mulheres de 40 anos ou mais.

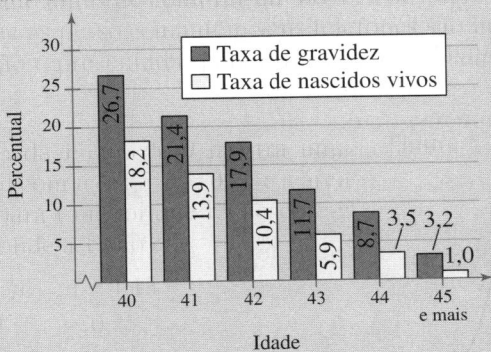

(Fonte: Centers for Disease Control and Prevention.)

Tecnologia

MINITAB | EXCEL | TI-84 PLUS

Usando distribuições de Poisson como modelos de filas

Há muitos exemplos de filas na vida cotidiana: esperar em um semáforo, esperar em uma fila para passar no caixa de um supermercado, esperar um elevador, aguardar um telefonema e assim por diante.

As distribuições de Poisson são usadas para modelar e prever o número de pessoas (ligações, programas de computador, veículos) chegando a uma fila. Nos exercícios a seguir, você deverá usar distribuições de Poisson para analisar as filas no caixa de um supermercado.

Exercícios

Nos exercícios 1 a 7, considere um supermercado que pode processar um total de quatro clientes em seu caixa por minuto.

1. O número médio de clientes que chegam ao caixa por minuto é 4. Crie uma distribuição de Poisson com $\mu = 4$ para $x = 0$ a 20. Compare seus resultados com o histograma da Figura 4.19.

2. O Minitab foi usado para gerar 20 números aleatórios com uma distribuição de Poisson para $\mu = 4$. O número aleatório representa o número de chegadas ao caixa por minuto, em um período de 20 minutos.

| 3 | 3 | 3 | 3 | 5 | 5 | 6 | 7 | 3 | 6 |
| 3 | 5 | 6 | 3 | 4 | 6 | 2 | 2 | 4 | 1 |

Durante cada um dos quatro primeiros minutos, somente três clientes chegaram. Esses clientes foram todos atendidos, então não havia clientes esperando depois de quatro minutos.

Figura 4.19

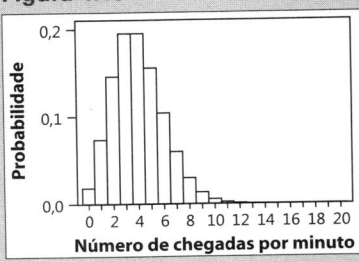

(a) Quantos clientes estavam esperando após 5 minutos? E 6 minutos? E 7 minutos? E 8 minutos?

(b) Crie uma tabela que mostre o número de clientes esperando ao final de 1 até 20 minutos.

3. Gere uma lista de 20 números aleatórios com uma distribuição de Poisson para $\mu = 4$. Crie uma tabela que mostre o número de clientes esperando ao final de 1 até 20 minutos.

4. Suponha que a média aumente para 5 chegadas por minuto. Você ainda só pode atender a quatro pessoas por minuto. Quantas pessoas você presume que estarão esperando na fila depois de 20 minutos?

5. Simule o cenário do Exercício 4. Faça isso gerando uma lista de 20 números aleatórios com distribuição de Poisson para $\mu = 5$. Depois, crie uma tabela que mostre o número de clientes esperando ao final de 20 minutos.

6. O número médio de chegadas por minuto é 5. Qual é a probabilidade de que 10 clientes cheguem durante o primeiro minuto?

7. O número médio de chegadas por minuto é 4.

(a) Qual é a probabilidade de que três, quatro ou cinco clientes cheguem durante o terceiro minuto?

(b) Qual é a probabilidade de que mais de quatro clientes cheguem durante o primeiro minuto?

(c) Qual é a probabilidade de que mais de quatro clientes cheguem durante cada um dos quatro primeiros minutos?

Soluções são apresentadas nos manuais de tecnologia presentes no **Site de Apoio**. Instruções técnicas são fornecidas por Minitab, Excel e TI-84 Plus

5 Distribuição normal de probabilidade

5.1 Introdução às distribuições normais e à distribuição normal padrão

5.2 Distribuições normais: encontrando probabilidades

5.3 Distribuições normais: calculando valores
- Estudo de caso

5.4 Distribuições amostrais e o teorema do limite central
- Atividade

5.5 Aproximações normais para distribuições binomiais
- Usos e abusos
- Estatísticas reais – Decisões reais
- Tecnologia

O casco inferior de uma tartaruga de caixa oriental tem juntas, de forma que a tartaruga pode retrair sua cabeça, cauda e pernas no casco. Ele pode, também, regenerar-se quando tiver sido danificado.

Onde estamos

Do Capítulo 1 ao 4 você aprendeu como coletar e descrever dados, calcular a probabilidade de um evento e analisar distribuições discretas de probabilidade. Você também aprendeu que, quando uma amostra é usada para fazer inferências sobre uma população, é imprescindível que a amostra não seja tendenciosa. Por exemplo, como você organizaria um estudo para determinar a taxa de mastite clínica (infecção causada por bactérias que podem alterar a produção de leite) em um rebanho leiteiro? Quando o *Animal Health Service* realizou esse estudo, foi usada amostragem aleatória e, então, os resultados foram classificados de acordo com raça, habitação, higiene, saúde, gestão da ordenha e máquina de ordenha. Uma das conclusões do estudo foi que os rebanhos com vacas Vermelhas e Brancas como raça predominante tinham maior taxa de mastite clínica que rebanhos que tinham vacas Holstein-Friesian como raça predominante.

Para onde vamos

No Capítulo 5 você vai aprender a reconhecer distribuições normais (curva em forma de sino) e usar suas propriedades em aplicações da vida real. Suponha que você trabalhou para o zoológico da Carolina do Norte e esteve coletando dados sobre várias características físicas de tartarugas de caixa orientais no zoológico. Para quais das seguintes características você esperaria ter uma distribuição simétrica, em forma de sino: comprimento da carapaça (casco de cima), comprimento do plastrão (casco de baixo), largura da carapaça, largura do plastrão, peso ou comprimento total? Os quatro gráficos da Figura 5.1 mostram o comprimento da carapaça e do plastrão de tartarugas de caixa orientais macho e fêmea. Perceba que a distribuição do comprimento da carapaça da tartaruga macho tem forma de sino, mas as outras três distribuições são assimétricas à esquerda.

Figura 5.1 Representações gráficas do comportamento de algumas características de tartarugas de caixa orientais.

(a) Comprimento da carapaça das fêmeas da tartaruga de caixa oriental

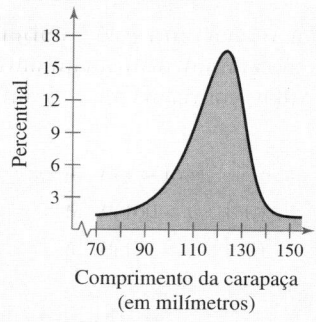

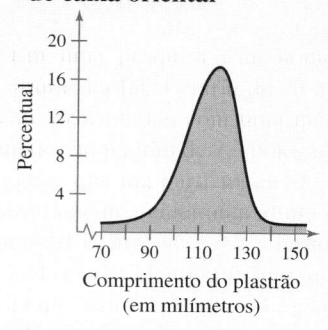

(b) Comprimento da carapaça dos machos da tartaruga de caixa oriental

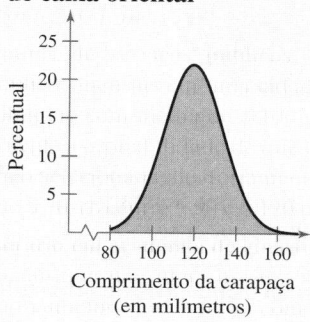

(c) Comprimento do plastrão das fêmeas da tartaruga de caixa oriental

(d) Comprimento do plastrão dos machos da tartaruga de caixa oriental

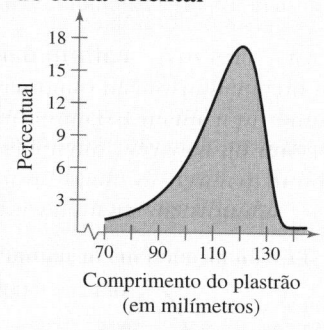

O que você deve aprender

- Como interpretar gráficos de distribuições normais de probabilidade.
- Como encontrar e determinar áreas sob a curva normal padrão.

5.1 Introdução às distribuições normais e à distribuição normal padrão

Propriedades de uma distribuição normal • A distribuição normal padrão

Propriedades de uma distribuição normal

Na Seção 4.1 você diferenciou entre variáveis aleatórias discretas e contínuas, e aprendeu que uma variável aleatória contínua tem um número infinito de valores possíveis que podem ser representados por um intervalo em uma reta numérica. Sua distribuição de probabilidade é chamada de **distribuição contínua de probabilidade**. Neste capítulo você vai estudar a mais importante das distribuições contínuas da estatística — a **distribuição normal**. Distribuições normais podem ser usadas para modelar muitos conjuntos de medidas na natureza, na indústria e nos negócios. Por exemplo, a pressão sanguínea sistólica dos humanos, a vida útil de televisões de plasma e até mesmo custos domésticos, podem ser variáveis aleatórias normalmente distribuídas.

Definição

Uma **distribuição normal** é uma distribuição de probabilidade contínua para uma variável aleatória x, cujo gráfico é chamado de **curva normal**, satisfazendo as propriedades listadas a seguir.

1. A média, a mediana e a moda são iguais.
2. Uma curva normal tem forma de sino e é simétrica em torno da média.
3. A área total sob a curva normal é igual a 1.
4. À medida que a curva normal se distancia da média, ela se aproxima do eixo *x*, mas sem tocá-lo.
5. Entre $\mu - \sigma$ e $\mu + \sigma$ (no centro da curva), o gráfico se curva (tem concavidade) para baixo. O gráfico tem concavidade para cima à esquerda de $\mu - \sigma$ e à direita de $\mu + \sigma$. Os pontos nos quais o gráfico muda a orientação da concavidade são chamados de **pontos de inflexão** (Figura 5.2).

Figura 5.2 Gráfico de uma curva normal com algumas características.

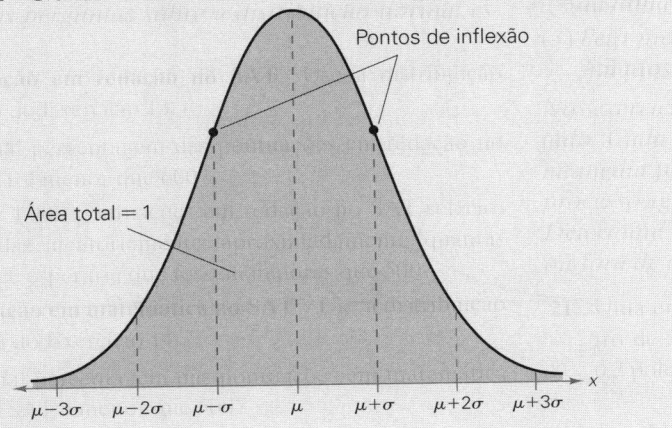

Você aprendeu que uma distribuição discreta de probabilidade pode ser representada graficamente com um histograma (substituindo o gráfico da função de probabilidade). Para uma distribuição contínua de probabilidade, você pode usar uma **função densidade de probabilidade (fdp)**. Uma função densidade de probabilidade deve satisfazer duas condições: (1) a área total sob a curva deve ser igual a 1 e (2) a função nunca pode ser negativa.

Uma curva normal com média μ e desvio padrão σ pode ser representada graficamente usando a função densidade de probabilidade normal.

$$y = \frac{1}{\sigma\sqrt{2\pi}} e^{-(x-\mu)^2/(2\sigma^2)}.$$

Como $e \approx 2{,}718$ e $\pi \approx 3{,}14$, a curva normal depende completamente de μ e σ

Entenda
Para aprender como determinar se uma amostra aleatória foi retirada de uma distribuição normal, veja o Apêndice C.

Uma distribuição normal pode ter qualquer média e qualquer desvio padrão positivo. Esses dois parâmetros, μ e σ, determinam o formato da curva normal. A média dá a localização da linha de simetria e o desvio padrão descreve o quanto os dados estão dispersos (veja a Figura 5.3).

Figura 5.3 Formatos de curva normal para combinações de duas médias e dois desvios padrão.

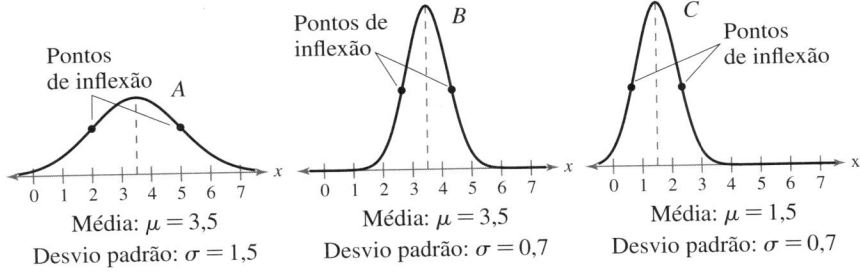

A — Média: $\mu = 3{,}5$; Desvio padrão: $\sigma = 1{,}5$
B — Média: $\mu = 3{,}5$; Desvio padrão: $\sigma = 0{,}7$
C — Média: $\mu = 1{,}5$; Desvio padrão: $\sigma = 0{,}7$

Retratando o mundo

De acordo com uma publicação, o número de nascimentos nos Estados Unidos, em um ano recente, foi de 3.999.386. Os pesos dos recém-nascidos podem ser aproximados por uma distribuição normal, conforme mostrado na figura a seguir. (*Adaptado de: National Center for Health Statistics*).

Pesos dos recém-nascidos

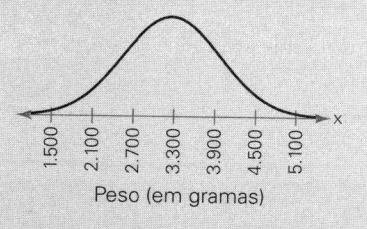

Peso (em gramas): 1.500, 2.100, 2.700, 3.300, 3.900, 4.500, 5.100

Qual é o peso médio dos recém-nascidos? Estime o desvio padrão dessa distribuição normal.

Note que as curvas A e B têm a mesma média, e as curvas B e C têm o mesmo desvio padrão. A área total sob cada curva é 1. Também, um dos pontos de inflexão encontra-se a um desvio padrão à esquerda da média e o outro a um desvio padrão à direita da média.

Exemplo 1

Entendendo a média e o desvio padrão

1. De acordo com o gráfico da Figura 5.4, qual curva normal tem média maior?
2. Ainda considerando a Figura 5.4, qual curva normal tem desvio padrão maior?

Figura 5.4 Comparando médias e desvios padrão em duas curvas normais.

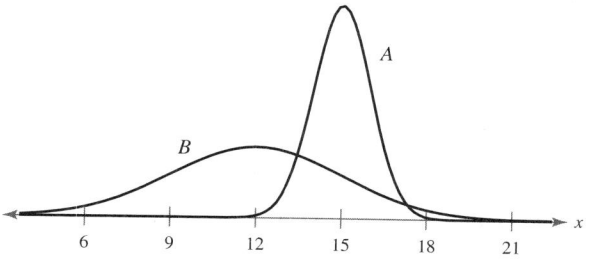

Solução

1. A linha de simetria da curva A ocorre em $x = 15$. A linha de simetria da curva B ocorre em $x = 12$. Portanto, a curva A tem uma média maior.
2. A curva B é mais dispersa do que a curva A; portanto, a curva B tem um desvio padrão maior.

Tente você mesmo 1

Considere as curvas normais apresentadas na Figura 5.5. Qual curva normal tem a média maior? Qual curva normal tem o desvio padrão maior?

a. Determine a localização da linha de simetria de cada curva. Tire uma conclusão sobre qual média é maior.
b. Determine qual curva normal é mais dispersa. Tire uma conclusão sobre qual desvio padrão é maior.

Figura 5.5 Comparando médias e desvios padrão em três curvas normais.

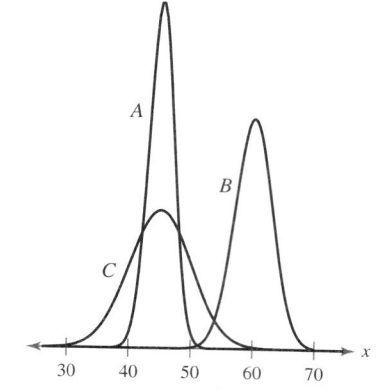

Exemplo 2

Interpretando gráficos de distribuições normais

As notas padronizadas do teste de matemática do 8º ano do estado de Nova York são normalmente distribuídas. A curva normal, mostrada na Figura 5.6, representa essa distribuição. Qual é a nota média? Estime o desvio padrão dessa distribuição normal. (*Adaptado de: New York State Education Department.*)

Figura 5.6 Distribuição das notas padronizadas do teste de matemática do 8º ano.

Solução

Veja a solução na Figura 5.7.

Figura 5.7 Estimando a média e o desvio padrão graficamente.

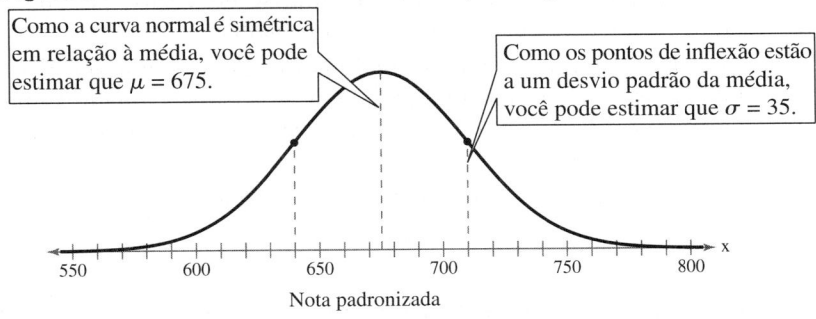

Como a curva normal é simétrica em relação à média, você pode estimar que $\mu = 675$.

Como os pontos de inflexão estão a um desvio padrão da média, você pode estimar que $\sigma = 35$.

Interpretação As notas padronizadas do teste de matemática do 8º ano do estado de Nova York são normalmente distribuídas com média de aproximadamente 675 e um desvio padrão de cerca de 35.

Tente você mesmo 2

As notas padronizadas do teste de linguagem do 8º ano do estado de Nova York são normalmente distribuídas. A curva normal, mostrada na Figura 5.8, representa essa distribuição. Qual é a nota média? Estime o desvio padrão dessa distribuição normal. (*Adaptado de: New York State Education Department.*)

Figura 5.8 Distribuição das notas padronizadas do teste de linguagem do 8º ano.

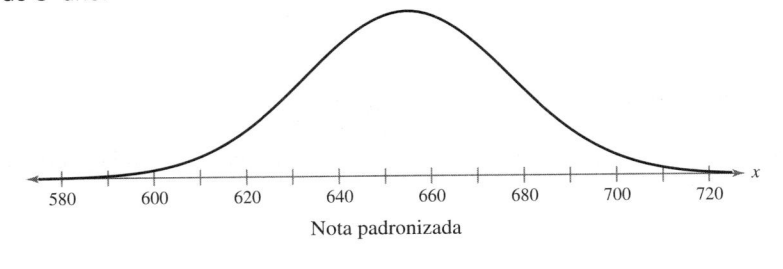

Dica de estudo

Você pode usar a tecnologia para representar graficamente uma curva normal. Por exemplo, você pode usar a TI-84 Plus para representar a curva do Exercício 2.

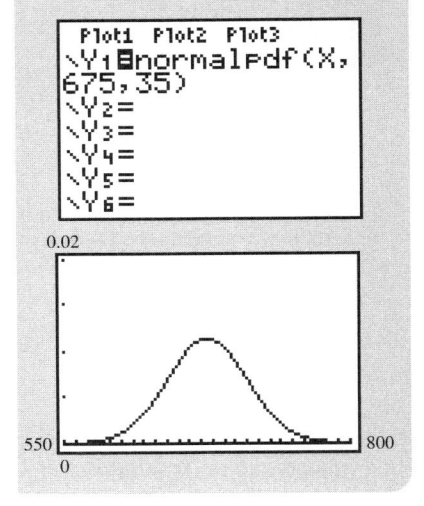

```
Plot1 Plot2 Plot3
\Y1=normalpdf(X,
675,35)
\Y2=
\Y3=
\Y4=
\Y5=
\Y6=
```

a. Determine a linha (ou eixo) de simetria e identifique a média.
b. Estime os pontos de inflexão e identifique o desvio padrão.

> **Entenda**
>
> Como toda distribuição normal pode ser transformada em distribuição normal padrão, você pode usar o escore-*z* e a curva normal padrão para encontrar áreas (e consequentemente probabilidades) sob qualquer curva normal.

A distribuição normal padrão

Existe uma infinidade de distribuições normais, cada uma com sua própria média e desvio padrão. A distribuição normal com média 0 e desvio padrão 1 é chamada de **distribuição normal padrão**. A escala horizontal do gráfico da distribuição normal padrão corresponde ao escore-*z*. Na Seção 2.5 você aprendeu que um escore-*z* é uma medida de posição que indica o número de desvios padrão em que um valor se encontra a partir da média. Lembre-se de que você pode transformar um valor *x* em escore-*z* usando a fórmula:

$$z = \frac{\text{valor} - \text{média}}{\text{desvio padrão}}$$

$$= \frac{x - \mu}{\sigma}.$$ Arredondar para o centésimo mais próximo

> **Definição**
>
> A **distribuição normal padrão** é uma distribuição normal com média igual a 0 e desvio padrão 1 (Figura 5.9). A área total sob a curva normal é 1.
>
> **Figura 5.9**
>
> Área = 1
>
> −3 −2 −1 0 1 2 3 *z*
>
> Distribuição normal padrão

> **Dica de estudo**
>
> É importante que você saiba a diferença entre *x* e *z*. A variável aleatória *x* é, às vezes, chamada de resultado bruto e representa valores em uma distribuição normal não padrão, enquanto *z* representa valores na distribuição normal padrão.

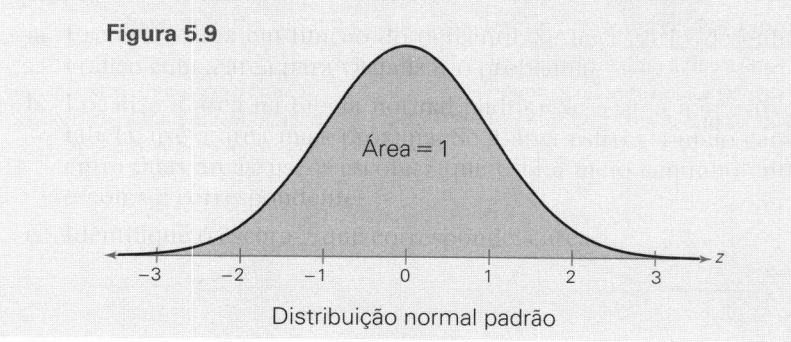

Quando cada valor de uma variável aleatória *x* distribuída normalmente é transformado em um escore-*z*, a distribuição de *z* será uma distribuição normal padrão. Após essa transformação, a área que recai no intervalo $(x_1;x_2)$ sob a curva normal não padrão é *a mesma* que aquela sob a curva normal padrão no correspondente intervalo $(z_1;z_2)$.

Na Seção 2.4 você aprendeu a usar a regra empírica para aproximar áreas sob uma curva normal quando os valores da variável aleatória *x* correspondiam a −3, −2, −1, 0, 1, 2, 3 desvios padrão da média. Agora, você vai aprender a calcular áreas correspondentes a outros valores de *x*. Depois de usar a fórmula acima para transformar um valor *x* em um escore-*z*, você poderá usar a **tabela normal padrão** (Tabela B.4 no Apêndice B). A tabela lista a área acumulada sob a curva normal padrão à esquerda de *z* para escores-*z* de −3,49 a 3,49. Ao examinar a tabela, note as propriedades a seguir.

> **Propriedades da distribuição normal padrão**
>
> 1. A área acumulada é próxima de 0 para escores-*z* próximos a *z* = −3,49.
> 2. A área acumulada aumenta conforme os escores-*z* aumentam.
> 3. A área acumulada para *z* = 0 é 0,5000.
> 4. A área acumulada é próxima a 1 para escores-*z* próximos a *z* = 3,49.

O próximo exemplo mostra como usar a tabela normal padrão para encontrar a área acumulada que corresponde a um escore-z.

Exemplo 3

Usando a tabela normal padrão

1. Encontre a área acumulada que corresponde a um escore-z de 1,15.
2. Encontre a área acumulada que corresponde a um escore-z de –0,24.

Solução

1. Utilizando a Tabela 5.1, encontre a área que corresponde a $z = 1{,}15$ buscando 1,1 na coluna à esquerda e depois, seguindo a linha até a coluna sob 0,05. O número naquela linha e coluna é 0,8749. Então, a área à esquerda de $z = 1{,}15$ é 0,8749, conforme a Figura 5.10.

Figura 5.10 Curva normal e a representação da área até o valor $z = 1{,}15$.

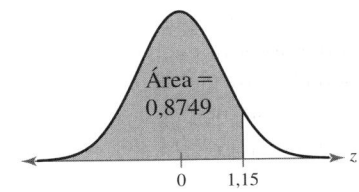

Tabela 5.1 Tabela com valores z e respectivas áreas acumuladas até z.

z	0,00	0,01	0,02	0,03	0,04	0,05	0,06
0,0	0,5000	0,5040	0,5080	0,5120	0,5160	0,5199	0,5239
0,1	0,5398	0,5438	0,5478	0,5517	0,5557	0,5596	0,5636
0,2	0,5793	0,5832	0,5871	0,5910	0,5948	0,5987	0,6026
0,9	0,8159	0,8186	0,8212	0,8238	0,8264	0,8289	0,8315
1,0	0,8413	0,8438	0,8461	0,8485	0,8508	0,8531	0,8554
1,1	0,8643	0,8665	0,8686	0,8708	0,8729	0,8749	0,8770
1,2	0,8849	0,8869	0,8888	0,8907	0,8925	0,8944	0,8962
1,3	0,9032	0,9049	0,9066	0,9082	0,9099	0,9115	0,9131
1,4	0,9192	0,9207	0,9222	0,9236	0,9251	0,9265	0,9279

2. Utilizando a Tabela 5.2, encontre a área que corresponde a $z = -0{,}24$ buscando – 0,2 na coluna à esquerda e, depois, seguindo a linha até a coluna sob 0,04. O número naquela linha e coluna é 0,4052. Então, a área à esquerda de $z = -0{,}24$ é 0,4052, conforme Figura 5.11.

Figura 5.11 Curva normal e a representação da área até o valor $z = -0{,}24$.

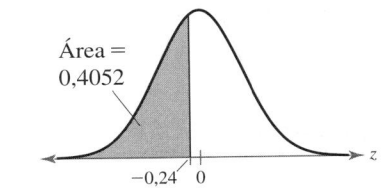

Tabela 5.2 Tabela com valores z e respectivas áreas acumuladas até z.

z	0,09	0,08	0,07	0,06	0,05	0,04	0,03
–3,4	0,0002	0,0003	0,0003	0,0003	0,0003	0,0003	0,0003
–3,3	0,0003	0,0004	0,0004	0,0004	0,0004	0,0004	0,0004
–3,2	0,0005	0,0005	0,0005	0,0006	0,0006	0,0006	0,0006
–0,5	0,2776	0,2810	0,2843	0,2877	0,2912	0,2946	0,2981
–0,4	0,3121	0,3156	0,3192	0,3228	0,3264	0,3300	0,3336
–0,3	0,3483	0,3520	0,3557	0,3594	0,3632	0,3669	0,3707
–0,2	0,3859	0,3897	0,3936	0,3974	0,4013	0,4052	0,4090
–0,1	0,4247	0,4286	0,4325	0,4364	0,4404	0,4443	0,4483
–0,0	0,4641	0,4681	0,4721	0,4761	0,4801	0,4840	0,4880

Você também pode usar tecnologia para encontrar a área acumulada que corresponde a um escore-z, conforme mostrado no box Dica de estudo.

Dica de estudo

Você pode usar tecnologia para encontrar a área acumulada que corresponde a um escore-z. Por exemplo, para encontrar a área acumulada que corresponde a $z = -0{,}24$, no Exemplo 3, parte (2), você pode usar a TI-84-Plus, conforme a seguir. Note que, para especificar o limite inferior, use –10.000.

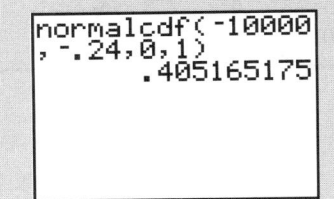

```
normalcdf(-10000
,-.24,0,1)
        .405165175
```

Tente você mesmo 3

1. Encontre a área acumulada que corresponde a um escore-z de –2,19.
2. Encontre a área acumulada que corresponde a um escore-z de 2,17.
   Localize o escore-z dado e encontre a área correspondente na tabela normal padrão.

Quando o escore-z não estiver na tabela, use a entrada mais próxima dele. Para um escore-z que está exatamente no meio de dois escores-z, use a área do meio entre as áreas correspondentes.

Você pode usar as instruções do box a seguir para encontrar vários tipos de áreas sob a curva normal padrão.

Instruções

Encontrando áreas sob a curva normal padrão

1. Esboce a curva normal padrão e sombreie a área apropriada sob a curva (Figura 5.12).

2. Encontre a área seguindo as orientações para cada caso apresentado.

   a. Para encontrar a área à *esquerda* de z, ache a área que corresponde a z na tabela normal padrão.

   Figura 5.12 Área de interesse à esquerda do escore-z.

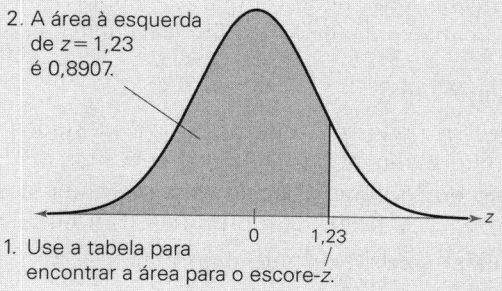

   2. A área à esquerda de z = 1,23 é 0,8907.
   1. Use a tabela para encontrar a área para o escore-z.

   b. Para encontrar a área à *direita* de z, use a tabela normal padrão para achar a área que corresponde a z. Então, subtraia a área de 1 (Figura 5.13).

   Figura 5.13 Área de interesse à direita do escore-z.

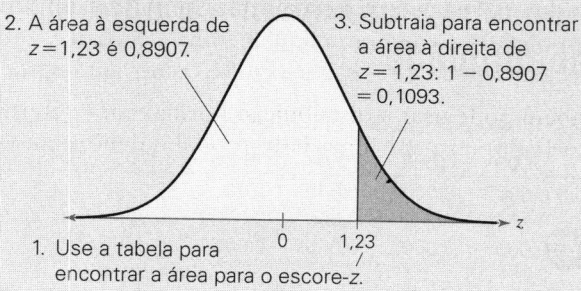

   2. A área à esquerda de z = 1,23 é 0,8907.
   3. Subtraia para encontrar a área à direita de z = 1,23: 1 − 0,8907 = 0,1093.
   1. Use a tabela para encontrar a área para o escore-z.

   c. Para encontrar a área *entre* dois escores-z, ache a área correspondente a cada escore-z na tabela normal padrão. Então, subtraia a área menor da área maior (Figura 5.14).

   Figura 5.14 Área de interesse entre dois escores-z.

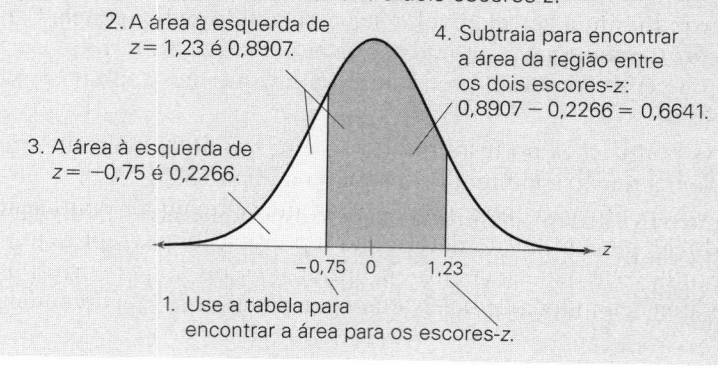

   2. A área à esquerda de z = 1,23 é 0,8907.
   4. Subtraia para encontrar a área da região entre os dois escores-z: 0,8907 − 0,2266 = 0,6641.
   3. A área à esquerda de z = −0,75 é 0,2266.
   1. Use a tabela para encontrar a área para os escores-z.

Exemplo 4

Encontrando a área sob a curva normal padrão

Encontre a área sob a curva normal padrão à esquerda de $z = -0,99$.

Solução

A área sob a curva normal padrão à esquerda de $z = -0,99$ é exibida na Figura 5.15:

Figura 5.15 Área de interesse à esquerda do escore ($z = -0,99$).

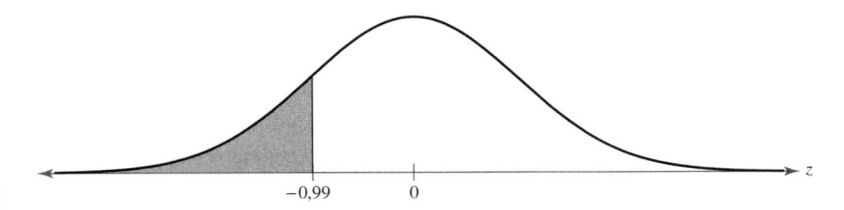

Com base na tabela normal padrão, a área é igual a 0,1611.

Tente você mesmo 4

Encontre a área sob a curva normal padrão à esquerda de $z = 2,13$.

a. Desenhe a curva normal padrão e sombreie a área sob a curva e à esquerda de $z = 2,13$.

b. Use a tabela normal padrão para encontrar a área à esquerda de $z = 2,13$.

Exemplo 5

Encontrando a área sob a curva normal padrão

Encontre a área sob a curva normal padrão à direita de $z = 1,06$.

Solução

A área sob a curva normal padrão à direita de $z = 1,06$ é exibida na Figura 5.16:

Figura 5.16 Área de interesse à direita do escore ($z = 1,06$).

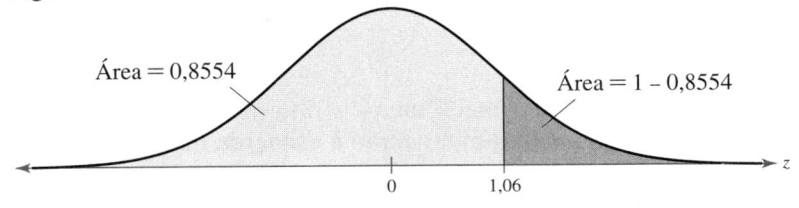

Área = 0,8554
Área = 1 − 0,8554

Com base na tabela normal padrão, a área à esquerda de $z = 1,06$ é 0,8554. Como a área total sob a curva é 1, a área à direita de $z = 1,06$ é:

Área = 1 − 0,8554 = 0,1446.

Tente você mesmo 5

Encontre a área sob a curva normal padrão à direita de $z = -2,16$.

a. Desenhe a curva normal padrão e sombreie a área sob a curva e à direita de $z = -2,16$.

Dica de estudo

Você pode usar tecnologia para encontrar a área que corresponde a $z = 1,06$ no Exemplo 5. Por exemplo, na TI-84 Plus, você pode encontrar a área conforme mostrado na figura. Note que para especificar o limite superior, use 10.000.

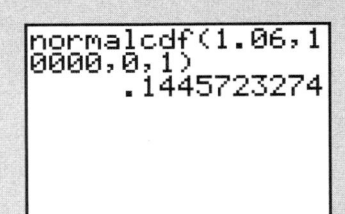

```
normalcdf(1.06,1
0000,0,1)
      .1445723274
```

b. Use a tabela normal padrão para encontrar a área à esquerda de $z = -2,16$.
   c. Subtraia a área de 1.

Dica de estudo

Ao usar tecnologia, suas respostas podem ficar ligeiramente diferentes daquelas encontradas usando a tabela normal padrão. Por exemplo, quando você encontra a área do Exemplo 6 utilizando a TI-84 Plus, você obtém o resultado mostrado na figura.

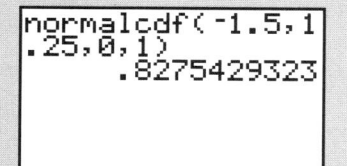

```
normalcdf(-1.5,1
.25,0,1)
       .8275429323
```

Exemplo 6

Encontrando a área sob a curva normal padrão

Encontre a área sob a curva normal padrão entre $z = -1,5$ e $z = 1,25$.

Solução

A área sob a curva normal padrão entre $z = -1,5$ e $z = 1,25$ é exibida na Figura 5.17:

Figura 5.17 Área de interesse entre dois escores ($z = -1,5$ e $z = 1,25$).

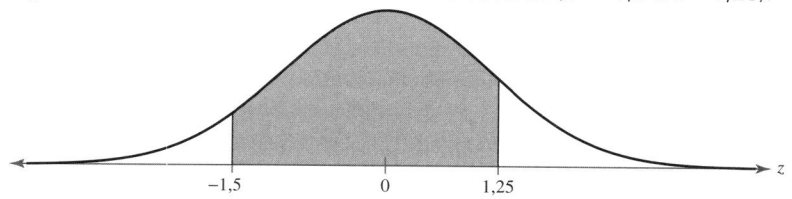

Com base na tabela normal padrão, a área à esquerda de $z = 1,25$ é 0,8944 e a área à esquerda de $z = -1,5$ é 0,0668. Então, a área entre $z = -1,5$ e $z = 1,25$ é:

Área $= 0,8944 - 0,0668 = 0,8276$.

Interpretação Portanto a área sob a curva entre $z = -1,5$ e $z = 1,25$ é de 82,76%.

Tente você mesmo 6

Encontre a área sob a curva normal padrão entre $z = -2,165$ e $z = -1,35$.

a. Desenhe a curva normal padrão e sombreie a área sob a curva entre $z = -2,165$ e $z = -1,35$.

b. Use a tabela normal padrão para encontrar a área à esquerda de $z = -1,35$.

c. Use a tabela normal padrão para encontrar a área à esquerda de $z = -2,165$.

d. Subtraia a área menor da área maior.

e. Interprete os resultados.

Como a distribuição normal é uma distribuição contínua de probabilidade, a área sob a curva normal padrão à esquerda de um escore-z dá a probabilidade de a variável z ser menor que aquele escore-z. Por exemplo, no Exemplo 4, a área à esquerda de $z = -0,99$ é 0,1611. Então, $P(z < -0,99) = 0,1611$, que é lido como "a probabilidade de z ser menor que $-0,99$ é 0,1611". A Tabela 5.3 mostra as probabilidades para os Exemplos 5 e 6. (Você aprenderá mais sobre determinar probabilidades na próxima seção.)

Tabela 5.3 Área sob a curva normal padrão e a correspondente probabilidade.

	Área	Probabilidade
Exemplo 5	À direita de $z = 1,06$: 0,1446	$P(z > 1,06) = 0,1446$
Exemplo 6	Entre $z = -1,5$ e $z = 1,25$: 0,8276	$P(-1,5 < z < 1,25) = 0,8276$

Lembre-se da Seção 2.4 que valores que estão a mais de dois desvios padrão da média são considerados incomuns. Valores que ultrapassam três desvios padrão da média são considerados *muito* incomuns. Então, um escore-z maior que 2 ou menor que –2 é incomum e, um escore-z maior que 3 ou menor que –3 é *muito* incomum.

5.1 Exercícios

Construindo habilidades básicas e vocabulário

1. Encontre três exemplos reais de uma variável contínua. Quais você julga que podem ser normalmente distribuídos? Por quê?
2. Em uma distribuição normal o que é maior, a média ou a mediana? Explique.
3. Qual é a área total sob a curva normal?
4. O que representam os pontos de inflexão em uma distribuição normal? Onde eles ocorrem?
5. Desenhe duas curvas normais que tenham a mesma média, mas desvios padrão diferentes. Descreva as similaridades e as diferenças.
6. Desenhe duas curvas normais que tenham médias diferentes, mas o mesmo desvio padrão. Descreva as similaridades e as diferenças.
7. Qual é a média da distribuição normal padrão? Qual é o desvio padrão da distribuição normal padrão?
8. Descreva como você pode transformar uma distribuição normal não padrão em uma distribuição normal padrão.
9. **Entendendo o conceito** Por que é correto dizer "uma" distribuição normal e "a" distribuição normal padrão?
10. **Entendendo o conceito** Um escore-z é 0. Qual das seguintes afirmações deve ser verdadeira? Explique seu raciocínio.
    (a) A média é 0.
    (b) O valor x correspondente é 0.
    (c) O valor x correspondente é igual à média.

Análise gráfica *Nos exercícios 11 a 16, determine se o gráfico poderia representar uma variável com uma distribuição normal. Explique seu raciocínio. Se o gráfico parece representar uma distribuição normal, estime a média e o desvio padrão.*

11.

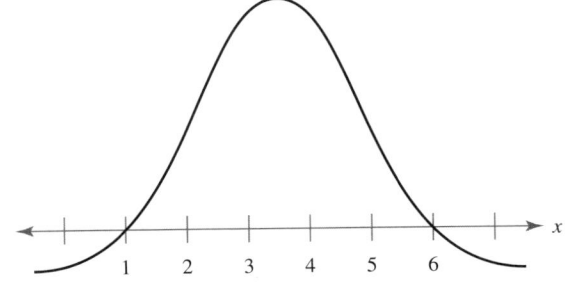

12.

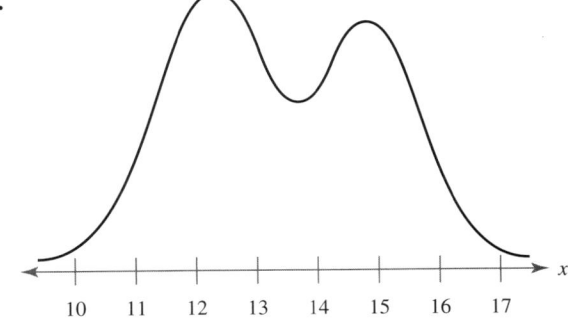

13.

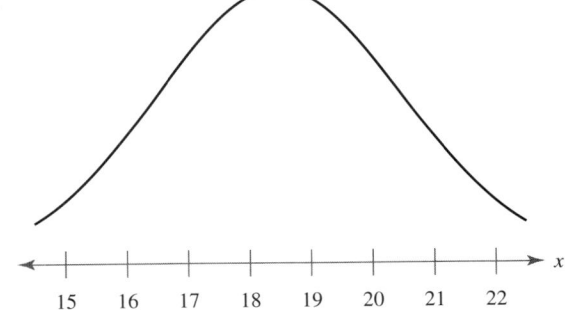

14.

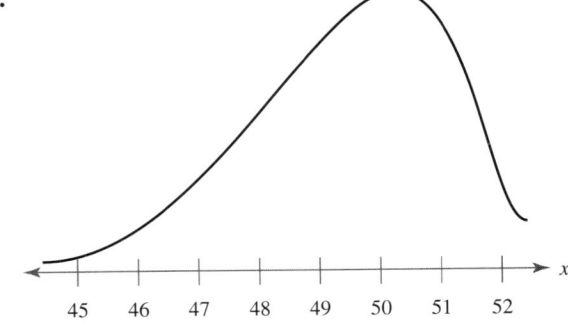

15.

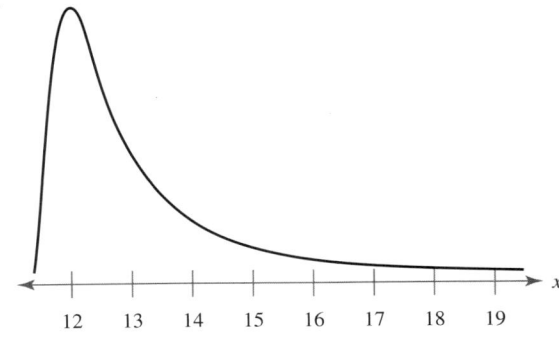

16.

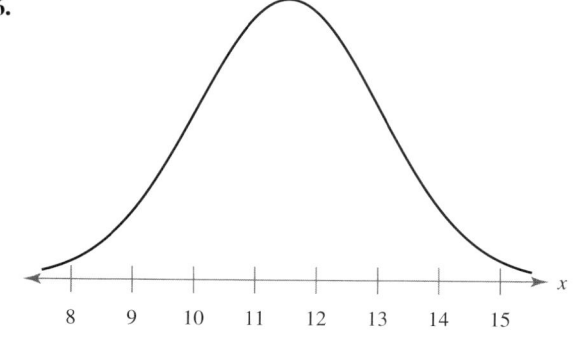

Usando e interpretando conceitos

Análise gráfica *Nos exercícios 17 a 22, encontre a área da região indicada sob a curva normal padrão. Se for conveniente, use ferramentas tecnológicas para encontrar a área.*

17.

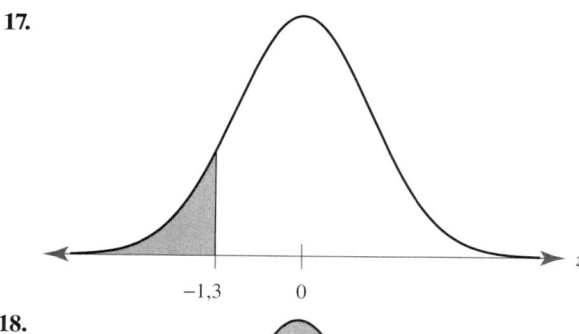

18.

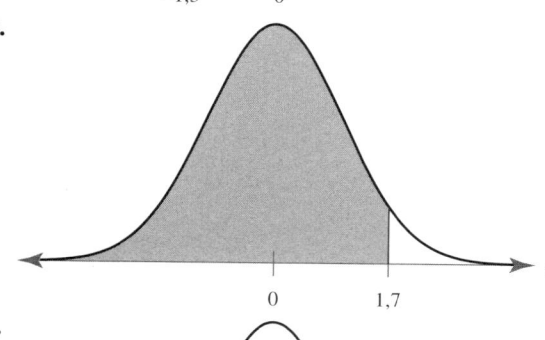

19.

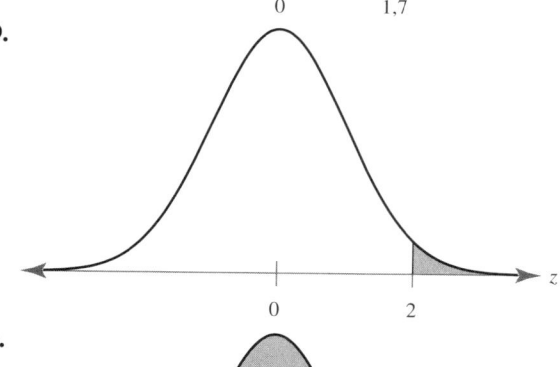

20.

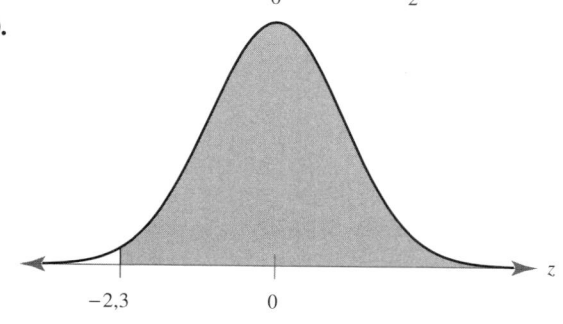

21.

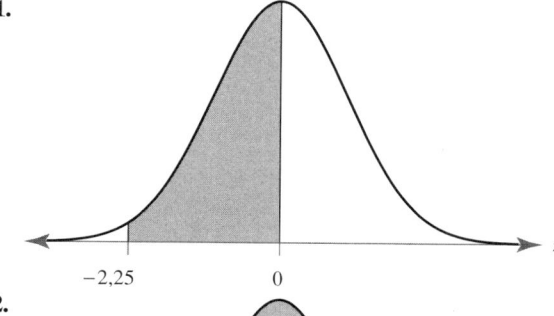

22.

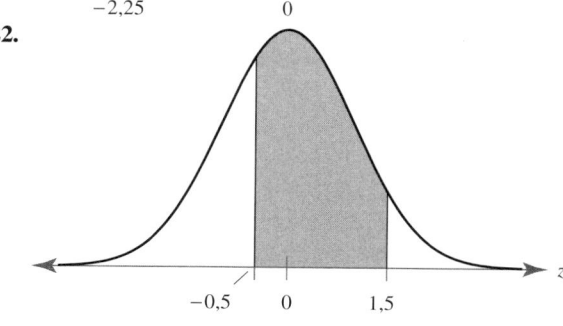

Encontrando a área *Nos exercícios 23 a 36, encontre a área indicada sob a curva normal padrão. Se for conveniente, use ferramentas tecnológicas para encontrar a área.*

23. À esquerda de $z = 0{,}08$.

24. À esquerda de $z = -3{,}16$.

25. À esquerda de $z = -2{,}575$.

26. À esquerda de $z = 1{,}365$.

27. À direita de $z = -0{,}65$.

28. À direita de $z = 3{,}25$.

29. À direita de $z = -0{,}355$.

30. À direita de $z = 1{,}615$.

31. Entre $z = 0$ e $z = 2{,}86$.

32. Entre $z = -1{,}53$ e $z = 0$.

33. Entre $z = -1{,}96$ e $z = 1{,}96$.

34. Entre $z = -2{,}33$ e $z = 2{,}33$.

35. À esquerda de $z = -1{,}28$ e à direita de $z = 1{,}28$.

36. À esquerda de $z = -1{,}96$ e à direita de $z = 1{,}96$.

37. Afirmação do fabricante Você trabalha em uma publicação de defesa do consumidor e está testando a afirmação do anúncio de um fabricante de pneus. O fabricante declara que a vida útil dos pneus é normalmente distribuída, com uma média de 40.000 milhas e um desvio padrão de 4.000 milhas. Você testa 16 pneus e registra as vidas úteis mostradas a seguir.

48.778 41.046 29.083 36.394 32.302 42.787 41.972 37.229
25.314 31.920 38.030 38.445 30.750 38.886 36.770 46.049

(a) Construa um histograma de frequência para mostrar esses dados. Use cinco classes. As vidas úteis parecem ser normalmente distribuídas? Explique.

(b) Calcule a média e o desvio padrão de sua amostra.

(c) Compare a média e o desvio padrão de sua amostra com a média e o desvio padrão da declaração do fabricante. Discuta as diferenças.

38. Consumo de leite Você está realizando um estudo sobre consumo *per capita* de leite, por semana. Um estudo anterior descobriu que o consumo *per capita* de leite, por semana, era normalmente distribuído, com uma média de 48,7 onças líquidas e um desvio padrão de 8,6 onças líquidas. Você seleciona aleatoriamente 30 pessoas e registra o consumo semanal de leite mostrado a seguir.

40 45 54 41 43 31 47 30 33 37 48 57 52 45 38
65 25 39 53 51 58 52 40 46 44 48 61 47 49 57

(a) Construa um histograma de frequência para mostrar esses dados. Use sete classes. Os consumos parecem ser normalmente distribuídos? Explique.

(b) Calcule a média e o desvio padrão de sua amostra.

(c) Compare a média e o desvio padrão de sua amostra com a média e o desvio padrão do estudo anterior. Discuta as diferenças.

Calculando e interpretando escores-z *Nos exercícios 39 e 40, (a) encontre os escores-z que correspondem a cada valor e (b) determine se algum dos valores é incomum.*

39. Pontuação do SAT O SAT é um exame usado por faculdades e universidades dos Estados Unidos para avaliar candidatos à graduação. As pontuações do exame são normalmente distribuídas. Em um ano recente, a pontuação média do teste foi de 1.498 e o desvio padrão foi de 316. As pontuações dos testes de quatro estudantes escolhidos aleatoriamente são 1.920, 1.240, 2.200 e 1.390. (*Fonte: College Board.*)

40. Pontuação do ACT O ACT é um exame usado por faculdades e universidades dos Estados Unidos para avaliar candidatos à graduação. As pontuações do exame são normalmente distribuídas. Em um ano recente, a pontuação média do teste foi de 21,1 e o desvio padrão foi de 5,3. As pontuações dos testes de quatro alunos escolhidos aleatoriamente são 15, 22, 9 e 35. (*Fonte: ACT, Inc.*)

Análise gráfica *Nos exercícios 41 a 46, determine a probabilidade de z ocorrer na região indicada da distribuição normal padrão. Se for conveniente, use ferramentas de tecnologia para encontrar a probabilidade.*

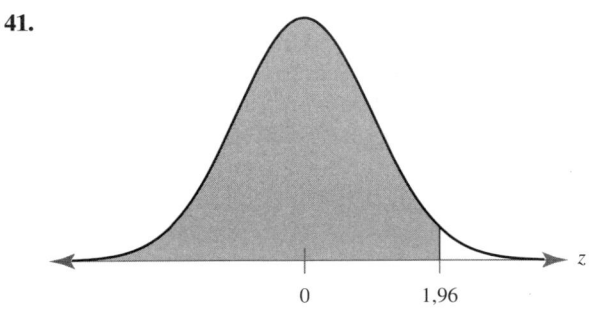

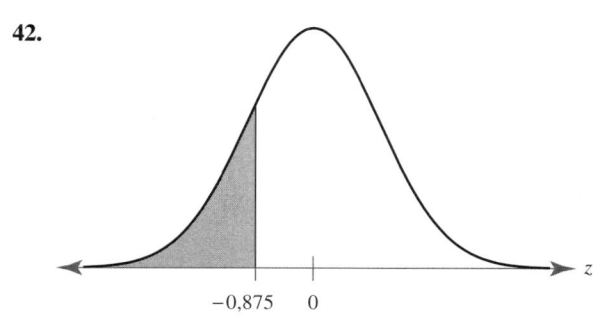

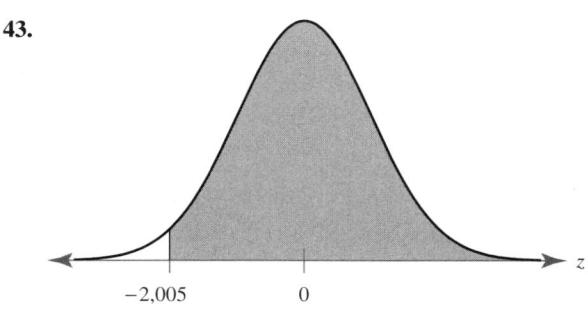

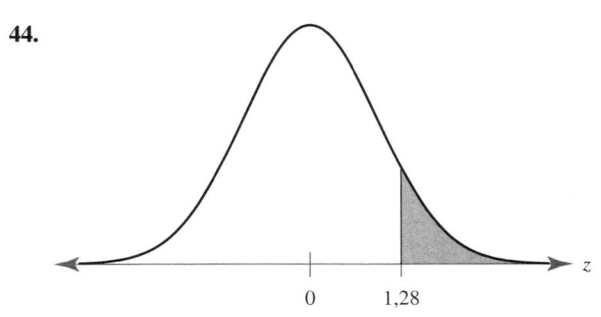

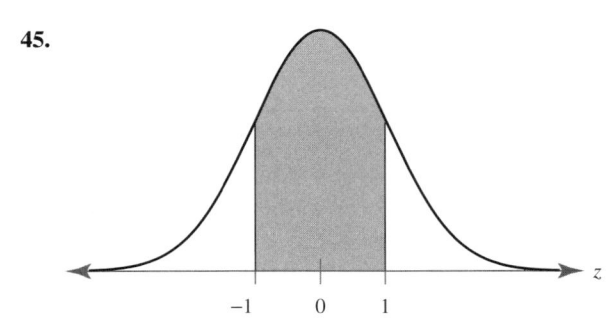

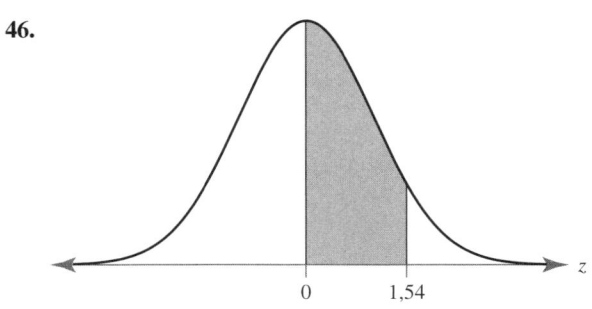

41.

42.

43.

44.

45.

46.

Encontrando probabilidades *Nos exercícios 47 a 56, determine a probabilidade indicada usando a distribuição normal padrão. Se for conveniente, use ferramentas de tecnologia para encontrar a probabilidade.*

47. $P(z < 1{,}45)$.
48. $P(z < -0{,}18)$.
49. $P(z > 2{,}175)$.
50. $P(z > -1{,}85)$.
51. $P(-0{,}89 < z < 0)$.
52. $P(0 < z < 0{,}525)$.
53. $P(-1{,}65 < z < 1{,}65)$.
54. $P(-1{,}54 < z < 1{,}54)$.
55. $P(z < -2{,}58$ ou $z > 2{,}58)$.
56. $P(z < -1{,}54$ ou $z > 1{,}54)$.

Expandindo conceitos

57. Escrito Desenhe uma curva normal com uma média de 60 e um desvio padrão de 12. Descreva como você construiu a curva e discuta suas características.

58. Escrito Desenhe uma curva com uma média de 450 e um desvio padrão de 50. Descreva como você construiu a curva e discuta suas características.

Distribuição uniforme Uma *distribuição uniforme* é uma distribuição contínua de probabilidade para uma variável aleatória x definida no intervalo $a \leq x \leq b$, sendo todos os subintervalos de x, de mesmo comprimento, igualmente prováveis de ocorrer. O gráfico de uma distribuição uniforme é mostrado a seguir.

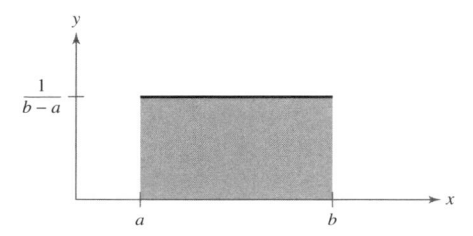

A função densidade de probabilidade de uma distribuição uniforme é:

$$y = \frac{1}{b-a}$$

no intervalo de $x = a$ a $x = b$. Para qualquer valor de x menor que a ou maior que b, $y = 0$. Nos exercícios 59 e 60, use essa informação.

59. Mostre que a função densidade de probabilidade de uma distribuição uniforme satisfaz as duas condições para uma função densidade de probabilidade.

60. Para dois valores c e d, em que $a \leq c < d \leq b$, a probabilidade de que x se encontre entre c e d é igual à área sob a curva entre c e d, conforme mostrado a seguir:

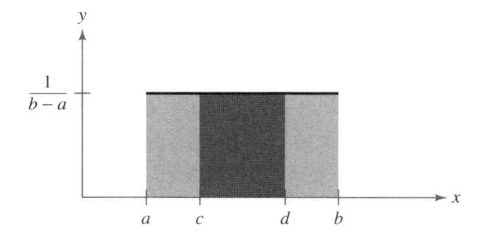

Portanto, a área da região destacada é igual à probabilidade de que x se encontre entre c e d. Para uma distribuição uniforme de $a = 1$ a $b = 25$, encontre a probabilidade de que:

(a) x se encontre entre 2 e 8.
(b) x se encontre entre 4 e 12.
(c) x se encontre entre 5 e 17.
(d) x se encontre entre 8 e 14.

5.2 Distribuições normais: encontrando probabilidades

Probabilidade e distribuições normais

O que você deve aprender
- Como encontrar probabilidades para variáveis normalmente distribuídas usando uma tabela e tecnologia.

Probabilidade e distribuições normais

Quando uma variável aleatória x é normalmente distribuída, você pode determinar a probabilidade de que x estará em um intervalo, encontrando a área sob a curva normal, para o intervalo. Para encontrar a área de algum intervalo sob qualquer curva normal, primeiro converta o(s) limite(s) do intervalo para escores-z. Depois, use a distribuição normal padrão para encontrar a área. Por exemplo, considere uma curva normal com $\mu = 500$ e $\sigma = 100$. O valor de x a um desvio padrão acima da média é $\mu + \sigma = 500 + 100 = 600$. Considere agora a curva normal padrão. O valor de z a um desvio padrão acima da média é $\mu + \sigma = 0 + 1 = 1$. Como um escore-z de 1 corresponde a um valor x de 600, e as áreas não mudam com uma transformação para uma curva normal padrão, as regiões sombreadas nos gráficos da Figura 5.18 são iguais.

Exemplo 1

Encontrando probabilidades para distribuições normais

Uma pesquisa indica que as pessoas mantêm seus telefones celulares, em média, 1,5 ano antes de comprar um novo. O desvio padrão é 0,25 ano. Um usuário de telefone celular é selecionado aleatoriamente. Calcule a probabilidade de que o usuário manterá seu telefone atual por menos de 1 ano antes de comprar um novo. Considere que as durações de tempo que as pessoas mantêm seus telefones são normalmente distribuídas e são representadas pela variável x. (*Adaptado de: Fonebak.*)

Figura 5.18 Curva normal da variável x e curva normal da variável z — áreas iguais.

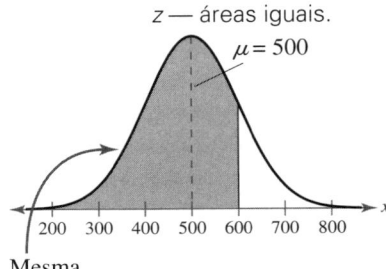

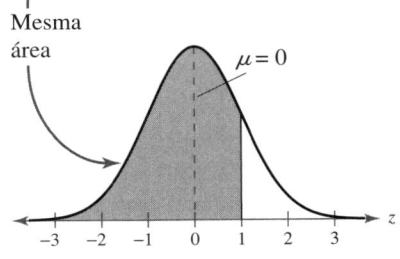

Solução

O gráfico da Figura 5.19 mostra uma curva normal com $\mu = 1,5$, $\sigma = 0,25$ e a área sombreada para x menor que 1. O escore-z que corresponde a 1 ano é:

$$z = \frac{x - \mu}{\sigma} = \frac{1 - 1,15}{0,25} = -2.$$

Figura 5.19

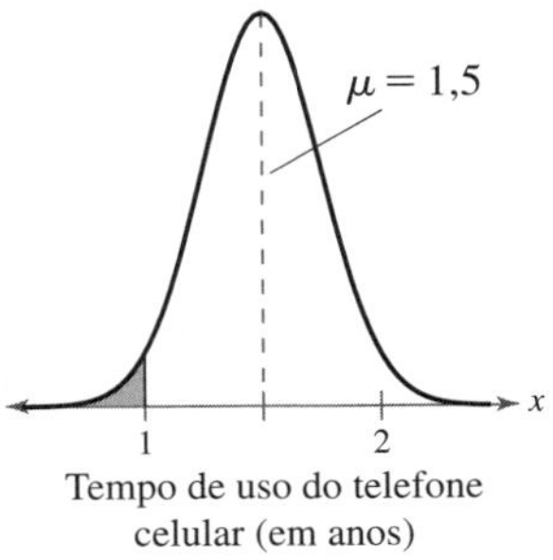

A tabela normal padrão mostra que $P(z < -2) = 0,0228$. A probabilidade de que o usuário manterá seu telefone por menos de 1 ano antes de comprar um novo é 0,0228.

Interpretação Portanto, espera-se que 2,28% dos usuários de telefone celular manterão seus aparelhos por menos de 1 ano antes de comprar um novo. Como 2,28% é menor que 5%, esse evento é incomum.

> **Dica de estudo**
>
> Outra forma de escrever a probabilidade no Exemplo 1 é $P(x < 1) = 0,0228$.

Tente você mesmo 1

A velocidade média dos veículos que passam em um trecho de uma rodovia é 67 milhas por hora, com desvio padrão de 3,5 milhas por hora. Um veículo é selecionado de forma aleatória. Qual é a probabilidade de que ele esteja ultrapassando o limite de velocidade de 70 milhas por hora? Suponha que as velocidades são normalmente distribuídas e são representadas pela variável x.

a. Esboce um gráfico.
b. Determine o escore-z que corresponde a 70 milhas por hora.
c. Encontre a área à direita do escore-z.
d. Interprete os resultados.

Exemplo 2

Encontrando probabilidades para distribuições normais

Uma pesquisa indica que, para cada ida ao supermercado, um consumidor permanece na loja em média 45 minutos, com desvio padrão de 12 minutos. A duração dos tempos gastos na loja é normalmente distribuída, e representada pela variável x. Um consumidor entra na loja. (a) Calcule a probabilidade de que ele ficará na loja, para cada intervalo de tempo listado a seguir. (b) Interprete sua resposta quando 200 consumidores entrarem na loja. Quantos consumidores você esperaria que estivessem na loja para cada intervalo de tempo listado a seguir?

1. Entre 24 e 54 minutos.
2. Mais que 39 minutos.

Figura 5.20 Representação gráfica da probabilidade de um cliente permanecer na loja entre 24 e 54 minutos.

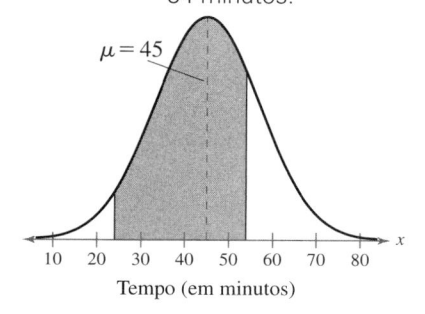

Figura 5.21 Representação gráfica da probabilidade de um cliente permanecer na loja mais que 39 minutos.

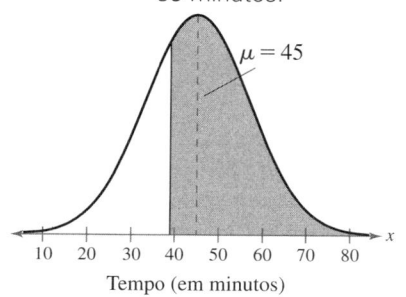

Solução

1. (a) A Figura 5.20 mostra uma curva normal com $\mu = 45$ minutos e $\sigma = 12$ minutos. A área para x entre 24 e 54 minutos está sombreada. Os escores-z que correspondem a 24 e 54 minutos são:

$$z_1 = \frac{24 - 45}{12} = -1{,}75 \quad \text{e} \quad z_2 = \frac{54 - 45}{12} = 0{,}75.$$

Então, a probabilidade de que um consumidor ficará na loja entre 24 e 54 minutos é:

$$P(24 < x < 54) = P(-1{,}75 < z < 0{,}75)$$
$$= P(z < 0{,}75) - P(z < -1{,}75)$$
$$= 0{,}7734 - 0{,}0401 = 0{,}7333.$$

(b) *Interpretação* Quando 200 consumidores entram na loja, você espera que $200 \,(0{,}7333) = 146{,}66$, ou cerca de 147 deles permaneçam na loja entre 24 e 54 minutos.

2. (a) A Figura 5.21 mostra uma curva normal com $\mu = 45$ minutos e $\sigma = 12$ minutos. A área para x maior que 39 minutos está sombreada. O escore-z que corresponde a 39 minutos é:

$$z = \frac{39 - 45}{12} = -0{,}5.$$

Então, a probabilidade de que um consumidor ficará na loja por mais de 39 minutos é:

$$P(x > 39) = P(z > -0{,}5) = 1 - P(z < -0{,}5) = 1 - 0{,}3085 = 0{,}6915.$$

(b) *Interpretação* Quando 200 consumidores entram na loja, você espera que $200 \,(0{,}6915) = 138{,}3$, ou cerca de 138 deles permaneçam na loja por mais de 39 minutos.

Tente você mesmo 2

Qual é a probabilidade de que o consumidor no Exemplo 2 ficará no supermercado entre 33 e 60 minutos?

a. Esboce um gráfico.

b. Calcule os escores-z que correspondem a 33 minutos e a 60 minutos.

c. Encontre a área acumulada para cada escore-z e subtraia a área menor da área maior.

d. Interprete sua resposta quando 150 consumidores entram na loja. Quantos consumidores você esperaria que permanecessem na loja entre 33 e 60 minutos?

Outra forma de obter probabilidades normais é usar uma calculadora ou computador. Você pode obter probabilidades normais usando o Minitab, o Excel e a TI-84 Plus.

> Exemplo 3

Usando tecnologia para determinar probabilidades normais

Triglicerídeos são um tipo de gordura na corrente sanguínea. O nível médio de triglicerídeos nos Estados Unidos é de 134 miligramas por decilitro. Suponha que os níveis de triglicerídeos da população dos Estados Unidos são normalmente distribuídos, com desvio padrão de 35 miligramas por decilitro. Você seleciona aleatoriamente uma pessoa dos Estados Unidos. Qual é a probabilidade de que o nível de triglicerídeo dela seja menor que 80? Use a tecnologia para determinar a probabilidade. (*Adaptado de: University of Maryland Medical Center.*)

Solução

O Minitab, o Excel e a TI-84 Plus possuem recursos que lhe permitem determinar as probabilidades normais sem a necessidade de converter para escores-z padrões. Para cada um, você deve especificar a média e o desvio padrão da população, bem como o(s) valor(es) x que determina(m) o intervalo [veja as figuras 5.22(a) a (c)].

Figura 5.22 Utilizando tecnologias para obter probabilidades.

(a)

MINITAB

Cumulative Distribution Function

Normal with mean = 134 and standard deviation = 35

x	P(X<=x)
80	0.0614327

(b)

EXCEL

	A	B	C
1	NORM.DIST(80,134,35,TRUE)		
2			0.06143272

(c)

TI-84 PLUS

normalcdf(-10000,80,134, 35)
　　　　　　　　　　.0614327356

A partir das telas, você pode ver que a probabilidade de o nível de triglicerídeo ser menor que 80 é de aproximadamente 0,0614 ou 6,14%.

Tente você mesmo 3

Uma pessoa dos Estados Unidos é escolhida aleatoriamente. Qual é a probabilidade de que o nível de triglicerídeo dela esteja entre 100 e 150? Use tecnologia para determinar a probabilidade.

a. Leia o guia de usuário da ferramenta de tecnologia que você está usando.

b. Insira os dados apropriados para obter a probabilidade.

c. Escreva o resultado em uma sentença.

Retratando o mundo

No beisebol, a média de rebatidas é o número de batidas dividido pelo número de posses de bastão. As médias de rebatidas de todos os jogadores da liga principal de beisebol, em um ano recente, podem ser aproximadas por uma distribuição normal, conforme mostra a figura a seguir. A média de rebatidas é 0,262 e o desvio padrão é 0,009. (*Adaptado de: ESPN.*)

Liga principal de beisebol

$\mu = 0{,}262$

0,24　0,25　0,26　0,27　0,28
Média de rebatidas

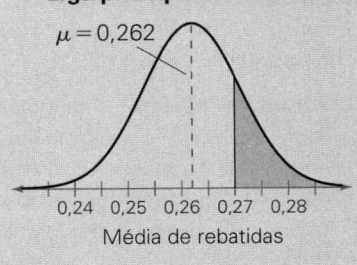

Qual percentual de jogadores tem média de rebatidas de 0,270 ou mais? Dos 40 jogadores em uma escalação, quantos você esperaria ter uma média de rebatidas de 0,275 ou mais?

5.2 Exercícios

Construindo habilidades básicas e vocabulário

Calculando probabilidades *Nos exercícios 1 a 6, a variável aleatória x é normalmente distribuída com média $\mu = 174$ e desvio padrão $\sigma = 20$. Determine a probabilidade indicada.*

1. $P(x < 170)$.
2. $P(x < 200)$.
3. $P(x > 182)$.
4. $P(x > 155)$.
5. $P(160 < x < 170)$.
6. $P(172 < x < 192)$.

Usando e interpretando conceitos

Encontrando probabilidades *Nos exercícios 7 a 12, determine as probabilidades indicadas. Se for conveniente, use tecnologia.*

7. **Altura de homens** Em uma pesquisa com homens norte-americanos, as alturas na faixa etária de 20 a 29 anos eram normalmente distribuídas, com uma média de 69,4 polegadas e um desvio padrão de 2,9 polegadas. Calcule a probabilidade de que um participante do estudo, selecionado aleatoriamente, tenha uma altura (a) menor que 66 polegadas, (b) entre 66 e 72 polegadas, (c) maior que 72 polegadas e (d) identifique quaisquer eventos incomuns. Explique seu raciocínio. (*Adaptado de: National Center for Health Statistics.*)

8. **Altura de mulheres** Em uma pesquisa com mulheres norte-americanas, as alturas na faixa etária de 20 a 29 anos eram normalmente distribuídas, com média de 64,2 polegadas e desvio padrão de 2,9 polegadas. Calcule a probabilidade de que uma participante do estudo, selecionada aleatoriamente, tenha altura (a) menor que 56,5 polegadas, (b) entre 61 e 67 polegadas, (c) maior que 70,5 polegadas e (d) identifique quaisquer eventos incomuns. Explique seu raciocínio. (*Adaptado de: National Center for Health Statistics.*)

9. **Pontuação em leitura no ACT** Em um ano recente, as pontuações da parte de leitura no exame ACT eram normalmente distribuídas, com uma média de 21,3 e um desvio padrão de 6,2. Calcule a probabilidade de que um aluno do ensino médio, selecionado aleatoriamente, que tenha realizado a parte de leitura do exame, tenha uma pontuação (a) menor que 15, (b) entre 18 e 25, (c) maior que 34 e (d) identifique quaisquer eventos incomuns. Explique seu raciocínio. (*Fonte: ACT, Inc.*)

10. **Pontuação em matemática no ACT** Em um ano recente, as pontuações da parte de matemática no exame ACT eram normalmente distribuídas, com uma média de 21,1 e um desvio padrão de 5,3. Calcule a probabilidade de que um aluno do ensino médio, selecionado aleatoriamente, que tenha realizado a parte de matemática do exame, tenha uma pontuação (a) menor que 16, (b) entre 19 e 24, (c) maior que 26 e (d) identifique quaisquer eventos incomuns. Explique seu raciocínio. (*Fonte: ACT, Inc.*)

11. **Contas de serviços públicos** As contas de serviços públicos mensais em uma cidade são normalmente distribuídas, com média de $ 100 e desvio padrão de $ 12. Calcule a probabilidade de que uma conta de serviço público selecionada aleatoriamente tenha valor (a) menor que $ 70, (b) entre $ 90 e $ 120 e (c) maior que $ 140.

12. **Horário em academia de ginástica** Os tempos, por treino, em que um atleta usa um simulador de escada são normalmente distribuídos, com média de 20 minutos e desvio padrão de 5 minutos. Calcule a probabilidade de que um atleta, selecionado aleatoriamente, utilize um simulador de escada (a) por menos de 17 minutos, (b) entre 20 e 28 minutos e (c) por mais de 30 minutos.

Análise gráfica *Nos exercícios 13 a 16, um elemento é selecionado aleatoriamente da população representada pelo gráfico. Calcule a probabilidade de que o valor x do elemento pertença ao intervalo correspondente à área sombreada do gráfico. Suponha que a variável x seja normalmente distribuída.*

13. **Pontuação em redação no SAT.**

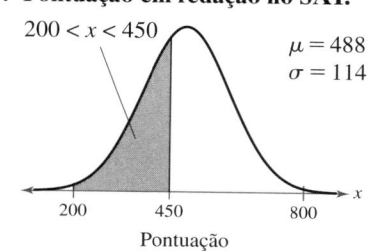

    $200 < x < 450$
    $\mu = 488$
    $\sigma = 114$

    Pontuação
    (*Fonte: The College Board.*)

14. **Pontuação em matemática no SAT.**

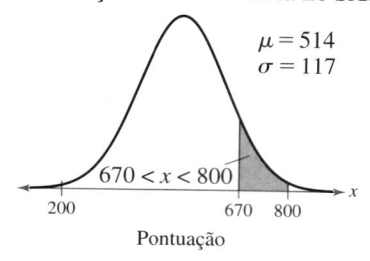

    $\mu = 514$
    $\sigma = 117$
    $670 < x < 800$

    Pontuação
    (*Fonte: The College Board.*)

15. **Colesterol total de homens americanos com idade entre 35 e 44 anos.**

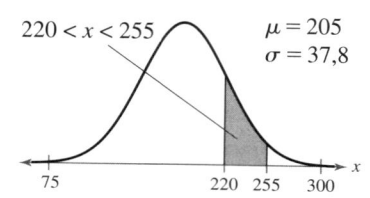

    $220 < x < 255$
    $\mu = 205$
    $\sigma = 37,8$

    Nível de colesterol total (em mg/dL)
    (*Adaptado de: National Center for Health Statistics.*)

16. Colesterol total de mulheres americanas com idade entre 35 e 44 anos.

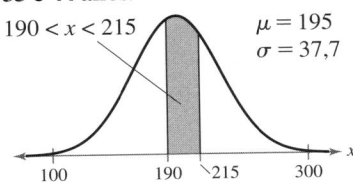

$\mu = 195$
$\sigma = 37{,}7$
$190 < x < 215$

Nível de colesterol total (em mg/dL)

(*Adaptado de: National Center for Health Statistics.*)

Usando distribuições normais *Nos exercícios 17 a 20, responda às perguntas sobre a distribuição normal especificada.*

17. Pontuação em redação no SAT Use a distribuição normal do Exercício 13.

(a) Qual percentagem das pontuações em redação no SAT é menor que 600?

(b) De 1.000 pontuações em redação no SAT selecionadas aleatoriamente, aproximadamente quantas você esperaria que fossem maiores que 500?

18. Pontuação em matemática no SAT Use a distribuição normal do Exercício 14.

(a) Qual percentagem das pontuações em matemática no SAT é menor que 500?

(b) De 1.500 pontuações em matemática no SAT selecionadas aleatoriamente, aproximadamente quantas você esperaria que fossem maiores que 600?

19. Colesterol Use a distribuição normal do Exercício 15.

(a) Qual percentagem dos homens tem um nível de colesterol total menor que 225 miligramas por decilitro de sangue?

(b) De 250 homens norte-americanos com idade entre 35 e 44 anos, selecionados aleatoriamente; aproximadamente quantos você esperaria que tivessem um nível de colesterol total maior que 260 miligramas por decilitro de sangue?

20. Colesterol Use a distribuição normal do Exercício 16.

(a) Qual percentagem das mulheres tem um nível de colesterol total menor que 217 miligramas por decilitro de sangue?

(b) De 200 mulheres norte-americanas com idade entre 35 e 44 anos, selecionadas aleatoriamente; aproximadamente quantas você esperaria que tivessem um nível de colesterol total maior que 185 miligramas por decilitro de sangue?

Expandindo conceitos

Gráficos de controle *Controle Estatístico de Processo (CEP)* é o uso da estatística para monitorar e melhorar a qualidade de um processo, tal como a produção de uma peça de motor. No CEP, informações sobre um processo são reunidas e usadas para determinar se ele atende todas as condições necessárias. Uma ferramenta usada no CEP é o **gráfico de controle**. Quando medidas individuais de uma variável x são normalmente distribuídas, um gráfico de controle pode ser usado para detectar processos que, possivelmente, estejam fora do controle estatístico. Três sinais de alerta que um gráfico de controle usa para detectar um processo que possa estar fora de controle estão listados a seguir:

(1) Um ponto está situado a mais de três desvios padrão da média.

(2) Há nove pontos consecutivos que caem em um lado da linha média.

(3) Pelo menos dois de três pontos consecutivos estão situados a mais de dois desvios padrão da média.

Nos exercícios 21 a 24, um gráfico de controle é apresentado. Cada gráfico tem linhas horizontais desenhadas na média μ, em $\mu \pm 2\sigma$ e $\mu \pm 3\sigma$ (suponha a média do processo igual ao valor nominal do item da questão). Determine se o processo apresentado está sob controle ou fora de controle. Explique.

21. Uma engrenagem foi desenvolvida para ter um diâmetro de 3 polegadas. O desvio padrão do processo é de 0,2 polegada.

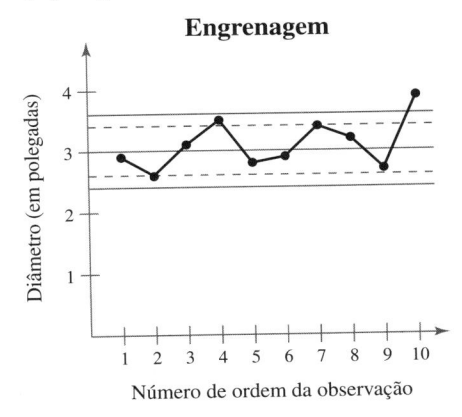

22. Um prego foi desenvolvido para ter um comprimento de 4 polegadas. O desvio padrão do processo é de 0,12 polegada.

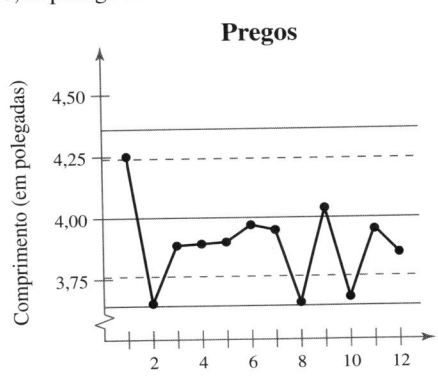

23. Uma máquina de distribuição de líquido foi desenvolvida para encher garrafas com um litro de líquido. O desvio padrão do processo é de 0,1 litro.

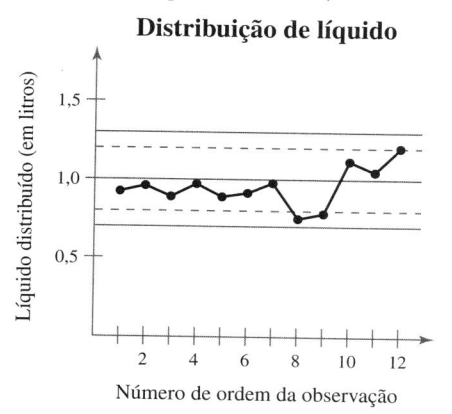

24. Uma peça de motor foi desenvolvida para ter um diâmetro de 55 milímetros. O desvio padrão do processo é de 0,001 milímetro.

5.3 Distribuições normais: calculando valores

Encontrando escores-z • Transformando um escore-z em um valor x • Calculando um valor específico para uma dada probabilidade

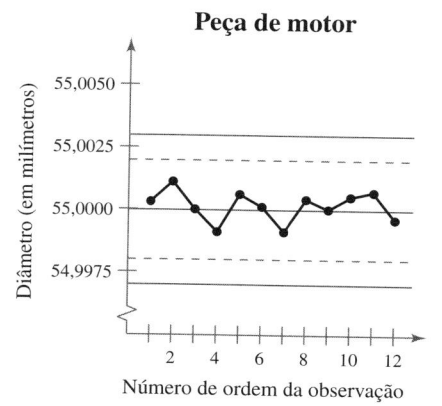

O que você deve aprender

- Como encontrar escore(s)-z dada a área de um intervalo sob a curva normal.
- Como transformar um escore-z em um valor x.
- Como calcular um valor específico de uma variável aleatória com distribuição normal, dada uma probabilidade correspondente a esse valor.

Encontrando escores-z

Na Seção 5.2, foi dada uma variável aleatória x normalmente distribuída e você encontrou a probabilidade de que x estaria em um intervalo, calculando a área sob a curva normal para o intervalo.

Mas e se lhe fosse dada uma probabilidade e você quisesse encontrar o valor de x? Por exemplo, uma universidade pode querer conhecer a pontuação mais baixa que um aluno pode ter em uma prova seletiva, e ainda estar entre os 10% mais bem colocados, ou um pesquisador médico pode querer saber os valores de corte para selecionar os 90% de pacientes centrais, por idade. Nesta Seção, você vai aprender como calcular um valor, dada a área de um intervalo sob uma curva normal (ou uma probabilidade), como pode ser observado no exemplo a seguir.

Exemplo 1

Encontrando um escore-z, dada uma área

1. Determine o escore-z que corresponda a uma área acumulada de 0,3632.
2. Determine o escore-z relativo a um intervalo com 10,75% da área da distribuição à sua direita.

Solução

1. Encontre o escore-z que corresponde a uma área de 0,3632, localizando 0,3632 na Tabela 5.4. Os valores no início da linha e no topo da coluna correspondentes dão o escore-z. Para esta área, o valor da linha é −0,3 e o da coluna é 0,05. Então, o escore-z é −0,35, conforme mostra a Figura 5.23.

Tabela 5.4 Tabela com valores z e respectivas áreas (em especial 0,3632) acumuladas até z.

z	0,09	0,08	0,07	0,06	0,05	0,04	0,03
−3,4	0,0002	0,0003	0,0003	0,0003	0,0003	0,0003	0,0003
−0,5	0,2776	0,2810	0,2843	0,2877	0,2912	0,2946	0,2981
−0,4	0,3121	0,3156	0,3192	0,3228	0,3264	0,3300	0,3336
−0,3	0,3483	0,3520	0,3557	0,3594	0,3632	0,3669	0,3707
−0,2	0,3859	0,3897	0,3936	0,3974	0,4013	0,4052	0,4090

Figura 5.23 Escore-z (-0,35) em função da área (0,3632).

2. Como a área à direita é 0,1075, a área acumulada é 1 − 0,1075 = 0,8925. Determine o escore-z que corresponde a uma área de 0,8925, localizando 0,8925 na Tabela 5.5. Para essa área, o valor da linha é 1,2 e o da coluna é 0,04. Então, o escore-z é 1,24, conforme mostrado na Figura 5.24.

Tabela 5.5 Tabela com valores z e respectivas áreas (em especial 0,8925) acumuladas até z.

z	0,00	0,01	0,02	0,03	0,04	0,05	0,06
0,0	0,5000	0,5040	0,5080	0,5120	0,5160	0,5199	0,5239
1,0	0,8413	0,8438	0,8461	0,8485	0,8508	0,8531	0,8554
1,1	0,8643	0,8665	0,8686	0,8708	0,8729	0,8749	0,8770
1,2	0,8849	0,8869	0,8888	0,8907	0,8925	0,8944	0,8962
1,3	0,9032	0,9049	0,9066	0,9082	0,9099	0,9115	0,9131

Figura 5.24 Escore-z (1,24) em função da área (0,8925).

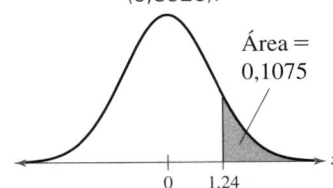

Tente você mesmo 1

1. Determine o escore-z que tenha 96,16% da área de distribuição a sua direita.
2. Determine o escore-z para o qual 95% da área de distribuição esteja entre −z e z.
   a. Determine a área acumulada.
   b. Localize a área na tabela normal padrão.
   c. Encontre o escore-z que corresponde à área.

Dica de estudo

Você pode usar tecnologia para encontrar o escore-z que corresponde a áreas acumuladas. Por exemplo, você pode usar a TI-84 Plus para encontrar o escore-z no Exemplo 1, conforme a figura.

```
invNorm(.3632,0,
1)
       -.3499183227
invNorm(.8925,0,
1)
        1.239933478
```

No Exemplo 1, as áreas dadas são valores que estão na tabela normal padrão. Na maioria dos casos, a área não será um valor igual ao da tabela, caso em que podemos utilizar o valor (da área) mais próximo da tabela. Quando a área dada é equidistante das duas áreas consecutivas (está no meio), utilize como escore-z o valor médio dos escores correspondentes.

Na Seção 2.5, você aprendeu que os 99 percentis dividem um conjunto de dados em 100 partes iguais. Para encontrar um escore-z que corresponde a um percentil, você pode usar a tabela normal padrão. Lembre-se de que, se um valor x representa o 83º percentil (P_{83}), então 83% dos dados estão abaixo de x e 17% dos valores dos dados estão acima de x.

Exemplo 2

Determinando um escore-z dado um percentil

Determine o escore-z que corresponda a cada percentil.

1. P_5.
2. P_{50}.
3. P_{90}.

Figura 5.25 Escore-z (−1,645) em função da área (0,05).

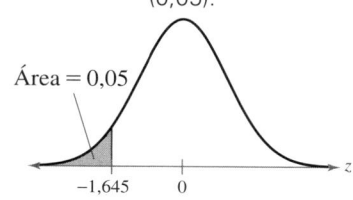

Figura 5.26 Escore-z (0) em função da área (0,5).

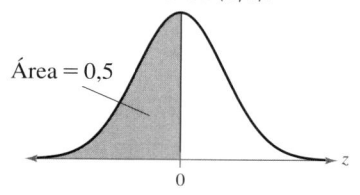

Figura 5.27 Escore-z (1,28) em função da área (0,8997).

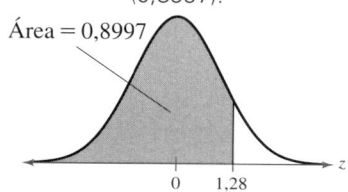

Solução

1. Para determinar o escore-z que corresponda à P_5, encontre o escore-z que corresponda a uma área de 0,05 à esquerda de z (veja a Figura 5.25) localizando 0,05 na tabela normal padrão. As áreas mais próximas a 0,05 na tabela são 0,0495 ($z = -1,65$) e 0,0505 ($z = -1,64$). Como 0,05 está a meio caminho entre as duas áreas na tabela (equidista delas), use o escore-z que está a meio caminho entre −1,64 e −1,65 (média dos dois). Então, o escore-z que corresponde a área de 0,05 é −1,645.

2. Para determinar o escore-z que corresponda à P_{50}, encontre o escore-z que corresponda a uma área de 0,5 à esquerda de z (veja a Figura 5.26) localizando 0,5 na tabela normal padrão. A área mais próxima a 0,5 na tabela é 0,5000, então o escore-z que corresponde a área de 0,5 é 0.

3. Para determinar o escore-z que corresponda a P_{90}, encontre o escore-z que corresponda a uma área de 0,9 à esquerda de z (veja a Figura 5.27) localizando 0,9 na tabela normal padrão. A área mais próxima a 0,9 na tabela é 0,8997, então o escore-z que corresponde a essa área de 0,9 é 1,28.

Tente você mesmo 2

Encontre o escore-z que corresponda a cada percentil.

1. P_{10}.   2. P_{20}.   3. P_{99}.

a. Escreva a área em função do percentil. Se necessário, desenhe um gráfico com a área para visualizar o problema.

b. Localize a área na tabela normal padrão. Se a área não estiver na tabela, use a área mais próxima. Se a área estiver a meio caminho entre duas áreas, use o escore-z que está a meio caminho entre os escores-z correspondentes.

c. Identifique o escore-z que corresponde à área.

Transformando um escore-z em um valor x

Lembre-se de que, para transformar um valor x em um escore-z, você pode usar a fórmula:

$$z = \frac{x - \mu}{\sigma}.$$

Essa fórmula calcula z em termos de x. Quando você resolve essa fórmula para x, você obtém uma nova fórmula que calcula x em termos de z.

$z = \dfrac{x - \mu}{\sigma}$	Fórmula para z em termos de x
$z\sigma = x - \mu$	Multiplique cada lado por σ
$\mu + z\sigma = x$	Adicione μ em cada lado
$x = \mu + z\sigma$	Troque os lados

Transformando um escore-z em um valor x

Para transformar um escore-z padrão em um valor x em uma dada população, use a fórmula:

$x = \mu + z\sigma$

Exemplo 3

Determinando um valor x correspondente a um escore-z

Um veterinário registra os pesos dos gatos tratados em uma clínica. Os pesos são normalmente distribuídos, com média de 9 libras e desvio padrão de 2 libras. Calcule os pesos x que correspondem aos escores-z de 1,96, –0,44 e 0. Interprete seus resultados.

Solução

O valor x que corresponde a cada escore-z padrão é calculado usando a fórmula $x = \mu + z\sigma$. Note que $\mu = 9$ e $\sigma = 2$.

$z = 1{,}96$: $\quad x = 9 + 1{,}96(2) = 12{,}92$ libras
$z = -0{,}44$: $\quad x = 9 + (-0{,}44)(2) = 8{,}12$ libras
$z = 0$: $\quad x = 9 + 0(2) = 9$ libras

Interpretação Você pode ver que 12,92 libras está acima da média, 8,12 libras está abaixo da média e 9 libras é igual à média.

Tente você mesmo 3

Um veterinário registra os pesos dos cães tratados em uma clínica. Os pesos são normalmente distribuídos, com uma média de 52 libras e desvio padrão de 15 libras. Calcule os pesos x que correspondem aos escores-z de –2,33, 3,10 e 0,58. Interprete seus resultados.

a. Identifique μ e σ da distribuição normal.
b. Transforme cada escore-z em um valor x.
c. Interprete os resultados.

Calculando um valor específico para uma dada probabilidade

Você também pode usar a distribuição normal para determinar um valor específico (valor x) para uma dada probabilidade, como mostram os Exemplos 4 e 5.

Exemplo 4

Determinando um valor específico

As pontuações da prova para um agente da lei na Califórnia são normalmente distribuídas, com média 50 e desvio padrão 10. Uma agência somente contratará candidatos com pontuações entre as 10% mais altas. Qual é a menor pontuação que um candidato pode obter para ainda ser elegível a ser contratado pela agência? (*Fonte: State of California.*)

Solução

As pontuações no teste que estão entre as 10% mais altas correspondem à região sombreada mostrada na Figura 5.28.

Uma pontuação entre as 10% mais altas é qualquer pontuação acima do 90º percentil. Para determinar a pontuação que representa o 90º percentil, você deve primeiro encontrar o escore-z que corresponde a uma área acumulada de 0,9. Na tabela normal padrão, a área mais pró-

---

Retratando o mundo

De acordo com o Serviço Geológico dos Estados Unidos, a magnitude média dos terremotos no mundo, em um ano recente, foi de aproximadamente 3,98. A magnitude dos terremotos no mundo pode ser aproximada por uma distribuição normal. Suponha que o desvio padrão é de 0,90. (*Adaptado de: United States Geological Survey.*)

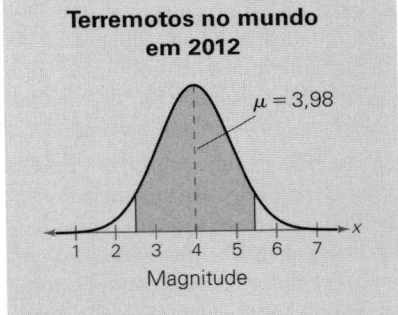

Terremotos no mundo em 2012

Entre quais dois valores se encontram os 90% centrais dos dados?

Figura 5.28 Esquema gráfico indicando a solução do problema.

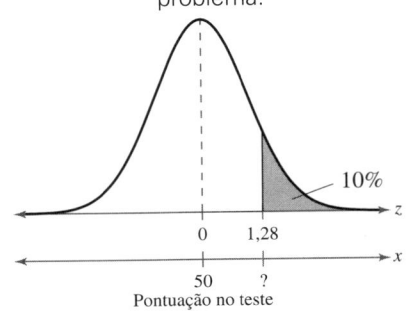

Dica de estudo

Aqui estão instruções para encontrar um valor x específico para uma dada probabilidade com a TI-84 Plus.

2nd DISTR
3: invNorm(

Insira os valores para a área de interesse, a média e o desvio padrão.

```
invNorm(.9,50,10
)
         62.81551567
```

xima a 0,9 é 0,8997. Então, o escore-z que corresponde a uma área de 0,9 é $z = 1{,}28$. Para determinar o valor x, note que $\mu = 50$ e $\sigma = 10$, e use a fórmula $x = \mu + z\sigma$, conforme a seguir.

$$x = \mu + z\sigma$$
$$= 50 + 1{,}28(10)$$
$$= 62{,}8$$

Interpretação A menor pontuação que um candidato pode obter para ainda ser elegível a ser contratado por uma agência é de, aproximadamente, 63.

Tente você mesmo 4

Um pesquisador testa as distâncias de frenagem de diversos carros. A distância de frenagem de 60 milhas por hora até uma parada completa em pista seca é medida em pés. As distâncias de frenagem de uma amostra de carros são normalmente distribuídas, com média de 129 pés e desvio padrão de 5,18 pés. Qual é a maior distância de frenagem que um desses carros poderia ter e ainda estar no grupo do 1% mais baixo? (*Adaptado de: Consumer Reports.*)

a. Esboce um gráfico.
b. Encontre o escore-z que corresponda à área dada.
c. Calcule x usando a fórmula $x = \mu + z\sigma$.
d. Interprete o resultado.

Exemplo 5

Determinando um valor específico

Em uma amostra aleatória de mulheres com idade entre 20 e 34 anos, a média do nível de colesterol total era de 181 miligramas por decilitro com desvio padrão de 37,6 miligramas por decilitro. Suponha que os níveis de colesterol total sejam normalmente distribuídos. Calcule o nível de colesterol total mais alto que uma mulher nessa faixa etária pode ter e ainda estar no grupo do 1% mais baixo. (*Adaptado de: National Center for Health Statistics.*)

Solução

Níveis de colesterol total no 1% mais baixo correspondem à região sombreada da Figura 5.29.

Um nível de colesterol total no grupo do 1% mais baixo é qualquer nível abaixo do primeiro percentil. Para encontrar o nível que representa o primeiro percentil, você deve achar primeiro o escore-z que corresponde à área acumulada de 0,01. Na tabela normal padrão, a área mais próxima a 0,01 é 0,0099. Assim, o escore-z que corresponde a uma área de 0,01 é $z = -2{,}33$. Para calcular o valor x, note que $\mu = 181$ e $\sigma = 37{,}6$, e use a fórmula $x = \mu + z\sigma$, conforme a seguir.

$$x = \mu + z\sigma$$
$$= 181 + (-2{,}33)(37{,}6)$$
$$\approx 93{,}39$$

Você pode conferir essa resposta usando tecnologia. Por exemplo, você pode usar a TI-84 Plus para encontrar o valor x, conforme mostra a Figura 5.30.

Figura 5.29 Esquema gráfico indicando a solução do problema.

Níveis de colesterol total em mulheres de 20 a 34 anos

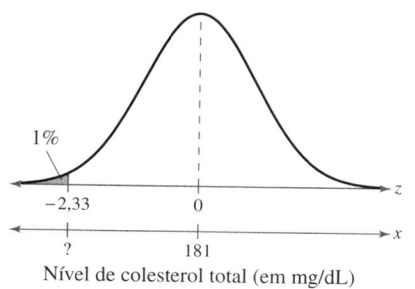

Nível de colesterol total (em mg/dL)

Interpretação O valor que separa o 1% mais baixo dos níveis de colesterol total de mulheres na faixa etária de 20 a 34 anos dos 99% mais altos é de aproximadamente 93 miligramas por decilitro.

Figura 5.30 Recurso tecnológico para o cálculo do valor *x*.

```
TI-84 PLUS
invNorm(.01,181,37.6)
           93.52931982
```

Tente você mesmo 5

O tempo de trabalho dos funcionários em uma empresa é normalmente distribuído, com média de 11,2 anos e desvio padrão de 2,1 anos. Em uma redução de quadro, os 10% com menos tempo na empresa são demitidos. Qual é o tempo máximo que um funcionário pode ter trabalhado na empresa e ainda assim ser cortado?

a. Esboce um gráfico.
b. Determine o escore-*z* que corresponda à área dada.
c. Calcule *x* usando a fórmula $x = \mu + z\sigma$.
d. Interprete o resultado.

5.3 Exercícios

Construindo habilidades básicas e vocabulário

Nos exercícios 1 a 16, use a tabela normal padrão para encontrar o escore-z que corresponda à área acumulada ou ao percentil. Se a área não estiver na tabela, use a entrada mais próxima à área. Se a área estiver a meio caminho entre duas entradas, use o escore-z que esteja a meio caminho entre os escores-z correspondentes. Se for conveniente, use uma ferramenta tecnológica para encontrar o escore-z.

1. 0,2090.
2. 0,4364.
3. 0,9916.
4. 0,7995.
5. 0,05.
6. 0,85.
7. 0,94.
8. 0,0046.
9. P_{15}.
10. P_{30}.
11. P_{88}.
12. P_{67}.
13. P_{25}.
14. P_{40}.
15. P_{75}.
16. P_{80}.

Análise gráfica *Nos exercícios de 17 a 22, encontre o(s) escore(s)-z indicado(s) no gráfico. Se for conveniente, use ferramentas tecnológicas.*

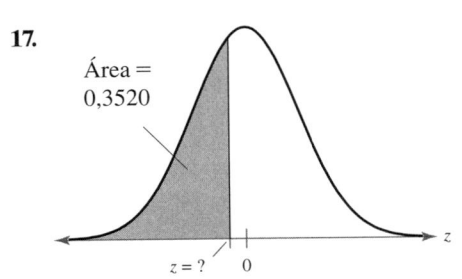

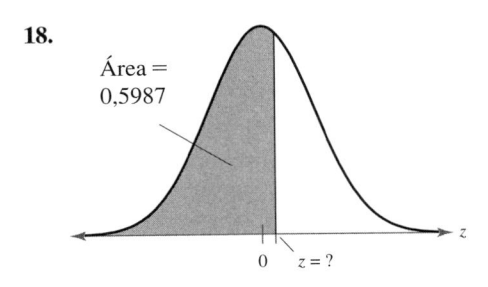

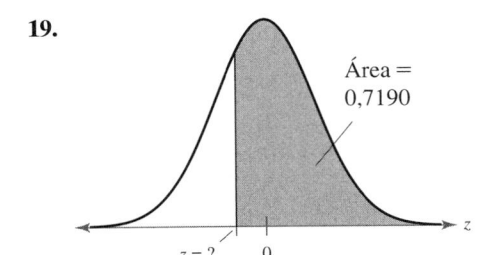

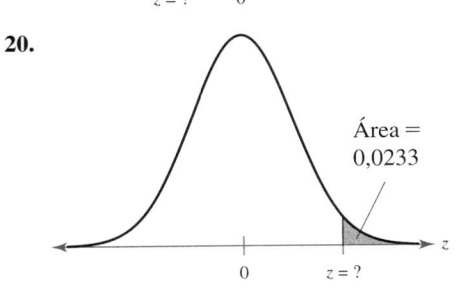

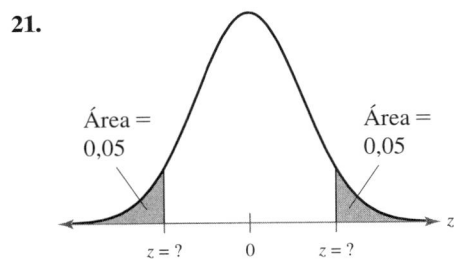

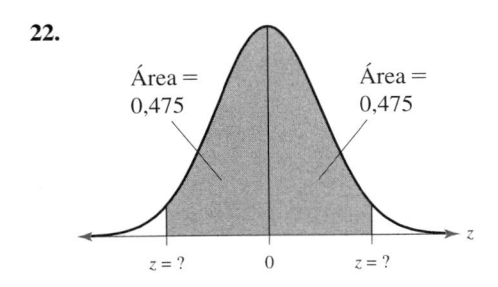

17. Área = 0,3520

18. Área = 0,5987

19. Área = 0,7190

20. Área = 0,0233

21. Área = 0,05; Área = 0,05

22. Área = 0,475; Área = 0,475

Nos exercícios 23 a 30, determine o escore-z indicado.

23. Encontre o escore-z que tenha 11,9% da área de distribuição à esquerda.
24. Encontre o escore-z que tenha 78,5% da área de distribuição à esquerda.
25. Encontre o escore-z que tenha 11,9% da área de distribuição à direita.
26. Encontre o escore-z que tenha 78,5% da área de distribuição à direita.
27. Encontre o escore-z para o qual 80% da área de distribuição esteja entre –z e z.
28. Encontre o escore-z para o qual 99% da área de distribuição esteja entre –z e z
29. Encontre o escore-z para o qual 5% da área de distribuição esteja entre –z e z.
30. Encontre o escore-z para o qual 12% da área de distribuição esteja entre –z e z.

Usando e interpretando conceitos

Usando distribuições normais *Nos exercícios 31 a 38, responda às questões sobre a distribuição normal especificada.*

31. **Altura de mulheres** Em uma pesquisa com mulheres nos Estados Unidos (entre 20 e 29 anos de idade), a altura média era de 64,2 polegadas com desvio padrão de 2,9 polegadas. (*Adaptado de: National Center for Health Statistics.*)
    (a) Qual altura representa o 95º percentil?
    (b) Qual altura representa o primeiro quartil?

32. **Altura de homens** Em uma pesquisa com homens nos Estados Unidos (entre 20 e 29 anos de idade), a altura média era de 69,4 polegadas com desvio padrão de 2,9 polegadas. (*Adaptado de: National Center for Health Statistics.*)
    (a) Qual altura representa o 90º percentil?
    (b) Qual altura representa o primeiro quartil?

33. **Tempo de espera para transplante cardíaco** O tempo de espera (em dias) para um transplante cardíaco para pessoas com idade entre 35 e 49 anos pode ser aproximado por uma distribuição normal, como pode ser visto na figura a seguir. (*Adaptado de: Organ Procurement and Transplantation Network.*)
    (a) Qual tempo de espera representa o 5º percentil?
    (b) Qual tempo de espera representa o terceiro quartil?

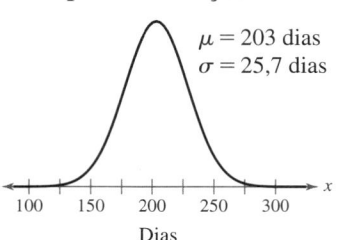

Tempo de espera por um coração

$\mu = 203$ dias
$\sigma = 25,7$ dias

34. **Tempo de espera para transplante renal** O tempo de espera (em dias) para um transplante renal, para pessoas com idade entre 35 e 49 anos, pode ser aproximado por uma distribuição normal, como pode ser visto na figura a seguir. (*Adaptado de: Organ Procurement and Transplantation Network.*)

Tempo de espera por um rim

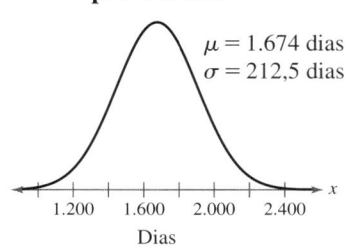

$\mu = 1.674$ dias
$\sigma = 212,5$ dias

(a) Qual tempo de espera representa o 80º percentil?
(b) Qual tempo de espera representa o primeiro quartil?

35. **Tempo de sono de médicos residentes** O tempo médio de sono (em horas) para um grupo de médicos residentes de um hospital pode ser aproximado por uma distribuição normal, conforme mostra a figura a seguir. (*Fonte: National Institute of Occupational Safety and Health, Japan.*)

Tempo de sono de médicos residentes

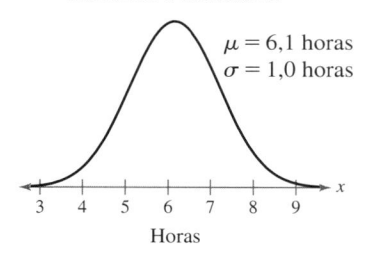

$\mu = 6,1$ horas
$\sigma = 1,0$ horas

(a) Qual é o tempo de sono mais curto que ainda colocaria um residente entre os 5% com mais tempo de sono?
(b) Entre quais dois valores encontram-se os 50% dos tempos de sono centrais?

36. **Sorvete** O consumo anual *per capita* de sorvete (em libras) nos Estados Unidos pode ser aproximado por uma distribuição normal, como pode ser visto na figura. (*Adaptado de: U.S. Department of Agriculture.*)

Consumo anual *per capita* de sorvete nos EUA

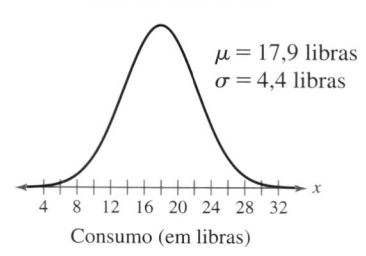

$\mu = 17,9$ libras
$\sigma = 4,4$ libras

(a) Qual é o maior consumo anual *per capita* de sorvete que pode estar no grupo dos 10% que menos consomem?

(b) Entre quais dois valores encontram-se os 80% dos consumos centrais?

37. **Maçãs** O consumo anual *per capita* de maçãs frescas (em libras) nos Estados Unidos pode ser aproximado por uma distribuição normal, com média de 9,5 libras e desvio padrão de 2,8 libras. (*Adaptado de: U.S. Department of Agriculture.*)

    (a) Qual é o menor consumo anual *per capita* de maçãs que pode estar no grupo dos 25% superiores em consumo?

    (b) Qual é o maior consumo anual *per capita* de maçãs que pode estar no grupo dos 15% inferiores em consumo?

38. **Bananas** O consumo anual *per capita* de bananas frescas (em libras) nos Estados Unidos pode ser aproximado por uma distribuição normal, com média de 10,4 libras e desvio padrão de 3 libras. (*Adaptado de: U.S. Department of Agriculture.*)

    (a) Qual é o menor consumo anual *per capita* de bananas que pode estar no grupo dos 10% superiores em consumo?

    (b) Qual é o maior consumo anual *per capita* de bananas que pode estar no grupo dos 5% inferiores em consumo?

39. **Sacos de minicenouras** Os pesos de sacos de minicenouras são normalmente distribuídos com média de 32 onças e desvio padrão de 0,36 onça. Sacos nos 4,5% superiores estão muito pesados e devem ser reembalados. Qual é o máximo que um saco de minicenouras pode pesar sem precisar ser reembalado?

40. **Redigindo uma garantia** Você vende uma marca de pneus de automóveis que tem uma expectativa de vida que é normalmente distribuída, com vida média de 30.000 milhas e desvio padrão de 2.500 milhas. Você quer dar uma garantia de troca grátis de pneus que não estão em boas condições. Você está disposto a trocar, aproximadamente, 10% dos pneus. Como você deve redigir sua garantia?

Expandindo conceitos

41. **Máquina de venda** Uma máquina de venda serve café em um copo de oito onças. As quantidades de café servido são normalmente distribuídas, com um desvio padrão de 0,03 onça. Você pode deixar o café transbordar 1% das vezes. Qual quantidade você deveria definir como a quantidade média de café a ser servido?

42. **Notas de estatística** Em grande parte de uma turma de estatística, os pontos da prova final são normalmente distribuídos com média de 72 e desvio padrão de 9. As notas (A, B, C, D e F) são atribuídas de acordo com as seguintes regras:

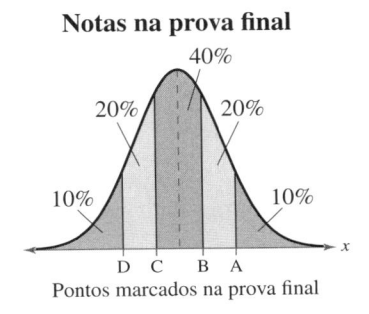

    Notas na prova final

    40%
    20%   20%
    10%   10%
    D C B A
    Pontos marcados na prova final

    • Os 10% mais pontuados recebem A;
    • Os próximos 20% recebem B;
    • Os 40% do meio recebem C;
    • Os próximos 20% recebem D;
    • E os últimos 10% recebem F.

    Encontre a menor pontuação na prova final que qualificaria um estudante para: um A, um B, um C e um D.

Estudo de caso

Peso ao nascer nos Estados Unidos

O *National Center for Health Statistics* (NCHS) mantém registros de muitos aspectos relacionados à saúde das pessoas, inclusive o peso ao nascer de todos os bebês nascidos nos Estados Unidos.

O peso de um bebê ao nascer está relacionado ao seu período de gestação (tempo entre a concepção e o nascimento). Para um dado período de gestação, os pesos ao nascer podem ser aproximados por uma distribuição normal. As médias e os desvios padrão dos pesos ao nascer para vários períodos de gestação são dados na Tabela 5.6.

Um dos vários objetivos do NCHS é reduzir a percentagem de bebês nascidos com baixo peso. A Figura 5.31 mostra os percentuais de nascimentos prematuros e com baixo peso, de 1996 a 2010.

Tabela 5.6 Média e desvio padrão do peso de um bebê ao nascer em relação ao período de gestação.

Período de gestação	Peso médio ao nascer	Desvio padrão
Abaixo de 28 semanas	1,90 libra	1,23 libra
28 a 31 semanas	4,10 libras	1,88 libra
32 a 33 semanas	5,08 libras	1,56 libra
34 a 36 semanas	6,14 libras	1,29 libra
37 a 38 semanas	7,06 libras	1,09 libra
39 semanas	7,48 libras	1,02 libra
40 a 41 semanas	7,67 libras	1,03 libra
42 semanas e mais	7,56 libras	1,10 libra

Figura 5.31 Percentuais de nascimentos prematuros e de baixo peso ao nascer no período de 1996 a 2010.

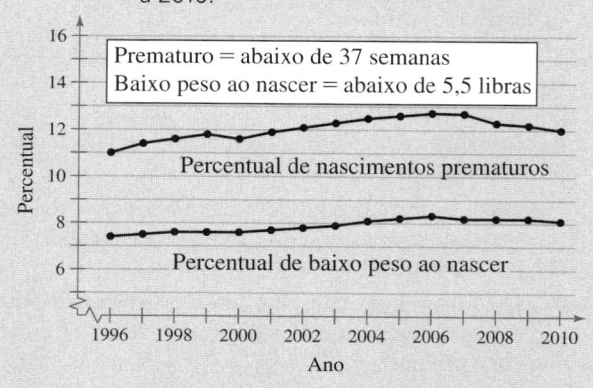

Prematuro = abaixo de 37 semanas
Baixo peso ao nascer = abaixo de 5,5 libras

Percentual de nascimentos prematuros
Percentual de baixo peso ao nascer

Exercícios

1. As distribuições dos pesos ao nascer para três períodos de gestação são mostradas nas figuras 5.32(a) a (c). Relacione as curvas com os períodos de gestação. Explique seu raciocínio.

Figura 5.32 Distribuições dos pesos ao nascer para três períodos de gestação.

(a)
(b)
(c)

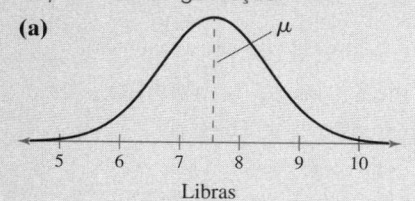

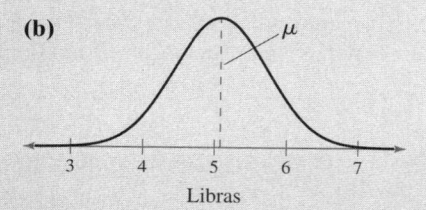

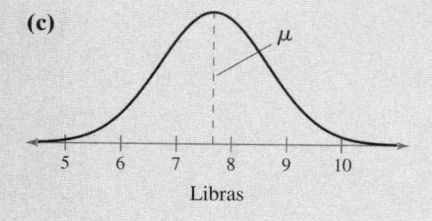

2. Qual percentagem de bebês nascidos em cada período de gestação tem peso baixo ao nascer (abaixo de 5,5 libras)?
   (a) Menos que 28 semanas.
   (b) De 32 a 33 semanas.
   (c) Trinta e nove semanas.
   (d) Quarenta e duas semanas ou mais.

3. Descreva os pesos dos 10% de bebês mais pesados nascidos em cada período de gestação.
   (a) Menos que 28 semanas.
   (b) De 34 a 36 semanas.
   (c) De 40 a 41 semanas.
   (d) Quarenta e duas semanas ou mais.

4. Para cada período de gestação, qual é a probabilidade de que um bebê pesará entre 6 e 9 libras ao nascer?
   (a) Menos que 28 semanas.
   (b) De 28 a 31 semanas.
   (c) De 34 a 36 semanas.
   (d) Trinta e nove semanas.

5. Um peso menor que 3,25 libras ao nascer é classificado pelo NCHS como um "peso muito baixo". Qual é a probabilidade de que um bebê tenha um peso muito baixo para cada período de gestação?
   (a) Menos que 28 semanas.
   (b) De 28 a 31 semanas.
   (c) De 32 a 33 semanas.
   (d) Trinta e nove semanas.

5.4 Distribuições amostrais e o teorema do limite central

Distribuições amostrais • O teorema do limite central • Probabilidade e o teorema do limite central

O que você deve aprender

- Como encontrar distribuições amostrais e verificar suas propriedades.
- Como interpretar o teorema do limite central.
- Como aplicar o teorema do limite central para calcular probabilidades relativas à variável média amostral.

Distribuições amostrais

Nas seções anteriores, você estudou a relação entre a média de uma população e os valores de uma variável aleatória. Nesta Seção, você vai estudar a relação entre uma média da população e as médias das amostras aleatórias retiradas da população.

Definição

Uma **distribuição amostral** é a distribuição de probabilidade de uma estatística amostral que é formada quando amostras de tamanho n são repetidamente extraídas de uma população. Se a estatística amostral é a média, tem-se, então, a **distribuição amostral das médias**. Cada estatística amostral tem uma distribuição amostral.

Considere o diagrama de Venn da Figura 5.33. O retângulo representa uma grande população e cada círculo representa uma amostra de tamanho n. Como os valores da amostra podem variar, as médias amostrais também podem variar. A média da amostra 1 é $\bar{x}_1$; a média da amostra 2 é $\bar{x}_2$, e assim por diante. A distribuição amostral das médias das amostras de tamanho n para essa população é obtida em função de $\bar{x}_1, \bar{x}_2$ e $\bar{x}_3$, e assim por diante. Se as amostras são extraídas com reposição, então um número infinito de amostras pode ser extraído da população.

Entenda

As médias amostrais podem variar de uma para outra e também podem diferir da média de população. Esse tipo de variação deve ser esperada e é chamada de *erro amostral*. Você aprenderá mais sobre esse tópico na Seção 6.1.

Figura 5.33 População com parâmetros μ e σ e a representação de algumas amostras.

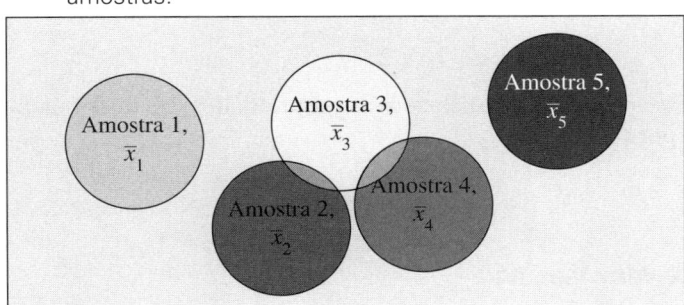

Propriedades das distribuições amostrais de médias

1. A média das médias amostrais $\mu_{\bar{x}}$ é igual à média da população μ.

   $\mu_{\bar{x}} = \mu$

2. O desvio padrão das médias amostrais $\sigma_{\bar{x}}$ é igual ao desvio padrão da população σ dividido pela raiz quadrada do tamanho da amostra n.

   $\sigma_{\bar{x}} = \dfrac{\sigma}{\sqrt{n}}$

   O desvio padrão da distribuição amostral das médias amostrais é chamado de **erro padrão da média**.

Figura 5.34 Histograma de probabilidade da população de x.

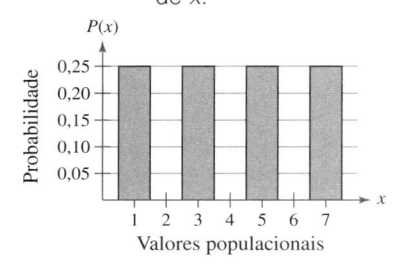

Tabela 5.8 Distribuição de probabilidade das médias amostrais.

$\bar{x}$	f	Probabilidade
1	1	1/16 = 0,0625
2	2	2/16 = 0,1250
3	3	3/16 = 0,1875
4	4	4/16 = 0,2500
5	3	3/16 = 0,1875
6	2	2/16 = 0,1250
7	1	1/16 = 0,0625

Figura 5.35 Histograma de probabilidade da distribuição amostral de $\bar{x}$.

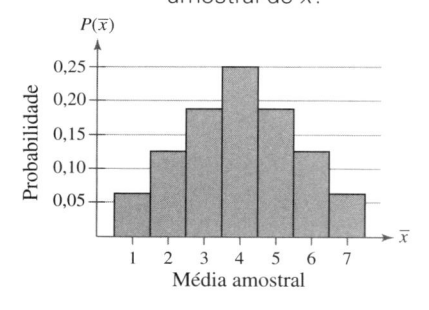

Para explorar mais este tópico, veja a Atividade 5.4.

Dica de estudo
Reveja a Seção 4.1 para encontrar a média e o desvio padrão de uma distribuição de probabilidade.

Exemplo 1

Uma distribuição amostral de médias

Você escreve os valores populacionais {1, 3, 5, 7}, da Figura 5.34, em pedaços de papel e os coloca em uma caixa. Então, você seleciona dois pedaços de papel aleatoriamente, com reposição. Liste todas as amostras possíveis de tamanho $n = 2$ e calcule suas respectivas médias. Essas médias formam a distribuição amostral das médias. Encontre a média, a variância e o desvio padrão das médias amostrais. Compare seus resultados com a média $\mu = 4$, variância $\sigma^2 = 5$, e desvio padrão $\sigma = \sqrt{5} \approx 2,236$ da população.

Solução

Liste todas as 16 amostras de tamanho 2 da população e a média de cada amostra, conforme apresentado na Tabela 5.7.

Tabela 5.7 Amostras possíveis da população e respectivas médias.

Amostra	Média da amostra, $\bar{x}$	Amostra	Média da amostra, $\bar{x}$
1, 1	1	5, 1	3
1, 3	2	5, 3	4
1, 5	3	5, 5	5
1, 7	4	5, 7	6
3, 1	2	7, 1	4
3, 3	3	7, 3	5
3, 5	4	7, 5	6
3, 7	5	7, 7	7

Depois de construir a distribuição de probabilidade das médias das amostras (ver Tabela 5.8), você pode representar a distribuição amostral graficamente usando um histograma de probabilidade como pode ser visto na Figura 5.35. Note que o histograma tem forma de sino e é simétrico, similar a uma curva normal. A média, a variância e o desvio padrão das 16 médias das amostras são:

$$\mu_{\bar{x}} = 4$$
$$(\sigma_{\bar{x}})^2 = \frac{5}{2} = 2,5 \quad \text{e} \quad \sigma_{\bar{x}} = \sqrt{\frac{5}{2}} = \sqrt{2,5} \approx 1,581.$$

Esses resultados satisfazem as propriedades das distribuições amostrais porque:

$$\mu_{\bar{x}} = \mu = 4 \quad \text{e} \quad \sigma_{\bar{x}} = \frac{\sigma}{\sqrt{n}} = \frac{\sqrt{5}}{\sqrt{2}} \approx 1,581.$$

Tente você mesmo 1

Liste todas as amostras possíveis de tamanho $n = 3$, com reposição, a partir da população {1, 3, 5}. Calcule a média de cada amostra. Encontre a média, a variância e o desvio padrão das médias amostrais. Compare seus resultados com a média $\mu = 3$, variância $\sigma^2 = 8/3$, e desvio padrão $\sigma = \sqrt{8/3} \approx 1,633$ da população.

a. Forme todas as amostras possíveis de tamanho 3 e encontre a média de cada uma.
b. Faça uma distribuição de probabilidade das médias e calcule a média, a variância e o desvio padrão.
c. Compare a média, a variância e o desvio padrão das médias das amostras com os da população.

O teorema do limite central

O teorema do limite central forma a base para o ramo inferencial da estatística. Esse teorema descreve a relação entre a distribuição amostral das médias e a população da qual as amostras são retiradas. O teorema do limite central é uma ferramenta importante que fornece a informação que você vai precisar ao usar estatísticas amostrais para fazer inferências sobre a média de uma população.

O teorema do limite central

1. Se amostras de tamanho n, em que $n \geq 30$, são retiradas ao acaso de uma população qualquer com uma média μ e um desvio padrão σ, então a distribuição amostral das médias se aproxima de uma distribuição normal. Quanto maior o tamanho da amostra, melhor a aproximação. (Veja a Figura 5.36.)

2. Se a população é normalmente distribuída, então a distribuição amostral das médias é normalmente distribuída para *qualquer* tamanho de amostra n. (Veja a Figura 5.36.)

Em qualquer dos casos, a distribuição amostral das médias tem média igual à média da população.

$$\mu_{\bar{x}} = \mu \quad \text{Média das médias amostrais.}$$

A distribuição amostral das médias tem uma variância igual a $1/n$ vezes a variância da população e um desvio padrão igual ao desvio padrão da população dividido pela raiz quadrada de n.

$$\sigma_{\bar{x}}^2 = \frac{\sigma^2}{n} \quad \text{Variância das médias amostrais.}$$

$$\sigma_{\bar{x}} = \frac{\sigma}{\sqrt{n}} \quad \text{Desvio padrão das médias amostrais.}$$

Lembre-se de que o desvio padrão da distribuição amostral das médias amostrais, $\sigma_{\bar{x}}$, também é chamado de erro padrão da média.

Figura 5.36 Distribuições não normal, normal e respectivas distribuições amostrais das médias.

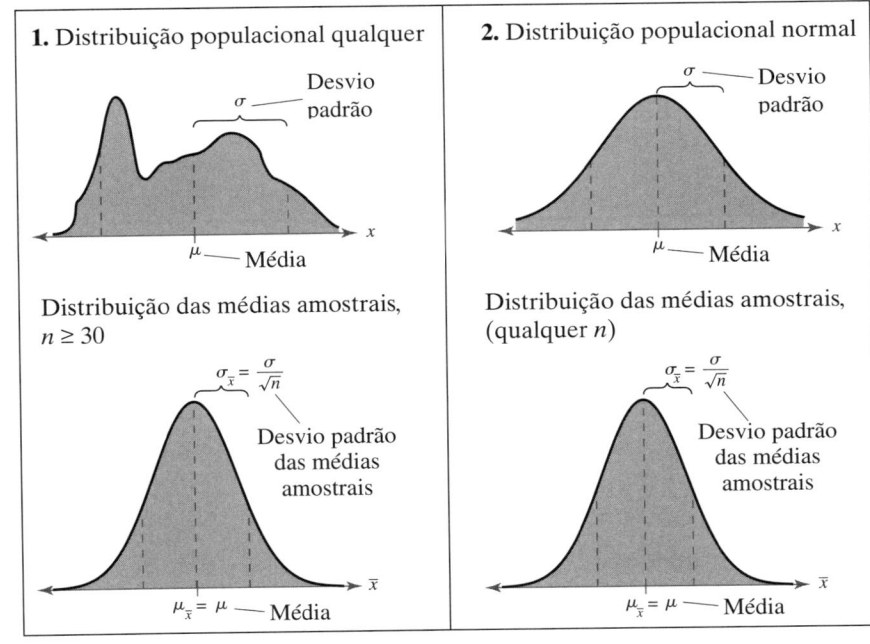

Entenda

A distribuição das médias amostrais tem a mesma média que a população, mas o seu desvio padrão é menor que o desvio padrão da população. Isso nos diz que a distribuição das médias amostrais tem o mesmo centro que a população, porém é mais concentrada. Além disso, a distribuição das médias amostrais torna-se cada vez menos dispersa (maior concentração em relação à média) conforme o tamanho n da amostra aumenta.

Exemplo 2

Interpretando o teorema do limite central

As contas de telefone celular dos habitantes de uma cidade têm média de US$ 47 e desvio padrão de US$ 9, como pode ser visto na Figura 5.37. Amostras aleatórias de 100 contas de telefone celular são selecionadas desta população e a média de cada amostra é determinada. Calcule a média e o desvio padrão da média da distribuição amostral das médias. Depois, esboce um gráfico da distribuição amostral. (*Adaptado de: Cellular Telecommunications & Internet Association.*)

Figura 5.37 Distribuição para todas as contas de telefone celular.

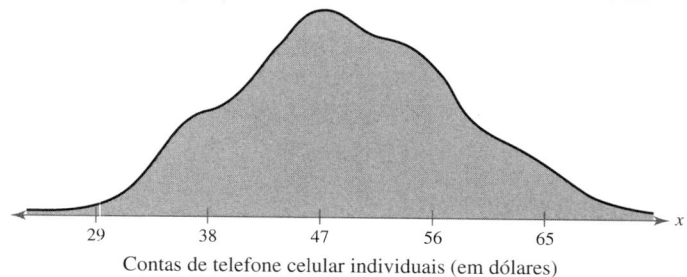

Solução

A média da distribuição amostral é igual à média da população e o desvio padrão das médias amostrais é igual ao desvio padrão da população dividido por $\sqrt{n}$. Então,

$$\mu_{\bar{x}} = \mu = 47 \quad \text{Média das médias amostrais}$$

e

$$\sigma_{\bar{x}} = \frac{\sigma}{\sqrt{n}} = \frac{9}{\sqrt{100}} = 0{,}9. \quad \text{Desvio padrão das médias amostrais}$$

Interpretação De acordo com o teorema do limite central, uma vez que o tamanho da amostra é maior que 30, a distribuição amostral da média pode ser aproximada por uma distribuição normal, com uma média de US$ 47 e um desvio padrão de US$ 0,90, conforme a Figura 5.38.

Figura 5.38 Distribuição das médias amostrais com $n = 100$.

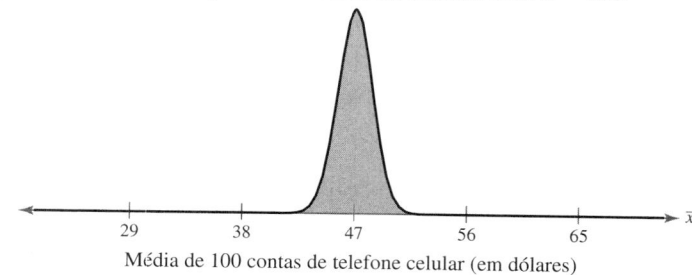

Tente você mesmo 2

Amostras aleatórias de tamanho 64 são retiradas da população do Exemplo 2. Encontre a média e o desvio padrão da distribuição amostral das médias amostrais. Esboce um gráfico da distribuição amostral e compare-o com a distribuição amostral do Exemplo 2.

a. Encontre $\mu_{\bar{x}}$ e $\sigma_{\bar{x}}$.
b. Se $n \geq 30$ (no caso $n = 64$), esboce uma curva normal com média $\mu_{\bar{x}}$ e desvio padrão $\sigma_{\bar{x}}$.
c. Compare os resultados com os do Exemplo 2.

Exemplo 3

Interpretando o teorema do limite central

Considere que as frequências cardíacas durante o treinamento de todos os atletas de 20 anos de idade são normalmente distribuídas, com média de 135 batimentos por minuto e desvio padrão de 18 batimentos por minuto, conforme a Figura 5.39. Amostras aleatórias de tamanho 4 são retiradas dessa população e a média de cada amostra é determinada. Encontre a média e o desvio padrão da distribuição amostral das médias. Então, esboce um gráfico da distribuição amostral.

Figura 5.39 Distribuição das frequências cardíacas da população de atletas com 20 anos, em treinamento.

Solução

$$\mu_{\bar{x}} = \mu = 135 \text{ batimentos por minuto} \quad \text{Média das médias amostrais}$$

e

$$\sigma_{\bar{x}} = \frac{\sigma}{\sqrt{n}} = \frac{18}{\sqrt{4}} = 9 \text{ batimentos por minuto} \quad \text{Desvio padrão das médias amostrais}$$

Interpretação De acordo com o teorema do limite central, uma vez que a população é normalmente distribuída, a distribuição amostral das médias amostrais também é normalmente distribuída, conforme mostra a Figura 5.40.

Figura 5.40 Distribuição das médias amostrais com $n = 4$.

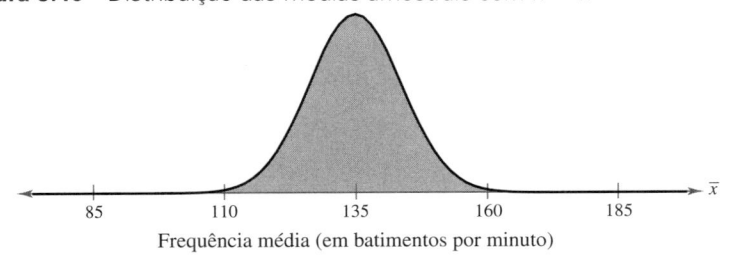

Tente você mesmo 3

Os diâmetros dos carvalhos brancos adultos são normalmente distribuídos, com média de 3,5 pés e desvio padrão de 0,2 pé, como mostra o gráfico da Figura 5.41. Amostras aleatórias de tamanho 16 são retiradas dessa população e a média de cada amostra é determinada. Encontre a média e o erro padrão da distribuição amostral das médias amostrais. Depois, esboce um gráfico da distribuição amostral.

Figura 5.41 Distribuição dos diâmetros da população de carvalhos brancos adultos.

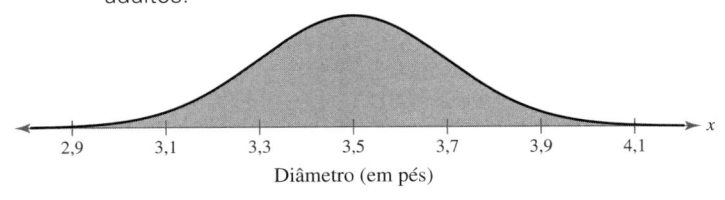

Retratando o mundo

Em um ano recente, havia cerca de 4,8 milhões de pais nos Estados Unidos que recebiam pensão. O histograma da figura a seguir mostra a distribuição de probabilidades relativas aos números de crianças por responsável pela custódia. O número médio de crianças por responsável era de 1,7 e o desvio padrão era de 0,8. (*Adaptado de: U.S. Census Bureau.*)

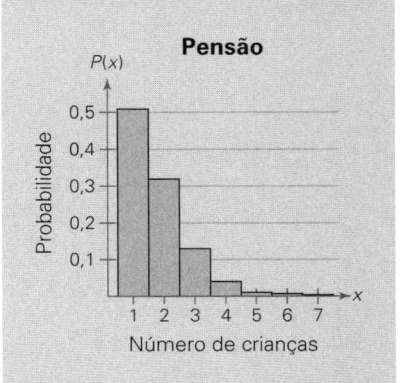

Você escolhe aleatoriamente 35 responsáveis que recebem pensão e pergunta quantas crianças sob sua custódia estão recebendo pensão. Qual é a probabilidade de que a média da amostra esteja entre 1,5 e 1,9 crianças?

a. Encontre $\mu_{\bar{x}}$ e $\sigma_{\bar{x}}$.
b. Esboce uma curva normal com média $\mu_{\bar{x}}$ e desvio padrão $\sigma_{\bar{x}}$.

Probabilidade e o teorema do limite central

Na Seção 5.2 você aprendeu como calcular a probabilidade de que uma variável aleatória x ocorra em um dado intervalo de valores da população. De modo semelhante, você pode calcular a probabilidade de que uma média amostral $\bar{x}$ ocorra em um dado intervalo da distribuição amostral de $\bar{x}$. Para transformar $\bar{x}$ em um escore-z, você pode usar a fórmula:

$$z = \frac{\text{valor} - \text{média}}{\text{desvio padrão}} = \frac{\bar{x} - \mu_{\bar{x}}}{\sigma_{\bar{x}}} = \frac{\bar{x} - \mu}{\sigma/\sqrt{n}}.$$

Exemplo 4

Calculando probabilidades relativas à média

A Figura 5.42 mostra o tempo que as pessoas passam dirigindo por dia. Você seleciona aleatoriamente 50 motoristas com idade entre 15 e 19 anos (média de 25 minutos). Qual é a probabilidade de que o tempo médio que eles passam dirigindo por dia esteja entre 24,7 e 25,5 minutos? Suponha que $\sigma = 1,5$ minuto.

Figura 5.42 Tempo atrás do volante.

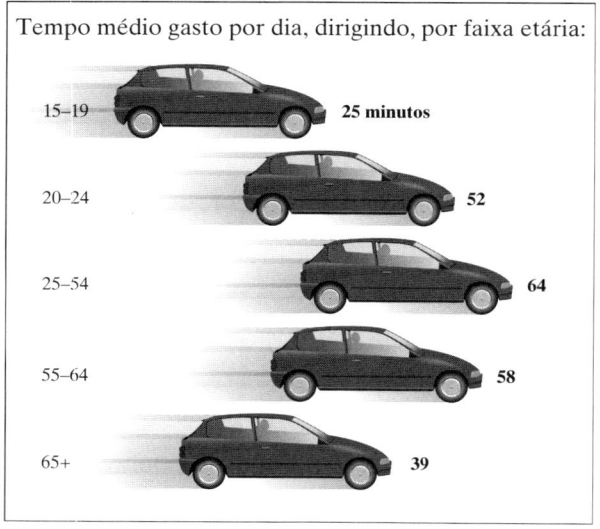

Tempo médio gasto por dia, dirigindo, por faixa etária:

15–19   25 minutos
20–24   52
25–54   64
55–64   58
65+   39

Fonte: U.S. Department of Transportation.

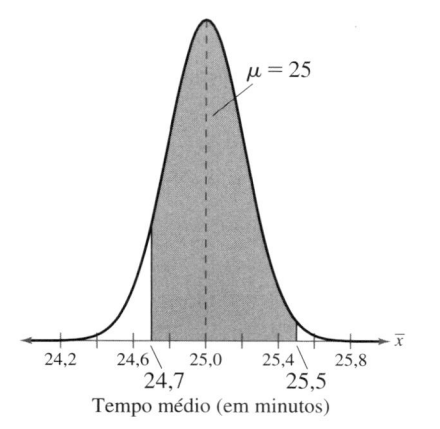

Solução

O tamanho da amostra é maior que 30, então você pode usar o teorema do limite central para concluir que a distribuição das médias amostrais é aproximadamente normal, com uma média e um desvio padrão de:

$$\mu_{\bar{x}} = \mu = 25 \text{ minutos} \quad \text{e} \quad \sigma_{\bar{x}} = \frac{\sigma}{\sqrt{n}} = \frac{1,5}{\sqrt{50}} \approx 0,21213 \text{ minuto}$$

O gráfico dessa distribuição, na Figura 5.43, tem uma área sombreada entre 24,7 e 25,5 minutos. Os escores-z que correspondem às médias amostrais de 24,7 e 25,5 minutos são:

Figura 5.43 Distribuição das médias amostrais com $n = 50$.

Tempo médio (em minutos)

$$z_1 = \frac{24{,}7 - 25}{1{,}5/\sqrt{50}} \approx \frac{-0{,}3}{0{,}21213} \approx -1{,}41 \quad \text{Conversão de 24,7 em escore-}z$$

$$z_2 = \frac{25{,}5 - 25}{1{,}5/\sqrt{50}} \approx \frac{0{,}5}{0{,}21213} \approx 2{,}36 \quad \text{Conversão de 25,5 em escore-}z$$

Figura 5.44 Distribuição dos escores-z das médias amostrais com $n = 50$.

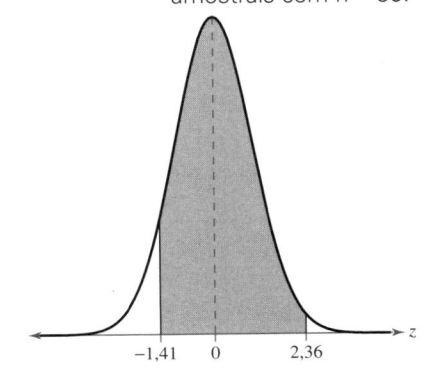

Então, a probabilidade de que o tempo médio que 50 pessoas passam dirigindo por dia esteja entre 24,7 e 25,5 minutos é, como mostra a Figura 5.44:

$$\begin{aligned} P(24{,}7 < \bar{x} < 25{,}5) &= P(-1{,}41 < z < 2{,}36) \\ &= P(z < 2{,}36) - P(z < -1{,}41) \\ &= 0{,}9909 - 0{,}0793 \\ &= 0{,}9116. \end{aligned}$$

Interpretação Isso implica que, considerando que o valor de $\mu = 25$ esteja correto, cerca de 9% de tais médias amostrais estarão fora do intervalo dado.

Tente você mesmo 4

Você seleciona aleatoriamente 100 motoristas com idade entre 15 e 19 anos do Exemplo 4. Qual é a probabilidade de que o tempo médio que eles passam dirigindo por dia esteja entre 24,7 e 25,5 minutos? Use $\mu = 25$ minutos e $\sigma = 1{,}5$ minuto.

a. Use o teorema do limite central para encontrar $\mu_{\bar{x}}$ e $\sigma_{\bar{x}}$ e esboce a distribuição amostral das médias amostrais.

b. Calcule os escores-z que correspondam a $\bar{x} = 24{,}7$ minutos e $\bar{x} = 25{,}5$ minutos.

c. Encontre a área acumulada que corresponda a cada escore-z e calcule a probabilidade de que o tempo médio gasto dirigindo esteja entre 24,7 e 25,5 minutos.

d. Interprete os resultados.

> **Dica de estudo**
>
> Antes de encontrar probabilidades para intervalos da média amostral $\bar{x}$, use o teorema do limite central para determinar a média e o desvio padrão da distribuição amostral das médias. Ou seja, calcule $\mu_{\bar{x}}$ e $\sigma_{\bar{x}}$.

Exemplo 5

Calculando probabilidades em distribuições amostrais da média

O gasto médio com alojamento e refeição, por ano, em faculdades de quatro anos é de US$ 9.126. Você seleciona aleatoriamente 9 dessas faculdades. Qual é a probabilidade de que a média de gastos com alojamento e refeição seja menor que US$ 9.400? Suponha que os gastos com alojamento e refeição sejam normalmente distribuídos, com desvio padrão de US$ 1.500. (*Adaptado de: National Center for Education Statistics.*)

Solução

Como a população é normalmente distribuída, você pode usar o teorema do limite central para concluir que a distribuição das médias amostrais é normalmente distribuída, com uma média e um desvio padrão de:

$$\mu_{\bar{x}} = \mu = \text{US\$ 9.126} \quad \text{e} \quad \sigma_{\bar{x}} = \frac{\sigma}{\sqrt{n}} = \frac{\text{US\$ 1.500}}{\sqrt{9}} = \text{US\$ 500}.$$

Figura 5.45 Distribuição das médias amostrais com $n = 9$.

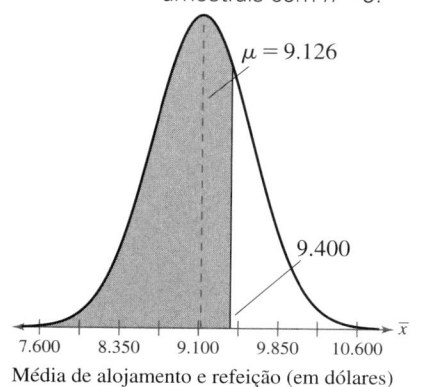

[Gráfico de distribuição normal com $\mu = 9.126$, valor 9.400 marcado, eixo $\bar{x}$ com valores 7.600, 8.350, 9.100, 9.850, 10.600. Média de alojamento e refeição (em dólares)]

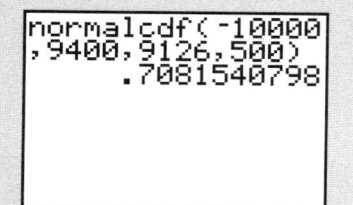

O gráfico dessa distribuição (Figura 5.45) mostra a área à esquerda de US$ 9.400 que está sombreada. O escore-z que corresponde a US$ 9.400 é:

$$z = \frac{9.400 - 9.126}{1.500/\sqrt{9}} = \frac{274}{500} \approx 0{,}55.$$

Então, a probabilidade de que a média dos gastos de alojamento e refeição seja menor que US$ 9.400 é:

$$P(\bar{x} < 9.400) = P(z < 0{,}55)$$
$$= 0{,}7088.$$

Interpretação Então, espera-se que cerca de 71% de tais amostras com $n = 9$ tenham uma média menor que US$ 9.400 e cerca de 29% dessas médias amostrais sejam maiores que US$ 9.400.

Dica de estudo

Lembre-se de que você pode usar tecnologia para encontrar uma probabilidade normal. Por exemplo, no Exemplo 5, você pode usar a TI-84 Plus para obter a probabilidade, conforme mostrado a seguir. (Use -10.000 para o limite inferior.)

```
normalcdf(-10000
,9400,9126,500)
          .7081540798
```

Tente você mesmo 5

O preço médio de venda de uma residência padrão nos Estados Unidos é US$ 176.800. Você seleciona aleatoriamente 12 casas desse tipo. Qual é a probabilidade de que o preço de vendas médio seja maior que US$ 160.000? Suponha que os preços de vendas sejam normalmente distribuídos com um desvio padrão de US$ 50.000. (*Adaptado de: National Association of Realtors.*)

a. Use o teorema do limite central para encontrar $\mu_{\bar{x}}$ e $\sigma_{\bar{x}}$ e esboce a distribuição amostral das médias amostrais.
b. Calcule o escore-z que corresponda a $\bar{x} =$ US$ 160.000.
c. Encontre a área acumulada que corresponde ao escore-z e calcule a probabilidade de o preço médio de venda ser maior que US$ 160.000.
d. Interprete os resultados.

O teorema do limite central também pode ser usado para investigar eventos incomuns. Um evento incomum é aquele que ocorre com uma probabilidade menor que 5%.

Exemplo 6

Calculando probabilidades para x e $\bar{x}$

A dívida média no cartão de crédito mantida por universitários é normalmente distribuída, com média de US$ 3.173 e desvio padrão de US$ 1.120. (*Adaptado de: Sallie Mae.*)

1. Qual é a probabilidade de que um universitário selecionado aleatoriamente, que possui um cartão de crédito, tenha uma dívida menor que US$ 2.700?
2. Você seleciona aleatoriamente 25 universitários que possuem cartão de crédito. Qual é a probabilidade de que a média dessas dívidas médias seja menor que US$ 2.700?
3. Compare as probabilidades de (1) e (2).

Solução

1. Nesse caso, você deverá calcular a probabilidade associada a um determinado valor da variável aleatória x. O escore-z que corresponde a $x =$ US$ 2.700 é:

$$z = \frac{x - \mu}{\sigma} = \frac{2.700 - 3.173}{1.120} = \frac{-473}{1.120} \approx -0,42.$$

Então, a probabilidade de que o proprietário do cartão tenha uma dívida menor que US$ 2.700 é:

$P(\bar{x} < 2.700) = P(z < -0,42) = 0,3372.$

2. Aqui, foi pedido para calcular a probabilidade associada com uma média amostral $\bar{x}$. O escore-z que corresponde a $\bar{x}$ = US$ 2.700 é:

$$z = \frac{\bar{x} - \mu_{\bar{x}}}{\sigma_{\bar{x}}} = \frac{\bar{x} - \mu}{\sigma/\sqrt{n}} = \frac{2.700 - 3.173}{1.120/\sqrt{25}} = \frac{-473}{224} \approx -2,11.$$

Então, a probabilidade de que a média das dívidas com cartão, dos 25 universitários, seja menor que US$ 2.700 é:

$P(\bar{x} < 2.700) = P(z < -2,11) = 0,0174.$

3. *Interpretação* Embora haja cerca de 34% de chance de que um universitário tenha uma dívida menor que US$ 2.700, há somente cerca de 2% de chance de que a média de uma amostra de 25 universitários tenha uma dívida menor que US$ 2.700. Como há somente 2% de chance de que a média de uma amostra de 25 universitários seja menor que US$ 2.700, este é um evento incomum.

> **Dica de estudo**
>
> Para encontrar probabilidades para membros individuais de uma população com uma variável aleatória x normalmente distribuída, use a fórmula:
>
> $$z = \frac{x - \mu}{\sigma}.$$
>
> Para encontrar probabilidades para a média $\bar{x}$ de uma amostra de tamanho n, use a fórmula:
>
> $$z = \frac{\bar{x} - \mu_{\bar{x}}}{\sigma_{\bar{x}}}.$$

Tente você mesmo 6

Um analista de preços declara que os preços de monitores de computador de LCD são normalmente distribuídos, com uma média de US$ 190 e um desvio padrão de US$ 48. Qual é a probabilidade de um monitor de LCD, selecionado aleatoriamente, custar menos de US$ 200? Você seleciona aleatoriamente 10 monitores de LCD. Qual é a probabilidade de que o custo médio deles seja menor que US$ 200? Compare essas duas probabilidades.

a. Obtenha o escore-z que corresponda a x e $\bar{x}$.

b. Use a tabela normal padrão para encontrar a probabilidade associada com cada escore-z.

c. Compare as probabilidades.

5.4 Exercícios

Construindo habilidades básicas e vocabulário

Nos exercícios 1 a 4, uma população tem média $\mu = 150$ e desvio padrão $\sigma = 25$. Encontre a média e o desvio padrão da distribuição amostral das médias amostrais com o tamanho da amostra n.

1. $n = 50$. **2.** $n = 100$. **3.** $n = 250$. **4.** $n = 1.000$.

Verdadeiro ou falso? *Nos exercícios 5 a 8, determine se a sentença é verdadeira ou falsa. Se for falsa, reescreva-a como uma sentença verdadeira.*

5. Conforme o tamanho de uma amostra aumenta, a média da distribuição amostral das médias aumenta.

6. Conforme o tamanho de uma amostra aumenta, o desvio padrão da distribuição amostral das médias aumenta.

7. Uma distribuição amostral da média é normal somente quando a população é normal.

8. Se o tamanho de uma amostra é no mínimo 30, então você pode usar os escores-z para determinar a probabilidade de uma média amostral cair em um dado intervalo da distribuição amostral.

Análise gráfica *Nos exercícios 9 e 10, o gráfico de uma distribuição populacional é mostrado, com sua média e desvio padrão. Uma amostra de tamanho 100 é retirada da população. Determine qual dos gráficos indicados (a) a (c) mais se assemelharia à distribuição amostral das médias amostrais. Explique seu raciocínio.*

9. O tempo de espera (em segundos) em um semáforo durante o sinal vermelho.

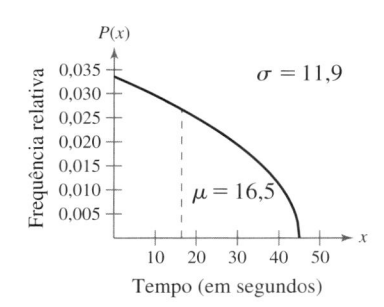

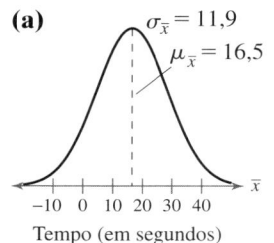

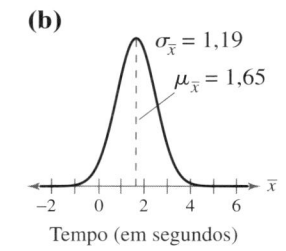

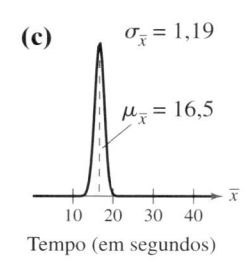

10. A quantidade de neve anual (em pés) para um condado central de Nova York.

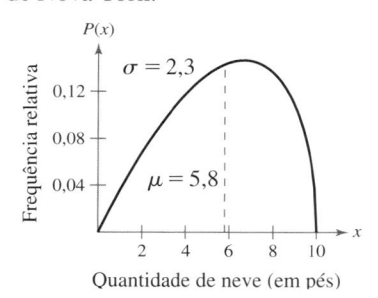

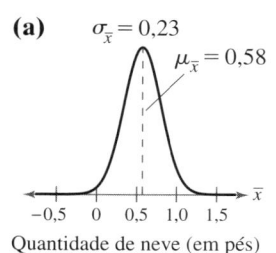

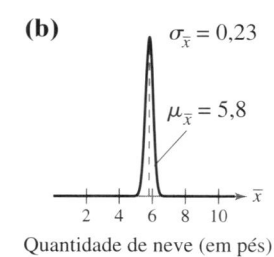

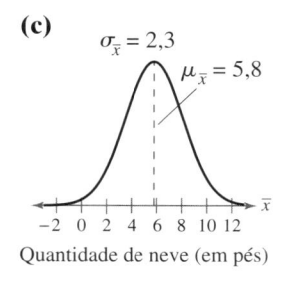

Verificando propriedades de distribuições amostrais da média
Nos exercícios 11 a 14, determine a média e o desvio padrão da população. Liste todas as amostras (com reposição) do tamanho dado a partir daquela população e encontre a média de cada uma. Calcule a média e o desvio padrão da distribuição amostral das médias e compare-os com a média e o desvio padrão da população.

11. As contagens de palavra de 5 redações são 501, 636, 546, 602 e 575. Use um tamanho de amostra de 2.

12. Os valores que quatro amigos pagaram pelos seus tocadores de MP3 são US$ 200, US$ 130, US$ 270 e US$ 230. Use um tamanho de amostra de 2.

13. As notas em um teste de três alunos em um grupo são 98, 95 e 93. Use um tamanho de amostra de 3.

14. Os números de DVDs alugados por quatro famílias, no mês passado, são 8, 4, 16 e 2 cada uma. Use uma amostra de tamanho 3.

Encontrando probabilidades
Nos exercícios 15 a 18, a média e o desvio padrão da população são dados. Encontre a probabilidade indicada e determine se a média amostral dada seria considerada incomum. Se for conveniente, use ferramentas tecnológicas para calcular a probabilidade.

15. Para uma amostra de $n = 64$, encontre a probabilidade de uma média amostral ser menor que 24,3 quando $\mu = 24$ e $\sigma = 1,25$.

16. Para uma amostra de $n = 100$, encontre a probabilidade de uma média amostral ser maior que 24,3 se $\mu = 24$ e $\sigma = 1,25$.

17. Para uma amostra de $n = 45$, encontre a probabilidade de uma média amostral ser maior que 551 se $\mu = 550$ e $\sigma = 3,7$.

18. Para uma amostra de $n = 36$, encontre a probabilidade de uma média amostral ser menor que 12.750 ou maior que 12.753 se $\mu = 12.750$ e $\sigma = 1,7$.

Usando e interpretando conceitos

Usando o teorema do limite central Nos exercícios de 19 a 24, use o teorema do limite central para encontrar a média e o desvio padrão da distribuição amostral da média indicada. Depois, esboce um gráfico da distribuição amostral.

19. Distância de frenagem As distâncias de frenagem (de 60 milhas por hora até a parada completa em piso seco) de veículos utilitários esportivos são normalmente distribuídas, com média de 154 pés e desvio padrão de 5,12 pés. Amostras aleatórias de tamanho 12 são retiradas dessa população e a média de cada uma é determinada. (*Adaptado de: Consumer Reports.*)

20. Distância de frenagem As distâncias de frenagem (de 60 milhas por hora até a parada completa em piso seco) de um carro são normalmente distribuídas, com uma média de 136 pés e um desvio padrão de 4,66 pés. Amostras aleatórias de tamanho 15 são retiradas dessa população e a média de cada uma é determinada. (*Adaptado de: Consumer Reports.*)

21. **Pontuações em compreensão de texto no SAT: homens** As pontuações dos homens na parte de compreensão de texto do SAT são normalmente distribuídas, com média de 498 e desvio padrão de 116. Amostras aleatórias de tamanho 20 são retiradas dessa população e a média de cada uma é determinada. (*Fonte: The College Board.*)

22. **Pontuações em compreensão de texto no SAT: mulheres** As pontuações das mulheres na parte de compreensão de texto do SAT são normalmente distribuídas, com uma média de 493 e um desvio padrão de 112. Amostras aleatórias de tamanho 36 são retiradas dessa população e a média de cada uma é determinada. (*Fonte: The College Board.*)

23. **Fruta em conserva** O consumo anual *per capita* de fruta em conserva pela população nos Estados Unidos é normalmente distribuído, com uma média de 10 libras e um desvio padrão de 1,8 libra. Amostras aleatórias de tamanho 25 são retiradas dessa população e a média de cada uma é determinada. (*Adaptado de: U.S. Department of Agriculture.*)

24. **Vegetais em conserva** O consumo anual *per capita* de vegetais em conserva pela população nos Estados Unidos é normalmente distribuído, com uma média de 39 libras e um desvio padrão de 3,2 libras. Amostras aleatórias de tamanho 30 são retiradas dessa população e a média de cada uma é determinada. (*Adaptado de: U.S. Department of Agriculture.*)

25. Repita o Exercício 19 para amostras de tamanho 24 e 36. O que ocorre com a média e o desvio padrão da distribuição amostral das médias à medida que o tamanho da amostra aumenta?

26. Repita o Exercício 20 para amostras de tamanho 30 e 45. O que ocorre com a média e o desvio padrão da distribuição amostral das médias à medida que o tamanho da amostra aumenta?

Determinando probabilidades *Nos exercícios 27 a 32, determine a probabilidade indicada e interprete os resultados. Se for conveniente, use ferramentas tecnológicas.*

27. **Salários** O salário médio anual para especialistas em questões ambientais é de cerca de US$ 66.000. Uma amostra aleatória de 35 especialistas é selecionada dessa população. Qual é a probabilidade de que o salário médio da amostra seja menor que US$ 60.000? Suponha σ = US$ 12.000. (*Adaptado de: Salary.com.*)

28. **Salários** O salário médio anual para comissários de bordo é de cerca de US$ 65.700. Uma amostra aleatória de 48 comissários de bordo é selecionada dessa população. Qual é a probabilidade de que o salário anual médio da amostra seja menor que US$ 63.400? Suponha σ = US$ 14.500. (*Adaptado de: Salary.com.*)

29. **Preço da gasolina: New England** Durante certa semana, o preço médio da gasolina na região de New England era de US$ 3,796 por galão. Uma amostra aleatória de 32 postos de gasolina é selecionada dessa população. Qual é a probabilidade de que o preço médio da amostra estivesse entre US$ 3,781 e US$ 3,811 durante aquela semana? Suponha σ = US$ 0,045. (*Adaptado de: U.S. Energy Information Administration.*)

30. **Preço da gasolina: Califórnia** Durante certa semana, o preço médio da gasolina na Califórnia era de US$ 4,117 por galão. Uma amostra aleatória de 38 postos de gasolina foi selecionada dessa população. Qual é a probabilidade de que o preço médio da amostra estivesse entre US$ 4,128 e US$ 4,143 durante aquela semana? Suponha σ = US$ 0,049. (*Adaptado de: U.S. Energy Information Administration.*)

31. **Alturas das mulheres** A altura média das mulheres nos Estados Unidos (com idades entre 20 e 29 anos) é de 64,2 polegadas. Uma amostra aleatória de 60 mulheres dessa faixa etária é selecionada. Qual é a probabilidade de que a altura média dessa amostra seja maior que 66 polegadas? Suponha σ = 2,9 polegadas. (*Adaptado de: National Center for Health Statistics.*)

32. **Alturas dos homens** A altura média dos homens nos Estados Unidos (com idades entre 20 e 29 anos) é de 69,4 polegadas. Uma amostra aleatória de 60 homens dessa faixa etária é selecionada. Qual é a probabilidade de que a altura média dessa amostra seja maior que 70 polegadas? Suponha σ = 2,9 polegadas. (*Adaptado de: National Center for Health Statistics.*)

33. **Qual é mais provável?** Suponha que as alturas no Exercício 31 sejam normalmente distribuídas. É mais provável que você selecione aleatoriamente 1 mulher com altura menor que 70 polegadas ou é mais provável que você selecione uma amostra de 20 mulheres com uma altura média menor que 70 polegadas? Explique.

34. **Qual é mais provável?** Suponha que as alturas no Exercício 32 sejam normalmente distribuídas. É mais provável que você selecione aleatoriamente 1 homem com altura menor que 65 polegadas ou é mais provável que você selecione uma amostra de 15 homens com uma altura média menor que 65 polegadas? Explique.

35. **Latas de tinta** Uma máquina está regulada para encher latas de tinta com uma média de 128 onças e um desvio padrão de 0,2 onça. Uma amostra aleatória de 40 latas tem uma média de 127,9 onças. A máquina necessita ser reajustada? Explique.

36. **Caixas de leite** Uma máquina está regulada para encher caixas de leite com uma média de 64 onças e um desvio padrão de 0,11 onça. Uma amostra aleatória de 40 caixas tem uma média de 64,05 onças. A máquina necessita ser reajustada? Explique.

37. **Cortador de madeira** Os comprimentos de madeira que uma máquina corta são normalmente distribuídos com uma média de 96 polegadas e um desvio padrão de 0,5 polegada.

(a) Qual é a probabilidade de selecionar aleatoriamente uma tábua cortada pela máquina que tenha um comprimento maior que 96,25 polegadas?

(b) 40 tábuas são selecionadas aleatoriamente. Qual é a probabilidade de que seu comprimento médio seja maior que 96,25 polegadas?

(c) Compare as probabilidades das partes (a) e (b).

38. **Embalagem de sorvete** Os pesos das embalagens de sorvete produzidas por um fabricante são normalmente distribuídos, com um peso médio de 10 onças e um desvio padrão de 0,5 onça.

(a) Qual é a probabilidade de que uma embalagem selecionada aleatoriamente tenha um peso maior que 10,21 onças?

(b) Vinte e cinco embalagens são selecionadas aleatoriamente. Qual é a probabilidade de que seu peso médio seja maior que 10,21 onças?

(c) Compare as probabilidades dos itens (a) e (b).

Expandindo conceitos

Fator de correção finita *A fórmula para o desvio padrão da distribuição amostral das médias amostrais*

$$\sigma_{\bar{x}} = \frac{\sigma}{\sqrt{n}}$$

*dada no teorema de limite central é baseada na suposição de que a população tem infinitos elementos. Este é o caso sempre que uma amostragem é feita com reposição (cada elemento é colocado de volta depois de selecionado), porque o processo de amostragem poderia ser continuado indefinidamente. A fórmula também é válida quando o tamanho da amostra é pequeno em comparação com o tamanho da população. Porém, quando a amostragem é feita sem reposição e o tamanho da amostra n é maior que 5% da população finita de tamanho N (n / N > 0,05), um ajuste deve ser feito no desvio padrão. Utiliza-se então o **fator de correção finita***

$$\sqrt{\frac{N-n}{N-1}}.$$

A distribuição amostral das médias será normal, com uma média igual à média da população, e o desvio padrão dado por:

$$\sigma_{\bar{x}} = \frac{\sigma}{\sqrt{n}} \sqrt{\frac{N-n}{N-1}}.$$

Nos exercícios 39 e 40, determine se o fator de correção finita deve ser usado. Caso seja, use-o em seus cálculos quando encontrar a probabilidade.

39. **Preço da gasolina** Em uma população de 900 postos de gasolina, o preço médio da gasolina comum na bomba era de US$ 3,746 por galão e o desvio médio era de US$ 0,009 por galão. Uma amostra aleatória de tamanho 55 é selecionada dessa população. Qual é a probabilidade de que o preço médio por galão seja menor que US$ 3,742? (*Adaptado de: U.S. Department of Energy.*)

40. **Old Faithful** Em uma população de 500 erupções do gêiser Old Faithful no Parque Nacional Yellowstone, a duração média das erupções era de 3,32 minutos e o desvio padrão, de 1,09 minuto. Uma amostra aleatória de tamanho 30 é selecionada dessa população. Qual é a probabilidade de que a duração média das erupções esteja entre 2,5 minutos e 4 minutos? (*Adaptado de: Yellostone National Park.*)

Distribuição amostral de proporções *Para uma amostra aleatória de tamanho n, a **proporção amostral** é o número de indivíduos na amostra com uma característica específica dividido pelo tamanho da amostra. A **distribuição amostral da proporção** é a distribuição formada quando proporções (da mesma característica) são calculadas em amostras aleatórias de tamanho n retiradas de uma população cuja probabilidade de um indivíduo com essa característica específica seja p. A distribuição amostral da proporção tem uma média igual à proporção da população p e um desvio padrão igual a $\sqrt{pq/n}$. Nos exercícios de 41 e 42, suponha que a distribuição amostral da proporção tenha uma distribuição normal.*

41. **Construção** Cerca de 63% dos habitantes de uma cidade são a favor da construção de uma nova escola de ensino médio. Cento e cinco habitantes são selecionados aleatoriamente. Qual é a probabilidade de que a proporção amostral a favor da construção seja menor que 55%? Interprete seus resultados.

42. **Economia** Cerca de 74% dos habitantes de uma cidade dizem que estão se esforçando para economizar água e eletricidade. Cento e dez habitantes são selecionados aleatoriamente. Qual é a probabilidade de que a proporção amostral que está fazendo esforço para economizar seja maior que 80%? Interprete seus resultados.

Atividade 5.4 – Distribuições amostrais

O applet *Sampling distribution* permite que você investigue distribuições por amostragem ao retirar repetidamente amostras de uma população. O gráfico superior mostra a distribuição de uma população. Várias opções estão disponíveis para a distribuição da população (uniforme, em forma de sino, assimétrica, binária e personalizada). Ao clicar em SAMPLE (amostra), N amostras aleatórias de tamanho n serão repetidamente selecionadas da população (veja a Figura 5.46). As estatísticas amostrais especificadas nos dois gráficos inferiores serão atualizadas para cada amostra. Quando N é ajustado para 1 e n é menor ou igual a 50, serão exibidos, de forma animada, os pontos selecionados da população caindo no segundo gráfico e os valores das estatísticas resumo correspondentes caindo no terceiro e quarto gráficos. Clique em RESET para interromper uma animação e limpar os resultados existentes. Estatísticas resumo para cada gráfico serão exibidas no painel à esquerda.

APPLET

Você encontra o applet interativo para esta atividade no **Site de Apoio**.

Figura 5.46 Investigando distribuições amostrais no Applet.

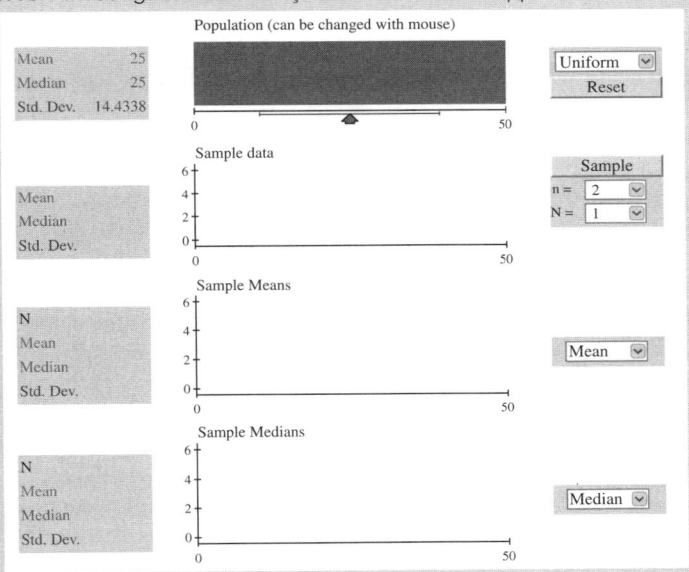

Explore

Passo 1 Especifique uma distribuição.
Passo 2 Especifique valores para n e N.
Passo 3 Especifique o que deve ser exibido nos dois gráficos inferiores.
Passo 4 Clique em SAMPLE para gerar as distribuições amostrais.

Conclua

1. Execute a simulação usando $n = 30$ e $N = 10$ para uma distribuição uniforme, uma em forma de sino e uma assimétrica. Qual é a média da distribuição amostral das médias para cada distribuição? Para cada distribuição, o resultado foi o que você esperava?

2. Execute a simulação usando $n = 50$ e $N = 10$ para uma distribuição em forma de sino. Qual é o desvio padrão da distribuição amostral das médias? De acordo com a fórmula, qual deveria ser o desvio padrão da distribuição amostral das médias? O resultado foi o que você esperava?

APPLET

O que você deve aprender

- Como determinar quando uma distribuição normal pode aproximar uma distribuição binomial.
- Como realizar a correção de continuidade.
- Como usar uma distribuição normal para aproximar probabilidades binomiais.

5.5 Aproximações normais para distribuições binomiais

Aproximando uma distribuição binomial • Correção de continuidade • Aproximando probabilidades binomiais

Aproximando uma distribuição binomial

Na Seção 4.2 você aprendeu como determinar probabilidades binomiais. Por exemplo, considere um procedimento cirúrgico que tem uma chance de 85% de sucesso. Quando um médico realiza o procedimento em 10 pacientes, você pode usar a fórmula binomial para encontrar a probabilidade de exatamente duas cirurgias bem-sucedidas.

Mas e se o médico realizar o procedimento cirúrgico em 150 pacientes e você quiser encontrar a probabilidade de *menos de 100* cirurgias bem-sucedidas? Para fazer isso usando as técnicas descritas na Seção 4.2 você teria que usar a fórmula binomial 100 vezes e calcular a soma das probabilidades resultantes. Essa abordagem não é prática, claro. Uma abordagem melhor é usar uma distribuição normal para aproximar a distribuição binomial.

Aproximação normal para uma distribuição binomial

Se $np \geq 5$ e $nq \geq 5$, então a variável aleatória binomial x tem uma distribuição aproximadamente normal, com média

$$\mu = np$$

e desvio padrão

$$\sigma = \sqrt{npq}$$

em que n é o número de tentativas independentes, p é a probabilidade de sucesso em uma única tentativa e q é a probabilidade de fracasso em uma única tentativa.

Dica de estudo

Aqui estão algumas propriedades dos experimentos binomiais (ver Seção 4.2):

- n tentativas independentes.
- Dois resultados possíveis: sucesso ou fracasso.
- Probabilidade de sucesso é p; probabilidade de fracasso é $q = 1 - p$.
- p é igual para cada tentativa.

Para ver por que uma aproximação normal é válida, veja as distribuições binomiais para $p = 0{,}25$, $q = 1 - 0{,}25 = 0{,}75$ e $n = 4, n = 10, n = 25$ e $n = 50$, mostradas nas figuras 5.47(a) a (d). Note que, à medida que n aumenta, a forma da distribuição binomial se torna mais semelhante a uma distribuição normal.

Figura 5.47 Distribuições binomiais para diferentes valores de n.

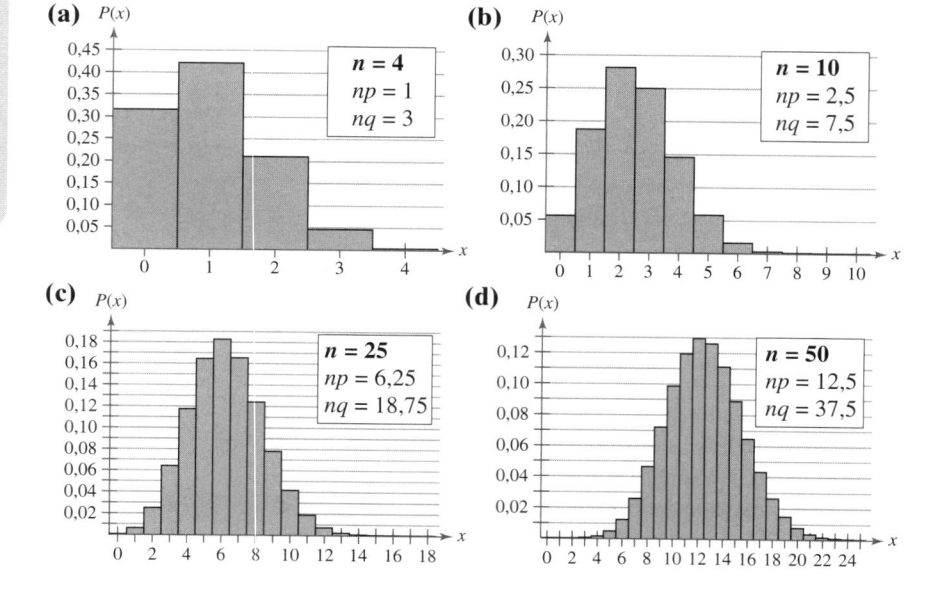

(a) $n = 4$, $np = 1$, $nq = 3$

(b) $n = 10$, $np = 2{,}5$, $nq = 7{,}5$

(c) $n = 25$, $np = 6{,}25$, $nq = 18{,}75$

(d) $n = 50$, $np = 12{,}5$, $nq = 37{,}5$

> **Exemplo 1**
>
> ### Aproximando uma distribuição binomial
>
> Dois experimentos binomiais são descritos a seguir. Determine se você pode usar uma distribuição normal para aproximar a distribuição de x, o número de pessoas que responderam "sim". Se for possível, encontre a média e o desvio padrão. Se não for possível, explique o porquê.
>
> 1. Em uma pesquisa com usuários frequentes de mídia, com idade entre 8 e 18 anos, nos Estados Unidos, 47% disseram que tiram notas regulares ou ruins (C ou abaixo). Você seleciona aleatoriamente 45 usuários desse grupo e pergunta se eles tiram notas regulares ou ruins. (*Fonte: Kaiser Family Foundation.*)
>
> 2. Em uma pesquisa com usuários moderados de mídia, com idade entre 8 e 18 anos, nos Estados Unidos, 23% disseram que tiram notas regulares ou ruins (C ou abaixo). Você seleciona aleatoriamente 20 usuários desse grupo e pergunta se eles tiram notas regulares ou ruins. (*Fonte: Kaiser Family Foundation.*)
>
> ### Solução
>
> 1. Neste experimento binomial, $n = 45$, $p = 0,47$ e $q = 0,53$. Portanto,
> $$np = 45(0,47) = 21,15$$
>   e
> $$nq = 45(0,53) = 23,85.$$
>   Como np e nq são maiores que 5, você pode usar uma distribuição normal com
> $$\mu = np = 21,15$$
>   e
> $$\sigma = \sqrt{npq} = \sqrt{45\,(0,47)\,(0,53)} \approx 3,35$$
>   para aproximar a distribuição de x.
>
> 2. Neste experimento binomial, $n = 20$, $p = 0,23$ e $q = 0,77$. Portanto,
> $$np = 20(0,23) = 4,6$$
>   e
> $$nq = 20(0,77) = 15,4.$$
>   Como $np < 5$, você não pode usar uma distribuição normal para aproximar a distribuição de x.
>
> ### Tente você mesmo 1
>
> Um experimento binomial é descrito. Determine se você pode usar uma distribuição normal para aproximar a distribuição de x, o número de pessoas que responderam "sim". Se for possível, encontre a média e o desvio padrão. Se não for possível, explique o porquê.
>
>> Em uma pesquisa com adultos nos Estados Unidos, 34% disseram que já viram uma pessoa, usando um dispositivo móvel, caminhar em frente a um veículo em movimento sem percebê-lo. Você seleciona aleatoriamente 100 adultos americanos e pergunta se eles já viram tal situação. (*Fonte: Consumer Reports.*)
>
> a. Identifique n, p e q.
> b. Encontre os produtos np e nq.
> c. Determine se você pode usar uma distribuição normal para aproximar a distribuição de x.
> d. Calcule a média μ e o desvio padrão σ, se for apropriado.

Figura 5.48 Probabilidade binomial exata.

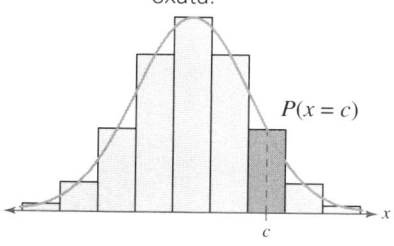

Figura 5.49 Aproximação pela norma.

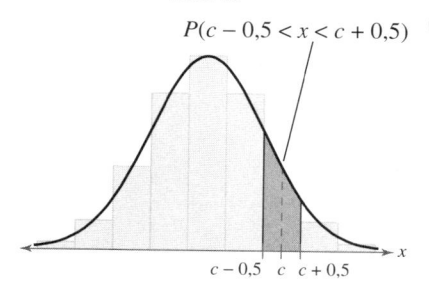

Correção de continuidade

Uma distribuição binomial é discreta e pode ser representada por um histograma de probabilidade. Para calcular probabilidades binomiais *exatas*, você pode usar a fórmula binomial para cada valor de x e adicionar os resultados. Geometricamente, isso corresponde a adicionar as áreas das barras no histograma de probabilidade (veja a Figura 5.48). Lembre-se de que cada barra tem a largura de uma unidade e x é o ponto médio do intervalo.

Quando você usa uma distribuição normal *contínua* para aproximar uma probabilidade binomial, você precisa mover 0,5 unidade para a esquerda e para a direita do ponto médio para incluir todos os possíveis valores x no intervalo (veja a Figura 5.49). Ao fazer isso, você está efetuando uma **correção de continuidade**.

Exemplo 2

Usando a correção de continuidade

Use a correção de continuidade para converter cada probabilidade binomial para uma probabilidade da distribuição normal.

1. A probabilidade de obter entre 270 e 310 sucessos, inclusive.
2. A probabilidade de obter no mínimo 158 sucessos.
3. A probabilidade de obter menos de 63 sucessos.

Solução

1. Os valores dos pontos médios discretos são 270, 271, ..., 310. O intervalo correspondente para a distribuição normal contínua é $269,5 < x < 310,5$, e a probabilidade da distribuição normal é $P(269,5 < x < 310,5)$.
2. Os valores dos pontos médios discretos são 158, 159, 160, ... O intervalo correspondente para a distribuição normal contínua é $x > 157,5$, e a probabilidade da distribuição normal é $P(x > 157,5)$.
3. Os valores dos pontos médios discretos são ..., 60, 61, 62. O intervalo correspondente para a distribuição normal contínua é $x < 62,5$, e a probabilidade da distribuição normal é $P(x < 62,5)$.

Tente você mesmo 2

Use a correção de continuidade para converter cada probabilidade binomial em uma probabilidade da distribuição normal.

1. A probabilidade de obter entre 57 e 83 sucessos, inclusive.
2. A probabilidade de obter no máximo 54 sucessos.

a. Liste os valores dos pontos médios para a probabilidade binomial.
b. Use a correção de continuidade para escrever a probabilidade da distribuição normal.

Dica de estudo

Em uma distribuição discreta, há diferença entre $P(x \geq c)$ e $P(x > c)$. Isso é verdade, pois a probabilidade de x ser exatamente c não é 0. Em uma distribuição contínua, contudo, não há diferença entre $P(x \geq c)$ e $P(x > c)$ porque a probabilidade de x ser exatamente c é 0.

A seguir apresentamos diversos casos de probabilidades binomiais envolvendo o número c e como converter cada um em uma probabilidade da distribuição normal.

Binomial	Normal	Observação
Exatamente c	$P(c - 0,5 < x < c + 0,5)$	inclui c
No máximo c	$P(x < c + 0,5)$	inclui c
Menos que c	$P(x < c - 0,5)$	não inclui c
Pelo menos c	$P(x > c - 0,5)$	inclui c
Mais que c	$P(x > c + 0,5)$	não inclui c

Aproximando probabilidades binomiais

Instruções

Usando uma distribuição normal para aproximar probabilidades binomiais

EM PALAVRAS	EM SÍMBOLOS
1. Verifique se a distribuição binomial se aplica.	Especifique n, p e q.
2. Determine se você pode usar uma distribuição normal para aproximar x, a variável binomial.	$np \geq 5$? $nq \geq 5$?
3. Encontre a média μ e o desvio padrão σ para a distribuição.	$\mu = np$ $\sigma = \sqrt{npq}$
4. Aplique a correção de continuidade apropriada. Sombreie a área correspondente sob a curva normal.	Some 0,5 ao (ou subtraia 0,5 do) valor binomial
5. Calcule o(s) correspondente(s) escore(s)-z.	$z = \dfrac{x - \mu}{\sigma}$
6. Encontre a probabilidade.	Use a tabela normal padrão.

Retratando o mundo

Em uma pesquisa com adultos casados nos Estados Unidos, 34% responderam que eles esconderam compras de seus cônjuges, conforme o gráfico de pizza a seguir. (*Adaptado de: American Association of Retired Persons.*)

Você já escondeu compras de seu cônjuge?

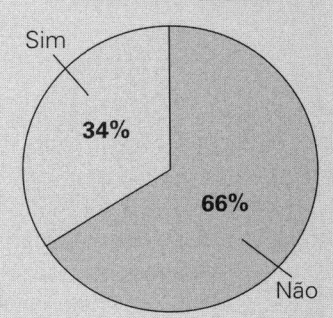

- Sim: 34%
- Não: 66%

Considere que essa pesquisa é um indicativo real da proporção da população que diz que escondeu compras de seus cônjuges. Você seleciona 50 adultos casados, de forma aleatória. Qual é a probabilidade de que, entre 20 e 25, inclusive, digam que esconderam compras de seus cônjuges?

Exemplo 3

Aproximando uma probabilidade binomial

Em uma pesquisa com usuários frequentes de mídia, com idade entre 8 e 18 anos, nos Estados Unidos, 47% disseram que tiram notas regulares ou ruins (C ou abaixo). Você seleciona aleatoriamente 45 usuários desse grupo e pergunta se eles tiram notas regulares ou ruins. Qual é a probabilidade de que menos de 20 deles respondam "sim"? (*Fonte: Kaiser Family Foundation.*)

Solução

Do Exemplo 1 você sabe que pode utilizar uma distribuição normal com $\mu = 21{,}15$ e $\sigma \approx 3{,}35$ para aproximar a distribuição binomial. Lembre-se de aplicar a correção de continuidade para o valor x. Na distribuição binomial, os valores possíveis dos pontos médios para "menos de 20" são:

..., 17, 18, 19.

Para usar uma distribuição normal, adicionar 0,5 ao limite de 19 à direita para obter $x = 19{,}5$. A Figura 5.50 mostra a curva normal com $\mu = 21{,}15$ e $\sigma \approx 3{,}35$ e a área sombreada à esquerda de 19,5. O escore-z que corresponde a $x = 19{,}5$ é

$$z \approx \frac{19{,}5 - 21{,}15}{3{,}35}$$

$$\approx -0{,}49.$$

Usando a tabela normal padrão,

$P(z < -0{,}49) = 0{,}3121$.

Interpretação A probabilidade de que menos de vinte usuários respondam "sim" é de aproximadamente 0,3121, ou cerca de 31,21%.

Figura 5.50 Curva normal mostrando a área que representa a probabilidade.

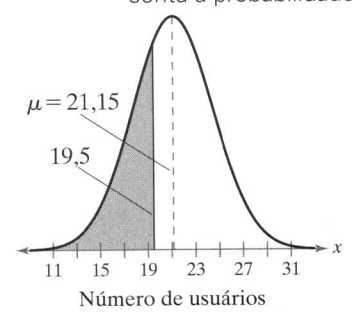

Número de usuários que responderam "sim"

Tente você mesmo 3

Em uma pesquisa com adultos nos Estados Unidos, 34% disseram que já viram uma pessoa, usando um dispositivo móvel, caminhar em frente a um veículo em movimento sem percebê-lo. Você seleciona aleatoriamente 100 adultos americanos e pergunta se eles já viram tal situação. Qual é a probabilidade de que mais de 30 respondam "sim"? (*Fonte: Consumer Reports.*)

a. Determine se você pode usar uma distribuição normal para aproximar a variável binomial [veja Tente você mesmo 1, item (c)].
b. Determine a média μ e o desvio padrão σ para a distribuição normal [veja Tente você mesmo 1, item (d)].
c. Aplique a correção de continuidade para reescrever $P(x > 30)$ e esboce um gráfico.
d. Calcule o correspondente escore-z.
e. Use a tabela normal padrão para encontrar a área à esquerda de z e calcule a probabilidade.

Figura 5.51 Curva normal mostrando a área correspondente à probabilidade.

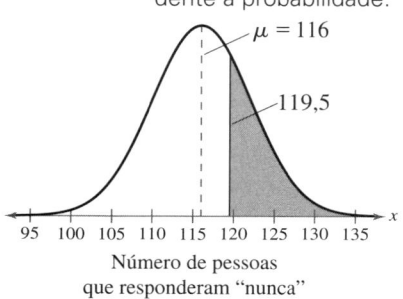

Dica de estudo

Lembre-se de que você pode usar a tecnologia para encontrar uma probabilidade normal. No Exemplo 4, você pode usar a TI-84 Plus para encontrar a probabilidade ao mesmo tempo em que a média, o desvio padrão e a correção de continuidade são calculados. (Use 10.000 para o limite superior.)

```
normalcdf(119.5,
10000,116,√(200*
.58*.42))
         .3080325965
```

Exemplo 4

Aproximando uma probabilidade binomial

Cinquenta e oito por cento dos adultos americanos disseram que nunca usam capacete quando andam de bicicleta. Você seleciona aleatoriamente 200 adultos nos Estados Unidos e pergunta se eles usam capacete quando andam de bicicleta. Qual é a probabilidade de que pelo menos 120 adultos digam que nunca usam um capacete quando andam de bicicleta? (*Fonte: Consumer Reports National Research Center.*)

Solução

Como $np = 200(0{,}58) = 116$ e $nq = 200(0{,}42) = 84$, a variável binomial x é aproximadamente, em geral, distribuída com:

$$\mu = np = 116 \quad \text{e} \quad \sigma = \sqrt{npq} = \sqrt{200\,(0{,}58)\,(0{,}42)} \approx 6{,}98.$$

Usando a correção de continuidade, você pode reescrever a probabilidade discreta $P(x \geq 120)$ como a probabilidade contínua $P(x > 119{,}5)$. A Figura 5.51 mostra uma curva normal com $\mu = 116$, $\sigma = 6{,}98$ e a área sombreada à direita de 119,5. O escore-z que corresponde a 119,5 é

$$z = \frac{119{,}5 - 116}{\sqrt{200\,(0{,}58)\,(0{,}42)}} \approx 0{,}50.$$

Então, a probabilidade de que pelo menos 120 adultos respondam "nunca" é aproximadamente $P(x > 119{,}5) = P(z > 0{,}50) = 1 - P(z < 0{,}50) = 1 - 0{,}6915 = 0{,}3085$.

Tente você mesmo 4

No Exemplo 4, qual é a probabilidade de que no máximo 100 adultos digam que nunca usam capacete quando andam de bicicleta?

a. Determine se você pode usar uma distribuição normal para aproximar a variável binomial (veja Exemplo 4).
b. Calcule a média μ e o desvio padrão σ para a distribuição normal (veja Exemplo 4).
c. Aplique a correção de continuidade para reescrever $P(x \leq 100)$ e esboce um gráfico.

d. Calcule o correspondente escore-z.

e. Use a tabela normal padrão para encontrar a área à esquerda de z e calcule a probabilidade.

Exemplo 5

Aproximando uma probabilidade binomial

Um estudo com aposentados da Liga de Futebol Americano, com idade igual ou superior a 50 anos, descobriu que 62,4% têm artrite. Você seleciona aleatoriamente 75 aposentados da Liga com pelo menos 50 anos de idade e pergunta se eles têm artrite. Qual é a probabilidade de que exatamente 48 digam que sim? (*Fonte: University of Michigan, Institute for Social Research.*)

Figura 5.52 Curva normal mostrando a área correspondente à probabilidade.

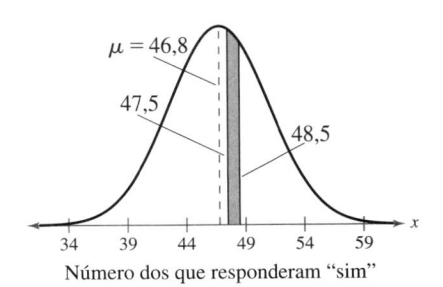

Solução

Como $np = 75(0,624) = 46,8$ e $nq = 75(0,376) = 28,2$, a variável binomial x é aproximadamente, em geral, distribuída com:

$$\mu = np = 46,8 \quad \text{e} \quad \sigma = \sqrt{npq} = \sqrt{75\,(0,624)(0,376)} \approx 4,19.$$

Usando a correção de continuidade, você pode reescrever a probabilidade discreta $P(x = 48)$ como a probabilidade contínua $P(47,5 < x < 48,5)$. A Figura 5.52 mostra uma curva normal com $\mu = 46,8$, $\sigma \approx 4,19$ e a área sombreada sob a curva entre 47,5 e 48,5.

Os escores-z que correspondem a 47,5 e 48,5 são

$$z_1 = \frac{47,5 - 46,8}{\sqrt{75(0,624)(0,376)}} \approx 0,17 \quad \text{e} \quad z_2 = \frac{48,5 - 46,8}{\sqrt{75\,(0,624)(0,376)}} \approx 0,41.$$

Então, a probabilidade de que exatamente 48 aposentados da Liga digam que têm artrite é:

$$\begin{aligned}
P(47,5 < x < 48,5) &= P(0,17 < z < 0,41) \\
&= P(z < 0,41) - P(z < 0,17) \\
&= 0,6591 - 0,5675 \\
&= 0,0916.
\end{aligned}$$

Interpretação A probabilidade de que exatamente 48 aposentados da Liga digam que têm artrite é de aproximadamente 0,0916, ou cerca de 9,2%.

Tente você mesmo 5

O estudo do Exemplo 5 descobriu que 32,0% de todos os homens nos Estados Unidos, com idade igual ou superior a 50 anos, têm artrite. Você seleciona aleatoriamente 75 homens com pelo menos 50 anos nos Estados Unidos e pergunta se eles têm artrite. Qual é a probabilidade de que exatamente 15 digam que sim? (*Fonte: University of Michigan, Institute for Social Research.*)

a. Determine se você pode usar uma distribuição normal para aproximar a variável binomial.

b. Calcule a média μ e o desvio padrão σ para a distribuição normal.

c. Aplique a correção de continuidade para reescrever $P(x = 15)$ e esboce um gráfico.

d. Calcular os correspondentes escores-z.

e. Use a tabela normal padrão para encontrar a área à esquerda de cada escore-z e calcule a probabilidade.

Dica de estudo

A aproximação no Exemplo 5 é quase a mesma que a probabilidade encontrada usando a função da probabilidade binomial de uma ferramenta tecnológica. Por exemplo, compare o resultado do Exemplo 5 com o obtido com a TI-84 Plus mostrado a seguir.

```
binompdf(75,.624
,48)
       .0917597587
```

5.5 Exercícios

Construindo habilidades básicas e vocabulário

Nos exercícios 1 a 4, são dados o tamanho da amostra n, a probabilidade de sucesso p e a probabilidade de fracasso q para um experimento binomial. Determine se você pode usar uma distribuição normal para aproximar a distribuição de x.

1. $n = 24, p = 0{,}85, q = 0{,}15$.
2. $n = 15, p = 0{,}70, q = 0{,}30$.
3. $n = 18, p = 0{,}90, q = 0{,}10$.
4. $n = 20, p = 0{,}65, q = 0{,}35$.

Nos exercícios 5 a 8, relacione a sentença de probabilidade binomial à correspondente sentença de probabilidade de distribuição normal, após a correção de continuidade.

Probabilidade binomial	Probabilidade normal
5. $P(x > 109)$.	(a) $P(x > 109{,}5)$.
6. $P(x \geq 109)$.	(b) $P(x < 108{,}5)$.
7. $P(x \leq 109)$.	(c) $P(x < 109{,}5)$.
8. $P(x < 109)$.	(d) $P(x > 108{,}5)$.

Nos exercícios 9 a 14, escreva a probabilidade binomial em palavras. Então, use a correção de continuidade para converter a probabilidade binomial em uma probabilidade de distribuição normal.

9. $P(x < 25)$.
10. $P(x \geq 110)$.
11. $P(x = 33)$.
12. $P(x > 65)$.
13. $P(x \leq 150)$.
14. $P(55 < x < 60)$.

Análise gráfica *Nos exercícios 15 e 16, escreva a probabilidade binomial e a probabilidade normal para a região sombreada do gráfico. Encontre o valor de cada probabilidade e compare os resultados.*

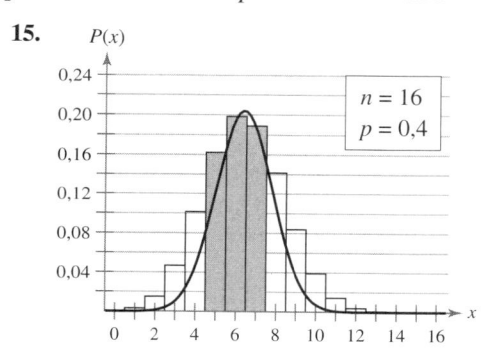

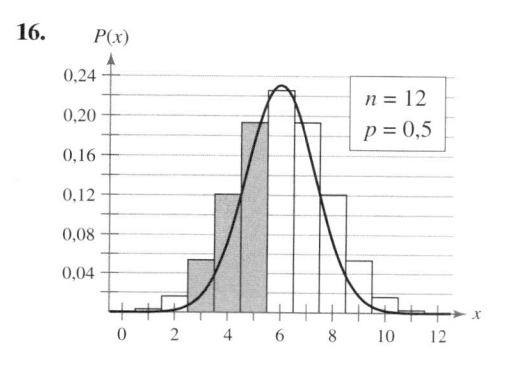

15. $n = 16$, $p = 0{,}4$

16. $n = 12$, $p = 0{,}5$

Usando e interpretando conceitos

Aproximando uma distribuição binomial *Nos exercícios 17 a 22, é dado um experimento binomial. Determine se você pode usar uma distribuição normal para aproximar a distribuição binomial. Se for possível, encontre a média e o desvio padrão. Se não for, explique o porquê.*

17. **Tribunal** Uma pesquisa com adultos americanos descobriu que 37% estiveram no tribunal. Você seleciona aleatoriamente 30 adultos americanos e pergunta se eles já estiveram no tribunal. (*Fonte: FindLaw.*)

18. **Trabalhadores doentes** Uma pesquisa com trabalhadores em tempo integral descobriu que 72% vão trabalhar quando estão doentes. Você seleciona aleatoriamente 25 trabalhadores em tempo integral e pergunta se eles vão trabalhar quando estão doentes. (*Fonte: CareerBuilder.*)

19. **Telefones celulares** Uma pesquisa com adolescentes americanos descobriu que 78% têm um telefone celular. Você seleciona aleatoriamente 20 adolescentes americanos e pergunta se eles têm um telefone celular. (*Fonte: Pew Research Center.*)

20. **Convenção de Genebra** Uma pesquisa com adultos americanos descobriu que 55% estão familiarizados com a Convenção de Genebra e com a lei humanitária internacional. Você seleciona aleatoriamente 40 adultos americanos e pergunta se eles estão familiarizados com a Convenção de Genebra e com a lei humanitária internacional. (*Fonte: American Red Cross.*)

21. **Trabalho a distância** Uma pesquisa com adultos americanos descobriu que 65% acham que os funcionários que trabalham a distância são produtivos. Você seleciona aleatoriamente 50 adultos americanos e pergunta se eles acham que os funcionários que trabalham a distância são produtivos. (*Fonte: ORC International.*)

22. **Congresso** Uma pesquisa com adultos americanos descobriu que 11% acham que o Congresso é um bom reflexo das visões norte-americanas. Você seleciona aleatoriamente 35 adultos americanos e pergunta se eles acham que o Congresso é um bom reflexo das visões norte-americanas. (*Fonte: Rasmussen Reports.*)

Aproximando probabilidades binomiais *Nos exercícios 23 a 28, determine se você pode usar uma distribuição normal para aproximar a distribuição binomial. Se for possível, use a distribuição normal para aproximar as probabilidades indicadas e esboce seus gráficos. Se não for possível, explique o porquê e use a distribuição binomial para encontrar as probabilidades indicadas.*

23. **Spam** Uma pesquisa com adultos americanos descobriu que 69% daqueles que enviam mensagens por telefone celular recebem spam ou mensagens indesejadas. Você seleciona aleatoriamente 100 adultos americanos que enviam mensagens por telefone celular. Calcule a probabilidade de que o número dos que recebem spam ou mensagens indesejadas seja (a) exatamente 70, (b) pelo menos 70, (c) menos de 70 e (d) identifique quaisquer eventos incomuns. Explique. (*Fonte: Pew Research Center.*)

24. **Cuidados médicos** Uma pesquisa com adultos americanos descobriu que 67% são contra a elevação da idade de elegibilidade para cuidados médicos gratuitos de 65 para 67 anos. Você seleciona aleatoriamente 80 adultos americanos e pergunta como se sentem sobre a elevação da idade de elegibilidade para cuidados médicos gratuitos. Calcule a probabilidade de que o número dos que se opõem à elevação da idade seja (a) pelo menos 65, (b) exatamente 50, (c) mais que 60 e (d) identifique quaisquer eventos incomuns. Explique. (*Fonte: ABC News/Washington Post.*)

25. **Esporte favorito** Uma pesquisa com adultos americanos descobriu que 8% disseram que seu esporte favorito é corrida de automóvel. Você seleciona aleatoriamente 400 adultos americanos e pede que eles nomeiem seu esporte favorito. Calcule a probabilidade de que o número dos que disseram que corrida de automóvel é seu esporte favorito seja (a) no máximo 40, (b) mais que 50, (c) entre 20 e 30, inclusive, e (d) identifique quaisquer eventos incomuns. Explique. (*Fonte: Harris Interactive.*)

26. **Graduados na faculdade** Cerca de 35% dos trabalhadores americanos são graduados na faculdade. Você seleciona aleatoriamente 500 trabalhadores americanos e pergunta se eles são graduados na faculdade. Calcule a probabilidade de que o número dos que graduaram na faculdade seja (a) exatamente 175, (b) não mais que 225, (c) no máximo 200 e (d) identifique quaisquer eventos incomuns. Explique. (*Fonte: U.S. Bureau of Labor Statistics.*)

27. **Celebridades** Uma pesquisa com adultos americanos descobriu que 72% acham que as celebridades têm tratamento especial quando infringem a lei. Você seleciona aleatoriamente 14 adultos americanos e pergunta se eles acham que as celebridades recebem tratamento especial quando infringem a lei. Calcule a probabilidade de que o número dos que disseram sim seja (a) exatamente 8, (b) pelo menos 10, (c) menos que 5 e (d) identifique quaisquer eventos incomuns. Explique. (*Fonte: Rasmussen Reports.*)

28. **Língua estrangeira** Uma pesquisa com adultos americanos descobriu que 51% acham que os alunos do ensino médio deveriam ser exigidos a aprender uma língua estrangeira. Você seleciona aleatoriamente 200 adultos americanos e pergunta se eles acham que os alunos do ensino médio deveriam ser exigidos a aprender uma língua estrangeira. Determine a probabilidade de que o número dos que disseram sim seja (a) pelo menos 120, (b) no máximo 80, (c) entre 80 e 120 e (d) identifique quaisquer eventos incomuns. Explique. (*Fonte: CBS News.*)

29. **Transporte público** Cinco por cento dos trabalhadores dos Estados Unidos usam transporte público para chegar ao trabalho. Uma autoridade de trânsito oferece taxas de desconto para empresas que tenham pelo menos 30 funcionários que utilizam transporte público para chegar ao trabalho. Calcule a probabilidade de que cada empresa a seguir obterá o desconto. (*Fonte: U.S. Census Bureau.*)

    (a) A empresa A tem 250 funcionários.
    (b) A empresa B tem 500 funcionários.
    (c) A empresa C tem 1.000 funcionários.

30. **Notícias** Uma pesquisa com adultos americanos, com idade entre 18 e 24 anos, descobriu que 31% não veem notícias em um dia comum. Você seleciona aleatoriamente uma das amostras de adultos americanos com idade entre 18 e 24 anos a seguir. Determine a probabilidade de que mais de 100 adultos americanos com idade entre 18 e 24 anos não vejam notícias em um dia comum. (*Fonte: Pew Research Center.*)

    (a) Você seleciona 200 adultos americanos com idade entre 18 e 24 anos.
    (b) Você seleciona 300 adultos americanos com idade entre 18 e 24 anos
    (c) Voce seleciona 350 adultos americanos com idade entre 18 e 24 anos

Expandindo conceitos

Ficando saudável *Nos exercícios 31 e 32, use as informações a seguir. A figura seguinte mostra os resultados de uma pesquisa com adultos nos Estados Unidos com idade entre 33 e 51 anos que responderam se praticam algum esporte. Setenta por cento dos adultos com idade entre 33 e 51 anos disseram que praticam regularmente pelo menos um esporte, e eles informaram seus esportes preferidos.*

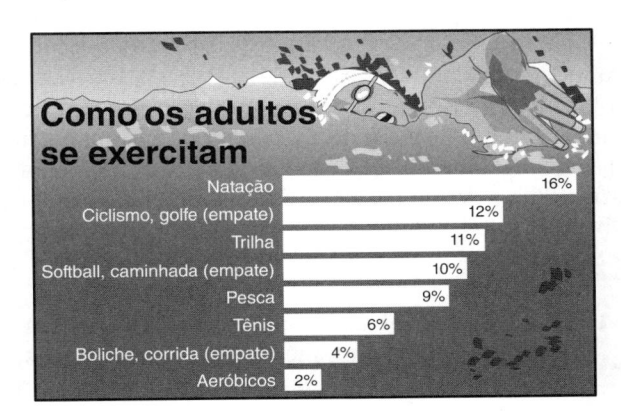

Como os adultos se exercitam

Esporte	%
Natação	16%
Ciclismo, golfe (empate)	12%
Trilha	11%
Softball, caminhada (empate)	10%
Pesca	9%
Tênis	6%
Boliche, corrida (empate)	4%
Aeróbicos	2%

31. Você seleciona aleatoriamente 250 adultos nos Estados Unidos com idade entre 33 e 51 anos e pergunta se eles praticam pelo menos um esporte regularmente. Você descobre que 60% dizem que não. Quão provável é esse resultado? Você acha que a amostra é boa? Explique seu raciocínio.

32. Você seleciona, aleatoriamente, 300 adultos nos Estados Unidos com idade entre 33 e 51 anos e pergunta se eles praticam regularmente pelo menos um esporte. Dos 200 que respondem sim, 9% disseram que participam de trilhas. Quão provável é esse resultado? Você acha que a amostra é boa? Explique seu raciocínio.

Testando um fármaco *Nos exercícios 33 e 34, use as informações a seguir. Um fabricante declara que uma droga cura uma doença rara de pele em 75% das vezes. A declaração é verificada ao testar a droga em 100 pacientes. Se no mínimo 70 pacientes forem curados, a declaração será aceita.*

33. Encontre a probabilidade de que a declaração seja rejeitada supondo que ela seja verdadeira.

34. Encontre a probabilidade de que a declaração seja aceita supondo que a verdadeira probabilidade de que a droga cure a doença de pele seja de 65%.

Usos e abusos – Estatística no mundo real

Usos

Distribuições normais As distribuições normais podem ser usadas para descrever muitas situações reais e são amplamente aplicadas nos campos das ciências, negócios e psicologia. Elas são as distribuições de probabilidade mais importantes da estatística e podem ser usadas para aproximar outras distribuições, como as distribuições discretas binomiais.

As aplicações mais interessantes das distribuições normais estão no teorema do limite central. Esse teorema afirma que não importa que tipo de distribuição uma população possa ter; contanto que o tamanho da amostra seja pelo menos 30, a distribuição das médias amostrais será aproximadamente normal. Quando uma população é normal, a distribuição das médias amostrais é normal, independente do tamanho da amostra.

A distribuição normal é essencial para a teoria de amostragem, a qual forma a base da inferência estatística, que você começará a estudar no próximo capítulo.

Abusos

Eventos incomuns Considere uma população normalmente distribuída com média de 100 e desvio padrão 15. Não seria incomum para um valor individual retirado dessa população ser 115 ou mais. De fato, isso ocorrerá quase 16% das vezes. *Seria*, entretanto, muito incomum retirar amostras aleatórias de 100 valores a partir da população e obter uma amostra com uma média 115 ou mais. Como a população é normalmente distribuída, a média da distribuição amostral da média será 100 e o desvio padrão 1,5. Uma média amostral de 115 fica a 10 desvios padrão acima da média. Esse seria um evento extremamente incomum. Quando um evento tão incomum assim ocorre, é bom averiguar os valores envolvidos na pesquisa.

Embora as distribuições normais sejam comuns em muitas populações, as pessoas tentam fazer estatísticas *não normais* se ajustarem à distribuição normal. As estatísticas aproximadas por distribuições normais são frequentemente inadequadas quando a distribuição é obviamente não normal.

Exercícios

1. *É incomum?* Uma população é normalmente distribuída com uma média de 100 e desvio padrão de 15. Determine se os eventos são incomuns. Explique seu raciocínio.
   a. A média de uma amostra de 3 é 115 ou mais.
   b. A média de uma amostra de 20 é 105 ou mais.
2. *Encontre o erro* A idade média dos estudantes em uma escola de ensino médio é 16,5 com um desvio padrão de 0,7. Você usa a tabela normal padrão para ajudar a encontrar que a probabilidade de selecionar um estudante aleatoriamente e determinar a idade dele(a) como sendo mais de 17,5 anos é de aproximadamente 8%. Qual é um possível erro neste problema?
3. Dê um exemplo de uma distribuição que pode ser não normal.

Resumo do capítulo

O que você aprendeu	Exemplo(s)	Exercícios de revisão
Seção 5.1		
• Como interpretar gráficos de distribuições normais de probabilidade.	1 e 2	1–4
• Como encontrar áreas sob a curva normal padrão.	3–6	5–26
Seção 5.2		
• Como encontrar probabilidades para variáveis normalmente distribuídas usando uma tabela e tecnologia.	1–3	27–36

Seção 5.3

- Como encontrar escores-z dada a área sob a curva normal.
- Como transformar um escore-z em um valor x.
- $x = \mu + z\sigma$
- Como encontrar um valor específico de uma distribuição normal dada a probabilidade relativa a ele.

Seção 5.4

- Como encontrar distribuições amostrais e verificar suas propriedades.
- Como interpretar o teorema do limite central.
- $\mu_{\bar{x}} = \mu$ Média
- $\sigma_{\bar{x}} = \dfrac{\sigma}{\sqrt{n}}$ Desvio padrão
- Como aplicar o teorema do limite central para determinar a probabilidade de relativa a média amostral.

Seção 5.5

- Como determinar quando a distribuição normal pode aproximar a distribuição binomial.
- $\mu = np$ Média
- $\sigma = \sqrt{npq}$ Desvio padrão
- Como fazer a correção de continuidade.
- Como usar uma distribuição normal para aproximar probabilidades binomiais.

Seção	Exemplos	Exercícios
5.3	1 e 2	37–44
	3	45 e 46
	4 e 5	47–50
5.4	1	51 e 52
	2 e 3	53 e 54
	4–6	55–60
5.5	1	61 e 62
	2	63–68
	3–5	69 e 70

Exercícios de revisão

Seção 5.1

Nos exercícios 1 e 2, use a curva normal para estimar a média e o desvio padrão.

1.

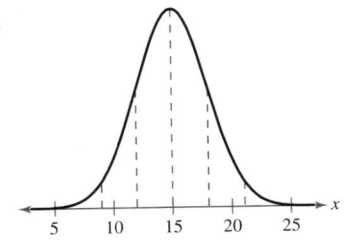

2.

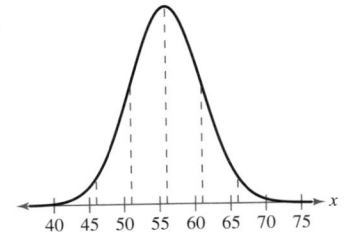

Nos exercícios 3 e 4, use as curvas normais mostradas na figura a seguir.

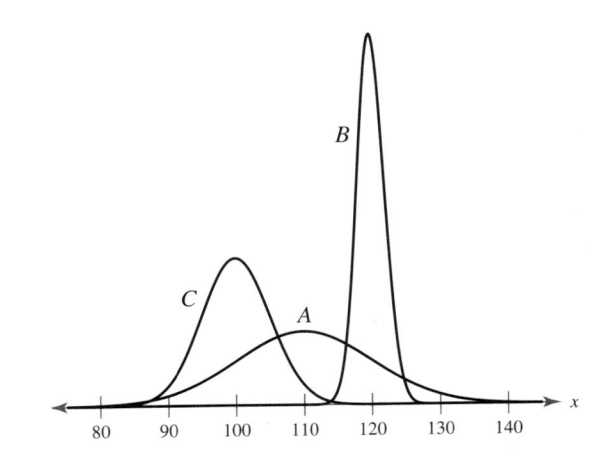

3. Qual curva normal tem a maior média? Explique seu raciocínio.

4. Qual curva normal tem o maior desvio padrão? Explique seu raciocínio.

Nos exercícios 5 e 6, encontre a área das regiões indicadas abaixo da curva normal padrão. Se for conveniente, use tecnologia.

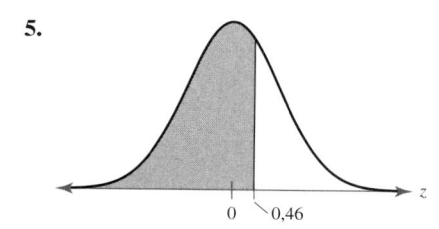

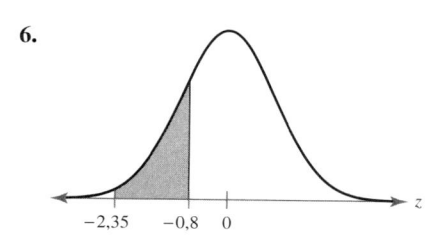

5.

6.

Nos exercícios 7 a 18, encontre a área indicada sob a curva normal padrão. Se for conveniente, use tecnologia.

7. À esquerda de $z = 0,33$.
8. À esquerda de $z = -1,95$.
9. À direita de $z = -0,57$.
10. À direita de $z = 3,22$.
11. À esquerda de $z = -2,825$.
12. À direita de $z = 0,015$.
13. Entre $z = -1,64$ e $z = 0$.
14. Entre $z = -1,55$ e $z = 1,04$.
15. Entre $z = 0,05$ e $z = 1,71$.
16. Entre $z = -2,68$ e $z = 2,68$.
17. À esquerda de $z = -1,5$ e à direita de $z = 1,5$.
18. À esquerda de $z = 0,64$ e à direita de $z = 3,415$.

Nos exercícios 19 e 20, use a informação a seguir. As pontuações para a parte de ciências do exame ACT são normalmente distribuídas. Em um ano recente, a pontuação média no exame foi 20,9 e o desvio padrão 5,2. As pontuações de quatro estudantes selecionados de forma aleatória são 17, 29, 8 e 23. (Fonte: ACT, Inc.)

19. Calcule o escore-z que corresponde a cada valor.
20. Determine se qualquer dos valores é incomum.

Nos exercícios 21 a 26, encontre a probabilidade indicada usando a distribuição normal padrão. Se for conveniente, use tecnologia.

21. $P(z < 1,28)$.
22. $P(z > -0,74)$.
23. $P(-2,15 < z < 1,55)$.
24. $P(0,42 < z < 3,15)$.
25. $P(z < -2,50$ ou $z > 2,50)$.
26. $P(z < 0$ ou $z > 1,68)$.

Seção 5.2

Nos exercícios 27 a 32, a variável aleatória x é normalmente distribuída com média $\mu = 74$ e desvio padrão $\sigma = 8$. Calcule a probabilidade indicada.

27. $P(x < 84)$.
28. $P(x < 55)$.
29. $P(x > 80)$.
30. $P(x < 71,6)$.
31. $P(60 < x < 70)$.
32. $P(72 < x < 82)$.

Nos exercícios 33 e 34, encontre as probabilidades indicadas. Se for conveniente, use tecnologia.

33. Em um estudo sobre a migração do grou-canadense, as distâncias percorridas em um dia eram normalmente distribuídas, com uma média de 267 quilômetros e um desvio padrão de 86 quilômetros. Calcule a probabilidade de que a distância percorrida em um dia por um grou-canadense selecionado aleatoriamente do estudo seja:

    (a) Menor que 200 quilômetros.
    (b) Entre 250 e 350 quilômetros.
    (c) Maior que 500 quilômetros. (*Adaptado de: U.S. Geological Survey.*)

34. Em um estudo com morcegos nariz de porco, um dos menores mamíferos do mundo, os pesos eram normalmente distribuídos, com uma média de 2,0 gramas e um desvio padrão de 0,25 gramas. Qual a probabilidade de que um morcego selecionado aleatoriamente do estudo pese:

    (a) Entre 1,8 e 2,2 gramas.
    (b) Entre 2,1 e 2,7 gramas.
    (c) Mais do que 2,3 gramas. (*Adaptado de: Encyclopaedia Britannica.*)

35. Determine se quaisquer dos eventos do Exercício 33 são incomuns. Explique seu raciocínio.
36. Determine se quaisquer dos eventos do Exercício 34 são incomuns. Explique seu raciocínio.

Seção 5.3

Nos exercícios 37 a 42, use a tabela normal padrão para encontrar o escore-z que corresponda à área acumulada ou ao percentil. Se a área não estiver na tabela, use a entrada mais próxima da área. Se a área estiver a meio caminho entre duas entradas, use o escore-z a meio caminho dos correspondentes escores-z. Se for conveniente, use tecnologia

37. 0,4721.
38. 0,1.
39. 0,993.
40. P_2.
41. P_{85}.
42. P_{46}.

43. Encontre o escore-z que tem 30,5% da área da distribuição à sua direita.

44. Encontre o escore-z para o qual 94% da área da distribuição encontra-se entre $-z$ e z.

Nos exercícios 45 a 50, use a informação a seguir. Em uma superfície seca, a distância de frenagem (em pés), de 60 milhas por hora até a parada total, de um sedan pode ser aproximada por uma distribuição normal, como mostrado na figura a seguir. (Adaptado de: Consumer Reports.)

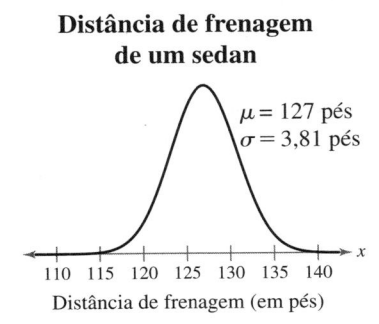

Distância de frenagem de um sedan

$\mu = 127$ pés
$\sigma = 3,81$ pés

Distância de frenagem (em pés)

45. Determine a distância de frenagem de um sedan que corresponda a $z = -2,5$.

46. Determine a distância de frenagem de um sedan que corresponda a $z = 1,2$.

47. Qual distância de frenagem de um sedan representa o 95º percentil?

48. Qual distância de frenagem de um sedan representa o terceiro quartil?

49. Qual é a menor distância de frenagem de um sedan que pode estar nas 10% maiores distâncias de frenagem?

50. Qual é a maior distância de frenagem de um sedan que pode estar nas menores 5% distâncias de frenagem?

Seção 5.4

Nos exercícios 51 e 52, encontre a média e o desvio padrão da população. Liste todas as amostras (com reposição) do tamanho dado extraídas da população e encontre a média de cada uma. Encontre a média e o desvio padrão da distribuição amostral das médias e compare-os com a média e o desvio padrão da população.

51. Os gols marcados em uma temporada pelos quatro jogadores da linha de defesa de um time de futebol são 1, 2, 0 e 3. Use um tamanho de amostra de 2.

52. Os minutos de horas extras informados por cada um dos três executivos em uma companhia são 90, 120 e 210. Use amostras de tamanho 3.

Nos exercícios 53 e 54, use o teorema do limite central para calcular a média e o desvio padrão da distribuição amostral das médias indicada. Depois, esboce um gráfico da distribuição amostral.

53. O consumo anual *per capita* de frutas cítricas pela população dos Estados Unidos é normalmente distribuído, com uma média de 85,6 libras e um desvio padrão de 20,5 libras. Amostras aleatórias de tamanho 35 são retiradas da população e a média de cada amostra é determinada. (*Adaptado de: U.S. Department of Agriculture.*)

54. O consumo anual *per capita* de carne vermelha pela população dos Estados Unidos é normalmente distribuído, com uma média de 107,9 libras e um desvio padrão de 35,1 libras. Amostras aleatórias de tamanho 40 são retiradas da população e a média de cada amostra é determinada. (*Adaptado de: U.S. Department of Agriculture.*)

Nos exercícios 55 a 60, encontre as probabilidades indicadas e interprete os resultados. Se for conveniente, use tecnologia.

55. Referente ao Exercício 33. Uma amostra aleatória de 12 grous-canadenses é selecionada do estudo. Encontre a probabilidade de que a distância média percorrida da amostra (a) seja menor que 200 quilômetros, (b) seja entre 250 e 350 quilômetros, (c) seja maior que 500 quilômetros e (d) compare suas respostas com as do Exercício 33.

56. Referente ao Exercício 34. Uma amostra aleatória de sete morcegos nariz de porco é selecionada do estudo. Encontre a probabilidade de que ocorra peso médio da amostra (a) entre 1,8 e 2,2 gramas, (b) entre 2,1 e 2,7 gramas, (c) maior que 2,3 gramas e (d) compare suas respostas com as do Exercício 34.

57. O valor médio de terras e construções por acre para fazendas em Illinois é de US$ 6.700. Uma amostra aleatória de 36 fazendas de Illinois é selecionada. Qual é a probabilidade de que ocorra valor médio de terras e construções por acre (a) menor que US$ 7.200, (b) maior que US$ 6.500 e (c) entre US$ 7.000 e US$ 7.400? Suponha que $\sigma = $ US$ 1.250. (*Adaptado de: U.S. Department of Agriculture.*)

58. O valor médio de terras e construções por acre para fazendas no Colorado é de US$ 1.170. Uma amostra aleatória de 32 fazendas do Colorado é selecionada. Qual é a probabilidade de que ocorra valor médio de terras e construções por acre (a) menor que US$ 1.200, (b) maior que US$ 1.275 e (c) entre US$ 1.100 e US$ 1.250? Suponha que $\sigma = $ US$ 200. (*Adaptado de: U.S. Department of Agriculture.*)

59. O salário médio anual para motoristas é de cerca de US$ 30.800. Uma amostra aleatória de 45 motoristas é selecionada. Qual é a probabilidade de que o salário médio anual da amostra seja (a) menor que US$ 30.000 e (b) maior que US$ 34.000? Suponha que $\sigma = $ US$ 5.600. (*Adaptado de: Salary.com.*)

60. O salário médio anual para agentes de liberdade condicional é de cerca de US$ 50.830. Uma amostra aleatória de 50 agentes é selecionada. Qual é a probabilidade de que o salário médio anual da amostra seja (a) menor que US$ 50.000 e (b) maior que US$ 53.500? Suponha que $\sigma = $ US$ 8.520. (*Adaptado de: Salary.com.*)

Seção 5.5

Nos exercícios 61 e 62, é dado um experimento binomial. Determine se você pode usar uma distribuição normal para aproximar a distribuição binomial. Se puder, encontre a média e o desvio padrão. Se não, explique o porquê.

61. Uma pesquisa com adultos americanos descobriu que 73% acham que o governo federal deveria exigir que alimentos geneticamente modificados fossem rotulados como tais. Você seleciona aleatoriamente 12 adultos americanos e pergunta se eles acham que o governo federal deveria exigir que alimentos geneticamente modificados fossem rotulados como tais. (*Fonte: Rasmussen Reports.*)

62. Uma pesquisa com adultos americanos descobriu que 41% ficariam confortáveis em usar um *scan* de telefone celular como bilhete de companhia aérea, trem ou outro meio de transporte. Você seleciona aleatoriamente 20 adultos americanos e pergunta se eles ficariam confortáveis em usar um *scan* de telefone celular como bilhete de companhia aérea, trem ou outro meio de transporte. (*Source: Harris Interactive.*)

Nos exercícios 63 a 68, escreva a probabilidade binomial em palavras. Depois, use a correção de continuidade para converter a probabilidade binomial em uma probabilidade de distribuição normal.

63. $P(x \geq 25)$.
64. $P(x \leq 36)$.
65. $P(x = 45)$.
66. $P(x > 14)$.
67. $P(x < 60)$.
68. $P(54 < x < 64)$.

Nos exercícios 69 e 70, determine se você pode usar uma distribuição normal para aproximar a distribuição binomial. Se for possível, use a distribuição normal para aproximar as probabilidades indicadas e esboce seus gráficos. Se não for possível, explique o porquê e use a distribuição binomial para encontrar as probabilidades indicadas.

69. Uma pesquisa descobriu que 52% dos adolescentes americanos com idade de 16 a 18 anos têm uma conta poupança. Você seleciona aleatoriamente 45 adolescentes americanos com idade de 16 a 18 anos e pergunta se eles têm uma conta poupança. Encontre a probabilidade de que o número dos que têm uma conta poupança seja (a) no máximo 15, (b) exatamente 25, (c) maior que 30 e (d) identifique quaisquer eventos incomuns. Explique. (*Fonte: Charles Schwab.*)

70. Trinta e um por cento da população dos Estados Unidos têm tipo sanguíneo A+. Você seleciona aleatoriamente 40 pessoas nos Estados Unidos e pergunta se elas têm tipo sanguíneo A+. Encontre a probabilidade de que o número de pessoas que têm tipo sanguíneo A+ seja (a) exatamente 15, (b) menor que 10, (c) entre 20 e 35 e (d) identifique quaisquer eventos incomuns. Explique. (*Fonte: American Association of Blood Banks.*)

Problemas

Faça estes problemas como se estivesse fazendo em sala. Depois, compare suas respostas com as respostas dadas no final do livro.

1. Encontre cada probabilidade usando a distribuição normal padrão.
(a) $P(z > -2,54)$.
(b) $P(z < 3,09)$.
(c) $P(-0,88 < z < 0,88)$.
(d) $P(z < -1,445 \text{ ou } z > -0,715)$.

2. A variável aleatória x é normalmente distribuída com os parâmetros dados. Determine cada probabilidade.
(a) $\mu = 9,2, \sigma \approx 1,62, P(x < 5,97)$.
(b) $\mu = 87, \sigma \approx 19, P(x > 40,5)$.
(c) $\mu = 5,5, \sigma \approx 0,08, P(5,36 < x < 5,64)$.
(d) $\mu = 18,5, \sigma \approx 4,25, P(19,6 < x < 26,1)$.

Nos exercícios 3 a 10, use a informação a seguir. Em um teste padronizado de QI, as pontuações foram normalmente distribuídas, com uma média de 100 e um desvio padrão de 15. (Adaptado de: American Scientist.)

3. Calcule a probabilidade de que uma pessoa selecionada aleatoriamente tenha um QI maior que 125. Esse evento é incomum? Explique.

4. Calcule a probabilidade de que uma pessoa selecionada aleatoriamente tenha um QI entre 95 e 105. Esse evento é incomum? Explique.

5. Qual percentual de pontuações é maior que 112?

6. De 2.000 pessoas selecionadas aleatoriamente, cerca de quantas você esperaria que tivessem QI menor que 90?

7. Qual é a menor pontuação que ainda colocaria uma pessoa entre os 5% com maior pontuação?

8. Qual é a maior pontuação que ainda colocaria uma pessoa entre os 10% com menor pontuação?

9. Uma amostra aleatória de 60 pessoas é selecionada dessa população. Qual é a probabilidade de que a pontuação média da amostra seja maior que 105? Interprete o resultado.

10. É mais provável que você selecione aleatoriamente uma pessoa com uma pontuação maior que 105 ou que você selecione aleatoriamente uma amostra de 15 pessoas com uma pontuação média maior que 105? Explique.

Nos exercícios 11 e 12, use as informações a seguir. Em uma pesquisa com adultos americanos, 88% disseram que estão pelo menos um pouco preocupados que seus dados pessoais sejam usados sem seu conhecimento. Você seleciona aleatoriamente 45 adultos americanos e pergunta se eles estão pelo menos um pouco preocupados que seus dados pessoais sejam usados sem seu conhecimento. (Fonte: Harris Interactive.)

11. Determine se você pode usar uma distribuição normal para aproximar a distribuição binomial. Se for possível, encontre a média e o desvio padrão. Se não for possível, explique o porquê.

12. Determine a probabilidade de que o número de adultos americanos que disseram que estão pelo menos um pouco preocupados que seus dados pessoais sejam usados sem seu conhecimento seja (a) no máximo 35, (b) menor que 40, (c) exatamente 43 e (d) identifique quaisquer eventos incomuns. Explique.

Teste do capítulo

Faça este teste como se estivesse fazendo uma prova em sala.

1. O valor médio que os adultos americanos gastam com comida em uma semana é US$ 151 e o desvio padrão é US$ 49. Amostras aleatórias de tamanho 50 são retiradas dessa população e a média de cada amostra é determinada. (*Adaptado de: Gallup.*)
   (a) Calcule a média e o desvio padrão da distribuição amostral das médias.
   (b) Qual é a probabilidade de que o valor médio gasto em comida em uma semana para certa amostra seja mais que US$ 160?
   (c) Qual é a probabilidade de que o valor médio gasto em comida em uma semana para certa amostra esteja entre US$ 135 e US$ 150?

Nos exercícios 2 a 4, a variável aleatória x é normalmente distribuída com média $\mu = 18$ e desvio padrão $\sigma = 7{,}6$.

2. Encontre cada probabilidade.
   (a) $P(x > 20)$.
   (b) $P(0 < x < 5)$.
   (c) $P(x < 9 \text{ ou } x > 27)$.

3. Determine o valor de x que tem 88,3% da área da distribuição à sua esquerda.

4. Determine o valor de x que tem 64,8% da área da distribuição à sua direita.

Nos exercícios 5 e 6, determine se você pode usar uma distribuição normal para aproximar a distribuição binomial. Se for possível, use a distribuição normal para aproximar as probabilidades indicadas e esboce seus gráficos. Se não for possível, explique o porquê e use a distribuição binomial para encontrar as probabilidades indicadas.

5. Uma pesquisa com adultos americanos descobriu que 64% assistem a jogos de futebol americano da liga nacional. Você seleciona aleatoriamente 20 adultos americanos e pergunta se eles assistem a jogos de futebol americano da liga nacional. Determine a probabilidade de que o número dos que assistem aos jogos seja (a) exatamente 10, (b) menor que 7, (c) pelo menos 15 e (d) identifique quaisquer eventos incomuns. Explique. (*Fonte: Harris Interactive.*)

6. Uma pesquisa com adultos americanos com mais de 25 anos descobriu que 86% possuem diploma de ensino médio. Você seleciona aleatoriamente 30 adultos americanos com 25 anos ou mais. Determine a probabilidade de que o número dos que possuem diploma de ensino médio seja (a) exatamente 25, (b) maior que 25, (c) menor que 25 e (d) identifique quaisquer eventos incomuns. Explique. (*Fonte: U.S. Census Bureau.*)

Nos exercícios 7 a 12, use a informação a seguir. O tempo que os usuários do Facebook passam a cada mês no site é normalmente distribuído, com uma média de 6,7 horas e um desvio padrão de 1,8 hora. (Adaptado de: Nielsen.)

7. Calcule a probabilidade de que um usuário do Facebook passe menos que quatro horas em um mês no site. Esse evento é incomum? Explique.

8. Calcule a probabilidade de que um usuário do Facebook passe mais que dez horas em um mês no site. Esse evento é incomum? Explique.

9. De 800 usuários do Facebook, cerca de quantos você esperaria que passassem entre 2 e 3 horas ao longo de um mês no site?

10. Qual é o menor tempo despendido no Facebook em um mês que ainda colocaria um usuário entre os 15% maiores tempos?

11. Entre quais dois valores os 60% dos tempos centrais se encontram?

12. Amostras aleatórias de tamanho 8 são retiradas dessa população e a média de cada uma é determinada. A distribuição amostral das médias é normalmente distribuída? Explique.

Estatísticas reais – Decisões reais: juntando tudo

Você trabalha para uma companhia farmacêutica como analista de processos estatísticos. Sua função é analisar processos e certificar que eles estão sob controle estatístico. Em um dos processos, uma máquina deve adicionar 9,8 miligramas de um composto a uma mistura em um frasco. (Suponha que esse processo possa ser aproximado por uma distribuição normal.) A variação aceitável de quantidades do componente adicionado é de 9,65 miligramas a 9,95 miligramas, inclusive.

Devido a um erro com a válvula de liberação, a configuração da máquina "desvia" dos 9,8 miligramas. Para verificar se a máquina está acrescentando a quantidade correta do composto nos frascos, você seleciona de forma aleatória três amostras de cinco frascos e encontra a quantidade média do composto adicionado em cada uma. Um colega de trabalho pergunta por que você retira 3 amostras de tamanho 5 e calcula a média em vez de escolher aleatoriamente e medir as quantidades em 15 frascos individualmente para verificar a configuração da máquina. (*Nota*: ambas as amostras são selecionadas sem reposição.)

Exercícios

1. **Amostragem individual**

   Você seleciona um frasco e determina quanto do componente foi adicionado. Suponha que a máquina sofra alteração e a distribuição da quantidade do componente adicionado tem agora uma média de 9,96 miligramas e um desvio padrão de 0,05 miligrama.

   (a) Qual a probabilidade de que você selecione um frasco que *não* esteja fora da variação aceitável? (Em outras palavras, você não detecta que a máquina sofreu alteração, veja a Figura 5.53.)

   (b) Você seleciona aleatoriamente 15 frascos. Qual é a probabilidade de que você selecione pelo menos um frasco que *não* esteja fora da variação aceitável?

2. **Amostragens de grupos de 5**

   Você seleciona cinco frascos e encontra a quantidade média do componente adicionado. Suponha que a máquina tenha se alterado e esteja enchendo os frascos com uma quantidade média de 9,96 miligramas e um desvio padrão de 0,05 miligrama.

   (a) Qual é a probabilidade de que você selecione uma amostra de cinco frascos cuja média *não* esteja fora da variação aceitável? (Veja a Figura 5.54.)

   (b) Você seleciona aleatoriamente três amostras de cinco frascos. Qual é a probabilidade de que pelo menos uma amostra de cinco frascos tenha uma média que *não* esteja fora da variação aceitável?

   (c) O que é mais sensível à mudança: uma medida individual ou a média?

3. **Escrevendo uma explicação**

   Escreva um parágrafo para seu colega de trabalho explicando por que você retirou 3 amostras de tamanho 5 e encontrou a média de cada amostra em vez de escolher aleatoriamente e medir a quantidade em 15 frascos individualmente para verificar a configuração da máquina.

Figura 5.53 Distribuições do "composto adicionado" — média original e média alterada.

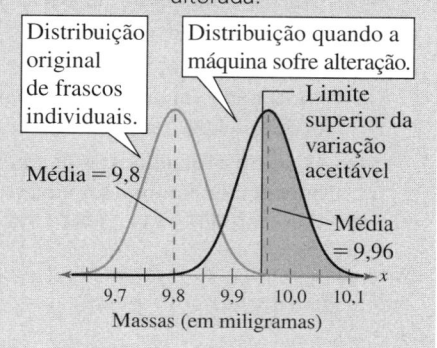

Figura 5.54 Distribuições do "composto adicionado" — média de 5 amostras originais e média alterada.

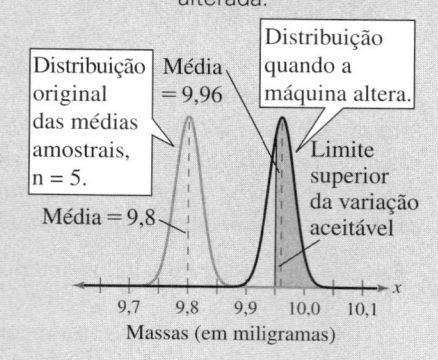

Tecnologia

MINITAB | EXCEL | TI-84 PLUS

U.S. Census Bureau
www.census.gov

Distribuição da variável idade nos Estados Unidos

Um dos trabalhos do U.S. Census Bureau é manter registros das distribuições das idades nos Estados Unidos. A distribuição da variável idade em 2011 é mostrada a seguir na Tabela 5.9 e no histograma da Figura 5.55.

Figura 5.55 Histograma da distribuição das frequências relativas dos indivíduos, por faixa etária.

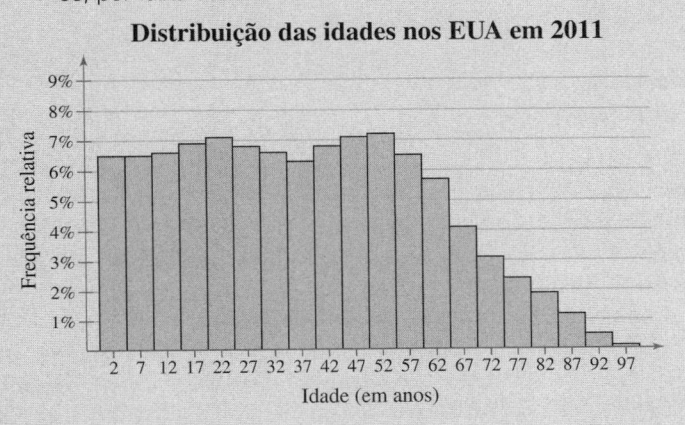

Distribuição das idades nos EUA em 2011

Tabela 5.9 Distribuição das frequências relativas dos indivíduos por faixa etária.

Classe	Ponto médio	Frequência relativa
0–4	2	6,5%
5–9	7	6,5%
10–14	12	6,6%
15–19	17	6,9%
20–24	22	7,1%
25–29	27	6,8%
30–34	32	6,6%
35–39	37	6,3%
40–44	42	6,8%
45–49	47	7,1%
50–54	52	7,2%
55–59	57	6,5%
60–64	62	5,7%
65–69	67	4,1%
70–74	72	3,1%
75–79	77	2,4%
80–84	82	1,9%
85–89	87	1,2%
90–94	92	0,5%
95–99	97	0,1%

Exercícios

As médias de 36 amostras selecionadas aleatoriamente, geradas por tecnologia, com n = 40 estão listadas a seguir.

28,14	31,56	36,86	32,37	36,12	39,53
36,19	39,02	35,62	36,30	34,38	32,98
36,41	30,24	34,19	44,72	38,84	42,87
38,90	34,71	34,13	38,25	38,04	34,07
39,74	40,91	42,63	35,29	35,91	34,36
36,51	36,47	32,88	37,33	31,27	35,80

1. Use tecnologia e a distribuição das idades para estimar a idade média nos Estados Unidos.

2. Use tecnologia para encontrar a média do conjunto de 36 médias amostrais. Como ela se compara com a idade média nos Estados Unidos encontrada no Exercício 1? Isso está de acordo com o resultado previsto pelo teorema do limite central?

3. As idades das pessoas nos Estados Unidos são normalmente distribuídas? Explique seu raciocínio.

4. Esboce um histograma de frequência relativa para as 36 médias amostrais. Use 9 classes. O histograma é aproximadamente em forma de sino e simétrico? Isso está de acordo com o resultado previsto pelo teorema do limite central?

5. Use tecnologia e a distribuição das idades para encontrar o desvio padrão das idades das pessoas nos Estados Unidos.

6. Use tecnologia para encontrar o desvio padrão do conjunto de 36 médias amostrais. Como ele se compara com o desvio padrão das idades encontrado no Exercício 5? Isso está de acordo com o resultado previsto pelo teorema do limite central?

Soluções são apresentadas nos manuais de tecnologia presentes no site www.loja.grupoa.com.br.
Instruções técnicas são fornecidas por Minitab, Excel e TI-84 Plus

Capítulos 3 a 5 – Revisão acumulada

1. Uma pesquisa com adultos nos Estados Unidos descobriu que 21% classificam o sistema de saúde como excelente. Você seleciona aleatoriamente 40 adultos e pergunta como eles classificam o sistema de saúde nos Estados Unidos. (*Fonte: Gallup.*)
   (a) Verifique se uma distribuição normal pode ser usada para aproximar a distribuição binomial.
   (b) Encontre a probabilidade de que no máximo 14 adultos classifiquem o sistema de saúde dos Estados Unidos como excelente.
   (c) É incomum, para exatamente 14 de 40 adultos, classificar o sistema de saúde dos Estados Unidos como excelente? Explique seu raciocínio.

Nos exercícios 2 e 3, calcule (a) a média, (b) a variância, (c) o desvio padrão, (d) o valor esperado da distribuição de probabilidade e (e) interprete os resultados.

2. A tabela seguinte mostra a distribuição de probabilidades dos tamanhos dos domicílios nos Estados Unidos em um ano recente. (*Fonte: U.S. Census Bureau.*)

x	2	3	4	5	6	7
$P(x)$	0,434	0,227	0,196	0,089	0,034	0,020

3. A tabela seguinte mostra a distribuição de probabilidades do número de faltas por jogo para Chris Paul em uma temporada recente da NBA. (*Fonte: NBA.com.*)

x	0	1	2	3	4	5	6
$P(x)$	0,014	0,271	0,314	0,114	0,143	0,029	0,014

4. Use a distribuição de probabilidade do Exercício 3 para encontrar a probabilidade de selecionar aleatoriamente um jogo no qual ele teve (a) menos que quatro faltas, (b) pelo menos três faltas e (c) entre 2 e 4 faltas, inclusive.

5. De um grupo de 16 candidatos, 9 homens e 7 mulheres, os cargos de presidente, vice-presidente, secretário e tesoureiro serão preenchidos. (a) De quantas maneiras diferentes os cargos podem ser preenchidos? (b) Qual é a probabilidade de que todos os quatro cargos sejam preenchidos por mulheres?

Nos exercícios 6 a 11, encontre a área indicada sob a curva normal padrão. Se for conveniente, use tecnologia para encontrar a área.

6. À esquerda de $z = 0,72$.
7. À esquerda de $z = -3,08$.
8. À direita de $z = -0,84$.
9. Entre $z = 0$ e $z = 2,95$.
10. Entre $z = -1,22$ e $z = -0,26$.
11. À esquerda de $z = 0,12$ ou à direita de $z = 1,72$.

12. Sessenta e um por cento dos prováveis eleitores americanos acham que encontrar novas fontes de energia é mais importante do que combater o aquecimento global. Você seleciona aleatoriamente 11 prováveis eleitores americanos. Calcule a probabilidade de que o número de prováveis eleitores americanos que acham que encontrar novas fontes de energia é mais importante do que combater o aquecimento global seja (a) exatamente três, (b) pelo menos oito e (c) menor que dois. (d) Algum desses eventos é incomum? Explique seu raciocínio. (*Fonte: Rasmussen Reports.*)

13. Um vendedor de peças de automóveis descobre que 1 de cada 200 peças vendidas é defeituosa. Use a distribuição geométrica para calcular a probabilidade de que (a) a primeira peça defeituosa seja a quinta peça vendida, (b) a primeira peça defeituosa seja a primeira, a segunda ou a terceira peça vendida e (c) nenhuma das vinte primeiras peças vendidas seja defeituosa.

14. A tabela a seguir mostra os resultados de uma pesquisa na qual 3.405.100 professores da rede pública e 489.900 professores da rede privada foram questionados sobre sua experiência no ensino em tempo integral. (*Adaptado de: U.S. National Center for Educations Statistics.*)

	Rede pública	Rede privada	Total
Menos de 3 anos	456.300	115.600	571.900
3 a 9 anos	1.144.100	151.900	1.296.000
10 a 20 anos	997.700	120.500	1.118.200
Mais de 20 anos	807.000	101.900	908.900
Total	3.405.100	489.900	3.895.000

(a) Calcule a probabilidade de que um professor da rede privada selecionado aleatoriamente tenha de 10 a 20 anos de experiência no ensino em tempo integral.
(b) Calcule a probabilidade de que um professor selecionado aleatoriamente seja da rede pública, dado que ele tem de 3 a 9 anos de experiência no ensino em tempo integral.
(c) Os eventos "ser professor da rede pública" e "ter mais de 20 anos de experiência no ensino em tempo integral" são independentes? Explique.
(d) Qual a probabilidade de que um professor selecionado aleatoriamente tenha entre 3 e 9 anos de experiência no ensino em tempo integral ou esteja na rede privada?

15. As pressões iniciais para pneus de bicicleta, quando enchidos pela primeira vez, são normalmente distribuídas,

com uma média de 70 libras por polegada quadrada (psi) e um desvio padrão de 1,2 psi.

(a) Amostras aleatórias de tamanho 40 são retiradas dessa população e a média de cada amostra é determinada. Use o teorema do limite central para encontrar a média e o desvio padrão da distribuição amostral das médias. Então, esboce um gráfico da distribuição amostral.

(b) Uma amostra aleatória de 15 pneus é retirada dessa população. Qual é a probabilidade de que a pressão média dos pneus da amostra seja menor que 69 psi?

16. Os tempos de vida útil das baterias de carro são normalmente distribuídos, com uma média de 44 meses e um desvio padrão de 5 meses.

(a) Qual a probabilidade de que a vida útil de uma bateria selecionada aleatoriamente seja menor que 36 meses?

(b) Qual a probabilidade de que a vida útil de uma bateria selecionada aleatoriamente esteja entre 42 e 60 meses?

(c) Qual é a menor expectativa de vida útil que uma bateria de carro pode ter e ainda estar entre as 5% maiores expectativas de vida?

17. Um florista tem 12 flores diferentes das quais podem ser feitas combinações florais. Uma combinação central é feita usando quatro flores diferentes.

(a) Quantas combinações centrais de flores podem ser feitas?

(b) Qual é a probabilidade de que as quatro flores centrais sejam: rosa, margarida, hortênsia e lírio?

18. Setenta por cento dos adultos americanos dizem que estão seriamente preocupados com o roubo de identidade. Você seleciona aleatoriamente 10 adultos americanos. (a) Construa uma distribuição binomial para a variável aleatória x — número de adultos americanos que dizem que estão seriamente preocupados com o roubo de identidade. (b) Represente graficamente a distribuição binomial usando um histograma e descreva seu formato. (c) Identifique quaisquer valores da variável aleatória x que você consideraria incomuns. Explique. (*Fonte: Unisys Security Index.*)

PARTE III
6 Intervalos de confiança

6.1 Intervalos de confiança para a média (σ conhecido)

6.2 Intervalos de confiança para a média (σ desconhecido)
- Atividade
- Estudo de caso

6.3 Intervalos de confiança para a proporção
- Atividade

6.4 Intervalos de confiança para variância e desvio padrão
- Usos e abusos
- Estatísticas reais – Decisões reais
- Tecnologia

David Wechsler foi um dos psicólogos mais influentes do século XX. Ele é conhecido por desenvolver testes de inteligência, tal como a escala de inteligência Wechsler para adultos e a escala de inteligência Wechsler para crianças.

Onde estamos

Nos capítulos de 1 a 5 você estudou estatística descritiva (como coletar e descrever dados) e probabilidade (como encontrar probabilidades e analisar distribuições de probabilidade discretas e contínuas). Por exemplo, psicólogos utilizam a estatística descritiva para analisar os dados coletados durante experimentos e testes.

Um dos testes psicológicos mais frequentemente aplicados é a escala de inteligência Wechsler para adultos. É um teste que resulta em um quociente de inteligência (QI) cujos possíveis valores seguem uma distribuição normal com média de 100 e um desvio padrão de 15.

Para onde vamos

Neste capítulo, começaremos nossos estudos de estatística inferencial — o segundo maior ramo da estatística. Por exemplo, um clube de xadrez quer estimar o QI médio de seus membros. A média de uma amostra aleatória dos membros é 115. Como essa estimativa consiste em um único número representado por um ponto em uma linha numerada, ele é chamado de estimativa pontual. O problema com a utilização de uma estimativa pontual é que ela raramente é igual ao parâmetro exato (média, desvio padrão ou proporção) da população.

Aqui aprenderemos como fazer uma estimativa mais apropriada, especificando um intervalo de valores no conjunto dos números reais, juntamente com uma afirmação de quão confiante se está de que o intervalo contém o parâmetro populacional. Suponha que o clube queira estar 90% confiante de sua estimativa para o QI médio de seus membros. Na Figura 6.1 você pode ter uma visão geral de como construir uma estimativa por intervalo.

Figura 6.1 Construindo um intervalo de confiança.

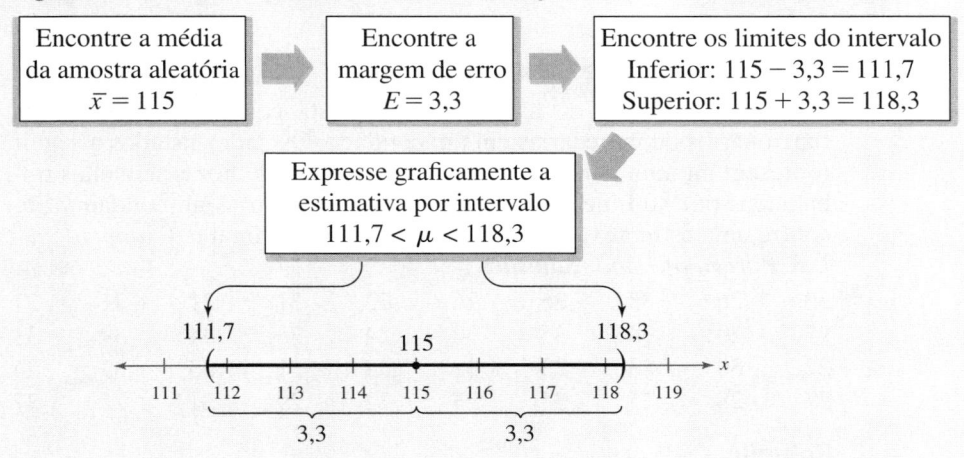

Encontre a média da amostra aleatória $\bar{x} = 115$ → Encontre a margem de erro $E = 3{,}3$ → Encontre os limites do intervalo Inferior: $115 - 3{,}3 = 111{,}7$ Superior: $115 + 3{,}3 = 118{,}3$ → Expresse graficamente a estimativa por intervalo $111{,}7 < \mu < 118{,}3$

```
       111,7        115        118,3
    ←—(——|——|——|——•——|——|——|——)——|—→ x
    111 112 113 114 115 116 117 118 119
            \___3,3___/\___3,3___/
```

Então o clube pode estar 90% confiante de que o QI médio de seus membros está entre 111,7 e 118,3.

6.1 Intervalos de confiança para a média (σ conhecido)

Estimando parâmetros populacionais • Intervalos de confiança para a média populacional • Tamanho da amostra

O que você deve aprender

- Como encontrar uma estimativa pontual e uma margem de erro.
- Como construir e interpretar intervalos de confiança para uma média populacional quando σ é conhecido.
- Como determinar o tamanho mínimo necessário da amostra para estimar uma média populacional.

Estimando parâmetros populacionais

Neste capítulo você aprenderá uma técnica importante da inferência estatística — usar estatísticas amostrais para estimar o valor de um parâmetro populacional. Nesta seção e na próxima, você aprenderá como usar estatísticas amostrais para fazer uma estimativa do parâmetro populacional μ quando o desvio padrão populacional σ for conhecido (esta seção) ou quando σ for desconhecido (Seção 6.2). Para fazer tal inferência, comece encontrando uma **estimativa pontual**.

Definição

Uma **estimativa pontual** é um valor único estimado para um parâmetro populacional. A estimativa pontual menos tendenciosa (viesada) da média populacional μ é a média amostral $\bar{x}$.

A validade de um método de estimativa aumenta quando se utiliza uma estatística amostral que seja não tendenciosa e de variância mínima. Uma estatística é não tendenciosa se não superestima ou subestima o parâmetro populacional. No Capítulo 5, aprendemos que a média de todas as médias amostrais possíveis de mesmo tamanho é igual à média populacional. Como resultado, $\bar{x}$ é um **estimador não tendencioso** de μ. Além disso, o erro padrão $\sigma/\sqrt{n}$ da média diminui em função do aumento de n. No limite, quando n tende ao infinito, o erro padrão tende a zero.

Tabela 6.1 Horas semanais trabalhadas por 30 funcionários de mercearias.

Número de horas					
26	25	32	31	28	28
28	22	28	25	21	40
32	22	25	22	26	24
46	20	35	22	32	48
32	36	38	32	22	19

> **Exemplo 1**
>
> ### Encontrando uma estimativa pontual
>
> Um pesquisador da área econômica está coletando dados sobre funcionários de mercearias em um condado. Os dados listados a seguir representam uma amostra aleatória do número de horas semanais trabalhadas por 40 funcionários de diversas mercearias no condado. Encontre uma estimativa pontual da média populacional μ. (*Adaptado de: U.S. Bureau of Labor Statistics.*)
>
> | 30 | 26 | 33 | 26 | 26 | 33 | 31 | 31 | 21 | 37 |
> |---|---|---|---|---|---|---|---|---|---|
> | 27 | 20 | 34 | 35 | 30 | 24 | 38 | 34 | 39 | 31 |
> | 22 | 30 | 23 | 23 | 31 | 44 | 31 | 33 | 33 | 26 |
> | 27 | 28 | 25 | 35 | 23 | 32 | 29 | 31 | 25 | 27 |
>
> ### Solução
>
> A média amostral dos dados é
>
> $$\bar{x} = \frac{\Sigma x}{n} = \frac{1.184}{40} = 29,6.$$
>
> Então, a estimativa pontual para o número médio de horas semanais trabalhadas por funcionários de mercearias nesse condado é de 29,6 horas.
>
> ### Tente você mesmo 1
>
> Outra amostra aleatória de horas semanais trabalhadas por 30 funcionários de mercearias no condado é mostrada na Tabela 6.1. Use essa amostra para encontrar outra estimativa pontual para μ.
>
> a. Encontre a média amostral.
> b. Estime a média populacional.

No Exemplo 1, a probabilidade de que a média populacional seja exatamente 29,6 é praticamente zero. Então, em vez de estimar μ como sendo exatamente 29,6 por meio da estimativa pontual, você pode estimar que μ está em um intervalo. Isso se chama fazer uma **estimativa intervalar** (ou estimativa por intervalo).

> ### Definição
>
> Uma **estimativa intervalar** é um intervalo, ou amplitude de valores, usado para estimar um parâmetro populacional.

Embora possamos supor que a estimativa pontual do Exemplo 1 não seja igual à média real da população, provavelmente está muito próxima dela. Para formar uma estimativa intervalar, use a estimativa pontual como o centro do intervalo e depois adicione e subtraia uma margem de erro. Por exemplo, se a margem de erro for 2,1, então uma estimativa intervalar seria dada por 29,6 ± 2,1 ou 27,5 < μ < 31,7. A estimativa pontual e a estimativa intervalar estão na Figura 6.2:

Figura 6.2 Estimativa pontual e estimativa intervalar.

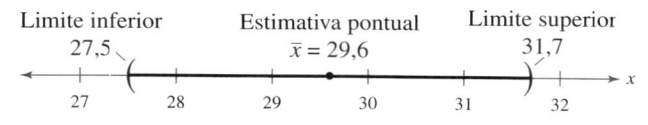

```
         Limite inferior    Estimativa pontual    Limite superior
              27,5              x̄ = 29,6              31,7
        ←——————(——+———————+———————•———————+———————)——+——→ x
              27    28         29        30         31    32
```

Antes de encontrar uma margem de erro para uma estimativa intervalar, devemos primeiro determinar quão confiante você precisa estar de que sua estimativa intervalar contenha a média populacional μ.

Definição

O **nível de confiança c** é a probabilidade de que a estimativa intervalar contenha o parâmetro populacional, supondo que o processo de estimação é repetido um grande número de vezes.

Você sabe, do teorema do limite central, que, quando $n \geq 30$, a média amostral terá, no mínimo, distribuição aproximadamente normal. O nível de confiança c corresponde à área sob a curva normal padrão entre os *valores críticos*, $-z_c$ e z_c. Esses **valores críticos**, em geral, separam resultados prováveis (região central) de improváveis, ou incomuns (caudas) Pode-se ver na Figura 6.3 que c é a percentagem da área sob a curva normal entre $-z_c$ e z_c. A área restante é $1 - c$, então a área em cada cauda é $(1 - c)/2$. Por exemplo, se $c = 90\%$, então 5% da área está à esquerda de $-z_c = -1,645$ e 5% está à direita de $z_c = 1,645$, conforme a Tabela 6.2.

Dica de estudo

Neste curso, os níveis de confiança de 90%, 95% e 99% serão os usuais. Os escores-z correspondentes a esses níveis de confiança são:

Nível de confiança	z_c
90%	1,645
95%	1,96
99%	2,575

Figura 6.3 Área sob a curva normal padrão representando o nível de confiança (c).

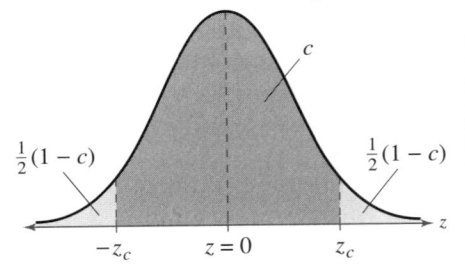

Tabela 6.2 Detalhamento das áreas sob a curva normal padrão em função dos valores críticos.

Se $c = 90\%$:	
$c = 0,90$	Área na região azul
$1 - c = 0,10$	Área nas regiões amarelas
$1/2(1 - c) = 0,05$	Área em uma cauda
$-z_c = -1,645$	Valor crítico separando a cauda esquerda
$z_c = 1,645$	Valor crítico separando a cauda direita

Retratando o mundo

Uma pesquisa em uma amostra aleatória de 1.000 usuários de smartphone descobriu que o tempo médio diário despendido em comunicação no aparelho era de 131,4 minutos. De estudos anteriores, supõe-se que o desvio padrão populacional é de 21,2 minutos. A comunicação inclui mensagem de texto, e-mail, redes sociais e ligações. (*Adaptado de: International Data Corporation.*)

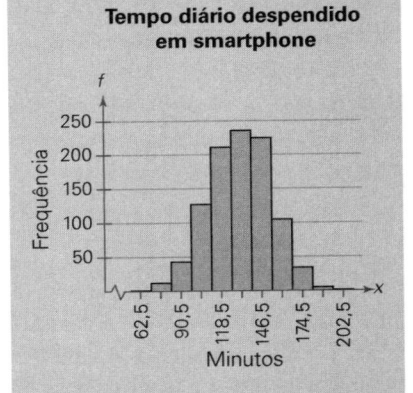

Tempo diário despendido em smartphone

Para um intervalo de confiança de 95%, qual seria a margem de erro para o tempo médio diário despendido em comunicação em um smartphone para a população?

A diferença entre a estimativa pontual e o valor real do parâmetro é chamada de **erro de amostragem** ou **erro amostral**. Quando μ é estimado, o erro de amostragem é a diferença de $\bar{x} - \mu$. Na maioria dos casos, é claro, μ é desconhecido e $\bar{x}$ varia de amostra para amostra. Entretanto, você pode calcular o valor máximo para o erro quando souber o nível de confiança e a distribuição amostral da variável.

Definição

Dado um nível de confiança c, a **margem de erro E** (às vezes chamada também de erro máximo da estimativa ou tolerância de erro) é a maior distância possível entre a estimativa pontual e o valor do parâmetro que ela está estimando. Para uma média populacional μ em que σ é conhecido, a margem de erro é

$$E = z_c \sigma_{\bar{x}} = z_c \frac{\sigma}{\sqrt{n}} \quad \text{Margem de erro para } \mu \text{ (}\sigma \text{ conhecido)}$$

quando são atendidas as duas condições a seguir:

1. A amostra é aleatória.
2. Pelo menos um dos seguintes é verdade: a população é normalmente distribuída ou $n \geq 30$.

Exemplo 2

Encontrando a margem de erro

Use os dados do Exemplo 1 e um nível de confiança de 95% para encontrar a margem de erro para o número médio de horas trabalhadas por funcionários de mercearias. Suponha que o desvio padrão da população seja de 7,9 horas.

Solução

Como σ é conhecido (σ = 7,9 horas), a amostra é aleatória (veja Exemplo 1), e $n = 40 \geq 30$, use a fórmula para E dada acima. O escore-z que corresponde a um nível de confiança de 95% é 1,96. Isso implica que 95% da área sob a curva normal padrão está no intervalo de ±1,96 desvios padrão da média, como mostra a Figura 6.4. (Você pode aproximar a distribuição das médias amostrais com uma curva normal pelo teorema do limite central porque $n = 40 \geq 30$.)

Usando os valores $z_c = 1,96$, $\sigma = 7,9$ e $n = 40$

$$E = z_c \frac{\sigma}{\sqrt{n}} = 1,96 \cdot \frac{7,9}{\sqrt{40}} \approx 2,4.$$

Figura 6.4 Curva normal padrão e escores z correspondentes ao nível de confiança de 95%.

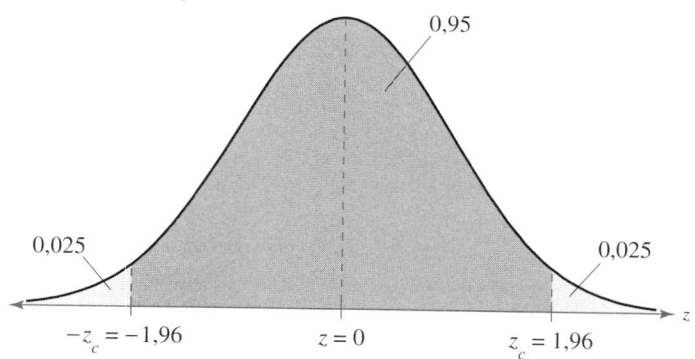

Interpretação Você está 95% confiante de que a margem de erro para a média populacional é de aproximadamente 2,4 horas.

Tente você mesmo 2

Use os dados do Tente você mesmo 1 e um nível de confiança de 95% para encontrar a margem de erro para o número médio de horas trabalhadas por funcionários de mercearias. Suponha que o desvio padrão da população seja de 7,9 horas.

a. Identifique z_c, n e σ.
b. Calcule E usando z_c, σ e n.
c. Interprete os resultados.

Intervalos de confiança para a média populacional

Usando uma estimativa pontual e uma margem de erro, você pode construir uma estimativa intervalar de um parâmetro populacional tal como μ. Essa estimativa intervalar é chamada de **intervalo de confiança**.

Definição

Um **intervalo de confiança c para a média populacional μ** é:

$$\bar{x} - E < \mu < \bar{x} + E$$

A probabilidade de que o intervalo de confiança contenha μ é igual a c, assumindo que o processo de estimação é repetido um grande número de vezes.

Dica de estudo

Quando você constrói um intervalo de confiança para uma média populacional, a regra geral de arredondamento é arredondar para o mesmo número de casas decimais da média amostral.

Instruções

Construindo um intervalo de confiança para a média populacional (σ conhecido)

EM PALAVRAS	EM SÍMBOLOS
1. Verificar se σ é conhecido, a amostra é aleatória, e a população é normalmente distribuída ou $n \geq 30$.	
2. Encontrar as estatísticas amostrais n e $\bar{x}$.	$\bar{x} = \dfrac{\sum x}{n}$
3. Encontrar o valor crítico z_c que corresponde ao nível de confiança dado.	Use a Tabela B.4 no Apêndice B.
4. Calcular a margem de erro E.	$E = z_c \dfrac{\sigma}{\sqrt{n}}$
5. Calcular os limites inferior e superior e construir o intervalo de confiança.	Limite inferior: $\bar{x} - E$ Limite superior: $\bar{x} + E$ Intervalo: $\bar{x} - E < \mu < \bar{x} + E$

Exemplo 3

Como construir um intervalo de confiança

Use os dados do Exemplo 1 para construir um intervalo de confiança de 95% para o número médio de horas semanais trabalhadas por funcionários de mercearias.

Solução

Nos Exemplos 1 e 2, encontramos que $\bar{x} = 29{,}6$ e $E \approx 2{,}4$. O intervalo de confiança é construído conforme é apresentado a seguir e representado na Figura 6.5.

Limite inferior
$\bar{x} - E \approx 29{,}6 - 2{,}4$
$= 27{,}2$

Limite superior
$\bar{x} + E \approx 29{,}6 + 2{,}4$
$= 32{,}0$

$$27{,}2 < \mu < 32{,}0$$

Figura 6.5 Representação geométrica do intervalo de confiança.

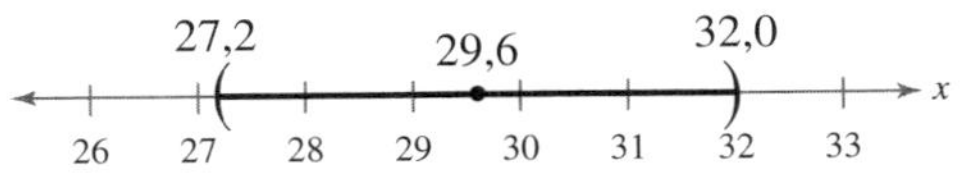

Interpretação Com 95% de confiança, podemos dizer que o número médio de horas trabalhadas da população está entre 27,2 e 32,0 horas.

Dica de estudo

Veja o passo a passo da TI-84 Plus na página 320.

Dica de estudo

Outras maneiras de representar um intervalo de confiança são $(\bar{x} - E, \bar{x} + E)$ e $\bar{x} \pm E$. Por exemplo, no Exemplo 3, você poderia escrever o intervalo de confiança como (27,2; 32,0) ou 29,6 ± 2,4. (Alguns textos utilizam o intervalo fechado [27,2;32,0].)

Entenda

A largura de um intervalo de confiança é 2E. Examine a fórmula para E para ver por que uma amostra de tamanho maior tende a fornecer um intervalo de confiança mais estreito para o mesmo nível de confiança.

Tente você mesmo 3

Use os dados do Tente você mesmo 1 para construir um intervalo de confiança de 95% para o número médio de horas semanais trabalhadas por funcionários de mercearias. Compare o resultado com o encontrado no Exemplo 3.

a. Calcule $\bar{x}$ e E (veja Tente você mesmo 1 e 2).
b. Calcule os limites inferior e superior do intervalo de confiança.
c. Interprete os resultados.

Exemplo 4

Como construir um intervalo de confiança usando tecnologia

Use os dados do Exemplo 1 e a tecnologia para construir um intervalo de confiança de 99% para o número médio de horas semanais trabalhadas por funcionários de mercearias.

Solução

Para usar o Minitab e construir o intervalo de confiança, digite os dados em uma coluna da planilha. Então, acesse o comando "Stat" e na sequência os demais (Basic Statistics; 1-*Sample Z*; "select" a coluna com os dados; digite o desvio padrão populacional que é $\sigma = 7,9$;- em "Options" digite 0,99; OK; OK). A tela com os resultados deve aparecer conforme a Figura 6.6. (Para construir um intervalo de confiança usando uma TI-84 Plus, veja as instruções na Dica de estudo a seguir.)

Figura 6.6 Utilizando o Minitab para obter um intervalo de confiança.

MINITAB

One-Sample Z: Hours

The assumed standard deviation = 7.9

Variable	N	Mean	StDev	SE Mean	99% CI
Hours	40	29.60	5.28	1.25	(26.38, 32.82)

Dica de estudo

Usando uma TI-84 Plus, você pode inserir os dados originais em uma lista para construir o intervalo de confiança ou inserir as estatísticas descritivas.

[STAT]

Escolha o menu TESTS

7: ZInterval...

Selecione a opção de entrada *Data* quando você usar os dados originais e a opção *Stats* quando usar as estatísticas descritivas. Em cada caso, insira os valores apropriados e selecione *Calculate*. Seus resultados podem diferir ligeiramente, dependendo do método usado. Para o Exemplo 4, os dados originais foram inseridos.

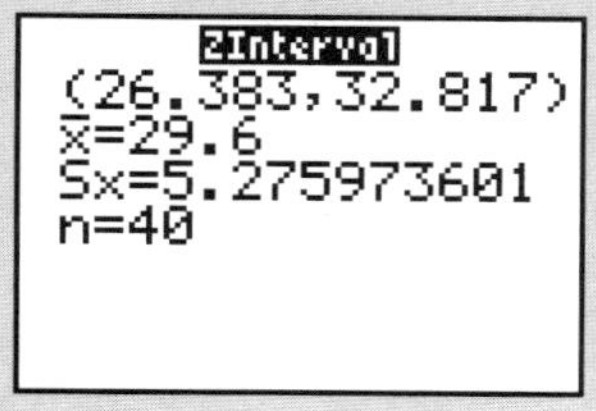

```
ZInterval
(26.383,32.817)
x̄=29.6
Sx=5.275973601
n=40
```

Em que: SE Mean = erro padrão da média. Então, um intervalo de confiança de 99% para μ é (26,4; 32,8).

Interpretação Com 99% de confiança, podemos dizer que o número médio de horas trabalhadas da população está entre 26,4 e 32,8 horas.

Tente você mesmo 4

Use os dados do Exemplo 1 e tecnologia para construir intervalos de confiança de 75%, 85% e 90% para o número médio de horas trabalhadas por funcionários de mercearias. Como muda a largura do intervalo de confiança à medida que o nível de confiança aumenta?

a. Insira os dados.
b. Use o comando apropriado para construir cada intervalo de confiança.
c. Compare as larguras dos intervalos de confiança para $c = 0,75$; 0,85 e 0,90.

Nos Exemplos 3 e 4 e no Tente você mesmo 4, os mesmos dados amostrais foram usados para construir intervalos de confiança com níveis de confiança diferentes. Note que, conforme o nível de confiança aumenta, a largura do intervalo de confiança também aumenta. Em outras palavras, quando os mesmos dados amostrais são usados, *quanto maior o nível de confiança, mais largo é o intervalo*.

Para amostras de uma população normalmente distribuída com σ conhecido, você pode usar a distribuição normal para a variável média com qualquer tamanho de amostra, como mostrado no Exemplo 5.

Exemplo 5

Veja o passo a passo da TI-84 Plus na página 320.

Como construir um intervalo de confiança

O diretor de admissões de uma faculdade deseja estimar a idade média de todos os estudantes atualmente matriculados. Em uma amostra aleatória de 20 estudantes, a idade média encontrada é de 22,9 anos. De estudos anteriores, o desvio padrão conhecido é de 1,5 ano, e a população é normalmente distribuída. Construa um intervalo de confiança de 90% da idade média da população.

Solução

Como σ é conhecido, a amostra é aleatória e a população é normalmente distribuída, use a fórmula para E dada nesta seção. Usando $n = 20$, $\bar{x} = 22,9$, $\sigma = 1,5$ e $z_c = 1,645$, a margem de erro no intervalo de confiança de 90% é:

$$E = z_c \frac{\sigma}{\sqrt{n}} = 1,645 \cdot \frac{1,5}{\sqrt{20}} \approx 0,6.$$

O intervalo de confiança de 90% pode ser escrito como $\bar{x} \pm E \approx 22,9 \pm 0,6$ ou como a seguir (veja a representação geométrica na Figura 6.7).

Limite inferior
$\bar{x} - E \approx 22,9 - 0,6$
$= 22,3$

Limite superior
$\bar{x} + E \approx 22,9 + 0,6$
$= 23,5$

$$22,3 < \mu < 23,5$$

Figura 6.7 Representação geométrica do intervalo de confiança.

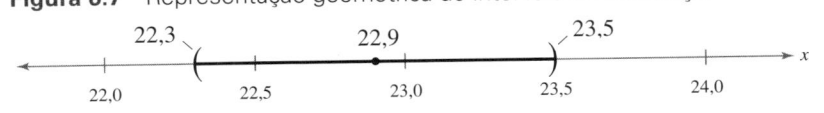

Interpretação Com 90% de confiança, você pode dizer que a idade média de todos os estudantes está entre 22,3 e 23,5 anos.

Tente você mesmo 5

Construa um intervalo de confiança de 90% para a idade média da população de estudantes da faculdade do Exemplo 5, com o tamanho da amostra aumentado para 30 estudantes. Compare sua resposta com a do Exemplo 5.

a. Identifique n, $\bar{x}$, σ e z_c e encontre E.
b. Calcule os limites inferior e superior do intervalo de confiança.
c. Interprete os resultados e compare-os com os do Exemplo 5.

Dica de estudo

Aqui estão as instruções para construir um intervalo de confiança no Excel. Primeiro clique em *Fórmulas* no topo da tela e depois em *Inserir Função* na *Biblioteca de Funções*. Selecione a categoria *Estatística* e selecione a função *Int. Confidence.Norm*. (Int.Confiança. Norm, em português). Na caixa de diálogo insira os valores de alfa, desvio padrão e o tamanho da amostra (veja na figura). Clique em OK. O valor resultante é a margem de erro usada para construir o intervalo de confiança.

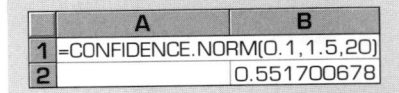

	A	B
1	=CONFIDENCE.NORM(0.1,1.5,20)	
2		0.551700678

Alfa é o *nível de significância*, que será explicado no Capítulo 7. Ao usar o Excel no Capítulo 6, você pode pensar em alfa como o complemento do nível de confiança. Assim, para um intervalo de confiança de 90%, alfa é igual a $1 - 0,90 = 0,10$.

Figura 6.8 Intervalos de confiança para a mesma média (μ) em função de 10 amostras de mesmo tamanho.

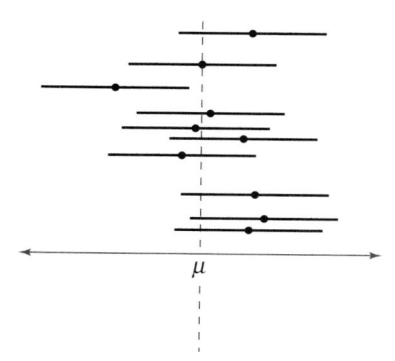

Os segmentos horizontais representam os intervalos de confiança de 90% para diferentes amostras de mesmo tamanho. No final das contas, nesse caso, 9 dos 10 de tais intervalos contêm μ.

Após construir um intervalo de confiança, é importante que você interprete os resultados corretamente. Considere o intervalo de confiança de 90% construído no Exemplo 5. Como μ é um valor fixo predeterminado pela população, ele está no intervalo ou não. *Não* é correto dizer "Há uma probabilidade de 90% de que a média real estará no intervalo (22,3; 23,5)". Essa afirmação está errada porque sugere que o valor de μ pode variar, o que não é verdade. A maneira correta de interpretar esse intervalo de confiança é dizer: "Com 90% de confiança, a média está no intervalo (22,3; 23,5). Isso significa que, quando um grande número de amostras é coletado e um intervalo de confiança é construído para cada amostra, espera-se que aproximadamente 90% desses intervalos contenham μ (veja a Figura 6.8). A correta interpretação refere-se à taxa de sucesso do processo quando repetido, não uma probabilidade.

Tamanho da amostra

Para a mesma estatística amostral, conforme o nível de confiança aumenta, o intervalo de confiança fica mais largo. Conforme o intervalo de confiança fica mais largo, a precisão da estimativa decresce. Uma maneira de melhorar a precisão de uma estimativa sem diminuir o nível de confiança é aumentar o tamanho da amostra. Mas qual tamanho da amostra é necessário para garantir um certo nível de confiança para uma margem de erro dada?

A partir da fórmula para o cálculo da margem de erro

$$E = z_c \frac{\sigma}{\sqrt{n}}$$

uma fórmula pode ser derivada (veja Exercício 60) para encontrar o tamanho mínimo de amostra n, conforme mostrado na próxima definição.

Encontrar o tamanho mínimo de uma amostra para estimar μ

Dado o nível de confiança c e uma margem de erro E, o tamanho mínimo da amostra n necessário para estimar a média populacional μ é:

$$n = \left(\frac{z_c \sigma}{E}\right)^2.$$

Quando σ é desconhecido, você pode estimá-lo usando s, dado que você tenha uma amostra preliminar com pelo menos 30 membros.

Exemplo 6

Determinando um tamanho mínimo de amostra

O pesquisador da área econômica do Exemplo 1 quer estimar o número médio de horas semanais trabalhadas por todos os funcionários de mercearias no condado. Quantos funcionários devem ser incluídos na amostra para estar 95% confiante de que a diferença máxima entre a média amostral e a média populacional seja de 1,5 hora?

Solução

Usando $c = 0{,}95$, $z_c = 1{,}96$, $\sigma = 7{,}9$ (do Exemplo 2) e $E = 1{,}5$, você pode encontrar o tamanho mínimo da amostra n.

$$n = \left(\frac{z_c \sigma}{E}\right)^2 = \left(\frac{1{,}96 \cdot 7{,}9}{1{,}5}\right)^2 \approx 106{,}56.$$

Quando necessário, arredonde para obter um número inteiro. Assim, o pesquisador necessita de pelo menos 107 funcionários de mercearia na amostra.

Interpretação O pesquisador já tem 40 funcionários, então a amostra necessita de mais 67 membros. Note que 107 é o número *mínimo* de funcionários para incluir na amostra. O pesquisador poderia incluir mais, se desejasse.

> **Dica de estudo**
> Quando necessário, arredonde para obter um número inteiro ao determinar um tamanho mínimo de amostra. Por exemplo, quando $n \approx 220{,}23$, arredonde para 221.

Tente você mesmo 6

No Exemplo 6, quantos funcionários o pesquisador deve incluir na amostra para estar 95% confiante de que a média amostral diste no máximo 2 horas da média populacional? Compare sua resposta com a do Exemplo 6.

a. Identifique z_c, E e σ.
b. Use z_c, E e σ para calcular o tamanho mínimo da amostra n.
c. Interprete os resultados e compare-os com os do Exemplo 6.

6.1 Exercícios

Construindo habilidades básicas e vocabulário

1. Ao estimar uma média populacional, é mais provável que você esteja correto quando usa uma estimativa pontual ou uma estimativa intervalar? Explique seu raciocínio.

2. Qual estatística é o melhor estimador não viesado para μ?
   (a) s.
   (b) $\bar{x}$.
   (c) A mediana.
   (d) A moda.

3. Para a mesma estatística amostral, que nível de confiança produziria o intervalo de confiança mais amplo? Explique seu raciocínio.
   (a) 90%.   (b) 95%.   (c) 98%.   (d) 99%.

4. Você constrói um intervalo de confiança de 95% para uma média populacional usando uma amostra aleatória. O intervalo de confiança é $24{,}9 < \mu < 31{,}5$. A probabilidade de que μ esteja no intervalo é 0,95? Explique.

Nos exercícios 5 a 8, encontre o valor crítico z_c necessário para construir um intervalo de confiança no nível de confiança c.

5. $c = 0{,}80$.
6. $c = 0{,}85$.
7. $c = 0{,}75$.
8. $c = 0{,}97$.

Análise gráfica *Nos exercícios 9 a 12, use os valores na reta real para encontrar o erro na estimação.*

9. $\bar{x} = 3{,}8$ $\mu = 4{,}27$
10. $\mu = 8{,}76$ $\bar{x} = 9{,}5$
11. $\mu = 24{,}67$ $\bar{x} = 26{,}43$
12. $\bar{x} = 46{,}56$ $\mu = 48{,}12$

Nos exercícios 13 a 16, calcule a margem de erro para os valores de c, σ e n.

13. $c = 0{,}95$; $\sigma = 5{,}2$; $n = 30$.
14. $c = 0{,}90$; $\sigma = 2{,}9$; $n = 50$.
15. $c = 0{,}80$; $\sigma = 1{,}3$; $n = 75$.
16. $c = 0{,}975$; $\sigma = 4{,}6$; $n = 100$.

Relacione *Nos exercícios 17 a 20, relacione o nível de confiança c com sua representação na reta real.*

17. $c = 0{,}88$.   18. $c = 0{,}90$.   19. $c = 0{,}95$.   20. $c = 0{,}98$.

(a) 54,9 57,2 59,5
(b) 55,2 57,2 59,2
(c) 55,6 57,2 58,8
(d) 55,5 57,2 58,9

Nos exercícios 21 a 24, construa o intervalo de confiança indicado para a média populacional μ. Se for conveniente, use tecnologia para construir o intervalo de confiança.

21. $c = 0{,}90$; $\bar{x} = 12{,}3$; $\sigma = 1{,}5$; $n = 50$.
22. $c = 0{,}95$; $\bar{x} = 31{,}39$; $\sigma = 0{,}8$; $n = 82$.
23. $c = 0{,}99$; $\bar{x} = 10{,}5$; $\sigma = 2{,}14$; $n = 45$.
24. $c = 0{,}80$; $\bar{x} = 20{,}6$; $\sigma = 4{,}7$; $n = 100$.

Nos exercícios 25 a 28, use o intervalo de confiança para encontrar a margem de erro e a média amostral.

25. $(12{,}0; 14{,}8)$.
26. $(21{,}61; 30{,}15)$.
27. $(1{,}71; 2{,}05)$.
28. $(3{,}144; 3{,}176)$.

Nos exercícios 29 a 32, determine o tamanho(n) mínimo da amostra necessário para estimar μ a partir dos valores de c, σ e E.

29. $c = 0,90; \sigma = 6,8, E = 1$.
30. $c = 0,95; \sigma = 2,5, E = 1$.
31. $c = 0,80; \sigma = 4,1, E = 2$.
32. $c = 0,98; \sigma = 10,1, E = 2$.

Usando e interpretando conceitos

Encontrando a margem de erro *Nos exercícios 33 e 34, use o intervalo de confiança para encontrar a margem de erro estimada. Então, calcule a média amostral.*

33. Tempo de deslocamento Uma agência governamental informa um intervalo de confiança de (26,2; 30,1) ao estimar o tempo médio de deslocamento (em minutos) para a população de trabalhadores em uma cidade.

34. Preço dos livros Um gerente de loja informa um intervalo de confiança de (44,07; 80,97) ao estimar o preço médio (em dólares) para a população de livros didáticos.

Construindo intervalos de confiança *Nos exercícios 35 e 36, são dados a média amostral e o desvio padrão populacional. Use essa informação para construir os intervalos de confiança de 90% e 95% para a média populacional. Interprete os resultados e compare as amplitudes dos intervalos de confiança. Se for conveniente, use tecnologia para construir intervalos de confiança.*

35. Preço da gasolina De uma amostra aleatória de 48 dias em um ano recente, os preços da gasolina nos Estados Unidos tiveram uma média de US$ 3,63. Suponha que o desvio padrão populacional é de US$ 0,21. (*Fonte: U.S. Energy Information Administration.*)

36. Concentração de cloreto de sódio Em 36 amostras de água do mar selecionadas aleatoriamente, a concentração média de cloreto de sódio era de 23 cm³/m³. Suponha que o desvio padrão da população seja de 6,7 cm³/m³. (*Adaptado de: Dorling Kindersley Visual Encyclopedia.*)

37. Custos de reposição: transmissões Você trabalha para uma agência de defesa do consumidor e quer estimar o custo médio populacional de reposição da transmissão de um carro. Como parte de seu estudo, você seleciona aleatoriamente 50 custos de reposição e descobre que a média é de US$ 2.650,00. Suponha que o desvio padrão populacional é de US$ 425,00. Construa um intervalo de confiança de 95% para o custo de reposição médio populacional. (*Adaptado de: CostHelper.*)

38. Custos de reparo: refrigeradores Em uma amostra aleatória de 60 refrigeradores, o custo médio de reparos era de US$ 150,00. Suponha que o desvio padrão da população é de US$ 15,50. Construa um intervalo de confiança de 99% para o custo de reparo médio populacional. Interprete os resultados. (*Adaptado de: Consumer Reports.*)

39. Repita o Exercício 37, mudando o tamanho da amostra para $n = 80$. Qual intervalo de confiança é mais amplo? Explique.

40. Repita o Exercício 38, mudando o tamanho da amostra para $n = 40$. Qual intervalo de confiança é mais amplo? Explique.

41. Repita o Exercício 37, usando um desvio padrão populacional de σ = US$ 375,00. Qual intervalo de confiança é mais amplo? Explique.

42. Repita o Exercício 38, usando um desvio padrão populacional de σ = US$ 19,50. Que intervalo de confiança é mais amplo? Explique.

43. Quando todas as outras quantidades permanecem as mesmas, como a mudança indicada afeta a amplitude do intervalo de confiança?

(a) Aumento no nível de confiança.

(b) Aumento no tamanho da amostra.

(c) Aumento no desvio padrão populacional.

44. Descreva como você construiria um intervalo de confiança de 90% para estimar a idade média populacional dos estudantes de sua escola.

Construindo intervalos de confiança *Nos exercícios 45 e 46, use a informação para construir os intervalos de confiança de 90% e 99% para a média populacional. Interprete os resultados e compare as amplitudes dos intervalos de confiança. Se for conveniente, use tecnologia para construí-los.*

45. DVRs Um conselho de pesquisa quer estimar a duração média de tempo (em minutos) que um adulto americano gasta assistindo à televisão usando gravadores de vídeo digitais (DVRs) a cada dia. Para determinar essa estimativa, o conselho de pesquisa coleta uma amostra aleatória de 20 adultos americanos e obtém os seguintes tempos (em minutos):

| 24 | 27 | 26 | 29 | 33 | 21 | 18 | 24 | 23 | 34 |
| 17 | 15 | 19 | 23 | 25 | 29 | 36 | 19 | 18 | 22 |

De estudos anteriores, o conselho de pesquisa supõe que σ é 4,3 minutos e que a população dos tempos é normalmente distribuída. (*Adaptado de: The Nielsen Company.*)

46. Preços de ações Uma amostra aleatória dos preços de fechamento de ações para uma companhia em um ano recente é mostrada a seguir. Suponha que σ é US$ 2,62.

18,41	16,91	16,83	17,72	15,54	15,56
18,01	19,11	19,79	18,32	18,65	20,71
20,66	21,04	21,74	22,13	21,96	22,16
22,86	20,86	20,74	22,05	21,42	22,34
22,83	24,34	17,97	14,47	19,06	18,42
20,85	21,43	21,97	21,81		

47. Tamanho mínimo de amostra Determine o tamanho mínimo da amostra necessário quando você quer estar 95% confiante de que a média amostral dista no máximo de uma unidade da média populacional e σ = 4,8. Suponha que a população é normalmente distribuída.

48. Tamanho mínimo de amostra Determine o tamanho mínimo da amostra necessário quando você quer estar

99% confiante de que a média amostral dista no máximo de duas unidades da média populacional e $\sigma = 1{,}4$. Suponha que a população é normalmente distribuída.

49. Teor de colesterol do queijo Uma empresa de processamento de queijo quer estimar o teor médio de colesterol de todas as porções de uma onça de queijo. A estimativa deve distar no máximo 0,5 miligrama da média populacional.

(a) Determine o tamanho mínimo da amostra necessário para construir um intervalo de confiança de 95% para a média populacional. Suponha o desvio padrão populacional de 2,8 miligramas.

(b) Repita a parte (a) usando um intervalo de confiança de 99%.

(c) Qual nível de confiança requer um tamanho de amostra maior? Explique.

50. Idade dos estudantes universitários Um diretor de admissões quer estimar a idade média de todos os estudantes matriculados em uma faculdade. A estimativa deve estar dentro de 1 ano da média populacional. Suponha que a população de idades é normalmente distribuída.

(a) Determine o tamanho mínimo da amostra necessário para construir um intervalo de confiança de 90% para a média populacional. Suponha que o desvio padrão da população é 1,2 ano.

(b) Repita a parte (a) usando um intervalo de confiança de 99%.

(c) Qual nível de confiança requer um tamanho de amostra maior? Explique.

51. Volume de latas de tinta Um fabricante de tintas usa uma máquina para encher galões com tinta (veja a figura a seguir).

Tolerância de erro = 0,25 onça

(a) O fabricante quer estimar o volume médio de tinta que a máquina está colocando nas latas com margem de erro de no máximo 0,25 onça. Determine o tamanho mínimo da amostra necessário para construir um intervalo de confiança de 90% para a média populacional. Suponha que o desvio padrão populacional é de 0,85 onça.

(b) Repita a parte (a) usando uma tolerância (margem) de erro de 0,15 onça.

(c) Qual tolerância de erro requer um tamanho de amostra maior? Explique.

52. Máquina de distribuição de água Uma indústria de bebidas usa uma máquina para encher garrafas de um litro de água (veja a figura a seguir). Suponha que a população de volumes é normalmente distribuída.

Tolerância de erro = 1 ml

(a) A empresa quer estimar o volume médio de água que a máquina está colocando nas garrafas com no máximo 1 mililitro de erro. Determine o tamanho mínimo da amostra necessário para construir um intervalo da confiança de 95% para a média da população. Suponha que o desvio padrão populacional é de 3 mililitros.

(b) Repita a parte (a) usando uma tolerância de erro de 2 mililitros.

(c) Que tolerância de erro requer um tamanho de amostra maior? Explique.

53. Bolas de futebol Um fabricante de bolas de futebol quer estimar a circunferência média dessas bolas com margem de erro de no máximo 0,1 polegada.

(a) Determine o tamanho mínimo da amostra necessário para construir um intervalo de confiança de 99% para a média da população. Suponha que o desvio padrão populacional é de 0,25 polegada.

(b) Repita a parte (a) usando um desvio padrão populacional de 0,3 polegada.

(c) Qual desvio padrão requer um tamanho de amostra maior? Explique.

54. Minibolas de futebol Um fabricante da bolas de futebol quer estimar a circunferência média de minibolas com margem de erro de no máximo 0,15 polegada. Suponha que a população das circunferências seja normalmente distribuída.

(a) Determine o tamanho mínimo da amostra necessário para construir um intervalo de confiança de 99% para a média da população. Suponha que o desvio padrão populacional é de 0,20 polegada.

(b) Repita a parte (a) usando um desvio padrão populacional de 0,10 polegada.

(c) Que desvio padrão requer um tamanho de amostra maior? Explique.

55. Quando todas as outras quantidades se mantêm as mesmas, como a mudança indicada afeta a condição de tamanho mínimo de amostra?

    (a) Aumento no nível de confiança.

    (b) Aumento na tolerância de erro.

    (c) Aumento no desvio padrão populacional.

56. Ao estimar a média populacional, por que não construir um intervalo de confiança de 99% todas as vezes?

Expandindo conceitos

Fator de correção de população finita *Nos exercícios 57 a 59, use a informação a seguir.*

Nesta seção, você estudou a construção de intervalos de confiança para estimar a média populacional quando a população é grande ou infinita. Quando uma população é finita, a fórmula que determina o erro padrão da média $\sigma_{\bar{x}}$ precisa ser ajustada. Se N é o tamanho da população e n é o tamanho da amostra (em que $n \geq 0{,}05N$), então o erro padrão da média é:

$$\sigma_{\bar{x}} = \frac{\sigma}{\sqrt{n}} \sqrt{\frac{N-n}{N-1}}.$$

A expressão $\sqrt{(N-n)/(N-1)}$ é chamada de **fator de correção de população finita**. A margem de erro é

$$E = z_c \frac{\sigma}{\sqrt{n}} \sqrt{\frac{N-n}{N-1}}.$$

57. Determine o fator de correção de população finita para cada um dos dados a seguir.

    (a) $N = 1.000$ e $n = 500$.

    (b) $N = 1.000$ e $n = 100$.

    (c) $N = 1.000$ e $n = 75$.

    (d) $N = 1.000$ e $n = 50$.

    (e) O que acontece ao fator de correção de população finita conforme o tamanho da amostra n diminui, mas o tamanho da população N continua o mesmo?

58. Determine o fator de correção de população finita para cada um dos dados a seguir.

    (a) $N = 100$ e $n = 50$.

    (b) $N = 400$ e $n = 50$.

    (c) $N = 700$ e $n = 50$.

    (d) $N = 1.000$ e $n = 50$.

    (e) O que acontece ao fator de correção de população finita conforme o tamanho da população N aumenta, mas o tamanho da amostra n continua o mesmo?

59. Use o fator de correção de população finita para construir cada intervalo de confiança para a média populacional.

    (a) $c = 0{,}99; \bar{x} = 8{,}6; \sigma = 4{,}9; N = 200; n = 25$.

    (b) $c = 0{,}90; \bar{x} = 10{,}9; \sigma = 2{,}8; N = 500; n = 50$.

    (c) $c = 0{,}95; \bar{x} = 40{,}3; \sigma = 0{,}5; N = 300; n = 68$.

    (d) $c = 0{,}80; \bar{x} = 56{,}7; \sigma = 9{,}8; N = 400; n = 36$.

60. Tamanho de amostra A equação para determinar o tamanho da amostra

$$n = \left(\frac{z_c \sigma}{E}\right)^2$$

pode ser obtida resolvendo-se a equação para a margem de erro

$$E = \frac{z_c \sigma}{\sqrt{n}}$$

para n. Mostre que isso é verdadeiro e justifique cada passo.

O que você deve aprender

- Como interpretar a distribuição t e usar a tabela da distribuição t.
- Como construir e interpretar intervalos de confiança para uma média populacional quando σ é desconhecido.

6.2 Intervalos de confiança para a média (σ desconhecido)

A distribuição t • Intervalos de confiança e distribuições t

A distribuição t

Em muitas situações de vida real, o desvio padrão da população é desconhecido. Então, como podemos construir um intervalo de confiança para uma média populacional no qual σ não é conhecido? Para uma variável aleatória que é normalmente distribuída (ou aproximadamente normalmente distribuída), a variável média amostral comporta-se tal qual outro modelo, a **distribuição t**.

> **Definição**
>
> Se a distribuição de uma variável aleatória x for, no mínimo, aproximadamente normal, então a média amostral distribui-se tal qual a estatística

$$t = \frac{\bar{x} - \mu}{s/\sqrt{n}}$$

denominada **distribuição t**.

Valores críticos de t são denotados por t_c. Apresentamos a seguir diversas propriedades da distribuição t.

1. A média, a mediana e a moda da distribuição t são iguais a 0.
2. A distribuição t tem forma de sino e é simétrica em relação à média.
3. A área total sob a curva da distribuição t é igual a 1.
4. As caudas na distribuição t são "mais grossas" que as da distribuição normal padrão.
5. O desvio padrão da distribuição t varia com o tamanho da amostra, mas é maior que 1.
6. A distribuição t é uma família de curvas, cada uma determinada por um parâmetro chamado de *graus de liberdade*. Os **graus de liberdade** (algumas vezes abreviados como g.l.) são o número de escolhas livres deixadas depois que uma estatística amostral tal como $\bar{x}$ é calculada. Quando usamos a distribuição t para estimar uma média populacional, os graus de liberdade são iguais ao tamanho da amostra menos um.

    g.l. = $n - 1$ Graus de liberdade

7. Conforme os graus de liberdade aumentam, a distribuição t se aproxima da distribuição normal, conforme mostrado na Figura 6.9. A partir dos 30 g.l., a distribuição t tende a se aproximar da distribuição normal padrão.

Figura 6.9 Curva normal e curvas t para dois valores de graus de liberdade.

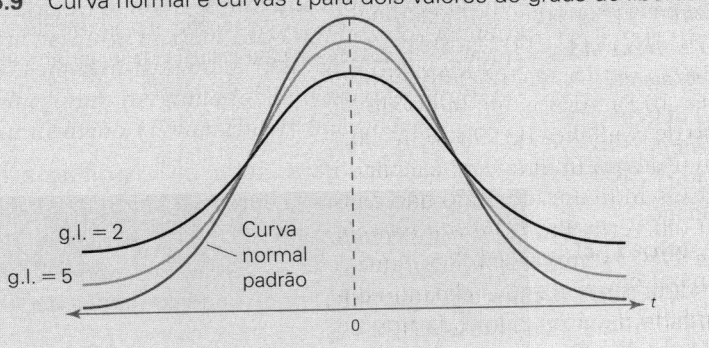

Entenda

Apresentamos um exemplo que ilustra o conceito de graus de liberdade.
O número de cadeiras em uma sala de aula é igual ao número de alunos: 25 cadeiras e 25 alunos. Cada um dos primeiros 24 alunos que estão para entrar na sala tem alguma escolha de qual cadeira ele ou ela sentará. Não há liberdade de escolha, contudo, para o 25º estudante a entrar na sala

A Tabela B.5 do Apêndice B lista os valores críticos de t para intervalos de confiança e os graus de liberdade selecionados.

Exemplo 1

Encontrando valores críticos de *t*

Encontre o valor crítico t_c para um nível de confiança de 95% quando o tamanho da amostra é 15.

Solução

Como $n = 15$, os graus de liberdade são:

g.l. = $n - 1 = 15 - 1 = 14$.

Uma parte da Tabela B.5 do Apêndice B é exibida na Tabela 6.3. Usando g.l. = 14 e $c = 0{,}95$, você pode encontrar o valor crítico t_c, como mostrado pelas áreas destacadas na tabela.

Dica de estudo

Os valores críticos na tabela da distribuição *t* para um intervalo de confiança específico podem ser encontrados na coluna nomeada por *c* na linha do g.l. apropriado. (O símbolo α será explicado no Capítulo 7).

Tabela 6.3 Tabela de valores da distribuição *t* — unilateral e bilateral.

	Nível de confiança, *c*	0,80	0,90	0,95	0,98	0,99
	Unilateral, α	0,10	0,05	0,025	0,01	0,005
g.l.	Bilateral, α	0,20	0,10	0,05	0,02	0,01
1			3,078	6,314	12,706	31,821	63,657
2			1,886	2,920	4,303	6,965	9,925
3			1,638	2,353	3,182	4,541	5,841
12			1,356	1,782	2,179	2,681	3,055
13			1,350	1,771	2,160	2,650	3,012
14			1,345	1,761	2,145	2,624	2,977
15			1,341	1,753	2,131	2,602	2,947
16			1,337	1,746	2,120	2,583	2,921

Da tabela, você pode ver que $t_c = 2{,}145$. A Figura 6.10 mostra a distribuição *t* para 14 graus de liberdade, $c = 0{,}95$ e $t_c = 2{,}145$.

Figura 6.10 Gráfico da distribuição *t* – escores *t* para nível de confiança $c = 95\%$.

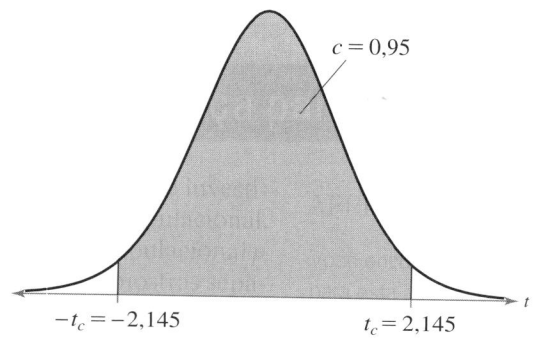

Interpretação Então, para uma curva da distribuição *t* com 14 graus de liberdade, 95% da área sob a curva está entre $t = \pm 2{,}145$.

Tente você mesmo 1

Encontre o valor crítico t_c para um nível de confiança de 90% quando o tamanho da amostra é 22.

a. Identifique os graus de liberdade.
b. Identifique o nível de confiança *c*.
c. Use a Tabela B.5 no Apêndice B para encontrar t_c.
d. Interprete os resultados.

Entenda

Para 30 ou mais graus de liberdade, os valores críticos para a distribuição *t* são próximos aos valores críticos correspondentes para a distribuição normal padrão. Além disso, os valores na última linha da tabela referentes a uma amostra infinita, com ∞ g.l., correspondem exatamente aos valores da distribuição normal padrão.

Quando os graus de liberdade que você precisa não estão na tabela, use o g.l. mais próximo que seja *menor que* o valor que você precisa. Por exemplo, para g.l. = 57, use 50 graus de liberdade. Essa aproximação conservadora produzirá um intervalo de confiança mais amplo com um nível de confiança *c* ligeiramente mais alto.

Intervalos de confiança e distribuições *t*

Construir um intervalo de confiança para μ quando σ *não* é conhecido usando a distribuição *t* é similar a construir um intervalo de confiança para μ quando σ é conhecido usando a distribuição normal padrão — ambos usam uma estimativa pontual $\bar{x}$ e uma margem de erro E. Quando σ não é conhecido, a margem de erro E é calculada usando o desvio padrão amostral s e o valor crítico t_c. Então, a fórmula para E é:

$$E = t_c \frac{s}{\sqrt{n}}.$$ Margem de erro para μ (σ desconhecido)

Antes de usar essa fórmula, verifique se a amostra é aleatória e ou a população é normalmente distribuída ou $n \geq 30$.

Instruções

Como construir um intervalo de confiança para a média populacional (σ desconhecido)

EM PALAVRAS	EM SÍMBOLOS
1. Verificar se σ não é conhecido, a amostra é aleatória, e ou a população é normalmente distribuída ou $n \geq 30$.	
2. Calcular as estatísticas amostrais n, $\bar{x}$ e s.	$\bar{x} = \frac{\Sigma x}{n}, s = \sqrt{\frac{\Sigma(x - \bar{x})^2}{n-1}}$
3. Identificar os graus de liberdade, o nível de confiança c e o valor crítico t_c.	g.l. $= n - 1$ Use a Tabela B.5 do Apêndice B.
4. Calcular a margem de erro E.	$E = t_c \frac{s}{\sqrt{n}}$
5. Calcular os limites inferior e superior e construir o intervalo de confiança.	Limite inferior: $\bar{x} - E$ Limite superior: $\bar{x} + E$ Intervalo: $\bar{x} - E < \mu < \bar{x} + E$

Dica de estudo

Lembre-se de que você pode calcular o desvio padrão amostral s usando a fórmula

$$s = \sqrt{\frac{\Sigma(x - \bar{x})^2}{n-1}}$$

ou a fórmula abreviada

$$s = \sqrt{\frac{\Sigma x^2 - (\Sigma x)^2/n}{n-1}}.$$

Todavia, a forma mais conveniente de encontrar o desvio padrão amostral é usar a função *1-Var*Stats de uma calculadora gráfica.

Veja o passo a passo do Minitab na página 320.

Exemplo 2

Como construir um intervalo de confiança

Você seleciona aleatoriamente 16 cafeterias e mede a temperatura do café vendido em cada uma delas. A temperatura média da amostra é 162,0 °F com desvio padrão de 10,0 °F. Construa um intervalo de confiança de 95% para a temperatura média da população de cafés vendidos. Suponha que as temperaturas tenham distribuição aproximadamente normal.

Solução

Como σ é desconhecido, a amostra é aleatória e as temperaturas têm distribuição aproximadamente normal, use a distribuição t. Sendo $n = 16$, $\bar{x} = 162,0$, $s = 10,0$, $c = 0,95$ e g.l. $= 15$, você pode encontrar na Tabela B.5 do Apêndice B o valor de $t_c = 2,131$. A margem de erro ao nível de confiança de 95% é:

$$E = t_c \frac{s}{\sqrt{n}} = 2,131 \cdot \frac{10,0}{\sqrt{16}} \approx 5,3.$$

O intervalo de confiança é mostrado a seguir e na Figura 6.11.

Limite inferior: $\bar{x} - E \approx 162 - 5,3 = 156,7$

Limite superior: $\bar{x} + E \approx 162 + 5,3 = 167,3$

$$156,7 < \mu < 167,3$$

Figura 6.11 Intervalo de confiança na reta real — média amostral e limites.

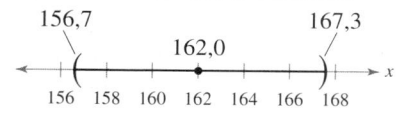

Interpretação Com 95% de confiança, você pode dizer que a temperatura média da população de cafés vendidos está entre 156,7 °F e 167,3 °F.

Tente você mesmo 2

Construa os intervalos de confiança de 90% e 99% para a temperatura média da população de cafés vendidos no Exemplo 2.

a. Encontre t_c e E para cada nível de confiança.
b. Use $\bar{x}$ e E para calcular os limites inferior e superior de cada intervalo de confiança.
c. Interprete os resultados.

Veja o passo a passo da TI-84 Plus na página 320.

Para explorar mais este tópico, veja a Atividade 6.2.

Referência histórica

William S. Gosset (1876–1937)

Desenvolveu a distribuição *t* enquanto trabalhava na indústria de cervejas Guinness, em Dublin, na Irlanda. Gosset publicou suas descobertas usando o pseudônimo de Student. A distribuição *t* às vezes é chamada de distribuição *t* de Student. (Veja na página 33 outros nomes que foram importantes na história da estatística.)

Exemplo 3

Como construir um intervalo de confiança

Você seleciona aleatoriamente 36 carros do mesmo modelo que foram vendidos em uma concessionária, e determina o número de dias que cada um permaneceu no pátio da concessionária antes de ser vendido. A média amostral é de 9,75 dias, com um desvio padrão amostral de 2,39 dias. Construa um intervalo de confiança de 99% para o número médio populacional de dias que um carro permanece no pátio da concessionária.

Solução

Como σ é desconhecido, a amostra é aleatória e $n = 36 \geq 30$, use a distribuição *t*. Sendo $n = 36$, $\bar{x} = 9{,}75$, $s = 2{,}39$, $c = 0{,}99$ e g.l. = 35, você pode usar a Tabela B.5 do Apêndice B para encontrar que $t_c = 2{,}724$. A margem de erro ao nível de confiança de 99% é:

$$E = t_c \frac{s}{\sqrt{n}} = 2{,}724 \cdot \frac{2{,}39}{\sqrt{36}} \approx 1{,}09.$$

O intervalo de confiança é construído como vemos a seguir e é geometricamente representado como mostra a Figura 6.12.

Limite inferior
$\bar{x} - E \approx 9{,}75 - 1{,}09$
$= 8{,}66$

Limite superior
$\bar{x} - E \approx 9{,}75 + 1{,}09$
$= 10{,}84$

$8{,}66 < \mu < 10{,}84$

Figura 6.12 Representação geométrica do intervalo de confiança.

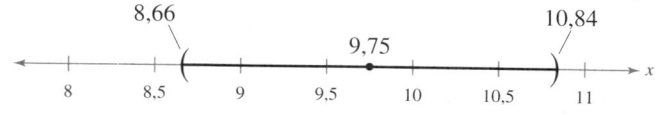

Interpretação Com 99% de confiança, você pode dizer que o número médio populacional de dias que o carro permanece no pátio da concessionária está entre 8,66 e 10,84.

Tente você mesmo 3

Construa um intervalo de confiança de 90% e 95% para o número médio populacional de dias que o carro permanece no pátio da concessionária no Exemplo 3. Compare as larguras dos intervalos de confiança.

a. Encontre t_c e calcule E para cada nível de confiança.
b. Use $\bar{x}$ e E para encontrar os limites inferior e superior de cada intervalo de confiança.
c. Interprete os resultados e compare as larguras dos intervalos de confiança.

O fluxograma descreve quando usar a distribuição normal padrão e quando usar a distribuição t para construir um intervalo de confiança para uma média populacional.

σ é conhecido?

Sim
Se a população é normalmente distribuída ou n ≥ 30, então use a distribuição normal padrão com
$$E = z_c \frac{\sigma}{\sqrt{n}}.$$ Seção 6.1

Não
Se a população é normalmente distribuída ou n ≥ 30, então use a distribuição t com
$$E = t_c \frac{s}{\sqrt{n}}$$ Seção 6.2
e $n - 1$ graus de liberdade.

Quando $n < 30$ e a população *não* é normalmente distribuída, você *não pode* usar a distribuição normal padrão ou a distribuição t.

Exemplo 4

Escolhendo a distribuição normal padrão ou a distribuição t

Você seleciona aleatoriamente 25 casas construídas recentemente. O custo de construção médio amostral é de US$ 181.000 e o desvio padrão da população é de US$ 28.000. Supondo que os custos de construção são normalmente distribuídos, você deve usar a distribuição normal padrão, a distribuição t ou nenhuma delas para construir um intervalo de confiança de 95% para a média populacional dos custos de construção? Explique seu raciocínio.

Solução

σ é conhecido?
Sim.
A população é normalmente distribuída ou $n \geq 30$?
Sim, a população é normalmente distribuída.
Decisão:
Use a distribuição normal padrão.

Tente você mesmo 4

Você seleciona aleatoriamente 18 atletas adultos do sexo masculino e mede a frequência cardíaca em repouso de cada um. A média amostral da frequência cardíaca é de 64 batimentos por minuto com desvio padrão amostral de 2,5 batimentos por minuto. Supondo que as frequências cardíacas são normalmente distribuídas, devemos usar a distribuição normal padrão, a distribuição t ou nenhuma delas para construir um intervalo de confiança de 90% para a média da frequência cardíaca populacional? Explique seu raciocínio.

Retratando o mundo

Duas bolas de futebol americano, uma cheia de ar e outra de hélio, foram chutadas em um dia sem vento na Universidade Estadual de Ohio. As bolas de futebol foram alternadas em cada chute. Depois de 10 chutes, cada bola foi chutada mais 29 vezes. As distâncias (em jardas) estão listadas. (*Fonte: The Columbus Dispatch.*)

Cheias de ar

1	9 Chave: 1 | 9 = 19
2	0 0 2 2
2	5 5 5 5 6 6
2	7 7 7 8 8 8 8 9 9 9
3	1 1 1 2
3	3 4

Cheias de hélio

1	1 2
1	4
1	
2	2
2	3 4 6 6 6
2	7 8 8 8 9 9 9 9
3	0 0 0 0 1 1 2 2
3	3 4 5
3	9 Chave: 1 | 1 = 11

Suponha que as distâncias são normalmente distribuídas para cada bola. Observe o fluxograma acima e decida qual(is) distribuição(ões) utilizar. Construa um intervalo de confiança de 95% para a distância média populacional que cada tipo de bola percorreu. Os intervalos de confiança se sobrepõem? O que este resultado diz a você?

a. σ é conhecido?
b. A população é normalmente distribuída ou $n \geq 30$?
c. Decida qual distribuição usar, se alguma, e explique seu raciocínio.

6.2 Exercícios

Construindo habilidades básicas e vocabulário

Nos exercícios 1 a 4, encontre o valor crítico t_c para o nível de confiança c e o tamanho da amostra n.

1. $c = 0{,}90; n = 10$.
2. $c = 0{,}95; n = 12$.
3. $c = 0{,}99; n = 16$.
4. $c = 0{,}98; n = 40$.

Nos exercícios 5 a 8, calcule a margem de erro para os valores de c, s e n.

5. $c = 0{,}95; s = 5; n = 16$.
6. $c = 0{,}99; s = 3; n = 6$.
7. $c = 0{,}90; s = 2{,}4; n = 35$.
8. $c = 0{,}98; s = 4{,}7; n = 9$.

Nos exercícios 9 a 12, construa o intervalo de confiança indicado para a média populacional μ usando a distribuição t.

9. $c = 0{,}90; \bar{x} = 12{,}5; s = 2{,}0; n = 6$.
10. $c = 0{,}95; \bar{x} = 13{,}4; s = 0{,}85; n = 8$.
11. $c = 0{,}98; \bar{x} = 4{,}3; s = 0{,}34; n = 14$.
12. $c = 0{,}99; \bar{x} = 24{,}7; s = 4{,}6; n = 50$.

Nos exercícios 13 a 16, use o intervalo de confiança para calcular a margem de erro e a média amostral.

13. (14,7; 22,1).
14. (6,17; 8,53).
15. (64,6; 83,6).
16. (16,2; 29,8).

Usando e interpretando conceitos

Nos exercícios 17 a 20, é dada a média amostral e o desvio padrão amostral. Suponha que a população é normalmente distribuída e use a distribuição t para encontrar a margem de erro e construir um intervalo de confiança de 95% para a média populacional. Interprete os resultados. Se for conveniente, use tecnologia para construir o intervalo de confiança.

17. **Tempo de deslocamento** Em uma amostra aleatória de oito pessoas, o tempo médio de deslocamento para o trabalho era de 35,5 minutos e o desvio padrão era de 7,2 minutos.

18. **Distância percorrida de carro** Em uma amostra aleatória de cinco pessoas, a distância média percorrida de carro até o trabalho era de 22,2 milhas e o desvio padrão era de 5,8 milhas.

19. **Reparo em micro-ondas** Em uma amostra aleatória de 13 fornos de micro-ondas, o custo médio de reparo era de US$ 80,00 e o desvio padrão era de US$ 13,50.

20. **Reparo em computador** Em uma amostra aleatória de sete computadores, o custo médio de reparo era de US$ 110,00 e o desvio padrão era de US$ 44,50.

21. Você pesquisa tempos de deslocamento para o trabalho e descobre que o desvio padrão populacional é de 9,3 minutos. Repita o Exercício 17, usando a distribuição normal padrão e considerando que o desvio padrão populacional é conhecido. Compare os resultados.

22. Você pesquisa distâncias percorridas de carro para o trabalho e descobre que o desvio padrão populacional é de 5,2 milhas. Repita o Exercício 18 usando a distribuição normal padrão e considerando que o desvio padrão populacional é conhecido. Compare os resultados.

23. Você pesquisa custos de reparo de fornos de micro-ondas e descobre que o desvio padrão populacional é de US$ 15. Repita o Exercício 19 usando a distribuição normal padrão e considerando que o desvio padrão populacional é conhecido. Compare os resultados.

24. Você pesquisa custos de reparo de computadores e descobre que o desvio padrão populacional é de US$ 50. Repita o Exercício 20 usando a distribuição normal padrão e considerando que o desvio padrão populacional é conhecido. Compare os resultados.

Construindo intervalos de confiança Nos exercícios 25 a 28, use o conjunto de dados para (a) calcular a média amostral, (b) calcular o desvio padrão amostral e (c) construir um intervalo de confiança de 99% para a média populacional. Suponha que a população é normalmente distribuída. Se for conveniente, use tecnologia.

25. **Pontuação no SAT** A pontuação no SAT de 12 alunos do ensino médio selecionados aleatoriamente.

| 1.700 | 1.940 | 1.510 | 2.000 | 1.430 | 1.870 |
| 1.990 | 1.650 | 1.820 | 1.670 | 2.210 | 1.380 |

26. **Coeficiente de rendimento** Os coeficientes de rendimento de 15 universitários selecionados aleatoriamente.

| 2,3 | 3,3 | 2,6 | 1,8 | 0,2 | 3,1 | 4,0 | 0,7 |
| 2,3 | 2,0 | 3,1 | 3,4 | 1,3 | 2,6 | 2,6 | |

27. **Futebol universitário** O tempo (em horas) gasto semanalmente levantando peso, por 16 jogadores universitários de futebol selecionados aleatoriamente.

| 7,4 | 5,8 | 7,3 | 7,0 | 8,9 | 9,4 | 8,3 | 9,3 |
| 6,9 | 7,5 | 9,0 | 5,8 | 5,5 | 8,6 | 9,3 | 3,8 |

28. **Trabalho de casa** O tempo (em horas) gasto semanalmente com lição de casa, por 18 estudantes do ensino médio selecionados aleatoriamente.

12,0 11,3 13,5 11,7 12,0 13,0 15,5 10,8 12,5
12,3 14,0   9,5   8,8 10,0 12,8 15,0 11,8 13,0

Construindo intervalos de confiança *Nos exercícios 29 e 30, use o conjunto de dados para (a) calcular a média amostral, (b) calcular o desvio padrão amostral e (c) construir um intervalo de confiança de 98% para a média populacional. Se for conveniente, use tecnologia.*

29. **Salários** Os salários anuais (em dólares) de 35 microbiologistas selecionadas aleatoriamente. (*Fonte: U.S. Bureau of Labor Statistics.*)

99.911 80.842 77.944 67.699 51.500 67.637 94.007 66.021
79.167 73.924 44.577 86.788 60.849 57.805 54.958 78.304
47.670 98.792 80.999 92.745 63.515 74.555 50.773 60.712
91.880 84.022 79.908 64.044 74.074 56.911 46.921 89.536
75.565 61.807 82.520

30. **Salários** Os salários anuais (em dólares) de 40 enfermeiras registradas selecionadas aleatoriamente. (*Fonte: U.S. Bureau of Labor Statistics.*)

62.637 55.692 79.791 83.486 59.490 61.309 54.611 57.878
78.662 45.400 66.418 62.012 77.746 65.553 71.127 55.014
68.741 64.984 63.430 55.398 73.191 86.760 78.554 59.564
54.462 45.163 49.384 83.656 78.781 59.728 52.176 63.692
66.123 69.087 77.899 90.830 78.797 49.696 54.799 61.828

Escolhendo uma distribuição *Nos exercícios 31 a 36, use a distribuição normal padrão ou a distribuição t para construir um intervalo de confiança de 95% para a média populacional. Justifique sua decisão. Se nenhuma das distribuições puder ser usada, explique o porquê. Interprete os resultados. Se for conveniente, use tecnologia para construir o intervalo de confiança.*

31. **Índice de massa corporal** Em uma amostra aleatória de 50 pessoas, o índice de massa corporal (IMC) médio era de 27,7 e o desvio padrão era de 6,12. (*Adaptado de: Centers for Disease Control.*)

32. **Hipotecas** Em uma amostra aleatória de 15 instituições de crédito hipotecário, a taxa média de juros era de 3,57% e o desvio padrão era de 0,36%. Suponha que as taxas de juros são normalmente distribuídas. (*Adaptado de: Federal Reserve.*)

33. **Carros esportivos: rendimento** Os rendimentos (em milhas por galão) de 45 carros esportivos selecionados aleatoriamente estão listados.

21 30 19 20 21 24 18 24 27 20 22 30 25 26 23
22 17 21 24 22 20 24 21 20 18 20 21 20 27 21
20 20 19 23 17 20 22 19 15 24 19 19 25 22 25

34. **Jardas com a bola** Em uma temporada recente, o desvio padrão populacional das jardas percorridas com a bola para todos os *running backs* era de 1,21. As jardas percorridas de 20 *running backs* selecionados aleatoriamente estão listadas. Suponha que as jardas percorridas são normalmente distribuídas. (*Fonte: National Football League.*)

2,8 3,9 5,0 4,4 3,3 3,8 4,8 4,9 3,8 4,2
3,9 3,6 4,0 3,7 6,0 7,2 4,8 2,9 5,3 4,5

35. **Tempo de espera no hospital** Em uma amostra aleatória de 19 pacientes na área de emergência de um hospital, o tempo médio de espera antes de serem atendidos por um médico era de 23 minutos e o desvio padrão era de 11 minutos. Suponha que os tempos de espera não são normalmente distribuídos.

36. **Tempo de internação no hospital** Em uma amostra aleatória de 13 pessoas, o tempo médio de internação em um hospital era de 6,2 dias. Suponha que o desvio padrão populacional é de 1,7 dia e que os tempos de internação são normalmente distribuídos. (*Adaptado de: American Hospital Association.*)

Expandindo conceitos

37. **Fabricação de bolas de tênis** Uma empresa fabrica bolas de tênis. Quando as bolas são largadas em uma superfície de concreto de uma altura de 100 polegadas, a empresa quer que a altura média que essas bolas saltem para cima seja de 55,5 polegadas. Essa média é monitorada testando-se periodicamente amostras aleatórias de 25 bolas de tênis. Se o valor t estiver entre $-t_{0,99}$ e $t_{0,99}$, então a empresa estará satisfeita, pois estará fabricando bolas de tênis aceitáveis. Uma amostra de 25 bolas é selecionada aleatoriamente e testada. A altura média dos saltos da amostra é de 56,0 polegadas e o desvio padrão, de 0,25 polegada. Suponha que as alturas de salto das bolas são aproximadamente normalmente distribuídas. A empresa está fabricando bolas de tênis aceitáveis? Explique seu raciocínio.

38. **Fabricação de lâmpadas** Uma empresa fabrica lâmpadas. A empresa quer que as lâmpadas tenham uma vida útil média de 1.000 horas. Essa média é monitorada testando-se periodicamente amostras aleatórias de 16 lâmpadas. Se o valor t estiver entre $-t_{0,99}$ e $t_{0,99}$, então a empresa estará satisfeita, pois estará fabricando lâmpadas aceitáveis. Uma amostra de 16 lâmpadas é selecionada aleatoriamente e testada. A vida útil média da amostra é de 1.015 horas e o desvio padrão é de 25 horas. Suponha que as vidas úteis são aproximadamente normalmente distribuídas. A empresa está fabricando lâmpadas aceitáveis? Explique seu raciocínio.

Atividade 6.2 – Intervalos de confiança para uma média (o impacto de não conhecer o desvio padrão)

O applet *Confidence intervals for a mean (the impact of not knowing the standard deviation)* permite que você investigue visualmente intervalos de confiança para uma média populacional. Você pode especificar o tamanho da amostra n, a forma da distribuição (normal ou assimétrica à direita), a média da população (*Mean*) e o verdadeiro desvio padrão populacional (*Std.Dev.*). Quando você clica em SIMULATE (simular), 100 amostras separadas de tamanho n serão selecionadas de uma população com esses parâmetros populacionais. Para cada uma das 100 amostras, um intervalo de confiança baseado na distribuição normal (Z) de 95% (desvio padrão conhecido) e um intervalo de confiança baseado na distribuição t (T) de 95% (desvio padrão desconhecido) são mostrados. O intervalo de confiança de 95% Z é mostrado em verde e o intervalo de confiança de 95% T é mostrado em azul. Quando um intervalo não contém a média populacional, ele é mostrado em vermelho (*Did not contain mean*). Simulações adicionais podem ser realizadas clicando em SIMULATE múltiplas vezes. O número acumulado de vezes que cada tipo de intervalo contém a média populacional também é mostrado (*contained mean*). Aparece ainda a proporção de intervalos que contém a média populacional (*Prop. contained*). Pressione CLEAR para limpar os resultados existentes e começar uma nova simulação. (Veja a Figura 6.13.)

APPLET

Você encontra o applet interativo para esta atividade no Site de Apoio.

Figura 6.13 Tecnologia para simular a construção de intervalos de confiança para a média.

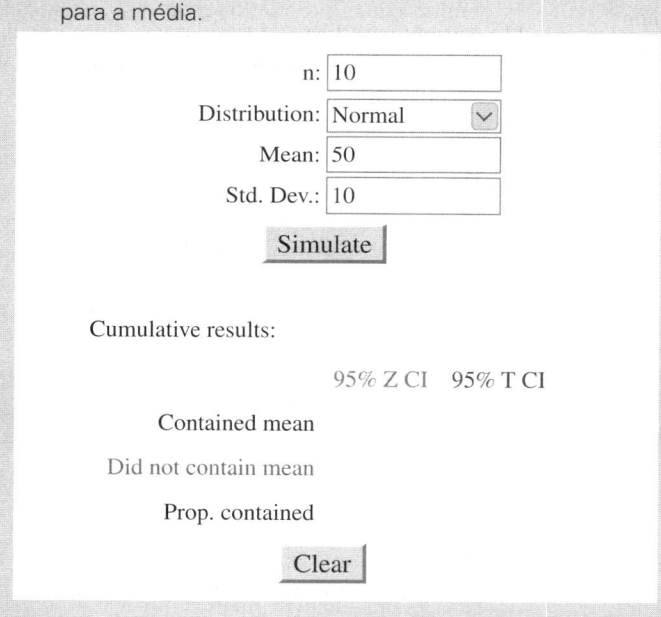

```
             n: 10
   Distribution: Normal
          Mean: 50
      Std. Dev.: 10
           Simulate

   Cumulative results:
                      95% Z CI    95% T CI
   Contained mean
   Did not contain mean
   Prop. contained
              Clear
```

Explore

Passo 1 Especifique um valor para n.
Passo 2 Especifique uma distribuição (*Distribution*).
Passo 3 Especifique um valor para a média (*Mean*).
Passo 4 Especifique um valor para o desvio padrão (*Std. Dev.*).
Passo 5 Clique em SIMULATE para gerar os intervalos de confiança.

Conclua

1. Configure $n = 30$, média $= 25$, desvio padrão $= 5$, e a distribuição para normal. Rode a simulação de modo que pelo menos 1.000 intervalos de confiança sejam gerados. Compare a proporção dos intervalos de confiança de 95% Z e os intervalos de confiança de 95% T que contêm a média populacional. Isso é o que você esperaria? Explique.

2. Em uma amostra aleatória de 24 estudantes de ensino médio, o número médio de horas de sono por noite durante uma semana escolar era de 7,26 horas e desvio padrão de 1,19 hora. Suponha que os tempos de sono são normalmente distribuídos. Rode a simulação para $n = 10$ de modo que pelo menos 500 intervalos de confiança sejam gerados. Qual proporção dos intervalos de confiança de 95% Z e dos intervalos de confiança de 95% T contém a média populacional? Devemos usar um intervalo de confiança Z ou T para o número médio de horas de sono? Explique.

Estudo de caso

Treinamento de maratona

Uma maratona é uma corrida a pé com uma distância de 26,22 milhas. Foi um dos eventos originais da Olimpíada moderna, sendo no início apenas para o masculino. A maratona feminina não era um evento olímpico até 1984. O recorde olímpico para a maratona masculina foi estabelecido nos jogos de 2008 pelo queniano Samuel Kamau Wanjiru, com um tempo de 2 horas, 6 minutos e 32 segundos. O recorde olímpico para a maratona feminina foi estabelecido durante os jogos de 2012 por Tiki Gelana da Etiópia, com um tempo de 2 horas, 23 minutos e 7 segundos.

O treinamento para uma maratona geralmente dura pelo menos 6 meses. Esse treinamento é gradual, com aumento nas distâncias aproximadamente a cada 2 semanas. Cerca de 1 a 3 semanas antes da corrida, a distância é ligeiramente diminuída. Os diagramas de ramo e folha das figuras 6.14(a) e (b) mostram os tempos de treinamento para maratona (em minutos) para uma amostra aleatória de 30 homens e 30 mulheres corredores.

Figura 6.14 Tempos de treinamentos para maratona.

(a) Tempos de treino (em minutos) de corredores homens

```
15 | 5 8 9 9 9        Chave: 15|5 = 155
16 | 0 0 0 0 1 2 3 4 4 5 8 9
17 | 0 1 1 3 5 6 6 7 7 9
18 | 0 1 5
```

(b) Tempos de treino (em minutos) de corredoras mulheres

```
17 | 8 9 9            Chave: 17|8 = 178
18 | 0 0 0 0 1 2 3 4 6 6 7 9
19 | 0 0 0 1 3 4 5 5 6 6
20 | 0 0 1 2 3
```

Exercícios

1. Use a amostra para calcular uma estimativa pontual para o tempo médio de treinamento de
   (a) Corredores homens.
   (b) Corredoras mulheres.

2. Calcule o desvio padrão amostral dos tempos de treinamento para
   (a) Corredores homens.
   (b) Corredoras mulheres.

3. Use a amostra para construir um intervalo de confiança de 95% para o tempo médio de treinamento populacional de
   (a) Corredores homens.
   (b) Corredoras mulheres.

4. Interprete os resultados do Exercício 3.

5. Use a amostra para construir um intervalo de confiança de 95% para o tempo médio de treinamento populacional de todos os corredores. Como os seus resultados diferem dos do Exercício 3?

6. Um treinador quer estimar o tempo médio populacional de corrida para ambos homens e mulheres com margem de erro de no máximo 2 minutos. Determine o tamanho mínimo da amostra necessário para construir um intervalo de confiança de 99% para o tempo médio de treinamento da população de
   (a) Corredores homens. Suponha que o desvio padrão populacional é de 8,9 minutos.
   (b) Corredoras mulheres. Suponha que o desvio padrão populacional é de 8,4 minutos.

O que você deve aprender

- Como encontrar uma estimativa pontual para a proporção populacional.
- Como construir e interpretar intervalos de confiança para uma proporção populacional.
- Como determinar o tamanho mínimo da amostra necessário quando estimamos uma proporção populacional.

6.3 Intervalos de confiança para a proporção

Estimativa pontual para uma proporção populacional • Intervalos de confiança para uma proporção populacional • Encontrando um tamanho mínimo de amostra

Estimativa pontual para uma proporção populacional

Lembre-se da Seção 4.2 que a probabilidade de sucesso em uma única tentativa de um experimento binomial é p. Essa probabilidade é uma **proporção populacional**. Nesta seção você aprenderá como estimar uma proporção populacional p usando um intervalo de confiança. Como no caso dos intervalos de confiança para μ, você começará com uma estimativa pontual.

> **Definição**
>
> A **estimativa pontual para p**, a proporção populacional de sucessos, é dada pela proporção de sucessos em uma amostra e é denotada por:
>
> $$\hat{p} = \frac{x}{n} \quad \text{Proporção amostral}$$
>
> em que x é o número de sucessos em uma amostra e n é o tamanho da amostra. A estimativa pontual para a proporção populacional de não sucessos é $\hat{q} = 1 - \hat{p}$. Os símbolos $\hat{p}$ e $\hat{q}$ são lidos como "p chapéu" e "q chapéu".

Exemplo 1

Como encontrar uma estimativa pontual para p

Em uma pesquisa com 1.000 adolescentes americanos, 372 disseram que possuem smartphones. Encontre uma estimativa pontual para a proporção populacional de adolescentes americanos que possuem smartphones. (*Adaptado de: Pew Research Center.*)

Solução

Usando $n = 1.000$ e $x = 372$,

$\hat{p} = \dfrac{x}{n}$ Fórmula da proporção amostral

$= \dfrac{372}{1.000}$ Substitua 372 por x e 1.000 por n

$= 0,372$ Divida

$= 37,2\%$. Pode ser escrita como uma percentagem

Então, a estimativa pontual para a proporção populacional de adolescentes americanos que possuem smartphones é de 37,2%.

Tente você mesmo 1

Em uma pesquisa com 2.462 professores americanos, 123 disseram que "todas ou quase todas" as informações que eles encontram utilizando ferramentas de busca on-line são corretas ou confiáveis. (*Fonte: Pew Research Center.*)

a. Identifique x e n.
b. Use x e n para encontrar $\hat{p}$.

> **Entenda**
>
> Nas seções 6.1 e 6.2, estimativas foram feitas para dados quantitativos. Nesta seção, as proporções amostrais são usadas para fazer estimativas para dados qualitativos.

Intervalos de confiança para uma proporção populacional

Construir um intervalo de confiança para uma proporção populacional p é similar a construir um intervalo de confiança para uma média populacional. Você começa com uma estimação pontual e calcula uma margem de erro.

Definição

Um **intervalo de confiança c para uma proporção populacional p** é

$\hat{p} - E < p < \hat{p} + E$

em que

$E = z_c \sqrt{\dfrac{\hat{p}\hat{q}}{n}}$. Margem de erro para p

A probabilidade de que o intervalo de confiança contenha p é c, supondo que o processo de estimação é repetido um grande número de vezes.

Na Seção 5.5, você aprendeu que uma distribuição binomial pode ser aproximada por uma distribuição normal quando $np \geq 5$ e $nq \geq 5$. Quando $n\hat{p} \geq 5$ e $n\hat{q} \geq 5$, a distribuição amostral de $\hat{p}$ é aproximadamente normal com média de:

$\mu_{\hat{p}} = p$

e um erro padrão de

$\sigma_{\hat{p}} = \sqrt{\dfrac{pq}{n}}$.

$\left(\text{Note que } \sigma_{\hat{p}} = \dfrac{\sigma}{n} = \dfrac{\sqrt{npq}}{n} = \dfrac{\sqrt{npq}}{\sqrt{n^2}} = \sqrt{\dfrac{npq}{n^2}} = \sqrt{\dfrac{pq}{n}}.\right)$

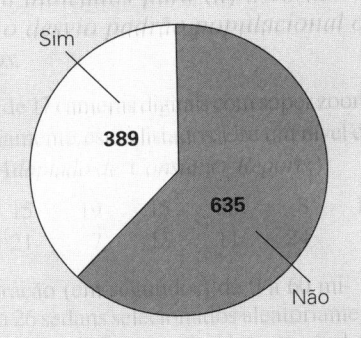

> **Retratando o mundo**
>
> Uma pesquisa entrevistou 1.024 pessoas sobre o aquecimento global. Dos entrevistados, 389 disseram que achavam que o aquecimento global representaria uma séria ameaça ao seu estilo de vida durante sua existência. (*Fonte: Gallup.*)
>
> Você acha que o aquecimento global representará uma séria ameaça ao seu estilo de vida durante sua existência?
>
> Sim: 389
> Não: 635
>
> Encontre um intervalo de confiança de 90% para a proporção populacional de pessoas que acham que o aquecimento global representará uma séria ameaça ao seu estilo de vida durante sua existência.

> **Dica de estudo**
>
> Aqui estão as instruções para construir um intervalo de confiança para a proporção populacional em uma TI-84 Plus.
> **STAT**
> Escolha o menu TESTS
>   A: 1 – PropZInt...
> Insira os valores para x, n e nível de confiança c (C-Level). Então selecione *Calculate*.

Instruções

Construindo um intervalo de confiança para a proporção populacional

EM PALAVRAS	EM SÍMBOLOS
1. Identificar as estatísticas amostrais n e x.	
2. Encontrar a estimativa pontual $\hat{p}$.	$\hat{p} = \dfrac{x}{n}$
3. Verificar se a distribuição amostral de $\hat{p}$ pode ser aproximada por uma distribuição normal.	$n\hat{p} \geq 5$, $n\hat{q} \geq 5$
4. Encontrar o valor crítico z_c que corresponde ao nível de confiança c dado.	Use a Tabela B.4 no Apêndice B.
5. Calcular a margem de erro E.	$E = z_c \sqrt{\dfrac{\hat{p}\hat{q}}{n}}$
6. Calcular os limites inferior e superior e formar o intervalo de confiança.	Limite inferior: $\hat{p} - E$ Limite superior: $\hat{p} + E$ Intervalo: $\hat{p} - E < p < \hat{p} + E$

> Veja o passo a passo da TI-84 Plus na página 321.

Exemplo 2

Como construir um intervalo de confiança para p

Use os dados do Exemplo 1 para construir um intervalo de confiança de 95% para a proporção populacional de adolescentes americanos que possuem smartphones.

Solução

Do Exemplo 1, $\hat{p} = 0{,}372$. Então, a estimativa pontual para a proporção daqueles que não possuem é

$$\hat{q} = 1 - 0{,}372 = 0{,}628$$

Usando $n = 1.000$, você pode verificar que a distribuição amostral de $\hat{p}$ pode ser aproximada por uma distribuição normal.

$$n\hat{p} = (1.000)(0{,}372) = 372 > 5$$

e

$$n\hat{q} = (1.000)(0{,}628) = 628 > 5$$

Usando $z_c = 1{,}96$, a margem de erro é

$$E = z_c \sqrt{\frac{\hat{p}\hat{q}}{n}} = 1{,}96 \sqrt{\frac{(0{,}372)(0{,}628)}{1.000}} \approx 0{,}030.$$

Na sequência, calcule os limites inferior e superior e forme o intervalo de confiança de 95% (veja a representação geométrica na Figura 6.15).

Limite inferior
$$\hat{p} - E \approx 0{,}372 - 0{,}030 = 0{,}342$$

Limite superior
$$\hat{p} + E \approx 0{,}372 + 0{,}030 = 0{,}402$$

$$0{,}342 < p < 0{,}402$$

Figura 6.15 Representação geométrica do intervalo de confiança.

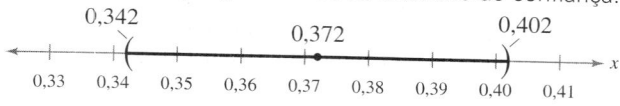

Interpretação Com 95% de confiança, você pode dizer que a proporção populacional de adolescentes americanos que possuem smartphones está entre 34,2% e 40,2%.

Tente você mesmo 2

Use os dados do Tente você mesmo 1 para construir um intervalo de confiança de 90% para a proporção populacional de professores americanos que disseram que "todas ou quase todas" as informações que eles encontram utilizando ferramentas de busca on-line são corretas ou confiáveis.

a. Encontre $\hat{p}$ e $\hat{q}$.
b. Verifique se a distribuição amostral de $\hat{p}$ pode ser aproximada por uma distribuição normal.
c. Encontre z_c e E.
d. Use $\hat{p}$ e E para calcular os limites inferior e superior do intervalo de confiança.
e. Interprete os resultados.

> **Dica de estudo**
>
> Note no Exemplo 2 que o intervalo de confiança para a proporção populacional p é arredondado até a terceira casa decimal. Essa regra de arredondamento será usada em todo o livro.

O nível de confiança de 95% usado no Exemplo 2 é típico de pesquisas de opinião. O resultado, entretanto, geralmente não é declarado como um intervalo de confiança. Em vez disso, o resultado do Exemplo 2 seria declarado como:

"Pela pesquisa estima-se que 37,2% dos adolescentes americanos possuem smartphones.
A margem de erro da pesquisa é de ±3%".

Exemplo 3

Como construir um intervalo de confiança para *p*

A Figura 6.16 é baseada em uma pesquisa com 498 adultos americanos. Construa um intervalo de confiança de 99% para a proporção populacional de adultos americanos que acham que os adolescentes são os motoristas mais perigosos. (*Fonte: The Gallup Poll.*)

Figura 6.16 Quem são os motoristas mais perigosos?

- Adolescentes: 71%
- Pessoas acima dos 65 anos: 25%
- Não opinaram: 4%

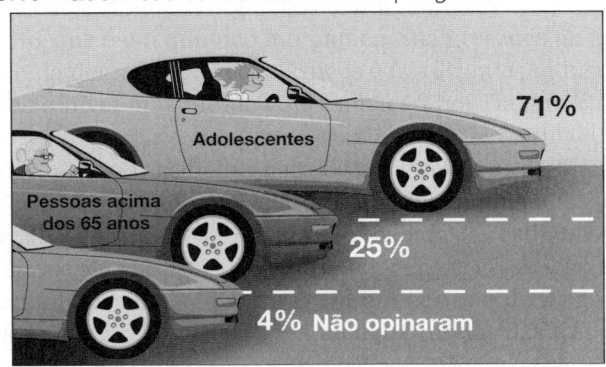

Solução

Da figura, $\hat{p} = 0{,}71$. Então:
$\hat{q} = 1 - 0{,}71 = 0{,}29$.

Usando esses valores e com $n = 498$ e $z_c = 2{,}575$, a margem de erro é:

> **Entenda**
> No Exemplo 3 note que $n\hat{p} \geq 5$ e $n\hat{q} \geq 5$. Então, a distribuição amostral de $\hat{p}$ é aproximadamente normal.

$$E = z_c \sqrt{\frac{\hat{p}\hat{q}}{n}}$$

$$\approx 2{,}575 \sqrt{\frac{(0{,}71)(0{,}29)}{498}}$$

$$\approx 0{,}052.$$

Na Tabela B.4 no Apêndice B observe que z_c está a meio caminho entre 2,57 e 2,58.

Em seguida, encontre os limites inferior e superior e forme o intervalo de confiança de 99% (veja a representação geométrica na Figura 6.17).

Limite inferior
$\hat{p} - E \approx 0{,}71 - 0{,}052$
$= 0{,}658$

Limite superior
$\hat{p} + E \approx 0{,}71 + 0{,}052$
$= 0{,}762$

$$0{,}658 < p < 0{,}762$$

Figura 6.17 Representação geométrica do intervalo de confiança.

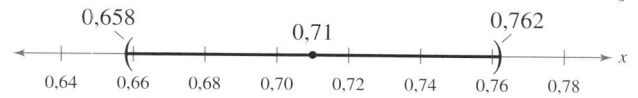

Interpretação Com 99% de confiança, pode-se dizer que a proporção populacional de adultos americanos que acham que os adolescentes são os motoristas mais perigosos está entre 65,8% e 76,2%.

Tente você mesmo 3

Use os dados do Exemplo 3 para construir um intervalo de confiança de 99% para a proporção populacional de adultos que consideram que as pessoas acima de 65 anos são os motoristas mais perigosos.

a. Identifique $\hat{p}$ e $\hat{q}$.
b. Verifique se a distribuição amostral de $\hat{p}$ pode ser aproximada por uma distribuição normal.
c. Encontre z_c e E.
d. Use $\hat{p}$ e E para calcular os limites inferior e superior do intervalo de confiança.
e. Interprete os resultados.

Encontrando um tamanho mínimo de amostra

Uma forma de aumentar a precisão do intervalo de confiança sem diminuir o nível de confiança é aumentar o tamanho da amostra.

> **Entenda**
> A razão para usar 0,5 como valores para $\hat{p}$ e $\hat{q}$ quando não há estimativa preliminar disponível é que esses valores produzem o valor máximo do produto $\hat{p}\hat{q} = \hat{p}(1 - \hat{p})$, maximizando n. Em outras palavras, sem uma estimativa inicial de $\hat{p}$, você deve pagar a penalidade de usar uma amostra maior.

Encontrando um tamanho mínimo de amostra para estimar p

Dado um nível de confiança c e uma margem de erro E, o tamanho mínimo da amostra n necessário para estimar a proporção populacional p é:

$$n = \hat{p}\hat{q}\left(\frac{z_c}{E}\right)^2.$$

Essa fórmula supõe que você tenha estimativas preliminares de $\hat{p}$ e $\hat{q}$. Se não tiver, use $\hat{p} = 0{,}5$ e $\hat{q} = 0{,}5$.

Exemplo 4

Determinando o tamanho mínimo da amostra

Você está executando uma campanha política e deseja estimar, com 95% de confiança, a proporção populacional de eleitores que votarão no seu candidato. Sua estimativa deve ser precisa, distando, no máximo, 3% da proporção populacional. Encontre o tamanho mínimo da amostra necessário quando (1) não há estimativa preliminar disponível e (2) uma estimativa preliminar dá $\hat{p} = 0{,}31$. Compare seus resultados.

Solução

1. Como você não tem uma estimativa preliminar de $\hat{p}$, use $\hat{p} = 0{,}5$ e $\hat{q} = 0{,}5$. Usando $z_c = 1{,}96$ e $E = 0{,}03$, você pode resolver para n:

$$n = \hat{p}\hat{q}\left(\frac{z_c}{E}\right)^2 = (0{,}5)(0{,}5)\left(\frac{1{,}96}{0{,}03}\right)^2 \approx 1.067{,}11$$

Como n é decimal, arredonde para o próximo número inteiro, 1.068.

2. Você tem uma estimativa preliminar de $\hat{p} = 0{,}31$. Então $\hat{q} = 0{,}69$. Usando $z_c = 1{,}96$ e $E = 0{,}03$, você pode resolver para n:

$$n = \hat{p}\hat{q}\left(\frac{z_c}{E}\right)^2 = (0{,}31)(0{,}69)\left(\frac{1{,}96}{0{,}03}\right)^2 \approx 913{,}02$$

Como n é decimal, arredonde para o próximo número inteiro, 914.

Interpretação Sem estimativa preliminar, o tamanho mínimo da amostra deve ser de pelo menos 1.068 eleitores. Com uma estimativa preliminar de $\hat{p} = 0{,}31$, o tamanho da amostra deve ser de, no mínimo, 914 eleitores. Então, você precisará de um tamanho da amostra maior quando não há estimativa preliminar disponível.

Tente você mesmo 4

Um pesquisador está estimando a proporção populacional de adultos americanos com idade de 18 a 24 anos que realizaram um teste de HIV. A estimativa deve ter uma precisão, distando, no máximo, 2% da proporção populacional com 90% de confiança. Encontre o tamanho mínimo da amostra necessário quando (1) não há estimativa preliminar disponível e (2) uma pesquisa anterior descobriu que 31% dos adultos americanos com idade de 18 a 24 anos realizaram um teste HIV. (*Fonte: CDC/NCHS, National Health Interview Survey.*)

a. Identifique $\hat{p}, \hat{q}, z_c$ e E. Se $\hat{p}$ for desconhecido, use 0,5.
b. Use $\hat{p}, \hat{q}, z_c$ e E para calcular o tamanho mínimo da amostra n.
c. Determine quantos adultos americanos com idade de 18 a 24 anos devem ser incluídos na amostra.

6.3 Exercícios

Construindo habilidades básicas e vocabulário

Verdadeiro ou falso? *Nos exercícios 1 e 2, determine se a sentença é verdadeira ou falsa. Se for falsa, reescreva-a de forma que se torne verdadeira.*

1. Para estimar o valor de p, a proporção populacional de sucessos, use a estimativa pontual x.

2. A estimativa pontual para a proporção populacional de fracassos (não sucessos) é $1 - \hat{p}$.

Encontrando $\hat{p}$ e $\hat{q}$ *Nos exercícios 3 a 6, seja p a proporção populacional para a situação dada. Encontre estimativas pontuais de p e q.*

3. **Meio ambiente** Em uma pesquisa entre 1.002 adultos americanos, 662 acham que os seres humanos tiveram um grande impacto negativo no meio ambiente nos últimos 10 anos. (*Adaptado de: Washington Post Poll.*)

4. **Caridade** Em uma pesquisa entre 2.939 adultos americanos, 2.439 declaram ter contribuído para a caridade nos últimos 12 meses. (*Adaptado de: Harris Interactive.*)

5. **Computador** Em uma pesquisa com 11.605 pais, 4.912 acham que o governo deveria subsidiar os custos com computadores para famílias de mais baixa renda. (*Adaptado de: DisneyFamily.com.*)

6. **Férias** Em uma pesquisa entre 1.003 adultos americanos, 110 declaram que iriam à Europa nas férias se não fossem os custos. (*Adaptado de: The Gallup Poll.*)

Nos exercícios 7 a 10, use o intervalo de confiança dado para calcular a margem de erro e a proporção amostral.

7. (0,905; 0,933).
8. (0,245; 0,475).
9. (0,512; 0,596).
10. (0,087; 0,263).

Usando e interpretando conceitos

Construindo intervalos de confiança *Nos exercícios 11 e 12, construa intervalos de confiança de 90% e 95% para a proporção populacional. Interprete os resultados e compare as amplitudes dos intervalos de confiança. Se for conveniente, use tecnologia para construir os intervalos de confiança.*

11. **Visitas ao dentista** Em uma pesquisa com 674 homens americanos com idade de 18 a 64 anos, 396 disseram que haviam ido ao dentista no ano anterior. (*Adaptado de: National Center for Health Statistics.*)

12. **Visitas ao dentista** Em uma pesquisa com 420 mulheres americanas com idade de 18 a 64 anos, 279 disseram que haviam ido ao dentista no ano anterior. (*Adaptado de: National Center for Health Statistics.*)

Construindo intervalos de confiança *Nos exercícios 13 e 14, construa um intervalo de confiança de 99% para a proporção populacional. Interprete os resultados. Se for conveniente, use tecnologia para construir os intervalos de confiança.*

13. **Ecológico** Em uma pesquisa com 3.110 adultos americanos, 1.435 disseram que começaram a pagar contas on-line no ano anterior. (*Adaptado de: Harris Interactive.*)

14. **Ver fantasmas** Em uma pesquisa com 4.013 adultos americanos, 722 disseram que viram um fantasma. (*Adaptado de: Pew Research Center.*)

15. **Viagem** Em uma pesquisa com 2.230 adultos americanos, 1.272 acham que viagem aérea é muito mais confiável que cruzeiros. Construa um intervalo de confiança de 95% para a proporção populacional de adultos americanos que acham que viagem aérea é muito mais confiável que cruzeiros. (*Adaptado de: Harris Interactive.*)

16. **OVNI** Em uma pesquisa com 2.303 adultos americanos, 734 acreditam em OVNIs. Construa um intervalo de confiança de 90% para a proporção populacional de adultos americanos que acreditam em OVNIs. (*Adaptado de: Harris Interactive.*)

17. **Preço da gasolina** Você deseja estimar, com 95% de confiança, a proporção populacional de adultos americanos que acham que o presidente pode fazer muito a respeito do preço da gasolina. Sua estimativa deve ser precisa, distando, no máximo, 4% da proporção populacional.

    (a) Não há estimativas preliminares disponíveis. Encontre o tamanho mínimo de amostra necessário.

    (b) Determine o tamanho mínimo de amostra necessário, usando um estudo anterior que descobriu que 48% dos adultos americanos acham que o presidente pode fazer muito a respeito do preço da gasolina. (*Fonte: CBS News/New York Times Poll.*)

    (c) Compare os resultados das partes (a) e (b).

18. **Alimento geneticamente modificado** Você deseja estimar, com 99% de confiança, a proporção populacional de adultos americanos que acham que alimentos contendo ingredientes geneticamente modificados deveriam ser rotulados. É desejável que a estimativa diste, no máximo, 2% da proporção populacional.

    (a) Não há estimativas preliminares disponíveis. Encontre o tamanho mínimo de amostra necessário.

    (b) Determine o tamanho mínimo de amostra necessário usando um estudo anterior que descobriu que 87% dos adultos americanos acham que alimentos contendo ingredientes geneticamente modificados deveriam ser rotulados. (*Fonte: CBS News/New York Times Poll.*)

    (c) Compare os resultados das partes (a) e (b).

19. **Banco** Você deseja estimar, com 90% de confiança, a proporção populacional de adultos americanos que estão confiantes na estabilidade do sistema bancário dos Estados Unidos. A precisão desejável é, no máximo, de 3%.

    (a) Não há estimativas preliminares disponíveis. Encontre o tamanho mínimo da amostra necessário.
    (b) Determine o tamanho mínimo da amostra necessário, usando um estudo anterior que descobriu que 43% dos adultos americanos estão confiantes na estabilidade do sistema bancário dos Estados Unidos. (*Fonte: Rasmussen Reports.*)
    (c) Compare os resultados das partes (a) e (b).

20. **Sorvete** Você deseja estimar, com 95% de confiança, a proporção populacional de adultos americanos que disseram que chocolate é o seu sabor de sorvete favorito. Sua estimativa deve ser precisa de modo que diste, no máximo, 5% da proporção populacional.

    (a) Não há estimativas preliminares disponíveis. Determine o tamanho mínimo da amostra necessário.
    (b) Determine o tamanho mínimo da amostra necessário usando um estudo anterior que descobriu que 28% dos adultos americanos disseram que chocolate é o seu sabor de sorvete favorito. (*Fonte: Harris Interactive.*)
    (c) Compare os resultados das partes (a) e (b).

Construindo intervalos de confiança *Nos exercícios 21 e 22, use a figura a seguir, que mostra os resultados de uma pesquisa na qual 1.044 adultos dos Estados Unidos, 871 da Grã-Bretanha, 1.097 da França e 1.003 da Espanha foram perguntados se eles consideram seguro viajar de avião.* (*Fonte: Harris Interactive.*)

Você considera seguro viajar de avião?

Estados Unidos	69%
Grã-Bretanha	72%
França	62%
Espanha	75%

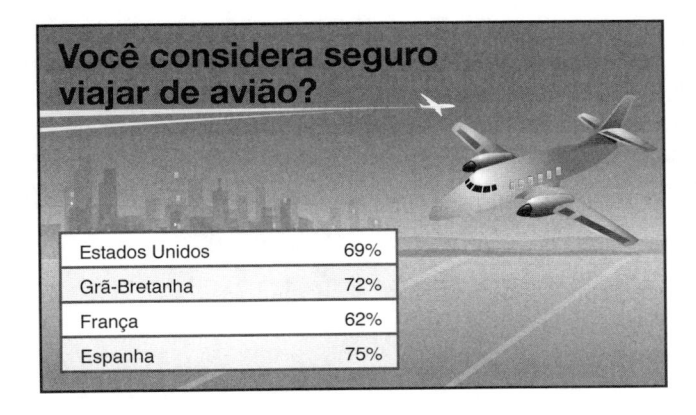

21. **Viagem aérea** Construa um intervalo de confiança de 99% para a proporção populacional de adultos que consideram seguro viajar de avião nos países:

    (a) Estados Unidos.
    (b) Grã-Bretanha.
    (c) França.
    (d) Espanha.

22. **Viagem aérea** Explique se é possível que alguma das proporções populacionais relativas às amostras do Exercício 21 possam ser iguais.

Construindo intervalos de confiança *Nos exercícios 23 e 24, use a figura a seguir, que mostra os resultados de uma pesquisa na qual amostras separadas, de 400 adultos cada, do Leste, Sul, Centro-oeste e Oeste dos Estados Unidos foram perguntados se o congestionamento de trânsito é um problema sério em suas comunidades.* (*Adaptado de: Harris Interactive.*)

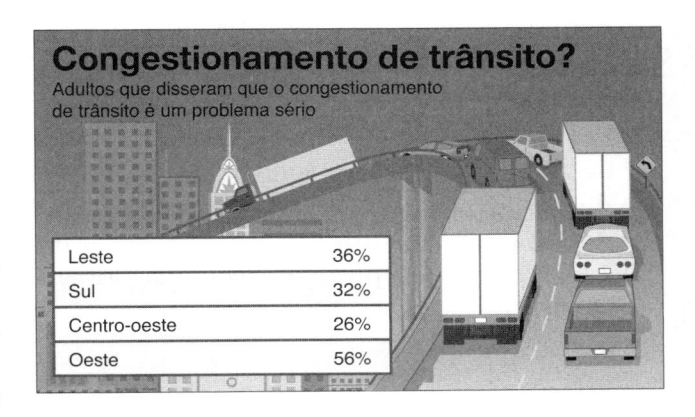

Congestionamento de trânsito?
Adultos que disseram que o congestionamento de trânsito é um problema sério

Leste	36%
Sul	32%
Centro-oeste	26%
Oeste	56%

23. **Sul e Oeste** Construa um intervalo de confiança de 95% para a proporção populacional de adultos

    (a) Do Sul que disseram que o congestionamento de trânsito é um problema sério.
    (b) Do Oeste que disseram que o congestionamento de trânsito é um problema sério.

24. **Leste e Centro-oeste** Construa um intervalo de confiança de 95% para a proporção populacional de adultos

    (a) Do Leste que disseram que o congestionamento de trânsito é um problema sério.
    (b) Do Centro-oeste que disseram que o congestionamento de trânsito é um problema sério.

25. **Escrito** É possível que as proporções populacionais no Exercício 23 sejam iguais? E se você usasse um intervalo de confiança de 99%? Explique seu raciocínio.

26. **Escrito** É possível que as proporções populacionais no Exercício 24 sejam iguais? E se você usasse um intervalo de confiança de 99%? Explique seu raciocínio.

Expandindo conceitos

Convertendo declarações *Nos exercícios 27 e 28, converta as declarações em um intervalo de confiança para p. Aproxime o nível de confiança.*

27. Em uma pesquisa com 8.451 adultos americanos, 31,4% disseram que eles estavam tomando vitamina E como suplemento. A margem de erro da pesquisa é de 1%. (*Fonte: Decision Analyst, Inc.*)

28. Em uma pesquisa com 1.000 adultos americanos, 19% estavam preocupados que seus impostos seriam auditados pela Receita Federal. A margem de erro da pesquisa é de 3%. (*Fonte: Rasmussen Reports.*)

29. **Por que verificar?** Por que é necessário verificar que $n\hat{p} \geq +5$ e $n\hat{q} \geq 5$?

30. **Tamanho de amostra** A equação para determinar o tamanho da amostra

$$n = \hat{p}\hat{q}\left(\frac{z_c}{E}\right)^2$$

é obtida da equação para a margem de erro

$$E = z_c\sqrt{\frac{\hat{p}\hat{q}}{n}}.$$

Mostre que isso é verdade e justifique cada passo.

31. **Valores máximos para $\hat{p}\hat{q}$** Complete as tabelas seguintes para valores diferentes de $\hat{p}$ e $\hat{q} = 1 = \hat{p}$. A partir delas, qual valor de $\hat{p}$ parece resultar no valor máximo do produto $\hat{p}\hat{q}$?

$\hat{p}$	$\hat{q} = 1 - \hat{p}$	$\hat{p}\hat{q}$
0,0	1,0	0,00
0,1	0,9	0,09
0,2	0,8	
0,3		
0,4		
0,5		
0,6		
0,7		
0,8		
0,9		
1,0		

$\hat{p}$	$\hat{q} = 1 - \hat{p}$	$\hat{p}\hat{q}$
0,45		
0,46		
0,47		
0,48		
0,49		
0,50		
0,51		
0,52		
0,53		
0,54		
0,55		

Atividade 6.3 – Intervalos de confiança para uma proporção

O applet *Confidence intervals for a proportion* permite que você investigue visualmente intervalos de confiança para uma proporção populacional. Você pode especificar o tamanho da amostra n e a proporção populacional p (veja a Figura 6.18). Quando você clica em SIMULATE, 100 amostras separadas de tamanho n serão selecionadas de uma população com uma proporção de sucessos iguais a p. Para cada uma das 100 amostras, um intervalo de confiança de 95% (em verde) e um intervalo de confiança de 99% (em azul) são mostrados no gráfico, à direita. Cada um desses intervalos é calculado usando a aproximação pela normal padrão. Quando um intervalo não contém a proporção populacional, é mostrada em vermelho (*Did not contain mean*). Note que o intervalo de confiança de 99% é sempre mais largo que o intervalo de 95%. Simulações adicionais podem ser realizadas clicando em SIMULATE várias vezes. O número acumulado de vezes que cada tipo de intervalo contém a proporção populacional também é mostrado (*Contained mean*). Pressione CLEAR para limpar resultados existentes e começar uma nova simulação. (Veja a Figura 6.18.)

APPLET

Você encontra o applet interativo para esta atividade no Site de Apoio.

Figura 6.18 Tecnologia para simular a construção de intervalos de confiança para a proporção.

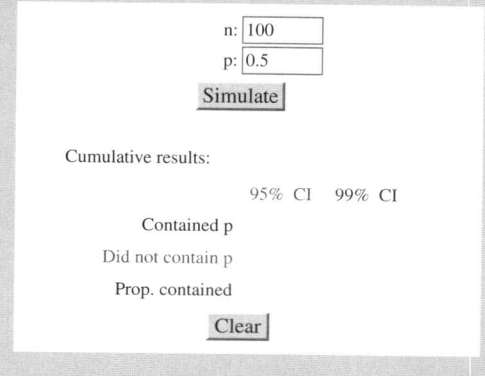

Explore

Passo 1 Especifique um valor para n.
Passo 2 Especifique um valor para p.
Passo 3 Clique em SIMULATE para gerar os intervalos de confiança.

Conclua

1. Rode a simulação para $p = 0,6$ e $n = 10, 20, 40$ e 100. Limpe os resultados depois de cada rodada. Qual proporção dos intervalos de confiança, para cada nível de confiança (95% e 99%), que contém a proporção populacional? O que acontece com a proporção dos intervalos de confiança que contém a proporção populacional para cada nível de confiança conforme o tamanho da amostra aumenta?

2. Rode a simulação para $p = 0,4$ e $n = 100$ de modo que pelo menos 1.000 intervalos de confiança sejam gerados. Compare a proporção de intervalos de confiança que contém a proporção populacional para cada nível de confiança (95% e 99%). Isso é o que você esperaria? Explique.

6.4 Intervalos de confiança para variância e desvio padrão

A distribuição qui-quadrado • Intervalos de confiança para σ^2 e σ

O que você deve aprender

- Como interpretar a distribuição qui-quadrado e usar a tabela da distribuição qui-quadrado.
- Como construir e interpretar intervalos de confiança para a variância e desvio padrão populacional.

A distribuição qui-quadrado

Na indústria, é necessário controlar o quanto um processo varia. Por exemplo, o fabricante de uma peça de automóvel deve produzir milhares de peças para serem usadas no processo de fabricação. É importante que as peças variem muito pouco dentro do intervalo especificado. Como você pode medir, e consequentemente controlar, a quantidade de variação nas peças? Você pode começar com uma estimativa pontual.

Definição

A **estimativa pontual para** σ^2 é s^2 e a **estimativa pontual para** σ é s. A melhor estimativa não viesada para σ^2 é s^2.

Você pode usar uma **distribuição qui-quadrado** para construir um intervalo de confiança para a variância e o desvio padrão.

Dica de estudo

A letra grega χ é pronunciada "qui", que rima com a letra grega mais familiar π.

Definição

Se a variável aleatória x tem uma distribuição normal com desvio padrão σ, então:

$$\chi^2 = \frac{(n-1)s^2}{\sigma^2}$$

resulta uma **distribuição qui-quadrado** com $n - 1$ graus de liberdade, para amostras de qualquer tamanho $n > 1$. A seguir algumas propriedades da distribuição qui-quadrado.

1. Todos valores de χ^2 são maiores ou iguais a 0.
2. A distribuição qui-quadrado é uma família de curvas, cada uma determinada pelos graus de liberdade. Para construir um intervalo de confiança para σ^2, use a distribuição qui-quadrado com graus de liberdade iguais ao tamanho da amostra menos um.

   g.l. = $n - 1$ Graus de liberdade

Dica de estudo

Para os valores críticos de qui-quadrado com um nível de confiança c, os valores mostrados nas figuras a seguir, χ_L^2 e χ_R^2, são os que você consulta na Tabela B.6 no Apêndice B.

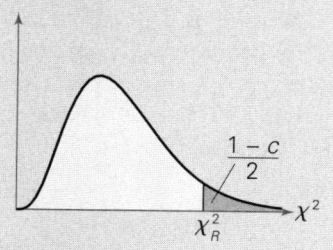

Área à direita de χ_R^2

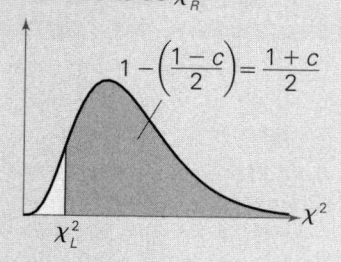

Área à direita de χ_L^2
O resultado é que você pode concluir que a área entre os valores críticos da esquerda e direita é c.

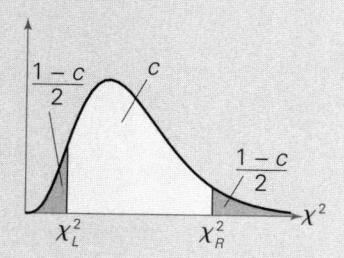

---

3. A área total abaixo de cada curva da distribuição qui-quadrado é igual a 1.
4. A distribuição qui-quadrado é assimétrica positiva.
5. A distribuição qui-quadrado é diferente para cada número de graus de liberdade, como mostrado na Figura 6.19. Conforme os graus de liberdade aumentam, a distribuição qui-quadrado se aproxima de uma distribuição normal.

Figura 6.19 Distribuição qui-quadrado para diferentes graus de liberdade.

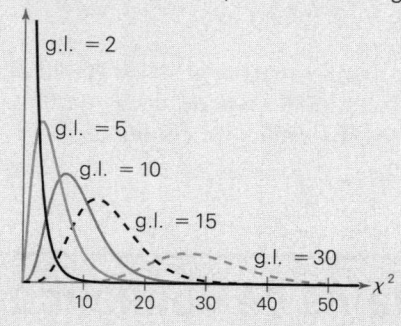

Há dois valores críticos para cada nível de confiança. O valor χ_R^2 representa valor crítico da cauda direita e χ_L^2 representa valor crítico da cauda esquerda. A Tabela B.6 no Apêndice B lista valores críticos de χ^2 para vários graus de liberdade e áreas. Cada área listada na linha do topo da tabela representa a região sob a curva qui-quadrado à *direita* do valor crítico.

Exemplo 1

Encontrando valores críticos para χ^2

Encontre os valores críticos χ_R^2 e χ_L^2 para um intervalo de confiança de 95% quando o tamanho da amostra é 18.

Solução

Como o tamanho da amostra é 18,

$$\text{g.l.} = n - 1 = 18 - 1 = 17 \quad \text{Graus de liberdade}$$

As áreas à direita de χ_R^2 e χ_L^2 são:

$$\text{As áreas à direita de } \chi_R^2 = \frac{1-c}{2} = \frac{1-0{,}95}{2} = 0{,}025$$

e

$$\text{As áreas à direita de } \chi_L^2 = \frac{1+c}{2} = \frac{1+0{,}95}{2} = 0{,}975$$

Uma parte da Tabela B.6 do Apêndice B é mostrada na Tabela 6.4. Usando g.l. = 17 e as áreas 0,975 e 0,025, você pode encontrar os valores críticos, conforme as áreas destacadas na tabela. (Note que a linha do topo na tabela lista as áreas à direita do valor crítico. As entradas na tabela são valores críticos.)

Tabela 6.4 Tabela da distribuição qui-quadrado relacionando valores, áreas e graus de liberdade.

Graus de liberdade	α							
	0,995	0,99	0,975	0,95	0,90	0,10	0,05	0,025
1	—	—	0,001	0,004	0,016	2,706	3,841	5,024
2	0,010	0,020	0,051	0,103	0,211	4,605	5,991	7,378
3	0,072	0,115	0,216	0,352	0,584	6,251	7,815	9,348

(continua)

(continuação)

15	4,601	5,229	6,262	7,261	8,547	22,307	24,996	27,488
16	5,142	5,812	6,908	7,962	9,312	23,542	26,296	28,845
17	5,697	6,408	7,564	8,672	10,085	24,769	27,587	30,191
18	6,265	7,015	8,231	9,390	10,865	25,989	28,869	31,526
19	6,844	7,633	8,907	10,117	11,651	27,204	30,144	32,852
20	7,434	8,260	9,591	10,851	12,443	28,412	31,410	34,170

Da tabela, podemos ver que $\chi_R^2 = 30{,}191$ e $\chi_L^2 = 7{,}564$.

Interpretação Então, para uma curva da distribuição qui-quadrado com 17 graus de liberdade (g.l.), 95% da área sob a curva está situada entre 7,564 e 30,191, conforme mostrado na Figura 6.20.

Figura 6.20 Curva qui-quadrado e valores críticos relativos a um intervalo de confiança de 95% e 17 g.l.

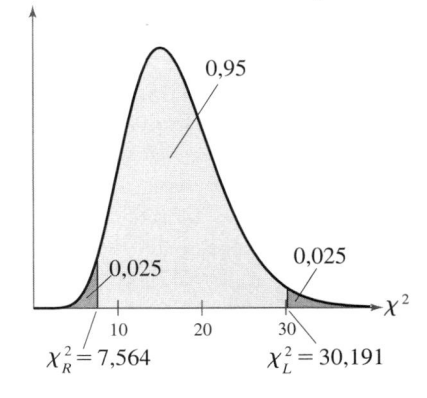

Tente você mesmo 1

Encontre os valores críticos χ_R^2 e χ_L^2 para um intervalo de confiança de 90% quando o tamanho da amostra é 30.

a. Identifique os graus de liberdade e o nível de confiança.
b. Encontre as áreas à direita de χ_R^2 e χ_L^2.
c. Use a Tabela B.6 no Apêndice B para encontrar χ_R^2 e χ_L^2.
d. Interprete os resultados.

Intervalos de confiança para σ^2 e σ

Você pode usar os valores críticos χ_R^2 e χ_L^2 para construir intervalos de confiança para a variância e desvio padrão de uma população. A melhor estimativa pontual para a variância é s^2 e a melhor estimativa pontual para o desvio padrão é s. Como a distribuição qui-quadrado não é simétrica, o intervalo de confiança para σ^2 *não pode* ser escrito como $s^2 \pm E$. Você deve separar os cálculos para os limites do intervalo de confiança, conforme apresentado na próxima definição.

Definição

O intervalo de confiança c para a variância e o desvio padrão populacional é:

Intervalo de confiança para σ^2:

$$\frac{(n-1)s^2}{\chi_R^2} < \sigma^2 < \frac{(n-1)s^2}{\chi_L^2}$$

Intervalo de confiança para σ:

$$\sqrt{\frac{(n-1)s^2}{\chi_R^2}} < \sigma < \sqrt{\frac{(n-1)s^2}{\chi_L^2}}$$

A probabilidade de que os intervalos de confiança contenham σ^2 ou σ é c, supondo que o processo de estimação é repetido um grande número de vezes.

Instruções

Construindo um intervalo de confiança para variância e desvio padrão

EM PALAVRAS	EM SÍMBOLOS
1. Verificar se a população tem uma distribuição normal.	
2. Identificar a dimensão amostral n e os graus de liberdade.	g.l. = $n - 1$

Retratando o mundo

O puma é um dos mamíferos mais ameaçados da Terra. No sudeste dos Estados Unidos, a única população reprodutora (cerca de 100) pode ser encontrada no extremo sul da Flórida. A maioria dos pumas vive em (1) The Big Cypress National Preserve, (2) Everglades National Park e (3) the Florida Panther National Wildlife Refuge, conforme o mapa na figura a seguir. Em um estudo recente com 12 fêmeas da espécie, foi descoberto que o tamanho médio da ninhada era de 2,4 filhotes, com um desvio padrão de 0,9. (*Fonte: U.S. Fish & Wildlife Service.*)

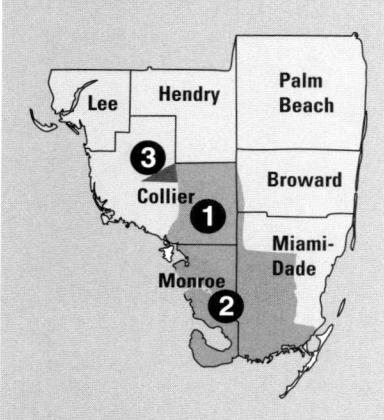

Construa um intervalo de confiança de 90% para o desvio padrão do tamanho da ninhada das fêmeas do puma na Flórida. Suponha que os tamanhos das ninhadas são normalmente distribuídos.

3. Encontrar a estimativa pontual s^2.
$$s^2 = \frac{\Sigma(x-\overline{x})^2}{n-1}$$

4. Encontrar os valores críticos χ_R^2 e χ_L^2 que correspondem ao nível de confiança c dado e aos graus de liberdade. — Use a Tabela B.6 no Apêndice B

5. Encontrar os limites inferior e superior e formar o intervalo de confiança para a variância populacional.

   Limite inferior · Limite superior
   $$\frac{(n-1)s^2}{\chi_R^2} < \sigma^2 < \frac{(n-1)s^2}{\chi_L^2}$$

6. Encontrar intervalo de confiança para o desvio padrão populacional tirando a raiz quadrada de cada limite.

   Limite inferior · Limite superior
   $$\sqrt{\frac{(n-1)s^2}{\chi_R^2}} < \sigma < \sqrt{\frac{(n-1)s^2}{\chi_L^2}}$$

Exemplo 2

Como construir intervalos de confiança

Você seleciona aleatoriamente e pesa as 30 unidades de uma amostra de um antialérgico. O desvio padrão da amostra é de 1,20 miligrama. Supondo que os pesos são normalmente distribuídos, construa intervalos de confiança de 99% para a variância e o desvio padrão da população.

Solução

As áreas à direita de χ_R^2 e χ_L^2 são:

As áreas à direita de $\chi_R^2 = \frac{1-c}{2} = \frac{1-0,99}{2} = 0,005$.

e

As áreas à direita de $\chi_L^2 = \frac{1+c}{2} = \frac{1+0,99}{2} = 0,995$.

Usando os valores $n = 30$, g.l. = 29 e $c = 0,99$, os valores críticos χ_R^2 e χ_L^2 são:

$$\chi_R^2 = 52{,}336 \quad \text{e} \quad \chi_L^2 = 13{,}121$$

Com esses valores críticos e $s = 1{,}20$, o intervalo de confiança para σ^2 é:

Limite inferior
$$\frac{(n-1)s^2}{\chi_R^2} = \frac{(30-1)(1{,}20)^2}{52{,}336} \approx 0{,}80$$

Limite superior
$$\frac{(n-1)s^2}{\chi_R^2} = \frac{(30-1)(1{,}20)^2}{13{,}121} \approx 3{,}18$$

$$0{,}80 < \sigma^2 < 3{,}18$$

O intervalo de confiança para σ é:

Limite inferior
$$\sqrt{\frac{(30-1)(1{,}20)^2}{52{,}336}} < \sigma < \sqrt{\frac{(30-1)(1{,}20)^2}{13{,}121}}$$
Limite superior

$$0{,}89 < \sigma < 1{,}78$$

Interpretação Com 99% de confiança, podemos dizer que a variância populacional está entre 0,80 e 3,18, e o desvio padrão populacional entre 0,89 e 1,78 miligramas.

Tente você mesmo 2

Encontre os intervalos de confiança de 90% e 95% para a variância e o desvio padrão da população de pesos dos remédios.

a. Encontre os valores críticos de χ_R^2 e χ_L^2 para cada intervalo de confiança.

b. Use n, s, χ_R^2 e χ_L^2 para calcular os limites inferior e superior para cada intervalo de confiança para a variância populacional.

c. Calcule as raízes quadradas dos limites de cada intervalo de confiança.

d. Especifique os intervalos de confiança de 90% e 95% para a variância e o desvio padrão da população.

Dica de estudo

Quando você constrói um intervalo de confiança para uma variância ou desvio padrão populacional, a *regra geral de arredondamento* é arredondar para o mesmo número de casas decimais que a variância ou o desvio padrão da amostra.

Note no Exemplo 2 que o intervalo de confiança para o desvio padrão populacional *não pode* ser escrito como $s \pm E$ porque o intervalo de confiança não tem s como seu centro. (O mesmo é verdade par a variância populacional.)

6.4 Exercícios

Construindo habilidades básicas e vocabulário

1. A população precisa ser normalmente distribuída para que seja possível usar a distribuição qui-quadrado?

2. O que ocorre no formato da distribuição qui-quadrado à medida que os graus de liberdade aumentam?

Nos exercícios 3 a 8, encontre os valores críticos χ_R^2 e χ_L^2 para o dado nível de confiança c e tamanho de amostra n.

3. $c = 0,90; n = 8$.
4. $c = 0,99; n = 15$.
5. $c = 0,95; n = 20$.
6. $c = 0,98; n = 26$.
7. $c = 0,99; n = 30$.
8. $c = 0,80; n = 51$.

Nos exercícios 9 a 12, construa os intervalos de confiança indicados para (a) a variância populacional σ^2 e (b) o desvio padrão populacional σ. Suponha que a amostra é de uma população normalmente distribuída.

9. $c = 0,95; s^2 = 11,56; n = 30$.
10. $c = 0,99; s^2 = 0,64; n = 7$.
11. $c = 0,90; s = 35; n = 18$.
12. $c = 0,98; s = 278,1; n = 41$.

Usando e interpretando conceitos

Construindo intervalos de confiança *Nos exercícios 13 a 24, suponha que a amostra é de uma população normalmente distribuída e construa os intervalos de confiança indicados para (a) a variância da população σ^2 e (b) o desvio padrão da população σ. Interprete os resultados.*

13. **Parafusos** Os diâmetros (em polegadas) de 17 parafusos, produzidos por uma máquina e selecionados aleatoriamente, estão listados a seguir. Use um nível de confiança de 95%.

4,477	4,425	4,034	4,317	4,003	3,760
3,818	3,749	4,240	3,941	4,131	4,545
3,958	3,741	3,859	3,816	4,448	

14. **Xarope para tosse** Os volumes (em onças fluidas) do conteúdo de 15 frascos de xarope para tosse selecionados aleatoriamente estão listados abaixo. Use um nível de confiança de 90%.

4,211	4,246	4,269	4,241	4,260
4,293	4,189	4,248	4,220	4,239
4,253	4,209	4,300	4,256	4,290

15. **Baterias de carros** As capacidades de reserva (em horas) de 18 baterias de automóveis selecionados aleatoriamente estão listadas. Use um nível de confiança de 99%. (*Adaptado de: Consumer Reports.*)

1,70	1,60	1,94	1,58	1,74	1,60
1,86	1,72	1,38	1,46	1,64	1,49
1,55	1,70	1,75	0,88	1,77	2,07

16. **Arruelas** As espessuras (em polegadas) de 15 arruelas, produzidas por uma máquina e selecionadas aleatoriamente, estão listadas. Use um nível de confiança de 95%.

0,422	0,424	0,424	0,430	0,419
0,424	0,420	0,424	0,425	0,425
0,423	0,431	0,437	0,422	0,434

17. **TVs de LCD** Uma revista contém uma reportagem sobre os custos de energia, por ano, para televisores LCD de 32 polegadas. O artigo afirma que 14 televisores LCD de 32 polegadas, selecionados aleatoriamente, possuem um

desvio padrão amostral de US$ 3,90. Use um nível de confiança de 99%. (*Adaptado de: Consumer Reports.*)

18. **Câmeras digitais** Uma revista contém uma reportagem sobre os preços de câmeras digitais subcompactas. O artigo afirma que 11 câmeras digitais subcompactas, selecionadas aleatoriamente, possuem um desvio padrão amostral de US$ 109. Use um nível de confiança de 80%. (*Adaptado de: Consumer Reports.*)

19. **Qualidade da água** Como parte de uma pesquisa sobre a qualidade da água, você testa a dureza desta em vários cursos de água, selecionados aleatoriamente. Os resultados são apresentados na figura a seguir. Use um nível de confiança de 95%.

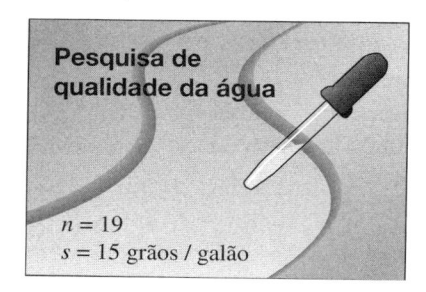

> **Pesquisa de qualidade da água**
> $n = 19$
> $s = 15$ grãos / galão

20. **Custos de websites** Como parte de uma pesquisa, você pergunta a uma amostra aleatória de donos de negócios o quanto eles estariam dispostos a pagar por um website para suas empresas. O tamanho da amostra e o desvio padrão são apresentados na figura a seguir. Use um nível de confiança de 90%.

> **Quanto você pagará por seu site?**
> $n = 30$
> $s = $ US$ 3.600

21. **Ganhos anuais** Os ganhos anuais de 14 engenheiros de computação selecionados aleatoriamente têm um desvio padrão amostral de US$ 3.725. Use um nível de confiança de 80%.

22. **Precipitação anual** A precipitação média anual (em polegadas) de uma amostra aleatória de 30 anos em São Francisco, Califórnia, tem um desvio padrão amostral de 8,18 polegadas. Use um nível de confiança de 98%. (*Fonte: Golden Gate Weather Services.*)

23. **Tempos de espera** Os tempos de espera (em minutos) de uma amostra aleatória de 22 pessoas em um banco têm um desvio padrão de 3,6 minutos. Use um nível de confiança de 98%.

24. **Motocicletas** Os preços de uma amostra aleatória de 20 motocicletas novas têm um desvio padrão de US$ 3.900. Use um nível de confiança de 90%.

Expandindo conceitos

25. **Diâmetros de parafusos** Você está analisando a amostra de parafusos do Exercício 13. O desvio padrão populacional dos diâmetros dos parafusos deve ser menor que 0,5 polegada. O intervalo de confiança que você construiu para σ sugere que a variação nos diâmetros dos parafusos está em um nível aceitável? Explique seu raciocínio.

26. **Conteúdo dos frascos de xarope para tosse** Você está analisando a amostra de frascos de xarope do Exercício 14. O desvio padrão da população dos volumes dos conteúdos dos frascos deve ser menor que 0,025 onça fluida. O intervalo de confiança que você construiu para σ sugere que a variação nos volumes dos conteúdos dos frascos está em um nível aceitável? Explique seu raciocínio.

27. Com suas próprias palavras, explique a diferença entre construir um intervalo de confiança para a variância populacional e um intervalo de confiança para uma média populacional ou uma proporção.

⬆⬇ Usos e abusos – Estatística no mundo real

Usos

Agora, você sabe que informações completas sobre parâmetros populacionais não estão frequentemente disponíveis. As técnicas deste capítulo podem ser usadas para fazer estimativas de intervalos desses parâmetros de modo que você possa tomar decisões fundamentadas.

Do que você aprendeu neste capítulo, você sabe que as estimativas pontuais (estatísticas amostrais) dos parâmetros populacionais são normalmente próximas, mas raramente iguais aos valores reais dos parâmetros que estão estimando. Lembrar disso pode ajudar a tomar boas decisões em sua carreira e no dia a dia. Por exemplo, os resultados de uma pesquisa dizem que 52% da população planeja votar a favor do rezoneamento de uma parte de uma cidade de residencial para uso comercial. Você sabe que isso é somente uma estimativa pontual da proporção real que votará a favor do rezoneamento. Se a estimativa intervalar for $0,49 < p < 0,55$, então você sabe que isso significa que é possível que o item não receba a maioria dos votos.

Abusos

Amostras não representativas Há muitas maneiras pelas quais pesquisas podem resultar em previsões incorretas. Quando você ler os resultados de uma pesquisa, lembre-se de questionar o tamanho da amostra, a técnica de amostragem e as perguntas feitas. Por exemplo, você quer saber a proporção de pessoas que votará a favor do rezoneamento. A partir do diagrama da Figura 6.21, você pode ver que, mesmo quando sua amostra é grande o suficiente, ela pode não consistir nos eleitores reais.

Figura 6.21 Comparação entre um conjunto de eleitores que realmente votou e um conjunto de eleitores amostrados.

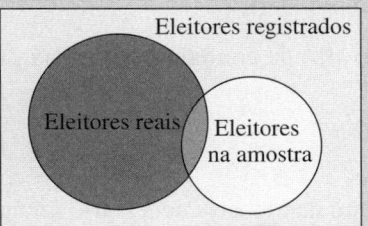

Usar uma amostra menor pode ser a única maneira de fazer uma estimativa, mas esteja atento ao fato de que uma mudança em um valor de dado pode mudar completamente os resultados. Geralmente, quanto maior o tamanho da amostra, mais preciso será o resultado.

Perguntas tendenciosas em pesquisa Nas pesquisas, também é importante analisar as palavras usadas nas perguntas. Por exemplo, a pergunta sobre o rezoneamento poderia ser apresentada como: "Sabendo que o rezoneamento irá resultar em mais negócios contribuindo para impostos escolares, você apoiaria o rezoneamento?"

Exercícios

1. ***Amostras não representativas*** Encontre um exemplo de uma pesquisa que foi noticiada em um jornal, revista ou website. Descreva diferentes maneiras pelas quais a amostra poderia não ser representativa da população.

2. ***Perguntas tendenciosas em pesquisa*** Encontre um exemplo de uma pesquisa noticiada em um jornal, revista ou website. Descreva diferentes maneiras de as perguntas da pesquisa serem tendenciosas.

Resumo do capítulo

O que você aprendeu	Exemplo(s)	Exercícios de revisão
Seção 6.1		
• Como obter uma estimativa pontual para uma média e a margem de erro $E = z_c \dfrac{\sigma}{\sqrt{n}}$ Margem de erro	1 e 2	1 e 2
• Como construir e interpretar intervalos de confiança para uma média populacional quando σ é conhecido $\bar{x} - E < \mu < \bar{x} + E$	3–5	3–6
• Como determinar o tamanho mínimo da amostra necessário quando estimamos uma média populacional dentro de certas condições.	6	7 e 8
Seção 6.2		
• Como interpretar a distribuição t e usar a tabela da distribuição t $t = \dfrac{\bar{x} - \mu}{s/\sqrt{n}}$, g.l. $= n - 1$	1	9–12

- Como construir e interpretar intervalos de confiança para uma média populacional quando σ é desconhecido

  $\bar{x} - E < \mu < \bar{x} + E, \quad E = t_c \dfrac{s}{\sqrt{n}}$

(linha acima)	2–4	13–22

Seção 6.3

- Como encontrar uma estimativa pontual para uma proporção populacional

  $\hat{p} = \dfrac{x}{n}$

  | 1 | 23–26 |

- Como construir e interpretar intervalos de confiança para uma proporção populacional

  $\hat{p} - E < p < \hat{p} + E, \quad E = z_c \sqrt{\dfrac{\hat{p}\hat{q}}{n}}$

  | 2 e 3 | 27–30 |

- Como determinar o tamanho mínimo da amostra necessário quando estimamos uma proporção populacional dentro de certas condições

  | 4 | 31 e 32 |

Seção 6.4

- Como interpretar a distribuição qui-quadrado e usar a tabela da distribuição qui-quadrado

  $\chi^2 = \dfrac{(n-1)s^2}{\sigma^2}, \quad \text{g.l.} = n - 1$

  | 1 | 33–36 |

- Como construir e interpretar intervalos de confiança para a variância e o desvio padrão populacional

  $\dfrac{(n-1)s^2}{\chi^2_R} < \sigma^2 < \dfrac{(n-1)s^2}{\chi^2_L}, \quad \sqrt{\dfrac{(n-1)s^2}{\chi^2_R}} < \sigma < \sqrt{\dfrac{(n-1)s^2}{\chi^2_L}}$

  | 2 | 37 e 38 |

Exercícios de revisão

Seção 6.1

1. Os horários de despertar (em minutos após as 5:00) de 40 pessoas que começam a trabalhar às 8:00 são mostrados na tabela a seguir. Suponha que o desvio padrão populacional é de 45 minutos. Calcule (a) a estimativa pontual da média populacional μ e (b) a margem de erro para um intervalo de confiança de 90%.

Horário de despertar (em minutos após as 5:00)						
135	145	95	140	135	95	110
50	90	165	110	125	80	125
130	110	25	75	65	100	60
125	115	135	95	90	140	40
75	50	130	85	100	160	135
45	135	115	75	130		

2. As distâncias percorridas até o trabalho (em milhas) de 30 pessoas estão apresentadas a seguir. Suponha que o desvio padrão populacional é de 8 milhas. Calcule (a) a estimativa pontual da média populacional μ e (b) a margem de erro para um intervalo de confiança de 95%.

12 9 7 2 8 7 3 27 21 10 13 7 2 30 7
6 13 6 4 1 10 3 13 6 2 9 2 12 16 18

3. Construa um intervalo de confiança de 90% para a média populacional no Exercício 1. Interprete os resultados.

4. Construa um intervalo de confiança de 95% para a média populacional no Exercício 2. Interprete os resultados.

Nos exercícios 5 e 6, use o intervalo de confiança para encontrar a margem de erro e a média amostral.

5. (20,75; 24,10).   **6.** (7,428; 7,562).

7. Determine o tamanho mínimo da amostra necessário para ter 95% de confiança de que a média da amostra do horário de despertar diste no máximo 10 minutos da média populacional do horário de despertar. Use o desvio padrão populacional do Exercício 1.

8. Determine o tamanho mínimo da amostra necessário para ter 99% de confiança de que a média da amostra das distâncias percorridas para o trabalho distem no máximo 2 milhas da média populacional das distâncias percorridas para o trabalho. Use o desvio padrão populacional do Exercício 2.

Seção 6.2

Nos exercícios 9 a 12, encontre o valor crítico t_c para o nível de confiança c e tamanho de amostra n.

9. $c = 0{,}80; n = 10$.
10. $c = 0{,}95; n = 24$.
11. $c = 0{,}98; n = 15$.
12. $c = 0{,}99; n = 30$.

Nos exercícios de 13 a 16, determine a margem de erro para μ.

13. $c = 0{,}90; s = 25{,}6; n = 16; \bar{x} = 72{,}1$.
14. $c = 0{,}95; s = 1{,}1; n = 25; \bar{x} = 3{,}5$.
15. $c = 0{,}98; s = 0{,}9; n = 12; \bar{x} = 6{,}8$.
16. $c = 0{,}99; s = 16{,}5; n = 20; \bar{x} = 25{,}2$.

Nos exercícios 17 a 20, construa o intervalo de confiança para μ usando as estatísticas do exercício. Se for conveniente, use tecnologia para construir o intervalo de confiança.

17. Exercício 13.
18. Exercício 14.
19. Exercício 15.
20. Exercício 16.

21. Em uma amostra aleatória de 28 carros esportivos, o custo médio anual de combustível era de US$ 2.929 e o desvio padrão era de US$ 786. Construa um intervalo de confiança de 90% para μ. Interprete os resultados. Suponha que os custos anuais de combustível são normalmente distribuídos. (*Adaptado de: U.S. Department of Energy.*)

22. Repita o Exercício 21 usando um intervalo de confiança de 99%.

Seção 6.3

Nos exercícios 23 a 26, p é a proporção da população para a situação. Encontre estimativas pontuais para p e q.

23. Em uma pesquisa com 814 adultos americanos, 375 disseram que a economia é a questão mais importante que o país enfrenta hoje. (*Adaptado de: CNN/ORC Poll.*)

24. Em uma pesquisa com 500 adultos americanos, 425 disseram que confiariam nos médicos para dizer a verdade. (*Adaptado de: Harris Interactive.*)

25. Em uma pesquisa com 1.023 adultos americanos, 552 disseram que já trabalharam no turno da noite em algum momento de suas vidas. (*Adaptado de: CNN/Opinion Research.*)

26. Em uma pesquisa com 800 adultos americanos, 90 estão realizando o(s) pagamento(s) mínimo(s) do(s) cartão(ões) de crédito. (*Adaptado de: Cambridge Consumer Credit Index.*)

Nos exercícios 27 a 30, construa o intervalo de confiança indicado para a proporção populacional p. Interprete os resultados. Se for conveniente, use tecnologia para construir o intervalo de confiança.

27. Use a amostra do Exercício 23 com $c = 0{,}95$.
28. Use a amostra do Exercício 24 com $c = 0{,}99$.
29. Use a amostra do Exercício 25 com $c = 0{,}90$.
30. Use a amostra do Exercício 26 com $c = 0{,}98$.

31. Você deseja estimar, com 95% de confiança, a proporção populacional de adultos americanos que acham que deveriam estar poupando mais dinheiro. Sua estimativa deve ser precisa dentro de uma margem de erro de 5% da proporção populacional.

    (a) Não há estimativas preliminares disponíveis. Encontre o tamanho mínimo da amostra necessário.

    (b) Determine o tamanho mínimo da amostra necessário usando um estudo prévio que descobriu que 63% dos adultos americanos acham que deveriam estar poupando mais dinheiro. (*Fonte: Pew Research Center.*)

    (c) Compare os resultados das partes (a) e (b).

32. Repita o Exercício 31 parte (b), usando um nível de confiança de 99% e uma margem de erro de 2,5%. Como esse tamanho de amostra se compara à sua resposta no Exercício 31 parte (b)?

Seção 6.4

Nos exercícios 33 a 36, encontre os valores críticos χ_R^2 e χ_L^2 para o nível de confiança c e tamanho de amostra n.

33. $c = 0{,}95; n = 13$.
34. $c = 0{,}98; n = 25$.
35. $c = 0{,}90; n = 16$.
36. $c = 0{,}99; n = 10$.

Nos exercícios 37 e 38, suponha que a amostra é de uma população normalmente distribuída e construa os intervalos de confiança indicados para (a) a variância populacional σ^2 e (b) o desvio padrão populacional σ. Interprete os resultados.

37. Os pesos (em onças) de 17 câmeras digitais com super zoom, selecionadas aleatoriamente, estão listados. Use um nível de confiança de 95%. (*Adaptado de: Consumer Reports.*)

    | 14 | 13 | 8 | 15 | 19 | 15 | 35 | 8 | 17 |
    | 10 | 9 | 17 | 21 | 7 | 15 | 11 | 24 | |

38. Os tempos de aceleração (em segundos) de 0 a 60 milhas por hora para 26 sedans selecionados aleatoriamente estão mostrados na tabela a seguir. Use um nível de confiança de 98%. (*Adaptado de: Consumer Reports.*)

Tempos de aceleração (em segundos)						
6,9	8,3	7,6	7,2	7,5	7,6	9,3
7,8	9,4	6,4	8,2	7,7	7,8	9,8
6,3	6,4	8,9	6,2	9,0	9,6	8,3
9,1	6,2	9,7	7,1	9,4		

Problemas

Faça estes problemas como se estivesse fazendo em sala. Depois, compare suas respostas com as respostas dadas no final do livro.

1. O conjunto de dados representa o tempo (em minutos) gasto assistindo a vídeos on-line a cada dia para uma amostra aleatória de 30 estudantes universitários. Suponha que o desvio padrão populacional é de 2,4 minutos. (*Adaptado de: The Council for Research Excellence.*) 5,0
   6,25 8,0   5,5 4,75 4,5   7,2 6,6   5,8   5,5 4,2 5,4
   6,75 9,8 8,2   6,4   7,8   6,5   5,5   6,0 3,8 6,75
   9,25 10,0 9,6   7,2   6,4   6,8   9,8 10,2

   (a) Calcule a estimativa pontual da média populacional.
   (b) Calcule a margem de erro para um nível de confiança de 95%.
   (c) Construa um intervalo de confiança de 95% para a média populacional. Interprete os resultados.

2. Você quer estimar o tempo médio que os estudantes universitários gastam assistindo a vídeos on-line a cada dia. A estimativa deve estar dentro do intervalo de 1 minuto da média populacional. Determine o tamanho mínimo de amostra necessário para construir um intervalo de confiança para a média populacional nas condições desejadas. Use o desvio padrão populacional do Exercício 1.

3. O conjunto de dados representa o tempo (em minutos) gasto verificando e-mail para uma amostra aleatória de funcionários de uma empresa.

   7,5   2,0 12,1   8,8   9,4   7,3   1,9   2,8   7,0   7,3

   (a) Calcule a média e o desvio padrão amostral.
   (b) Construa um intervalo de confiança de 90% para a média populacional. Interprete os resultados. Suponha que os tempos são normalmente distribuídos.
   (c) Repita a parte (b), supondo $\sigma = 3,5$ minutos. Interprete e compare os resultados.

4. Em uma amostra aleatória de 12 assistentes de dentista, os ganhos médios anuais foram US$ 31.721 e o desvio padrão foi US$ 5.260. Suponha que os ganhos anuais são normalmente distribuídos e construa um intervalo de confiança de 95% para a média populacional dos ganhos anuais para os assistentes de dentista. Interprete os resultados. (*Adaptado de: U.S. Bureau of Labor Statistics.*)

5. Em uma pesquisa com 1.022 adultos americanos, 779 acham que os Estados Unidos deveriam dar mais ênfase à produção de energia doméstica a partir da energia solar. (*Adaptado de: Gallup Poll.*)

   (a) Determine a estimativa pontual para a proporção populacional p de adultos americanos que acham que os Estados Unidos deveriam dar mais ênfase à produção de energia doméstica a partir da energia solar.
   (b) Construa um intervalo de confiança de 90% para a proporção populacional. Interprete os resultados.
   (c) Determine o tamanho mínimo da amostra necessário para estimar a proporção populacional ao nível de confiança de 99% de modo a assegurar que a estimativa diste, no máximo, 4% da proporção populacional.

6. Reveja o conjunto de dados do Exercício 3. Suponha que a população dos tempos gastos verificando e-mail é normalmente distribuída.

   (a) Construa um intervalo de confiança de 95% para a variância populacional.
   (b) Construa um intervalo de confiança de 95% para o desvio padrão populacional. Interprete os resultados.

Teste do capítulo

Faça este teste como se estivesse fazendo uma prova em sala.

1. Em uma pesquisa com 2.383 adultos americanos, 1.073 acham que deveria haver maior regulação governamental nas companhias de petróleo. (*Adaptado de: Harris Interactive.*)

   (a) Encontre a estimativa pontual para a proporção populacional p de adultos americanos que acham que deveria haver maior regulação governamental nas companhias de petróleo.
   (b) Construa um intervalo de confiança de 95% para a proporção populacional. Interprete os resultados.
   (c) Determine o tamanho mínimo de amostra necessário para estimar a proporção populacional ao nível de confiança de 99% de modo a assegurar que a margem de erro máxima seja de 3% da proporção populacional.

2. O conjunto de dados representa os pesos (em gramas) de 10 esquilos adultos machos selecionados aleatoriamente de uma floresta. Suponha que os pesos são normalmente distribuídos. (*Adaptado de: Proceedings of the South Dakota Academy of Science.*)

   821   857   782   930   720   821   794   876   810   841

   (a) Calcule a média e o desvio padrão amostral.
   (b) Construa um intervalo de confiança de 95% para a média populacional. Interprete os resultados.
   (c) Construa um intervalo de confiança de 99% para a variância populacional.
   (d) Construa um intervalo de confiança de 99% para o desvio padrão populacional. Interprete os resultados.

3. O conjunto de dados representa as pontuações de 12 estudantes selecionados aleatoriamente no teste de física do SAT. Suponha que as pontuações populacionais no teste são normalmente distribuídas e que o desvio padrão populacional é 103. (*Adaptado de: The College Board.*)

670 740 630 620 730 650 720 620 640 500 670 760

(a) Determine a estimativa pontual da média populacional.
(b) Construa um intervalo de confiança de 90% para a média populacional. Interprete os resultados.
(c) Determine o tamanho mínimo da amostra necessário para estar 95% confiante de que a média amostral da pontuação do teste não diste mais de 10 pontos da média populacional da pontuação do teste.

4. Construa o intervalo de confiança indicado para a média populacional de cada conjunto de dados. Se for possível construir um intervalo de confiança, justifique a distribuição que você usou. Se não for possível, explique o porquê.

(a) Em uma amostra aleatória de 40 pacientes, o tempo médio de espera em um consultório dentário era de 20 minutos e o desvio padrão era de 7,5 minutos. Construa um intervalo de confiança de 95% para a média populacional.
(b) Em uma amostra aleatória de 20 pessoas, a gorjeta média que eles disseram que deixariam após uma refeição de US$ 30 era US$ 3,75 e o desvio padrão era US$ 0,25. Construa um intervalo de confiança de 99% para a média populacional.
(c) Em uma amostra aleatória de 15 caixas de cereal, o peso médio era de 11,89 onças. Suponha que os pesos das caixas de cereal são normalmente distribuídos e que o desvio padrão populacional é de 0,05 onça. Construa um intervalo de confiança de 90% para a média populacional.

5. Você deseja estimar, com 95% de confiança, a proporção populacional de donos de tablets que utilizam o equipamento diariamente. Sua estimativa deve ser precisa distando até 2% da proporção populacional. Não há estimativas preliminares disponíveis. Encontre o tamanho mínimo da amostra necessário.

Estatísticas reais – Decisões reais: juntando tudo

O Safe Drinking Water Act[1], que foi aprovado em 1974, permite à Agência de Proteção Ambiental (Environmental Protection Agency — EPA, em inglês) regular os níveis de contaminantes na água potável. O EPA exige que os serviços públicos de água forneçam relatórios da qualidade da água aos seus consumidores anualmente. Esses relatórios incluem os resultados de monitoramentos diários da qualidade da água, que são realizados para determinar se a água potável está salubre o suficiente para consumo.

Um departamento de água testa os contaminantes em estações de tratamento e nas torneiras dos consumidores. Esses contaminantes incluem micro-organismos, químicos orgânicos e inorgânicos. Um dos contaminantes é o cianeto, que é um químico inorgânico. Sua presença na água potável é o resultado da descarga de aço, plásticos e fertilizantes industriais. Para a água potável, o nível máximo de contaminação por cianeto é de 0,2 parte por milhão.

Como parte do seu trabalho para o departamento de água da sua cidade, você está preparando um relatório que inclui uma análise dos resultados mostrados na Figura 6.22. Nela são exibidas as estimativas pontuais para a média populacional do nível de concentração de cianeto e os intervalos de confiança de 95% para μ em um período de 3 anos. Os dados são baseados em amostras aleatórias de água tiradas das três estações de tratamento da cidade.

Figura 6.22 Estimativas intervalares para o nível de concentração de cianeto em três anos.

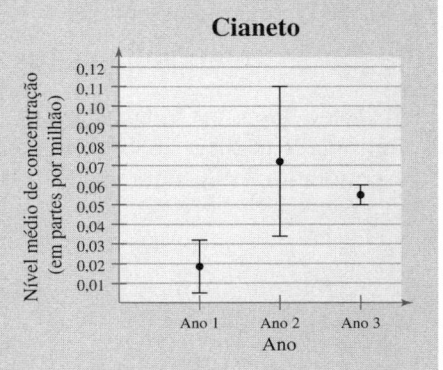

---

1 N. do T.: Safe Drinking Water Act é uma lei federal dos Estados Unidos que assegura a qualidade da água potável no país.

Exercícios

1. *Interpretando os resultados*

   Use a Figura 6.22 para determinar se houve uma mudança no nível médio de concentração de cianeto em cada período listado a seguir. Explique seu raciocínio.

   (a) Do ano 1 para o ano 2.
   (b) Do ano 2 para o ano 3.
   (c) Do ano 1 para o ano 3.

2. *O que você pode concluir?*

   Usando os resultados do Exercício 1, o que você pode concluir sobre a concentração de cianeto na água potável?

3. *O que você acha?*

   O intervalo de confiança para o ano 2 é muito maior que o dos outros anos. O que você acha que pode ter causado este maior intervalo de confiança?

4. *Como você acha que eles fizeram?*

   Como você acha que o departamento de água construiu o intervalo de confiança de 95% para a concentração média populacional de cianeto na água? Inclua respostas para as perguntas abaixo em sua explicação.

   (a) Que distribuição amostral você acha que eles usaram? Por quê?
   (b) Você acha que eles usaram o desvio padrão populacional ao calcular a margem de erro? Por que ou por que não? Se não, o que eles poderiam ter usado?

Tecnologia

MINITAB | EXCEL | TI-84 PLUS

ORGANIZAÇÃO GALLUP

www.gallup.com

Pesquisas mais admiradas

Desde 1946, a Organização Gallup tem conduzido a pesquisa "mais admirada". Em 2012, 1.038 adultos americanos selecionados aleatoriamente responderam à pergunta abaixo. Os resultados são mostrados nas tabelas 6.5 e 6.6.

Pergunta da pesquisa

Qual homem* que você ouviu ou leu sobre, ainda vivo em qualquer parte do mundo, você mais admira? E quem é sua segunda escolha?

Reimpresso com permissão da Gallup.
*Os entrevistados da pesquisa responderam a uma pergunta idêntica sobre a mulher mais admirada.

Tabela 6.5 Opiniões de adultos dos EUA sobre os homens mais admirados no mundo.

Os três homens mais admirados (2012)	
Nome	Percentual de menção
1. Barack Obama	30
2. Nelson Mandela	3
3. Mitt Romney	2

Tabela 6.6 Opiniões de adultos dos EUA sobre as mulheres mais admiradas no mundo.

As três mulheres mais admiradas (2012)	
Nome	Percentual de menção
1. Hillary Clinton	21
2. Michelle Obama	5
3. Oprah Winfrey	4

Exercícios

1. Use tecnologia para encontrar um intervalo de confiança de 95% para a proporção populacional que teria escolhido cada pessoa como seu homem mais admirado.
   (a) Barack Obama.
   (b) Nelson Mandela.
   (c) Mitt Romney.

2. Use tecnologia para encontrar um intervalo de confiança de 95% para a proporção populacional que teria escolhido cada pessoa como sua mulher mais admirada.
   (a) Hillary Clinton.
   (b) Michelle Obama.
   (c) Oprah Winfrey.

3. Encontre o tamanho mínimo da amostra necessário para estimar, com 95% de confiança, a proporção populacional que teria escolhido Barack Obama como seu homem mais admirado. Sua estimativa deve ser precisa de modo que diste em até 2% da proporção populacional.

4. Use tecnologia para simular uma pesquisa "mais admirada". Suponha que a proporção populacional real dos que mais admiram Hillary Clinton é de 24%. Rode a simulação diversas vezes usando $n = 1.038$. (Veja a Figura 6.23.)
   (a) Qual foi o menor valor que você obteve para $\hat{p}$?
   (b) Qual foi o maior valor que você obteve para $\hat{p}$?

Figura 6.23 Simulando resultados de pesquisa no Minitab.

MINITAB

Number of rows of data to generate: 200
Store in column(s): C1
Number of trials: 1038
Event probability: 0.24

5. É provável que a proporção populacional que mais admira Hillary Clinton seja de 24% ou maior? Explique seu raciocínio.

Soluções são apresentadas nos manuais de tecnologia presentes no Site de Apoio. Instruções técnicas são fornecidas por Minitab, Excel e TI-84 Plus

Usando tecnologia para construir intervalos de confiança

A seguir são apresentadas algumas soluções no Minitab e da calculadora TI-84 Plus para alguns exemplos deste capítulo. As respostas podem estar ligeiramente diferentes em razão de arredondamentos.

Veja Exemplo 3 (com dados dos exemplos 1 e 2). Seção 6.1.

30	26	33	26	26	33	31	31	21	37
27	20	34	35	30	24	38	34	39	31
22	30	23	23	31	44	31	33	33	26
27	28	25	35	23	32	29	31	25	27

MINITAB

One-Sample Z: Hours

The assumed standard deviation = 7.9

Variable	N	Mean	StDev	SE Mean	95% CI
Hours	40	29.60	5.28	1.25	(27.15, 32.05)

```
Display Descriptive Statistics...
Store Descriptive Statistics...
Graphical Summary...

1-Sample Z...
1-Sample t...
2-Sample t...
Paired t...

1 Proportion...
2 Proportions...
```

Veja Exemplo 2, Seção 6.2.

MINITAB

One-Sample T

N	Mean	StDev	SE Mean	95% CI
16	162.00	10.00	2.50	(156.67, 167.33)

```
Display Descriptive Statistics...
Store Descriptive Statistics...
Graphical Summary...

1-Sample Z...
1-Sample t...
2-Sample t...
Paired t...

1 Proportion...
2 Proportions...
```

Veja Exemplo 2, Seção 6.3.

MINITAB

Test and CI for One Proportion

Sample	X	N	Sample p	95% CI
1	372	1000	0.372000	(0.341957, 0.402799)

```
Display Descriptive Statistics...
Store Descriptive Statistics...
Graphical Summary...

1-Sample Z...
1-Sample t...
2-Sample t...
Paired t...

1 Proportion...
2 Proportions...
```

Veja Exemplo 5, Seção 6.1.

TI-84 PLUS

```
EDIT CALC TESTS
1:  Z–Test...
2:  T–Test...
3:  2–SampZTest...
4:  2–SampTTest...
5:  1–PropZTest...
6:  2–PropZTest...
7↓ ZInterval...
```

→

TI-84 PLUS

```
       ZInterval
Inpt:Data Stats
σ:1.5
x̄:22.9
n:20
C–Level:.9
Calculate
```

→

TI-84 PLUS

```
       ZInterval
(22.348, 23.452)
x̄=22.9
n=20
```

Veja Exemplo 3, Seção 6.2.

TI-84 PLUS

```
EDIT CALC TESTS
2↑ T–Test...
3:  2–SampZTest...
4:  2–SampTTest...
5:  1–PropZTest...
6:  2–PropZTest...
7:  ZInterval...
8↓ TInterval...
```

→

TI-84 PLUS

```
       TInterval
Inpt:Data Stats
x̄:9.75
Sx:2.39
n:36
C–Level:.99
Calculate
```

→

TI-84 PLUS

```
       TInterval
(8.665, 10.835)
x̄=9.75
Sx=2.39
n=36
```

Veja Exemplo 2, Seção 6.3.

TI-84 PLUS

EDIT CALC **TESTS**
5↑ 1-PropZTest...
6: 2-PropZTest...
7: ZInterval...
8: TInterval...
9: 2-SampZInt...
0: 2-SampTInt...
A↓ 1-PropZInt...

⟶

TI-84 PLUS

1-PropZInt
X:372
n:1000
C-Level:.95
Calculate

⟶

TI-84 PLUS

1-PropZInt
(.34204, .40196)
$\hat{p}$=.372
n=1000

7 Teste de hipótese com uma amostra

7.1 Introdução ao teste de hipótese

7.2 Teste de hipótese para a média (σ conhecido)

7.3 Teste de hipótese para a média (σ desconhecido)
- Atividade
- Estudo de caso

7.4 Teste de hipótese para a proporção
- Atividade

7.5 Teste de hipótese para variância e desvio padrão
- Usos e abusos
- Estatísticas reais – Decisões reais
- Tecnologia

O Conselho de Classificação de Jogos Eletrônicos (ESRB, em inglês) atribui classificações a jogos eletrônicos para indicar a idade adequada dos jogadores. Essas classificações incluem: infantil, todas as idades, acima de 10 anos, adolescente, acima de 17 anos e adulto.

Onde estamos

No Capítulo 6 você começou a estudar estatística inferencial. Naquele capítulo, você aprendeu como construir um intervalo de confiança para estimar um parâmetro populacional, tal como a proporção de pessoas nos Estados Unidos que concordam com certa afirmação. Por exemplo, em uma pesquisa em todo o país, realizada por Harris Interactive, adultos foram indagados se concordam ou não com diversas afirmações sobre jogos eletrônicos. A seguir estão alguns dos resultados.

Afirmação	Número de entrevistados	Número dos que concordam
Há uma ligação entre jogos eletrônicos e adolescentes apresentando comportamento violento.	2.278	1.322
Não há diferença entre jogar um jogo violento e assistir a um filme violento.	2.278	1.276
Deveria existir regulamentações governamentais sobre jogos eletrônicos violentos para assegurar acesso limitado a eles.	2.278	1.071

Para onde vamos

Neste capítulo você continuará estudando estatística inferencial. Mas agora, em vez de fazer uma estimativa sobre um parâmetro populacional, você aprenderá como testar uma afirmação sobre um parâmetro.

Por exemplo, suponha que você trabalhe para a Harris Interactive e deva testar a afirmação de que a proporção de adultos americanos que acham que há uma ligação entre jogos eletrônicos e adolescentes apresentando comportamento violento é $p = 0,53$. Para testar a afirmação, você retira uma amostra aleatória de $n = 2.278$ adultos americanos e descobre que 1.322 deles acham que há uma ligação entre jogos eletrônicos e adolescentes apresentando comportamento violento. Sua estatística amostral é $\hat{p} \approx 0{,}580$.

Sua estatística amostral difere o suficiente da afirmação ($p = 0{,}53$) para decidir que a afirmação é falsa? A resposta está na distribuição amostral da variável proporção aproximada por uma distribuição normal cuja média populacional é $p = 0{,}53$. O gráfico na Figura 7.1 mostra que sua estatística amostral situa-se a mais que 4 erros padrão do valor da afirmação. Se a afirmação for verdadeira, então a probabilidade de que a estatística amostral esteja a 4 erros padrão ou mais do valor afirmado é extremamente pequena. Alguma coisa está errada! Se sua amostra for verdadeiramente aleatória, então você pode concluir que a proporção real da população de adultos não é 0,53. Em outras palavras, você testou a afirmação original (hipótese) e decidiu rejeitá-la.

Figura 7.1 Distribuição amostral da proporção aproximada por uma distribuição normal.

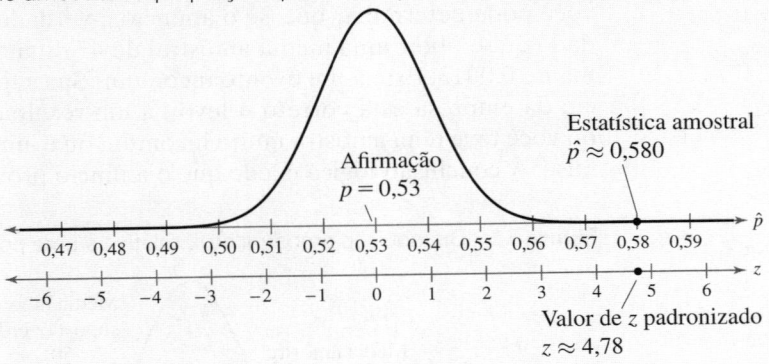

7.1 Introdução ao teste de hipótese

Teste de hipótese • Estabelecendo uma hipótese • Tipos de erros e nível de significância • Testes estatísticos e valores p • Tomando uma decisão e interpretando-a • Estratégias para testes de hipótese

O que você deve aprender

- Uma introdução prática ao teste de hipótese.
- Como estabelecer uma hipótese nula e uma hipótese alternativa.
- Como identificar os erros tipo I e tipo II e interpretar o nível de significância.
- Como saber se devemos usar o teste estatístico uni ou bilateral e encontrar um valor p.
- Como tomar e interpretar decisões baseadas nos resultados de um teste estatístico.
- Como escrever uma afirmação para um teste de hipótese.

Teste de hipótese

No restante deste livro, você estudará uma importante técnica em estatística inferencial chamada teste de hipótese. Um **teste de hipótese** é um processo que usa estatísticas amostrais para testar uma afirmação sobre o valor de um parâmetro populacional. Pesquisadores em campos como medicina, psicologia e negócios contam com os testes de hipóteses para a tomada de decisões sobre novos medicamentos, tratamentos e estratégias de mercado.

Por exemplo, considere um fabricante que anuncia que seu novo carro híbrido tem média de consumo de combustível de 50 milhas por galão. Se você suspeitar que o consumo médio não é de 50 milhas por galão, como você poderia mostrar que o anúncio é falso?

Obviamente você não pode testar *todos* os veículos, mas você ainda pode tomar uma decisão razoável sobre o consumo médio retirando uma amostra aleatória da população de veículos e medindo o consumo de cada um. Se a média da amostra diferir o suficiente da média do anúncio, você pode decidir que o anúncio está errado.

Por exemplo, para testar que o consumo médio de combustível de todos os veículos híbridos desse tipo é $\mu = 50$ milhas por galão, você retira uma amostra aleatória de $n = 30$ veículos e mede o consumo de cada um. Você obtém uma média amostral de $\bar{x} = 47$ milhas por galão com um desvio padrão amostral de $s = 5{,}5$ milhas por galão. Isso indica que a anúncio do fabricante é falso?

> **Entenda**
>
> Ao estudar este capítulo pode ocorrer de você ficar confuso sobre os conceitos de certeza e importância. Por exemplo, mesmo se você estiver muito certo de que o consumo médio de certo tipo de veículo híbrido não é de 50 milhas por galão, o consumo médio real pode estar muito próximo a esse valor e a diferença pode não ser importante.

Para decidir, você faz algo incomum — *você supõe que o anúncio está correto!* Ou seja, você supõe que $\mu = 50$. Então, examina a distribuição amostral das médias (com $n = 30$) obtida de uma população na qual $\mu = 50$ e $\sigma = 5{,}5$. Pelo teorema do limite central, você sabe que essa distribuição amostral é normal com média 50 e um erro padrão de

$$\frac{5{,}5}{\sqrt{30}} \approx 1.$$

Na Figura 7.2 note que sua média amostral ($\bar{x}$) igual a 47 milhas por galão é altamente improvável — está a aproximadamente 3 erros padrão da média afirmada! Usando as técnicas que você estudou no Capítulo 5, você pode determinar que, se o anúncio é verdadeiro, então a probabilidade de se obter uma média amostral de 47 ou menos é de aproximadamente 0,0013. Este é um evento incomum! Sua suposição de que o anúncio da empresa está correto o levou a um resultado improvável. Então, ou você teve uma amostra muito incomum ou o anúncio é provavelmente falso. A conclusão lógica é a de que o anúncio provavelmente é falso.

Figura 7.2 Distribuição amostral de $\bar{x}$ relativa a uma população de média 50.

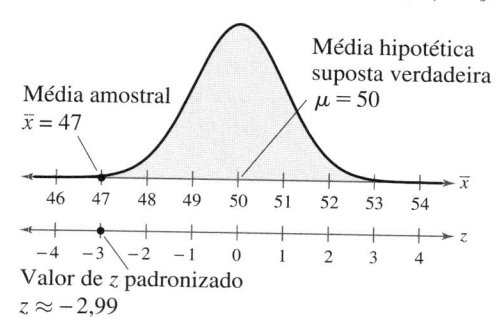

Estabelecendo uma hipótese

Uma afirmação sobre um parâmetro populacional é chamada de **hipótese estatística**. Para testar uma afirmação sobre um parâmetro populacional, você deve especificar, cuidadosamente, um par de hipóteses — uma que represente a afirmação e outra, seu complemento. Quando uma dessas hipóteses é falsa, a outra deve ser verdadeira. Qualquer uma das hipóteses — a **hipótese nula** ou a **hipótese alternativa** — pode representar a afirmação original.

> **Definição**
>
> 1. Uma **hipótese nula** H_0 é uma hipótese estatística que contém uma afirmação de igualdade, tal como $\leq$, $=$ ou $\geq$.
> 2. A **hipótese alternativa** H_a é o complemento da hipótese nula. É uma afirmação que é aceita como verdadeira se H_0 for falsa e contém uma declaração de desigualdade estrita, tal como $<$, $\neq$ ou $>$.
>
> O símbolo H_0 é lido como "H zero" ou "H nula", e H_a, como "H a".

> **Entenda**
>
> O termo "hipótese nula" foi introduzido por Ronald Fisher (veja página 34). Se a afirmação na hipótese nula não é verdadeira, então, a hipótese alternativa deve ser aceita como verdadeira.

Para construir as hipóteses nula e alternativa, escreva a afirmação feita sobre o parâmetro populacional por meio de uma sentença matemática. Então, escreva seu complemento. A hipótese nula corresponde à sentença que contém a igualdade. Por exemplo, se o valor da afirmação é em relação a k e o parâmetro populacional é μ, então alguns pares possíveis de hipóteses nula e alternativa são:

$$\begin{cases} H_0: \mu \leq k \\ H_a: \mu > k \end{cases} \quad \begin{cases} H_0: \mu \geq k \\ H_a: \mu < k \end{cases} \quad \text{e} \quad \begin{cases} H_0: \mu = k \\ H_a: \mu \neq k \end{cases}$$

Independente de qual dos três pares de hipóteses você usar, sempre suponha que $\mu = k$ e examine a distribuição amostral de $\bar{x}$ com base nessa suposição (supondo H_0 como verdadeira). Dentro dessa distribuição amostral, você vai determinar se a estatística amostral é ou não incomum.

A Tabela 7.1 mostra a relação entre possíveis declarações sobre o parâmetro μ e as correspondentes hipóteses nula ou alternativa. Declarações similares podem ser feitas para testar outros parâmetros populacionais como p, σ ou σ^2.

Retratando o mundo

Um estudo para verificar o efeito do chá verde (bebida ou extrato) sobre os lipídeos usa uma amostra aleatória de 50 indivíduos. Após o estudo, conclui-se que a queda média no colesterol total dos indivíduos é de 7,20 mg/dl. Então, é afirmado que a queda média no colesterol total dos indivíduos que usam chá verde é de 7,20 mg/dl. (*Adaptado de: The American Journal of Clinical Nutrition*.)
Formule uma hipótese nula e uma hipótese alternativa para a afirmação.

Tabela 7.1 Declarando e construindo hipóteses.

Declaração sobre H_0 A média é...	Sentença matemática	Declaração sobre H_a A média é...
... maior ou igual a k. ... pelo menos k. ... não menos que k.	$\begin{cases} H_0: \mu \geq k \\ H_a: \mu < k \end{cases}$	... menor que k. ... abaixo de k. ... menos que k.
... menor ou igual a k. ... no máximo k. ... não mais que k.	$\begin{cases} H_0: \mu \leq k \\ H_a: \mu > k \end{cases}$	... maior que k. ... acima de k. ... mais que k.
... igual a k. ... k. ... exatamente k.	$\begin{cases} H_0: \mu = k \\ H_a: \mu \neq k \end{cases}$	... não igual a k. ... diferente de k. ... não k.

Exemplo 1

Estabelecendo as hipóteses nula e alternativa

Escreva a afirmação como uma sentença matemática. Formule as hipóteses nula e alternativa e identifique qual representa a afirmação.

1. Uma escola divulga que a proporção de seus estudantes que estão envolvidos em pelo menos uma atividade extracurricular é de 61%.
2. Uma concessionária de automóveis anuncia que o tempo médio para uma troca de óleo é menor que 15 minutos.
3. Uma companhia anuncia que a vida útil média de seus fornos é superior a 18 anos.

Solução

1. A afirmação "a proporção... é de 61%" pode ser escrita como $p = 0,61$. Seu complemento é $p \neq 0,61$, conforme mostra a Figura 7.3. Como $p = 0,61$ contém a afirmação de igualdade, ela se torna a hipótese nula. Nesse caso, a hipótese nula representa a afirmação.

Figura 7.3 Indicação das hipóteses nula e alternativa.

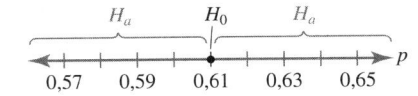

H_0: $p = 0{,}61$ (Afirmação.)

H_a: $p \neq 0{,}61$

2. A afirmação "a média... é menor que 15 minutos" pode ser escrita como $\mu < 15$. Seu complemento é $\mu \geq 15$, conforme mostra a Figura 7.4. Como $\mu \geq 15$ contém a a igualdade, ela se torna a hipótese nula. Nesse caso, a hipótese alternativa representa a afirmação.

Figura 7.4 Indicação das hipóteses nula e alternativa.

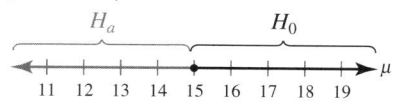

H_0: $\mu \geq 15$ minutos

H_a: $\mu < 15$ minutos   (Afirmação.)

3. A afirmação "a média... é mais de 18 anos" pode ser escrita como $\mu > 18$. Seu complemento é $\mu \leq 18$, conforme mostra a Figura 7.5. Como $\mu \leq 18$ contém a igualdade, ela se torna a hipótese nula. Nesse caso, a hipótese alternativa representa a afirmação.

Figura 7.5 Indicação das hipóteses nula e alternativa.

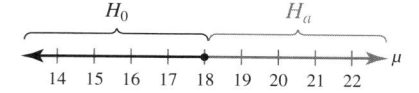

H_0: $\mu \leq 18$ anos

H_a: $\mu > 18$ anos   (Afirmação.)

Nas figuras 7.3 a 7.5, note que cada ponto na linha numérica está ou em H_0 ou em H_a, mas não há um mesmo ponto em ambas.

Tente você mesmo 1

Escreva a afirmação como uma sentença matemática. Formule as hipóteses nula e alternativa e identifique qual representa a afirmação.

1. Um analista de consumo informa que a vida útil média de certo tipo de bateria automotiva não é de 74 meses.
2. Um fabricante de eletrônicos divulga que a variância da vida útil de seus sistemas de home theater é menor ou igual a 2,7.
3. Um corretor de imóveis divulga que a proporção de proprietários que acham suas casas muito pequenas para suas famílias é mais de 24%.

a. Identifique a afirmação verbal e escreva-a como uma sentença matemática.
b. Escreva o complemento da afirmação.
c. Identifique as hipóteses nula e alternativa e determine qual representa a afirmação.

Tipos de erros e nível de significância

Não importa qual das hipóteses represente a afirmação, você sempre começa um teste de hipótese supondo que a condição de igualdade na hipótese nula é verdadeira. Então, quando realizar um teste de hipótese, você toma uma destas duas decisões:

1. Rejeitar a hipótese nula.

ou

2. Não rejeitar a hipótese nula.

Pelo fato de sua decisão ser baseada em uma amostra e não na população inteira, há sempre a possibilidade de você tomar uma decisão errada.

Por exemplo, você afirma que uma moeda não é honesta. Para testar sua afirmação, você joga a moeda 100 vezes e obtém 49 caras e 51 coroas. Você provavelmente concordaria que não há evidência suficiente para afirmar que a moeda não é honesta. Mesmo assim, é possível que a moeda realmente não seja honesta e você tenha se baseado em uma amostra incomum (não representativa).

Mas, se você jogasse a moeda 100 vezes obtendo 21 caras e 79 coroas, qual sua conclusão?

Seria uma ocorrência rara obter somente 21 caras de 100 jogadas com uma moeda honesta. Assim, você provavelmente teria evidência suficiente para concordar com sua afirmação de que a moeda não é honesta. Entretanto, você não pode ter 100% de certeza. É possível que a moeda seja honesta e que tenha ocorrido uma amostra incomum.

Fazendo p representar a proporção de caras, a afirmação "a moeda não é honesta" pode ser escrita como a sentença matemática $p \neq 0,5$. Seu complemento, "a moeda é honesta", é escrito como $p = 0,5$. Então, suas hipóteses nula e alternativa são:

$H_0: p = 0,5$

e

$H_a: p \neq 0,5$ (Afirmação.)

Lembre-se, a única maneira de estar absolutamente certo se H_0 é verdadeira ou falsa é testar a população inteira. Como sua decisão — rejeitar H_0 ou não rejeitar H_0 — é baseada em uma amostra, você deve aceitar o fato de que sua decisão pode estar incorreta. Você pode rejeitar a hipótese nula quando ela é, na realidade, verdadeira. Ou você pode não rejeitar a hipótese nula quando ela é, na realidade, falsa. Esses tipos de erros estão resumidos na próxima definição.

Definição

Um **erro tipo I** ocorre se a hipótese nula é rejeitada quando na realidade é verdadeira.

Um **erro tipo II** ocorre se a hipótese nula não é rejeitada quando na realidade é falsa.

A Tabela 7.2 mostra os quatro resultados possíveis de um teste de hipótese.

Tabela 7.2 Resultados possíveis de um teste de hipótese.

Decisão	Realidade de H_0	
	H_0 é verdadeira	H_0 é falsa
Não rejeita H_0	Decisão correta	Erro tipo II
Rejeita H_0	Erro tipo I	Decisão correta

O teste de hipótese, às vezes, é comparado ao sistema legal usado nos Estados Unidos. Sob esse sistema, os passos a seguir são utilizados:

1. Uma acusação cuidadosamente formulada é redigida.
2. O acusado é tido como inocente (H_0) até que se prove o contrário. O ônus da prova fica com a acusação. Se a evidência não for forte o

suficiente, não há condenação. Um veredito "não culpado" não prova que o acusado seja realmente inocente.

3. A evidência precisa ser conclusiva além da dúvida razoável. O sistema assume que há mais danos ao se condenar um inocente (erro tipo I) do que não condenando um culpado (erro tipo II).

A Tabela 7.3 mostra os quatro resultados possíveis.

Tabela 7.3 Resultados possíveis de um júri.

Decisão	Verdade sobre o acusado	
	Inocente	Culpado
Não culpado	Justiça	Erro tipo II
Culpado	Erro tipo I	Justiça

Exemplo 2

Identificando erros tipo I e tipo II

O limite aceito pelo Departamento de Agricultura dos Estados Unidos (USDA, em inglês) para contaminação por salmonela no frango é de 20%. Um inspetor de qualidade de carnes informa que o frango produzido por uma empresa excede os limites estabelecidos pelo USDA. Você realiza um teste de hipóteses para determinar se a afirmação do inspetor de qualidade de carnes é verdadeira. Quando ocorrerá um erro tipo I ou tipo II? Qual erro é mais grave? (*Fonte: United States Department of Agriculture.*)

Solução

Faça p representar a proporção de frangos contaminados. A afirmação do inspetor de carnes é "mais de 20% estão contaminados". Você pode escrever as hipóteses nula e alternativa como a seguir (veja a Figura 7.6).

$H_0: p \leq 0{,}2$ A proporção é menor ou igual a 20%.

$H_a: p > 0{,}2$ (Afirmação.)   A proporção é maior que 20%.

Figura 7.6 Indicação das hipóteses nula e alternativa.

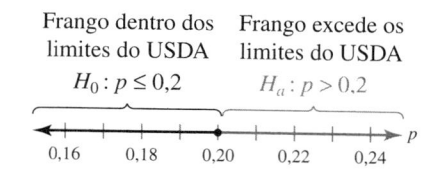

Frango dentro dos limites do USDA   Frango excede os limites do USDA

$H_0: p \leq 0{,}2$ $H_a: p > 0{,}2$

0,16   0,18   0,20   0,22   0,24 p

Um erro tipo I ocorre quando a proporção real de frango contaminado é menor ou igual a 0,2, mas você rejeita H_0. Um erro tipo II ocorre quando a proporção real de frango contaminado é maior que 0,2, mas você não rejeita H_0. Com um erro tipo I, você pode criar pânico na saúde e causar danos às vendas de produtores de frango que estavam realmente dentro dos limites do USDA. Com um erro tipo II, você pode estar permitindo que frangos que excederam o limite de contaminação sejam vendidos ao consumidor. Neste caso um erro tipo II é mais grave, pois pode resultar em doença e até mesmo morte.

Tente você mesmo 2

Uma empresa especializada na montagem de paraquedas declara que a taxa de falha de seu principal paraquedas é de no máximo 1%. Você realiza um teste de hipótese para determinar se a afirmação da empresa é falsa. Quando ocorrerá um erro tipo I ou tipo II? Qual é mais grave?

a. Formule as hipóteses nula e alternativa.

b. Escreva os possíveis erros tipo I e II.

c. Indique qual erro é mais sério.

Você rejeitará a hipótese nula quando o valor da estatística da sua amostra for um valor incomum na distribuição amostral. Você já identificou eventos incomuns como aqueles que acontecem com probabilidade de 0,05 ou menor. Quando testes estatísticos são realizados, às vezes a ocorrência de um evento incomum é caracterizada por uma probabilidade de 0,10 ou menor, 0,05 ou menor ou 0,01 ou menor. Pelo fato de haver variação de amostra para amostra, sempre há uma possibilidade de que você rejeite a hipótese nula quando ela é, na realidade, verdadeira. Em outras palavras, embora a hipótese nula seja verdadeira, sua estatística amostral é um evento incomum na distribuição amostral da variável em estudo. Você pode reduzir a probabilidade de isso acontecer diminuindo o **nível de significância**.

Definição

Em um teste de hipótese, **o nível de significância** é a probabilidade máxima permitida de cometer um erro do tipo I. Ele é simbolizado por α (letra grega minúscula alfa).

A probabilidade de um erro tipo II é simbolizada por β (letra grega minúscula beta).

Entenda

Quando você diminui α (a probabilidade máxima permitida de cometer um erro do tipo I), você provavelmente está aumentando β. O valor $1 - \beta$ é chamado de **poder do teste**. Ele representa a probabilidade de rejeitar a hipótese nula quando, na realidade, ela é falsa. O valor do poder é difícil (e às vezes impossível) de se encontrar na maioria dos casos.

Estabelecendo-se o nível de significância em um valor pequeno, o seu desejo é que a probabilidade de rejeitar uma hipótese nula verdadeira seja pequena. Os três níveis de significância usuais são $\alpha = 0,10$, $\alpha = 0,05$ e $\alpha = 0,01$.

Testes estatísticos e valores p

Depois de construir as hipóteses nula e alternativa e especificar o nível de significância, o próximo passo em um teste de hipótese é obter uma amostra aleatória da população e calcular as estatísticas amostrais de interesse para aquele teste (tais como $\bar{x}, p, s^2$), correspondentes aos parâmetros na hipótese nula (tais como μ, p, σ^2). A estatística amostral de interesse é chamada de **estatística de teste (variável de teste)**. Sob a suposição de que a hipótese nula é verdadeira, o valor específico da estatística de teste é então transformada em uma **estatística de teste padronizada**, tal como $z, t,$ ou χ^2. A estatística de teste padronizada é usada na tomada de decisão sobre a rejeição ou não da hipótese nula.

Neste capítulo, você aprenderá sobre vários testes estatísticos realizados com uma amostra. A Tabela 7.4 mostra as relações entre os parâmetros populacionais e suas correspondentes estatísticas de teste e estatísticas de teste padronizadas.

Tabela 7.4 Parâmetros populacionais e respectivas estatísticas de teste.

Parâmetro populacional	Estatística de teste	Estatística de teste padronizada
μ	$\bar{x}$	z (Seção 7.2, σ conhecido), t (Seção 7.2, σ desconhecido)
p	$\hat{p}$	z (Seção 7.4)
σ^2	s^2	χ^2 (Seção 7.5)

Os testes de hipóteses são realizados em função das distribuições amostrais (estatísticas de teste) utilizando as correspondentes variáveis padronizadas. Então, para uma amostra em particular, o valor da estatística de teste será transformado e designado por **estatísticas de teste padronizada**.

Definição

Supondo a hipótese nula verdadeira, então um **valor p** (ou **p-value**) de um teste de hipótese é a probabilidade da estatística amostral assumir um valor tão extremo ou maior que aquele determinado em função dos dados da amostra. Quando o valor p for menor ou igual que o nível de significância, rejeita-se H_0.

O valor p de um teste de hipótese depende da natureza do teste. Há três tipos de teste de hipótese — teste **unilateral à esquerda**, **unilateral à direita** e **bilateral**. O tipo de teste depende da localização da região da distribuição amostral que favorece a rejeição de H_0. Essa região é indicada pela hipótese alternativa.

Definição

1. Se a hipótese alternativa H_a contém o símbolo "menor que" (<), então o teste de hipótese é um teste **unilateral à esquerda** (veja a Figura 7.7).

Figura 7.7 Indicação de um teste unilateral à esquerda.

$H_0: \mu \geq k$
$H_a: \mu < k$

p é a área à esquerda da estatística de teste padronizada.

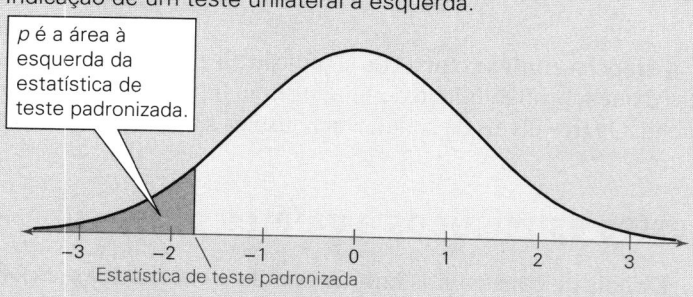

2. Se a hipótese alternativa H_a contém o símbolo "maior que" (>), então o teste de hipótese é um teste **unilateral à direita** (veja a Figura 7.8).

Figura 7.8 Indicação de um teste unilateral à direita.

$H_0: \mu \leq k$
$H_a: \mu > k$

p é a área à direita da estatística de teste padronizada.

3. Se a hipótese alternativa H_a contém o símbolo "diferente de" (≠), então o teste de hipótese é um teste **bilateral** (veja a Figura 7.9). Em um teste bilateral, cada cauda tem uma área de $\frac{1}{2}p$.

Figura 7.9 Indicação de um teste bilateral.

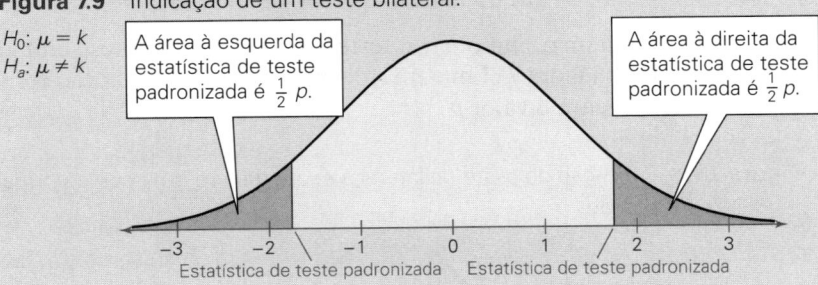

$H_0: \mu = k$
$H_a: \mu \neq k$

A área à esquerda da estatística de teste padronizada é $\frac{1}{2}p$.

A área à direita da estatística de teste padronizada é $\frac{1}{2}p$.

> **Dica de estudo**
>
> O terceiro tipo de teste é chamado de teste bilateral porque a evidência que apoiaria a hipótese alternativa poderia estar em uma de ambas as caudas da distribuição amostral.

Quanto menor o valor p do teste, mais evidência há para rejeitar a hipótese nula. Um valor p muito pequeno indica um evento incomum. Lembre-se, entretanto, de que mesmo um valor p muito baixo não constitui prova de que a hipótese nula é falsa, somente que provavelmente é falsa.

Exemplo 3

Identificando a natureza de um teste de hipótese

Para cada afirmação, expresse H_0 e H_a em palavras e em símbolos. Então, determine se o teste de hipótese é unilateral à esquerda, unilateral à direita ou bilateral. Esboce uma distribuição amostral normal e sombreie a área para o valor p.

1. Uma escola divulga que a proporção de seus estudantes envolvidos em pelo menos uma atividade extracurricular é de 61%.
2. Uma concessionária de automóveis anuncia que o tempo médio para uma troca de óleo é menor que 15 minutos.
3. Uma companhia anuncia que a vida útil média de seus fornos é superior a 18 anos.

Solução

Em símbolos   *Em palavras*

1. $H_0: p = 0{,}61$ A proporção de estudantes envolvidos em pelo menos uma atividade extracurricular é de 61%.

   $H_a: p \neq 0{,}61$ A proporção de estudantes envolvidos em pelo menos uma atividade extracurricular não é de 61%.

Como H_a contém o símbolo ≠, o teste é um teste de hipótese bilateral. A Figura 7.10 mostra a distribuição normal padrão com a área sombreada para o valor p.

Figura 7.10 Indicação do teste bilateral em uma curva normal padrão.

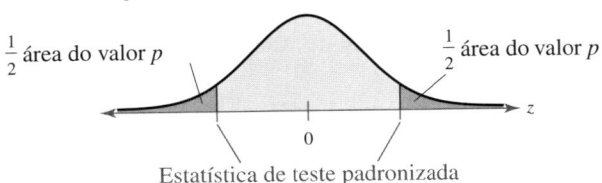

$\frac{1}{2}$ área do valor p $\frac{1}{2}$ área do valor p

Estatística de teste padronizada

Em símbolos	Em palavras
2. $H_0: \mu \geq 15$ min	O tempo médio para uma troca de óleo é maior ou igual a 15 minutos.
$H_a: \mu < 15$ min	O tempo médio para uma troca de óleo é menor que 15 minutos.

Como H_a contém o símbolo <, o teste é um teste de hipótese unilateral à esquerda. A Figura 7.11 mostra a distribuição normal padrão com a área sombreada para o valor p.

Figura 7.11 Indicação do teste unilateral à esquerda em uma curva normal padrão.

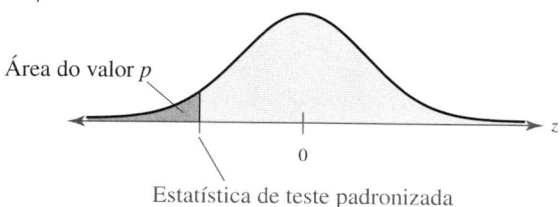

Em símbolos	Em palavras
3. $H_0: \mu \leq 18$ anos	A vida média dos fornos é menor ou igual a 18 anos.
$H_a: \mu > 18$ anos	A vida média dos fornos é maior que 18 anos.

Como H_a contém o símbolo >, o teste é um teste de hipótese unilateral à direita. A Figura 7.12 mostra a distribuição normal padrão com a área sombreada para o valor p.

Figura 7.12 Indicação do teste unilateral à direita em uma curva normal padrão.

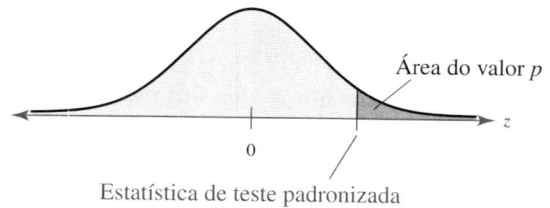

Tente você mesmo 3

Para cada afirmação, formule H_0 e H_a em palavras e em símbolos. Então, determine se o teste de hipótese é unilateral à esquerda, unilateral à direita ou bilateral. Esboce uma distribuição normal padrão e sombreie a área para o valor p.

1. Um analista de consumo informa que a vida média de certo tipo de bateria automotiva não é de 74 meses.
2. Um corretor de imóveis divulga que a proporção de proprietários que acham suas casas muito pequenas para suas famílias é mais que 24%.

a. Expresse H_0 e H_a em palavras e em símbolos.
b. Determine se o teste é unilateral à esquerda, unilateral à direita ou bilateral.
c. Esboce a distribuição normal padrão e sombreie a área para o valor p.

Tomando uma decisão e interpretando-a

Para concluir o teste de hipótese, você toma uma decisão e a interpreta. Para qualquer teste de hipótese há dois resultados possíveis: (1) rejeitar a hipótese nula ou (2) não rejeitar a hipótese nula.

Regra de decisão baseada no valor *p*

Para usar um valor *p* para tomar uma decisão em um teste de hipótese, compare o valor *p* com α.

1. Se $p \leq \alpha$, então rejeite H_0.
2. Se $p > \alpha$, não rejeite H_0.

Não rejeitar a hipótese nula não significa que você tenha aceitado a hipótese nula como verdadeira. Isso significa simplesmente que não há evidência suficiente para rejeitar a hipótese nula. Para apoiar uma afirmação, expresse-a de modo que se torne a hipótese alternativa. Para rejeitar uma afirmação, expresse-a de modo que se torne a hipótese nula. A Tabela 7.5 ajudará a interpretar sua decisão.

Tabela 7.5 Interpretando decisões de um teste de hipótese.

Decisão	Afirmação inicial	
	Afirmação está em H_0	Afirmação está em H_a
Rejeita H_0	Há evidência suficiente para rejeitar a afirmação.	Há evidência suficiente para apoiar a afirmação.
Não rejeita H_0	Não há evidência suficiente para rejeitar a afirmação.	Não há evidência suficiente para apoiar a afirmação.

> **Entenda**
>
> Neste capítulo, você aprenderá que há dois tipos de **regra de decisão** para decidir se rejeita ou não rejeita H_0. A regra de decisão descrita nesta página é baseada em valores *p*. O segundo tipo de regra de decisão é baseado em regiões de rejeição. Quando a estatística de teste padronizada cai na região de rejeição, a probabilidade observada (valor *p*) de um erro tipo I é menor que α. Você aprenderá mais sobre regiões de rejeição na próxima seção.

Exemplo 4

Interpretando uma decisão

Você realiza um teste de hipótese para cada uma das afirmações. Como você deveria interpretar sua decisão, se rejeitar H_0? E se você não rejeitar H_0?

1. H_0 (afirmação): Uma escola divulga que a proporção de seus estudantes envolvidos em pelo menos uma atividade extracurricular é de 61%.

2. H_a (afirmação): Uma concessionária de automóveis anuncia que o tempo médio para uma troca de óleo é menor que 15 minutos.

Solução

1. A afirmação é representada por H_0. Se rejeitar H_0, então você deve concluir que "há evidência suficiente para rejeitar a afirmação da escola de que a proporção de estudantes envolvidos em pelo menos uma atividade extracurricular é de 61%". Se não rejeitar H_0, então você deve concluir que "não há evidência suficiente para rejeitar a afirmação da escola de que a proporção de estudantes envolvidos em pelo menos uma atividade extracurricular é de 61%".

2. A afirmação é representada por H_a, então a hipótese nula é "o tempo médio para uma troca de óleo é maior ou igual a 15 minutos". Se rejeitar H_0, então você deve concluir que "há evidência suficiente para apoiar a afirmação da concessionária de que o tempo médio para uma troca de óleo é menor que 15 minutos". Se não rejeitar

H_0, então você deve concluir que "não há evidência suficiente para concordar com a afirmação da concessionária de que o tempo médio para uma troca de óleo é menor que 15 minutos".

Tente você mesmo 4

Você realiza um teste de hipótese para cada uma das afirmações. Como você deveria interpretar sua decisão se rejeitar H_0? E se você não rejeitar H_0?

H_a (afirmação): Um corretor de imóveis divulga que a proporção de proprietários que acham suas casas muito pequenas para suas famílias é mais que 24%.

a. Interprete sua decisão se você rejeitar a hipótese nula.

b. Interprete sua decisão se você não rejeitar a hipótese nula.

Os passos gerais para um teste de hipótese usando valor p estão resumidos a seguir.

Passos para o teste de hipótese

1. Expresse a afirmação verbal e matematicamente. Identifique as hipóteses nula e alternativa.

   H_0: ? H_a: ?

2. Especifique o nível de significância.

   α: ?

3. Estabeleça a distribuição amostral padronizada e esboce seu gráfico (veja a Figura 7.13).

4. Calcule a estatística de teste e sua correspondente estatística de teste padronizada. Acrescente isso no seu esboço (veja a Figura 7.14).

5. Encontre o valor p.

6. Use a regra de decisão (veja a Figura 7.15).

Figura 7.13 Representação gráfica da distribuição amostral.

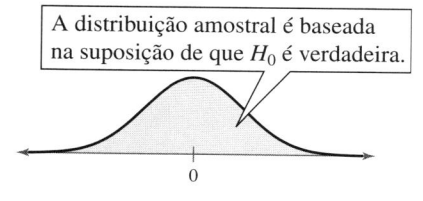

Figura 7.14 Representação gráfica da distribuição amostral e o valor padronizado da estatística de teste.

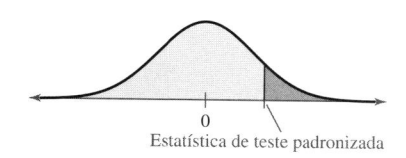

Figura 7.15 Regra de decisão em função do valor p e do nível de significância.

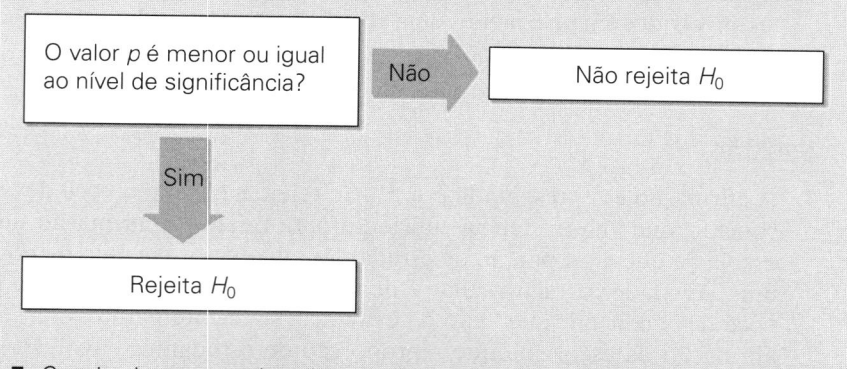

7. Conclua interpretando a decisão no contexto da afirmação original.

Dica de estudo

Quando realizar um teste de hipótese, você deve sempre formular as hipóteses nula e alternativa antes de coletar os dados. Você não deve coletar os dados primeiro e depois criar uma hipótese baseada em algo incomum nos dados.

O passo 4, Figura 7.14, mostra um teste unilateral à direita. Entretanto, os mesmos passos também se aplicam a testes unilateral à esquerda e bilateral.

Estratégias para testes de hipótese

Em um tribunal, a estratégia usada por um advogado depende se ele está representando a defesa ou a acusação. De maneira semelhante, a estratégia que você usará no teste de hipótese deve depender se você está tentando aceitar ou rejeitar a afirmação. Lembre-se de que você não deve usar um teste de hipótese para apoiar sua afirmação quando ela é a hipótese nula. Então, como um pesquisador, ao realizar um teste de hipótese com o qual deseja sustentar uma afirmação, expresse-a de modo que ela seja a hipótese alternativa. Para realizar um teste de hipótese no qual deseja-se justificar a rejeição de uma afirmação, então expresse-a de modo que ela esteja na hipótese nula.

Exemplo 5

Escrevendo as hipóteses

Uma equipe de pesquisa médica está investigando os benefícios de um novo tratamento cirúrgico. Uma das afirmações é que o tempo médio de recuperação para os pacientes após o novo tratamento é menor que 96 horas.

1. Como você escreveria as hipóteses nula e alternativa quando você está na equipe de pesquisa e quer apoiar a afirmação?
2. Como você escreveria as hipóteses nula e alternativa quando você está na equipe oposta e quer rejeitar a afirmação?

Solução

1. Para responder à questão, primeiro pense no contexto da afirmação. Como você quer apoiar essa afirmação, faça a hipótese alternativa declarar que o tempo médio de recuperação para os pacientes é menor que 96 horas. Então, $H_a: \mu < 96$ horas. Seu complemento, $H_0: \mu \geq 96$ horas, será a hipótese nula.

   $H_0: \mu \geq 96$
   $H_a: \mu < 96$ (Afirmação.)

2. Primeiro pense sobre o contexto da afirmação. Como pesquisador de uma outra equipe, você não quer que o tempo de recuperação seja menos do que 96 horas, e sim "tempo de recuperação de no máximo 96 horas". Como você quer rejeitar essa afirmação, faça-a como a hipótese nula. Então, $H_0: \mu \leq 96$ horas. Seu complemento, $H_a: \mu > 96$ horas, será a hipótese alternativa. Deve-se ter cuidado ao manipular construções de hipóteses para não comprometer resultados.

   $H_0: \mu \leq 96$ (Afirmação.)
   $H_a: \mu > 96$

Tente você mesmo 5

1. Você representa uma indústria química que está sendo processada por danos na pintura de automóveis. Você quer apoiar a afirmação de que o custo médio de reparo por automóvel é menor que US$ 650. Como você escreveria as hipóteses nula e alternativa?
2. Você faz parte de uma equipe de pesquisa que está investigando a temperatura média de adultos humanos. A afirmação comumente aceita é que a temperatura média é de aproximadamente 98,6 °F. Você quer mostrar que essa afirmação é falsa. Como você escreveria as hipóteses nula e alternativa?

a. Determine se você quer apoiar ou rejeitar a afirmação.
b. Escreva as hipóteses nula e alternativa.

7.1 Exercícios

Construindo habilidades básicas e vocabulário

1. Quais são os dois tipos de hipóteses usados em um teste de hipótese? Como elas são relacionadas?
2. Descreva os dois tipos de erro possíveis em uma decisão de teste de hipótese?
3. Quais são as duas decisões que se podem tomar ao realizar um teste de hipótese?
4. Não rejeitar a hipótese nula significa que a hipótese nula é verdadeira? Explique.

Verdadeiro ou falso? *Nos exercícios 5 a 10, determine se a afirmação é verdadeira ou falsa. Se for falsa, reescreva-a como uma frase verdadeira.*

5. Em um teste de hipótese, você assume a hipótese alternativa como verdadeira.
6. Uma hipótese estatística é uma afirmação sobre uma amostra.
7. Se você decidir rejeitar a hipótese nula, você pode apoiar a hipótese alternativa.
8. O nível de significância é a probabilidade máxima que você permite para rejeitar a hipótese nula quando ela é realmente verdadeira.
9. Um valor p grande em um teste favorecerá a rejeição da hipótese nula.
10. Para apoiar uma afirmação, escreva-a de forma que ela seja a hipótese nula.

Declarando hipóteses *Nos exercícios 11 a 16, a sentença matemática representa uma afirmação. Escreva seu complemento e formule H_0 e H_a.*

11. $\mu \leq 645$.
12. $\mu < 128$.
13. $\sigma \neq 5$.
14. $\sigma^2 \geq 1,2$.
15. $p < 0,45$.
16. $p = 0,21$.

Análise gráfica *Nos exercícios 17 a 20, relacione a hipótese alternativa com seu gráfico. Então, formule a hipótese nula e esboce o gráfico.*

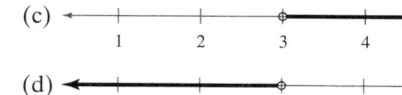

17. $H_a: \mu > 3$. (a)
18. $H_a: \mu < 3$. (b)
19. $H_a: \mu \neq 3$. (c)
20. $H_a: \mu > 2$. (d)

Identificando testes *Nos exercícios 21 a 24, determine se o teste de hipótese é unilateral à esquerda, unilateral à direita ou bilateral.*

21. $H_0: \mu \leq 8,0$.
    $H_a: \mu > 8,0$.
22. $H_0: \sigma \geq 5,2$.
    $H_a: \sigma < 5,2$.
23. $H_0: \sigma^2 = 142$.
    $H_a: \sigma^2 \neq 142$.
24. $H_0: p = 0,25$.
    $H_a: p \neq 0,25$.

Usando e interpretando conceitos

Declarando uma hipótese *Nos exercícios 25 a 30, escreva a afirmação como uma sentença matemática. Formule as hipóteses nula e alternativa e identifique qual representa a afirmação.*

25. **Laptops** Um fabricante de laptop afirma que a vida média da bateria para um certo modelo de laptop é de mais de 6 horas.
26. **Erros de embarque** Conforme declarado pelo departamento de embarque de uma empresa, o número de erros de embarque por milhão de embarques tem desvio padrão de menos de 3.
27. **Preço base para um quadriciclo ATV** O desvio padrão do preço base de um quadriciclo para todo tipo de terreno é não mais do que US$ 320.
28. **Frequência** Um parque de diversões afirma que a frequência média diária no parque é de pelo menos 20.000 pessoas.
29. **Tempo de secagem** Uma empresa afirma que sua marca de tinta tem tempo médio de secagem de menos de 45 minutos.
30. **Cartões de crédito** De acordo com uma pesquisa recente, 39% dos estudantes universitários possuem um cartão de crédito. (*Fonte: Sallie Mae.*)

Identificando erros *Nos exercícios 31 a 36, descreva os erros tipo I e tipo II para um teste de hipótese sobre a afirmação indicada.*

31. **Compradores que retornam** Uma loja de móveis afirma que pelo menos 60% de seus novos clientes retornarão para comprar mais móveis.
32. **Taxa de vazão** Um fabricante de mangueira de jardim anuncia que a taxa de vazão média de um certo tipo de mangueira é de 16 galões por minuto.
33. **Xadrez** Um clube de xadrez local afirma que o tempo de duração de uma partida tem desvio padrão de mais de 12 minutos.
34. **Sistema de videogame** Um pesquisador afirma que o percentual de adultos nos Estados Unidos que possuem um sistema de videogame não é de 26%.
35. **Polícia** Uma delegacia de polícia divulga que no máximo 20% dos candidatos se tornam policiais.
36. **Computadores** Um reparador de computadores anuncia que o custo médio de remoção de um vírus é menor que US$ 100.

Identificando testes *Nos exercícios 37 a 42, expresse H_0 e H_a em palavras e em símbolos. Então, determine se o teste de hipótese é unilateral à esquerda, unilateral à direita ou bilateral. Explique seu raciocínio.*

37. **Alarmes de segurança** Um especialista em segurança afirma que pelo menos 14% de todos os proprietários de residências têm um alarme de segurança.

38. **Relógios** Um fabricante de relógios de pêndulo afirma que o tempo médio de atraso de seus relógios é não mais de 0,02 segundo por dia.

39. **Golfe** Um analista de golfe afirma que o desvio padrão da pontuação de um percurso de 18 buracos, para um golfista, é menor que 2,1 tacadas.

40. **Câncer de pulmão** Um relatório afirma que 87% das mortes por câncer de pulmão são devidas ao uso de tabaco. (*Fonte: American Cancer Society.*)

41. **Beisebol** Um time de beisebol afirma que a duração média de seus jogos é menor que 2,5 horas.

42. **Custo de instrução** Um estado afirma que o custo médio de instrução de suas universidades é não mais que $ 25.000 por ano.

Interpretando uma decisão *Nos exercícios 43 a 48, responda se a afirmação representa a hipótese nula ou a hipótese alternativa. Se um teste de hipótese for realizado, como você deveria interpretar uma decisão de (a) rejeitar a hipótese nula e uma de (b) não rejeitar a hipótese nula?*

43. **Cisnes** Um cientista afirma que o período médio de incubação para ovos de cisne é menor que 40 dias.

44. **Ganhos por hora** Uma agência governamental afirma que mais de 75% dos trabalhadores em tempo integral ganham mais de US$ 538 por semana. (*Adaptado de: U.S. Bureau of Labor Statistics.*)

45. **Cortadores de grama** Um pesquisador afirma que o desvio padrão do tempo de vida de certo tipo de cortador de grama é de no máximo 2,8 anos.

46. **Consumo de combustível** Um fabricante automotivo afirma que o desvio padrão para o consumo de combustível de seus modelos é de 3,9 milhas por galão.

47. **Consultas de saúde** Um pesquisador afirma que menos de 16% das pessoas não fizeram consultas de saúde no ano passado. (*Adaptado de: National Center for Health Statistics.*)

48. **Calorias** Um fabricante de bebidas esportivas afirma que o conteúdo médio de calorias de suas bebidas é de 72 calorias por porção.

49. **Escrevendo hipóteses: medicina** Sua equipe de pesquisa médica está investigando o custo médio de um suprimento de 30 dias de certo medicamento para o coração. Uma empresa farmacêutica acha que o custo médio é menor que US$ 60. Você quer apoiar essa afirmação. Como você escreveria as hipóteses nula e alternativa?

50. **Escrevendo hipóteses: empresa de táxi** Uma empresa de táxi afirma que o tempo médio de viagem entre dois destinos é cerca de 21 minutos. Você trabalha para uma empresa de ônibus e quer rejeitar essa afirmação. Como você escreveria as hipóteses nula e alternativa?

51. **Escrevendo hipóteses: fabricante de refrigerador** Um fabricante de refrigeradores afirma que a vida útil média dos refrigeradores de seu concorrente é menor que 15 anos. Foi solicitado que você realizasse um teste de hipóteses para testar essa afirmação. Como você escreveria as hipóteses nula e alternativa quando:
    (a) Você representa o fabricante e quer apoiar a afirmação?
    (b) Você representa o concorrente e quer rejeitar a afirmação?

52. **Escrevendo hipóteses: provedor de internet** Um provedor de internet está tentando ganhar acordos de publicidade e afirma que o tempo médio que um consumidor passa on-line por dia é maior que 28 minutos. Foi solicitado que você testasse essa afirmação. Como você escreveria as hipóteses nula e alternativa quando:
    (a) Você representa o provedor de internet e quer apoiar a afirmação?
    (b) Você representa um concorrente e quer rejeitar a afirmação?

Expandindo conceitos

53. **Alcançando o conceito** Por que a diminuição da probabilidade de um erro tipo I aumenta a probabilidade de um erro tipo II?

54. **Alcançando o conceito** Explique por que um nível de significância de $\alpha = 0$ não é usado?

55. **Escrito** Um hipótese nula é rejeitada com um nível de significância de 0,05. Ela também é rejeitada a um nível de significância de 0,10? Explique.

56. **Escrito** Um hipótese nula é rejeitada com um nível de significância de 0,10. Ela também é rejeitada a um nível de significância de 0,05? Explique.

Análise gráfica *Nos exercícios 57 a 60, é dada uma hipótese nula e três intervalos de confiança que representam três amostragens. Determine se cada intervalo de confiança indica que você deveria rejeitar H_0. Explique seu raciocínio.*

57. $H_0: \mu \geq 70$

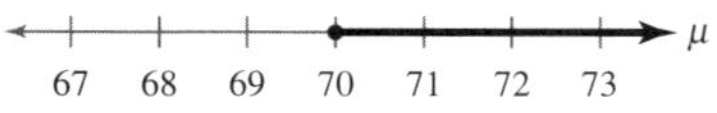

(a) $67 < \mu < 71$

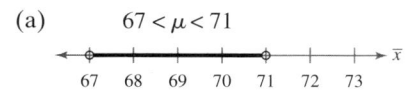

(b) $67 < \mu < 69$

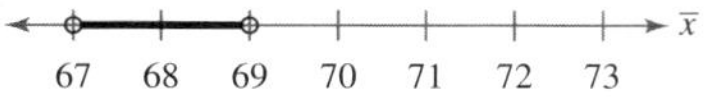

(c) $69,5 < \mu < 72,5$

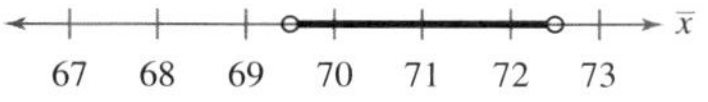

58. $H_0: \mu \leq 54$

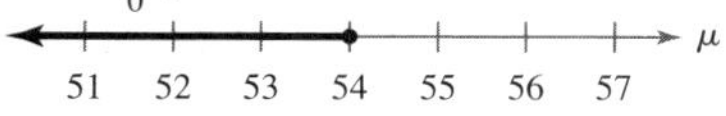

(a) $53,5 < \mu < 56,5$

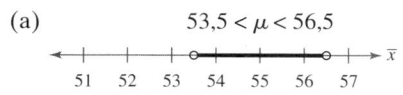

(b) $51,5 < \mu < 54,5$

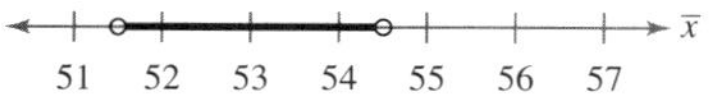

(c) $54,5 < \mu < 55,5$

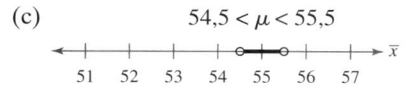

59. $H_0: p \leq 0,20$

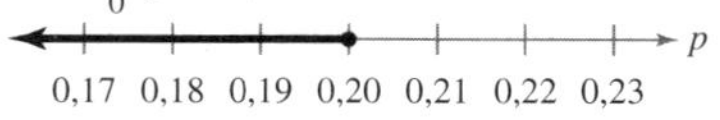

(a) $0,21 < p < 0,23$

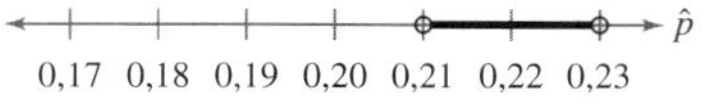

(b) $0,19 < p < 0,23$

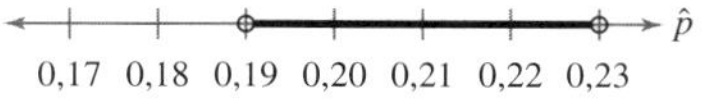

(c) $0,175 < p < 0,205$

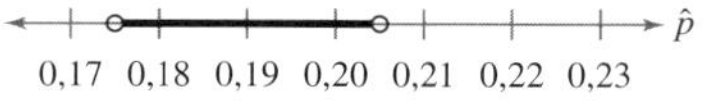

60. $H_0: p \geq 0,73$

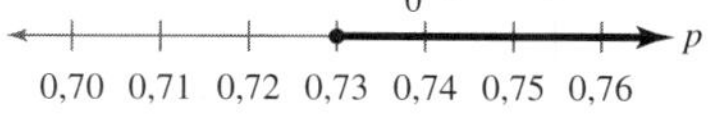

(a) $0,73 < p < 0,75$

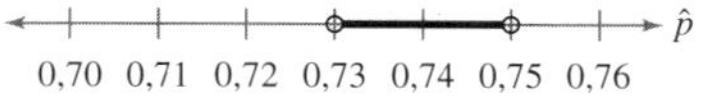

(b) $0,715 < p < 0,725$

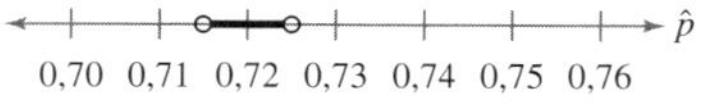

(c) $0,695 < p < 0,745$

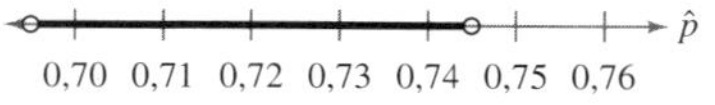

O que você deve aprender

- Como encontrar e interpretar valores p.
- Como usar valores p, em um teste z para uma média μ, quando σ é conhecido.
- Como calcular valores críticos e encontrar regiões de rejeição em uma distribuição normal padrão.
- Como usar regiões de rejeição em um teste z para uma média μ quando σ é conhecido.

7.2 Teste de hipótese para a média (σ conhecido)

Usando valores p para tomar decisões • Usando valores p em um teste z • Regiões de rejeição e valores críticos • Usando regiões de rejeição para um teste z

Usando valores p para tomar decisões

No Capítulo 5, você aprendeu que, quando o tamanho da amostra é pelo menos 30, a distribuição amostral de $\bar{x}$ (a média amostral) é normal. Na Seção 7.1, você aprendeu que uma maneira de obter uma conclusão em um teste de hipótese é usar o valor p para a estatística de teste, tal como $\bar{x}$. Lembre-se de que, quando você assume a hipótese nula como verdadeira, um valor p de um teste de hipóteses é a probabilidade de se obter uma estatística amostral com um valor tão extremo ou mais que aquele determinado a partir dos dados da amostra. A regra de decisão para um teste de hipóteses baseado em um valor p está a seguir.

Regra de decisão baseada no valor p

Ao usar um valor p para tomar uma decisão em um teste de hipótese, compare-o com α.

1. Se $p \leq \alpha$, então rejeite H_0.
2. Se $p > \alpha$, então não rejeite H_0.

> **Exemplo 1**
>
> ### Interpretando um valor *p*
>
> O valor *p* para um teste de hipótese é 0,0237. Qual é a sua decisão quando o nível de significância é (1) $\alpha = 0{,}05$ e (2) $\alpha = 0{,}01$?
>
> ### Solução
>
> 1. Pelo fato de 0,0237 < 0,05, você rejeita a hipótese nula.
> 2. Pelo fato de 0,0237 > 0,01, você não rejeita a hipótese nula.
>
> ### Tente você mesmo 1
>
> O valor *p* para um teste de hipótese é 0,0745. Qual é a sua decisão quando o nível de significância é (1) $\alpha = 0{,}05$ e (2) $\alpha = 0{,}10$?
> a. Compare o valor *p* com o nível de significância.
> b. Tome uma decisão.

> **Entenda**
>
> Quanto menor o valor *p*, mais evidência há a favor da rejeição de H_0. O valor *p* fornece a você o menor nível de significância para o qual a estatística amostral permite que você rejeite a hipótese nula. No Exemplo 1, você rejeitaria H_0 em qualquer nível de significância maior ou igual a 0,0237.

Encontrando o valor *p* em um teste de hipótese

Após determinar a estatística de teste e sua correspondente padronizada (*z*), determine a área, a que representa o valor *p*, considerando as seguintes situações.

a. Para um teste unilateral à esquerda, valor *p* = (área na cauda esquerda).
b. Para um teste unilateral à direita, valor *p* = (área na cauda direita).
c. Para um teste bilateral, valor *p* = (área na cauda esquerda + área na cauda direita) = 2(área na cauda da estatística de teste).

> **Exemplo 2**
>
> ### Encontrando um valor *p* em um teste unilateral à esquerda
>
> Encontre o valor *p* em um teste de hipótese unilateral à esquerda com uma estatística de teste padronizada $z = -2{,}23$. Decida se rejeita H_0 quando o nível de significância é $\alpha = 0{,}01$.
>
> ### Solução
>
> A Figura 7.16 mostra a curva normal padrão com uma área sombreada à esquerda de $z = -2{,}23$. Para um teste unilateral à esquerda,
>
> *p* = (área na cauda esquerda).
>
> Usando a Tabela B.4 do Apêndice B, a área que corresponde a $z = -2{,}23$ é 0,0129, que é a área na cauda à esquerda. Então, o valor *p* para um teste de hipótese unilateral à esquerda com uma estatística de teste padronizada $z = -2{,}23$ é: o valor $p = 0{,}0129$.
>
> ***Interpretação*** Como o valor $p = 0{,}0129$ é maior que 0,01, você não rejeita H_0.
>
> ### Tente você mesmo 2
>
> Encontre o valor *p* para um teste de hipótese unilateral à esquerda com uma estatística de teste padronizada $z = -1{,}71$. Decida se rejeita H_0 quando o nível de significância é $\alpha = 0{,}05$.
> a. Use a Tabela B.4 do Apêndice B para localizar a área que corresponde a $z = -1{,}71$.

Figura 7.16 Representação da área relativa a *z* e correspondente valor *p* no teste unilateral à esquerda.

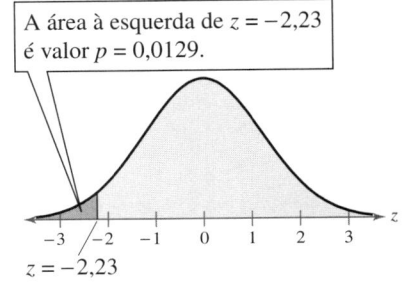

A área à esquerda de $z = -2{,}23$ é valor $p = 0{,}0129$.

$z = -2{,}23$

Teste unilateral à esquerda

b. Obtenha o valor p para um teste unilateral à esquerda, a área na cauda à esquerda.

c. Compare o valor p com α e decida se rejeita H_0.

Exemplo 3

Encontrando um valor p em um teste bilateral

Obtenha o valor p para um teste de hipótese bilateral com uma estatística de teste padronizada $z = 2,14$. Decida se rejeita H_0 quando o nível de significância é $\alpha = 0,05$.

Solução

A Figura 7.17 mostra a curva normal padrão com áreas sombreadas à esquerda de $z = -2,14$ e à direita de $z = 2,14$. Para um teste bilateral,

$p = 2$(área na cauda da estatística de teste padronizada).

Usando Tabela B.4 do Apêndice B, a área correspondente a $z = 2,14$ é 0,9838. A área na cauda direita é $1 - 0,9838 = 0,0162$. Então, o valor p para um teste de hipóteses bilateral com estatística de teste padronizada $z = 2,14$ é:

$$p = 2(0,0162) = 0,0324$$

Interpretação Como o valor p de 0,0324 é menor que 0,05, você rejeita H_0.

Figura 7.17 Representação das áreas relativas a $z(e - z)$ e correspondente valor p no teste bilateral.

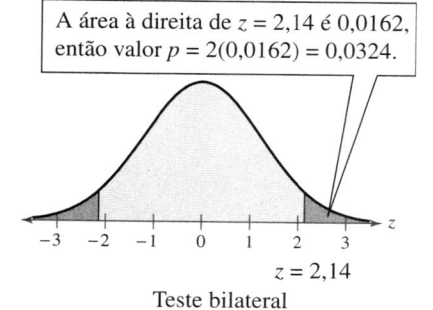

A área à direita de $z = 2,14$ é 0,0162, então valor $p = 2(0,0162) = 0,0324$.

$z = 2,14$
Teste bilateral

Tente você mesmo 3

Obtenha o valor p para um teste de hipótese bilateral com uma estatística de teste padronizada $z = 1,64$. Decida se rejeita H_0 quando o nível de significância é $\alpha = 0,10$.

a. Use a Tabela B.4 do Apêndice B para localizar a área que corresponde a $z = 1,64$.

b. Calcule o valor p para um teste bilateral, o dobro da área na cauda da estatística de teste padronizada.

c. Compare o valor p com α e decida se rejeita H_0.

Usando valores p em um teste z

Você aprenderá agora como realizar um teste de hipótese para uma média μ supondo que o desvio padrão σ é conhecido. Quando σ é conhecido, você pode usar o teste z para a média. Para usá-lo, você precisa encontrar o valor padronizado para a estatística de teste $\bar{x}$.

$$z = \frac{(\text{média amostral}) - (\text{média hipotética})}{\text{erro padrão}}$$

Teste z para uma média μ

O **teste z para uma média μ** é um teste estatístico para uma média populacional. A **estatística de teste** é a média amostral $\bar{x}$. A **estatística de teste padronizada** é

$$z = \frac{\bar{x} - \mu}{\sigma / \sqrt{n}} \quad \text{Estatística de teste padronizada para } \mu \ (\sigma \text{ conhecido}).$$

quando estas condições forem satisfeitas:
1. A amostra é aleatória.
2. Pelo menos um dos seguintes requisitos é verdade: a população é normalmente distribuída ou $n \geq 30$.

Lembre-se de que $\sigma/\sqrt{n}$ é o erro padrão da média, $\sigma_{\bar{x}}$.

> **Dica de estudo**
>
> Em todos os testes de hipóteses, é útil esboçar a distribuição amostral da variável de interesse. Seu esboço deve incluir a estatística de teste padronizada.

Instruções

Lidando com valores p em um teste z para uma média μ (σ conhecido)

EM PALAVRAS	EM SÍMBOLOS
1. Verifique se σ é conhecido, se a amostra é aleatória, e se a população é normalmente distribuída ou $n \geq 30$.	
2. Expresse a afirmação verbal e matematicamente. Identifique as hipóteses nula e alternativa.	Formule H_0 e H_a.
3. Especifique o nível de significância.	Identifique α.
4. Calcule a estatística de teste padronizada.	$z = \dfrac{\bar{x} - \mu}{\sigma/\sqrt{n}}$.
5. Encontre a área que corresponde a z.	Use a Tabela B.4 do Apêndice B.
6. Encontre o valor p.	
a. Para um teste unilateral à esquerda, valor p = (área na cauda esquerda).	
b. Para um teste unilateral à direita, valor p = (área na cauda direita).	
c. Para um teste bilateral, valor p = 2(área na cauda da estatística de teste padronizada).	
7. Tome uma decisão para rejeitar ou não rejeitar a hipótese nula.	Se o valor $p \leq \alpha$, então rejeitar H_0. Caso contrário, não rejeitar H_0.
8. Interprete a decisão no contexto da afirmação original.	

Exemplo 4

Teste de hipótese usando um valor p

Em corrida de carros, o pit stop é aonde um veículo vai para trocar pneus, abastecer, efetuar reparos e outros ajustes mecânicos. A eficiência de uma equipe que realiza esses ajustes pode afetar o resultado de uma corrida. Uma equipe afirma que seu tempo médio no pit stop (para 4 trocas de pneus e abastecimento) é menor que 13 segundos. Uma amostra aleatória de 32 tempos de pit stop tem uma média amostral de 12,9 segundos. Suponha que o desvio padrão populacional é de 0,19 segundos. Há evidência suficiente para concordar com a afirmação para $\alpha = 0,01$? Use um valor p.

Solução

Como σ é conhecido ($\sigma = 0,19$), a amostra é aleatória e $n = 32 \geq 30$, você pode usar o teste z. A afirmação é "o tempo médio no pit stop é menor que 13 segundos". Então, as hipóteses nula e alternativa são:

$H_0: \mu \geq 13$ segundos e $H_a: \mu < 13$ segundos   (Afirmação.)

O nível de significância é $\alpha = 0{,}01$. A estatística de teste padronizada é

$$z = \frac{\bar{x} - \mu}{\sigma / \sqrt{n}}$$ Como σ é conhecido e $n \geq 30$, use o teste z.

$$= \frac{12{,}9 - 13}{0{,}19 / \sqrt{32}}$$ Suponha que (supondo H_0 verdade) $\mu = 13$.

$$\approx -2{,}98.$$ Arredonde para duas casas decimais.

Usando a Tabela B.4 do Apêndice B, a área correspondente a $z = -2{,}98$ é $0{,}0014$. Como esse teste é unilateral à esquerda, o valor p é igual a área à esquerda de $z = -2{,}98$, conforme mostrado na Figura 7.18. Então, valor $p = 0{,}0014$. Uma vez que o valor p é menor que $\alpha = 0{,}01$, você rejeita a hipótese nula.

Figura 7.18 Representação da área relativa a z e correspondente valor p no teste unilateral à esquerda.

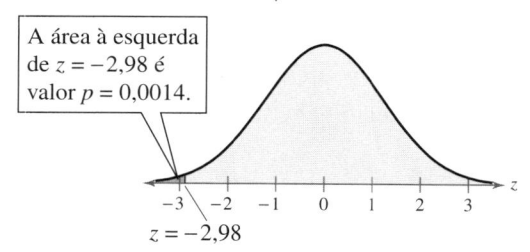

A área à esquerda de $z = -2{,}98$ é valor $p = 0{,}0014$.

$z = -2{,}98$

Interpretação Há evidência suficiente ao nível de significância de 1% para concordar com a afirmação de que o tempo médio no pit stop é menor que 13 segundos.

Tente você mesmo 4

Proprietários de casas afirmam que a velocidade média de veículos que passam por sua rua é maior que o limite de velocidade de 35 milhas por hora. Uma amostra aleatória de 100 automóveis tem uma média de velocidade de 36 milhas por hora. Suponha que o desvio padrão populacional é de 4 milhas por hora. Há evidência suficiente para apoiar a afirmação para $\alpha = 0{,}05$? Use um valor p.

a. Identifique a afirmação. Então, formule as hipóteses nula e alternativa.
b. Identifique o nível de significância α.
c. Calcule a estatística de teste padronizada z.
d. Encontre o valor p.
e. Decida se rejeita a hipótese nula.
f. Interprete a decisão no contexto da afirmação original.

> Veja o passo a passo do Minitab na página 387.

Exemplo 5

Teste de hipótese usando um valor *p*

De acordo com um estudo, o custo médio de uma cirurgia bariátrica (perda de peso) é de US$ 21.500. Você acha que essa informação está incorreta. Você seleciona aleatoriamente 25 pacientes que realizaram a cirurgia e descobre que o custo médio de suas cirurgias é de US$ 20.695. De estudos anteriores, o desvio padrão populacional é conhecido,

US$ 2.250, e a população é normalmente distribuída. Há evidência suficiente para concordar com sua afirmação para $\alpha = 0{,}05$? Use um valor p. (*Adaptado de: The American Journal of Managed Care.*)

Solução

Como σ é conhecido (σ = US$ 2.250), a amostra é aleatória e a população normalmente distribuída, você pode usar o teste z. A afirmação é "a média é diferente de $ 21.500". Então, as hipóteses nula e alternativa são:

$H_0: \mu =$ US$ 21.500   e $H_a: \mu \neq$ US$ 21.500.   (Afirmação.)

O nível de significância é $\alpha = 0{,}05$. A estatística de teste padronizada é

$z = \dfrac{\bar{x} - \mu}{\sigma/\sqrt{n}}$ Como s é conhecido e a população é normalmente distribuída, use o teste z.

$= \dfrac{20.695 - 21.500}{2.250/\sqrt{25}}$ Suponha que $\mu = 21.500$ (supondo que H_0 é verdade).

$\approx -1{,}79.$ Arredonde para duas casas decimais.

Usando a Tabela B.4 do Apêndice B, a área correspondente a $z = -1{,}79$ é 0,0367. Como esse teste é bilateral, o valor p é igual a duas vezes a área à esquerda de $z = -1{,}79$, conforme mostrado na Figura 7.19. Então,

valor $p = 2(0{,}0367) = 0{,}0734$.

Uma vez que o valor p é maior que $\alpha = 0{,}05$, você não rejeita a hipótese nula.

Interpretação   Não há evidência suficiente ao nível de significância de 5% para apoiar a afirmação de que o custo médio de uma cirurgia bariátrica é diferente de US$ 21.500.

Figura 7.19

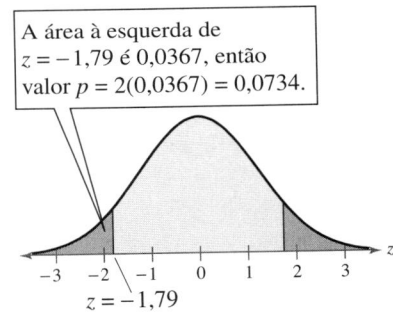

A área à esquerda de $z = -1{,}79$ é 0,0367, então valor $p = 2(0{,}0367) = 0{,}0734$.

Teste bilateral

Tente você mesmo 5

Um estudo diz que o tempo médio para recuperar o custo de uma cirurgia bariátrica é de 3 anos. Você seleciona aleatoriamente 25 pacientes que realizaram a cirurgia e descobre que o tempo médio para recuperar o custo de suas cirurgias é de 3,3 anos. Suponha que o desvio padrão populacional é de 0,5 ano e a população é normalmente distribuída. Há evidência suficiente para duvidar da afirmação do estudo para $\alpha = 0{,}01$? Use um valor p para decidir. (*Adaptado de: The American Journal of Managed Care.*)

a. Identifique a afirmação. Então, estabeleça as hipóteses nula e alternativa.
b. Identifique o nível de significância α.
c. Calcule a estatística de teste padronizada z.
d. Encontre o valor p.
e. Decida se rejeita a hipótese nula.
f. Interprete a decisão no contexto da afirmação original.

Exemplo 6

Usando tecnologia para encontrar um valor p

Use as telas da TI-84 Plus na Figura 7.20 para decidir se rejeita ou não rejeita a hipótese nula ao nível de significância de $\alpha = 0{,}05$.

Dica de estudo

Usando uma TI-84 Plus, você pode ou inserir os dados originais em uma lista para encontrar um valor p ou inserir as estatísticas descritivas.

[STAT]

Escolha o menu de TESTS
   1: Z-Test...

Selecione a opção *Data* (entrada de dados) quando usar os dados originais. Selecione a opção de entrada *Stats* quando usar as estatísticas descritivas. Em cada caso, insira os valores apropriados incluindo o tipo de teste de hipótese correspondente, indicado pela hipótese alternativa. Então, selecione *Calculate*.

Figura 7.20 Teste de hipótese para a média no TI-84 Plus com base na distribuição normal padrão (Z-Test).

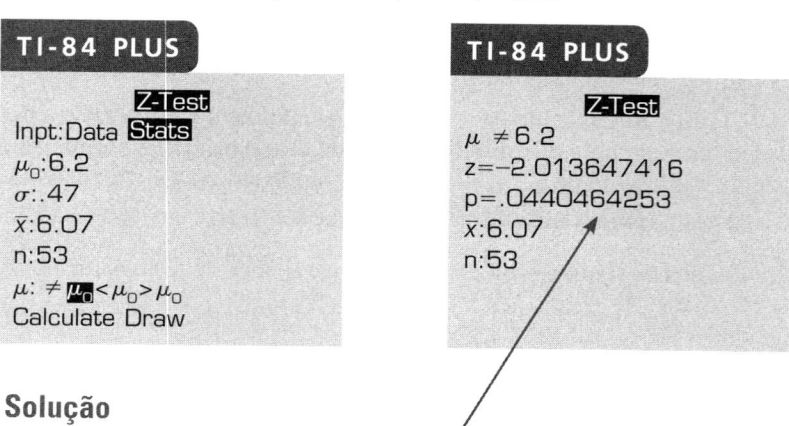

TI-84 PLUS
Z-Test
Inpt: Data **Stats**
μ_0: 6.2
σ: .47
$\bar{x}$: 6.07
n: 53
μ: $\neq \mu_0$ < μ_0 > μ_0
Calculate Draw

TI-84 PLUS
Z-Test
$\mu \neq 6.2$
z = −2.013647416
p = .0440464253
$\bar{x}$: 6.07
n: 53

Solução

O valor p para esse teste é 0,0440464253. Como o valor p é menor que $\alpha = 0,05$, você rejeita a hipótese nula.

Tente você mesmo 6

Repita o Exemplo 6 usando um nível de significância $\alpha = 0,01$.

a. Compare o valor p com o nível de significância.
b. Tome sua decisão.

Regiões de rejeição e valores críticos

Outro método para decidir se rejeita a hipótese nula é verificar se a estatística de teste padronizada cai dentro de um intervalo de valores denominado de **região de rejeição** da distribuição amostral.

Definição

Uma **região de rejeição** (ou **região crítica**) da distribuição amostral é um intervalo de valores para o qual a hipótese nula não é provável. Se uma estatística de teste padronizada cai nessa região, então a hipótese nula é rejeitada. Um **valor crítico** z_0 separa a região de rejeição da região de não rejeição.

Instruções

Calculando valores críticos na distribuição normal padrão

1. Especifique o nível de significância α.
2. Determine se o teste é unilateral à esquerda, unilateral à direita ou bilateral.
3. Calcule o(s) valor(es) crítico(s) z_0. Quando o teste de hipótese é:
   a. *unilateral à esquerda*, encontre o escore-z que corresponde a uma área de α.
   b. *unilateral à direita*, encontre o escore-z que corresponde a uma área de $1 - \alpha$.
   c. *bilateral*, encontre os escores-z que correspondem a $\frac{1}{2}\alpha$ e $1 - \frac{1}{2}\alpha$.
4. Esboce a distribuição normal padrão. Desenhe uma linha vertical em cada valor crítico e sombreie a(s) região(ões) de rejeição. [Veja as figuras 7.21(a) a (c).]

Figura 7.21 Representação da(s) região(ões) de rejeição na curva normal padrão em função do nível de significância e do tipo de teste.

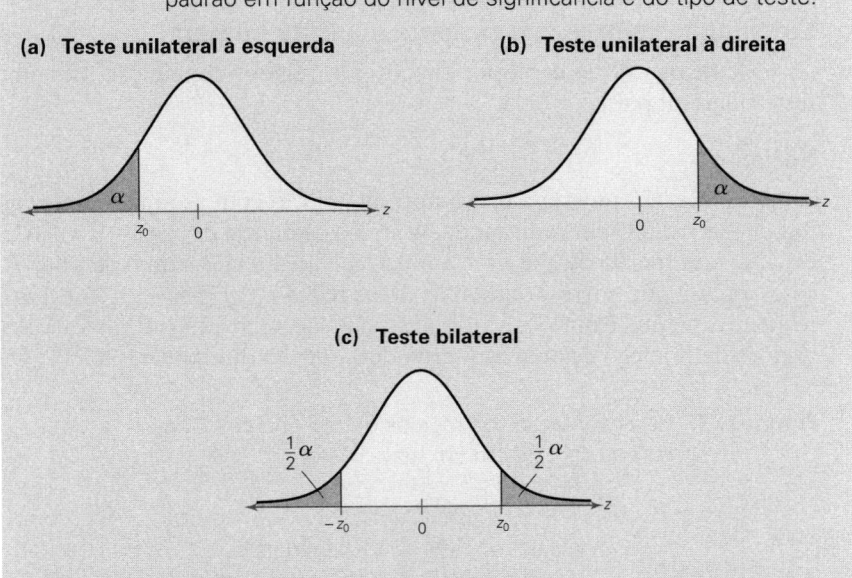

(a) Teste unilateral à esquerda

(b) Teste unilateral à direita

(c) Teste bilateral

Note que uma estatística de teste padronizada que cai em uma região de rejeição é considerada um evento incomum.

Quando você não pode encontrar a área exata na Tabela B.4 do Apêndice B, use a área que está mais próxima. Para uma área que está exatamente a meio caminho entre duas áreas na tabela, use o escore-z médio entre os correspondentes escores-z.

Exemplo 7

Calculando um valor crítico para um teste unilateral à esquerda

Calcule o valor crítico e encontre a região de rejeição para um teste unilateral à esquerda para $\alpha = 0{,}01$.

Solução

A Figura 7.22 mostra a curva normal padrão com uma área sombreada de 0,01 na cauda esquerda. Na Tabela B.4 do Apêndice B o escore-z que está mais próximo a uma área de 0,01 é –2,33. Então, o valor crítico é

$z_0 = -2{,}33$.

A região de rejeição de H_0 está à esquerda desse valor crítico.

Tente você mesmo 7

Calcule o valor crítico e encontre a região de rejeição para um teste unilateral à esquerda para $\alpha = 0{,}10$.

a. Desenhe o gráfico da curva normal padrão com uma área de α na cauda esquerda.
b. Use a Tabela B.4 do Apêndice B para encontrar a área que esteja mais próxima a α.
c. Encontre o escore-z que corresponde a essa área.
d. Identifique a região de rejeição.

Figura 7.22 Representação da região de rejeição de H_0 na curva normal padrão, em um teste unilateral à esquerda.

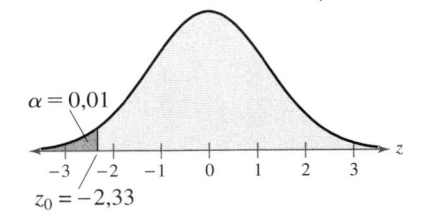

Nível de significância de 1%

Exemplo 8

Calculando valores críticos para um teste bilateral

Calcule os valores críticos e encontre as regiões de rejeição para um teste bilateral para $\alpha = 0{,}05$.

Solução

A Figura 7.23 mostra a curva normal padrão com as áreas sombreadas de $\frac{1}{2}\alpha = 0{,}025$ em cada cauda. A área à esquerda de $-z_0$ é $\frac{1}{2}\alpha = 0{,}025$ e a área à esquerda de z_0 é $1 - \frac{1}{2}\alpha = 0{,}975$. Na Tabela B.4 do Apêndice B, os escores-z que correspondem às áreas 0,025 e 0,975 são $-1{,}96$ e $1{,}96$, respectivamente. Então, os valores críticos são $-z_0 = -1{,}96$ e $z_0 = 1{,}96$. As regiões de rejeição estão à esquerda de $-1{,}96$ e à direita de $1{,}96$.

Figura 7.23 Representação das regiões de rejeição de H_0 na curva normal padrão, em um teste bilateral.

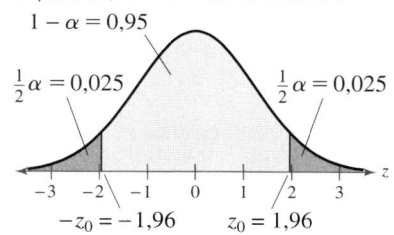

Nível de significância de 5%

Tente você mesmo 8

Calcule os valores críticos e encontre as regiões de rejeição para um teste bilateral para $\alpha = 0{,}08$.

a. Desenhe o gráfico da curva normal padrão com uma área de $\frac{1}{2}\alpha$ em cada cauda.
b. Use a Tabela B.4 do Apêndice B para encontrar as áreas que estão mais próximas a $\frac{1}{2}\alpha$ e $1 - \frac{1}{2}\alpha$.
c. Encontre os escores-z que correspondam a essas áreas.
d. Identifique as regiões de rejeição.

Dica de estudo

Note no Exemplo 8 que os valores críticos são opostos. Isso é sempre verdadeiro para testes z bicaudais. A tabela a seguir lista os valores críticos para os níveis de significância mais comumente usados.

Alpha	Cauda	z
0,10	Esquerda	−1,28
	Direita	1,28
	Bilateral	± 1,645
0,05	Esquerda	−1,645
	Direita	1,645
	Bilateral	± 1,96
0,01	Esquerda	−2,33
	Direita	2,33
	Bilateral	± 2,575

Usando regiões de rejeição para um teste z

Para concluir um teste de hipótese usando região(ões) de rejeição, você toma uma decisão e a interpreta, de acordo com a seguinte regra.

Regra de decisão baseada na região de rejeição

Para usar a região de rejeição e decidir sobre um teste de hipótese, calcule a estatística de teste padronizada z.

1. Se a estatística de teste padronizada está na região de rejeição, então rejeite H_0.
2. Se a estatística de teste padronizada *não* está na região de rejeição, então não rejeite H_0.

A Figura 7.24 ilustra as possíveis situações envolvendo os pontos críticos z_0 ($-z_0$) e a estatística z do teste.

Figura 7.24 Curva normal padrão, regiões de rejeição de H_0 para os três tipos de teste e possíveis decisões em função da localização da estatística de teste (z).

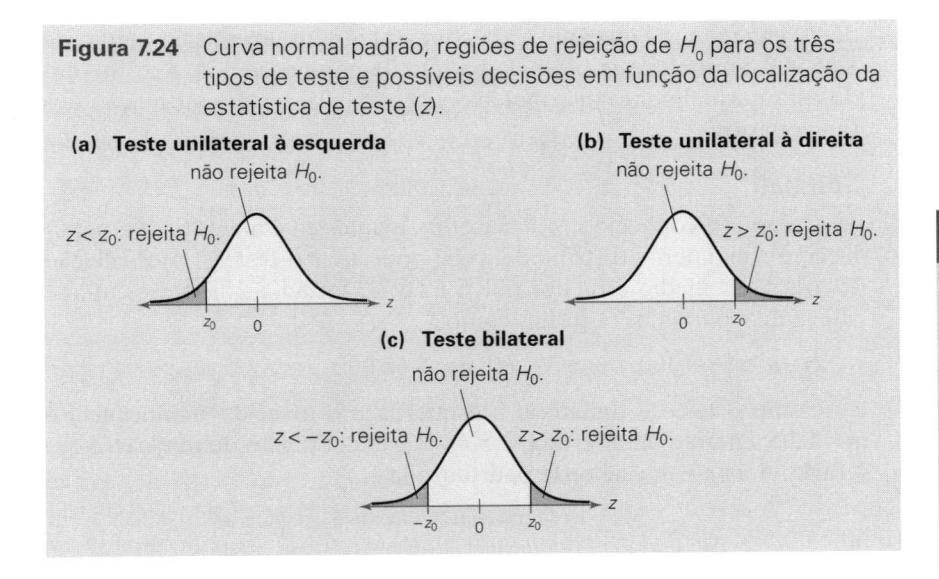

(a) Teste unilateral à esquerda
não rejeita H_0.
$z < z_0$: rejeita H_0.

(b) Teste unilateral à direita
não rejeita H_0.
$z > z_0$: rejeita H_0.

(c) Teste bilateral
não rejeita H_0.
$z < -z_0$: rejeita H_0.
$z > z_0$: rejeita H_0.

Lembre-se, não rejeitar a hipótese nula não significa que você aceitou a hipótese nula como verdadeira. Simplesmente significa que não há evidência suficiente para rejeitar a hipótese nula.

Instruções

Usando regiões de rejeição em um teste z para uma média μ (σ conhecido)

EM PALAVRAS	EM SÍMBOLOS
1. Verifique se σ é conhecido, se a amostra é aleatória, e se a população é normalmente distribuída ou $n \geq 30$.	
2. Expresse a afirmação verbal e matematicamente. Identifique as hipóteses nula e alternativa.	Formule H_0 e H_a.
3. Especifique o nível de significância.	Identifique α.
4. Determine o(s) valor(es) crítico(s).	Use a Tabela B.4 do Apêndice B.
5. Determine a(s) região(ões) de rejeição.	
6. Encontre a estatística de teste padronizada. E esboce a distribuição amostral.	$z = \dfrac{\bar{x} - \mu}{\sigma/\sqrt{n}}$.
7. Tome uma decisão para rejeitar ou não rejeitar a hipótese nula.	Se z está na região de rejeição, então rejeitar H_0. Caso contrário, não rejeitar H_0.
8. Interprete a decisão no contexto da afirmação original.	

Retratando o mundo

A cada ano, a Agência de Proteção Ambiental (EPA, em inglês) publica relatórios de consumo de gasolina para todas as marcas de modelos de veículos de passeio. Em um ano recente, *station wagons* pequenos com transmissão automática tiveram uma média de consumo de 30 milhas por galão (cidade) e 42 milhas por galão (estrada). Um fabricante de automóveis afirma que seus *station wagons* excedem 42 milhas por galão na estrada. Para apoiar sua afirmação, são testados 36 veículos na estrada e obtém-se uma média amostral de 43,2 milhas por galão. Suponha que o desvio padrão da população é de 2,1 milhas por galão. (*Fonte: U.S. Department of Energy.*)

Yuri Bizgaimer/Fotolia.

A evidência é forte o suficiente para concordar com a afirmação de que o consumo na estrada do *station wagon* excede a estimativa da EPA? Use um teste z para $\alpha = 0{,}01$.

Veja o passo a passo da TI-84 Plus na página 388.

Exemplo 9

Usando uma região de rejeição e uma estatística de teste para decidir por uma hipótese

Funcionários de uma companhia de construção e mineração afirmam que o salário médio dos engenheiros mecânicos é menor que o de um de seus concorrentes, que é de $ 68.000. Uma amostra aleatória de 20 engenheiros mecânicos da companhia tem um salário médio de $ 66.900. Suponha que o desvio padrão da população é de $ 5.500 sendo esta normalmente distribuída. Para α = 0,05, teste a afirmação dos funcionários.

Solução

Como σ é conhecido (σ = $ 5.500), a amostra é aleatória e a população normalmente distribuída, você pode usar o teste z. A afirmação é: "o salário médio é menor que $ 68.000". Então, as hipóteses nula e alternativa podem ser escritas como:

$H_0: \mu \geq $ 68.000$ e $H_a: \mu < $ 68.000$ (Afirmação.)

Como o teste é unilateral à esquerda e o nível de significância é α = 0,05, então o valor crítico é $z_0 = -1,645$ e a região de rejeição é $z < -1,645$. A estatística de teste padronizada é:

$$z = \frac{\bar{x} - \mu}{\sigma / \sqrt{n}}$$ Como σ é conhecido e a população é normalmente distribuída, use o teste z.

$$= \frac{66.900 - 68.000}{5.500 / \sqrt{20}}$$ Suponha que μ = 68.000.

$\approx -0,89$.   Arredonde para duas casas decimais.

A Figura 7.25 mostra a localização da região de rejeição e a estatística de teste padronizada z. Como z não está na região de rejeição, você não rejeita a hipótese nula.

Figura 7.25 Curva normal padrão, região de rejeição (α = 0,01) e estatística de teste (z).

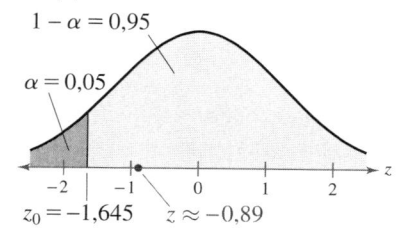

Nível de significância de 5%

Interpretação   Não há evidência suficiente ao nível de significância de 5% para concordar com a afirmação dos funcionários de que o salário médio é menor que $ 68.000.

Tenha certeza de que você entendeu a decisão tomada neste exemplo. Embora sua amostra tenha uma média de $ 66.900, você não pode (ao nível de significância de 5%) concordar com a afirmação de que a média dos salários de todos os engenheiros mecânicos é menor que $ 68.000. A diferença entre sua estatística de teste ($\bar{x}$ = $ 66.900) e a média hipotética (μ = $ 68.000) é provavelmente devido a erro de amostragem.

Tente você mesmo 9

O presidente da companhia do Exemplo 9 afirma que o dia de trabalho médio dos engenheiros mecânicos é menor que 8,5 horas. Uma amostra aleatória de 25 dos engenheiros mecânicos da companhia tem um dia de trabalho médio de 8,2 horas. Suponha que o desvio padrão populacional é de 0,5 hora e a população é normalmente distribuída. Para α = 0,01, teste a afirmação do presidente.

a. Identifique a afirmação e estabeleça H_0 e H_a.
b. Identifique o nível de significância α.
c. Encontre o valor crítico z_0 e identifique a região de rejeição.
d. Calcule a estatística de teste padronizada z. Esboce um gráfico.
e. Decida se rejeita a hipótese nula.
f. Interprete a decisão no contexto da afirmação original.

Exemplo 10

Usando regiões de rejeição e uma estatística de teste para decidir por uma hipótese

Um pesquisador afirma que o custo médio anual para criar um filho (de 2 anos ou menos), nos Estados Unidos, é de US$ 13.960. Em uma amostra aleatória de famílias no país, o custo médio anual para criar um filho (2 anos de idade ou menos) é de US$ 13.725. A amostra consiste em 500 crianças. Suponha que o desvio padrão populacional é de US$ 2.345. Para $\alpha = 0{,}10$, há evidência suficiente para rejeitar a afirmação? (*Adaptado de U.S. Department of Agriculture Center for Nutrition Policy and Promotion.*)

Solução

Como σ é conhecido ($\sigma = $ US$ 2.345), a amostra é aleatória e $n = 500 \geq 30$, você pode usar o teste z. A afirmação é: "o custo médio anual é de US$ 13.960". Então, as hipóteses nula e alternativa são:

$H_0: \mu = $ US$ 13.960   (Afirmação.)

e

$H_a: \mu \neq $ US$ 13.960.

Como o teste é bilateral e o nível de significância é $\alpha = 0{,}10$, os valores críticos são $-z_0 = -1{,}645$ e $z_0 = 1{,}645$. As regiões de rejeição são $z < -1{,}645$ e $z > 1{,}645$. A estatística de teste padronizada é:

$$z = \frac{\bar{x} - \mu}{\sigma / \sqrt{n}}$$ Como σ é conhecido e $n \geq 30$, use o teste z.

$$= \frac{13{,}725 - 13{,}960}{2{,}345 / \sqrt{500}}$$ Suponha que $\mu = 13{,}960$.

$$\approx -2{,}24.$$ Arredonde para duas casas decimais.

A Figura 7.26 mostra a localização das regiões de rejeição e a estatística de teste padronizado z. Como z está na região de rejeição, você rejeita a hipótese nula.

Interpretação Há evidência suficiente, ao nível de significância de 10%, para rejeitar a afirmação de que o custo médio anual para criar um filho (de 2 anos ou menos) nos Estados Unidos é de US$ 13.960.

Tente você mesmo 10

No Exemplo 10, para $\alpha = 0{,}01$ há evidência suficiente para rejeitar a afirmação?
a. Identifique o nível de significância α.
b. Encontre os valores críticos $-z_0$ e z_0 e identifique as regiões de rejeição.
c. Esboce um gráfico. Decida se rejeita a hipótese nula.
d. Interprete a decisão no contexto da afirmação original.

Dica de estudo

Você também pode usar tecnologia para realizar um teste de hipótese usando um teste z. Por exemplo, usando uma TI-84 Plus e a estatística descritiva do Exemplo 10, você pode obter a estatística de teste padronizada $z \approx -2{,}24$, conforme a seguir. Esse resultado corresponde com o que você encontrou no Exemplo 10.

```
Z-Test
μ≠13960
z=-2.240835713
p=.0250366366
x̄=13725
n=500
```

Figura 7.26 Curva normal padrão, regiões de rejeição ($\alpha = 0{,}10$) e estatística de teste (z).

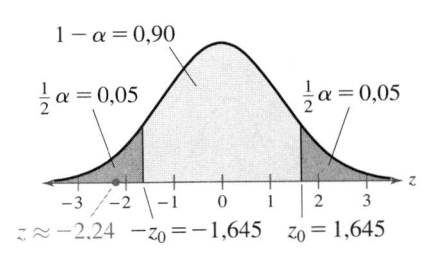

$1 - \alpha = 0{,}90$
$\frac{1}{2}\alpha = 0{,}05$ $\frac{1}{2}\alpha = 0{,}05$
$z \approx -2{,}24$ $-z_0 = -1{,}645$ $z_0 = 1{,}645$

Nível de significância de 10%

7.2 Exercícios

Construindo habilidades básicas e vocabulário

1. Explique a diferença entre o teste z para μ usando região(ões) de rejeição e o teste z para μ usando um valor p.

2. No teste de hipótese, usar o método do valor crítico ou o método do valor p afeta sua conclusão? Explique.

Nos exercícios 3 a 8, o valor p para um teste de hipótese é mostrado. Use-o para decidir se rejeita H_0 quando o nível de significância é (a) $\alpha = 0,01$, (b) $\alpha = 0,05$ e (c) $\alpha = 0,10$.

3. $p = 0,0461$.
4. $p = 0,0691$.
5. $p = 0,1271$.
6. $p = 0,0838$.
7. $p = 0,0107$.
8. $p = 0,0062$.

Nos exercícios 9 a 14, encontre o valor p para o teste de hipótese a partir da estatística de teste padronizada z. Decida se rejeita H_0 para o nível de significância α.

9. Teste unilateral à esquerda
   $z = -1,32$
   $\alpha = 0,10$.

10. Teste unilateral à esquerda
    $z = -1,55$
    $\alpha = 0,05$.

11. Teste unilateral à direita
    $z = 2,46$
    $\alpha = 0,01$.

12. Teste unilateral à direita
    $z = 1,23$
    $\alpha = 0,10$.

13. Teste bilateral
    $z = -1,68$
    $\alpha = 0,05$.

14. Teste bilateral
    $z = 2,30$
    $\alpha = 0,01$.

Análise gráfica *Nos exercícios 15 e 16, relacione cada valor p com o gráfico que mostre sua área sem realizar cálculos. Explique seu raciocínio.*

15. $p = 0,0089$ e $p = 0,3050$.

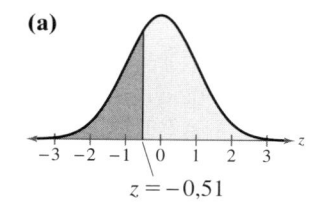

   (a) $z = -0,51$
   (b) $z = -2,37$

16. $p = 0,0688$ e $p = 0,2802$.

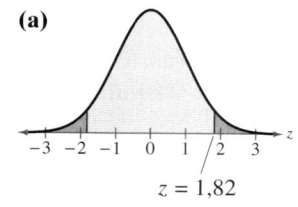

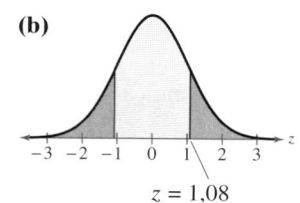

   (a) $z = 1,82$
   (b) $z = 1,08$

Nos exercícios 17 e 18, use as figuras a seguir da tela da calculadora TI-84 Plus para tomar a decisão de rejeitar ou não rejeitar a hipótese nula ao nível de significância dado.

17. $\alpha = 0,05$.

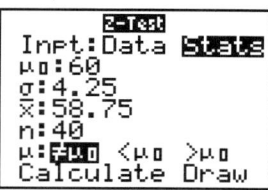

```
Z-Test
Inpt:Data Stats
μ0:60
σ:4.25
x:58.75
n:40
μ:≠μ0 <μ0 >μ0
Calculate Draw
```

```
Z-Test
μ≠60
z=-1.86016333
p=.0628622957
x=58.75
n=40
```

18. $\alpha = 0,01$.

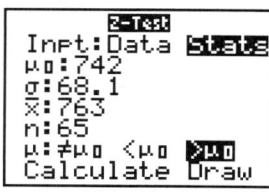

```
Z-Test
Inpt:Data Stats
μ0:742
σ:68.1
x:763
n:65
μ:≠μ0 <μ0 >μ0
Calculate Draw
```

```
Z-Test
μ>742
z=2.486158777
p=.0064565285
x=763
n=65
```

Calculando valores críticos e encontrando regiões de rejeição *Nos exercícios 19 a 24, calcule o(s) valor(es) crítico(s) e encontre as regiões de rejeição para o tipo de teste z com nível de significância α. Incluir um gráfico com sua resposta.*

19. Teste unilateral à esquerda, $\alpha = 0,03$.
20. Teste unilateral à esquerda, $\alpha = 0,09$.
21. Teste unilateral à direita, $\alpha = 0,05$.
22. Teste unilateral à direita, $\alpha = 0,08$.
23. Teste bilateral, $\alpha = 0,02$.
24. Teste bilateral, $\alpha = 0,10$.

Análise gráfica *Nos exercícios 25 e 26, verifique se cada estatística de teste padronizada z permite que você rejeite a hipótese nula. Explique seu raciocínio.*

25. (a) $z = -1,301$.
    (b) $z = 1,203$.
    (c) $z = 1,280$.
    (d) $z = 1,286$.

    $z_0 = 1,285$

26. (a) $z = 1,98$.
    (b) $z = -1,89$.
    (c) $z = 1,65$.
    (d) $z = -1,99$.

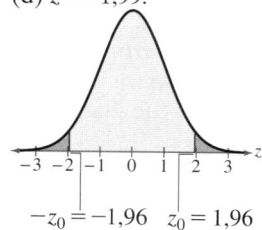

    $-z_0 = -1,96$ $z_0 = 1,96$

Nos exercícios 27 a 30, teste a afirmação sobre a média populacional μ ao nível de significância α. Suponha que a população é normalmente distribuída. Se for conveniente, use tecnologia.

27. Afirmação: $\mu = 40$; $\alpha = 0,05$; $\sigma = 1,97$.
    Estatísticas amostrais: $\bar{x} = 39,2$; $n = 25$.

28. Afirmação: $\mu > 1.745$; $\alpha = 0,10$; $\sigma = 32$.
    Estatísticas amostrais: $\bar{x} = 1.752$; $n = 28$.

29. Afirmação: $\mu \neq 8.550$; $\alpha = 0,02$; $\sigma = 314$.
    Estatísticas amostrais: $\bar{x} = 8.420$; $n = 38$.

30. Afirmação: $\mu \leq 22.500$; $\alpha = 0,01$; $\sigma = 1.200$.
    Estatísticas amostrais: $\bar{x} = 23.500$; $n = 45$.

Usando e interpretando conceitos

Testando afirmações usando valores *p*
Nos exercícios 31 a 36:

(a) Identifique a afirmação e formule H_0 e H_a.

(b) Calcule a estatística de teste padronizada z. Se for conveniente, use tecnologia.

(c) Encontre o valor p. Se for conveniente, use tecnologia.

(d) Decida se rejeita ou não rejeita a hipótese nula.

(e) Interprete a decisão no contexto da afirmação original.

31. **Pontuação no MCAT**[1] Uma amostra aleatória de 50 candidatos ao curso de medicina em uma universidade teve uma média de pontuação bruta de 31 na parte de múltipla escolha do MCAT. Um estudante diz que a média de pontuação bruta para todos os candidatos ao curso é mais que 30. Suponha que o desvio padrão populacional é de 2,5. Para o nível de significância $\alpha = 0,01$, há evidência suficiente para concordar com a afirmação do estudante? (*Adaptado de: Association of American Medical Colleges.*)

32. **Sistemas de extinção de incêndio** Um fabricante de sistemas para proteção contra incêndio afirma que a temperatura média de ativação é de pelo menos 135 °F. Para testar essa afirmação, você seleciona aleatoriamente uma amostra de 32 sistemas e descobre que a temperatura média de ativação é de 133 °F. Suponha que o desvio padrão populacional é de 3,3 °F. Para o nível de significância $\alpha = 0,10$, você tem evidência suficiente para rejeitar a afirmação do fabricante?

33. **Consumo de queijo cheddar** Um grupo de consumidores afirma que o consumo médio anual de queijo cheddar por pessoa nos Estados Unidos é de no máximo 10,3 libras. Uma amostra aleatória de 100 pessoas nos Estados Unidos tem uma média anual de consumo de queijo cheddar de 9,9 libras. Suponha que o desvio padrão populacional é de 2,1 libras. Para o nível de significância = 0,05, você pode rejeitar a afirmação? (*Adaptado de: U.S. Department of Agriculture.*)

34. **Consumo de xarope de milho com alto teor de frutose** Um grupo de consumidores afirma que o consumo médio anual de xarope de milho com alto teor de frutose por pessoa nos Estados Unidos é de 48,8 libras. Uma amostra aleatória de 120 pessoas nos Estados Unidos tem uma média anual de consumo de xarope de milho com alto teor de frutose de 49,5 libras. Suponha que o desvio padrão da população é de 3,6 libras. Para o nível de significância $\alpha = 0,05$, você pode rejeitar a afirmação? (*Adaptado de: U.S. Department of Agriculture.*)

35. **Parando de fumar** Os tempos (em anos) que levou uma amostra aleatória de 32 ex-fumantes a parar de fumar permanentemente estão listados. Suponha que o desvio padrão populacional é de 6,2 anos. Para o nível de significância $\alpha = 0,05$, há evidência suficiente para rejeitar a afirmação de que o tempo médio que os fumantes levam para parar de fumar permanentemente é de 15 anos? (*Adaptado de: The Gallup Poll.*)

15,7 13,2 22,6 13,0 10,7 18,1 14,7 7,0 17,3 7,5 21,8
12,3 19,8 13,8 16,0 15,5 13,1 20,7 15,5 9,8 11,9 16,9
 7,0 19,3 13,2 14,6 20,9 15,4 13,3 11,6 10,9 21,6

36. **Salários** Um analista afirma que o salário médio anual de executivos de publicidade em Denver, Colorado, é mais que a média nacional, US$ 67.800. Os salários anuais (em dólares) para uma amostra aleatória de 21 executivos de publicidade em Denver estão listados. Suponha que a população é normalmente distribuída e o desvio padrão populacional é de US$ 7.800. Para nível de significância $\alpha = 0,09$, há evidência suficiente para apoiar a afirmação do analista? (*Adaptado de: Salary.com.*)

57.860 66.863 91.982 66.979 66.940 82.976 67.073
72.006 73.496 72.972 66.169 65.983 55.646 62.758
58.012 63.756 75.536 60.403 70.445 61.507 66.555

Testando as afirmações usando regiões de rejeição
Nos exercícios 37 a 42, (a) identifique a afirmação e formule H_0 e H_a, (b) encontre o(s) valor(es) crítico(s) e identifique a(s) região(ões) de rejeição, (c) calcule a estatística de teste padronizada z, (d) decida se rejeita ou não rejeita a hipótese nula e (e) interprete a decisão no contexto da afirmação original. Se for conveniente, use tecnologia.

37. **Conteúdo de cafeína em bebidas à base de cola** Uma empresa fabricante de bebidas à base de cola declara que o conteúdo médio de cafeína, por garrafa de 12 onças, é de 40 mg. Você quer testar essa afirmação. Durante seus testes, você descobre que uma amostra aleatória de vinte garrafas de 12 onças de bebida à base de cola tem um conteúdo médio de cafeína de 39,2 mg. Suponha que a população é normalmente distribuída e que o desvio padrão populacional é de 7,5 mg. Para $\alpha = 0,01$, você pode rejeitar a afirmação da empresa? (*Adaptado de: American Beverages Association.*)

38. **Consumo de eletricidade** A associação de Informação de Energia dos Estados Unidos afirma que o consumo médio mensal residencial de eletricidade em sua cidade é mais que 874 kWh. Você quer testar essa afirmação. Você descobre que uma amostra aleatória de 64 consumidores residenciais tem um consumo médio mensal

---

[1] N. do T.: MCAT (Medical College Admission Test®) é uma prova de avaliação de conhecimentos para ingresso na faculdade de medicina.

de eletricidade de 905 kWh. Suponha que o desvio padrão populacional é de 125 kWh. Considerando nível de significância de 0,05, você tem evidência suficiente para apoiar afirmação da associação? (*Adaptado de: U.S. Energy Information Association.*)

39. Fast food Um restaurante fast food estima que o conteúdo médio de sódio em um de seus sanduíches do café da manhã é não mais que 920 mg. Uma amostra aleatória de 44 sanduíches do café da manhã apresentou um conteúdo médio de sódio de 925 mg. Suponha que o desvio padrão populacional é de 18 mg. Para o nível de significância $\alpha = 0,10$, há evidência suficiente para rejeitar a afirmação do restaurante?

40. Lâmpadas Um fabricante de lâmpadas garante que a vida útil média de certo tipo de lâmpada é de pelo menos 750 horas. Uma amostra aleatória de 25 lâmpadas apresentou vida útil média de 745 horas. Suponha que a população é normalmente distribuída e o desvio padrão populacional é de 60 horas. Para o nível de significância $\alpha = 0,02$, há evidência suficiente para rejeitar a afirmação do fabricante?

41. Níveis de dióxido de nitrogênio Um cientista estima que o nível médio de dióxido de nitrogênio em Calgary é maior que 32 partes por bilhão. Você quer testar essa estimativa. Para isso, você determina os níveis de dióxido de nitrogênio em 34 dias selecionados aleatoriamente. Os resultados (em partes por bilhão) estão listados na tabela a seguir. Suponha que o desvio padrão populacional é de 9 partes por bilhão. Para o nível de significância $\alpha = 0,06$, você pode concordar com a estimativa do cientista? (*Adaptado de: Clean Air Strategic Alliance.*)

Níveis de dióxido de nitrogênio (em partes por bilhão)						
24	36	44	35	44	34	29
40	39	43	41	32	33	29
29	43	25	39	25	42	29
22	22	25	14	15	14	29
25	27	22	24	18	17	

42. Lâmpadas fluorescentes Um fabricante de lâmpadas fluorescentes garante que a vida útil média de certo tipo de lâmpada é de pelo menos 10.000 horas. Você quer testar essa garantia. Para fazer isso, você registra as vidas de uma amostra aleatória de 32 lâmpadas fluorescentes. Os resultados (em horas) estão listados. Suponha que o desvio padrão populacional é de 1.850 horas. Para o nível de significância $\alpha = 0,09$, você tem evidência suficiente para rejeitar a afirmação do fabricante?

8.800	9.155	13.001	10.250	10.002	11.413	8.234	10.402
10.016	8.015	6.110	11.005	11.555	9.254	6.991	12.006
10.420	8.302	8.151	10.980	10.186	10.003	8.814	11.445
6.277	8.632	7.265	10.584	9.397	11.987	7.556	10.380

Expandindo conceitos

43. Escrito Quando o valor $p > \alpha$, a estatística de teste padronizada cai dentro ou fora da(s) região(ões) de rejeição? Explique seu raciocínio.

44. Escrito Em um teste unilateral à direita em que o valor $p < \alpha$, a estatística de teste padronizada cai à esquerda ou à direita do valor crítico? Explique seu raciocínio.

O que você deve aprender

- Como encontrar valores críticos em uma distribuição t.
- Como usar o teste t para testar uma média μ quando σ não é conhecido.
- Como usar tecnologia para encontrar valores p e usá-los para testar uma média μ quando σ não é conhecido.

7.3 Teste de hipótese para a média (σ desconhecido)

Valores críticos em uma distribuição t • O teste t para uma média μ • Usando valores p obtidos na distribuição t

Valores críticos em uma distribuição t

Na Seção 7.2, você aprendeu a realizar um teste de hipótese para uma média populacional quando o desvio padrão populacional é conhecido. Em muitas situações da vida real, o desvio padrão populacional *não* é conhecido. Mesmo assim, quando ou a população tem uma distribuição normal ou o tamanho da amostra é pelo menos 30, você ainda pode testar a média populacional μ. Para isso, você pode usar a distribuição t com $n - 1$ graus de liberdade.

Instruções

Calculando valores críticos em uma distribuição t

1. Especifique o nível de significância α.
2. Identifique os graus de liberdade, g.l. = $n - 1$.

3. Calcule o(s) valor(es) crítico(s) usando a Tabela B.5 do Apêndice B na linha com $n-1$ graus de liberdade. Quando o teste de hipóteses é:
   a. *unilateral à esquerda*, use a coluna "unilateral, α" com um sinal negativo. [Veja a Figura 7.27(a).]
   b. *unilateral à direita*, use a coluna "unilateral, α" com um sinal positivo. [Veja a Figura 7.27(b).]
   c. *bilateral*, use a coluna "bilateral, α" com um sinal negativo e um positivo. [Veja a Figura 7.27(c).]

Figura 7.27 Valores críticos da distribuição t em função do tipo de teste.

(a) Teste unilateral à esquerda

(b) Teste unilateral à direita

(c) Teste bilateral

Exemplo 1

Encontrando um valor crítico para um teste unilateral à esquerda

Encontre o valor crítico t_0 para um teste unilateral à esquerda para $\alpha = 0{,}05$ e $n = 21$.

Solução

Os graus de liberdade são:

g.l. $= n - 1 = 21 - 1 = 20$.

Para encontrar o valor crítico, use a Tabela B.5 do Apêndice B com g.l. $= 20$ e $\alpha = 0{,}05$ na coluna "unilateral, α". Como o teste é unilateral à esquerda, o valor crítico é negativo. Então,

$t_0 = -1{,}725$

conforme mostra a Figura 7.28.

Tente você mesmo 1

Encontre o valor crítico t_0 para um teste unilateral à esquerda para $\alpha = 0{,}01$ e $n = 14$.
a. Identifique os graus de liberdade.
b. Use a coluna "unilateral, α" na Tabela B.5 do Apêndice B para encontrar t_0.

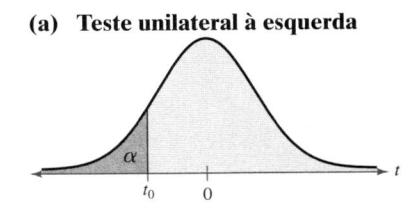

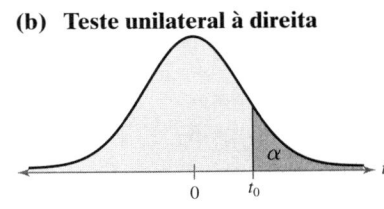

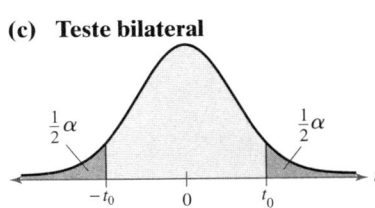

Figura 7.28 Distribuição t e valor crítico para o teste unilateral à esquerda.

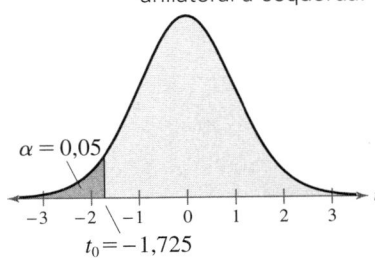

$\alpha = 0{,}05$
$t_0 = -1{,}725$
Nível de significância de 5%

Exemplo 2

Encontrando um valor crítico para um teste unilateral à direita

Encontre o valor crítico t_0 para um teste unilateral à direita para $\alpha = 0{,}01$ e $n = 17$.

Solução

Os graus de liberdade são:

g.l. $= n - 1 = 17 - 1 = 16$.

Para encontrar o valor crítico, use a Tabela B.5 do Apêndice B com g.l. $= 16$ e $\alpha = 0{,}01$ na coluna "unilateral, α". Como o teste é unilateral à direita, o valor crítico é positivo. Então,

$t_0 = 2{,}583$

conforme mostra a Figura 7.29.

Tente você mesmo 2

Encontre o valor crítico t_0 para um teste unilateral à direita para $\alpha = 0{,}10$ e $n = 9$.

Figura 7.29 Distribuição t e valor crítico para o teste unilateral à direita.

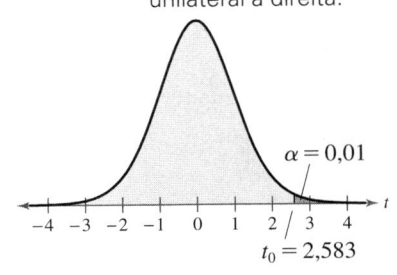

$\alpha = 0{,}01$
$t_0 = 2{,}583$
Nível de significância de 1%

a. Identifique os graus de liberdade.
b. Use a coluna "unilateral, α" na Tabela B.5 do Apêndice B para encontrar t_0.

Exemplo 3

Encontrando valores críticos para um teste bilateral

Encontre os valores críticos $-t_0$ e t_0 para um teste bilateral para $\alpha = 0,10$ e $n = 26$.

Solução

Os graus de liberdade são:

g.l. = $n - 1 = 26 - 1 = 25$.

Para encontrar o valor crítico, use a Tabela B.5 do Apêndice B com g.l. = 25 e $\alpha = 0,10$ na coluna "bilateral, α". Como o teste é bilateral, um valor crítico é negativo e outro é positivo. Então,

$-t_0 = -1,708$ e $t_0 = 1,708$

conforme mostra a Figura 7.30.

Figura 7.30 Distribuição t e valores críticos para o teste bilateral.

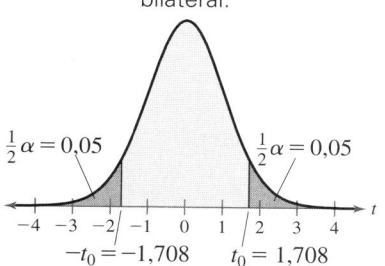

Nível de significância de 10%

Tente você mesmo 3

Encontre os valores críticos $-t_0$ e t_0 para um teste bilateral para $\alpha = 0,05$ e $n = 16$.

a. Identifique os graus de liberdade.
b. Use a coluna "bilateral, α" na Tabela B.5 do Apêndice B para encontrar $-t_0$ e t_0.

O teste t para uma média μ

Para testar uma afirmação sobre uma média μ quando σ *não* é conhecido, você pode usar uma distribuição amostral t.

$$t = \frac{(\text{média amostral}) - (\text{média hipotética})}{\text{erro padrão}}$$

Como σ não é conhecido, a estatística de teste padronizada é calculada usando o desvio padrão amostral s, conforme mostrado na próxima definição.

Teste t para uma média μ

O **teste t para uma média μ** é um teste estatístico para uma média populacional. A **estatística de teste** é a média amostral $\bar{x}$. A **estatística de teste padronizada** é:

$t = \dfrac{\bar{x} - \mu}{s/\sqrt{n}}$ Estatística de teste padronizada para μ (σ desconhecido).

quando estas condições forem satisfeitas:

1. A amostra é aleatória.

Retratando o mundo

Com base em um teste t, foi tomada uma decisão em relação a enviar cargas de caminhão de lixo contaminado com cádmio, para um aterro sanitário ou para um aterro sanitário de lixo tóxico. Os caminhões foram amostrados para determinar se o nível médio de cádmio excedeu a quantidade permitida de 1 mg/l, para o aterro sanitário. Suponha que a hipótese nula é $\mu \leq 1$. (*Adaptado de: Pacific Northwest National Laboratory.*)

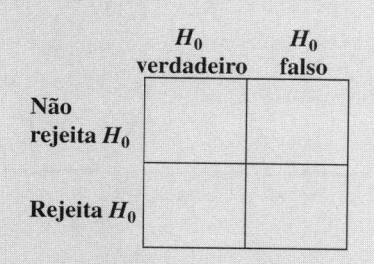

	H_0 verdadeiro	H_0 falso
Não rejeita H_0		
Rejeita H_0		

Descreva os erros tipo I e II possíveis dessa situação.

2. Pelo menos um dos seguintes requisitos ocorre: a população é normalmente distribuída ou $n \geq 30$.

Os graus de liberdade são
g.l. = $n - 1$.

Instruções

Usando o teste t para uma média μ (σ desconhecido)

EM PALAVRAS	EM SÍMBOLOS
1. Verifique se σ não é conhecido, se a amostra é aleatória, e se a população é normalmente distribuída ou $n \geq 30$.	
2. Expresse a afirmação verbal e matematicamente. Identifique as hipóteses nula e alternativa.	Formule H_0 e H_a.
3. Especifique o nível de significância.	Identifique α.
4. Identifique os graus de liberdade.	g.l. = $n - 1$.
5. Determine o(s) valor(es) crítico(s).	Use a Tabela B.5 do Apêndice B.
6. Determine a(s) região(ões) de rejeição.	
7. Calcule a estatística de teste padronizada (t), e esboce a distribuição t.	$t = \dfrac{\bar{x} - \mu}{s/\sqrt{n}}$.
8. Tome uma decisão para rejeitar ou não rejeitar a hipótese nula.	Se t está na região de rejeição, então rejeitar H_0. Caso contrário, não rejeitar H_0.
9. Interprete a decisão no contexto da afirmação original.	

> **Dica de estudo**
>
> Lembre-se: quando o número de graus de liberdade de que você precisa não estiver na tabela, use o mais próximo da tabela que seja *menor que* o valor que você precisa. Por exemplo, para g.l. = 57, use 50 graus de liberdade.

Lembre-se de que, quando você toma uma decisão, existe a possibilidade de erro tipo I ou tipo II.

Exemplo 4

Veja o passo a passo do Minitab na página 388.

Testando hipóteses usando uma região de rejeição

Um vendedor de carros usados diz que o preço médio do sedan de dois anos (em boas condições) é de pelo menos US$ 20.500. Você suspeita que essa afirmação é incorreta e descobre que uma amostra aleatória de 14 veículos similares tem um preço médio de US$ 19.850 e desvio padrão de US$ 1.084. Há evidência suficiente para rejeitar a afirmação do vendedor para o nível de significância $\alpha = 0{,}05$? Suponha que a população é normalmente distribuída. (*Adaptado de: Kelley Blue Book.*)

Solução

Como σ é desconhecido, a amostra é aleatória e a população normalmente distribuída, você pode usar o teste t. A afirmação é: "o preço médio é de pelo menos US$ 20.500". Então, as hipóteses nula e alternativa são:

$H_0: \mu \geq$ US$ 20.500   (Afirmação.)

e

$H_a: \mu <$ US$ 20.500.

Figura 7.31 Distribuição t, valor crítico e estatística de teste (t) localizada na região de rejeição de H_0.

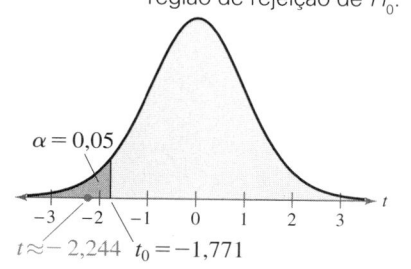

Nível de significância de 5%

O teste é unilateral à esquerda, o nível de significância é $\alpha = 0,05$ e os graus de liberdade são g.l. = 14 − 1 = 13. Então, o valor crítico é $t_0 = -1,771$. A região de rejeição é $t < -1,771$. A estatística de teste padronizada é:

$$t = \frac{\bar{x} - \mu}{s/\sqrt{n}}$$

Arredonde para três casas decimais.

$$= \frac{19.850 - 20.500}{1.084/\sqrt{14}}$$

Como σ é desconhecido e a população é normalmente distribuída, use o teste t.

$$\approx -2,244.$$

Suponha que $\mu = 20.500$ (supondo que H_0 é verdade).

A Figura 7.31 mostra a localização da região de rejeição e a estatística de teste padronizada t. Como t está na região de rejeição, você rejeita a hipótese nula.

Interpretação Há evidência suficiente, ao nível de significância de 5%, para rejeitar a afirmação de que o preço médio de um sedan de dois anos é de pelo menos US$ 20.500.

Tente você mesmo 4

Um agente de seguros diz que o custo médio do seguro do sedan de dois anos (em boas condições) é menor que US$ 1.200. Uma amostra aleatória de 7 cotações de seguro similares tem um custo médio de US$ 1.125 e um desvio padrão de US$ 55. Há evidência suficiente para concordar com afirmação do agente considerando nível de significância de 0,10? Suponha que a população é normalmente distribuída.

a. Identifique a afirmação e formule H_0 e H_a.
b. Identifique o nível de significância α e os graus de liberdade.
c. Encontre o valor crítico t_0 e identifique a região de rejeição.
d. Calcule a estatística de teste padronizada t. Esboce um gráfico.
e. Decida se rejeita a hipótese nula.
f. Interprete a decisão no contexto da afirmação original.

Veja o passo a passo da TI-84 Plus na página 389.

Exemplo 5

Testando hipótese usando regiões de rejeição

Uma indústria afirma que o nível médio do pH da água em um rio próximo é de 6,8. Você seleciona aleatoriamente 39 amostras de água e mede o pH de cada uma. A média amostral e o desvio padrão são de 6,7 e 0,35, respectivamente. Há evidência suficiente para rejeitar a afirmação da indústria considerando nível de significância $\alpha = 0,05$?

Solução

Como σ é desconhecido, a amostra é aleatória e $n = 39 \geq 30$, você pode usar o teste t. A afirmação é: "o nível médio do pH é de 6,8". Então, as hipóteses nula e alternativa são:

$H_0: \mu = 6,8$ (Afirmação) e $H_a: \mu \neq 6,8$.

O teste é bilateral, o nível de significância é $\alpha = 0,05$ e os graus de liberdade são g.l. = 39 − 1 = 38. Então, os valores críticos são $-t_0 = -2,024$ e $t_0 = 2,024$. As regiões de rejeição são $t < -2,024$ e $t > 2,024$. A estatística de teste padronizada é:

$$t = \frac{\bar{x} - \mu}{s/\sqrt{n}}$$ Como σ é desconhecido e $n \geq 30$, use o teste t.

$$= \frac{6{,}7 - 6{,}8}{0{,}35/\sqrt{39}}$$ Suponha que $\mu = 6{,}8$.

$\approx -1{,}784.$ Arredonde para três casas decimais.

A Figura 7.32 mostra a localização das regiões de rejeição e a estatística de teste padronizada t. Como t não está na região de rejeição, você não rejeita a hipótese nula.

Figura 7.32 Distribuição t, valores críticos e estatística de teste (t) localizada na região de não rejeição de H_0.

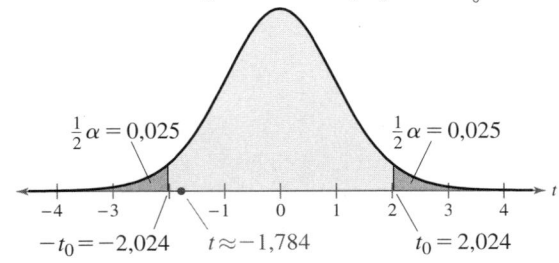

Nível de significância de 5%

Interpretação Não há evidência suficiente, ao nível de significância de 5%, para rejeitar a afirmação de que o nível médio do pH é de 6,8.

Tente você mesmo 5

A indústria do Exemplo 5 afirma que a condutividade média do rio é de 1.890 mg/l. A condutividade de uma amostra de água é uma medida do total de sólidos dissolvidos na amostra. Você seleciona aleatoriamente 39 amostras de água e mede a condutividade de cada uma. A média e o desvio padrão amostral são de 2.350 mg/l e 900 mg/l, respectivamente. Há evidência suficiente para rejeitar a afirmação da indústria considerando o nível de significância $\alpha = 0{,}01$?

a. Identifique a afirmação e formule H_0 e H_a.
b. Identifique o nível de significância α e os graus de liberdade.
c. Encontre os valores críticos $-t_0$ e t_0 e identifique as regiões de rejeição.
d. Calcule a estatística de teste padronizada t. Esboce um gráfico.
e. Decida se rejeita a hipótese nula.
f. Interprete a decisão no contexto da afirmação original.

Usando valores p obtidos na distribuição t

Você também pode usar valores p obtidos de testes t para testar a média μ. Por exemplo, considere que você queira encontrar um valor p, dado $t = 1{,}98$, 15 graus de liberdade em um teste unilateral à direita. Usando a Tabela B.5 do Apêndice B, você pode determinar que p está entre $\alpha = 0{,}025$ e $\alpha = 0{,}05$, mas você não pode determinar (facilmente) um valor exato p. Nesses casos, você pode usar a tecnologia para fazer um teste de hipótese e encontrar valores p exatos.

Exemplo 6

Usando valores *p* obtidos na distribuição *t*

O Departamento de Veículos Motorizados[2] de algum estado norte-americano afirma que o tempo médio de espera é menor que 14 minutos. Uma amostra aleatória de 10 pessoas tem um tempo médio de espera de 13 minutos com um desvio padrão de 3,5 minutos. Considerando o nível de significância $\alpha = 0{,}10$, teste a afirmação do escritório. Suponha que a população é normalmente distribuída.

Solução

Como σ é desconhecido, a amostra é aleatória e a população é normalmente distribuída, você pode usar o teste *t*. A afirmação é: "o tempo médio de espera é menor que 14 minutos". Então, as hipóteses nula e alternativa são:

$H_0: \mu \geq 14$ minutos

e

$H_a: \mu < 14$ minutos   (Afirmação.)

A Figura 7.33(a) exibe a tela da TI-84 Plus que mostra como configurar o teste de hipótese. As figuras 7.33 (b) e (c) mostram os resultados no texto ou no gráfico, dependendo se você selecionar "Calculate" ou "Draw".

Figura 7.33 Teste de hipótese para a média no TI-84 Plus com a distribuição *t* (*T-Test*).

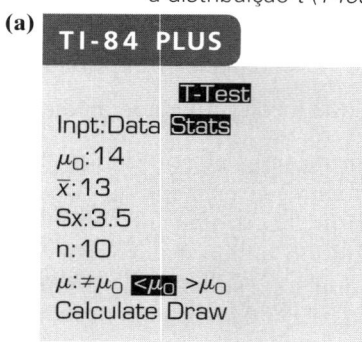

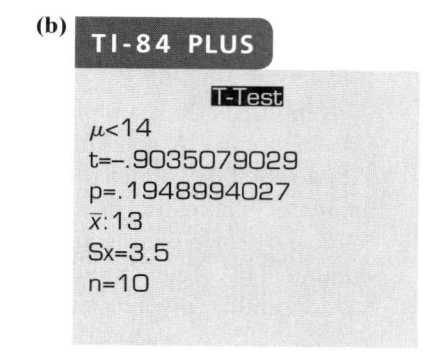

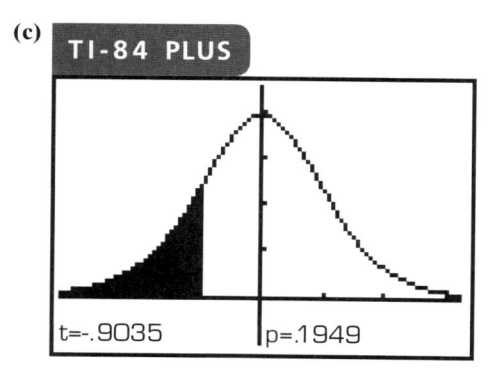

(a) **TI-84 PLUS**
```
        T-Test
Inpt:Data Stats
μ₀:14
x̄:13
Sx:3.5
n:10
μ:≠μ₀ <μ₀ >μ₀
Calculate Draw
```

(b) **TI-84 PLUS**
```
        T-Test
μ<14
t=-.9035079029
p=.1948994027
x̄:13
Sx:3.5
n=10
```

(c) **TI-84 PLUS**

t=-.9035   p=.1949

A partir das telas, você pode ver que valor $p \approx 0{,}1949$. Como o valor *p* é maior que $\alpha = 0{,}10$, você não rejeita a hipótese nula.

Dica de estudo

Usando uma TI-84 Plus, você pode ou inserir os dados originais em uma lista para encontrar um valor *p* ou inserir as estatísticas descritivas.

STAT

Escolha o menu TESTS
    2: T-Test...
Selecione a opção *Data* (entrada de dados) quando você usar os dados originais. Selecione a opção de entrada *Stats* quando você usar as estatísticas descritivas. Em cada caso, insira os valores apropriados incluindo o tipo de teste de hipótese correspondente, indicado pela hipótese alternativa. Então, selecione *Calculate*.

---

[2] N. do E.: Department of Motor Vehicles, em inglês, é um órgão governamental presente em cada estado dos Estados Unidos que é responsável pelos registros de automóveis e pelas carteiras de habilitação para motoristas.

Interpretação Não há evidência suficiente, ao nível de significância de 10%, para concordar com a afirmação do escritório de que o tempo médio de espera é menor que 14 minutos.

Tente você mesmo 6

O Departamento de Veículos Motorizados de outro estado afirma que o tempo médio de espera é de no máximo 18 minutos. Uma amostra aleatória de 12 pessoas tem um tempo médio de espera de 15 minutos com um desvio padrão de 2,2 minutos. Para um nível de significância $\alpha = 0,05$, teste a afirmação do escritório. Suponha que a população é normalmente distribuída.

a. Identifique a afirmação e estabeleça H_0 e H_a.
b. Use tecnologia para encontrar o valor p.
c. Compare o valor p com o nível de significância α e tome uma decisão.
d. Interprete a decisão no contexto da afirmação original.

7.3 Exercícios

Construindo habilidades básicas e vocabulário

1. Explique como encontrar valores críticos para uma distribuição t.

2. Explique como usar um teste t para testar uma média μ quando σ é desconhecido. Que suposições são necessárias?

Nos exercícios 3 a 8, encontre o(s) valor(es) crítico(s) e região(ões) de rejeição para o tipo de teste t, com nível de significância α e tamanho da amostra n.

3. Teste unilateral à esquerda; $\alpha = 0,10; n = 20$.
4. Teste unilateral à esquerda; $\alpha = 0,01; n = 35$.
5. Teste unilateral à direita; $\alpha = 0,05; n = 23$.
6. Teste unilateral à direita; $\alpha = 0,01; n = 31$.
7. Teste bilateral; $\alpha = 0,05; n = 27$.
8. Teste bilateral; $\alpha = 0,10; n = 38$.

Análise gráfica *Nos exercícios 9 e 10, verifique se cada estatística de teste padronizada t permite que você rejeite a hipótese nula. Explique.*

9. (a) $t = 2,091$.
   (b) $t = 0$.
   (c) $t = -1,08$.
   (d) $t = -2,096$.

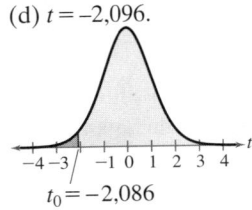

   $t_0 = -2,086$

10. (a) $t = 1,705$.
    (b) $t = -1,755$.
    (c) $t = -1,585$.
    (d) $t = 1,745$.

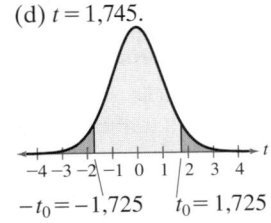

    $-t_0 = -1,725 \quad t_0 = 1,725$

Nos exercícios 11 a 14, teste a afirmação sobre a média da população μ ao nível de significância α. Suponha que a população é normalmente distribuída. Se for conveniente, use tecnologia.

11. Afirmação: $\mu = 15; \alpha = 0,01$.
    Estatística amostral: $\bar{x} = 13,9; s = 3,23; n = 36$.

12. Afirmação: $\mu > 25; \alpha = 0,05$.
    Estatística amostral: $\bar{x} = 26,2; s = 2,32; n = 17$.

13. Afirmação: $\mu \geq 8.000; \alpha = 0,01$.
    Estatística amostral: $\bar{x} = 7.700; s = 450; n = 25$.

14. Afirmação: $\mu \neq 52.200; \alpha = 0,05$.
    Estatística amostral: $\bar{x} = 53.220; s = 2.700; n = 34$.

Usando e interpretando conceitos

Testando afirmações usando regiões de rejeição
Nos exercícios 15 a 22, (a) identifique a afirmação e formule H_0 e H_a, (b) encontre o(s) valor(es) crítico(s) e identifique a(s) região(ões) de rejeição, (c) calcule a estatística de teste padronizada t, (d) decida se rejeita ou não rejeita a hipótese nula e (e) interprete a decisão no contexto da afirmação original. Suponha que a população é normalmente distribuída. Se for conveniente, use tecnologia.

15. **Custo de carro usado** Um vendedor de carro usado diz que o preço médio de um utilitário esportivo (em boas condições) com três anos é de US$ 20.000. Você suspeita que essa afirmação está incorreta e descobre que uma amostra aleatória de 22 veículos similares tem um preço médio de US$ 20.640 e um desvio padrão de US$ 1.990. Há evidência suficiente para rejeitar a afirmação considerando o nível de significância $\alpha = 0,05$?

16. **Tempos de espera da Receita Federal** A Receita Federal afirma que o tempo médio de espera nas ligações, durante um período recente de preenchimento de declaração, era de no máximo 15 minutos. Uma amostra aleatória

de 40 ligações resultou em um tempo médio de espera de 16,7 minutos e um desvio padrão de 2,7 minutos. Há evidência suficiente para rejeitar a afirmação considerando o nível de significância $\alpha = 0,01$? (*Adaptado de: Internal Revenue Service.*)

17. **Saldos de cartão de crédito** Uma empresa de cartão de crédito afirma que a dívida média do cartão de crédito para pessoas físicas é maior que US$ 5.000. Você quer testar essa afirmação e descobre que uma amostra aleatória de 37 titulares de cartão tem uma dívida média, no cartão de crédito, de US$ 5.122 e um desvio padrão de US$ 625. Para um nível de significância de $\alpha = 0,05$, você pode concordar com a afirmação? (*Adaptado de: TransUnion.*)

18. **Carga de bateria** Uma empresa afirma que a duração média da carga da bateria do seu tocador de MP3 é de pelo menos 30 horas. Você suspeita que essa informação está incorreta e descobre que uma amostra aleatória de 18 tocadores de MP3 tem baterias cujas cargas duram em média 28,5 horas com um desvio padrão de 1,7 hora. Há evidência suficiente para rejeitar a afirmação considerando o nível de significância $\alpha = 0,01$?

19. **Lixo reciclado** Um ambientalista estima que a quantidade média de lixo reciclado por adultos nos Estados Unidos é mais que 1 libra por pessoa, por dia. Você quer testar essa afirmação. Você descobre que a média de lixo reciclado por pessoa ao dia para uma amostra aleatória de 13 adultos nos Estados Unidos é de 1,51 libra com desvio padrão de 0,28 libra. Considerando $\alpha = 0,10$, você pode apoiar a afirmação? (*Adaptado de: U.S. Environmental Protection Agency.*)

20. **Lixo produzido** Como parte do seu trabalho para um grupo de consciência ambiental, você quer testar uma afirmação de que a quantidade média de lixo produzido por adultos nos Estados Unidos é menor que 5 libras por dia. Em uma amostra aleatória de 19 adultos nos Estados Unidos, você descobre que a média de lixo produzido por pessoa ao dia é de 4,43 libras com um desvio padrão de 1,21 libras. Considerando o nível de significância $\alpha = 0,01$, você pode concordar com a afirmação? (*Adaptado de: U.S. Environmental Protection Agency.*)

21. **Salário anual** Uma agência de empregos afirma que o salário médio anual para trabalhadores de período integral, homens, com mais de 25 anos de idade e sem diploma do ensino médio é de US$ 26.000. Os salários anuais (em dólares) para uma amostra aleatória de 10 trabalhadores de período integral, homens e sem diploma de ensino médio estão listados na tabela a seguir. Considerando o nível de significância $\alpha = 0,05$, teste a afirmação de que o salário médio é de US$ 26.000. (*Adaptado de: U.S. Bureau of Labor Statistics.*)

Salários anuais			
25.685	23.314	21.874	24.689
25.818	20.267	30.282	29.041
24.097	28.455		

22. **Salário anual** Uma agência de empregos afirma que o salário médio anual para trabalhadoras de período integral, mulheres, maiores de 25 anos e sem diploma no ensino médio é mais que US$ 18.500. Os salários anuais (em dólares) para uma amostra aleatória de 12 trabalhadoras de período integral, mulheres e sem diploma de ensino médio estão listados na tabela a seguir. Considerando o nível de significância $\alpha = 0,10$, há evidência suficiente para concordar com a afirmação de que o salário médio é mais que US$ 18.500? (*Adaptado de: U.S. Bureau of Labor Statistics.*)

Salários anuais			
19.665	17.312	19.794	20.403
21.864	20.177	18.328	22.445
21.354	20.143	19.316	20.237

Testar afirmações usando valores *p* *Nos exercícios 23 a 28, (a) identifique a afirmação e formule H_0 e H_a; (b) use tecnologia para encontrar o valor p, (c) decida se rejeita ou não rejeita a hipótese nula e (d) interprete a decisão no contexto da afirmação original. Suponha que a população é normalmente distribuída.*

23. **Limite de velocidade** Um município está considerando aumentar o limite de velocidade em uma estrada, afirmando que a velocidade média dos veículos circulantes nela é maior que 45 milhas por hora. Uma amostra aleatória de 25 veículos forneceu uma velocidade média de 48 milhas por hora e um desvio padrão de 5,4 milhas por hora. Considerando o nível de significância $\alpha = 0,10$, você tem evidência suficiente para concordar com a afirmação?

24. **Trocas de óleo** Uma oficina acredita que as pessoas viajam mais que 3.500 milhas entre as trocas de óleo. Uma amostra aleatória de 8 carros realizando uma troca de óleo indicou uma distância média de 3.375 milhas desde a última troca de óleo, com um desvio padrão de 225 milhas. Considerando o nível de significância $\alpha = 0,05$, há evidência suficiente para concordar com a afirmação da oficina?

25. **Profundidade de mergulho** Um oceanógrafo afirma que a profundidade média de mergulho da baleia-franca do Atlântico Norte é de 115 metros. Uma amostra aleatória de 34 profundidades de mergulho tem uma média de 121,2 metros e um desvio padrão de 24,2 metros. Há evidência suficiente para rejeitar a afirmação considerando o nível de significância $\alpha = 0,10$? (*Adaptado de: Marine Ecology Progress Series.*)

26. **Duração do mergulho** Um biólogo marinho afirma que a duração média do mergulho de uma foca na Baía de Monterey é de pelo menos 5,8 minutos. Uma amostra aleatória de 35 durações de mergulho tem uma média de 4,9 minutos e um desvio padrão de 1,8 minuto. Há evidência suficiente para rejeitar a afirmação considerando o nível de significância $\alpha = 0,01$? (*Adaptado de: Moss Landing Marine Laboratories.*)

27. Tamanho da turma Você recebe um folheto de uma grande universidade. O folheto indica que o tamanho médio das turmas para cursos integrais é menor que 32 alunos. Você quer testar essa afirmação. Você seleciona aleatoriamente 18 turmas de tempo integral e determina o tamanho de cada uma. Os resultados estão listados na tabela seguinte. Considerando o nível de significância de $\alpha = 0{,}05$, você pode concordar com a afirmação da universidade?

Tamanho das turmas					
35	28	29	33	32	40
26	25	29	28	30	36
33	29	27	30	28	25

28. Horas de aula de uma faculdade O reitor de uma universidade estima que o número médio de horas de aula por semana para cursos integrais é 11,0. Como membro do conselho de estudantes, você quer testar essa afirmação. Uma amostra aleatória do número de horas de aula para oito cursos integrais para uma semana está apresentada na tabela a seguir. Considerando o nível de significância $\alpha = 0{,}01$, você pode rejeitar a afirmação do reitor?

Horas de aula			
11,8	8,6	12,6	7,9
6,4	10,4	13,6	9,1

Expandindo conceitos

Decidindo sobre uma distribuição *Nos exercícios 29 e 30, decida se você deve usar a distribuição normal padrão ou uma distribuição t para realizar o teste de hipótese. Justifique sua decisão. Depois, use a distribuição para testar a afirmação. Escreva um parágrafo curto sobre os resultados do teste e o que você pode concluir sobre a afirmação.*

29. Consumo de combustível Uma empresa automotiva afirma que o consumo médio de combustível para o seu sedan de luxo é de pelo menos 23 milhas por galão. Você acredita que a afirmação está incorreta e descobre que uma amostra aleatória de 5 carros tem uma média de consumo de combustível de 22 milhas por galão e um desvio padrão de 4 milhas por galão. Considerando o nível de significância $\alpha = 0{,}05$, teste a afirmação da empresa. Suponha que a população é normalmente distribuída.

30. Faculdade particular de direito Uma publicação de educação afirma que o custo médio do auxílio do estado na mensalidade de uma faculdade particular de direito é mais que US$ 25.000 por ano. Uma amostra aleatória de 31 faculdades particulares de direito recebem um auxílio médio de US$ 24.045. Suponha que o desvio padrão da população é de US$ 9.365. Considerando o nível de significância $\alpha = 0{,}01$, teste a afirmação da publicação. (*Adaptado de: U.S. News and World Report.*)

31. Escrito Você está testando uma afirmação e usa incorretamente a distribuição normal padrão em vez da distribuição t. Isso torna mais ou menos provável a rejeição da hipótese nula? Esse resultado é o mesmo, não importando se o teste é unilateral à esquerda, unilateral à direita ou bilateral? Explique seu raciocínio.

Atividade 7.3 – Testes de hipótese para uma média

O applet *Hypothesis tests for a mean* permite que você investigue visualmente testes de hipótese para uma média. Você pode especificar o tamanho da amostra n, a forma da distribuição (normal ou assimétrica à direita), a verdadeira média da população (*mean*), o verdadeiro desvio padrão da população (*Std. Dev.*), o valor da média para a hipótese nula (*null mean*) e a alternativa para o teste (*alternative*) — veja a Figura 7.34. Quando você clica em SIMULATE (simular), serão selecionadas 100 amostras separadas de tamanho n de uma população com esses parâmetros. Para cada uma das 100 amostras, um teste de hipótese baseado na estatística t é realizado, e os resultados de cada teste são mostrados nos gráficos à direita. A estatística de teste para cada teste é mostrada no gráfico superior e o valor p é mostrado no gráfico inferior. As linhas verde e azul representam os limites para rejeição da hipótese nula com níveis de significância de 0,05 e 0,01, respectivamente. Simulações adicionais podem ser feitas clicando em SIMULATE múltiplas vezes. O número acumulado de vezes que a série de testes rejeita a hipótese nula também é mostrado. Pressione CLEAR para limpar os resultados existentes e começar uma nova simulação.

APPLET

Você encontra o applet interativo para esta atividade no **Site de Apoio**.

Explore

Passo 1 Especifique um valor para *n*.
Passo 2 Especifique uma distribuição (*distribution*).
Passo 3 Especifique um valor para a média (*mean*).
Passo 4 Especifique um valor para o desvio padrão (*Std. Dev.*).
Passo 5 Especifique um valor para a média nula (*null mean*).
Passo 6 Especifique a hipótese alternativa (*alternative*).
Passo 7 Clique em SIMULATE para gerar os testes de hipóteses.

Figura 7.34

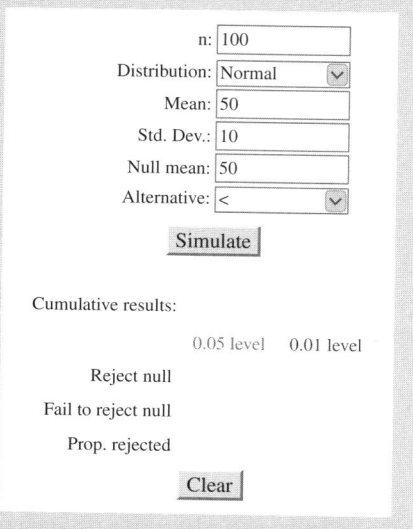

n: 100
Distribution: Normal
Mean: 50
Std. Dev.: 10
Null mean: 50
Alternative: <

Simulate

Cumulative results:
                0.05 level   0.01 level
Reject null
Fail to reject null
Prop. rejected

Clear

Conclua

1. Configure $n = 15$, Mean = 40, Std. Dev. = 5, Null mean = 40, hipótese alternativa para "not equal" e a distribuição para "normal". Rode a simulação de modo que pelo menos 1.000 testes de hipótese sejam realizados. Compare a proporção de rejeições da hipótese nula para os níveis 0,05 e 0,01. Isso é o que você esperaria? Explique.

2. Suponha que uma hipótese nula seja rejeitada ao nível de 0,01. Ela será rejeitada ao nível de 0,05? Explique. Suponha que uma hipótese nula seja rejeitada ao nível de 0,05. Ela será rejeitada ao nível de 0,01? Explique.

3. Configure $n = 25$, Mean = 25, Std. Dev. = 3, Null mean = 27, hipótese alternativa para "<" e a distribuição para "normal". Qual é a hipótese nula? Rode a simulação de modo que pelo menos 1.000 testes de hipótese sejam realizados. Compare a proporção de rejeições de hipótese nula para os níveis 0,05 e 0,01. Isso é o que você esperaria? Explique.

Estudo de caso

Temperatura do corpo humano. O que é normal?

Em um artigo no *Journal of Statistics Education* (volume 4, número 2), Allen Shoemaker descreve um estudo que foi apresentado no *Journal of the American Medical Association* (*JAMA*)*. É geralmente aceito que a temperatura média de um adulto humano é de 98,6 °F. Em seu artigo, Shoemaker usa os dados do artigo do JAMA para testar essa hipótese (veja a Figura 7.35). Aqui está um resumo do teste.

Afirmação: a temperatura do corpo de adultos é de 98,6 °F.

$H_0: \mu = 98{,}6$ °F (Afirmação) $H_a: \mu \neq 98{,}6$ °F.

Tamanho da amostra: $n = 130$.

População: temperatura de adultos humanos (Fahrenheit).

Distribuição: aproximadamente normal.

Estatística de teste: $\bar{x} \approx 98{,}25$, $s \approx 0{,}73$.

---

* Dados do artigo do *JAMA* foram coletados de homens e mulheres saudáveis, com idades entre 18 e 40 anos, no Centro de Desenvolvimento de Vacinas da Universidade de Maryland, Baltimore.

Figura 7.35
(a) Temperatura dos homens (em graus Fahrenheit)

```
96  | 3                             Chave: 96 | 3 = 96,3
96  | 7 9
97  | 0 1 1 1 2 3 4 4 4
97  | 5 5 6 6 6 7 8 8 8 9 9
98  | 0 0 0 0 0 1 1 2 2 2 2 3 3 4 4 4
98  | 5 5 6 6 6 6 6 7 7 8 8 8 9
99  | 0 0 0 1 2 3 4
99  | 5
100 |
100 |
```

(b) Temperatura das mulheres (em graus Fahrenheit)

```
96  | 4
96  | 7 8
97  | 2 2 4
97  | 6 7 7 8 8 8 9 9 9
98  | 0 0 0 0 0 1 2 2 2 2 2 2 3 3 3 4 4 4 4 4
98  | 5 6 6 6 6 7 7 7 7 7 7 8 8 8 8 8 8 9
99  | 0 0 1 1 2 2 3 4
99  | 9
100 | 0
100 | 8                             Chave: 96 | 4 = 96,4
```

Exercícios

1. Complete o teste de hipótese para todos os adultos (homens e mulheres) realizando os passos a seguir. Use o nível de significância de $\alpha = 0{,}05$.
   (a) Esboce a distribuição amostral.
   (b) Determine os valores críticos e os adicione ao seu esboço.
   (c) Determine as regiões de rejeição e as sombreie em seu esboço.
   (d) Calcule a estatística de teste padronizada. Adicione ao seu esboço.
   (e) Tome a decisão de rejeitar ou não rejeitar a hipótese nula.
   (f) Interprete a decisão no contexto da afirmação original.

2. Se você diminuir o nível de significância para $\alpha = 0{,}01$, sua decisão muda? Explique seu raciocínio.

3. Teste a hipótese de que a temperatura média dos homens é de 98,6 °F. O que você pode concluir ao nível de significância de $\alpha = 0{,}01$?

4. Teste a hipótese de que a temperatura média das mulheres é de 98,6 °F. O que você pode concluir ao nível de significância de $\alpha = 0{,}01$?

5. Use uma amostra de 130 temperaturas para formar um intervalo de confiança de 99% para a temperatura média dos adultos humanos.

6. A temperatura corporal convencionada de "normal" foi estabelecida por Carl Wunderlich mais de 100 anos atrás. Quais são possíveis fontes de erro no procedimento de amostragem de Wunderlich?

7.4 Teste de hipótese para a proporção

Teste de hipótese para proporções

O que você deve aprender
- Como usar o teste z para testar uma proporção populacional p.

Teste de hipótese para proporções

Nas seções 7.2 e 7.3 você aprendeu como realizar um teste de hipótese para uma média populacional μ. Nesta seção, aprenderá como testar uma proporção populacional p.

Testes de hipótese para proporções podem ser usados quando políticos querem saber a proporção de seus eleitores que são a favor de certo projeto de lei ou quando engenheiros de qualidade testam a proporção de peças defeituosas.

Se $np \geq 5$ e $nq \geq 5$ para uma distribuição binomial, então uma distribuição amostral para $\hat{p}$ é aproximadamente normal com uma média de

$$\mu_{\hat{p}} = p$$

e um erro padrão de

$$\sigma_{\hat{p}} = \sqrt{pq/n}.$$

Teste z para uma proporção p

O **teste z para uma proporção p** é um teste estatístico para uma proporção populacional. O teste z pode ser usado quando uma distribuição binomial é dada tal que $np \geq 5$ e $nq \geq 5$. A **estatística de teste** é a proporção amostral $\hat{p}$ e a **estatística de teste padronizada** é:

$$z = \frac{\hat{p} - \mu_{\hat{p}}}{\sigma_{\hat{p}}} = \frac{\hat{p} - p}{\sqrt{pq/n}}. \quad \text{Estatística de teste padronizada para } p.$$

Instruções

Usando um teste z para uma proporção p

EM PALAVRAS	EM SÍMBOLOS
1. Verifique se a distribuição amostral de $\hat{p}$ pode ser aproximada por uma distribuição normal.	$np \geq 5$ e $nq \geq 5$.
2. Expresse a afirmação verbal e matematicamente. Identifique as hipóteses nula e alternativa.	Formule H_0 e H_a.
3. Especifique o nível de significância.	Identifique α.
4. Determine o(s) valor(es) crítico(s)	Use a Tabela B.4 do Apêndice B.
5. Determine a(s) região(ões) de rejeição.	
6. Calcule a estatística de teste padronizada e esboce a distribuição de amostragem.	$z = \frac{\hat{p} - p}{\sqrt{pq/n}}.$
7. Tome uma decisão para rejeitar ou não rejeitar a hipótese nula.	Se z está na região de rejeição, então rejeitar H_0. Caso contrário, não rejeitar H_0.
8. Interprete a decisão no contexto da afirmação original.	

Entenda

Um teste de hipótese para uma proporção p também pode ser realizado usando valores p. Use as instruções na página 341 para obter valores p para um teste z para uma média μ mas, no passo 4, calcule a estatística de teste padronizada usando a fórmula:

$$z = \frac{\hat{p} - p}{\sqrt{pq/n}}.$$

Os outros passos do teste são os mesmos.

Veja o passo a passo da TI-84 Plus na página 389.

Exemplo 1

Teste de hipótese para uma proporção

Um pesquisador afirma que menos de 40% dos proprietários de telefone celular nos Estados Unidos usam seus aparelhos para a maioria de suas navegações on-line. Em uma amostra aleatória de 100 adultos, 31% dizem que usam seus aparelhos para a maioria de suas navegações on-line. Considerando o nível de significância $\alpha = 0{,}01$, há evidência suficiente para concordar com a afirmação do pesquisador? (*Adaptado de: Pew Research Center.*)

Solução

Os produtos $np = 100(0{,}40) = 40$ e $nq = 100(0{,}60) = 60$ são ambos maiores que 5. Então, você pode usar um teste z. A afirmação é "menos de 40% usam seus aparelhos para a maioria de suas navegações on-line". Então, as hipóteses nula e alternativa são:

$$H_0: p \geq 0{,}4 \quad \text{e} \quad H_a: p < 0{,}4 \quad \text{(Afirmação.)}$$

Como o teste é unilateral à esquerda e o nível de significância é $\alpha = 0{,}01$, o valor crítico é $z_0 = -2{,}33$ e a região de rejeição é $z < -2{,}33$. A estatística de teste padronizada é:

$$z = \frac{\hat{p} - p}{\sqrt{pq/n}}$$

Como $np \geq 5$ e $nq \geq 5$, você pode usar o teste z.

$$= \frac{0{,}31 - 0{,}4}{\sqrt{(0{,}4)(0{,}6)/100}}$$

Suponha que $p = 0{,}4$.

$$\approx -1{,}84.$$

Arredonde para duas casas decimais.

A Figura 7.36 mostra a localização da região de rejeição e a estatística de teste padronizada z. Como z não está na região de rejeição, você não rejeita a hipótese nula.

Interpretação Não há evidência suficiente, ao nível de significância de 1%, para concordar com a afirmação de que menos de 40% dos proprietários de telefone celular nos Estados Unidos usam seus aparelhos para a maioria de suas navegações on-line.

Figura 7.36 Distribuição normal padrão, valor crítico (z_0) e estatística de teste (z) localizada na região de não rejeição de H_0.

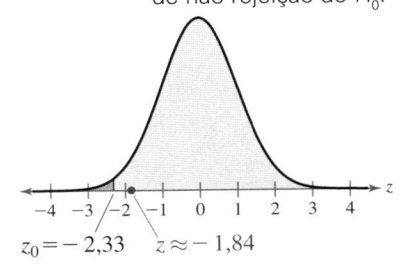

$z_0 = -2{,}33 \quad z \approx -1{,}84$

Nível de significância de 1%

Tente você mesmo 1

Um pesquisador afirma que mais de 30% dos proprietários de smartphone nos Estados Unidos usam seus aparelhos (compras, redes sociais e assim por diante) enquanto assistem à televisão. Em uma amostra aleatória de 150 adultos, 38% dizem que usam seus aparelhos enquanto assistem à televisão. Para um nível de significância $\alpha = 0{,}05$, há evidência suficiente para concordar com a afirmação do pesquisador? (*Adaptado de: Nielsen.*)

a. Verifique se $np \geq 5$ e $nq \geq 5$.
b. Identifique a afirmação e formule H_0 e H_a.
c. Identifique o nível de significância α.
d. Encontre o valor crítico z_0 e identifique a região de rejeição.
e. Calcule a estatística de teste padronizada z. Esboce um gráfico.
f. Decida se rejeita a hipótese nula.
g. Interprete a decisão no contexto da afirmação original.

> **Dica de estudo**
>
> Lembre-se de que, quando você não rejeita H_0, um erro do tipo II é possível. Como no Exemplo 1, a hipótese nula, $p \geq 0{,}4$, pode ser falsa.

Para usar um valor p para realizar o teste de hipótese no Exemplo 1, use a Tabela B.4 do Apêndice B para encontrar a área correspondente a $z = -1{,}84$. A área é 0,0329. Como este é um teste unilateral à esquerda, o valor p é igual à área à esquerda de $z = -1{,}84$. Então, $p = 0{,}0329$. Como o valor p é maior que $\alpha = 0{,}01$, você não rejeita a hipótese nula. Note que este é o mesmo resultado obtido no Exemplo 1.

Exemplo 2

Teste de hipótese para uma proporção

Um pesquisador afirma que 86% dos graduados na faculdade dizem que seu grau universitário foi um bom investimento. Em uma amostra aleatória de 1.000 graduados, 845 dizem seu grau universitário foi um bom investimento. Para um nível de significância $\alpha = 0{,}10$, há evidência suficiente para rejeitar a afirmação do pesquisador? (*Adaptado de: Pew Research Center.*)

> Veja o passo a passo do Minitab na página 388.

Solução

Os produtos $np = 1.000(0{,}86) = 860$ e $nq = 1.000(0{,}14) = 140$ são ambos maiores que 5. Então, você pode usar um teste z. A afirmação é

Dica de estudo

Lembre-se de que, quando a proporção amostral não é dada, você pode encontrá-la usando

$$\hat{p} = \frac{x}{n}$$

em que x é o número de sucessos na amostra e n é o tamanho da amostra.

"86% dos graduados na faculdade dizem que seu grau universitário foi um bom investimento". Então, as hipóteses nula e alternativa são:

$H_0 : p = 0{,}86$ (Afirmação) e $H_a : p \neq 0{,}86$.

Como o teste é bilateral e o nível de significância é $\alpha = 0{,}10$, os valores críticos são $-z_0 = -1{,}645$ e $z_0 = 1{,}645$. As regiões de rejeição são $z < -1{,}645$ e $z > 1{,}645$. Como o número de sucessos é $x = 845$ e $n = 1.000$, a proporção amostral é:

$$\hat{p} = \frac{x}{n} = \frac{845}{1.000} = 0{,}845.$$

A estatística de teste padronizada é

$$z = \frac{\hat{p} - p}{\sqrt{pq/n}}$$ Como $np \geq 5$ e $nq \geq 5$, você pode usar o teste z.

$$= \frac{0{,}845 - 0{,}86}{\sqrt{(0{,}86)(0{,}14)/1000}}$$ Suponha que $p = 0{,}86$.

$$\approx -1{,}37.$$ Arredonde para duas casas decimais.

A Figura 7.37 mostra a localização das regiões de rejeição e a estatística de teste padronizada z. Como z não está na região de rejeição, você não rejeita a hipótese nula.

Figura 7.37 Distribuição normal padrão, valor crítico (z_0) e estatística de teste (z) localizada na região de não rejeição de H_0.

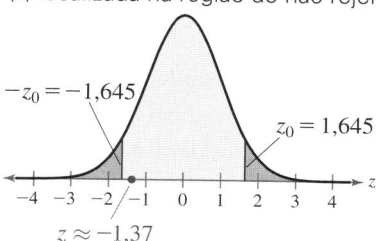

Nível de significância de 10%

Interpretação Não há evidência suficiente, ao nível de significância de 10%, para rejeitar a afirmação de que 86% dos graduados na faculdade dizem que seu grau universitário foi um bom investimento.

Tente você mesmo 2

Um centro de pesquisa afirma que 30% dos adultos americanos não compraram certa marca porque acharam as propagandas desagradáveis. Você decide testar essa afirmação e pergunta a uma amostra de 250 adultos americanos se eles não compraram certa marca porque acharam as propagandas desagradáveis. Dos entrevistados, 90 responderam que sim. Para um nível de significância $\alpha = 0{,}10$, há evidência suficiente para rejeitar a afirmação? (*Adaptado de: Harris interactive.*)

a. Verifique se $np \geq 5$ e $nq \geq 5$.
b. Identifique a afirmação e formule H_0 e H_a.
c. Identifique o nível de significância α.
d. Encontre os valores críticos $-z_0$ e z_0 e identifique as regiões de rejeição.
e. Calcule a estatística de teste padronizada z. Esboce um gráfico.
f. Decida se rejeita a hipótese nula.
g. Interprete a decisão no contexto da afirmação original.

Retratando o mundo

Uma pesquisa recente afirma que pelo menos 60% dos adultos americanos acreditam que a clonagem de animais é moralmente incorreta. Para testar essa afirmação, você conduz uma pesquisa aleatória com 300 adultos americanos e descobre que 162 deles acreditam que a clonagem de animais é moralmente incorreta. (*Adaptado de: Gallup.*)

Clonagem de animais é moralmente incorreta: 162
Clonagem de animais é moralmente correta: 138

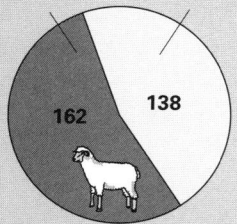

Para $\alpha = 0{,}05$, há evidência suficiente para rejeitar a afirmação?

7.4 Exercícios

Construindo habilidades básicas e vocabulário

1. Explique como determinar se uma distribuição normal pode ser usada para aproximar uma distribuição binomial.

2. Explique como testar uma proporção populacional p.

Nos exercícios 3 a 8, determine se uma distribuição normal pode ser usada. Se puder, teste a afirmação sobre a proporção populacional p ao nível de significância α.

3. Afirmação: $p < 0,12$; $\alpha = 0,01$.
   Estatísticas amostrais $\hat{p} = 0,10$; $n = 40$.

4. Afirmação: $p \geq 0,48$; $\alpha = 0,08$.
   Estatísticas amostrais $\hat{p} = 0,40$; $n = 90$.

5. Afirmação: $p \neq 0,15$; $\alpha = 0,05$.
   Estatísticas amostrais $\hat{p} = 0,12$; $n = 500$.

6. Afirmação: $p > 0,70$; $\alpha = 0,04$.
   Estatísticas amostrais $\hat{p} = 0,64$; $n = 225$.

7. Afirmação: $p \leq 0,45$; $\alpha = 0,05$.
   Estatísticas amostrais $\hat{p} = 0,52$; $n = 100$.

8. Afirmação: $p = 0,95$; $\alpha = 0,10$.
   Estatísticas amostrais $\hat{p} = 0,875$; $n = 50$.

Usando e interpretando conceitos

Testando afirmações *Nos exercícios 9 a 16, (a) identifique a afirmação e formule H_0 e H_a, (b) encontre o(s) valor(es) crítico(s) e identifique a(s) região(ões) de rejeição, (c) calcule a estatística de teste padronizada z, (d) decida se rejeita ou não rejeita a hipótese nula, e (e) interprete a decisão no contexto da afirmação original. Se conveniente, use tecnologia.*

9. **Fumantes** Um pesquisador médico diz que menos de 20% dos adultos americanos são fumantes. Em uma amostra aleatória de 200 adultos americanos, 19,3% dizem que são fumantes. Para um nível de significância $\alpha = 0,05$, há evidência suficiente para concordar com a afirmação do pesquisador? (*Adaptado de: National Center for Health Statistics.*)

10. **Receita Federal** Um centro de pesquisa afirma que pelo menos 46% dos adultos americanos acham que a Receita Federal não é rigorosa o suficiente na procura de sonegadores. Em uma amostra aleatória de 600 adultos americanos, 41% dizem que a Receita Federal não é rigorosa o suficiente na procura de sonegadores. Para um nível de significância $\alpha = 0,01$, há evidência suficiente para rejeitar a afirmação do centro de pesquisa? (*Adaptado de: Rasmussen Reports.*)

11. **Telefones celulares com as mãos livres** Um centro de pesquisa afirma que no máximo 75% dos adultos americanos acham que os motoristas estão mais seguros usando celulares com as mãos livres em vez de segurando-os. Em uma amostra aleatória de 150 adultos americanos, 77% acham que os motoristas estão mais seguros usando celulares com as mãos livres em vez de segurando-os. Para um nível de significância $\alpha = 0,01$, há evidência suficiente para rejeitar a afirmação do centro de pesquisa? (*Adaptado de: Harris Interactive.*)

12. **Asma** Um pesquisador médico afirma que 5% das crianças com menos de 18 anos de idade têm asma. Em uma amostra aleatória de 250 crianças com menos de 18 anos de idade, 9,6% disseram que têm asma. Para um nível de significância $\alpha = 0,05$, há evidência suficiente para rejeitar a afirmação do pesquisador? (*Adaptado de: National Center for Health Statistics.*)

13. **Altura de mulheres** Um centro de pesquisa afirma que mais que 80% das mulheres com idade de 20 a 29 anos são maiores que 62 polegadas. Em uma amostra aleatória de 150 mulheres com idade de 20 a 29 anos, 79% são maiores que 62 polegadas. Para um nível de significância $\alpha = 0,10$, há evidência suficiente para concordar com a afirmação do centro de pesquisa? (*Adaptado de: National Center for Health Statistics.*)

14. **Câmeras de vigilância** Um centro de pesquisa afirma que 63% dos adultos americanos apoiam o uso de câmeras de vigilância em locais públicos. Em uma amostra aleatória de 300 adultos americanos, 70% disseram que apoiam o uso de câmeras de vigilância em locais públicos. Para um nível de significância $\alpha = 0,05$, há evidência suficiente para rejeitar a afirmação do centro de pesquisa? (*Adaptado de: Rasmussen Reports.*)

15. **Donos de cachorros** Uma sociedade humanitária afirma que menos que 35% dos domicílios americanos possuem um cachorro. Em uma amostra aleatória de 400 domicílios americanos, 156 disseram que possuem um cachorro. Para um nível de significância $\alpha = 0,10$, há evidência suficiente para concordar com a afirmação da sociedade? (*Adaptado de: The Humane Society of the United States.*)

16. **Donos de gatos** Uma sociedade humanitária afirma que 30% dos domicílios americanos possuem um gato. Em uma amostra aleatória de 200 domicílios americanos, 72 disseram que possuem um gato. Para um nível de significância $\alpha = 0,05$, há evidência suficiente para rejeitar a afirmação da sociedade? (*Adaptado de: The Humane Society of the United States.*)

Amostra grátis *Nos exercícios 17 e 18, use a figura a seguir, que mostra o que os adultos pensam sobre a eficácia de amostras grátis.*

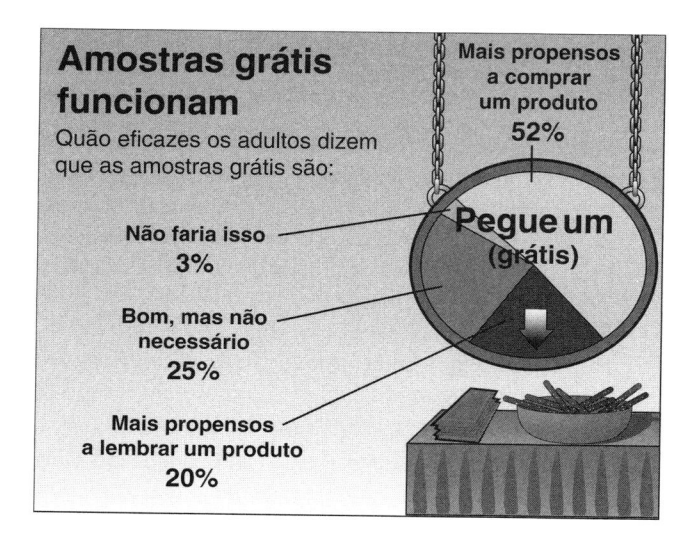

Amostras grátis funcionam
Quão eficazes os adultos dizem que as amostras grátis são:

- Não faria isso: 3%
- Bom, mas não necessário: 25%
- Mais propensos a lembrar um produto: 20%
- Mais propensos a comprar um produto: 52%

Pegue um (grátis)

17. **Amostras grátis funcionam?** Você entrevista uma amostra aleatória de 50 adultos. Os resultados da pesquisa mostram que 48% deles disseram que são mais propensos a comprar um produto quando há amostras grátis. Para um nível de significância $\alpha = 0{,}05$, você pode rejeitar a afirmação de que pelo menos 52% dos adultos são mais propensos a comprar um produto quando há amostras grátis?

18. **Amostras grátis deveriam ser usadas?** Use sua conclusão do Exercício 17 para escrever um parágrafo sobre o uso de amostras grátis. Você acha que uma empresa deveria usar amostras grátis para fazer as pessoas comprarem um produto? Explique.

Expandindo conceitos

Fórmula alternativa *Nos exercícios 19 e 20, use a informação a seguir. Quando você sabe o número de sucessos x, o tamanho da amostra n e a proporção populacional p, pode ser mais fácil usar a fórmula:*

$$z = \frac{x - np}{\sqrt{npq}}$$

para encontrar a estatística de teste padronizada quando usar um teste z para uma proporção populacional p.

19. Refaça o Exercício 15 usando a fórmula alternativa e compare os resultados.

20. A fórmula alternativa é derivada da fórmula:

$$z = \frac{\hat{p} - p}{\sqrt{pq/n}} = \frac{(x/n) - p}{\sqrt{pq/n}}.$$

Use essa fórmula para encontrar a fórmula alternativa. Justifique cada passo.

Atividade 7.4 – Testes de hipótese para uma proporção

O applet *Hypothesis tests for a proportion* permite que você investigue visualmente os testes de hipótese para uma proporção populacional. Você pode especificar o tamanho da amostra n, a proporção populacional verdadeira (*true p*), o valor da proporção para a hipótese nula (*null p*) e a alternativa para o teste (*alternative*) — veja a Figura 7.38. Quando você clica em SIMULATE, 100 amostras separadas de tamanho n serão selecionadas de uma população com uma proporção de sucessos igual ao verdadeiro p. Para cada uma das 100 amostras, um teste de hipóteses baseado na estatística Z é realizado, e os resultados de cada teste são mostrados nos gráficos à direita. A estatística de teste padronizada para cada teste é mostrada no gráfico superior e o valor p é exibido no gráfico inferior. As linhas verde e azul representam os limites para rejeitar a hipótese nula aos níveis de 0,05 e 0,01, respectivamente. Simulações adicionais podem ser realizadas ao clicar em SIMULATE múltiplas vezes. O número acumulado de vezes de testes que rejeitam a hipótese nula também é exibido. Pressione CLEAR para limpar os resultados existentes e começar uma nova simulação.

APPLET

Você encontra o applet interativo para esta atividade no Site de Apoio.

Figura 7.38

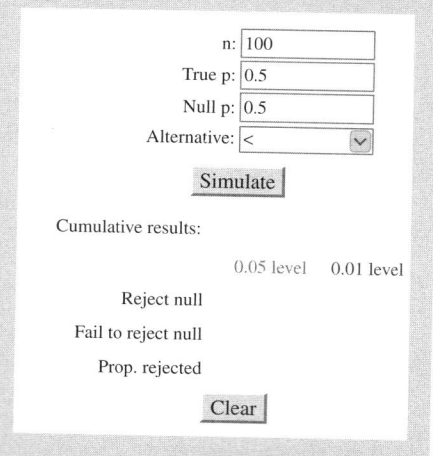

n: 100
True p: 0.5
Null p: 0.5
Alternative: <

Simulate

Cumulative results:
            0.05 level   0.01 level
Reject null
Fail to reject null
Prop. rejected

Clear

Explore

Passo 1 Especifique um valor para n.
Passo 2 Especifique um valor para a proporção populacional verdadeira (*true p*).
Passo 3 Especifique um valor para a hipótese nula (*null p*).
Passo 4 Especifique uma hipótese alternativa (*alternative*).
Passo 5 Clique em SIMULATE para gerar os testes de hipóteses.

Conclua

1. Configure $n = 25$, *True p* $= 0,35$, *Null p* $= 0,35$ e a hipótese alternativa para "não igual". Rode a simulação de modo que pelo menos 1.000 testes de hipóteses sejam realizados. Compare a proporção de rejeições de hipóteses nulas para o nível 0,05 e o nível 0,01. Isso é o que você esperaria? Explique.

2. Configure $n = 50$, *True p* $= 0,6$, *Null p* $= 0,4$, e a hipótese alternativa para "<". Qual é a hipótese nula? Rode a simulação de modo que pelo menos 1.000 testes de hipóteses sejam realizados. Compare a proporção de rejeições de hipóteses nulas para o nível 0,05 e para o nível 0,01. Faça um teste de hipótese para cada nível. Use os resultados dos testes de hipóteses para explicar os resultados da simulação.

7.5 Teste de hipótese para variância e desvio padrão

Valores críticos para um teste qui-quadrado • O teste qui-quadrado

O que você deve aprender

- Como encontrar valores críticos para um teste qui-quadrado.
- Como usar o teste qui-quadrado para testar uma variância σ^2 ou um desvio padrão σ.

Valores críticos para um teste qui-quadrado

Na vida real, é importante produzir resultados previsíveis, consistentes. Por exemplo, considere uma empresa que fabrica bolas de golfe. O fabricante deve produzir milhões de bolas de golfe, cada uma tendo o mesmo tamanho e o mesmo peso. Há uma tolerância de variação muito pequena. Para uma população normalmente distribuída, você pode testar a variância e o desvio padrão do processo usando a distribuição qui-quadrado com $n - 1$ graus de liberdade. Antes de aprender como realizar o teste, você deve aprender como encontrar os valores críticos, conforme mostrado nas instruções.

Figura 7.39 Distribuição qui-quadrado, valor(es) crítico(s) em função do nível de significância.

(a) Teste unilateral à direita

(b) Teste unilateral à esquerda

(c) Teste bilateral

Instruções

Encontrando valores críticos para um teste qui-quadrado

1. Especifique o nível de significância α.
2. Determine os graus de liberdade g.l. $= n - 1$.
3. Os valores críticos para a distribuição qui-quadrado são encontrados na Tabela B.6 do Apêndice B. Para encontrar o(s) valor(es) crítico(s) para um:
   a. *teste unilateral à direita*, use o valor que corresponde a g.l. e α.
   b. *teste unilateral à esquerda*, use o valor que corresponde a g.l. e $1 - \alpha$.
   c. *teste bilateral*, use os valores que correspondem a g.l. e $\frac{1}{2}\alpha$, e g.l. e $1 - \frac{1}{2}\alpha$.

Veja as figuras 7.39(a) a (c).

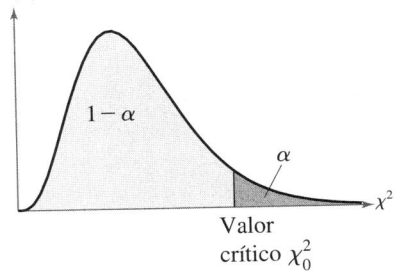

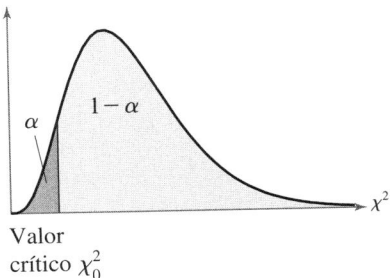

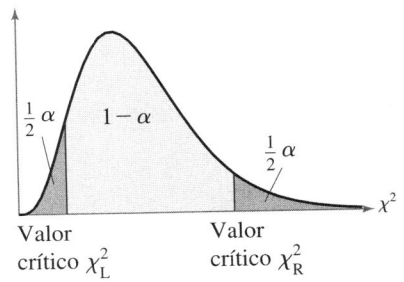

Exemplo 1

Encontrando um valor crítico para um teste unilateral à direita

Encontre o valor crítico χ_0^2 para um teste unilateral à direita quando $n = 26$ e $\alpha = 0,10$.

Solução

Os graus de liberdade são:

g.l. $= n - 1 = 26 - 1 = 25$.

A Figura 7.40 mostra uma distribuição qui-quadrado com 25 graus de liberdade e uma área sombreada de $\alpha = 0{,}10$ na cauda direita. Na Tabela B.6 do Apêndice B, com g.l. = 25 e $\alpha = 0{,}10$, o valor crítico é:

$\chi_0^2 = 34{,}382$.

Figura 7.40 Distribuição qui-quadrado, nível de significância e valor crítico para um teste unilateral à direita.

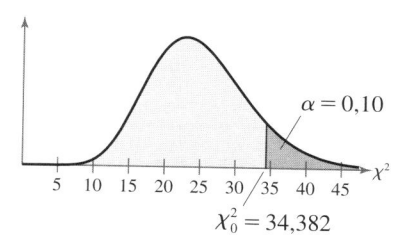

$\chi_0^2 = 34{,}382$

Tente você mesmo 1

Encontre o valor crítico χ_0^2 para um teste unilateral à direita quando $n = 18$ e $\alpha = 0{,}01$.

a. Identifique os graus de liberdade e o nível de significância.
b. Use a Tabela B.6 do Apêndice B para encontrar χ_0^2.

Figura 7.41 Distribuição qui-quadrado, nível de significância e valor crítico para um teste unilateral à esquerda.

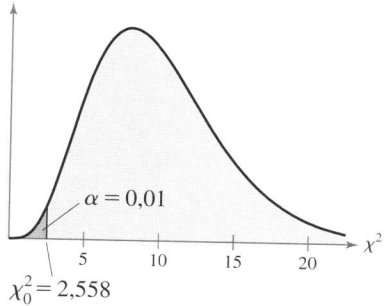

$\chi_0^2 = 2{,}558$

Exemplo 2

Encontrando um valor crítico para um teste unilateral à esquerda

Encontre o valor crítico χ_0^2 para um teste unilateral à esquerda quando $n = 11$ e $\alpha = 0{,}01$.

Solução

Os graus de liberdade são:

g.l. = $n - 1 = 11 - 1 = 10$.

A Figura 7.41 mostra uma distribuição qui-quadrado com 10 graus de liberdade e uma área sombreada de $\alpha = 0{,}01$ na cauda esquerda. A área à direita do valor crítico é:

$1 - \alpha = 1 - 0{,}01 = 0{,}99$.

Na Tabela B.6 do Apêndice B, com g.l. = 10 e a área $1 - \alpha = 0{,}99$, o valor crítico é $\chi_0^2 = 2{,}558$.

Tente você mesmo 2

Encontre o valor crítico χ_0^2 para um teste unilateral à esquerda quando $n = 30$ e $\alpha = 0{,}05$.

a. Identifique os graus de liberdade e o nível de significância.
b. Use a Tabela B.6 do Apêndice B para encontrar χ_0^2.

Exemplo 3

Encontrando valores críticos para um teste bilateral

Encontre os valores críticos χ_L^2 e χ_R^2 para um teste bilateral quando $n = 9$ e $\alpha = 0{,}05$.

Solução

Os graus de liberdade são:

g.l. = $n - 1 = 9 - 1 = 8$.

A Figura 7.42 mostra uma distribuição qui-quadrado com 8 graus de liberdade e uma área sombreada de $\frac{1}{2}\alpha = 0{,}025$ em cada cauda. As áreas à direita dos valores críticos são:

$\frac{1}{2}\alpha = 0{,}025$ e $1 - \frac{1}{2}\alpha = 0{,}975$.

Na Tabela B.6 do Apêndice B, com g.l. = 8 e as áreas 0,975 e 0,025, os valores críticos são $\chi_L^2 = 2{,}180$ e $\chi_R^2 = 17{,}535$.

Figura 7.42 Distribuição qui-quadrado, nível de significância e valor crítico para um teste bilateral.

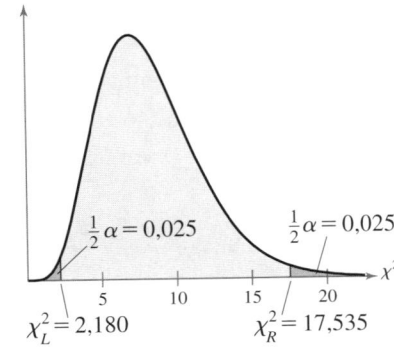

Tente você mesmo 3

Encontre os valores críticos χ_L^2 e χ_R^2 para um teste bilateral quando $n = 51$ e $\alpha = 0{,}01$.

a. Identifique os graus de liberdade e o nível de significância.
b. Encontre o primeiro valor crítico χ_R^2 usando a Tabela B.6 do Apêndice B e a área $\frac{1}{2}\alpha$.
c. Encontre o segundo valor crítico χ_L^2 usando a Tabela B.6 do Apêndice B e a área $1 - \frac{1}{2}\alpha$.

> **Dica de estudo**
>
> Note que, como as distribuições qui-quadrado não são simétricas (como as distribuições normal e t), em um teste bilateral os dois valores críticos não são opostos. Cada valor crítico deve ser obtido separadamente.

O teste qui-quadrado

Para testar uma variância σ^2 ou um desvio padrão σ de uma população que é normalmente distribuída, você pode usar o teste qui-quadrado. O teste qui-quadrado para uma variância ou desvio padrão não é tão robusto quanto os testes para a média da população μ ou a proporção da população p. Então, é essencial, ao realizar um teste qui-quadrado para uma variância ou desvio padrão, que a população seja normalmente distribuída. Os resultados podem ser equivocados caso a população não seja normal.

Teste qui-quadrado para uma variância σ^2 ou desvio padrão σ

O **teste qui-quadrado para uma variância σ^2 ou desvio padrão σ** é um teste estatístico para uma variância ou um desvio padrão populacional. O teste qui-quadrado só pode ser usado quando a população é normal. A **estatística de teste** é s^2 e a **estatística de teste padronizada**:

$$\chi^2 = \frac{(n-1)s^2}{\sigma^2} \quad \text{Estatística de teste padronizada para } \sigma^2 \text{ ou } \sigma.$$

segue uma distribuição qui-quadrado com graus de liberdade g.l. = $n - 1$.

Instruções

Usando o teste qui-quadrado para uma variância σ^2 ou desvio padrão σ

EM PALAVRAS	EM SÍMBOLOS
1. Verifique se a amostra é aleatória e se a população é normalmente distribuída.	
2. Expresse a afirmação verbal e matematicamente. Identifique as hipóteses nula e alternativa.	Formule H_0 e H_a.
3. Especifique o nível de significância.	Identifique α.
4. Identifique os graus de liberdade.	g.l. = $n - 1$.
5. Determine o(s) valor(es) crítico(s).	Use a Tabela B.6 do Apêndice B.
6. Determine a(s) região(ões) de rejeição.	
7. Calcule a estatística de teste padronizada e esboce a distribuição de amostragem.	$\chi^2 = \frac{(n-1)s^2}{\sigma^2}$.
8. Tome uma decisão para rejeitar ou não rejeitar a hipótese nula.	Se χ^2 está na região de rejeição, então rejeite H_0. Caso contrário, não rejeite H_0.
9. Interprete a decisão no contexto da afirmação original.	

Retratando o mundo

Um centro comunitário afirma que o nível de cloro em sua piscina tem um desvio padrão de 0,46 parte por milhão (ppm). Uma amostragem dos níveis de cloro da piscina, em 25 momentos distintos durante um mês, produz um desvio padrão de 0,61 ppm. (*Adaptado de: American Pool Supply.*)

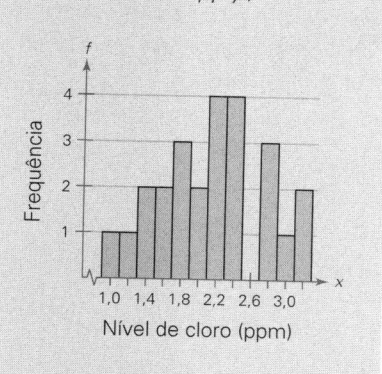

Para $\alpha = 0{,}05$, há evidência suficiente para rejeitar a afirmação?

Exemplo 4

Usando um teste de hipótese para a variância populacional

Uma empresa de processamento de laticínios afirma que a variância da quantidade de gordura no leite integral processado por ela é não mais que 0,25. Você suspeita que essa afirmação esteja errada e descobre que uma amostra aleatória de 41 recipientes de leite tem uma variância de 0,27. Para um nível de significância $\alpha = 0{,}05$, há evidência suficiente para rejeitar a afirmação da empresa? Suponha que a população é normalmente distribuída.

Solução

Como a amostra é aleatória e a população é normalmente distribuída, você pode usar o teste qui-quadrado. A afirmação é "a variância é não mais que 0,25". Então, as hipóteses nula e alternativa são:

$$H_0: \sigma^2 \leq 0{,}25 \quad \text{(Afirmação)} \quad \text{e} \quad H_a: \sigma^2 > 0{,}25.$$

O teste é unilateral à direita, o nível de significância é $\alpha = 0{,}05$ e os graus de liberdade são g.l. = 41 − 1 = 40. Logo, o valor crítico é:

$\chi_0^2 = 55{,}578$.

A região de rejeição é $\chi^2 > 55{,}758$. A estatística de teste padronizada é:

$$\chi^2 = \frac{(n-1)s^2}{\sigma^2} \quad \text{Use o teste qui-quadrado.}$$

$$= \frac{(41-1)(0{,}27)}{0{,}25} \quad \text{Suponha que } \sigma^2 = 0{,}25.$$

$$= 43{,}2.$$

A Figura 7.43 mostra a localização da região de rejeição e a estatística de teste padronizada χ^2. Como χ^2 não está na região de rejeição, você não rejeita a hipótese nula.

Interpretação Não há evidência suficiente, ao nível de significância de 5%, para rejeitar a afirmação da empresa de que a variância da quantidade de gordura no leite integral é não mais que 0,25.

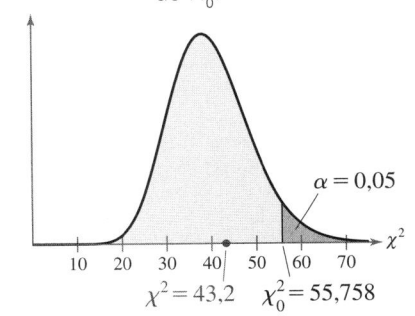

Figura 7.43 Distribuição qui-quadrado, valor crítico e valor da estatística de teste localizada na região de não rejeição de H_0.

Tente você mesmo 4

Uma companhia engarrafadora afirma que a variância da quantidade de bebidas esportivas em uma garrafa de 12 onças é não mais que 0,40. Uma amostra aleatória de 31 garrafas tem uma variância de 0,75. Para o nível de significancia $\alpha = 0{,}01$, há evidência suficiente para rejeitar a afirmação da companhia? Suponha que a população é normalmente distribuída.

a. Identifique a afirmação e formule H_0 e H_a.
b. Identifique o nível de significância α e os graus de liberdade.
c. Encontre o valor crítico χ_0^2 e identifique a região de rejeição.
d. Calcule a estatística de teste padronizada χ^2.
e. Decida se rejeita a hipótese nula. Use um gráfico se necessário.
f. Interprete a decisão no contexto da afirmação original.

Exemplo 5

Usando um teste de hipótese para o desvio padrão

Uma empresa afirma que o desvio padrão do tempo de duração de uma ligação recebida para ser transferida para a área correta é menor que 1,4 minuto. Uma amostra aleatória de 25 ligações recebidas tem um desvio padrão de 1,1 minuto. Para o nível de significância $\alpha = 0{,}10$, há evidência suficiente para concordar com a afirmação da empresa? Suponha que a população é normalmente distribuída.

Solução

Como a amostra é aleatória e a população é normalmente distribuída, você pode usar o teste qui-quadrado. A afirmação é "o desvio padrão é menor que 1,4 minuto". Então, as hipóteses nula e alternativa são:

$H_0: \sigma \geq 1{,}4$ minuto   e $H_a: \sigma < 1{,}4$ minuto   (Afirmação.)

O teste é unilateral à esquerda, o nível de significância é $\alpha = 0{,}10$ e os graus de liberdade são

g.l. = 25 − 1 = 24.

Figura 7.44 Distribuição qui-quadrado, valor crítico e valor da estatística de teste localizada na região de rejeição de H_0.

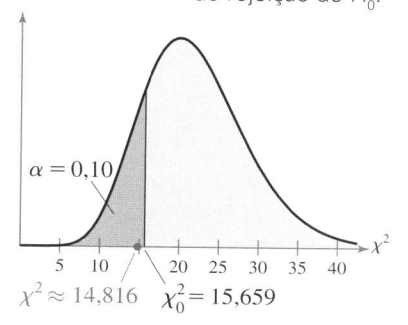

Logo, o valor crítico é:

$\chi_0^2 = 15{,}659$

A região de rejeição é $\chi^2 < 15{,}659$. A estatística de teste padronizada é:

$$\chi^2 = \frac{(n-1)s^2}{\sigma^2} \quad \text{Use o teste qui-quadrado.}$$

$$= \frac{(25-1)(1{,}1)^2}{(1{,}4)^2} \quad \text{Suponha que } \sigma = 1{,}4.$$

$$\approx 14{,}816. \quad \text{Arredonde para três casas decimais.}$$

A Figura 7.44 mostra a localização da região de rejeição e a estatística de teste padronizada χ^2. Como χ^2 está na região de rejeição, você rejeita a hipótese nula.

Interpretação Há evidência suficiente, ao nível de significância de 10%, para concordar com a afirmação de que o desvio padrão da duração de tempo que leva uma ligação recebida para ser transferida para a área correta é menor que 1,4 minuto.

Tente você mesmo 5

Um chefe de polícia afirma que o desvio padrão dos tempos de resposta é menor que 3,7 minutos. Uma amostra aleatória de 9 tempos de resposta tem um desvio padrão de 3,0 minutos. Para o nível de significância $\alpha = 0{,}05$, há evidência suficiente para concordar com a afirmação do chefe de polícia? Suponha que a população é normalmente distribuída.

a. Identifique a afirmação e formule H_0 e H_a.
b. Identifique o nível de significância α e os graus de liberdade.
c. Encontre o valor crítico χ_0^2 e identifique a região de rejeição.
d. Calcule a estatística de teste padronizada χ^2.
e. Decida se rejeita a hipótese nula. Use um gráfico se necessário.
f. Interprete a decisão no contexto da afirmação original.

Dica de estudo

Embora você esteja testando um desvio padrão no Exemplo 5, a estatística de teste padronizada χ^2 exige variâncias. Lembre-se de elevar ao quadrado o desvio padrão para calcular a variância.

Exemplo 6

Usando um teste de hipótese para a variância populacional

Um fabricante de artigos esportivos afirma que a variância da força de uma certa linha de pesca é de 15,9. Uma amostra aleatória de 15 rolos de linha tem uma variância de 21,8. Para o nível de significância $\alpha = 0{,}05$, há evidência suficiente para rejeitar a afirmação do fabricante? Suponha que a população é normalmente distribuída.

Solução

Como a amostra é aleatória e a população é normalmente distribuída, você pode usar o teste qui-quadrado. A afirmação é "a variância é de 15,9". Então, as hipóteses nula e alternativa são:

$H_0: \sigma^2 = 15{,}9$ (Afirmação) e $H_a: \sigma^2 \neq 15{,}9$.

O teste é bilateral, o nível de significância é $\alpha = 0{,}05$ e os graus de liberdade são

g.l. $= 15 - 1 = 14$.

Logo, os valores críticos são $\chi_L^2 = 5{,}629$ e $\chi_R^2 = 26{,}119$. As regiões de rejeição são

$$\chi^2 < 5{,}629 \quad \text{e} \quad \chi^2 > 26{,}119.$$

A estatística de teste padronizada é:

$\chi^2 = \dfrac{(n-1)\,s^2}{\sigma^2}$ Use o teste qui-quadrado.

$= \dfrac{(15-1)\,(21{,}8)}{(15{,}9)}$ Suponha que $\sigma^2 = 15{,}9$.

$\approx 19{,}195.$ Arredonde para três casas decimais.

A Figura 7.45 mostra a localização da região de rejeição e a estatística de teste padronizada χ^2. Como χ^2 não está na região de rejeição, você não rejeita a hipótese nula.

Interpretação Não há evidência suficiente, ao nível de significância de 5%, para rejeitar a afirmação de que a variância da força da linha de pesca é de 15,9.

Figura 7.45 Distribuição qui-quadrado, valores críticos e valor da estatística de teste localizada na região de não rejeição de H_0.

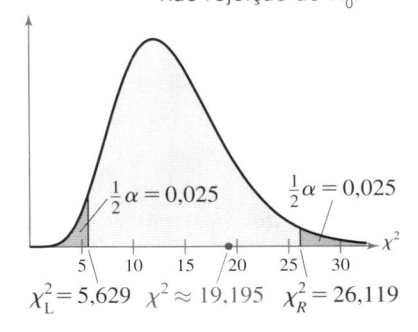

Tente você mesmo 6

Uma empresa que oferece produtos dietéticos e serviços de perda de peso afirma que a variância das perdas de peso de seus usuários é de 25,5. Uma amostra aleatória de 13 usuários tem uma variância de 10,8. Para o nível de significância $\alpha = 0{,}10$, há evidência suficiente para rejeitar a afirmação da empresa? Suponha que a população é normalmente distribuída.

a. Identifique a afirmação e formule H_0 e H_a.
b. Identifique o nível de significância α e os graus de liberdade.
c. Encontre os valores críticos χ_R^2 e χ_L^2 e identifique a região de rejeição.
d. Calcule a estatística de teste padronizada χ^2.
e. Decida se rejeita a hipótese nula. Use um gráfico se necessário.
f. Interprete a decisão no contexto da afirmação original.

7.5 Exercícios

Construindo habilidades básicas e vocabulário

1. Explique como encontrar valores críticos em uma distribuição qui-quadrado.

2. Um valor crítico para o teste qui-quadrado pode ser negativo? Explique.

3. Como os requisitos de um teste qui-quadrado para a variância ou o desvio padrão diferem de um teste z ou um teste t para a média?

4. Explique como testar uma variância populacional ou um desvio padrão populacional.

Nos exercícios 5 a 10, encontre o(s) valor(es) crítico(s) e a(s) região(ões) de rejeição para o teste qui-quadrado indicado, com um tamanho de amostra n e nível de significância α.

5. Teste unilateral à direita, $n = 27$, $\alpha = 0{,}05$.
6. Teste unilateral à direita, $n = 10$, $\alpha = 0{,}10$.
7. Teste unilateral à esquerda, $n = 7$, $\alpha = 0{,}01$.
8. Teste unilateral à esquerda, $n = 24$, $\alpha = 0{,}05$.
9. Teste bilateral, $n = 81$, $\alpha = 0{,}10$.
10. Teste bilateral, $n = 61$, $\alpha = 0{,}01$.

Análise gráfica *Nos exercícios 11 e 12, verifique se cada estatística de teste padronizada χ^2 permite que você rejeite a hipótese nula. Explique.*

11. (a) $\chi^2 = 2{,}091$.
    (b) $\chi^2 = 0$.
    (c) $\chi^2 = 1{,}086$.
    (d) $\chi^2 = 6{,}3471$.

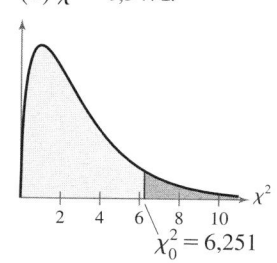

12. (a) $\chi^2 = 22{,}302$.
    (b) $\chi^2 = 23{,}309$.
    (c) $\chi^2 = 8{,}457$.
    (d) $\chi^2 = 8{,}577$.

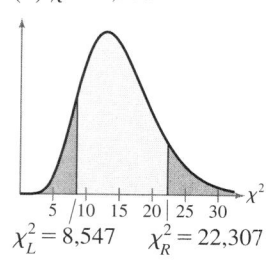

$\chi_0^2 = 6{,}251$

$\chi_L^2 = 8{,}547 \quad \chi_R^2 = 22{,}307$

Nos exercícios 13 a 16, teste a afirmação sobre a variância σ^2 ou desvio padrão σ da população ao nível de significância α. Suponha que a população é normalmente distribuída.

13. Afirmação: $\sigma^2 = 0{,}52$; $\alpha = 0{,}05$.
    Estatísticas amostrais: $s^2 = 0{,}508$; $n = 18$.

14. Afirmação: $\sigma^2 \geq 8{,}5$; $\alpha = 0{,}05$.
    Estatísticas amostrais: $s^2 = 7{,}45$; $n = 23$.

15. Afirmação: $\sigma = 24{,}9$; $\alpha = 0{,}10$.
    Estatísticas amostrais: $s = 29{,}1$; $n = 51$.

16. Afirmação: $\sigma < 40$; $\alpha = 0{,}01$.
    Estatísticas amostrais: $s = 40{,}8$; $n = 12$.

Usando e interpretando conceitos

Testando afirmações *Nos exercícios 17 a 24, (a) identifique a afirmação e formule H_0 e H_a, (b) encontre o(s) valor(es) crítico(s) e identifique a(s) região(ões) de rejeição, (c) calcule a estatística de teste padronizada χ^2, (d) decida se rejeita ou não a hipótese nula, e (e) interprete a decisão no contexto da afirmação original. Suponha que a população é normalmente distribuída.*

17. **Pneus** Um fabricante de pneus afirma que a variância dos diâmetros em certo modelo de pneu é de 8,6. Uma amostra aleatória de 10 pneus tem uma variância de 4,3. Para o nível de significância $\alpha = 0{,}01$, há evidência suficiente para rejeitar a afirmação do fabricante?

18. **Consumo de combustível** Um fabricante de automóveis afirma que a variância do consumo de combustível em um certo modelo de veículo é de 1,0. Uma amostra aleatória de 25 veículos tem uma variância de 1,65. Para o nível de significância $\alpha = 0{,}05$, há evidência suficiente para rejeitar a afirmação do fabricante? (*Adaptado de: Green Hybrid.*)

19. **Testes de avaliação de ciências** Um administrador escolar afirma que o desvio padrão de um teste de ciências dos alunos do oitavo ano é menor que 36 pontos. Uma amostra aleatória de 22 alunos do oitavo ano tem um desvio padrão de 33,4 pontos. Para o nível de significância $\alpha = 0{,}10$, há evidência suficiente para concordar com a afirmação do administrador? (*Adaptado de: National Center for Educational Statistics.*)

20. **Testes de avaliação de história americana** Um administrador escolar afirma que o desvio padrão de um teste de história americana dos alunos do oitavo ano é maior que 30 pontos. Uma amostra aleatória de 18 alunos do oitavo ano tem um desvio padrão de 30,6 pontos. Para o nível de significância $\alpha = 0{,}01$, há evidência suficiente para concordar com a afirmação do administrador? (*Adaptado de: National Center for Educational Statistics.*)

21. **Tempo de espera em um hospital** O porta-voz de um hospital afirma que o desvio padrão dos tempos de espera dos pacientes no departamento de emergência é não mais que 0,5 minuto. Uma amostra aleatória de 25 tempos de espera tem um desvio padrão de 0,7 minuto. Para o nível de significância $\alpha = 0{,}10$, há evidência suficiente para rejeitar a afirmação do porta-voz?

22. **Diária de hotel** Um agente de viagem afirma que o desvio padrão das diárias de hotéis três estrelas em Chicago é de pelo menos US$ 35. Uma amostra aleatória de 21 hotéis três estrelas tem um desvio padrão de US$ 22. Para o nível de significância $\alpha = 0{,}01$, há evidência suficiente para rejeitar a afirmação do agente? (*Adaptado de: Expedia.*)

23. **Salários** O salário anual (em dólares) de 14 bombeiros escolhidos aleatoriamente está listado a seguir. Para o nível de significância $\alpha = 0{,}05$, há evidência suficiente para concordar com a afirmação de que o desvio padrão dos salários anuais é diferente de US$ 5.500? (*Adaptado de: Salary.com.*)

| 50.772 | 52.409 | 41.783 | 51.106 | 43.816 | 35.056 | 32.741 |
| 40.981 | 46.527 | 40.220 | 52.068 | 34.902 | 28.289 | 37.880 |

24. **Salários** O salário anual (em dólares) de 10 agentes de condicional escolhidos aleatoriamente está listado a seguir. Para um nível de significância $\alpha = 0{,}10$, há evidência suficiente para rejeitar a afirmação de que o desvio padrão dos salários anuais é de US$ 4.250? (*Adaptado de: Salary.com.*)

| 51.044 | 54.459 | 47.285 | 55.816 | 53.243 |
| 51.791 | 49.563 | 54.653 | 49.082 | 44.329 |

Expandindo conceitos

Valores p Você pode calcular o valor p para um teste qui-quadrado usando tecnologia. Depois de calcular a estatística de teste padronizada, você pode usar a função de distribuição acumulada (FDA) para calcular a área sob a curva. Do Exemplo 4 na página 372, $\chi^2 = 43{,}2$. Usando uma TI-84 Plus (escolha 8 no menu DISTR), insira 0 para o limite inferior, 43,2 para o limite superior, e 40 para os graus de liberdade como mostra a figura. Sendo o teste unilateral à direita, o valor p é, aproximadamente, $1 - 0{,}6638 = 0{,}3362$. Como $p > \alpha = 0{,}05$, a decisão é não rejeitar H_0.

```
TI-84 PLUS
X²cdf(0,43.2,40)
      .6637768667
```

Nos exercícios 25 a 28, use o método do valor p para realizar o teste de hipótese para o exercício indicado.

25. Exercício 19.
26. Exercício 20.
27. Exercício 21.
28. Exercício 22.

Um resumo dos testes de hipóteses

No teste de hipótese, talvez mais que qualquer outra área da estatística, pode ser difícil ver a floresta quando se presta muita atenção às árvores. Para ajudá-lo a ver a floresta — a ideia geral — segue um resumo do que você estudou neste capítulo.

Escrevendo as hipóteses
- É dada uma afirmação sobre um parâmetro populacional μ, p, σ^2 ou σ.
- Reescreva a afirmação e seu complemento usando $\underbrace{\leq, \geq, =}_{H_0}$ e $\underbrace{>, <, \neq}_{H_a}$.
- Identifique a afirmação. Ela é H_0 ou H_a?

Especificando um nível de significância
- Especifique α, a probabilidade máxima aceitável de rejeitar uma H_0 verdadeira (um erro de tipo I).

Especificando o tamanho da amostra
- Especifique o tamanho da amostra n.

Escolhendo o teste
▲ População normalmente distribuída.
● Qualquer população.

- **Média:** H_0 expressa uma média populacional hipotética μ.
    - ▲ Use um **teste z** quando σ é conhecido e a população é normal.
    - ● Use um **teste z** para qualquer população quando σ é conhecido e $n \geq 30$.
    - ▲ Use um **teste t** quando σ não é conhecido e a população é normal.
    - ● Use um **teste t** para qualquer população quando σ não é conhecido e $n \geq 30$.
- **Proporção:** H_0 expressa uma proporção populacional hipotética p.
    - ● Use um **teste z** para qualquer população binomial quando $np \geq 5$ e $nq \geq 5$.
- **Variância ou desvio padrão:** H_0 expressa uma variância σ^2 ou desvio padrão σ populacional hipotéticos.
    - ● Use um **teste qui-quadrado** quando a população é normal.

Esboçando a distribuição amostral
- Use H_a para decidir se o teste é unilateral à esquerda, unilateral à direita ou bilateral.

Encontrando a estatística de teste padronizada
- Retire uma amostra aleatória de tamanho n da população.
- Calcule a estatística de teste $\bar{x}, \hat{p}$ ou s^2.
- Calcule a estatística de teste padronizada z, t ou χ^2.

Tomando uma decisão

Opção 1. Decisão baseada na região de rejeição.
- Use α para encontrar o(s) valor(es) crítico(s) z_0, t_0 ou χ_0^2 e a(s) região(ões) de rejeição.
- **Regra de decisão:**
  Rejeitar H_0 quando a estatística de teste padronizada estiver na região de rejeição.
  Não rejeitar H_0 quando a estatística de teste padronizada não estiver na região de rejeição.

Opção 2. Decisão baseada no valor p.
- Use a estatística de teste padronizada ou tecnologia para encontrar o valor p.
- **Regra de decisão:**
  Rejeitar H_0 quando o valor $p \leq \alpha$.
  Não rejeitar H_0 quando o valor $p > \alpha$.

> **Entenda**
> Tamanhos de amostras grandes geralmente aumentam o custo e o esforço de testar uma hipótese, mas eles tendem a tornar sua decisão mais confiável.

Teste z para uma média hipotética μ (σ conhecido) (Seção 7.2)

Estatística de teste: $\bar{x}$
Estatística de teste padronizada: z
Valor crítico: z_0 (Use a Tabela B.4 do Apêndice B)
A distribuição amostral das médias amostrais é uma distribuição normal.

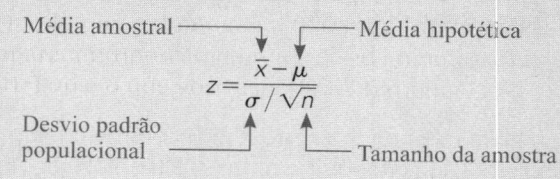

$$z = \frac{\bar{x} - \mu}{\sigma / \sqrt{n}}$$

Média amostral — Média hipotética
Desvio padrão populacional — Tamanho da amostra

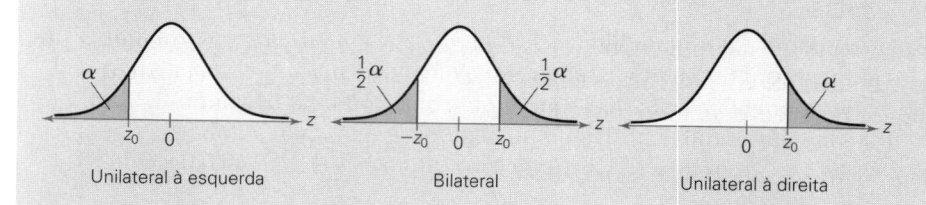

Unilateral à esquerda | Bilateral | Unilateral à direita

Teste z para uma proporção hipotética p (Seção 7.4)

Estatística de teste: $\hat{p}$
Estatística de teste padronizada: z
Valor crítico: z_0 (Use a Tabela B.4 do Apêndice B)
A distribuição amostral das proporções amostrais é uma distribuição normal.

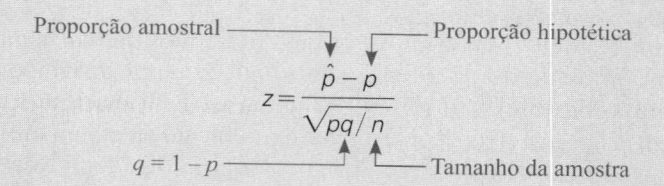

$$z = \frac{\hat{p} - p}{\sqrt{pq/n}}$$

Proporção amostral — Proporção hipotética
$q = 1 - p$ — Tamanho da amostra

Teste t para uma média hipotética μ (σ desconhecido) (Seção 7.3)

Estatística de teste: $\bar{x}$
Estatística de teste padronizada: t
Valor crítico: t_0 (Use a Tabela B.5 do Apêndice B)
A distribuição amostral das médias amostrais é aproximada por uma distribuição t com g.l. $= n - 1$.

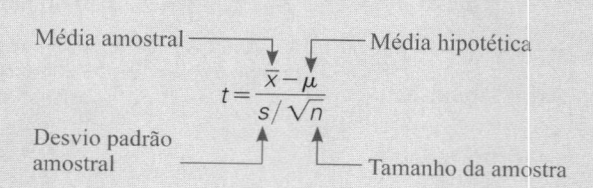

$$t = \frac{\bar{x} - \mu}{s / \sqrt{n}}$$

Média amostral — Média hipotética
Desvio padrão amostral — Tamanho da amostra

Unilateral à esquerda | Bilateral | Unilateral à direita

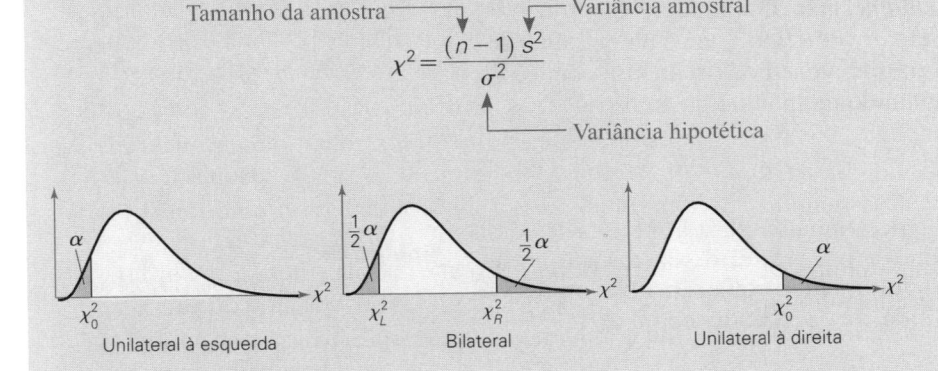

Dica de estudo
Quando sua estatística de teste padronizada for z ou t, lembre-se de que esses valores medem desvios padrão a partir da média. Valores que estão fora de ± 3 indicam que H_0 é muito improvável. Valores que estão fora de ± 5 indicam que H_0 é quase impossível.

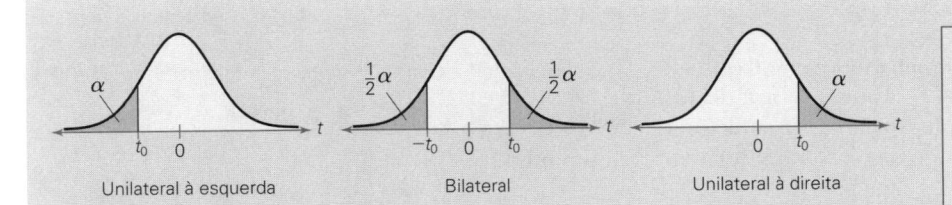

Teste qui-quadrado para uma variância σ^2 ou desvio padrão σ hipotéticos *(Seção 7.5)*

Estatística de teste: s^2
Estatística de teste padronizada: χ^2
Valor crítico: χ_0^2 (Use a Tabela B.6 do Apêndice B)
A distribuição amostral é aproximada por uma distribuição qui-quadrado com g.l. = $n - 1$.

$$\chi^2 = \frac{(n-1)s^2}{\sigma^2}$$

onde n é o tamanho da amostra, s^2 a variância amostral e σ^2 a variância hipotética.

Unilateral à esquerda | Bilateral | Unilateral à direita

Usos e abusos – Estatística no mundo real

Usos

Teste de hipótese O teste de hipótese é importante em diferentes áreas porque ele fornece um procedimento científico para avaliar a validade de uma afirmação sobre alguma característica da população. Alguns dos conceitos em teste de hipótese são intuitivos, mas outros não. Por exemplo, o *American Journal of Clinical Nutrition* sugere que comer chocolate amargo pode ajudar a prevenir doenças cardíacas. Uma amostra aleatória de voluntários saudáveis foi designada para comer 3,5 onças de chocolate amargo todos os dias, por 15 dias. Após esse período, a pressão sanguínea sistólica média dos voluntários estava 6,4 mmHg mais baixa. Um teste de hipóteses poderia mostrar se essa queda na pressão sanguínea sistólica é significante ou simplesmente devido a erro de amostragem.

Inferências cuidadosas devem ser feitas em relação aos resultados. Em outra parte do estudo, foi descoberto que chocolate branco não resultava em benefícios semelhantes. Então, a inferência de benefícios na saúde não pode ser estendida a todos os tipos de chocolate. Você também não poderia inferir que se deve comer grandes quantidades de chocolate porque os benefícios devem ser ponderados contra riscos conhecidos como: ganho de peso, acne e refluxo ácido.

Abusos

Não usar uma amostra aleatória Toda a teoria do teste de hipótese é baseada no fato de a amostra ser aleatoriamente selecionada. Se a amostra não é aleatória, então você não pode usá-la para inferir sobre um parâmetro populacional.

Tentativa de provar a hipótese nula Quando o valor p para um teste de hipótese é maior que o nível de significância, você não provou que a hipótese nula é verdadeira — somente que não há evidência suficiente para rejeitá-la. Por exemplo, com um valor p maior que o nível de significância, um pesquisador não poderia provar que não há benefício em comer chocolate amargo — somente que não há evidência suficiente para dar suporte à afirmação de que há um benefício.

Cometendo erros tipo I ou tipo II Lembre-se de que um erro tipo I é rejeitar uma hipótese nula que é verdadeira e o erro tipo II é não rejeitar uma hipótese nula que é falsa. Você pode reduzir a probabilidade de um erro tipo I diminuindo o nível de significância. Geralmente, quando você reduz a probabilidade de cometer um erro de tipo I, você aumenta a probabilidade de cometer um erro de tipo II. Você pode reduzir a chance de cometer os dois tipos de erro aumentando o tamanho da amostra.

Exercícios

Nos exercícios 1 a 4, suponha que você trabalha para a Receita Federal Norte-americana. Você precisa escrever um relatório sobre a afirmação (veja a Figura 7.46) de que 57% dos adultos americanos têm uma impressão desfavorável do sistema de imposto de renda. (*Adaptado de: ABC News/Washington Post Poll.*)

Figura 7.46 Você tem uma impressão favorável ou desfavorável do sistema de imposto de renda dos EUA?

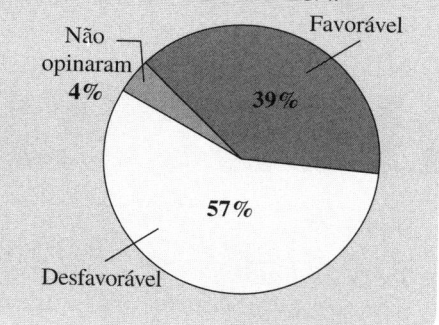

- Não opinaram 4%
- Favorável 39%
- Desfavorável 57%

1. ***Não usar uma amostra aleatória*** Como você poderia escolher uma amostra aleatória para testar essa hipótese?
2. ***Tentativa de provar a hipótese nula*** Qual é a hipótese nula nessa situação? Descreva como seu relatório poderia estar incorreto ao tentar provar a hipótese nula.
3. ***Cometendo um erro tipo I*** Descreva como seu relatório pode apresentar um erro tipo I.
4. ***Cometendo um erro tipo II*** Descreva como seu relatório pode apresentar um erro tipo II.

Resumo do capítulo

O que você aprendeu	Exemplo(s)	Exercícios de revisão
Seção 7.1		
• Como formular uma hipótese nula e uma hipótese alternativa.	1	1–6
• Como identificar os erros tipo I e tipo II.	2	7–10
• Como saber se o teste estatístico é unilateral ou bilateral.	3	7–10
• Como interpretar uma decisão baseada nos resultados de um teste estatístico.	4	7–10

Seção 7.2

- Como encontrar e interpretar valores *p*. — 1–3 | 11 e 12
- Como usar valores *p* em um teste *z* para uma média μ quando σ é conhecido. — 4–6 | 13 e 14
- Como encontrar valores críticos e regiões de rejeição na distribuição normal padrão. — 7–8 | 15–18
- Como usar regiões de rejeição em um teste *z* para uma média μ quando σ é conhecido. — 9–10 | 19–28

Seção 7.3

- Como encontrar valores críticos em uma distribuição *t*. — 1–3 | 29–32
- Como usar o teste *t* para testar uma média μ quando σ não é conhecido. — 4 e 5 | 33–38
- Como usar tecnologia para encontrar valores *p* e usá-los em um teste *t* para testar uma média μ quando σ não é conhecido. — 6 | 39 e 40

Seção 7.4

- Como usar o teste *z* para testar uma proporção populacional *p*. — 1 e 2 | 41–46

Seção 7.5

- Como encontrar valores críticos para um teste qui-quadrado. — 1–3 | 47–50
- Como usar o teste qui-quadrado para testar uma variância σ^2 ou um desvio padrão σ. — 4–6 | 51–57

Exercícios de revisão

Seção 7.1

Nos exercícios 1 a 6, a sentença matemática representa uma afirmação. Escreva seu complemento e formule H_0 e H_a.

1. $\mu \leq 375$.
2. $\mu = 82$.
3. $p < 0{,}205$.
4. $\mu \neq 150.020$.
5. $\sigma > 1{,}9$.
6. $p \geq 0{,}64$.

Nos exercícios 7 a 10, (a) formule as hipóteses nula e alternativa, e identifique qual representa a afirmação, (b) descreva os erros tipo I e tipo II para o teste de hipótese, (c) explique se o teste de hipótese é unilateral à esquerda, unilateral à direita ou bilateral, (d) explique como você deveria interpretar uma decisão que rejeita a hipótese nula e (e) explique como você deve interpretar uma decisão que não rejeita a hipótese nula.

7. Um noticiário relata que a proporção de adultos americanos que dizem que o dia da Terra ajudou a aumentar a consciência ambiental é de 41%. (*Fonte: Rasmussen Reports.*)
8. Uma cooperativa agrícola garante que o tempo de vida médio de certo tipo de fruta seca é de pelo menos 400 dias.
9. Um produtor de sopa diz que o desvio padrão do teor de sódio em uma porção de certa sopa é de não mais que 50 mg. (*Adaptado de: Consumer Reports.*)
10. Um produtor de barras de cereais afirma que o número médio de gramas de carboidratos em uma barra é menos que 25.

Seção 7.2

Nos exercícios 11 e 12, encontre o valor p para o teste de hipótese com a estatística de teste padronizada z. Decida se rejeita H_0 para o nível de significância α.

11. Teste unilateral à esquerda; $z = -0{,}94$; $\alpha = 0{,}05$.
12. Teste bilateral; $z = 2{,}57$; $\alpha = 0{,}10$.

Nos exercícios 13 e 14, (a) identifique a afirmação e formule H_0 e H_a, (b) calcule a estatística de teste padronizada z, (c) encontre o valor p, (d) decida se rejeita ou não rejeita a hipótese nula e (e) interprete a decisão no contexto da afirmação original.

13. **Consumo de café** Um grupo de consumidores afirma que a consumo anual médio de café por pessoa nos Estados Unidos é de 23,2 galões. Uma amostra aleatória de 90 pessoas nos Estados Unidos apresenta o consumo médio anual de café de 21,6 galões. Suponha que o desvio padrão da população é de 4,8 galões. Para $\alpha = 0{,}05$,

você pode rejeitar a afirmação? (*Adaptado de: U.S. Department of Agriculture.*)

14. **Consumo de amendoim** Um grupo de consumidores afirma que o consumo anual médio de amendoim por pessoa nos Estados Unidos é maior que 6,5 libras. Uma amostra aleatória de 60 pessoas nos Estados Unidos tem um consumo médio anual de amendoim de 6,8 libras. Suponha que o desvio padrão da população é de 2,1 libras. Para $\alpha = 0{,}01$, você pode concordar com a afirmação? (*Adaptado de: U.S. Department of Agriculture.*)

Nos exercícios 15 a 18, encontre o(s) valor(es) crítico(s) e a(s) região(ões) de rejeição para o tipo de teste z com o nível de significância α. Inclua um gráfico com a sua resposta.

15. Teste unilateral à esquerda, $\alpha = 0{,}02$.
16. Teste bilateral, $\alpha = 0{,}005$.
17. Teste unilateral à direita, $\alpha = 0{,}025$.
18. Teste bilateral, $\alpha = 0{,}03$.

Nos exercícios 19 a 22, responda se a estatística de teste padronizada z permite que se rejeite a hipótese nula. Explique seu raciocínio.

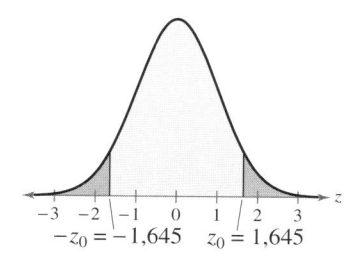

19. $z = 1{,}631$.
20. $z = 1{,}723$.
21. $z = -1{,}464$.
22. $z = -1{,}655$.

Nos exercícios 23 a 26, use regiões de rejeição para testar a afirmação sobre a média da população μ ao nível de significância α. Suponha que a população é normalmente distribuída. Se for conveniente, use tecnologia.

23. Afirmação: $\mu \leq 45$; $\alpha = 0{,}05$; $\sigma = 6{,}7$
    Estatísticas amostrais: $\bar{x} = 47{,}2$; $n = 22$.
24. Afirmação: $\mu \neq 8{,}45$; $\alpha = 0{,}03$; $\sigma = 1{,}75$
    Estatísticas amostrais: $\bar{x} = 7{,}88$; $n = 60$.
25. Afirmação: $\mu < 5{,}500$; $\alpha = 0{,}01$; $\sigma = 0{,}011$
    Estatísticas amostrais: $\bar{x} = 5{,}497$; $n = 36$.
26. Afirmação: $\mu = 7{,}450$; $\alpha = 0{,}10$; $\sigma = 243$
    Estatísticas amostrais: $\bar{x} = 7{,}495$; $n = 27$.

Nos exercícios 27 e 28, (a) identifique a afirmação e formule H_0 e H_a, (b) encontre o(s) valor(es) crítico(s) e identifique a(s) região(ões) de rejeição, (c) calcule a estatística de teste padronizada z, (d) decida se rejeita ou não rejeita a hipótese nula e (e) interprete a decisão no contexto da afirmação original. Se for conveniente, use tecnologia.

27. Um pesquisador afirma que o custo médio anual para criar um filho (com idade até 2 anos) em áreas rurais é de US$ 11.060. Em uma amostra aleatória de famílias em áreas rurais, o custo médio anual de criar um filho (com idade até 2 anos) é de US$ 10.920. A amostra consiste em 800 crianças. Suponha que o desvio padrão populacional é de US$ 1.561. Para $\alpha = 0{,}01$, há evidência suficiente para rejeitar a afirmação? (*Adaptado de: U.S. Department of Agriculture Center for Nutrition Policy and Promotion.*)

28. Um urbanista afirma que a velocidade média do tráfego no sentido oeste em um segmento de estrada durante o horário de pico matinal é menor que 50 milhas por hora. Em uma amostra aleatória de 45 veículos trafegando no sentido oeste no segmento de estrada durante o horário de pico matinal, a velocidade média é de 51 milhas por hora. Suponha que o desvio padrão populacional é de 5 milhas por hora. Para o nível de significância $\alpha = 0{,}05$, há evidência suficiente para concordar com a afirmação do urbanista? (*Adaptado de: MetroPlan Orlando.*)

Seção 7.3

Nos exercícios 29 a 32, encontre o(s) valor(es) crítico(s) e região(ões) de rejeição para o tipo de teste t, nível de significância α e tamanho da amostra n indicados.

29. Teste bilateral; $\alpha = 0{,}05$; $n = 20$.
30. Teste unilateral à direita; $\alpha = 0{,}01$; $n = 33$.
31. Teste unilateral à esquerda; $\alpha = 0{,}005$; $n = 15$.
32. Teste bilateral; $\alpha = 0{,}02$; $n = 12$.

Nos exercícios 33 a 36, teste a afirmação sobre a média da população μ ao nível de significância α. Suponha que a população é normalmente distribuída. Se for conveniente, use tecnologia.

33. Afirmação: $\mu > 12.700$; $\alpha = 0{,}005$.
    Estatísticas amostrais: $\bar{x} = 12.855$; $s = 248$; $n = 21$.
34. Afirmação: $\mu \geq 0$; $\alpha = 0{,}10$.
    Estatísticas amostrais: $\bar{x} = -0{,}45$; $s = 2{,}38$; $n = 31$.
35. Afirmação: $\mu \leq 51$; $\alpha = 0{,}01$.
    Estatísticas amostrais: $\bar{x} = 52$; $s = 2{,}5$; $n = 40$.
36. Afirmação: $\mu < 850$; $\alpha = 0{,}025$.
    Estatísticas amostrais: $\bar{x} = 875$; $s = 25$; $n = 14$.

Nos exercícios 37 e 38, (a) identifique a afirmação e formule H_0 e H_a, (b) encontre o(s) valor(es) crítico(s) e identifique a(s) região(ões) de rejeição, (c) calcule a estatística de teste padronizada t, (d) decida se rejeita ou não rejeita a hipótese nula e (e) interprete a decisão no contexto da afirmação original. Suponha que a população é normalmente distribuída. Se for conveniente, use tecnologia.

37. Uma revista de ginástica anuncia que o custo médio mensal de entrar para uma academia é de US$ 25. Você trabalha em um grupo de defesa do consumidor e precisa

testar essa afirmação. Você descobre que uma amostra aleatória de 18 academias apresenta um custo médio mensal de US$ 26,25 e um desvio padrão de US$ 3,23. Para $\alpha = 0,10$, há evidência suficiente para rejeitar a afirmação do anúncio?

38. Uma revista de ginástica afirma que o custo médio de uma sessão de ioga é de não mais que US$ 14. Você trabalha em um grupo de defesa do consumidor e precisa testar essa afirmação. Você descobre que uma amostra aleatória de 32 sessões de ioga tem um custo médio de US$ 15,59 e um desvio padrão de US$ 2,60. Para $\alpha = 0,025$, há evidência suficiente para rejeitar a afirmação da revista?

Nos exercícios 39 e 40, (a) identifique a afirmação e formule H_0 e H_a, (b) use tecnologia para encontrar o valor p, (c) decida se rejeita ou não rejeita a hipótese nula e (d) interprete a decisão no contexto da afirmação original. Suponha que a população é normalmente distribuída.

39. Uma publicação educacional afirma que o gasto médio por aluno, em escolas públicas de ensinos fundamental e médio, é de mais que US$ 12.000. Você quer testar essa afirmação e seleciona aleatoriamente 16 áreas escolares e descobre o gasto médio por aluno. Os resultados estão listados a seguir. Para $\alpha = 0,01$, você pode concordar com a afirmação da publicação? (*Adaptado de: National Center for Education Statistics.*)

11.947	13.562	13.082	11.640	12.250	12.679
12.552	13.346	12.069	12.862	12.489	12.667
12.770	12.556	12.468	12.674		

40. Uma associação de restaurantes diz que uma família típica nos Estados Unidos gasta a quantia média de US$ 2.628 com alimentação fora de casa. Você é um repórter de uma publicação nacional e quer testar essa afirmação. Uma amostra aleatória de 34 famílias americanas apresenta uma quantia média de gasto com alimentação fora de casa de US$ 2.694 e um desvio padrão de US$ 322. Para $\alpha = 0,05$, você tem evidência suficiente para rejeitar a afirmação da associação? (*Adaptado de: U.S. Bureau of Labor Statistics.*)

Seção 7.4

Nos exercícios 41 a 44, determine se uma distribuição normal pode ser usada para aproximar a distribuição binomial. Se for possível, use o teste z para testar a afirmação sobre a proporção populacional p ao nível de significância α.

41. Afirmação: $p = 0,15$; $\alpha = 0,05$
    Estatísticas amostrais: $\hat{p} = 0,09$; $n = 40$.

42. Afirmação: $p < 0,70$; $\alpha = 0,01$
    Estatísticas amostrais: $\hat{p} = 0,50$; $n = 68$.

43. Afirmação: $p = 0,65$; $\alpha = 0,03$
    Estatísticas amostrais: $\hat{p} = 0,76$; $n = 116$.

44. Afirmação: $p \geq 0,04$; $\alpha = 0,10$
    Estatísticas amostrais: $\hat{p} = 0,03$; $n = 30$.

Nos exercícios 45 e 46, (a) identifique a afirmação e formule H_0 e H_a, (b) encontre o(s) valor(es) crítico(s) e identifique a(s) região(ões) de rejeição, (c) calcule a estatística de teste padronizada z, (d) decida se rejeita ou não rejeita a hipótese nula e (e) interprete a decisão no contexto da afirmação original. Se for conveniente, use tecnologia.

45. Uma agência de pesquisas relata que mais de 60% dos adultos americanos acham que os resgates bancários feitos pelo governo federal foram ruins para os Estados Unidos. Em uma amostra aleatória de 298 adultos americanos, 167 disseram que os resgates bancários feitos pelo governo federal foram ruins para os Estados Unidos. Para $\alpha = 0,01$, há evidência suficiente para concordar com a afirmação da agência? (*Adaptado de: Rasmussen Reports.*)

46. O exame "*Western blot*" é um teste sanguíneo para a presença do vírus HIV. Foi descoberto que esse teste dá, algumas vezes, resultados falsos positivos para HIV. Um pesquisador médico afirma que a taxa de falsos positivos é de 2%. Um estudo recente com 300 doadores de sangue americanos selecionados aleatoriamente, que não têm HIV, descobriu que 3 receberam resultado falso positivo no teste. Para o nível de significância $\alpha = 0,05$, há evidência suficiente para rejeitar a afirmação do pesquisador? (*Adaptado de: Centers for Disease Control and Prevention.*)

Seção 7.5

Nos exercícios 47 a 50, encontre o(s) valor(es) crítico(s) e a(s) região(ões) de rejeição para o tipo de teste qui-quadrado, com tamanho da amostra n e nível de significância α.

47. Teste unilateral à direita; $n = 20$; $\alpha = 0,05$.
48. Teste bilateral; $n = 14$; $\alpha = 0,01$.
49. Teste unilateral à direita; $n = 51$; $\alpha = 0,10$.
50. Teste unilateral à esquerda; $n = 6$; $\alpha = 0,05$.

Nos exercícios 51 a 54, teste a afirmação sobre a variância σ^2 ou desvio padrão σ populacionais ao nível de significância α. Suponha que a população é normalmente distribuída.

51. Afirmação: $\sigma^2 > 2$; $\alpha = 0,10$
    Estatísticas amostrais: $s^2 = 2,95$; $n = 18$.
52. Afirmação: $\sigma^2 \leq 60$; $\alpha = 0,025$
    Estatísticas amostrais: $s^2 = 72,7$; $n = 15$.
53. Afirmação: $\sigma = 1,25$; $\alpha = 0,05$
    Estatísticas amostrais: $s = 1,03$; $n = 6$.
54. Afirmação: $\sigma \neq 0,035$; $\alpha = 0,01$
    Estatísticas amostrais: $s = 0,026$; $n = 16$.

Nos exercícios 55 e 56, (a) identifique a afirmação e formule H_0 e H_a, (b) encontre o(s) valor(es) crítico(s) *e identifique a(s) região(ões) de rejeição, (c) calcule a estatística de teste padronizada χ^2, (d) decida se rejeita ou não rejeita a hipótese nula e (e) interprete a decisão no contexto da afirmação original. Suponha que a população é normalmente distribuída.*

55. Um fabricante de parafusos produz um tipo de parafuso para ser usado em recipientes herméticos. O fabricante afirma que a variância da espessura do parafuso é de no máximo 0,01. Uma amostra aleatória de 28 parafusos tem uma variância de 0,064. Para $\alpha = 0,005$, há evidência suficiente para rejeitar a afirmação do fabricante?

56. Um restaurante afirma que o desvio padrão da duração do tempo para servir é de 3 minutos. Uma amostra aleatória de 27 tempos para servir tem um desvio padrão de 3,9 minutos. Para o nível de significância $\alpha = 0,01$, há evidência suficiente para rejeitar a afirmação do restaurante?

57. No Exercício 56, há evidência suficiente para rejeitar a afirmação do restaurante para $\alpha = 0,05$? Explique.

Problemas

Faça estes problemas como se estivesse fazendo em sala. Depois, compare suas respostas com as respostas dadas no final do livro.

Para este teste, faça o seguinte:

(a) Identifique a afirmação e formule H_0 e H_a.

(b) Determine se o teste de hipótese é unilateral à esquerda, unilateral à direita ou bilateral e se deve usar um teste z, um teste t ou um teste qui-quadrado. Explique seu raciocínio.

(c) Escolha uma das opções. Se for conveniente, use tecnologia.

  Opção 1: Encontre o(s) valor(es) crítico(s), identifique a(s) região(ões) de rejeição e calcule a estatística de teste padronizada apropriada.

  Opção 2: Calcule a estatística de teste padronizada apropriada e o valor p.

(d) Decida se rejeita ou não rejeita a hipótese nula.

(e) Interprete a decisão no contexto da afirmação original.

1. Uma empresa de chapéus afirma que o tamanho médio do chapéu para um homem é de pelo menos 7,25. Uma amostra aleatória de 12 tamanhos de chapéus tem uma média de 7,15. Para $\alpha = 0,01$, você pode rejeitar a afirmação da empresa? Suponha que a população é normalmente distribuída e seu desvio padrão é 0,27.

2. Uma agência de turismo em Nevada afirma que o custo médio diário de refeições e acomodações para 2 adultos viajando pelo estado é de mais que US$ 300. Você trabalha em um serviço de proteção ao consumidor e quer testar essa afirmação. Em uma amostra aleatória de 35 pares de adultos viajando em Nevada, o custo médio diário de refeições e acomodações é de US$ 316. Suponha que o desvio padrão populacional é de US$ 30. Para $\alpha = 0,10$, você tem evidência suficiente para concordar com a afirmação da agência? (*Adaptado de: American Automobile Association.*)

3. Uma agência governamental relata que o salário médio de trabalhadores em tempo integral com idade entre 25 e 34 anos com grau de mestre é menor que US$ 70.000. Em uma amostra aleatória de 15 trabalhadores em tempo integral com idade entre 25 e 34 anos com mestrado, o salário médio é de US$ 66.231 e o desvio padrão é de US$ 5.945. Para o nível de significância $\alpha = 0,05$, há evidência suficiente para concordar com a afirmação da agência? Suponha que a população é normalmente distribuída. (*Adaptado de: U.S. Census Bureau.*)

4. Um programa de perda de peso afirma que os participantes têm uma perda de peso média de pelo menos 10 libras após 1 mês. As perdas de peso (em libras) de uma amostra aleatória de 30 participantes do programa estão listadas abaixo. Para $\alpha = 0,01$, há evidência suficiente para rejeitar a afirmação do programa?

4,7	6,0	7,2	8,3	9,2	10,1	14,0	11,7	12,8	10,8
11,0	7,2	8,0	4,7	11,8	10,7	6,1	8,8	7,7	8,5
9,5	10,2	5,6	6,9	7,9	8,6	10,5	9,6	5,7	9,6

5. Um fabricante de fornos de micro-ondas anuncia que menos de 10% de seus micro-ondas precisam de conserto durante os primeiros 5 anos de uso. Em uma amostra aleatória de 57 micro-ondas que têm 5 anos, 13% precisaram de conserto. Para $\alpha = 0,05$, você pode concordar com a afirmação do fabricante? (*Adaptado de: Consumer Reports.*)

6. O administrador de uma escola estadual diz que o desvio padrão das pontuações do teste de leitura do SAT é de 114. Uma amostra aleatória de 19 pontuações do teste de leitura do SAT tem um desvio padrão de 143. Para $\alpha = 0,10$, há evidência suficiente para rejeitar a afirmação do administrador? Suponha que a população é normalmente distribuída. (*Adaptado de: The College Board.*)

Teste do capítulo

Faça este teste como se estivesse fazendo uma prova em sala.

Para este teste, faça o seguinte:

(*a*) *Identifique a afirmação e formule H_0 e H_a.*

(*b*) *Determine se o teste de hipótese é unilateral à esquerda, unilateral à direita ou bilateral e se deve usar um teste z, um teste t ou um teste qui-quadrado. Explique seu raciocínio.*

(*c*) *Escolha uma das opções. Se for conveniente, use tecnologia.*

  Opção 1: Encontre o(s) valor(es) crítico(s), identifique a(s) região(ões) de rejeição e calcule a estatística de teste padronizada apropriada.

  Opção 2: Calcule a estatística de teste padronizada apropriada e o valor p.

(*d*) *Decida se rejeita ou não rejeita a hipótese nula.*

(*e*) *Interprete a decisão no contexto da afirmação original.*

1. O dono de uma cafeteria afirma que mais de 80% dos consumidores de café acham que o sabor do café de um estabelecimento é muito importante na determinação de onde eles compram seu café. Em uma amostra aleatória de 36 consumidores de café, 78% acham que o sabor do café de um estabelecimento é muito importante na determinação de onde eles compram seu café. Para $\alpha = 0{,}10$, há evidência suficiente para concordar com a afirmação do dono? (*Adaptado de: Harris Interactive.*)

2. O Departamento de Agricultura dos Estados Unidos afirma que o consumo médio anual de chá por pessoa no país é de 8,9 galões. Uma amostra aleatória de 60 pessoas nos Estados Unidos tem um consumo médio anual de chá de 8,2 galões. Suponha que o desvio padrão populacional é de 2,2 galões. Para $\alpha = 0{,}10$, você pode rejeitar a afirmação? (*Adaptado de: U.S. Department of Agriculture.*)

3. Um agente de turismo diz que a diária média de hotel para uma família de 4 pessoas em uma certa área da cidade é de no máximo US$ 170. Uma amostra aleatória de 33 diárias de hotel para famílias de 4 pessoas tem uma média de US$ 179 e um desvio padrão de US$ 19. Para $\alpha = 0{,}01$, há evidência suficiente para rejeitar a afirmação do agente?

4. Um centro de pesquisa afirma que mais de 55% dos adultos americanos acham que é essencial que os Estados Unidos continuem a ser um líder mundial na exploração espacial. Em uma amostra aleatória de 25 adultos americanos, 64% acham que é essencial que os Estados Unidos continuem a ser um líder mundial na exploração espacial. Para o nível de significância $\alpha = 0{,}05$, há evidência suficiente para concordar com a afirmação do centro de pesquisa? (*Adaptado de: Pew Research Center.*)

5. Um fabricante de barras de cereais afirma que o desvio padrão do número de gramas de carboidratos em uma barra é de 1,11 grama. Uma amostra aleatória de 26 barras tem um desvio padrão de 1,19 grama. Para $\alpha = 0{,}05$, há evidência suficiente para rejeitar a afirmação do fabricante? Suponha que a população é normalmente distribuída.

6. Um serviço de pesquisa estima que o consumo médio anual de tomates frescos por pessoa nos Estados Unidos é de pelo menos 21 libras. Uma amostra aleatória de 37 pessoas nos Estados Unidos apresenta um consumo médio anual de tomates frescos de 19 libras e um desvio padrão de 4 libras. Para $\alpha = 0{,}01$, há evidência suficiente para rejeitar a afirmação do serviço de pesquisa? (*Adaptado de: U.S. Department of Agriculture.*)

7. Um pesquisador afirma que a idade média dos habitantes de uma pequena cidade é maior que 32 anos. As idades (em anos) de uma amostra aleatória de 36 habitantes estão listadas abaixo. Para $\alpha = 0{,}10$, há evidência suficiente para concordar com a afirmação do pesquisador? Suponha que o desvio padrão populacional é de 9 anos.

41	33	47	31	26	39	19	25	23	31	39	36
41	28	33	41	44	40	30	29	46	42	53	21
29	43	46	39	35	33	42	35	43	35	24	21

Estatísticas reais – Decisões reais: juntando tudo

Nas décadas de 1970 e 1980, PepsiCo, a fabricante da Pepsi®, começou a exibir comerciais de televisão nos quais afirmava que mais consumidores de refrigerante preferiam Pepsi® a Coca-Cola® em um teste de sabor às cegas. A Coca-Cola Company, fabricante da Coca-Cola®, era a líder de mercado na venda de refrigerantes. Após o início da exibição dos comerciais, as vendas de Pepsi® aumentaram e começaram a rivalizar com as vendas de Coca-Cola®.

Suponha que a afirmação é de que mais de 50% dos consumidores de refrigerante preferem Pepsi® a Coca-Cola®. Você trabalha para uma firma independente de pesquisa de mercado e deve testar essa afirmação.

Exercícios

1. **Como você faria isso?**
   (a) Quando a PepsiCo realizou esse desafio, seus representantes foram a shoppings para obter sua amostra. Você acha que esse tipo de amostragem é representativo da população? Explique.
   (b) Que técnica de amostragem você usaria para selecionar a amostra para seu estudo?
   (c) Identifique possíveis falhas ou vieses no seu estudo.

2. **Testando uma proporção**
   Em seu estudo, 280 de 560 consumidores de refrigerante preferem Pepsi® a Coca-Cola®. Usando esses resultados, teste a afirmação de que mais de 50% dos consumidores de refrigerante preferem Pepsi® a Coca-Cola®. Use $\alpha = 0{,}05$. Interprete sua decisão no contexto da afirmação original. A decisão suporta a afirmação da PepsiCo?

3. **Influência do rótulo**
   A faculdade de medicina Baylor decidiu replicar esse teste de sabor monitorando a atividade cerebral enquanto conduz o teste nos participantes. Eles também queriam ver se o rótulo da marca afetaria os resultados. Quando era mostrado aos participantes qual refrigerante eles estavam experimentando, Coca-Cola® era preferida por 75% dos participantes. Que conclusões você pode tirar desse estudo?

4. **Suas conclusões**
   (a) Por que você acha que a PepsiCo usou um teste de sabor às cegas?
   (b) Você acha que a imagem da marca ou o sabor tem mais influência nas preferências do consumidor por refrigerante?
   (c) Que outros fatores podem influenciar as preferências do consumidor além de sabor e marca?

Tecnologia

MINITAB | EXCEL | TI-84 PLUS

O caso das mulheres desaparecidas

53% ➡ 29% ➡ 9% ➡ 0%

De 1966 a 1968, o Dr. Benjamin Spock e outros foram processados por conspiração ao violar o recrutamento militar, encorajando a resistência à guerra do Vietnã. Em uma série de três seleções, nenhuma mulher estava no júri. Em 1969, Hans Zeisel escreveu um artigo no *The University of Chicago Law Review* usando estatística e teste de hipóteses para argumentar que a seleção do júri foi tendenciosa contra o Dr. Spock, que era um famoso pediatra e autor de livros sobre criação de filhos. Milhões de mães leram seus livros e seguiram seus conselhos. Zeisel argumentou que, mantendo as mulheres fora do júri, a corte prejudicou o veredicto.

O processo de seleção do júri para o julgamento do Dr. Spock é mostrado a seguir.

Estágio 1 O secretário do Tribunal Distrital Federal selecionou "aleatoriamente" 350 pessoas da lista de endereços da cidade de Boston. A lista continha centenas de nomes, 53% dos quais eram de mulheres. Entretanto, apenas 102 das 350 pessoas selecionadas eram mulheres.

Estágio 2 O juiz Ford, encarregado do julgamento, selecionou "aleatoriamente" 100 das 350 pessoas. Esse grupo foi chamado de convocados e continha apenas nove mulheres.

Estágio 3 O secretário do tribunal designou números aos membros convocados e, um a um, eles foram interrogados pelos advogados de acusação e defesa até que 12 membros do júri fossem escolhidos. Nesse estágio, somente uma potencial jurada feminina foi interrogada, sendo eliminada pela acusação sob sua cota de recusa peremptória (na qual não tinha que dar uma explicação).

Exercícios

1. A tela do Minitab na Figura 7.47 mostra um teste de hipótese para uma afirmação de que a proporção de mulheres na lista de endereços da cidade é de $p = 0{,}53$. No teste, $n = 350$ e $\hat{p} \approx 0{,}2914$. Você deve rejeitar a afirmação? Qual é o nível de significância? Explique.

2. No Exercício 1, você rejeitou a afirmação de que $p = 0{,}53$. Porém, essa afirmação era verdadeira. Que tipo de erro é esse?

3. Quando você rejeita uma afirmação verdadeira com um nível de significância que é virtualmente zero, o que você pode inferir sobre a aleatoriedade do processo de amostragem?

4. Descreva um teste de hipótese para a seleção "aleatória" dos convocados do juiz Ford. Use uma afirmação de que:

$$p = \frac{102}{350} \approx 0{,}2914.$$

(a) Escreva as hipóteses nula e alternativa.
(b) Use tecnologia para realizar o teste.
(c) Tome uma decisão.
(d) Interprete a decisão no contexto da afirmação original. A seleção do juiz Ford dos 100 convocados poderia ter sido aleatória?

Figura 7.47 Usando o Minitab para testar uma proporção com um teste z em função do valor p (*P-Value*).

MINITAB

Test and CI for One Proportion

Test of p = 0.53 vs p not = 0.53

Sample	X	N	Sample p	99 % CI	Z-Value	P-Value
1	102	350	0.291429	(0.228862, 0.353995)	–8.94	0.000

Using the normal approximation.

Solução são apresentadas nos manuais de tecnologia presentes no Site de Apoio.
Instruções técnicas são fornecidas por Minitab, Excel e TI-84 Plus.

Usando tecnologia para realizar testes de hipótese

Nas figuras a seguir apresentamos algumas impressões do Minitab e da calculadora TI-84 Plus para alguns exemplos deste capítulo.
Veja o Exemplo 5 da Seção 7.2.

Display Descriptive Statistics...
Store Descriptive Statistics...
Graphical Summary...

1-Sample Z...
1-Sample t...
2-Sample t...
Paired t...

1 Proportion...
2 Proportions...

MINITAB

One-Sample Z

Test of mu = 21500 vs not = 21500
The assumed standard deviation = 2250

N	Mean	SE Mean	95% CI	Z	P
25	20695	450	(19813, 21577)	–1.79	0.074

Veja o Exemplo 4 da Seção 7.3.

MINITAB

One-Sample T

Test of mu = 20500 vs < 20500

N	Mean	StDev	SE Mean	95% Upper Bound	T	P
14	19850	1084	290	20363	-2.24	0.021

Display Descriptive Statistics...
Store Descriptive Statistics...
Graphical Summary...

1-Sample Z...
1-Sample t...
2-Sample t...
Paired t...

1 Proportion...
2 Proportions...

Veja o Exemplo 2 da Seção 7.4.

MINITAB

Test and CI for One Proportion

Test of p = 0.86 vs p not = 0.86

Sample	X	N	Sample p	90% CI	Z-Value	P-Value
1	845	1000	0.845000	(0.826176, 0.863824)	-1.37	0.172

Using the normal approximation.

Display Descriptive Statistics...
Store Descriptive Statistics...
Graphical Summary...

1-Sample Z...
1-Sample t...
2-Sample t...
Paired t...

1 Proportion...
2 Proportions...

Veja Exemplo 9 da Seção 7.2.

TI-84 PLUS

EDIT CALC **TESTS**
1: Z–Test...
2: T–Test...
3: 2–SampZTest...
4: 2–SampTTest...
5: 1–PropZTest...
6: 2–PropZTest...
7↓ ZInterval...

TI-84 PLUS

Z-Test
Inpt:Data **Stats**
μ₀:68000
σ:5500
x̄:66900
n:20
μ:≠μ₀ **<μ₀** >μ₀
Calculate Draw

TI-84 PLUS

Z-Test
μ<68000
z= -.894427191
p=.1855466488
x̄=66900
n=20

TI-84 PLUS

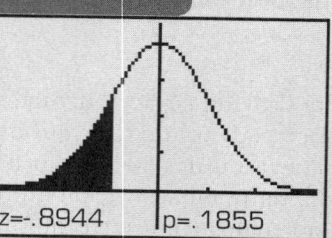

z=-.8944   p=.1855

Veja Exemplo 5 da Seção 7.3.

TI-84 PLUS

EDIT CALC **TESTS**
1: Z–Test...
2: T–Test...
3: 2–SampZTest...
4: 2–SampTTest...
5: 1–PropZTest...
6: 2–PropZTest...
7↓ ZInterval...

TI-84 PLUS

T-Test
Inpt:Data **Stats**
μ_0:6.8
$\bar{x}$:6.7
Sx:.35
n:39
μ: **≠μ_0** <μ_0 >μ_0
Calculate Draw

TI-84 PLUS

T-Test
$\mu \neq 6.8$
t= –1.784285142
p=.0823638462
$\bar{x}$ =6.7
Sx=.35
n=39

TI-84 PLUS

t=-1.7843   p=.0824

Veja Exemplo 1 da Seção 7.4.

TI-84 PLUS

EDIT CALC **TESTS**
1: Z–Test...
2: T–Test...
3: 2–SampZTest...
4: 2–SampTTest...
5: 1–PropZTest...
6: 2–PropZTest...
7↓ ZInterval...

TI-84 PLUS

1-PropZTest
p_0:.4
x:31
n:100
prop≠p_0 **<p_0** >p_0
Calculate Draw

TI-84 PLUS

1-PropZTest
prop<.4
z=–1.837117307
p=.0330962301
$\hat{p}$=.31
n=100

TI-84 PLUS

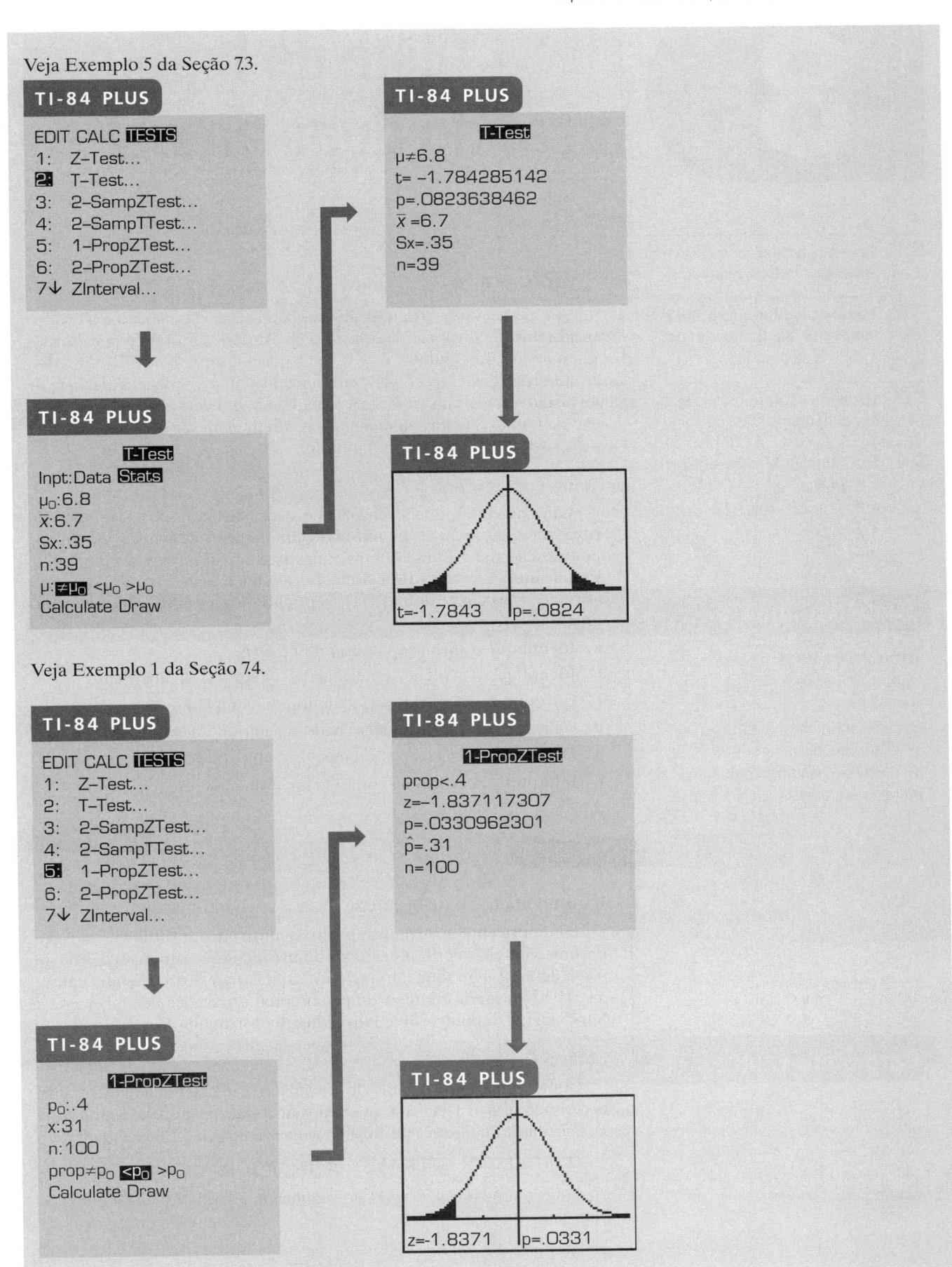

z=-1.8371   p=.0331

8 Teste de hipótese usando duas amostras

8.1 Testando a diferença entre médias (amostras independentes, σ_1 e σ_2 conhecidos)

8.2 Testando a diferença entre médias (amostras independentes, σ_1 e σ_2 desconhecidos)
- Estudo de caso

8.3 Testando a diferença entre médias (amostras dependentes)

8.4 Testando a diferença entre proporções
- Usos e abusos
- Estatísticas reais – Decisões reais
- Tecnologia

De acordo com um estudo publicado no *Journal of General Internal Medicine*, 50% dos praticantes de ioga têm formação universitária, enquanto somente 23% dos não praticantes de ioga têm formação universitária.

Deklofenak/Fotolia.

Onde estamos

No Capítulo 6 você foi apresentado à estatística inferencial e aprendeu como construir intervalos de confiança para estimar um parâmetro populacional. Depois, no Capítulo 7, você aprendeu como testar uma afirmação sobre um parâmetro populacional, baseando sua decisão em estatísticas amostrais e suas distribuições.

Usando dados do *National Health Interview Survey*, um estudo foi realizado para analisar as características dos praticantes e não praticantes de ioga. O estudo foi publicado no *Journal of General Internal Medicine*. Alguns dos resultados são mostrados na Tabela 8.1, para uma amostra aleatória de praticantes de ioga.

Tabela 8.1 Características dos praticantes de ioga ($n = 1.593$).

Características	Frequência	Proporção
40 a 49 anos de idade	367	0,2304
Renda de US$ 20.000 a US$ 34.999	239	0,1500
Não fumante	1.322	0,8299

Para onde vamos

Neste capítulo você continuará seu estudo de estatística inferencial e teste de hipótese. Agora, no entanto, em vez de testar uma hipótese sobre uma única população, você aprenderá como testar uma hipótese que compara duas populações.

Por exemplo, no estudo sobre ioga, uma amostra aleatória de não praticantes também foi pesquisada. A Tabela 8.2 mostra informações do estudo para este segundo grupo.

Tabela 8.2 Características dos não praticantes de ioga ($n = 29.948$).

Características	Frequência	Proporção
40 a 49 anos de idade	6.290	0,2100
Renda de US$ 20.000 a US$ 34.999	5.990	0,2000
Não fumante	23.360	0,7800

Para essas duas amostras, você pode concluir que há uma diferença na proporção de pessoas na faixa de 40 a 49 anos de idade, pessoas com renda de US$ 20.000 a US$ 34.999 ou não fumantes entre os praticantes e não praticantes de ioga? Ou as diferenças nas proporções podem ser um simples acaso?

Neste capítulo, você aprenderá que pode responder a essas perguntas testando a hipótese de que as duas proporções são iguais. Para as proporções de não fumantes, por exemplo, você pode concluir que a proporção de praticantes de ioga é diferente da proporção de não praticantes de ioga.

8.1 Testando a diferença entre médias (amostras independentes, σ_1 e σ_2 conhecidos)

Amostras independentes e dependentes • Uma visão geral do teste de hipótese usando duas amostras • Teste z para testar hipóteses sobre a diferença entre duas médias populacionais

O que você deve aprender

- Como decidir se duas amostras são independentes ou dependentes.
- Uma introdução ao teste de hipótese para a diferença entre duas médias populacionais, baseado em duas amostras.
- Como realizar um teste z para testar a diferença entre duas médias μ_1 e μ_2 usando duas amostras independentes e com σ_1 e σ_2 conhecidos.

Amostras independentes e dependentes

No Capítulo 7 você estudou métodos para testar uma afirmação sobre o valor de um parâmetro populacional. Neste capítulo você aprenderá como testar uma afirmação comparando parâmetros de duas populações. Antes de aprender como testar a diferença entre dois parâmetros, você precisa entender a diferença entre **amostras independentes** e **amostras dependentes**.

Definição

Duas amostras são **independentes** quando a amostra selecionada de uma população não é relacionada à amostra selecionada da segunda população (veja a Figura 8.1). Duas amostras são **dependentes** quando cada elemento de uma amostra corresponde a um elemento da outra amostra (veja a Figura 8.2). Amostras dependentes também são chamadas de **amostras pareadas** ou **amostras emparelhadas**.

Figura 8.1 Amostras independentes.

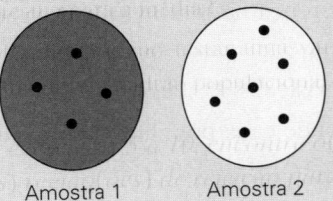

Figura 8.2 Amostras dependentes.

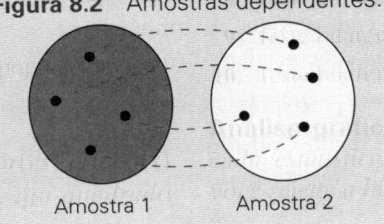

Entenda

Amostras dependentes frequentemente envolvem resultados de pesquisas "antes e depois" para a mesma pessoa ou objeto (tais como o peso de uma pessoa antes de iniciar uma dieta e após 6 semanas), ou resultados de indivíduos pareados para características específicas (tais como gêmeos idênticos).

Exemplo 1

Amostras independentes e dependentes

Classifique cada par de amostras como independente ou dependente e justifique sua resposta.

1. Amostra 1: pesos de 65 calouros universitários antes do início das aulas.
   Amostra 2: pesos dos mesmos 65 calouros após o primeiro ano.
2. Amostra 1: pontuações de 38 homens adultos em um teste psicológico para transtorno do déficit de atenção com hiperatividade.
   Amostra 2: pontuações de 50 mulheres adultas em um teste psicológico para transtorno do déficit de atenção com hiperatividade.

Solução

1. As amostras são dependentes. Como os pesos dos mesmos estudantes são medidos, as amostras são relacionadas. As amostras podem ser pareadas em relação a cada estudante.
2. As amostras são independentes. Não é possível formar pares entre os elementos das amostras, pois os tamanhos das amostras são diferentes e os dados representam pontuações para indivíduos diferentes.

Tente você mesmo 1

Classifique cada par de amostras como independente ou dependente.

1. Amostra 1: pressão sanguínea sistólica de 30 mulheres adultas.
   Amostra 2: pressão sanguínea sistólica de 30 homens adultos.
2. Amostra 1: pontuações na prova semestral de 14 alunos de química.
   Amostra 2: pontuações na prova final dos mesmos 14 alunos de química.

a. Determine se as amostras são independentes ou dependentes.
b. Explique seu raciocínio.

Uma visão geral do teste de hipótese usando duas amostras

Nesta seção, você aprenderá como testar uma afirmação comparando as médias de duas populações usando amostras independentes.

Por exemplo, um provedor de serviço de internet está desenvolvendo um plano de marketing para determinar se há diferença nos tempos que estudantes universitários do sexo masculino e feminino passam conectados à internet por dia. A única maneira de se concluir com certeza que há diferença é fazendo um censo de todos os universitários, calculando os tempos médios diários que os estudantes do sexo masculino e do sexo feminino ficam conectados e encontrando a diferença. É claro que não é prático fazer esse censo. No entanto, é possível determinar com algum grau de certeza se tal diferença existe.

Para determinar se existe uma diferença, o provedor de serviço de internet começa assumindo que não há diferença no tempo médio das duas populações. Isto é:

$\mu_1 - \mu_2 = 0$.   Suponha que não há diferença

Então, retirando uma amostra aleatória de cada população, um teste de hipótese baseado nas duas amostras é realizado usando a estatística de teste:

$\bar{x}_1 - \bar{x}_2$.   Estatística de teste

O provedor de serviço de internet obtém os resultados mostrados nas figuras 8.3 e 8.4.

Figura 8.3 Amostra 1: dados descritivos dos estudantes universitários do sexo masculino.

População de estudantes universitários do sexo masculino

$\bar{x}_1 = 85$ min
$s_1 = 15$ min
$n_1 = 200$

Amostra

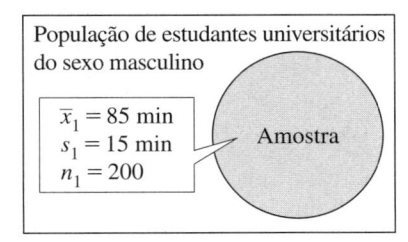

> **Entenda**
> Os tempos dos membros nas duas amostras, estudantes universitários do sexo masculino e feminino, não são emparelhados ou pareados, então as amostras são independentes.

Figura 8.4 Amostra 2: dados descritivos dos estudantes universitários do sexo feminino.

População de estudantes universitários do sexo feminino

$\bar{x}_2 = 81$ min
$s_2 = 17$ min
$n_2 = 250$

Amostra

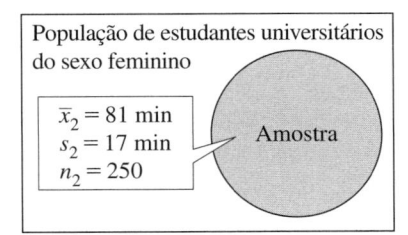

A Figura 8.5 mostra a distribuição amostral de $\bar{x}_1 - \bar{x}_2$ para um grande número de amostras similares retiradas dessas duas populações das quais $\mu_1 - \mu_2 = 0$. A figura também mostra a estatística de teste e a estatística de teste padronizada. Podemos observar, na figura, que é bem improvável obter médias amostrais que difiram por 4 minutos supondo que a diferença real é 0. A diferença das médias amostrais seria mais que 2,5 erros padrão da diferença hipotética de 0! Realizando um teste de hipótese para duas amostras usando um nível de significância de $\alpha = 0{,}05$, o provedor de serviço de internet pode concluir que existe uma diferença nas quantidades de tempo que estudantes universitários do sexo masculino e do sexo feminino passam conectados cada dia.

Figura 8.5 Distribuição amostral da variável $\bar{x}_1 - \bar{x}_2$, valor da estatística de teste e seu valor padronizado.

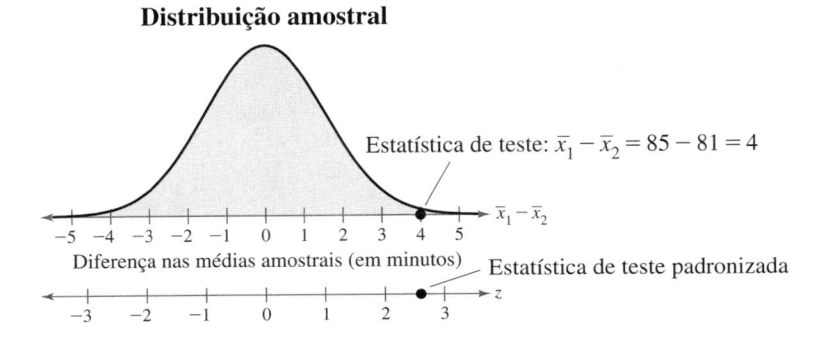

Distribuição amostral

Estatística de teste: $\bar{x}_1 - \bar{x}_2 = 85 - 81 = 4$

Diferença nas médias amostrais (em minutos)

Estatística de teste padronizada

É importante lembrar que quando você realiza um teste de hipótese usando amostras independentes, você está testando uma afirmação relativa à diferença entre os parâmetros em duas populações, e não os valores dos próprios parâmetros.

> **Definição**
>
> Para um teste de hipótese baseado em duas amostras independentes:
>
> 1. A **hipótese nula** H_0 é uma hipótese estatística que geralmente diz que não há diferença entre os parâmetros de duas populações. A hipótese nula sempre contém o símbolo $\leq$, $=$ ou $\geq$.
> 2. A **hipótese alternativa** H_a é uma hipótese estatística que é verdadeira quando H_0 é falsa. A hipótese alternativa contém o símbolo $>$, $\neq$ ou $<$.

Para escrever as hipóteses nula e alternativa para um teste de hipótese para a diferença de médias baseado em duas amostras independentes, traduza a afirmação feita sobre os parâmetros populacionais de uma declaração verbal para uma sentença matemática. Então, escreva a sentença complementar. Por exemplo, para uma afirmação sobre dois parâmetros populacionais μ_1 e μ_2, os possíveis pares de hipóteses nulas e alternativas são:

$$\begin{cases} H_0: \mu_1 = \mu_2 \\ H_a: \mu_1 \neq \mu_2 \end{cases}, \quad \begin{cases} H_0: \mu_1 \leq \mu_2 \\ H_a: \mu_1 > \mu_2 \end{cases}, \quad \text{e} \quad \begin{cases} H_0: \mu_1 \geq \mu_2 \\ H_a: \mu_1 < \mu_2 \end{cases}.$$

Independentemente da hipótese que você usar, ao iniciar o teste você sempre assumirá que não há diferença entre as médias populacionais ($\mu_1 = \mu_2$).

> **Dica de estudo**
>
> Você também pode escrever as hipóteses nula e alternativa como mostrado a seguir.
>
> $\begin{cases} H_0: \mu_1 - \mu_2 = 0 \\ H_a: \mu_1 - \mu_2 \neq 0 \end{cases}$
>
> $\begin{cases} H_0: \mu_1 - \mu_2 \leq 0 \\ H_a: \mu_1 - \mu_2 > 0 \end{cases}$
>
> $\begin{cases} H_0: \mu_1 - \mu_2 \geq 0 \\ H_a: \mu_1 - \mu_2 < 0 \end{cases}$

Teste z para testar hipóteses sobre a diferença entre duas médias populacionais

No restante desta seção, você aprenderá como realizar um teste z para a diferença entre duas médias populacionais μ_1 e μ_2, quando as amostras são *independentes*. As condições a seguir são necessárias para realizar tal teste.

1. Os desvios padrão populacionais são conhecidos.
2. As amostras são selecionadas aleatoriamente.
3. As amostras são independentes.
4. As populações são normalmente distribuídas *ou* cada tamanho de amostra é de pelo menos 30.

Quando esses requisitos são satisfeitos, a **distribuição amostral para** $\bar{x}_1 - \bar{x}_2$, ou seja, a diferença das médias das amostras, é uma distribuição normal com média e erro padrão conforme mostrado na Tabela 8.3 e na Figura 8.6.

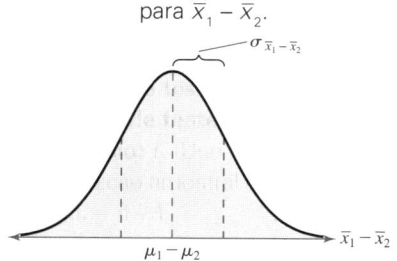

Figura 8.6 Distribuição amostral para $\bar{x}_1 - \bar{x}_2$.

Tabela 8.3 Média e erro padrão da variável $\bar{x}_1 - \bar{x}_2$.

Em palavras	Em símbolos
A média da diferença das médias amostrais é a diferença presumida entre as duas médias populacionais. Quando nenhuma diferença é presumida, a média é 0.	Média = $\mu_{\bar{x}_1 - \bar{x}_2}$ $= \mu_{\bar{x}_1} - \mu_{\bar{x}_2}$ $= \mu_1 - \mu_2$
A variância da distribuição amostral é a soma das variâncias das distribuições amostrais individuais para $\bar{x}_1$ e $\bar{x}_2$. O erro padrão é a raiz quadrada dessa soma.	Erro padrão = $\sigma_{\bar{x}_1 - \bar{x}_2}$ $= \sqrt{\sigma_{\bar{x}_1}^2 + \sigma_{\bar{x}_2}^2}$ $= \sqrt{\dfrac{\sigma_1^2}{n_1} + \dfrac{\sigma_2^2}{n_2}}$

Sendo os desvios padrão populacionais conhecidos, as amostras aleatórias independentes e a distribuição amostral para $\bar{x}_1 - \bar{x}_2$ uma distribuição normal, você pode usar o teste z para testar a diferença entre duas médias populacionais μ_1 e μ_2. A estatística de teste padronizada é dada por:

$$z = \frac{(\text{diferença observada}) - (\text{diferença hipotética})}{\text{erro padrão}}.$$

Ao ler a definição e as instruções para um teste z, note que se a hipótese nula afirma que $\mu_1 = \mu_2$, $\mu_1 \leq \mu_2$ ou $\mu_1 \geq \mu_2$, então ao iniciar o teste presume-se que $\mu_1 = \mu_2$ e a expressão $\mu_1 - \mu_2$ resulta igual a 0.

Teste z para testar a diferença entre duas médias

Um **teste z** pode ser usado para testar a diferença entre duas médias populacionais μ_1 e μ_2 quando as seguintes condições são satisfeitas:

1. σ_1 e σ_2 são conhecidos.
2. As amostras são aleatórias.
3. As amostras são independentes.
4. As populações são normalmente distribuídas *ou* ambos $n_1 \geq 30$ e $n_2 \geq 30$.

A **estatística de teste** é $\bar{x}_1 - \bar{x}_2$. A **estatística de teste padronizada** é:

$$z = \frac{(\bar{x}_1 - \bar{x}_2) - (\mu_1 - \mu_2)}{\sigma_{\bar{x}_1 - \bar{x}_2}} \quad \text{em que} \quad \sigma_{\bar{x}_1 - \bar{x}_2} = \sqrt{\frac{\sigma_1^2}{n_1} + \frac{\sigma_2^2}{n_2}}.$$

Instruções

Usando um teste z para testar a diferença entre duas médias (amostras independentes, σ_1 e σ_2 conhecidos)

EM PALAVRAS	EM SÍMBOLOS
1. Verifique se σ_1 e σ_2 são conhecidos, se as amostras são aleatórias e independentes e se as populações são normalmente distribuídas ou *ambos* $n_1 \geq 30$ e $n_2 \geq 30$.	
2. Expresse a afirmação verbal e matematicamente. Identifique as hipóteses nula e alternativa.	Formule H_0 e H_a.
3. Especifique o nível de significância.	Identifique α.
4. Determine o(s) valor(es) crítico(s).	Use a Tabela B.4 no Apêndice B.
5. Determine a(s) região(ões) de rejeição.	
6. Calcule a estatística de teste padronizada e resuma a distribuição amostral.	$z = \dfrac{(\bar{x}_1 - \bar{x}_2) - (\mu_1 - \mu_2)}{\sigma_{\bar{x}_1 - \bar{x}_2}}$
7. Tome uma decisão para rejeitar ou não rejeitar a hipótese nula.	Se z está na região de rejeição, rejeitar H_0. Caso contrário, não rejeitar H_0.
8. Interprete a decisão no contexto da afirmação original.	

Retratando o mundo

Existem cerca de 110.800 professores de escolas públicas dos ensinos fundamental e médio na Geórgia e cerca de 108.400 em Ohio. Em uma pesquisa, 200 professores de escolas públicas dos ensinos fundamental e médio em cada estado foram solicitados a relatar seus salários. Os resultados são mostrados a seguir. Afirma-se que o salário médio em Ohio é maior que o salário médio na Geórgia. (*Fonte: National Education Association.*)

Geórgia
$\bar{x}_1 = $ US\$ 52.900
$n_1 = 200$

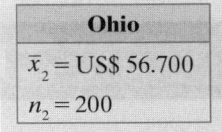

Ohio
$\bar{x}_2 = $ US\$ 56.700
$n_2 = 200$

Especifique a hipótese nula e a hipótese alternativa para essa afirmação.

Um teste de hipótese para a diferença entre médias também pode ser realizado usando valores p. Use as instruções do box, pulando as etapas 4 e 5. Após encontrar a estatística de teste padronizada, use a Tabela B.4 no

Apêndice B para calcular o valor p. Então, tome uma decisão de rejeitar ou não rejeitar a hipótese nula. Se p é menor ou igual a α, então rejeitar H_0. Caso contrário, não rejeitar H_0.

> Veja o passo a passo da TI-84 Plus na página 434.

Exemplo 2

Um teste z para a diferença entre médias baseado em duas amostras

Um grupo de acompanhamento de cartão de crédito afirma que existe diferença entre as médias dos débitos em cartões de crédito de domicílios na Califórnia e em Illinois. Os resultados de uma pesquisa de 250 domicílios de cada estado estão na Tabela 8.4. As duas amostras são independentes. Suponha que $\sigma_1 =$ US$ 1.045 para a Califórnia e $\sigma_2 =$ US$ 1.350 para Illinois. O resultado confirma a afirmação do grupo? Use $\alpha = 0{,}05$. (*Fonte: PlasticEconomy.com.*)

Tabela 8.4 Estatísticas amostrais para débitos em cartões de crédito.

Califórnia	Illinois
$\bar{x}_1 =$ US$ 4.777	$\bar{x}_2 =$ US$ 4.866
$n_1 = 250$	$n_2 = 250$

Solução

Note que σ_1 e σ_2 são conhecidos, as amostras são aleatórias e independentes e ambos n_1 e n_2 são pelo menos 30. Então, podemos usar o teste z. A afirmação é "existe diferença entre as médias dos débitos em cartões de crédito de domicílios na Califórnia e em Illinois". Assim, as hipóteses nula e alternativa são:

$$H_0: \mu_1 = \mu_2 \qquad \text{e} \qquad H_a: \mu_1 \neq \mu_2. \quad (\text{Afirmação.})$$

Como o teste é bilateral e o nível de significância é $\alpha = 0{,}05$, então os valores críticos são $-z_0 = -1{,}96$ e $z_0 = 1{,}96$. As regiões de rejeição são $z < -1{,}96$ e $z > 1{,}96$. A estatística de teste padronizada é:

$$z = \frac{(\bar{x}_1 - \bar{x}_2) - (\mu_1 - \mu_2)}{\sqrt{\dfrac{\sigma_1^2}{n_1} + \dfrac{\sigma_2^2}{n_2}}} \qquad \text{Use o teste } z.$$

$$= \frac{(4.777 - 4.866) - 0}{\sqrt{\dfrac{1.045^2}{250} + \dfrac{1.350^2}{250}}} \qquad \text{Suponha que } \mu_1 = \mu_2, \text{ então } \mu_1 - \mu_2 = 0.$$

$$\approx -0{,}82. \qquad \text{Arredonde para duas casas decimais.}$$

Figura 8.7 Distribuição normal padrão, valores críticos e estatística de teste (z) localizada na região de não rejeição de H_0.

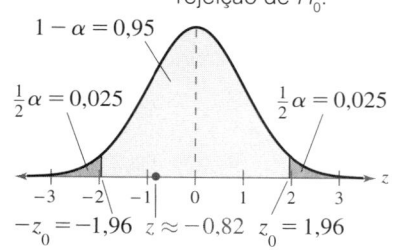

$1 - \alpha = 0{,}95$
$\frac{1}{2}\alpha = 0{,}025$
$\frac{1}{2}\alpha = 0{,}025$
$-z_0 = -1{,}96 \quad z \approx -0{,}82 \quad z_0 = 1{,}96$

A Figura 8.7 mostra a localização das regiões de rejeição e a estatística de teste padronizada z. Como z não está na região de rejeição, não rejeitamos a hipótese nula.

Interpretação Não há evidência suficiente, ao nível de significância de 5%, para confirmar a afirmação do grupo de que existe uma diferença na média dos débitos em cartões de crédito de domicílios na Califórnia e em Illinois.

Tente você mesmo 2

Uma pesquisa indica que os salários médios anuais de técnicos de ciências forenses trabalhando para os governos municipais e estaduais norte-americanos são US$ 55.950 e US$ 51.100, respectivamente. A pesquisa inclui uma amostra selecionada aleatoriamente de tamanho 100 para cada ramo governamental. Suponha que os desvios padrão populacionais são US$ 6.200 (município) e US$ 5.575 (estado). As duas amostras são independentes. Para $\alpha = 0{,}10$, há evidência suficiente para concluir que existe uma diferença nos salários médios anuais? (*Fonte: U.S. Bureau of Labor Statistics.*)

a. Identifique a afirmação e formule H_0 e H_a.
b. Identifique o nível de significância α.

Dica de estudo

No Exemplo 2 você também pode usar um valor p para realizar o teste de hipótese. Por exemplo, o teste é bilateral, então o valor p é igual a duas vezes a área à esquerda de $z = -0{,}82$ ou $2(0{,}2061) = 0{,}4122$. Já que $0{,}4122 > 0{,}05$, você não rejeita H_0.

c. Encontre os valores críticos e identifique as regiões de rejeição.
d. Calcule a estatística de teste padronizada z. Esboce um gráfico.
e. Decida se a hipótese nula deve ser rejeitada.
f. Interprete a decisão no contexto da afirmação original.

Exemplo 3

Usando tecnologia para realizar um teste z para a diferença entre duas médias

Uma agência de viagem afirma que o custo médio diário de refeições e acomodação para férias no Texas é menor que o custo médio diário na Virgínia. A Tabela 8.5 mostra os resultados de uma pesquisa aleatória com turistas em cada estado. As duas amostras são independentes. Suponha que $\sigma_1 =$ US$ 19 para o Texas e $\sigma_2 =$ US$ 24 para a Virgínia e que ambas as populações são normalmente distribuídas. Para $\alpha = 0{,}01$, há evidência suficiente para confirmar a afirmação? [$H_0: \mu_1 \geq \mu_2$ e $H_a: \mu_1 < \mu_2$ (afirmação).] (*Fonte: American Automobile Association.*)

Tabela 8.5 Estatísticas amostrais para o custo diário de refeições e alojamento para dois adultos.

Texas	Virgínia
$\bar{x}_1 =$ US$ 234	$\bar{x}_2 =$ US$ 240
$n_1 = 25$	$n_2 = 20$

Solução

Note que σ_1 e σ_2 são conhecidos, as amostras são aleatórias e independentes e as populações são normalmente distribuídas. Então, podemos usar o teste z. As figuras 8.8(a) e (b) mostram como configurar (entrar com os dados) o teste de hipótese usando uma TI-84 Plus, bem como o tipo de saída dos resultados (*Calculate* ou *Draw*). As figuras 8.9(a) e (b) mostram os resultados em função da opção de saída selecionada: *Calculate* ou *Draw*.

Figura 8.8 Teste de hipótese para a diferença de duas médias no TI-84 Plus com a distribuição normal z (2-SampZ-Test) — entrada dos dados e tipo de saída dos resultados.

(a)
```
TI-84 PLUS
       2-SampZTest
Inpt:Data Stats
σ1:19
σ2:24
x̄1:234
n1:25
x̄2:240
↓n2:20
```

(b)
```
TI-84 PLUS
       2-SampZTest
↑σ2:24
x̄1:234
n1:25
x̄2:240
n2:20
μ1:≠μ2 <μ2 >μ2
Calculate Draw
```

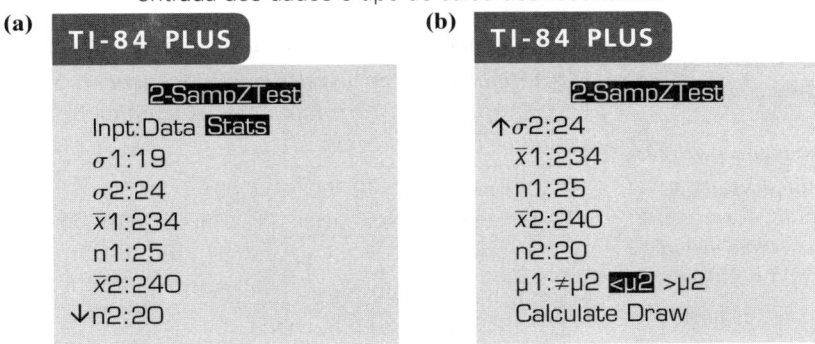

Figura 8.9 Teste de hipóteses para a diferença de duas médias no TI-84 Plus com a distribuição normal z (2-SampZ-Test) — saídas numérica e gráfica dos resultados.

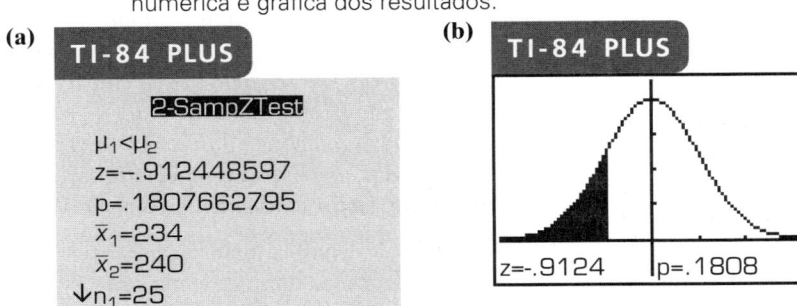

(a)
```
TI-84 PLUS
       2-SampZTest
μ1<μ2
z=-.912448597
p=.1807662795
x̄1=234
x̄2=240
↓n1=25
```

(b)
```
TI-84 PLUS
z=-.9124   p=.1808
```

Dica de estudo

Note que a TI-84 Plus apresenta $p \approx 0{,}1808$. Como valor $p > \alpha$, você não rejeita a hipótese nula.

Como o teste é unilateral à esquerda e $\alpha = 0{,}01$, a região de rejeição é $z < -2{,}33$. A estatística de teste padronizada $z \approx -0{,}91$ não está na região de rejeição, então você não rejeita a hipótese nula.

Interpretação Não há evidência suficiente, ao nível de significância de 1%, para confirmar a afirmação da agência de viagem.

Tente você mesmo 3

Uma agência de viagem afirma que o custo médio diário de refeições e acomodação para férias no Alasca é maior que o custo médio diário no Colorado. A Tabela 8.6 mostra os resultados de uma pesquisa aleatória com turistas em cada estado. As duas amostras são independentes. Suponha que $\sigma_1 =$ US$ 24 para o Alasca e $\sigma_2 =$ US$ 19 para o Colorado e que ambas as populações são normalmente distribuídas. Com $\alpha = 0{,}05$, há evidência suficiente para concordar com a afirmação? [$H_0 : \mu_1 \leq \mu_2$ e $H_a : \mu_1 > \mu_2$ (afirmação).] (*Fonte: American Automobile Association.*)

a. Use tecnologia para encontrar a estatística de teste ou o valor p.
b. Decida se rejeita a hipótese nula.
c. Interprete a decisão no contexto da afirmação original.

Tabela 8.6 Estatísticas amostrais para o custo diário de refeições e alojamento para dois adultos.

Alasca	Colorado
$\bar{x}_1 =$ US$ 296	$\bar{x}_2 =$ US$ 293
$n_1 = 15$	$n_2 = 20$

8.1 Exercícios

Construindo habilidades básicas e vocabulário

1. Qual a diferença entre duas amostras que são dependentes e duas amostras que são independentes? Dê um exemplo de cada caso.

2. Explique como realizar um teste z para a diferença entre as médias de duas populações usando duas amostras independentes com σ_1 e σ_2 conhecidos.

3. Descreva outra maneira que você pode realizar um teste de hipótese para a diferença entre as médias de duas populações usando amostras independentes com σ_1 e σ_2 conhecidos que não use regiões de rejeição.

4. Quais condições são necessárias para se usar o teste z para testar a diferença entre duas médias populacionais?

Nos exercícios 5 a 8, classifique as duas amostras como independente ou dependente. Explique seu raciocínio.

5. Amostra 1: os pesos máximos de supino para 53 jogadores de futebol americano.
   Amostra 2: os pesos máximos de supino para os mesmos 53 jogadores de futebol americano após completarem uma série de levantamento de peso.

6. Amostra 1: os QIs de 60 mulheres.
   Amostra 2: os QIs de 60 homens.

7. Amostra 1: as velocidades médias de 23 lanchas usando um modelo de casco antigo.
   Amostra 2: as velocidades médias de 14 lanchas usando um modelo de casco novo.

8. Amostra 1: os tempos de deslocamento de 10 trabalhadores quando eles utilizam seus próprios veículos.
   Amostra 2: os tempos de deslocamento dos mesmos 10 trabalhadores quando eles utilizam transporte público.

Nos exercícios 9 e 10 use as informações da tela da TI-84 Plus para tomar uma decisão se rejeita ou não rejeita a hipótese nula ao nível de significância dado. Tome sua decisão usando a estatística de teste padronizada e o valor p. Suponha que os tamanhos das amostras são iguais.

9. $\alpha = 0{,}05$.

```
2-SampZTest
μ1≠μ2
z=2.956485408
p=.0031118068
x1=2500
x2=2425
↓n1=120
```

10. $\alpha = 0{,}01$.

```
2-SampZTest
μ1>μ2
z=1.941656065
p=.0260893059
x1=44
x2=42
↓n1=50
```

Nos exercícios 11 a 14, teste a afirmação sobre a diferença entre duas médias populacionais μ_1 e μ_2 ao nível de significância α. Suponha que as amostras são aleatórias e independentes e que as populações são normalmente distribuídas. Se for conveniente, use tecnologia.

11. Afirmação: $\mu_1 = \mu_2$; $\alpha = 0{,}1$.
    Estatísticas populacionais: $\sigma_1 = 3{,}4$ e $\sigma_2 = 1{,}5$.
    Estatísticas amostrais: $\bar{x}_1 = 16$, $n_1 = 29$ e $\bar{x}_2 = 14$, $n_2 = 28$.

12. Afirmação: $\mu_1 > \mu_2$; $\alpha = 0{,}10$.

Estatísticas populacionais: $\sigma_1 = 40$ e $\sigma_2 = 15$.
Estatísticas amostrais: $\bar{x}_1 = 500, n_1 = 100$ e $\bar{x}_2 = 495, n_2 = 75$.

13. Afirmação: $\mu_1 < \mu_2$; $\alpha = 0{,}05$.
Estatísticas populacionais: $\sigma_1 = 75$ e $\sigma_2 = 105$.
Estatísticas amostrais: $\bar{x}_1 = 2.435, n_1 = 35$ e $\bar{x}_2 = 2.432, n_2 = 90$.

14. Afirmação: $\mu_1 \leq \mu_2$; $\alpha = 0{,}03$.
Estatísticas populacionais: $\sigma_1 = 136$ e $\sigma_2 = 215$.
Estatísticas amostrais: $\bar{x}_1 = 5.004$, $n_1 = 144$ e $\bar{x}_2 = 4.895$, $n_2 = 156$.

Usando e interpretando conceitos

Testando a diferença entre duas médias *Nos exercícios de 15 a 24, (a) identifique a afirmação e formule H_0 e H_a, (b) encontre o(s) valor(es) crítico(s) e identifique a(s) região(ões) de rejeição, (c) calcule a estatística de teste padronizada z, (d) decida se rejeita ou não rejeita a hipótese nula e (e) interprete a decisão no contexto da afirmação original. Suponha que as amostras são aleatórias e independentes, e que as populações são normalmente distribuídas. Se for conveniente, use tecnologia.*

15. **Distâncias de frenagem** Para comparar as distâncias de frenagem para dois tipos de pneus, um engenheiro de segurança conduz 35 testes de freio para cada tipo. A distância média de frenagem para o tipo A é 42 pés. Suponha que o desvio padrão populacional é 4,7 pés. A distância média de frenagem para o tipo B é 45 pés. Suponha que o desvio padrão populacional é 4,3 pés. Para um nível de significância $\alpha = 0{,}10$, o engenheiro pode concordar com a afirmação de que a distância média de frenagem é diferente para os dois tipos de pneus? (*Adaptado de: Consumer Reports.*)

16. **Dietas de substituição de refeição** Para comparar as quantias gastas nos primeiros três meses por clientes de duas dietas de substituição de refeição, um pesquisador seleciona aleatoriamente 20 clientes de cada dieta. A quantia média gasta para a dieta A é US$ 643. Suponha que o desvio padrão populacional é US$ 89. A quantia média gasta para a dieta B é US$ 588. Suponha que o desvio padrão populacional é US$ 75. Para $\alpha = 0{,}01$, o pesquisador pode confirmar a afirmação de que a quantia média gasta nos primeiros três meses pelos clientes da dieta A é maior que a quantia média gasta nos primeiros três meses pelos clientes da dieta B? (*Adaptado de: Consumer Reports.*)

17. **Energia eólica** Uma empresa de energia quer escolher entre duas regiões em um estado para instalar turbinas para a produção de energia eólica. Um pesquisador afirma que a velocidade do vento na região A é menor que na região B. Para testar as regiões, a velocidade média do vento é calculada por 60 dias em cada região. A velocidade média do vento na região A é 14,0 milhas por hora. Suponha que o desvio padrão populacional é 2,9 milhas por hora. A velocidade média do vento na região B é 15,1 milhas por hora. Suponha que o desvio padrão populacional é 3,3 milhas por hora. Considerando o nível de significância $\alpha = 0{,}05$, a empresa pode confirmar a afirmação do pesquisador?

18. **Custos de reparo: máquinas de lavar** Você quer comprar uma máquina de lavar e um vendedor diz que os custos médios de reparo para os modelos A e B são iguais. Você pesquisa os custos de reparo. O custo médio de reparo de 24 máquinas de lavar do modelo A é $ 208. Suponha que o desvio padrão populacional é $ 18. O custo médio de reparo de 26 máquinas de lavar do modelo B é $ 221. Suponha que o desvio padrão populacional é $ 22. Para um nível de significância $\alpha = 0{,}05$, você pode rejeitar a afirmação do vendedor?

19. **Pontuação no ACT** A pontuação média no ACT para 43 estudantes do sexo masculino no ensino médio é de 21,1. Suponha que o desvio padrão populacional é 5,0. A pontuação média no ACT para 56 estudantes do sexo feminino no ensino médio é 20,9. Suponha que o desvio padrão é 4,7. Para $\alpha = 0{,}01$, você pode rejeitar a afirmação de que estudantes do sexo masculino e do sexo feminino no ensino médio têm a mesma pontuação no ACT? (*Adaptado de: ACT, Inc.*)

20. **Pontuação no ACT** Um orientador afirma que estudantes do ensino médio em um programa preparatório para faculdade têm maior pontuação no ACT que aqueles em um programa geral. A pontuação média no ACT para 49 estudantes do ensino médio que estão em um programa preparatório para faculdade é 22,2. Suponha que o desvio padrão populacional é 4,8. A pontuação média no ACT para 44 estudantes do ensino médio que estão em um programa geral é 20,0. Suponha que o desvio padrão populacional é 5,4. Para $\alpha = 0{,}10$, você pode confirmar a afirmação do orientador? (*Adaptado de: ACT, Inc.*)

21. **Preços de casas** Uma imobiliária diz que o preço médio de venda de casas em Spring, Texas, é o mesmo que em Austin, Texas. O preço médio de venda para 25 casas em Spring é US$ 127.414. Suponha que o desvio padrão populacional é US$ 25.875. O preço médio de venda para 25 casas em Austin é US$ 112.301. Suponha que o desvio padrão populacional é US$ 27.110. Para um nível de significância $\alpha = 0{,}01$, há evidência suficiente para rejeitar a afirmação da imobiliária? (*Adaptado de: Realty Trac.*)

22. **Preços de casas** Referente ao Exercício 21. Duas amostras adicionais são selecionadas, uma de Spring e uma de Austin. Para 50 casas em Spring, $\bar{x}_1 = $ US$ 124.329. Para 50 casas em Austin, $\bar{x}_2 = $ US$ 110.483. Use $\alpha = 0{,}01$. As novas amostras levam a uma conclusão diferente?

23. **Assistindo mais TV?** Um sociólogo afirma que crianças entre 6 e 17 anos passavam mais tempo assistindo televisão em 1981 do que crianças de 6 a 17 anos passam hoje. Um estudo conduzido em 1981 relatou o tempo que crianças de 6 a 17 anos passavam assistindo televisão nos dias de semana. Os resultados (em horas por dia de semana) são mostrados a seguir. Suponha que o desvio padrão populacional é 0,6 hora.

2,0	2,5	2,1	2,3	2,1	1,6	2,6	2,1	2,1	2,4
2,1	2,1	1,5	1,7	2,1	2,3	2,5	3,3	2,2	2,9
1,5	1,9	2,4	2,2	1,2	3,0	1,0	2,1	1,9	2,2

Recentemente, um estudo semelhante foi conduzido. Os resultados são mostrados a seguir. Suponha que o desvio padrão populacional é 0,5 hora.

2,9	1,8	0,9	1,6	2,0	1,7	2,5	1,1	1,6	2,0
1,4	1,7	1,7	1,9	1,6	1,7	1,2	2,0	2,6	1,6
1,5	2,5	1,6	2,1	1,7	1,8	1,1	1,4	1,2	2,3

Para $\alpha = 0,05$, você pode confirmar a afirmação do sociólogo? (*Adaptado de: University of Michigan's Institute for Social Research.*)

24. Passar mais tempo dormindo? Um sociólogo afirma que crianças entre 12 e 14 anos passavam menos tempo dormindo em 1981 do que crianças entre 12 e 14 anos passam hoje. Um estudo conduzido em 1981 relatou o tempo que as crianças entre 12 e 14 anos passavam dormindo nos dias de semana. Os resultados (em horas por dia da semana) são mostrados a seguir. Suponha que o desvio padrão populacional é 0,5 hora.

7,3	7,5	7,7	7,8	6,9	7,9	8,3	7,9	8,0	8,3
7,4	8,5	7,9	6,8	8,2	7,1	7,9	7,6	8,0	8,0

Recentemente, um estudo similar foi conduzido. Os resultados são mostrados a seguir. Suponha que o desvio padrão populacional é 0,4 hora.

9,2	9,1	10,0	9,3	9,6	8,0	9,5	8,2	9,0	8,6
9,2	9,2	8,9	9,1	8,4	9,0	8,8	9,1	8,6	9,0

Para $\alpha = 0,01$, você pode confirmar a afirmação do sociólogo? (*Adaptado de: University of Michigan's Institute for Social Research.*)

25. Alcançando o conceito Explique por que a hipótese nula $H_0: \mu_1 = \mu_2$ é equivalente à hipótese nula $H_0: \mu_1 - \mu_2 = 0$.

26. Alcançando o conceito Explique por que a hipótese nula $H_0: \mu_1 \geq \mu_2$ é equivalente à hipótese nula $H_0: \mu_1 - \mu_2 \geq 0$.

Expandindo conceitos

Testando uma diferença que não seja igual a zero *Às vezes, um pesquisador está interessado em testar uma diferença nas médias que não seja zero. Por exemplo, você pode querer determinar se a diferença entre os salários médios anuais para um trabalho diverge em mais de uma certa quantia, entre dois estados. Nos exercícios de 27 e 28, teste a diferença entre duas médias usando como hipótese nula de $H_0: \mu_1 - \mu_2 = k$, $H_0: \mu_1 - \mu_2 \geq k$, ou $H_0: \mu_1 - \mu_2 \leq k$. A estatística de teste padronizada é ainda:*

$$z = \frac{(\bar{x}_1 - \bar{x}_2) - (\mu_1 - \mu_2)}{\sigma_{\bar{x}_1 - \bar{x}_2}} \quad \text{em que} \quad \sigma_{\bar{x}_1 - \bar{x}_2} = \sqrt{\frac{\sigma_1^2}{n_1} + \frac{\sigma_2^2}{n_2}}.$$

27. Salários dos microbiologistas A diferença entre os salários médios anuais de microbiologistas em Maryland e na Califórnia é maior que US$ 10.000? Para decidir, você seleciona uma amostra aleatória de microbiologistas de cada estado. Os resultados de cada pesquisa são mostrados a seguir. Suponha que os desvios padrão populacionais são $\sigma_1 =$ US$ 8.795 e $\sigma_2 =$ US$ 9.250. Para $\alpha = 0,05$, o que você deve concluir? (*Adaptado de: U.S. Bureau of Labor Statistics.*)

Microbiologistas em Maryland
$\bar{x}_1 =$ US$ 102.650
$n_1 = 42$

Microbiologistas na Califórnia
$\bar{x}_2 =$ US$ 85.430
$n_2 = 38$

28. Salários de enfermeiros registrados A diferença entre os salários médios anuais de enfermeiros registrados em Nova Jersey e em Delaware é igual a US$ 10.000? Para decidir, você seleciona uma amostra aleatória de enfermeiros registrados de cada estado. Os resultados de cada pesquisa são mostrados a seguir. Suponha que os desvios padrão populacionais são $\sigma_1 =$ US$ 8.345 e $\sigma_2 =$ US$ 7.620. Para $\alpha = 0,01$, o que você deve concluir? (*Adaptado de: U.S. Bureau of Labor Statistics.*)

Enfermeiros registrados em Nova Jersey
$\bar{x}_1 =$ US$ 75.820
$n_1 = 32$

Enfermeiros registrados em Delaware
$\bar{x}_2 =$ US$ 70.820
$n_2 = 30$

Construindo intervalos de confiança para $\mu_1 - \mu_2$
Você pode construir um intervalo de confiança para a diferença entre duas médias populacionais $\mu_1 - \mu_2$, conforme mostrado a seguir, quando os desvios padrão populacionais são conhecidos e, ou ambas as populações são normalmente distribuídas ou ambos $n_1 \geq 30$ e $n_2 \geq 30$. Também, as amostras devem ser selecionadas aleatoriamente e independentes.

$$(\bar{x}_1 - \bar{x}_2) - z_c \sqrt{\frac{\sigma_1^2}{n_1} + \frac{\sigma_2^2}{n_2}} < \mu_1 - \mu_2 < (\bar{x}_1 - \bar{x}_2) + z_c \sqrt{\frac{\sigma_1^2}{n_1} + \frac{\sigma_2^2}{n_2}}$$

Nos exercícios 29 e 30, construa o intervalo de confiança indicado para $\mu_1 - \mu_2$.

29. Salários dos microbiologistas Construa um intervalo de confiança de 95% para a diferença entre os salários médios anuais dos microbiologistas em Maryland e na Califórnia usando os dados do Exercício 27.

30. Salários de enfermeiros registrados Construa um intervalo de confiança de 99% para a diferença entre os salários médios anuais dos enfermeiros registrados em Nova Jersey e em Delaware usando os dados do Exercício 28.

8.2 Testando a diferença entre médias (amostras independentes, σ_1 e σ_2 desconhecidos)

O teste t para a diferença entre duas médias

> **O que você deve aprender**
> - Como realizar um teste t para a diferença entre duas médias μ_1 e μ_2 usando amostras independentes com σ_1 e σ_2 desconhecidos.

O teste t para a diferença entre duas médias

Na Seção 8.1, você aprendeu como testar a diferença entre médias quando ambos os desvios padrão populacionais são conhecidos. Em muitas situações da vida real os desvios padrão populacionais *não* são conhecidos. Nesta seção, você aprenderá como usar um teste t para testar a diferença entre duas médias populacionais μ_1 e μ_2 usando amostras independentes de cada população quando σ_1 e σ_2 são desconhecidos. Para usar um teste t, as condições a seguir são necessárias:

1. Os desvios padrão populacionais são desconhecidos.
2. As amostras são selecionadas aleatoriamente.
3. As amostras são independentes.
4. As amostras são normalmente distribuídas *ou* cada tamanho de amostra é de pelo menos 30.

Quando essas condições são satisfeitas, a distribuição amostral para a diferença entre as médias da amostra $\bar{x}_1 - \bar{x}_2$ é aproximada por uma distribuição t com média $\mu_1 - \mu_2$. Então, você pode usar um teste t com duas amostras para testar a diferença entre as médias populacionais μ_1 e μ_2. O erro padrão e os graus de liberdade da distribuição amostral dependem se as variâncias das populações σ_1^2 e σ_2^2 são consideradas iguais ou não, conforme mostrado na próxima definição.

Teste t baseado em duas amostras para testar a diferença entre médias

Um **teste t baseado em duas amostras** é usado para testar a diferença entre duas médias populacionais μ_1 e μ_2 quando (1) σ_1 e σ_2 são desconhecidos, (2) as amostras são aleatórias, (3) as amostras são independentes e (4) as populações são normalmente distribuídas *ou* ambos $n_1 \geq 30$ e $n_2 \geq 30$. A **estatística de teste** é $\bar{x}_1 - \bar{x}_2$ e a **estatística de teste padronizada** é:

$$t = \frac{(\bar{x}_1 - \bar{x}_2) - (\mu_1 - \mu_2)}{s_{\bar{x}_1 - \bar{x}_2}}.$$

Variâncias são iguais: Se as variâncias populacionais são consideradas iguais, então as variâncias das duas amostras são combinadas para se calcular uma **estimativa conjunta do desvio padrão** $\hat{\sigma}$

$$\hat{\sigma} = \sqrt{\frac{(n_1 - 1)s_1^2 + (n_2 - 1)s_2^2}{n_1 + n_2 - 2}}$$

O erro padrão para a distribuição amostral de $\bar{x}_1 - \bar{x}_2$ é:

$$s_{\bar{x}_1 - \bar{x}_2} = \hat{\sigma} \cdot \sqrt{\frac{1}{n_1} + \frac{1}{n_2}} \quad \text{Variâncias iguais.}$$

e g.l. $= n_1 + n_2 - 2$.

Dica de estudo

Para realizar o teste *t* com duas amostras você precisará saber se as variâncias das duas populações são iguais. Neste capítulo, cada exemplo e exercício afirmará se as variâncias são iguais. Você aprenderá a testar diferenças entre duas variâncias populacionais no Capítulo 10.

Variâncias não são iguais: Se as variâncias populacionais não são iguais, então o erro padrão é:

$$s_{\bar{x}_1-\bar{x}_2} = \sqrt{\frac{s_1^2}{n_1} + \frac{s_2^2}{n_2}} \quad \text{Variâncias não iguais.}$$

e g.l = menor de $n_1 - 1$ e $n_2 - 1$.

Os requisitos para o teste z descritos na Seção 8.1 e o teste t descrito nesta seção são mostrados no fluxograma a seguir.

- Os desvios padrão de ambas as populações são conhecidos? — **Sim** → Ambas as populações são normais *ou* o tamanho de ambas as amostras é pelo menos 30? — **Sim** → Use o teste z.
- **Não** (primeira) → Ambas as populações são normais *ou* o tamanho de ambas as amostras é pelo menos 30?
- **Não** (segunda) → Você não pode usar o teste z ou o teste t.
- **Sim** → As variâncias populacionais são consideradas iguais? — **Sim** → Use o teste t com $s_{\bar{x}_1-\bar{x}_2} = \hat{\sigma} \cdot \sqrt{\frac{1}{n_1} + \frac{1}{n_2}}$ e g.l $= n_1 + n_2 - 2$.
- **Não** → Use o teste t com $s_{\bar{x}_1-\bar{x}_2} = \sqrt{\frac{s_1^2}{n_1} + \frac{s_2^2}{n_2}}$ e g.l. = menor de $n_1 - 1$ and $n_2 - 1$.

Retratando o mundo

Um estudo publicado pela American Psychological Association na revista *Neuropsychology* relatou que crianças com formação musical mostraram melhor memória verbal do que crianças sem formação musical. O estudo também mostrou que, quanto maior a formação musical, melhor a memória verbal. Suponha que você tentou reproduzir os resultados a seguir. Um teste de memória verbal com uma possibilidade de 100 pontos foi aplicado em 90 crianças. Metade teve formação musical enquanto a outra metade não teve formação e exerceu a função de grupo controle. As 45 crianças com formação tiveram uma pontuação média de 83,12 com um desvio padrão de 5,7. Os 45 estudantes no grupo controle tiveram uma pontuação média de 79,9 com um desvio padrão de 6,2.

Para um nível de significância $\alpha = 0{,}05$, há evidência suficiente para confirmar a afirmação de que crianças com formação musical têm melhor pontuação em teste de memória verbal que aquelas sem formação? Suponha que as variâncias populacionais são iguais.

Instruções

Usando um teste *t* com duas amostras para a diferença entre médias (amostras independentes, σ_1 e σ_2 desconhecidos)

EM PALAVRAS	EM SÍMBOLOS
1. Verifique se σ_1 e σ_2 são desconhecidos, se as amostras são aleatórias e independentes e as populações são normalmente distribuídas *ou* ambos $n_1 \geq 30$ e $n_2 \geq 30$.	
2. Expresse a afirmação verbal e matematicamente. Identifique as hipóteses nula e alternativa.	Formule H_0 e H_a.
3. Especifique o nível de significância.	Identifique α.
4. Determine os graus de liberdade.	g.l. $= n_1 + n_2 - 2$ ou g.l. = menor de $n_1 - 1$ e $n_2 - 1$
5. Determine o(s) valor(es) crítico(s).	Use a Tabela B.5 no Apêndice B.

6. Determine a(s) região(ões) de rejeição.
7. Calcule a estatística de teste padronizada e resuma a distribuição amostral.

$$t = \frac{(\bar{x}_1 - \bar{x}_2) - (\mu_1 - \mu_2)}{s_{\bar{x}_1 - \bar{x}_2}}$$

8. Tome uma decisão para rejeitar ou não rejeitar a hipótese nula.

Se t está na região de rejeição, rejeitar H_0. Caso contrário, não rejeitar.

9. Interprete a decisão no contexto da afirmação original.

Exemplo 1

Veja o passo a passo do Minitab na página 433.

Um teste t com duas amostras para a diferença entre médias

Os resultados de um teste estadual de matemática para amostras aleatórias de estudantes ensinados por dois professores diferentes na mesma escola estão na Tabela 8.7. Podemos concluir que há diferença nas pontuações médias dos testes de matemática para todos os estudantes dos dois professores? Use $\alpha = 0{,}10$. Suponha que as populações são normalmente distribuídas e que as variâncias populacionais não são iguais.

Tabela 8.7 Estatísticas amostrais para as pontuações no teste estadual de matemática.

Professor 1	Professor 2
$\bar{x}_1 = 473$	$\bar{x}_2 = 459$
$s_1 = 39{,}7$	$s_2 = 24{,}5$
$n_1 = 8$	$n_2 = 18$

Solução

Note que σ_1 e σ_2 são desconhecidos, as amostras são aleatórias e independentes e as populações são normalmente distribuídas. Então, podemos usar o teste t. A afirmação é "há diferença nas pontuações médias dos testes de matemática para os estudantes dos dois professores". Assim, as hipóteses nula e alternativa são:

$H_0: \mu_1 = \mu_2$ e $H_a: \mu_1 \neq \mu_2$.   (Afirmação.)

Como as variâncias populacionais não são iguais e o menor tamanho de amostra é 8, usar g.l. = 8 − 1 = 7. Sendo o teste bilateral com g.l. = 7 e $\alpha = 0{,}10$, os valores críticos são $-t_0 = -1{,}895$ e $t_0 = 1{,}895$. As regiões de rejeição são $t < -1{,}895$ e $t > 1{,}895$. A estatística de teste padronizada é:

$$t = \frac{(\bar{x}_1 - \bar{x}_2) - (\mu_1 - \mu_2)}{\sqrt{\dfrac{s_1^2}{n_1} + \dfrac{s_2^2}{n_2}}}$$ Use o teste t (as variâncias *não* são iguais).

$$= \frac{(473 - 459) - 0}{\sqrt{\dfrac{(39{,}7)^2}{8} + \dfrac{(24{,}5)^2}{18}}}$$ Suponha que $\mu_1 = \mu_2$, então $\mu_1 - \mu_2 = 0$.

$\approx 0{,}922$.   Arredonde para três casas decimais.

Figura 8.10 Distribuição t, valores críticos e estatística de teste (t) localizada na região de não rejeição de H_0.

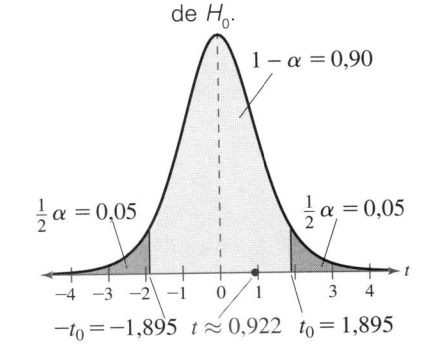

A Figura 8.10 mostra a localização das regiões de rejeição e a estatística de teste padronizada t. Como t não está na região de rejeição, não rejeitamos a hipótese nula.

Interpretação Não há evidência suficiente, ao nível de significância de 10%, para confirmar a afirmação de que as pontuações médias dos testes de matemática para os estudantes dos dois professores são diferentes.

Tente você mesmo 1

Os ganhos anuais de 19 pessoas com diploma de ensino médio e 16 pessoas com um diploma de tecnólogo são mostrados na Tabela 8.8.

Você pode concluir que há uma diferença nos ganhos médios anuais baseado no nível de instrução? Use $\alpha = 0,01$. Suponha que as populações são normalmente distribuídas e que as variâncias populacionais não são iguais. (*Adaptado de: U.S. Census Bureau.*)

Tabela 8.8 Estatísticas amostrais para os ganhos anuais.

Diploma de ensino médio	Diploma de tecnólogo
$\bar{x}_1 = \$ 32.493$	$\bar{x}_2 = \$ 40.907$
$s_1 = \$ 3.118$	$s_2 = \$ 6.162$
$n_1 = 19$	$n_2 = 16$

a. Identifique a afirmação e estabeleça H_0 e H_a.
b. Identifique o nível de significância α e os graus de liberdade.
c. Determine os valores críticos e identifique as regiões de rejeição.
d. Calcule a estatística de teste padronizada t. Esboce um gráfico.
e. Decida se rejeita a hipótese nula.
f. Interprete a decisão no contexto da afirmação original.

> Veja o passo a passo da TI-84 Plus na página 434.

Exemplo 2

Tabela 8.9 Estatísticas amostrais para os custos operacionais dos sedans.

Fabricante	Concorrente
$\bar{x}_1 = \$ 0,52 / mi$	$\bar{x}_2 = \$ 0,55 / mi$
$s_1 = \$ 0,05 / mi$	$s_2 = \$ 0,07 / mi$
$n_1 = 30$	$n_2 = 32$

Um teste *t* baseado em duas amostras para testar a diferença entre médias

Um fabricante afirma que o custo médio de operação por milha de seus sedans é menor que o do principal concorrente. Você conduz um estudo usando 30 sedans selecionados aleatoriamente do fabricante e 32 do principal concorrente. Os resultados estão na Tabela 8.9. Para $\alpha = 0,05$, você pode concordar com a afirmação do fabricante? Suponha que as variâncias populacionais são iguais. (*Adaptado de: American Automobile Association.*)

Solução

Note que σ_1 e σ_2 são desconhecidos, as amostras são aleatórias e independentes e ambos n_1 e n_2 são pelo menos 30. Então, podemos usar o teste t. A afirmação é "o custo médio de operação por milha dos sedans do fabricante é menor que o do principal concorrente". Assim, as hipóteses nula e alternativa são:

$$H_0: \mu_1 \geq \mu_2 \quad \text{e} \quad H_a: \mu_1 < \mu_2. \quad \text{(Afirmação.)}$$

As variâncias populacionais são consideradas iguais, então g.l. = $n_1 + n_2 - 2 = 30 + 32 - 2 = 60$. Como o teste é unilateral à esquerda com g.l. = 60 e $\alpha = 0,05$, o valor crítico é $t_0 = -1,671$. A região de rejeição é $t < -1,671$. Para tornar o cálculo da estatística de teste padronizada mais fácil, primeiro calcule o erro padrão.

$$s_{\bar{x}_1 - \bar{x}_2} = \sqrt{\frac{(n_1-1)s_1^2 + (n_2-1)s_2^2}{n_1+n_2-2}} \cdot \sqrt{\frac{1}{n_1} + \frac{1}{n_2}}$$

$$= \sqrt{\frac{(30-1)(0,05)^2 + (32-1)(0,07)^2}{30+32-2}} \cdot \sqrt{\frac{1}{30} + \frac{1}{32}}$$

$$\approx 0,0155416$$

A estatística de teste padronizada é:

$$t = \frac{(\bar{x}_1 - \bar{x}_2) - (\mu_1 - \mu_2)}{s_{\bar{x}_1 - \bar{x}_2}}$$ Use o teste t (as variâncias são iguais).

$$\approx \frac{(0{,}52 - 0{,}55) - 0}{0{,}0155416}$$ Suponha que $\mu_1 = \mu_2$, então $\mu_1 - \mu_2 = 0$.

$$\approx -1{,}930.$$ Arredonde para três casas decimais.

A Figura 8.11 mostra a localização da região de rejeição e a estatística de teste padronizada t. Como t está na região de rejeição, rejeitamos a hipótese nula.

Figura 8.11 Distribuição t, valor crítico e estatística de teste (t) localizada na região de rejeição de H_0.

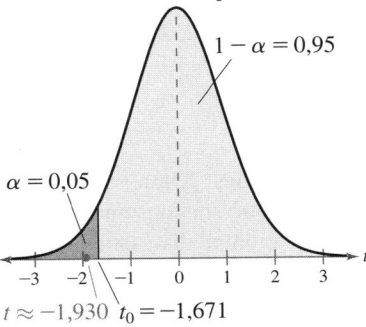

Interpretação   Há evidência suficiente, ao nível de significância de 5%, para concordar com a afirmação do fabricante de que o custo médio de operação por milha de seus sedans é menor que o do principal concorrente.

Tente você mesmo 2

Um fabricante afirma que o custo médio de operação por milha de suas minivans é menor que o do principal concorrente. Você conduz um estudo usando 34 minivans selecionadas aleatoriamente do fabricante e 38 do principal concorrente. Os resultados estão na Tabela 8.10. Com $\alpha = 0{,}10$, você pode confirmar a afirmação do fabricante? Suponha que as variâncias populacionais são iguais. (*Adaptado de: American Automobile Association.*)

> **Dica de estudo**
>
> É importante notar que, quando se usa uma TI-84 Plus para o teste t com duas amostras, é preciso selecionar opção de inclusão *Pooled: Yes* quando as variâncias são consideradas iguais.

Tabela 8.10 Estatísticas amostrais para os custos operacionais das minivans.

Fabricante	Concorrente
$\bar{x}_1 = \$0{,}56 / \text{mi}$	$\bar{x}_2 = \$0{,}58 / \text{mi}$
$s_1 = \$0{,}08 / \text{mi}$	$s_2 = \$0{,}07 / \text{mi}$
$n_1 = 34$	$n_2 = 38$

a. Identifique a afirmação e formule H_0 e H_a.
b. Identifique o nível de significância α e os graus de liberdade.
c. Determine os valores críticos e identifique as regiões de rejeição.
d. Calcule a estatística de teste padronizada t. Esboce um gráfico.
e. Decida se rejeita a hipótese nula.
f. Interprete a decisão no contexto da afirmação original.

8.2 Exercícios

Construindo habilidades básicas e vocabulário

1. Quais condições são necessárias a fim de utilizar o teste t para testar a diferença entre duas médias populacionais?

2. Explique como realizar um teste t com duas amostras para testar a diferença entre duas médias populacionais.

Nos exercícios 3 a 8, use a Tabela B.5 no Apêndice B para encontrar o(s) valor(es) crítico(s) para a hipótese alternativa, nível de significância α e amostras de tamanho n_1 e n_2. Suponha que as amostras são aleatórias e independentes, as populações são normalmente distribuídas e as variâncias populacionais são (a) iguais e (b) não iguais.

3. $H_a: \mu_1 \neq \mu_2, \alpha = 0{,}10, n_1 = 11, n_2 = 14$.
4. $H_a: \mu_1 > \mu_2, \alpha = 0{,}01, n_1 = 12, n_2 = 15$.
5. $H_a: \mu_1 < \mu_2, \alpha = 0{,}05, n_1 = 7, n_2 = 11$.
6. $H_a: \mu_1 \neq \mu_2, \alpha = 0{,}01, n_1 = 19, n_2 = 22$.
7. $H_a: \mu_1 > \mu_2, \alpha = 0{,}05, n_1 = 13, n_2 = 8$.
8. $H_a: \mu_1 < \mu_2, \alpha = 0{,}10, n_1 = 30, n_2 = 32$.

Nos exercícios 9 a 12, teste a afirmação sobre a diferença entre duas médias populacionais μ_1 e μ_2 ao nível de significância α. Suponha que as amostras são aleatórias e independentes e que as populações são normalmente distribuídas. Se for conveniente, use tecnologia.

9. Afirmação: $\mu_1 = \mu_2$; $\alpha = 0{,}01$. Suponha que $\sigma_1^2 = \sigma_2^2$.
Estatísticas amostrais: $\bar{x}_1 = 33{,}7; s_1 = 3{,}5; n_1 = 12$ e $\bar{x}_2 = 35{,}5; s_2 = 2{,}2; n_2 = 17$.

10. Afirmação: $\mu_1 < \mu_2$; $\alpha = 0{,}10$. Suponha que $\sigma_1^2 = \sigma_2^2$.
Estatísticas amostrais: $\bar{x}_1 = 0{,}345; s_1 = 0{,}305; n_1 = 11$ e $\bar{x}_2 = 0{,}515; s_2 = 0{,}215; n_2 = 9$.

11. Afirmação: $\mu_1 \leq \mu_2$; $\alpha = 0{,}05$. Suponha que $\sigma_1^2 \neq \sigma_2^2$.
Estatísticas amostrais: $\bar{x}_1 = 2.410; s_1 = 175; n_1 = 13$ e $\bar{x}_2 = 2.305; s_2 = 52; n_2 = 10$.

12. Afirmação: $\mu_1 > \mu_2$; $\alpha = 0{,}01$. Suponha que $\sigma_1^2 \neq \sigma_2^2$.
Estatísticas amostrais: $\bar{x}_1 = 52; s_1 = 4{,}8; n_1 = 32$ e $\bar{x}_2 = 50; s_2 = 1{,}2; n_2 = 40$.

Usando e interpretando conceitos

Testando a diferença entre duas médias *Nos exercícios 13 a 22, (a) identifique a afirmação e formule H_0 e H_a, (b) encontre o(s) valor(es) crítico(s) e identifique a(s) região(ões) de rejeição, (c) calcule a estatística de teste padronizada t, (d) decida se rejeita ou não a hipótese nula e (e) interprete a decisão no contexto da afirmação original. Suponha que as amostras são aleatórias e independentes, e que as populações são normalmente distribuídas. Se for conveniente, use tecnologia.*

13. **Alimentação de animal de estimação** Uma associação para animais de estimação afirma que o custo médio anual de alimentação para cães e gatos é o mesmo. Os resultados para amostras dos dois tipos de animais de estimação são mostrados na tabela a seguir. Para $\alpha = 0{,}10$, você pode rejeitar a afirmação da associação? Suponha que as variâncias populacionais não são iguais. (*Adaptado de: American Pet Products Association.*)

Estatísticas amostrais para os custos anuais de alimentação

Cães	Gatos
$\bar{x}_1 = \$ 239$	$\bar{x}_2 = \$ 203$
$s_1 = \$ 32$	$s_2 = \$ 21$
$n_1 = 16$	$n_2 = 18$

14. **Transações** Uma revista afirma que a quantia média gasta por um consumidor no Burger Stop é maior que a quantia média gasta no Fry World. Os resultados das amostras das transações de consumidores nas duas lanchonetes estão na tabela a seguir. Para um nível de significância $\alpha = 0{,}05$, você pode aceitar a afirmação da revista? Suponha que as variâncias populacionais são iguais.

Estatísticas amostrais para a quantia gasta por consumidores

Burger Stop	Fry World
$\bar{x}_1 = \$ 5{,}46$	$\bar{x}_2 = \$ 5{,}12$
$s_1 = \$ 0{,}89$	$s_2 = \$ 0{,}79$
$n_1 = 22$	$n_2 = 30$

15. ***Zalembius rosaceus*** Um biólogo marinho afirma que o comprimento médio da fêmea adulta do peixe *Zalembius rosaceus* é diferente no outono e no inverno. Uma amostra de 26 fêmeas adultas do *Zalembius rosaceus* coletada no outono apresenta um comprimento médio de 127 mm e um desvio padrão de 14 mm. Uma amostra de 31 fêmeas adultas do *Zalembius rosaceus* coletada no inverno apresenta um comprimento médio de 117 mm e um desvio padrão de 9 mm. Para $\alpha = 0{,}01$, você pode aceitar a afirmação do biólogo marinho? Suponha que as variâncias populacionais são iguais. (*Fonte: Fishery Bulletin.*)

16. **Siris-azuis** Um pesquisador afirma que cabe mais peixes no estômago dos siris-azuis da área A do que nos da área B. A capacidade estomacal de uma amostra de 25 siris-azuis da área A tem uma média de 320 mg de peixe e um desvio padrão de 60 mg. A capacidade estomacal de uma amostra de 15 siris-azuis da área B tem uma média de 280 mg de peixe e um desvio padrão de 80 mg. Para $\alpha = 0{,}01$, você pode concordar com a afirmação do pesquisador? Suponha que as variâncias populacionais são iguais.

17. Rendimento anual Um diretor de pessoal afirma que o rendimento domiciliar médio é maior no condado de Allegheny do que no condado de Erie County. No condado de Allegheny, uma amostra de 19 moradores tem um rendimento domiciliar médio de US$ 49.700 e um desvio padrão de US$ 8.800. No condado de Erie, uma amostra de 15 moradores tem um rendimento domiciliar médio de US$ 42.000 e um desvio padrão de US$ 5.100. Para um nível de significância $\alpha = 0,05$, você pode aceitar a afirmação do diretor de pessoal? Suponha que as variâncias populacionais não são iguais. (*Adaptado de: U.S. Census Bureau.*)

18. Rendimento anual Um diretor de pessoal do Havaí afirma que o rendimento domiciliar médio é o mesmo nos condados de Kauai e Maui. No condado de Kauai, uma amostra de 18 moradores tem um rendimento domiciliar médio de US$ 56.900 e um desvio padrão de US$ 12.100. No condado de Maui, uma amostra de 20 moradores tem um rendimento domiciliar médio de US$ 57.800 e um desvio padrão de US$ 8.000. Para $\alpha = 0,10$, você pode rejeitar a afirmação do diretor de pessoal? Suponha que as variâncias populacionais não são iguais. (*Adaptado de: U.S. Census Bureau.*)

19. Resistência à tração A resistência à tração de um metal é uma medida de sua capacidade para resistir à deformação quando puxado longitudinalmente. Um novo tipo de tratamento experimental produziu barras de aço com as resistências à tração (em newtons por milímetro quadrado[N/mm²]) listadas.

Método experimental:

| 391 | 383 | 333 | 378 | 368 |
| 401 | 339 | 376 | 366 | 348 |

O método antigo produzia barras de aço com as resistências à tração (em N/mm²) listadas a seguir.

Método antigo:

| 362 | 382 | 368 | 398 | 381 | 391 | 400 |
| 410 | 396 | 411 | 385 | 385 | 395 | |

Para $\alpha = 0,01$, você pode concordar com a afirmação de que o novo tratamento faz diferença na resistência à tração das barras de aço? Suponha que as variâncias populacionais são iguais.

20. Resistência à tração Um engenheiro quer comparar a resistência à tração de barras de metal que são produzidas usando um método convencional e um método experimental. (A resistência à tração é uma medida de sua capacidade para resistir à deformação quando puxado longitudinalmente.) Para tal, o engenheiro seleciona aleatoriamente barras de metal que são fabricadas usando cada método, e registra as resistências à tração (em N/mm²) listadas abaixo.

Método experimental:

| 395 | 389 | 421 | 394 | 407 | 411 | 389 | 402 | 422 |
| 416 | 402 | 408 | 400 | 386 | 411 | 405 | 389 | |

Método convencional:

| 362 | 352 | 380 | 382 | 413 | 384 | 400 |
| 378 | 419 | 379 | 384 | 388 | 372 | 383 |

Para $\alpha = 0,10$, o engenheiro pode concordar com a afirmação de que o método experimental produz metal com uma resistência à tração média maior? Suponha que as variâncias populacionais não são iguais.

21. Métodos de ensino Um novo método de ensino de leitura está sendo testado com estudantes do terceiro ano. Um grupo de estudantes do terceiro ano é ensinado a partir de um novo currículo. Um grupo controle de estudantes do terceiro ano é ensinado ao partir do currículo antigo. As notas do teste de leitura para os dois grupos são mostradas no diagrama de ramo e folhas lado a lado a seguir:

Currículo antigo		Currículo novo
9	3	
9 9	4	3
9 8 8 4 3 3 2 1	5	2 4
7 6 4 2 2 1 0 0	6	0 1 1 4 7 7 7 7 8 9 9
	7	0 1 1 2 3 3 4 9
	8	2 4

Chave: $9|4|3 = 49$ para o currículo antigo e 43 para o currículo novo.

Para $\alpha = 0,10$, há evidência suficiente para concordar com a afirmação de que o novo método de ensino de leitura produz nas provas notas superiores às do método antigo? Assuma que as variâncias populacionais são iguais.

22. Métodos de ensino Dois métodos de ensino e seus efeitos nas notas das provas de ciências estão sendo revisados. Um grupo de estudantes é ensinado em sessões tradicionais de laboratório. Um segundo grupo de estudantes é ensinado usando um software de simulação interativa. As notas das provas de ciências dos dois grupos são mostradas no diagrama de ramo e folhas lado a lado a seguir:

Laboratório tradicional		Software de simulação interativa
	4	6
9 9 8 8 7 6 6 3 2 1 0	7	0 4 5 5 7 7 8
9 8 5 1 1 1 0 0	8	0 0 3 4 7 8 8 9 9
2 0	9	1 3 9

Chave: $0|9|1 = 90$ para o tradicional e 91 para o interativo.

Para $\alpha = 0,05$, você pode concordar com a afirmação de que a nota média dos testes de ciências é mais baixa para estudantes ensinados pelo método tradicional de laboratório do que para estudantes ensinados com o uso do software de simulação interativa? Suponha que as variâncias populacionais são iguais.

Expandindo conceitos

Construindo intervalos de confiança para $\mu_1 - \mu_2$ *Quando a distribuição amostral para $\bar{x}_1 - \bar{x}_2$ é aproximada por uma distribuição t e as variâncias populacionais não são iguais, você pode construir um intervalo de confiança para $\mu_1 - \mu_2$, conforme mostrado a seguir:*

$$(\bar{x}_1-\bar{x}_2)-t_c\sqrt{\frac{s_1^2}{n_1}+\frac{s_2^2}{n_2}}<\mu_1-\mu_2<(\bar{x}_1-\bar{x}_2)+t_c\sqrt{\frac{s_1^2}{n_1}+\frac{s_2^2}{n_2}}$$

em que g.l. é o menor de n_1-1 e n_2-1.

Nos exercícios 23 e 24, construa o intervalo de confiança indicado para $\mu_1-\mu_2$. Suponha que as populações são aproximadamente normais com variâncias desiguais.

23. **Golfe** Para comparar as distâncias médias das tacadas de dois jogadores de golfe, você seleciona aleatoriamente diversas tacadas de cada jogador. Os resultados estão na tabela a seguir. Construa um intervalo de confiança de 90% para a diferença nas distâncias médias das tacadas para os dois jogadores.

Estatísticas amostrais para as distâncias das tacadas

Jogador 1	Jogador 2
$\bar{x}_1=267$ jardas	$\bar{x}_2=244$ jardas
$s_1=6$ jardas	$s_2=12$ jardas
$n_1=9$	$n_2=5$

24. **Elefantes** Para comparar a expectativa de vida média dos elefantes africanos na selva e no zoológico, você seleciona aleatoriamente diversas expectativas de vida em ambas as localidades. Os resultados estão na tabela a seguir. Construa um intervalo de confiança para 95% para a diferença na expectativa de vida média dos elefantes na selva e no zoológico. (*Adaptado de: Science Magazine.*)

Estatísticas amostrais para a expectativa de vida dos elefantes africanos

Selva	Zoológico
$\bar{x}_1=56{,}0$ anos	$\bar{x}_2=16{,}9$ anos
$s_1=8{,}6$ anos	$s_2=3{,}8$ anos
$n_1=20$	$n_2=12$

Construindo intervalos de confiança para $\mu_1-\mu_2$

Quando a distribuição amostral para $\bar{x}_1-\bar{x}_2$ é aproximada por uma distribuição t e as populacionais têm variâncias iguais, você pode construir um intervalo de confiança para $\mu_1-\mu_2$ conforme mostrado a seguir:

$$(\bar{x}_1-\bar{x}_2)-t_c\hat{\sigma}\cdot\sqrt{\frac{1}{n_1}+\frac{1}{n_2}}<\mu_1-\mu_2<(\bar{x}_1-\bar{x}_2)+t_c\hat{\sigma}\cdot\sqrt{\frac{1}{n_1}+\frac{1}{n_2}}$$

em que $\hat{\sigma}=\sqrt{\dfrac{(n_1-1)s_1^2+(n_2-1)s_2^2}{n_1+n_2-2}}$ e g.l. $=n_1+n_2-2$.

Nos exercícios 25 e 26, construa o intervalo de confiança indicado para $\mu_1-\mu_2$. Suponha que as populações são aproximadamente normais com variâncias iguais.

25. **Tempos de espera para transplante de rim** Para comparar os tempos médios de espera para um transplante de rim para duas faixas etárias, você seleciona aleatoriamente diversas pessoas em cada faixa etária que realizaram um transplante de rim. Os resultados estão na tabela a seguir. Construa um intervalo de confiança de 95% para a diferença nos tempos médios de espera para um transplante de rim para as duas faixas etárias. (*Adaptado de: Organ Procurement and Transplantation Network.*)

Estatísticas amostrais dos tempos de espera para transplantes de rim

35 – 49	50 – 64
$\bar{x}_1=1.805$ dias	$\bar{x}_2=1.629$ dias
$s_1=166$ dias	$s_2=204$ dias
$n_1=21$	$n_2=11$

26. **Comparando medicamentos contra o câncer** Em um estudo, dois grupos de pacientes com câncer colorretal são tratados com medicamentos diferentes. O grupo A é tratado com o medicamento Irinotecan e o grupo B com Fluorouracil. Os resultados do estudo para o número de meses nos quais os grupos relataram não sentir dor causada pelo câncer são mostrados na tabela a seguir. Construa um intervalo de confiança de 99% para a diferença no número médio de meses sem dor causada pelo câncer para os dois medicamentos. (*Adaptado de: The Lancet.*)

Estatísticas amostrais dos números de meses sem dor para os dois grupos de medicamentos contra o câncer

Irinotecan	Fluorouracil
$\bar{x}_1=10{,}3$ meses	$\bar{x}_2=8{,}5$ meses
$s_1=1{,}2$ mês	$s_2=1{,}5$ mês
$n_1=52$	$n_2=50$

Estudo de caso

Como a proteína afeta o ganho de peso em comedores compulsivos

Em um estudo publicado no *Journal of the American Medical Association*, três grupos de participantes de 18 a 35 anos de idade comeram em demasia por um período de 8 semanas. Os grupos consumiram diferentes níveis de proteína em suas dietas. A dieta do grupo de baixa proteína era 5% de proteína, a do grupo de proteína normal era 15% de proteína e a do grupo de alta proteína era 25% de proteína. O estudo descobriu que o grupo de baixa proteína ganhou consideravelmente menos peso que os grupos de proteína normal ou de alta proteína.

Você é um cientista trabalhando em uma empresa de pesquisa de saúde e quer replicar o experimento. Você conduz um experimento similar durante um período de 8 semanas. Os resultados são mostrados na Tabela 8.11.

Tabela 8.11 Estatísticas amostrais dos ganhos de peso (após 8 semanas) dos três grupos.

	Grupo de baixa proteína	Grupo de proteína normal	Grupo de alta proteína
Ganho de peso (após 8 semanas)	$\bar{x}_1 = 6{,}8$ libras $s_1 = 1{,}7$ libra $n_1 = 12$	$\bar{x}_2 = 13{,}5$ libras $s_2 = 2{,}5$ libras $n_2 = 16$	$\bar{x}_3 = 14{,}2$ libras $s_3 = 2{,}1$ libras $n_3 = 15$

Exercícios

Nos exercícios 1 a 3, realize um teste t com duas amostras para determinar se os ganhos médios de peso dos dois estudos indicados são diferentes. Suponha que as populações são normalmente distribuídas e as variâncias populacionais são iguais. Para cada exercício, escreva suas conclusões com uma frase. Use $\alpha = 0{,}05$.

1. Teste os ganhos de peso do grupo de baixa proteína contra aqueles no grupo de proteína normal.
2. Teste os ganhos de peso do grupo de baixa proteína contra aqueles no grupo de alta proteína.
3. Teste os ganhos de peso do grupo de proteína normal contra aqueles no grupo de alta proteína.
4. Em quais comparações nos Exercícios 1 a 3 você encontrou diferença significativa no ganho de peso? Escreva um resumo de suas descobertas.
5. Construa num intervalo de confiança de 95% para $\mu_1 - \mu_2$, em que μ_1 é o ganho médio de peso no grupo de proteína normal e μ_2 é o ganho médio de peso no grupo de alta proteína. Suponha que as populações são normalmente distribuídas e as variâncias populacionais são iguais. (Veja *Expandindo conceitos* nos exercícios da Seção 8.2.)

> **O que você deve aprender**
> - Como realizar um teste t para testar a média das diferenças para uma população de dados emparelhados.

8.3 Testando a diferença entre médias (amostras dependentes)

O teste t para a diferença entre médias

O teste *t* para a diferença entre médias

Nas seções 8.1 e 8.2, você realizou testes de hipóteses com duas amostras independentes usando a estatística de teste $\bar{x}_1 - \bar{x}_2$ (a diferença entre as médias de duas amostras). Para realizar um teste de hipótese usando duas amostras dependentes, você usará uma técnica diferente. Você calculará primeiro a diferença d entre os elementos de cada par de dados:

d = (valor do dado na primeira amostra) − (correspondente valor do dado na segunda amostra).

A estatística de teste é a média $\bar{d}$ dessas diferenças

$$\bar{d} = \frac{\Sigma d}{n}.$$ Média das diferenças entre valores de dados emparelhados nas amostras dependentes.

As seguintes condições são necessárias para conduzir o teste:

1. As amostras são selecionadas aleatoriamente.
2. As amostras são dependentes (emparelhadas).
3. As populações são normalmente distribuídas *ou* o número n de pares de dados é pelo menos 30.

Quando essas condições são satisfeitas, a **distribuição amostral para $\bar{d}$, a média das diferenças dos valores dos dados emparelhadas nas amostras dependentes**, é aproximada por uma distribuição t com $n − 1$ graus de liberdade, em que n é o número de pares de dados (veja a Figura 8.12).

Figura 8.12 Distribuição de $\bar{d}$ e valores críticos na escala t, para um teste bilateral.

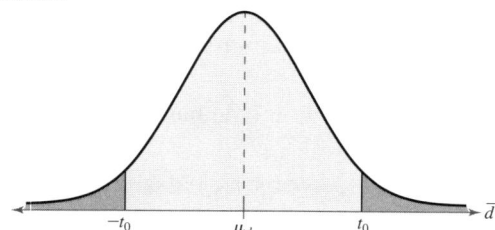

> **Dica de estudo**
> Lembre-se, da Seção 8.1, que duas amostras são dependentes quando cada elemento de uma amostra corresponde a um elemento da outra amostra.

Os símbolos listados na Tabela 8.12 são usados para o teste t para μ_d. Embora sejam dadas fórmulas para a média e o desvio padrão de diferenças, você deve usar tecnologia para calcular essas estatísticas.

Tabela 8.12 Elementos utilizados no teste t para μ_d.

Símbolo	Descrição
n	O número de pares de dados.
d	A diferença entre os valores em um par de dados.
μ_d	A média hipotética das diferenças de dados emparelhados na população.
$\bar{d}$	A média das diferenças entre os valores dos dados emparelhados nas amostras dependentes $\bar{d} = \frac{\Sigma d}{n}.$

(continua)

(continuação)

s_d	O desvio padrão das diferenças entre os valores dos dados emparelhados nas amostras dependentes $s_d = \sqrt{\dfrac{\Sigma (d - \bar{d})^2}{n - 1}}.$

Quando você usa uma distribuição t para aproximar a distribuição amostral para $\bar{d}$, a média das diferenças entre os valores dos pares de dados emparelhados, você pode usar um teste t para testar a afirmação sobre a média das diferenças para uma população de dados emparelhados.

Teste t para a diferença entre duas médias

Um teste t pode ser usado para testar a diferença entre duas médias populacionais quando as condições a seguir são satisfeitas:

1. As amostras são aleatórias.
2. As amostras são dependentes (emparelhadas).
3. As populações são normalmente distribuídas *ou* $n \geq 30$.

A **estatística de teste** é:

$$\bar{d} = \frac{\Sigma d}{n}$$

e a **estatística de teste padronizada** é:

$$t = \frac{\bar{d} - \mu_d}{s_d / \sqrt{n}}.$$

Os graus de liberdade são:

g.l. = $n - 1$.

Instruções

Usando o teste t para a diferença entre duas médias (amostras dependentes)

EM PALAVRAS	EM SÍMBOLOS
1. Verifique se as amostras são aleatórias e dependentes e as populações são normalmente distribuídas *ou* $n \geq 30$.	
2. Expresse a afirmação verbal e matematicamente. Identifique as hipóteses nula e alternativa.	Formule H_0 e H_a.
3. Especifique o nível de significância.	Identifique α.
4. Determine os graus de liberdade.	g.l. = $n - 1$
5. Determine o(s) valor(es) crítico(s).	Use a Tabela B.5 do Apêndice B.
6. Determine a(s) região(ões) de rejeição.	
7. Calcule $\bar{d}$ e s_d.	$\bar{d} = \dfrac{\Sigma d}{n}$ $s_d = \sqrt{\dfrac{\Sigma (d - \bar{d})^2}{n - 1}}$

Dica de estudo

Você também pode calcular o desvio padrão das diferenças entre os valores dos dados emparelhados usando a fórmula abreviada:

$$s_d = \sqrt{\frac{\Sigma d^2 - \left[\dfrac{(\Sigma d)^2}{n}\right]}{n - 1}}.$$

Retratando o mundo

O fabricante de um inibidor de apetite afirma que quando o seu produto é consumido enquanto se segue uma dieta de baixa gordura, com exercícios regulares, por 4 meses, a perda média de peso é de 20 libras. Para testar essa afirmação, você estudou 12 pessoas que fazem dieta, selecionadas aleatoriamente, tomando um inibidor de apetite por 4 meses. As pessoas seguiram uma dieta de baixa gordura, com exercícios regulares durante os 4 meses. Os resultados estão na tabela a seguir. (*Adaptado de: NetHealth, Inc.*)

Pesos (em libras) dos 12 participantes

	Peso original	Peso após 4 meses
1	185	168
2	194	177
3	213	196
4	198	180
5	244	229
6	162	144
7	211	197
8	273	252
9	178	161
10	192	178
11	181	161
12	209	193

Para $\alpha = 0{,}10$, o seu estudo fornece evidência suficiente para rejeitar a afirmação do fabricante? Suponha que os pesos são normalmente distribuídos.

8. Calcule a estatística de teste padronizada e resuma a distribuição amostral.

$$t = \frac{\bar{d} - \mu_d}{s_d/\sqrt{n}}$$

9. Tome uma decisão para rejeitar ou não rejeitar a hipótese nula. Se t está na região de rejeição, rejeitar H_0. Caso contrário, não rejeitar H_0.

10. Interprete a decisão no contexto da afirmação original.

Veja o passo a passo do Minitab na página 433.

Exemplo 1

O teste t para a diferença entre duas médias

Um fabricante de calçados afirma que os atletas podem aumentar a altura de seus saltos verticais usando o calçado de treinamento do fabricante. As alturas dos saltos verticais de oito atletas aleatoriamente selecionados são medidas. Após usarem os calçados por 8 meses, suas alturas nos saltos verticais são novamente medidas. As alturas dos saltos verticais (em polegadas) para cada atleta estão na Tabela 8.13. Para $\alpha = 0{,}10$, há evidência suficiente para aceitar a afirmação do fabricante? Suponha que as alturas dos saltos verticais são normalmente distribuídas. (*Adaptado de: Coaches Sports Publishing.*)

Tabela 8.13 Alturas dos saltos verticais dos atletas antes e após o uso do calçado de treinamento.

Atleta	1	2	3	4	5	6	7	8
Altura do salto vertical (antes de usar o calçado)	24	22	25	28	35	32	30	27
Altura do salto vertical (após usar o calçado)	26	25	25	29	33	34	35	30

Solução

Como as amostras são aleatórias e dependentes, e as populações, normalmente distribuídas, você pode usar o teste t. A afirmação é que "os atletas podem aumentar a altura de seus saltos verticais". Em outras palavras, o fabricante afirma que a altura do salto vertical de um atleta antes de usar o calçado será menor que a altura após usar o calçado. Cada diferença é dada por:

$d =$ (altura do salto antes do calçado) $-$ (altura do salto após o calçado).

As hipóteses nula e alternativa são:

$H_0: \mu_d \geq 0$ e $H_a: \mu_d < 0$. (Afirmação.)

Como o teste é unilateral à esquerda, $\alpha = 0{,}10$ e g.l. $= 8 - 1 = 7$, o valor crítico é $t_0 = -1{,}415$. A região de rejeição é $t < -1{,}415$. Usando a Tabela 8.14, você pode calcular $\bar{d}$ e s_d conforme mostrado. Note que a fórmula abreviada é usada para calcular o desvio padrão.

$$\bar{d} = \frac{\Sigma d}{n} = \frac{-14}{8} = -1{,}75.$$

$$s_d = \sqrt{\frac{\Sigma d^2 - \left[\frac{(\Sigma d)^2}{n}\right]}{n-1}} = \sqrt{\frac{56 - \frac{(-14)^2}{8}}{8-1}} \approx 2{,}1213.$$

Tabela 8.14 Alturas dos saltos antes e após cálculos intermediários para obtenção das medidas de interesse.

Antes	Depois	d	d^2
24	26	−2	4
22	25	−3	9
25	25	0	0
28	29	−1	1
35	33	2	4
32	34	−2	4
30	35	−5	25
27	30	−3	9
		$\Sigma = -14$	$\Sigma = 56$

A estatística de teste padronizada é:

$$t = \frac{\bar{d} - \mu_d}{s_d/\sqrt{n}}$$

$$\approx \frac{-1{,}75 - 0}{2{,}1213/\sqrt{8}}$$

$$\approx -2{,}333.$$

A Figura 8.13 mostra a localização da região de rejeição e a estatística de teste padronizada t. Como t está na região de rejeição, você rejeita a hipótese nula.

> **Dica de estudo**
>
> Você também pode usar tecnologia e um valor p para realizar um teste de hipótese para a diferença entre médias. No Exemplo 1, você pode inserir os dados no Minitab (como mostrado na página 433) e encontrar $p = 0{,}026$. Como $p < \alpha$, você rejeita a hipótese nula.

Figura 8.13 Distribuição t, valores crítico e da estatística de teste padronizada localizada na região de rejeição de H_0.

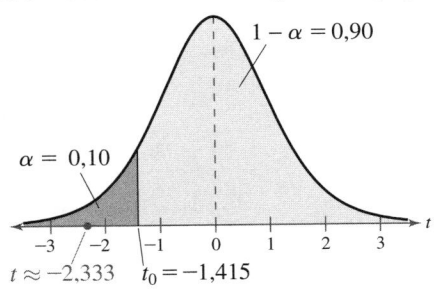

Interpretação Há evidência suficiente, ao nível de significância de 10%, para concordar com a afirmação do fabricante de calçados de que os atletas podem aumentar a altura de seus saltos verticais usando o calçado de treinamento do fabricante.

Tente você mesmo 1

Um fabricante de calçados afirma que os atletas podem diminuir seus tempos na corrida de 40 jardas, usando o calçado de treinamento que ele produz. Os tempos na corrida de 40 jardas de 12 atletas aleatoriamente selecionados são medidos. Após usarem os calçados por 8 meses, os seus tempos na corrida de 40 jardas são novamente medidos. Os tempos (em segundos) estão na Tabela 8.15. Com $\alpha = 0{,}05$, há evidência suficiente para aceitar a afirmação do fabricante? Suponha que os tempos são normalmente distribuídos. (*Adaptado de: Coaches Sports Publishing.*)

a. Identifique a afirmação e formule H_0 e H_a.
b. Identifique o nível de significância α e os graus de liberdade.
c. Encontre o valor crítico e identifique a região de rejeição.
d. Calcule $\bar{d}$ e s_d.
e. Calcule a estatística de teste padronizada t. Esboce um gráfico.
f. Decida se rejeita a hipótese nula.
g. Interprete a decisão no contexto da afirmação original.

Tabela 8.15 Tempos de corrida antes e após o uso do calçado de treinamento.

Antes	Depois
4,85	4,78
4,90	4,90
5,08	5,05
4,72	4,65
4,62	4,64
4,54	4,50
5,25	5,24
5,18	5,27
4,81	4,75
4,57	4,43
4,63	4,61
4,77	4,82

Note no Exemplo 1 que é possível que a altura do salto vertical tenha melhorado por outras razões. Muitas propagandas fazem mau uso dos resultados estatísticos sugerindo uma relação de causa e efeito que não foi fundamentada pelo teste.

Dica de estudo

Uma maneira de usar tecnologia para realizar um teste de hipótese para a diferença entre médias é inserir os dados em duas colunas e formar uma terceira coluna na qual você calcula a diferença para cada par. Você pode agora realizar um teste *t* para uma amostra na coluna de diferença, como mostrado no Capítulo 7.

Exemplo 2

O teste *t* para a diferença entre médias

A equipe de campanha de um deputado estadual quer determinar se a avaliação do desempenho do deputado (0 – 100) mudou do ano passado para o atual. A Tabela 8.16 mostra as avaliações do desempenho do deputado, dos mesmos 16 eleitores selecionados aleatoriamente, no ano passado e no atual. Para $\alpha = 0{,}01$, há evidência suficiente para concluir que a avaliação do desempenho do deputado mudou? Suponha que as avaliações do desempenho são normalmente distribuídas.

Tabela 8.16 Avaliações de eleitores em dois momentos da campanha eleitoral do candidato.

Eleitor	1	2	3	4	5	6	7	8
Avaliação (ano passado)	60	54	78	84	91	25	50	65
Avaliação (ano atual)	56	48	70	60	85	40	40	55

Eleitor	9	10	11	12	13	14	15	16
Avaliação (ano passado)	68	81	75	45	62	79	58	63
Avaliação (ano atual)	80	75	78	50	50	85	53	60

Solução

Como as amostras são aleatórias e dependentes, e as populações, normalmente distribuídas, você pode usar o teste *t*. Se há uma alteração na avaliação do deputado, então haverá uma diferença entre a avaliação do ano passado e a do ano atual. Como o deputado quer determinar se há diferença, as hipóteses nula e alternativa são:

$H_0: \mu_d = 0$ e $H_a: \mu \neq 0$. (Afirmação.)

Como o teste é bilateral, $\alpha = 0{,}01$ e g.l. = 16 − 1 = 15, os valores críticos são $-t_0 = -2{,}947$ e $t_0 = 2{,}947$. As regiões de rejeição são $t < -2{,}947$ e $t > 2{,}947$.

Usando a Tabela 8.17, você pode calcular $\bar{d}$ e s_d conforme mostrado.

$$\bar{d} = \frac{\Sigma d}{n} = \frac{53}{16} = 3{,}3125.$$

$$s_d = \sqrt{\frac{\Sigma d^2 - \left[\frac{(\Sigma d)^2}{n}\right]}{n-1}}$$

$$= \sqrt{\frac{1.581 - \frac{53^2}{16}}{16 - 1}}$$

$$\approx 9{,}6797.$$

A estatística de teste padronizada é:

$$t = \frac{\bar{d} - \mu_d}{s_d / \sqrt{n}} \quad \text{Use o teste } t.$$

$$\approx \frac{3{,}3125 - 0}{9{,}6797 / \sqrt{16}} \quad \text{Suponha que } \mu_d = 0.$$

$$\approx 1{,}369.$$

Tabela 8.17 Avaliações antes (ano passado) e após (ano atual) e cálculos intermediários para a obtenção das medidas de interesse.

Antes	Depois	d	d²
60	56	4	16
54	48	6	36
78	70	8	64
84	60	24	576
91	85	6	36
25	40	−15	225
50	40	10	100
65	55	10	100
68	80	−12	144
81	75	6	36
75	78	−3	9
45	50	−5	25
62	50	12	144
79	85	−6	36
58	53	5	25
63	60	3	9
		Σ = 53	Σ = 1.581

A Figura 8.14 mostra a localização das regiões de rejeição e a estatística de teste padronizada t. Como t não está nas regiões de rejeição, você não rejeita a hipótese nula.

Interpretação Não há evidência suficiente, ao nível de significância de 1%, para concluir que a avaliação do desempenho do deputado mudou.

Figura 8.14 Distribuição t, valores críticos e da estatística de teste padronizada localizada na região de não rejeição de H_0.

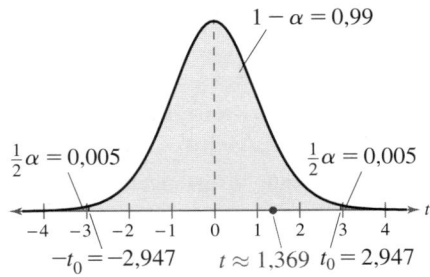

$1 - \alpha = 0,99$
$\frac{1}{2}\alpha = 0,005$
$-t_0 = -2,947 \quad t \approx 1,369 \quad t_0 = 2,947$

Tente você mesmo 2

Um médico pesquisador quer determinar se uma droga altera a temperatura do corpo. Sete indivíduos são selecionados aleatoriamente como cobaias, e a temperatura do corpo (em graus Fahrenheit) de cada um é medida. A droga é então dada aos indivíduos e, após 20 minutos, a temperatura do corpo de cada um é medida novamente. Os resultados estão listados na Tabela 8.18. Com $\alpha = 0,05$, há evidência suficiente para concluir que a droga altera a temperatura do corpo? Suponha que as temperaturas do corpo são distribuídas normalmente.

Tabela 8.18 Temperaturas inicial e final (após 20 minutos).

Indivíduo	1	2	3	4	5	6	7
Temperatura inicial	101,8	98,5	98,1	99,4	98,9	100,2	97,9
Segunda temperatura	99,2	98,4	98,2	99,0	98,6	99,7	97,8

a. Identifique a afirmação e formule H_0 e H_a.
b. Identifique o nível de significância α e os graus de liberdade.
c. Encontre os valores críticos e identifique as regiões de rejeição.
d. Calcule $\bar{d}$ e s_d.
e. Calcule a estatística de teste padronizada t. Esboce um gráfico.
f. Decida se rejeita a hipótese nula.
g. Interprete a decisão no contexto da afirmação original.

8.3 Exercícios

Construindo habilidades básicas e vocabulário

1. Quais condições são necessárias para se usar o teste t com amostras dependentes para testar a média das diferenças de uma população de dados emparelhados?

2. Explique o que os símbolos $\bar{d}$ e s_d representam.

Nos exercícios 3 a 8, teste a afirmação sobre a média das diferenças para uma população de dados emparelhados ao nível de significância α. Suponha que as amostras são aleatórias e dependentes e as populações são normalmente distribuídas.

3. Afirmação: $\mu_d < 0$; $\alpha = 0,05$.
   Estatísticas amostrais: $\bar{d} = 1,5$; $s_d = 3,2$; $n = 14$.

4. Afirmação: $\mu_d = 0$; $\alpha = 0,01$.
   Estatísticas amostrais: $\bar{d} = 3,2$; $s_d = 8,45$; $n = 8$.

5. Afirmação: $\mu_d \leq 0$; $\alpha = 0,10$.
   Estatísticas amostrais: $\bar{d} = 6,5$; $s_d = 9,54$; $n = 16$.

6. Afirmação: $\mu_d > 0$; $\alpha = 0{,}05$.
   Estatísticas amostrais: $\bar{d} = 0{,}55$; $s_d = 0{,}99$; $n = 28$.

7. Afirmação: $\mu_d \geq 0$; $\alpha = 0{,}01$.
   Estatísticas amostrais: $\bar{d} = -2{,}3$; $s_d = 1{,}2$; $n = 15$.

8. Afirmação: $\mu_d \neq 0$; $\alpha = 0{,}10$.
   Estatísticas amostrais: $\bar{d} = -1$; $s_d = 2{,}75$; $n = 20$.

Usando e interpretando conceitos

Testando a diferença entre duas médias *Nos exercícios 9 a 20, (a) identifique a afirmação e formule H_0 e H_a, (b) encontre o(s) valor(es) crítico(s) e identifique a(s) região(ões) de rejeição, (c) calcule $\bar{d}$ e s_d, (d) calcule a estatística de teste padronizada t, (e) decida se rejeita ou não rejeita a hipótese nula, e (f) interprete a decisão no contexto da afirmação original. Suponha que as amostras são aleatórias e dependentes, e as populações, normalmente distribuídas. Se for conveniente, use tecnologia.*

9. **Pneumonia** Um cientista afirma que pneumonia causa perda de peso em ratos. A tabela a seguir mostra os pesos (em gramas) de seis ratos antes e dois dias após a infecção. Para $\alpha = 0{,}01$, há evidência suficiente para concordar com a afirmação do cientista? (*Adaptado de: U.S. National Library of Medicine.*)

Rato	1	2	3	4	5	6
Peso (antes)	19,8	20,6	20,3	22,1	23,4	23,6
Peso (depois)	18,4	19,6	19,6	20,7	22,2	23,0

10. **Notas do SAT** Um instrutor de um curso preparatório para o SAT afirma que o curso melhorará as notas do teste dos estudantes. A tabela a seguir mostra as notas de leitura para 10 estudantes nas duas primeiras vezes que eles fizeram o SAT. Antes de fazer o SAT pela segunda vez, os estudantes fizeram um curso para tentar melhorar a sua nota de leitura no SAT. Para $\alpha = 0{,}01$, há evidência suficiente para aceitar a afirmação do instrutor?

Estudante	1	2	3	4	5
Nota (primeira)	300	450	350	430	300
Nota (segunda)	400	520	400	490	340

Estudante	6	7	8	9	10
Nota (primeira)	470	420	370	320	410
Nota (segunda)	580	450	400	390	450

11. **Cochilo após o almoço** Um pesquisador afirma que um cochilo após o almoço reduz o tempo que um homem leva para correr 20 m em velocidade máxima após uma noite de apenas 4 horas de sono. A tabela a seguir mostra o tempo (em segundos) que 10 homens levaram para correr 20 m em velocidade máxima após uma noite de apenas 4 horas de sono quando eles não tiraram um cochilo após o almoço e quando tiraram um cochilo. Para $\alpha = 0{,}01$, há evidência suficiente para confirmar a afirmação do pesquisador? (*Adaptado de: U.S. National Library of Medicine.*)

Homem	1	2	3	4	5
Tempo de arrancada (sem cochilo)	4,07	3,94	3,92	3,97	3,92
Tempo de arrancada (com cochilo)	3,93	3,87	3,85	3,92	3,90

Homem	6	7	8	9	10
Tempo de arrancada (sem cochilo)	3,96	4,07	3,93	3,99	4,02
Tempo de arrancada (com cochilo)	3,85	3,92	3,80	3,89	3,89

12. **Média de rebatidas** Um treinador afirma que um treinamento específico de beisebol ajudará os jogadores a aumentar suas médias de rebatidas. A tabela a seguir mostra as médias de rebatidas de 14 jogadores antes e dois meses após participarem do treinamento. Para $\alpha = 0{,}05$, há evidência suficiente para concordar com a afirmação do treinador?

Jogador	1	2	3	4
Média de rebatida (antes do treinamento)	0,290	0,275	0,278	0,310
Média de rebatida (depois do treinamento)	0,295	0,320	0,280	0,300

Jogador	5	6	7	8
Média de rebatida (antes do treinamento)	0,302	0,325	0,256	0,350
Média de rebatida (depois do treinamento)	0,298	0,330	0,260	0,345

Jogador	9	10	11	12
Média de rebatida (antes do treinamento)	0,380	0,316	0,270	0,300
Média de rebatida (depois do treinamento)	0,380	0,315	0,280	0,282

Jogador	13	14
Média de rebatida (antes do treinamento)	0,330	0,340
Média de rebatida (depois do treinamento)	0,336	0,325

13. **Dores de cabeça** Um terapeuta sugere que massagem e manipulação vertebral ajudam a reduzir o período de tempo que pacientes sofrem de dores de cabeça. A tabela a seguir mostra o número de horas por dia que 11 pacientes sofreram de dores de cabeça antes e após 7 semanas recebendo o tratamento. Para $\alpha = 0{,}01$, há evidência suficiente para aceitar a afirmação do terapeuta? (*Adaptado de: The Journal of the American Medical Association.*)

Paciente	1	2	3	4	5	6
Horas (antes)	2,8	2,4	2,8	2,6	2,7	2,9
Horas (depois)	1,6	1,3	1,6	1,4	1,5	1,6

Paciente	7	8	9	10	11
Horas (antes)	3,2	2,9	4,1	1,6	2,5
Horas (depois)	1,7	1,6	1,8	1,2	1,4

14. Força da mão Um terapeuta afirma que uma dose de 600 mg de vitamina C aumentará a resistência muscular. A tabela a seguir mostra o número de repetições feitas por 15 homens em um dinamômetro manual (mede a força da mão) até que a força em três tentativas consecutivas fosse 50% da força máxima. Para $\alpha = 0{,}05$, há evidência suficiente para aceitar a afirmação do terapeuta? (*Adaptado de: The Journal of the American Medical Association.*)

Participante	1	2	3	4	5
Repetições (usando placebo)	417	279	678	636	170
Repetições (usando vitamina C)	145	185	387	593	248

Participante	6	7	8	9	10
Repetições (usando placebo)	699	372	582	363	258
Repetições (usando vitamina C)	245	349	902	159	122

Participante	11	12	13	14	15
Repetições (usando placebo)	288	526	180	172	278
Repetições (usando vitamina C)	264	1.052	218	117	185

15. Percentual de gordura corporal Um preparador físico afirma que treinamento de alta intensidade reduz o percentual de gordura corporal das mulheres. A tabela a seguir mostra o percentual de gordura corporal de 8 mulheres antes e depois de 10 semanas de treinamento de alta intensidade. Para $\alpha = 0{,}05$, há evidência suficiente para aceitar a afirmação do preparador físico? (*Adaptado de: U.S. National Library of Medicine.*)

Mulher	1	2	3	4
Percentual de gordura (antes)	26,1	24,6	28,4	26,8
Percentual de gordura (depois)	23,1	21,6	25,4	24,8

Mulher	5	6	7	8
Percentual de gordura (antes)	23,3	22,5	27,2	25,2
Percentual de gordura (depois)	18,3	23,5	22,2	25,4

16. Percentual de gordura corporal Um preparador físico afirma que treinamento de alta intensidade reduz o percentual de gordura corporal dos homens. A tabela a seguir mostra o percentual de gordura corporal de 7 homens antes e depois de 10 semanas de treinamento de alta intensidade. Para $\alpha = 0{,}05$, há evidência suficiente para concordar com a afirmação do preparador físico? (*Adaptado de: U.S. National Library of Medicine.*)

Homem	1	2	3	4
Percentual de gordura (antes)	23,2	22,0	19,0	23,0
Percentual de gordura (depois)	18,2	22,2	19,0	19,6

Homem	5	6	7
Percentual de gordura (antes)	21,2	21,8	23,4
Percentual de gordura (depois)	18,0	17,5	19,6

17. Avaliações de produto Uma companhia afirma que as avaliações de produtos, feitas pelos consumidores (de 0 a 10), mudaram do ano passado para este ano. A tabela a seguir mostra as avaliações de produtos da companhia, dos mesmos oito consumidores, para o ano passado e este ano. Para $\alpha = 0{,}05$, há evidência suficiente para aceitar a afirmação da companhia?

Consumidor	1	2	3	4
Avaliação (ano passado)	5	7	2	3
Avaliação (este ano)	5	9	4	6

Consumidor	5	6	7	8
Avaliação (ano passado)	9	10	8	7
Avaliação (este ano)	9	9	9	8

18. Pontos por jogo As médias de pontuação (em pontos por jogo) de 10 jogadores profissionais de basquete em suas primeira e segunda temporadas são mostradas na tabela a seguir. Para $\alpha = 0{,}10$, há evidência suficiente para concordar com a afirmação de que as pontuações médias mudaram? (*Fonte: National Basketball Association.*)

Jogador	1	2	3	4	5
Pontos por jogo (primeira)	18,5	13,9	16,1	15,3	16,8
Pontos por jogo (segunda)	17,5	14,7	16,9	16,3	20,4

Jogador	6	7	8	9	10
Pontos por jogo (primeira)	13,0	11,9	11,8	11,1	11,1
Pontos por jogo (segunda)	18,9	14,6	6,3	14,2	12,5

19. Níveis de colesterol Um fabricante de alimentos afirma que a ingestão de seu novo cereal como parte de uma dieta diária diminui os níveis de colesterol total no sangue. A tabela a seguir mostra os níveis de colesterol total no sangue (em mg/dl de sangue) de sete pacientes antes e após um ano de ingestão do cereal como parte de suas dietas. Para $\alpha = 0{,}05$, há evidência suficiente para concordar com a afirmação do fabricante de alimentos?

Paciente	1	2	3	4
Nível de colesterol total no sangue (antes)	210	225	240	250
Nível de colesterol total no sangue (depois)	200	220	245	248

Paciente	5	6	7
Nível de colesterol total no sangue (antes)	255	270	235
Nível de colesterol total no sangue (depois)	252	268	232

20. Trilha de obstáculos Em um programa de televisão, oito competidores tentam perder o maior percentual de peso a fim de ganhar um prêmio em dinheiro. Como parte do programa, os competidores são cronometrados ao seguirem uma trilha de obstáculos. A tabela a seguir mostra os tempos (em segundos) dos competidores no início e no final da temporada. Para $\alpha = 0{,}01$, há evidência suficiente para suportar a afirmação de que os tempos dos competidores mudaram?

Competidor	1	2	3	4
Tempo (início)	130,2	104,8	100,1	136,4
Tempo (final)	121,5	100,7	90,2	135,0

Competidor	5	6	7	8
Tempo (início)	125,9	122,6	150,4	158,2
Tempo (final)	112,1	120,5	139,8	142,9

Expandindo conceitos

21. No Exercício 15, use tecnologia para realizar um teste de hipótese usando o valor p. Compare seu resultado com o resultado obtido usando regiões de rejeição. Eles são os mesmos?

22. No Exercício 18, use tecnologia para realizar um teste de hipótese usando o valor p. Compare seu resultado com o resultado obtido usando regiões de rejeição. Eles são os mesmos?

Construindo intervalos de confiança para μ_d Para construir um intervalo de confiança para μ_d, use a desigualdade abaixo:

$$\bar{d} - t_c \frac{s_d}{\sqrt{n}} < \mu_d < \bar{d} + t_c \frac{s_d}{\sqrt{n}}.$$

Nos exercícios 23 e 24, construa o intervalo de confiança para μ_d indicado. Suponha que as populações são normalmente distribuídas.

23. Teste de droga Um especialista em distúrbios do sono quer testar a eficácia de uma nova droga que é relatada por aumentar o número de horas de sono de pacientes durante a noite. Para tanto, o especialista seleciona aleatoriamente 16 pacientes e registra o número de horas de sono de cada um com e sem a nova droga. A tabela a seguir mostra os resultados de duas noites de estudo. Construa um intervalo de confiança de 90% para μ_d.

Paciente	1	2	3	4	5	6
Horas de sono (sem a droga)	1,8	2,0	3,4	3,5	3,7	3,8
Horas de sono (com a droga)	3,0	3,6	4,0	4,4	4,5	5,2

Paciente	7	8	9	10	11	12
Horas de sono (sem a droga)	3,9	3,9	4,0	4,9	5,1	5,2
Horas de sono (com a droga)	5,5	5,7	6,2	6,3	6,6	7,8

Paciente	13	14	15	16
Horas de sono (sem a droga)	5,0	4,5	4,2	4,7
Horas de sono (com a droga)	7,2	6,5	5,6	5,9

24. Teste fitoterápico Um especialista em distúrbios do sono quer testar se a fitoterapia aumenta o número de horas de sono de pacientes durante a noite. Para tanto, o especialista seleciona aleatoriamente 14 pacientes e registra o número de horas de sono de cada um com e sem a nova droga. A tabela a seguir mostra os resultados de duas noites de estudo. Construa um intervalo de confiança de 95% para μ_d.

Paciente	1	2	3	4	5
Horas de sono (sem o medicamento)	1,0	1,4	3,4	3,7	5,1
Horas de sono (com o medicamento)	2,9	3,3	3,5	4,4	5,0

Paciente	6	7	8	9	10
Horas de sono (sem o medicamento)	5,1	5,2	5,3	5,5	5,8
Horas de sono (com o medicamento)	5,0	5,2	5,3	6,0	6,5

Paciente	11	12	13	14
Horas de sono (sem o medicamento)	4,2	4,8	2,9	4,5
Horas de sono (com o medicamento)	4,4	4,7	3,1	4,7

8.4 Testando a diferença entre proporções

Teste z usando duas amostras para testar a diferença entre proporções

> **O que você deve aprender**
>
> - Como realizar um teste z usando duas amostras para a diferença entre duas proporções populacionais p_1 e p_2.

Teste z usando duas amostras para testar a diferença entre proporções

Nesta seção, você aprenderá a usar um teste z para testar a diferença entre duas proporções populacionais p_1 e p_2 usando uma proporção amostral de cada população. Se uma afirmação é sobre dois parâmetros populacionais p_1 e p_2, então os possíveis pares de hipóteses nula e alternativa são:

$$\begin{cases} H_0: p_1 = p_2 \\ H_a: p_1 \neq p_2 \end{cases}, \quad \begin{cases} H_0: p_1 \leq p_2 \\ H_a: p_1 > p_2 \end{cases}, \quad \text{e} \quad \begin{cases} H_0: p_1 \geq p_2 \\ H_a: p_1 < p_2 \end{cases}.$$

Independentemente de quais hipóteses você use, sempre assuma que não há diferença entre as proporções populacionais ($p_1 = p_2$). Isto é, o teste é realizado assumindo que H_0 é verdade.

Por exemplo, suponha que você queira verificar se a proporção de estudantes universitários do sexo feminino que receberam grau de bacharel em quatro anos é diferente da proporção de estudantes universitários do sexo masculino que receberam grau de bacharel em quatro anos. As condições a seguir são necessárias para usar um teste z para testar tal diferença.

> **Dica de estudo**
>
> Você também pode escrever as hipóteses nula e alternativa como mostrado a seguir.
>
> $\begin{cases} H_0: p_1 - p_2 = 0 \\ H_a: p_1 - p_2 \neq 0 \end{cases}$
>
> $\begin{cases} H_0: p_1 - p_2 \leq 0 \\ H_a: p_1 - p_2 > 0 \end{cases}$
>
> $\begin{cases} H_0: p_1 - p_2 \geq 0 \\ H_a: p_1 - p_2 < 0 \end{cases}$

1. As amostras são selecionadas aleatoriamente.
2. As amostras são independentes.
3. As amostras são grandes o suficiente para usar uma distribuição amostral normal. Isto é, $n_1 p_1 \geq 5$, $n_1 q_1 \geq 5$, $n_2 p_2 \geq 5$ e $n_2 q_2 \geq 5$.

Quando essas condições são satisfeitas, a **distribuição amostral para** $\hat{p}_1 - \hat{p}_2$, ou seja, a diferença entre as proporções amostrais, é uma distribuição normal com média:

$$\mu_{\hat{p}_1 - \hat{p}_2} = p_1 - p_2$$

e erro padrão:

$$\sigma_{\hat{p}_1 - \hat{p}_2} = \sqrt{\frac{p_1 q_1}{n_1} + \frac{p_2 q_2}{n_2}}.$$

Note que você precisa conhecer as proporções populacionais para calcular o erro padrão. Como um teste de hipótese para $p_1 - p_2$ é baseado na suposição de que $p_1 = p_2$, você pode calcular uma estimativa ponderada de p_1 e p_2 usando:

$$\bar{p} = \frac{x_1 + x_2}{n_1 + n_2}$$

em que $x_1 = n_1 \hat{p}_1$ e $x_2 = n_2 \hat{p}_2$. Com a estimativa ponderada $\bar{p}$, o erro padrão da distribuição amostral para $\hat{p}_1 - \hat{p}_2$ é:

$$\sigma_{\hat{p}_1 - \hat{p}_2} = \sqrt{\bar{p}\,\bar{q}\left(\frac{1}{n_1} + \frac{1}{n_2}\right)}$$

em que $\bar{q} = 1 - \bar{p}$.

Além disso, você precisa conhecer as proporções populacionais para verificar se as amostras são grandes o suficiente para serem aproximadas pela distribuição normal. Porém, ao determinar se o teste z pode ser usado

Dica de estudo

Os símbolos na tabela a seguir são usados no teste z para $p_1 - p_2$. Veja seções 4.2 e 5.5 para rever a distribuição binomial.

Símbolo	Descrição
p_1, p_2	Proporções populacionais.
x_1, x_2	Número de sucessos em cada amostra.
n_1, n_2	Tamanho de cada amostra.
$\hat{p}_1, \hat{p}_2$	Proporções amostrais de sucessos.
$\bar{p}$	Estimativa ponderada de p_1 e p_2.
$\bar{q}$	Estimativa ponderada de q_1 e q_2, $\bar{q} = 4 - \bar{p}$.

para a diferença entre proporções para um experimento binomial, você deve usar $\bar{p}$ no lugar de p_1 e p_2 e usar $\bar{q}$ no lugar de q_1 e q_2.

Quando a distribuição amostral para $\hat{p}_1 - \hat{p}_2$ é normal, você pode usar um teste z para testar a diferença entre duas proporções populacionais p_1 e p_2.

Teste z usando duas amostras para testar a diferença entre proporções

Um teste z é usado para testar a diferença entre proporções populacionais p_1 e p_2 quando as seguintes condições são satisfeitas:
1. As amostras são aleatórias.
2. As amostras são independentes.
3. As quantidades $n_1\bar{p}$, $n_1\bar{q}$, $n_2\bar{p}$ e $n_2\bar{q}$ são pelo menos 5.

A **estatística de teste** é $\hat{p}_1 - \hat{p}_2$. A **estatística de teste padronizada** é:

$$z = \frac{(\hat{p}_1 - \hat{p}_2) - (p_1 - p_2)}{\sqrt{\bar{p}\,\bar{q}\left(\dfrac{1}{n_1} + \dfrac{1}{n_2}\right)}}$$

em que $\bar{p} = \dfrac{x_1 + x_2}{n_1 + n_2}$ e $\bar{q} = 1 - \bar{p}$.

Se a hipótese nula declara $p_1 = p_2$, $p_1 \leq p_2$ ou $p_1 \geq p_2$, então $p_1 = p_2$ é assumido e a expressão $p_1 - p_2$ é igual a 0.

Retratando o mundo

Uma equipe de pesquisa médica conduziu um estudo para testar se uma droga reduz a chance de desenvolver diabetes. No estudo, 2.623 pessoas tomaram a droga e 2.646 pessoas tomaram um placebo. Os resultados estão a seguir. (*Fonte: The New England Journal of Medicine.*)

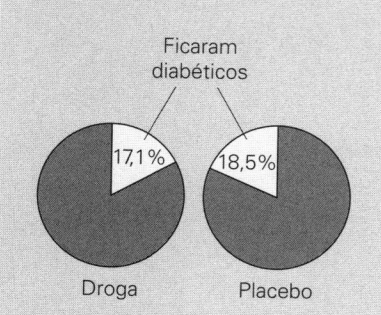

Ficaram diabéticos
- Droga: 17,1%
- Placebo: 18,5%

Para $\alpha = 0{,}05$, você pode aceitar a afirmação de que a droga reduz a chance de ficar diabético?

Instruções

Usando duas amostras e o teste z para testar a diferença entre proporções

EM PALAVRAS	EM SÍMBOLOS
1. Verifique se as amostras são aleatórias e independentes.	
2. Calcule a estimativa ponderada de p_1 e p_2. Verifique que $n_1\bar{p}$, $n_1\bar{q}$, $n_2\bar{p}$ e $n_2\bar{q}$ são pelo menos 5.	$\bar{p} = \dfrac{x_1 + x_2}{n_1 + n_2}$, $\bar{q} = 1 - \bar{p}$
3. Expresse a afirmação verbal e matematicamente. Identifique as hipóteses nula e alternativa.	Formule H_0 e H_a.
4. Especifique o nível de significância.	Identifique α.
5. Determine o(s) valor(es) crítico(s).	Use a Tabela B.4 no Apêndice B.
6. Determine a(s) região(ões) de rejeição.	
7. Calcule a estatística de teste padronizada e resuma a distribuição amostral.	$z = \dfrac{(\hat{p}_1 - \hat{p}_2) - (p_1 - p_2)}{\sqrt{\bar{p}\,\bar{q}\left(\dfrac{1}{n_1} + \dfrac{1}{n_2}\right)}}$
8. Tome uma decisão para rejeitar ou não rejeitar a hipótese nula.	Se z está na região de rejeição, rejeitar H_0. Caso contrário, não rejeitar H_0.
9. Interprete a decisão no contexto da afirmação original.	

Um teste de hipótese para a diferença entre proporções também pode ser realizado usando valores p. Use as instruções, pulando os passos 5 e 6. Depois de calcular a estatística de teste padronizada, use a Tabela B.4 no Apêndice B para calcular o valor p. Então, tome a decisão de rejeitar ou não rejeitar a hipótese nula. Se p é menor ou igual a α, rejeitar H_0. Caso contrário, não rejeitar H_0.

Exemplo 1

Um teste z usando duas amostras para testar a diferença entre proporções

Um estudo com 150 proprietários de carros de passageiros e 200 proprietários de caminhonetes, selecionados aleatoriamente, mostra que 86% dos ocupantes de carros de passageiros e 74% dos ocupantes de caminhonetes usam cinto de segurança (veja a Tabela 8.19). Com $\alpha = 0{,}10$, você pode rejeitar a afirmação de que a proporção de pessoas que usam cinto de segurança é a mesma para os carros de passageiros e as caminhonetes? (*Adaptado de: National Highway Traffic Safety Administration.*)

Solução

As amostras são aleatórias e independentes. Além disso, a estimativa ponderada de p_1 e p_2 é:

$$\bar{p} = \frac{x_1 + x_2}{n_1 + n_2} = \frac{129 + 148}{150 + 200} = \frac{277}{350} \approx 0{,}7914$$

e o valor de $\bar{q}$ é

$$\bar{q} = 1 - \bar{p} \approx 1 - 0{,}7914 = 0{,}2086.$$

Como $n_1\bar{p} \approx 150(0{,}7914)$, $n_1\bar{q} \approx 150(0{,}2086)$, $n_2\bar{p} \approx 200(0{,}7914)$ e $n_2\bar{q} \approx 200(0{,}2086)$ são pelo menos 5, você pode usar um teste z. A afirmação é "a proporção de pessoas que usam cinto de segurança é a mesma para os carros de passageiros e as caminhonetes". Então, as hipóteses nula e alternativa são:

$H_0: p_1 = p_2$ (afirmação) e $H_a: p_1 \neq p_2$

Como o teste é bilateral e o nível de significância é $\alpha = 0{,}10$, os valores críticos são $-z_0 = -1{,}645$ e $z_0 = 1{,}645$. As regiões de rejeição são $z < -1{,}645$ e $z > 1{,}645$. A estatística de teste padronizada é

$$z = \frac{(\hat{p}_1 - \hat{p}_2) - (p_1 - p_2)}{\sqrt{\bar{p}\,\bar{q}\left(\dfrac{1}{n_1} + \dfrac{1}{n_2}\right)}} \approx \frac{(0{,}86 - 0{,}74) - 0}{\sqrt{(0{,}7914)(0{,}2086)\left(\dfrac{1}{150} + \dfrac{1}{200}\right)}} \approx 2{,}73.$$

A Figura 8.15 mostra a localização das regiões de rejeição e a estatística de teste padronizada z. Como z está na região de rejeição, você rejeita a hipótese nula.

Interpretação Há evidência suficiente, ao nível de significância de 10%, para rejeitar a afirmação de que a proporção de pessoas que usam cinto de segurança é a mesma para carros de passeio e caminhonetes.

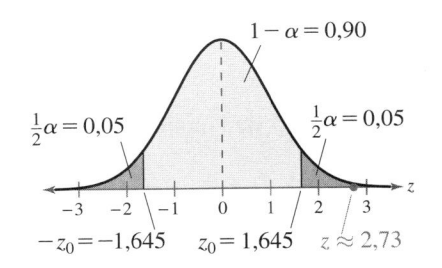

Tente você mesmo 1

Considere os resultados do estudo discutido na abertura deste capítulo. Se $\alpha = 0{,}05$, você pode concordar com a afirmação de que há diferença entre a proporção de praticantes e não praticantes de ioga com idade de 40 a 49 anos?

a. Determine $\bar{p}$ e $\bar{q}$.
b. Verifique se $n_1\bar{p}$, $n_1\bar{q}$, $n_2\bar{p}$ e $n_2\bar{q}$ são pelo menos 5.

Veja o passo a passo da TI-84 Plus na página 434.

Dica de estudo

Para encontrar x_1 e x_2, use $x_1 = n_1\hat{p}_1$ e $x_2 = n_2\hat{p}_2$.

Tabela 8.19 Estatísticas amostrais para os dois tipos de veículos.

Carros de passageiros	Caminhonetes
$n_1 = 150$	$n_2 = 200$
$\hat{p}_1 = 0{,}86$	$\hat{p}_2 = 0{,}74$
$x_1 = 129$	$x_2 = 148$

Figura 8.15 Distribuição normal z, valores críticos e da estatística de teste padronizada localizada na região de rejeição de H_0.

c. Identifique a afirmação e formule H_0 e H_a.
d. Identifique o nível de significância α.
e. Encontre os valores críticos e identifique as regiões de rejeição.
f. Calcule a estatística de teste padronizada z. Esboce um gráfico.
g. Decida se rejeita a hipótese nula.
h. Interprete a decisão no contexto da afirmação original.

Exemplo 2

Um teste z usando duas amostras para testar a diferença entre proporções

Uma equipe de pesquisa médica conduziu um estudo para testar o efeito de um medicamento para redução do colesterol. Ao final do estudo, os pesquisadores descobriram que, dos 4.700 indivíduos selecionados aleatoriamente que tomaram o medicamento, 301 morreram de doenças do coração. Dos 4.300 indivíduos selecionados aleatoriamente que tomaram um placebo, 357 morreram de doenças do coração (veja a Tabela 8.20). Com $\alpha = 0,01$, você pode aceitar a afirmação de que a taxa de mortalidade por doenças do coração é menor para aqueles que tomaram a medicação do que para aqueles que tomaram o placebo? (*Adaptado de: The New England Journal of Medicine.*)

Dica de estudo

Para encontrar $\hat{p}_1$ e $\hat{p}_2$, use $\hat{p}_1 = \dfrac{x_1}{n_1}$ e $\hat{p}_2 = \dfrac{x_2}{n_2}$.

Tabela 8.20 Estatísticas amostrais sobre medicamento para redução do colesterol.

Receberam medicação	Receberam placebo
$n_1 = 4.700$	$n_2 = 4.300$
$x_1 = 301$	$x_2 = 357$
$\hat{p}_1 \approx 0,0640$	$\hat{p}_2 \approx 0,0830$

Solução

As amostras são aleatórias e independentes. Além disso, a estimativa ponderada de p_1 e p_2 é:

$$\bar{p} = \frac{x_1 + x_2}{n_1 + n_2} = \frac{301 + 357}{4.700 + 4.300} = \frac{658}{9.000} \approx 0,0731$$

e o valor de $\bar{q}$ é

$$\bar{q} = 1 - \bar{p} \approx 1 - 0,0731 = 0,9269.$$

Como $n_1\bar{p} \approx 4.700(0,0731)$, $n_1\bar{q} \approx 4.700(0,9269)$, $n_2\bar{p} \approx 4.300(0,0731)$ e $n_2\bar{q} \approx 4.300(0,9269)$ são pelo menos 5, você pode usar um teste z. A afirmação é "a taxa de mortalidade por doenças do coração é menor para aqueles que tomaram a medicação do que para aqueles que tomaram o placebo". Então, as hipóteses nula e alternativa são:

$H_0: p_1 \geq p_2$.   e $H_a: p_1 < p_2$ (Afirmação.)

Como o teste é unilateral à esquerda e o nível de significância é $\alpha = 0,01$, o valor crítico é $z_0 = -2,33$. A região de rejeição é $z < -2,33$. A estatística de teste padronizada é

$$z = \frac{(\hat{p}_1 - \hat{p}_2) - (p_1 - p_2)}{\sqrt{\bar{p}\,\bar{q}\left(\dfrac{1}{n_1} + \dfrac{1}{n_2}\right)}} \approx \frac{(0,0640 - 0,0830) - 0}{\sqrt{(0,0731)(0,9269)\left(\dfrac{1}{4.700} + \dfrac{1}{4.300}\right)}} \approx -3,46.$$

A Figura 8.16 mostra a localização da região de rejeição e a estatística de teste padronizada z. Como z está na região de rejeição, você rejeita a hipótese nula.

Interpretação Há evidência suficiente, ao nível de significância de 1%, para aceitar a afirmação de que a taxa de mortalidade por doenças do coração é menor para aqueles que tomaram a medicação do que para aqueles que tomaram o placebo.

Tente você mesmo 2

Considere os resultados do estudo discutido na abertura deste capítulo. Para $\alpha = 0{,}05$, você pode aceitar a afirmação de que a proporção de praticantes de ioga norte-americanos com renda de US$ 20.000 a US$ 34.999 é menor que a de não praticantes na mesma faixa de renda?

a. Determine $\bar{p}$ e $\bar{q}$.
b. Verifique se $n_1\bar{p}$, $n_1\bar{q}$, $n_2\bar{p}$ e $n_2\bar{q}$ são pelo menos 5.
c. Identifique a afirmação e formule H_0 e H_a.
d. Identifique o nível de significância α.
e. Determine os valores críticos e identifique as regiões de rejeição.
f. Calcule a estatística de teste padronizada z. Esboce um gráfico.
g. Decida se rejeita a hipótese nula.
h. Interprete a decisão no contexto da afirmação original.

Figura 8.16 Distribuição normal z, valores críticos e da estatística de teste padronizada localizada na região de rejeição de H_0.

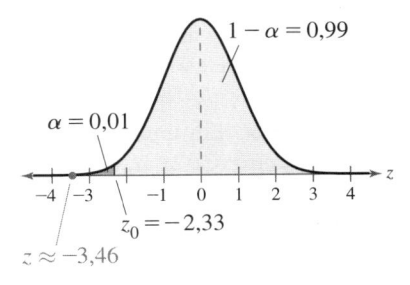

8.4 Exercícios

Construindo habilidades básicas e vocabulário

1. Quais condições são necessárias para usar o teste z para testar a diferença entre duas proporções populacionais?

2. Explique como realizar um teste z, usando duas amostras, para a diferença entre duas proporções populacionais.

Nos exercícios 3 a 6, determine se uma distribuição amostral normal pode ser usada. Se possível, teste a afirmação sobre a diferença entre duas proporções populacionais p_1 e p_2 ao nível de significância α. Suponha que as amostras são aleatórias e independentes.

3. Afirmação: $p_1 \neq p_2$; $\alpha = 0{,}01$.
   Estatísticas amostrais: $x_1 = 35$, $n_1 = 70$ e $x_2 = 36$, $n_2 = 60$.

4. Afirmação: $p_1 < p_2$; $\alpha = 0{,}05$.
   Estatísticas amostrais: $x_1 = 471$, $n_1 = 785$ e $x_2 = 372$, $n_2 = 465$.

5. Afirmação: $p_1 = p_2$; $\alpha = 0{,}10$.
   Estatísticas amostrais: $x_1 = 42$, $n_1 = 150$ e $x_2 = 76$, $n_2 = 200$.

6. Afirmação: $p_1 > p_2$; $\alpha = 0{,}01$.
   Estatísticas amostrais: $x_1 = 6$, $n_1 = 20$ e $x_2 = 4$, $n_2 = 30$.

Usando e interpretando conceitos

Testando a diferença entre duas proporções *Nos exercícios 7 a 12, (a) identifique a afirmação e formule H_0 e H_a, (b) encontre o(s) valor(es) crítico(s) e identifique a(s) região(ões) de rejeição, (c) calcule a estatística de teste padronizada z, (d) decida se rejeita ou não rejeita a hipótese nula e (e) interprete a decisão no contexto da afirmação original. Suponha que as amostras são aleatórias e independentes. Se for conveniente, use tecnologia.*

7. **Fascite plantar** Em um estudo de 4 semanas sobre a eficácia do uso de palmilhas magnéticas para tratar fascite plantar, 54 indivíduos usaram palmilhas magnéticas e 41 usaram palmilhas não magnéticas. Os resultados são mostrados a seguir. Para um nível de significância $\alpha = 0{,}01$, você pode aceitar a afirmação de que há uma diferença na proporção de indivíduos que se sentem completamente ou em grande parte melhor entre os dois grupos? (*Adaptado de: The Journal of the American Medical Association.*)

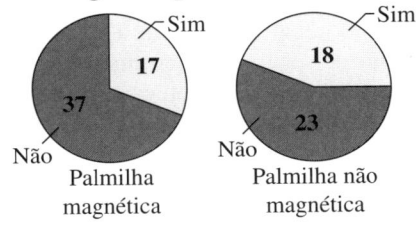

8. **Anticancerígeno** Um tumor do estroma gastrointestinal é uma forma rara de câncer que se desenvolve no tecido muscular e nos vasos sanguíneos dentro do estômago ou no intestino delgado. Em um estudo, 600 indivíduos realizaram uma cirurgia para remover o tumor. Por um ano após a cirurgia, 300 indivíduos tomaram uma droga, e 300, um placebo. Os resultados estão nos gráficos a seguir. Para $\alpha = 0{,}10$, você pode concordar com a afirmação de que a proporção de indivíduos que estão curados após um ano é maior para aqueles que tomaram a droga do que para os que tomaram o placebo? (*Adaptado de: American College of Surgeons Oncology Group.*)

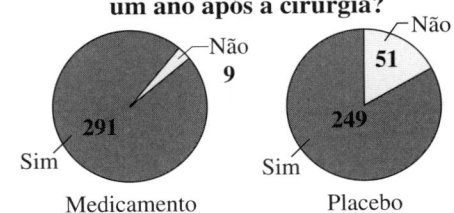

9. **Matrícula** Em uma pesquisa com 200 homens com idade entre 18 e 24 anos, 39% estavam matriculados na faculdade. Em uma pesquisa com 220 mulheres com idade entre 18 e 24 anos, 45% estavam matriculadas na faculdade. Para $\alpha = 0,05$, você pode aceitar a afirmação de que a proporção de homens com idade entre 18 e 24 anos que se matricularam na faculdade é menor que a proporção de mulheres com idade entre 18 e 24 anos que se matricularam na faculdade? (*Adaptado de: National Center for Education Statistics.*)

10. **Matrícula** Em uma pesquisa com 175 mulheres com idade entre 16 e 24 anos que concluíram o ensino médio nos últimos 12 meses, 72% estavam matriculadas na faculdade. Em uma pesquisa com 160 homens com idade entre 16 e 24 anos que concluíram o ensino médio nos últimos 12 meses, 65% estavam matriculados na faculdade. Para $\alpha = 0,01$, você pode rejeitar a afirmação de que não há diferença na proporção de matriculados na faculdade entre os dois grupos? (*Adaptado de: National Center for Education Statistics.*)

11. **Uso do cinto de segurança** Em uma pesquisa com 480 motoristas do sul dos Estados Unidos, 408 usam cinto de segurança. Em uma pesquisa com 360 motoristas do nordeste, 288 usam cinto de segurança. Para $\alpha = 0,05$, você pode aceitar a afirmação de que a proporção de motoristas que usam cinto de segurança é maior no sul que no nordeste? (*Adaptado de: National Highway Traffic Safety Administration.*)

12. **Uso do cinto de segurança** Em uma pesquisa com 340 motoristas do centro-oeste dos Estados Unidos, 289 usam cinto de segurança. Em uma pesquisa com 300 motoristas do oeste, 282 usam cinto de segurança. Para $\alpha = 0,10$, você pode concordar com a afirmação de que a proporção de motoristas que usam cinto de segurança no centro-oeste é menor que a proporção de motoristas que usam cinto de segurança no oeste? (*Adaptado de: National Highway Traffic Safety Administration.*)

Energia nuclear *Nos exercícios 13 a 16, use a figura a seguir, que mostra os percentuais de adultos com idade de 16 a 64 anos, de diversos países, que são a favor da construção de novas usinas nucleares em seus países. A pesquisa incluiu amostras aleatórias de 1.002 adultos dos Estados Unidos, 1.056 da Grã-Bretanha, 1.102 da França e 1.006 da Espanha. (Fonte: Harris Interactive.)*

Energia nuclear
Percentual de adultos que são a favor da construção de novas usinas nucleares em seus países

País	%
Estados Unidos	51%
Grã-Bretanha	50%
França	48%
Espanha	37%

13. **Estados Unidos e Grã-Bretanha** Para um nível de significância $\alpha = 0,05$, você pode rejeitar a afirmação de que a proporção de adultos nos Estados Unidos que são a favor da construção de novas usinas nucleares em seu país é a mesma que a proporção de adultos da Grã-Bretanha que são a favor da construção de novas usinas nucleares em seu país?

14. **França e Estados Unidos** Para $\alpha = 0,01$, você pode aceitar a afirmação de que a proporção de adultos na França que são a favor da construção de novas usinas nucleares em seu país é menor que a proporção de adultos nos Estados Unidos que são a favor da construção de novas usinas nucleares em seu país?

15. **França e Espanha** Para $\alpha = 0,01$, você pode aceitar a afirmação de que a proporção de adultos na França que são a favor da construção de novas usinas nucleares em seu país é maior que a proporção de adultos na Espanha que são a favor da construção de novas usinas nucleares em seu país?

16. **Grã-Bretanha e França** Para $\alpha = 0,05$, você pode aceitar a afirmação de que a proporção de adultos na Grã-Bretanha que são a favor da construção de novas usinas nucleares em seu país é diferente da proporção de adultos na França que são a favor da construção de novas usinas nucleares em seu país?

Mudando-se *Nos exercícios 17 a 20, use a figura a seguir, que mostra os percentuais de homens e mulheres com idade entre 18 e 24 anos, nos Estados Unidos, que moravam na casa dos pais, em 2000 e 2012. Suponha que a pesquisa incluiu amostras aleatórias de 250 homens e 280 mulheres em 2000 e 260 homens e 270 mulheres em 2012. (Adaptado de: U.S. Census Bureau.)*

Saindo do ninho
Percentual de pessoas com idade entre 18 e 24 anos morando na casa dos pais nos EUA

	Homens	Mulheres
2000	56,4%	42,5%
2012	60,0%	47,8%

17. **Homens: antes e agora** Para um nível de significância $\alpha = 0,05$, você pode aceitar a afirmação de que a proporção de homens com idade entre 18 e 24 anos morando na casa dos pais era maior em 2012 que em 2000?

18. **Mulheres: antes e agora** Para $\alpha = 0,05$, você pode aceitar a afirmação de que a proporção de mulheres com idade entre 18 e 24 anos morando na casa dos pais era maior em 2012 que em 2000?

19. Antes: homens e mulheres Para $\alpha = 0{,}01$, você pode rejeitar a afirmação de que a proporção de pessoas com idade entre 18 a 24 anos morando na casa dos pais em 2000 era a mesma para homens e mulheres?

20. Agora: homens e mulheres Para $\alpha = 0{,}10$, você pode rejeitar a afirmação de que a proporção de pessoas com idade entre 18 a 24 anos morando na casa dos pais em 2012 era a mesma para homens e mulheres?

Expandindo conceitos

Construindo intervalos de confiança para $p_1 - p_2$

Você pode construir um intervalo de confiança para a diferença entre duas proporções populacionais $p_1 - p_2$, usando a seguinte desigualdade:

$$(\hat{p}_1 - \hat{p}_2) - z_c \sqrt{\frac{\hat{p}_1 \hat{q}_1}{n_1} + \frac{\hat{p}_2 \hat{q}_2}{n_2}} < p_1 - p_2 < (\hat{p}_1 - \hat{p}_2) + z_c \sqrt{\frac{\hat{p}_1 \hat{q}_1}{n_1} + \frac{\hat{p}_2 \hat{q}_2}{n_2}}$$

Nos exercícios 21 e 22, construa o intervalo de confiança indicado para $p_1 - p_2$. Suponha que as amostras são aleatórias e independentes.

21. Estudantes planejando estudar pedagogia Em uma pesquisa com 10.000 estudantes fazendo o SAT, 6% estavam planejando estudar pedagogia na faculdade. Em outra pesquisa com 8.000 estudantes realizada 10 anos antes, 9% estavam planejando estudar pedagogia na faculdade. Construa um intervalo de confiança de 95% para $p_1 - p_2$, em que p_1 é a proporção da pesquisa recente e p_2 é a proporção da pesquisa realizada 10 anos atrás. (*Adaptado de: The College Board.*)

22. Estudantes planejando estudar na área da saúde Em uma pesquisa com 10.000 estudantes fazendo o SAT, 18% estavam planejando estudar na área de saúde na faculdade. Em uma outra pesquisa com 8.000 estudantes realizada 10 anos antes, 16% estavam planejando estudar na área de saúde na faculdade. Construa um intervalo de confiança de 90% para $p_1 - p_2$, onde p_1 é a proporção da pesquisa recente e p_2 é a proporção da pesquisa realizada 10 anos atrás. (*Adaptado de: The College Board.*)

Usos e abusos – Estatística no mundo real

Usos

Teste de hipótese com duas amostras O teste de hipótese permite que você determine se diferenças em amostras indicam diferenças reais nas populações ou se são meramente consequência do erro amostral. Por exemplo, um estudo conduzido em 2 grupos de crianças de 4 anos de idade comparou o comportamento das crianças que frequentaram a pré-escola com aquelas que ficaram em casa com um dos pais. Comportamento agressivo como roubar brinquedos, empurrar outras crianças e começar brigas foi medido em ambos os grupos. O estudo mostrou que crianças que frequentaram pré-escola foram três vezes mais capazes de ser agressivas do que aquelas que ficaram em casa. Essas estatísticas foram usadas para persuadir os pais a manter seus filhos em casa até eles começarem a escola aos 5 anos.

Abusos

Financiamento de estudo O estudo não mencionou que é normal para crianças de 4 anos de idade demonstrar comportamento agressivo. Pais que mantêm seus filhos em casa mas os levam para brincar em grupo também observam seus filhos sendo agressivos. Psicólogos sugeriram que esse é o modo que as crianças aprendem a interagir entre si. As crianças que ficaram em casa eram menos agressivas, mas seu comportamento era considerado anormal. Um estudo de acompanhamento realizado por um grupo diferente demonstrou que as crianças que ficaram em casa antes de ir para a escola acabaram sendo mais agressivas em idade mais avançada do que aquelas que tinham frequentado a pré-escola.

O primeiro estudo foi financiado por um grupo de apoio às mães que usou as estatísticas para promover sua própria agenda predeterminada. Ao lidar com estatísticas resultantes de uma pesquisa, procure saber quem está pagando por esse estudo. (*Fonte: British Broadcasting Corporation.*)

Usando amostras não representativas Em comparações de dados coletados de duas amostras diferentes, deve-se tomar cuidado para garantir que não existam variáveis perturbadoras. Por exemplo, suponha que você esteja examinando uma afirmação de que um novo medicamento para artrite diminui a dor nas articulações (veja a Figura 8.17).

Se o grupo ao qual é dada a medicação está acima dos 60 anos de idade e o grupo ao qual é dado o placebo está abaixo dos 40 anos, então, outras variáveis além da medicação podem afetar o resultado do estudo. Ao procurar por outros abusos em um estudo, considere como a afirmação no estudo foi especificada. Quais eram os tamanhos das amostras? As amostras eram aleatórias? Elas eram independentes? A amostragem foi conduzida por um pesquisador não tendencioso?

Figura 8.17 Universo de pessoas com artrite e duas amostras provavelmente não representativas.

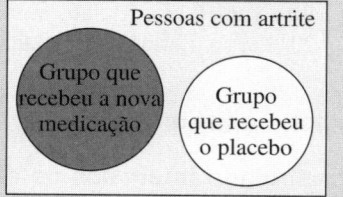

Exercícios

1. **Usando amostras não representativas** Você trabalha para a Food and Drug Administration (órgão de administração de alimentos e medicamentos dos Estados Unidos). Uma companhia farmacêutica solicitou a aprovação para comercializar uma nova medicação para artrite. A pesquisa envolveu um grupo de teste que recebeu a medicação e outro grupo de teste que recebeu um placebo. Descreva algumas maneiras que os grupos de teste possam não ter sido representativos de toda a população de pessoas com artrite.

2. Pesquisa médica frequentemente envolve teste cego e duplamente cego. Explique o que esses dois termos significam.

Resumo do capítulo

O que você aprendeu	Exemplo(s)	Exercícios de revisão
Seção 8.1		
• Como determinar se duas amostras são independentes ou dependentes.	1	1–4
• Como realizar um teste z usando duas amostras para testar a diferença entre duas médias μ_1 e μ_2 usando amostras independentes com σ_1 e σ_2 conhecidos $$z = \frac{(\bar{x}_1 - \bar{x}_2) - (\mu_1 - \mu_2)}{\sigma_{\bar{x}_1 - \bar{x}_2}}.$$	2 e 3	5–10
Seção 8.2		
• Como realizar um teste t usando duas amostras para testar a diferença entre duas médias populacionais μ_1 e μ_2 usando amostras independentes com σ_1 e σ_2 desconhecidos $$t = \frac{(\bar{x}_1 - \bar{x}_2) - (\mu_1 - \mu_2)}{s_{\bar{x}_1 - \bar{x}_2}}.$$	1 e 2	11–18
Seção 8.3		
• Como realizar um teste t para testar a média das diferenças para uma população de dados emparelhados $$t = \frac{\bar{d} - \mu_d}{s_d / \sqrt{n}}.$$	1 e 2	19–24

Seção 8.4

- Como realizar um teste z usando duas amostras para testar a diferença entre duas proporções populacionais p_1 e p_2

$$z = \frac{(\hat{p}_1 - \hat{p}_2) - (p_1 - p_2)}{\sqrt{\bar{p}\,\bar{q}\left(\dfrac{1}{n_1} + \dfrac{1}{n_2}\right)}}.$$

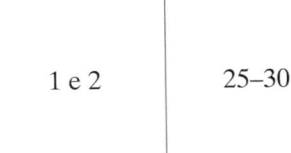

1 e 2   25–30

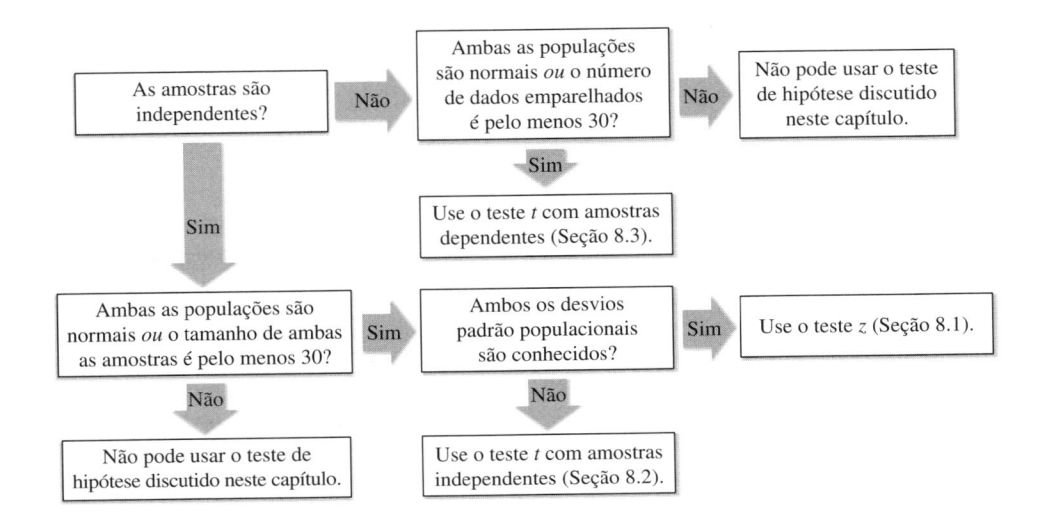

(Fluxograma)

As amostras são independentes? — **Não** → Ambas as populações são normais *ou* o número de dados emparelhados é pelo menos 30? — **Não** → Não pode usar o teste de hipótese discutido neste capítulo.

— **Sim** → Use o teste t com amostras dependentes (Seção 8.3).

As amostras são independentes? — **Sim** → Ambas as populações são normais *ou* o tamanho de ambas as amostras é pelo menos 30? — **Sim** → Ambos os desvios padrão populacionais são conhecidos? — **Sim** → Use o teste z (Seção 8.1).

— **Não** → Use o teste t com amostras independentes (Seção 8.2).

— **Não** → Não pode usar o teste de hipótese discutido neste capítulo.

Exercícios de revisão

Seção 8.1

Nos exercícios 1 a 4, classifique as duas amostras como independentes ou dependentes. Explique seu raciocínio.

1. Amostra 1: os pesos de 43 adultos.
   Amostra 2: os pesos dos mesmos 43 adultos após participarem em um programa de dieta e exercícios.

2. Amostra 1: os pesos de 30 homens.
   Amostra 2: os pesos de 30 mulheres.

3. Amostra 1: a eficiência de combustível de 20 veículos utilitários esportivos.
   Amostra 2: a eficiência de combustível de 20 minivans.

4. Amostra 1: a eficiência de combustível de 12 carros.
   Amostra 2: a eficiência de combustível dos mesmos 12 carros usando um combustível alternativo.

Nos exercícios 5 a 8, teste a afirmação sobre a diferença entre duas médias populacionais μ_1 e μ_2 ao nível de significância α. Suponha que as amostras são aleatórias e independentes, e as populações, normalmente distribuídas. Se for conveniente, use tecnologia.

5. Afirmação: $\mu_1 \geq \mu_2$; $\alpha = 0{,}05$.
   Estatísticas populacionais: $\sigma_1 = 0{,}30$ e $\sigma_2 = 0{,}23$.
   Estatísticas amostrais: $\bar{x}_1 = 1{,}28$; $n_1 = 96$ e $\bar{x}_2 = 1{,}34$; $n_2 = 85$.

6. Afirmação: $\mu_1 = \mu_2$; $\alpha = 0{,}01$.
   Estatísticas populacionais: $\sigma_1 = 52$ e $\sigma_2 = 68$.
   Estatísticas amostrais: $\bar{x}_1 = 5.595$; $n_1 = 156$ e $\bar{x}_2 = 5.575$; $n_2 = 216$.

7. Afirmação: $\mu_1 < \mu_2$; $\alpha = 0{,}10$.
   Estatísticas populacionais: $\sigma_1 = 0{,}11$ e $\sigma_2 = 0{,}10$.
   Estatísticas amostrais: $\bar{x}_1 = 0{,}28$; $n_1 = 41$ e $\bar{x}_2 = 0{,}33$; $n_2 = 34$.

8. Afirmação: $\mu_1 \neq \mu_2$; $\alpha = 0{,}05$.
   Estatísticas populacionais: $\sigma_1 = 14$ e $\sigma_2 = 15$.
   Estatísticas amostrais: $\bar{x}_1 = 87$; $n_1 = 410$ e $\bar{x}_2 = 85$; $n_2 = 340$.

Nos exercícios 9 e 10, (a) identifique a afirmação e formule H_0 e H_a, (b) encontre o(s) valor(es) crítico(s) e identifique a(s) região(ões) de rejeição, (c) calcule a estatística de teste padronizada z, (d) decida se rejeita ou não rejeita a hipótese nula, e (e) interprete a decisão no contexto da afirmação original. Suponha que as amostras são aleatórias e independentes, e as populações, normalmente distribuídas. Se for conveniente, use tecnologia.

9. Um pesquisador afirma que o teor médio de sódio nos sanduíches de frango do restaurante A é menor que o teor médio de sódio nos sanduíches de frango do restaurante B. O teor médio de sódio de 22 sanduíches de frango selecionados aleatoriamente no restaurante A é 670 mg. Suponha que o desvio padrão populacional

é 20 mg. O teor médio de sódio de 28 sanduíches de frango selecionados aleatoriamente no restaurante B é 690 mg. Suponha que o desvio padrão populacional é 30 mg. Para um nível de significância $\alpha = 0{,}05$, há evidência suficiente para aceitar a afirmação do pesquisador?

10. Um consultor de carreira afirma que o salário médio anual de treinadores esportivos no Novo México e no Arizona é o mesmo. O salário médio anual de 40 treinadores esportivos selecionados aleatoriamente no Novo México é US$ 35.630. Suponha que o desvio padrão populacional é US$ 4.800. O salário médio anual de 35 treinadores esportivos selecionados aleatoriamente no Arizona é US$ 39.440. Suponha que o desvio padrão populacional é US$ 6.200. Para $\alpha = 0{,}10$, há evidência suficiente para rejeitar a afirmação do consultor? (*Adaptado de: U.S. Bureau of Labour Statistics.*)

Seção 8.2

Nos exercícios 11 a 16, teste a afirmação sobre a diferença entre duas médias populacionais μ_1 e μ_2 ao nível de significância α. Suponha que as amostras são aleatórias e independentes, e as populações, normalmente distribuídas. Se for conveniente, use tecnologia.

11. Afirmação: $\mu_1 = \mu_2$; $\alpha = 0{,}05$. Suponha que $\sigma_1^2 = \sigma_2^2$.
    Estatística amostral: $\bar{x}_1 = 228$; $s_1 = 27$; $n_1 = 20$ e $\bar{x}_2 = 207$; $s_2 = 25$; $n_2 = 13$.

12. Afirmação: $\mu_1 < \mu_2$; $\alpha = 0{,}10$. Suponha que $\sigma_1^2 \neq \sigma_2^2$.
    Estatística amostral: $\bar{x}_1 = 0{,}015$; $s_1 = 0{,}011$; $n_1 = 8$ e $\bar{x}_2 = 0{,}019$; $s_2 = 0{,}004$; $n_2 = 6$.

13. Afirmação: $\mu_1 \leq \mu_2$; $\alpha = 0{,}05$. Suponha que $\sigma_1^2 \neq \sigma_2^2$.
    Estatística amostral: $\bar{x}_1 = 183{,}5$; $s_1 = 1{,}3$; $n_1 = 25$ e $\bar{x}_2 = 184{,}7$; $s_2 = 3{,}9$; $n_2 = 25$.

14. Afirmação: $\mu_1 \geq \mu_2$; $\alpha = 0{,}01$. Suponha que $\sigma_1^2 = \sigma_2^2$.
    Estatística amostral: $\bar{x}_1 = 44{,}5$; $s_1 = 5{,}85$; $n_1 = 17$ e $\bar{x}_2 = 49{,}1$; $s_2 = 5{,}25$; $n_2 = 18$.

15. Afirmação: $\mu_1 \neq \mu_2$; $\alpha = 0{,}01$. Suponha que $\sigma_1^2 = \sigma_2^2$.
    Estatística amostral: $\bar{x}_1 = 61$; $s_1 = 3{,}3$; $n_1 = 5$ e $\bar{x}_2 = 55$; $s_2 = 1{,}2$; $n_2 = 7$.

16. Afirmação: $\mu_1 > \mu_2$; $\alpha = 0{,}10$. Suponha que $\sigma_1^2 \neq \sigma_2^2$.
    Estatística amostral: $\bar{x}_1 = 520$; $s_1 = 25$; $n_1 = 7$ e $\bar{x}_2 = 500$; $s_2 = 55$; $n_2 = 6$.

Nos exercícios 17 e 18, (a) identifique a afirmação e formule H_0 e H_a, (b) encontre o(s) valor(es) crítico(s) e identifique a(s) região(ões) de rejeição, (c) calcule a estatística de teste padronizada t, (d) decida se rejeita ou não rejeita a hipótese nula, e (e) interprete a decisão no contexto da afirmação original. Suponha que as amostras são aleatórias e independentes, e as populações, normalmente distribuídas. Se for conveniente, use tecnologia.

17. Foi realizado um estudo com dois métodos para ensinar leitura no terceiro ano. Uma sala de aula de 21 estudantes participou em atividades de leitura dirigida por oito semanas. Outra sala de aula, com 23 estudantes, seguiu o mesmo currículo sem as atividades. Os estudantes de ambas as turmas fizeram, então, o mesmo teste de leitura. As pontuações dos dois grupos são mostradas no diagrama de ramo e folha lado a lado a seguir.

Turma com atividades		Turma sem atividades
	1	0 7 9
4	2	0 6 8
3	3	3 7 7
9 9 6 4 3 3 3	4	1 2 2 2 3 6 8
9 8 7 7 6 4 3 2	5	3 4 5 5
7 2 1	6	0 2
1	7	
	8	5

Chave: $4\,|\,2\,|\,0 = 24$ para a turma com atividades e 20 para a turma sem atividades.

Para $\alpha = 0{,}05$, há evidência suficiente para aceitar a afirmação de que os alunos do terceiro ano ensinados com as atividades de leitura dirigida tiveram pontuação maior que aqueles ensinados sem as atividades? Suponha que as variâncias populacionais são iguais. (*Fonte: StatLib/Schmitt, Maribeth C., The Effects of an Elaborated Directed Reading Activity on the Metacomprehension Skills of Third Graders.*)

18. Um corretor de imóveis afirma que não há diferença entre a renda média domiciliar de dois bairros. A renda média de 12 domicílios selecionados aleatoriamente do primeiro bairro é US$ 32.750 com um desvio padrão de US$ 1.900. No segundo bairro, 10 domicílios selecionados aleatoriamente têm uma renda média de US$ 31.200 com um desvio padrão de US$ 1.825. Para um nível de significância $\alpha = 0{,}01$, você pode rejeitar a afirmação do corretor de imóveis? Suponha que as variâncias populacionais são iguais.

Seção 8.3

Nos exercícios 19 a 22, teste a afirmação sobre a média das diferenças para uma população de dados emparelhados ao nível de significância α. Suponha que as amostras são aleatórias e dependentes, e as populações, normalmente distribuídas.

19. Afirmação: $\mu_d = 0$; $\alpha = 0{,}01$.
    Estatísticas amostrais: $\bar{d} = 8{,}5$; $s_d = 10{,}7$; $n = 16$.

20. Afirmação: $\mu_d < 0$; $\alpha = 0{,}10$.
    Estatísticas amostrais: $\bar{d} = 3{,}2$; $s_d = 5{,}68$; $n = 25$.

21. Afirmação: $\mu_d \leq 0$; $\alpha = 0{,}10$.
    Estatísticas amostrais: $\bar{d} = 10{,}3$; $s_d = 18{,}19$; $n = 33$.

22. Afirmação: $\mu_d \neq 0$; $\alpha = 0{,}05$.
    Estatísticas amostrais: $\bar{d} = 17{,}5$; $s_d = 4{,}05$; $n = 37$.

Nos exercícios 23 e 24, (a) identifique a afirmação e formule H_0 e H_a, (b) encontre o(s) valor(es) crítico(s) e identifique a(s) região(ões) de rejeição, (c) calcule $\bar{d}$ e s_d, (d) calcule a estatística de teste t padronizada, (e) decida se rejeita ou não rejeita a hipótese nula, e (f) interprete a decisão no contexto da afirmação original. Suponha que as amostras são aleatórias e dependentes, e as populações, normalmente distribuídas. Se for conveniente, use tecnologia.

23. Um pesquisador médico afirma que suplementos de cálcio podem reduzir a pressão sanguínea sistólica dos homens. Em parte do estudo, foi dado a 10 homens selecionados aleatoriamente um suplemento de cálcio por 12 semanas. A tabela a seguir mostra a pressão sanguínea sistólica (em mmHg) dos 10 homens antes e depois das 12 semanas de estudo. Para $\alpha = 0{,}10$, há evidência suficiente para aceitar a afirmação do pesquisador médico? (*Fonte: The Journal of the American Medical Association.*)

Paciente	1	2	3	4	5
Pressão sanguínea sistólica (antes)	107	110	123	129	112
Pressão sanguínea sistólica (depois)	100	114	105	112	115

Paciente	6	7	8	9	10
Pressão sanguínea sistólica (antes)	111	107	112	136	102
Pressão sanguínea sistólica (depois)	116	106	102	125	104

24. Um preparador físico afirma que um determinado suplemento para perda de peso ajudará os usuários na perda de peso após duas semanas. A tabela a seguir mostra os pesos (em libras) de 9 adultos antes de usar o suplemento e duas semanas após o uso. Para $\alpha = 0{,}05$, há evidência suficiente para concordar com a afirmação do preparador físico?

Usuário	1	2	3	4	5
Peso (antes)	228	210	245	272	203
Peso (depois)	225	208	242	270	205

Usuário	6	7	8	9
Peso (antes)	198	256	217	240
Peso (depois)	196	250	220	240

Seção 8.4

Nos exercícios 25 a 28, determine se a distribuição amostral normal pode ser usada. Se puder, teste a afirmação sobre a diferença entre duas proporções populacionais p_1 e p_2 ao nível de significância α. Suponha que as amostras são aleatórias e independentes.

25. Afirmação: $p_1 = p_2$; $\alpha = 0{,}05$.
Estatísticas amostrais: $x_1 = 425, n_1 = 840$ e $x_2 = 410, n_2 = 760$.

26. Afirmação: $p_1 \leq p_2$; $\alpha = 0{,}01$.
Estatísticas amostrais: $x_1 = 36, n_1 = 100$ e $x_2 = 46, n_2 = 200$.

27. Afirmação: $p_1 > p_2$; $\alpha = 0{,}10$.
Estatísticas amostrais: $x_1 = 261, n_1 = 556$ e $x_2 = 207, n_2 = 483$.

28. Afirmação: $p_1 < p_2$; $\alpha = 0{,}05$.
Estatísticas amostrais: $x_1 = 86, n_1 = 900$ e $x_2 = 107, n_2 = 1.200$.

Nos exercícios 29 e 30, (a) identifique a afirmação e formule H_0 e H_a, (b) encontre o(s) valor(es) crítico(s) e identifique a(s) região(ões) de rejeição, (c) calcule a estatística de teste padronizada z, (d) decida se rejeita ou não rejeita a hipótese nula, e (e) interprete a decisão no contexto da afirmação original. Suponha que as amostras são aleatórias e independentes. Se for conveniente, use tecnologia.

29. Enxaquecas Uma equipe de pesquisa médica conduziu um estudo para testar o efeito de um medicamento contra a enxaqueca. No estudo, 400 indivíduos tomaram o medicamento e 407 tomaram um placebo. Os resultados após duas horas são mostrados nos gráficos a seguir. Para $\alpha = 0{,}05$, você pode rejeitar a afirmação de que a proporção de indivíduos que estão livres da dor é a mesma nos dois grupos? (*Adaptado de: International Migraine Pain Assessment Clinical Trail.*)

Você está sem dor após duas horas?

Medicamento: Sim 100, Não 300
Placebo: Sim 41, Não 366

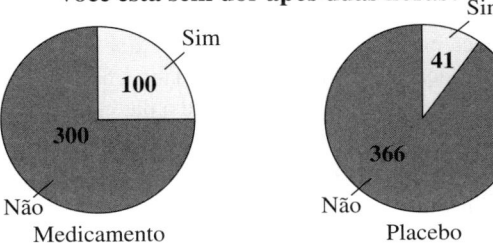

30. Enxaquecas Uma equipe de pesquisa médica conduziu um estudo para testar o efeito de um medicamento contra a enxaqueca. No estudo, 400 indivíduos tomaram o medicamento e 407 tomaram um placebo. Os resultados após duas horas são mostrados nos gráficos a seguir. Para $\alpha = 0{,}10$, você pode aceitar a afirmação de que a proporção de indivíduos que estão sem náusea é maior para aqueles que tomaram o medicamento que para os que tomaram o placebo? (*Adaptado de: International Migraine Pain Assessment Clinical Trail.*)

Você está sem dor após duas horas?

Medicamento: Não 140, Sim 260
Placebo: Não 191, Sim 216

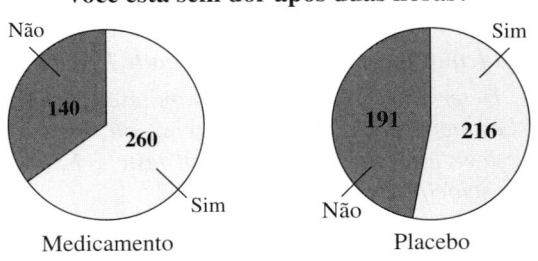

Problemas

Faça estes problemas como se estivesse fazendo em sala. Depois, compare suas respostas com as respostas dadas no final do livro.

Para estes problemas, faça o seguinte:

(a) Identifique a afirmação e formule H_0 e H_a.

(b) Determine se o teste de hipótese é unilateral à esquerda, unilateral à direita ou bilateral e se deve usar um teste z ou um teste t. Explique seu raciocínio.

(c) Determine o(s) valor(es) crítico(s) e identifique a(s) região(ões) de rejeição.

(d) Calcule a estatística de teste padronizada apropriada. Se for conveniente, use tecnologia.

(e) Decida se rejeita ou não rejeita a hipótese nula.

(f) Interprete a decisão no contexto da afirmação original.

1. A nota média em uma avaliação de ciências de 49 estudantes homens do ensino médio, selecionados aleatoriamente, foi 153. Suponha que o desvio padrão populacional é 36. A nota média no mesmo teste para 50 estudantes mulheres do ensino médio, selecionadas aleatoriamente, foi 147. Suponha que o desvio padrão populacional é 34. Para um nível de significância $\alpha = 0,05$, você pode aceitar a afirmação de que a nota média na avaliação de ciências dos estudantes homens do ensino médio é maior que a nota média das estudantes mulheres do ensino médio? (*Adaptado de: National Center for Education Statistics.*)

2. Um professor de ciências afirma que as notas médias em uma avaliação de ciências para meninos e meninas do quarto ano são iguais. A nota média para 13 meninos selecionados aleatoriamente é 151 com um desvio padrão de 36, e a nota média para 15 meninas selecionadas aleatoriamente é 149 com um desvio padrão de 34. Para $\alpha = 0,01$, você pode rejeitar a afirmação do professor? Suponha que as populações são normalmente distribuídas e as variâncias populacionais são iguais. (*Adaptado de: National Center for Education Statistics.*)

3. A tabela a seguir mostra a pontuação de crédito para 12 adultos selecionados aleatoriamente, que são considerados tomadores de empréstimo de alto risco, antes e dois anos após assistirem a um seminário sobre finanças pessoais. Para $\alpha = 0,01$, há evidência suficiente para aceitar a afirmação de que o seminário ajuda os adultos a aumentarem sua pontuação de crédito? Suponha que as populações são normalmente distribuídas.

Adulto	1	2	3	4	5	6
Pontuação de crédito (antes do seminário)	608	620	610	650	640	680
Pontuação de crédito (após o seminário)	646	692	715	669	725	786

Adulto	7	8	9	10	11	12
Pontuação de crédito (antes do seminário)	655	602	644	656	632	664
Pontuação de crédito (após o seminário)	700	650	660	650	680	702

4. Em uma amostra aleatória de 1.216 adultos americanos, 863 são a favor da aplicação de testes obrigatórios para avaliar quão bem as escolas estão educando os estudantes. Em outra amostra aleatória de 1.002 adultos americanos realizada 9 anos atrás, 823 eram a favor da aplicação desse tipo de teste. Para $\alpha = 0,05$, você pode aceitar a afirmação de que a proporção de adultos americanos que são a favor da aplicação de testes obrigatórios para avaliar quão bem as escolas estão educando os estudantes é menor que 9 anos atrás? (*Adaptado de: CBS News Poll.*)

Teste do capítulo

Faça este teste como se estivesse fazendo uma prova em sala.

Para este teste, faça o seguinte:

(a) Identifique a afirmação e formule H_0 e H_a.

(b) Determine se o teste de hipótese é unilateral à esquerda, unilateral à direita ou bilateral e se deve usar um teste z ou um teste t. Explique seu raciocínio.

(c) Encontre o(s) valor(es) crítico(s) e identifique a(s) região(ões) de rejeição.

(d) Calcule a estatística de teste padronizada apropriada. Se for conveniente, use tecnologia.

(e) Decida se rejeita ou não rejeita a hipótese nula.

(f) Interprete a decisão no contexto da afirmação original.

1. Em uma amostra aleatória de 1.022 adultos americanos, 480 acham que o governo dos Estados Unidos está fazendo muito pouco para proteger o meio ambiente. Em outra amostra aleatória de 1.008 adultos americanos selecionada 10 anos atrás, 514 acham o mesmo.

Para $\alpha = 0{,}10$, você pode rejeitar a afirmação de que a proporção de adultos americanos que acham que o governo dos Estados Unidos está fazendo muito pouco para proteger o meio ambiente não mudou? (*Adaptado de: The Gallup Poll.*)

2. Um biólogo marinho afirma que o comprimento médio de focas machos é maior que o comprimento médio de focas fêmeas. O comprimento médio de uma amostra aleatória de 89 focas machos é 132 cm. Suponha que o desvio padrão populacional é 23 cm. O comprimento médio de uma amostra aleatória de 56 focas fêmeas é 124 cm. Suponha que o desvio padrão populacional é 18 cm. Para $\alpha = 0{,}05$, você pode concordar com a afirmação do biólogo marinho? (*Adaptado de: Moss Landing Marine Laboratories.*)

3. Um pesquisador afirma que as concentrações de cobre sérico aumentam em crianças a partir da idade de 7 até 60 dias. A tabela a seguir mostra a concentração de cobre sérico (em microgramas por decilitro) medidas em 12 crianças selecionadas aleatoriamente nas idades de 7 e 60 dias. Para $\alpha = 0{,}05$, há evidência suficiente para aceitar a afirmação do pesquisador? Suponha que as populações são normalmente distribuídas. (*Adaptado de: U.S. National Library of Medicine.*)

Criança	1	2	3	4	5	6
Concentração de cobre sérico (7 dias de idade)	60	41	64	52	48	52
Concentração de cobre sérico (60 dias de idade)	98	97	93	79	83	98

Criança	7	8	9	10	11	12
Concentração de cobre sérico (7 dias de idade)	47	61	47	49	54	50
Concentração de cobre sérico (60 dias de idade)	85	94	78	73	83	82

4. Um biólogo marinho afirma que a circunferência média de focas machos é diferente da circunferência média de focas fêmeas. A circunferência média de uma amostra aleatória de 16 focas machos é 97 cm com um desvio padrão de 19 cm. A circunferência média de uma amostra aleatória de 14 focas fêmeas é 93 cm com um desvio padrão de 16 cm. Para $\alpha = 0{,}01$, você pode aceitar a afirmação do biólogo marinho? Suponha que as populações são normalmente distribuídas e as variâncias populacionais são iguais. (*Adaptado de: Moss Landing Marine Laboratories.*)

Estatísticas reais – Decisões reais: juntando tudo

O Levantamento Nacional de Alta Hospitalar (LNAH) é uma pesquisa nacional de probabilidade que tem sido conduzida anualmente desde 1965 pelo *Centers for Disease Control and Prevention's National Center for Health Statistics*. De 1988 a 2007, o LNAH coletou dados de uma amostra de cerca de 270.000 registros de pacientes internados fornecida por uma amostra nacional de 500 hospitais. Iniciando em 2008, o tamanho da amostra foi reduzido para 239 hospitais. Somente hospitais não federais de curta estada, tais como hospitais gerais e hospitais gerais pediátricos, estão incluídos na amostra. Os resultados dessa pesquisa fornecem informações das características de pacientes internados que receberam alta desses hospitais, e são usados para examinar tópicos importantes de interesse na saúde pública.

Você trabalha para o Centro Nacional para Estatísticas de Saúde dos Estados Unidos e quer testar a afirmação de que o tempo médio de internação de pacientes em 2010 é diferente do que era em 1995, analisando dados de amostras aleatórias de registros de pacientes internados nesses dois anos. Os resultados para diversos pacientes internados de 1995 e 2010 são mostrados nos histogramas das figuras 8.18 e 8.19.

Figura 8.18 Tempo de internação (1995).

$\bar{x}_1 \approx 5{,}38$
$s_1 \approx 1{,}65$
$n_1 = 26$

Figura 8.19 Tempo de internação (2010).

$\bar{x}_2 \approx 4{,}79$
$s_2 \approx 1{,}26$
$n_2 = 28$

Exercícios

1. ***Como posso fazer isso?***
   Explique como você poderia usar cada técnica de amostragem para selecionar a amostra para o estudo.
   (a) Amostragem estratificada.
   (b) Amostragem por conglomerados.
   (c) Amostragem sistemática.
   (d) Amostragem aleatória simples.

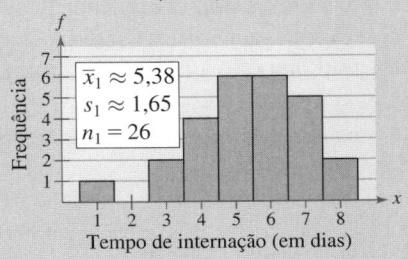

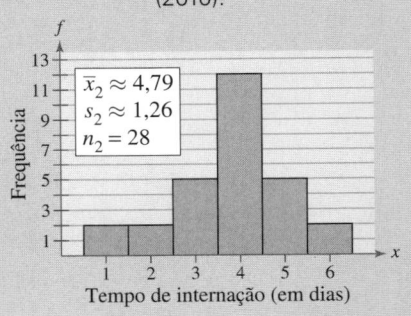

2. *Escolhendo a técnica de amostragem*
   (a) Qual técnica de amostragem no Exercício 1 você escolheria para utilizar no estudo? Por quê?
   (b) Identifique possíveis falhas ou vieses no seu estudo.
3. *Escolhendo um teste*
   Para testar a afirmação de que há diferença no tempo médio de internação hospitalar, você deve usar um teste z ou um teste t? As amostras são independentes ou dependentes? Você precisa saber alguma coisa sobre as variâncias populacionais?
4. *Testando uma média*
   Teste a afirmação de que há diferença no tempo médio de internação hospitalar para os pacientes de 1995 e 2000. Suponha que as populações são normais e as variâncias populacionais são iguais. Use nível de significância $\alpha = 0,10$. Interprete a decisão do teste. A decisão aceita a afirmação?

Tecnologia

MINITAB | EXCEL | TI-84 PLUS

Cara ou Coroa

No artigo "Tails over Heads" no *Washington Post* (13 de outubro de 1996), o jornalista William Casey descreve um de seus passatempos — registrar cada moeda que ele encontra na rua! De 1º de janeiro de 1985 até o artigo ser escrito, Casey encontrou 11.902 moedas.

A cada moeda encontrada, Casey registra a hora, a data, a localização, o valor, localização em que a moeda foi cunhada e se a moeda está indicando cara ou coroa.

No artigo, Casey menciona que 6.130 moedas foram encontradas indicando "coroa" e 5.772 foram encontradas indicando "cara". Das 11.902 moedas encontradas, 43 foram cunhadas em São Francisco, 7.133 na Filadélfia e 4.726 em Denver.

Uma simulação da experiência de Casey pode ser feita no Minitab como mostrado a seguir. Um histograma de frequência dos resultados de uma simulação é mostrado na Figura 8.20.

Figura 8.20 Simulação de 11.902 lançamentos de uma moeda.

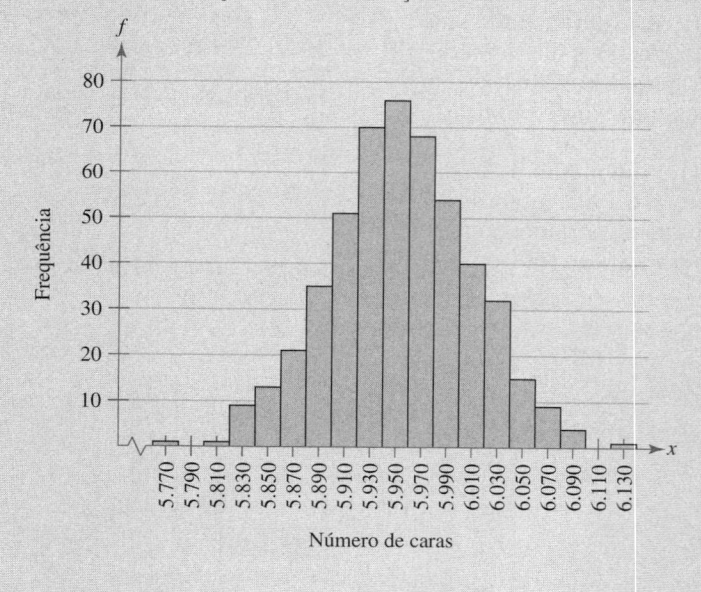

Exercícios

1. Use tecnologia para realizar um teste z com uma amostra para testar a hipótese de que a probabilidade de uma "moeda encontrada" estar indicando "cara" é 0,5. Use $\alpha = 0,01$. Use os dados de Casey como sua amostra e escreva sua conclusão como uma sentença.

2. Os dados de Casey diferem significativamente do acaso? Se sim, qual pode ser a razão?

3. Na simulação mostrada, qual percentagem das tentativas teve "caras" menor ou igual ao número de "coroas" nos dados de Casey? Use tecnologia para repetir a simulação. Seus resultados são comparáveis?

Nos exercícios 4 e 5, use tecnologia para realizar um teste z com duas amostras para determinar se há diferença nas datas de cunhagem e nos valores das moedas encontradas em uma rua de 1985 até 1996 para os dois locais de cunhagem. Escreva sua conclusão como uma sentença. Use $\alpha = 0,05$.

4. Data de cunhagem das moedas (anos).
   Filadélfia: $\bar{x}_1 = 1.984,8$ $s_1 = 8,6$
   Denver: $\bar{x}_2 = 1.983,4$ $s_2 = 8,4$

5. Valor das moedas (dólares).
   Filadélfia: $\bar{x}_1 = US\$ \ 0,034$ $s_1 = US\$ \ 0,054$
   Denver: $\bar{x}_2 = US\$ \ 0,033$ $s_2 = US\$ \ 0,052$

Solução são apresentadas nos manuais de tecnologia presentes no Site de Apoio.
Instruções técnicas são fornecidas por Minitab, Excel e TI-84 Plus.

Usando tecnologia para realizar testes de hipótese para duas amostras

Aqui apresentamos algumas impressões do Minitab e da calculadora TI-84 Plus para alguns exemplos deste capítulo.

Veja o Exemplo 1 da Seção 8.2.

MINITAB

Two-Sample T-Test and CI

Sample	N	Mean	StDev	SE Mean
1	8	473.0	39.7	14
2	18	459.0	24.5	5.8

Difference = mu (1) − mu (2)
Estimate for difference: 14.0
90% CI for difference: (−13.8, 41.8)
T-Test of difference = 0 (vs not =): T-Value = 0.92 P-Value = 0.380 DF = 9

Display Descriptive Statistics...
Store Descriptive Statistics...
Graphical Summary...
1-Sample Z...
1-Sample t...
2-Sample t...
Paired t...
1 Proportion...
2 Proportions...

Veja o Exemplo 1 da Seção 8.3.

Alturas de saltos verticais, antes e depois de usar o calçado

Atleta	1	2	3	4	5	6	7	8
Altura do salto vertical (antes de usar o calçado)	24	22	25	28	35	32	30	27
Altura do salto vertical (após usar o calçado)	26	25	25	29	33	34	35	30

MINITAB

Paired T-TEst and CI: Before, After

Paired T for Before − After

	N	Mean	StDev	SE Mean
Before	8	27.88	4.32	1.53
After	8	29.63	4.07	1.44
Difference	8	−1.750	2.121	0.750

90% upper bound for mean difference: −0.689
T-Test of mean difference = 0 (vs < 0): T-Value = −2.33 P-Value = 0.026

Display Descriptive Statistics...
Store Descriptive Statistics...
Graphical Summary...
1-Sample Z...
1-Sample t...
2-Sample t...
Paired t...
1 Proportion...
2 Proportions...

Veja o Exemplo 2 da Seção 8.1.　　　Veja Exemplo 2 da Seção 8.2.　　　Veja o Exemplo 1 da Seção 8.4.

TI-84 PLUS

EDIT CALC **TESTS**
1: Z–Test...
2: T–Test...
3: 2-SampZTest...
4: 2-SampTTest...
5: 1-PropZTest...
6: 2-PropZTest...
7↓ ZInterval...

↓

TI-84 PLUS

2-SampZTest
Inpt:Data **Stats**
$\sigma1$:1045
$\sigma2$:1350
$\bar{x}1$:4777
n1:250
$\bar{x}2$:4866
↓n2:250

↓

TI-84 PLUS

2-SampZTest
↑$\sigma2$:1350
$\bar{x}1$:4777
n1:250
$\bar{x}2$:4866
n2:250
µ1:**≠µ2** <µ2 >µ2
Calculate Draw

↓

TI-84 PLUS

2-SampZTest
$\mu_1 \neq \mu_2$
z=−.8242825738
p=.4097789
$\bar{x}_1$=4777
$\bar{x}_2$=4866
↓n_1=250

TI-84 PLUS

EDIT CALC **TESTS**
1: Z–Test...
2: T–Test...
3: 2-SampZTest...
4: 2-SampTTest...
5: 1-PropZTest...
6: 2-PropZTest...
7↓ ZInterval...

↓

TI-84 PLUS

2-SampTTest
Inpt:Data **Stats**
$\bar{x}1$:.52
Sx1:.05
n1:30
$\bar{x}2$:.55
Sx2:.07
↓n2:32

↓

TI-84 PLUS

2-SampTTest
↑n1:30
$\bar{x}2$:.55
Sx2:.07
n2:32
µ1:≠µ2 **<µ2** >µ2
Pooled:No **Yes**
Calculate Draw

↓

TI-84 PLUS

2-SampTTest
$\mu_1 < \mu_2$
t=1.930301843
p=.0291499618
df=60
$\bar{x}_1$=.52
↓$\bar{x}_2$=.55

TI-84 PLUS

EDIT CALC **TESTS**
1: Z–Test...
2: T–Test...
3: 2-SampZTest...
4: 2-SampTTest...
5: 1-PropZTest...
6: 2-PropZTest...
7↓ ZInterval...

↓

TI-84 PLUS

2-PropZTest
x1:129
n1:150
x2:148
n2:200
p1:**≠p2** <p2 >p2
Calculate Draw

↓

TI-84 PLUS

2-PropZTest
$p_1 \neq p_2$
z=2.734478928
p=.0062480166
$\hat{p}_1$=.86
$\hat{p}_2$=.74
↓$\hat{p}$=.7914285714

Capítulos 6 a 8 – Revisão acumulada

1. Em uma pesquisa com 1.000 pessoas que frequentam faculdades comunitárias nos EUA, 15% têm 40 anos ou mais. (*Adaptado de: American Association of Community Colleges.*)

   (a) Construa um intervalo de confiança de 95% para a proporção de pessoas que frequentam faculdades comunitária que têm 40 anos ou mais.

   (b) Um pesquisador afirma que mais de 12% das pessoas que frequentam faculdades comunitárias têm 40 anos ou mais. Com $\alpha = 0{,}05$, você pode concordar com a afirmação do pesquisador? Interprete a decisão no contexto da afirmação original.

2. **Consumo de combustível** A tabela a seguir mostra o consumo de combustível (em milhas por galão) de oito carros com ou sem o uso de combustível aditivado. Para nível de significância $\alpha = 0{,}10$, há evidência suficiente para concluir que o aditivo melhora o desempenho? Suponha que as populações são normalmente distribuídas.

Carro	1	2	3	4
Consumo de combustível (sem combustível aditivado)	23,1	25,4	21,9	24,3
Consumo de combustível (com combustível aditivado)	23,6	27,7	23,6	26,8

Carro	5	6	7	8
Consumo de combustível (sem combustível aditivado)	19,9	21,2	25,9	24,8
Consumo de combustível (com combustível aditivado)	22,1	22,4	26,3	26,6

Nos exercícios 3 a 6, construa o intervalo de confiança indicado para a média populacional μ. Qual distribuição você usou para criar o intervalo de confiança?

3. $c = 0{,}95; \bar{x} = 26{,}97; \sigma = 3{,}4; n = 42$.
4. $c = 0{,}95; \bar{x} = 3{,}46; s = 1{,}63; n = 16$.
5. $c = 0{,}99; \bar{x} = 12{,}1; s = 2{,}64; n = 26$.
6. $c = 0{,}90; \bar{x} = 8{,}21; \sigma = 0{,}62; n = 8$.

7. Um pediatra afirma que o peso médio no nascimento de um bebê único é maior que o peso médio de um bebê que tem um gêmeo. O peso médio no nascimento de uma amostra aleatória de 85 bebês únicos é 3.086 gramas. Suponha que o desvio padrão populacional é 563 gramas. O peso médio no nascimento de uma amostra aleatória de 68 bebês que têm um gêmeo é 2.263 gramas. Suponha que o desvio padrão populacional é 624 gramas. Com $\alpha = 0{,}10$, você pode concordar com a afirmação do pediatra? Interprete a decisão no contexto da afirmação original.

Nos exercícios 8 a 11, a sentença representa uma afirmação. Escreva seu complemento e indique qual é H_0 e qual é H_a.

8. $\mu < 33$.
9. $p \geq 0{,}19$.
10. $\sigma = 0{,}63$.
11. $\mu \neq 2{,}28$.

12. O número médio de medicações crônicas tomadas por uma amostra aleatória de 26 idosos em uma comunidade tem um desvio padrão amostral de 3,1 medicações. Suponha que a população é normalmente distribuída. (*Adaptado de: The Journal of the American Medical Association.*)

    (a) Construa um intervalo de confiança de 99% para a variância da população.

    (b) Construa um intervalo de confiança de 99% para o desvio padrão da população.

    (c) Um farmacêutico acredita que o desvio padrão do número médio de medicações crônicas tomadas por idosos na comunidade é no máximo 2,5 medicamentos. Para $\alpha = 0{,}01$, você pode rejeitar a afirmação do farmacêutico? Interprete a decisão no contexto da afirmação original.

13. Uma organização educacional afirma que as pontuações médias no SAT para homens atletas e não atletas em uma faculdade são diferentes. Uma amostra aleatória de 26 homens atletas da faculdade tem uma pontuação média no SAT de 1.783 e um desvio padrão de 218. Uma amostra aleatória de 18 homens não atletas da faculdade tem uma pontuação média no SAT de 2.064 e um desvio padrão de 186. Para $\alpha = 0{,}05$, você pode aceitar a afirmação da organização? Interprete a decisão no contexto da afirmação original. Suponha que as populações são normalmente distribuídas e as variâncias populacionais são iguais.

14. Os ganhos anuais (em dólares) para 26 tradutores selecionados aleatoriamente são mostrados a seguir. Suponha que a população é normalmente distribuída. (*Adaptado de: U.S. Bureau of Labor Statistics.*)

39.023	36.340	40.517	43.351	43.136	44.504
33.873	39.204	42.853	36.864	37.952	35.207
34.777	37.163	37.724	34.033	38.288	38.738
40.217	38.844	38.949	38.831	43.533	39.613
39.336	38.438				

    (a) Construa um intervalo de confiança de 95% para o ganho anual médio da população de tradutores.

    (b) Um pesquisador afirma que o ganho anual médio para tradutores é de US$ 40.000. Para um nível de significância $\alpha = 0{,}05$, você pode rejeitar a afirmação do pesquisador? Interprete a decisão no contexto da afirmação original.

15. Um grupo de pesquisa médica estudou o número de lesões na cabeça e no pescoço sofridas por jogadores de hóquei. Dos 319 jogadores que usavam proteção completa no rosto, 195 sofreram uma lesão. Dos 323 jogadores que usavam meia proteção, 204 sofreram

uma lesão. Para $\alpha = 0{,}10$, você pode rejeitar a afirmação de que as proporções de jogadores sofrendo lesões na cabeça e no pescoço são as mesmas para os dois grupos? Interprete a decisão no contexto da afirmação original. (*Fonte: The Journal of the American Medical Association.*)

16. Uma amostra aleatória de 40 ovos de avestruz tem um período médio de incubação de 42 dias. Suponha que o desvio padrão populacional é 1,6 dia.

    (a) Construa um intervalo de confiança de 95% para o período médio de incubação populacional.
    (b) Um zoólogo afirma que o período médio de incubação para avestruzes é pelo menos 45 dias. Para $\alpha = 0{,}05$, você pode rejeitar a afirmação do zoólogo? Interprete a decisão no contexto da afirmação original.

17. Um pesquisador afirma que 18% dos donos de cachorro vestem seus animais com roupas. Descreva os erros tipo I e tipo II para esse teste de hipótese em função da afirmação feita. (*Fonte: Consumer Reports.*)

PARTE IV
9 Correlação e regressão

9.1 Correlação
- Atividade

9.2 Regressão linear
- Atividade
- Estudo de caso

9.3 Medidas de regressão e intervalos de previsão

9.4 Regressão múltipla
- Usos e abusos
- Estatísticas reais – Decisões reais
- Tecnologia

Em 2012, o New York Yankees pagava o maior salário de equipe na Major League Baseball (liga principal de beisebol dos Estados Unidos), US$ 198 milhões, e o San Diego Padres pagava o menor salário de equipe, US$ 55,2 milhões. No mesmo ano, o Philadelphia Phillies tinha a maior média de assistência, com 44.021, e o Tampa Bay Rays tinha a menor média de assistência, com 19.255.

John Green/Alamy.

Onde estamos

Nos capítulos 1 a 8 você estudou estatística descritiva, probabilidade e estatística inferencial. Uma das técnicas que você aprendeu em estatística descritiva possibilita construir gráfico para dados emparelhados usando um diagrama de dispersão (Seção 2.2). Por exemplo, os salários e a média de público em jogos em casa para os times na Major League Baseball em 2012 estão exibidos em forma gráfica na Figura 9.1 e tabular na Tabela 9.1.

Figura 9.1 Major League Baseball: média de público por jogo em casa e salário por equipe.

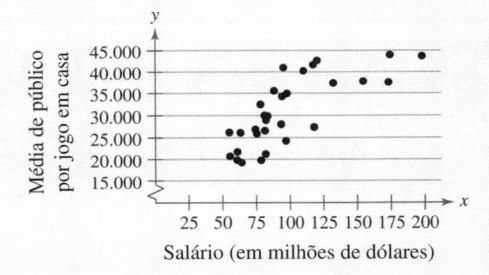

Tabela 9.1 Major League Baseball: média de público por jogo em casa e salário por equipe.

Salário (em milhões de dólares)	74,3	83,3	81,4	173,2	88,2	96,9	82,2	78,4	78,1	132,3
Média de público por jogo em casa	26.884	29.878	26.610	37.567	35.589	24.271	28.978	19.797	32.474	37.383
Salário (em milhões de dólares)	60,7	60,9	154,5	95,1	118,1	97,7	94,1	93,4	198,0	55,4
Média de público por jogo em casa	19.848	21.748	37.799	41.040	27.400	34.955	34.275	28.035	43.733	20.728
Salário (em milhões de dólares)	174,5	63,4	55,2	117,6	82,0	110,3	64,2	120,5	75,5	81,3
Média de público por jogo em casa	44.021	26.148	26.218	41.695	21.258	40.272	19.255	42.719	25.921	30.010

Para onde vamos

Neste capítulo você estudará como descrever e testar a significância das relações entre duas variáveis quando os dados são apresentados em pares ordenados. Por exemplo, no diagrama de dispersão anterior, parece que equipes com salários mais altos tendem a corresponder a maiores médias de público, e salários mais baixos tendem a corresponder a menores médias de público. Podemos descrever essa relação dizendo que os salários das equipes são correlacionados positivamente à média de público. Graficamente, podemos representar essa relação desenhando uma linha, chamada de reta de regressão, que se aproxima o máximo possível dos pontos, conforme mostra a Figura 9.2. O segundo diagrama de dispersão, na Figura 9.3, mostra os salários e vitórias para as equipes na Major League Baseball em 2012. Do diagrama de dispersão, parece que não há correlação entre os salários e as vitórias das equipes.

Figura 9.2 Major League Baseball: média de público por jogo em casa e salário por equipe.

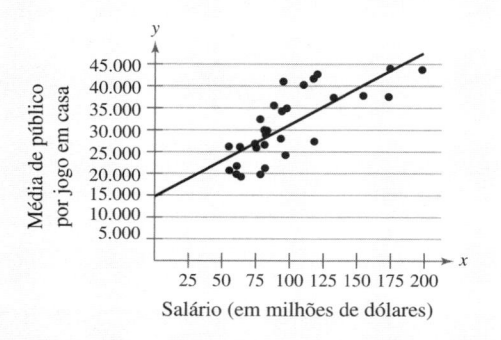

Figura 9.3 Major League Baseball: vitórias e salário por equipe.

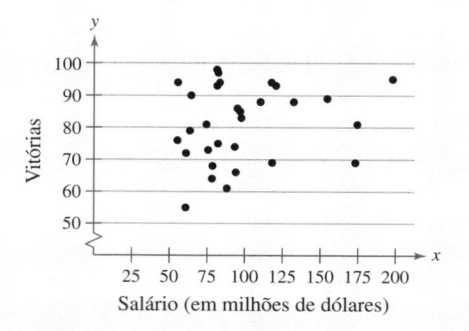

O que você deve aprender

- Uma introdução à correlação linear, variáveis independentes e dependentes e os tipos de correlação.
- Como calcular um coeficiente de correlação.
- Como testar um coeficiente de correlação populacional ρ usando uma tabela apropriada.
- Como realizar um teste de hipótese para um coeficiente de correlação populacional ρ.
- Como distinguir entre correlação e causalidade.

9.1 Correlação

Uma visão geral da correlação • Coeficiente de correlação linear • Usando uma tabela apropriada para testar um coeficiente de correlação populacional ρ • Teste de hipótese para um coeficiente de correlação populacional ρ • Correlação e causalidade

Uma visão geral da correlação

Suponha que um inspetor de segurança queira determinar se existe relação entre o número de horas de treinamento para um funcionário e o número de acidentes envolvendo este funcionário. Ou suponha que uma psicóloga queira saber se existe relação entre o número de horas que uma pessoa dorme a cada noite e o tempo de reação dessa pessoa. Como ele ou ela determinaria se existe alguma relação?

Nesta seção você estudará como descrever que tipo de relação, ou correlação, existe entre duas variáveis quantitativas e como determinar se a correlação é significativa.

Definição

Uma **correlação** é uma relação entre duas variáveis. Os dados podem ser representados por pares ordenados (x, y), sendo x a **variável independente** (ou **explanatória**) e y a **variável dependente** (ou **resposta**).

Na Seção 2.2, você aprendeu que o gráfico dos pares ordenados (x, y) é chamado de *diagrama de dispersão*. Em um diagrama de dispersão, os pares ordenados (x, y) são colocados no gráfico como pontos em um plano coordenado. A variável independente (explanatória) x é indicada no eixo horizontal, e a variável dependente (resposta) y, no eixo vertical. Um diagrama de dispersão pode ser usado para averiguar sobre a existência de uma correlação linear (linha reta) entre duas variáveis. Os diagramas de dispersão da Figura 9.4 mostram alguns tipos de correlação.

Figura 9.4 Indicativos gráficos sobre correlação.

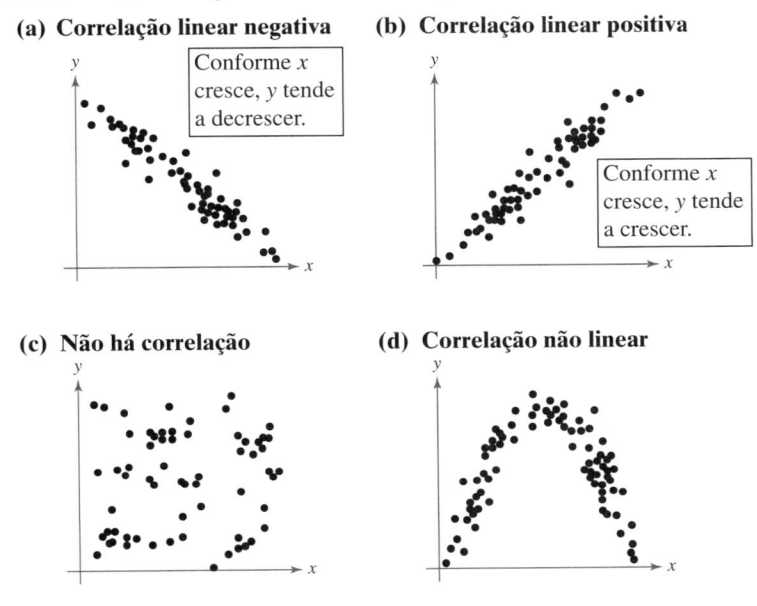

(a) Correlação linear negativa — Conforme x cresce, y tende a decrescer.

(b) Correlação linear positiva — Conforme x cresce, y tende a crescer.

(c) Não há correlação

(d) Correlação não linear

Exemplo 1

Construindo um diagrama de dispersão

Um economista quer determinar se existe relação linear entre o produto interno bruto (PIB) de países e as respectivas emissões de dióxido de carbono (CO_2). Os dados encontram-se na Tabela 9.2. Exiba os dados em um diagrama de dispersão e descreva o tipo de correlação. (*Fonte: World Bank e U.S. Energy Information Administration.*)

Solução

O diagrama de dispersão é mostrado na Figura 9.5. Dele, parece que existe uma correlação linear positiva entre as variáveis.

Figura 9.5 Relação entre PIB e a quantidade de CO_2 emitida, para amostra com 10 países.

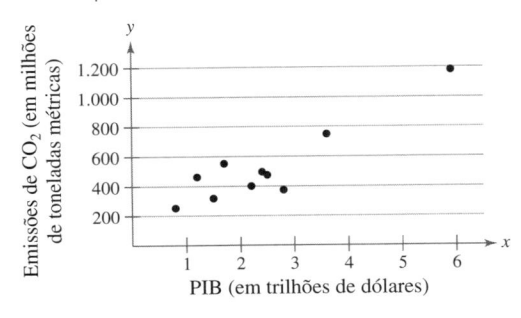

Tabela 9.2 Dados do PIB e da quantidade de CO_2 emitida de 10 países.

PIB (em trilhões de dólares), x	Emissões de CO_2 (em milhões de toneladas métricas), y
1,7	552,6
1,2	462,3
2,5	475,4
2,8	374,3
3,6	748,5
2,2	400,9
0,8	253,0
1,5	318,6
2,4	496,8
5,9	1.180,6

Interpretação Observando o gráfico da esquerda para a direita, verifica-se que, conforme o produto interno bruto cresce, as emissões de dióxido de carbono também tendem a crescer.

Tente você mesmo 1

O diretor de assuntos relacionados a ex-alunos de uma pequena faculdade quer verificar se há relação linear entre o número de anos que os ex-alunos estão fora da faculdade e suas contribuições anuais (em milhares de dólares). Os dados estão na Tabela 9.3. Exiba os dados em um diagrama de dispersão e descreva o tipo de correlação.

Tabela 9.3 Tempos de alunos após diplomação e respectivas contribuições à faculdade.

Número de anos fora da faculdade, x	1	10	5	15	3	24	30
Contribuição anual (em milhares de dólares), y	12,5	8,7	14,6	5,2	9,9	3,1	2,7

a. No sistema cartesiano construa escalas com valores adequados para os eixos e coloque as legendas.
b. Assinale cada par ordenado.
c. Parece haver uma correlação linear? Em caso afirmativo, interprete a correlação no contexto dos dados.

Dica de estudo

Lembre-se que todos os conjuntos de dados contendo 20 ou mais valores estão disponíveis no Site de Apoio. Além disso, alguns conjuntos de dados nesta seção são usados ao longo do capítulo, então salve quaisquer dados que você inserir. Por exemplo, os dados usados no Exemplo 1 serão usados mais tarde nesta seção e nas seções 9.2 e 9.3.

Exemplo 2

Construindo um diagrama de dispersão

Um estudante conduz um estudo para determinar se existe uma relação linear entre o número de horas que um aluno faz exercícios a cada semana e o seu coeficiente de rendimento (CR). Os dados são mostrados na Tabela 9.4. Exiba os pontos em um diagrama de dispersão e descreva o tipo de correlação.

Tabela 9.4 Horas semanais de exercícios e correspondentes coeficientes de rendimento de um aluno.

Horas de exercício, x	12	3	0	6	10	2	18	14	15	5
CR, y	3,6	4,0	3,9	2,5	2,4	2,2	3,7	3,0	1,8	3,1

Solução

O diagrama de dispersão é mostrado na Figura 9.6. Nele, parece que não existe uma correlação linear entre as variáveis.

Interpretação O número de horas que um estudante faz exercícios a cada semana não parecer estar relacionado ao seu coeficiente de rendimento.

Figura 9.6 Relação entre o tempo dedicado a exercícios e o rendimento de um aluno.

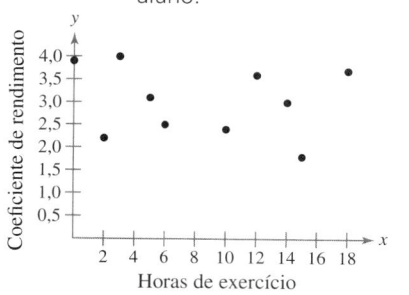

Tente você mesmo 2

Um pesquisador conduz um estudo para determinar se existe relação linear entre a altura (em polegadas) e a pulsação (em batidas por minuto) de uma pessoa. Os dados são mostrados na Tabela 9.5. Represente os pontos em um diagrama de dispersão e descreva o tipo de correlação.

Tabela 9.5 Alturas e respectivas pulsações de uma amostra de 10 indivíduos.

Altura, x	68	72	65	70	62	75	78	64	68
Pulsação, y	90	85	88	100	105	98	70	65	72

a. No sistema cartesiano construa escalas para os eixos e coloque as legendas.

b. Assinale cada par ordenado.

c. Parece haver uma correlação linear? Em caso afirmativo, interprete a correlação no contexto dos dados.

Exemplo 3

Construindo um diagrama de dispersão usando tecnologia

O Old Faithful, localizado no Parque Nacional Yellowstone nos Estados Unidos, é o gêiser mais famoso do mundo. A duração (em minutos) de diversas erupções do Old Faithful e os intervalos (em minutos) até que a próxima erupção ocorra são mostrados na Tabela 9.6. Use tecnologia para exibir os dados em um diagrama de dispersão. Descreva o tipo de correlação.

Solução

O Minitab, o Excel e a TI-84 Plus têm, cada um, funções para construir um diagrama de dispersão. Tente usar essa tecnologia para desenhar os diagramas de dispersão mostrados na Figura 9.7. Neles, parece que as variáveis têm uma correlação linear positiva.

Figura 9.7 Relação entre os tempos de erupção e os tempos de duração até a próxima erupção.

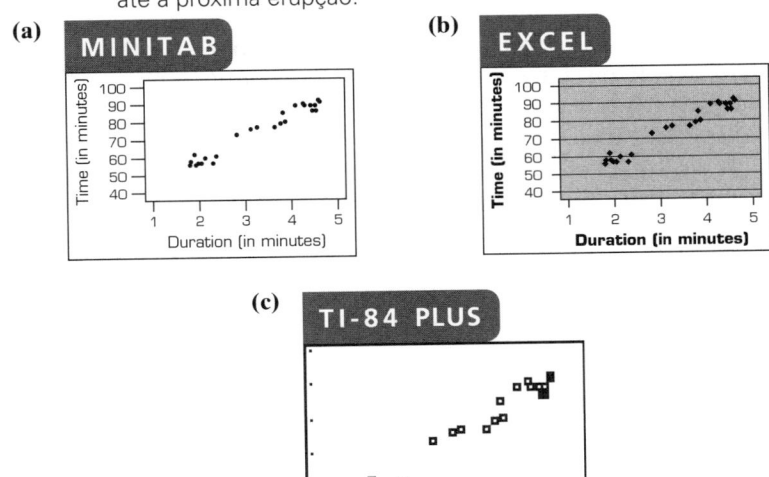

Tabela 9.6 Tempos de duração de erupções e os respectivos intervalos até a próxima erupção.

Duração, x	Intervalos, y
1,80	56
1,82	58
1,90	62
1,93	56
1,98	57
2,05	57
2,13	60
2,30	57
2,37	61
2,82	73
3,13	76
3,27	77
3,65	77
3,78	79
3,83	85
3,88	80
4,10	89
4,27	90
4,30	89
4,43	89
4,47	86
4,53	89
4,55	86
4,60	92
4,63	91

Interpretação Observando os pontos da esquerda para a direita, conforme os tempos de duração das erupções crescem, os intervalos até a próxima erupção também tendem a crescer.

Tente você mesmo 3

Considere os dados na página de abertura deste capítulo sobre os salários e a média de público em jogos em casa para os times da Major League Baseball. Use tecnologia para exibir os dados em um diagrama de dispersão. Descreva o tipo de correlação.

a. Insira os dados.
b. Construa o diagrama de dispersão.
c. Parece haver uma correlação linear? Em caso afirmativo, interprete a correlação no contexto dos dados.

Coeficiente de correlação linear

Interpretar a correlação usando um diagrama de dispersão pode ser subjetivo. Uma maneira adequada de obter a direção e medir a força de uma correlação linear entre duas variáveis é calcular o **coeficiente de correlação**. Embora se tenha a fórmula para o cálculo manual do coeficiente de correlação amostral, é mais conveniente usar uma ferramenta tecnológica para calcular esse valor.

Entenda

O nome formal de *r* é **coeficiente de correlação produto-momento de Pearson**. É o nome do estatístico inglês Karl Pearson (1857–1936). (Veja página 33.)

Definição

O **coeficiente de correlação** é uma medida da força e da direção de uma relação linear entre duas variáveis. O símbolo *r* representa o coeficiente de correlação amostral. Uma fórmula para *r* é:

$$r = \frac{n\Sigma xy - (\Sigma x)(\Sigma y)}{\sqrt{n\Sigma x^2 - (\Sigma x)^2}\sqrt{n\Sigma y^2 - (\Sigma y)^2}}$$ coeficiente de correlação amostral

em que *n* é o número de pares de dados.

O coeficiente de correlação populacional é representado por ρ (a letra minúscula grega rho, pronuncia-se "rô").

A variação do coeficiente de correlação é de –1 a 1, inclusive. Quando *x* e *y* têm uma correlação linear positiva forte, *r* está próximo de 1. Quando *x* e *y* têm uma correlação linear negativa forte, *r* está próximo de –1. Quando *x* e *y* têm correlação linear positiva perfeita ou correlação linear negativa perfeita, *r* é igual a 1 ou –1, respectivamente. Quando não há correlação linear, *r* está próximo a 0. É importante lembrar que quando *r* está próximo de 0 não significa que não há relação entre *x* e *y*, significa apenas que não há relação *linear*. Diversos exemplos são mostrados na Figura 9.8.

Figura 9.8 Exemplos de correlações e os respectivos valores do coeficiente *r*.

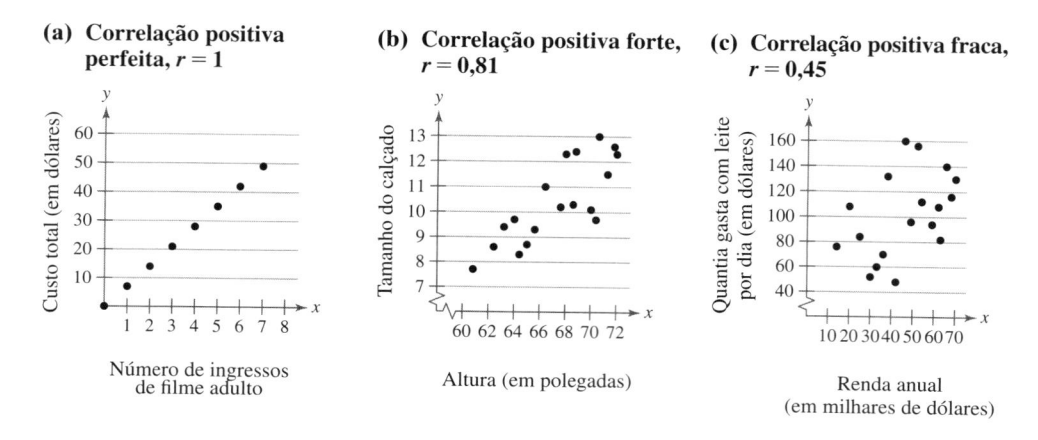

(a) Correlação positiva perfeita, *r* = 1

(b) Correlação positiva forte, *r* = 0,81

(c) Correlação positiva fraca, *r* = 0,45

(d) Correlação negativa perfeita, $r = -1$

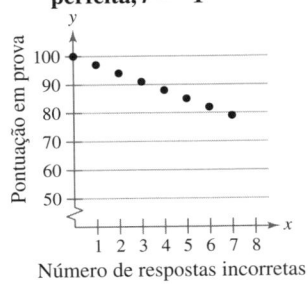

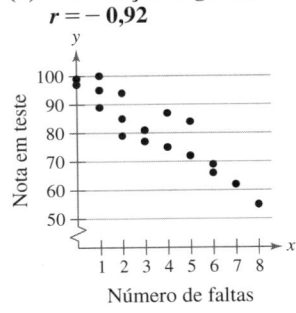

(e) Correlação negativa forte, $r = -0,92$

(f) Sem correlação, $r = 0,04$

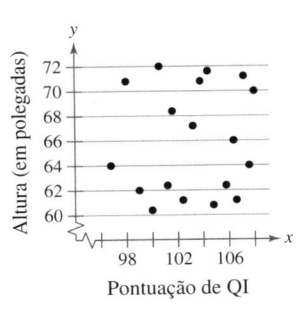

Instruções

Calculando um coeficiente de correlação linear

EM PALAVRAS	EM SÍMBOLOS
1. Encontre a soma dos valores de x.	Σx
2. Encontre a soma dos valores de y.	Σy
3. Multiplique cada valor de x pelo correspondente valor de y e encontre a soma.	Σxy
4. Eleve ao quadrado cada valor de x e encontre a soma.	Σx^2
5. Eleve ao quadrado cada valor de y e encontre a soma.	Σy^2
6. Use essas cinco somas para calcular o coeficiente de correlação	$r = \dfrac{n\Sigma xy - (\Sigma x)(\Sigma y)}{\sqrt{n\Sigma x^2 - (\Sigma x)^2}\,\sqrt{n\Sigma y^2 - (\Sigma y)^2}}$

> **Dica de estudo**
> O símbolo Σx^2 significa elevar ao quadrado cada valor e somá-los. O símbolo $(\Sigma x)^2$ significa somar os valores e elevar a soma ao quadrado.

Exemplo 4

Calculando um coeficiente de correlação

Calcule o coeficiente de correlação para os dados do produto interno bruto e da emissão de dióxido de carbono do Exemplo 1. Interprete o resultado no contexto dos dados.

Solução

Veja a Tabela 9.7 para ajudar no cálculo do coeficiente de correlação.

Tabela 9.7 Dados e cálculos intermediários para a determinação do coeficiente de correlação r.

PIB (em trilhões de dólares), x	Emissões de CO_2 (em milhões de toneladas métricas), y	xy	x^2	y^2
1,7	552,6	939,42	2,89	305.366,76
1,2	462,3	554,76	1,44	213.721,29
2,5	475,4	1.188,5	6,25	226.005,16
2,8	374,3	1.048,04	7,84	140.100,49

(continua)

Dica de estudo

Note que o coeficiente de correlação r no Exemplo 4 foi arredondado para três casas decimais. Essa *regra de arredondamento* será usada por todo o livro.

(continuação)

PIB (em trilhões de dólares), x	Emissões de CO_2 (em milhões de toneladas métricas), y	xy	x^2	y^2
3,6	748,5	2.694,6	12,96	560.252,25
2,2	400,9	881,98	4,84	160.720,81
0,8	253,0	202,4	0,64	64.009
1,5	318,6	477,9	2,25	101.505,96
2,4	496,8	1.192,32	5,76	246.810,24
5,9	1.180,6	6.965,54	34,81	1.393.816,36
$\Sigma x = 24,6$	$\Sigma y = 5.263$	$\Sigma xy = 16.145,46$	$\Sigma x^2 = 79,68$	$\Sigma y^2 = 3.412.308,32$

Com essas somas e $n = 10$, o coeficiente de correlação é:

$$r = \frac{n\Sigma xy - (\Sigma x)(\Sigma y)}{\sqrt{n\Sigma x^2 - (\Sigma x)^2} \sqrt{n\Sigma y^2 - (\Sigma y)^2}}$$

$$= \frac{10(16.145,46) - (24,6)(5.263)}{\sqrt{10(79,68) - (24,6)^2} \sqrt{10(3.412.308,32) - (5.263)^2}}$$

$$= \frac{31.984,8}{\sqrt{191,64} \sqrt{6.423.914,2}}$$

$$\approx 0,912.$$

O resultado $r \approx 0,912$ sugere uma correlação linear positiva forte.

Interpretação Conforme o produto interno bruto do país aumenta, as emissões de dióxido de carbono tendem a aumentar.

Tente você mesmo 4

Calcule o coeficiente de correlação para os dados apresentados no Tente você mesmo 1 (Tabela 9.8) relativos ao número de anos em que ex-alunos estão fora da faculdade e suas contribuições anuais. Interprete o resultado no contexto dos dados.

a. Identifique n e use uma tabela para calcular Σx, Σy, Σxy, Σx^2 e Σy^2.
b. Use as somas resultantes e n para calcular r.
c. Interprete o resultado no contexto dos dados.

Tabela 9.8 Tempos de alunos após diplomação e respectivas contribuições à faculdade.

Número de anos fora da faculdade, x	Contribuição anual (em milhares de dólares), y
1	12,5
10	8,7
5	14,6
15	5,2
3	9,9
24	3,1
30	2,7

Exemplo 5

Usando tecnologia para calcular um coeficiente de correlação

Use uma ferramenta tecnológica para calcular o coeficiente de correlação para os dados do Old Faithful no Exemplo 3. Interprete o resultado no contexto dos dados.

Solução

O Minitab, o Excel e a TI-84 Plus têm, cada um, funções que permitem calcular o coeficiente de correlação para conjuntos de dados emparelhados.

Tente usar essa tecnologia para encontrar r. Você deve obter resultados similares aos mostrados na Figura 9.9.

Figura 9.9 Determinando o coeficiente de correlação entre duração e Intervalo até a próxima erupção com recursos tecnológicos.

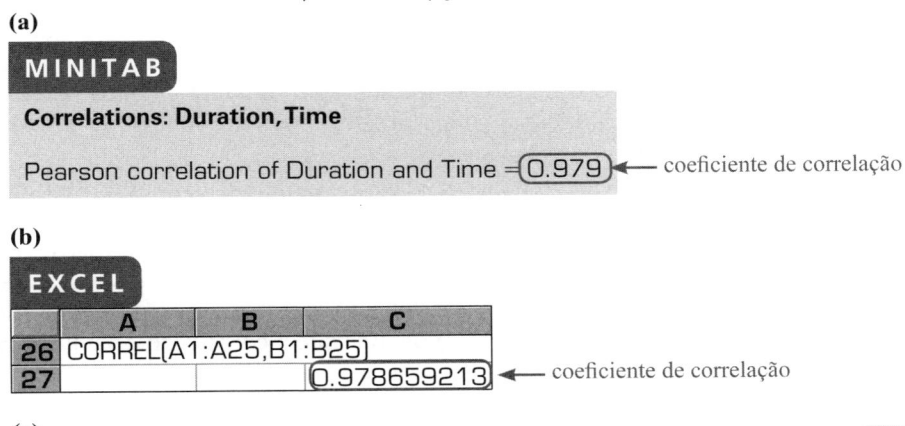

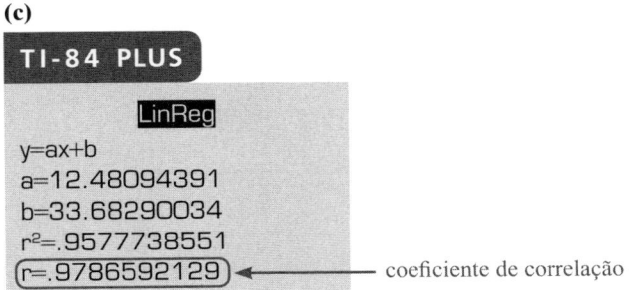

(a)

MINITAB

Correlations: Duration, Time

Pearson correlation of Duration and Time = 0.979 ← coeficiente de correlação

(b)

EXCEL

	A	B	C
26	CORREL(A1:A25,B1:B25)		
27			0.978659213

← coeficiente de correlação

(c)

TI-84 PLUS

LinReg
y=ax+b
a=12.48094391
b=33.68290034
r²=.9577738551
r=.9786592129 ← coeficiente de correlação

Dica de estudo

Antes de usar a TI-84 Plus para calcular r, certifique-se de que a função *diagnostics* está ligada. Para isso, na tela inicial, pressione 2nd CATALOG e vá em DiagnosticOn. Então pressione ENTER duas vezes.

Arredondando para três casas decimais, o coeficiente de correlação é:

$r \approx 0{,}979$.   Arredondado para três casas decimais.

O valor de r sugere uma correlação linear positiva forte.

Interpretação Conforme a duração das erupções aumenta, o tempo até a próxima erupção tende a aumentar.

Tente você mesmo 5

Use uma ferramenta tecnológica para calcular o coeficiente de correlação para os dados presentes na página de abertura deste capítulo, sobre os salários e a média de público para jogos em casa dos times na Major League Baseball. Interprete o resultado no contexto dos dados.

a. Insira os dados.
b. Use a função apropriada para calcular r.
c. Interprete o resultado no contexto dos dados.

Usando uma tabela apropriada para testar um coeficiente de correlação populacional ρ

Uma vez calculado o r, o coeficiente de correlação amostral, você deve determinar se há evidência suficiente para decidir se o coeficiente de correlação populacional ρ é significativo. Em outras palavras, baseado em alguns poucos pares de dados, você pode fazer uma inferência sobre a população de todos esses pares de dados? Lembre-se de que você está usando dados amostrais para tomar uma decisão sobre dados populacionais, então é sempre possível que sua inferência possa estar errada. Nos

Dica de estudo

O nível de significância é denotado por α, a letra grega minúscula alfa.

estudos de correlação, a pequena percentagem de vezes nas quais você decide que a correlação é significativa, quando ela realmente não é, é chamada de *nível de significância*. Ele é tipicamente estabelecido como $\alpha = 0{,}01$ ou $0{,}05$. Quando $\alpha = 0{,}05$, você provavelmente decidirá que o coeficiente de correlação populacional é significativo, quando realmente não é em 5% das vezes. (Claro que em 95% das vezes você espera decidir corretamente que o coeficiente de correlação é significativo.) Quando $\alpha = 0{,}01$, você espera cometer esse tipo de erro somente 1% das vezes. Ao usar um nível de significância mais baixo, entretanto, você pode deixar de identificar algumas correlações significativas.

Para que um coeficiente de correlação seja significativo, seu valor absoluto (em geral) deve estar próximo de 1. Para determinar se o coeficiente de correlação populacional ρ é significativo, use os valores críticos dados na Tabela B.11 do Apêndice B (construída em função da distribuição-t). Uma parte dela está na Tabela 9.9. Se $|r|$ for maior que o valor crítico, então há evidência suficiente para decidir que a correlação é significativo. Caso contrário, *não* há evidência suficiente para dizer que a correlação é significativa. Por exemplo, para determinar se ρ é significativo considerando cinco pares de dados ($n = 5$) ao nível de significância $\alpha = 0{,}01$, você precisa comparar $|r|$ com um valor crítico de 0,959, como mostrado na Tabela.

Tabela 9.9 Tabela apropriada para testar um coeficiente de correlação.

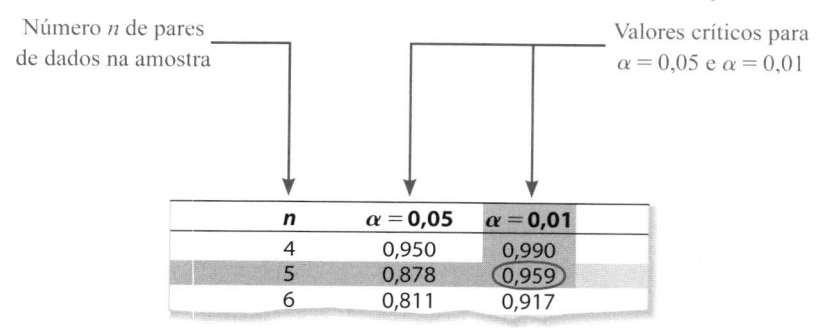

Número n de pares de dados na amostra — Valores críticos para $\alpha = 0{,}05$ e $\alpha = 0{,}01$

n	$\alpha = 0{,}05$	$\alpha = 0{,}01$
4	0,950	0,990
5	0,878	0,959
6	0,811	0,917

Se $|r| > 0{,}959$, então a correlação é significativa. Caso contrário, *não* há evidência suficiente para concluir que a correlação é significativa. As instruções para este processo estão a seguir.

Dica de estudo

Se você concluir que a correlação linear é significativa, então você poderá determinar a equação para a reta que melhor descreve os dados. Essa reta, chamada de *reta de regressão*, pode ser usada para predizer o valor de y quando dado um valor de x. Você aprenderá como obter essa equação na próxima seção.

Instruções

Usando a Tabela B.11 para testar o coeficiente de correlação ρ

EM PALAVRAS	EM SÍMBOLOS
1. Determine o número de pares de dados na amostra.	Determine n.
2. Especifique o nível de significância.	Identifique α.
3. Encontre o valor crítico.	Use a Tabela B.11 do Apêndice B.
4. Decida se a correlação é significativa.	Se $|r|$ é maior que o valor crítico, então a correlação é significativa. Caso contrário, *não* há evidência suficiente para concluir que a correlação é significativa.
5. Interprete a decisão no contexto da afirmação original.	

Exemplo 6

Usando a Tabela B.11 para um coeficiente de correlação

No Exemplo 5, você usou 25 pares de dados para encontrar $r \approx 0{,}979$. O coeficiente de correlação é significativo? Use $\alpha = 0{,}05$.

Solução

O número de pares de dados é 25, então $n = 25$. O nível de significância é $\alpha = 0{,}05$. Usando a Tabela B.11 do Apêndice B, encontre o valor crítico na coluna $\alpha = 0{,}05$ que corresponde à linha com $n = 25$. O número na coluna e na linha é 0,396 (veja a Tabela 9.10).

Tabela 9.10

n	$\alpha = 0{,}05$	$\alpha = 0{,}01$
4	0,950	0,990
5	0,878	0,959
6	0,811	0,917
7	0,754	0,875
8	0,707	0,834
9	0,666	0,798
10	0,632	0,765
11	0,602	0,735
12	0,576	0,708
13	0,553	0,684
14	0,532	0,661
19	0,456	0,575
20	0,444	0,561
21	0,433	0,549
22	0,423	0,537
23	0,413	0,526
24	0,404	0,515
25	0,396	0,505
26	0,388	0,496
27	0,381	0,487
28	0,374	0,479
29	0,367	0,471

Como $|r| \approx 0{,}979 > 0{,}396$, você pode decidir que a correlação populacional é significativa.

Interpretação Há evidência suficiente, ao nível de significância de 5%, para concluir que há uma correlação linear entre a duração das erupções do Old Faithful e o tempo entre elas.

> **Entenda**
> Note que, para menos pares de dados (menores valores de *n*), a evidência da correlação deve ser mais forte para aumentar a chance de se concluir pela significância dessa correlação.

Tente você mesmo 6

No Tente você mesmo 4, você calculou o coeficiente de correlação entre os números de anos em que ex-alunos ficaram fora da faculdade e suas contribuições anuais como sendo $r \approx -0{,}908$. O coeficiente de correlação é significativo? Use $\alpha = 0{,}01$.

a. Determine o número de pares de dados na amostra.
b. Identifique o nível de significância.
c. Encontre o valor crítico. Use a Tabela B.11 do Apêndice B.
d. Compare $|r|$ com o valor crítico e decida se a correlação é significativa.
e. Interprete a decisão no contexto da afirmação original.

Teste de hipótese para um coeficiente de correlação populacional ρ

Você também pode usar um teste de hipóteses para determinar se o coeficiente de correlação amostral r fornece evidência suficiente para concluir que o coeficiente de correlação populacional ρ é significativo. Um teste de hipótese para ρ pode ser uni ou bilateral. As hipóteses nula e alternativa para os testes estão a seguir.

$\begin{cases} H_0: \rho \geq 0 \text{ (não há correlação negativa significativa)} \\ H_a: \rho < 0 \text{ (correlação negativa significativa)} \end{cases}$ Teste unilateral à esquerda

$\begin{cases} H_0: \rho \leq 0 \text{ (não há correlação positiva significativa)} \\ H_a: \rho > 0 \text{ (correlação positiva significativa)} \end{cases}$ Teste unilateral à direita

$\begin{cases} H_0: \rho = 0 \text{ (não há correlação significativa)} \\ H_a: \rho \neq 0 \text{ (correlação significativa)} \end{cases}$ Teste bilateral

Neste texto, você considerará somente testes de hipótese bilaterais para ρ.

O teste t para o coeficiente de correlação

Um **teste t** pode ser usado para testar se a correlação entre duas variáveis é significativa. A **estatística de teste** é r e a **estatística de teste padronizada**

$$t = \frac{r}{\sigma_r} = \frac{r}{\sqrt{\dfrac{1-r^2}{n-2}}}$$

segue uma distribuição t com $n-2$ graus de liberdade, em que n é o número de pares de dados.

Instruções

Usando um teste t para testar o coeficiente de correlação ρ

EM PALAVRAS	EM SÍMBOLOS
1. Identifique as hipóteses nula e alternativa.	Formule H_0 e H_a.
2. Especifique o nível de significância.	Identifique α.
3. Identifique os graus de liberdade.	g.l. = $n-2$
4. Determine o(s) valor(es) crítico(s) e a(s) região(ões) de rejeição.	Use a Tabela B.5 do Apêndice B.
5. Calcule a estatística de teste padronizada.	$t = \dfrac{r}{\sqrt{\dfrac{1-r^2}{n-2}}}$
6. Tome uma decisão para rejeitar ou não rejeitar a hipótese nula.	Se t está na região de rejeição, então rejeitar H_0. Caso contrário, não rejeitar H_0.
7. Interprete a decisão no contexto da afirmação original.	

Exemplo 7

O teste t para testar um coeficiente de correlação

No Exemplo 4 você usou 10 pares de dados para encontrar $r \approx 0{,}912$. Teste a significância desse coeficiente de correlação. Use $\alpha = 0{,}05$.

Solução

As hipóteses nula e alternativa são:

$H_0: \rho = 0$ (não há correlação)   e $H_a: \rho \neq 0$ (correlação significativa).

Por haver 10 pares de dados na amostra, há $10 - 2 = 8$ graus de liberdade. Como o teste é bilateral, $\alpha = 0{,}05$ e g.l. $= 8$, os valores críticos são $-t_0 = -2{,}306$ e $t_0 = 2{,}306$. As regiões de rejeição são $t < -2{,}306$ e $t > 2{,}306$. Usando o teste t, a estatística de teste padronizada é:

$$t = \frac{r}{\sqrt{\dfrac{1-r^2}{n-2}}} \quad \text{Use o teste } t \text{ para } \rho.$$

$$\approx \frac{0{,}912}{\sqrt{\dfrac{1-(0{,}912)^2}{10-2}}} \quad \text{Substitua } r \text{ por 0,912 e } n \text{ por 10.}$$

$$\approx 6{,}289. \quad \text{Arredonde para três casas decimais.}$$

A Figura 9.10 mostra a localização das regiões de rejeição e a estatística de teste padronizada.

Figura 9.10 Regiões críticas e a localização do valor da estatística de teste.

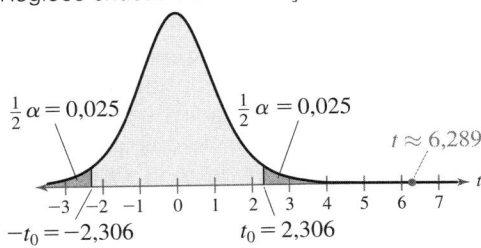

> **Entenda**
>
> No Exemplo 7, você pode usar a Tabela B.11 no Apêndice B para testar o coeficiente de correlação populacional ρ. Dados $n = 10$ e $\alpha = 0{,}05$, o valor crítico da Tabela B.11 é 0,632. Sendo:
>
> $|r| \approx 0{,}912 > 0{,}632$,
>
> a correlação é significativa. Note que esse é o mesmo resultado obtido usando um teste t para o coeficiente de correlação populacional ρ.

Como t está na região de rejeição, você rejeita a hipótese nula.

Interpretação   Há evidência suficiente, ao nível de significância de 5%, para concluir que há correlação linear entre o produto interno bruto e as emissões de dióxido de carbono.

Tente você mesmo 7

No Tente você mesmo 5, você calculou o coeficiente de correlação dos salários e da média de público em jogos em casa para os times da Major League Baseball como sendo $r \approx 0{,}769$. Teste a significância desse coeficiente de correlação. Use $\alpha = 0{,}01$.

a. Formule as hipóteses nula e alternativa.
b. Identifique o nível de significância.
c. Identifique os graus de liberdade.
d. Determine os valores críticos e as regiões de rejeição.
e. Calcule a estatística de teste padronizada.
f. Tome uma decisão de rejeitar ou não rejeitar a hipótese nula.
g. Interprete a decisão no contexto da afirmação original.

> **Dica de estudo**
>
> Certifique-se de perceber, no Exemplo 7, que rejeitar a hipótese nula significa que há evidência suficiente de que a correlação é significativa.

Retratando o mundo

O diagrama de dispersão a seguir mostra os resultados de uma pesquisa conduzida por estudantes como um projeto em grupo de uma aula de estatística do ensino médio na região de São Francisco. Na pesquisa, 125 estudantes do ensino médio foram questionados sobre sua nota média e quantidade de bebidas com cafeína consumidas por eles a cada dia.

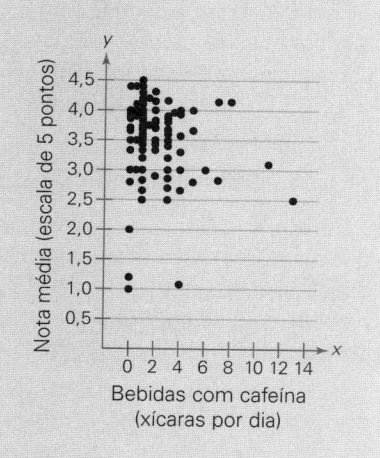

[Diagrama de dispersão: eixo y "Nota média (escala de 5 pontos)" de 0,5 a 4,5; eixo x "Bebidas com cafeína (xícaras por dia)" de 0 a 14.]

Que tipo de correlação, se houver, entre o consumo de cafeína e a nota média é percebida no diagrama de dispersão?

Correlação e causalidade

O fato de duas variáveis serem fortemente correlacionadas não implica, em si, numa relação de causa e efeito entre elas. Um estudo mais profundo é usualmente necessário para determinar se há uma relação causal entre as variáveis.

Quando há uma correlação significativa entre duas variáveis, um pesquisador deve considerar as seguintes possibilidades.

1. **Há uma relação direta de causa e efeito entre as variáveis?**
   Ou seja, x causa y? Por exemplo, considere a relação entre o produto interno bruto e as emissões de dióxido de carbono que foi discutida ao longo desta seção. É razoável concluir que um aumento no produto interno bruto de um país resultará em maiores emissões de dióxido de carbono.

2. **Há uma relação reversa de causa e efeito entre as variáveis?**
   Ou seja, y causa x? Por exemplo, considere os dados do Old Faithful que foram discutidos nesta seção. Essas variáveis têm uma correlação linear positiva e é possível concluir que a duração de uma erupção afeta o tempo antes da próxima erupção. Entretanto, também é possível que o tempo entre as erupções afete a duração da próxima erupção.

3. **É possível que a relação entre as variáveis possa ser causada por uma terceira variável ou talvez pela combinação de diversas outras variáveis?**
   Por exemplo, considere os salários e a média de público por jogo em casa para os times na Major League Baseball listados na página de abertura deste capítulo. Embora essas variáveis tenham uma correlação linear positiva, podemos duvidar de que só porque o salário de um time decresce, a média de público por jogo em casa também decrescerá. A relação é devida, provavelmente, a outras variáveis, como: a economia, os jogadores no time e se o time está ou não ganhando partidas. Variáveis que têm um efeito nas variáveis em estudo, mas que não estão incluídas no estudo, são chamadas de **variáveis omitidas**.

4. **É possível que a relação entre duas variáveis seja uma coincidência?**
   Por exemplo, embora seja possível encontrar uma correlação significativa entre o número de espécies de animais que vivem em certas regiões e o número de pessoas que têm mais de dois carros nas mesmas regiões, é altamente improvável que exista entre as variáveis alguma relação de causalidade. A relação provavelmente é uma coincidência, também conhecida por correlação espúria.

Determinar qual dos casos destacados é válido (como uma relação de causa e efeito) para um conjunto de dados pode ser difícil. Por exemplo, considere o seguinte: uma pessoa sofre erupções na pele após comer camarão em um certo restaurante. Isso ocorre toda vez que a pessoa come camarão no restaurante. A conclusão natural é que a pessoa é alérgica a camarão. Entretanto, depois da avaliação de um alergista, descobre-se que essa pessoa não é alérgica a camarão, mas ao tipo de tempero usado no camarão pelo chef.

9.1 Exercícios

Construindo habilidades básicas e vocabulário

1. Duas variáveis têm correlação linear positiva. A variável dependente cresce ou decresce conforme a variável independente cresce?

2. Duas variáveis têm correlação linear negativa. A variável dependente cresce ou decresce conforme a variável independente cresce?

3. Descreva a faixa de valores para o coeficiente de correlação.

4. O que o coeficiente de correlação amostral r mede? Qual valor indica uma correlação mais forte: $r = 0{,}918$ ou $r = -0{,}932$? Explique seu raciocínio.

5. Dê exemplos de duas variáveis que têm correlação linear positiva perfeita e duas variáveis que têm correlação linear negativa perfeita.

6. Explique como determinar se um coeficiente de correlação amostral indica que a correlação populacional é significativa.

7. Discuta a diferença entre r e ρ.

8. Com suas próprias palavras, o que significa dizer "correlação não implica causalidade"?

Análise gráfica *Nos exercícios 9 a 14, verifique visualmente se há uma correlação linear positiva perfeita, uma correlação linear positiva forte, uma correlação linear negativa perfeita, uma correlação linear negativa forte ou se não há correlação entre as variáveis.*

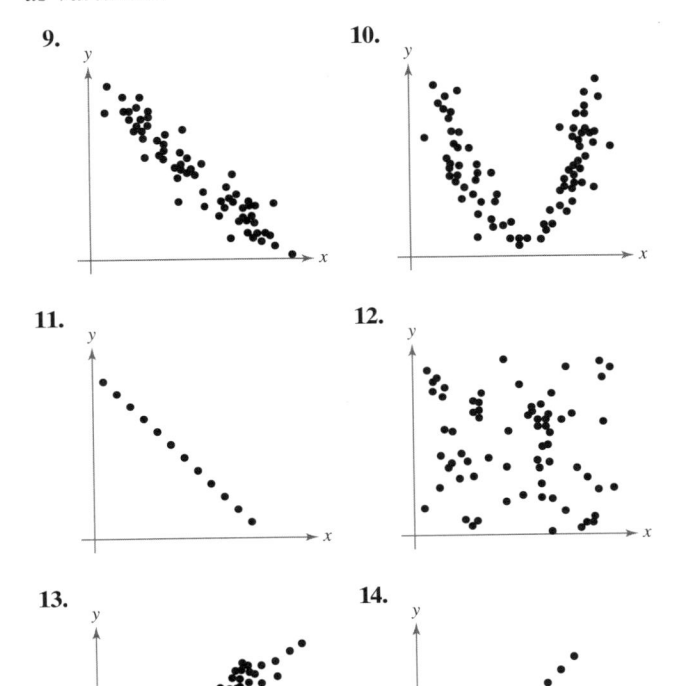

9.

10.

11.

12.

13.

14.

Análise gráfica *Nos exercícios 15 a 18, os diagramas de dispersão mostram os resultados de uma pesquisa com 20 homens, selecionados aleatoriamente, com idades entre 24 e 35 anos. Usando a idade como a variável explanatória, relacione cada gráfico com a descrição apropriada. Explique seu raciocínio.*

(a) Idade e temperatura corporal.

(b) Idade e saldo dos empréstimos estudantis.

(c) Idade e renda.

(d) Idade e altura.

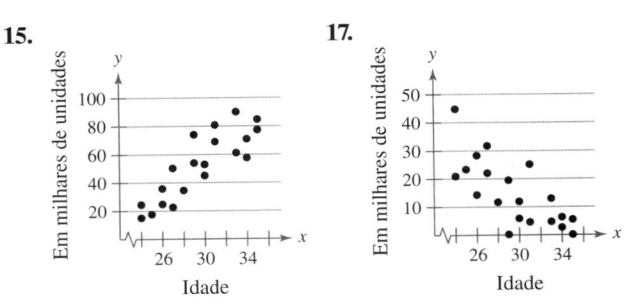

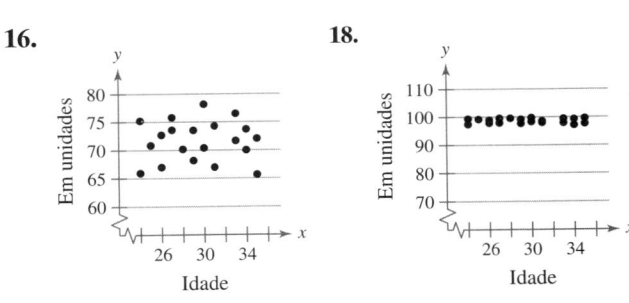

15.

16.

17.

18.

Nos exercícios 19 e 20, identifique a variável explanatória e a variável resposta.

19. Um nutricionista quer determinar se a quantidade de água consumida por dia por pessoas de mesmo peso e com a mesma dieta pode ser usada para predizer a perda de peso individual.

20. Uma empresa de seguros contrata um atuário para determinar se o número de horas de aulas de direção defensiva pode ser usado para predizer o número de acidentes de trânsito para cada motorista.

Usando e interpretando conceitos

Construindo um diagrama de dispersão e determinando a correlação *Nos exercícios 21 a 26, (a) mostre os dados em um diagrama de dispersão, (b) calcule o coeficiente de correlação amostral r e (c) descreva o tipo de correlação e interprete-a no contexto dos dados.*

21. **Idade e pressão sanguínea** As idades (em anos) e as pressões sanguíneas sistólicas (em mmHg) de 10 homens.

Idade, x	16	25	39	45	49
Pressão sanguínea sistólica, y	109	122	143	132	199

Idade, x	64	70	29	57	22
Pressão sanguínea sistólica, y	185	199	130	175	118

22. **Idade e vocabulário** As idades (em anos) de 11 crianças e o número de palavras em seus vocabulários.

Idade, x	1	2	3	4	5	6
Tamanho do vocabulário, y	3	440	1.200	1.500	2.100	2.600

Idade, x	3	5	2	4	6
Tamanho do vocabulário, y	1.100	2.000	500	1.525	2.500

23. **Força máxima e desempenho na arrancada** Os pesos máximos (em kg) para os quais uma repetição de meio agachamento pode ser realizada e os tempos (em segundos) para uma arrancada de 10 m para 12 jogadores internacionais de futebol. (*Adaptado de: British Journal of Sports Medicine.*)

Peso máximo, x	175	180	155	210	150	190
Tempo, y	1,80	1,77	2,05	1,42	2,04	1,61
Peso máximo, x	185	160	190	180	160	170
Tempo, y	1,70	1,91	1,60	1,63	1,98	1,90

24. **Força máxima e altura de salto** Os pesos máximos (em kg) para os quais uma repetição de meio agachamento pode ser realizada e as alturas de saltos (em cm) para 12 jogadores internacionais de futebol. (*Adaptado de: British Journal of Sports Medicine.*)

Peso máximo, x	190	185	155	180	175	170
Altura do salto, y	60	57	54	60	56	64
Peso máximo, x	150	160	160	180	190	210
Altura do salto, y	52	51	49	57	59	64

25. **Lucros e dividendos** O lucro e os dividendos por ação (em dólares) para 6 empresas de suprimentos médicos. (*Fonte: The Value Line Investment Survey.*)

Lucro por ação, x	2,79	5,10	4,53	3,06	3,70	2,20
Dividendos por ação, y	0,52	2,40	1,46	0,88	1,04	0,22

26. **Velocidade do som** A altitude (em milhares de pés) e as velocidades do som (em pés por segundo) nessas altitudes.

Altitude, x	0	5	10	15
Velocidade do som, y	1.116,3	1.096,9	1.077,3	1.057,2
Altitude, x	20	25	30	35
Velocidade do som, y	1.036,8	1.015,8	994,5	969,0

Altitude, x	40	45	50
Velocidade do som, y	967,7	967,7	967,7

27. No Exercício 21, retire do conjunto de dados o homem que tem 49 anos de idade e pressão sanguínea sistólica de 199 mmHg. Descreva como isso afeta o coeficiente de correlação r.

28. No Exercício 22, acrescente ao conjunto de dados uma criança que tem 6 anos de idade e um tamanho de vocabulário de 900 palavras. Descreva como isso afeta o coeficiente de correlação r.

29. No Exercício 23, acrescente ao conjunto de dados um jogador internacional de futebol que pode realizar o meio agachamento com um máximo de 210 kg e pode arrancar 10 m em 2,00 segundos. Descreva como isso afeta o coeficiente de correlação r.

30. No Exercício 24, retire do conjunto de dados o jogador internacional de futebol com um peso máximo de 170 kg e uma altura de salto de 64 cm. Descreva como isso afeta o coeficiente de correlação r.

Testando afirmações *Nos exercícios 31 a 34, use a Tabela B.11 no Apêndice B como mostrado no Exemplo 6, ou realize o teste de hipótese usando a Tabela B.5 como mostrado no Exemplo 7, para elaborar uma conclusão sobre o coeficiente de correlação. Se for conveniente, use tecnologia.*

31. **Distâncias de frenagem: superfície seca** Os pesos (em libras) de oito veículos e a variabilidade das suas distâncias de frenagem (em pés) quando param em uma superfície seca são mostrados na tabela a seguir. Para $\alpha = 0,01$, há evidência suficiente para concluir que existe correlação linear significativa entre o peso do veículo e a variabilidade na distância de frenagem em uma superfície seca? (*Adaptado de: National Highway Traffic Safety Administration.*)

Peso, x	5.940	5.340	6.500	5.100
Variabilidade, y	1,78	1,93	1,91	1,59
Peso, x	5.850	4.800	5.600	5.890
Variabilidade, y	1,66	1,50	1,61	1,70

32. **Distâncias de frenagem: superfície molhada** Os pesos (em libras) de oito veículos e a variabilidade das suas distâncias de frenagem (em pés) quando param em uma superfície molhada são mostrados na tabela a seguir. Para $\alpha = 0,05$, há evidência suficiente para concluir que existe correlação linear significativa entre o peso do veículo e a variabilidade na distância de frenagem em uma superfície molhada? (*Adaptado de: National Highway Traffic Safety Administration.*)

Peso, x	5.890	5.340	6.500	4.800
Variabilidade, y	2,92	2,40	4,09	1,72

Peso, x	5.940	5.600	5.100	5.850
Variabilidade, y	2,88	2,53	2,32	2,78

33. **Força máxima e desempenho na arrancada** A tabela do Exercício 23 mostra os pesos máximos (em kg) para os quais uma repetição de meio agachamento pode ser realizada e os tempos (em segundos) para uma arrancada de 10 m para 12 jogadores internacionais de futebol. Para $\alpha = 0{,}01$, há evidência suficiente para concluir que existe uma correlação linear significativa para a população dos respectivos dados? (Utilize o valor de r encontrado no Exercício 23.)

34. **Força máxima e altura de salto** A tabela do Exercício 24 mostra os pesos máximos (em kg) para os quais uma repetição de meio agachamento pode ser realizada e as alturas de saltos (em cm) para 12 jogadores internacionais de futebol. Para $\alpha = 0{,}05$, há evidência suficiente para concluir que existe correlação linear significativa para a população dos respectivos dados? (Utilize o valor de r encontrado no Exercício 24.)

Expandindo conceitos

35. **Trocando x e y** No Exercício 23, faça o tempo (em segundos) para uma arrancada de 10 m representar os valores de x e o peso máximo (em kg) para o qual uma repetição de meio agachamento pode ser realizada representar os valores de y. Calcule o coeficiente de correlação r. Que efeito tem a troca das variáveis explanatória e resposta no coeficiente de correlação?

36. **Escrito** Use a biblioteca da faculdade, a internet ou alguma outra fonte de referência para encontrar um conjunto de dados da vida real com as relações de causa e efeito indicadas. Escreva um parágrafo descrevendo cada variável e explique por que você acha que as variáveis têm as relações de causa e efeito a seguir.
    (a) *Relação de causa e efeito direta*: mudanças em uma variável causam mudanças na outra variável.
    (b) *Outros fatores*: a relação entre as variáveis é causada por uma terceira variável.
    (c) *Coincidência*: a relação entre as variáveis é uma coincidência.

Atividade 9.1 – Correlação por tentativa e erro

O applet *Correlation by eye* permite que você tente acertar o valor do coeficiente de correlação amostral r para um conjunto de dados. Quando o applet carrega, um conjunto de dados consistindo em 20 pontos é mostrado. Pontos podem ser acrescentados ao gráfico (Figura 9.11) clicando com o mouse. Pontos podem ser removidos do gráfico clicando sobre um deles e arrastando-o para a lixeira. Todos os pontos no gráfico podem ser removidos simplesmente clicando dentro da lixeira. Você pode inserir seu palpite para r no campo *Guess* (palpite) e então clicar em SHOW R! (mostrar r) para ver se seu palpite dista no máximo de 0,1 do valor real. Ao clicar em NEW DATA (novos dados), um novo conjunto de dados é gerado.

Figura 9.11

Explore

Passo 1 Acrescente cinco pontos ao gráfico.
Passo 2 Insira um palpite para r.
Passo 3 Clique em SHOW R!
Passo 4 Clique em NEW DATA.
Passo 5 Remova cinco pontos do gráfico.
Passo 6 Insira um palpite para r.
Passo 7 Clique em SHOW R!

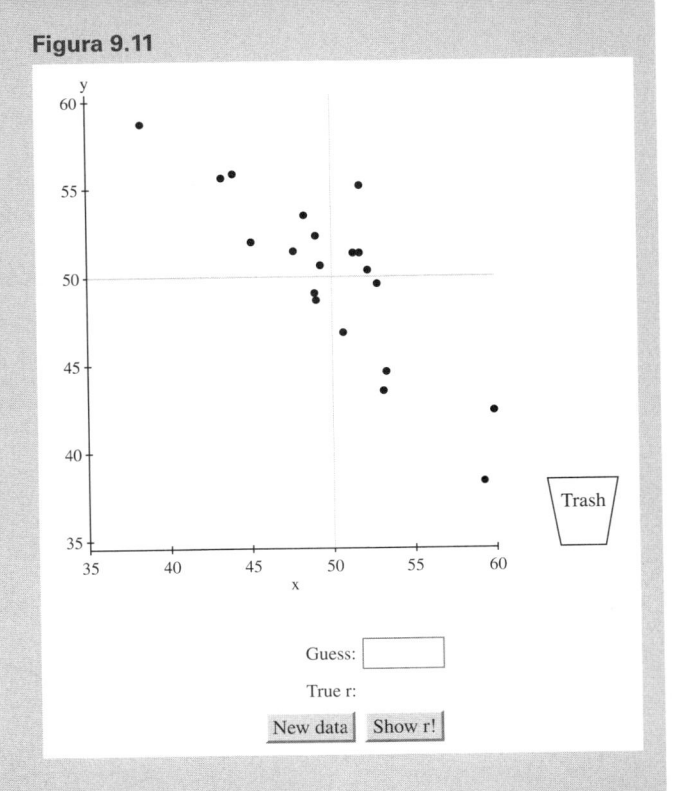

Conclua

1. Gere um novo conjunto de dados. Usando seu conhecimento de correlação, tente supor o valor de r para o conjunto. Repita isso 10 vezes. Quantas vezes você acertou? Descreva como você escolheu cada valor de r.

2. Descreva como criar um conjunto de dados cujo valor de *r* seja aproximadamente 1.

3. Descreva como criar um conjunto de dados cujo valor de *r* seja aproximadamente 0.

4. Tente criar um conjunto de dados cujo valor de *r* seja aproximadamente –0,9. Em seguida, tente criar um conjunto de dados de forma que *r* seja aproximadamente 0,9. O que você fez de diferente para criar os dois conjuntos de dados?

APPLET

Você encontra o applet interativo para esta atividade no Site de Apoio.

9.2 Regressão linear

O que você deve aprender
- Como determinar a equação de uma reta de regressão.
- Como prever valores de *y* usando uma equação de regressão.

Retas de regressão • Aplicações das retas de regressão

Retas de regressão

Após verificar que a correlação linear entre duas variáveis é significativa, o próximo passo é determinar a equação da reta que melhor modela os dados. Essa reta é chamada de **reta de regressão** e sua equação pode ser usada para predizer os valores de *y* para um dado valor de *x*. Embora muitas retas possam ser desenhadas por meio de um conjunto de pontos, uma reta de regressão é determinada por critérios específicos.

Considere o diagrama de dispersão e a reta mostrados na Figura 9.12. Para cada ponto, d_i representa a diferença entre o valor observado de *y* e o valor previsto de *y* para um dado valor de *x*. Essas diferenças são chamadas de **resíduos** e podem ser positivas, negativas ou zero. Quando o ponto está acima da reta, d_i é positivo. Quando o ponto está abaixo da reta, d_i é negativo. Quando o valor observado de *y* é igual ao valor previsto de *y*, $d_i = 0$. De todas as retas possíveis que podem ser desenhadas através de um conjunto de pontos, a reta de regressão é a reta para a qual a soma dos quadrados de todos os resíduos:

Σd_i^2 Soma dos quadrados dos resíduos

é um mínimo.

Figura 9.12 Diagrama de dispersão, reta de regressão e os desvios.

Para um dado valor de *x*,
d = (valor observado de *y*) − (valor previsto de *y*)

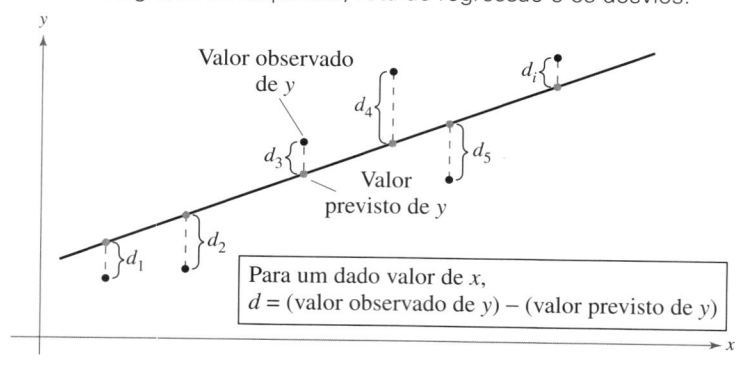

Definição

Uma **reta de regressão**, também chamada de **reta de melhor ajuste**, é a reta para a qual a soma dos quadrados dos resíduos é um mínimo.

Em álgebra, você aprendeu que é possível escrever a equação de uma reta encontrando sua inclinação m e o intercepto em y, b. A equação tem a forma:

$y = mx + b$.

Lembre-se de que a inclinação de uma reta é a razão da variação de y sobre a variação de x e o intercepto no eixo y é o valor de y no ponto onde a reta cruza esse eixo. Isto é, o valor de y quando $x = 0$. Por exemplo, o gráfico de $y = 2x + 1$ é mostrado na Figura 9.13. A inclinação da reta é 2 e o intercepto em y é 1.

Em álgebra, você usava dois pontos para determinar a equação de uma reta. Em estatística, você vai usar todos pontos do conjunto de dados para determinar a equação da reta de regressão.

A equação de uma reta de regressão permite que você use a variável independente (explanatória) x para fazer previsões para a variável dependente (resposta) y.

A equação de uma reta de regressão

A equação de uma reta de regressão para uma variável independente x e uma variável dependente y é:

$\hat{y} = mx + b$

em que $\hat{y}$ é o valor previsto de y para um dado valor de x. A inclinação m e o intercepto em y, b, são dados por:

$$m = \frac{n\Sigma xy - (\Sigma x)(\Sigma y)}{n\Sigma x^2 - (\Sigma x)^2} \quad \text{e} \quad b = \bar{y} - m\bar{x} = \frac{\Sigma y}{n} - m\frac{\Sigma x}{n}$$

Em que $\hat{y}$ é a média dos valores de y no conjunto de dados, e $\bar{x}$ é a média dos valores de x e n é o número de pares de dados. A reta de regressão sempre passa pelo ponto $(\bar{x}, \bar{y})$.

Dica de estudo

Ao determinar a equação de uma reta de regressão, é útil construir um diagrama de dispersão dos dados para verificar se há valores discrepantes que podem influenciar bastante essa reta de regressão. Você também deve verificar se há lacunas e concentrações nos dados.

Figura 9.13 Representação gráfica de uma reta, sua inclinação e interseção com o eixo y.

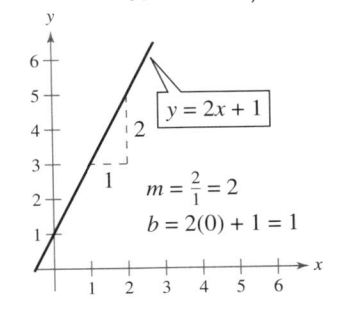

$y = 2x + 1$

$m = \frac{2}{1} = 2$

$b = 2(0) + 1 = 1$

Dica de estudo

Embora sejam dadas fórmulas para a inclinação e o intercepto em y, é mais conveniente usar tecnologia para calcular a equação de uma reta de regressão.

Exemplo 1

Encontrando a equação de uma reta de regressão

Determine a equação da reta de regressão para os dados do produto interno bruto e emissão de dióxido de carbono usados na Seção 9.1. (Veja a Tabela 9.11.)

Solução

No Exemplo 4 da Seção 9.1, você encontrou que $n = 10$, $\Sigma x = 24{,}6$, $\Sigma y = 5.263$, $\Sigma xy = 16.145{,}46$ e $\Sigma x^2 = 79{,}68$. Você pode usar esses valores para calcular a inclinação m da reta de regressão.

$$m = \frac{n\Sigma xy - (\Sigma x)(\Sigma y)}{n\Sigma x^2 - (\Sigma x)^2} = \frac{10(16.145{,}46) - (24{,}6)(5.263)}{10(79{,}68) - (24{,}6)^2} \approx 166{,}900438$$

e seu intercepto em y, b.

$b = \bar{y} - m\bar{x}$

$\approx \frac{5.263}{10} - (166{,}900438)\left(\frac{24{,}6}{10}\right)$

$\approx 115{,}725$

Desse modo, a equação da reta de regressão é:
$\hat{y} = 166{,}900x + 115{,}725$.

Tabela 9.11 Dados do PIB e das quantidades de CO_2 emitidas de 10 países.

PIB (em trilhões de dólares), x	Emissões de CO_2 (em milhões de toneladas métricas), y
1,7	552,6
1,2	462,3
2,5	475,4
2,8	374,3
3,6	748,5
2,2	400,9
0,8	253,0
1,5	318,6
2,4	496,8
5,9	1.180,6

> **Dica de estudo**
>
> Ao escrever a equação de uma reta de regressão, a inclinação m e o intercepto em y, b, são arredondados para três casas decimais, conforme o Exemplo 1. Essa *regra de arredondamento* será usada por todo o texto.

Para esboçar a reta de regressão, primeiro escolha dois valores de x entre o menor e o maior valor no conjunto de dados. Depois, calcule os valores de y correspondentes usando a equação de regressão. Então, desenhe uma reta através dos dois pontos. A reta de regressão e o diagrama de dispersão dos dados são apresentados na Figura 9.14. Note que a reta passa pelo ponto $(\bar{x}, \bar{y}) = (2{,}46; 526{,}3)$.

Figura 9.14 Relação entre PIB e emissões de CO_2: diagrama de dispersão e a reta de regressão.

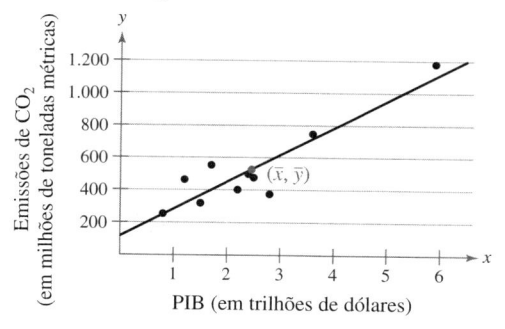

Tente você mesmo 1

Determine a equação da reta de regressão para os dados do número de anos em que os ex-alunos passaram fora da faculdade e suas contribuições anuais usados na Seção 9.1.

a. Identifique n, Σx, Σy, Σxy e Σx^2 do Tente você mesmo 4 da Seção 9.1.
b. Calcule a inclinação m e o intercepto em y, b.
c. Escreva a equação da reta de regressão.

Exemplo 2

Usando tecnologia para encontrar uma equação de regressão

Use tecnologia para encontrar a equação da reta de regressão para os dados do Old Faithful usados na Seção 9.1. (Veja a Tabela 9.12.)

Tabela 9.12 Tempos de duração de erupções e os respectivos tempos de intervalo até a próxima erupção.

Duração, x	Intervalo, y	Duração, x	Intervalo, y	Duração, x	Intervalo, y
1,80	56	2,82	73	4,30	89
1,82	58	3,13	76	4,43	89
1,90	62	3,27	77	4,47	86
1,93	56	3,65	77	4,53	89
1,98	57	3,78	79	4,55	86
2,05	57	3,83	85	4,60	92
2,13	60	3,88	80	4,63	91
2,30	57	4,10	89		
2,37	61	4,27	90		

Solução

O Minitab, o Excel e a TI-84 Plus têm, cada um, funções que determinam uma equação de regressão. Tente usar essa tecnologia para encontrar a equação de regressão. Você deve obter resultados parecidos com os da Figura 9.15.

Figura 9.15 Determinando a equação da reta de regressão por meio de recursos tecnológicos.

(a)

MINITAB

Regression Analysis: Time *versus* Duration

The regression equation is
Time = 33.7 + 12.5 Duration

Predictor	Coef	SE Coef	T	P
Constant	33.683	1.894	17.79	0.000
Duration	12.4809	0.5464	22.84	0.000

S = 2.88153   R-Sq = 95.8%   R-Sq(adj) = 95.6%

(b)

EXCEL

	A	B	C	D
26	Slope:			
27	SLOPE(B1:B25, A1:A25)			
28				12.48094
29				
30	Y-intercept:			
31	INTERCEPT(B1:B25, A1:A25)			
32				33.6829

(c)

TI-84 PLUS

LinReg
y=ax+b
a=12.48094391
b=33.68290034
r²=.9577738551
r=.9786592129

Nas telas mostradas, você pode ver que a equação de regressão é:

$\hat{y} = 12{,}481x + 33{,}683.$

A tela da TI-84 Plus na Figura 9.16 mostra a reta de regressão e um diagrama de dispersão dos dados na mesma janela de visualização. Para fazer isso, use a função *Stat Plot* para construir o diagrama de dispersão e insira a equação de regressão como y_1.

Figura 9.16 Diagrama de dispersão e reta de regressão no TI-84 Plus.

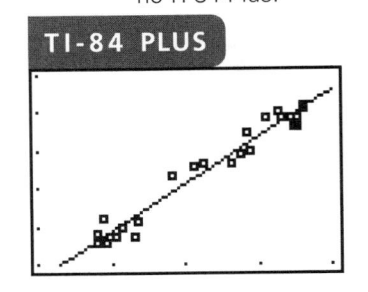

TI-84 PLUS

Tente você mesmo 2

Use tecnologia para encontrar a equação da reta de regressão para os salários e a média de público em jogos em casa para os times da Major League Baseball listados na página de abertura deste capítulo.

a. Insira os dados.

b. Efetue os passos necessários para calcular o coeficiente de inclinação e o intercepto em *y*.

c. Escreva a equação de regressão.

Aplicações das retas de regressão

Quando a correlação linear entre *x* e *y* é *significativa* (veja Seção 9.1), a equação de uma reta de regressão pode ser usada para prever valores de *y* para certos valores de *x*. Os valores previstos têm sentido somente para os valores de *x* pertencentes ao (ou próximo do) intervalo dos valores observados. Ilustrando, no Exemplo 1, os valores observados de *x* no conjunto variam de US$ 0,8 trilhão a US$ 5,9 trilhões. Então, não seria apropriado usar a equação de regressão encontrada no Exemplo 1 para prever emissões de dióxido de carbono para um produto interno bruto como US$ 0,2 trilhão ou US$ 14,5 trilhões.

Para prever valores de y, substitua um valor de x na equação de regressão e então calcule $\hat{y}$, o valor previsto de y. Esse processo é mostrado no próximo exemplo.

Exemplo 3

Prevendo valores de y usando equações de regressão

A equação de regressão para os dados do produto interno bruto (em trilhões de dólares) e as emissões de dióxido de carbono (em milhões de toneladas métricas) é:

$$\hat{y} = 166,900x + 115,725.$$

Use essa equação para prever as emissões de dióxido de carbono *esperadas* para cada produto interno bruto.

1. US$ 1,2 trilhão.　　2. US$ 2,0 trilhões.　　3. US$ 2,5 trilhões.

Solução

Lembre-se, da Seção 9.1, Exemplo 7, que x e y têm uma correlação linear significativa. Então, você pode usar a equação de regressão para prever valores de y. Note que os valores dados do produto interno bruto estão no intervalo (US$ 0,8 trilhão a US$ 5,9 trilhões) de valores observados de x. Para prever as emissões de dióxido de carbono esperadas, substitua cada produto interno bruto por x na equação de regressão. Depois, calcule $\hat{y}$.

1. $\hat{y} = 166,900x + 115,725$
   $= 166,900 (1,2) + 115,725$
   $= 316,005$

   Interpretação Quando o produto interno bruto é 1,2 trilhão, as emissões de CO_2 previstas são de 316,005 milhões de toneladas métricas.

2. $\hat{y} = 166,900x + 115,725$
   $= 166,900 (2,0) + 115,725$
   $= 449,525$

   Interpretação Quando o produto interno bruto é 2,0 trilhões, as emissões de CO_2 previstas são de 449,525 milhões de toneladas métricas.

3. $\hat{y} = 166,900x + 115,725$
   $= 166,900 (2,5) + 115,725$
   $= 532,975$

   Interpretação Quando o produto interno bruto é 2,5 trilhões, as emissões de CO_2 previstas são de 532,975 milhões de toneladas métricas.

Tente você mesmo 3

A equação de regressão para os dados do Old Faithful é $\hat{y} = 12,481x + 33,683$. Use-a para prever o tempo de intervalo até a próxima erupção para cada duração de erupção. (Relembre, do Exemplo 6 da Seção 9.1, que x e y têm uma correlação linear significativa.)

1. 2 minutos.　　　　　　　　　2. 3,32 minutos.

a. Substitua cada valor de x na equação de regressão.
b. Calcule $\hat{y}$.
c. Especifique o tempo previsto até a próxima erupção para cada duração de erupção.

Retratando o mundo

O diagrama de dispersão mostra a relação entre o número de fazendas (em milhares) em um estado e seu valor total (em bilhões de dólares). (*Fonte: U.S. Department of Agriculture and National Agriculture Statistics Service.*)

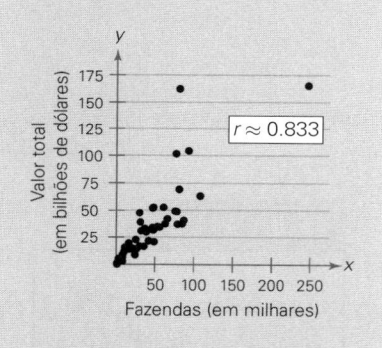

$r \approx 0.833$

Descreva a correlação entre essas duas variáveis em palavras. Use o diagrama de dispersão para prever o valor total das fazendas em um estado que tem 150.000 fazendas. A reta de regressão para esse diagrama de dispersão é $\hat{y} = 0,714x + 3,367$. Use essa equação para prever o valor total em um estado que tem 150.000 fazendas ($x = 150$). (Suponha que x e y têm uma correlação linear significativa.) Como sua previsão algébrica se compara com a gráfica?

Quando a correlação entre x e y *não* é significativa, o melhor valor previsto de y é $\bar{y}$, a média dos valores de y no conjunto de dados.

9.2 Exercícios

Construindo habilidades básicas e vocabulário

1. O que é um resíduo? Explique quando um resíduo é positivo, negativo e zero.
2. Duas variáveis têm correlação linear positiva. A inclinação da reta de regressão para as variáveis é positiva ou negativa?
3. Explique como prever valores de y usando a equação de uma reta de regressão.
4. Para um conjunto de dados e uma reta de regressão correspondente, descreva todos os valores de x que fornecem previsões apropriadas para y.
5. De modo a prever valores de y usando a equação de uma reta de regressão, o que deve ser verdadeiro sobre o coeficiente de correlação linear entre as variáveis?
6. Por que não é apropriado usar uma reta de regressão para prever valores de y com valores de x que não pertencem ao (ou próximo do) intervalo de valores de x dos dados?

Nos exercícios 7 a 12, relacione a descrição na coluna à esquerda com seu(s) símbolo(s) na coluna à direita.

7. O valor de y correspondente ao dado x_i.
8. O valor de y para um ponto na reta de regressão correspondente a x.
9. Inclinação.
10. Intercepto em y.
11. A média dos valores y.
12. O ponto pelo qual uma reta de regressão sempre passa.

a. $\hat{y}_i$.
b. y_i.
c. b.
d. $(\bar{x}, \bar{y})$.
e. m.
f. $\bar{y}$.

Análise gráfica *Nos exercícios 13 a 16, relacione a equação de regressão com o gráfico apropriado. (Note que os eixos x e y estão truncados.)*

13. $\hat{y} = -1{,}04x + 50{,}3$.
14. $\hat{y} = 1{,}662x + 83{,}34$.
15. $\hat{y} = 0{,}00114x + 2{,}53$.
16. $\hat{y} = -0{,}667x + 52{,}6$.

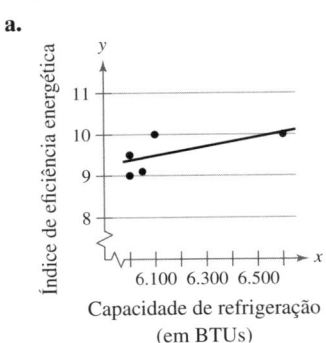

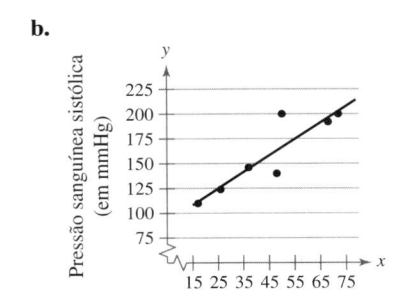

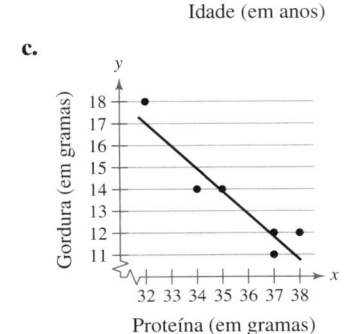

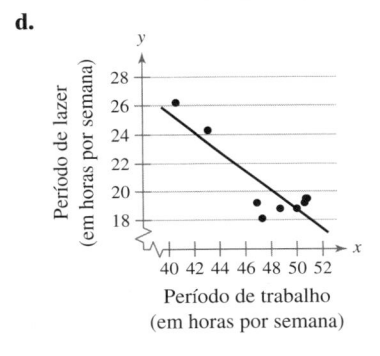

a. (gráfico: Índice de eficiência energética vs Capacidade de refrigeração (em BTUs))

b. (gráfico: Pressão sanguínea sistólica (em mmHg) vs Idade (em anos))

c. (gráfico: Gordura (em gramas) vs Proteína (em gramas))

d. (gráfico: Período de lazer (em horas por semana) vs Período de trabalho (em horas por semana))

Usando e interpretando conceitos

Encontrando a equação de uma reta de regressão
Nos exercícios 17 a 26, encontre a equação da reta de regressão para os dados. Depois, construa um diagrama de dispersão dos dados e represente a reta de regressão. (Cada par de variáveis tem uma correlação significativa.) Então, use a equação de regressão para prever o valor de y para cada um dos valores de x, se apropriado. Se o valor de x não for apropriado para prever o valor de y, explique o porquê. Se for conveniente, use tecnologia.

17. **Altura e número de andares** As alturas (em pés) e o número de andares de nove prédios famosos em Atlanta. (*Fonte: Emporis Corporation.*)

Altura, x	869	820	771	696	692
Andares, y	60	50	50	52	40

Altura, x	676	656	492	486
Andares, y	47	41	39	26

(a) $x = 800$ pés. (c) $x = 400$ pés.
(b) $x = 750$ pés. (d) $x = 625$ pés.

18. Área e preço de venda de casas As áreas (em pés quadrados) e os preços de venda (em milhares de dólares) de sete casas estão na tabela seguinte. (*Fonte: Howard Hanna.*)

Área, x	1.924	1.592	2.413	2.332
Preço de venda, y	174,9	136,9	275,0	219,9

Área, x	1.552	1.312	1.278
Preço de venda, y	120,0	99,9	145,0

(a) $x = 1.450$ pés quadrados.
(b) $x = 2.720$ pés quadrados.
(c) $x = 2.175$ pés quadrados.
(d) $x = 1.890$ pés quadrados.

19. Horas de estudo e pontuação em teste O número de horas que 9 estudantes passaram estudando para um teste e suas respectivas pontuações.

Horas de estudo, x	0	2	4	5	5
Pontuação no teste, y	40	51	64	69	73

Horas de estudo, x	5	6	7	8
Pontuação no teste, y	75	93	90	95

(a) $x = 3$ horas. (c) $x = 13$ horas.
(b) $x = 6,5$ horas. (d) $x = 4,5$ horas.

20. Vitórias e média de corridas limpas O número de vitórias e a média de corridas limpas[1] para oito arremessadores profissionais de beisebol na temporada regular de 2012. (*Fonte: Major League Baseball.*)

Vitórias, x	20	18	17	16
Média de corridas limpas, y	2,73	3,29	2,64	3,74

Vitórias, x	14	12	11	9
Média de corridas limpas, y	3,85	4,33	3,81	5,11

(a) $x = 5$ vitórias. (c) $x = 21$ vitórias.
(b) $x = 10$ vitórias. (d) $x = 15$ vitórias.

21. Frequência cardíaca e intervalo QT As frequências cardíacas (em batidas por minuto) e os intervalos QT (em milissegundos) para 13 homens. (A figura a seguir mostra o intervalo QT de uma batida do coração em um eletrocardiograma.) (*Adaptado de: Chest.*)

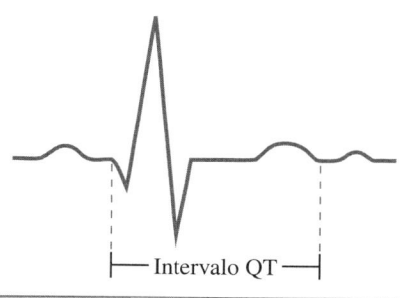

Eletrocardiograma

Frequência cardíaca, x	60	75	62	68	84	97	66
Intervalo QT, y	403	363	381	367	341	317	401

Frequência cardíaca, x	65	86	78	93	75	88
Intervalo QT, y	384	342	377	329	377	349

(a) $x = 120$ batidas por minuto.
(b) $x = 67$ batidas por minuto.
(c) $x = 90$ batidas por minuto.
(d) $x = 83$ batidas por minuto.

22. Comprimento e circunferência de focas Os comprimentos (em cm) e as circunferências (em cm) de 12 focas. (*Adaptado de: Moss Landing Marine Laboratories.*)

Comprimento, x	137	168	152	145
Circunferência, y	106	130	116	106

Comprimento, x	159	159	124	137
Circunferência, y	125	119	103	104

Comprimento, x	155	148	147	146
Circunferência, y	120	110	107	109

(a) $x = 140$ centímetros.
(b) $x = 172$ centímetros.
(c) $x = 164$ centímetros.
(d) $x = 158$ centímetros.

23. Cachorros-quentes: teor calórico e de sódio Os teores calórico e de sódio (em mg) de 10 cachorros-quentes. (*Fonte: Consumer Reports.*)

Calorias, x	150	170	120	120	90
Sódio, y	420	470	350	360	270

Calorias, x	180	170	140	90	110
Sódio, y	550	530	460	380	330

(a) $x = 170$ calorias. (c) $x = 140$ calorias.
(b) $x = 100$ calorias. (d) $x = 210$ calorias.

---

1 N. do T.: em inglês, *earned run average*, expressão do beisebol que designa o número médio de corridas resultadas de arremessos normais multiplicado por nove entradas arremessadas.

24. Cereais com alto teor de fibras: teor calórico e de açúcar
Os teores calórico e de açúcar (em gramas) de 11 cereais matinais com alto teor de fibras. (*Fonte: Consumer Reports.*)

Calorias, x	140	200	160	170	170	190
Açúcar, y	6	9	6	9	10	17

Calorias, x	190	210	190	170	160
Açúcar, y	13	18	19	10	10

(a) $x = 150$ calorias.
(b) $x = 90$ calorias.
(c) $x = 175$ calorias.
(d) $x = 208$ calorias.

25. Tamanho do calçado e altura
Os tamanhos dos calçados (em padrão americano) e as alturas (em polegadas) de 14 homens.

Tamanho do calçado, x	8,5	9,0	9,0	9,5	10,0
Altura, y	66,0	68,5	67,5	70,0	70,0

Tamanho do calçado, x	10,0	10,5	10,5	11,0	11,0
Altura, y	72,0	71,5	69,5	71,5	72,0

Tamanho do calçado, x	11,0	12,0	12,0	12,5
Altura, y	73,0	73,5	74,0	74,0

(a) $x = $ tamanho 11,5.
(b) $x = $ tamanho 8,0.
(c) $x = $ tamanho 15,5.
(d) $x = $ tamanho 10,0.

26. Idade e horas de sono
As idades (em anos) de 10 crianças e os números de horas dormidas por cada uma em um dia.

Idade, x	0,1	0,2	0,4	0,7	0,6
Horas de sono, y	14,9	14,5	13,9	14,1	13,9

Idade, x	0,9	0,1	0,2	0,4	0,9
Horas de sono, y	13,7	14,3	13,9	14,0	14,1

(a) $x = 0,3$ ano.
(b) $x = 3,9$ anos.
(c) $x = 0,6$ ano.
(d) $x = 0,8$ ano.

Salários de enfermeiras registradas
Nos exercícios 27 a 30, use a tabela a seguir, que mostra os anos de experiência de 14 enfermeiras registradas e seus salários anuais (*em milhares de dólares*). (*Fonte: Payscale, Inc.*)

Anos de experiência, x	0,5	2	4	5	7
Salário anual (em milhares de dólares), y	40,2	42,9	45,1	46,7	50,2

Anos de experiência, x	9	10	12,5	13	16
Salário anual (em milhares de dólares), y	53,6	54,0	58,4	61,8	63,9

Anos de experiência, x	18	20	22	25
Salário anual (em milhares de dólares), y	67,5	64,3	60,1	59,9

27. Correlação
Usando o diagrama de dispersão relativo aos salários de enfermeiras registradas e respectivos anos de experiência, que tipo de correlação, se houver, você acha que melhor representa os dados? Explique.

Enfermeiras registradas

28. Reta de regressão
Encontre uma equação da reta de regressão para os dados do Exercício 27. Esboce um diagrama de dispersão dos dados e represente a reta de regressão.

29. Usando a reta de regressão
O analista usou a reta de regressão que você encontrou no Exercício 28 para prever o salário anual para uma enfermeira registrada com 28 anos de experiência. Essa previsão é válida? Explique seu raciocínio.

30. Correlação significativa?
Um analista salarial afirma que a correspondente população tem uma correlação linear significativa para $\alpha = 0,01$. Teste essa afirmação.

Expandindo conceitos

Trocando x e y Nos exercícios 31 e 32, faça o seguinte:

(a) Encontre a equação da reta de regressão para os dados, fazendo a linha 1 representar os valores de x e a linha 2 os valores de y. Esboce um diagrama de dispersão para os dados e represente a reta de regressão.

(b) Encontre a equação da reta de regressão para os dados, fazendo a linha 2 representar os valores de x e a linha 1 os valores de y. Esboce um diagrama de dispersão para os dados e desenhe a reta de regressão.

(c) Que efeito tem na reta de regressão a troca das variáveis explanatória e resposta?

31.

Linha 1	0	1	2	3	3
Linha 2	96	85	82	74	95

Linha 1	5	5	5	6	7
Linha 2	68	76	84	58	65

32.

Linha 1	16	25	39	45	49	64	70
Linha 2	109	122	143	132	199	185	199

Gráfico de resíduos *Um gráfico de resíduos permite a você avaliar dados de correlação e verificar possíveis problemas com um modelo de regressão. Para obter um gráfico de resíduos, construa um diagrama de dispersão de $(x, y - \hat{y})$, no qual $y - \hat{y}$ é o resíduo de cada valor de y. Se o gráfico resultante mostrar qualquer tipo de padrão, então a reta de regressão não é uma boa representação da relação entre as duas variáveis. Se ele não mostrar um padrão — isto é, se os resíduos oscilam aleatoriamente em torno de 0 —, então a reta de regressão é uma boa representação. Fique atento ao fato de que, se um ponto no gráfico de resíduos parece estar fora do padrão dos demais, então ele pode ser um outlier.*

Nos exercícios 33 e 34, (a) determine a equação da reta de regressão, (b) construa um diagrama de dispersão dos dados e represente a reta de regressão, (c) construa um gráfico de resíduos e (d) determine se há quaisquer padrões no gráfico de resíduos e explique o que eles sugerem sobre a relação entre as variáveis.

33.

x	38	34	40	46	43	48	60	55	52
y	24	22	27	32	30	31	27	26	28

34.

x	8	4	15	7	6	3	12	10	5
y	18	11	29	18	14	8	25	20	12

Pontos influentes *Um ponto influente é um ponto no conjunto de dados que pode afetar muito o gráfico de uma reta de regressão. Um outlier pode ou não ser um ponto influente. Para determinar se um ponto é influente, encontre duas retas de regressão: uma incluindo todos os pontos no conjunto de dados e a outra excluindo o possível ponto influente. Se a inclinação ou intercepto em y da reta de regressão mostrar mudanças significativas, então o ponto pode ser considerado influente. Um ponto influente pode ser removido de um conjunto de dados somente quando houver uma justificativa apropriada.*

Nos exercícios 35 e 36, (a) construa um diagrama de dispersão dos dados, (b) identifique quaisquer possíveis outliers e (c) determine se o ponto é influente. Explique seu raciocínio.

35.

x	5	6	9	10	14	17	19	44
y	32	33	28	26	25	23	23	8

36.

x	1	3	6	8	12	14
y	4	7	10	9	15	3

Transformações para alcançar linearidade *Quando um modelo linear não é apropriado para representar os dados, outros modelos podem ser usados. Em alguns casos, os valores de x e y devem ser transformados para encontrar um modelo apropriado. Em uma **transformação logarítmica**, os logaritmos das variáveis são usados para construir o diagrama de dispersão e calcular a reta de regressão.*

Nos exercícios 37 a 40, use os dados apresentados na tabela a seguir, que mostra o número de bactérias presentes após certo número de horas.

Número de horas, x	1	2	3	4
Número de bactérias, y	165	280	468	780

Número de horas, x	5	6	7
Número de bactérias, y	1.310	1.920	4.900

37. Determine a equação da reta de regressão para os dados. Depois, construa um diagrama de dispersão de (x, y) e represente a reta de regressão, juntamente.

38. Substitua cada valor de y na tabela por seu logaritmo, log y. Encontre a equação da reta de regressão para os dados transformados. Depois, construa um diagrama de dispersão de $(x, \log y)$ com a reta de regressão, juntamente. O que você percebe?

39. Uma **equação exponencial** é uma equação de regressão não linear da forma $y = cd^x$. Use uma ferramenta tecnológica para encontrar e gerar o gráfico da equação exponencial para os dados originais. Inclua os dados originais no seu gráfico. Note que você também pode encontrar esse modelo ao resolver a equação $\log y = mx + b$ do Exercício 38 para y.

40. Compare seus resultados no Exercício 39 com a equação da reta de regressão e seu gráfico no Exercício 37. Qual equação é um melhor modelo para os dados? Explique.

Nos exercícios 41 a 44, use os dados apresentados na tabela a seguir.

x	1	2	3	4	5	6	7	8
y	695	410	256	110	80	75	68	74

41. Encontre a equação da reta de regressão para os dados. Depois, construa um diagrama de dispersão de (x, y) juntamente com a reta de regressão.

42. Substitua cada valor de x e de y na tabela por seu logaritmo. Encontre a equação da reta de regressão para os dados transformados. Depois, construa um diagrama de dispersão de $(\log x, \log y)$ e represente no mesmo plano a reta de regressão. O que você percebe?

43. Uma **equação potência** é uma equação de regressão não linear da forma $y = cx^d$. Use uma ferramenta tecnológica para encontrar e representar graficamente a equação potência para os dados originais. Inclua um diagrama de dispersão no seu gráfico. Note que você também pode encontrar esse modelo ao resolver a equação log $y = m(\log x) + b$ do Exercício 42 para y.

44. Compare seus resultados no Exercício 43 com a equação da reta de regressão e seu gráfico no Exercício 41. Qual equação é um modelo melhor para os dados? Explique.

Equação logarítmica *Nos exercícios 45 a 48, use as informações a seguir e uma ferramenta tecnológica. A **equação logarítmica** é uma equação de regressão não linear da forma $y = a + b \ln x$.*

45. Encontre e represente graficamente a equação logarítmica para os dados do Exercício 25.

46. Encontre e represente graficamente a equação logarítmica para os dados do Exercício 26.

47. Compare seus resultados no Exercício 45 com a equação da reta de regressão e seu gráfico. Qual equação é um modelo melhor para os dados? Explique.

48. Compare seus resultados no Exercício 46 com a equação da reta de regressão e seu gráfico. Qual equação é um modelo melhor para os dados? Explique.

Atividade 9.2 – Regressão por tentativa e erro

O applet *Regression by eye* permite que você estime, de forma interativa, a reta de regressão para um conjunto de dados. Quando o applet carrega, um conjunto de dados consistindo em 20 pontos é mostrado. Pontos podem ser acrescentados ao gráfico (Figura 9.17) clicando com o mouse. Pontos podem ser removidos do gráfico clicando sobre um deles e arrastando-o para a lixeira (*trash*). Todos os pontos no gráfico podem ser removidos simplesmente clicando na lixeira. Você pode mover a linha verde no gráfico clicando e arrastando as extremidades. Você deve tentar mover a linha a fim de minimizar a soma dos quadrados dos resíduos, também conhecida como a soma dos quadrados dos erros (SQE ou, em inglês, SSE). Note que a reta de regressão minimiza a SQE. As SQEs para a linha verde e para a reta de regressão são mostradas abaixo do gráfico. As equações de cada linha são mostradas acima do gráfico. Clique em SHOW REGRESSION LINE! (mostre a reta de regressão) para ver a reta de regressão no gráfico. Clique em NEW DATA (novos dados) para gerar um novo conjunto de dados.

Figura 9.17

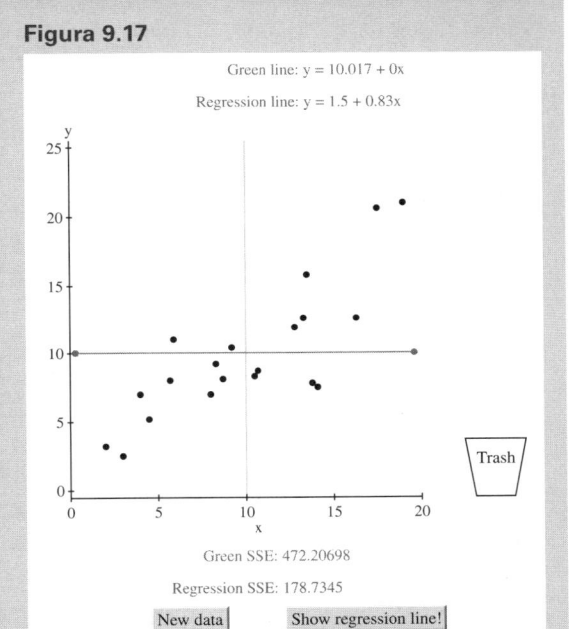

APPLET

Você encontra o applet interativo para esta atividade no **Site de Apoio**.

Explore

Passo 1 Mova as extremidades da linha verde para tentar aproximar a linha de regressão.

Passo 2 Clique em SHOW REGRESSION LINE!

Conclua

1. Clique em NEW DATA para gerar um novo conjunto de dados. Tente mover a linha verde para onde a reta de regressão deveria estar. Depois, clique em SHOW REGRESSION LINE! Repita isso cinco vezes. Descreva como você moveu cada linha verde.

2. Em um gráfico em branco, coloque 10 pontos de modo que eles tenham uma correlação positiva forte. Registre a equação da reta de regressão. Depois, acrescente um ponto no canto superior esquerdo do gráfico e registre a equação da reta de regressão. Como a linha de regressão muda?

3. Remova o ponto do canto superior esquerdo do gráfico. Acrescente mais 10 pontos de modo que ainda haja uma correlação positiva forte. Registre a equação da reta de regressão. Adicione um ponto no canto superior esquerdo do gráfico e registre a equação da reta de regressão. Como muda a linha de regressão?

4. Use os resultados dos exercícios 2 e 3 para descrever o que acontece com a inclinação da reta de regressão quando um *outlier* é adicionado conforme o tamanho da amostra aumenta.

Estudo de caso

Correlação entre medidas antropométricas (corporais)

Em um estudo publicado na *Medicine and Science in Sports and Exercise* (v. 17, n. 2, p. 189) foram tiradas as medidas de 252 homens (idades de 22 a 81 anos). Das 14 variáveis de cada homem, alguns pares têm correlações significativas e outros não. Por exemplo, o diagrama de dispersão na Figura 9.18 mostra que as circunferências do quadril e do abdome dos homens têm uma correlação linear forte ($r \approx 0,874$). A Tabela 9.13 mostra somente os dados dos nove primeiros indivíduos.

Figura 9.18 Circunferências do quadril e do abdome.

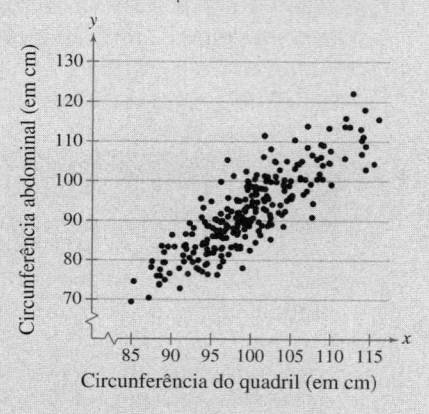

Tabela 9.13 Medidas de 14 variáveis corporais (antropométricas).

Idade (anos)	Peso (libras)	Altura (pol.)	Pescoço (cm)	Peito (cm)	Abdome (cm)	Quadril (cm)
22	173,25	72,25	38,5	93,6	83,0	98,7
22	154,00	66,25	34,0	95,8	87,9	99,2
23	154,25	67,75	36,2	93,1	85,2	94,5
23	198,25	73,50	42,1	99,6	88,6	104,1
23	159,75	72,25	35,5	92,1	77,1	93,9
23	188,15	77,50	38,0	96,6	85,3	102,5
24	184,25	71,25	34,4	97,3	100,0	101,9
24	210,25	74,75	39,0	104,5	94,4	107,8
24	156,00	70,75	35,7	92,7	81,9	95,3

Coxa (cm)	Joelho (cm)	Tornozelo (cm)	Bíceps (cm)	Antebraço (cm)	Pulso (cm)	Gordura corporal %
58,7	37,3	23,4	30,5	28,9	18,2	6,1
59,6	38,9	24,0	28,8	25,2	16,6	25,3
59,0	37,3	21,9	32,0	27,4	17,1	12,3
63,1	41,7	25,0	35,6	30,0	19,2	11,7
56,1	36,1	22,7	30,5	27,2	18,2	9,4
59,1	37,6	23,2	31,8	29,7	18,3	10,3
63,2	42,2	24,0	32,2	27,7	17,7	28,7
66,0	42,0	25,6	35,7	30,6	18,8	20,9
56,4	36,5	22,0	33,5	28,3	17,3	14,2

Fonte: PENROSE, K.W. et al. Generalized body composition prediction equation for men using simple measurement techniques, *Medicine and Science in Sports and Exercise*, v. 17, n. 2, p. 189, 1985.

Exercícios

1. Usando sua intuição, classifique os seguintes pares (x, y) como tendo uma correlação fraca ($0 < r < 0,5$), uma correlação moderada ($0,5 < r < 0,8$) ou uma correlação forte ($0,8 < r < 1,0$).

    (a) (peso, pescoço)
    (b) (peso, altura)
    (c) (idade, gordura corporal)
    (d) (peito, quadril)
    (e) (idade, pulso)
    (f) (tornozelo, pulso)
    (g) (antebraço, altura)
    (h) (bíceps, antebraço)
    (i) (peso, gordura do corpo)
    (j) (joelho, coxa)
    (k) (quadril, abdome)
    (l) (abdome, quadril)

2. Agora, use tecnologia para encontrar o coeficiente de correlação para cada par no Exercício 1. Compare seus resultados com aqueles obtidos por intuição.
3. Use tecnologia para encontrar a reta de regressão para cada par no Exercício 1 que tenha uma correlação forte.
4. Use os resultados do Exercício 3 para prever o seguinte:
   (a) A circunferência do quadril de um homem cuja circunferência do peito é 95 cm.
   (b) A altura de um homem cuja circunferência do antebraço é 28 cm.
5. Há pares de variáveis que tenham coeficientes de correlação mais fortes que 0,85? Use tecnologia e intuição para chegar a uma conclusão.

9.3 Medidas de regressão e intervalos de previsão

Variação em torno de uma reta de regressão • O coeficiente de determinação • O erro padrão da estimativa • Intervalos de previsão

O que você deve aprender

- Como interpretar os três tipos de variação em torno de uma reta de regressão.
- Como determinar e interpretar o coeficiente de determinação.
- Como determinar e interpretar o erro padrão da estimativa para uma reta de regressão.
- Como construir e interpretar um intervalo de previsão para y.

Variação em torno de uma reta de regressão

Nesta seção, você vai estudar duas medidas usadas nos estudos de correlação e regressão — o coeficiente de determinação e o erro padrão da estimativa. Você também vai aprender como construir um intervalo de previsão para y usando uma equação de regressão e um dado valor de x. Antes de estudar esses conceitos, você precisa entender os três tipos de variação em torno de uma reta de regressão.

Para encontrar a variação total, a variação explicada e a variação não explicada em torno de uma reta de regressão, você deve primeiro calcular o **desvio total**, o **desvio explicado** e o **desvio não explicado** para cada par ordenado (x_i, y_i) em um conjunto de dados. Esses desvios são mostrados na Figura 9.19.

Figura 9.19 Representação dos tipos de desvios relativos a um ponto genérico.

Desvio total = $y_i - \bar{y}$

Desvio explicado = $\hat{y}_i - \bar{y}$

Desvio não explicado = $y_i - \hat{y}_i$

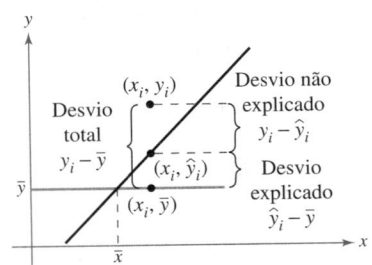

Após calcular os desvios para cada ponto (x_i, y_i), você pode encontrar a **variação total**, a **variação explicada** e a **variação não explicada**.

Definição

A **variação total** em torno de uma reta de regressão é a soma dos quadrados das diferenças entre o valor de y em cada par ordenado e a média de y.

Variação total = $\sum (y_i - \bar{y})^2$

A **variação explicada** é a soma dos quadrados das diferenças entre cada valor de y previsto e a média de y.

Variação explicada = $\Sigma (\hat{y}_i - \bar{y})^2$

A **variação não explicada** é a soma dos quadrados das diferenças entre o valor de y em cada par ordenado e cada valor correspondente de y previsto.

Variação não explicada = $\Sigma (y_i - \hat{y}_i)^2$

A soma das variações explicadas e não explicadas é igual à variação total.

Variação total = Variação explicada + Variação não explicada

Como seu nome indica, a *variação explicada* pode ser explicada pelo modelo linear que relaciona x e y. A *variação não explicada* é aquela não explicada por esse modelo, e é devida a outros fatores, tais como erro amostral, coincidência, variáveis omitidas ou outras variáveis. (Lembre-se, da Seção 9.1, de que variáveis omitidas são variáveis que teriam um efeito nas variáveis que estão sendo estudadas, mas não foram incluídas no estudo.)

O coeficiente de determinação

Você já sabe como calcular o coeficiente de correlação r. O quadrado desse coeficiente é chamado de **coeficiente de determinação**. Podemos verificar no quadro Definição a seguir que o coeficiente de determinação é igual à razão entre a variação explicada e a variação total.

Definição

O **coeficiente de determinação r^2** é a razão entre a variação explicada e a variação total. Isto é,

$$r^2 = \frac{\text{variação explicada}}{\text{variação total}}.$$

É importante interpretar o coeficiente de determinação corretamente. Por exemplo, se o coeficiente de correlação é $r = 0{,}900$, então o coeficiente de determinação é:

$r^2 = (0{,}900)^2$
$= 0{,}810$.

Isso significa que 81% da variação em y pode ser explicada pelo modelo que relaciona x e y. Os restantes 19% da variação não são explicados e são consequência de outros fatores, como erro amostral, ou variáveis não consideradas.

Exemplo 1

Encontrando o coeficiente de determinação

O coeficiente de correlação para os dados do produto interno bruto e das emissões de dióxido de carbono é $r \approx 0{,}912$. (Veja o Exemplo 4 na Seção 9.1). Determine o coeficiente de determinação. O que isso lhe diz sobre a variação explicada dos dados em torno da reta de regressão? E sobre a variação não explicada?

Solução

O coeficiente de determinação é:

$r^2 \approx (0{,}912)^2$
$\approx 0{,}832$.   Arredonde para três casas decimais.

Retratando o mundo

Janette Benson (do departamento de Psicologia da Universidade de Denver) realizou um estudo relacionando a idade em que as crianças engatinham (em semanas após o nascimento) com a temperatura média mensal seis meses após o nascimento. Os resultados de Janette são baseados em uma amostra de 414 crianças. Ela acredita que a razão para a correlação da temperatura e da idade de engatinhar é que, em meses frios, os pais tendem a embrulhar as crianças em roupas mais restritivas e cobertores. Essa situação não permite às crianças tantas oportunidades para se moverem e começarem a engatinhar.

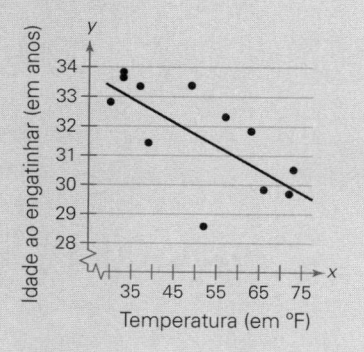

O coeficiente de correlação é $r \approx -0{,}701$. Qual percentagem da variação nos dados pode ser explicada por um modelo linear? Qual percentagem é consequência de outros fatores?

Interpretação Cerca de 83,2% da variação nas emissões de dióxido de carbono pode ser explicada pela equação de regressão em função do produto interno bruto. Os restantes 16,8% da variação são a parte não explicada e consequência de outros fatores, tais como erro amostral, e outras variáveis não consideradas.

Tente você mesmo 1

O coeficiente de correlação para os dados do Old Faithful é $r \approx 0{,}979$. (Veja o Exemplo 5 da Seção 9.1.) Encontre o coeficiente de determinação. O que isso lhe diz sobre a variação explicada dos dados em torno da reta de regressão? E sobre a variação não explicada?

a. Identifique o coeficiente de correlação r.
b. Calcule o coeficiente de determinação r^2.
c. Qual percentagem da variação nos tempos é explicada? Qual percentagem é não explicada?

O erro padrão da estimativa

Quando um valor de $\hat{y}$ é previsto a partir de um valor de x, a previsão é uma estimativa pontual. Você pode construir uma estimativa por intervalo para $\hat{y}$, mas antes você precisa calcular o **erro padrão da estimativa**.

Definição

O **erro padrão da estimativa** (s_e) é o desvio padrão dos valores observados y_i em torno do valor previsto $\hat{y}_i$ para um dado valor de x_i. Ele é dado por:

$$s_e = \sqrt{\frac{\sum (y_i - \hat{y}_i)^2}{n - 2}}$$

em que n é o número de pares de dados.

Da fórmula apresentada, você pode ver que o erro padrão da estimativa é a raiz quadrada da variação não explicada dividido por $n - 2$. Então, quanto mais próximos os valores observados de y estão dos valores previstos $\hat{y}$, menor será o erro padrão da estimativa.

Instruções

Encontrando o erro padrão da estimativa s_e

EM PALAVRAS	EM SÍMBOLOS
1. Construa uma tabela que inclua cinco colunas com os cabeçalhos mostrados ao lado.	x_i, y_i, $\hat{y}_i$, $(y_i - \hat{y}_i)$ e $(y_i - \hat{y}_i)^2$
2. Use a equação de regressão para calcular os valores previstos de y.	$\hat{y}_i = mx_i + b$
3. Calcule a soma dos quadrados das diferenças entre cada valor observado de y e o valor correspondente previsto.	$\sum (y_i - \hat{y}_i)^2$
4. Determine o erro padrão da estimativa.	$s_e = \sqrt{\dfrac{\sum (y_i - \hat{y}_i)^2}{n - 2}}$

Em vez da fórmula usada no passo 4, você também pode encontrar o erro padrão da estimativa usando a fórmula:

$$s_e = \sqrt{\frac{\Sigma y^2 - b\Sigma y - m\Sigma xy}{n-2}}.$$

Essa fórmula é fácil de usar se você já tiver calculado a inclinação m, o intercepto em y, b, e várias somas. Por exemplo, considere os dados do produto interno bruto e as emissões de dióxido de carbono (veja Exemplo 4 na Seção 9.1 e o Exemplo 1 na Seção 9.2). Para usar a fórmula alternativa, note que a reta de regressão para esses dados é $\hat{y} = 166,900x + 115,725$ e os valores das somas são $\Sigma y^2 = 3.412.308,32$; $\Sigma y = 5.263$; e $\Sigma xy = 16.145,46$. Então, usando a fórmula alternativa, o erro padrão da estimativa é:

$$s_e = \sqrt{\frac{\Sigma y^2 - b\Sigma y - m\Sigma xy}{n-2}}$$

$$= \sqrt{\frac{3.412.308,32 - 115,725\,(5.263) - 116,900\,(16.145,46)}{10-2}}$$

$$\approx 116,496.$$

Exemplo 2

Encontrando o erro padrão da estimativa

A equação de regressão para os dados do produto interno bruto e as emissões de dióxido de carbono é:

$\hat{y} = 166,900x + 115,725$.   Veja Exemplo 1 na Seção 9.2.

Determine o erro padrão da estimativa.

Solução

Use a Tabela 9.14 para calcular a soma das diferenças ao quadrado entre cada valor de y observado e o valor correspondente previsto.

Tabela 9.14 Operações intermediárias para o cálculo do erro padrão da estimativa.

x_i	y_i	$\hat{y}_i$	$y_i - \hat{y}_i$	$(y_i - \hat{y}_i)^2$
1,7	552,6	399,455	153,145	23.453,391025
1,2	462,3	316,005	146,295	21.402,227025
2,5	475,4	532,975	−57,575	3.314,880625
2,8	374,3	583,045	−208,745	43.574,475025
3,6	748,5	716,565	31,935	1.019,844225
2,2	400,9	482,905	−82,005	6.724,820025
0,8	253,0	249,245	3,755	14,100025
1,5	318,6	366,075	−47,475	2.253,875625
2,4	496,8	516,285	−19,485	379,665225
5,9	1.180,6	1.100,435	80,165	6.426,427225
				$\Sigma = 108.563,70605$

Variação não explicada

Quando $n = 10$ e $\Sigma\,(y_i - \hat{y}_i)^2 = 108.563,70605$, o erro padrão da estimativa é:

$$s_e = \sqrt{\frac{\Sigma (y_i - \hat{y}_i)^2}{n-2}}$$

$$= \sqrt{\frac{108.563{,}70605}{10-2}}$$

$$\approx 116{,}492.$$

Interpretação O erro padrão da estimativa das emissões de dióxido de carbono para um produto interno bruto específico é aproximadamente 116,492 milhões de toneladas métricas.

Tente você mesmo 2

Um pesquisador coleta os dados exibidos na Tabela 9.15, e conclui que há uma relação significativa entre a quantidade de tempo de propaganda em rádios (em minutos por semana) e as vendas semanais de um produto (em centenas de dólares). Encontre o erro padrão da estimativa. Use a equação de regressão:

$$\hat{y} = 1{,}405x + 7{,}311.$$

Tabela 9.15 Dados de tempo de propaganda no rádio e vendas semanais.

Tempo de propaganda no rádio, x	15	20	20	30	40	45	50	60
Vendas semanais, y	26	32	38	56	54	78	80	88

a. Use uma tabela para calcular a soma das diferenças ao quadrado de cada valor de y observado e o valor correspondente previsto.

b. Identifique o número n de pares de dados.

c. Calcule s_e.

d. Interprete os resultados.

Intervalos de previsão

Duas variáveis têm uma **distribuição normal bivariada** quando, para quaisquer valores fixos de x, os valores de y correspondentes são normalmente distribuídos e, para quaisquer valores fixos de y, os valores de x correspondentes são normalmente distribuídos. A Figura 9.20 mostra valores de y distribuídos normalmente para valores fixos de x.

Figura 9.20 Distribuição normal bivariada (distribuição normal de y para valor de x fixo).

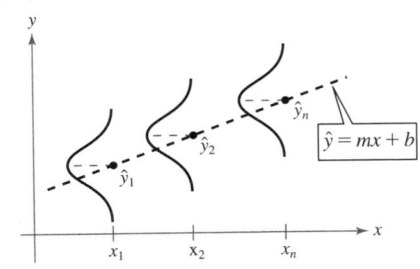

Como as equações de regressão são determinadas usando dados amostrais e porque x e y são assumidos como tendo uma distribuição normal bivariada, você pode construir um **intervalo de previsão** para o verdadeiro valor de y. Para construir o intervalo de previsão, use uma distribuição t com n – 2 graus de liberdade.

Definição

Dada uma equação de regressão linear $\hat{y} = mx + b$ e x_0, um valor específico de x (no intervalo apropriado dos valores x, porém não pertencente à amostra inicial), um **intervalo de previsão** (com nível de confiança c) para y é:

$$\hat{y} - E < y < \hat{y} + E$$

em que

$$E = t_c s_e \sqrt{1 + \frac{1}{n} + \frac{n(x_0 - \bar{x})^2}{n\Sigma x^2 - (\Sigma x)^2}}.$$

A estimativa pontual é $\hat{y}$ e a margem de erro é E. A probabilidade de que o intervalo de previsão contenha y é c (o nível de confiança), assumindo que o processo de estimação possa ser repetido um grande número de vezes.

Instruções

Construindo um intervalo de previsão para y para um valor específico de x

EM PALAVRAS	EM SÍMBOLOS
1. Identifique o número n de pares de dados e os graus de liberdade.	g.l. = n – 2
2. Use a equação de regressão e os valores de x para encontrar a estimativa pontual $\hat{y}$.	$\hat{y}_i = mx_i + b$
3. Encontre o valor crítico t_c que corresponde ao nível de confiança c dado.	Use a Tabela B.5 no Apêndice B
4. Determine o erro padrão da estimativa s_e.	$s_e = \sqrt{\frac{\Sigma(y_i - \hat{y}_i)^2}{n-2}}$
5. Encontre a margem de erro E.	$E = t_c s_e \sqrt{1 + \frac{1}{n} + \frac{n(x_0 - \bar{x})^2}{n\Sigma x^2 - (\Sigma x)^2}}$
6. Determine os limites e forme o intervalo de previsão.	Limite inferior: $\hat{y} - E$ Limite superior: $\hat{y} + E$ Intervalo: $\hat{y} - E < y < \hat{y} + E$

Dica de estudo

As fórmulas para s_e e E usam as quantidades $\Sigma(y_i - \hat{y}_i)^2$, $(\Sigma x)^2$ e Σx^2. Use uma tabela para calcular essas quantidades.

Exemplo 3

Construindo um intervalo de previsão

Usando os resultados do Exemplo 2, construa um intervalo de previsão de 95% para as emissões de dióxido de carbono quando o produto interno bruto é US$ 3,5 trilhões. O que você pode concluir?

Solução

Como $n = 10$, há:

g.l. = 10 − 2 = 8

graus de liberdade. Usando a equação de regressão:

$\hat{y} = 166{,}900x + 115{,}725$

e

$x = 3{,}5$

a estimativa pontual é:

$\hat{y} = 166{,}900x + 115{,}725$
$= 166{,}900(3{,}5) + 115{,}725$
$= 699{,}875$.

Da Tabela B.5 do apêndice B o valor crítico é $t_c = 2{,}306$ e, a partir do Exemplo 2, $s_e \approx 116{,}492$.
Do Exemplo 4 na Seção 9.1, você encontrou que $\Sigma x = 24{,}6$ e $\Sigma x^2 = 79{,}68$. Também, $\bar{x} = 2{,}46$. Usando esses valores, a margem de erro é:

$$E = t_c s_e \sqrt{1 + \frac{1}{n} + \frac{n(x_0 - \bar{x})^2}{n\Sigma x^2 - (\Sigma x)^2}}$$

$$\approx (2{,}306)(116{,}492)\sqrt{1 + \frac{1}{10} + \frac{10(3{,}5 - 2{,}46)^2}{10(79{,}68) - (24{,}6)^2}}$$

$$\approx 288{,}880.$$

Usando $\hat{y} = 699{,}875$ e $E \approx 288{,}880$, o intervalo de previsão é construído conforme mostrado:

Limite inferior
$\hat{y} - E \approx 699{,}875 - 288{,}880$
$= 410{,}995$

Limite superior
$\hat{y} - E \approx 699{,}875 + 288{,}880$
$= 988{,}755$

$410{,}995 < y < 988{,}755$

Interpretação Você pode estar 95% confiante de que, quando o produto interno bruto é US$ 3,5 trilhões, as emissões de dióxido de carbono estarão entre 410,995 e 988,755 milhões de toneladas métricas.

Tente você mesmo 3

Construa um intervalo de previsão de 95% para as emissões de dióxido de carbono quando o produto interno bruto é US$ 4 trilhões. O que você pode concluir?

a. Especifique n, g.l., t_c, s_e.
b. Calcule $\hat{y}$ quando $x = 4$.
c. Calcule a margem de erro E.
d. Construa o intervalo de previsão.
e. Interprete os resultados.

Entenda

Para valores de x próximos de $\bar{x}$, o intervalo de previsão para y se torna mais estreito. Para valores de x mais afastados de $\bar{x}$, o intervalo de previsão para y se torna mais amplo. (Essa é uma razão para que a equação de regressão não deva ser usada para prever valores de y com valores de x fora do intervalo de valores observados de x.) Por exemplo, considere os intervalos de previsão de 95% para y no Exemplo 3, mostrados a seguir. O intervalo dos valores de x é $0{,}8 \leq x \leq 5{,}9$. Note como as faixas do intervalo de confiança se afastam da reta de regressão à medida que x se aproxima de 0,8 ou 5,9.

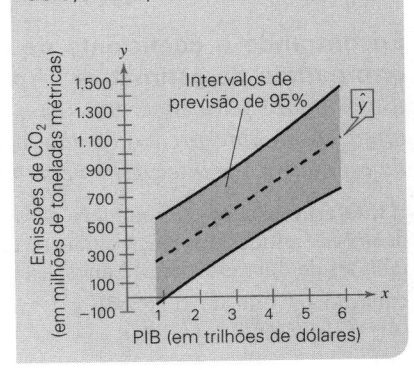

9.3 Exercícios

Construindo habilidades básicas e vocabulário

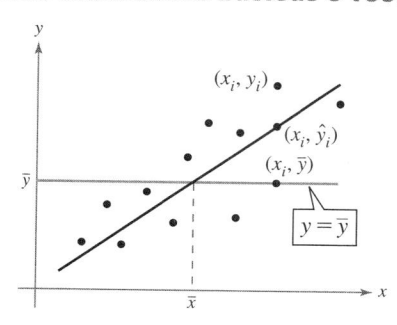

Análise gráfica *Nos exercícios 1 a 3, use a figura a seguir.*

1. Descreva a variação total em torno de uma reta de regressão em palavras e em símbolos.
2. Descreva a variação explicada em torno de uma reta de regressão em palavras e em símbolos.
3. Descreva a variação não explicada em torno de uma reta de regressão em palavras e em símbolos.
4. O coeficiente de determinação r^2 é a razão de quais dois tipos de variações? O que o r^2 mede? O que o $1 - r^2$ mede?
5. O que é o coeficiente de determinação para duas variáveis que têm correlação linear positiva perfeita ou correlação linear negativa perfeita? Interprete sua resposta.
6. Duas variáveis têm uma distribuição normal bivariada. Explique o que isso significa.

Nos exercícios 7 a 10, use o valor do coeficiente de correlação r para calcular o coeficiente de determinação r^2. O que isso lhe diz sobre a variação explicada dos dados em torno da reta de regressão? E sobre a variação não explicada?

7. $r = 0{,}465$.
8. $r = -0{,}328$.
9. $r = -0{,}957$.
10. $r = 0{,}881$.

Usando e interpretando conceitos

Encontrando o coeficiente de determinação e o erro padrão da estimativa *Nos exercícios 11 a 20, use os dados para encontrar (a) o coeficiente de determinação r^2 e interprete o resultado, e (b) o erro padrão da estimativa s_e e interprete o resultado.*

11. Oferta de ações O número de ofertas públicas iniciais de ações emitidas nos EUA e o lucro total dessas ofertas (em milhões de dólares), para 12 anos, estão na tabela a seguir. A equação da reta de regressão é $\hat{y} = 104{,}965x + 14.093{,}666$. (*Fonte: University of Florida.*)

Número de emissões, x	316	485	382	79
Lucro, y	34.314	64.906	64.876	34.241

Número de emissões, x	70	67	183	168
Lucro, y	22.136	10.068	31.927	28.593

Número de emissões, x	162	162	21	43
Lucro, y	30.648	35.762	22.762	13.307

12. Salários de homens e mulheres A tabela a seguir mostra os salários anuais medianos (em dólares) de trabalhadores homens e mulheres de 10 estados dos EUA em um ano recente. A equação da reta de regressão é $\hat{y} = 0{,}939x - 6.745{,}842$. (*Fonte: U.S. Census Bureau.*)

Salários anuais medianos de trabalhadores, x	41.331	48.389	42.667	43.631
Salários anuais medianos de trabalhadoras, y	30.658	40.019	33.665	31.762

Salários anuais medianos de trabalhadores, x	55.116	48.492	37.528	43.425
Salários anuais medianos de trabalhadoras, y	44.937	38.025	28.506	35.691

Salários anuais medianos de trabalhadores, x	39.562	40.621
Salários anuais medianos de trabalhadoras, y	30.578	32.578

13. Área quadrada e vendas A tabela a seguir mostra as áreas totais (em bilhões de pés quadrados) de espaço de varejo em shoppings dos EUA e suas vendas (em bilhões de dólares) para 11 anos. A equação da reta de regressão é $\hat{y} = 445{,}257x - 1.480{,}117$. (*Adaptado de: International Council for Shopping Centers.*)

Área quadrada total, x	5,3	5,4	5,5	5,7
Vendas, y	893,8	933,9	980,0	1.032,4

Área quadrada total, x	5,8	6,0	6,1	6,2
Vendas, y	1.105,3	1.181,1	1.221,7	1.277,2

Área quadrada total, x	6,4	6,5	6,7
Vendas, y	1.339,2	1.432,6	1.530,4

14. Árvores A tabela a seguir mostra a altura (em pés) e o diâmetro dos troncos (em polegadas) de oito árvores. A equação da reta de regressão é $\hat{y} = 0{,}479x - 24{,}086$.

Altura, x	70	72	75	76
Diâmetro do tronco, y	8,3	10,5	11,0	11,4

Altura, x	85	78	77	82
Diâmetro do tronco, y	14,9	14,0	16,3	15,8

15. Salários dos governos estadual e federal A tabela a seguir mostra os salários médios semanais (em dólares) para funcionários dos governos estadual e federal dos EUA para 10 anos. A equação da reta de regressão é $\hat{y} = 1{.}632x - 200{,}284$. (*Fonte: U.S. Bureau of Labor Statistics.*)

Salários médios semanais (estadual), x	754	770	791	812
Salários médios semanais (federal), y	1.001	1.043	1.111	1.151
Salários médios semanais (estadual), x	844	883	923	937
Salários médios semanais (federal), y	1.198	1.248	1.275	1.303
Salários médios semanais (estadual), x	942	966		
Salários médios semanais (federal), y	1.331	1.404		

16. Comparecimento de eleitores A população dos Estados Unidos com idade para votar (em milhões) e o comparecimento em eleições federais da população com idade para votar (em milhões) em nove anos de eleição não presidenciais são mostrados na tabela a seguir. A equação da reta de regressão é $\hat{y} = 0{,}369x + 0{,}994$. (*Adaptado de: Federal Election Commission.*)

População com idade para votar, x	158,4	169,9	178,6
Comparecimento em eleições federais, y	58,9	67,6	65,0
População com idade para votar, x	185,8	193,7	200,9
Comparecimento em eleições federais, y	67,9	75,1	73,1
População com idade para votar, x	215,5	220,6	235,8
Comparecimento em eleições federais, y	79,8	80,6	90,7

17. Óleo cru A tabela a seguir mostra as quantidades de óleo cru (em milhares de barris por dia) produzido e importado pelos Estados Unidos por sete anos. A equação da reta de regressão é $\hat{y} = -1{,}167x + 16{.}118{,}763$. (*Fonte: Energy Information Administration.*)

Produzido, x	5.801	5.744	5.644	5.435
Importado, y	9.328	9.140	9.665	10.088

Produzido, x	5.186	5.089	5.077
Importado, y	10.126	10.118	10.031

18. Ativos de fundos A tabela a seguir mostra os ativos totais (em bilhões de dólares) de contas individuais de aposentadoria (CIAs) e planos de pensão federais para nove anos nos EUA. A equação da reta de regressão é $\hat{y} = 0{,}177x + 450{,}146$. (*Adaptado de: Investment Company Institute.*)

CIAs, x	2.619	2.533	2.993
Planos de pensão federais, y	860	894	958
CIAs, x	3.299	3.652	4.207
Planos de pensão federais, y	1.023	1.072	1.141
CIAs, x	4.784	3.585	4.251
Planos de pensão federais, y	1.197	1.221	1.324

19. Vendas de veículos novos A tabela a seguir mostra os números das vendas de veículos novos (em milhares) nos Estados Unidos para Ford e General Motors em 11 anos. A equação da reta de regressão é $\hat{y} = 1{,}200x + 433{,}900$. (*Dados de: NADA Industry Analysis Division.*)

Venda de veículos novos (Ford), x	4.148	3.916	3.576
Venda de veículos novos (General Motors), y	4.912	4.853	4.815
Venda de veículos novos (Ford), x	3.438	3.271	3.107
Venda de veículos novos (General Motors), y	4.716	4.657	4.457
Venda de veículos novos (Ford), x	2.848	2.502	1.942
Venda de veículos novos (General Motors), y	4.068	3.825	2.956
Venda de veículos novos (Ford), x	1.656	1.905	
Venda de veículos novos (General Motors), y	2.072	2.211	

20. Vendas de veículos novos A tabela a seguir mostra os números das vendas de veículos novos (em milhares) nos Estados Unidos para Toyota e Honda em 11 anos. A equação da reta de regressão é $\hat{y} = 0{,}396x + 536{,}161$. (*Dados de: NADA Industry Analysis Division.*)

Venda de veículos novos (Toyota), x	1.619	1.741	1.756	1.866
Venda de veículos novos (Honda), y	1.159	1.208	1.248	1.350
Venda de veículos novos (Toyota), x	2.060	2.260	2.543	2.621
Venda de veículos novos (Honda), y	1.394	1.463	1.509	1.552
Venda de veículos novos (Toyota), x	2.218	1.770	1.764	
Venda de veículos novos (Honda), y	1.429	1.151	1.231	

Construindo e interpretando intervalos de previsão
Nos exercícios 21 a 30, construa o intervalo de previsão indicado e interprete os resultados.

21. **Lucros** Construa um intervalo de previsão de 95% para o lucro das ofertas públicas iniciais no Exercício 11, quando o número de emissões é 450.

22. **Salários de mulheres** Construa um intervalo de previsão de 95% para os salários medianos anuais de trabalhadores mulheres no Exercício 12, quando os salários medianos anuais de trabalhadores homens é US$ 45.637.

23. **Vendas no varejo** Construa um intervalo de previsão de 90% para as vendas dos shoppings no Exercício 13, quando a área total dos shoppings é 5,75 bilhões.

24. **Árvores** Construa um intervalo de previsão de 90% para o diâmetro do tronco de uma árvore no Exercício 14, quando a altura é 80 pés.

25. **Salários do governo federal** Construa um intervalo de previsão de 99% para os salários médios semanais de funcionários do governo federal no Exercício 15, quando os salários médios semanais de funcionários do governo estadual é US$ 800.

26. **Comparecimento de eleitores** Construa um intervalo de previsão de 99% para o comparecimento de eleitores no Exercício 16, quando a população com idade para votar é 210 milhões.

27. **Óleo cru** Construa um intervalo de previsão de 95% para a quantidade de óleo cru importado pelos Estados Unidos no Exercício 17, quando a quantidade de óleo cru produzido pelos Estados Unidos é 5.500 mil barris por dia.

28. **Ativos totais** Construa um intervalo de previsão de 90% para os ativos totais nos planos de pensão federais no Exercício 18, quando os ativos totais nas CIAs é US$ 3.800 bilhões.

29. **Vendas de veículos novos** Construa um intervalo de previsão de 95% para a venda de veículos novos para a General Motors no Exercício 19, quando o número de veículos novos vendidos pela Ford é 2.628 mil.

30. **Vendas de veículos novos** Construa um intervalo de previsão de 99% para a venda de veículos novos para a Honda no Exercício 20, quando o número de veículos novos vendidos pela Toyota é 2.359 mil.

Veículos antigos *Nos exercícios 31 a 34, use as informações exibidas na figura a seguir.*

Mantendo os carros por mais tempo
A idade mediana de veículos nas estradas dos EUA por oito anos diferentes:

Idade mediana em anos	
Carros, x	Caminhões leves, y
9,8	8,6
10,1	8,7
10,3	8,9
10,4	9,0
10,6	9,3
10,8	9,8
11,0	10,1
11,1	10,4

31. **Diagrama de dispersão** Construa um diagrama de dispersão dos dados. Mostre $\bar{y}$ e $\bar{x}$ no gráfico.

32. **Reta de regressão** Determine e represente a reta de regressão.

33. **Coeficiente de determinação** Determine o coeficiente de determinação r^2 e interprete os resultados.

34. **Erro da estimativa** Determine o erro padrão da estimativa s_e e interprete os resultados.

Expandindo conceitos

Teste de hipótese para inclinação *Nos exercícios 35 e 36, use as informações a seguir.*

Ao testar a inclinação M da reta de regressão para a população, você geralmente testa se a inclinação é 0, ou H_0: M = 0. Uma inclinação de 0 indica que não há relação linear entre x e y. Para realizar o teste t para a inclinação M, use a estatística de teste padronizada:

$$t = \frac{m}{s_e} \sqrt{\Sigma x^2 - \frac{(\Sigma x)^2}{n}}$$

com n – 2 graus de liberdade, Depois, usando os valores críticos encontrados na Tabela B.5 no Apêndice B, decida se rejeita ou não a hipótese nula. Você também pode usar a função LinRegTTest em uma TI-84 Plus para calcular a estatística de teste padronizada, assim como o correspondente valor p. Se p ≤ α, então rejeite a hipótese nula. Se p > α, então não rejeite H_0.

35. A tabela a seguir mostra os pesos (em libras) e os números de horas de sono em um dia para uma amostra aleatória de crianças. Teste a afirmação de que M ≠ 0. Use α = 0,01. Depois, interprete os resultados no contexto do problema. Se for conveniente, use tecnologia.

Peso, x	8,1	10,2	9,9	7,2
Horas de sono, y	14,8	14,6	14,1	14,2

Peso, x	6,9	11,2	11	15
Horas de sono, y	13,8	13,2	13,9	12,5

36. A tabela a seguir mostra as idades (em anos) e os salários (em milhares de dólares) para uma amostra aleatória de engenheiros em uma empresa. Teste a afirmação de que $M \neq 0$. Use $\alpha = 0{,}05$. Depois, interprete os resultados no contexto do problema. Se for conveniente, use tecnologia.

Idade, x	25	34	29	30	42
Salário, y	57,5	61,2	59,9	58,7	87,5

Idade, x	38	49	52	35	40
Salário, y	67,4	89,2	85,3	69,5	75,1

Intervalos de confiança para o intercepto em y e a inclinação Você pode construir intervalos de confiança para o intercepto em y, B, e a inclinação M da reta de regressão $y = Mx + B$ para a população, ao usar as seguintes desigualdades:

intercepto em y B: $b - E < B < b + E$

$$\text{em que } E = t_c s_e \sqrt{\frac{1}{n} + \frac{\bar{x}^2}{\Sigma x^2 - \frac{(\Sigma x)^2}{n}}} \text{ e}$$

inclinação M: $m - E < M < m + E$

$$\text{em que } E = \frac{t_c s_e}{\sqrt{\Sigma x^2 - \frac{(\Sigma x)^2}{n}}}$$

Os valores de m e b são obtidos dos dados amostrais, e o valor crítico t_c é encontrado usando a Tabela B.5 no Apêndice B com n – 2 graus de liberdade.

Nos exercícios 37 e 38, construa os intervalos de confiança indicados para B e M usando os dados do produto interno bruto e das emissões de dióxido de carbono encontrados no Exemplo 2.

37. Intervalo de confiança de 95%.

38. Intervalo de confiança de 99%.

9.4 Regressão múltipla

Encontrando uma equação de regressão linear múltipla • Prevendo valores de y

Encontrando uma equação de regressão linear múltipla

Em muitos casos, um modelo de previsão melhor pode ser encontrado para uma variável dependente (resposta) ao usar mais que uma variável independente (explanatória). Por exemplo, uma previsão mais precisa para as emissões de dióxido de carbono, discutida nas seções anteriores, poderia ser feita considerando-se o número de carros, assim como o produto interno bruto. Modelos que contêm mais de uma variável independente são modelos de regressão múltipla.

O que você deve aprender

- Como usar tecnologia para determinar e interpretar uma equação de regressão múltipla, o erro padrão da estimativa e o coeficiente de determinação.
- Como usar uma equação de regressão múltipla para prever valores de y.

Definição

Uma **equação de regressão linear múltipla** para as variáveis independentes $x_1, x_2, x_3, \ldots, x_k$ e uma variável dependente y tem a forma:

$$\hat{y} = b + m_1 x_1 + m_2 x_2 + m_3 x_3 + \ldots + m_k x_k$$

em que $\hat{y}$ é o valor previsto de y para os valores x_i dados e b é o intercepto em y. O intercepto é o valor de $\hat{y}$ quando todos os x_i são 0. Cada coeficiente m_i é a quantidade de mudança em $\hat{y}$ quando a variável independente x_i é alterada em uma unidade, e todas as outras variáveis independentes são mantidas constantes.

Dica de estudo

Instruções detalhadas para o uso do Minitab e do Excel para obter uma equação de regressão múltipla são mostradas nos manuais de tecnologia que acompanham este livro.

Como os cálculos matemáticos para obter a regressão linear múltipla são trabalhosos, esta seção se concentra em como usar tecnologia para encontrar uma equação de regressão múltipla e como interpretar os resultados.

Exemplo 1

Encontrando uma equação de regressão múltipla

Um pesquisador quer determinar como os salários dos funcionários de uma empresa estão relacionados ao tempo de serviço, experiências anteriores e escolaridade. O pesquisador seleciona oito funcionários da empresa e obtém os dados mostrados na Tabela 9.16.

Tabela 9.16 Salários de empregados e correspondentes tempos de serviço, anos de experiência e tempos de escolaridade.

Empregado	Salário, y	Serviço (em anos), x_1	Experiência (em anos), x_2	Escolaridade (em anos), x_3
A	57.310	10	2	16
B	57.380	5	6	16
C	54.135	3	1	12
D	56.985	6	5	14
E	58.715	8	8	16
F	60.620	20	0	12
G	59.200	8	4	18
H	60.320	14	6	17

Use o Minitab para encontrar uma equação de regressão múltipla que modele os dados.

Solução

Insira os valores de y em C1 (1ª coluna) e os valores x_1, x_2 e x_3 em C2, C3 e C4, respectivamente. Selecione "Regression ▶ Regression..." a partir do menu *Stat*. Usando os salários como a variável resposta e os dados restantes como os preditores, você deve obter resultados semelhantes aos mostrados na Figura 9.21.

Figura 9.21 Resultados da análise de regressão múltipla no Minitab.

```
MINITAB

Regression Analysis: Salary, y versus x₁, x₂, x₃

The regression equation is
Salary, y = 49764 + 364 x1 + 228 x2 + 267 x3

Predictor     Coef        SE Coef     T          P
Constant      49764  —b   1981        25.12      0.000
x1            364.41 —m₁  48.32       7.54       0.002
x2            227.6  —m₂  123.8       1.84       0.140
x3            266.9  —m₃  147.4       1.81       0.144

S = 659.490    R-Sq = 94.4%    R-Sq(adj) = 90.2%
```

A equação de regressão é $\hat{y} = 49.764 + 364x_1 + 228x_2 + 267x_3$.

Tente você mesmo 1

Um professor de estatística quer determinar como as notas finais dos alunos estão relacionadas com as notas de provas de meio de curso e o número de aulas perdidas. O professor seleciona 10 alunos e obtém os dados mostrados na Tabela 9.17:

Dica de estudo

No Exemplo 1, é importante que você interprete os coeficientes m_1, m_2 e m_3 corretamente. Por exemplo, se x_2 e x_3 são mantidos constantes e x_1 aumenta em 1 ano, então y aumenta em $ 364. Da mesma forma, se x_1 e x_3 são mantidos constantes e x_2 aumenta em 1 ano, então y aumenta em $ 228. Se x_1 e x_2 são mantidos constantes e x_3 aumenta em 1 ano, então y aumenta em $ 267.

Tabela 9.17 Notas finais, notas do meio do curso e aulas perdidas.

Aluno	Nota final, y	Nota do meio do curso, x_1	Aulas perdidas, x_2
1	81	75	1
2	90	80	0
3	86	91	2
4	76	80	3
5	51	62	6
6	75	90	4
7	44	60	7
8	81	82	2
9	94	88	0
10	93	96	1

Use tecnologia para encontrar uma equação de regressão múltipla que modele os dados.

a. Insira os dados.

b. Calcule a reta de regressão.

O Minitab exibe muito mais que a equação de regressão e os coeficientes das variáveis independentes. Por exemplo, ele também exibe o erro padrão da estimativa, denotado por S, e o coeficiente de determinação, denotado por R-Sq. No Exemplo 1, $S = 659,490$ e R-$Sq = 94,4\%$. Então, o erro padrão da estimativa é $ 659,49. O coeficiente de determinação diz que 94,4% da variação em y pode ser explicada pelo modelo de regressão múltipla. Os 5,6% restantes são não explicados e devidos a outros fatores, como erro amostral e variáveis não consideradas.

Prevendo valores de y

Após encontrar a equação da reta de regressão múltipla, você pode usá-la para prever valores de y sobre o intervalo de dados. Para prever valores de y, substitua o valor dado para cada variável independente na equação, depois calcule $\hat{y}$.

Exemplo 2

Prevendo valores de y usando equações de regressão múltipla

Use a equação de regressão encontrada no Exemplo 1 para prever o salário de um funcionário para as seguintes condições.

1. Doze anos no emprego atual, 5 anos de experiência anterior e 16 anos de escolaridade.

2. Quatro anos no emprego atual, 2 anos de experiência anterior e 12 anos de escolaridade.

3. Oito anos no emprego atual, 7 anos de experiência anterior e 17 anos de escolaridade.

Solução

Para prever o salário de cada funcionário, substitua os valores para x_1, x_2 e x_3 na equação de regressão. Depois, calcule $\hat{y}$.

Retratando o mundo

Em um lago na Finlândia, 159 peixes de 7 espécies foram pescados sendo medidos o peso G (em gramas), o comprimento C (em cm), a altura A e a largura L (A e L são percentuais de C). A equação de regressão para G e C é:

$G = -491 + 28,5C$,
$r \approx 0,925$, $r^2 \approx 0,855$.

Quando todas as quatro variáveis são usadas, a equação de regressão é:

$G = -712 + 28,3C + 1,46A + 13,3L$,
$r \approx 0,930$, $r^2 \approx 0,865$.

(Fonte: Journal of Statistics Education.)

Preveja o peso de um peixe com as seguintes medidas: $C = 40$, $A = 17$ e $L = 11$. Como suas previsões variam quando você usa uma única variável versus muitas variáveis? Qual você acha que é mais exata?

---

1. $\hat{y} = 49.764 + 364x_1 + 228x_2 + 267x_3$
   $= 49.764 + 364(12) + 228(5) + 267(16)$
   $= 59.544$

O salário previsto do funcionário é $ 59.544.

2. $\hat{y} = 49.764 + 364x_1 + 228x_2 + 267x_3$
   $= 49.764 + 364(4) + 228(2) + 267(12)$
   $= 54.880$

O salário previsto do funcionário é $ 54.880.

3. $\hat{y} = 49.764 + 364x_1 + 228x_2 + 267x_3$
   $= 49.764 + 364(8) + 228(7) + 267(17)$
   $= 58.811$

O salário previsto do funcionário é $ 58.811.

Tente você mesmo 2

Use a equação de regressão encontrada no Tente você mesmo 1 para prever a nota final de um aluno para as seguintes condições:

1. Um aluno tem uma nota de meio de curso de 89 e perde 1 aula.
2. Um aluno tem uma nota de meio de curso de 78 e perde 3 aulas.
3. Um aluno tem uma nota de meio de curso de 83 e perde 2 aulas.
a. Substitua a nota de meio de curso por x_1 na equação de regressão.
b. Substitua o número correspondente de aulas perdidas por x_2 na equação de regressão.
c. Calcule $\hat{y}$.
d. Qual é a nota final de cada aluno?

9.4 Exercícios

Construindo habilidades básicas e vocabulário

Prevendo valores de y Nos exercícios 1 a 4, use a equação de regressão múltipla para prever os valores de y para os valores das variáveis independentes.

1. **Produção de couve-flor** A equação usada para prever a produção anual de couve-flor (em libras por acre) é:

   $\hat{y} = 24.791 + 4,508x_1 - 4,723x_2$

   em que x_1 é o número de acres plantados e x_2 é o número de acres colhidos. (Adaptado de: United States Department of Agriculture.)

   (a) $x_1 = 36.500$; $x_2 = 36.100$.
   (b) $x_1 = 38.100$; $x_2 = 37.800$.
   (c) $x_1 = 39.000$; $x_2 = 38.800$.
   (d) $x_1 = 42.200$; $x_2 = 42.100$.

2. **Produção de sorgo** A equação usada para prever a produção anual de sorgo (em alqueires por acre) é:

   $\hat{y} = 80,1 - 20,2x_1 + 21,2x_2$

   em que x_1 é o número de acres plantados (em milhões) e x_2 é o número de acres colhidos (em milhões). (Adaptado de: United States Department of Agriculture.)

   (a) $x_1 = 5,5$; $x_2 = 3,9$.
   (b) $x_1 = 8,3$; $x_2 = 7,3$.
   (c) $x_1 = 6,5$; $x_2 = 5,7$.
   (d) $x_1 = 9,4$; $x_2 = 7,8$.

3. **Volume da cerejeira-negra** O volume (em pés cúbicos) de uma cerejeira-negra pode ser modelado pela equação:

   $\hat{y} = -52,2 + 0,3x_1 + 4,5x_2$

   em que x_1 é a altura da árvore (em pés) e x_2 é o diâmetro da árvore (em polegadas). (Fonte: Journal of the Royal Statistical Society.)

   (a) $x_1 = 70$; $x_2 = 8,6$.
   (b) $x_1 = 65$; $x_2 = 11,0$.
   (c) $x_1 = 83$; $x_2 = 17,6$.
   (d) $x_1 = 87$; $x_2 = 19,6$.

4. **Peso de elefante** A equação usada para prever o peso de um elefante (em kg) é:

   $\hat{y} = -4.016 + 11,5x_1 + 7,55x_2 + 12,5x_3$

   em que x_1 representa a circunferência do elefante (em cm), x_2 representa o seu comprimento (em cm) e x_3 representa a circunferência de uma pata (em cm). (Fonte: Field Trip Earth.)

   (a) $x_1 = 421$; $x_2 = 224$; $x_3 = 144$.
   (b) $x_1 = 311$; $x_2 = 171$; $x_3 = 102$.
   (c) $x_1 = 376$; $x_2 = 226$; $x_3 = 124$.
   (d) $x_1 = 231$; $x_2 = 135$; $x_3 = 86$.

Usando e interpretando conceitos

Encontrando uma equação de regressão múltipla

Nos exercícios 5 e 6, use tecnologia para encontrar (a) a equação de regressão múltipla para os dados mostrados na tabela, (b) o erro padrão da estimativa e interprete o resultado e (c) o coeficiente de determinação e interprete o resultado.

5. Vendas. A tabela a seguir mostra a área total (em bilhões de pés quadrados) do espaço de varejo em shoppings, o número de shoppings (em milhares) e as vendas (em bilhões de dólares) para shoppings durante oito anos. (*Adaptado de: International Council of Shopping Centers.*)

Vendas, y	Área total, x_1	Número de shoppings, x_2
1.032,4	5,7	85,5
1.105,3	5,8	87,1
1.181,1	6,0	88,9
1.221,7	6,1	90,5
1.277,2	6,2	91,9
1.339,2	6,4	93,7
1.432,6	6,5	96,0
1.530,4	6,7	98,9

6. Patrimônio líquido dos acionistas A tabela a seguir mostra as vendas líquidas (em bilhões de dólares), os ativos totais (em bilhões de dólares) e o patrimônio líquido dos acionistas (em bilhões de dólares) para o Walmart em cinco anos. (*Adaptado de: Wal-Mart Stores, Inc.*)

Patrimônio líquido dos acionistas, y	Vendas líquidas, x_1	Ativos totais, x_2
64,3	373,8	163,2
65,0	401,1	163,1
70,5	405,1	170,4
68,5	419,0	180,8
71,3	443,9	193,4

Expandindo conceitos

r^2 ajustado *O cálculo do coeficiente de determinação r^2 depende do número de pares de dados e do número de variáveis independentes. Um valor ajustado de r^2, baseado no número de graus de liberdade, é calculado usando a fórmula:*

$$r^2_{adj} = 1 - \left[\frac{(1-r^2)(n-1)}{n-k-1}\right]$$

em que n é o número de pares de dados e k é o número de variáveis independentes.

Nos exercícios 7 e 8, calcule r^2_{adj} e determine a percentagem da variação em y que pode ser explicada pelo modelo que relaciona as variáveis. Compare esse resultado com aquele obtido usando r^2.

7. Calcule r^2_{adj} para os dados no Exercício 5.

8. Calcule r^2_{adj} para os dados no Exercício 6.

Usos e abusos – Estatística no mundo real

Usos

Correlação e regressão As análises de correlação e regressão podem ser usadas para determinar se há uma relação significativa entre duas variáveis. Quando há, você pode usar uma das variáveis para prever o valor da outra variável. Por exemplo, nos Estados Unidos, educadores usaram a análise de correlação e regressão para determinar que há uma correlação significativa entre a pontuação de um aluno no SAT e o coeficiente de rendimento desse aluno no primeiro ano da faculdade. Consequentemente, muitas faculdades e universidades usam a pontuação dos candidatos de ensino médio no SAT como um preditor do seu êxito inicial na faculdade.

Abusos

Confundindo correlação e causalidade O abuso mais comum em estudos de correlação é confundir os conceitos de correlação com os da causalidade (ver página 450). Uma boa pontuação no SAT não causa, necessariamente, boas notas na faculdade. Há outras variáveis, como bons hábitos de estudo e motivação, que contribuem para ambos. Quando uma correlação forte é encontrada entre duas variáveis, procure outras variáveis que são correlacionadas com ambas.

Considerando somente correlação linear A correlação estudada neste capítulo é a correlação linear. Quando o coeficiente de correlação é um valor próximo a 1 ou a –1, os dados podem ser modelados por uma linha reta. É possível que um coeficiente de correlação esteja próximo a 0, mas ainda haja uma correlação forte de um tipo diferente. Considere os dados listados na Tabela 9.18. O valor do coeficiente de correlação é 0; contudo, os dados são perfeitamente correlacionados com a equação $x^2 + y^2 = 1$, conforme mostrado no gráfico da Figura 9.22.

Tabela 9.18 Alguns pontos da equação, $x^2 + y^2 = 1$, de uma circunferência.

x	1	0	−1	0
y	0	1	0	−1

Figura 9.22 Correlação perfeita não linear.

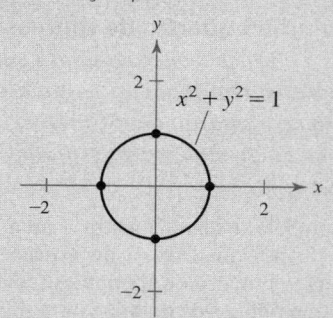

Ética

Quando dados são coletados, todos devem ser usados ao calcular estatísticas. Neste capítulo você aprendeu que, antes de encontrar a equação de uma reta de regressão, é útil construir um diagrama de dispersão dos dados para verificar se há outliers, lacunas e agrupamentos nos dados. Os pesquisadores não podem usar somente os dados que se encaixam em suas hipóteses, ou aqueles que mostram uma correlação significativa. Embora a eliminação dos *outliers* possa ajudar um conjunto de dados a coincidir com os padrões previstos ou se encaixar em uma reta de regressão, não é ético corrigir os dados dessa forma. Um *outlier* ou outro ponto qualquer que influencia um modelo de regressão pode ser removido somente se for devidamente justificado. Na maioria dos casos, a melhor e, às vezes, a mais segura abordagem para apresentar estatísticas é mostrá-las com e sem um *outlier*. Ao fazer isso, a decisão de se reconhecer ou não o *outlier* é deixada para o leitor.

Exercícios

1. **Confundindo correlação e causalidade** Encontre um exemplo de um artigo que confunda correlação e causalidade. Discuta outras variáveis que podem contribuir para a relação entre as variáveis.

2. **Considerando somente correlação linear** Encontre um exemplo de duas variáveis da vida real que tenham uma correlação não linear.

Resumo do capítulo

O que você aprendeu	Exemplo(s)	Exercícios de revisão
Seção 9.1		
• Como construir um diagrama de dispersão e como determinar um coeficiente de correlação. $$r = \frac{n\Sigma xy - (\Sigma x)(\Sigma y)}{\sqrt{n\Sigma x^2 - (\Sigma x)^2}\sqrt{n\Sigma y^2 - (\Sigma y)^2}}$$	1–5	1–4
• Como testar um coeficiente de correção populacional ρ usando uma tabela apropriada e como realizar um teste de hipótese para um coeficiente de correção populacional ρ. $$t = \frac{r}{\sqrt{\frac{1-r^2}{n-2}}}$$	6 e 7	5–8

Seção 9.2

- Como encontrar a equação de uma reta de regressão.

$$\hat{y} = mx + b$$

$$m = \frac{n\Sigma xy - (\Sigma x)(\Sigma y)}{n\Sigma x^2 - (\Sigma x)^2}$$

$$b = \bar{y} - m\bar{x} = \frac{\Sigma y}{n} - m\frac{\Sigma x}{n}$$

	1 e 2	9–12

- Como prever valores de y usando uma equação de regressão. | 3 | 9–12 |

Seção 9.3

- Como determinar e interpretar o coeficiente de determinação.

$$r^2 = \frac{\text{variação explicada}}{\text{variação total}}$$

	1	13–18

- Como calcular e interpretar o erro padrão da estimativa para uma reta de regressão.

$$s_e = \sqrt{\frac{\Sigma(y_i - \hat{y}_i)^2}{n-2}} = \sqrt{\frac{\Sigma y^2 - b\Sigma y - m\Sigma xy}{n-2}}$$

	2	17 e 18

- Como construir e interpretar um intervalo de previsão para y.

$$\hat{y} - E < y < \hat{y} + E,\ E = t_c s_e \sqrt{1 + \frac{1}{n} + \frac{n(x_0 - \bar{x})^2}{n\Sigma x^2 - (\Sigma x)^2}}$$

	3	19–24

Seção 9.4

- Como usar tecnologia para encontrar e interpretar uma equação de regressão múltipla, o erro padrão da estimativa e o coeficiente de determinação.

$$\hat{y} = b + m_1 x_1 + m_2 x_2 + m_3 x_3 + \cdots + m_k x_k$$

	1	25 e 26

- Como usar uma equação de regressão múltipla para prever valores de y. | 2 | 27 e 28 |

Exercícios de revisão

Seção 9.1

Nos exercícios 1 a 4, (a) exiba os dados em um diagrama de dispersão, (b) calcule o coeficiente de correlação amostral r, e (c) descreva o tipo de correlação e interprete-a no contexto dos dados.

1. Os números de tentativas de passes e jardas percorridas por sete quarterbacks profissionais em uma temporada regular recente. (*Fonte: National Football League.*)

Tentativas de passe, x	449	565	528	197
Jardas percorridas, y	3.265	4.018	3.669	1.141

Tentativas de passe, x	670	351	218
Jardas percorridas, y	5.177	2.362	1.737

2. Os números de incêndios florestais (em milhares) e acres queimados (em milhões), nos Estados Unidos, para oito anos. (*Fonte: National Interagency Coordinate Center.*)

Incêndios, x	84,1	73,5	63,6	65,5
Acres, y	3,6	7,2	4,0	8,1

Incêndios, x	66,8	96,4	85,7	79,0
Acres, y	8,7	9,9	9,3	5,3

3. Os quocientes de inteligência (QIs) e tamanho dos cérebros, medido pela contagem total de pixels (em milhares) de um aparelho de ressonância magnética, para nove mulheres universitárias. (*Adaptado de: Intelligence.*)

QI, x	138	140	96	83	101
Contagem de pixels, y	991	856	879	865	808

QI, x	135	85	77	88
Contagem de pixels, y	791	799	794	894

4. O consumo anual per capita de açúcar (em kg) e o número médio de cáries de crianças de 11 e 12 anos de sete países.

Consumo de açúcar, x	2,1	5,0	6,3	6,5
Cáries, y	0,59	1,51	1,55	1,70

Consumo de açúcar, x	7,7	8,7	11,6
Cáries, y	2,18	2,10	2,73

Nos exercícios 5 a 8, use a Tabela B.11 do Apêndice B ou realize um teste de hipótese usando a Tabela B.5 para tirar uma conclusão sobre o coeficiente de correlação. Se for conveniente, use tecnologia.

5. Refira-se aos dados no Exercício 1. Com $\alpha = 0{,}05$, há evidência suficiente para concluir que existe uma correlação linear significativa entre os dados? (Use o valor de r encontrado no Exercício 1.)

6. Refira-se aos dados no Exercício 2. Com $\alpha = 0{,}05$, há evidência suficiente para concluir que existe uma correlação linear significativa entre os dados? (Use o valor de r encontrado no Exercício 2.)

7. Refira-se aos dados no Exercício 3. Com $\alpha = 0{,}01$, há evidência suficiente para concluir que existe uma correlação linear significativa entre os dados? (Use o valor de r encontrado no Exercício 3.)

8. Refira-se aos dados no Exercício 4. Com $\alpha = 0{,}01$, há evidência suficiente para concluir que existe uma correlação linear significativa entre os dados? (Use o valor de r encontrado no Exercício 4.)

Seção 9.2

Nos exercícios 9 a 12, encontre a equação da reta de regressão para os dados. Depois, construa um diagrama de dispersão e represente a reta de regressão. (Cada par de variáveis tem uma correlação significativa). Use a equação de regressão para prever o valor de y para cada um dos valores de x, se apropriado. Se o valor de x não for apropriado para prever o valor de y, explique o porquê. Se for conveniente, use tecnologia.

9. As quantidades (em bilhões de libras) de leite produzido nos Estados Unidos e os preços médios (em dólares) por galão de leite por nove anos. (*Adaptado de: U.S. Department of Agriculture e U.S. Bureau of Labor Statistics.*)

Leite produzido, x	167,6	165,3	170,1	170,4	170,9
Preço por galão, y	2,79	2,90	2,68	2,95	3,23

Leite produzido, x	177,0	181,8	185,7	190,0
Preço por galão, y	3,24	3,00	3,87	3,68

(a) $x = 150$ bilhões de libras.
(b) $x = 175$ bilhões de libras.
(c) $x = 180$ bilhões de libras.
(d) $x = 210$ bilhões de libras.

10. Os tempos médios (em horas) por dia gastos assistindo televisão, por homens e mulheres em 10 anos. (*Adaptado de: The Nielsen Company.*)

Homens, x	4,03	4,18	4,32	4,37	4,48
Mulheres, y	4,67	4,77	4,85	4,97	5,08

Homens, x	4,43	4,52	4,58	4,65	4,82
Mulheres, y	5,12	5,28	5,28	5,32	5,42

(a) $x = 4{,}2$ horas.
(b) $x = 4{,}5$ horas.
(c) $x = 4{,}75$ horas.
(d) $x = 6$ horas.

11. As idades (em anos) e o número de horas de sono em uma noite para sete adultos.

Idade, x	35	20	59	42	68	38	75
Horas de sono, y	7	9	5	6	5	8	4

(a) $x = 16$ anos. (c) $x = 85$ anos.
(b) $x = 25$ anos. (d) $x = 50$ anos.

12. As cilindradas (em polegadas cúbicas) e a eficiência do combustível (em milhas por galão) de sete automóveis.

Cilindrada, x	170	134	220	305
Eficiência de combustível, y	29,5	34,5	23,0	17,0

Cilindrada, x	109	256	322
Eficiência de combustível, y	33,5	23,0	15,5

(a) $x = 86$ polegadas cúbicas.
(b) $x = 198$ polegadas cúbicas.
(c) $x = 289$ polegadas cúbicas.
(d) $x = 407$ polegadas cúbicas.

Seção 9.3

Nos exercícios 13 a 16, use o valor do coeficiente de correlação r para calcular o coeficiente de determinação r^2. O que isso lhe diz a respeito da variação explicada dos dados em torno da reta de regressão? E a respeito da variação não explicada?

13. $r = -0{,}450$.
14. $r = -0{,}937$.
15. $r = 0{,}642$.
16. $r = 0{,}795$.

Nos exercícios 17 e 18, use os dados para encontrar (a) o coeficiente de determinação r^2 e interprete o resultado, e (b) o erro padrão da estimativa s_e e interprete o resultado.

17. A tabela a seguir mostra os preços (em milhares de dólares) e a eficiência do combustível (em milhas por galão) para nove sedans compactos esportivos. A equação de regressão é $\hat{y} = -0{,}414x + 37{,}147$. (*Adaptado de: Consumer Reports.*)

Preço, x	37,2	40,8	29,7
Eficiência do combustível, y	21	19	25

Preço, x	33,7	37,5	32,7
Eficiência do combustível, y	24	22	24

Preço, x	39,2	37,3	31,6
Eficiência do combustível, y	23	21	23

18. A tabela a seguir mostra a área para cozinhar (em polegadas quadradas) de 18 grelhas a gás e seus preços (em dólares). A equação de regressão é $\hat{y} = 1{,}454x - 532{,}053$. (*Fonte: Lowe's.*)

Área, x	780	530	942	660	600	732
Preço, y	359	98	547	299	449	799

Área, x	660	640	869	860	700	942
Preço, y	699	199	1.049	499	248	597

Área, x	890	733	732	464	869	600
Preço, y	999	428	849	99	999	399

Nos exercícios 19 a 24, construa o intervalo de previsão indicado e interprete os resultados.

19. Construa um intervalo de previsão de 90% para o preço por galão de leite no Exercício 9, quando 185 bilhões de libras de leite são produzidos.

20. Construa um intervalo de previsão de 90% para o tempo médio que as mulheres gastam, por dia, assistindo televisão no Exercício 10, quando o tempo médio que os homens passam, por dia, assistindo televisão é 4,25 horas.

21. Construa um intervalo de previsão de 95% para o número de horas de sono para um adulto no Exercício 11 que tenha 45 anos de idade.

22. Construa um intervalo de previsão de 95% para a eficiência do combustível de um automóvel no Exercício 12 que tenha uma cilindrada de 265 polegadas cúbicas.

23. Construa um intervalo de previsão de 99% para a eficiência de combustível de um sedan compacto esportivo no Exercício 17 que custa US$ 39.900.

24. Construa um intervalo de previsão de 99% para o preço de uma grelha a gás no Exercício 18 considerando uma área para cozinhar de 900 polegadas quadradas.

Seção 9.4

Nos exercícios 25 e 26, use tecnologia para encontrar (a) a equação de regressão múltipla para os dados apresentados na tabela, (b) o erro padrão da estimativa e interprete o resultado, e (c) o coeficiente de determinação e interprete o resultado.

25. A tabela a seguir mostra o teor de monóxido de carbono, alcatrão e nicotina, todos em mg, de 14 marcas de cigarros norte-americanos. (*Fonte: Federal Trade Commission.*)

Monóxido de carbono, y	Alcatrão, x_1	Nicotina, x_2
15	16	1,1
17	16	1,0
11	10	0,8
12	11	0,9
14	13	0,8
16	14	0,8
14	16	1,2
16	16	1,2
10	10	0,8
18	19	1,4
17	17	1,2
11	12	1,0
10	9	0,7
14	15	1,2

26. A tabela a seguir mostra o número de acres plantados, o número de acres colhidos e a produção anual (em libras) de espinafre em 5 anos.

Produção, y	Acres plantados, x_1	Acres colhidos, x_2
15.200	36.400	35.000
18.600	35.400	32.900
17.900	34.400	32.300
18.600	38.500	36.600
16.000	36.400	35.680

Nos exercícios 27 e 28, use a equação de regressão múltipla para prever os valores de y para os valores das variáveis independentes.

27. Uma equação que pode ser usada para prever a economia de combustível (em milhas por galão) para automóveis é

$$\hat{y} = 41{,}3 - 0{,}004x_1 - 0{,}0049x_2$$

em que x_1 é a cilindrada (em polegadas cúbicas) e x_2 o peso do veículo (em libras).
(a) $x_1 = 305; x_2 = 3.750$.
(b) $x_1 = 225; x_2 = 3.100$.
(c) $x_1 = 105; x_2 = 2.200$.
(d) $x_1 = 185; x_2 = 3.000$.

28. Use a equação de regressão encontrada no Exercício 25.
(a) $x_1 = 10; x_2 = 0,7$.
(b) $x_1 = 15; x_2 = 1,1$.
(c) $x_1 = 13; x_2 = 0,8$.
(d) $x_1 = 9; x_2 = 0,8$.

Problemas

Faça estes problemas como se estivesse fazendo em sala. Depois, compare suas respostas com as respostas dadas no final do livro.

Para os exercícios 1 a 8, use os dados na tabela a seguir, que mostra os salários médios anuais, ambos em milhares de dólares, para diretores e professores de escolas públicas nos Estados Unidos para 11 anos. (Fonte: Educational Research Service.)

Diretores, x	Professores, y
77,8	43,7
78,4	43,8
80,8	45,0
80,5	45,6
81,5	45,9
84,8	48,2
87,7	49,3
91,6	51,3
93,6	52,9
95,7	54,4
95,7	54,2

1. Construa um diagrama de dispersão para os dados. Os dados parecem ter uma correlação linear positiva, uma correlação linear negativa, ou não ter correlação linear? Explique.

2. Calcule o coeficiente de correlação r e interprete o resultado.

3. Teste a significância do coeficiente de correlação r encontrado no Exercício 2. Use $\alpha = 0,05$.

4. Encontre a equação da reta de regressão para os dados. Represente a reta de regressão no diagrama de dispersão que você construiu no Exercício 1.

5. Use a equação de regressão que você encontrou no Exercício 4 para prever o salário médio anual dos professores de escolas públicas, quando o salário médio anual dos diretores de escolas públicas é US$ 90.500.

6. Determine o coeficiente de determinação r^2 e interprete o resultado.

7. Determine o erro padrão de estimativa s_e e interprete o resultado.

8. Construa um intervalo de previsão de 95% para o salário médio anual dos professores de escolas públicas, quando o salário médio anual dos diretores de escolas públicas é US$ 85.750. Interprete os resultados.

9. Preço de ações A equação usada para prever o preço de ações (em dólares) no final do ano para a McDonald's é

$$\hat{y} = -86 + 7,46x_1 - 1,61x_2$$

em que x_1 é a receita total (em bilhões de dólares) e x_2 o patrimônio líquido (em bilhões de dólares). Use a equação de regressão múltipla para prever y para os valores das variáveis independentes. (Fonte: McDonald's Corporation.)
(a) $x_1 = 27,6; x_2 = 15,3$.
(b) $x_1 = 24,1; x_2 = 14,6$.
(c) $x_1 = 23,5; x_2 = 13,4$.
(d) $x_1 = 22,8; x_2 = 15,3$.

Teste do capítulo

Faça este teste como se estivesse fazendo uma prova em sala.

Para os exercícios 1 a 8, use os dados na tabela a seguir, que mostra os salários médios anuais, ambos em milhares de dólares, para orientadores e bibliotecários de escolas públicas nos Estados Unidos por 12 anos. (Fonte: Educational Research Service.)

Orientadores, x	Bibliotecários, y
48,2	46,7
50,0	49,0
50,0	48,7
51,7	49,6
52,3	50,4
52,5	50,7

(continua)

(continuação)

Orientadores, x	Bibliotecários, y
53,7	53,3
55,9	54,9
57,6	56,9
58,8	58,0
60,1	59,5
60,2	59,1

1. Construa um diagrama de dispersão para os dados. Os dados parecem ter uma correlação linear positiva, uma correlação linear negativa, ou não ter correlação linear? Explique.
2. Calcule o coeficiente de correlação r e interprete o resultado.
3. Teste a significância do coeficiente de correlação r encontrado no Exercício 2. Use $\alpha = 0{,}01$.
4. Determine a equação da reta de regressão para os dados. Represente a reta de regressão no diagrama de dispersão que você construiu no Exercício 1.
5. Use a equação de regressão que você encontrou no Exercício 4 para prever o salário médio anual dos bibliotecários de escolas públicas, quando o salário médio anual dos orientadores de escolas públicas é US$ 59.500.
6. Determine o coeficiente de determinação r^2 e interprete o resultado.
7. Determine o erro padrão de estimativa s_e e interprete o resultado.
8. Construa um intervalo de previsão de 99% para o salário médio anual dos bibliotecários de escolas públicas, quando o salário médio anual dos orientadores de escolas públicas é US$ 55.250. Interprete os resultados.
9. **Vendas líquidas** A equação usada para prever as vendas líquidas (em milhões de dólares) para um ano fiscal para a Aéropostale é

$$\hat{y} = 23.769 + 9{,}18x_1 - 8{,}41x_2$$

em que x_1 é o número de lojas abertas ao final do ano fiscal e x_2 a área média por loja. Use a equação de regressão múltipla para prever os valores de y para os valores das variáveis independentes. (*Adaptado de: Aéropostale, Inc.*)

(a) $x_1 = 1.057; x_2 = 3.698$.
(b) $x_1 = 1.012; x_2 = 3.659$.
(c) $x_1 = 952; x_2 = 3.601$.
(d) $x_1 = 914; x_2 = 3.594$.

Estatísticas reais – Decisões reais: juntando tudo

A chuva ácida afeta o meio ambiente, aumentando a acidez de lagos e riachos a níveis perigosos, prejudicando as árvores e o solo, acelerando a deterioração de materiais de construção e pinturas e destruindo monumentos nacionais. O objetivo do Programa de Chuva Ácida da Agência de Proteção Ambiental (EPA, na sigla em inglês) é alcançar os benefícios da saúde ambiental reduzindo as emissões das causas primárias da chuva ácida: dióxido de enxofre e óxidos de nitrogênio.

Você trabalha para a Agência de Proteção Ambiental e quer determinar se há uma correlação significativa entre as concentrações médias de dióxido de enxofre e dióxido de nitrogênio.

Tabela 9.19 Dados médios das concentrações de dióxido de enxofre e dióxido de nitrogênio.

Concentração média de dióxido de enxofre, x	Concentração média de dióxido de nitrogênio, y
4,6	15,6
4,4	15,4
4,0	14,9
4,0	14,5
3,8	13,5
3,9	13,4
3,4	12,7
3,3	12,3
2,9	11,4
2,4	10,5
2,2	10,2

(*Fonte: Agência de Proteção Ambiental — EPA.*)

Exercícios

1. *Analisando os dados*
   (a) Os dados na Tabela 9.19 mostram as concentrações médias de dióxido de enxofre (em partes por bilhão) e de dióxido de nitrogênio (em partes por bilhão) em 11 anos. Construa um diagrama de dispersão e conclua sobre o tipo de correlação entre as concentrações médias de dióxido de enxofre e dióxido de nitrogênio.
   (b) Calcule o coeficiente de correlação r e verifique sua conclusão na parte (a).
   (c) Teste a significância do coeficiente de correlação encontrado na parte (b). Use $\alpha = 0{,}05$.
   (d) Determine a equação da reta de regressão para as concentrações médias de dióxido de enxofre e dióxido de nitrogênio. Adicione o gráfico da reta de regressão ao seu diagrama de dispersão na parte (a). A reta de regressão parece ser um bom ajuste?

(e) Você pode usar a equação da reta de regressão para prever a concentração média de dióxido de nitrogênio dada a concentração média de dióxido de enxofre? Por quê, ou por que não?

(f) Encontre o coeficiente de determinação r^2 e o erro padrão da estimativa s_e. Interprete seus resultados.

2. **Fazendo previsões**
Construa um intervalo de previsão de 95% para a concentração média de dióxido de nitrogênio quando a concentração média de dióxido de enxofre é 2,5 partes por bilhão. Interprete os resultados.

Tecnologia

MINITAB | EXCEL | TI-84 PLUS

U.S. Food and Drug Administration

Nutrientes em cereais matinais

A *U.S. Food and Drug Administration*[2] (FDA) exige a rotulagem nutricional para a maioria dos alimentos. Sob os regulamentos da FDA, os produtores são obrigados a listar as quantidades de certos nutrientes em seus alimentos, tais como: calorias, açúcar, gordura e carboidratos. Essa informação nutricional é exibida em uma tabela na embalagem do alimento.

A Tabela 9.20 mostra o teor nutricional para uma xícara de 21 cereais matinais diferentes.
C = calorias.
S = açúcar em gramas.
F = gordura em gramas.
R = carboidratos em gramas.

Exercícios

1. Use tecnologia para obter um diagrama de dispersão dos seguintes pares (x, y) no conjunto de dados.
   (a) (Calorias, açúcar.)
   (b) (Calorias, gordura.)
   (c) (Calorias, carboidratos.)
   (d) (Açúcar, gordura.)
   (e) (Açúcar, carboidratos.)
   (f) (Gordura, carboidratos.)

2. Dos diagramas de dispersão no Exercício 1, quais pares de variáveis parecem ter uma correlação linear forte?

3. Use tecnologia para encontrar o coeficiente de correlação para cada par de variáveis no Exercício 1. Qual tem a correlação linear mais forte?

Tabela 9.20 Valores de nutrientes em 21 cereais matinais.

C	S	F	R
100	12	0,5	25
130	11	1,5	29
100	1	2	20
130	15	2	31
130	13	1,5	29
120	3	0,5	26
100	2	0	24
120	10	0	29
150	16	1,5	31
110	4	0	25
110	12	1	25
150	15	0	36
160	15	1,5	35
150	12	2	29
150	15	1,5	29
110	6	1	23
190	19	1,5	45
100	3	0	23
120	4	0,5	23
120	11	1,5	28
130	5	0,5	29

---

[2] Órgão governamental de controle e regulamentação de alimentos e medicamentos dos Estados Unidos.

4. Use tecnologia para encontrar a equação de uma reta de regressão para os seguintes pares de variáveis.

    (a) (Calorias, açúcar.)
    (b) (Calorias, carboidratos.)

5. Use os resultados do Exercício 4 para prever o seguinte:

    (a) O teor de açúcar de uma xícara de cereal que tem 120 calorias.
    (b) O teor de carboidrato de uma xícara de cereal que tem 120 calorias.

6. Use tecnologia para encontrar as equações de regressão múltipla dos seguintes modelos:

    (a) $C = b + m_1 S + m_2 F + m_3 R$.
    (b) $C = b + m_1 S + m_2 R$.

7. Use as equações do Exercício 6 para prever as calorias em 1 xícara de cereal que tem 7 gramas de açúcar; 0,5 grama de gordura e 31 gramas de carboidratos.

Soluções são apresentadas nos manuais de tecnologia presentes no **Site de Apoio**.
Instruções técnicas são fornecidas por Minitab, Excel e TI-84 Plus.

10 Teste qui-quadrado e a distribuição F

10.1 Teste de qualidade do ajuste

10.2 Independência
- Estudo de caso

10.3 Comparando duas variâncias

10.4 Análise de variância
- Usos e abusos
- Estatísticas reais – Decisões reais
- Tecnologia

Testes de colisão realizados pelo Instituto de Seguros dos Estados Unidos para Segurança nas Estradas (*Insurance Institute for Highway Safety* — IIHS) demonstram como um veículo reagirá em uma colisão real. Os testes são realizados na frente, lateral, traseira e teto do veículo. Os resultados desses testes são classificados usando as categorias *bom*, *aceitável*, *marginal* e *insatisfatório*.

Onde estamos

O Instituto de Seguros dos Estados Unidos para Segurança nas Estradas compra veículos novos a cada ano e os colide contra obstáculos a 40 milhas por hora (aproximadamente 65 Km/h) para verificar como veículos diferentes protegem os motoristas em uma colisão frontal. Nesse teste, 40% do comprimento total do veículo atinge o obstáculo no lado do motorista. As forças e impactos que ocorrem durante um teste de colisão são medidos com o auxílio de bonecos colocados no interior do veículo, equipados com instrumentos especiais. Os resultados do teste de colisão incluem dados sobre lesões na cabeça, peito e pernas. Para um número de testes de baixo impacto, o potencial de lesão é baixo. Se o número de testes de colisão é alto, então o potencial de lesão é alto. Usando as técnicas do Capítulo 8, você pode determinar se a média do potencial de lesão no peito é a mesma em picapes e minivans. (Suponha que as variâncias populacionais são iguais.) A Tabela 10.1 apresenta as estatísticas amostrais. (*Adaptado de: Insurance Institute for Highway Safety.*)

Para as médias de ferimentos no peito, o valor *p* para a hipótese de que $\mu_1 = \mu_2$ é cerca de 0,7575. Para $\alpha = 0,05$, você não rejeita a hipótese nula. Então, você não tem evidência suficiente para concluir que há diferença significativa nas médias do potencial de ferimentos no peito em uma batida frontal a 40 milhas por hora para minivans e picapes.

Tabela 10.1 Estatísticas amostrais para dois tipos de veículos.

Veículo	Número	Média de lesões no peito	Desvio padrão
Minivans	$n_1 = 9$	$\bar{x}_1 = 29,9$	$s_1 = 3,33$
Picapes	$n_2 = 19$	$\bar{x}_2 = 30,4$	$s_2 = 4,21$

Para onde vamos

No Capítulo 8 você aprendeu como testar uma hipótese que compara duas populações baseando suas decisões em estatísticas amostrais e suas distribuições. Neste capítulo você aprenderá como testar uma hipótese que compara três ou mais populações.

Por exemplo, além dos testes de colisão de minivans e picapes, um terceiro grupo de veículos também foi testado. A Tabela 10.2 mostra os resultados para todos os três tipos de veículos.

A partir dessas três amostras, há evidência de diferença significativa no potencial de lesão no peito considerando as minivans, picapes e utilitários médios em uma colisão frontal a 40 milhas por hora?

Neste capítulo você aprenderá que pode responder a essa pergunta testando a hipótese de que as três médias são iguais. Para as médias de lesões no peito, o valor p para a hipótese de que $\mu_1 = \mu_2 = \mu_3$ é cerca de 0,0088. Com $\alpha = 0,05$, você pode rejeitar a hipótese nula. Então, você pode concluir que, para os três tipos de veículos testados, pelo menos uma das médias do potencial de lesão no peito em uma colisão frontal a 40 milhas por hora é diferente das outras.

Tabela 10.2 Estatísticas amostrais para três tipos de veículos.

Veículo	Número	Média de lesões no peito	Desvio padrão
Minivans	$n_1 = 9$	$\bar{x}_1 = 29,9$	$s_1 = 3,33$
Picapes	$n_2 = 19$	$\bar{x}_2 = 30,4$	$s_2 = 4,21$
Utilitários médios	$n_3 = 32$	$\bar{x}_3 = 34,1$	$s_3 = 5,22$

10.1 Teste de qualidade do ajuste

O teste qui-quadrado para a qualidade do ajuste

O teste qui-quadrado para a qualidade do ajuste

O que você deve aprender

- Como usar a distribuição qui-quadrado para testar se uma distribuição de frequência se ajusta a uma distribuição esperada.

Uma empresa norte-americana de consultoria sobre impostos quer determinar as proporções de pessoas que utilizam meios diferentes para preparar seus impostos. Para determinar essas proporções, a empresa pode realizar um experimento multinomial. Um **experimento multinomial** é um experimento probabilístico que consiste em um número fixo de tentativas independentes nas quais existem mais de dois resultados possíveis para cada tentativa. A probabilidade de cada resultado é constante, e os resultados são classificados em **categorias**. (Lembre-se da Seção 4.2 que um experimento binomial tem somente dois resultados possíveis.)

A empresa quer testar uma afirmação de uma associação de comércio varejista relativa à distribuição esperada das proporções de pessoas que usaram meios diferentes para preparar seus impostos. Para tal, a empresa poderia comparar a distribuição das proporções obtidas no experimento multinomial com a distribuição esperada da associação. Para comparar as distribuições, a empresa pode realizar um **teste qui-quadrado para a qualidade do ajuste**.

Definição

O **teste qui-quadrado para a qualidade do ajuste** é usado para testar se uma distribuição de frequência observada se ajusta a uma distribuição esperada.

Para testar a qualidade do ajuste, você deve, inicialmente, estabelecer as hipóteses nula e alternativa. Geralmente, a hipótese nula estabelece que a distribuição de frequência se ajusta à distribuição esperada e a hipótese alternativa estabelece que a distribuição de frequência não se ajusta.

Entenda

Os testes de hipótese descritos nas seções 10.1 e 10.2 podem ser usados para dados qualitativos.

Por exemplo, a associação afirma que a distribuição esperada de pessoas que usaram meios diferentes para preparar seus impostos é tal como mostra a Tabela 10.3.

Tabela 10.3 Distribuição esperada das pessoas na escolha dos meios utilizados na preparação de seus impostos.

Contador	24%
À mão	20%
Programa de computador	35%
Amigo/familiar	6%
Consultoria de impostos	15%

Para testar a afirmação da associação, a empresa pode realizar um teste qui-quadrado para a qualidade do ajuste usando as seguintes hipóteses nula e alternativa:

H_0: a distribuição esperada das pessoas pelos meios de preparação de impostos é: 24% para contador, 20% à mão, 35% com programa de computador, 6% por amigo ou familiar e 15% com consultoria de impostos. (Afirmação.)

H_a: a distribuição de pessoas pelos meios de preparação de impostos difere da distribuição esperada.

Para calcular a estatística de teste para o teste qui-quadrado para a qualidade do ajuste, você pode usar **frequências observadas** e **frequências esperadas**. Para calcular as frequências esperadas, você deve assumir que a hipótese nula é verdadeira.

Definição

A **frequência observada** O de uma categoria é a frequência da categoria observada nos dados da amostra.

A **frequência esperada** E de uma categoria é a frequência *calculada* para a categoria. Frequências esperadas são encontradas usando a distribuição esperada (ou hipotética) e o tamanho da amostra. A frequência esperada para a i-ésima categoria é:

$$E_i = np_i$$

em que n é o número de tentativas (o tamanho da amostra) e p_i é a probabilidade assumida da i-ésima categoria.

Retratando o mundo

O gráfico de pizza mostra a distribuição de frequência para o número de consultas médicas feitas em consultórios, pronto-socorros e visitas domiciliares em um ano recente. (*Fonte: National Center for Health Statistics.*)

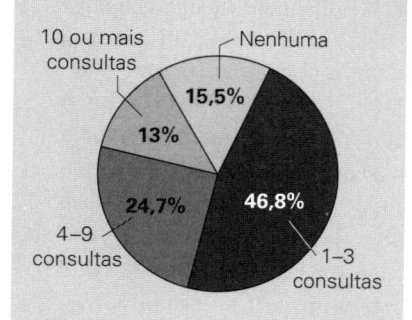

- 10 ou mais consultas: 15,5%
- Nenhuma: 13%
- 4–9 consultas: 24,7%
- 1–3 consultas: 46,8%

Um pesquisador seleciona aleatoriamente 200 pessoas e pergunta quantas consultas médicas elas fizeram em um ano: 1–3, 4–9, 10 ou mais ou nenhuma. Qual é a frequência esperada para cada resposta?

Exemplo 1

Determinando frequências observadas e esperadas

Uma empresa de consultoria de impostos seleciona aleatoriamente 300 adultos e pergunta como eles preparam seus impostos. Os resultados estão na Tabela 10.4. Determine as frequências observada e esperada (utilizando a distribuição da Tabela 10.3) para cada meio de preparação de imposto. (*Adaptado de: National Retail Federation.*)

Tabela 10.4 Distribuição dos adultos pesquisados pelos meios de preparação de impostos.

Resultados da pesquisa ($n = 300$)	
Contador	61
À mão	42
Programa de computador	112
Amigo/familiar	29
Consultoria de impostos	56

Solução

A frequência observada para cada meio de preparação de imposto é o número de adultos respondentes na pesquisa para cada meio estipulado. A frequência esperada para cada meio de preparação de imposto é o produto do número de adultos na categoria pela probabilidade de que um adulto indicará um meio de preparação de imposto particular. As frequências observadas e esperadas são mostradas na Tabela 10.5.

Tabela 10.5 Meios para a preparação do imposto e frequências observadas e esperadas.

Meio de preparação de imposto	% de pessoas	Frequência observada	Frequência esperada
Contador	24%	61	300(0,24) = 72
À mão	20%	42	300(0,20) = 60
Programa de computador	35%	112	300(0,35) = 105
Amigo/familiar	6%	29	300(0,06) = 18
Consultoria de impostos	15%	56	300(0,15) = 45

Tente você mesmo 1

A consultoria de impostos do Exemplo 1 decide que quer uma amostra maior e, assim, seleciona aleatoriamente 500 adultos. Calcule a frequência esperada para cada meio de preparação de imposto para $n = 500$.

Multiplique 500 pela probabilidade de que um adulto indicará cada meio de preparação de imposto particular para encontrar as frequências esperadas.

> **Entenda**
> A soma das frequências esperadas sempre se iguala à soma das frequências observadas. Por exemplo, no Exemplo 1, a soma das frequências observadas e a soma das frequências esperadas são, ambas, 300.

Antes de realizar um teste qui-quadrado para a qualidade do ajuste, você deve verificar se (1) as frequências observadas foram obtidas de uma amostra aleatória e (2) cada frequência esperada é, no mínimo, 5. Note que, quando a frequência esperada de uma categoria é menor que 5, pode-se combiná-la com outra categoria para atender ao segundo requisito.

O teste qui-quadrado para a qualidade do ajuste

Para realizar o teste qui-quadrado para a qualidade do ajuste, as seguintes condições devem ser satisfeitas:

1. As frequências observadas devem ser obtidas de uma amostra aleatória.
2. Cada frequência esperada deve ser maior ou igual a 5.

Se essas condições são satisfeitas, então a distribuição amostral para o teste é aproximada por uma distribuição qui-quadrado com $k - 1$ graus de liberdade, sendo k o número de categorias. A **estatística de teste** é:

$$\chi^2 = \Sigma \frac{(O - E)^2}{E}$$

em que O representa a frequência observada de cada categoria e E representa a frequência esperada de cada categoria.

> **Dica de estudo**
> Lembre-se de que uma distribuição qui-quadrado é positivamente assimétrica e seu formato é determinado pelos graus de liberdade. Seu gráfico não é simétrico, mas parece se aproximar da simetria conforme os graus de liberdade aumentam, como mostrado na Seção 6.4.

Quando as frequências observadas estão muito próximas das frequências esperadas, as diferenças entre O e E serão pequenas e a estatística de teste qui-quadrado será próxima de 0. Como tal, é improvável que a hipótese nula seja rejeitada. Porém, quando há grandes discrepâncias entre as frequências observadas e as frequências esperadas, as diferenças entre O e E serão grandes, resultando em uma estatística de teste qui-quadrado grande. Uma estatística de teste qui-quadrado grande é uma evidência para rejeitar a hipótese nula. Então, o teste qui-quadrado para a qualidade do ajuste é sempre um teste unilateral à direita.

Instruções

Realizando um teste qui-quadrado para a qualidade do ajuste

EM PALAVRAS	EM SÍMBOLOS
1. Verifique se as frequências observadas foram obtidas de uma amostra aleatória e cada frequência esperada é, pelo menos, 5.	
2. Identifique a afirmação. Declare as hipóteses nula e alternativa.	Formule H_0 e H_a.
3. Especifique o nível de significância.	Identifique α.
4. Identifique os graus de liberdade.	g.l. $= k - 1$
5. Determine o valor crítico.	Use a Tabela B.6 no Apêndice B.
6. Determine a região de rejeição.	
7. Calcule a estatística de teste e resuma a distribuição amostral.	$\chi^2 = \Sigma \dfrac{(O - E)^2}{E}$.
8. Tome uma decisão para rejeitar ou não rejeitar a hipótese nula.	Se χ^2 está na região de rejeição, então rejeite H_0. Caso contrário, não rejeite H_0.
9. Interprete a decisão no contexto da afirmação original.	

Exemplo 2

Realizando um teste qui-quadrado para a qualidade do ajuste

Uma associação de comércio varejista afirma que os meios de preparação de imposto são distribuídos conforme mostrado na Tabela 10.6. Uma consultoria de impostos seleciona aleatoriamente 300 adultos e pergunta como eles preparam seus impostos. Os resultados encontram-se na Tabela 10.7. Para $\alpha = 0,01$, teste a afirmação da associação. (*Adaptado de: National Retail Federation.*)

Tabela 10.6

Distribuição esperada para os meios	
Contador	24%
À mão	20%
Programa de computador	35%
Amigo/familiar	6%
Consultoria de impostos	15%

Tabela 10.7

Resultados da pesquisa ($n = 300$)	
Contador	61
À mão	42
Programa de computador	112
Amigo/familiar	29
Consultoria de impostos	56

Solução

As frequências observadas e esperadas podem ser vistas na Tabela 10.8. As frequências esperadas foram calculadas no Exemplo 1. Como as frequências observadas foram obtidas usando uma amostra aleatória e cada frequência esperada é no mínimo 5, você pode usar o teste qui-quadrado para testar a qualidade do ajuste para a distribuição proposta. As hipóteses nulas e alternativas são as seguintes.

H_0: a distribuição esperada dos métodos de preparação de impostos é: 24% por contador, 20% à mão, 35% com programa de computador, 6% por amigo ou familiar e 15% com consultoria de impostos. (Afirmação)

H_a: a distribuição dos métodos de preparação de impostos difere da distribuição esperada.

Tabela 10.8 Meios de como preparar o imposto e respectivas frequências observada e esperada.

Meio de preparação de imposto	Frequência observada	Frequência esperada
Contador	61	72
À mão	42	60
Programa de computador	112	105
Amigo/familiar	29	18
Consultoria de impostos	56	45

Como há 5 categorias, a distribuição qui-quadrado tem

$$g.l. = k - 1 = 5 - 1 = 4$$

graus de liberdade. Com g.l. = 4 e $\alpha = 0{,}01$, o valor crítico é $\chi_0^2 = 13{,}277$. A região de rejeição $\chi^2 > 13{,}277$. Com as frequências observadas e esperadas, a estatística de teste qui-quadrado é:

$$\chi^2 = \Sigma \frac{(O - E)^2}{E}$$

$$= \frac{(61 - 72)^2}{72} + \frac{(42 - 60)^2}{60} + \frac{(112 - 105)^2}{105}$$

$$+ \frac{(29 - 18)^2}{18} + \frac{(56 - 45)^2}{45}$$

$$\approx 16{,}958.$$

A Figura 10.1 mostra a localização da região de rejeição e a estatística de teste qui-quadrado. Como χ^2 está na região de rejeição, você rejeita a hipótese nula.

Interpretação Há evidência suficiente, ao nível de significância de 1%, para rejeitar a afirmação de que a distribuição dos meios de preparação de imposto observada e a distribuição esperada da associação são as mesmas.

Figura 10.1 Distribuição qui-quadrado, valor crítico e estatística de teste.

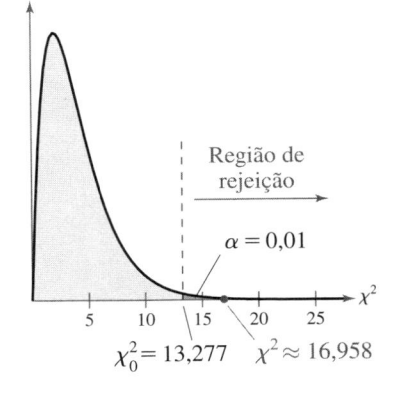

Tente você mesmo 2

Um sociólogo afirma que a distribuição das idades dos moradores de uma cidade é diferente da distribuição de 10 anos atrás. A distribuição das idades de 10 anos atrás é mostrada na Tabela 10.9. Você seleciona aleatoriamente 400 moradores e registra a idade de cada um. Os resultados da pesquisa estão na tabela. Com $\alpha = 0{,}05$, realize um teste qui-quadrado para a qualidade do ajuste para testar se a distribuição mudou.

Tabela 10.9 Distribuição de frequência das idades e resultados da pesquisa.

Idades	Distribuição anterior	Resultados da pesquisa
0–9	16%	76
10–19	20%	84
20–29	8%	30
30–39	14%	60
40–49	15%	54
50–59	12%	40
60–69	10%	42
70+	5%	14

a. Verifique se a frequência esperada é, no mínimo, 5 para cada categoria.
b. Identifique a distribuição esperada e formule H_0 e H_a.
c. Identifique o nível de significância α.
d. Identifique os graus de liberdade.
e. Determine o valor crítico χ_0^2 e identifique a região de rejeição.
f. Calcule a estatística de teste qui-quadrado. Esboce um gráfico.
g. Decida se rejeita a hipótese nula.
h. Interprete a decisão no contexto da afirmação original.

O teste qui-quadrado para a qualidade do ajuste é frequentemente usado para determinar se uma distribuição é uniforme. Para tais testes, as frequências esperadas das categorias são iguais. Ao testar uma distribuição uniforme, você pode encontrar a frequência esperada de cada categoria dividindo o tamanho da amostra pelo número de categorias. Por exemplo, suponha que uma empresa acredite que o número de vendas feitas por seu departamento comercial é uniforme durante os 5 dias úteis da semana. Se a amostra consiste em 1.000 vendas, então o valor esperado das vendas para cada dia será 1.000/5 = 200.

Exemplo 3

Realizando um teste qui-quadrado para a qualidade do ajuste

Um pesquisador afirma que o número de confeitos de cores diferentes em sacos de M&M's® de chocolate amargo é uniformemente distribuído. Para testar essa afirmação, você seleciona aleatoriamente um saco que contém 500 M&M's® de chocolate amargo. Os resultados encontram-se na Tabela 10.10. Para $\alpha = 0{,}10$, teste a afirmação do pesquisador. (*Adaptado de: Mars, Incorporated.*)

Tabela 10.10 Distribuição de frequência dos confeitos para as cores.

Cor	Frequência, f
Marrom	80
Amarelo	95
Vermelho	88
Azul	83
Laranja	76
Verde	78

Solução

A afirmação é de que a distribuição é uniforme, então as frequências esperadas das cores são iguais. Para encontrar cada frequência esperada, divida o tamanho da amostra pelo número de cores. Então, para cada cor, $E = 500/6 \approx 83{,}33$. Como cada frequência esperada é no mínimo 5 e os M&M's® foram selecionados aleatoriamente, você pode usar o teste qui-quadrado para a qualidade do ajuste para testar a distribuição esperada. As hipóteses nula e alternativa são as seguintes:

H_0: a distribuição esperada dos confeitos de cores diferentes em sacos de M&M's® de chocolate amargo é uniforme. (Afirmação.)

H_a: a distribuição dos confeitos de cores diferentes em sacos de M&M's® de chocolate amargo não é uniforme.

Como há 6 categorias, a distribuição qui-quadrado tem

g.l. = $k - 1 = 6 - 1 = 5$.

Usando g.l. = 5 e $\alpha = 0{,}10$, o valor crítico é $\chi_0^2 = 9{,}236$. A região de rejeição é $\chi^2 > 9{,}236$. Para encontrar a estatística de teste qui-quadrado, utilize uma tabela, conforme mostrado na Tabela 10.11.

Tabela 10.11 Frequências observadas e esperadas e determinação da estatística de teste.

O	E	$O - E$	$(O - E)^2$	$\dfrac{(O - E)^2}{E}$
80	83,33	−3,33	11,0889	0,1330721229
95	83,33	11,67	136,1889	1,6343321733
88	83,33	4,67	21,8089	0,2617172687
83	83,33	−0,33	0,1089	0,0013068523
76	83,33	−7,33	53,7289	0,6447725909
78	83,33	−5,33	28,4089	0,3409204368
				$\chi^2 = \Sigma \dfrac{(O - E)^2}{E} \approx 3{,}016$

Dica de estudo

Você pode usar tecnologia e obter o valor p para realizar um teste qui-quadrado para a qualidade do ajuste. Por exemplo, usando uma TI-84 Plus e os dados do Exemplo 3, você obtém $p = 0{,}6975002444$, conforme mostrado a seguir. Como $p > \alpha$, você não rejeita a hipótese nula.

```
X²GOF-Test
X²=3.016121445
P=.6975002444
df=5
CNTRB={.133072...
```

A Figura 10.2 mostra a localização da região de rejeição e a estatística de teste qui-quadrado. Como χ^2 não está na região de rejeição, você não rejeita a hipótese nula.

Interpretação Não há evidência suficiente, ao nível de significância de 10%, para rejeitar a afirmação de que a distribuição dos confeitos de cores diferentes em sacos de M&M's® de chocolate amargo é uniforme.

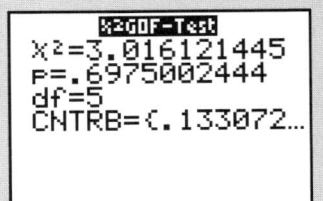

Figura 10.2 Distribuição qui-quadrado, valor crítico e estatística de teste.

$\chi^2 \approx 3{,}016$ $\quad \chi_0^2 = 9{,}236$

Tente você mesmo 3

Um pesquisador afirma que o número confeitos de cores diferentes em sacos de M&M's® de amendoim é uniformemente distribuído. Para testar essa afirmação, você seleciona aleatoriamente um saco que contém 180 M&M's® de amendoim. Os resultados encontram-se na Tabela 10.12. Com $\alpha = 0{,}05$, teste a afirmação do pesquisador. (*Adaptado de: Mars, Incorporated.*)

a. Verifique se a frequência esperada é, no mínimo, 5 para cada categoria.
b. Identifique a distribuição esperada e declare H_0 e H_a.
c. Identifique o nível de significância α.
d. Identifique os graus de liberdade.
e. Determine o valor crítico χ_0^2 e identifique a região de rejeição.
f. Calcule a estatística de teste qui-quadrado. Esboce um gráfico.
g. Decida se rejeita a hipótese nula.
h. Interprete a decisão no contexto da afirmação original.

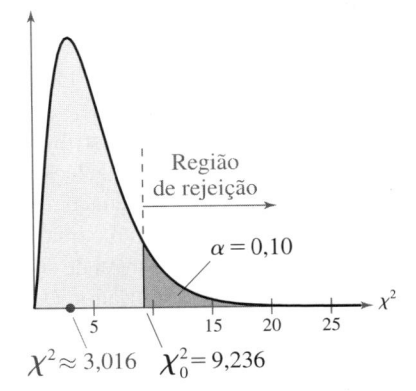

Tabela 10.12 Distribuição de frequência dos confeitos em relação às cores.

Cor	Frequência, f
Marrom	22
Amarelo	27
Vermelho	22
Azul	41
Laranja	41
Verde	27

10.1 Exercícios

Construindo habilidades básicas e vocabulário

1. O que é um experimento multinomial?
2. Quais condições são necessárias para usar o teste qui-quadrado para qualidade do ajuste?

Encontrando frequências esperadas *Nos exercícios 3 a 6, determine a frequência esperada para os valores de n e p_i.*

3. $n = 150; p_i = 0{,}3$.
4. $n = 500; p_i = 0{,}9$.
5. $n = 230; p_i = 0{,}25$.
6. $n = 415; p_i = 0{,}08$.

Usando e interpretando conceitos

Realizando um teste qui-quadrado para a qualidade do ajuste *Nos exercícios 7 a 16, (a) identifique a distribuição esperada e formule H_0 e H_a, (b) determine o valor crítico e identifique a região de rejeição, (c) calcule a estatística de teste qui-quadrado, (d) decida se rejeita ou não a hipótese nula, e (e) interprete a decisão no contexto da afirmação original.*

7. **Idades dos espectadores** Um pesquisador afirma que as idades das pessoas que vão ao cinema pelo menos uma vez por mês são distribuídas conforme mostrado na figura a seguir. Você seleciona aleatoriamente 1.000 pessoas que vão ao cinema pelo menos uma vez por mês e registra a idade de cada uma. A tabela a seguir mostra os resultados. Para o nível de significância $\alpha = 0{,}10$, teste a afirmação do pesquisador. (*Fonte: Motion Picture Association of America.*)

Quantos anos tem o espectador?
2–17: 22%; 18–24: 21%; 25–39: 24%; 40–49: 14%; 50+: 19%

Idade	Frequência, f
2–17	240
18–24	214
25–39	183
40–49	156
50+	207

8. **Café** Um pesquisador afirma que os números de xícaras de café que os adultos americanos tomam por dia são distribuídos conforme mostrado na figura a seguir. Você seleciona aleatoriamente 1.600 adultos americanos e pergunta quantas xícaras de café eles tomam por dia. A tabela seguinte mostra os resultados. Com $\alpha = 0{,}05$, teste a afirmação do pesquisador. (*Fonte: The Gallup Poll.*)

Quantas xícaras de café você toma por dia?
Cerca de 64% dos americanos tomam pelo menos 1 xícara por dia. Quanto eles tomam:
1 xícara 26%; 0 xícara 36%; 2 xícaras 19%; 3 xícaras 9%; 4 ou mais xícaras 10%

Resposta	Frequência, f
nenhuma xícara	570
1 xícara	432
2 xícaras	282
3 xícaras	152
4 xícaras ou mais	164

9. **Pedido para viagem** Uma empresa de pesquisa afirma que a distribuição dos dias da semana em que as pessoas são mais propensas a pedir comida para viagem é diferente da distribuição mostrada na figura a seguir. Você seleciona aleatoriamente 500 pessoas e registra em qual dia da semana cada uma é mais propensa a pedir comida para viagem. A tabela a seguir mostra os resultados. Para $\alpha = 0{,}01$, teste a afirmação da empresa de pesquisa. (*Fonte: Technomic, Inc.*)

Comida à sua porta
Dias da semana em que os americanos são mais propensos a pedir comida para viagem
Domingo 7%; Segunda-feira 4%; Terça-feira 6%; Quarta-feira 13%; Quinta-feira 10%; Sexta-feira 36%; Sábado 24%

Resultados da pesquisa	
Dia	Frequência, f
Domingo	43
Segunda-feira	16
Terça-feira	25
Quarta-feira	49
Quinta-feira	46
Sexta-feira	168
Sábado	153

10. Razões da saída de trabalhadores Um diretor de pessoal afirma que a distribuição das razões da saída de trabalhadores de seus empregos é diferente da distribuição mostrada na figura a seguir. Você seleciona aleatoriamente 200 trabalhadores que deixaram seus empregos recentemente e registra a razão que levou cada um a fazê-lo. A tabela a seguir mostra os resultados. Com $\alpha = 0{,}01$, teste a afirmação do diretor de pessoal. (*Fonte: Robert Half International, Inc.*)

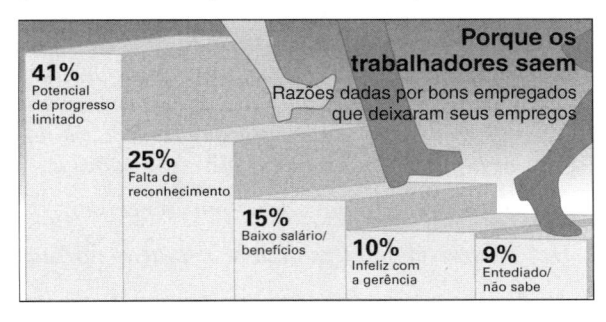

Porque os trabalhadores saem
Razões dadas por bons empregados que deixaram seus empregos
- 41% Potencial de progresso limitado
- 25% Falta de reconhecimento
- 15% Baixo salário/benefícios
- 10% Infeliz com a gerência
- 9% Entediado/não sabe

Resultados da pesquisa	
Resposta	Frequência, f
Potencial de progresso limitado	78
Falta de reconhecimento	52
Baixo salário/benefícios	30
Infeliz com a gerência	25
Entediado/não sabe	15

11. Homicídios por estação Um pesquisador afirma que o número dos homicídios na Califórnia, por estação, é uniformemente distribuído. Para testar essa afirmação, você seleciona aleatoriamente 1.200 homicídios de um ano recente e registra a estação em que cada um ocorreu. A tabela a seguir mostra os resultados. Para o nível de significância $\alpha = 0{,}05$, teste a afirmação do pesquisador. (*Adaptado de: California Department of Justice.*)

Estação	Frequência, f
Primavera	309
Verão	312
Outono	290
Inverno	289

12. Homicídios por mês Um pesquisador afirma que o número dos homicídios na Califórnia, por mês, é uniformemente distribuído. Para testar essa afirmação, você seleciona aleatoriamente 1.200 homicídios de um ano recente e registra o mês em que cada um ocorreu. A tabela a seguir mostra os resultados. Para $\alpha = 0{,}10$, teste a afirmação do pesquisador. (*Adaptado de: California Department of Justice.*)

Mês	Frequência, f	Mês	Frequência, f
Janeiro	115	Julho	115
Fevereiro	75	Agosto	98
Março	90	Setembro	92
Abril	98	Outubro	108
Maio	121	Novembro	90
Junho	99	Dezembro	99

13. Educação superior O gráfico de pizza a seguir mostra a distribuição das opiniões de pais americanos sobre se uma educação superior vale o investimento. Um economista afirma que a distribuição das opiniões dos adolescentes americanos é diferente da distribuição dos pais americanos. Para testar essa afirmação, você seleciona aleatoriamente 200 adolescentes americanos e pergunta a cada um se uma educação superior vale o investimento. A tabela a seguir mostra os resultados. Para $\alpha = 0{,}05$, teste a afirmação do economista. (*Adaptado de: Upromise, Inc.*)

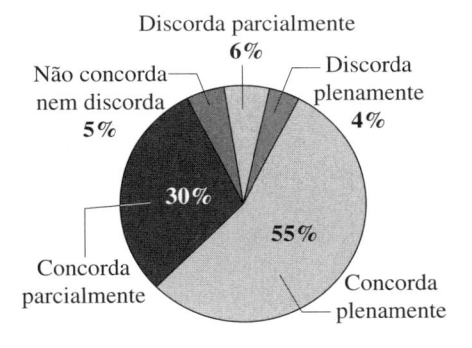

- Concorda plenamente: 55%
- Concorda parcialmente: 30%
- Não concorda nem discorda: 5%
- Discorda parcialmente: 6%
- Discorda plenamente: 4%

Resultados da pesquisa	
Resposta	Frequência, f
Concorda plenamente	86
Concorda parcialmente	62
Não concorda nem discorda	34
Discorda parcialmente	14
Discorda plenamente	4

14. Gerenciamento de dinheiro O gráfico de pizza da figura a seguir mostra a distribuição percentual de homens americanos adultos casados que confiam em suas esposas para gerenciar suas finanças. Uma empresa de serviços financeiros afirma que a distribuição percentual de mulheres americanas adultas casadas que confiam em seus maridos para gerenciar suas finanças é a mesma que a dos homens. Para testar essa afirmação, você seleciona aleatoriamente 400 mulheres americanas adultas casadas e pergunta a cada uma como ela confia em seu marido para gerenciar suas finanças. A tabela a seguir mostra os resultados. Com $\alpha = 0{,}10$, teste a afirmação da empresa. (*Adaptado de: Country Financial.*)

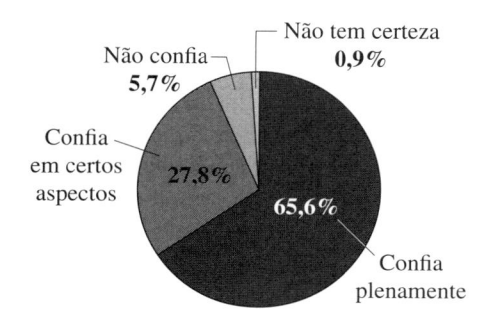

- Não tem certeza 0,9%
- Não confia 5,7%
- Confia em certos aspectos 27,8%
- Confia plenamente 65,6%

Resultados da pesquisa	
Resposta	Frequência, f
Confia plenamente	243
Confia em certos aspectos	108
Não confia	36
Não tem certeza	13

15. Tamanhos de casas Uma organização afirma que o número de possíveis compradores de casas que querem que suas próximas residências sejam maiores, menores ou do mesmo tamanho que suas residências atuais não é uniformemente distribuído. Para testar essa afirmação, você seleciona aleatoriamente 800 possíveis compradores de casas e pergunta qual tamanho que eles querem para sua próxima casa. A tabela a seguir mostra os resultados. Para $\alpha = 0{,}05$, teste a afirmação da organização. (*Adaptado de: Better Homes and Gardens.*)

Resposta	Frequência, f
Maior	285
Mesmo tamanho	224
Menor	291

16. Nascimentos por dia da semana Um médico afirma que o número de nascimentos por dia da semana é uniformemente distribuído. Para testar essa afirmação, você seleciona aleatoriamente 700 nascimentos de um ano recente e registra o dia da semana em que cada um ocorreu. A tabela a seguir mostra os resultados. Para o nível de significância $\alpha = 0{,}10$, teste a afirmação do médico. (*Adaptado de: National Center for Health Statistics.*)

Dia	Frequência, f
Domingo	65
Segunda-feira	107
Terça-feira	117
Quarta-feira	115
Quinta-feira	114
Sexta-feira	109
Sábado	73

Expandindo conceitos

Testando a normalidade *Usando um teste qui-quadrado para qualidade de ajuste, você pode decidir, com certo grau de certeza, se uma variável é normalmente distribuída. Em todos os testes qui-quadrado para normalidade, as hipóteses nula e alternativa são como a seguir:*

H_0: *a variável tem uma distribuição normal.*

H_a: *a variável não tem uma distribuição normal.*

Para determinar as frequências esperadas ao realizar um teste qui-quadrado para normalidade, primeiro determine a média e o desvio padrão da distribuição de frequência. Use a média e o desvio padrão para calcular o escore z para cada limite de classe. Então, use os escores z para calcular a área sob a curva normal padrão para cada classe. Multiplicando os valores das áreas das classes pelo tamanho da amostra obtém-se a frequência esperada para cada classe.

Nos exercícios 17 e 18, (a) determine as frequências esperadas, (b) determine o valor crítico e identifique a região de rejeição, (c) determine a estatística de teste qui-quadrado, (d) decida se rejeita ou não a hipótese nula, e (e) interprete a decisão no contexto da afirmação original.

17. Resultados dos testes Para o nível de significância $\alpha = 0{,}01$, teste a afirmação de que os 200 resultados dos testes mostrados na distribuição de frequência são normalmente distribuídos.

Limite das classes	49,5–58,5	58,5–67,5	67,5–76,5
Frequência, f	19	61	82

Limite das classes	76,5–85,5	85,5–94,5
Frequência, f	34	4

18. Resultados dos testes Para $\alpha = 0{,}05$, teste a afirmação de que os 400 resultados dos testes mostrados na distribuição de frequência são normalmente distribuídos.

Limite das classes	50,5–60,5	60,5–70,5	70,5–80,5
Frequência, f	28	106	151

Limite das classes	80,5–90,5	90,5–100,5
Frequência, f	97	18

10.2 Independência

Tabelas de contingência • O teste qui-quadrado para independência

Tabelas de contingência

Na Seção 3.2 você aprendeu que dois eventos são *independentes* quando a ocorrência de um evento não afeta a probabilidade de ocorrência do outro evento. Por exemplo, os resultados do lançamento de um dado e de uma moeda são independentes. Mas suponha que um pesquisador médico queira determinar se há uma relação entre o consumo de cafeína e o risco de ataque cardíaco. Essas variáveis são independentes ou dependentes? Nesta seção, você aprenderá como usar o teste qui-quadrado para independência de forma a responder a tal pergunta. Para realizar um teste qui-quadrado para independência, você vai utilizar dados amostrais que estão organizados em uma **tabela de contingência**.

> **Definição**
>
> Uma **tabela de contingência** $r \times c$ mostra as frequências observadas para duas variáveis. As frequências observadas são organizadas em r linhas e c colunas. A interseção de uma linha e uma coluna é chamada de **célula**.

A Tabela 10.13 exemplifica uma tabela de contingência 2×5. Ela tem duas linhas e cinco colunas, e mostra os resultados de uma amostra aleatória de 2.200 adultos classificados por duas variáveis: *forma favorita de tomar sorvete* e *gênero*. A partir da Tabela 10.13 você pode observar que, dos adultos que preferem sorvete sundae, 204 são do sexo masculino e 180 do sexo feminino.

Tabela 10.13

Gênero	Forma favorita de tomar sorvete				
	Copo	Casquinha	Sundae	Sanduíche	Outro
Masculino	592	300	204	24	80
Feminino	410	335	180	20	55

(*Adaptado de: Harris Interactive.*)

Supondo que as duas variáveis são independentes, você pode usar uma tabela de contingência para encontrar a frequência esperada para cada célula, conforme mostrado na próxima definição.

> **Encontrando a frequência esperada para células da tabela de contingência**
>
> A frequência esperada para uma célula $E_{r,c}$ em uma tabela de contingência é
>
> Frequência esperada $E_{r,c} = \dfrac{(\text{soma da linha } r) \cdot (\text{soma da coluna } c)}{\text{tamanho da amostra}}$.

Quando você encontra a soma de cada linha e coluna em uma tabela de contingência, você está calculando as **frequências marginais**. Uma frequência marginal é a frequência com que ocorre uma categoria inteira de uma

---

O que você deve aprender

- Como usar uma tabela de contingência para encontrar frequências esperadas.
- Como usar uma distribuição qui-quadrado para testar se duas variáveis são independentes.

Entenda

Note que "2×5" se lê "dois por cinco".

Dica de estudo

Em uma tabela de contingência, a notação $E_{r,c}$ representa a frequência esperada para a célula na linha r, coluna c. Na solução do Exemplo 1, $E_{1,4}$ representa a frequência esperada para a célula na linha 1, coluna 4.

das variáveis. Por exemplo, na Tabela 10.13, a frequência marginal para adultos que preferem sorvete na casquinha é 300 + 335 = 635. As frequências observadas no interior de uma tabela de contingência são chamadas de **frequências conjuntas**.

No Exemplo 1, note que as frequências marginais para a tabela de contingência já foram calculadas.

Exemplo 1

Encontrando frequências esperadas

Determine a frequência esperada para cada célula na Tabela 10.14 de contingência. Suponha que as variáveis *forma favorita de tomar sorvete* e *gênero* são independentes.

Tabela 10.14

Gênero	Forma favorita de tomar sorvete					Total
	Copo	Casquinha	Sundae	Sanduíche	Outro	
Masculino	592	300	204	24	80	1.200
Feminino	410	335	180	20	55	1.000
Total	1.002	635	384	44	135	2.200

Solução

Após calcular as frequências marginais, você pode usar a fórmula

$$\text{Frequência esperada } E_{r,c} = \frac{(\text{soma da linha } r) \cdot (\text{soma da coluna } c)}{\text{tamanho da amostra}}$$

para encontrar cada frequência esperada conforme mostrado a seguir.

$$E_{1,1} = \frac{1.200 \cdot 1.002}{2.200} \approx 546{,}55 \qquad E_{1,2} = \frac{1.200 \cdot 635}{2.200} \approx 346{,}36$$

$$E_{1,3} = \frac{1.200 \cdot 384}{2.200} \approx 209{,}45 \qquad E_{1,4} = \frac{1.200 \cdot 44}{2.200} = 24$$

$$E_{1,5} = \frac{1.200 \cdot 135}{2.200} \approx 73{,}64 \qquad E_{2,1} = \frac{1.000 \cdot 1.002}{2.200} \approx 455{,}45$$

$$E_{2,2} = \frac{1.000 \cdot 635}{2.200} \approx 288{,}64 \qquad E_{2,3} = \frac{1.000 \cdot 384}{2.200} \approx 174{,}55$$

$$E_{2,4} = \frac{1.000 \cdot 44}{2.200} = 20 \qquad E_{2,5} = \frac{1.200 \cdot 135}{2.200} \approx 61{,}36$$

Tente você mesmo 1

O consultor de marketing de uma agência de viagem quer determinar se certas preocupações com a viagem estão relacionadas ao propósito dela. A Tabela 10.15 de contingência mostra os resultados de uma amostra aleatória de 300 viajantes classificados por sua preocupação primária e propósito da viagem. Suponha que as variáveis *preocupação com a viagem* e *propósito da viagem* são independentes. Determine a frequência esperada para cada célula. (*Adaptado de: NPD Group for Embassy Suites.*)

Entenda

No Exemplo 1, depois de encontrar $E_{1,1} \approx 546{,}55$, você pode encontrar $E_{2,1}$ subtraindo 546,55 do total da primeira coluna, 1.002. Assim, $E_{2,1} \approx 1.002 - 546{,}55 = 455{,}45$. Em geral, você pode encontrar o valor esperado para a última célula em uma coluna subtraindo os valores esperados para as outras células naquela coluna do total da coluna. Do mesmo modo, você pode fazer isso para a última célula em uma linha usando o total da linha.

Tabela 10.15

Propósito da viagem	Preocupação com a viagem			
	Quarto de hotel	Espaço para as pernas no avião	Tamanho do carro a alugar	Outro
Negócios	36	108	14	22
Lazer	38	54	14	14

a. Calcule as frequências marginais.
b. Use a fórmula para encontrar a frequência esperada para cada célula.

O teste qui-quadrado para independência

Depois de encontrar as frequências esperadas, você pode testar se as variáveis são independentes usando um **teste qui-quadrado para independência**.

Definição

Um **teste qui-quadrado para independência** é usado para testar a independência entre duas variáveis. Usando esse teste, você pode determinar se a ocorrência de uma variável afeta a probabilidade de ocorrência da outra variável.

Antes de realizar um teste qui-quadrado para independência, deve-se verificar se (1) as frequências observadas foram obtidas de uma amostra aleatória e (2) cada frequência esperada deve ser, pelo menos, 5.

O teste qui-quadrado para independência

Para realizar um teste qui-quadrado para independência, as seguintes condições devem ser satisfeitas:

1. As frequências observadas devem ser obtidas usando uma amostra aleatória.

2. Cada frequência esperada deve ser maior ou igual a 5.

Se essas condições são satisfeitas, então a distribuição amostral para o teste é aproximada por uma distribuição qui-quadrado com

g.l. = $(r-1)(c-1)$

graus de liberdade, em que r e c são os números de linhas e colunas, respectivamente, de uma tabela de contingência. A **estatística de teste** é:

$$\chi^2 = \Sigma \frac{(O-E)^2}{E}$$

em que O representa as frequências observadas e E representa as frequências esperadas.

Para começar o teste de independência, você deve, em primeiro lugar, formular uma hipótese nula e uma hipótese alternativa. Para um teste qui-quadrado para independência, as hipóteses nula e alternativa são sempre alguma variação das seguintes afirmações:

H_0: as variáveis são independentes.
H_a: as variáveis são dependentes.

Retratando o mundo

Um pesquisador quer verificar se existe uma relação entre onde as pessoas trabalham (escritório ou casa) e seu grau de instrução. Os resultados de uma amostra aleatória de 925 pessoas empregadas encontram-se na tabela de contingência a seguir. (*Fonte: U.S. Bureau of Labor Statistics.*)

	Local de trabalho	
Grau de instrução	Escritório	Casa
Ensino médio incompleto	35	2
Ensino médio completo	250	21
Superior incompleto	226	30
Superior completo ou acima	293	68

O pesquisador pode usar essa amostra para testar a independência usando um teste qui-quadrado? Por quê, ou por que não?

As frequências esperadas são calculadas na suposição de que as duas variáveis são independentes. Se as variáveis são independentes, então você pode esperar uma pequena diferença entre as frequências observadas e as esperadas. Quando as frequências observadas quase se igualam às frequências esperadas, as diferenças entre O e E serão pequenas e a estatística de teste qui-quadrado será próxima de 0. Como tal, é improvável que a hipótese nula seja rejeitada.

Contudo, para variáveis dependentes, haverá grandes discrepâncias entre as frequências observadas e as esperadas. Quando as diferenças entre O e E são grandes, a estatística de teste qui-quadrado também será grande. Uma estatística de teste qui-quadrado grande é evidência para rejeitar a hipótese nula. Então, o teste qui-quadrado para independência é sempre um teste unilateral à direita.

Instruções

Realizando um teste qui-quadrado para independência

EM PALAVRAS

1. Verifique se as frequências observadas foram obtidas de uma amostra aleatória e cada frequência esperada é, pelo menos, 5.
2. Identifique a afirmação. Declare as hipóteses nula e alternativa.
3. Especifique o nível de significância.
4. Determine os graus de liberdade.
5. Determine o valor crítico.
6. Determine a região de rejeição.
7. Determine a estatística de teste e resuma a distribuição amostral.
8. Tome uma decisão para rejeitar ou não rejeitar a hipótese nula.
9. Interprete a decisão no contexto da afirmação original.

EM SÍMBOLOS

Declare H_0 e H_a.

Identifique α.

g.l. = $(r-1)(c-1)$

Use a Tabela B.6 no Apêndice B.

$\chi^2 = \Sigma \dfrac{(O-E)^2}{E}$.

Se χ^2 está na região de rejeição, então rejeitar H_0. Caso contrário, não rejeitar H_0.

Dica de estudo

Uma tabela de contingência com três linhas e quatro colunas terá: $(3-1)(4-1) = (2)(3) = 6$ g.l.

Exemplo 2

Realizando um teste qui-quadrado para independência

A Tabela 10.16 de contingência mostra os resultados de uma amostra aleatória de 2.200 adultos classificados pela sua maneira favorita de tomar sorvete e o gênero. As frequências esperadas estão entre parênteses. Com $\alpha = 0{,}01$, você pode concluir que as variáveis *maneira favorita de tomar sorvete* e *gênero* são relacionadas?

Tabela 10.16

	Maneira favorita de tomar sorvete					
Gênero	Copo	Casquinha	Sundae	Sanduíche	Outro	Total
Masculino	592 (546,55)	300 (346,36)	204 (209,45)	24 (24)	80 (73,64)	1.200
Feminino	410 (455,45)	335 (288,64)	180 (174,55)	20 (20)	55 (61,36)	1.000
Total	1.002	635	384	44	135	2.200

Solução

As frequências esperadas foram calculadas no Exemplo 1. Como cada frequência esperada é no mínimo 5 e os adultos foram selecionados aleatoriamente, você pode usar o teste qui-quadrado para independência para testar se as variáveis são independentes. A hipótese nula e a alternativa são as seguintes:

H_0: as variáveis *maneira favorita de tomar sorvete* e *gênero* são independentes.

H_a: as variáveis *maneira favorita de tomar sorvete* e *gênero* são dependentes. (Afirmação.)

A tabela de contingência tem duas linhas e cinco colunas, então a distribuição qui-quadrado tem $(r-1)(c-1) = (2-1)(5-1) = 4$ graus de liberdade. Como g.l. = 4 e $\alpha = 0{,}01$, o valor crítico é $\chi_0^2 = 13{,}277$. A região de rejeição é $\chi^2 > 13{,}277$. Você pode usar uma tabela para encontrar a estatística de teste qui-quadrado, conforme mostrado na Tabela 10.17.

Tabela 10.17

O	E	$O - E$	$(O - E)^2$	$\dfrac{(O-E)^2}{E}$
592	546,55	45,45	2065,7025	3,7795
300	346,36	−46,36	2149,2496	6,2052
204	209,45	−5,45	29,7025	0,1418
24	24	0	0	0
80	73,64	6,36	40,4496	0,5493
410	455,45	−45,45	2065,7025	4,5355
335	288,64	46,36	2149,2496	7,4461
180	174,55	5,45	29,7025	0,1702
20	20	0	0	0
55	61,36	−6,36	40,4496	0,6592
				$\chi^2 = \Sigma \dfrac{(O-E)^2}{E} \approx 23{,}487$

A Figura 10.3 mostra a localização da região de rejeição e a estatística de teste qui-quadrado. Como $\chi^2 \approx 23{,}487$ está na região de rejeição, você rejeita a hipótese nula.

Interpretação Há evidência suficiente, ao nível de significância de 1%, para concluir que as variáveis *maneira favorita de tomar sorvete* e *gênero* são dependentes.

Figura 10.3

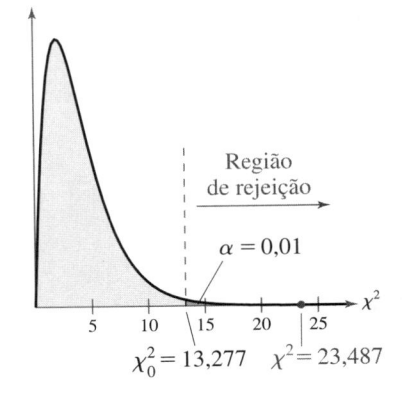

Tente você mesmo 2

O consultor de marketing de uma agência de viagem quer determinar se preocupações com a viagem estão relacionadas ao seu propósito. A Tabela 10.18 de contingência mostra os resultados de uma amostra aleatória de 300 viajantes classificados por sua preocupação primária e propósito da viagem. Com $\alpha = 0{,}01$, o consultor pode concluir que as variáveis *preocupação com a viagem* e *propósito da viagem* estão relacionadas? (As frequências esperadas estão exibidas entre parênteses.) (*Adaptado de: NPD Group for Embassy Suites.*)

Tabela 10.18 Frequências observadas e esperadas.

Propósito da viagem	Preocupação com a viagem				Total
	Quarto de hotel	Espaço para as pernas no avião	Tamanho do carro a alugar	Outro	
Negócios	36 (44,4)	108 (97,2)	14 (16,8)	22 (21,6)	180
Lazer	38 (29,6)	54 (64,8)	14 (11,2)	14 (14,4)	120
Total	74	162	28	36	300

a. Identifique a afirmação e declare H_0 e H_a.
b. Identifique o nível de significância α.
c. Determine os graus de liberdade.
d. Calcule o valor crítico χ_0^2 e identifique a região de rejeição.
e. Use as frequências observada e esperada para encontrar a estatística de teste qui-quadrado. Esboce um gráfico.
f. Decida se rejeita a hipótese nula.
g. Interprete a decisão no contexto da afirmação original.

Figura 10.4

(a)

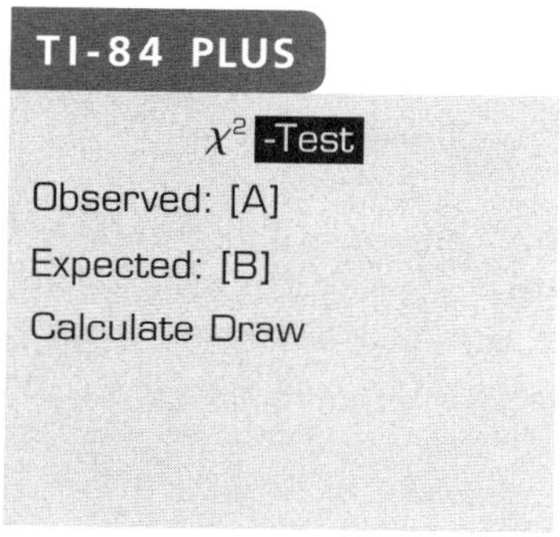

TI-84 PLUS

χ^2 -Test
Observed: [A]
Expected: [B]
Calculate Draw

(b)

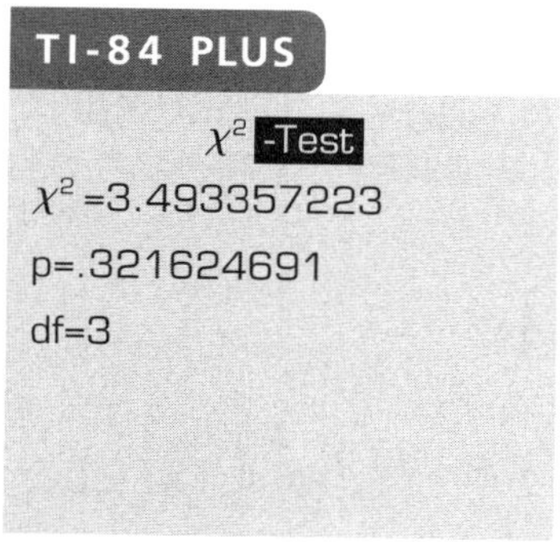

TI-84 PLUS

χ^2 -Test
χ^2 =3.493357223
p=.321624691
df=3

(c)

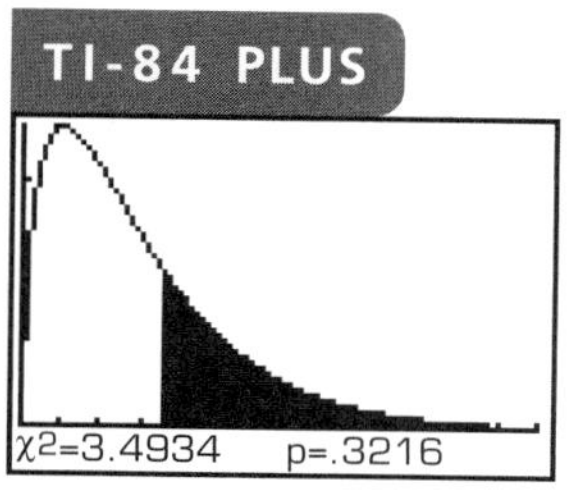

TI-84 PLUS

χ^2=3.4934   p=.3216

Exemplo 3

Usando tecnologia para um teste qui-quadrado para independência

O gerente de uma academia quer determinar se o número de dias por semana que estudantes universitários se exercitam está relacionado ao gênero. Uma amostra aleatória de 275 universitários é selecionada e os resultados estão classificados conforme mostrado na Tabela 10.19. Com $\alpha = 0,05$, há evidência suficiente para concluir que o *número de dias por semana que um estudante se exercita* está relacionado ao *gênero*?

Tabela 10.19

Gênero	Número de dias de exercício por semana				Total
	0–1	2–3	4–5	6–7	
Masculino	40	53	26	6	125
Feminino	34	68	37	11	150
Total	74	121	63	17	275

Solução

As hipóteses nula e alternativa são:
H_0: o *número de dias de exercício por semana* é independente do *gênero*.
H_a: o *número de dias de exercício por semana* depende do *gênero*. (Afirmação)

Usando uma TI-84 Plus, insira as frequências observadas na Matriz A e as frequências esperadas na Matriz B, certificando-se de que cada frequência esperada seja pelo menos 5. Para realizar um teste qui-quadrado para independência, comece com a tecla STAT, escolha o menu TESTS e selecione C: χ^2 – *Test*. Então, ajuste o teste qui-quadrado, conforme a Figura 10.4(a). As figuras 10.4(b) e (c) mostram os resultados da seleção de *Calculate* ou *Draw*. Como g.l. = 3 e $\alpha = 0,05$, o valor crítico é $\chi_0^2 = 7,815$. Então, a região de rejeição é $\chi^2 > 7,815$. A estatística de teste $\chi^2 \approx 3,493$ não está na região de rejeição, portanto você não rejeita a hipótese nula.

Interpretação Não há evidência suficiente para concluir que o número de dias por semana que um estudante se exercita está relacionado ao gênero.

Tente você mesmo 3

Um pesquisador quer verificar se a idade está relacionada ao fato de a cobrança de um imposto sobre carros híbridos influenciar ou não um adulto a comprá-los. Uma amostra aleatória de 1.250 adultos é selecionada e os resultados estão classificados conforme mostra a Tabela 10.20. Com $\alpha = 0{,}01$, há evidência suficiente para concluir que a *idade* está relacionada à resposta? (*Adaptado: de HNTB.*)

> **Dica de estudo**
> Você também pode obter um valor *p* ao realizar um teste qui-quadrado para independência. Ilustrando, no Exemplo 3, note que a TI-84 Plus mostra $p = 0{,}321624691$. Como $p > \alpha$, você rejeita a hipótese nula.

Tabela 10.20 Distribuição conjunta da idade e da influência do imposto na compra de um carro híbrido.

Resposta	Idade			Total
	18–34	35–54	55 ou mais	
Sim	257	189	143	589
Não	218	261	182	661
Total	475	450	325	1.250

a. Identifique a afirmação e declare H_0 e H_a.
b. Use tecnologia para inserir as frequências observadas e esperadas nas matrizes.
c. Calcule o valor crítico χ_0^2 e identifique a região de rejeição.
d. Use tecnologia para encontrar a estatística de teste qui-quadrado.
e. Decida se rejeita a hipótese nula. Use um gráfico se necessário.
f. Interprete a decisão no contexto da afirmação original.

10.2 Exercícios

Construindo habilidades básicas e vocabulário

1. Explique como encontrar a frequência esperada para uma célula na tabela de contingência.
2. Explique a diferença entre frequências marginais e frequências conjuntas em uma tabela de contingência.
3. Explique as semelhanças entre o teste qui-quadrado para independência e o teste qui-quadrado para a qualidade do ajuste. De que modo são diferentes?
4. Explique por que o teste qui-quadrado para independência é sempre unilateral à direita.

Verdadeiro ou falso? *Nos exercícios 5 e 6, determine se a sentença é verdadeira ou falsa. Se for falsa, reescreva-a como uma sentença verdadeira.*

5. Se duas variáveis em um teste qui-quadrado para independência são dependentes, então você pode esperar pouca diferença entre as frequências observadas e as frequências esperadas.
6. Quando a estatística de teste para o teste qui-quadrado para independência é grande, você irá, na maioria dos casos, rejeitar a hipótese nula.

Encontrando frequências esperadas *Nos exercícios 7 a 12, (a) calcule as frequências marginais e (b) determine a frequência esperada para cada célula na tabela de contingência. Suponha que as variáveis são independentes.*

7.

Resultado	Atleta	
	Alongou	Não alongou
Lesionado	18	22
Não lesionado	211	189

8.

Resultado	Tratamento	
	Droga	Placebo
Náusea	36	13
Sem náusea	254	262

9.

Bancário	Preferência		
	Novo procedimento	Antigo procedimento	Sem preferência
Caixa	92	351	50
Representante de serviço ao cliente	76	42	8

10.

Tamanho do restaurante	Avaliação		
	Excelente	Bom	Ruim
100 assentos ou menos	182	203	165
Acima de 100 assentos	180	311	159

11.

Gênero	Tipo de carro			
	Compacto	Grande	Utilitário	Caminhonete/van
Masculino	28	39	21	22
Feminino	24	32	20	14

12.

Tipo de filme alugado	Idade				
	18–24	25–34	35–44	45–64	65 ou mais
Comédia	38	30	24	10	8
Ação	15	17	16	9	5
Drama	12	11	19	25	13

Usando e interpretando conceitos

Realizando um teste qui-quadrado para independência Nos exercícios 13 a 22, realize o teste qui-quadrado para independência indicado fazendo o seguinte:

(a) Identifique a afirmação e declare H_0 e H_a.

(b) Determine os graus de liberdade e o valor crítico e identifique a região de rejeição.

(c) Calcule a estatística de teste qui-quadrado. Se for conveniente, use tecnologia.

(d) Decida se rejeita ou não a hipótese nula.

(e) Interprete a decisão no contexto da afirmação original.

13. Conquistas e localização da escola A tabela de contingência a seguir mostra os resultados de uma amostra aleatória de estudantes, que atingiram níveis básicos de habilidade em três matérias, distribuídos em função da localização da escola. Com $\alpha = 0{,}01$, teste a hipótese de que as variáveis são independentes. (*Adaptado de: HUD State of the Cities Report.*)

Localização da escola	Matéria		
	Leitura	Matemática	Ciências
Urbana	43	42	38
Suburbana	63	66	65

14. Atitudes em relação à segurança A tabela de contingência a seguir mostra os resultados de uma amostra aleatória de alunos por tipo de escola e suas atitudes com relação às medidas de segurança tomadas pelos funcionários da escola. Para $\alpha = 0{,}01$, você pode concluir que as atitudes em relação às medidas de segurança tomadas pelos funcionários da escola estão relacionadas ao tipo de escola? (*Adaptado de: Horatio Alger Associaton.*)

Tipo de escola	Os funcionários da escola	
	Tomaram todas as medidas necessárias para a segurança dos alunos	Tomaram algumas medidas em relação à segurança dos alunos
Pública	40	51
Privada	64	34

15. Tentando parar de fumar A tabela de contingência a seguir apresenta os resultados de uma amostra aleatória de ex-fumantes considerando o número de tentativas de parar com o vício e o gênero. Para $\alpha = 0{,}05$, você pode concluir que o número de vezes que eles tentaram parar de fumar antes de se livrarem do vício está relacionado ao gênero? (*Adaptado de: Porter Novelli HealthStyles for the American Lung Association.*)

Gênero	Número de tentativas de parar de fumar antes de se livrar do vício		
	1	2–3	4 ou mais
Masculino	271	257	149
Feminino	146	139	80

16. Lesão musculoesquelética A tabela de contingência a seguir mostra a distribuição de uma amostra aleatória de crianças com dor causada por lesões musculoesqueléticas tratadas com acetaminofeno, ibuprofeno e codeína e o nível de melhora. Com $\alpha = 0{,}10$, você pode concluir que o tratamento está relacionado ao resultado? (*Adaptado de: American Academy of Pediatrics.*)

	Tratamento		
Resultado	Acetaminofeno	Ibuprofeno	Codeína
Melhora significativa	58	81	61
Ligeira melhora	42	19	39

17. Educação continuada Você trabalha no departamento de educação continuada de uma faculdade e quer determinar se as razões dadas por trabalhadores para continuar estudando estão relacionadas ao tipo de trabalho. No seu estudo, você coleta aleatoriamente os dados mostrados na tabela de contingência a seguir. Com $\alpha = 0,01$, você pode concluir que a razão e o tipo de trabalhador são dependentes? (*Adaptado de: Market Research Institute for George Mason University.*)

	Razão para continuar estudando		
Tipo de trabalhador	Profissional	Pessoal	Profissional e pessoal
Técnico	30	36	41
Outro	47	25	30

18. Idades e objetivos Você está investigando a relação entre as idades dos adultos americanos e qual aspecto do desenvolvimento profissional eles consideram ser o mais importante. Você coleta aleatoriamente os dados mostrados na tabela de contingência a seguir. Com $\alpha = 0,10$, há evidência suficiente para concluir que a idade está relacionada ao aspecto do desenvolvimento profissional que é considerado como o mais importante? (*Adaptado de: Harris Interactive.*)

	Aspecto do desenvolvimento profissional		
Idade	Aprender novas habilidades	Melhoria salarial	Plano de carreira
18–26 anos	31	22	21
27–41 anos	27	31	33
42–61 anos	19	14	8

19. Veículos e colisões Você trabalha para uma companhia de seguros e está estudando a relação entre tipos de colisões e os veículos envolvidos em mortes de passageiros. Como parte do seu estudo, você seleciona aleatoriamente 4.270 colisões de veículos e organiza os dados resultantes conforme apresentado na tabela de contingência a seguir. Com $\alpha = 0,05$, você pode concluir que o tipo de colisão depende do tipo de veículo? (*Adaptado de: Insurance Institute for Highway Safety.*)

	Veículo		
Tipo de colisão	Carro	Picape	Utilitário esportivo
Veículo único	1.163	551	522
Vários veículos	1.417	309	308

20. Velocidade de acesso à internet em bibliotecas A tabela de contingência a seguir apresenta uma amostra aleatória de bibliotecas urbanas, suburbanas e rurais distribuídas pela velocidade de seus acessos à internet. Na tabela, mbps representa megabits por segundo. Com $\alpha = 0,01$, você pode concluir que o status metropolitano das bibliotecas e a velocidade de acesso à internet estão relacionados? (*Adaptado de: Information Policy and Access Center.*)

	Status metropolitano		
Velocidade de acesso à internet	Urbano	Suburbano	Rural
6,0 mbps ou menos	46	67	91
6,1 mbps–20,0 mbps	51	36	20
Maior que 20,0 mbps	33	23	11

21. Empréstimo e educação Um especialista em assistência financeira está estudando a relação entre quem pede dinheiro emprestado para a faculdade em uma família e a renda da família. Como parte do estudo, 1.611 famílias são selecionadas aleatoriamente e os dados resultantes estão organizados conforme mostrado na tabela de contingência a seguir. Para $\alpha = 0,01$, você pode concluir que quem pede dinheiro emprestado para a faculdade na família está relacionado com a renda da família? (*Adaptado de: Sallie Mae, Inc.*)

	Quem pediu dinheiro emprestado			
Renda familiar	Somente estudante	Somente pais	Ambos	Ninguém
Menor que US$ 35.000	168	40	20	266
US$ 35.000–US$ 100.000	255	85	46	386
Maior que US$ 100.000	62	38	17	228

22. Acidentes relacionados ao consumo de álcool A tabela de contingência a seguir mostra os resultados de uma amostra aleatória de condutores de veículos feridos fatalmente (com concentrações de álcool no sangue maiores ou iguais a 0,08) por idade e gênero. Com $\alpha = 0,05$, você pode concluir que a idade está relacionada ao gênero em tais acidentes? (*Adaptado de: Insurance Institute for Highway Safety.*)

	Idade					
Gênero	16–20	21–30	31–40	41–50	51–60	61 ou mais
Masculino	42	152	86	74	53	32
Feminino	10	34	20	20	9	8

Expandindo conceitos

Teste de homogeneidade de proporções *Nos exercícios 23 a 26, use a informação a seguir. Outro teste qui-quadrado que envolve uma tabela de contingência é o **teste de homogeneidade de proporções**. Esse teste é usado para determinar se várias proporções são iguais quando amostras são tiradas de populações diferentes. Antes de as amostras serem selecionadas e as tabelas de contingência construídas, os tamanhos de amostra são determinados. Depois de selecionar aleatoriamente as amostras de populações diferentes, você pode testar se a proporção de elementos em uma categoria é a mesma para cada população usando as mesmas instruções empregadas no teste qui-quadrado para independência. As hipóteses nula e a alternativa são sempre alguma variação das seguintes afirmações:*

H_0: *as proporções são iguais.*

H_a: *pelo menos uma proporção é diferente das demais.*

Realizar um teste de homogeneidade de proporções requer que as frequências observadas sejam obtidas usando uma amostra aleatória, e cada frequência esperada deve ser maior ou igual a 5.

23. Mortes em colisões de veículos motorizados A tabela de contingência a seguir mostra os resultados de uma amostra aleatória do número de mortes em colisões de veículos motorizados por idade e gênero. Com $\alpha = 0{,}05$, realize um teste de homogeneidade de proporções na afirmação de que as proporções de mortes em colisões de veículos motorizados envolvendo homens ou mulheres são as mesmas para cada faixa etária. (*Adaptado de: Insurance Institute for Highway Safety.*)

Gênero	Idade			
	16–24	25–34	35–44	45–54
Masculino	110	94	73	87
Feminino	43	32	27	30

Gênero	Idade			
	55–64	65–74	75–84	85 ou mais
Masculino	68	37	26	11
Feminino	23	21	18	10

24. Transtorno obsessivo-compulsivo (TOC) A tabela de contingência a seguir mostra os resultados de uma amostra aleatória de pacientes com transtorno obsessivo-compulsivo após serem tratados com uma droga ou com um placebo. Para $\alpha = 0{,}10$, realize um teste de homogeneidade de proporções na afirmação de que as proporções dos resultados para tratamentos com droga ou placebo são as mesmas. (*Adaptado de: The Journal of the American Medical Association.*)

Resultado	Tratamento	
	Droga	Placebo
Melhora	39	25
Sem mudança	54	70

25. O teste qui-quadrado de homogeneidade de proporções é um teste unilateral à esquerda, unilateral à direita ou bilateral?

26. Explique como o teste qui-quadrado para independência é diferente do teste qui-quadrado de homogeneidade de proporções.

Tabelas de contingência e frequências relativas *Nos exercícios 27 a 29, use as informações a seguir.*

As frequências em uma tabela de contingência podem ser escritas como frequências relativas dividindo-se cada frequência pelo tamanho da amostra. A tabela de contingência a seguir mostra o número de adultos americanos (em milhões) com 25 anos ou mais em função da situação de emprego e grau de instrução. (Adaptado de: U.S. Census Bureau.)

Situação	Grau de instrução			
	Ensino médio incompleto	Ensino médio completo	Ensino superior incompleto	Ensino superior completo
Empregado	9,9	34,2	20,6	56,6
Desempregado	1,9	4,6	2,2	3,2
Fora da força de trabalho	14,0	23,8	10,8	18,3

27. Reescreva a tabela de contingência usando frequências relativas.

28. Qual percentagem de adultos americanos com 25 anos ou mais que:

(a) Têm ensino superior completo e estão desempregados?

(b) Têm ensino superior incompleto e não estão na força de trabalho?

(c) Estão empregados e possuem ensino médio completo?

(d) Não estão na força de trabalho?

(e) Possuem ensino médio completo?

29. Explique se você pode realizar o teste qui-quadrado para independência com esses dados.

Frequências relativas condicionais *Nos exercícios 30 a 35, use a tabela de contingência a seguir dos exercícios 27 a 29 e as informações a seguir.*

Frequências relativas também podem ser calculadas com base nos totais das linhas (dividindo cada dado da linha pelo valor total da linha) ou nos totais das colunas (dividindo cada dado da coluna pelo valor total da coluna).

*Essas são **frequências relativas condicionais** e podem ser usadas para determinar se existe uma associação entre duas categorias em uma tabela de contingência.*

30. Calcule as frequências relativas condicionais na tabela de contingência baseadas nos totais das linhas.
31. Qual percentagem de adultos americanos com 25 anos ou mais, que estão empregados, têm ensino superior completo?
32. Qual percentagem de adultos americanos com 25 anos ou mais, que não estão na força de trabalho, têm ensino superior incompleto?
33. Calcule as frequências relativas condicionais na tabela de contingência com base nos totais das colunas.
34. Qual percentagem de adultos americanos com 25 anos ou mais, que têm ensino superior completo, não estão na força de trabalho?
35. Qual percentagem de adultos americanos com 25 anos ou mais, que não concluíram o ensino médio, estão desempregados?

Estudo de caso

Pesquisa de segurança alimentar

Na sua opinião, quão segura é a comida que você compra? A agência de notícias CBS entrevistou 1.048 adultos americanos e perguntou-lhes o seguinte:

De modo geral, quão confiante você está de que a comida que você compra é segura para consumo: muito confiante, parcialmente confiante, não muito confiante, nada confiante?

O gráfico de pizza da Figura 10.5 mostra as respostas à pergunta ($n = 1.048$). Você conduz uma pesquisa usando a mesma pergunta. A Tabela 10.21 de contingência mostra os resultados da sua pesquisa ($n = 792$) classificados por gênero.

Figura 10.5 Quão confiante você está de que a comida que você compra é segura para consumo?

- Nada confiante 2%
- Muito confiante 32%
- Não muito confiante 14%
- Parcialmente confiante 52%

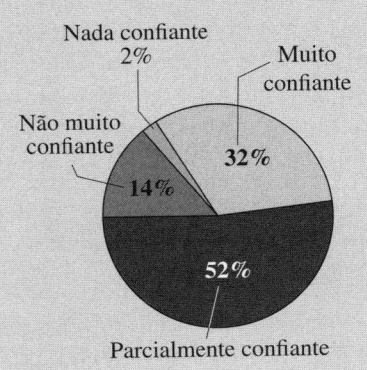

Tabela 10.21

Resposta	Gênero	
	Feminino	Masculino
Muito confiante	96	160
Parcialmente confiante	232	180
Não muito confiante	56	52
Nada confiante	12	4

Exercícios

1. Assumindo que as variáveis gênero e resposta são independentes, o número de mulheres ou homens que responderam excede o número esperado de respostas "muito confiante"?

2. Assumindo que as variáveis gênero e resposta são independentes, o número de mulheres ou homens que responderam excede o número esperado de respostas "parcialmente confiante"?

3. Para um nível de significância $\alpha = 0,01$, realize um teste qui-quadrado para independência para determinar se as variáveis resposta e gênero são independentes. O que você pode concluir?

Nos exercícios 4 e 5, realize um teste qui-quadrado para a qualidade do ajuste para comparar a distribuição de respostas mostrada no gráfico de pizza com a distribuição dos resultados da sua pesquisa para cada gênero. Use a distribuição mostrada no gráfico como a distribuição esperada. Use $\alpha = 0,05$.

4. Compare a distribuição de respostas das mulheres com a distribuição esperada. O que você pode concluir?

5. Compare a distribuição de respostas dos homens com a distribuição esperada. O que você pode concluir?

6. Em adição às variáveis usadas no Estudo de caso, quais outras variáveis você acha que são importantes a considerar quando se estuda a distribuição de atitudes dos consumidores americanos com relação à segurança alimentar?

10.3 Comparando duas variâncias

O que você deve aprender
- Como interpretar a distribuição F e usar uma tabela F para encontrar valores críticos.
- Como realizar um teste F com duas amostras para comparar duas variâncias.

A distribuição F • O teste F com duas amostras para comparação de duas variâncias

A distribuição F

No Capítulo 8 você aprendeu como realizar testes de hipótese para comparar médias e proporções populacionais. Lembre-se, da Seção 8.2, de que o teste t para a diferença entre duas médias populacionais depende se as variâncias populacionais são iguais. Para determinar se as variâncias populacionais são iguais, você pode fazer um teste F com duas amostras.

Nesta seção, você vai aprender sobre a **distribuição F** e como ela pode ser usada para comparar duas variâncias. Ao ler a próxima definição, lembre que a variância amostral s^2 é o quadrado do desvio padrão amostral s.

Definição

Sejam s_1^2 e s_2^2 as variâncias amostrais de duas populações diferentes. Se as duas populações são normais e as variâncias populacionais σ_1^2 e σ_2^2 são iguais, então a distribuição amostral do quociente

$$F = \frac{s_1^2}{s_2^2}$$

é uma **distribuição F**. A seguir são apresentadas várias propriedades da distribuição F.

1. A distribuição F é uma família de curvas, cada uma determinada por dois tipos de graus de liberdade: os graus de liberdade correspondentes à variância no numerador, denotado por **g.l.$_N$**, e os graus de liberdade correspondentes à variância no denominador, denotado por **g.l.$_D$**.
2. A distribuição F é positivamente assimétrica (veja a Figura 10.6).
3. A área total sob cada curva de uma distribuição F é igual a 1.

4. Todos os valores de F são maiores ou iguais a 0.
5. Para todas as distribuições F, o valor médio de F é aproximadamente igual a 1.

Figura 10.6 Distribuição F para diferentes graus de liberdade.

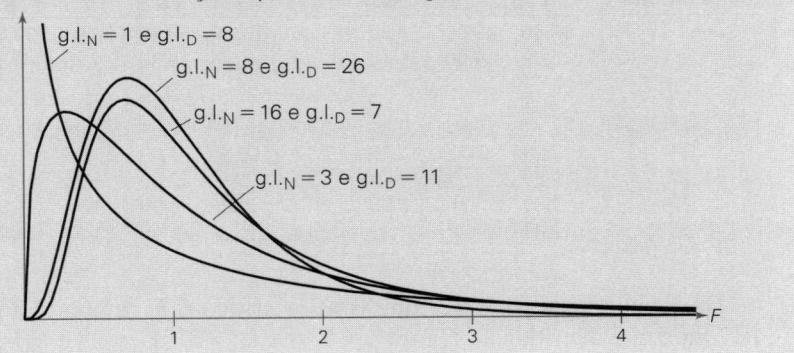

g.l.$_N$ = 1 e g.l.$_D$ = 8
g.l.$_N$ = 8 e g.l.$_D$ = 26
g.l.$_N$ = 16 e g.l.$_D$ = 7
g.l.$_N$ = 3 e g.l.$_D$ = 11

Para variâncias diferentes, designe a maior variância amostral como s_1^2. Então, na distribuição amostral de $F = s_1^2/s_2^2$, a variância no numerador é maior ou igual à variância no denominador. Isso significa que F é sempre maior ou igual a 1. Como tal, todos os testes unilaterais são unilaterais à direita e, para todos os testes bilaterais, você só precisa encontrar o valor crítico da lateral direita.

A Tabela B.7 no Apêndice B lista os valores críticos da distribuição F para níveis de significância α selecionados e graus de liberdade g.l.$_N$ e g.l.$_D$.

Instruções

Encontrando valores críticos para a distribuição F

1. Especifique o nível de significância α.
2. Determine os graus de liberdade do numerador g.l.$_N$.
3. Determine os graus de liberdade do denominador g.l.$_D$.
4. Use a Tabela B.7 no Apêndice B para encontrar o valor crítico. Quando o teste de hipótese é:
    a. unilateral, use α na tabela F.
    b. bilateral, use $(\frac{1}{2})\alpha$ na tabela F.

Note que, como F é sempre maior ou igual a 1, todos os testes unilaterais são à direita. Para testes bilaterais, você só precisa encontrar o valor crítico da lateral direita.

Exemplo 1

Encontrando valores críticos F para um teste unilateral à direita

Determine o valor crítico F para um teste unilateral à direita quando $\alpha = 0{,}10$, g.l.$_N$ = 5 e g.l.$_D$ = 28.

Solução

Uma parte da Tabela B.7 está reproduzida na Tabela 10.22. Usando $\alpha = 0{,}10$ na tabela F com g.l.$_N$ = 5 e g.l.$_D$ = 28, você pode encontrar o valor crítico, conforme mostrado nas áreas em destaque na tabela.

Tabela 10.22 Esquema mostrando a utilização da tabela F para nível de significância de 0,10.

g.l.$_D$: graus de liberdade, denominador	$\alpha = 0{,}10$							
	g.l.$_N$: graus de liberdade, numerador							
	1	2	3	4	5	6	7	8
1	39,86	49,50	53,59	55,83	57,24	58,20	58,91	59,44
2	8,53	9,00	9,16	9,24	9,29	9,33	9,35	9,37
26	2,91	2,52	2,31	2,17	2,08	2,01	1,96	1,92
27	2,90	2,51	2,30	2,17	2,07	2,00	1,95	1,91
28	2,89	2,50	2,29	2,16	2,06	2,00	1,94	1,90
29	2,89	2,50	2,28	2,15	2,06	1,99	1,93	1,89
30	2,88	2,49	2,28	2,14	2,05	1,98	1,93	1,88

Figura 10.7 Distribuição F, nível de significância e respectivo valor crítico.

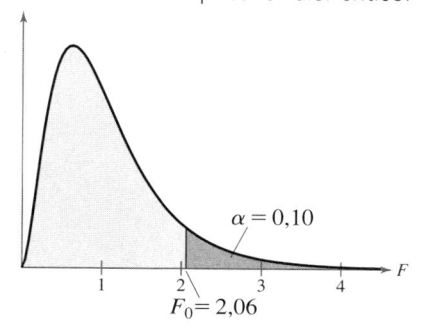

Da tabela, você pode ver que o valor crítico é $F_0 = 2{,}06$. A Figura 10.7 mostra a distribuição F para $\alpha = 0{,}10$, g.l.$_N = 5$, g.l.$_D = 28$ e $F_0 = 2{,}06$.

Tente você mesmo 1

Determine o valor crítico F para um teste unilateral à direita quando $\alpha = 0{,}05$, g.l.$_N = 8$ e g.l.$_D = 20$.

a. Especifique o nível de significância α.
b. Use a Tabela B.7 no Apêndice B para encontrar o valor crítico.

Ao fazer um teste de hipótese bilateral usando a distribuição F, você só precisa encontrar o valor crítico à direita. Porém, você deve lembrar de usar $(\frac{1}{2})\alpha$ na tabela F.

Dica de estudo

Ao usar a Tabela B.7 no Apêndice B para encontrar um valor crítico, você vai perceber que alguns dos valores para g.l.$_N$ ou g.l.$_D$ não estão incluídos na tabela. Se g.l.$_N$ ou g.l.$_D$ estiver exatamente na média entre dois valores na tabela, então use como valor crítico a média entre os valores críticos correspondentes. Contudo, em alguns casos, é mais fácil usar uma ferramenta tecnológica para calcular o valor p, compará-lo ao nível de significância e então decidir se rejeita a hipótese nula.

Exemplo 2

Encontrando valores críticos F para um teste bilateral

Determine o valor crítico F para um teste bilateral quando $\alpha = 0{,}05$, g.l.$_N = 4$ e g.l.$_D = 8$.

Solução

Uma parte da Tabela B.7 está reproduzida na Tabela 10.23. Usando a tabela F

$$(\tfrac{1}{2})\alpha = (\tfrac{1}{2})0{,}05 = 0{,}025$$

com g.l.$_N = 4$ e g.l.$_D = 8$, você pode encontrar o valor crítico, conforme mostrado nas áreas em destaque na Tabela 10.23.

Tabela 10.23 Esquema mostrando a utilização da tabela F para nível de significância de 0,025.

g.l.$_D$: graus de liberdade, denominador	$\alpha = 0{,}025$							
	g.l.$_N$: graus de liberdade, numerador							
	1	2	3	4	5	6	7	8
1	647,8	799,5	864,2	899,6	921,8	937,1	948,2	956,7
2	38,51	39,00	39,17	39,25	39,30	39,33	39,36	39,37
3	17,44	16,04	15,44	15,10	14,88	14,73	14,62	14,54
4	12,22	10,65	9,98	9,60	9,36	9,20	9,07	8,98
5	10,01	8,43	7,76	7,39	7,15	6,98	6,85	6,76
6	8,81	7,26	6,60	6,23	5,99	5,82	5,70	5,60
7	8,07	6,54	5,89	5,52	5,29	5,12	4,99	4,90
8	7,57	6,06	5,42	5,05	4,82	4,65	4,53	4,43
9	7,21	5,71	5,08	4,72	4,48	4,32	4,20	4,10

Da tabela, o valor crítico é $F_0 = 5{,}05$. A Figura 10.8 mostra a distribuição F para $\frac{1}{2}\alpha = 0{,}025$, $\text{g.l.}_N = 4$, $\text{g.l.}_D = 8$ e $F_0 = 5{,}05$.

Figura 10.8 Distribuição F, área lateral à direita e respectivo valor crítico.

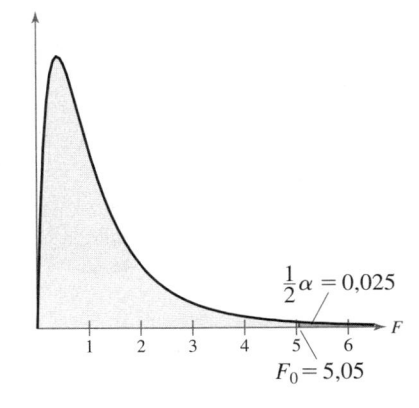

Tente você mesmo 2

Determine o valor crítico F para um teste bilateral quando $\alpha = 0{,}01$, $\text{g.l.}_N = 2$ e $\text{g.l.}_D = 5$.

a. Especifique o nível de significância α.
b. Use a Tabela B.7 no Apêndice B com $(\frac{1}{2})\alpha$ para encontrar o valor crítico.

O teste F com duas amostras para comparação de duas variâncias

No restante desta seção, você aprenderá como realizar um teste F com duas amostras para comparar duas variâncias populacionais usando uma amostra de cada população.

Teste F com duas amostras para variâncias

Um **teste F com duas amostras** é utilizado para comparar duas variâncias populacionais σ_1^2 e σ_2^2. Para realizar esse teste, as seguintes condições devem ser satisfeitas:

1. As amostras devem ser aleatórias.
2. As amostras devem ser independentes.
3. Cada população deve ter uma distribuição normal.

A **estatística de teste** é:

$$F = \frac{s_1^2}{s_2^2}$$

em que s_1^2 e s_2^2 representam as variâncias amostrais com $s_1^2 \geq s_2^2$. O numerador tem $\text{g.l.}_N = n_1 - 1$ graus de liberdade e o denominador tem $\text{g.l.}_D = n_2 - 1$ graus de liberdade, em que n_1 é o tamanho da amostra com variância s_1^2 e n_2 é o tamanho da amostra com variância s_2^2.

> **Dica de estudo**
>
> Em alguns casos, serão dados os desvios padrão amostrais s_1 e s_2. Lembre-se de elevar ao quadrado ambos os desvios padrão para calcular as variâncias amostrais s_1^2 e s_2^2 antes de usar um teste F para comparar as variâncias populacionais.

Instruções

Usando um teste F com duas amostras para comparar σ_1^2 e σ_2^2

EM PALAVRAS	EM SÍMBOLOS
1. Verifique se as amostras são aleatórias e independentes, e as populações têm distribuições normais.	
2. Identifique a afirmação. Declare as hipóteses nula e alternativa.	Formule H_0 e H_a.
3. Especifique o nível de significância.	Identifique α.
4. Identifique os graus de liberdade para o numerador e o denominador.	$\text{g.l.}_N = n_1 - 1$. $\text{g.l.}_D = n_2 - 1$.
5. Determine o valor crítico.	Use a Tabela B.7 no Apêndice B.
6. Determine a região de rejeição.	
7. Calcule a estatística de teste e resuma a distribuição amostral.	$F = \dfrac{s_1^2}{s_2^2}$.

8. Tome uma decisão para rejeitar ou não rejeitar a hipótese nula. — Se F está na região de rejeição, então rejeitar H_0. Caso contrário, não rejeitar H_0.

9. Interprete a decisão no contexto da afirmação original.

Exemplo 3

Realizando um teste F para duas amostras

Um gerente de restaurante está criando um sistema que se destina a diminuir a variância do tempo que os clientes esperam antes de suas refeições serem servidas. Com o antigo sistema, uma amostra aleatória de 10 clientes teve uma variância de 400. Com o novo sistema, uma amostra aleatória de 21 clientes teve uma variância de 256. Para $\alpha = 0,10$, há evidência suficiente para convencer o gerente a mudar para o novo sistema? Suponha que ambas as populações são normalmente distribuídas.

Solução

Como $400 > 256$, $s_1^2 = 400$ e $s_2^2 = 256$. Portanto, s_1^2 e σ_1^2 representam as variâncias da amostra e da população do sistema antigo, respectivamente. Com a afirmação "A variância dos tempos de espera no novo sistema é menor que a variância dos tempos de espera no sistema antigo", as hipóteses nula e alternativa são:

$H_0: \sigma_1^2 \leq \sigma_2^2$ e $H_a: \sigma_1^2 > \sigma_2^2$. (Afirmação)

Note que o teste é unilateral à direita com $\alpha = 0,10$, e os graus de liberdade são g.l.$_N = n_1 - 1 = 10 - 1 = 9$, e g.l.$_D = n_2 - 1 = 21 - 1 = 20$. Então, o valor crítico é $F_0 = 1,96$ e a região de rejeição é $F > 1,96$. A estatística de teste é:

$$F = \frac{s_1^2}{s_2^2} = \frac{400}{256} \approx 1,56.$$

A Figura 10.9 mostra a localização da área de rejeição e a estatística de teste F. Como F não está na área de rejeição, você não rejeita a hipótese nula.

Figura 10.9 Distribuição F, valor crítico e valor da variável de teste na área de não rejeição.

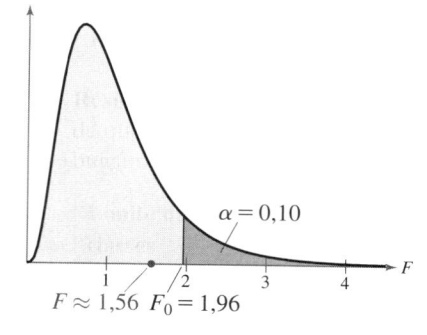

Interpretação Não há evidência suficiente, ao nível de significância de 10%, para convencer o gerente a trocar para o novo sistema.

Retratando o mundo

A localização do imóvel tem efeito na variância do preço de venda de imóveis? Uma amostra aleatória dos preços (em milhares de dólares) de casas vendidas nas regiões nordeste e oeste dos Estados Unidos encontra-se na tabela a seguir. (*Adaptado de: National Association of Realtors.*)

Nordeste	Oeste
177	324
260	285
250	299
213	171
171	156
339	241
247	247
190	252
237	179
226	252

Assumindo que cada população de preços de venda é normalmente distribuída, é possível usar um teste F para duas amostras para comparar as variâncias populacionais?

Tente você mesmo 3

Um pesquisador médico afirma que uma solução intravenosa especialmente tratada diminui a variância do tempo necessário para os nutrientes entrarem na corrente sanguínea. Amostras independentes de cada tipo de solução são selecionadas aleatoriamente e os resultados são mostrados na Tabela 10.24. Com $\alpha = 0,01$, há evidência suficiente para confirmar a afirmação do pesquisador? Suponha que as populações são normalmente distribuídas.

a. Identifique a afirmação e formule H_0 e H_a.
b. Especifique o nível de significância α.
c. Identifique os graus de liberdade para o numerador e o denominador.
d. Determine o valor crítico F_0 e identifique a região de rejeição.
e. Calcule a estatística de teste F. Esboce um gráfico.
f. Decida se rejeita a hipótese nula.
g. Interprete a decisão no contexto da afirmação original.

Tabela 10.24 Tamanhos das amostras e respectivas variâncias para tempos de dois tratamentos.

Solução normal	Solução tratada
$n = 25$	$n = 20$
$s^2 = 180$	$s^2 = 56$

Exemplo 4

Usando tecnologia para um teste F com duas amostras

Você quer comprar ações em uma empresa e está decidindo entre duas ações diferentes. Como o risco de uma ação pode estar associado ao desvio padrão dos preços de fechamento diários, você seleciona aleatoriamente amostras dos preços de fechamento diários para cada ação e obtém os resultados mostrados na Tabela 10.25. Com $\alpha = 0,05$, você pode concluir que uma das duas ações é um investimento mais arriscado? Suponha que os preços de fechamento das ações são normalmente distribuídos.

Tabela 10.25 Tamanhos das amostras e respectivos desvios padrão para preços de fechamento de ações.

Ação A	Ação B
$n_2 = 30$	$n_1 = 31$
$s_2 = 3,5$	$s_1 = 5,7$

Figura 10.10 Utilizando o TI-84 PLUS para comparar variâncias.

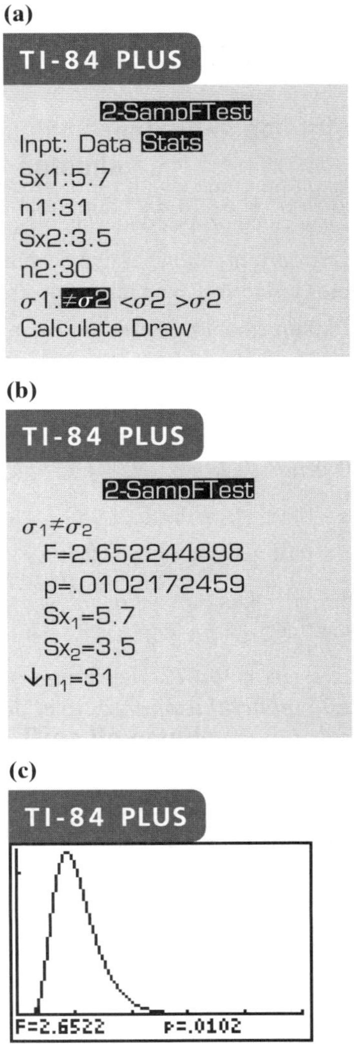

(a), (b), (c)

Solução

Como $5,7^2 > 3,5^2$, $s_1^2 = 5,7^2$ e $s_2^2 = 3,5^2$. Portanto, s_1^2 e σ_1^2 representam as variâncias da amostra e da população para a ação B, respectivamente. Com a afirmação "uma das duas ações é um investimento mais arriscado", as hipóteses nula e a alternativa são: $H_0: \sigma_1^2 = \sigma_2^2$ e $H_a: \sigma_1^2 \neq \sigma_2^2$ (Afirmação).

Note que o teste é bilateral com $\frac{1}{2}\alpha = \frac{1}{2}(0,05) = 0,025$, e os graus de liberdade são g.l.$_N = n_1 - 1 = 31 - 1 = 30$, e g.l.$_D = n_2 - 1 = 30 - 1 = 29$. Então, o valor crítico é $F_0 = 2,09$ e a região de rejeição é $F > 2,09$.

Para realizar um teste F com duas amostras usando uma TI-84 Plus, comece com a tecla STAT. Escolha o menu TESTS e selecione *E:2-SampFTest*. Em seguida ajuste o teste F para duas amostras conforme mostrado na Figura 10.10(a). Como você está inserindo a estatística descritiva, selecione a opção de entrada *Stats*. Ao digitar os dados originais, selecione a opção de entrada *Data*. As figuras 10.10(b) e (c) mostram os resultados ao selecionar *Calculate* e *Draw*, respectivamente.

A estatística de teste $F \approx 2,65$ está na região de rejeição, então você rejeita a hipótese nula.

Dica de estudo

Você também pode usar um valor p para realizar um teste F para duas amostras. Ilustrando, no Exemplo 4, note que a TI-84 Plus mostra $p = 0,0102172459$ [Figura 10.10(b)]. Como $p < \alpha$, você rejeita a hipótese nula.

Interpretação Há evidência suficiente, ao nível de significância de 5%, para confirmar a afirmação de que uma das duas ações é um investimento mais arriscado.

Tente você mesmo 4

Um biólogo afirma que os níveis de pH do solo em duas localizações geográficas têm desvios padrão iguais. Amostras independentes de cada localização são selecionadas aleatoriamente, e os resultados podem ser vistos na Tabela 10.26. Com $\alpha = 0,01$, há evidência suficiente para rejeitar a afirmação do biólogo? Suponha que os níveis de pH são normalmente distribuídos.

a. Identifique a afirmação e declare H_0 e H_a.
b. Identifique o nível de significância α.
c. Identifique os graus de liberdade para o numerador e o denominador.
d. Determine o valor crítico F_0 e identifique a região de rejeição.
e. Use tecnologia para encontrar a estatística de teste F.
f. Decida se rejeita a hipótese nula. Use um gráfico se necessário.
g. Interprete a decisão no contexto da afirmação original.

Tabela 10.26 Tamanhos das amostras e respectivos desvios padrão para níveis de pH em dois locais.

Local A	Local B
$n = 16$	$n = 22$
$s = 0,95$	$s = 0,78$

10.3 Exercícios

Construindo habilidades básicas e vocabulário

1. Explique como encontrar o valor crítico para um teste F.
2. Liste cinco propriedades da distribuição F.
3. Liste as três condições que devem ser satisfeitas a fim de usar um teste F com duas amostras.
4. Explique como determinar os valores de $g.l._N$ e $g.l._D$ ao fazer um teste F com duas amostras.

Nos exercícios 5 a 8, determine o valor crítico F para um teste unilateral à direita usando o nível de significância α e os graus de liberdade $g.l._N$ e $g.l._D$.

5. $\alpha = 0,05$; $g.l._N = 9$; $g.l._D = 16$.
6. $\alpha = 0,01$; $g.l._N = 2$; $g.l._D = 11$.
7. $\alpha = 0,10$; $g.l._N = 10$; $g.l._D = 15$.
8. $\alpha = 0,025$; $g.l._N = 7$; $g.l._D = 3$.

Nos exercícios 9 a 12, determine o valor crítico F para um teste bilateral usando o nível de significância α e os graus de liberdade $g.l._N$ e $g.l._D$.

9. $\alpha = 0,01$; $g.l._N = 6$; $g.l._D = 7$.
10. $\alpha = 0,10$; $g.l._N = 24$; $g.l._D = 28$.
11. $\alpha = 0,05$; $g.l._N = 60$; $g.l._D = 40$.
12. $\alpha = 0,05$; $g.l._N = 27$; $g.l._D = 19$.

Nos exercícios 13 a 18, teste a afirmação sobre a diferença entre duas variâncias populacionais σ_1^2 e σ_2^2 ao nível de significância α. Suponha que as amostras são aleatórias e independentes e as populações normalmente distribuídas. Se for conveniente, use tecnologia.

13. Afirmação: $\sigma_1^2 > \sigma_2^2$; $\alpha = 0,10$.
    Estatísticas amostrais: $s_1^2 = 773$, $n_1 = 5$ e $s_2^2 = 765$, $n_2 = 6$.
14. Afirmação: $\sigma_1^2 = \sigma_2^2$; $\alpha = 0,05$.
    Estatísticas amostrais: $s_1^2 = 310$, $n_1 = 7$ e $s_2^2 = 297$, $n_2 = 8$.
15. Afirmação: $\sigma_1^2 \leq \sigma_2^2$; $\alpha = 0,01$.
    Estatísticas amostrais: $s_1^2 = 842$, $n_1 = 11$ e $s_2^2 = 836$, $n_2 = 10$.
16. Afirmação: $\sigma_1^2 \neq \sigma_2^2$; $\alpha = 0,05$.
    Estatísticas amostrais: $s_1^2 = 245$, $n_1 = 31$ e $s_2^2 = 112$, $n_2 = 28$.
17. Afirmação: $\sigma_1^2 = \sigma_2^2$; $\alpha = 0,01$.
    Estatísticas amostrais: $s_1^2 = 9,8$, $n_1 = 13$ e $s_2^2 = 2,5$, $n_2 = 20$.
18. Afirmação: $\sigma_1^2 > \sigma_2^2$; $\alpha = 0,05$.
    Estatísticas amostrais: $s_1^2 = 44,6$, $n_1 = 16$ e $s_2^2 = 39,3$, $n_2 = 12$.

Usando e interpretando conceitos

Comparando duas variâncias *Nos exercícios 19 a 26, (a) identifique a afirmação e formule H_0 e H_a, (b) determine o valor crítico e identifique a região de rejeição, (c) calcule a estatística de teste F, (d) decida se rejeita ou não a hipótese nula e (e) interprete a decisão no contexto da afirmação original. Suponha que as amostras são aleatórias e independentes e que as populações são normalmente distribuídas. Se for conveniente, use tecnologia.*

19. **Vida útil de eletrodomésticos** A empresa A afirma que a variância dos ciclos de vida de seus eletrodomésticos é menor que a variância dos ciclos de vida dos eletrodomésticos da empresa B. Uma amostra dos ciclos de vida de 20 eletrodomésticos da empresa A tem uma variância de 1,8. Uma amostra dos ciclos de vida de 25 eletrodomésticos da empresa B tem uma variância de 3,9. Com $\alpha = 0,05$, você pode concordar com a afirmação da empresa A?

20. Consumo de combustível Um fabricante de automóveis afirma que a variância dos consumos de combustível para seus veículos híbridos é menor que a variância dos consumos de combustível para os veículos híbridos de um grande concorrente. Uma amostra dos consumos de combustível de 19 dos veículos híbridos do fabricante tem uma variância de 0,21. Uma amostra dos consumos de combustível de 21 dos veículos híbridos do concorrente tem uma variância de 0,45. Com $\alpha = 0,01$, você pode concordar com a afirmação do fabricante? (*Adaptado de: GreenHybrid.*)

21. Tempos de espera para transplante cardíaco A tabela a seguir mostra uma amostra dos tempos de espera (em dias) para um transplante cardíaco para duas faixas etárias. Para nível de significância $\alpha = 0,05$, você pode concluir que as variâncias dos tempos de espera diferem entre as duas faixas etárias? (*Adaptado de: Organ Procurement and Transplantation Network.*)

18–34		35–49		
158	170	212	209	213
173	162	194	196	200
169		210		

22. Golf A tabela a seguir mostra uma amostra das distâncias de tacada (em jardas) para dois jogadores de golfe. Com $\alpha = 0,10$, você pode concluir que as variâncias das distâncias de tacada diferem entre os dois jogadores?

Jogador 1			Jogador 2		
227	234	235	262	257	258
246	223	268	269	253	262
231	235	245	258	265	255
248			262		

23. Testes de avaliação de Ciências O administrador de uma escola estadual afirma que os desvios padrão das notas de um teste de avaliação de Ciências de alunos do oitavo ano são os mesmos nos bairros 1 e 2. Uma amostra de 12 notas do teste do bairro 1 tem um desvio padrão de 36,8 pontos, e uma amostra aleatória de 14 notas do teste do bairro 2 tem um desvio padrão de 32,5 pontos. Para $\alpha = 0,10$, você pode rejeitar a afirmação do administrador? (*Adaptado de: National Center for Education Statistics.*)

24. Testes de avaliação de História O administrador de uma escola estadual afirma que os desvios padrão das notas de um teste de avaliação de História de alunos do oitavo ano são os mesmos nos bairros 1 e 2. Uma amostra de 10 notas do teste do bairro 1 tem um desvio padrão de 30,9 pontos, e uma amostra aleatória de 13 notas do teste do bairro 2 tem um desvio padrão de 27,2 pontos. Com $\alpha = 0,01$, você pode rejeitar a afirmação do administrador? (*Adaptado de: National Center for Education Statistics.*)

25. Salários anuais Um serviço de informação sobre emprego afirma que o desvio padrão dos salários anuais para atuários é maior em Nova York do que na Califórnia. Você seleciona uma amostra de atuários de cada estado. Os resultados de cada pesquisa são mostrados na tabela a seguir. Com $\alpha = 0,05$, você pode concordar com a afirmação do serviço? (*Adaptado de: America's Career InfoNet.*)

Atuários em Nova York	Atuários na Califórnia
$s_1 =$ US\$ 39.700	$s_2 =$ US\$ 29.900
$n_1 = 41$	$n_2 = 61$

26. Salários anuais Um serviço de informação sobre emprego afirma que o desvio padrão dos salários anuais para gerentes de relações públicas é maior na Flórida do que em Louisiana. Você seleciona uma amostra de gerentes de relações públicas de cada estado. Os resultados de cada pesquisa são mostrados na tabela a seguir. Para $\alpha = 0,05$, você pode concordar com a afirmação do serviço? (*Adaptado de: America's Career InfoNet.*)

Gerentes de relações públicas na Flórida	Gerentes de relações públicas em Louisiana
$s_1 =$ US\$ 33.000	$s_2 =$ US\$ 18.200
$n_1 = 28$	$n_2 = 24$

Expandindo conceitos

Encontrando valores críticos F unilaterais à esquerda *Nesta seção, você só precisou calcular o valor crítico F unilateral à direita para um teste bilateral. Para outras aplicações da distribuição F, você vai precisar calcular o valor crítico F unilateral à esquerda. Para calculá-lo, faça o seguinte:*

(1) Troque os valores para g.l.$_N$ e g.l.$_D$.

(2) Encontre o valor F correspondente na Tabela B.7 do Apêndice B.

(3) Calcule o recíproco do valor F para obter o valor crítico F unilateral à esquerda.

Nos exercícios 27 e 28, determine os valores críticos F unilaterais à direita e à esquerda para um teste bilateral usando o nível de significância α e os graus de liberdade g.l.$_N$ e g.l.$_D$.

27. $\alpha = 0,05$; g.l.$_N = 6$; g.l.$_D = 3$.

28. $\alpha = 0,10$; g.l.$_N = 20$; g.l.$_D = 15$.

Intervalo de confiança para σ_1^2/σ_2^2 *Quando s_1^2 e s_2^2 são as variâncias de amostras independentes, selecionadas aleatoriamente, de populações normalmente distribuídas, então um intervalo de confiança para σ_1^2 e σ_2^2 é*

$$\frac{s_1^2}{s_2^2} \cdot \frac{1}{F_R} < \frac{\sigma_1^2}{\sigma_2^2} < \frac{s_1^2}{s_2^2} \cdot \frac{1}{F_L}$$

em que F_R é o valor crítico F unilateral à direita e F_L é o valor crítico F unilateral à esquerda.

Nos exercícios 29 e 30, construa o intervalo de confiança para σ_1^2 / σ_2^2. Suponha que as amostras são aleatórias e independentes e que as populações são normalmente distribuídas.

29. Teor de colesterol Em um estudo recente sobre os teores de colesterol em sanduíches de frango grelhado servidos em restaurantes de fast-food, um nutricionista descobriu que amostras aleatórias de sanduíches dos restaurantes A e B apresentaram as estatísticas amostrais mostradas na tabela a seguir. Construa um intervalo de confiança de 95% para σ_1^2 / σ_2^2, em que σ_1^2 e σ_2^2 são as variâncias populacionais dos teores de colesterol de sanduíches de frango grelhado dos restaurantes A e B, respectivamente. (*Adaptado de: Burger King Brands, Inc. and McDonald's Corporation.*)

Teores de colesterol de sanduíches de frango grelhado	
Restaurante A	**Restaurante B**
$s_1^2 = 10{,}89$	$s_2^2 = 9{,}61$
$n_1 = 16$	$n_2 = 12$

30. Teor de carboidrato Em um estudo recente sobre os teores de carboidrato de sanduíches de frango grelhado servidos em restaurantes de fast-food, um nutricionista descobriu que amostras aleatórias de sanduíches dos restaurantes A e B apresentaram as estatísticas amostrais mostradas na tabela a seguir. Construa um intervalo de confiança de 95% para σ_1^2 / σ_2^2, em que σ_1^2 e σ_2^2 são as variâncias populacionais dos teores de carboidrato de sanduíches de frango grelhado dos restaurantes A e B, respectivamente. (*Adaptado de: Burger King Brands, Inc. and McDonald's Corporation.*)

Teores de carboidrato de sanduíches de frango grelhado	
Restaurante A	**Restaurante B**
$s_1^2 = 5{,}29$	$s_2^2 = 3{,}61$
$n_1 = 16$	$n_2 = 12$

10.4 Análise de variância

> **O que você deve aprender**
> - Como usar a análise de variância com um fator para testar afirmações envolvendo três ou mais médias.
> - Uma introdução à análise de variância com dois fatores.

ANOVA com um fator • ANOVA com dois fatores

ANOVA com um fator

Suponha que um pesquisador médico esteja analisando a eficácia de três tipos de analgésicos e queira determinar se há diferença nas durações médias do tempo que cada um dos três medicamentos leva para aliviar a dor. Para determinar se tal diferença existe, o pesquisador pode usar a distribuição F junto com uma técnica chamada **análise de variância**. Como uma variável independente está sendo estudada, o processo é chamado de **análise de variância com um fator**.

> **Definição**
>
> **Análise de variância com um fator** é uma técnica de teste de hipótese usada para comparar as médias de três ou mais populações. A análise de variância geralmente é abreviada como **ANOVA**.

Para começar a análise de variância com um fator, você deve primeiro formular as hipóteses nula e alternativa. Para um teste ANOVA com um fator, as hipóteses nula e alternativa são sempre semelhantes às seguintes afirmações:

H_0: $\mu_1 = \mu_2 = \mu_3 = \ldots = \mu_k$. (Todas as médias populacionais são iguais.)
H_a: Pelo menos uma média é diferente das demais.

Quando você rejeita a hipótese nula em uma ANOVA com um fator, você pode concluir que, no mínimo, uma das médias é diferente das demais. Sem realizar mais testes estatísticos, contudo, você não pode determinar qual das médias é diferente.

Antes de realizar um teste ANOVA com um fator, você deve verificar se as seguintes condições são satisfeitas:

1. Cada amostra deve ser selecionada aleatoriamente de uma população normal ou aproximadamente normal.
2. As amostras devem ser independentes entre si.
3. Cada população deve ter a mesma variância.

A estatística de teste para um teste ANOVA com um fator é a razão de duas variâncias: a variância entre amostras e a variância dentro das amostras.

$$\text{Estatística de teste} = \frac{\text{variância entre amostras}}{\text{variância dentro das amostras}}$$

1. A variância entre amostras mede as diferenças relacionadas ao tratamento dado a cada amostra. Essa variância, às vezes chamada de **quadrado médio entre**, é denotada por MS_B, MQ_E ou S_E^2.
2. A variância dentro das amostras mede as diferenças relacionadas aos valores dentro da mesma amostra e é geralmente devido a erro amostral. Essa variância, às vezes chamada de **quadrado médio dentro**, é denotada por MS_W, MQ_D ou S_D^2.

Teste da análise de variância com um fator

Para realizar um teste ANOVA com um fator, as seguintes condições devem ser satisfeitas:

1. Cada uma das k amostras, $k \geq 3$, deve ser selecionada aleatoriamente de uma população normal ou aproximadamente normal.
2. As amostras devem ser independentes entre si.
3. Cada população deve ter a mesma variância.

Se essas condições são satisfeitas, então a distribuição amostral para o teste é aproximada pela distribuição F. A **estatística de teste** é:

$$F = \frac{MS_B}{MS_W}.$$

Os graus de liberdade são:

$\text{g.l.}_N = k - 1$ (Graus de liberdade do numerador)
$\text{g.l.}_D = N - k$ (Graus de liberdade do denominador)

em que k é o número de amostras e N é a soma dos tamanhos das amostras.

Se há pouca ou nenhuma diferença entre as médias, então MS_B será aproximadamente igual a MS_W e a estatística de teste será aproximadamente 1. Valores de F próximos de 1 sugerem que você não deveria rejeitar a hipótese nula. Contudo, se uma das médias difere significativamente das outras, MS_B será maior que MS_W e a estatística de teste será maior que 1. Valores de F significantemente maiores que 1 sugerem que você deve rejeitar a hipótese nula. Desse modo, todos os testes ANOVA com um fator são unilaterais à direita. Isto é, se a estatística de teste é maior que o valor crítico, então H_0 será rejeitada.

Instruções

Encontrando a estatística de teste para um teste ANOVA com um fator

EM PALAVRAS

1. Determine a média e a variância de cada amostra.

EM SÍMBOLOS

$\bar{x}_i = \frac{\sum x}{n}$, $s_i^2 = \frac{\sum (x - \bar{x}_i)^2}{n - 1}$.

2. Determine a média de todos os valores em todas as amostras (a grande média). $\bar{\bar{x}} = \dfrac{\Sigma x}{N}$.

3. Determine a soma dos quadrados entre as amostras. $SS_B = \Sigma n_i (\bar{x}_i - \bar{\bar{x}})^2$.

4. Determine a soma dos quadrados dentro das amostras. $SS_W = \Sigma (n_i - 1) s_i^2$.

5. Determine a variância entre as amostras. $MS_B = \dfrac{SS_B}{\text{g.l.}_N} = \dfrac{\Sigma n_i (\bar{x}_i - \bar{\bar{x}})^2}{k - 1}$.

6. Determine a variância dentro das amostras. $MS_W = \dfrac{SS_W}{\text{g.l.}_D} = \dfrac{\Sigma (n_i - 1) s_i^2}{N - k}$.

7. Determine a estatística de teste. $F = \dfrac{MS_B}{MS_W}$.

Dica de estudo

As notações n_i, $\bar{x}_i$ e s_i^2 representam o tamanho, a média e a variância da i-ésima amostra, respectivamente. Além disso, algumas vezes $\bar{\bar{x}}$ é chamado de **grande média**.

Note que no passo 1 das instruções, você soma os valores de uma única amostra. No passo 2, você soma os valores de todas as amostras. As somas SS_B (ou SQE) e SS_W (ou SQD) serão explicadas adiante.

Nas instruções para encontrar a estatística de teste para um teste ANOVA com um fator, a notação SS_B representa a soma dos quadrados entre (SQE) as amostras.

$$SS_B = n_1 (\bar{x}_1 - \bar{\bar{x}})^2 + n_2 (\bar{x}_2 - \bar{\bar{x}})^2 + \cdots + n_k (\bar{x}_k - \bar{\bar{x}})^2$$
$$= \Sigma n_i (\bar{x}_i - \bar{\bar{x}})^2$$

Da mesma forma, a notação SS_W representa a soma dos quadrados dentro das amostras.

$$SS_W = (n_1 - 1) s_1^2 + (n_2 - 1) s_2^2 + \cdots + (n_k - 1) s_k^2$$
$$= \Sigma (n_i - 1) s_i^2$$

Instruções

Realizando um teste de análise de variância com um fator

EM PALAVRAS	EM SÍMBOLOS
1. Verifique se as amostras são aleatórias e independentes, as populações têm distribuições normais e as variâncias populacionais são iguais.	
2. Identifique a afirmação. Declare as hipóteses nula e alternativa.	Formule H_0 e H_a.
3. Especifique o nível de significância.	Identifique α.
4. Determine os graus de liberdade para o numerador e o denominador.	$\text{g.l.}_N = k - 1$ $\text{g.l.}_D = N - k$.
5. Determine o valor crítico.	Use a Tabela B.7 no Apêndice B.
6. Determine a região de rejeição.	
7. Determine a estatística de teste e resuma a distribuição amostral.	$F = \dfrac{MS_B}{MS_W}$.

8. Tome uma decisão para rejeitar ou não a hipótese nula.

   Se F está na região de rejeição, então rejeitar H_0.
   Caso contrário, não rejeitar H_0.

9. Interprete a decisão no contexto da afirmação original.

Tabelas são uma forma conveniente de resumir os resultados da análise de variância com um fator. Tabelas de resumo da ANOVA são montadas conforme mostra a Tabela 10.27.

Tabela 10.27 Tabela de resumo da ANOVA.

Variação	Soma dos quadrados	Graus de liberdade	Quadrados médios	F
Entre	SS_B	$\text{g.l.}_N = k - 1$	$MS_B = \dfrac{SS_B}{\text{g.l.}_N}$	$\dfrac{MS_B}{MS_W}$
Dentro	SS_W	$\text{g.l.}_D = N - k$	$MS_W = \dfrac{SS_W}{\text{g.l.}_D}$	

Exemplo 1

Realizando um teste ANOVA com um fator

Um pesquisador médico quer determinar se há diferença nas durações médias de tempo que três tipos de analgésicos levam para aliviar a dor de cabeça. Várias pessoas que sofrem com dores de cabeça são selecionadas aleatoriamente e tomam um dos três medicamentos. Cada pessoa registra o tempo (em minutos) que o medicamento levou para começar a fazer efeito. Os resultados estão na Tabela 10.28. Para o nível de significância $\alpha = 0{,}01$, você pode concluir que pelo menos um tempo médio é diferente dos demais? Suponha que cada população de tempos para o alívio é normalmente distribuída e que as variâncias populacionais são iguais.

Tabela 10.28 Tempos para alívio da dor de cabeça para três medicamentos diferentes.

Medicamento 1	Medicamento 2	Medicamento 3
12	16	14
15	14	17
17	21	20
12	15	15
	19	
$n_1 = 4$	$n_2 = 5$	$n_3 = 4$
$\bar{x}_1 = \dfrac{56}{4} = 14$	$\bar{x}_2 = \dfrac{85}{5} = 17$	$\bar{x}_3 = \dfrac{66}{4} = 16{,}5$
$s_1^2 = 6$	$s_2^2 = 8{,}5$	$s_3^2 = 7$

Solução

As hipóteses nula e alternativa são:

H_0: $\mu_1 = \mu_2 = \mu_3$.
H_a: Pelo menos uma média é diferente das demais. (Afirmação.)

Como há $k = 3$ amostras, $\text{g.l.}_N = k - 1 = 3 - 1 = 2$. A soma dos tamanhos das amostras é $N = n_1 + n_2 + n_3 = 4 + 5 + 4 = 13$. Então, g.l.$_D$ = $N - k$ = 13 - 3 = 10.

Usando g.l.$_N$ = 2, g.l.$_D$ = 10, e α = 0,01, o valor crítico é F_0 = 7,56. A região de rejeição é F > 7,56. Para encontrar a estatística de teste, primeiro calcule $\bar{\bar{x}}$, MS_B e MS_W.

$$\bar{\bar{x}} = \frac{\Sigma x}{N} = \frac{56 + 85 + 66}{13} \approx 15,92$$

$$MS_B = \frac{SS_B}{\text{g.l.}_N} = \frac{\Sigma n_i (\bar{x}_i - \bar{\bar{x}})^2}{k - 1}$$

$$\approx \frac{(14 - 15,92)^2 + 5(17 - 15,92)^2 + 4(16,5 - 15,92)^2}{3 - 1}$$

$$= \frac{21,9232}{2} = 10,9616$$

$$MS_W = \frac{SS_W}{\text{g.l.}_D} = \frac{\Sigma (n_i - 1)s_i^2}{N - k}$$

$$= \frac{(4-1)(6) + (5-1)(8,5) + (4-1)(7)}{13 - 3}$$

$$= \frac{73}{10} = 7,3$$

Usando $MS_B \approx 10,9616$ e $MS_W = 7,3$, a estatística de teste é:

$$F = \frac{MS_B}{MS_W} \approx \frac{10,9616}{7,3} \approx 1,50.$$

A Figura 10.11 mostra a localização da região de rejeição e a estatística de teste F. Como F não está na região de rejeição, você não rejeita a hipótese nula.

Figura 10.11 Distribuição F, o valor crítico e a estatística de teste na região de rejeição de H_0.

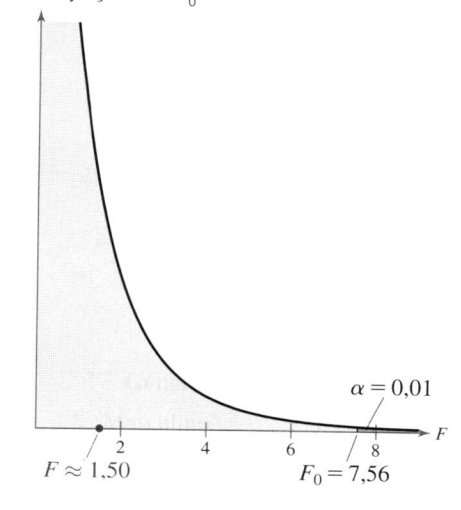

Interpretação Não há evidência suficiente, ao nível de significância de 1%, para concluir que há diferença na duração média de tempo que os três analgésicos levam para proporcionar alívio para dores de cabeça.

A tabela resumo da ANOVA para o Exemplo 1 é mostrada na Tabela 10.29.

Tabela 10.29 Resumo da ANOVA com o cálculo das variâncias e do valor da estatística do teste F.

Variação	Soma dos quadrados	Graus de liberdade	Quadrados médios	F
Entre	21,9232	2	10,9616	1,50
Dentro	73	10	7,3	

Tente você mesmo 1

Um analista de vendas quer determinar se há diferença nas vendas médias mensais em quatro regiões de atuação de uma empresa. Vários vendedores de cada região são selecionados aleatoriamente e fornecem suas quantias de vendas (em milhares de dólares) do mês anterior. Os resultados são mostrados na Tabela 10.30. Com $\alpha = 0,05$, o analista pode concluir que há uma diferença nas vendas médias mensais entre as regiões? Suponha que cada população de vendas é normalmente distribuída e que as variâncias populacionais são iguais.

Tabela 10.30 Vendas mensais da empresa por região.

Norte	Leste	Sul	Oeste
34	47	40	21
28	36	30	30
18	30	41	24
24	38	29	37
	44		23
$n_1 = 4$	$n_2 = 5$	$n_3 = 4$	$n_4 = 5$
$\bar{x}_1 = 26$	$\bar{x}_2 = 39$	$\bar{x}_3 = 35$	$\bar{x}_4 = 27$
$s_1^2 \approx 45,33$	$s_2^2 = 45$	$s_3^2 = 40,67$	$s_4^2 = 42,5$

a. Identifique a afirmação e formule H_0 e H_a.
b. Identifique o nível de significância α.
c. Determine os graus de liberdade para o numerador e o denominador.
d. Calcule o valor crítico F_0 e identifique a região de rejeição.
e. Determine a estatística de teste F. Esboce um gráfico.
f. Decida se rejeita a hipótese nula.
g. Interprete a decisão no contexto da afirmação original.

O uso de tecnologia simplifica muito o processo da ANOVA com um fator. Ao usar uma ferramenta tecnológica como Minitab, Excel ou a TI-84 Plus para fazer um teste de análise de variância com um fator, você pode usar valores p para decidir se rejeita a hipótese nula. Se o valor p é menor que α, então rejeitar H_0.

Exemplo 2

Usando tecnologia para realizar um teste ANOVA com um fator

Um pesquisador acredita que os salários médios dos atores, atletas e músicos mais bem pagos são os mesmos. Os salários (em milhões de dólares) para várias pessoas selecionadas aleatoriamente de cada categoria estão na Tabela 10.31. Suponha que as populações são normalmente distribuídas, as amostras são independentes e as variâncias populacio-

---

Retratando o mundo

Um pesquisador quer determinar se há diferença no tempo médio desperdiçado no trabalho considerando pessoas na Califórnia (CA), Geórgia (GA) e Pensilvânia (PA). Diversas pessoas de cada estado, que trabalham 8 horas por dia, são selecionadas aleatoriamente e perguntadas sobre quanto tempo (em horas) elas desperdiçam no trabalho a cada dia. Os resultados são mostrados na tabela a seguir. (*Adaptado de: Salary.com.*)

CA	GA	PA
2	2	1,75
1,75	2,5	3
2,5	1,25	2,75
3	2,25	2
2,75	1,5	3
3,25	3	2,5
1,25	2,75	2,75
2	2,25	3,25
2,5	2	3
1,75	1	2,75
1,5		2,25
2,25		

Com $\alpha = 0,10$, o pesquisador pode concluir que há diferença na média do tempo desperdiçado no trabalho entre os estados? Suponha que cada população é normalmente distribuída e que as variâncias populacionais são iguais.

Tabela 10.31 Salários de indivíduos por categoria.

Ator	Atleta	Músico
75	67	80
37	58	60
37	53	58
36	52	57
33	50	55
30	46	45
30	33	45
27	26	44
26	18	40
25	13	38
25		35
20		35
11		32
9		23
		15

nais são iguais. Para $\alpha = 0{,}10$, você pode rejeitar a afirmação de que os salários médios são os mesmos para as três categorias? Use tecnologia para testar a afirmação. (*Fonte: Forbes.com.*)

Solução

A seguir são formuladas as hipóteses nula e alternativa.

H_0: $\mu_1 = \mu_2 = \mu_3$.   (Afirmação).
H_a: pelo menos uma média é diferente das demais.

Os resultados obtidos ao realizar o teste com uma TI-84 Plus estão nas figuras 10.12(a) e (b). Dos resultados, você pode ver que $p \approx 0{,}07$. Como $p < \alpha$, você rejeita a hipótese nula. Observe que na Figura 10.12(a) calculamos MS Fator $= MS_B = 783{,}26$. Na Figura 10.12(b) calculamos MS Error $= MS_W = 271{,}08$. Resulta $F = MS_B/MS_W = 2{,}889$, daí $p = 0{,}0686$.

Figura 10.12   Análise de variância no TI-84 Plus, resultando no valor p.

(a)
```
TI-84 PLUS
One-way ANOVA
F=2.889365943
p=.0685883646
Factor
 df=2
 SS=1566.52784
↓ MS=783.263919
```

(b)
```
TI-84 PLUS
One-way ANOVA
↑ MS=783.263919
Error
 df=36
 SS=9759.0619
 MS=271.085053
 Sxp=16.4646607
```

Interpretação   Há evidência suficiente, ao nível de significância de 10%, para rejeitar a afirmação de que os salários médios são os mesmos.

Tente você mesmo 2

Os dados mostrados na Tabela 10.32 representam as notas médias de alunos no primeiro, segundo, terceiro e quarto anos. Para o nível de significância $\alpha = 0{,}05$, você pode concluir que há diferença nas notas médias? Suponha que as populações das notas médias são normalmente distribuídas e que as variâncias populacionais são iguais. Use tecnologia para testar a afirmação.

Tabela 10.32   Notas médias de diferentes alunos em quatro anos de escola.

Primeiro ano	2,34	2,38	3,31	2,39	3,40
Segundo ano	3,26	2,22	3,26	3,29	2,95
Terceiro ano	2,80	2,60	2,49	2,83	2,34
Quarto ano	3,31	2,35	3,27	2,86	2,78

Primeiro ano	2,70	2,34			
Segundo ano	3,01	3,13	3,59	2,84	3,00
Terceiro ano	3,23	3,49	3,03	2,87	
Quarto ano	2,75	3,05	3,31		

a. Identifique a afirmação e formule H_0 e H_a.
b. Insira os dados.
c. Faça o teste ANOVA para encontrar o valor p.
d. Decida se rejeita a hipótese nula.
e. Interprete a decisão no contexto da afirmação original.

Dica de estudo

A seguir são apresentadas instruções para realizar um teste de análise de variância com um fator em uma TI-84 Plus. Comece armazenando os dados em L1, L2 e assim por diante.

[STAT]

Escolha o menu TESTS.
   H: ANOVA(
Então, insira L1, L2 e assim por diante, separados por vírgulas.

ANOVA com dois fatores

Quando você quer testar o efeito de *duas* variáveis independentes, ou fatores, sobre uma variável dependente, você pode usar um **teste de análise de variância com dois fatores**. Por exemplo, suponha que um pesquisador médico queira testar o efeito do gênero e do tipo de medicamento na duração média de tempo que analgésicos levam para promover alívio. Para realizar tal experimento, o pesquisador pode usar o planejamento em blocos da ANOVA com dois fatores mostrado na Figura 10.13.

Figura 10.13 Esquema para uma ANOVA com dois fatores.

	Gênero M	Gênero F
I	Homens tomando o tipo I	Mulheres tomando o tipo I
II	Homens tomando o tipo II	Mulheres tomando o tipo II
III	Homens tomando o tipo III	Mulheres tomando o tipo III

(Tipo de medicamento)

Um teste ANOVA com dois fatores tem três hipóteses nulas — uma para cada efeito principal e uma para o efeito de interação. Um **efeito principal** é o efeito de uma variável independente na variável dependente, e o **efeito de interação** é o efeito de ambas variáveis independentes na variável dependente. Por exemplo, as hipóteses para o experimento dos analgésicos estão listadas a seguir.

Hipóteses para os efeitos principais:

- H_0: o gênero não tem efeito na duração média de tempo que um analgésico leva para aliviar a dor.
- H_a: o gênero tem efeito na duração média de tempo que um analgésico leva para aliviar a dor.
- H_0: o tipo de medicamento não tem efeito na duração média de tempo que um analgésico leva para aliviar a dor.
- H_a: o tipo de medicamento tem efeito na duração média de tempo que um analgésico leva para aliviar a dor.

Hipóteses para o efeito de interação:

- H_0: não há efeito de interação entre o gênero e o tipo de medicamento na duração média de tempo que um analgésico leva para aliviar a dor.
- H_a: há efeito de interação entre o gênero e o tipo de medicamento na duração média de tempo que um analgésico leva para aliviar a dor.

> **Entenda**
> Se o gênero e o tipo de medicamento não têm influência na duração de tempo que um analgésico leva para aliviar a dor, então não haverá diferença significativa nas médias dos tempos de alívio da dor.

Para testar essas hipóteses, você pode fazer um teste ANOVA com dois fatores. Note que as condições para um teste ANOVA com dois fatores são as mesmas do teste ANOVA com um fator, com a condição adicional de que todas as amostras devem ser do mesmo tamanho. Em um teste ANOVA com dois fatores calcula-se uma estatística de teste F para cada hipótese comparando-as com o valor crítico da distribuição F.

A estatística envolvida com um teste ANOVA com dois fatores está além do escopo deste curso. Contudo, você pode usar uma ferramenta tecnológica como o Minitab para fazer um teste ANOVA com dois fatores.

10.4 Exercícios

Construindo habilidades básicas e vocabulário

1. Formule as hipóteses nula e alternativa para um teste ANOVA com um fator.
2. Quais condições são necessárias a fim de usar um teste ANOVA com um fator?
3. Descreva a diferença entre a variância entre amostras MS_B e a variância dentro das amostras MS_W.
4. Descreva as hipóteses para um teste ANOVA com dois fatores.

Usando e interpretando conceitos

Realizando um teste ANOVA com um fator *Nos exercícios 5 a 14, (a) identifique a afirmação e formule H_0 e H_a, (b) determine o valor crítico e identifique a região de rejeição, (c) calcule a estatística de teste F, (d) decida se rejeita ou não rejeita a hipótese nula e (e) interprete a decisão no contexto da afirmação original. Suponha que as amostras são aleatórias e independentes, as populações são normalmente distribuídas e as variâncias populacionais são iguais. Se for conveniente, use tecnologia.*

5. **Pasta de dentes** A tabela a seguir mostra os custos por onça (em dólares) para uma amostra de pastas de dentes que apresentam poder de remoção de manchas muito bom, bom e regular. Para $\alpha = 0,05$, você pode concluir que pelo menos um grupo tem custo médio por onça diferente dos demais? (*Fonte: Consumer Reports.*)

Muito bom	0,47	0,49	0,41	0,37	0,48	0,51
Bom	0,60	0,64	0,58	0,75	0,46	
Regular	0,34	0,46	0,44	0,60		

6. **Bateria de automóveis** A tabela a seguir mostra os preços (em dólares) para amostras de três tipos de baterias de automóveis. Os preços são classificados de acordo com o tipo de bateria. Com $\alpha = 0,05$, há evidência suficiente para concluir que pelo menos um preço médio de bateria é diferente dos demais? (*Fonte: Consumer Reports.*)

Grupo tamanho 35	90	90	75
Grupo tamanho 65	100	75	105
Grupo tamanho 24/24F	115	75	75
Grupo tamanho 35	105	65	
Grupo tamanho 65	110	90	90
Grupo tamanho 24/24F	90	110	90

7. **Aspiradores de pó** A tabela a seguir mostra os pesos (em libras) para amostras de três tipos de aspiradores de pó. Os pesos são classificados de acordo com o tipo de aspirador de pó. Com $\alpha = 0,01$, você pode concluir que pelo menos um tipo de aspirador de pó tem peso médio diferente dos demais? (*Fonte: Consumer Reports.*)

Vertical com saco	21	22	23
Sem saco	16	18	19
Com mangueira	26	24	23
Vertical com saco	21	17	19
Sem saco	18	21	20
Com mangueira	25	27	21

8. **Salários do governo** A tabela a seguir mostra os salários (em milhares de dólares) para amostras de pessoas dos níveis de governo federal, estadual e municipal. Para $\alpha = 0,01$, você pode concluir que pelo menos um salário médio é diferente dos demais? (*Adaptado de: Bureau of Labor Statistics.*)

Federal	Estadual	Municipal
70,4	52,9	48,8
63,1	37,0	38,3
74,5	54,0	42,6
82,3	54,5	41,0
81,6	56,7	51,6
85,7	61,8	45,7
56,3	39,9	60,3
71,2	50,4	40,8
80,9	53,6	37,2
64,6	47,4	33,4

9. **Idades de atletas profissionais** A tabela a seguir mostra as idades (em anos) de atletas profissionais de quatro modalidades de esportes. Com $\alpha = 0,05$, você pode concluir que em pelo menos uma das modalidades a idade média é diferente das demais? (*Fonte: ESPN.*)

Beisebol	Basquete	Futebol americano	Hóquei
30	28	26	29
25	27	28	23
26	29	27	26
31	30	26	30
27	24	29	27
29	27	27	25
27	28	26	24
25	33	26	26
27	26	27	29
23	28	27	32

(*continua*)

(continuação)

Beisebol	Basquete	Futebol americano	Hóquei
26	27	29	28
34	28	25	25
29	26	24	27

10. Custo por milha A tabela a seguir mostra os custos por milha (em centavos de dólar) para amostras de cinco tipos de automóvel. Para o nível de significância $\alpha = 0,01$, você pode concluir que pelo menos um tipo de automóvel tem custo médio por milha diferente dos demais? (*Adaptado de: American Automobile Association.*)

Sedan pequeno	Sedan médio	Sedan grande	Utilitário esportivo 4WD	Minivan
43	67	64	87	66
41	49	73	66	76
49	63	83	75	59
54	59	75	78	51
46	64	80		70
	52	72		

11. Índice de bem-estar O índice de bem-estar é uma maneira de medir como as pessoas estão física, emocional, social e profissionalmente, assim como avaliar a qualidade geral de suas vidas e suas perspectivas para o futuro. A tabela a seguir mostra a pontuação do índice de bem-estar para amostras de pessoas de estados de quatro regiões dos Estados Unidos. Com $\alpha = 0,10$, você pode rejeitar a afirmação de que a pontuação média é a mesma para todas as regiões? (*Adaptado de: Gallup and Healthways.*)

Nordeste	Centro-oeste	Sul	Oeste
67,6	66,6	64,2	66,1
67,3	67,6	64,1	67,4
68,4	65,6	65,8	69,7
66,2	68,9	66,1	68,5
66,5	65,5	62,7	65,2
68,6	68,5	68,0	66,7
	67,4	63,6	67,1
	68,0	65,2	68,8
		65,2	67,7
		64,0	
		66,6	

12. Dias no hospital Em um estudo recente, uma empresa de seguro de saúde investigou o número de dias que pacientes passam em um hospital. Em parte do estudo, a empresa selecionou amostras de pacientes de quatro regiões dos Estados Unidos e registrou o número de dias que cada um passou no hospital. A tabela a seguir mostra os resultados do estudo. Com $\alpha = 0,01$, a empresa pode rejeitar a afirmação de que o número médio de dias que os pacientes passam no hospital é o mesmo para as quatro regiões? (*Adaptado de: National Center for Health Statistics.*)

Nordeste	Centro-oeste	Sul	Oeste
6	6	3	3
4	6	5	4
7	7	6	6
2	3	6	4
3	5	3	6
4	4	7	6
6	4	4	5
8	3		2
9	2		

13. Renda pessoal A tabela a seguir mostra os salários de amostras de indivíduos de seis grandes áreas metropolitanas. Para $\alpha = 0,05$, você pode concluir que o salário médio é diferente em pelo menos uma das áreas? (*Adaptado de: U.S. Bureau of Economic Analysis.*)

Chicago	Dallas	Miami	Denver	San Diego	Seattle
43.581	36.524	49.357	37.790	48.370	57.678
37.731	33.709	53.207	38.970	45.470	48.043
46.831	40.209	40.557	42.990	43.920	45.943
53.031	51.704	52.357	46.290	54.670	52.543
52.551	40.909	44.907	49.565	41.770	57.418
42.131	53.259	48.757	40.390		
	47.269	53.557			

14. Preços de casas A tabela a seguir mostra os preços de venda (em milhares de dólares) de amostras de casas em três cidades. Com $\alpha = 0,10$, você pode concluir que pelo menos em uma cidade o preço médio de venda é diferente dos demais? (*Adaptado de: National Association of Realtors.*)

Gainesville	Orlando	Tampa
139,0	169,9	184,7
111,5	127,1	69,7
156,6	111,3	165,0
152,3	113,5	157,5
214,7	133,9	103,9
172,4	160,8	120,8
52,8	179,2	88,1
170,6	70,7	168,2
140,5	89,9	59,5
186,0	99,3	170,2
139,0		

Expandindo conceitos

Usando tecnologia para realizar um teste ANOVA com dois fatores *Nos exercícios 15 a 18, use tecnologia e o planejamento em blocos para realizar um teste ANOVA com dois fatores. Use α = 0,10. Interprete os resultados. Suponha que as amostras são aleatórias e independentes, as populações são normalmente distribuídas e as variâncias populacionais são iguais.*

15. Propaganda Em um estudo, uma amostra de 20 adultos foi solicitada a avaliar a eficiência de propa-gandas. Essa amostra foi dividida aleatoriamente em 4 grupos. Cada um avaliou uma propaganda de rádio ou de televisão que durava 30 ou 60 segundos. O planeja-mento em blocos mostra essas avaliações (em uma escala de 1 a 5, com 5 sendo extremamente eficiente).

	Meio de propaganda	
Duração da propaganda	Rádio	Televisão
30 segundos	2, 3, 5, 1, 3	3, 5, 4, 1, 2
60 segundos	1, 4, 2, 2, 5	2, 5, 3, 4, 4

16. Vendas de veículos O dono de uma concessionária de automóveis quer determinar se o gênero de um vendedor e o tipo de veículo vendido afetam o número de veículos vendidos em um mês. O planejamento em blocos mostra o número de veículos vendidos em um mês, listados por tipo, para uma amostra de oito vendedores (4 homens e 4 mulheres).

	Tipo de veículo		
Gênero	Carro	Caminhonete	Van/utilitário
Homem	6, 5, 4, 5	2, 2, 1, 3	4, 3, 4, 2
Mulher	5, 7, 8, 7	1, 0, 1, 2	4, 2, 0, 1

17. Notas finais Em um estudo, uma amostra de 24 estudantes do ensino médio, distribuídos por idade e gênero, foi solicitada a fornecer suas notas finais. O planejamento em blocos mostra as notas de estudantes homens e mulheres de quatro grupos etários diferentes.

	Idade	
Gênero	15	16
Homem	2,5; 2,1; 3,8	4,0; 1,4; 2,0
Mulher	4,0; 2,1; 1,9	3,5; 3,0; 2,1
	17	18
Homem	3,5; 2,2; 2,0	3,1; 0,7; 2,8
Mulher	4,0; 2,2; 1,7	1,6; 2,5; 3,6

18. Conserto de unidade de disco O gerente de um serviço de conserto de computador quer determinar se há diferença no tempo que quatro técnicos levam para consertar marcas diferentes de unidade de disco. O planejamento em blocos mostra os tempos (em minutos) que cada técnico levou para consertar três unidades de disco de cada marca.

	Técnico	
Marca	Técnico 1	Técnico 2
Marca A	67, 82, 64	42, 56, 39
Marca B	44, 62, 55	47, 58, 62
Marca C	47, 36, 68	39, 74, 51
	Técnico 3	Técnico 4
Marca A	69, 47, 38	70, 44, 50
Marca B	55, 45, 66	47, 29, 40
Marca C	74, 80, 70	45, 62, 59

O teste de Scheffé *Se a hipótese nula é rejeitada em um teste ANOVA de um fator com três ou mais médias, então um **teste de Scheffé** pode ser realizado para identificar quais médias têm diferença significativa. Em um teste de Scheffé, as médias são comparadas duas de cada vez. Por exemplo, com três médias, você teria as seguintes comparações: $\bar{x}_1$ versus $\bar{x}_2$, $\bar{x}_1$ versus $\bar{x}_3$ e $\bar{x}_2$ versus $\bar{x}_3$. Para cada comparação, calcular:*

$$\frac{(\bar{x}_a - \bar{x}_b)^2}{\dfrac{SS_W}{\sum (n_i - 1)}\left(\dfrac{1}{n_a} + \dfrac{1}{n_b}\right)}$$

em que $\bar{x}_a$ e $\bar{x}_b$ são as médias sendo comparadas e n_a e n_b são os tamanhos das amostras correspondentes. Calcule o valor crítico multiplicando o valor crítico do teste ANOVA com um fator por $k - 1$. Depois, compare o valor calculado usando essa fórmula com o valor crítico. As médias têm diferença significativa quando o valor calculado usando a fórmula é maior que o valor crítico.

Use essas informações para resolver os exercícios 19 a 22.

19. Retome os dados do Exercício 5. Com α = 0,05, faça o teste de Scheffé para determinar quais médias têm diferença significativa.

20. Retome os dados do Exercício 7. Com α = 0,01, aplique o teste de Scheffé para determinar quais médias têm uma diferença significativa.

21. Retome os dados do Exercício 8. Para α = 0,01, faça o teste de Scheffé para determinar quais médias têm diferença significativa.

22. Retome os dados do Exercício 11. Com α = 0,10, faça o teste de Scheffé para determinar quais médias apresentam diferença significativa.

Usos e abusos – Estatística no mundo real

Usos

Análise de variância (ANOVA) com um fator A ANOVA pode ajudá-lo a tomar decisões importantes sobre a alocação de recursos. Por exemplo, suponha que você trabalhe em uma grande companhia de manufatura e parte de sua responsabilidade é determinar a distribuição das vendas da empresa por todo o mundo e decidir onde concentrar os esforços da companhia. Como decisões equivocadas custarão o dinheiro da sua empresa, você quer certificar-se de tomar as decisões corretas.

Abusos

Noções preconcebidas Há testes apresentados neste capítulo que podem ser utilizados de forma abusiva. Por exemplo, é fácil permitir que noções preconcebidas afetem os resultados de um teste qui-quadrado de qualidade do ajuste e um teste qui-quadrado para a independência. Ao testar para verificar se uma distribuição mudou, não deixe a distribuição existente "perturbar" os resultados do estudo. Da mesma forma, para verificar se duas variáveis são independentes, não deixe sua intuição "entrar no caminho". Como em qualquer teste de hipótese, você deve reunir corretamente os dados apropriados e realizar o teste correspondente antes de chegar a uma conclusão lógica.

Interpretação incorreta da rejeição da hipótese nula É importante lembrar que, ao rejeitar a hipótese nula de um teste ANOVA, você está simplesmente estabelecendo que tem evidências suficientes para determinar que pelo menos uma das médias populacionais é diferente das demais. Você não está afirmando que todas são diferentes. Uma forma adicional de testar qual das médias populacionais difere das demais é explicada no Expandindo conceitos da seção Exercícios 10.4.

Exercícios

1. ***Noções preconcebidas*** A ANOVA depende da existência de variáveis independentes. Descreva um abuso que pode ocorrer por ter variáveis dependentes. Então descreva como o abuso poderia ser evitado.

2. ***Interpretação incorreta da rejeição da hipótese nula*** Encontre um exemplo do uso da ANOVA. Neste uso, descreva o que significaria "rejeitar a hipótese nula". Como a rejeição da hipótese nula deveria ser corretamente interpretada?

Resumo do capítulo

O que você aprendeu	Exemplo(s)	Exercícios de revisão
Seção 10.1		
• Como usar a distribuição qui-quadrado para testar se uma distribuição de frequência se ajusta a uma distribuição esperada $$\chi^2 = \Sigma \frac{(O-E)^2}{E}.$$	1–3	1–4
Seção 10.2		
• Como usar uma tabela de contingência para encontrar frequências esperadas $$E_{r,c} = \frac{(\text{soma da linha } r) \cdot (\text{soma da coluna } c)}{\text{tamanho da amostra}}.$$	1	5–8
• Como usar uma distribuição qui-quadrado para testar se duas variáveis são independentes.	2 e 3	5–8

Seção 10.3

- Como interpretar a distribuição F e usar uma tabela F para encontrar valores críticos

  $F = \dfrac{s_1^2}{s_2^2}.$ 1 e 2   9–16

- Como realizar um teste F com duas amostras para comparar duas variâncias.   3 e 4   17–20

Seção 10.4

- Como usar a análise de variância com um fator para testar afirmações envolvendo três ou mais médias

  $F = \dfrac{MS_B}{MS_W}.$ 1 e 2   21 e 22

Exercícios de revisão

Seção 10.1

Nos exercícios 1 a 4, (a) identifique a distribuição esperada e formule H_0 e H_a, (b) determine o valor crítico e identifique a região de rejeição, (c) determine a estatística de teste qui-quadrado, (d) decida se rejeita ou não rejeita a hipótese nula e (e) interprete a decisão no contexto da afirmação original.

1. Um pesquisador afirma que a distribuição das quantias que os pais dão como mesada é diferente da distribuição mostrada no gráfico de pizza a seguir. Você seleciona aleatoriamente 1.103 pais americanos e pergunta quanto eles dão de mesada. A tabela seguinte mostra os resultados. Com $\alpha = 0{,}10$, teste a afirmação do pesquisador. (*Adaptado de: Echo Research.*)

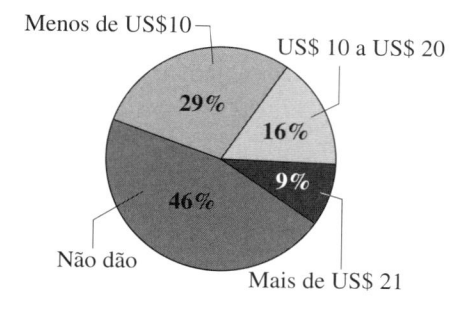

   Gráfico de pizza:
   - Menos de US$10: 29%
   - US$ 10 a US$ 20: 16%
   - Mais de US$ 21: 9%
   - Não dão: 46%

Resultados da pesquisa	
Resposta	**Frequência, f**
Menos de US$ 10	353
US$ 10 a US$ 20	167
Mais de US$ 21	94
Não dão	489

2. Um pesquisador afirma que a distribuição das durações das consultas em consultórios médicos é diferente da distribuição mostrada no gráfico de pizza a seguir. Você seleciona aleatoriamente 350 pessoas e pergunta quantos minutos durou sua consulta com um médico. A tabela seguinte mostra os resultados. Para $\alpha = 0{,}01$, teste a afirmação do pesquisador. (*Adaptado de: National Center for Health Statistics.*)

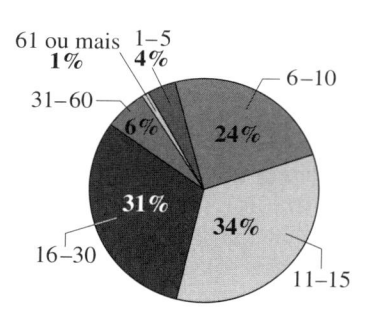

   Gráfico de pizza:
   - 1–5: 4%
   - 6–10: 24%
   - 11–15: 34%
   - 16–30: 31%
   - 31–60: 6%
   - 61 ou mais: 1%

Resultados da pesquisa	
Minutos	**Frequência, f**
1–5	9
6–10	62
11–15	126
16–30	129
31–60	23
61 ou mais	1

3. Uma revista de esportes afirma que as opiniões de alunos de golfe sobre o fundamento em que eles precisam de mais ajuda no esporte estão distribuídas conforme

mostrado no gráfico de pizza a seguir. Você seleciona aleatoriamente 435 alunos de golfe e pergunta em que eles precisam de mais ajuda no esporte. A tabela seguinte mostra os resultados. Com $\alpha = 0{,}05$, teste a afirmação da revista de esportes. (*Adaptado de: PGA of America.*)

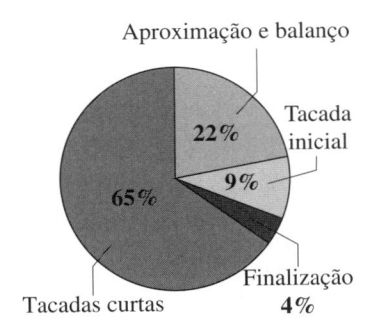

Aproximação e balanço 22%
Tacada inicial 9%
Finalização 4%
Tacadas curtas 65%

Resultados da pesquisa	
Resposta	Frequência, f
Tacadas curtas	276
Aproximação e balanço	99
Tacada inicial	42
Finalização	18

4. Uma organização afirma que a opinião de adultos com 55 anos ou mais sobre qual indústria tem a propaganda mais confiável é uniformemente distribuída. Para testar essa afirmação, você seleciona aleatoriamente 800 adultos com 55 anos ou mais e pergunta qual indústria tem a propaganda mais confiável. A tabela a seguir mostra os resultados. Para $\alpha = 0{,}05$, teste a afirmação da organização. (*Adaptado de: Harris Interactive.*)

Respostas	Frequência, f
Companhias de automóveis	128
Companhias de fast-food	192
Companhias de serviços financeiros	112
Companhias farmacêuticas	152
Companhias de refrigerantes	216

Seção 10.2

Nos exercícios 5 a 8, (a) determine a frequência esperada para cada célula na tabela de contingência, (b) identifique a afirmação e formule H_0 e H_a, (c) determine os graus de liberdade, determine o valor crítico e identifique a região de rejeição, (d) calcule a estatística de teste qui-quadrado, (e) decida se rejeita ou não a hipótese nula e (f) interprete a decisão no contexto da afirmação original. Se for conveniente, use tecnologia.

5. A tabela de contingência a seguir mostra os resultados de uma amostra aleatória de professores de escolas públicas do ensino fundamental e médio, por gênero e anos de experiência de ensino em tempo integral. Com $\alpha = 0{,}01$, você pode concluir que o gênero está relacionado aos anos de experiência de ensino em tempo integral? (*Adaptado de: U.S. National Center for Education Statistics.*)

	Anos de experiência de ensino em tempo integral			
Gênero	Menos de 3 anos	3–9 anos	10–20 anos	20 anos ou mais
Masculino	143	349	279	279
Feminino	328	825	673	624

6. A tabela de contingência seguinte mostra os resultados de uma amostra aleatória de indivíduos, por gênero e tipo de veículo que possui. Para $\alpha = 0{,}05$, você pode concluir que o gênero está relacionado ao tipo de veículo que a pessoa possui?

	Tipo de veículo			
Gênero	Carro	Caminhonete	Utilitário	Van
Masculino	85	95	44	8
Feminino	110	73	61	4

7. A tabela de contingência a seguir mostra os resultados de uma amostra aleatória de espécies em perigo e ameaçadas, por condição e grupo vertebrado. Com $\alpha = 0{,}01$, teste a hipótese de que as variáveis são independentes. (*Adaptado de: U.S. Fish and Wildlife Service.*)

	Anos de experiência de ensino em tempo integral				
Condição	Mamíferos	Aves	Répteis	Anfíbios	Peixes
Em perigo	162	143	38	17	45
Ameaçadas	18	16	19	10	32

8. A tabela de contingência a seguir mostra a distribuição de uma amostra aleatória de colisões fatais de veículos, por hora do dia e gênero, em um ano recente. Com $\alpha = 0{,}10$, você pode concluir que a hora do dia e o gênero estão relacionados? (*Adaptado de: National Highway Traffic Safety Administration.*)

	Hora do dia			
Gênero	0:00–5:59	6:00–11:59	12:00–17:59	18:00–23:59
Masculino	657	591	905	940
Feminino	260	358	585	514

Seção 10.3

Nos exercícios 9 a 12, determine o valor crítico F para um teste unilateral à direita usando o nível de significância α e os graus de liberdade g.l.$_N$ e g.l.$_D$.

9. $\alpha = 0{,}05$; g.l.$_N = 6$; g.l.$_D = 50$.
10. $\alpha = 0{,}01$; g.l.$_N = 12$; g.l.$_D = 10$.
11. $\alpha = 0{,}10$; g.l.$_N = 5$; g.l.$_D = 12$.
12. $\alpha = 0{,}05$; g.l.$_N = 20$; g.l.$_D = 25$.

Nos exercícios 13 a 16, determine o valor crítico F para um teste bilateral usando o nível de significância α e os graus de liberdade g.l.$_N$ e g.l.$_D$.

13. $\alpha = 0{,}10$; g.l.$_N = 15$; g.l.$_D = 27$.
14. $\alpha = 0{,}05$; g.l.$_N = 9$; g.l.$_D = 8$.
15. $\alpha = 0{,}01$; g.l.$_N = 40$; g.l.$_D = 60$.
16. $\alpha = 0{,}01$; g.l.$_N = 11$; g.l.$_D = 13$.

Nos exercícios 17 a 20, (a) identifique a afirmação e formule H_0 e H_a, (b) determine o valor crítico e identifique a região de rejeição, (c) calcule a estatística de teste F, (d) decida se rejeita ou não rejeita a hipótese nula e (e) interprete a decisão no contexto da afirmação original. Suponha que as amostras são aleatórias e independentes e as populações normalmente distribuídas. Se for conveniente, use tecnologia.

17. Um analista agrícola está comparando a produção de trigo em condados de Oklahoma. O analista afirma que a variação na produção de trigo é maior no condado de Garfield que no condado de Kay. Uma amostra de 21 fazendas do condado de Garfield tem um desvio padrão de 0,76 alqueire por acre. Uma amostra de 16 fazendas do condado de Kay tem um desvio padrão de 0,58 alqueire por acre. Com $\alpha = 0{,}10$, você pode concordar com a afirmação do analista? (*Adaptado de: Environmental Verification and Analysis Center — University of Oklahoma.*)

18. Um consultor de viagem afirma que os desvios padrão das diárias de hotel para São Francisco e Sacramento, na Califórnia, são os mesmos. Uma amostra de 36 diárias em São Francisco tem um desvio padrão de US$ 75 e uma amostra de 31 diárias em Sacramento tem um desvio padrão de US$ 44. Para $\alpha = 0{,}01$, você pode rejeitar a afirmação do consultor de viagem? (*Adaptado de: I-Map Data System LLC.*)

19. Um instrutor afirma que a variância das pontuações das mulheres na prova de compreensão de texto do SAT é diferente da variância das pontuações dos homens na mesma prova. A tabela a seguir mostra as pontuações na prova de compreensão de texto do SAT para 9 mulheres e 13 homens, selecionados aleatoriamente. Com $\alpha = 0{,}01$, você pode concordar com a afirmação do instrutor?

Mulher		Homem	
480	600	560	310
610	800	680	730
340		360	740
630		530	520
520		380	560
690		460	400
540		630	

20. Um técnico de qualidade afirma que a variância dos diâmetros de inserção produzidos pelo novo molde de injeção para inserção de painel de automóvel é menor que a variância dos diâmetros de inserção produzidos pelo molde atual. A tabela a seguir apresenta amostras de diâmetros de inserção (em centímetros) para os moldes novo e atual. Com $\alpha = 0{,}05$, você pode concordar com a afirmação do técnico?

Novo	9,611	9,618	9,594	9,580
Atual	9,571	9,642	9,650	9,651

Novo	9,611	9,597	9,638	9,568
Atual	9,596	9,636	9,570	9,537

Novo	9,605	9,603	9,647	9,590
Atual	9,641	9,625	9,626	9,579

Seção 10.4

Nos exercícios 21 e 22, (a) identifique a afirmação e formule H_0 e H_a, (b) determine o valor crítico e identifique a região de rejeição, (c) calcule a estatística de teste F, (d) decida se rejeita ou não rejeita a hipótese nula e (e) interprete a decisão no contexto da afirmação original. Suponha que as amostras são aleatórias e independentes, as populações normalmente distribuídas e as variâncias populacionais são iguais. Se for conveniente, use tecnologia.

21. A tabela a seguir mostra as quantias gastas (em dólares) com energia em um ano para amostras de domicílios de quatro regiões dos Estados Unidos. Com $\alpha = 0{,}10$, você pode concluir que a quantia média gasta com energia em um ano é diferente em pelo menos uma das regiões? (*Adaptado de: U.S. Energy Information Administration.*)

Nordeste	Centro--oeste	Sul	Oeste
1.896	1.712	1.689	1.455
2.606	2.096	2.256	1.164
1.649	1.923	1.834	1.851
2.436	2.281	2.365	1.776
2.811	2.703	1.958	2.030

(continua)

(continuação)

Nordeste	Centro-oeste	Sul	Oeste
2.384	2.092	1.947	1.640
2.840	1.499	2.433	1.678
2.445	2.146	1.578	1.547

22. A tabela a seguir mostra os rendimentos anuais (em dólares) para amostras de famílias de quatro regiões dos Estados Unidos. Para α = 0,05, você pode concluir que o rendimento médio anual das famílias é diferente em pelo menos uma das regiões? (*Adaptado de: U.S. Census Bureau.*)

Nordeste	Centro-oeste	Sul	Oeste
78.123	54.930	52.623	70.496
69.388	78.543	76.365	62.904
78.251	76.602	40.668	59.113
54.379	57.357	50.373	57.191
75.210	54.907	38.536	60.668
	70.119	63.073	60.415
	36.833		

Problemas

Faça estes problemas como se estivesse fazendo em sala. Depois, compare suas respostas com as respostas dadas no final do livro. Para cada exercício, siga as instruções a seguir.

(a) Identifique a afirmação e formule H_0 e H_a.

(b) Determine o valor crítico e identifique a região de rejeição.

(c) Calcule a estatística de teste.

(d) Decida se rejeita ou não a hipótese nula.

(e) Interprete a decisão no contexto da afirmação original.

Se for conveniente, use tecnologia.

Nos exercícios 1 e 2, use a tabela a seguir, que lista a distribuição do grau de instrução para pessoas nos Estados Unidos com 25 anos ou mais. Ela também apresenta os resultados de uma pesquisa aleatória para duas faixas etárias adicionais. (Adaptado de: U.S. Census Bureau.)

	Idade		
Grau de instrução	25 ou mais	30–34	65–69
Ensino médio incompleto	12,4%	36	62
Ensino médio completo	30,4%	84	148
Superior incompleto	16,7%	56	73
Tecnólogo	9,6%	34	36
Bacharel	19,8%	73	73
Pós-graduação	11,1%	38	59

1. A distribuição para as pessoas nos Estados Unidos com 25 anos ou mais difere da distribuição para as pessoas nos Estados Unidos que têm entre 30 e 34 anos? Use α = 0,05.

2. Use os dados para as pessoas com idade de 30 a 34 anos e de 65 a 69 anos para testar se a idade e o grau de instrução são relacionados. Use α = 0,01.

Para os exercícios 3 e 4, use os dados a seguir, que listam os salários anuais (em milhares de dólares) de indivíduos selecionados aleatoriamente de três regiões metropolitanas. Suponha que os salários são normalmente distribuídos e que as amostras são independentes. (Adaptado de: U.S. Bureau of Economic Analysis.)

Ithaca, NY: 44,2 51,5 15,8 28,3 37,8 38,0 32,6 41,8 42,0 40,6 26,2 27,9 48,3.

Little Rock, AR: 45,1 38,1 47,8 34,4 39,6 47,1 19,6 54,8 34,4 40,3 40,1 41,7 40,9 38,9 25,9.

Madison, WI: 50,3 41,8 55,5 40,8 55,6 28,6 50,0 46,8 49,0 52,9 48,3 47,5 39,2 32,7 54,1.

3. Para α = 0,01, há evidência suficiente para concluir que as variâncias de salários anuais para Ithaca, NY, e Little Rock, AR, são diferentes?

4. Os salários médios anuais são os mesmos para todas as três cidades? Use α = 0,10. Suponha que as variâncias populacionais são iguais.

Teste do capítulo

Faça este teste como se estivesse fazendo uma prova em sala. Para cada exercício, siga as instruções a seguir.

(a) Identifique a afirmação e formule H_0 e H_a.
(b) Determine o valor crítico e identifique a região de rejeição.
(c) Calcule a estatística de teste.
(d) Decida se rejeita ou não a hipótese nula.
(e) Interprete a decisão no contexto da afirmação original.

Se for conveniente, use tecnologia.

Para os exercícios 1 a 3, use os dados a seguir, que listam os salários por hora (em dólares) de técnicos de terapia respiratória selecionados aleatoriamente de três estados. Suponha que os salários são normalmente distribuídos e que as amostras são independentes. (Adaptado de: U.S. Bureau of Labor Statistics.)

Maine: 23,66 28,69 26,07 17,69 31,35 28,16 21,78 26,53 20,91 24,61 25,28.

Oklahoma: 21,76 19,13 17,11 16,07 20,44 18,18 17,25 27,18 24,26 21,03.

Massachusetts: 23,11 21,10 28,00 24,20 28,56 28,49 31,43 25,65 24,77 20,75 24,95 25,19.

1. Para $\alpha = 0{,}05$, há evidência suficiente para concluir que as variâncias dos salários por hora de técnicos de terapia respiratória em Maine e Massachusetts são as mesmas?

2. Para $\alpha = 0{,}01$, há evidência suficiente para concluir que a variância dos salários por hora de técnicos de terapia respiratória em Oklahoma é maior que a variância dos salários por hora de técnicos de terapia respiratória em Massachusetts?

3. Os salários médios por hora de técnicos de terapia respiratória são os mesmos para todos os três estados? Use $\alpha = 0{,}01$. Suponha que as variâncias populacionais são iguais.

Nos exercícios 4 a 6, use a tabela a seguir, que lista a distribuição por idades dos trabalhadores que participam de carona solidária em Maine. Ela também apresenta os resultados de uma pesquisa aleatória para dois estados adicionais. (Adaptado de: U.S. Census Bureau.)

Idades	Estado		
	Maine	Oklahoma	Massachusetts
16–19	7,4%	13	16
20–24	11,0%	28	20
25–44	42,1%	94	88
45–54	23,9%	39	45
55–59	8,0%	13	15
60+	7,6%	13	16

4. A distribuição das idades dos trabalhadores que participam de carona solidária em Maine difere da distribuição das idades dos trabalhadores que participam de carona solidária em Oklahoma? Use $\alpha = 0{,}10$.

5. A distribuição por idades dos trabalhadores que participam de carona solidária em Maine é a mesma que a distribuição das idades dos trabalhadores que participam de carona solidária em Massachusetts? Use $\alpha = 0{,}01$.

6. Use os dados de Oklahoma e Massachusetts para testar se o estado e a idade são independentes. Use $\alpha = 0{,}05$.

Estatísticas reais – Decisões reais: juntando tudo

O site Fraud.org foi criado pela Liga Nacional dos Consumidores (NCL, na sigla em inglês) para combater o problema crescente de telemarketing e fraudes na internet, melhorando a prevenção e o cumprimento da lei. A NCL trabalha para proteger e promover a justiça social e econômica para os consumidores e trabalhadores nos Estados Unidos e no exterior.

Você trabalha para a NCL como analista de estatística. Você está estudando os dados sobre fraude. Parte de sua análise envolve testar a qualidade do ajuste, testar a independência, comparar variâncias e realizar o teste ANOVA.

Exercícios

1. Qualidade do ajuste

A Tabela 10.33 mostra a distribuição esperada de vítimas de fraude por faixa etária. Ela também mostra os resultados de um levantamento de 1.000 vítimas de fraude selecionadas aleatoriamente. Usando $\alpha = 0,01$, realize um teste qui-quadrado para a qualidade do ajuste. O que você pode concluir?

2. Independência

A Tabela 10.34 de contingência apresenta os resultados de uma amostra aleatória de 2.000 vítimas de fraude classificadas por idade e tipo de fraude. As fraudes foram cometidas usando falsos prêmios de corridas de cavalo ou ofertas de cartão de crédito.

(a) Calcule a frequência esperada para cada célula na tabela de contingência. Suponha que as variáveis idade e tipo de fraude são independentes.

(b) Você pode concluir que a idade das vítimas está relacionada ao tipo de fraude? Use $\alpha = 0,01$.

Tabela 10.33 Distribuição das vítimas de fraude por faixa etária e resultados de uma pesquisa.

Idade	Distribuição esperada	Resultados do levantamento
Abaixo de 18	0,44%	8
18–25	12,66%	128
26–35	16,31%	155
36–45	16,98%	171
46–55	21,26%	220
56–65	17,82%	164
Acima de 65	14,52%	154

Tabela 10.34 Vítimas de fraude distribuídas por tipo de fraude e faixa etária.

Tipo de fraude	Idade								Total
	Abaixo de 20	20–29	30–39	40–49	50–59	60–69	70–79	80+	
Corrida de cavalo	10	60	70	130	90	160	280	200	1.000
Cartão de crédito	20	180	260	240	180	70	30	20	1.000
Total	30	240	330	370	270	230	310	220	2.000

Tecnologia

MINITAB EXCEL TI-84 PLUS

Salários de professores

O Conselho de Educação do estado de Illinois conduz um estudo anual sobre os salários dos professores. O estudo pesquisa como os salários dos professores estão distribuídos baseado em fatores como titulação e nível de experiência, tamanho do bairro e região geográfica.

A Tabela 10.35 mostra os salários iniciais de uma amostra aleatória de professores de Illinois de bairros de diferentes tamanhos. O tamanho do bairro é medido pelo número de alunos matriculados.

Tabela 10.35 Salários de professores de três bairros de tamanhos diferentes de Illinois.

Salário dos professores		
Menos de 500 alunos	1.000–2.999 alunos	No mínimo 12.000 alunos
35.299	40.943	50.151
39.574	39.593	48.814
32.855	37.451	50.102
31.906	37.424	45.990

(continua)

(continuação)

Salário dos professores		
Menos de 500 alunos	**1.000-2.999 alunos**	**No mínimo 12.000 alunos**
37.091	42.433	59.940
29.346	35.400	54.262
32.422	43.149	51.542
40.038	30.503	48.612
28.939	37.895	54.350
34.113	32.041	55.373
28.811	40.615	57.867
35.414	39.918	48.342
32.477	29.339	48.730

Exercícios

Nos exercícios 1 a 3, considere as amostras listadas a seguir. Use $\alpha = 0{,}05$.

(a) Menos de 500 alunos.

(b) De 1.000 a 2.999 alunos.

(c) No mínimo 12.000 alunos.

1. As amostras são independentes entre si? Explique.
2. Use uma ferramenta tecnológica para determinar se cada amostra é oriunda de uma população normal.
3. Use uma ferramenta tecnológica para determinar se as amostras foram selecionadas de populações com variâncias iguais.
4. Usando os resultados dos exercícios 1 a 3, discuta se as três condições para um teste ANOVA com um fator são satisfeitas. Em caso afirmativo, use uma ferramenta tecnológica para testar a afirmação de que professores de bairros dos três tamanhos têm o mesmo salário médio. Use $\alpha = 0{,}05$.
5. Repita os exercícios 1 a 4 usando os dados da Tabela 10.36. Ela mostra os salários iniciais de uma amostra aleatória de professores de Illinois, de diferentes regiões geográficas.

Tabela 10.36 Salários de professores de três regiões diferentes de Illinois.

Salários dos professores		
Nordeste	**Noroeste**	**Sudoeste**
42.048	30.906	36.757
37.730	23.617	29.122
36.446	27.770	38.893
38.418	34.506	36.090
40.677	30.835	36.813
34.337	30.396	29.646
37.780	40.631	30.348
32.272	29.536	37.871
42.717	29.915	42.825
41.457	31.188	45.534
39.314	31.675	30.735
35.237	31.638	29.033
45.311	36.194	33.228

Soluções são apresentadas nos manuais de tecnologia que acompanham o livro.
Instruções técnicas são fornecidas por Minitab, Excel e TI-84 Plus.

Capítulos 9 e 10 – Revisão acumulada

1. A tabela a seguir mostra os tempos (em segundos) dos vencedores das corridas de 100 metros para homens e mulheres nas Olimpíadas de Verão, de 1928 a 2012. (*Fonte: The International Association of Athletics Federations.*)

Homens, x	10,80	10,38	10,30	10,30	10,79
Mulheres, y	12,20	11,90	11,50	12,20	11,67

Homens, x	10,62	10,32	10,06	9,95	10,14
Mulheres, y	11,82	11,18	11,49	11,08	11,07

Homens, x	10,06	10,25	9,99	9,92	9,96
Mulheres, y	11,08	11,06	10,97	10,54	10,82

Homens, x	9,84	9,87	9,85	9,69	9,63
Mulheres, y	10,94	10,75	10,93	10,78	10,75

   (a) Mostre os dados em um diagrama de dispersão, calcule o coeficiente de correlação r e descreva o tipo de correlação.
   (b) Para $\alpha = 0,05$, há evidência suficiente para concluir que existe uma correlação linear significante entre os tempos dos vencedores das corridas de 100 metros para homens e mulheres?
   (c) Calcule a equação da reta de regressão para os dados. Represente a reta de regressão no diagrama de dispersão.
   (d) Use a equação de regressão para prever o tempo nos 100 metros das mulheres, quando o tempo nos 100 metros dos homens é 9,90 segundos.

2. A tabela a seguir mostra as despesas residenciais (em dólares) com gás natural em um ano, para uma amostra aleatória de domicílios em quatro regiões dos Estados Unidos. Suponha que as populações são normalmente distribuídas e as variâncias populacionais são iguais. Com $\alpha = 0,10$, você pode rejeitar a afirmação de que as despesas médias são as mesmas para todas as quatro regiões? (*Adaptado de: U.S. Energy Information Administration.*)

Nordeste	Centro-oeste	Sul	Oeste
1.608	449	509	591
779	1.036	394	504
964	665	769	1.011
1.303	1.213	753	463
1.143	921	931	271
1.695	1.393	574	324
785	926	526	515
778	866	1.096	599

3. A equação utilizada para prever a produção anual de batata-doce (em libras por acre) é $\hat{y} = 11.509 + 0,139x_1 - 0,069x_2$, sendo x_1 o número de acres plantados e x_2 o número de acres colhidos. Use a equação de regressão múltipla para prever as produções anuais de batata-doce para os valores das variáveis independentes. (*Adaptado de: U.S. Department of Agriculture.*)
   (a) $x_1 = 110.000$; $x_2 = 100.000$.
   (b) $x_1 = 125.000$; $x_2 = 115.000$.

4. O administrador de uma escola afirma que os desvios padrão das notas de um teste de leitura de alunos do oitavo ano são os mesmos no Colorado e em Utah. Uma amostra aleatória de 16 notas do teste do Colorado tem um desvio padrão de 34,6 pontos, e uma amostra aleatória de 15 notas do teste de Utah tem um desvio padrão de 33,2 pontos. Para $\alpha = 0,10$, você pode rejeitar a afirmação do administrador? Suponha que as amostras são independentes e cada população tem uma distribuição normal. (*Adaptado de: National Center for Education Statistics.*)

5. Um pesquisador afirma que os débitos do cartão de crédito de estudantes universitários são distribuídos conforme mostrado no gráfico de pizza da figura a seguir. Você seleciona aleatoriamente 900 estudantes universitários e registra o débito do cartão de crédito de cada um. A tabela seguinte mostra os resultados. Com $\alpha = 0,05$, teste a afirmação do pesquisador. (*Adaptado de: Sallie Mae, Inc.*)

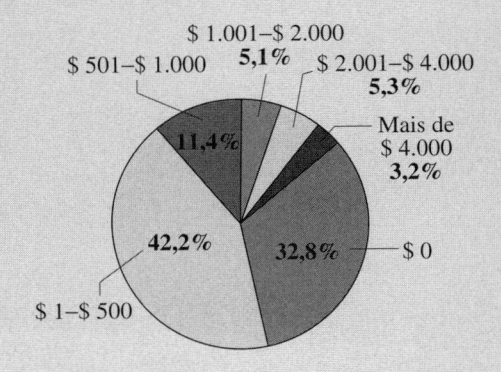

   Gráfico de pizza:
   - $ 501–$ 1.000: 11,4%
   - $ 1.001–$ 2.000: 5,1%
   - $ 2.001–$ 4.000: 5,3%
   - Mais de $ 4.000: 3,2%
   - $ 0: 32,8%
   - $ 1–$ 500: 42,2%

Resultados da pesquisa	
Resposta	Frequência, f
$ 0	290
$ 1–$ 500	397
$ 501–$ 1.000	97
$ 1.001–$ 2.000	54
$ 2.001–$ 4.000	40
Mais de $ 4.000	22

6. **Avaliando um filme** A tabela de contingência a seguir mostra como amostras aleatórias de adultos, do gênero masculino e feminino, avaliaram um filme recém-lançado. Com $\alpha = 0{,}05$, você pode concluir que as avaliações dos adultos estão relacionadas ao gênero?

Gênero	Avaliação			
	Excelente	Bom	Razoável	Ruim
Masculino	97	42	26	5
Feminino	101	33	25	11

7. A tabela a seguir mostra os comprimentos (em centímetros) do osso metacarpo e as alturas (em cm) de nove adultos. A equação da reta de regressão é $\hat{y} = 1{,}700x + 94{,}428$. (*Adaptado de: the American Journal of Physical Anthropology.*)

Comprimento do osso metacarpo, x	45	51	39	41	48
Altura, y	171	178	157	163	172

Comprimento do osso metacarpo, x	49	46	43	47
Altura, y	183	173	175	173

(a) Determine o coeficiente de determinação r^2 e interprete os resultados.

(b) Determine o erro padrão da estimativa s_e e interprete os resultados.

(c) Construa um intervalo de previsão de 95% para a altura de um adulto cujo comprimento do osso metacarpo é 50 cm. Interprete os resultados.

Apêndice A

Neste apêndice apresentamos uma tabela alternativa para determinar áreas (probabilidades) sob a curva normal padrão ($\mu = 0$ e $\sigma^2 = 1$) — veja a Tabela A.1 Essa tabela fornece a área da região relativa ao intervalo $[0; z]$ — veja a Figura A.1 Pretende-se que este apêndice seja usado depois de completar a subseção "Propriedades de uma distribuição normal", da Seção 5.1 deste livro. Se usado, este apêndice pode substituir o material da subseção "A distribuição normal padrão", da Seção 5.1,

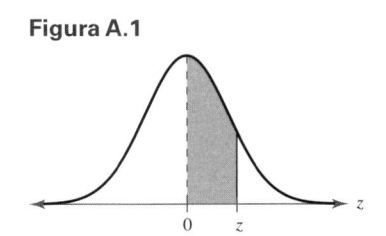

Figura A.1

Tabela A.1 Distribuição normal padrão (0 a z).

z	0,00	0,01	0,02	0,03	0,04	0,05	0,06	0,07	0,08	0,09
0,0	0,0000	0,0040	0,0080	0,0120	0,0160	0,0199	0,0239	0,0279	0,0319	0,0359
0,1	0,0398	0,0438	0,0478	0,0517	0,0557	0,0596	0,0636	0,0675	0,0714	0,0753
0,2	0,0793	0,0832	0,0871	0,0910	0,0948	0,0987	0,1026	0,1064	0,1103	0,1141
0,3	0,1179	0,1217	0,1255	0,1293	0,1331	0,1368	0,1406	0,1443	0,1480	0,1517
0,4	0,1554	0,1591	0,1628	0,1664	0,1700	0,1736	0,1772	0,1808	0,1844	0,1879
0,5	0,1915	0,1950	0,1985	0,2019	0,2054	0,2088	0,2123	0,2157	0,2190	0,2224
0,6	0,2257	0,2291	0,2324	0,2357	0,2389	0,2422	0,2454	0,2486	0,2517	0,2549
0,7	0,2580	0,2611	0,2642	0,2673	0,2704	0,2734	0,2764	0,2794	0,2823	0,2852
0,8	0,2881	0,2910	0,2939	0,2967	0,2995	0,3023	0,3051	0,3078	0,3106	0,3133
0,9	0,3159	0,3186	0,3212	0,3238	0,3264	0,3289	0,3315	0,3340	0,3365	0,3389
1,0	0,3413	0,3438	0,3461	0,3485	0,3508	0,3531	0,3554	0,3577	0,3599	0,3621
1,1	0,3643	0,3665	0,3686	0,3708	0,3729	0,3749	0,3770	0,3790	0,3810	0,3830
1,2	0,3849	0,3869	0,3888	0,3907	0,3925	0,3944	0,3962	0,3980	0,3997	0,4015
1,3	0,4032	0,4049	0,4066	0,4082	0,4099	0,4115	0,4131	0,4147	0,4162	0,4177
1,4	0,4192	0,4207	0,4222	0,4236	0,4251	0,4265	0,4279	0,4292	0,4306	0,4319
1,5	0,4332	0,4345	0,4357	0,4370	0,4382	0,4394	0,4406	0,4418	0,4429	0,4441
1,6	0,4452	0,4463	0,4474	0,4484	0,4495	0,4505	0,4515	0,4525	0,4535	0,4545
1,7	0,4554	0,4564	0,4573	0,4582	0,4591	0,4599	0,4608	0,4616	0,4625	0,4633
1,8	0,4641	0,4649	0,4656	0,4664	0,4671	0,4678	0,4686	0,4693	0,4699	0,4706
1,9	0,4713	0,4719	0,4726	0,4732	0,4738	0,4744	0,4750	0,4756	0,4761	0,4767
2,0	0,4772	0,4778	0,4783	0,4788	0,4793	0,4798	0,4803	0,4808	0,4812	0,4817
2,1	0,4821	0,4826	0,4830	0,4834	0,4838	0,4842	0,4846	0,4850	0,4854	0,4857
2,2	0,4861	0,4864	0,4868	0,4871	0,4875	0,4878	0,4881	0,4884	0,4887	0,4890
2,3	0,4893	0,4896	0,4898	0,4901	0,4904	0,4906	0,4909	0,4911	0,4913	0,4916
2,4	0,4918	0,4920	0,4922	0,4925	0,4927	0,4929	0,4931	0,4932	0,4934	0,4936
2,5	0,4938	0,4940	0,4941	0,4943	0,4945	0,4946	0,4948	0,4949	0,4951	0,4952
2,6	0,4953	0,4955	0,4956	0,4957	0,4959	0,4960	0,4961	0,4962	0,4963	0,4964
2,7	0,4965	0,4966	0,4967	0,4968	0,4969	0,4970	0,4971	0,4972	0,4973	0,4974
2,8	0,4974	0,4975	0,4976	0,4977	0,4977	0,4978	0,4979	0,4979	0,4980	0,4981
2,9	0,4981	0,4982	0,4982	0,4983	0,4984	0,4984	0,4985	0,4985	0,4986	0,4986
3,0	0,4987	0,4987	0,4987	0,4988	0,4988	0,4989	0,4989	0,4989	0,4990	0,4990
3,1	0,4990	0,4991	0,4991	0,4991	0,4992	0,4992	0,4992	0,4992	0,4993	0,4993
3,2	0,4993	0,4993	0,4994	0,4994	0,4994	0,4994	0,4994	0,4995	0,4995	0,4995
3,3	0,4995	0,4995	0,4995	0,4996	0,4996	0,4996	0,4996	0,4996	0,4996	0,4997
3,4	0,4997	0,4997	0,4997	0,4997	0,4997	0,4997	0,4997	0,4997	0,4997	0,4998

Reimpresso com permissão de Frederick Mosteller

O que você deve aprender

- Como encontrar áreas sob a curva normal padrão.

Entenda

Como toda distribuição normal poder ser transformada em uma distribuição normal padrão, você pode usar escores z e a curva normal padrão para encontrar áreas (e, portanto, probabilidades) sob qualquer curva normal.

A Apresentação alternativa da distribuição normal padrão

A distribuição normal padrão

Há uma infinidade de distribuições normais, cada uma com sua média e desvio padrão. A distribuição normal com média 0 e desvio padrão 1 é chamada de **distribuição normal padrão**. A escala horizontal do gráfico da distribuição normal padrão corresponde a escores-z. Na Seção 2.5 você aprendeu que um escore-z é uma medida de posição que indica o número de desvios padrão que um valor dista da média. Lembre-se de que você pode transformar um valor x em um escore-z usando a fórmula:

$$z = \frac{\text{valor} - \text{média}}{\text{desvio padrão}} = \frac{x - \mu}{\sigma}.$$

Definição

A **distribuição normal padrão** é uma distribuição normal com média 0 e desvio padrão 1. A área total sob sua curva normal é 1 (veja a Figura A.2).

Figura A.2 Distribuição normal padrão.

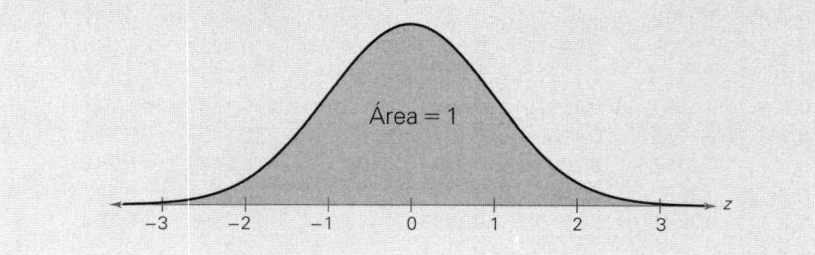

Dica de estudo

É importante saber a diferença entre x e z. A variável aleatória x é às vezes chamada de escore bruto e representa valores em uma distribuição normal não padrão, enquanto z representa valores na distribuição normal padrão.

Quando cada valor de uma variável aleatória normalmente distribuída x é transformado em um escore-z, obtém-se uma distribuição normal padrão. Após essa transformação, a área relativa a algum intervalo sob a curva normal não padrão é *igual* àquela sob a curva normal padrão para os limites z correspondentes.

Na Seção 2.4 você aprendeu a usar a Regra Empírica para aproximar áreas sob a curva normal quando os valores da variável aleatória x correspondiam a $-3, -2, -1, 0, 1, 2$ ou 3 desvios padrão a partir da média. Agora, você vai aprender a calcular áreas correspondentes a outros valores de x. Após usar a fórmula para transformar um valor x em um escore-z, você pode usar a Tabela A.1, que é a tabela normal padrão (0 a z). Essa tabela lista a área sob a curva normal padrão entre 0 e o escore-z dado. Conforme você examina a tabela, note o seguinte.

Propriedades da distribuição normal padrão

1. A distribuição é simétrica em torno do eixo que passa pela média ($z = 0$).
2. A área sob a curva normal padrão à esquerda de $z = 0$ é 0,5 e a área à direita de $z = 0$ é 0,5.
3. A área sob a curva normal padrão aumenta à medida que a distância entre 0 e z aumenta.

À primeira vista, a Tabela A.1 parece fornecer áreas somente para escores-z positivos. Contudo, pela simetria da curva normal padrão, a tabela também fornece áreas para escores-z negativos (veja o Exemplo 1).

Exemplo 1

Usando a tabela normal padrão (0 a z)

1. Encontre a área sob a curva normal padrão entre $z = 0$ e $z = 1,15$.
2. Encontre os escores-z que correspondem à área de 0,0948 marcada a partir da média.

Solução

1. Encontre a área correspondente a $z = 1,15$, localizando 1,1 na coluna da esquerda e depois movendo-se pela linha até a coluna sob 0,05 (veja a Tabela A.2). O número naquela linha e coluna é 0,3749. Então, a área entre $z = 0$ e $z = 1,15$ é 0,3749, conforme mostrado na Figura A.3.

Tabela A.3

z	0,00	0,01	0,02	0,03	0,04	0,05	0,06
0,0	0,0000	0,0040	0,0080	0,0120	0,0160	0,0199	0,0239
0,1	0,0398	0,0438	0,0478	0,0517	0,0557	0,0596	0,0636
0,2	0,0793	0,0832	0,0871	0,0910	0,0948	0,0987	0,1026
0,3	0,1179	0,1217	0,1255	0,1293	0,1331	0,1368	0,1406
0,9	0,3159	0,3186	0,3212	0,3238	0,3264	0,3289	0,3315
1,0	0,3413	0,3438	0,3461	0,3485	0,3508	0,3531	0,3554
1,1	0,3643	0,3665	0,3686	0,3708	0,3729	0,3749	0,3770
1,2	0,3849	0,3869	0,3888	0,3907	0,3925	0,3944	0,3962
1,3	0,4032	0,4049	0,4066	0,4082	0,4099	0,4115	0,4131
1,4	0,4192	0,4207	0,4222	0,4236	0,4251	0,4265	0,4279

Figura A.3 Área = 0,3749

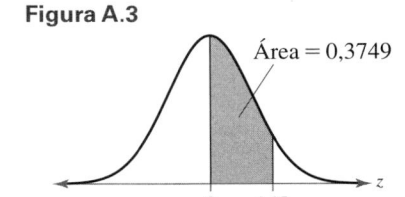

2. Encontre os escores-z correspondentes a uma área de 0,0948 localizando esse número na Tabela A.3. Os valores no começo da linha e no topo da coluna correspondentes fornecem o escore-z. Para uma área de 0,0948, o valor da linha é 0,2 e o valor da coluna é 0,04. Então, os escores-z possíveis são $z = -0,24$ e $z = 0,24$, conforme mostrado nas figuras A.4 e A.5.

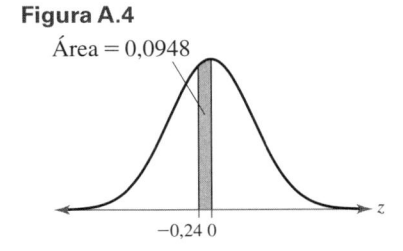

Figura A.4 Área = 0,0948

Tabela A.3

z	0,00	0,01	0,02	0,03	0,04	0,05	0,06
0,0	0,0000	0,0040	0,0080	0,0120	0,0160	0,0199	0,0239
0,1	0,0398	0,0438	0,0478	0,0517	0,0557	0,0596	0,0636
0,2	0,0793	0,0832	0,0871	0,0910	0,0948	0,0987	0,1026
0,3	0,1179	0,1217	0,1255	0,1293	0,1331	0,1368	0,1406
0,4	0,1554	0,1591	0,1628	0,1664	0,1700	0,1736	0,1772
0,5	0,1915	0,1950	0,1985	0,2019	0,2054	0,2088	0,2123

Figura A.5 Área = 0,0948

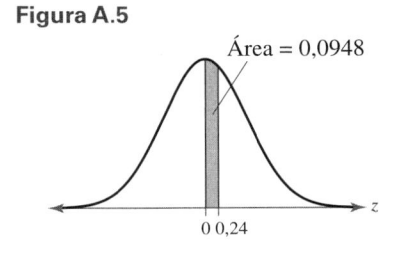

Tente você mesmo 1

1. Encontre a área sob a curva normal padrão entre $z = 0$ e $z = 2,19$.
   Localize o escore-z dado e encontre a área correspondente na Tabela A.1, a tabela normal padrão (0 a z).
2. Encontre os escores-z que correspondem a uma área de 0,4850 marcada a partir da média.

Localize a área dada na Tabela A.1 e encontre os escores-z correspondentes.

Você pode usar as instruções a seguir para encontrar diversos tipos de áreas sob a curva normal padrão.

Instruções

Encontrando áreas sob a curva normal padrão

Siga as instruções a seguir e veja as figuras A.6 a A.8.

1. Esboce a curva normal padrão e sombreie a área apropriada sob a curva.
2. Use a Tabela A.1 para encontrar a área que corresponde ao(s) escore(s)-z.
3. Encontre a área seguindo as instruções para cada caso apresentado.

Figura A.6 Área à esquerda de z.

(a) Quando $z < 0$, *subtraia* a área de 0,5.

2. Subtraia para encontrar a área à esquerda de $z = -1,23$; $0,5 - 0,3907 = 0,1093$.
1. A área entre $z = 0$ e $z = -1,23$ é 0,3907.

(b) Quando $z > 0$, *adicione* 0,5 à área.

2. Subtraia para encontrar a área à esquerda de $z = 1,23$; $0,5 + 0,3907 = 0,8907$.
1. A área entre $z = 0$ e $z = 1,23$ é 0,3907.

Figura A.7 Área à direita de z.

(a) Quando $z < 0$, *adicione* 0,5 à área.

1. A área entre $z = 0$ e $z = -1,23$ é 0,3907.
2. Adicione para encontrar a área à direita de $z = -1,23$; $0,5 + 0,3907 = 0,8907$.

(b) Quando $z > 0$, *subtraia* a área de 0,5.

1. A área entre $z = 0$ e $z = 1,23$ é 0,3907.
2. Adicione para encontrar a área à direita de $z = 1,23$; $0,5 - 0,3907 = 0,1093$.

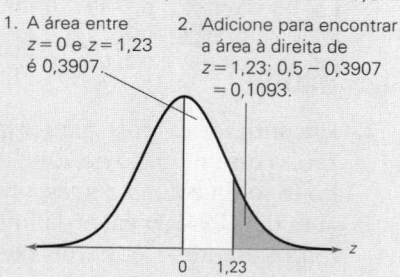

Figura A.8 Área entre dois escores-z.

(a) Quando os dois escores-z têm o mesmo sinal (ambos positivos ou negativos), *subtraia* a área menor da área maior.

1. A área entre $z = 0$ é $z_1 = 1,23$ é 0,3907.
2. A área entre $z = 0$ é $z_2 = 2,5$ é 0,4938.
3. Subtraia para encontrar a área entre $z_1 = 1,23$ e $z_2 = 2,5$; $0,4938 - 0,3907 = 0,1031$.

(b) Quando os dois escores-z têm sinais opostos (um negativo e um positivo), *adicione* as áreas.

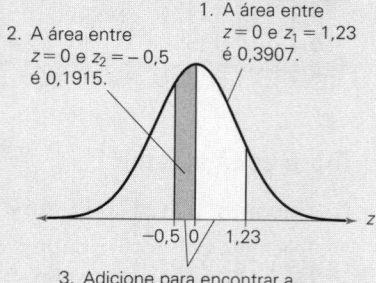

1. A área entre $z = 0$ e $z_1 = 1,23$ é 0,3907.
2. A área entre $z = 0$ e $z_2 = -0,5$ é 0,1915.
3. Adicione para encontrar a área entre $z_1 = 1,23$ e $z_2 = -0,5$; $0,3907 + 0,1915 = 0,5822$.

Exemplo 2

Encontrando áreas sob a curva normal padrão

Encontre a área sob a curva normal padrão à esquerda de $z = -0,99$.

Solução

A área sob a curva normal padrão à esquerda de $z = -0,99$ é mostrada na Figura A.9.

Figura A.9

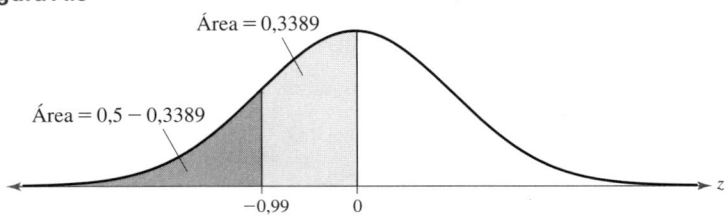

Da Tabela A.1, tabela normal padrão (0 a z), a área correspondente a $z = -0,99$ é 0,3389. Como a área à esquerda de $z = 0$ é 0,5, a área à esquerda de $z = -0,99$ é $0,5 - 0,3389 = 0,1611$.

Tente você mesmo 2

Determine a área sob a curva normal padrão à esquerda de $z = 2,13$.

a. Desenhe a curva normal padrão e sombreie a área sob a curva e à esquerda de $z = 2,13$.

b. Use a Tabela A.1 para encontrar a área que corresponde a $z = 2,13$.

c. Adicione 0,5 à área.

Exemplo 3

Encontrando áreas sob a curva normal padrão

Determine a área sob a curva normal padrão à direita de $z = 1,06$.

Solução

A área sob a curva normal padrão à direita de $z = 1,06$ é mostrada na Figura A.10.

Figura A.10

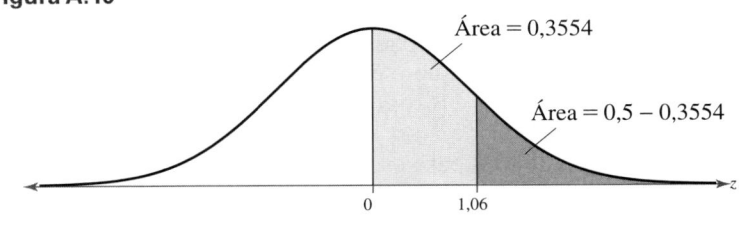

Da Tabela A.1, tabela normal padrão (0 a z), a área correspondente a $z = 1,06$ é 0,3554. Como a área à direita de $z = 0$ é 0,5, a área à direita de $z = 1,06$ é $0,5 - 0,3554 = 0,1446$.

Tente você mesmo 3

Determine a área sob a curva normal padrão à direita de $z = -2,16$.

a. Desenhe a curva normal padrão e sombreie a área sob a curva e à direita de $z = -2,16$.

b. Use a Tabela A.1, para encontrar a área que corresponde a $z = -2{,}16$.
c. Adicione 0,5 à área.

Exemplo 4

Encontrando áreas sob a curva normal padrão

Determine a área sob a curva normal padrão entre $z = -1{,}5$ e $z = 1{,}25$.

Solução

A área sob a curva normal padrão entre $z = -1{,}5$ e $z = 1{,}25$ é mostrada na Figura A.11.

Figura A.11

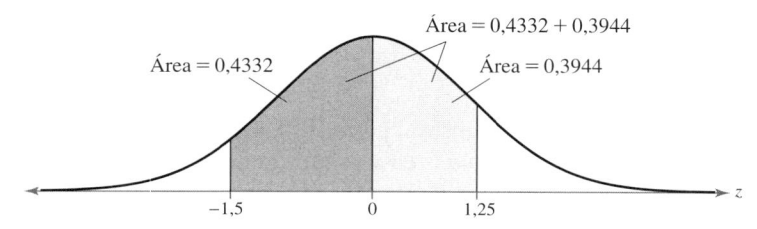

Área = 0,4332
Área = 0,3944
Área = 0,4332 + 0,3944

Da Tabela A.1, tabela normal padrão (0 a z), a área correspondente a $z = -1{,}5$ é 0,4332 e a área correspondente a $z = 1{,}25$ é 0,3944. Para encontrar a área entre esses dois escores-z, adicione as áreas resultantes.

Área = 0,4332 + 0,3944 = 0,8276

Interpretação Assim, 82,76% da área sob a curva está entre $z = -1{,}5$ e $z = 1{,}25$.

Tente você mesmo 4

Encontre a área sob a curva normal padrão entre $z = -2{,}165$ e $z = -1{,}35$.
a. Desenhe a curva normal padrão e sombreie a área sob a curva que está entre $z = -2{,}165$ e $z = -1{,}35$.
b. Use a Tabela A.1 para encontrar a área que corresponde a $z = -1{,}35$.
c. Use a Tabela A.1 para encontrar a área que corresponde a $z = -2{,}165$.
d. Subtraia a área menor da área maior.
e. Interprete os resultados.

Como a distribuição normal é uma distribuição de probabilidade contínua, a área sob a curva normal padrão à esquerda de um escore-z dá a probabilidade de z ser menor que o escore-z. Ilustrando, no Exemplo 2, a área à esquerda de $z = -0{,}99$ é 0,1611. Assim, $P(z < -0{,}99) = 0{,}1611$, que é lida como "a probabilidade de z ser menor que $-0{,}99$ é 0,1611". A Tabela A.4 mostra as probabilidades para os exemplos 3 e 4.

Tabela A.4

	Área	Probabilidade
Exemplo 3	À direita de $z = 1{,}06$: 0,1446	$P(z > 1{,}06) = 0{,}1446$
Exemplo 4	Entre $z = -1{,}5$ e $z = 1{,}25$: 0,8276	$P(-1{,}5 < z < 1{,}25) = 0{,}8276$

Lembre-se da Seção 2.4 que valores que estão a mais de dois desvios padrão da média são considerados incomuns. Valores que estão a mais de três desvios padrão da média são considerados *muito* incomuns. Então, um escore-z maior que 2 ou menor que -2 é incomum. Um escore-z maior que 3 ou menor que -3 é *muito* incomum.

Apêndice B

Tabela B.1 Números aleatórios.

92.630	78.240	19.267	95.457	53.497	23.894	37.708	79.862	76.471	66.418
79.445	78.735	71.549	44.843	26.104	67.318	00.701	34.986	66.751	99.723
59.654	71.966	27.386	50.004	05.358	94.031	29.281	18.544	52.429	06.080
31.524	49.587	76.612	39.789	13.537	48.086	59.483	60.680	84.675	53.014
06.348	76.938	90.379	51.392	55.887	71.015	09.209	79.157	24.440	30.244
28.703	51.709	94.456	48.396	73.780	06.436	86.641	69.239	57.662	80.181
68.108	89.266	94.730	95.761	75.023	48.464	65.544	96.583	18.911	16.391
99.938	90.704	93.621	66.330	33.393	95.261	95.349	51.769	91.616	33.238
91.543	73.196	34.449	63.513	83.834	99.411	58.826	40.456	69.268	48.562
42.103	02.781	73.920	56.297	72.678	12.249	25.270	36.678	21.313	75.767
17.138	27.584	25.296	28.387	51.350	61.664	37.893	05.363	44.143	42.677
28.297	14.280	54.524	21.618	95.320	38.174	60.579	08.089	94.999	78.460
09.331	56.712	51.333	06.289	75.345	08.811	82.711	57.392	25.252	30.333
31.295	04.204	93.712	51.287	05.754	79.396	87.399	51.773	33.075	97.061
36.146	15.560	27.592	42.089	99.281	59.640	15.221	96.079	09.961	05.371
29.553	18.432	13.630	05.529	02.791	81.017	49.027	79.031	50.912	09.399
23.501	22.642	63.081	08.191	89.420	67.800	55.137	54.707	32.945	64.522
57.888	85.846	67.967	07.835	11.314	01.545	48.535	17.142	08.552	67.457
55.336	71.264	88.472	04.334	63.919	36.394	11.196	92.470	70.543	29.776
10.087	10.072	55.980	64.688	68.239	20.461	89.381	93.809	00.796	95.945
34.101	81.277	66.090	88.872	37.818	72.142	67.140	50.785	21.380	16.703
53.362	44.940	60.430	22.834	14.130	96.593	23.298	56.203	92.671	15.925
82.975	66.158	84.731	19.436	55.790	69.229	28.661	13.675	99.318	76.873
54.827	84.673	22.898	08.094	14.326	87.038	42.892	21.127	30.712	48.489
25.464	59.098	27.436	89.421	80.754	89.924	19.097	67.737	80.368	08.795
67.609	60.214	41.475	84.950	40.133	02.546	09.570	45.682	50.165	15.609
44.921	70.924	61.295	51.137	47.596	86.735	35.561	76.649	18.217	63.446
33.170	30.972	98.130	95.828	49.786	13.301	36.081	80.761	33.985	68.621
84.687	85.445	06.208	17.654	51.333	02.878	35.010	67578	61.574	20.749
71.886	56.450	36.567	09.395	96.951	35.507	17.555	35.212	69.106	01679
00.475	02.224	74.722	14.721	40.215	21.351	08.596	45.625	83.981	63.748
25.993	38.881	68.361	59.560	41.274	69.742	40.703	37.993	03.435	18.873
92.882	53.178	99.195	93.803	56.985	53.089	15.305	50.522	55.900	43.026
25.138	26.810	07093	15.677	60.688	04.410	24.505	37.890	67.186	62.829
84.631	71.882	12.991	83.028	82.484	90.339	91.950	74.579	03.539	90.122
34.003	92.326	12.793	61.453	48.121	74.271	28.363	66.561	75220	35.908
53.775	45.749	05.734	86.169	42.762	70.175	97.310	73.894	88.606	19.994
59.316	97.885	72.807	54.966	60.859	11.932	35.265	71.601	55.577	67.715
20.479	66.557	50.705	26.999	09.854	52.591	14.063	30.214	19.890	19.292
86.180	84.931	25.455	26.044	02.227	52.015	21.820	50.599	51.671	65.411
21.451	68.001	72.710	40.261	61.281	13.172	63.819	48.970	51.732	54.113
98.062	68.375	80.089	24.135	72.355	95.428	11.808	29.740	81.644	86.610
01.788	64.429	14.430	94.575	75.153	94.576	61.393	96.192	03.227	32.258
62.465	04.841	43.272	68.702	01.274	05.437	22.953	18.946	99.053	41.690
94.324	31.089	84.159	92.933	99.989	89.500	91.586	02.802	69.471	68.274
05.797	43.984	21.575	09.908	70.221	19.791	51.578	36.432	33.494	79.888
10.395	14.289	52.185	09.721	25.789	38.562	54.794	04.897	59.012	89.251
35.177	56.986	25.549	59.730	64.718	52.630	31.100	62.384	49.483	11.409
25.633	89.619	75.882	98.256	02.126	72.099	57.183	55.887	09.320	73.463
16.464	48.280	94.254	45.777	45.150	68.865	11.382	11.782	22.695	41.988

Reimpresso de RAND CORPORATION. *A Million Random Digits with 100,000 Normal Deviates*. New York: The Free Press, 1955. Copyright © 1955 e 1983 por the Rand Corporation. Usado com permissão.

A Tabela B.2 mostra a probabilidade de x sucessos em n tentativas independentes, sendo a probabilidade de sucesso em qualquer tentativa igual a p.

Tabela B.2 Distribuição binomial.

n	x	0,01	0,05	0,10	0,15	0,20	0,25	0,30	0,35	0,40	0,45	0,50	0,55	0,60	0,65	0,70	0,75	0,80	0,85	0,90	0,95
2	0	0,980	0,902	0,810	0,723	0,640	0,563	0,490	0,423	0,360	0,303	0,250	0,203	0,160	0,123	0,090	0,063	0,040	0,023	0,010	0,002
	1	0,020	0,095	0,180	0,255	0,320	0,375	0,420	0,455	0,480	0,495	0,500	0,495	0,480	0,455	0,420	0,375	0,320	0,255	0,180	0,095
	2	0,000	0,002	0,010	0,023	0,040	0,063	0,090	0,123	0,160	0,203	0,250	0,303	0,360	0,423	0,490	0,563	0,640	0,723	0,810	0,902
3	0	0,970	0,857	0,729	0,614	0,512	0,422	0,343	0,275	0,216	0,166	0,125	0,091	0,064	0,043	0,027	0,016	0,008	0,003	0,001	0,000
	1	0,029	0,135	0,243	0,325	0,384	0,422	0,441	0,444	0,432	0,408	0,375	0,334	0,288	0,239	0,189	0,141	0,096	0,057	0,027	0,007
	2	0,000	0,007	0,027	0,057	0,096	0,141	0,189	0,239	0,288	0,334	0,375	0,408	0,432	0,444	0,441	0,422	0,384	0,325	0,243	0,135
	3	0,000	0,000	0,001	0,003	0,008	0,016	0,027	0,043	0,064	0,091	0,125	0,166	0,216	0,275	0,343	0,422	0,512	0,614	0,729	0,857
4	0	0,961	0,815	0,656	0,522	0,410	0,316	0,240	0,179	0,130	0,092	0,062	0,041	0,026	0,015	0,008	0,004	0,002	0,001	0,000	0,000
	1	0,039	0,171	0,292	0,368	0,410	0,422	0,412	0,384	0,346	0,300	0,250	0,200	0,154	0,112	0,076	0,047	0,026	0,011	0,004	0,000
	2	0,001	0,014	0,049	0,098	0,154	0,211	0,265	0,311	0,346	0,368	0,375	0,368	0,346	0,311	0,265	0,211	0,154	0,098	0,049	0,014
	3	0,000	0,000	0,004	0,011	0,026	0,047	0,076	0,112	0,154	0,200	0,250	0,300	0,346	0,384	0,412	0,422	0,410	0,368	0,292	0,171
	4	0,000	0,000	0,000	0,001	0,002	0,004	0,008	0,015	0,026	0,041	0,062	0,092	0,130	0,179	0,240	0,316	0,410	0,522	0,656	0,815
5	0	0,951	0,774	0,590	0,444	0,328	0,237	0,168	0,116	0,078	0,050	0,031	0,019	0,010	0,005	0,002	0,001	0,000	0,000	0,000	0,000
	1	0,048	0,204	0,328	0,392	0,410	0,396	0,360	0,312	0,259	0,206	0,156	0,113	0,077	0,049	0,028	0,015	0,006	0,002	0,000	0,000
	2	0,001	0,021	0,073	0,138	0,205	0,264	0,309	0,336	0,346	0,337	0,312	0,276	0,230	0,181	0,132	0,088	0,051	0,024	0,008	0,001
	3	0,000	0,001	0,008	0,024	0,051	0,088	0,132	0,181	0,230	0,276	0,312	0,337	0,346	0,336	0,309	0,264	0,205	0,138	0,073	0,021
	4	0,000	0,000	0,000	0,002	0,006	0,015	0,028	0,049	0,077	0,113	0,156	0,206	0,259	0,312	0,360	0,396	0,410	0,392	0,328	0,204
	5	0,000	0,000	0,000	0,000	0,000	0,001	0,002	0,005	0,010	0,019	0,031	0,050	0,078	0,116	0,168	0,237	0,328	0,444	0,590	0,774
6	0	0,941	0,735	0,531	0,377	0,262	0,178	0,118	0,075	0,047	0,028	0,016	0,008	0,004	0,002	0,001	0,000	0,000	0,000	0,000	0,000
	1	0,057	0,232	0,354	0,399	0,393	0,356	0,303	0,244	0,187	0,136	0,094	0,061	0,037	0,020	0,010	0,004	0,002	0,000	0,000	0,000
	2	0,001	0,031	0,098	0,176	0,246	0,297	0,324	0,328	0,311	0,278	0,234	0,186	0,138	0,095	0,060	0,033	0,015	0,006	0,001	0,000
	3	0,000	0,002	0,015	0,042	0,082	0,132	0,185	0,236	0,276	0,303	0,312	0,303	0,276	0,236	0,185	0,132	0,082	0,042	0,015	0,002
	4	0,000	0,000	0,001	0,006	0,015	0,033	0,060	0,095	0,138	0,186	0,234	0,278	0,311	0,328	0,324	0,297	0,246	0,176	0,098	0,031
	5	0,000	0,000	0,000	0,000	0,002	0,004	0,010	0,020	0,037	0,061	0,094	0,136	0,187	0,244	0,303	0,356	0,393	0,399	0,354	0,232
	6	0,000	0,000	0,000	0,000	0,000	0,000	0,001	0,002	0,004	0,008	0,016	0,028	0,047	0,075	0,118	0,178	0,262	0,377	0,531	0,735
7	0	0,932	0,698	0,478	0,321	0,210	0,133	0,082	0,049	0,028	0,015	0,008	0,004	0,002	0,001	0,000	0,000	0,000	0,000	0,000	0,000
	1	0,066	0,257	0,372	0,396	0,367	0,311	0,247	0,185	0,131	0,087	0,055	0,032	0,017	0,008	0,004	0,001	0,000	0,000	0,000	0,000
	2	0,002	0,041	0,124	0,210	0,275	0,311	0,318	0,299	0,261	0,214	0,164	0,117	0,077	0,047	0,025	0,012	0,004	0,001	0,000	0,000
	3	0,000	0,004	0,023	0,062	0,115	0,173	0,227	0,268	0,290	0,292	0,273	0,239	0,194	0,144	0,097	0,058	0,029	0,011	0,003	0,000
	4	0,000	0,000	0,003	0,011	0,029	0,058	0,097	0,144	0,194	0,239	0,273	0,292	0,290	0,268	0,227	0,173	0,115	0,062	0,023	0,004
	5	0,000	0,000	0,000	0,001	0,004	0,012	0,025	0,047	0,077	0,117	0,164	0,214	0,261	0,299	0,318	0,311	0,275	0,210	0,124	0,041
	6	0,000	0,000	0,000	0,000	0,000	0,001	0,004	0,008	0,017	0,032	0,055	0,087	0,131	0,185	0,247	0,311	0,367	0,396	0,372	0,257
	7	0,000	0,000	0,000	0,000	0,000	0,000	0,000	0,001	0,002	0,004	0,008	0,015	0,028	0,049	0,082	0,133	0,210	0,321	0,478	0,698
8	0	0,923	0,663	0,430	0,272	0,168	0,100	0,058	0,032	0,017	0,008	0,004	0,002	0,001	0,000	0,000	0,000	0,000	0,000	0,000	0,000
	1	0,075	0,279	0,383	0,385	0,336	0,267	0,198	0,137	0,090	0,055	0,031	0,016	0,008	0,003	0,001	0,000	0,000	0,000	0,000	0,000
	2	0,003	0,051	0,149	0,238	0,294	0,311	0,296	0,259	0,209	0,157	0,109	0,070	0,041	0,022	0,010	0,004	0,001	0,000	0,000	0,000
	3	0,000	0,005	0,033	0,084	0,147	0,208	0,254	0,279	0,279	0,257	0,219	0,172	0,124	0,081	0,047	0,023	0,009	0,003	0,000	0,000
	4	0,000	0,000	0,005	0,018	0,046	0,087	0,136	0,188	0,232	0,263	0,273	0,263	0,232	0,188	0,136	0,087	0,046	0,018	0,005	0,000
	5	0,000	0,000	0,000	0,003	0,009	0,023	0,047	0,081	0,124	0,172	0,219	0,257	0,279	0,279	0,254	0,208	0,147	0,084	0,033	0,005
	6	0,000	0,000	0,000	0,000	0,001	0,004	0,010	0,022	0,041	0,070	0,109	0,157	0,209	0,259	0,296	0,311	0,294	0,238	0,149	0,051
	7	0,000	0,000	0,000	0,000	0,000	0,000	0,001	0,003	0,008	0,016	0,031	0,055	0,090	0,137	0,198	0,267	0,336	0,385	0,383	0,279
	8	0,000	0,000	0,000	0,000	0,000	0,000	0,000	0,000	0,001	0,002	0,004	0,008	0,017	0,032	0,058	0,100	0,168	0,272	0,430	0,663
9	0	0,914	0,630	0,387	0,232	0,134	0,075	0,040	0,021	0,010	0,005	0,002	0,001	0,000	0,000	0,000	0,000	0,000	0,000	0,000	0,000
	1	0,083	0,299	0,387	0,368	0,302	0,225	0,156	0,100	0,060	0,034	0,018	0,008	0,004	0,001	0,000	0,000	0,000	0,000	0,000	0,000
	2	0,003	0,063	0,172	0,260	0,302	0,300	0,267	0,216	0,161	0,111	0,070	0,041	0,021	0,010	0,004	0,001	0,000	0,000	0,000	0,000
	3	0,000	0,008	0,045	0,107	0,176	0,234	0,267	0,272	0,251	0,212	0,164	0,116	0,074	0,042	0,021	0,009	0,003	0,001	0,000	0,000
	4	0,000	0,001	0,007	0,028	0,066	0,117	0,172	0,219	0,251	0,260	0,246	0,213	0,167	0,118	0,074	0,039	0,017	0,005	0,001	0,000
	5	0,000	0,000	0,001	0,005	0,017	0,039	0,074	0,118	0,167	0,213	0,246	0,260	0,251	0,219	0,172	0,117	0,066	0,028	0,007	0,001
	6	0,000	0,000	0,000	0,001	0,003	0,009	0,021	0,042	0,074	0,116	0,164	0,212	0,251	0,272	0,267	0,234	0,176	0,107	0,045	0,008
	7	0,000	0,000	0,000	0,000	0,000	0,001	0,004	0,010	0,021	0,041	0,070	0,111	0,161	0,216	0,267	0,300	0,302	0,260	0,172	0,063
	8	0,000	0,000	0,000	0,000	0,000	0,000	0,000	0,001	0,004	0,008	0,018	0,034	0,060	0,100	0,156	0,225	0,302	0,368	0,387	0,299
	9	0,000	0,000	0,000	0,000	0,000	0,000	0,000	0,000	0,000	0,001	0,002	0,005	0,010	0,021	0,040	0,075	0,134	0,232	0,387	0,630

BRASE; BRASE. *Understandable Statistics*. 6. ed. Copyright © 1999 por Houghton Mifflin Company. Reimpresso com permissão de Cengage Learning, Inc.

(continua)

(continuação)

n	x	\multicolumn{19}{c}{p}
		0,01	0,05	0,10	0,15	0,20	0,25	0,30	0,35	0,40	0,45	0,50	0,55	0,60	0,65	0,70	0,75	0,80	0,85	0,90	0,95
10	0	0,904	0,599	0,349	0,197	0,107	0,056	0,028	0,014	0,006	0,003	0,001	0,000	0,000	0,000	0,000	0,000	0,000	0,000	0,000	0,000
	1	0,091	0,315	0,387	0,347	0,268	0,188	0,121	0,072	0,040	0,021	0,010	0,004	0,002	0,000	0,000	0,000	0,000	0,000	0,000	0,000
	2	0,004	0,075	0,194	0,276	0,302	0,282	0,233	0,176	0,121	0,076	0,044	0,023	0,011	0,004	0,001	0,000	0,000	0,000	0,000	0,000
	3	0,000	0,010	0,057	0,130	0,201	0,250	0,267	0,252	0,215	0,166	0,117	0,075	0,042	0,021	0,009	0,003	0,001	0,000	0,000	0,000
	4	0,000	0,001	0,011	0,040	0,088	0,146	0,200	0,238	0,251	0,238	0,205	0,160	0,111	0,069	0,037	0,016	0,006	0,001	0,000	0,000
	5	0,000	0,000	0,001	0,008	0,026	0,058	0,103	0,154	0,201	0,234	0,246	0,234	0,201	0,154	0,103	0,058	0,026	0,008	0,001	0,000
	6	0,000	0,000	0,000	0,001	0,006	0,016	0,037	0,069	0,111	0,160	0,205	0,238	0,251	0,238	0,200	0,146	0,088	0,040	0,011	0,001
	7	0,000	0,000	0,000	0,000	0,001	0,003	0,009	0,021	0,042	0,075	0,117	0,166	0,215	0,252	0,267	0,250	0,201	0,130	0,057	0,010
	8	0,000	0,000	0,000	0,000	0,000	0,000	0,001	0,004	0,011	0,023	0,044	0,076	0,121	0,176	0,233	0,282	0,302	0,276	0,194	0,075
	9	0,000	0,000	0,000	0,000	0,000	0,000	0,000	0,000	0,002	0,004	0,010	0,021	0,040	0,072	0,121	0,188	0,268	0,347	0,387	0,315
	10	0,000	0,000	0,000	0,000	0,000	0,000	0,000	0,000	0,000	0,000	0,001	0,003	0,006	0,014	0,028	0,056	0,107	0,197	0,349	0,599
11	0	0,895	0,569	0,314	0,167	0,086	0,042	0,020	0,009	0,004	0,001	0,000	0,000	0,000	0,000	0,000	0,000	0,000	0,000	0,000	0,000
	1	0,099	0,329	0,384	0,325	0,236	0,155	0,093	0,052	0,027	0,013	0,005	0,002	0,001	0,000	0,000	0,000	0,000	0,000	0,000	0,000
	2	0,005	0,087	0,213	0,287	0,295	0,258	0,200	0,140	0,089	0,051	0,027	0,013	0,005	0,002	0,001	0,000	0,000	0,000	0,000	0,000
	3	0,000	0,014	0,071	0,152	0,221	0,258	0,257	0,225	0,177	0,126	0,081	0,046	0,023	0,010	0,004	0,001	0,000	0,000	0,000	0,000
	4	0,000	0,001	0,016	0,054	0,111	0,172	0,220	0,243	0,236	0,206	0,161	0,113	0,070	0,038	0,017	0,006	0,002	0,000	0,000	0,000
	5	0,000	0,000	0,002	0,013	0,039	0,080	0,132	0,183	0,221	0,236	0,226	0,193	0,147	0,099	0,057	0,027	0,010	0,002	0,000	0,000
	6	0,000	0,000	0,000	0,002	0,010	0,027	0,057	0,099	0,147	0,193	0,226	0,236	0,221	0,183	0,132	0,080	0,039	0,013	0,002	0,000
	7	0,000	0,000	0,000	0,000	0,002	0,006	0,017	0,038	0,070	0,113	0,161	0,206	0,236	0,243	0,220	0,172	0,111	0,054	0,016	0,001
	8	0,000	0,000	0,000	0,000	0,000	0,001	0,004	0,010	0,023	0,046	0,081	0,126	0,177	0,225	0,257	0,258	0,221	0,152	0,071	0,014
	9	0,000	0,000	0,000	0,000	0,000	0,000	0,001	0,002	0,005	0,013	0,027	0,051	0,089	0,140	0,200	0,258	0,295	0,287	0,213	0,087
	10	0,000	0,000	0,000	0,000	0,000	0,000	0,000	0,000	0,001	0,002	0,005	0,013	0,027	0,052	0,093	0,155	0,236	0,325	0,384	0,329
	11	0,000	0,000	0,000	0,000	0,000	0,000	0,000	0,000	0,000	0,000	0,000	0,001	0,004	0,009	0,020	0,042	0,086	0,167	0,314	0,569
12	0	0,886	0,540	0,282	0,142	0,069	0,032	0,014	0,006	0,002	0,001	0,000	0,000	0,000	0,000	0,000	0,000	0,000	0,000	0,000	0,000
	1	0,107	0,341	0,377	0,301	0,206	0,127	0,071	0,037	0,017	0,008	0,003	0,001	0,000	0,000	0,000	0,000	0,000	0,000	0,000	0,000
	2	0,006	0,099	0,230	0,292	0,283	0,232	0,168	0,109	0,064	0,034	0,016	0,007	0,002	0,001	0,000	0,000	0,000	0,000	0,000	0,000
	3	0,000	0,017	0,085	0,172	0,236	0,258	0,240	0,195	0,142	0,092	0,054	0,028	0,012	0,005	0,001	0,000	0,000	0,000	0,000	0,000
	4	0,000	0,002	0,021	0,068	0,133	0,194	0,231	0,237	0,213	0,170	0,121	0,076	0,042	0,020	0,008	0,002	0,001	0,000	0,000	0,000
	5	0,000	0,000	0,004	0,019	0,053	0,103	0,158	0,204	0,227	0,223	0,193	0,149	0,101	0,059	0,029	0,011	0,003	0,001	0,000	0,000
	6	0,000	0,000	0,000	0,004	0,016	0,040	0,079	0,128	0,177	0,212	0,226	0,212	0,177	0,128	0,079	0,040	0,016	0,004	0,000	0,000
	7	0,000	0,000	0,000	0,001	0,003	0,011	0,029	0,059	0,101	0,149	0,193	0,223	0,227	0,204	0,158	0,103	0,053	0,019	0,004	0,000
	8	0,000	0,000	0,000	0,000	0,001	0,002	0,008	0,020	0,042	0,076	0,121	0,170	0,213	0,237	0,231	0,194	0,133	0,068	0,021	0,002
	9	0,000	0,000	0,000	0,000	0,000	0,000	0,001	0,005	0,012	0,028	0,054	0,092	0,142	0,195	0,240	0,258	0,236	0,172	0,085	0,017
	10	0,000	0,000	0,000	0,000	0,000	0,000	0,000	0,001	0,002	0,007	0,016	0,034	0,064	0,109	0,168	0,232	0,283	0,292	0,230	0,099
	11	0,000	0,000	0,000	0,000	0,000	0,000	0,000	0,000	0,000	0,001	0,003	0,008	0,017	0,037	0,071	0,127	0,206	0,301	0,377	0,341
	12	0,000	0,000	0,000	0,000	0,000	0,000	0,000	0,000	0,000	0,000	0,000	0,001	0,002	0,006	0,014	0,032	0,069	0,142	0,282	0,540
15	0	0,860	0,463	0,206	0,087	0,035	0,013	0,005	0,002	0,000	0,000	0,000	0,000	0,000	0,000	0,000	0,000	0,000	0,000	0,000	0,000
	1	0,130	0,366	0,343	0,231	0,132	0,067	0,031	0,013	0,005	0,002	0,000	0,000	0,000	0,000	0,000	0,000	0,000	0,000	0,000	0,000
	2	0,009	0,135	0,267	0,286	0,231	0,156	0,092	0,048	0,022	0,009	0,003	0,001	0,000	0,000	0,000	0,000	0,000	0,000	0,000	0,000
	3	0,000	0,031	0,129	0,218	0,250	0,225	0,170	0,111	0,063	0,032	0,014	0,005	0,002	0,000	0,000	0,000	0,000	0,000	0,000	0,000
	4	0,000	0,005	0,043	0,116	0,188	0,225	0,219	0,179	0,127	0,078	0,042	0,019	0,007	0,002	0,001	0,000	0,000	0,000	0,000	0,000
	5	0,000	0,001	0,010	0,045	0,103	0,165	0,206	0,212	0,186	0,140	0,092	0,051	0,024	0,010	0,003	0,001	0,000	0,000	0,000	0,000
	6	0,000	0,000	0,002	0,013	0,043	0,092	0,147	0,191	0,207	0,191	0,153	0,105	0,061	0,030	0,012	0,003	0,001	0,000	0,000	0,000
	7	0,000	0,000	0,000	0,003	0,014	0,039	0,081	0,132	0,177	0,201	0,196	0,165	0,118	0,071	0,035	0,013	0,003	0,001	0,000	0,000
	8	0,000	0,000	0,000	0,001	0,003	0,013	0,035	0,071	0,118	0,165	0,196	0,201	0,177	0,132	0,081	0,039	0,014	0,003	0,000	0,000
	9	0,000	0,000	0,000	0,000	0,001	0,003	0,012	0,030	0,061	0,105	0,153	0,191	0,207	0,191	0,147	0,092	0,043	0,013	0,002	0,000
	10	0,000	0,000	0,000	0,000	0,000	0,001	0,003	0,010	0,024	0,051	0,092	0,140	0,186	0,212	0,206	0,165	0,103	0,045	0,010	0,001
	11	0,000	0,000	0,000	0,000	0,000	0,000	0,001	0,002	0,007	0,019	0,042	0,078	0,127	0,179	0,219	0,225	0,188	0,116	0,043	0,005
	12	0,000	0,000	0,000	0,000	0,000	0,000	0,000	0,000	0,002	0,005	0,014	0,032	0,063	0,111	0,170	0,225	0,250	0,218	0,129	0,031
	13	0,000	0,000	0,000	0,000	0,000	0,000	0,000	0,000	0,000	0,001	0,003	0,009	0,022	0,048	0,092	0,156	0,231	0,286	0,267	0,135
	14	0,000	0,000	0,000	0,000	0,000	0,000	0,000	0,000	0,000	0,000	0,000	0,002	0,005	0,013	0,031	0,067	0,132	0,231	0,343	0,366
	15	0,000	0,000	0,000	0,000	0,000	0,000	0,000	0,000	0,000	0,000	0,000	0,000	0,000	0,002	0,005	0,013	0,035	0,087	0,206	0,463

(continua)

(continuação)

n	x	0,01	0,05	0,10	0,15	0,20	0,25	0,30	0,35	0,40	0,45	0,50	0,55	0,60	0,65	0,70	0,75	0,80	0,85	0,90	0,95
16	0	0,851	0,440	0,185	0,074	0,028	0,010	0,003	0,001	0,000	0,000	0,000	0,000	0,000	0,000	0,000	0,000	0,000	0,000	0,000	0,000
	1	0,138	0,371	0,329	0,210	0,113	0,053	0,023	0,009	0,003	0,001	0,000	0,000	0,000	0,000	0,000	0,000	0,000	0,000	0,000	0,000
	2	0,010	0,146	0,275	0,277	0,211	0,134	0,073	0,035	0,015	0,006	0,002	0,001	0,000	0,000	0,000	0,000	0,000	0,000	0,000	0,000
	3	0,000	0,036	0,142	0,229	0,246	0,208	0,146	0,089	0,047	0,022	0,009	0,003	0,001	0,000	0,000	0,000	0,000	0,000	0,000	0,000
	4	0,000	0,006	0,051	0,131	0,200	0,225	0,204	0,155	0,101	0,057	0,028	0,011	0,004	0,001	0,000	0,000	0,000	0,000	0,000	0,000
	5	0,000	0,001	0,014	0,056	0,120	0,180	0,210	0,201	0,162	0,112	0,067	0,034	0,014	0,005	0,001	0,000	0,000	0,000	0,000	0,000
	6	0,000	0,000	0,003	0,018	0,055	0,110	0,165	0,198	0,198	0,168	0,122	0,075	0,039	0,017	0,006	0,001	0,000	0,000	0,000	0,000
	7	0,000	0,000	0,000	0,005	0,020	0,052	0,101	0,152	0,189	0,197	0,175	0,132	0,084	0,044	0,019	0,006	0,001	0,000	0,000	0,000
	8	0,000	0,000	0,000	0,001	0,006	0,020	0,049	0,092	0,142	0,181	0,196	0,181	0,142	0,092	0,049	0,020	0,006	0,001	0,000	0,000
	9	0,000	0,000	0,000	0,000	0,001	0,006	0,019	0,044	0,084	0,132	0,175	0,197	0,189	0,152	0,101	0,052	0,020	0,005	0,000	0,000
	10	0,000	0,000	0,000	0,000	0,000	0,001	0,006	0,017	0,039	0,075	0,122	0,168	0,198	0,198	0,165	0,110	0,055	0,018	0,003	0,000
	11	0,000	0,000	0,000	0,000	0,000	0,000	0,001	0,005	0,014	0,034	0,067	0,112	0,162	0,201	0,210	0,180	0,120	0,056	0,014	0,001
	12	0,000	0,000	0,000	0,000	0,000	0,000	0,000	0,001	0,004	0,011	0,028	0,057	0,101	0,155	0,204	0,225	0,200	0,131	0,051	0,006
	13	0,000	0,000	0,000	0,000	0,000	0,000	0,000	0,000	0,001	0,003	0,009	0,022	0,047	0,089	0,146	0,208	0,246	0,229	0,142	0,036
	14	0,000	0,000	0,000	0,000	0,000	0,000	0,000	0,000	0,000	0,001	0,002	0,006	0,015	0,035	0,073	0,134	0,211	0,277	0,275	0,146
	15	0,000	0,000	0,000	0,000	0,000	0,000	0,000	0,000	0,000	0,000	0,000	0,001	0,003	0,009	0,023	0,053	0,113	0,210	0,329	0,371
	16	0,000	0,000	0,000	0,000	0,000	0,000	0,000	0,000	0,000	0,000	0,000	0,000	0,001	0,003	0,010	0,028	0,074	0,185	0,440	
20	0	0,818	0,358	0,122	0,039	0,012	0,003	0,001	0,000	0,000	0,000	0,000	0,000	0,000	0,000	0,000	0,000	0,000	0,000	0,000	0,000
	1	0,165	0,377	0,270	0,137	0,058	0,021	0,007	0,002	0,000	0,000	0,000	0,000	0,000	0,000	0,000	0,000	0,000	0,000	0,000	0,000
	2	0,016	0,189	0,285	0,229	0,137	0,067	0,028	0,010	0,003	0,001	0,000	0,000	0,000	0,000	0,000	0,000	0,000	0,000	0,000	0,000
	3	0,001	0,060	0,190	0,243	0,205	0,134	0,072	0,032	0,012	0,004	0,001	0,000	0,000	0,000	0,000	0,000	0,000	0,000	0,000	0,000
	4	0,000	0,013	0,090	0,182	0,218	0,190	0,130	0,074	0,035	0,014	0,005	0,001	0,000	0,000	0,000	0,000	0,000	0,000	0,000	0,000
	5	0,000	0,002	0,032	0,103	0,175	0,202	0,179	0,127	0,075	0,036	0,015	0,005	0,001	0,000	0,000	0,000	0,000	0,000	0,000	0,000
	6	0,000	0,000	0,009	0,045	0,109	0,169	0,192	0,171	0,124	0,075	0,036	0,015	0,005	0,001	0,000	0,000	0,000	0,000	0,000	0,000
	7	0,000	0,000	0,002	0,016	0,055	0,112	0,164	0,184	0,166	0,122	0,074	0,037	0,015	0,005	0,001	0,000	0,000	0,000	0,000	0,000
	8	0,000	0,000	0,000	0,005	0,022	0,061	0,114	0,161	0,180	0,162	0,120	0,073	0,035	0,014	0,004	0,001	0,000	0,000	0,000	0,000
	9	0,000	0,000	0,000	0,001	0,007	0,027	0,065	0,116	0,160	0,177	0,160	0,119	0,071	0,034	0,012	0,003	0,000	0,000	0,000	0,000
	10	0,000	0,000	0,000	0,000	0,002	0,010	0,031	0,069	0,117	0,159	0,176	0,159	0,117	0,069	0,031	0,010	0,002	0,000	0,000	0,000
	11	0,000	0,000	0,000	0,000	0,000	0,003	0,012	0,034	0,071	0,119	0,160	0,177	0,160	0,116	0,065	0,027	0,007	0,001	0,000	0,000
	12	0,000	0,000	0,000	0,000	0,000	0,001	0,004	0,014	0,035	0,073	0,120	0,162	0,180	0,161	0,114	0,061	0,022	0,005	0,000	0,000
	13	0,000	0,000	0,000	0,000	0,000	0,000	0,001	0,005	0,015	0,037	0,074	0,122	0,166	0,184	0,164	0,112	0,055	0,016	0,002	0,000
	14	0,000	0,000	0,000	0,000	0,000	0,000	0,000	0,001	0,005	0,015	0,037	0,075	0,124	0,171	0,192	0,169	0,109	0,045	0,009	0,000
	15	0,000	0,000	0,000	0,000	0,000	0,000	0,000	0,000	0,001	0,005	0,015	0,036	0,075	0,127	0,179	0,202	0,175	0,103	0,032	0,002
	16	0,000	0,000	0,000	0,000	0,000	0,000	0,000	0,000	0,000	0,001	0,005	0,014	0,035	0,074	0,130	0,190	0,218	0,182	0,090	0,013
	17	0,000	0,000	0,000	0,000	0,000	0,000	0,000	0,000	0,000	0,000	0,001	0,004	0,012	0,032	0,072	0,134	0,205	0,243	0,190	0,060
	18	0,000	0,000	0,000	0,000	0,000	0,000	0,000	0,000	0,000	0,000	0,000	0,001	0,003	0,010	0,028	0,067	0,137	0,229	0,285	0,189
	19	0,000	0,000	0,000	0,000	0,000	0,000	0,000	0,000	0,000	0,000	0,000	0,000	0,002	0,007	0,021	0,058	0,137	0,270	0,377	
	20	0,000	0,000	0,000	0,000	0,000	0,000	0,000	0,000	0,000	0,000	0,000	0,000	0,000	0,000	0,001	0,003	0,012	0,039	0,122	0,358

Tabela B.3 Distribuição de Poisson.

x	μ=0,1	0,2	0,3	0,4	0,5	0,6	0,7	0,8	0,9	1,0
0	0,9048	0,8187	0,7408	0,6703	0,6065	0,5488	0,4966	0,4493	0,4066	0,3679
1	0,0905	0,1637	0,2222	0,2681	0,3033	0,3293	0,3476	0,3595	0,3659	0,3679
2	0,0045	0,0164	0,0333	0,0536	0,0758	0,0988	0,1217	0,1438	0,1647	0,1839
3	0,0002	0,0011	0,0033	0,0072	0,0126	0,0198	0,0284	0,0383	0,0494	0,0613
4	0,0000	0,0001	0,0003	0,0007	0,0016	0,0030	0,0050	0,0077	0,0111	0,0153
5	0,0000	0,0000	0,0000	0,0001	0,0002	0,0004	0,0007	0,0012	0,0020	0,0031
6	0,0000	0,0000	0,0000	0,0000	0,0000	0,0000	0,0001	0,0002	0,0003	0,0005
7	0,0000	0,0000	0,0000	0,0000	0,0000	0,0000	0,0000	0,0000	0,0000	0,0001

x	μ=1,1	1,2	1,3	1,4	1,5	1,6	1,7	1,8	1,9	2,0
0	0,3329	0,3012	0,2725	0,2466	0,2231	0,2019	0,1827	0,1653	0,1496	0,1353
1	0,3662	0,3614	0,3543	0,3452	0,3347	0,3230	0,3106	0,2975	0,2842	0,2707
2	0,2014	0,2169	0,2303	0,2417	0,2510	0,2584	0,2640	0,2678	0,2700	0,2707
3	0,0738	0,0867	0,0998	0,1128	0,1255	0,1378	0,1496	0,1607	0,1710	0,1804
4	0,0203	0,0260	0,0324	0,0395	0,0471	0,0551	0,0636	0,0723	0,0812	0,0902
5	0,0045	0,0062	0,0084	0,0111	0,0141	0,0176	0,0216	0,0260	0,0309	0,0361
6	0,0008	0,0012	0,0018	0,0026	0,0035	0,0047	0,0061	0,0078	0,0098	0,0120
7	0,0001	0,0002	0,0003	0,0005	0,0008	0,0011	0,0015	0,0020	0,0027	0,0034
8	0,0000	0,0000	0,0001	0,0001	0,0001	0,0002	0,0003	0,0005	0,0006	0,0009
9	0,0000	0,0000	0,0000	0,0000	0,0000	0,0000	0,0001	0,0001	0,0001	0,0002

x	μ=2,1	2,2	2,3	2,4	2,5	2,6	2,7	2,8	2,9	3,0
0	0,1225	0,1108	0,1003	0,0907	0,0821	0,0743	0,0672	0,0608	0,0550	0,0498
1	0,2572	0,2438	0,2306	0,2177	0,2052	0,1931	0,1815	0,1703	0,1596	0,1494
2	0,2700	0,2681	0,2652	0,2613	0,2565	0,2510	0,2450	0,2384	0,2314	0,2240
3	0,1890	0,1966	0,2033	0,2090	0,2138	0,2176	0,2205	0,2225	0,2237	0,2240
4	0,0992	0,1082	0,1169	0,1254	0,1336	0,1414	0,1488	0,1557	0,1622	0,1680
5	0,0417	0,0476	0,0538	0,0602	0,0668	0,0735	0,0804	0,0872	0,0940	0,1008
6	0,0146	0,0174	0,0206	0,0241	0,0278	0,0319	0,0362	0,0407	0,0455	0,0504
7	0,0044	0,0055	0,0068	0,0083	0,0099	0,0118	0,0139	0,0163	0,0188	0,0216
8	0,0011	0,0015	0,0019	0,0025	0,0031	0,0038	0,0047	0,0057	0,0068	0,0081
9	0,0003	0,0004	0,0005	0,0007	0,0009	0,0011	0,0014	0,0018	0,0022	0,0027
10	0,0001	0,0001	0,0001	0,0002	0,0002	0,0003	0,0004	0,0005	0,0006	0,0008
11	0,0000	0,0000	0,0000	0,0000	0,0000	0,0001	0,0001	0,0001	0,0002	0,0002
12	0,0000	0,0000	0,0000	0,0000	0,0000	0,0000	0,0000	0,0000	0,0000	0,0001

x	μ=3,1	3,2	3,3	3,4	3,5	3,6	3,7	3,8	3,9	4,0
0	0,0450	0,0408	0,0369	0,0334	0,0302	0,0273	0,0247	0,0224	0,0202	0,0183
1	0,1397	0,1304	0,1217	0,1135	0,1057	0,0984	0,0915	0,0850	0,0789	0,0733
2	0,2165	0,2087	0,2008	0,1929	0,1850	0,1771	0,1692	0,1615	0,1539	0,1465
3	0,2237	0,2226	0,2209	0,2186	0,2158	0,2125	0,2087	0,2046	0,2001	0,1954
4	0,1734	0,1781	0,1823	0,1858	0,1888	0,1912	0,1931	0,1944	0,1951	0,1954
5	0,1075	0,1140	0,1203	0,1264	0,1322	0,1377	0,1429	0,1477	0,1522	0,1563
6	0,0555	0,0608	0,0662	0,0716	0,0771	0,0826	0,0881	0,0936	0,0989	0,1042
7	0,0246	0,0278	0,0312	0,0348	0,0385	0,0425	0,0466	0,0508	0,0551	0,0595
8	0,0095	0,0111	0,0129	0,0148	0,0169	0,0191	0,0215	0,0241	0,0269	0,0298
9	0,0033	0,0040	0,0047	0,0056	0,0066	0,0076	0,0089	0,0102	0,0116	0,0132
10	0,0010	0,0013	0,0016	0,0019	0,0023	0,0028	0,0033	0,0039	0,0045	0,0053
11	0,0003	0,0004	0,0005	0,0006	0,0007	0,0009	0,0011	0,0013	0,0016	0,0019
12	0,0001	0,0001	0,0001	0,0002	0,0002	0,0003	0,0003	0,0004	0,0005	0,0006
13	0,0000	0,0000	0,0000	0,0000	0,0001	0,0001	0,0001	0,0001	0,0002	0,0002
14	0,0000	0,0000	0,0000	0,0000	0,0000	0,0000	0,0000	0,0000	0,0000	0,0001

(continua)

Reimpresso com permissão de BEYER, W. H. *Handbook of Tables for Probability and Statistics*, 2. ed. CRC Press: Boca Raton, Flórida, 1986.

(continuação)

x	μ									
	4,1	4,2	4,3	4,4	4,5	4,6	4,7	4,8	4,9	5,0
0	0,0166	0,0150	0,0136	0,0123	0,0111	0,0101	0,0091	0,0082	0,0074	0,0067
1	0,0679	0,0630	0,0583	0,0540	0,0500	0,0462	0,0427	0,0395	0,0365	0,0337
2	0,1393	0,1323	0,1254	0,1188	0,1125	0,1063	0,1005	0,0948	0,0894	0,0842
3	0,1904	0,1852	0,1798	0,1743	0,1687	0,1631	0,1574	0,1517	0,1460	0,1404
4	0,1951	0,1944	0,1933	0,1917	0,1898	0,1875	0,1849	0,1820	0,1789	0,1755
5	0,1600	0,1633	0,1662	0,1687	0,1708	0,1725	0,1738	0,1747	0,1753	0,1755
6	0,1093	0,1143	0,1191	0,1237	0,1281	0,1323	0,1362	0,1398	0,1432	0,1462
7	0,0640	0,0686	0,0732	0,0778	0,0824	0,0869	0,0914	0,0959	0,1002	0,1044
8	0,0328	0,0360	0,0393	0,0428	0,0463	0,0500	0,0537	0,0575	0,0614	0,0653
9	0,0150	0,0168	0,0188	0,0209	0,0232	0,0255	0,0280	0,0307	0,0334	0,0363
10	0,0061	0,0071	0,0081	0,0092	0,0104	0,0118	0,0132	0,0147	0,0164	0,0181
11	0,0023	0,0027	0,0032	0,0037	0,0043	0,0049	0,0056	0,0064	0,0073	0,0082
12	0,0008	0,0009	0,0011	0,0014	0,0016	0,0019	0,0022	0,0026	0,0030	0,0034
13	0,0002	0,0003	0,0004	0,0005	0,0006	0,0007	0,0008	0,0009	0,0011	0,0013
14	0,0001	0,0001	0,0001	0,0001	0,0002	0,0002	0,0003	0,0003	0,0004	0,0005
15	0,0000	0,0000	0,0000	0,0000	0,0001	0,0001	0,0001	0,0001	0,0001	0,0002

x	μ									
	5,1	5,2	5,3	5,4	5,5	5,6	5,7	5,8	5,9	6,0
0	0,0061	0,0055	0,0050	0,0045	0,0041	0,0037	0,0033	0,0030	0,0027	0,0025
1	0,0311	0,0287	0,0265	0,0244	0,0225	0,0207	0,0191	0,0176	0,0162	0,0149
2	0,0793	0,0746	0,0701	0,0659	0,0618	0,0580	0,0544	0,0509	0,0477	0,0446
3	0,1348	0,1293	0,1239	0,1185	0,1133	0,1082	0,1033	0,0985	0,0938	0,0892
4	0,1719	0,1681	0,1641	0,1600	0,1558	0,1515	0,1472	0,1428	0,1383	0,1339
5	0,1753	0,1748	0,1740	0,1728	0,1714	0,1697	0,1678	0,1656	0,1632	0,1606
6	0,1490	0,1515	0,1537	0,1555	0,1571	0,1584	0,1594	0,1601	0,1605	0,1606
7	0,1086	0,1125	0,1163	0,1200	0,1234	0,1267	0,1298	0,1326	0,1353	0,1377
8	0,0692	0,0731	0,0771	0,0810	0,0849	0,0887	0,0925	0,0962	0,0998	0,1033
9	0,0392	0,0423	0,0454	0,0486	0,0519	0,0552	0,0586	0,0620	0,0654	0,0688
10	0,0200	0,0220	0,0241	0,0262	0,0285	0,0309	0,0334	0,0359	0,0386	0,0413
11	0,0093	0,0104	0,0116	0,0129	0,0143	0,0157	0,0173	0,0190	0,0207	0,0225
12	0,0039	0,0045	0,0051	0,0058	0,0065	0,0073	0,0082	0,0092	0,0102	0,0113
13	0,0015	0,0018	0,0021	0,0024	0,0028	0,0032	0,0036	0,0041	0,0046	0,0052
14	0,0006	0,0007	0,0008	0,0009	0,0011	0,0013	0,0015	0,0017	0,0019	0,0022
15	0,0002	0,0002	0,0003	0,0003	0,0004	0,0005	0,0006	0,0007	0,0008	0,0009
16	0,0001	0,0001	0,0001	0,0001	0,0001	0,0002	0,0002	0,0002	0,0003	0,0003
17	0,0000	0,0000	0,0000	0,0000	0,0000	0,0000	0,0001	0,0001	0,0001	0,0001

(continua)

(continuação)

	μ									
x	6,1	6,2	6,3	6,4	6,5	6,6	6,7	6,8	6,9	7,0
0	0,0022	0,0020	0,0018	0,0017	0,0015	0,0014	0,0012	0,0011	0,0010	0,0009
1	0,0137	0,0126	0,0116	0,0106	0,0098	0,0090	0,0082	0,0076	0,0070	0,0064
2	0,0417	0,0390	0,0364	0,0340	0,0318	0,0296	0,0276	0,0258	0,0240	0,0223
3	0,0848	0,0806	0,0765	0,0726	0,0688	0,0652	0,0617	0,0584	0,0552	0,0521
4	0,1294	0,1249	0,1205	0,1162	0,1118	0,1076	0,1034	0,0992	0,0952	0,0912
5	0,1579	0,1549	0,1519	0,1487	0,1454	0,1420	0,1385	0,1349	0,1314	0,1277
6	0,1605	0,1601	0,1595	0,1586	0,1575	0,1562	0,1546	0,1529	0,1511	0,1490
7	0,1399	0,1418	0,1435	0,1450	0,1462	0,1472	0,1480	0,1486	0,1489	0,1490
8	0,1066	0,1099	0,1130	0,1160	0,1188	0,1215	0,1240	0,1263	0,1284	0,1304
9	0,0723	0,0757	0,0791	0,0825	0,0858	0,0891	0,0923	0,0954	0,0985	0,1014
10	0,0441	0,0469	0,0498	0,0528	0,0558	0,0588	0,0618	0,0649	0,0679	0,0710
11	0,0245	0,0265	0,0285	0,0307	0,0330	0,0353	0,0377	0,0401	0,0426	0,0452
12	0,0124	0,0137	0,0150	0,0164	0,0179	0,0194	0,0210	0,0227	0,0245	0,0264
13	0,0058	0,0065	0,0073	0,0081	0,0089	0,0098	0,0108	0,0119	0,0130	0,0142
14	0,0025	0,0029	0,0033	0,0037	0,0041	0,0046	0,0052	0,0058	0,0064	0,0071
15	0,0010	0,0012	0,0014	0,0016	0,0018	0,0020	0,0023	0,0026	0,0029	0,0033
16	0,0004	0,0005	0,0005	0,0006	0,0007	0,0008	0,0010	0,0011	0,0013	0,0014
17	0,0001	0,0002	0,0002	0,0002	0,0003	0,0003	0,0004	0,0004	0,0005	0,0006
18	0,0000	0,0001	0,0001	0,0001	0,0001	0,0001	0,0001	0,0002	0,0002	0,0002
19	0,0000	0,0000	0,0000	0,0000	0,0000	0,0000	0,0000	0,0001	0,0001	0,0001

	μ									
x	7,1	7,2	7,3	7,4	7,5	7,6	7,7	7,8	7,9	8,0
0	0,0008	0,0007	0,0007	0,0006	0,0006	0,0005	0,0005	0,0004	0,0004	0,0003
1	0,0059	0,0054	0,0049	0,0045	0,0041	0,0038	0,0035	0,0032	0,0029	0,0027
2	0,0208	0,0194	0,0180	0,0167	0,0156	0,0145	0,0134	0,0125	0,0116	0,0107
3	0,0492	0,0464	0,0438	0,0413	0,0389	0,0366	0,0345	0,0324	0,0305	0,0286
4	0,0874	0,0836	0,0799	0,0764	0,0729	0,0696	0,0663	0,0632	0,0602	0,0573
5	0,1241	0,1204	0,1167	0,1130	0,1094	0,1057	0,1021	0,0986	0,0951	0,0916
6	0,1468	0,1445	0,1420	0,1394	0,1367	0,1339	0,1311	0,1282	0,1252	0,1221
7	0,1489	0,1486	0,1481	0,1474	0,1465	0,1454	0,1442	0,1428	0,1413	0,1396
8	0,1321	0,1337	0,1351	0,1363	0,1373	0,1382	0,1388	0,1392	0,1395	0,1396
9	0,1042	0,1070	0,1096	0,1121	0,1144	0,1167	0,1187	0,1207	0,1224	0,1241
10	0,0740	0,0770	0,0800	0,0829	0,0858	0,0887	0,0914	0,0941	0,0967	0,0993
11	0,0478	0,0504	0,0531	0,0558	0,0585	0,0613	0,0640	0,0667	0,0695	0,0722
12	0,0283	0,0303	0,0323	0,0344	0,0366	0,0388	0,0411	0,0434	0,0457	0,0481
13	0,0154	0,0168	0,0181	0,0196	0,0211	0,0227	0,0243	0,0260	0,0278	0,0296
14	0,0078	0,0086	0,0095	0,0104	0,0113	0,0123	0,0134	0,0145	0,0157	0,0169
15	0,0037	0,0041	0,0046	0,0051	0,0057	0,0062	0,0069	0,0075	0,0083	0,0090
16	0,0016	0,0019	0,0021	0,0024	0,0026	0,0030	0,0033	0,0037	0,0041	0,0045
17	0,0007	0,0008	0,0009	0,0010	0,0012	0,0013	0,0015	0,0017	0,0019	0,0021
18	0,0003	0,0003	0,0004	0,0004	0,0005	0,0006	0,0006	0,0007	0,0008	0,0009
19	0,0001	0,0001	0,0001	0,0002	0,0002	0,0002	0,0003	0,0003	0,0003	0,0004
20	0,0000	0,0000	0,0001	0,0001	0,0001	0,0001	0,0001	0,0001	0,0001	0,0002
21	0,0000	0,0000	0,0000	0,0000	0,0000	0,0000	0,0000	0,0000	0,0001	0,0001

(continua)

(continuação)

	μ									
x	8,1	8,2	8,3	8,4	8,5	8,6	8,7	8,8	8,9	9,0
0	0,0003	0,0003	0,0002	0,0002	0,0002	0,0002	0,0002	0,0002	0,0001	0,0001
1	0,0025	0,0023	0,0021	0,0019	0,0017	0,0016	0,0014	0,0013	0,0012	0,0011
2	0,0100	0,0092	0,0086	0,0079	0,0074	0,0068	0,0063	0,0058	0,0054	0,0050
3	0,0269	0,0252	0,0237	0,0222	0,0208	0,0195	0,0183	0,0171	0,0160	0,0150
4	0,0544	0,0517	0,0491	0,0466	0,0443	0,0420	0,0398	0,0377	0,0357	0,0337
5	0,0882	0,0849	0,0816	0,0784	0,0752	0,0722	0,0692	0,0663	0,0635	0,0607
6	0,1191	0,1160	0,1128	0,1097	0,1066	0,1034	0,1003	0,0972	0,0941	0,0911
7	0,1378	0,1358	0,1338	0,1317	0,1294	0,1271	0,1247	0,1222	0,1197	0,1171
8	0,1395	0,1392	0,1388	0,1382	0,1375	0,1366	0,1356	0,1344	0,1332	0,1318
9	0,1256	0,1269	0,1280	0,1290	0,1299	0,1306	0,1311	0,1315	0,1317	0,1318
10	0,1017	0,1040	0,1063	0,1084	0,1104	0,1123	0,1140	0,1157	0,1172	0,1186
11	0,0749	0,0776	0,0802	0,0828	0,0853	0,0878	0,0902	0,0925	0,0948	0,0970
12	0,0505	0,0530	0,0555	0,0579	0,0604	0,0629	0,0654	0,0679	0,0703	0,0728
13	0,0315	0,0334	0,0354	0,0374	0,0395	0,0416	0,0438	0,0459	0,0481	0,0504
14	0,0182	0,0196	0,0210	0,0225	0,0240	0,0256	0,0272	0,0289	0,0306	0,0324
15	0,0098	0,0107	0,0116	0,0126	0,0136	0,0147	0,0158	0,0169	0,0182	0,0194
16	0,0050	0,0055	0,0060	0,0066	0,0072	0,0079	0,0086	0,0093	0,0101	0,0109
17	0,0024	0,0026	0,0029	0,0033	0,0036	0,0040	0,0044	0,0048	0,0053	0,0058
18	0,0011	0,0012	0,0014	0,0015	0,0017	0,0019	0,0021	0,0024	0,0026	0,0029
19	0,0005	0,0005	0,0006	0,0007	0,0008	0,0009	0,0010	0,0011	0,0012	0,0014
20	0,0002	0,0002	0,0002	0,0003	0,0003	0,0004	0,0004	0,0005	0,0005	0,0006
21	0,0001	0,0001	0,0001	0,0001	0,0001	0,0002	0,0002	0,0002	0,0002	0,0003
22	0,0000	0,0000	0,0000	0,0000	0,0001	0,0001	0,0001	0,0001	0,0001	0,0001

	μ									
x	9,1	9,2	9,3	9,4	9,5	9,6	9,7	9,8	9,9	10,0
0	0,0001	0,0001	0,0001	0,0001	0,0001	0,0001	0,0001	0,0001	0,0001	0,0000
1	0,0010	0,0009	0,0009	0,0008	0,0007	0,0007	0,0006	0,0005	0,0005	0,0005
2	0,0046	0,0043	0,0040	0,0037	0,0034	0,0031	0,0029	0,0027	0,0025	0,0023
3	0,0140	0,0131	0,0123	0,0115	0,0107	0,0100	0,0093	0,0087	0,0081	0,0076
4	0,0319	0,0302	0,0285	0,0269	0,0254	0,0240	0,0226	0,0213	0,0201	0,0189
5	0,0581	0,0555	0,0530	0,0506	0,0483	0,0460	0,0439	0,0418	0,0398	0,0378
6	0,0881	0,0851	0,0822	0,0793	0,0764	0,0736	0,0709	0,0682	0,0656	0,0631
7	0,1145	0,1118	0,1091	0,1064	0,1037	0,1010	0,0982	0,0955	0,0928	0,0901
8	0,1302	0,1286	0,1269	0,1251	0,1232	0,1212	0,1191	0,1170	0,1148	0,1126
9	0,1317	0,1315	0,1311	0,1306	0,1300	0,1293	0,1284	0,1274	0,1263	0,1251
10	0,1198	0,1210	0,1219	0,1228	0,1235	0,1241	0,1245	0,1249	0,1250	0,1251
11	0,0991	0,1012	0,1031	0,1049	0,1067	0,1083	0,1098	0,1112	0,1125	0,1137
12	0,0752	0,0776	0,0799	0,0822	0,0844	0,0866	0,0888	0,0908	0,0928	0,0948
13	0,0526	0,0549	0,0572	0,0594	0,0617	0,0640	0,0662	0,0685	0,0707	0,0729
14	0,0342	0,0361	0,0380	0,0399	0,0419	0,0439	0,0459	0,0479	0,0500	0,0521
15	0,0208	0,0221	0,0235	0,0250	0,0265	0,0281	0,0297	0,0313	0,0330	0,0347
16	0,0118	0,0127	0,0137	0,0147	0,0157	0,0168	0,0180	0,0192	0,0204	0,0217
17	0,0063	0,0069	0,0075	0,0081	0,0088	0,0095	0,0103	0,0111	0,0119	0,0128
18	0,0032	0,0035	0,0039	0,0042	0,0046	0,0051	0,0055	0,0060	0,0065	0,0071
19	0,0015	0,0017	0,0019	0,0021	0,0023	0,0026	0,0028	0,0031	0,0034	0,0037
20	0,0007	0,0008	0,0009	0,0010	0,0011	0,0012	0,0014	0,0015	0,0017	0,0019
21	0,0003	0,0003	0,0004	0,0004	0,0005	0,0006	0,0006	0,0007	0,0008	0,0009
22	0,0001	0,0001	0,0002	0,0002	0,0002	0,0002	0,0003	0,0003	0,0004	0,0004
23	0,0000	0,0001	0,0001	0,0001	0,0001	0,0001	0,0001	0,0001	0,0002	0,0002
24	0,0000	0,0000	0,0000	0,0000	0,0000	0,0000	0,0000	0,0001	0,0001	0,0001

(continua)

(continuação)

x	μ									
	11	12	13	14	15	16	17	18	19	20
0	0,0000	0,0000	0,0000	0,0000	0,0000	0,0000	0,0000	0,0000	0,0000	0,0000
1	0,0002	0,0001	0,0000	0,0000	0,0000	0,0000	0,0000	0,0000	0,0000	0,0000
2	0,0010	0,0004	0,0002	0,0001	0,0000	0,0000	0,0000	0,0000	0,0000	0,0000
3	0,0037	0,0018	0,0008	0,0004	0,0002	0,0001	0,0000	0,0000	0,0000	0,0000
4	0,0102	0,0053	0,0027	0,0013	0,0006	0,0003	0,0001	0,0001	0,0000	0,0000
5	0,0224	0,0127	0,0070	0,0037	0,0019	0,0010	0,0005	0,0002	0,0001	0,0001
6	0,0411	0,0255	0,0152	0,0087	0,0048	0,0026	0,0014	0,0007	0,0004	0,0002
7	0,0646	0,0437	0,0281	0,0174	0,0104	0,0060	0,0034	0,0018	0,0010	0,0005
8	0,0888	0,0655	0,0457	0,0304	0,0194	0,0120	0,0072	0,0042	0,0024	0,0013
9	0,1085	0,0874	0,0661	0,0473	0,0324	0,0213	0,0135	0,0083	0,0050	0,0029
10	0,1194	0,1048	0,0859	0,0663	0,0486	0,0341	0,0230	0,0150	0,0095	0,0058
11	0,1194	0,1144	0,1015	0,0844	0,0663	0,0496	0,0355	0,0245	0,0164	0,0106
12	0,1094	0,1144	0,1099	0,0984	0,0829	0,0661	0,0504	0,0368	0,0259	0,0176
13	0,0926	0,1056	0,1099	0,1060	0,0956	0,0814	0,0658	0,0509	0,0378	0,0271
14	0,0728	0,0905	0,1021	0,1060	0,1024	0,0930	0,0800	0,0655	0,0514	0,0387
15	0,0534	0,0724	0,0885	0,0989	0,1024	0,0992	0,0906	0,0786	0,0650	0,0516
16	0,0367	0,0543	0,0719	0,0866	0,0960	0,0992	0,0963	0,0884	0,0772	0,0646
17	0,0237	0,0383	0,0550	0,0713	0,0847	0,0934	0,0963	0,0936	0,0863	0,0760
18	0,0145	0,0256	0,0397	0,0554	0,0706	0,0830	0,0909	0,0936	0,0911	0,0844
19	0,0084	0,0161	0,0272	0,0409	0,0557	0,0699	0,0814	0,0887	0,0911	0,0888
20	0,0046	0,0097	0,0177	0,0286	0,0418	0,0559	0,0692	0,0798	0,0866	0,0888

x	μ									
	11	12	13	14	15	16	17	18	19	20
21	0,0024	0,0055	0,0109	0,0191	0,0299	0,0426	0,0560	0,0684	0,0783	0,0846
22	0,0012	0,0030	0,0065	0,0121	0,0204	0,0310	0,0433	0,0560	0,0676	0,0769
23	0,0006	0,0016	0,0037	0,0074	0,0133	0,0216	0,0320	0,0438	0,0559	0,0669
24	0,0003	0,0008	0,0020	0,0043	0,0083	0,0144	0,0226	0,0328	0,0442	0,0557
25	0,0001	0,0004	0,0010	0,0024	0,0050	0,0092	0,0154	0,0237	0,0336	0,0446
26	0,0000	0,0002	0,0005	0,0013	0,0029	0,0057	0,0101	0,0164	0,0246	0,0343
27	0,0000	0,0001	0,0002	0,0007	0,0016	0,0034	0,0063	0,0109	0,0173	0,0254
28	0,0000	0,0000	0,0001	0,0003	0,0009	0,0019	0,0038	0,0070	0,0117	0,0181
29	0,0000	0,0000	0,0001	0,0002	0,0004	0,0011	0,0023	0,0044	0,0077	0,0125
30	0,0000	0,0000	0,0000	0,0001	0,0002	0,0006	0,0013	0,0026	0,0049	0,0083
31	0,0000	0,0000	0,0000	0,0000	0,0001	0,0003	0,0007	0,0015	0,0030	0,0054
32	0,0000	0,0000	0,0000	0,0000	0,0001	0,0001	0,0004	0,0009	0,0018	0,0034
33	0,0000	0,0000	0,0000	0,0000	0,0000	0,0001	0,0002	0,0005	0,0010	0,0020
34	0,0000	0,0000	0,0000	0,0000	0,0000	0,0000	0,0001	0,0002	0,0006	0,0012
35	0,0000	0,0000	0,0000	0,0000	0,0000	0,0000	0,0000	0,0001	0,0003	0,0007
36	0,0000	0,0000	0,0000	0,0000	0,0000	0,0000	0,0000	0,0001	0,0002	0,0004
37	0,0000	0,0000	0,0000	0,0000	0,0000	0,0000	0,0000	0,0000	0,0001	0,0002
38	0,0000	0,0000	0,0000	0,0000	0,0000	0,0000	0,0000	0,0000	0,0000	0,0001
39	0,0000	0,0000	0,0000	0,0000	0,0000	0,0000	0,0000	0,0000	0,0000	0,0001

Tabela B.4 Distribuição normal padrão.

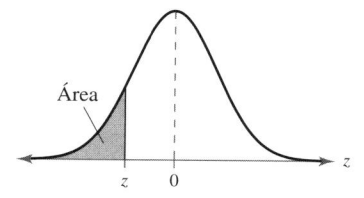

z	0,09	0,08	0,07	0,06	0,05	0,04	0,03	0,02	0,01	0,00
−3,4	0,0002	0,0003	0,0003	0,0003	0,0003	0,0003	0,0003	0,0003	0,0003	0,0003
−3,3	0,0003	0,0004	0,0004	0,0004	0,0004	0,0004	0,0004	0,0005	0,0005	0,0005
−3,2	0,0005	0,0005	0,0005	0,0006	0,0006	0,0006	0,0006	0,0006	0,0007	0,0007
−3,1	0,0007	0,0007	0,0008	0,0008	0,0008	0,0008	0,0009	0,0009	0,0009	0,0010
−3,0	0,0010	0,0010	0,0011	0,0011	0,0011	0,0012	0,0012	0,0013	0,0013	0,0013
−2,9	0,0014	0,0014	0,0015	0,0015	0,0016	0,0016	0,0017	0,0018	0,0018	0,0019
−2,8	0,0019	0,0020	0,0021	0,0021	0,0022	0,0023	0,0023	0,0024	0,0025	0,0026
−2,7	0,0026	0,0027	0,0028	0,0029	0,0030	0,0031	0,0032	0,0033	0,0034	0,0035
−2,6	0,0036	0,0037	0,0038	0,0039	0,0040	0,0041	0,0043	0,0044	0,0045	0,0047
−2,5	0,0048	0,0049	0,0051	0,0052	0,0054	0,0055	0,0057	0,0059	0,0060	0,0062
−2,4	0,0064	0,0066	0,0068	0,0069	0,0071	0,0073	0,0075	0,0078	0,0080	0,0082
−2,3	0,0084	0,0087	0,0089	0,0091	0,0094	0,0096	0,0099	0,0102	0,0104	0,0107
−2,2	0,0110	0,0113	0,0116	0,0119	0,0122	0,0125	0,0129	0,0132	0,0136	0,0139
−2,1	0,0143	0,0146	0,0150	0,0154	0,0158	0,0162	0,0166	0,0170	0,0174	0,0179
−2,0	0,0183	0,0188	0,0192	0,0197	0,0202	0,0207	0,0212	0,0217	0,0222	0,0228
−1,9	0,0233	0,0239	0,0244	0,0250	0,0256	0,0262	0,0268	0,0274	0,0281	0,0287
−1,8	0,0294	0,0301	0,0307	0,0314	0,0322	0,0329	0,0336	0,0344	0,0351	0,0359
−1,7	0,0367	0,0375	0,0384	0,0392	0,0401	0,0409	0,0418	0,0427	0,0436	0,0446
−1,6	0,0455	0,0465	0,0475	0,0485	0,0495	0,0505	0,0516	0,0526	0,0537	0,0548
−1,5	0,0559	0,0571	0,0582	0,0594	0,0606	0,0618	0,0630	0,0643	0,0655	0,0668
−1,4	0,0681	0,0694	0,0708	0,0721	0,0735	0,0749	0,0764	0,0778	0,0793	0,0808
−1,3	0,0823	0,0838	0,0853	0,0869	0,0885	0,0901	0,0918	0,0934	0,0951	0,0968
−1,2	0,0985	0,1003	0,1020	0,1038	0,1056	0,1075	0,1093	0,1112	0,1131	0,1151
−1,1	0,1170	0,1190	0,1210	0,1230	0,1251	0,1271	0,1292	0,1314	0,1335	0,1357
−1,0	0,1379	0,1401	0,1423	0,1446	0,1469	0,1492	0,1515	0,1539	0,1562	0,1587
−0,9	0,1611	0,1635	0,1660	0,1685	0,1711	0,1736	0,1762	0,1788	0,1814	0,1841
−0,8	0,1867	0,1894	0,1922	0,1949	0,1977	0,2005	0,2033	0,2061	0,2090	0,2119
−0,7	0,2148	0,2177	0,2206	0,2236	0,2266	0,2296	0,2327	0,2358	0,2389	0,2420
−0,6	0,2451	0,2483	0,2514	0,2546	0,2578	0,2611	0,2643	0,2676	0,2709	0,2743
−0,5	0,2776	0,2810	0,2843	0,2877	0,2912	0,2946	0,2981	0,3015	0,3050	0,3085
−0,4	0,3121	0,3156	0,3192	0,3228	0,3264	0,3300	0,3336	0,3372	0,3409	0,3446
−0,3	0,3483	0,3520	0,3557	0,3594	0,3632	0,3669	0,3707	0,3745	0,3783	0,3821
−0,2	0,3859	0,3897	0,3936	0,3974	0,4013	0,4052	0,4090	0,4129	0,4168	0,4207
−0,1	0,4247	0,4286	0,4325	0,4364	0,4404	0,4443	0,4483	0,4522	0,4562	0,4602
−0,0	0,4641	0,4681	0,4721	0,4761	0,4801	0,4840	0,4880	0,4920	0,4960	0,5000

(continua)

Valores críticos

Nível de confiança	z_c
0,80	1,28
0,90	1,645
0,95	1,96
0,99	2,575

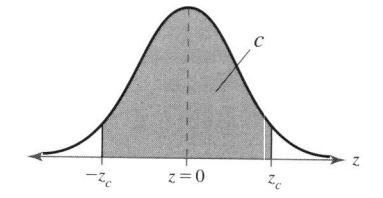

Tabela A-3 de WALPOLE; MEYERS; MYERS. *Probability and Statistics for Engineers and Scientists*, 6. ed. Copyright © 1997, p. 681-682 de. Reimpresso com permissão de Pearson Prentice Hall, Upper Saddle River, N.J.

(continuação)

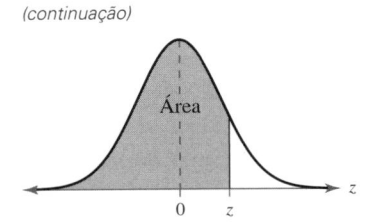

z	0,00	0,01	0,02	0,03	0,04	0,05	0,06	0,07	0,08	0,09
0,0	0,5000	0,5040	0,5080	0,5120	0,5160	0,5199	0,5239	0,5279	0,5319	0,5359
0,1	0,5398	0,5438	0,5478	0,5517	0,5557	0,5596	0,5636	0,5675	0,5714	0,5753
0,2	0,5793	0,5832	0,5871	0,5910	0,5948	0,5987	0,6026	0,6064	0,6103	0,6141
0,3	0,6179	0,6217	0,6255	0,6293	0,6331	0,6368	0,6406	0,6443	0,6480	0,6517
0,4	0,6554	0,6591	0,6628	0,6664	0,6700	0,6736	0,6772	0,6808	0,6844	0,6879
0,5	0,6915	0,6950	0,6985	0,7019	0,7054	0,7088	0,7123	0,7157	0,7190	0,7224
0,6	0,7257	0,7291	0,7324	0,7357	0,7389	0,7422	0,7454	0,7486	0,7517	0,7549
0,7	0,7580	0,7611	0,7642	0,7673	0,7704	0,7734	0,7764	0,7794	0,7823	0,7852
0,8	0,7881	0,7910	0,7939	0,7967	0,7995	0,8023	0,8051	0,8078	0,8106	0,8133
0,9	0,8159	0,8186	0,8212	0,8238	0,8264	0,8289	0,8315	0,8340	0,8365	0,8389
1,0	0,8413	0,8438	0,8461	0,8485	0,8508	0,8531	0,8554	0,8577	0,8599	0,8621
1,1	0,8643	0,8665	0,8686	0,8708	0,8729	0,8749	0,8770	0,8790	0,8810	0,8830
1,2	0,8849	0,8869	0,8888	0,8907	0,8925	0,8944	0,8962	0,8980	0,8997	0,9015
1,3	0,9032	0,9049	0,9066	0,9082	0,9099	0,9115	0,9131	0,9147	0,9162	0,9177
1,4	0,9192	0,9207	0,9222	0,9236	0,9251	0,9265	0,9279	0,9292	0,9306	0,9319
1,5	0,9332	0,9345	0,9357	0,9370	0,9382	0,9394	0,9406	0,9418	0,9429	0,9441
1,6	0,9452	0,9463	0,9474	0,9484	0,9495	0,9505	0,9515	0,9525	0,9535	0,9545
1,7	0,9554	0,9564	0,9573	0,9582	0,9591	0,9599	0,9608	0,9616	0,9625	0,9633
1,8	0,9641	0,9649	0,9656	0,9664	0,9671	0,9678	0,9686	0,9693	0,9699	0,9706
1,9	0,9713	0,9719	0,9726	0,9732	0,9738	0,9744	0,9750	0,9756	0,9761	0,9767
2,0	0,9772	0,9778	0,9783	0,9788	0,9793	0,9798	0,9803	0,9808	0,9812	0,9817
2,1	0,9821	0,9826	0,9830	0,9834	0,9838	0,9842	0,9846	0,9850	0,9854	0,9857
2,2	0,9861	0,9864	0,9868	0,9871	0,9875	0,9878	0,9881	0,9884	0,9887	0,9890
2,3	0,9893	0,9896	0,9898	0,9901	0,9904	0,9906	0,9909	0,9911	0,9913	0,9916
2,4	0,9918	0,9920	0,9922	0,9925	0,9927	0,9929	0,9931	0,9932	0,9934	0,9936
2,5	0,9938	0,9940	0,9941	0,9943	0,9945	0,9946	0,9948	0,9949	0,9951	0,9952
2,6	0,9953	0,9955	0,9956	0,9957	0,9959	0,9960	0,9961	0,9962	0,9963	0,9964
2,7	0,9965	0,9966	0,9967	0,9968	0,9969	0,9970	0,9971	0,9972	0,9973	0,9974
2,8	0,9974	0,9975	0,9976	0,9977	0,9977	0,9978	0,9979	0,9979	0,9980	0,9981
2,9	0,9981	0,9982	0,9982	0,9983	0,9984	0,9984	0,9985	0,9985	0,9986	0,9986
3,0	0,9987	0,9987	0,9987	0,9988	0,9988	0,9989	0,9989	0,9989	0,9990	0,9990
3,1	0,9990	0,9991	0,9991	0,9991	0,9992	0,9992	0,9992	0,9992	0,9993	0,9993
3,2	0,9993	0,9993	0,9994	0,9994	0,9994	0,9994	0,9994	0,9995	0,9995	0,9995
3,3	0,9995	0,9995	0,9995	0,9996	0,9996	0,9996	0,9996	0,9996	0,9996	0,9997
3,4	0,9997	0,9997	0,9997	0,9997	0,9997	0,9997	0,9997	0,9997	0,9997	0,9998

Tabela B.5 Distribuição t.

g.l.	Nível de confiança, c	0,80	0,90	0,95	0,98	0,99
	Unilateral, α	0,10	0,05	0,025	0,01	0,005
	Bilateral, α	0,20	0,10	0,05	0,02	0,01
1		3,078	6,314	12,706	31,821	63,657
2		1,886	2,920	4,303	6,965	9,925
3		1,638	2,353	3,182	4,541	5,841
4		1,533	2,132	2,776	3,747	4,604
5		1,476	2,015	2,571	3,365	4,032
6		1,440	1,943	2,447	3,143	3,707
7		1,415	1,895	2,365	2,998	3,499
8		1,397	1,860	2,306	2,896	3,355
9		1,383	1,833	2,262	2,821	3,250
10		1,372	1,812	2,228	2,764	3,169
11		1,363	1,796	2,201	2,718	3,106
12		1,356	1,782	2,179	2,681	3,055
13		1,350	1,771	2,160	2,650	3,012
14		1,345	1,761	2,145	2,624	2,977
15		1,341	1,753	2,131	2,602	2,947
16		1,337	1,746	2,120	2,583	2,921
17		1,333	1,740	2,110	2,567	2,898
18		1,330	1,734	2,101	2,552	2,878
19		1,328	1,729	2,093	2,539	2,861
20		1,325	1,725	2,086	2,528	2,845
21		1,323	1,721	2,080	2,518	2,831
22		1,321	1,717	2,074	2,508	2,819
23		1,319	1,714	2,069	2,500	2,807
24		1,318	1,711	2,064	2,492	2,797
25		1,316	1,708	2,060	2,485	2,787
26		1,315	1,706	2,056	2,479	2,779
27		1,314	1,703	2,052	2,473	2,771
28		1,313	1,701	2,048	2,467	2,763
29		1,311	1,699	2,045	2,462	2,756
30		1,310	1,697	2,042	2,457	2,750
31		1,309	1,696	2,040	2,453	2,744
32		1,309	1,694	2,037	2,449	2,738
33		1,308	1,692	2,035	2,445	2,733
34		1,307	1,691	2,032	2,441	2,728
35		1,306	1,690	2,030	2,438	2,724
36		1,306	1,688	2,028	2,434	2,719
37		1,305	1,687	2,026	2,431	2,715
38		1,304	1,686	2,024	2,429	2,712
39		1,304	1,685	2,023	2,426	2,708
40		1,303	1,684	2,021	2,423	2,704
45		1,301	1,679	2,014	2,412	2,690
50		1,299	1,676	2,009	2,403	2,678
60		1,296	1,671	2,000	2,390	2,660
70		1,294	1,667	1,994	2,381	2,648
80		1,292	1,664	1,990	2,374	2,639
90		1,291	1,662	1,987	2,368	2,632
100		1,290	1,660	1,984	2,364	2,626
500		1,283	1,648	1,965	2,334	2,586
1.000		1,282	1,646	1,962	2,330	2,581
∞		1,282	1,645	1,960	2,326	2,576

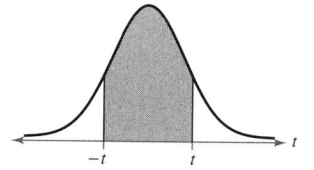

Intervalo de confiança

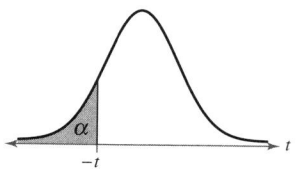

Teste unilateral à esquerda

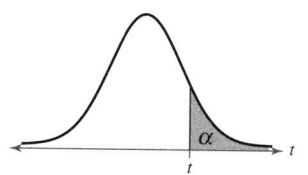

Teste unilateral à direita

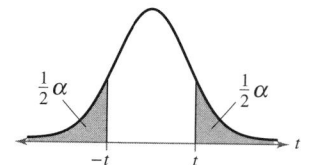

Teste bilateral

Os valores críticos na Tabela B.5 foram gerados usando Excel 2013.

Tabela B.6 Distribuição qui-quadrado.

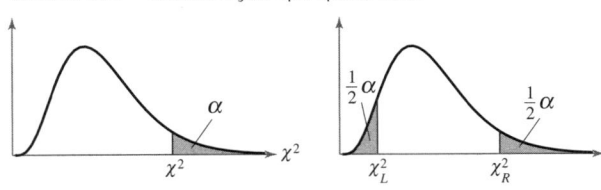

Unilateral à direita   Bilateral

Graus de liberdade	α									
	0,995	0,99	0,975	0,95	0,90	0,10	0,05	0,025	0,01	0,005
1	—	—	0,001	0,004	0,016	2,706	3,841	5,024	6,635	7,879
2	0,010	0,020	0,051	0,103	0,211	4,605	5,991	7,378	9,210	10,597
3	0,072	0,115	0,216	0,352	0,584	6,251	7,815	9,348	11,345	12,838
4	0,207	0,297	0,484	0,711	1,064	7,779	9,488	11,143	13,277	14,860
5	0,412	0,554	0,831	1,145	1,610	9,236	11,071	12,833	15,086	16,750
6	0,676	0,872	1,237	1,635	2,204	10,645	12,592	14,449	16,812	18,548
7	0,989	1,239	1,690	2,167	2,833	12,017	14,067	16,013	18,475	20,278
8	1,344	1,646	2,180	2,733	3,490	13,362	15,507	17,535	20,090	21,955
9	1,735	2,088	2,700	3,325	4,168	14,684	16,919	19,023	21,666	23,589
10	2,156	2,558	3,247	3,940	4,865	15,987	18,307	20,483	23,209	25,188
11	2,603	3,053	3,816	4,575	5,578	17,275	19,675	21,920	24,725	26,757
12	3,074	3,571	4,404	5,226	6,304	18,549	21,026	23,337	26,217	28,299
13	3,565	4,107	5,009	5,892	7,042	19,812	22,362	24,736	27,688	29,819
14	4,075	4,660	5,629	6,571	7,790	21,064	23,685	26,119	29,141	31,319
15	4,601	5,229	6,262	7,261	8,547	22,307	24,996	27,488	30,578	32,801
16	5,142	5,812	6,908	7,962	9,312	23,542	26,296	28,845	32,000	34,267
17	5,697	6,408	7,564	8,672	10,085	24,769	27,587	30,191	33,409	35,718
18	6,265	7,015	8,231	9,390	10,865	25,989	28,869	31,526	34,805	37,156
19	6,844	7,633	8,907	10,117	11,651	27,204	30,144	32,852	36,191	38,582
20	7,434	8,260	9,591	10,851	12,443	28,412	31,410	34,170	37,566	39,997
21	8,034	8,897	10,283	11,591	13,240	29,615	32,671	35,479	38,932	41,401
22	8,643	9,542	10,982	12,338	14,042	30,813	33,924	36,781	40,289	42,796
23	9,260	10,196	11,689	13,091	14,848	32,007	35,172	38,076	41,638	44,181
24	9,886	10,856	12,401	13,848	15,659	33,196	36,415	39,364	42,980	45,559
25	10,520	11,524	13,120	14,611	16,473	34,382	37,652	40,646	44,314	46,928
26	11,160	12,198	13,844	15,379	17,292	35,563	38,885	41,923	45,642	48,290
27	11,808	12,879	14,573	16,151	18,114	36,741	40,113	43,194	46,963	49,645
28	12,461	13,565	15,308	16,928	18,939	37,916	41,337	44,461	48,278	50,993
29	13,121	14,257	16,047	17,708	19,768	39,087	42,557	45,722	49,588	52,336
30	13,787	14,954	16,791	18,493	20,599	40,256	43,773	46,979	50,892	53,672
40	20,707	22,164	24,433	26,509	29,051	51,805	55,758	59,342	63,691	66,766
50	27,991	29,707	32,357	34,764	37,689	63,167	67,505	71,420	76,154	79,490
60	35,534	37,485	40,482	43,188	46,459	74,397	79,082	83,298	88,379	91,952
70	43,275	45,442	48,758	51,739	55,329	85,527	90,531	95,023	100,425	104,215
80	51,172	53,540	57,153	60,391	64,278	96,578	101,879	106,629	112,329	116,321
90	59,196	61,754	65,647	69,126	73,291	107,565	113,145	118,136	124,116	128,299
100	67,328	70,065	74,222	77,929	82,358	118,498	124,342	129,561	135,807	140,169

OWEN, D. B. *Handbook of Statistical Tables, A.5*. Publicado por Addison Wesley Longman, Inc. Reproduzido com permissão de Pearson Education Inc. Todos os direitos reservados.

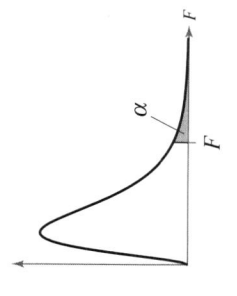

Tabela B.7 Distribuição F.

$\alpha = 0{,}005$

g.l.$_D$: Graus de liberdade, denominador	g.l.$_N$: Graus de liberdade, numerador																
	1	2	3	4	5	6	7	8	9	10	12	15	20	24	30	40	60	120	∞
1	16.211	20.000	21.615	22.500	23.056	23.437	23.715	23.925	24.091	24.224	24.426	24.630	24.836	24.940	25.044	25.148	25.253	25.359	25.465
2	198,5	199,0	199,2	199,2	199,3	199,3	199,4	199,4	199,4	199,4	199,4	199,4	199,4	199,5	199,5	199,5	199,5	199,5	199,5
3	55,55	49,80	47,47	46,19	45,39	44,84	44,43	44,13	43,88	43,69	43,39	43,08	42,78	42,62	42,47	42,31	42,15	41,99	41,83
4	31,33	26,28	24,26	23,15	22,46	21,97	21,62	21,35	21,14	20,97	20,70	20,44	20,17	20,03	19,89	19,75	19,61	19,47	19,32
5	22,78	18,31	16,53	15,56	14,94	14,51	14,20	13,96	13,77	13,62	13,38	13,15	12,90	12,78	12,66	12,53	12,40	12,27	12,14
6	18,63	14,54	12,92	12,03	11,46	11,07	10,79	10,57	10,39	10,25	10,03	9,81	9,59	9,47	9,36	9,24	9,12	9,00	8,88
7	16,24	12,40	10,88	10,05	9,52	9,16	8,89	8,68	8,51	8,38	8,18	7,97	7,75	7,65	7,53	7,42	7,31	7,19	7,08
8	14,69	11,04	9,60	8,81	8,30	7,95	7,69	7,50	7,34	7,21	7,01	6,81	6,61	6,50	6,40	6,29	6,18	6,06	5,95
9	13,61	10,11	8,72	7,96	7,47	7,13	6,88	6,69	6,54	6,42	6,23	6,03	5,83	5,73	5,62	5,52	5,41	5,30	5,19
10	12,83	9,43	8,08	7,34	6,87	6,54	6,30	6,12	5,97	5,85	5,66	5,47	5,27	5,17	5,07	4,97	4,86	4,75	4,64
11	12,73	8,91	7,60	6,88	6,42	6,10	5,86	5,68	5,54	5,42	5,24	5,05	4,86	4,76	4,65	4,55	4,44	4,34	4,23
12	11,75	8,51	7,23	6,52	6,07	5,76	5,52	5,35	5,20	5,09	4,91	4,72	4,53	4,43	4,33	4,23	4,12	4,01	3,90
13	11,37	8,19	6,93	6,23	5,79	5,48	5,25	5,08	4,94	4,82	4,64	4,46	4,27	4,17	4,07	3,97	3,87	3,76	3,65
14	11,06	7,92	6,68	6,00	5,56	5,26	5,03	4,86	4,72	4,60	4,43	4,25	4,06	3,96	3,86	3,76	3,66	3,55	3,44
15	10,80	7,70	6,48	5,80	5,37	5,07	4,85	4,67	4,54	4,42	4,25	4,07	3,88	3,79	3,69	3,58	3,48	3,37	3,26
16	10,58	7,51	6,30	5,64	5,21	4,91	4,69	4,52	4,38	4,27	4,10	3,92	3,73	3,64	3,54	3,44	3,33	3,22	3,11
17	10,38	7,35	6,16	5,50	5,07	4,78	4,56	4,39	4,25	4,14	3,97	3,79	3,61	3,51	3,41	3,31	3,21	3,10	2,98
18	10,22	7,21	6,03	5,37	4,96	4,66	4,44	4,28	4,14	4,03	3,86	3,68	3,50	3,40	3,30	3,20	3,10	2,99	2,87
19	10,07	7,09	5,92	5,27	4,85	4,56	4,34	4,18	4,04	3,93	3,76	3,59	3,40	3,31	3,21	3,11	3,00	2,89	2,78
20	9,94	6,99	5,82	5,17	4,76	4,47	4,26	4,09	3,96	3,85	3,68	3,50	3,32	3,22	3,12	3,02	2,92	2,81	2,69
21	9,83	6,89	5,73	5,09	4,68	4,39	4,18	4,01	3,88	3,77	3,60	3,43	3,24	3,15	3,05	2,95	2,84	2,73	2,61
22	9,73	6,81	5,65	5,02	4,61	4,32	4,11	3,94	3,81	3,70	3,54	3,36	3,18	3,08	2,98	2,88	2,77	2,66	2,55
23	9,63	6,73	5,58	4,95	4,54	4,26	4,05	3,88	3,75	3,64	3,47	3,30	3,12	3,02	2,92	2,82	2,71	2,60	2,48
24	9,55	6,66	5,52	4,89	4,49	4,20	3,99	3,83	3,69	3,59	3,42	3,25	3,06	2,97	2,87	2,77	2,66	2,55	2,43
25	9,48	6,60	5,46	4,84	4,43	4,15	3,94	3,78	3,64	3,54	3,37	3,20	3,01	2,92	2,82	2,72	2,61	2,50	2,38
26	9,41	6,54	5,41	4,79	4,38	4,10	3,89	3,73	3,60	3,49	3,33	3,15	2,97	2,87	2,77	2,67	2,56	2,45	2,33
27	9,34	6,49	5,36	4,74	4,34	4,06	3,85	3,69	3,56	3,45	3,28	3,11	2,93	2,83	2,73	2,63	2,52	2,41	2,29
28	9,28	6,44	5,32	4,70	4,30	4,02	3,81	3,65	3,52	3,41	3,25	3,07	2,89	2,79	2,69	2,59	2,48	2,37	2,25
29	9,23	6,40	5,28	4,66	4,26	3,98	3,77	3,61	3,48	3,38	3,21	3,04	2,86	2,76	2,66	2,56	2,45	2,33	2,24
30	9,18	6,35	5,24	4,62	4,23	3,95	3,74	3,58	3,45	3,34	3,18	3,01	2,82	2,73	2,63	2,52	2,42	2,30	2,18
40	8,83	6,07	4,98	4,37	3,99	3,71	3,51	3,35	3,22	3,12	2,95	2,78	2,60	2,50	2,40	2,30	2,18	2,06	1,93
60	8,49	5,79	4,73	4,14	3,76	3,49	3,29	3,13	3,01	2,90	2,74	2,57	2,39	2,29	2,19	2,08	1,96	1,83	1,69
120	8,18	5,54	4,50	3,92	3,55	3,28	3,09	2,93	2,81	2,71	2,54	2,37	2,19	2,09	1,98	1,87	1,75	1,61	1,43
∞	7,88	5,30	4,28	3,72	3,35	3,09	2,90	2,74	2,62	2,52	2,36	2,19	2,00	1,90	1,79	1,67	1,53	1,36	1,00

(continua)

(continuação)

$\alpha = 0{,}01$

g.l.$_D$: Graus de liberdade, denominador / g.l.$_N$: Graus de liberdade, numerador

g.l.$_D$	1	2	3	4	5	6	7	8	9	10	12	15	20	24	30	40	60	120	∞
1	4.052	49.99,5	5.403	5.625	5.764	5.859	5.928	5.982	6.022	6.056	6.106	6.157	6.209	6.235	6.261	6.287	6.313	6.339	6.366
2	98,50	99,00	99,17	99,25	99,30	99,33	99,36	99,37	99,39	99,40	99,42	99,43	99,45	99,46	99,47	99,47	99,48	99,49	99,50
3	34,12	30,82	29,46	28,71	28,24	27,91	27,67	27,49	27,35	27,23	27,05	26,87	26,69	26,60	26,50	26,41	26,32	26,22	26,13
4	21,20	18,00	16,69	15,98	15,52	15,21	14,98	14,80	14,66	14,55	14,37	14,20	14,02	13,93	13,84	13,75	13,65	13,56	13,46
5	16,26	13,27	12,06	11,39	10,97	10,67	10,46	10,29	10,16	10,05	9,89	9,72	9,55	9,47	9,38	9,29	9,20	9,11	9,02
6	13,75	10,92	9,78	9,15	8,75	8,47	8,26	8,10	7,98	7,87	7,72	7,56	7,40	7,31	7,23	7,14	7,06	6,97	6,88
7	12,25	9,55	8,45	7,85	7,46	7,19	6,99	6,84	6,72	6,62	6,47	6,31	6,16	6,07	5,99	5,91	5,82	5,74	5,65
8	11,26	8,65	7,59	7,01	6,63	6,37	6,18	6,03	5,91	5,81	5,67	5,52	5,36	5,28	5,20	5,12	5,03	4,95	4,86
9	10,56	8,02	6,99	6,42	6,06	5,80	5,61	5,47	5,35	5,26	5,11	4,96	4,81	4,73	4,65	4,57	4,48	4,40	4,31
10	10,04	7,56	6,55	5,99	5,64	5,39	5,20	5,06	4,94	4,85	4,71	4,56	4,41	4,33	4,25	4,17	4,08	4,00	3,91
11	9,65	7,21	6,22	5,67	5,32	5,07	4,89	4,74	4,63	4,54	4,40	4,25	4,10	4,02	3,94	3,86	3,78	3,69	3,60
12	9,33	6,93	5,95	5,41	5,06	4,82	4,64	4,50	4,39	4,30	4,16	4,01	3,86	3,78	3,70	3,62	3,54	3,45	3,36
13	9,07	6,70	5,74	5,21	4,86	4,62	4,44	4,30	4,19	4,10	3,96	3,82	3,66	3,59	3,51	3,43	3,34	3,25	3,17
14	8,86	6,51	5,56	5,04	4,69	4,46	4,28	4,14	4,03	3,94	3,80	3,66	3,51	3,43	3,35	3,27	3,18	3,09	3,00
15	8,68	6,36	5,42	4,89	4,56	4,32	4,14	4,00	3,89	3,80	3,67	3,52	3,37	3,29	3,21	3,13	3,05	2,96	2,87
16	8,53	6,23	5,29	4,77	4,44	4,20	4,03	3,89	3,78	3,69	3,55	3,41	3,26	3,18	3,10	3,02	2,93	2,84	2,75
17	8,40	6,11	5,18	4,67	4,34	4,10	3,93	3,79	3,68	3,59	3,46	3,31	3,16	3,08	3,00	2,92	2,83	2,75	2,65
18	8,29	6,01	5,09	4,58	4,25	4,01	3,84	3,71	3,60	3,51	3,37	3,23	3,08	3,00	2,92	2,84	2,75	2,66	2,57
19	8,18	5,93	5,01	4,50	4,17	3,94	3,77	3,63	3,52	3,43	3,30	3,15	3,00	2,92	2,84	2,76	2,67	2,58	2,49
20	8,10	5,85	4,94	4,43	4,10	3,87	3,70	3,56	3,46	3,37	3,23	3,09	2,94	2,86	2,78	2,69	2,61	2,52	2,42
21	8,02	5,78	4,87	4,37	4,04	3,81	3,64	3,51	3,40	3,31	3,17	3,03	2,88	2,80	2,72	2,64	2,55	2,46	2,36
22	7,95	5,72	4,82	4,31	3,99	3,76	3,59	3,45	3,35	3,26	3,12	2,98	2,83	2,75	2,67	2,58	2,50	2,40	2,31
23	7,88	5,66	4,76	4,26	3,94	3,71	3,54	3,41	3,30	3,21	3,07	2,93	2,78	2,70	2,62	2,54	2,45	2,35	2,26
24	7,82	5,61	4,72	4,22	3,90	3,67	3,50	3,36	3,26	3,17	3,03	2,89	2,74	2,66	2,58	2,49	2,40	2,31	2,21
25	7,77	5,57	4,68	4,18	3,85	3,63	3,46	3,32	3,22	3,13	2,99	2,85	2,70	2,62	2,54	2,45	2,36	2,27	2,17
26	7,72	5,53	4,64	4,14	3,82	3,59	3,42	3,29	3,18	3,09	2,96	2,81	2,66	2,58	2,50	2,42	2,33	2,23	2,13
27	7,68	5,49	4,60	4,11	3,78	3,56	3,39	3,26	3,15	3,06	2,93	2,78	2,63	2,55	2,47	2,38	2,29	2,20	2,10
28	7,64	5,45	4,57	4,07	3,75	3,53	3,36	3,23	3,12	3,03	2,90	2,75	2,60	2,52	2,44	2,35	2,26	2,17	2,06
29	7,60	5,42	4,54	4,04	3,73	3,50	3,33	3,20	3,09	3,00	2,87	2,73	2,57	2,49	2,41	2,33	2,23	2,14	2,03
30	7,56	5,39	4,51	4,02	3,70	3,47	3,30	3,17	3,07	2,98	2,84	2,70	2,55	2,47	2,39	2,30	2,21	2,11	2,01
40	7,31	5,18	4,31	3,83	3,51	3,29	3,12	2,99	2,89	2,80	2,66	2,52	2,37	2,29	2,20	2,11	2,02	1,92	1,80
60	7,08	4,98	4,13	3,65	3,34	3,12	2,95	2,82	2,72	2,63	2,50	2,35	2,20	2,12	2,03	1,94	1,84	1,73	1,60
120	6,85	4,79	3,95	3,48	3,17	2,96	2,79	2,66	2,56	2,47	2,34	2,19	2,03	1,95	1,86	1,76	1,66	1,53	1,38
∞	6,63	4,61	3,78	3,32	3,02	2,80	2,64	2,51	2,41	2,32	2,18	2,04	1,88	1,79	1,70	1,59	1,47	1,32	1,00

(continua)

$\alpha = 0{,}025$

g.l.$_D$: Graus de liberdade, denominador	g.l.$_N$: Graus de liberdade, numerador																
	1	2	3	4	5	6	7	8	9	10	12	15	20	24	30	40	60	120	∞
1	647,8	799,5	864,2	899,6	921,8	937,1	948,2	956,7	963,3	968,6	976,7	984,9	993,1	997,2	1.001	1.006	1.010	1.014	1.018
2	38,51	39,00	39,17	39,25	39,30	39,33	39,36	39,37	39,39	39,40	39,41	39,43	39,45	39,46	39,46	39,47	39,48	39,49	39,50
3	17,44	16,04	15,44	15,10	14,88	14,73	14,62	14,54	14,47	14,42	14,34	14,25	14,17	14,12	14,08	14,04	13,99	13,95	13,90
4	12,22	10,65	9,98	9,60	9,36	9,20	9,07	8,98	8,90	8,84	8,75	8,66	8,56	8,51	8,46	8,41	8,36	8,31	8,26
5	10,01	8,43	7,76	7,39	7,15	6,98	6,85	6,76	6,68	6,62	6,52	6,43	6,33	6,28	6,23	6,18	6,12	6,07	6,02
6	8,81	7,26	6,60	6,23	5,99	5,82	5,70	5,60	5,52	5,46	5,37	5,27	5,17	5,12	5,07	5,01	4,96	4,90	4,85
7	8,07	6,54	5,89	5,52	5,29	5,12	4,99	4,90	4,82	4,76	4,67	4,57	4,47	4,42	4,36	4,31	4,25	4,20	4,14
8	7,57	6,06	5,42	5,05	4,82	4,65	4,53	4,43	4,36	4,30	4,20	4,10	4,00	3,95	3,89	3,84	3,78	3,73	3,67
9	7,21	5,71	5,08	4,72	4,48	4,32	4,20	4,10	4,03	3,96	3,87	3,77	3,67	3,61	3,56	3,51	3,45	3,39	3,33
10	6,94	5,46	4,83	4,47	4,24	4,07	3,95	3,85	3,78	3,72	3,62	3,52	3,42	3,37	3,31	3,26	3,20	3,14	3,08
11	6,72	5,26	4,63	4,28	4,04	3,88	3,76	3,66	3,59	3,53	3,43	3,33	3,23	3,17	3,12	3,06	3,00	2,94	2,88
12	6,55	5,10	4,47	4,12	3,89	3,73	3,61	3,51	3,44	3,37	3,28	3,18	3,07	3,02	2,96	2,91	2,85	2,79	2,72
13	6,41	4,97	4,35	4,00	3,77	3,60	3,48	3,39	3,31	3,25	3,15	3,05	2,95	2,89	2,84	2,78	2,72	2,66	2,60
14	6,30	4,86	4,24	3,89	3,66	3,50	3,38	3,29	3,21	3,15	3,05	2,95	2,84	2,79	2,73	2,67	2,61	2,55	2,49
15	6,20	4,77	4,15	3,80	3,58	3,41	3,29	3,20	3,12	3,06	2,96	2,86	2,76	2,70	2,64	2,59	2,52	2,46	2,40
16	6,12	4,69	4,08	3,73	3,50	3,34	3,22	3,12	3,05	2,99	2,89	2,79	2,68	2,63	2,57	2,51	2,45	2,38	2,32
17	6,04	4,62	4,01	3,66	3,44	3,28	3,16	3,06	2,98	2,92	2,82	2,72	2,62	2,56	2,50	2,44	2,38	2,32	2,25
18	5,98	4,56	3,95	3,61	3,38	3,22	3,10	3,01	2,93	2,87	2,77	2,67	2,56	2,50	2,44	2,38	2,32	2,26	2,19
19	5,92	4,51	3,90	3,56	3,33	3,17	3,05	2,96	2,88	2,82	2,72	2,62	2,51	2,45	2,39	2,33	2,27	2,20	2,13
20	5,87	4,46	3,86	3,51	3,29	3,13	3,01	2,91	2,84	2,77	2,68	2,57	2,46	2,41	2,35	2,29	2,22	2,16	2,09
21	5,83	4,42	3,82	3,48	3,25	3,09	2,97	2,87	2,80	2,73	2,64	2,53	2,42	2,37	2,31	2,25	2,18	2,11	2,04
22	5,79	4,38	3,78	3,44	3,22	3,05	2,93	2,84	2,76	2,70	2,60	2,50	2,39	2,33	2,27	2,21	2,14	2,08	2,00
23	5,75	4,35	3,75	3,41	3,18	3,02	2,90	2,81	2,73	2,67	2,57	2,47	2,36	2,30	2,24	2,18	2,11	2,04	1,97
24	5,72	4,32	3,72	3,38	3,15	2,99	2,87	2,78	2,70	2,64	2,54	2,44	2,33	2,27	2,21	2,15	2,08	2,01	1,94
25	5,69	4,29	3,69	3,35	3,13	2,97	2,85	2,75	2,68	2,61	2,51	2,41	2,30	2,24	2,18	2,12	2,05	1,98	1,91
26	5,66	4,27	3,67	3,33	3,10	2,94	2,82	2,73	2,65	2,59	2,49	2,39	2,28	2,22	2,16	2,09	2,03	1,95	1,88
27	5,63	4,24	3,65	3,31	3,08	2,92	2,80	2,71	2,63	2,57	2,47	2,36	2,25	2,19	2,13	2,07	2,00	1,93	1,85
28	5,61	4,22	3,63	3,29	3,06	2,90	2,78	2,69	2,61	2,55	2,45	2,34	2,23	2,17	2,11	2,05	1,98	1,91	1,83
29	5,59	4,20	3,61	3,27	3,04	2,88	2,76	2,67	2,59	2,53	2,43	2,32	2,21	2,15	2,09	2,03	1,96	1,89	1,81
30	5,57	4,18	3,59	3,25	3,03	2,87	2,75	2,65	2,57	2,51	2,41	2,31	2,20	2,14	2,07	2,01	1,94	1,87	1,79
40	5,42	4,05	3,46	3,13	2,90	2,74	2,62	2,53	2,45	2,39	2,29	2,18	2,07	2,01	1,94	1,88	1,80	1,72	1,64
60	5,29	3,93	3,34	3,01	2,79	2,63	2,51	2,41	2,33	2,27	2,17	2,06	1,94	1,88	1,82	1,74	1,67	1,58	1,48
120	5,15	3,80	3,23	2,89	2,67	2,52	2,39	2,30	2,22	2,16	2,05	1,94	1,82	1,76	1,69	1,61	1,53	1,43	1,31
∞	5,02	3,69	3,12	2,79	2,57	2,41	2,29	2,19	2,11	2,05	1,94	1,83	1,71	1,64	1,57	1,48	1,39	1,27	1,00

(continua)

(continuação)

$\alpha = 0{,}05$

g.l.$_D$: Graus de liberdade, denominador	g.l.$_N$: Graus de liberdade, numerador																	
	1	2	3	4	5	6	7	8	9	10	12	15	20	24	30	40	60	120	∞
1	161,4	199,5	215,7	224,6	230,2	234,0	236,8	238,9	240,5	241,9	243,9	245,9	248,0	249,1	250,1	251,1	252,2	253,3	254,3
2	18,51	19,00	19,16	19,25	19,30	19,33	19,35	19,37	19,38	19,40	19,41	19,43	19,45	19,45	19,46	19,47	19,48	19,49	19,50
3	10,13	9,55	9,28	9,12	9,01	8,94	8,89	8,85	8,81	8,79	8,74	8,70	8,66	8,64	8,62	8,59	8,57	8,55	8,53
4	7,71	6,94	6,59	6,39	6,26	6,16	6,09	6,04	6,00	5,96	5,91	5,86	5,80	5,77	5,75	5,72	5,69	5,66	5,63
5	6,61	5,79	5,41	5,19	5,05	4,95	4,88	4,82	4,77	4,74	4,68	4,62	4,56	4,53	4,50	4,46	4,43	4,40	4,36
6	5,99	5,14	4,76	4,53	4,39	4,28	4,21	4,15	4,10	4,06	4,00	3,94	3,87	3,84	3,81	3,77	3,74	3,70	3,67
7	5,59	4,74	4,35	4,12	3,97	3,87	3,79	3,73	3,68	3,64	3,57	3,51	3,44	3,41	3,38	3,34	3,30	3,27	3,23
8	5,32	4,46	4,07	3,84	3,69	3,58	3,50	3,44	3,39	3,35	3,28	3,22	3,15	3,12	3,08	3,04	3,01	2,97	2,93
9	5,12	4,26	3,86	3,63	3,48	3,37	3,29	3,23	3,18	3,14	3,07	3,01	2,94	2,90	2,86	2,83	2,79	2,75	2,71
10	4,96	4,10	3,71	3,48	3,33	3,22	3,14	3,07	3,02	2,98	2,91	2,85	2,77	2,74	2,70	2,66	2,62	2,58	2,54
11	4,84	3,98	3,59	3,36	3,20	3,09	3,01	2,95	2,90	2,85	2,79	2,72	2,65	2,61	2,57	2,53	2,49	2,45	2,40
12	4,75	3,89	3,49	3,26	3,11	3,00	2,91	2,85	2,80	2,75	2,69	2,62	2,54	2,51	2,47	2,43	2,38	2,34	2,30
13	4,67	3,81	3,41	3,18	3,03	2,92	2,83	2,77	2,71	2,67	2,60	2,53	2,46	2,42	2,38	2,34	2,30	2,25	2,21
14	4,60	3,74	3,34	3,11	2,96	2,85	2,76	2,70	2,65	2,60	2,53	2,46	2,39	2,35	2,31	2,27	2,22	2,18	2,13
15	4,54	3,68	3,29	3,06	2,90	2,79	2,71	2,64	2,59	2,54	2,48	2,40	2,33	2,29	2,25	2,20	2,16	2,11	2,07
16	4,49	3,63	3,24	3,01	2,85	2,74	2,66	2,59	2,54	2,49	2,42	2,35	2,28	2,24	2,19	2,15	2,11	2,06	2,01
17	4,45	3,59	3,20	2,96	2,81	2,70	2,61	2,55	2,49	2,45	2,38	2,31	2,23	2,19	2,15	2,10	2,06	2,01	1,96
18	4,41	3,55	3,16	2,93	2,77	2,66	2,58	2,51	2,46	2,41	2,34	2,27	2,19	2,15	2,11	2,06	2,02	1,97	1,92
19	4,38	3,52	3,13	2,90	2,74	2,63	2,54	2,48	2,42	2,38	2,31	2,23	2,16	2,11	2,07	2,03	1,98	1,93	1,88
20	4,35	3,49	3,10	2,87	2,71	2,60	2,51	2,45	2,39	2,35	2,28	2,20	2,12	2,08	2,04	1,99	1,95	1,90	1,84
21	4,32	3,47	3,07	2,84	2,68	2,57	2,49	2,42	2,37	2,32	2,25	2,18	2,10	2,05	2,01	1,96	1,92	1,87	1,81
22	4,30	3,44	3,05	2,82	2,66	2,55	2,46	2,40	2,34	2,30	2,23	2,15	2,07	2,03	1,98	1,94	1,89	1,84	1,78
23	4,28	3,42	3,03	2,80	2,64	2,53	2,44	2,37	2,32	2,27	2,20	2,13	2,05	2,01	1,96	1,91	1,86	1,81	1,76
24	4,26	3,40	3,01	2,78	2,62	2,51	2,42	2,36	2,30	2,25	2,18	2,11	2,03	1,98	1,94	1,89	1,84	1,79	1,73
25	4,24	3,39	2,99	2,76	2,60	2,49	2,40	2,34	2,28	2,24	2,16	2,09	2,01	1,96	1,92	1,87	1,82	1,77	1,71
26	4,23	3,37	2,98	2,74	2,59	2,47	2,39	2,32	2,27	2,22	2,15	2,07	1,99	1,95	1,90	1,85	1,80	1,75	1,69
27	4,21	3,35	2,96	2,73	2,57	2,46	2,37	2,31	2,25	2,20	2,13	2,06	1,97	1,93	1,88	1,84	1,79	1,73	1,67
28	4,20	3,34	2,95	2,71	2,56	2,45	2,36	2,29	2,24	2,19	2,12	2,04	1,96	1,91	1,87	1,82	1,77	1,71	1,65
29	4,18	3,33	2,93	2,70	2,55	2,43	2,35	2,28	2,22	2,18	2,10	2,03	1,94	1,90	1,85	1,81	1,75	1,70	1,64
30	4,17	3,32	2,92	2,69	2,53	2,42	2,33	2,27	2,21	2,16	2,09	2,01	1,93	1,89	1,84	1,79	1,74	1,68	1,62
40	4,08	3,23	2,84	2,61	2,45	2,34	2,25	2,18	2,12	2,08	2,00	1,92	1,84	1,79	1,74	1,69	1,64	1,58	1,51
60	4,00	3,15	2,76	2,53	2,37	2,25	2,17	2,10	2,04	1,99	1,92	1,84	1,75	1,70	1,65	1,59	1,53	1,47	1,39
120	3,92	3,07	2,68	2,45	2,29	2,17	2,09	2,02	1,96	1,91	1,83	1,75	1,66	1,61	1,55	1,50	1,43	1,35	1,25
∞	3,84	3,00	2,60	2,37	2,21	2,10	2,01	1,94	1,88	1,83	1,75	1,67	1,57	1,52	1,46	1,39	1,32	1,22	1,00

(continua)

(continuação)

$\alpha = 0,10$

g.l.$_N$: Graus de liberdade, numerador

g.l.$_D$: Graus de liberdade, denominador	1	2	3	4	5	6	7	8	9	10	12	15	20	24	30	40	60	120	∞
1	39,86	49,50	53,59	55,83	57,24	58,20	58,91	59,44	59,86	60,19	60,71	61,22	61,74	62,00	62,26	62,53	62,79	63,06	63,33
2	8,53	9,00	9,16	9,24	9,29	9,33	9,35	9,37	9,38	9,39	9,41	9,42	9,44	9,45	9,46	9,47	9,47	9,48	9,49
3	5,54	5,46	5,39	5,34	5,31	5,28	5,27	5,25	5,24	5,23	5,22	5,20	5,18	5,18	5,17	5,16	5,15	5,14	5,13
4	4,54	4,32	4,19	4,11	4,05	4,01	3,98	3,95	3,94	3,92	3,90	3,87	3,84	3,83	3,82	3,80	3,79	3,78	3,76
5	4,06	3,78	3,62	3,52	3,45	3,40	3,37	3,34	3,32	3,30	3,27	3,24	3,21	3,19	3,17	3,16	3,14	3,12	3,10
6	3,78	3,46	3,29	3,18	3,11	3,05	3,01	2,98	2,96	2,94	2,90	2,87	2,84	2,82	2,80	2,78	2,76	2,74	2,72
7	3,59	3,26	3,07	2,96	2,88	2,83	2,78	2,75	2,72	2,70	2,67	2,63	2,59	2,58	2,56	2,54	2,51	2,49	2,47
8	3,46	3,11	2,92	2,81	2,73	2,67	2,62	2,59	2,56	2,54	2,50	2,46	2,42	2,40	2,38	2,36	2,34	2,32	2,29
9	3,36	3,01	2,81	2,69	2,61	2,55	2,51	2,47	2,44	2,42	2,38	2,34	2,30	2,28	2,25	2,23	2,21	2,18	2,16
10	3,29	2,92	2,73	2,61	2,52	2,46	2,41	2,38	2,35	2,32	2,28	2,24	2,20	2,18	2,16	2,13	2,11	2,08	2,06
11	3,23	2,86	2,66	2,54	2,45	2,39	2,34	2,30	2,27	2,25	2,21	2,17	2,12	2,10	2,08	2,05	2,03	2,00	1,97
12	3,18	2,81	2,61	2,48	2,39	2,33	2,28	2,24	2,21	2,19	2,15	2,10	2,06	2,04	2,01	1,99	1,96	1,93	1,90
13	3,14	2,76	2,56	2,43	2,35	2,28	2,23	2,20	2,16	2,14	2,10	2,05	2,01	1,98	1,96	1,93	1,90	1,88	1,85
14	3,10	2,73	2,52	2,39	2,31	2,24	2,19	2,15	2,12	2,10	2,05	2,01	1,96	1,94	1,91	1,89	1,86	1,83	1,80
15	3,07	2,70	2,49	2,36	2,27	2,21	2,16	2,12	2,09	2,06	2,02	1,97	1,92	1,90	1,87	1,85	1,82	1,79	1,76
16	3,05	2,67	2,46	2,33	2,24	2,18	2,13	2,09	2,06	2,03	1,99	1,94	1,89	1,87	1,84	1,81	1,78	1,75	1,72
17	3,03	2,64	2,44	2,31	2,22	2,15	2,10	2,06	2,03	2,00	1,96	1,91	1,86	1,84	1,81	1,78	1,75	1,72	1,69
18	3,01	2,62	2,42	2,29	2,20	2,13	2,08	2,04	2,00	1,98	1,93	1,89	1,84	1,81	1,78	1,75	1,72	1,69	1,66
19	2,99	2,61	2,40	2,27	2,18	2,11	2,06	2,02	1,98	1,96	1,91	1,86	1,81	1,79	1,76	1,73	1,70	1,67	1,63
20	2,97	2,59	2,38	2,25	2,16	2,09	2,04	2,00	1,96	1,94	1,89	1,84	1,79	1,77	1,74	1,71	1,68	1,64	1,61
21	2,96	2,57	2,36	2,23	2,14	2,08	2,02	1,98	1,95	1,92	1,87	1,83	1,78	1,75	1,72	1,69	1,66	1,62	1,59
22	2,95	2,56	2,35	2,22	2,13	2,06	2,01	1,97	1,93	1,90	1,86	1,81	1,76	1,73	1,70	1,67	1,64	1,60	1,57
23	2,94	2,55	2,34	2,21	2,11	2,05	1,99	1,95	1,92	1,89	1,84	1,80	1,74	1,72	1,69	1,66	1,62	1,59	1,55
24	2,93	2,54	2,33	2,19	2,10	2,04	1,98	1,94	1,91	1,88	1,83	1,78	1,73	1,70	1,67	1,64	1,61	1,57	1,53
25	2,92	2,53	2,32	2,18	2,09	2,02	1,97	1,93	1,89	1,87	1,82	1,77	1,72	1,69	1,66	1,63	1,59	1,56	1,52
26	2,91	2,52	2,31	2,17	2,08	2,01	1,96	1,92	1,88	1,86	1,81	1,76	1,71	1,68	1,65	1,61	1,58	1,54	1,50
27	2,90	2,51	2,30	2,17	2,07	2,00	1,95	1,91	1,87	1,85	1,80	1,75	1,70	1,67	1,64	1,60	1,57	1,53	1,49
28	2,89	2,50	2,29	2,16	2,06	2,00	1,94	1,90	1,87	1,84	1,79	1,74	1,69	1,66	1,63	1,59	1,56	1,52	1,48
29	2,89	2,50	2,28	2,15	2,06	1,99	1,93	1,89	1,86	1,83	1,78	1,73	1,68	1,65	1,62	1,58	1,55	1,51	1,47
30	2,88	2,49	2,28	2,14	2,05	1,98	1,93	1,88	1,85	1,82	1,77	1,72	1,67	1,64	1,61	1,57	1,54	1,50	1,46
40	2,84	2,44	2,23	2,09	2,00	1,93	1,87	1,83	1,79	1,76	1,71	1,66	1,61	1,57	1,54	1,51	1,47	1,42	1,38
60	2,79	2,39	2,18	2,04	1,95	1,87	1,82	1,77	1,74	1,71	1,66	1,60	1,54	1,51	1,48	1,44	1,40	1,35	1,29
120	2,75	2,35	2,13	1,99	1,90	1,82	1,77	1,72	1,68	1,65	1,60	1,55	1,48	1,45	1,41	1,37	1,32	1,26	1,19
∞	2,71	2,30	2,08	1,94	1,85	1,77	1,72	1,67	1,63	1,60	1,55	1,49	1,42	1,38	1,34	1,30	1,24	1,17	1,00

De MERRINGTON, M.; THOMPSON, C. M. Table of Percentage Points of the Inverted Beta (F) Distribution. *Biometrika* 33, p. 74-87, 1943. Com permissão de Oxford University Press.

Rejeite a hipótese nula quando a estatística de teste x for menor ou igual ao valor na Tabela B.8.

Tabela B.8 Valores críticos para o teste dos sinais.

n	Unilateral, $\alpha = 0{,}005$ / Bilateral, $\alpha = 0{,}01$	$\alpha = 0{,}01$ / $\alpha = 0{,}02$	$\alpha = 0{,}025$ / $\alpha = 0{,}05$	$\alpha = 0{,}05$ / $\alpha = 0{,}10$
8	0	0	0	1
9	0	0	1	1
10	0	0	1	1
11	0	1	1	2
12	1	1	2	2
13	1	1	2	3
14	1	2	3	3
15	2	2	3	3
16	2	2	3	4
17	2	3	4	4
18	3	3	4	5
19	3	4	4	5
20	3	4	5	5
21	4	4	5	6
22	4	5	5	6
23	4	5	6	7
24	5	5	6	7
25	5	6	6	7

Nota: A Tabela B.8 é para os testes uni ou bilaterais. O tamanho da amostra n representa o número total de sinais + ou –. O valor do teste é o menor número de sinais + ou –.

De DIXON, W. J.; MOOD, A. M. *Journal of American Statistical Association*, v. 41, p. 557-566, 1946. Reimpresso com permissão.

Rejeite a hipótese nula quando a estatística de teste w_s for menor ou igual ao valor na Tabela B.9.

Tabela B.9 Valores críticos para o teste de postos com sinais de Wilcoxon.

n	Unilateral, $\alpha = 0{,}05$ / Bilateral, $\alpha = 0{,}10$	$\alpha = 0{,}025$ / $\alpha = 0{,}05$	$\alpha = 0{,}01$ / $\alpha = 0{,}02$	$\alpha = 0{,}005$ / $\alpha = 0{,}01$
5	1	—	—	—
6	2	1	—	—
7	4	2	0	—
8	6	4	2	0
9	8	6	3	2
10	11	8	5	3
11	14	11	7	5
12	17	14	10	7
13	21	17	13	10
14	26	21	16	13
15	30	25	20	16
16	36	30	24	19
17	41	35	28	23
18	47	40	33	28
19	54	46	38	32
20	60	52	43	37
21	68	59	49	43
22	75	66	56	49
23	83	73	62	55
24	92	81	69	61
25	101	90	77	68
26	110	98	85	76
27	120	107	93	84
28	130	117	102	92
29	141	127	111	100
30	152	137	120	109

De *Some Rapid Approximate Statistical Procedures*. Copyright © 1949, 1964 Laboratórios Lederle, American Cyanamid Co., Wayne, N.J. Reimpresso com permissão.

Rejeite $H_0: \rho_s = 0$ quando o valor absoluto de r_s for maior que o valor na Tabela B.10.

Tabela B.10 Valores críticos para o coeficiente de correlação de postos de Spearman.

n	$\alpha = 0{,}10$	$\alpha = 0{,}05$	$\alpha = 0{,}01$
5	0,900	—	—
6	0,829	0,886	—
7	0,714	0,786	0,929
8	0,643	0,738	0,881
9	0,600	0,700	0,833
10	0,564	0,648	0,794
11	0,536	0,618	0,818
12	0,497	0,591	0,780
13	0,475	0,566	0,745
14	0,457	0,545	0,716
15	0,441	0,525	0,689
16	0,425	0,507	0,666
17	0,412	0,490	0,645
18	0,399	0,476	0,625
19	0,388	0,462	0,608
20	0,377	0,450	0,591
21	0,368	0,438	0,576
22	0,359	0,428	0,562
23	0,351	0,418	0,549
24	0,343	0,409	0,537
25	0,336	0,400	0,526
26	0,329	0,392	0,515
27	0,323	0,385	0,505
28	0,317	0,377	0,496
29	0,311	0,370	0,487
30	0,305	0,364	0,478

Reimpresso com permissão do Institute of Mathematical Statistics.

A correlação é significativa quando o valor absoluto de r é maior que o valor na Tabela B 1.1.

Tabela B.11 Valores críticos para o coeficiente de correlação de Pearson.

n	$\alpha = 0{,}05$	$\alpha = 0{,}01$
4	0,950	0,990
5	0,878	0,959
6	0,811	0,917
7	0,754	0,875
8	0,707	0,834
9	0,666	0,798
10	0,632	0,765
11	0,602	0,735
12	0,576	0,708
13	0,553	0,684
14	0,532	0,661
15	0,514	0,641
16	0,497	0,623
17	0,482	0,606
18	0,468	0,590
19	0,456	0,575
20	0,444	0,561
21	0,433	0,549
22	0,423	0,537
23	0,413	0,526
24	0,404	0,515
25	0,396	0,505
26	0,388	0,496
27	0,381	0,487
28	0,374	0,479
29	0,367	0,471
30	0,361	0,463
35	0,334	0,430
40	0,312	0,403
45	0,294	0,380
50	0,279	0,361
55	0,266	0,345
60	0,254	0,330
65	0,244	0,317
70	0,235	0,306
75	0,227	0,296
80	0,220	0,286
85	0,213	0,278
90	0,207	0,270
95	0,202	0,263
100	0,197	0,256

Os valores críticos na Tabela B.11 foram gerados usando Excel.

Rejeite a hipótese nula quando a estatística de teste G for menor ou igual ao menor valor ou maior ou igual ao maior valor na Tabela B.12.

Tabela B.12 Valores críticos para o número de sequências (teste para aleatoriedade)

Valor de n_1	Valor de n_2: 2	3	4	5	6	7	8	9	10	11	12	13	14	15	16	17	18	19	20
2	1 / 6	1 / 6	1 / 6	1 / 6	1 / 6	1 / 6	1 / 6	1 / 6	1 / 6	1 / 6	2 / 6	2 / 6	2 / 6	2 / 6	2 / 6	2 / 6	2 / 6	2 / 6	2 / 6
3	1 / 6	1 / 8	1 / 8	1 / 8	2 / 8	2 / 8	2 / 8	2 / 8	2 / 8	2 / 8	2 / 8	2 / 8	2 / 8	3 / 8	3 / 8	3 / 8	3 / 8	3 / 8	3 / 8
4	1 / 6	1 / 8	1 / 9	1 / 9	2 / 9	2 / 10	2 / 10	3 / 10	3 / 10	3 / 10	3 / 10	3 / 10	3 / 10	3 / 10	4 / 10	4 / 10	4 / 10	4 / 10	4 / 10
5	1 / 6	1 / 8	2 / 9	2 / 10	3 / 10	3 / 11	3 / 11	3 / 12	3 / 12	4 / 12	4 / 12	4 / 12	4 / 12	4 / 12	4 / 12	4 / 12	5 / 12	5 / 12	5 / 12
6	1 / 6	2 / 8	2 / 9	3 / 10	3 / 11	3 / 12	3 / 12	4 / 13	4 / 13	4 / 13	4 / 13	5 / 14	5 / 14	5 / 14	5 / 14	5 / 14	5 / 14	6 / 14	6 / 14
7	1 / 6	2 / 8	2 / 10	3 / 11	3 / 12	3 / 13	4 / 13	4 / 14	5 / 14	5 / 14	5 / 14	5 / 15	5 / 15	6 / 15	6 / 16	6 / 16	6 / 16	6 / 16	6 / 16
8	1 / 6	2 / 8	3 / 10	3 / 11	3 / 12	4 / 13	4 / 14	5 / 14	5 / 15	5 / 15	6 / 16	6 / 16	6 / 16	6 / 16	6 / 17	7 / 17	7 / 17	7 / 17	7 / 17
9	1 / 6	2 / 8	3 / 10	3 / 12	4 / 13	4 / 14	5 / 14	5 / 15	5 / 16	6 / 16	6 / 16	6 / 17	7 / 17	7 / 18	7 / 18	7 / 18	8 / 18	8 / 18	8 / 18
10	1 / 6	2 / 8	3 / 10	3 / 12	4 / 13	5 / 14	5 / 15	5 / 16	6 / 16	6 / 17	7 / 17	7 / 18	7 / 18	7 / 18	8 / 19	8 / 19	8 / 19	8 / 20	9 / 20
11	1 / 6	2 / 8	3 / 10	4 / 12	4 / 13	5 / 14	5 / 15	6 / 16	6 / 17	7 / 17	7 / 18	7 / 19	8 / 19	8 / 19	8 / 20	9 / 20	9 / 20	9 / 21	9 / 21
12	2 / 6	2 / 8	3 / 10	4 / 12	4 / 13	5 / 14	6 / 16	6 / 16	7 / 17	7 / 18	7 / 19	8 / 19	8 / 20	8 / 20	9 / 21	9 / 21	9 / 21	10 / 22	10 / 22
13	2 / 6	2 / 8	3 / 10	4 / 12	5 / 14	5 / 15	6 / 16	6 / 17	7 / 18	7 / 19	8 / 19	8 / 20	9 / 20	9 / 21	9 / 21	10 / 22	10 / 22	10 / 23	10 / 23
14	2 / 6	2 / 8	3 / 10	4 / 12	5 / 14	5 / 15	6 / 16	7 / 17	7 / 18	8 / 19	8 / 20	9 / 20	9 / 21	9 / 22	10 / 22	10 / 23	10 / 23	11 / 23	11 / 24
15	2 / 6	3 / 8	3 / 10	4 / 12	5 / 14	6 / 15	6 / 16	7 / 18	7 / 18	8 / 19	8 / 20	9 / 21	9 / 22	10 / 22	10 / 23	11 / 23	11 / 24	11 / 24	12 / 25
16	2 / 6	3 / 8	4 / 10	4 / 12	5 / 14	6 / 16	6 / 17	7 / 18	8 / 19	8 / 20	9 / 21	9 / 21	10 / 22	10 / 23	11 / 23	11 / 24	11 / 25	12 / 25	12 / 25
17	2 / 6	3 / 8	4 / 10	4 / 12	5 / 14	6 / 16	7 / 17	7 / 18	8 / 19	9 / 20	9 / 21	10 / 22	10 / 23	11 / 23	11 / 24	11 / 25	12 / 25	12 / 26	13 / 26
18	2 / 6	3 / 8	4 / 10	5 / 12	5 / 14	6 / 16	7 / 17	8 / 18	8 / 19	9 / 20	9 / 21	10 / 22	10 / 23	11 / 24	11 / 25	12 / 25	12 / 26	13 / 26	13 / 27
19	2 / 6	3 / 8	4 / 10	5 / 12	6 / 14	6 / 16	7 / 17	8 / 18	8 / 20	9 / 21	10 / 22	10 / 23	11 / 23	11 / 24	12 / 25	12 / 26	13 / 26	13 / 27	13 / 27
20	2 / 6	3 / 8	4 / 10	5 / 12	6 / 14	6 / 16	7 / 17	8 / 18	9 / 20	9 / 21	10 / 22	10 / 23	11 / 24	12 / 25	12 / 25	13 / 26	13 / 27	13 / 27	14 / 28

Nota: A Tabela B.12 é para um teste bicaudal com $\alpha = 0{,}05$.
Reimpresso com permissão do Institute of Mathematical Statistics.

Apêndice C

O que você deve aprender

- Como construir e interpretar um gráfico de probabilidade normal.

C Gráficos de probabilidade normal

Gráficos de probabilidade normal

Para muitos dos exemplos e exercícios neste livro, supomos que uma amostra aleatória é selecionada de uma população que tem uma distribuição normal. Após selecionar uma amostra aleatória de uma população com distribuição desconhecida, como você pode determinar se a amostra foi selecionada de uma população que tem uma distribuição normal?

Você já aprendeu que um histograma ou um diagrama de ramo e folha pode revelar a forma de uma distribuição e quaisquer *outliers*, agrupamentos ou lacunas em uma distribuição (veja seções 2.1, 2.2 e 2.3). Essas visualizações dos dados são úteis para avaliar grandes conjuntos de dados, mas avaliar conjuntos com poucos dados desta maneira pode ser difícil e não confiável. Um método usual para avaliar a normalidade em *qualquer* conjunto de dados é do **gráfico de probabilidade normal**.

> **Definição**
>
> Um **gráfico de probabilidade normal** (também chamado **gráfico quantil-quantil**) é um gráfico cujos pontos são formados pelos valores observados e seus respectivos escores-z esperados. Os valores observados são geralmente representados no eixo horizontal, enquanto os escores-z esperados são representados no eixo vertical.

As orientações a seguir podem ajudar a determinar se os dados vêm de uma população que tem uma distribuição normal.

1. Se os pontos representados em um gráfico de probabilidade normal são aproximadamente colineares, então você pode concluir que os dados vêm de uma distribuição normal.
2. Se os pontos representados não são aproximadamente colineares ou seguem algum tipo de padrão que não é linear, então você pode concluir que os dados vêm de uma distribuição que não é normal.
3. Múltiplos *outliers* ou agrupamentos de pontos indicam uma distribuição que não é normal.

Dois gráficos de probabilidade normal são mostrados nas figuras C.1 e C.2. Na Figura C.1, o gráfico é aproximadamente linear. Então, você pode concluir que os dados vêm de uma população que tem uma distribuição normal. Na Figura C.2, o gráfico segue um padrão não linear. Então, você pode concluir que os dados não vêm de uma população que tem uma distribuição normal.

Figura C.1

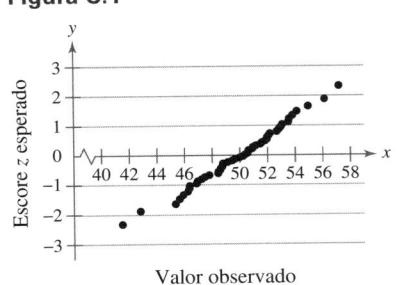

Figura C.2

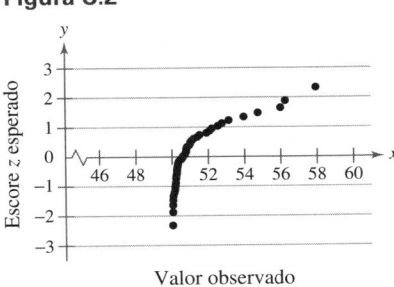

Construir um gráfico de probabilidade normal manualmente pode ser bastante tedioso. Você pode usar ferramentas tecnológicas como Minitab ou a TI-84 Plus para construir um gráfico de probabilidade normal, conforme mostra o Exemplo 1.

Exemplo 1

Construindo um gráfico de probabilidade normal

As alturas (em polegadas) de 12 jogadores atuais da NBA, selecionados aleatoriamente, estão listadas a seguir. Use a tecnologia para construir um gráfico de probabilidade normal para verificar se os dados vêm de uma população que tem uma distribuição normal.

74, 69, 78, 75, 73, 71, 80, 82, 81, 76, 86, 77

Solução

Usando o Minitab, comece inserindo as alturas na coluna C1 e nomeie-a como "Altura dos jogadores". Então, pressione *Graph* e selecione *Probability Plot*. Certifique-se de escolher o gráfico de probabilidade simples e pressione OK. Depois, dê um duplo clique em C1 para selecionar os dados que estarão no gráfico. Selecione *Distribution* e certifique-se de escolher normal. Clique no menu *Data Display* e selecione *Symbols only*, Pressione OK. Clique em *Scale* e, no menu *Y-Scale Type*, selecione *Score* e aperte OK. Clique em *Labels* e coloque um título no gráfico. Depois clique OK duas vezes. (Veja a Figura C.3.) Para construir um gráfico de probabilidade normal usando a TI-84 Plus, siga as instruções na Dica de estudo.

Figura C.3

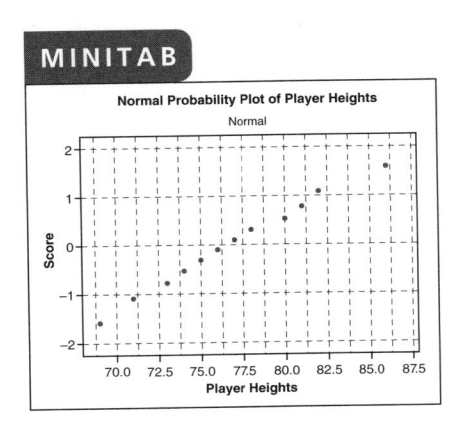

Dica de estudo

Aqui estão as instruções para construir um gráfico de probabilidade normal usando a TI-84 Plus. Primeiro, insira os dados na Lista 1. Depois, use *Stat Plot* para construir o gráfico de probabilidade normal, conforme mostrado a seguir.

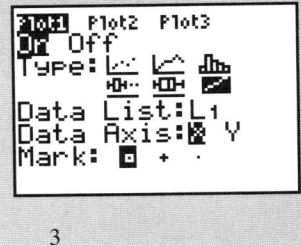

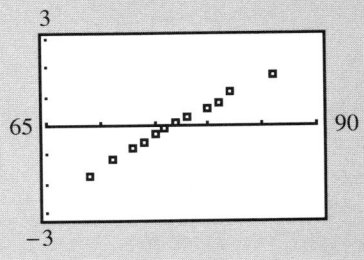

Interpretação Como os pontos são aproximadamente colineares, podemos concluir que os dados da amostra vêm de uma população que tem uma distribuição normal.

Figura C.4

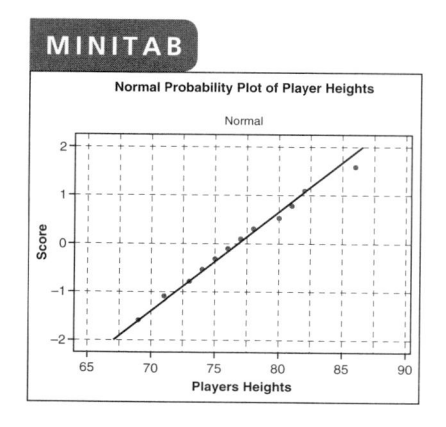

Normal Probability Plot of Player Heights

Tente você mesmo 1

Os saldos (em dólares) de empréstimos para 18 alunos do último ano da faculdade, selecionados aleatoriamente, estão listados. Use a tecnologia para construir um gráfico de probabilidade normal para determinar se os dados vêm de uma população que tem uma distribuição normal.

29.150	16.980	12.470	19.235	15.875	8.960	16.105	14.575	39.860
20.170	9.710	19.650	21.590	8.200	18.100	25.530	9.285	10.075

a. Use a tecnologia para construir um gráfico de probabilidade normal. Os pontos são aproximadamente colineares?

b. Interprete sua resposta.

Para ver se os pontos são aproximadamente colineares, você pode representar o gráfico da reta de regressão para os valores observados do conjunto de dados e seus respectivos escores-z esperados. A reta de regressão para as alturas e escores-z esperados do Exemplo 1 são mostrados no gráfico da Figura C.4, no qual você pode ver que os pontos estão ao longo da reta de regressão. Você também pode aproximar a média do conjunto de dados determinando onde a reta cruza o eixo x.

C Exercícios

1. Em um gráfico de probabilidade normal, o que usualmente é representado no eixo horizontal? E no vertical?

2. Descreva como você pode usar um gráfico de probabilidade normal para determinar se os dados vêm de uma distribuição normal.

Análise gráfica *Nos exercícios 3 e 4, use o histograma e o gráfico de probabilidade normal para determinar se os dados vêm de uma distribuição normal. Explique seu raciocínio.*

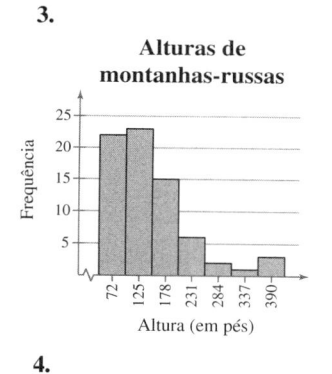

3.

Alturas de montanhas-russas

4.

Comprimentos de fêmur de mulheres

Construindo um gráfico de probabilidade normal *Nos exercícios 5 e 6, use tecnologia para construir um gráfico de probabilidade normal para determinar se os dados vêm de uma população que tem uma distribuição normal.*

5. **Tempos de reação** Os tempos de reação (em milissegundos) a um estímulo auditivo, de 30 mulheres adultas selecionadas aleatoriamente.

507	389	305	291	336	310	514	442
373	428	387	454	323	441	388	426
411	382	320	450	309	416	359	388
307	337	469	351	422	413		

6. **Níveis de triglicerídeos** Os níveis de triglicerídeos (em mg/dl) de 26 pacientes selecionados aleatoriamente.

209	140	155	170	265	138	180
295	250	320	270	225	215	390
420	462	150	200	400	295	240
200	190	145	160	175		

Respostas dos exercícios Tente você mesmo

Capítulo 1

Seção 1.1

1 a. A população consiste nos preços por galão de gasolina comum em todos dos postos de gasolina nos Estados Unidos. A amostra consiste nos preços por galão de gasolina comum nos 800 postos pesquisados.

b. O conjunto de dados consiste em 800 preços.

2 a. População.   **b.** Parâmetro.

3 a. A estatística descritiva envolve a afirmação "31% ajuda financeiramente seus filhos até eles concluírem a faculdade e 6% fornece apoio financeiro até eles começarem a faculdade".

b. Uma inferência retirada da pesquisa é que uma percentagem maior de pais apoiam financeiramente seus filhos até eles concluírem a faculdade.

Seção 1.2

1 a. O nome das cidades e as populações das cidades.

b. Nome das cidades: não numérico.
População das cidades: numérico.

c. Nome das cidades: qualitativo.
População das cidades: quantitativo.

2 a. (1) As posições finais representam uma classificação dos times de basquete.
(2) A coleção de números de telefone representa rótulos.

b. (1) Ordinal, porque os dados podem ser colocados em ordem
(2) Nominal, porque não se pode realizar cálculos com os dados.

3 a. (1) O conjunto de dados é a coleção de temperaturas corporais.
(2) O conjunto de dados é a coleção de frequências cardíacas.

b. (1) Intervalar, porque os dados podem ser ordenados e diferenças matemáticas podem ser calculadas, mas não faz sentido escrever uma razão usando as temperaturas.
(2) Razão, porque os dados podem ser ordenados, diferenças matemáticas podem ser calculadas, os dados podem ser escritos como uma razão e o conjunto de dados contém um zero natural.

Seção 1.3

1 a. O estudo não aplica um tratamento ao alce.

b. Este é um estudo observacional.

2 a. Não há como dizer por que as pessoas param de fumar. Elas poderiam ter parado de fumar como um resultado de mascar o chiclete ou assistir ao DVD. O chiclete e o DVD poderiam ser variáveis de confusão.

b. Dois experimentos poderiam ser feitos, um usando o chiclete e o outro usando o DVD. Ou apenas conduzir um experimento usando ou o chiclete ou o DVD.

3. *Uma possível resposta*:

a. Comece com a primeira linha de dígitos 92630782....

b. 92|63|07|82|40|19|26.

c. 63, 7, 40, 19, 26.

4 a. (1) A amostra foi composta por estudantes de uma turma selecionada aleatoriamente. Isso é amostragem por conglomerado.
(2) Os estudantes foram numerados (1 a N) e separados em grupos, escolhendo aleatoriamente um número do primeiro grupo e selecionando os estudantes em intervalos regulares a partir desse número. Isso é amostragem sistemática.

b. (1) A amostra pode ser tendenciosa porque algumas turmas podem estar mais familiarizadas com a pesquisa de células tronco que outras e ter opiniões mais fortes.
(2) A amostra pode ser tendenciosa se houver ocorrência de qualquer padrão de regularidade nos dados.

Capítulo 2

Seção 2.1

1 a. 7 classes.

b. Mínimo = 26; máximo = 86; amplitude de classe = 9.

c.

Limite inferior	Limite superior
26	34
35	43
44	52
53	61
62	70
71	79
80	88

de.

Classe	Frequência, f
26–34	2
35–43	5
44–52	12
53–61	18
62–70	11
71–79	1
80–88	1

2 ab.

Classe	Frequência, f	Ponto médio	Frequência relativa	Frequência acumulada
26–34	2	30	0,04	2
35–43	5	39	0,10	7
44–52	12	48	0,24	19
53–61	18	57	0,36	37
62–70	11	66	0,22	48
71–79	1	75	0,02	49
80–88	1	84	0,02	50
	$\Sigma f = 50$		$\Sigma \dfrac{f}{n} = 1$	

c. *Uma possível resposta*: A faixa etária mais comum para as 50 mulheres mais influentes é 53–61. Oitenta e seis porcento delas tem mais de 43 anos e 4% tem menos de 35 anos.

3 a.

Fronteiras das classes
25,5–34,5
34,5–43,5
43,5–52,5
52,5–61,5
61,5–70,5
70,5–79,5
79,5–88,5

b. Use os pontos médios das classes para a escala horizontal e a frequência para a escala vertical. (As fronteiras das classes também podem ser usadas para a escala horizontal.)

c. Idades das 50 mulheres mais influentes

d. O mesmo que 2(c).

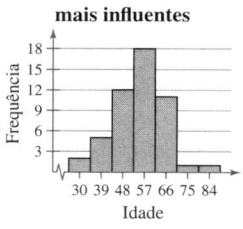

4 a. O mesmo que 3(c).

bc. Idades das 50 mulheres mais influentes

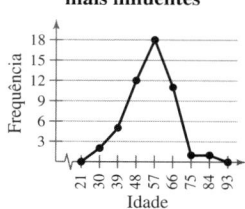

d. A frequência das idades cresce até 57 anos e então decresce.

5 abc. Idades das 50 mulheres mais influentes

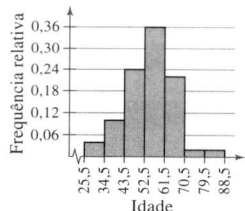

6 a. Use as fronteiras superiores das classes para a escala horizontal e a frequência acumulada para a escala vertical.

bc. Idades das 50 mulheres mais influentes

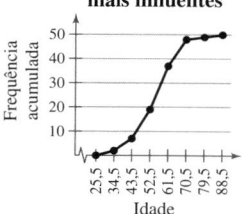

Uma possível resposta: O maior crescimento na frequência acumulada ocorre entre 52,5 e 61,5.

7 a. Insira os dados.

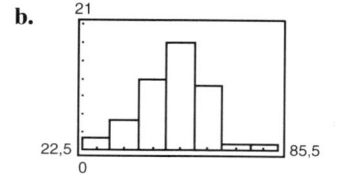

b.

Seção 2.2

1 a.
```
2
3
4
5
6
7
8
```

b.
```
2 | 6                              Chave: 2|6 = 26
3 | 1 5 7
4 | 3 3 3 4 5 7 8 8 9
5 | 0 1 1 1 1 2 4 4 4 4 5 5 5 6 7 7 7 8 8 8 8 9 9 9
6 | 2 2 3 4 5 5 5 6 6 7 7
7 | 2
8 | 6
```

c. *Uma possível resposta*: A maioria das mulheres mais influentes tem entre 40 e 70 anos de idade.

2 ab.
```
2 |                                 Chave: 2|6 = 26
2 | 6
3 | 1
3 | 5 7
4 | 3 3 3 4
4 | 5 7 8 8 9
5 | 0 1 1 1 1 2 4 4 4 4
5 | 5 5 5 6 7 7 7 8 8 8 8 9 9 9
6 | 2 2 3 4
6 | 5 5 5 6 6 7 7
7 | 2
7 |
8 |
8 | 6
```

c. *Uma possível resposta*: A maioria das 50 mulheres mais influentes tem mais de 50 anos.

3 a. Use a idade para o eixo horizontal.

b. Idades das 50 mulheres mais influentes

c. *Uma possível resposta*: A maioria das idades se agrupa entre 43 e 67 anos de idade. A idade de 86 anos é um valor incomum.

4 a.

Tipo de título	f	Frequência relativa	Ângulo
Tecnólogo	455	0,235	85°
Bacharelado	1051	0,542	195°
Mestrado	330	0,170	61°
Doutorado	104	0,054	19°
	$\Sigma f = 1940$	$\Sigma \dfrac{f}{n} \approx 1$	$\Sigma = 360°$

b. Títulos conferidos em 1990
- Tecnólogo 23,5%
- Doutorado 5,4%
- Mestrado 17,0%
- Bacharelado 54,2%

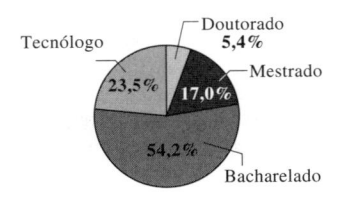

c. De 1990 a 2011, como percentuais do total de títulos conferidos, os graus de tecnólogo cresceram em 3%, os graus de bacharelado decresceram em 5,9%, os graus de mestrado cresceram em 3,6% e os de doutorado decresceram em 0,8%.

5 a.

Causa	Frequência, f
Mecânicas de automóveis	14.156
Seguradoras	8.568
Corretores de hipoteca	6.712
Empresas de telefonia	15.394
Agências de viagens	5.841

b. Causa das reclamações no BBB

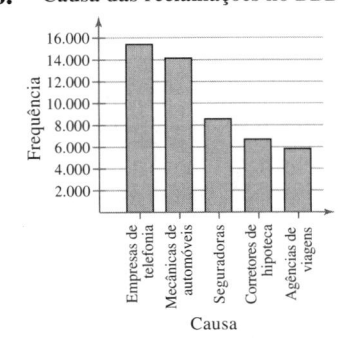

c. *Uma possível resposta*: Empresas de telefonia e mecânicas de automóveis respondem por mais da metade de todas as reclamações recebidas pelo BBB.

6 ab. Salários

c. Parece que quanto mais tempo o funcionário está na empresa, maior será seu salário.

7 ab. Contas de telefone celular

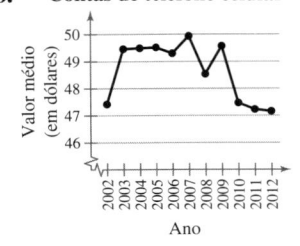

c. O valor médio da conta aumentou de 2002 a 2003, flutuou entre os anos de 2003 e 2009 e decresceu de 2009 a 2012.

Seção 2.3

1 a. 1.193.

b. Cerca de 79,5.

c. A altura média dos jogadores é de cerca de 79,5 polegadas.

2 a. 18, 18, 19, 19, 19, 20, 21, 21, 21, 21, 23, 24, 24, 26, 27, 27, 29, 30, 30, 30, 33, 33, 34, 35, 38.

  b. 24.

  c. A idade mediana da amostra de fãs no concerto é 24.

3 a. 10, 50, 50, 70, 70, 80, 100, 100, 120, 130.

  b. 75.

  c. O preço mediano da amostra de porta-retratos digital é US$ 75.

4 a. 324, 385, 450, 450, 462, 475, 540, 540, 564, 618, 624, 638, 670, 670, 670, 705, 720, 723, 750, 750, 825, 830, 912, 975, 980, 980, 1.100, 1.260, 1.420, 1.650.

  b. 670.

  c. A moda dos preços para a amostra de condomínios de South Beach, Flórida, é US$ 670.

5 a. "Preços melhores."

  b. Na amostra, houve mais pessoas que compravam pela internet por preços melhores do que por qualquer outra razão.

6 a. $\bar{x} \approx 21,6$; mediana = 21; moda = 20.

  b. A média no Exemplo 6 ($\bar{x} \approx 23,8$) foi fortemente influenciada pelo valor 65. Nem a mediana nem a moda foram tão afetadas pelo valor 65.

7 ab.

Fonte	Nota, x	Peso, w	$x \cdot w$
Média do teste	86	0,50	43,0
Prova bimestral	96	0,15	14,4
Prova final	98	0,20	19,6
Informática	98	0,10	9,8
Dever de casa	100	0,05	5,0
		$\Sigma w = 1$	$\Sigma(x \cdot w) = 91,8$

  c. 91,8.

  d. A média ponderada para o curso é 91,8. Então, você conseguiu um A.

8 abc.

Classe	Ponto médio, x	Frequência, f	$x \cdot f$
26–34	30	2	60
35–43	39	5	195
44–52	48	12	576
53–61	57	18	1.026
62–70	66	11	726
71–79	75	1	75
80–88	84	1	84
		N = 50	$\Sigma(x \cdot f) = 2.742$

  d. Cerca de 54,8.

Seção 2.4

1 a. Mínimo = 23 ou US$ 23.000; máximo = 58 ou US$ 58.000.

  b. 35 ou US$ 35.000.

  c. A amplitude dos salários iniciais para a empresa B, que é US$ 35.000, é muito maior que o da empresa A.

2 ab. $\mu = 41,5$ ou US$ 41.500.

Salário, x	$x - \mu$	$(x - \mu)^2$
40	−1,5	2,25
23	−18,5	342,25
41	−0,5	0,25
50	8,5	72,25
49	7,5	56,25
32	−9,5	90,25
41	−0,5	0,25
29	−12,5	156,25
52	10,5	110,25
58	16,5	272,25
$\Sigma x = 415$	$\Sigma(x - \mu) = 0$	$\Sigma(x - \mu)^2 = 1.102,5$

  c. Cerca de 110,3.   **d.** 10,5 ou US$ 10.500.

  e. O desvio padrão populacional é 10,5 ou US$ 10.500.

3 a. 1.240.   **b.** Cerca de 177,1.   **c.** Cerca de 13,3.

4 a. Insira os dados.

  b. $\bar{x} \approx 22,1$; $s = 5,3$.

5 a. 7, 7, 7, 7, 7, 13, 13, 13, 13, 13.

  b. 3.

6 a. 1 desvio padrão.   **b.** 34%.

  c. Aproximadamente 34% das mulheres de 20 a 29 anos têm entre 64,2 e 67,1 polegadas.

7 a. −6,9.   **b.** 77,5.

  c. Pelo menos 75% dos dados encontram-se dentro de 2 desvios padrão da média. Então, pelo menos 75% da população do Alaska têm entre 0 e 77,5 anos de idade.

8 a.

x	f	xf
0	10	0
1	19	19
2	7	14
3	7	21
4	5	20
5	1	5
6	1	6
	$\Sigma = 50$	$\Sigma xf = 85$

  b. 1,7.

  c.

$x - \bar{x}$	$(x - \bar{x})^2$	$(x - \bar{x})^2 f$
−1,7	2,89	28,90
−0,7	0,49	9,31
0,3	0,09	0,63
1,3	1,69	11,83
2,3	5,29	26,45
3,3	10,89	10,89
4,3	18,49	18,49
		$\Sigma(x - \bar{x})^2 f = 106,5$

  d. Cerca de 1,5.

9 a.

Classe	x	f	xf
0–99	49,5	380	18.810
100–199	149,5	230	34.385
200–299	249,5	210	52.395
300–399	349,5	50	17.475
400–499	449,5	60	26.970
500+	650,0	70	45.500
		$\Sigma = 1.000$	$\Sigma xf = 195,535$

b. Cerca de 195,5.

c.

$x - \bar{x}$	$(x - \bar{x})^2$	$(x - \bar{x})^2 f$
−146,0	21.316,00	8,100.080,0
−46,0	2.116,00	486.680,0
54,0	2.916,00	612.360,0
154,0	23.716,00	1.185.800,0
254,0	64.516,00	3.870.960,0
454,5	206.570,25	14.459.917,5
		$\Sigma(x - \bar{x})^2 f = 28.715.797,5$

d. Cerca de 169,5.

10 a. Los Angeles: $\bar{x} \approx 31,0; s \approx 12,6$.
Dallas/Fort Worth: $\bar{x} \approx 22,1; s \approx 5,3$.

b. Los Angeles: $CV \approx 40,6\%$.
Dallas/Fort Worth: $CV \approx 24,0\%$.

c. As taxas de aluguel de escritórios têm maior variação em Los Angeles do que em Dallas/Fort Worth.

Seção 2.5

1 a. 26, 31, 35, 37, 43, 43, 43, 44, 45, 47, 48, 48, 49, 50, 51, 51, 51, 51, 52, 54, 54, 54, 54, 55, 55, 55, 56, 57, 57, 57, 58, 58, 58, 58, 59, 59, 59, 62, 62, 63, 64, 65, 65, 65, 66, 66, 67, 67, 72, 86.

b. 55.   **c.** $Q_1 = 49, Q_3 = 62$.

d. Cerca de um quarto das 50 mulheres mais influentes tem 49 anos ou menos, cerca de metade tem 55 anos ou menos e cerca de três quartos têm 62 anos ou menos.

2 a. Insira os dados.

b. $Q_1 = 23,5, Q_2 = 30, Q_3 = 45$.

c. Cerca de um quarto das faculdades cobra US$ 23.500 ou menos, cerca de metade cobra US$ 30.000 ou menos e cerca de três quartos cobram US$ 45.000 ou menos.

3 a. $Q_1 = 49, Q_3 = 62$.   **b.** 13.   **c.** 26 e 86.

d. As idades das 50 mulheres mais influentes na parte central do conjunto de dados variam no máximo 13 anos. As idades 26 e 86 são *outliers*.

4 a. Mínimo = 26, $Q_1 = 49$, $Q_2 = 55$, $Q_3 = 62$, máximo = 86.

bc. Idades das 50 mulheres mais influentes

d. Cerca de 50% das idades estão entre 49 e 62 anos. Cerca de 25% das idades são menores que 49 anos. Cerca de 25% das idades são maiores que 62 anos.

5 a. Aproximadamente 62.

b. Cerca de 75% das mulheres mais influentes têm 62 anos ou menos.

6 a. 17, 18, 19, 20, 20, 23, 24, 26, 29, 29, 29, 30, 30, 34, 35, 36, 38, 39, 39, 43, 44, 44, 44, 45, 45.

b. 7.   **c.** 28º percentil.

d. O custo com ensino no valor de US$ 26.000 é maior que 28% dos outros custos com ensino.

7 a. $\mu = 70, \sigma = 8$.
Para $ 60, $z = -1,25$.
Para $ 71, $z = 0,125$.
Para $ 92, $z = 2,75$.

b. Dos escores-z, $ 60 está 1,25 desvios padrão abaixo da média, $ 71 está 0,125 desvio padrão acima da média e $ 92 está 2,75 desvios padrão acima da média. Uma conta de serviço público de $ 92 é incomum.

8 a. 5 pés = 60 polegadas.

b. Homem: $z = -3,3$; mulher: $z = -1,7$.

c. O escore-z para o homem com 5 pés de altura está 3,3 desvios padrão abaixo da média. Esta é uma altura muito incomum para um homem. O escore-z para a mulher com 5 pés de altura está 1,7 desvios padrão abaixo da média. Esta altura está entre as alturas típicas para uma mulher.

Capítulo 3

Seção 3.1

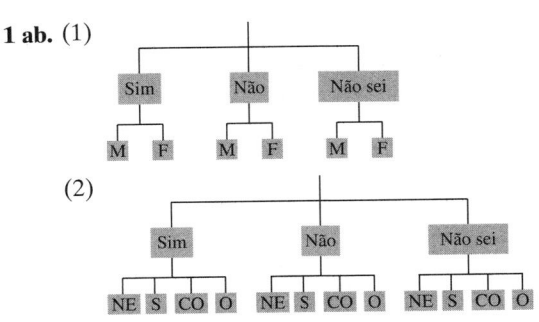

1 ab. (1)

(2)

c. (1) 6.   (2) 12.

d. (1) Sendo S = Sim, N = Não, NS = Não sei, M = Masculino, F = Feminino.
Espaço amostral {SM, SF, NM, NF, NSM, NSF}.
(2) Sendo S = Sim, N = Não, NS = Não sei, NE = Nordeste, S = Sul, CO = Centro-oeste, O = Oeste.
Espaço amostral {SNE, SS, SCO, SO, NNE, NS, NCO, NO, NSNE, NSS, NSCO, NSO}.

2 a. (1) 6.   (2) 1.

b. (1) Não é um evento simples porque consiste em mais de um resultado simples.

(2) É um evento simples porque consiste em apenas um resultado.

3 a. Fabricante: 4, tamanho: 2, cor: 5. **b.** 40.

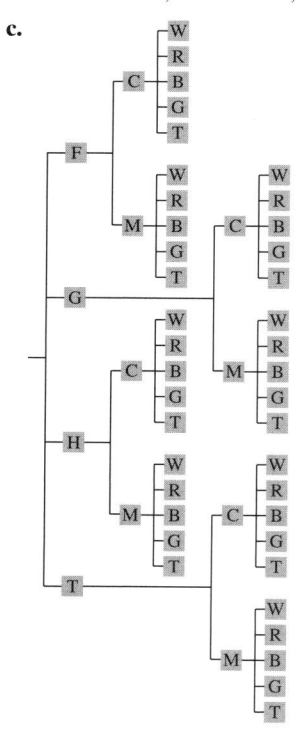

c. [árvore de decisão com ramos F, G, H, T → C, M → W, R, B, G, T]

4 a. (1) Cada letra é um evento (26 escolhas para cada).
(2) Cada letra é um evento (26, 25, 24, 23, 22 e 21 escolhas).
(3) Cada letra é um evento (22, 26, 26, 26, 26 e 26 escolhas).

b. (1) 308.915.776. (2) 165.765.600. (3) 261.390.272.

c. É um evento simples porque consiste de um resultado simples.

5 a. (1) 52. (2) 52. (3) 52.
b. (1) 1. (2) 13. (3) 52.
c. (1) 0,019. (2) 0,25. (3) 1.

6 a. O evento é "a próxima reclamação recebida é fraudulenta". A frequência é 4.
b. 100. **c.** 0,04.

7 a. 254. **b.** 975. **c.** 0,261.

8 a. O evento é "um salmão passa com sucesso através de uma barragem no rio Columbia".
b. Estimada dos resultados de um experimento.
c. Probabilidade empírica.

9 a. 0,16. **b.** 0,84. **c.** $\frac{21}{25}$ ou 0,84.

10a. 5. **b.** 0,313.

11a. 10.000.000. **b.** $\frac{1}{10.000.000}$.

Seção 3.2

1 a. (1) 30 e 102. (2) 11 e 50.
b. (1) 0,294. (2) 0,22.

2 a. (1) Sim. (2) Não.
b. (1) Dependente. (2) Independente.

3 a. (1) Independente. (2) Dependente.
b. (1) 0,723. (2) 0,059.

4 a. (1) Evento. (2) Evento. (3) Complemento.
b. (1) 0,729. (2) 0,001. (3) 0,999.

c. (1) O evento não é incomum porque sua probabilidade não é menor ou igual a 0,05.

(2) O evento é incomum porque sua probabilidade é menor ou igual a 0,05.

(3) O evento não é incomum porque sua probabilidade não é menor ou igual a 0,05.

5 a. (1) e (2) A = {mulher}, B = {trabalha na área de saúde}.

b. (1) $P(A \text{ e } B) = P(A) \cdot P(B|A) = (0{,}65) \cdot (0{,}25)$.

(2) $P(A \text{ e } B') = P(A) \cdot P(B'|A)$
$= P(A) \cdot (1 - P(B|A))$
$= (0{,}65) \cdot P(0{,}75)$.

c. (1) 0,163. (2) 0,488.

2. (1) e (2) Os eventos são não incomuns porque suas probabilidades não são menores ou iguais a 0,05.

Seção 3.3

1 a. (1) Os eventos podem ocorrer ao mesmo tempo.
(2) Os eventos não podem ocorrer ao mesmo tempo.

b. (1) Não mutuamente exclusivos.
(2) Mutuamente exclusivos.

2 a. (1) Mutuamente exclusivos.
(2) Não mutuamente exclusivos.

b. (1) $P(A) = \frac{1}{6}, P(B) = \frac{1}{2}$.

(2) $P(A) = \frac{12}{52}, P(B) = \frac{13}{52}, P(B \text{ e } A) = \frac{3}{52}$.

c. (1) 0,667. (2) 0,423.

3 a. A = {vendas entre US$ 0 e US$ 24.999}.
B = {vendas entre US$ 25.000 e US$ 49.999}.

b. A e B não podem ocorrer ao mesmo tempo.
A e B são mutuamente exclusivos.

c. $P(A) = \frac{3}{36}, P(B) = \frac{5}{36}$. **d.** 0,222.

4 a. (1) A = {Tipo B}.
B = {Tipo AB}.

(2) A = {tipo O}.
B = {Rh positivo}.

b. (1) A e B não podem ocorrer ao mesmo tempo.
A e B são mutuamente exclusivos.

(2) A e B podem ocorrer ao mesmo tempo.
A e B não são mutuamente exclusivos.

c. (1) $P(A) = \frac{45}{409}, P(B) = \frac{16}{409}$.

(2) $P(A) = \frac{184}{409}, P(B) = \frac{344}{409}, P(A \text{ e } B) = \frac{156}{409}$.

d. (1) 0,149. (2) 0,910.

5 a. (1) 0,162. **b.** 0,838.

Seção 3.4

1 a. 8. **b.** 40.320.

2 a. $n = 8, r = 3$. **b.** 336.

   c. Há 336 maneiras possíveis de um indivíduo escolher uma primeira, uma segunda e uma terceira atividade.

3 a. $n = 12, r = 4$. **b.** 11.880.

4 a. $n = 20$. **b.** Carvalho, bordo e álamo.

c. $n_1 = 6, n_2 = 9, n_3 = 5$. **d.** 77.597.520.

5 a. $n = 20, r = 3$. **b.** 1.140.

   c. Há 1.140 comitês diferentes, de três pessoas, que podem ser selecionados dos 20 funcionários.

6 a. 380. **b.** 0,003.

7 a. 3.003. **b.** 3.162.510. **c.** 0,0009.

8 a. 10. **b.** 220. **c.** 0,045.

Capítulo 4

Seção 4.1

1 a. (1) Mensurável. (2) Contável.

  b. (1) A variável aleatória é contínua porque x pode ser qualquer número real representando uma velocidade dentre os possíveis valores.

  (2) A variável aleatória é discreta porque o número de bezerros nascidos em uma fazenda em um ano é contável.

2 ab.

x	f	$P(x)$
0	16	0,16
1	19	0,19
2	15	0,15
3	21	0,21
4	9	0,09
5	10	0,10
6	8	0,08
7	2	0,02
	$n = 100$	$\Sigma P(x) = 1$

c. Vendas dos novos colaboradores

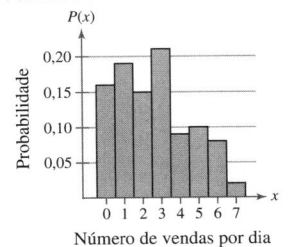

3 a. Cada $P(x)$ está entre 0 e 1.

  b. $\Sigma P(x) = 1$.

  c. Como ambas as condições são satisfeitas, a distribuição é uma distribuição de probabilidade.

4 a. (1) A probabilidade de cada resultado está entre 0 e 1.
(2) A probabilidade de cada resultado está entre 0 e 1.

  b. (1) Sim. (2) Não.

  c. (1) É uma distribuição de probabilidade.
(2) Não é uma distribuição de probabilidade.

5 ab.

x	$P(x)$	$xP(x)$
0	0,16	0,00
1	0,19	0,19
2	0,15	0,30
3	0,21	0,63
4	0,09	0,36
5	0,10	0,50
6	0,08	0,48
7	0,02	0,14
	$\Sigma P(x) = 1$	$\Sigma xP(x) = 2,6$

c. $\mu = 2,6$. Em média, um novo colaborador faz 2,6 vendas por dia.

6 ab.

x	$P(x)$	$x - \mu$	$(x - \mu)^2$	$(x - \mu)^2 P(x)$
0	0,16	−2,6	6,76	1,0816
1	0,19	−1,6	2,56	0,4864
2	0,15	−0,6	0,36	0,0540
3	0,21	0,4	0,16	0,0336
4	0,09	1,4	1,96	0,1764
5	0,10	2,4	5,76	0,5760
6	0,08	3,4	11,56	0,9248
7	0,02	4,4	19,36	0,3872
$\Sigma P(x) = 1$				$\Sigma (x - \mu)^2 P(x) = 3,72$

$\sigma^2 \approx 3,7$.

c. 1,9.

d. A maioria dos valores diferem da média por não mais que 1,9 venda por dia.

7 ab.

Ganho, x	$ 1995	$ 995	$ 495
Probabilidade, $P(x)$	$\frac{1}{2.000}$	$\frac{1}{2.000}$	$\frac{1}{2.000}$
Ganho, x	$ 245	$ 95	−$ 5
Probabilidade, $P(x)$	$\frac{1}{2.000}$	$\frac{1}{2.000}$	$\frac{1.995}{2.000}$

c. −$ 3,08.

d. Como o valor esperado é negativo, você pode esperar perder uma média de $ 3,08 para cada bilhete que comprar.

Seção 4.2

1 a. Tentativa: responder uma pergunta.
Sucesso: pergunta respondida corretamente.
b. Sim.
c. É um experimento binomial.
$n = 10, p = 0{,}25, q = 0{,}75, x = 0, 1, 2, 3, 4, 5, 6, 7, 8, 9, 10$.

2 a. Tentativa: selecionar uma carta com reposição.
Sucesso: a carta retirada é de paus.
Fracasso: a carta retirada não é de paus.
b. $n = 5, p = 0{,}25, q = 0{,}75, x = 3$.
c. $P(3) = \dfrac{5!}{2!\,3!}(0{,}25)^3(0{,}75)^2 \approx 0{,}088$.

3 a. Tentativa: selecionar um adulto e fazer uma pergunta.
Sucesso: selecionar um adulto que utiliza um tablet para acessar mídia social.
Fracasso: selecionar um adulto que não utiliza um tablet para acessar mídia social.
b. $n = 7, p = 0{,}16, q = 0{,}84, x = 0, 1, 2, 3, 4, 5, 6, 7$.
c. $P(0) = {}_7C_0\,(0{,}16)^0(0{,}84)^7 \approx 0{,}295090$.
$P(1) = {}_7C_1\,(0{,}16)^1(0{,}84)^6 \approx 0{,}393454$.
$P(2) = {}_7C_2\,(0{,}16)^2(0{,}84)^5 \approx 0{,}224831$.
$P(3) = {}_7C_3\,(0{,}16)^3(0{,}84)^4 \approx 0{,}071375$.
$P(4) = {}_7C_4\,(0{,}16)^4(0{,}84)^3 \approx 0{,}013595$.
$P(5) = {}_7C_5\,(0{,}16)^5(0{,}84)^2 \approx 0{,}001554$.
$P(6) = {}_7C_6\,(0{,}16)^6(0{,}84)^1 \approx 0{,}000099$.
$P(7) = {}_7C_7\,(0{,}16)^7(0{,}84)^0 \approx 0{,}000003$.

d.

x	$P(x)$
0	0,295090
1	0,393454
2	0,224831
3	0,071375
4	0,013595
5	0,001554
6	0,000099
7	0,000003
	$\Sigma P(x) \approx 1$

4 a. $n = 200, p = 0{,}34, x = 68$. **b.** 0,059.
c. A probabilidade de que exatamente 68 adultos de uma amostra aleatória de 200 adultos com cônjuge nos Estados Unidos esconderam compras de seus cônjuges é cerca de 0,059.
d. Como 0,059 não é menor que 0,05, o evento não é incomum.

5 a. (1) $x = 2$. (2) $x = 2, 3, 4$ ou 5. (3) $x = 0$ ou 1.
b. (1) $P(2) = 0{,}292$.

(2) $P(2) = 0{,}292, P(3) = 0{,}329, P(4) = 0{,}185$,
$P(5) = 0{,}042, P(x \geq 2) = 0{,}848$.

(3) $P(0) = 0{,}023, P(1) = 0{,}129, P(x < 2) = 0{,}152$.

c. (1) A probabilidade de que exatamente dois dos 5 homens americanos acreditem que há uma ligação entre jogos violentos e adolescentes apresentando comportamento violento é cerca de 0,292.

(2) A probabilidade de que pelo menos dois dos 5 homens americanos acreditem que há uma ligação entre jogos violentos e adolescentes apresentando comportamento violento é cerca de 0,848.

(3) A probabilidade de que menos de dois dos 5 homens americanos acreditem que há uma ligação entre jogos violentos e adolescentes apresentando comportamento violento é cerca de 0,152.

6 a. Tentativa: selecionar um negócio e perguntar se tem site na internet.
Sucesso: selecionar um negócio com site na internet.
Fracasso: selecionar um negócio sem site na internet.
b. $n = 10, p = 0{,}55, x = 4$. **c.** 0,160.
d. A probabilidade de que exatamente 4 das 10 pequenas empresas tenham site na internet é 0,160.
e. Como 0,160 é maior que 0,05, esse evento não é incomum.

7ab.

x	$P(x)$
0	0,430
1	0,404
2	0,142
3	0,022
4	0,001

c. Possui um leitor de livros digitais

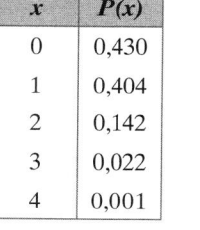

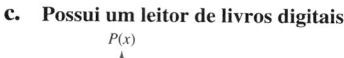

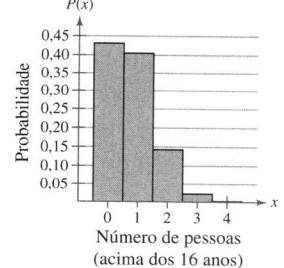

d. Sim, seria incomum se exatamente três ou exatamente quatro das quatro pessoas possuíssem um leitor de livros digitais, porque cada um desses eventos tem uma probabilidade menor que 0,05.

8 a. Sucesso: selecionar um dia limpo.
$n = 31, p = 0{,}44, q = 0{,}56$.
b. 13,6. **c.** 7,6. **d.** 2,8.
e. Na média, há cerca de 14 dias limpos durante o mês de maio.
f. Um mês de maio com menos que 8 ou mais que 19 dias limpos seria incomum.

Seção 4.3

1 a. 0,75; 0,188. **b.** 0,938.
c. A probabilidade de que LeBron James acerte seu primeiro lance livre antes de sua terceira tentativa é 0,938.

2 a. $P(0) \approx 0{,}050$. **b.** 0,815. **c.** 0,185.
$P(1) \approx 0{,}149$.
$P(2) \approx 0{,}224$.
$P(3) \approx 0{,}224$.
$P(4) \approx 0{,}168$.

d. A probabilidade de que mais de quatro acidentes ocorram em qualquer mês no cruzamento é 0,185.

3 a. 0,1. **b.** $\mu = 0{,}1, x = 3$. **c.** 0,0002.

d. A probabilidade de encontrar três trutas marrons em qualquer metro cúbico do lago é 0,0002.

e. Como 0,0002 é menor que 0,05, esse pode ser considerado um evento incomum.

Capítulo 5

Seção 5.1

1 a. $A: x = 45; B: x = 60; C: x = 45; B$ tem a maior média.

b. A curva C é mais dispersa, então a curva C possui o maior desvio padrão.

2 a. $A: x = 655$.
b. 635, 675; 20.

3 (1) 0,0143. (2) 0,9850.

4 a.

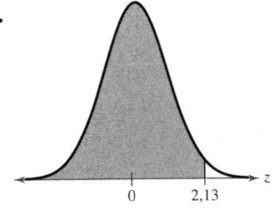

b. 0,9834.

5 a.

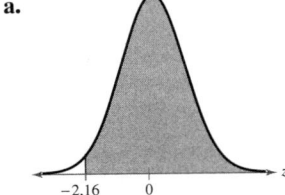

b. 0,0154. **c.** 0,9846.

6 a.

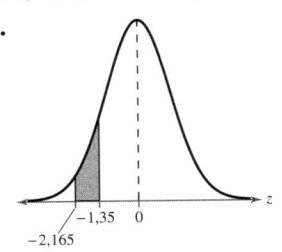

b. 0,0885. **c.** 0,0152. **d.** 0,0733.

e. 7,33% da área sob a curva situa-se entre $z = -2{,}165$ e $z = -1{,}35$.

Seção 5.2

1 a.

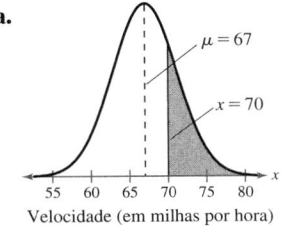

b. 0,86. **c.** 0,1949.

d. A probabilidade de que um veículo selecionado aleatoriamente esteja ultrapassando o limite de velocidade de 70 milhas por hora é 0,1949.

2 a.

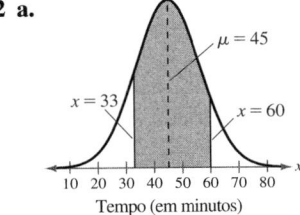

b. −1; 1,25. **c.** 0,1587; 0,8944; 0,7357.

d. Quando 150 consumidores entram na loja, você esperaria que 150(0,7357) = 110,355, ou cerca de 110, permanecessem na loja entre 33 e 60 minutos.

3 a. Leia o guia de usuário da ferramenta tecnológica que você está usando.

b. 0,5105.

c. A probabilidade de que o nível de triglicerídeo de uma pessoa esteja entre 100 e 150 é aproximadamente 0,5105 ou 51,05%.

Seção 5.3

1 a. (1) 0,0384. (2) 0,0250 e 0,9750.
bc. (1) −1,77. (2) −1,96; 1,96.

2 a. (1) Área = 0,10. (2) Área = 0,20. (3) Área = 0,99.
bc. (1) −1,28. (2) −0,84. (3) 2,33.

3 a. $\mu = 52, \sigma = 15$.
  b. 17,05 libras; 98,5 libras, 60,7 libras.
  c. 17,05 libras está abaixo da média, 60,7 e 98,5 libras estão acima da média.

4 ab.

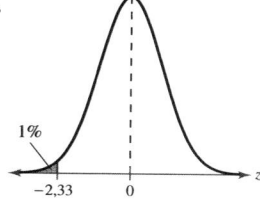

  c. 116,93.
  d. A maior distância de frenagem que um desses carros poderia ter e ainda estar no 1% mais baixo é cerca de 117 pés.

5 ab.

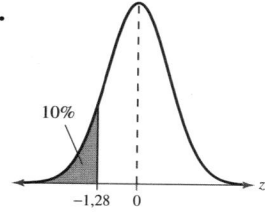

  c. 8,512.
  d. O tempo máximo que um funcionário poderia ter trabalhando e ainda assim ser cortado é de cerca de 8,5 anos.

Seção 5.4

1 a.

Amostra	Média
1, 1, 1	1
1, 1, 3	1,67
1, 1, 5	2,33
1, 3, 1	1,67
1, 3, 3	2,33
1, 3, 5	3
1, 5, 1	2,33
1, 5, 3	3
1, 5, 5	3,67
3, 1, 1	1,67
3, 1, 3	2,33
3, 1, 5	3
3, 3, 1	2,33
3, 3, 3	3

Amostra	Média
3, 3, 5	3,67
3, 5, 1	3
3, 5, 3	3,67
3, 5, 5	4,33
5, 1, 1	2,33
5, 1, 3	3
5, 1, 5	3,67
5, 3, 1	3
5, 3, 3	3,67
5, 3, 5	4,33
5, 5, 1	3,67
5, 5, 3	4,33
5, 5, 5	5

b.

$\bar{x}$	f	Probabilidade
1	1	0,0370
1,67	3	0,1111
2,33	6	0,2222
3	7	0,2593
3,67	6	0,2222
4,33	3	0,1111
5	1	0,0370

$\mu_{\bar{x}} = 3$
$(\sigma_{\bar{x}})^2 \approx 0,889$
$\sigma_{\bar{x}} \approx 0,943$

c. $\mu_{\bar{x}} = \mu = 3$.

$(\sigma_{\bar{x}})^2 = \dfrac{\sigma^2}{n} = \dfrac{8/3}{3} = \dfrac{8}{9} \approx 0,889.$

$\sigma_{\bar{x}} = \dfrac{\sigma}{\sqrt{n}} = \dfrac{\sqrt{8/3}}{\sqrt{3}} = \dfrac{\sqrt{8}}{3} \approx 0,943.$

2 a. $\mu_{\bar{x}} = 47, \sigma_{\bar{x}} \approx 1,1$.

b.

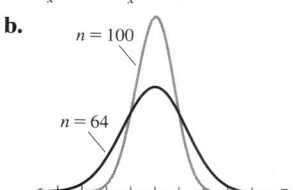

c. Com um tamanho menor de amostra, a média fica a mesma, mas o desvio padrão aumenta.

3 a. $\mu_{\bar{x}} = 3,5, \sigma_{\bar{x}} = 0,05$.

b.

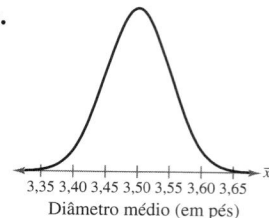

4 a. $\mu_{\bar{x}} = 25, \sigma_{\bar{x}} = 0,15$.

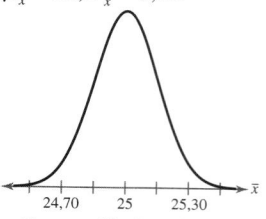

b. −2; 3,33.
c. 0,0228; 0,9996; 0,9768.
d. Das amostras de 100 motoristas com idade entre 15 e 19 anos, cerca de 97,68% terão um tempo médio dirigindo entre 24,7 e 25,5 minutos.

5 a. $\mu_{\bar{x}} = 176.800, \sigma_{\bar{x}} \approx 14.433,76$.

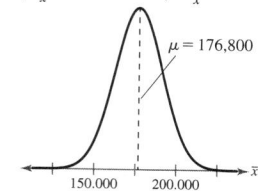

b. −1,16.   **c.** 0,1230; 0,8770.

d. Aproximadamente 88% das amostras de 12 casas de famílias terão um preço médio de venda maior que US$ 160.000.

6 a. 0,21; 0,66.   **b.** 0,5832; 0,7454.

c. Há aproximadamente 58% de chance de que um monitor LCD de computador custará menos que US$ 200. Há aproximadamente 75% de chance de que a média de uma amostra de 10 monitores LCD de computador seja menor que US$ 200.

Seção 5.5

1 a. $n = 100, p = 0,34, q = 0,66$.   **b.** 34,66.

c. Uma distribuição normal pode ser usada.

d. $\mu = 34, \sigma \approx 4,74$.

2 a. (1) 57, 58, ..., 83.   (2) ..., 52, 53, 54.

b. (1) $56,5 < x < 83,5$.   (2) $x < 54,5$.

3 a. Uma distribuição normal pode ser usada.

b. $\mu = 34, \sigma \approx 4,74$.

c. $P(x > 30,5)$.

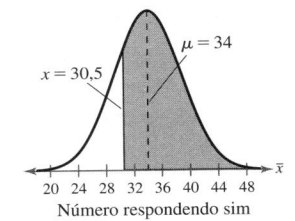

d. −0,74.

e. 0,2296; 0,7704.

4 a. Uma distribuição normal pode ser usada.

b. $\mu = 116, \sigma \approx 6,98$.

c. $P(x < 100,5)$.

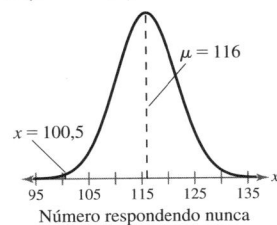

d. −2,22.

e. 0,0132.

5 a. Uma distribuição normal pode ser usada.

b. $\mu = 24, \sigma \approx 4,04$.

c. $P(14,5 < x < 15,5)$.

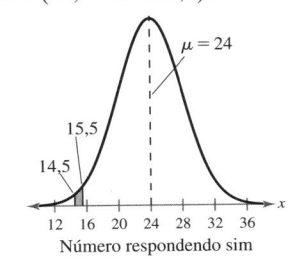

d. −2,35; −2,10.

e. 0,0094; 0,0179; 0,0085.

Capítulo 6

Seção 6.1

1 a. $\bar{x} = 28,9$.

b. Uma estimativa pontual para a o número médio de horas trabalhadas da população é 28,9.

2 a. $z_c = 1,96, n = 30, \sigma = 7,9$.

b. $E \approx 2,8$.

c. Você está 95% confiante de que a margem de erro para a média populacional é aproximadamente 2,8 horas.

3 a. $\bar{x} = 28,9, E \approx 2,8$.

b. (26,1; 31,7).

c. Com 95% de confiança, você pode dizer que o número médio de horas trabalhadas da população está entre 26,1 e 31,7 horas. Esse intervalo de confiança é mais amplo que aquele encontrado no Exemplo 3.

4 a. Insira os dados.

b. (28,2; 31,0); (27,8; 31,4); (27,5; 31,7).

c. À medida que o nível de confiança aumenta, o mesmo acontece com a largura do intervalo.

5 a. $n = 30; \bar{x} = 22,9; \sigma = 1,5; z_c = 1,645; E \approx 0,5$.

b. (22,4; 23,4) [tecnologia: (22,5; 23,4)].

c. Com 90% de confiança, você pode dizer que a idade média dos estudantes está entre 22,4 (tecnologia: 22,5) e 23,4 anos. Por causa do maior tamanho da amostra, o intervalo de confiança é ligeiramente mais estreito.

6 a. $z_c = 1,96; E = 2; \sigma = 7,9$.

b. 59,94.

c. O pesquisador deveria ter pelo menos 60 funcionários na amostra. Por causa da margem de erro maior, o tamanho da amostra necessário é menor.

Seção 6.2

1 a. g.l. = 21.   **b.** $c = 0,90$.   **c.** $t_c = 1,721$.

d. Para uma curva da distribuição t com 21 graus de liberdade, 90% da área sob a curva encontra-se entre $t = \pm 1,721$.

2 a. $t_c = 1,753; E \approx 4,4; t_c = 2,947; E \approx 7,4$.

b. (157,6; 166,4); (154,6, 169,4).
   c. Com 90% de confiança, você pode dizer que a temperatura média da população de cafés vendidos está entre 157,6 °F e 166,4 °F. Com 99% de confiança, você pode dizer que a temperatura média da população de cafés vendidos está entre 154,6 °F e 169,4 °F.
3 a. $t_c = 1,690; E \approx 0,67; t_c = 2,030, E \approx 0,81$.
   b. (9,08; 10,42); (8,94; 10,56).
   c. Com 90% de confiança você pode dizer que o número médio populacional de dias que o carro permanece no pátio da concessionária está entre 9,08 e 10,42. Com 95% de confiança, você pode dizer que o número médio populacional de dias que o carro permanece no pátio da concessionária está entre 8,94 e 10,56. O intervalo de confiança de 90% é ligeiramente mais estreito.
4 a. Não.
   b. Sim, a população é normalmente distribuída.
   c. Use a distribuição t porque σ não é conhecido e a população é normalmente distribuída.

Seção 6.3

1 a. $x = 123, n = 2.462$.   **b.** $\hat{p} \approx 5,0\%$.
2 a. $\hat{p} \approx 0,050; \hat{q} \approx 0,950$.
   b. $n\hat{p} \approx 123 > 5$ e $n\hat{q} \approx 2.339 > 5$.
   c. $z_c = 1,645; E \approx 0,007$.   **d.** (0,043; 0,057).
   e. Com 90% de confiança, você pode dizer que a proporção populacional de professores americanos que disseram que "todas ou quase todas" as informações que eles encontram utilizando ferramentas de busca on-line são corretas ou confiáveis está entre 4,3% e 5,7%.
3 a. $\hat{p} = 0,25; \hat{q} = 0,75$.
   b. $n\hat{p} = 124,5 > 5$ e $n\hat{q} = 373,5 > 5$.
   c. $z_c = 2,575; E \approx 0,050$.   **d.** (0,200; 0,300).
   e. Com 99% de confiança, você pode dizer que a proporção populacional de adultos americanos que consideram as pessoas acima de 65 anos os motoristas mais perigosos está entre 20% e 30%.
4 a. (1) $\hat{p} = 0,5; \hat{q} = 0,5; z_c = 1,645; E = 0,02$.
       (2) $\hat{p} = 0,31; \hat{q} = 0,69; z_c = 1,645; E = 0,02$.
   b. (1) 1.691,27.   (2) 1.447,05.
   c. (1) 1.692 adultos.   (2) 1.448 adultos.

Seção 6.4

1 a. g.l. = 29, $c = 0,90$.   **b.** 0,05; 0,95.   **c.** 42,557; 17,708.
   d. Para uma curva da distribuição qui-quadrado com 29 graus de liberdade, 90% da área sob a curva está entre 17,708 e 42,557.
2 a. 42,557, 17,708; 45,722, 16,047.
   b. (0,98; 2,36); (0,91; 2,60).   **c.** (0,99; 1,54); (0,96; 1,61).
   d. Com 90% de confiança, você pode dizer que a variância populacional está entre 0,98 e 2,36 e o desvio padrão populacional está entre 0,99 e 1,54 miligramas. Com 95% de confiança, você pode dizer que a variância populacional está entre 0,91 e 2,60 e o desvio padrão populacional está entre 0,96 e 1,61 miligramas.

Capítulo 7

Seção 7.1

1 a. (1) A média não é 74 meses.
       $\mu \neq 74$
       (2) A variância é menor ou igual a 2,7.
       $\sigma^2 \leq 2,7$
       (3) A proporção é mais que 24%.
       $p > 0,24$
   b. (1) $\mu = 74$.   (2) $\sigma^2 > 2,7$.   (3) $p \leq 0,24$.
   c. (1) $H_0: \mu = 74; H_a: \mu \neq 74$ (afirmação).
       (2) $H_0: \sigma^2 \leq 2,7$ (afirmação); $H_a: \sigma^2 > 2,7$.
       (3) $H_0: p \leq 0,24; H_a: p > 0,24$ (afirmação).
2 a. $H_0: p \leq 0,01; H_a: p > 0,01$.
   b. Um erro tipo I ocorrerá quando a proporção real for menor ou igual a 0,01, mas você rejeita H_0.
   Um erro tipo II ocorrerá quando a proporção real for maior que 0,01, mas você não rejeita H_0.
   c. Um erro tipo II é mais sério porque você estaria enganando o consumidor, possivelmente causando ferimentos graves ou morte.
3 a. (1) H_0: A vida média de certo tipo de bateria automotiva é 74 meses.
   H_a: A vida média de certo tipo de bateria automotiva não é 74 meses.
   $H_0: \mu = 74; H_a: \mu \neq 74$.
   (2) H_0: A proporção de proprietários que acham suas casas muito pequenas para suas famílias é menor ou igual a 24%.
   H_a: A proporção de proprietários que acham suas casas muito pequenas para suas famílias é maior que 24%.
   $H_0: p \leq 0,24; H_a: p > 0,24$.
   b. (1) Bilateral.   (2) Unilateral à direita.
   c. (1) ½ área do valor p / ½ área do valor p (2) área do valor p

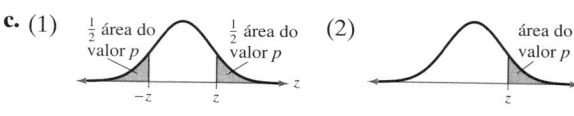

4 a. Há evidência suficiente para concordar com a afirmação do corretor de imóveis, de que a proporção de proprietários que acham suas casas muito pequenas para suas famílias é mais que 24%.

b. Não há evidência suficiente para concordar com a afirmação do corretor de imóveis de que a proporção de proprietários que acham suas casas muito pequenas para suas famílias é mais que 24%.

5 a. (1) Apoia a afirmação.   (2) Rejeita a afirmação.

b. (1) $H_0: \mu \geq 650$; $H_a: \mu < 650$ (afirmação).
(2) $H_0: \mu = 98,6$ (afirmação); $H_a: \mu \neq 98,6$.

Seção 7.2

1 a. (1) $0,0745 > 0,05$.   (2) $0,0745 < 0,10$.

b. (1) Não rejeitar H_0.   (2) Rejeitar H_0.

2 ab. 0,0436.

c. Rejeita H_0 porque $0,0436 < 0,05$.

3 a. 0,9495.   **b.** 0,1010.

c. Não rejeita H_0 porque $0,1010 > 0,01$.

4 a. A afirmação é "a velocidade média é maior que 35 milhas por hora".
$H_0: \mu \leq 35$; $H_a: \mu > 35$ (afirmação).

b. $\alpha = 0,05$.   **c.** 2,5.   **d.** 0,0062.   **e.** Rejeita H_0.

f. Há evidência suficiente, ao nível de significância de 5%, para concordar com a afirmação de que a velocidade média é maior que 35 milhas por hora.

5 a. A afirmação é "o tempo médio para recuperar o custo de uma cirurgia bariátrica é 3 anos".
$H_0: \mu = 3$ (afirmação); $H_a: \mu \neq 3$.

b. $\alpha = 0,01$.   **c.** 3.   **d.** 0,0026.

e. Rejeita H_0 porque $0,0026 < 0,01$.

f. Há evidência suficiente, ao nível de significância de 1%, para rejeitar a afirmação de que o tempo médio para recuperar de cirurgia bariátrica é 3 anos.

6 a. $0,0440 > 0,01$.   **b.** Não rejeita H_0.

7 a.

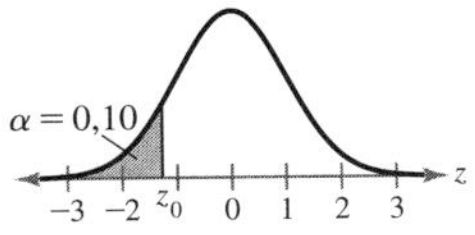

b. 0,1003.   **c.** $z_0 = -1,28$.

d. Região de rejeição: $z < -1,28$.

8 a.

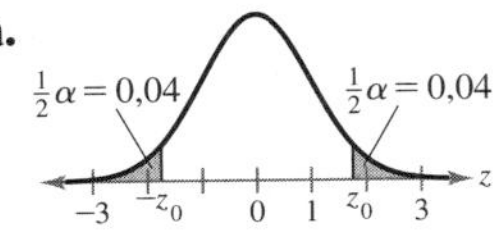

b. 0,0401; 0,9599.   **c.** $-z_0 = -1,75$; $z_0 = 1,75$.

d. Regiões de rejeição: $z < -1,75$; $z > 1,75$.

9 a. A afirmação é "o dia de trabalho médio dos engenheiros mecânicos da companhia é menor que 8,5 horas".
$H_0: \mu \geq 8,5$; $H_a: \mu < 8,5$ (afirmação).

b. $\alpha = 0,01$.   **c.** $z_0 = -2,33$; Região de rejeição: $z < -2,33$.

d. -3.

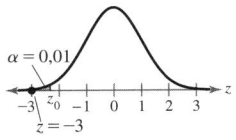

e. Como $-3 < -2,33$, rejeita H_0.

f. Há evidência suficiente, ao nível de significância de 1%, para aceitar a afirmação de que o dia de trabalho médio é menor que 8,5 horas.

10 a. $\alpha = 0,01$.

b. $-z_0 = -2,575$; $z_0 = 2,575$.
Regiões de rejeição: $z < -2,575$; $z > 2,575$.

c.

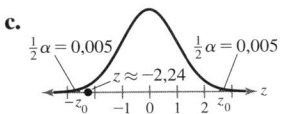

Não rejeita H_0.

d. Não há evidência suficiente, ao nível de significância de 1%, para rejeitar a afirmação de que o custo médio para criar um filho (de 2 anos ou menos) por famílias de marido e mulher nos Estados Unidos é US$ 13.960.

Seção 7.3

1 a. 13.   **b.** $-2,650$.

2 a. 8.   **b.** 1,397.

3 a. 15.   **b.** $-2,131$; $2,131$.

4 a. A afirmação é "o custo médio do seguro de um sedan de dois anos (em boas condições) é menor que US$ 1.200".
$H_0: \mu \geq$ US$ 1.200; $H_a: \mu <$ US$ 1.200 (afirmação).

b. $\alpha = 0,10$; g.l. = 6.

c. $t_0 = -1,440$; região de rejeição: $t < -1,440$.

d. $-3,61$.

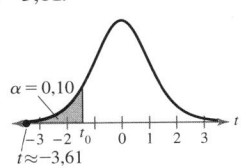

e. Rejeita H_0.

f. Há evidência suficiente, ao nível de significância de 10%, para aceitar a afirmação do agente de seguros de que o custo médio do seguro de um sedan de dois anos (em boas condições) é menor que US$ 1.200.

5 a. A afirmação é "a condutividade média do rio é 1.890 miligramas por litro".
$H_0: \mu = 1.890$ (afirmação); $H_a: \mu \neq 1.890$.

b. $\alpha = 0,01$; g.l. = 38.

c. $-t_0 = -2,712$; $t_0 = 2,712$.
Regiões de rejeição: $t < -2,712$; $t > 2,712$.

d. 3,192.

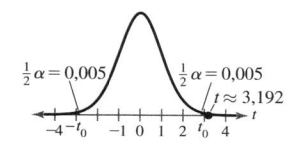

e. Rejeita H_0.

f. Há evidência suficiente, ao nível de significância de 1%, para rejeitar a afirmação da indústria de que a condutividade média do rio é 1.890 miligramas por litro.

6 a. A afirmação é "o tempo médio de espera é no máximo 18 minutos".
$H_0: \mu \leq 18$ minutos (afirmação); $H_a: \mu > 18$ minutos.

b. 0,9997.

c. 0,9997 > 0,05; Não rejeita H_0.

d. Não há evidência suficiente, ao nível de significância de 5%, para rejeitar a afirmação do escritório de que o tempo médio de espera é no máximo 18 minutos.

Seção 7.4

1 a. $np = 45 > 5$, $nq = 105 > 5$.

b. A afirmação é "mais que 30% dos proprietários de smartphones nos Estados Unidos usam seus aparelhos enquanto assistem televisão".
$H_0: p \leq 0{,}30$; $H_a: p > 0{,}30$ (afirmação).

c. $\alpha = 0{,}05$.

d. $z_0 = 1{,}645$; região de rejeição: $z > 1{,}645$.

e. 2,14.

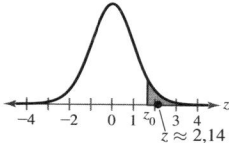

f. Rejeita H_0.

g. Há evidência suficiente, ao nível de significância de 5%, para aceitar a afirmação de que mais que 30% dos proprietários de smartphones nos Estados Unidos usam seus aparelhos enquanto assistem televisão.

2 a. $np = 75 > 5$, $nq = 175 > 5$.

b. A afirmação é "30% dos adultos americanos não compraram certa marca porque acharam as propagandas desagradáveis".
$H_0: p = 0{,}30$ (afirmação); $H_a: p \neq 0{,}30$.

c. $\alpha = 0{,}10$.

d. $-z_0 = -1{,}645$; $z_0 = 1{,}645$.
Regiões de rejeição: $z < -1{,}645$; $z > 1{,}645$.

e. 2,07.

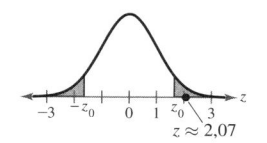

f. Rejeita H_0.

g. Há evidência suficiente, ao nível de significância de 10%, para rejeitar a afirmação de que 30% dos adultos americanos não compraram certa marca porque acharam as propagandas desagradáveis.

Seção 7.5

1 a. g.l. = 17; $\alpha = 0{,}01$. **b.** 33,409.

2 a. g.l. = 29; $\alpha = 0{,}05$. **b.** 17,708.

3 a. g.l. = 50; $\alpha = 0{,}01$. **b.** 79,490. **c.** 27,991.

4 a. A afirmação é "a variância da quantidade de bebidas esportivas em uma garrafa de 12 onças é não mais que 0,40".
$H_0: \sigma^2 \leq 0{,}40$ (afirmação); $H_a: \sigma^2 > 0{,}40$.

b. $\alpha = 0{,}01$; g.l. = 30.

c. $\chi_0^2 = 50{,}892$; região de rejeição: $\chi^2 > 50{,}892$.

d. 56,250. **e.** Rejeita H_0.

f. Há evidência suficiente, ao nível de significância de 1%, para rejeitar a afirmação da companhia engarrafadora de que a variância da quantidade de bebidas esportivas em uma garrafa de 12 onças é não mais que 0,40.

5 a. A afirmação é "o desvio padrão das durações dos tempos de resposta é menor que 3,7 minutos".
$H_0: \sigma \geq 3{,}7$; $H_a: \sigma < 3{,}7$ (afirmação).

b. $\alpha = 0{,}05$; g.l. = 8.

c. $\chi_0^2 = 2{,}733$; região de rejeição: $\chi^2 < 2{,}733$.

d. 5,259. **e.** Não rejeita H_0.

f. Não há evidência suficiente, ao nível de significância de 5%, para concordar com a afirmação do chefe de polícia de que o desvio padrão das durações dos tempos de resposta é menor que 3,7 minutos.

6 a. A afirmação é "a variância das perdas de peso é 25,5".
$H_0: \sigma^2 = 25{,}5$ (afirmação); $H_a: \sigma^2 \neq 25{,}5$.

b. $\alpha = 0{,}10$; g.l. = 12.

c. $\chi_L^2 = 5{,}226$; $\chi_R^2 = 21{,}026$.
Regiões de rejeição: $\chi^2 < 5{,}226$; $\chi^2 > 21{,}026$.

d. 5,082. **e.** Rejeita H_0.

f. Há evidência suficiente, ao nível de significância de 10%, para rejeitar a afirmação da empresa de que a variância das perdas de peso dos usuários é 25,5.

Capítulo 8

Seção 8.1

1 a. (1) Independente. (2) Dependente.

b. (1) Porque cada amostra representa pressões sanguíneas de indivíduos diferentes e não é possível formar um pareamento entre os membros das amostras.
(2) Como as amostras representam pontuações em provas do mesmo estudante, elas podem ser pareadas com respeito a cada um deles.

2 a. A afirmação é "há diferença nos salários médios anuais para técnicos de ciências forenses trabalhando para governos municipais e estaduais".
$H_0: \mu_1 = \mu_2; H_a: \mu_1 \neq \mu_2$ (afirmação).

b. $\alpha = 0{,}10$.

c. $-z_0 = -1{,}645; z_0 = 1{,}645$.
Regiões de rejeição: $z < -1{,}645; z > 1{,}645$.

d. 5,817.

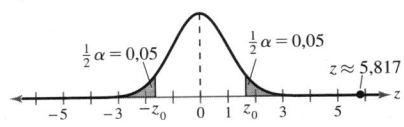

e. Rejeita H_0.

f. Há evidência suficiente, ao nível de significância de 10%, para concordar com a afirmação de que há diferença nos salários médios anuais para técnicos de ciências forenses trabalhando para governos municipais e estaduais.

3 a. $z \approx 0{,}40; p\ 0{,}3448$.

b. Rejeita H_0.

c. Não há evidência suficiente, ao nível de significância de 5%, para aceitar a afirmação da agência de viagem de que o custo médio diário de refeição e acomodação para férias no Alasca é maior que o custo médio diário no Colorado.

Seção 8.2

1 a. A afirmação é "há diferença nos ganhos médios anuais, baseada no nível de instrução".
$H_0: \mu_1 = \mu_2; H_a: \mu_1 \neq \mu_2$ (afirmação).

b. $\alpha = 0{,}01$; g.l. = 15.

c. $t_0 = -2{,}947; t_0 = 2{,}947$.
Regiões de rejeição: $t < -2{,}947; t > 2{,}947$.

d. −4,95.

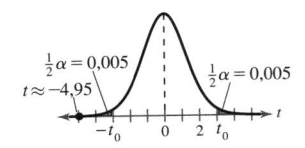

e. Rejeita H_0.

f. Há evidência suficiente, ao nível de significância de 1%, para confirmar a afirmação de que há diferença nos ganhos médios anuais, baseado no nível de instrução.

2 a. A afirmação é "o custo médio operacional por milha das minivans de um fabricante é menor que o do seu principal concorrente".
$H_0: \mu_1 \geq \mu_2; H_a: \mu_1 < \mu_2$ (afirmação).

b. $\alpha = 0{,}10$; g.l. = 70.

c. $t_0 = -1{,}294$; região de rejeição: $t < -1{,}294$.

d. −1,13.

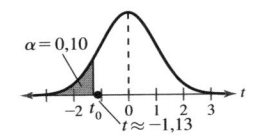

e. Não rejeita H_0.

f. Não há evidência suficiente, ao nível de significância de 10%, para confirmar a afirmação do fabricante de que o custo médio operacional por milha de suas minivans é menor que o do seu principal concorrente.

Seção 8.3

1 a. A afirmação é "os atletas podem diminuir seus tempos na corrida de 40 jardas".
$H_0: \mu_d \leq 0; H_a: \mu_d > 0$ (afirmação).

b. $\alpha = 0{,}05$; g.l. = 11.

c. $t_0 = 1{,}796$; região de rejeição: $t > 1{,}796$.

d. $\bar{d} \approx 0{,}0233; s_d \approx 0{,}0607$.

e. 1,330 (*tecnologia*: 1,333).

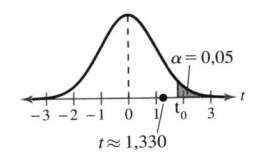

f. Não rejeita H_0.

g. Não há evidência suficiente, ao nível de significância de 5%, para aceitar a afirmação de que os atletas podem diminuir seus tempos na corrida de 40 jardas.

2 a. A afirmação é "a droga altera a temperatura do corpo".
$H_0: \mu_d = 0; H_a: \mu_d \neq 0$ (afirmação).

b. $\alpha = 0{,}05$; g.l. = 6.

c. $-t_0 = -2{,}447; t_0 = 2{,}447$.
Regiões de rejeição: $t < -2{,}447; t > 2{,}447$.

d. $\bar{d} \approx 0{,}5571; s_d \approx 0{,}9235$. **e.** 1,596.

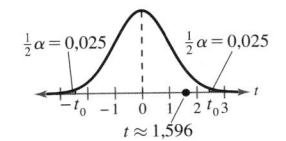

f. Não rejeita H_0.

g. Não há evidência suficiente, ao nível de significância de 5%, para aceitar a afirmação de que a droga altera a temperatura do corpo.

Seção 8.4

1 a. $\bar{p} \approx 0{,}2111; \bar{q} \approx 0{,}7889$.

b. $n_1\bar{p} \approx 336{,}3 > 5; n_1\bar{q} \approx 1.256{,}7 > 5; n_2\bar{p} \approx 6.322{,}0 > 5; n_2\bar{q} \approx 23.626{,}0 > 5$.

c. A afirmação é "há uma diferença entre a proporção de praticantes e não praticantes de ioga com idade de 40 a 49 anos".
$H_0: p_1 = p_2; H_a: p_1 \neq p_2$ (afirmação).

d. $\alpha = 0{,}05$.

e. $z_0 = -1{,}96; z_0 = 1{,}96$.
Regiões de rejeição: $z < -1{,}965; z > 1{,}96$.

f. 1,94.

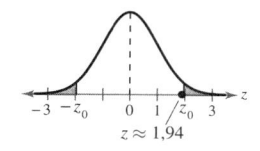

g. Não rejeita H_0.

h. Não há evidência suficiente, ao nível de significância de 5%, para concordar com a afirmação de que há uma diferença entre a proporção de praticantes e não praticantes de ioga com idade de 40 a 49 anos.

2 a. $\bar{p} \approx 0{,}1975; \bar{q} \approx 0{,}8025$.

b. $n_1\bar{p} \approx 314{,}6 > 5; n_1\bar{q} \approx 1.278{,}4 > 5; n_2\bar{p} \approx 5.914{,}7 > 5; n_2\bar{q} \approx 24.033{,}3 > 5$.

c. A afirmação é "a proporção de praticantes de ioga com rendimento de US$ 20.000 a US$ 34.999 é menor que a de não praticantes na mesma faixa".
$H_0: p_1 \geq p_2; H_a: p_1 < p_2$ (afirmação).

d. $\alpha = 0{,}05$.

e. $z_0 = -1{,}645$; região de rejeição: $z < -1{,}645$.

f. –4,88.

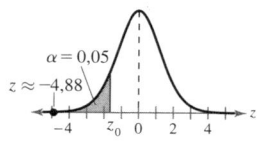

g. Rejeita H_0.

h. Há evidência suficiente, ao nível de significância de 5%, para concordar com a afirmação de que a proporção de praticantes de ioga com rendimento de US$ 20.000 a US$ 34.999 é menor que a de não praticantes na mesma faixa.

Capítulo 9

Seção 9.1

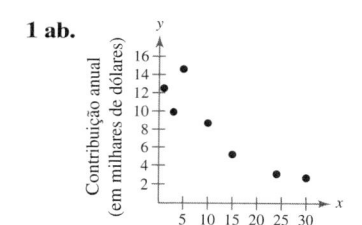

1 ab.

c. Sim, parece que há uma correlação linear negativa. Conforme o número de anos fora da faculdade aumenta, a contribuição anual tende a diminuir.

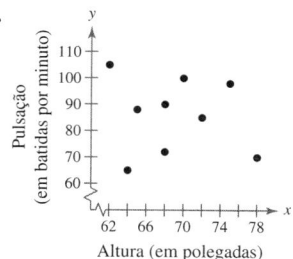

2 ab.

c. Não, parece que não há correlação linear entre altura e pulsação.

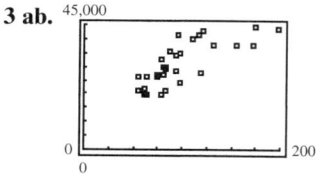

3 ab.

c. Sim, parece que há correlação linear positiva. Conforme os salários do time aumentam, a média de público em jogos em casa tende a aumentar.

4 a. $n = 7; \Sigma x = 88; \Sigma y = 56{,}7; \Sigma xy = 435{,}6; \Sigma x^2 = 1.836; \Sigma y^2 = 587{,}05$.

b. –0,908.

c. Como r está próximo de –1, isso sugere uma correlação linear negativa forte. Conforme o número de anos fora da faculdade aumenta, a contribuição anual tende a diminuir.

5 ab. 0,769.

c. Como r está próximo de 1, isso sugere uma correlação linear positiva forte. Conforme os salários do time aumentam, a média de público em jogos em casa tende a aumentar.

6 a. 7. **b.** 0,01. **c.** 0,875.

d. $|r| \approx 0{,}908 > 0{,}875$; a correlação é significante.

e. Há evidência suficiente, ao nível de significância de 1%, para concluir que há uma correlação linear significante entre o número de anos fora da faculdade e a contribuição anual.

7 a. $H_0: \rho = 0; H_a: \rho \neq 0$.   **b.** 0,01.   **c.** 28.

d. $-t_0 = -2,763; t_0 = 2,763$; regiões de rejeição: $t < -2,763$, $t > 2,763$

e. 6,366.   **f.** Rejeita H_0.

g. Há evidência suficiente, ao nível de significância de 1%, para concluir que há uma correlação linear significativa entre os salários e a média de público em jogos em casa para os times da Major League Baseball.

Seção 9.2

1 a. $n = 7; \Sigma x = 88; \Sigma y = 56,7; \Sigma xy = 435,6; \Sigma x^2 = 1.836$.

b. $m -0,379875; b \approx 12,876$.

c. $\hat{y} = -0,380x + 12,876$.

2 a. Insira os dados.

b. $m \approx 164,621; b \approx 14.746,961$.

c. $\hat{y} = 164,621x + 14.746,961$.

3 a. $(1) \hat{y} = 12,481(2) + 33,683$.
$(2) \hat{y} = 12,481(3,32) + 33,683$.

b. $(1) \hat{y} = 58,645$. $(2) \hat{y} = 75,120$.

c. (1) 58,645 minutos.   (2) 75,120 minutos.

Seção 9.3

1 a. 0,979.   **b.** 0,958.

c. Cerca de 95,8% da variação nos tempos é explicada. Cerca de 4,2% da variação é não explicada.

2 a.

x_i	y_i	$\hat{y}_i$	$y_i - \hat{y}_i$	$(y_i - \hat{y}_i)^2$
15	26	28,386	−2,386	5,692996
20	32	35,411	−3,411	11,634921
20	38	35,411	2,589	6,702921
30	56	49,461	6,539	42,758521
40	54	63,511	−9,511	90,459121
45	78	70,536	7,464	55,711296
50	80	77,561	2,439	5,948721
60	88	91,611	−3,611	13,039321
				$\Sigma = 231,947818$

b. 8.   **c.** 6,218.

d. O erro padrão da estimativa das vendas semanais para um tempo específico de propaganda em rádio é de cerca de US$ 621,80.

3 a. $n = 10$; g.l. $= 8; t_c = 2,306, s_e \approx 116,492$.

b. 783,325.   **c.** 297,168.

d. $486,157 < y < 1.080,493$.

e. Você pode ter 95% de confiança de que quando o produto interno bruto é US$ 4 trilhões, as emissões de dióxido de carbono estarão entre 486,157 e 1.080,493 milhões de toneladas métricas.

Seção 9.4

1 a. Insira os dados.

b. $\hat{y} = 46,385 + 0,540x_1 - 4,897x_2$.

2 ab. $(1) \hat{y} = 46,385 + 0,540(89) - 4,897(1)$.
$(2) \hat{y} = 46,385 + 0,540(78) - 4,897(3)$.
$(3) \hat{y} = 46,385 + 0,540(83) - 4,897(2)$.

c. $(1) \hat{y} = 89,548$. $(2) \hat{y} = 73,814$. $(3) \hat{y} = 81,411$.

d. (1) 90.   (2) 74.   (3) 81.

Capítulo 10

Seção 10.1

1.

Método de preparação de imposto	% de pessoas	Frequência esperada
Contador	24%	120
A mão	20%	100
Programa de computador	35%	175
Amigo/familiar	6%	30
Consultoria de impostos	15%	75

2 a. As frequências esperadas são 64, 80, 32, 56, 60, 48, 40 e 20, todas as quais são, no mínimo, 5.

b. Distribuição esperada:

Idades	Distribuição
0–9	16%
10–19	20%
20–29	8%
30–39	14%
40–49	15%
50–59	12%
60–69	10%
70+	5%

H_0: a distribuição das idades é conforme mostrado na tabela anterior (esperada).

H_a: a distribuição das idades difere da distribuição esperada. (afirmação).

c. 0,05.   **d.** 7.

e. $\chi_0^2 = 14{,}067$; região de rejeição: $\chi^2 > 14{,}067$.

f. 6,694.

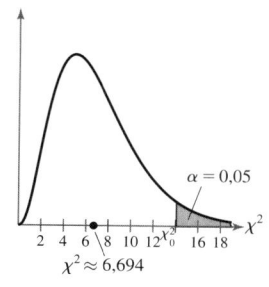

g. Não rejeita H_0.

h. Não há evidência suficiente, ao nível de significância de 5%, para aceitar a afirmação do sociólogo de que a distribuição das idades difere da distribuição de 10 anos atrás.

3 a. A frequência esperada para cada categoria é 30 (16,6%), que é, no mínimo, 5.

b. Distribuição esperada:

Cor	Distribuição
Marrom	16,6%
Amarelo	16,6%
Vermelho	16,6%
Azul	16,6%
Laranja	16,6%
Verde	16,6%

H_0: a distribuição das cores é uniforme, conforme mostrado na tabela acima. (afirmação).

H_a: a distribuição das cores não é uniforme.

c. 0,05.   **d.** 5.

e. $\chi_0^2 = 11{,}071$; região de rejeição: $\chi^2 > 11{,}071$.

f. 12,933.

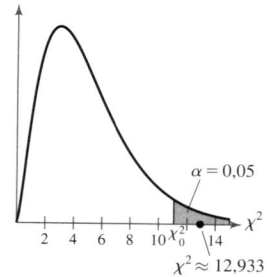

g. Rejeita H_0.

h. Há evidência suficiente, ao nível de significância de 5%, para rejeitar a afirmação de que a distribuição de confeitos de cores diferentes em sacos de M&M's amendoim é uniforme.

Seção 10.2

1 a. Frequências marginais: linha 1: 180; linha 2: 120; coluna 1: 74; coluna 2: 162; coluna 3: 28; coluna 4: 36.

b. $E_{1,1} = 44{,}4$; $E_{1,2} = 97{,}2$; $E_{1,3} = 16{,}8$; $E_{1,4} = 21{,}6$; $E_{2,1} = 29{,}6$; $E_{2,2} = 64{,}8$; $E_{2,3} = 11{,}2$; $E_{2,4} = 14{,}4$.

2 a. H_0: preocupação com a viagem é independente do propósito da viagem.

H_a: preocupação com a viagem é dependente do propósito da viagem. (afirmação).

b. 0,01.   **c.** 3.

d. $\chi_0^2 = 11{,}345$; região de rejeição: $\chi^2 > 11{,}345$.

e. 8,158.

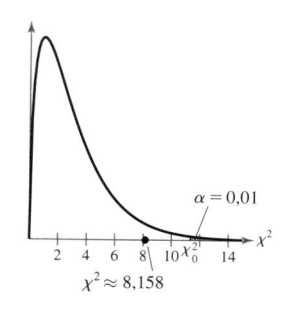

f. Não rejeita H_0.

g. Não há evidência suficiente, ao nível de significância de 1%, para o consultor concluir que a preocupação com a viagem é dependente do seu propósito.

3 a. H_0: se um crédito de imposto influenciaria ou não um adulto a comprar um carro híbrido é independente da idade.

H_a: se um crédito de imposto influenciaria ou não um adulto a comprar um carro híbrido é dependente da idade. (Afirmação).

b. Insira os dados.

c. $\chi_0^2 = 9{,}210$; região de rejeição: $\chi^2 > 9{,}210$.

d. 15,306.   **e.** Rejeita H_0.

f. Há evidência suficiente, ao nível de significância de 1%, para concluir se um crédito de imposto influenciaria ou não um adulto a comprar um carro híbrido é dependente da idade.

Seção 10.3

1 a. 0,05.   **b.** 2,45.

2 a. 0,01.   **b.** 18,31.

3 a. $H_0: \sigma_1^2 \le \sigma_2^2$; $H_a: \sigma_1^2 > \sigma_2^2$ (afirmação).

b. 0,01.   **c.** $\text{g.l.}_N = 24$; $\text{g.l.}_D = 19$.

d. $F_0 = 2{,}92$; região de rejeição: $F > 2{,}92$.

e. 3,21.

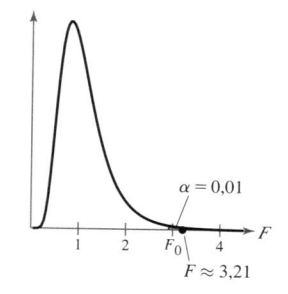

f. Rejeita H_0.

g. Há evidência suficiente, ao nível de significância de 1%, para aceitar a afirmação do pesquisador de que uma solução intravenosa especialmente tratada diminui a variância do tempo necessário para os nutrientes entrarem na corrente sanguínea.

4 a. $H_0: \sigma_1 = \sigma_2$ (afirmação); $H_a: \sigma_1 \neq \sigma_2$.

b. 0,01. **c.** $g.l._N = 15$; $g.l._D = 21$.

d. $F_0 = 3,43$; região de rejeição: $F > 3,43$.

e. 1,48. **f.** Não rejeita H_0.

g. Não há evidência suficiente, ao nível de significância de 1%, para rejeitar a afirmação do biólogo de que os níveis de pH do solo nas duas localizações geográficas têm desvios padrão iguais.

Seção 10.4

1 a. $H_0: \mu_1 = \mu_2 = \mu_3 = \mu_4$.

H_a: Pelo menos uma média é diferente das demais. (Afirmação).

b. 0,05. **c.** $g.l._N = 3$; $g.l._D = 14$.

d. $F_0 = 3,34$; região de rejeição: $F > 3,34$.

e. 4,22.

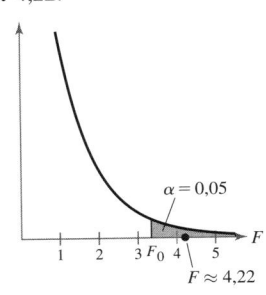

f. Rejeita H_0.

g. Há evidência suficiente, ao nível de significância de 5%, para o analista concluir que há diferença nas vendas médias mensais entre as regiões.

2 a. $H_0: \mu_1 = \mu_2 = \mu_3 = \mu_4$.

H_a: Pelo menos uma média é diferente das demais. (Afirmação).

b. Insira os dados.

c. $F \approx 1,34$; valor $p \approx 0,280$.

d. Não rejeita H_0.

e. Não há evidência suficiente, ao nível de significância de 5%, para concluir que há diferença nas notas médias.

Apêndice A

1 (1) 0,4857.

(2) $z = \pm 2,17$.

2 a.

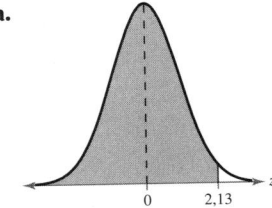

b. 0,4834. **c.** 0,9834.

3 a.

b. 0,4846. **c.** 0,9846.

4 a.

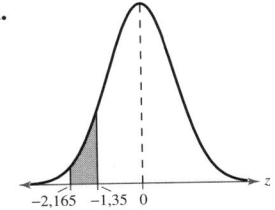

b. 0,4115. **c.** 0,4848. **d.** 0,0733.

e. 7,33% da área sob a curva encontra-se entre $z = -2,165$ e $z = -1,35$.

Apêndice C

1 a.

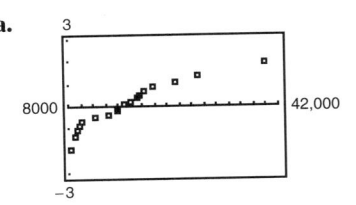

Os pontos não parecem ser aproximadamente lineares.

b. Como os pontos não parecem ser aproximadamente lineares e há um *outlier*, você pode concluir que os dados amostrais não vêm de uma população que tem uma distribuição normal.

Respostas dos exercícios selecionados

Capítulo 1

Seção 1.1

1. Uma amostra é um subconjunto de uma população.
3. Um parâmetro é uma descrição numérica de uma característica populacional. Uma estatística é uma descrição numérica de uma característica da amostra.
5. Falso. Uma estatística é um valor numérico que descreve uma característica da amostra.
7. Verdadeiro (praticamente impossível).
9. Falso. Uma população é a coleção de *todos* os resultados, respostas, medições ou contagens que são de interesse.
11. População, porque é uma coleção das receitas das 30 companhias na média industrial Dow Jones.
13. Amostra, porque a coleção dos 500 espectadores e um subconjunto da população de 42.000 espectadores no estádio.
15. Amostra, porque a coleção dos 20 pacientes é um subconjunto da população de 100 pacientes no hospital.
17. População, porque é uma coleção de todas as pontuações dos jogadores de golfe no torneio.
19. População, porque é uma coleção de todos os partidos políticos dos presidentes americanos.
21. População: partidos dos eleitores registrados no condado de Warren.
    Amostra: partidos dos eleitores do condado de Warren que responderam à pesquisa on-line.
23. População: idades dos adultos nos EUA que possuem telefone celular.
    Amostra: idade dos adultos nos EUA que possuem telefone celular Samsung.
25. População: coleção das respostas de todos os adultos nos Estados Unidos.
    Amostra: coleção das respostas dos 1.015 adultos americanos pesquisados.
27. População: coleção das condições de imunização de todos os adultos nos Estados Unidos.
    Amostra: coleção das condições de imunização dos 12.082 adultos americanos pesquisados.
29. População: coleção dos honorários de todos os escritórios de advocacia dos Estados Unidos.
    Amostra: coleção dos honorários dos 55 escritórios de advocacia dos Estados Unidos pesquisados.
31. População: coleção do efeito da sonolência em todos os pilotos.
    Amostra: coleção do efeito da sonolência nos 202 pilotos pesquisados.
33. População: coleção dos salários iniciais em todas as 500 empresas listadas na *Standart & Poor*.
    Amostra: coleção dos salários iniciais das 65 empresas listadas entre as 500 na *Standart & Poor* que foram contatadas pelo pesquisador.
35. Estatística: o valor US$ 68.000 é uma descrição numérica de uma amostra de salários anuais.
37. Parâmetro: do total de 97 passageiros, os 62 sobreviventes são uma descrição numérica de todos os passageiros do Hindenburg que sobreviveram.
39. Estatística: o valor 8% é uma descrição numérica de uma amostra de usuários de computador.
41. Estatística: o valor 52% é uma descrição numérica de uma amostra de adultos americanos.
43. A afirmação "20% admitem que já cometeram um erro grave devido à sonolência" é um exemplo de estatística descritiva. Uma inferência a partir da amostra é que existe uma associação entre sonolência e erro do piloto.
45. As respostas irão variar.
47a. Uma inferência a partir da amostra é que cidadãos mais velhos que vivem na Flórida têm melhor memória do que aqueles que não vivem na Flórida.
49. As respostas irão variar.

Seção 1.2

1. Nominal e ordinal.
3. Falso. Dados no nível ordinal podem ser qualitativos ou quantitativos.
5. Falso. Mais tipos de cálculos podem ser realizados com dados no nível intervalar do que com dados no nível nominal.
7. Quantitativo, porque as alturas de balões são medidas numéricas.
9. Qualitativo, porque as cores dos olhos são atributos.
11. Quantitativo, porque os pesos de bebês são medidas numéricas.
13. Qualitativo, porque as respostas à pesquisa são atributos.
15. Intervalar. Os dados podem ser ordenados e diferenças matemáticas podem ser calculadas, mas não faz sentido dizer que um ano é múltiplo de outro.
17. Nominal. Não se pode realizar cálculos matemáticos, e os dados estão categorizados usando números.
19. Ordinal. Os dados podem ser colocados em ordem, mas as diferenças entre eles não possuem significado matemático.
21. Horizontal: ordinal; vertical: razão.
23. Horizontal: nominal; vertical: razão.
25. a. Intervalar.   b. Nominal.
    c. Razão.   d. Ordinal.
27. Qualitativo. Ordinal. Os dados podem ser colocados em ordem, mas as diferenças entre eles não possuem significado.
29. Qualitativo. Nominal. Não se pode realizar cálculos matemáticos e os dados estão categorizados por região.
31. Qualitativo. Ordinal. Os dados podem ser colocados em ordem, mas as diferenças entre eles não possuem significado matemático.
33. Um zero natural é um zero que significa "nenhum". As respostas irão variar.

Seção 1.3

1. Em um experimento, um tratamento é aplicado em parte de uma população e as respostas são observadas. Em um estudo observacional, um pesquisador mede características de interesse de parte de uma população, mas não altera condições existentes.
3. Em uma amostra aleatória, cada membro da população tem a mesma chance de ser selecionado. Em uma amostra aleatória simples, cada amostra possível de mesmo tamanho tem a mesma chance de ser selecionada.
5. Falso. Um placebo é um tratamento falso.
7. Falso. Usar amostragem estratificada garante que membros de cada grupo, dentro de uma população, serão incluídos na amostra.
9. Falso. Uma amostra sistemática é selecionada ordenando-se uma população de alguma maneira e, então, selecionando membros da população em intervalos regulares.
11. Estudo observacional. O estudo não tenta influenciar as respostas dos indivíduos e não há tratamento.
1. Experimento. O estudo aplica um tratamento (diferentes gêneros musicais) aos indivíduos.
15. a. As unidades experimentais são as 250 mulheres de 30 a 35 anos no estudo. O tratamento é a nova droga antialérgica.
    b. Um problema com o planejamento é que pode haver algum viés por parte do pesquisador se ele souber qual paciente recebeu a droga verdadeira. Uma forma de eliminar esse problema seria transformar o estudo em um experimento duplo cego.
    c. O estudo seria duplo cego se o pesquisador não soubesse quais pacientes receberam a droga verdadeira ou o placebo.
17. As respostas podem variar.
19. As respostas podem variar.
21. *Exemplo de resposta*: Grupo de tratamento: Jake, Maria, Lucy, Adam, Bridget, Vanessa, Rick, Dan e Mary. Grupo controle: Mike, Ron, Carlos, Steve, Susan, Kate, Pete, Judy e Connie. Foi utilizada uma tabela de números aleatórios.
23. É usada a amostra aleatória simples porque cada número de telefone tem a mesma chance de ser discado e todas as amostras de 1.400 números de telefone têm a mesma chance de serem selecionadas. A amostra pode ser tendenciosa porque a amostragem de telefones só considera aqueles indivíduos que têm telefone e que estão disponíveis e dispostos a responder.
25. É usada a amostra por conveniência porque os estudantes são escolhidos por causa da conveniência de sua localização. A tendenciosidade pode entrar na amostra porque os estudantes incluídos na amostra podem não ser representativos da população de estudantes.
27. É usada a amostra aleatória simples porque cada consumidor tem a mesma chance de ser contatado e todas as amostras de 580 consumidores têm a mesma chance de serem selecionadas.
29. É usada a amostra estratificada porque uma amostra é retirada de cada subárea de 1 acre.
31. Censo, porque é relativamente fácil obter as idades dos 115 residentes.
33. A pergunta é tendenciosa porque já sugere que comer alimentos integrais melhoram sua saúde. A pergunta poderia ser reescrita como "Como a ingestão de alimentos integrais afeta sua saúde?"
35. A pergunta da pesquisa não é tendenciosa.
37. Os domicílios incluídos na amostra representam várias localidades, grupos étnicos e faixas de renda. Cada uma dessas variáveis é considerada um estrato. A amostragem estratificada assegura que cada segmento da população está representado.

39. Vantagem da pergunta aberta: permite ao respondente expressar alguma profundidade e nuances de significado na resposta. Permite que novas soluções sejam introduzidas. Desvantagem: não é facilmente quantificada e dificulta comparar pesquisas.
Vantagem da pergunta fechada: fácil de analisar resultados. Desvantagem: pode não fornecer alternativas apropriadas e pode influenciar a opinião do respondente.

41. As respostas podem variar.

Atividade 1.3

1. As respostas irão variar. As listas contêm um número que aparece pelo menos duas vezes.

2. O mínimo é 1, o máximo é 731 e o número de amostras é 8. As respostas podem variar.

Usos e abusos do Capítulo 1

1. As respostas podem variar.

2. As respostas podem variar.

Exercícios de revisão do Capítulo 1

1. População: coleção das respostas de todos os adultos norte-americanos.
Amostra: coleção das respostas dos 1.503 adultos norte-americanos que foram incluídos na amostra.

3. População: coleção das respostas de todos os adultos norte-americanos.
Amostra: coleção das respostas dos 2.311 adultos norte-americanos que foram incluídos na amostra.

5. Parâmetro. O valor US$ 2.940.657.192 é uma descrição numérica do salário total para todos os jogadores na Liga Principal de Beisebol.

7. Parâmetro. Os 10 estudantes que deixaram a física é uma descrição numérica de todos os graduandos em matemática em uma universidade.

9. A afirmação "84% consultou assistência médica pelo menos uma vez no ano passado" é um exemplo de estatística descritiva. Uma inferência retirada da amostra é que a maioria das pessoas foi a uma assistência médica pelo menos uma vez no ano passado.

11. Quantitativo, porque as idades são medidas numéricas.

13. Quantitativo, porque as receitas são medidas numéricas.

15. Intervalar. Os dados podem ser ordenados e diferenças matemáticas podem ser calculadas, mas não faz sentido dizer que 87 °F é 1,16 vezes tão quente quanto 75 °F.

17. Nominal. Os dados são qualitativos e não podem ser organizados em uma ordem de importância.

19. Experimento. O estudo aplica um tratamento (droga para hipotireoidismo) aos indivíduos.

21. *Exemplo de resposta*: Os indivíduos poderiam ser divididos em homens e mulheres e, então, serem aleatoriamente designados para cada um dos cinco grupos de tratamento.

23. É usada a amostra aleatória simples porque os números de telefone foram gerados aleatoriamente e ligados. Uma fonte potencial de tendenciosidade é que a amostragem de telefones só considera indivíduos que têm telefone, que estão disponíveis e dispostos a responder.

25. É usada a amostra por conglomerado porque cada comunidade é um grupamento e cada mulher grávida em uma comunidade selecionada é pesquisada. Uma fonte potencial de tendenciosidade é que as comunidades selecionadas podem não ser representativas da área total.

27. É usada a amostra estratificada porque a população é dividida por ano de estudo e 25 estudantes são selecionados aleatoriamente de cada ano de estudo.

29. As respostas podem variar.

Problemas do Capítulo 1

1. População: coleção das condições prostáticas de todos os homens.
Amostra: coleção das condições prostáticas dos 20.000 homens do estudo.

2 a. Estatística. O valor 40% é uma descrição numérica de uma amostra de adultos norte-americanos.
b. Parâmetro. Os 90% dos membros que aprovaram a contratação do novo presidente é uma descrição numérica de todos os membros do conselho de curadores.
c. Estatística. O valor 17% é uma descrição numérica de uma amostra de pequenos empresários.

3 a. Qualitativo, porque os códigos pin de cartões de débito são marcas e não faz sentido encontrar diferenças entre os números.
b. Quantitativo, porque as pontuações finais são medidas numéricas.

4 a. Ordinal, porque os números dos distintivos podem ser ordenados e geralmente indicam tempo de serviço, mas não se pode realizar cálculos matemáticos usuais.
b. Razão, porque um valor pode ser expresso como um múltiplo de outro.
c. Ordinal, porque os dados podem ser colocados em ordem, mas as diferenças entre eles não possuem significado.
d. Intervalar, porque diferenças matemáticas entre os valores podem ser calculadas, mas um valor zero não é um zero natural.

5 a. Estudo observacional. O estudo não tenta influenciar as respostas dos indivíduos e não há tratamento.
b. Experimento. O estudo aplica um tratamento (multivitaminas) aos indivíduos.

6. Planejamento em blocos aleatorizados.

7 a. Amostragem por conveniência, porque todas as pessoas incluídas na amostra estão em uma localização conveniente.

b. Amostragem sistemática, porque cada décima peça de uma máquina é incluída na amostra.

c. Amostragem estratificada, porque a população é primeiro estratificada e depois uma amostra é coletada de cada estrato.

8. Amostragem por conveniência. As pessoas no acampamento podem ser fortemente contra a poluição do ar porque estão em um local ao ar livre.

Estatísticas reais – Decisões reais do Capítulo 1

1ab. As respostas irão variar.
  c. *Exemplo de resposta*: Use levantamentos.

d. *Exemplo de resposta*: Você pode obter um percentual muito grande de sua amostra em um subgrupo da população que é relativamente pequeno.

2 a. *Exemplo de resposta*: Qualitativo, porque as perguntas serão sobre dados demográficos e as perguntas da amostra têm categorias não numéricas.
  b. *Exemplo de resposta*: Nominal e ordinal, porque os resultados podem ser colocados em categorias e estas podem ser classificadas.
  c. Amostra.   **d** Estatísticas.

3 a. *Exemplo de resposta*: A amostra inclui somente indivíduos da população com acesso à internet.
  b. As respostas irão variar.

Capítulo 2

Seção 2.1

1. Organizar os dados em uma distribuição de frequência pode tornar os padrões nos dados mais evidentes. Algumas vezes é mais fácil identificar padrões de um conjunto de dados olhando um gráfico da distribuição de frequência.

3. Limites de classe determinam quais números podem pertencer a cada classe. Fronteiras de classe são os números que separam as classes sem formar lacunas entre elas.

5. A soma das frequências relativas dever ser 1 ou 100%, porque elas representam todos os resultados possíveis.

7. Falso. A amplitude de classe é a diferença entre os limites inferiores ou superiores de classes consecutivas.

9. Falso. Uma ogiva é um gráfico que mostra frequências acumuladas.

11. Amplitude de classe = 8; limites inferiores de classe: 9, 17, 25, 33, 41, 49, 57; limites superiores de classe: 16, 24, 32, 40, 48, 56, 64.

13. Amplitude de classe = 15; limites inferiores de classe: 17, 32, 47, 62, 77, 92, 107, 122; limites superiores de classe: 31, 46, 61, 76, 91, 106, 121, 136.

15 a. Amplitude de classe = 11.
  bc.

Classe	Ponto médio	Fronteiras de classe
20–30	25	19,5–30,5
31–41	36	30,5–41,5
42–52	47	41,5–52,5
53–63	58	52,5–63,5
64–74	69	63,5–74,5
75–85	80	74,5–85,5
86–96	91	85,5–96,5

17.

Classe	Frequência, f	Ponto médio	Frequência relativa	Frequência acumulada
20–30	19	25	0,05	19
31–41	43	36	0,12	62
42–52	68	47	0,19	130
53–63	69	58	0,19	199
64–74	74	69	0,20	273
75–85	68	80	0,19	341
86–96	24	91	0,07	365
	$\Sigma f = 365$		$\Sigma \frac{f}{n} \approx 1$	

19 a. 7
  b. Aproximadamente 10.
  c. Aproximadamente 300.
  d. 100.

21 a. 50.
  b. 345,5–365,5 libras.

23 a. 10.
  b. 385,5 libras.
  c. 25.
  d. 8.

25 a. Classe com maior frequência relativa: 39–40 centímetros
  Classe com menor frequência relativa: 34–35 centímetros
  b. Maior frequência relativa ≈ 0,25.
  Menor frequência relativa ≈ 0,02.
  c. Aproximadamente 0,08.

27 a. Classe com maior frequência: 29,5–32,5.
  Classes com menor frequência: 11,5–14,5 e 38,5–41,5.

29.

Classe	Frequência, f	Ponto médio	Frequência relativa	Frequência acumulada
0–7	8	3,5	0,32	8
8–15	8	11,5	0,32	16
16–23	3	19,5	0,12	19
24–31	3	27,5	0,12	22
32–39	3	35,5	0,12	25
	$\Sigma f = 25$		$\Sigma \dfrac{f}{n} = 1$	

Classes com maior frequência: 0–7, 8–15.
Classes com menor frequência: 16–23, 24–31 e 32–39.

31.

Classe	Frequência, f	Ponto médio	Frequência relativa	Frequência acumulada
1.000–2.019	12	1.509,5	0,5455	12
2.020–3.039	3	2.529,5	0,1364	15
3.040–4.059	2	3.549,5	0,0909	17
4.060–5.079	3	4.569,5	0,1364	20
5.080–6.099	1	5.589,5	0,0455	21
6.100–7.119	1	6.609,5	0,0455	22
	$\Sigma f = 22$		$\Sigma \dfrac{f}{n} \approx 1$	

Número de representantes em função do montante de vendas em julho

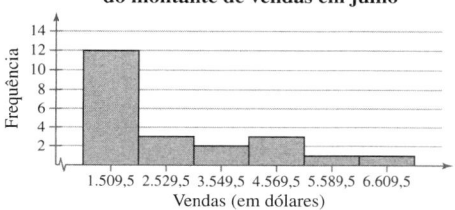

Exemplo de resposta: O gráfico mostra que a maioria dos representantes de vendas da empresa vendeu de US$ 1.000 a US$ 2.019.

33.

Classe	Frequência, f	Ponto médio	Frequência relativa	Frequência acumulada
291–318	5	304,5	0,1667	5
319–346	4	332,5	0,1333	9
347–374	3	360,5	0,1000	12
375–402	5	388,5	0,1667	17
403–430	6	416,5	0,2000	23
431–458	4	444,5	0,1333	27
459–486	1	472,5	0,0333	28
487–514	2	500,5	0,0667	30
	$\Sigma f = 30$		$\Sigma \dfrac{f}{n} = 1$	

Tempos de reação para mulheres

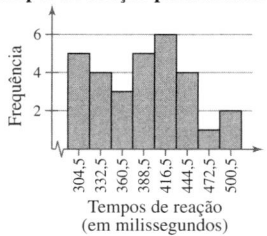

Exemplo de resposta: O gráfico mostra que os tempos de reação mais frequentes foram de 403 a 430 milissegundos.

35.

Classe	Frequência, f	Ponto médio	Frequência relativa	Frequência acumulada
1–2	2	1,5	0,0833	2
3–4	2	3,5	0,0833	4
5–6	5	5,5	0,2083	9
7–8	10	7,5	0,4167	19
9–10	5	9,5	0,2083	24
	$\Sigma f = 24$		$\Sigma \dfrac{f}{n} \approx 1$	

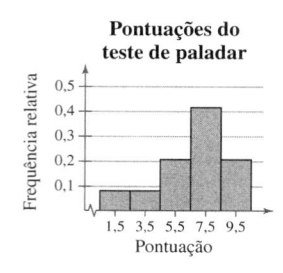

Pontuações do teste de paladar

Classe com maior frequência relativa: 7–8
Classes com menor frequência relativa: 1–2, 3–4

37.

Classe	Frequência, f	Ponto médio	Frequência relativa	Frequência acumulada
417–443	5	430	0,20	5
444–470	5	457	0,20	10
471–497	6	484	0,24	16
498–524	4	511	0,16	20
525–551	5	538	0,20	25
	$\Sigma f = 25$		$\Sigma \dfrac{f}{n} = 1$	

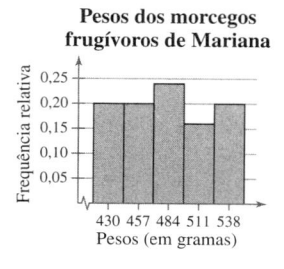

Pesos dos morcegos frugívoros de Mariana

Classe com maior frequência relativa: 471–497.
Classe com menor frequência relativa: 498–524.

39.

Classe	Frequência, f	Frequência relativa	Frequência acumulada
52–55	3	0,125	3
56–59	3	0,125	6
60–63	9	0,375	15
64–67	4	0,167	19
68–71	4	0,167	23
72–75	1	0,042	24
	$\Sigma f = 24$	$\Sigma \dfrac{f}{n} \approx 1$	

Idades para aposentadoria

Localização do maior aumento na frequência: 60–63

41.

Classe	Frequência, f	Ponto médio	Frequência relativa	Frequência acumulada
0–2	17	1	0,3953	17
3–5	17	4	0,3953	34
6–8	7	7	0,1628	41
9–11	1	10	0,0233	42
12–14	0	13	0,0000	42
15–16	1	16	0,0233	43
	$\Sigma f = 43$		$\Sigma \dfrac{f}{n} = 1$	

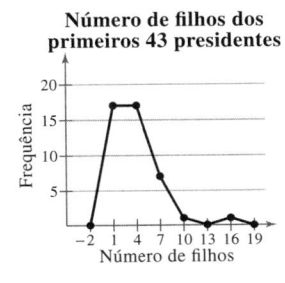

Número de filhos dos primeiros 43 presidentes

Exemplo de resposta: O gráfico mostra que a maioria dos 43 primeiros presidentes tiveram menos de 6 filhos.

43 a.

Classe	Frequência, f	Ponto médio	Frequência relativa	Frequência acumulada
65–74	4	69,5	0,1667	4
75–84	7	79,5	0,2917	11
85–94	4	89,5	0,1667	15
95–104	5	99,5	0,2083	20
105–114	3	109,5	0,1250	23
115–124	1	119,5	0,0417	24
	$\Sigma f = 24$		$\Sigma \dfrac{f}{n} \approx 1$	

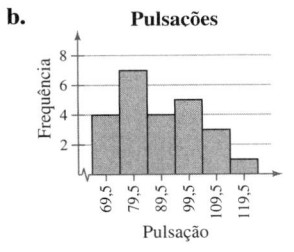

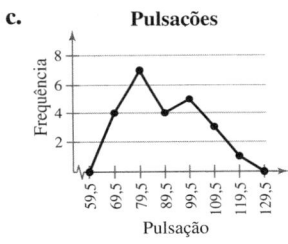

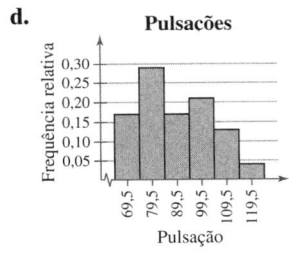

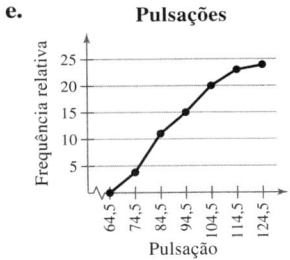

b. Pulsações

c. Pulsações

d. Pulsações

e. Pulsações

45 a. Retiradas diárias

b. 16,7%, porque a somas das frequências relativas para as últimas três classes é 0,167.
c. US$ 9.700, porque a somas das frequências relativas para as últimas duas classes é 0,10.

47.

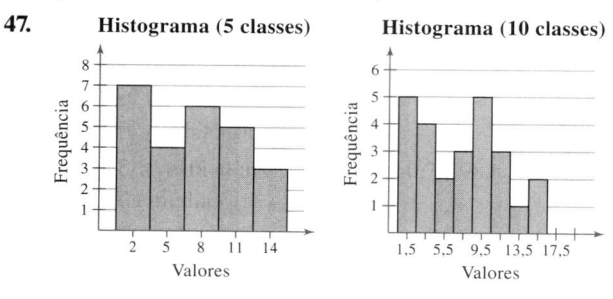

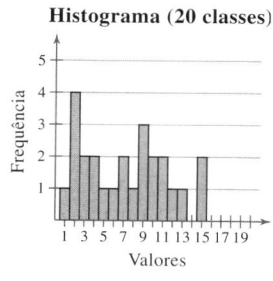

Histograma (5 classes)

Histograma (10 classes)

Histograma (20 classes)

Em geral, um grande número de classes preserva melhor os valores reais do conjunto de dados, mas não é tão útil para observar tendências gerais e tirar conclusões. Ao escolher o número de classes, uma consideração importante é o tamanho do conjunto de dados. Por exemplo, você não iria querer usar 20 classes. Nesse exemplo em particular, conforme o número de classes aumenta, o histograma mostra mais flutuação. O histograma com 10 e 20 classes tem classes com frequência zero. Não se ganha muito usando mais do que cinco classes. Portanto, parece que cinco classes seriam melhor.

Seção 2.2

1. Quantitativo: diagrama de ramo e folha, diagrama de pontos, histograma, diagrama de dispersão, gráfico de série temporal.

Qualitativo: gráfico de pizza, gráfico de Pareto.

3. Tanto o gráfico de ramo e folha quanto o diagrama de pontos permitem ver como os dados estão distribuídos, determinar valores de dados específicos e identificar valores incomuns.

5. b. **7.** a.
6. d. **8.** c.

9. 27, 32, 41, 43, 43, 44, 47, 47, 48, 50, 51, 51, 52, 53, 53, 53, 54, 54, 54, 54, 55, 56, 56, 58, 59, 68, 68, 68, 73, 78, 78, 85.

Máximo: 85; mínimo: 27.

11. 13, 13, 14, 14, 14, 15, 15, 15, 15, 15, 16, 17, 17, 18, 19.

Máximo: 19; mínimo: 13.

13. *Exemplo de resposta:* Os usuários gastam a maior parte do tempo no Facebook e a menor parte do tempo no LinkedIn.

15. *Exemplo de resposta:* Os que dirigem colados no veículo da frente irritam mais e os cuidadosos demais irritam menos.

17. Notas de provas

```
6 | 7 8              Chave: 6|7 = 67
7 | 3 5 5 6 9
8 | 0 0 2 3 5 5 7 7 8
9 | 0 1 1 1 2 4 5 5
```

Exemplo de resposta: A maioria das notas para o teste de biologia estavam nas faixas de 80 e 90.

19. Espessura do gelo (em centímetros)

```
4 | 3 9              Chave: 4|3 = 4,3
5 | 1 8 8 8 9
6 | 4 8 9 9 9
7 | 0 0 2 2 2 5
8 | 0 1
```

Exemplo de resposta: A maior parte do gelo tinha uma espessura de 5,8 a 7,2 centímetros.

21. Idades dos presidentes mais bem pagos

```
5 | 0 2 3            Chave: 50|0 = 50
5 | 5 5 6 6 7 7 8 8 8 8 9 9 9 9 9
6 | 0 1 1 1 3 4
6 | 5 5 6 6 7
7 | 2
```

Exemplo de resposta: A maioria dos presidentes mais bem pagos tem idades que variam de 55 a 64 anos de idade.

23. Pressões arteriais sistólicas

Pressão arterial sistólica (em mmHg)

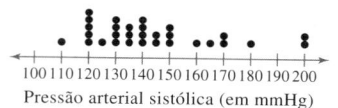

Exemplo de resposta: A pressão arterial sistólica tende a ser de 120 a 150 milímetros de mercúrio.

25. Como você investirá em 2013?

- Investir o mesmo que no ano passado: 31,7%
- Investir mais em ações: 38,6%
- Não investir: 19,8%
- Investir mais em títulos: 9,9%

Exemplo de resposta: A maioria das pessoas irá investir mais em ações ou investir o mesmo que no ano passado.

27. Olimpíadas de verão 2012

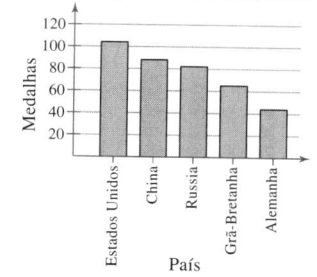

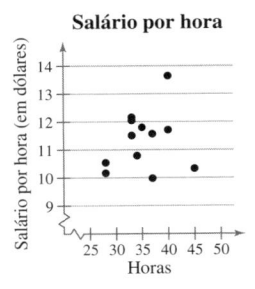

Exemplo de resposta: Os Estados Unidos ganharam mais medalhas dentre os cinco países e a Alemanha ganhou menos.

29. Salário por hora

Exemplo de resposta: Parece que não há relação entre os salários e as horas trabalhadas.

31. Registros de motocicletas nos EUA

Exemplo de resposta: O número de registros de motocicletas aumentou de 2000 para 2011.

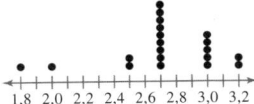

33. Tamanhos da tela de filmadoras (em polegadas)

O diagrama de ramo e folha ajuda a ver que a maioria dos valores variam de 2,5 a 3,2. O diagrama de pontos ajuda a ver que os valores 2,7 e 3,0 ocorrem com maior frequência, com 2,7 ocorrendo mais frequentemente.

35. Estação favorita de adultos norte-americanos com idade de 18 a 29 anos

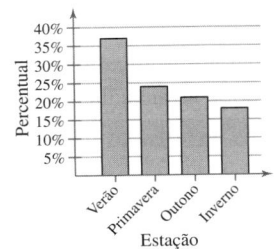

O gráfico de pizza ajuda a ver as percentagens como partes do todo, com o verão sendo a maior. Ele também mostra que, enquanto o verão é a maior percentagem, ele só compõe cerca de um terço do gráfico de pizza. Isso significa que cerca de dois terços dos adultos norte-americanos com idade de 18 a 29 anos preferem outra estação ao invés do verão. Isso quer dizer que não seria uma declaração justa dizer que a maioria dos adultos norte-americanos com idade de 18 a 29 anos preferem o verão.

O gráfico de Pareto ajuda a ver as classificações das estações. Ele ajuda a ver que as estações favoritas, em ordem decrescente de percentagem, são: verão, primavera, outono e inverno.

37a. O gráfico é enganoso, porque a grande lacuna de 0 a 90 faz parecer que as vendas do 3º trimestre são desproporcionalmente maiores que as dos outros trimestres.

b. Vendas da Companhia A

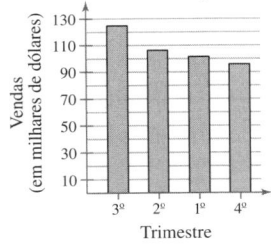

39a. O gráfico é enganoso, porque o ângulo faz parecer como se o 3º trimestre tivesse um percentual de vendas maior que o dos demais trimestres quando o 1º e o 3º trimestres têm o mesmo percentual.

b. Vendas da Companhia B

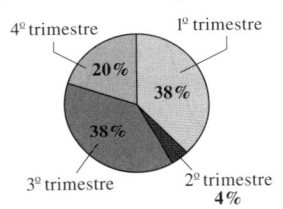

41a. No escritório de advocacia A, o menor salário era US$ 90.000 e o maior salário era US$ 203.000. No escritório de advocacia B, o menor salário era US$ 90.000 e o maior salário era US$ 190.000.

b. Há 30 advogados no escritório A e 32 no escritório B.

c. No escritório A, os salários estão agrupados nas extremidades do intervalo da distribuição. No escritório B, os salários estão espalhados.

Seção 2.3

1. Verdadeiro.

3. Verdadeiro.

5. *Exemplo de resposta:* 1, 2, 2, 2, 3.

7. *Exemplo de resposta:* 2, 5, 7, 9, 35.

9. A forma da distribuição é assimétrica à direita porque as barras indicam uma "cauda" para a direita.

11. A forma da distribuição é uniforme porque as barras são aproximadamente da mesma altura.

13. (11), porque a distribuição dos valores varia de 1 a 12 e tem (aproximadamente) frequências iguais.

14. (9), porque a distribuição tem valores em milhares de dólares e é assimétrica à direita devido aos poucos executivos que ganham salários muito mais altos que a maioria dos funcionários.

15. (12), porque a distribuição tem um valor máximo de 90 e é assimétrica à esquerda por causa dos poucos estudantes que tiraram nota muito menor que a maioria.
16. (10), porque a distribuição é aproximadamente simétrica e os pesos variam de 80 a 160 libras.
17. $\bar{x} \approx 14{,}8$; mediana = 15; moda = 16.
19. $\bar{x} \approx 1.178{,}4$; mediana = 1.229; moda = nenhuma; a moda não pode ser encontrada porque nenhum valor é repetido.
21. $\bar{x} \approx 43{,}1$; mediana = 44; moda = 44.
23. $\bar{x} \approx 30{,}1$; mediana = 31; moda = 31 e 34.
25. $\bar{x} = 16{,}6$; mediana = 15; moda = nenhuma; a moda não pode ser encontrada porque nenhum valor é repetido.
27. $\bar{x}$ não é possível; mediana não é possível; moda = "Óculos"; a média e a mediana não podem ser encontradas porque os dados estão no nível nominal de mensuração.
29. $\bar{x}$ não é possível; mediana não é possível; moda = "Terceiro ano"; a média e a mediana não podem ser encontradas porque os dados estão no nível nominal de mensuração.
31. $\bar{x} \approx 29{,}8$; mediana = 32; moda = 24 e 35.
33. $\bar{x} \approx 19{,}5$; mediana = 20; moda = 15.
35. Os dados são assimétricos à direita.

    A = moda, porque é o valor que ocorreu com mais frequência.

    B = mediana, porque a mediana está à esquerda da média em uma distribuição assimétrica à direita.

    C = média, porque a média está à direita da mediana em uma distribuição assimétrica à direita.
37. Moda, porque os dados estão no nível nominal de mensuração.
39. Média, porque a distribuição é simétrica e não há *outliers*.
41. 89.
43. US$ 612,73.
45. 2,8.
47. 87.
49. 36,2 milhas por galão.
51. 32,2 anos.
53.

Classe	Frequência, f	Frequência relativa
127–161	9	144
162–196	8	179
197–231	3	214
232–266	3	249
267–301	1	284

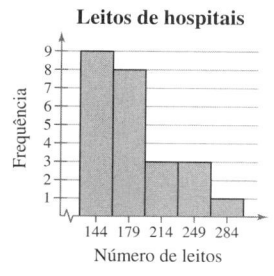

Leitos de hospitais

Assimetria positiva

55.

Classe	Frequência, f	Frequência relativa
62–64	3	63
65–67	7	66
68–70	9	69
71–73	8	72
74–76	3	75

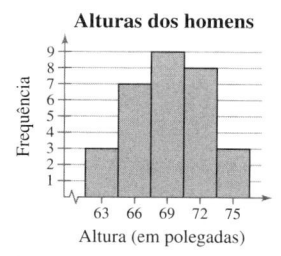

Alturas dos homens

Simétrica

57a. $\bar{x} = 6{,}005$, mediana = 6,01.
  b. $\bar{x} = 5{,}945$, mediana = 6,01.
  c. Média.
59. Agrupamentos em torno de 16–21 e 36.
61. *Exemplo de resposta:* opção 2; os dois agrupamentos representam tipos diferentes de veículos, o que pode ser analisado com mais detalhe separadamente. Por exemplo, suponha que a distância média percorrida pelos carros esteja distante da distância média percorrida pelos caminhões, vans e SUVs, então, a distância média percorrida por todos os veículos estaria em algum lugar entre elas, e não representaria corretamente as distâncias percorridas de um ou outro grupo de veículos.
63a. Média, porque o carro A tem a maior média dos três.
  b. Mediana, porque a o carro B tem a maior mediana dos três.
  c. Moda, porque a o carro C tem a maior moda dos três.
65a. $\bar{x} \approx 49{,}2$; mediana = 46,5.
  b. **Pontuações no teste**

```
1 | 1 3              Chave: 3|6 = 36
2 | 2 8
3 | 6 6 6 7 7 7 8
4 | 1 3 4 6 7 ——— média
5 | 1 1 1 3         mediana
6 | 1 2 3 4
7 | 2 2 4 6
8 | 5
9 | 0
```
  c. Assimetria positiva.

Atividade 2.3

1. A distribuição é simétrica. A média e a mediana diminuem ligeiramente. Ao longo do tempo, a mediana diminuirá drasticamente e a média também diminuirá, porém em menor grau.

2. Nem a média, nem a mediana podem ser qualquer um dos pontos representados ou estarem próximos deles. Isso porque existem 10 pontos em cada região, então a média cairá em algum lugar entre as duas regiões. Seguindo a mesma lógica, a mediana será a média do maior ponto entre 0 e 0,75 e do menor ponto entre 10 e 25.

Seção 2.4

1. A amplitude é a diferença entre os valores máximo e mínimo de um conjunto de dados. A vantagem da amplitude é que ela é fácil de calcular. A desvantagem é que ela usa somente dois valores do conjunto de dados.

3. As unidades da variância estão ao quadrado. Suas unidades não têm significado (exemplo: dólares^2). As unidades do desvio padrão são as mesmas dos dados.

5. Ao calcular desvio padrão populacional, você divide a soma dos quadrados dos desvios por N e então tira a raiz quadrada desse valor. Ao calcular o desvio padrão amostral, você divide a soma dos quadrados dos desvios por $n-1$ e então tira a raiz quadrada desse valor.

7. Semelhança: ambos estimam proporções dos dados contidos dentro de k desvios padrão da média.
Diferença: a Regra Empírica assume que a distribuição é aproximadamente simétrica e em formato de sino e o Teorema de Chebyshev não faz tal suposição.

9. 10.

11 a. 17,8.   **b.** 39,8.

13. Amplitude = 11; $\mu = 7{,}6$; $\sigma^2 \approx 11{,}4$; $\sigma \approx 3{,}4$.

15. Amplitude = 10; $\bar{x} = 17$; $s^2 \approx 6{,}7$; $s \approx 2{,}6$.

17. O conjunto de dados em (a) tem um desvio padrão de 24 e o conjunto de dados em (b) tem um desvio padrão de 16, porque os dados em (a) têm mais variabilidade.

19. Empresa B; uma oferta de $ 33.000 está a dois desvios padrão da média dos salários iniciais da empresa A, o que a torna improvável. A mesma oferta está dentro de um desvio padrão da média dos salários iniciais da empresa B, o que torna a oferta provável.

21 a. Maior desvio padrão amostral: (ii)
O conjunto de dados (ii) tem mais valores que estão mais distantes da média.
Menor desvio padrão amostral: (iii)
O conjunto de dados (iii) tem mais valores que estão próximos à média.
b. Os três conjuntos de dados têm a mesma média e mediana, mas têm moda e desvio padrão diferentes.

23 a. Maior desvio padrão amostral: (ii)
O conjunto de dados (ii) tem mais valores que estão mais distantes da média.
Menor desvio padrão amostral: (iii)
O conjunto de dados (iii) tem mais valores que estão próximos à média.
b. Os três conjuntos de dados têm a mesma média, mediana e moda, mas têm desvio padrão diferente.

25. *Exemplo de resposta:* 3, 3, 3, 7, 7, 7.

27. *Exemplo de resposta:* 9, 9, 9, 9, 9, 9, 9.

29. 68%.

31 a. 51.
b. 17.

33. 78, 76 e 82 são incomuns; 82 é muito incomum porque está a mais que 3 desvios padrão da média.

35. 30.

37. Pelo menos 75% das notas da prova variam de 80 a 96.

39.

x	f	xf	$x - \bar{x}$	$(x - \bar{x})^2$	$(x - \bar{x})^2 f$
0	3	0	−1,74	3,0276	9,0828
1	15	15	−0,74	0,5476	8,2140
2	24	48	0,26	0,0676	1,6224
3	8	24	1,26	1,5876	12,7008
	$n = 50$	$\Sigma xf = 87$		$\Sigma(1x - \bar{x})^2 f = 31{,}62$	

$\bar{x} \approx 1{,}7$
$s \approx 0{,}8$

41.

Classe	x	f	xf
0–4	2	5	10
5–9	7	12	84
10–14	12	24	288
15–19	17	17	289
20–24	22	16	352
25–29	27	11	297
30+	32	5	160
		$n = 90$	$\Sigma xf = 1.480$

$x - \bar{x}$	$(x - \bar{x})^2$	$(x - \bar{x})^2 f$
−14,44	208,5136	1.042,5680
−9,44	89,1136	1.069,3632
−4,44	19,7136	473,1264
0,56	0,3136	5,3312
5,56	30,9136	494,6176
10,56	111,5136	1.226,6496
15,56	242,1136	1.210,5680
	$\Sigma(x - \bar{x})^2 f = 5.522{,}224$	

$\bar{x} \approx 16{,}4$
$s \approx 7{,}9$

43. $CV_{Dallas} \approx 9{,}1\%$; $CV_{NY} \approx 13{,}1\%$. Os salários para contadores recém-formados são mais variáveis em Nova York do que em Dallas.

45. $CV_{\text{idades}} \approx 15{,}8\%$; $CV_{\text{alturas}} \approx 2{,}7\%$. As idades são mais variáveis que as alturas para todos os lançadores do St. Louis Cardinals.

47. $CV_{\text{Time A}} \approx 13{,}7\%$; $CV_{\text{Time B}} \approx 14{,}6\%$. As medias de rebatidas são ligeiramente mais variáveis no Time B que no Time A.

49 a. $s \approx 2{,}6$. **b.** São os mesmos.

51 a. $\bar{x} \approx 41{,}7$; $s \approx 6{,}0$.
  b. $\bar{x} \approx 42{,}7$; $s \approx 6{,}0$.
  c. $\bar{x} \approx 39{,}7$; $s \approx 6{,}0$.
  d. Adicionar ou subtrair uma constante k a cada valor torna a nova média amostral $\bar{x} + k$ ou $\bar{x} - k$, sem afetar o desvio padrão da amostra.

53. 10.

Faça $1 - \dfrac{1}{k^2} = 0{,}99$ e resolva para k.

Atividade 2.4

1. Quando um ponto com um valor de 15 é adicionado, a média permanece constante ou muda muito pouco e o desvio padrão diminui. Quando um ponto com um valor de 20 é adicionado, a média e o desvio padrão aumentam.

2. Para obter o maior desvio padrão, represente quatro dos pontos como 30 e quatro como 40.
Para obter o menor desvio padrão, represente todos os pontos com o mesmo número. Dessa forma, cada $x - \bar{x}$ é 0 de maneira que o desvio padrão será 0.

Seção 2.5

1. O filme tem duração mais curta que 75% dos filmes no cinema.

3. O estudante pontuou mais que 83% dos estudantes que fizeram a prova de atuária.

5. A amplitude interquartil de um conjunto de dados pode ser usada para identificar *outliers* porque valores que são maiores que $Q_3 + 1{,}5$ (AIQ) ou menor que $Q_1 - 1{,}5$ (AIQ) são considerados *outliers*.

7. Verdadeiro.

9. Falso; um *outlier* é qualquer número acima de $Q_3 + 1{,}5$ (AIQ) ou abaixo de $Q_1 - 1{,}5$ (AIQ).

11 a. $Q_1 = 57$, $Q_2 = 60$, $Q_3 = 63$.
  b. AIQ = 6.
  c. 80.

13 a. $Q_1 = 36$, $Q_2 = 40{,}5$, $Q_3 = 46{,}5$.
  b. AIQ = 10,5.
  c. 19.

15. mín. = 10, $Q_1 = 13$, $Q_2 = 15$, $Q_3 = 17$, máx. = 20.

17 a. mín. = 24, $Q_1 = 28$, $Q_2 = 35$, $Q_3 = 41$, máx. = 60.
  b.

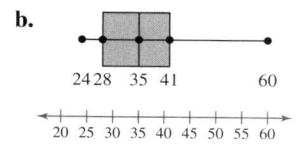

19 a. Mín. = 1, $Q_1 = 4{,}5$, $Q_2 = 6$, $Q_3 = 7{,}5$, máx. = 9.
  b.

21. Nenhuma. Os dados não são assimétricos ou simétricos.

23. Assimétrica à esquerda. A maioria dos dados encontra-se à direita no *boxplot*.

25 a. $Q_1 = 2$, $Q_2 = 4$, $Q_3 = 5$.
  b. Assistindo televisão

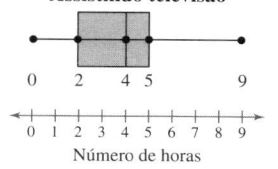

27 a. $Q_1 = 3$, $Q_2 = 3{,}85$, $Q_3 = 5{,}2$.
  b. Trajeto de aeronaves

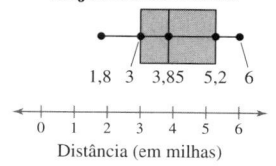

29 a. 5.
  b. Aproximadamente 50%.
  c. Aproximadamente 25%.

31. Aproximadamente 70 polegadas. Cerca de 60% dos homens nos EUA na faixa de 20 a 29 anos são menores que 70 polegadas.

33. Aproximadamente o 90º percentil. Cerca de 90% dos homens nos EUA na faixa de 20 a 29 anos são menores que 73 polegadas.

35. 10º percentil.

37. 57, 57, 61, 61, 65, 66.

39. $A \to z = -1{,}43$
$B \to z = 0$
$C \to z = 2{,}14$
Um escore-z de 2,14 seria incomum.

41 a. $z \approx 1{,}15$.
  b. Uma idade de 32 está a aproximadamente 1,15 desvio padrão acima da média.
  c. Não é incomum.

43 a. $z \approx 1{,}74$.
  b. Uma idade de 34 está a aproximadamente 1,74 desvio padrão acima da média.
  c. Não é incomum.

45 a. $z \approx 2{,}32$.
  b. Uma idade de 36 está a aproximadamente 2,32 desvios padrão acima da média.
  c. Incomum.

47 a. Para 34.000, $z \approx -0{,}44$; para 37.000, $z \approx 0{,}89$; para 30.000, $z \approx -2{,}22$. O pneu com uma vida útil de 30.000 milhas tem uma vida útil incomumente curta.

b. Para 30.500, aproximadamente 2,5º percentil; para 37.250, aproximadamente 84º percentil; para 35.000, aproximadamente 50º percentil

49. Robert Duvall: $z \approx 1{,}02$; Jack Nicholson: $z \approx -0{,}28$; a idade do Robert Duvall estava cerca de 1 desvio padrão acima da idade média dos vencedores de melhor ator e, a idade do Jack Nicholson, estava menos que 1 desvio padrão abaixo da idade média dos vencedores de melhor ator coadjuvante. Nenhuma idade de ator é incomum.

51. John Wayne: $z \approx 2{,}05$; Gig Young: $z \approx 0{,}43$; a idade do John Wayne estava mais que 2 desvios padrão acima da idade média dos vencedores de melhor ator, o que é incomum. A idade do Gig Young, estava menos que 1 desvio padrão acima da idade média dos vencedores de melhor ator coadjuvante, o que não é incomum.

53. 5.

55 a. A distribuição do Concerto 1 é simétrica. A distribuição do Concerto 2 é assimétrica à direita. O Concerto 1 tem menos variação.

b. O Concerto 2 é mais provável de ter *outliers* porque tem mais variação.

c. O Concerto 1, porque 68% dos dados devem estar entre ± 16,3 da média.

d. Não, você não sabe o número de músicas tocadas em cada concerto ou as durações reais das músicas.

57 a. 24, 2.

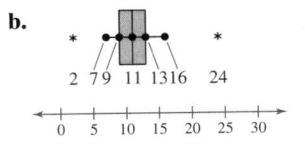

b.

59. As respostas podem variar.

Usos e abusos do Capítulo 2

1. As respostas irão variar.

2. Não, não é ético porque ele induz o consumidor a acreditar que a farinha de aveia é mais eficaz na redução do colesterol do que pode realmente ser.

Exercícios de revisão do Capítulo 2

1.

Classe	Ponto médio	Fronteiras de classe
8–12	10	7,5–12,5
13–17	15	12,5–17,5
18–22	20	17,5–22,5
23–27	25	22,5–27,5
28–32	30	27,5–32,5

Frequência, f	Frequência relativa	Frequência acumulada
2	0,10	2
10	0,50	12
5	0,25	17
1	0,05	18
2	0,10	20

3. Volume líquido de latas de 12 onças

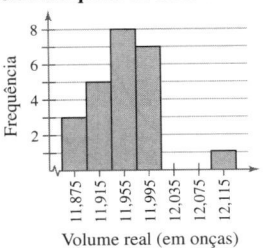

5.

Classe	Ponto médio	Frequência, f
79–93	86	9
94–108	101	12
109–123	116	5
124–138	131	3
139–153	146	2
154–168	161	1
		$\Sigma xf = 32$

Quartos reservados

7. Pontuações no teste

```
1 | 0 0                    Chave: 1|0 = 10
2 | 0 0 2 5 5
3 | 0 3 4 5 5 8
4 | 1 2 4 4 7 8
5 | 2 3 3 7 9
6 | 1 1 5
7 | 1 5
8 | 9
```

Exemplo de resposta: A maioria das cidades tem um índice de qualidade do ar de 20 a 59.

9. **Onde você estará à meia-noite no dia de Ano Novo**

- Em casa: 61,39%
- Na casa de um amigo: 10,89%
- Em um bar ou restaurante: 4,95%
- Em outro lugar: 9,90%
- Não sabe: 12,87%

Exemplo de resposta: Mais da metade das pessoas pesquisadas estará em casa no dia de Ano Novo à meia-noite.

11. **Alturas de edifícios**

Exemplo de resposta: O número de andares parece crescer com a altura.

13. $\bar{x} = 28,8$; mediana = 29; moda = 24,5; a moda não representa o centro dos dados porque 24,5 é o menor número no conjunto de dados.

15. 82,1.

17. 17,8.

19. Assimétrica à direita.

21. Assimétrica à esquerda.

23. Mediana; quando uma distribuição é assimétrica à esquerda, a média está à esquerda da mediana.

25. Amplitude = 14; $\mu \approx 6,9$; $\sigma^2 \approx 21,1$; $\sigma \approx 4,6$.

27. Amplitude = $ 2.226; $\bar{x} \approx $ 5.366,73$; $s^2 \approx $ 422.207,92$; $s \approx $ 649,78$.

29. $ 26,50 e $ 113,50.

31. 30 clientes.

33. $\bar{x} \approx 2,5$; $s \approx 1,2$.

35. $CV_{calouros} \approx 41,3\%$; $CV_{veteranos} \approx 24,2\%$. Os coeficientes de rendimento são mais variáveis para os calouros do que veteranos.

37. Mín. = 42, $Q_1 = 47,5$, $Q_2 = 53$, $Q_3 = 54$, máx. = 60.

39. **Economia de combustível de motocicletas**

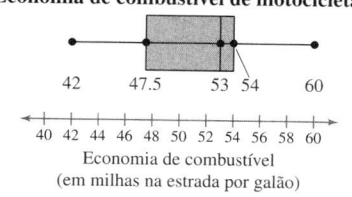

41. 5,5 polegadas.

43. 35%.

45a. $z \approx 1,97$.
  b. Uma capacidade de reboque de 16.500 libras está a cerca de 1,97 desvios padrão acima da média.
  c. Não é incomum.

47a. $z \approx 2,60$.
  b. Uma capacidade de reboque de 18.000 libras está a cerca de 2,60 desvios padrão acima da média.
  c. Incomum.

Problemas do capítulo 2

1 a.

Classe	Ponto médio	Fronteiras de classe
101–112	106,5	100,5–112,5
113–124	118,5	112,5–124,5
125–136	130,5	124,5–136,5
137–148	142,5	136,5–148,5
149–160	154,5	148,5–160,5

Frequência, f	Frequência relativa	Frequência acumulada
3	0,12	3
11	0,44	14
7	0,28	21
2	0,08	23
2	0,08	25

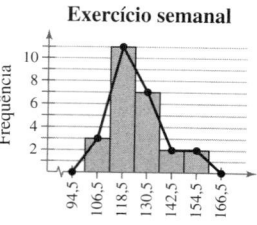

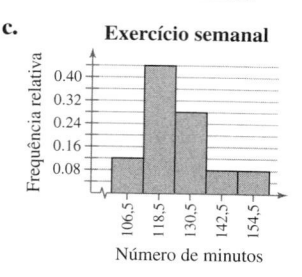

b. Exercício semanal

c. Exercício semanal

d. Assimétrica à direita.

e. Exercício semanal (em minutos)

```
10 | 1 8         Chave: 10|8 = 108
11 | 1 4 6 7 8 9 9
12 | 0 0 3 3 4 7 7 8
13 | 1 1 2 5 9 9
14 |
15 | 0 7
```

f. 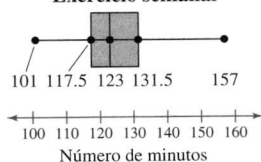 Exercício semanal

g. 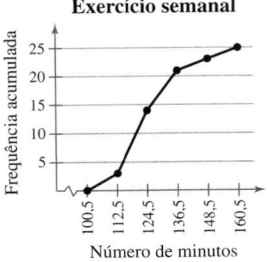 Exercício semanal

2. $\bar{x} \approx 125{,}2; s \approx 13{,}0$.

3 a. 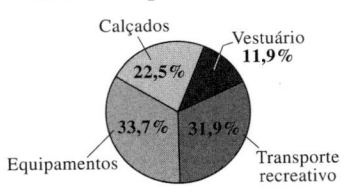 Produtos esportivos nos USA
- Calçados 22,5%
- Vestuário 11,9%
- Equipamentos 33,7%
- Transporte recreativo 31,9%

b. 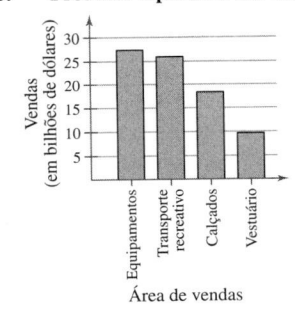 Produtos esportivos nos USA

4 a. $\bar{x} \approx 926{,}6$; mediana = 959,5; moda = nenhuma; a média descreve melhor um salário típico porque não há *outliers*.
  b. Amplitude = 575; $s^2 \approx 48.135{,}10; s \approx 219{,}4$.
  c. $CV \approx 23{,}7\%$.

5. $ 125.000 e $ 185.000.

6 a. $z = 3{,}0$, incomum.
  b. $z \approx -6{,}67$, muito incomum.
  c. $z \approx 1{,}33$, não é incomum.
  d. $z = -2{,}2$, incomum.

7 a. Mín. = 55, $Q_1 = 72, Q_2 = 82, Q_3 = 93$, máx. = 98.
  b. AIQ = 21.
  c. 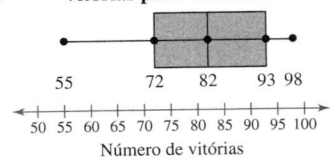 Vitórias para cada time

Estatísticas reais – Decisões reais do Capítulo 2

1 a. Encontre o custo médio de alugar um apartamento para cada área e faça uma comparação.
  b. A média representaria melhor os conjuntos de dados para as quatro áreas da cidade.
  c. Área A: $\bar{x}$ = US$ 1.005,50; área B: $\bar{x}$ = US$ 887; área C: $\bar{x}$ = US$ 881; área D: $\bar{x}$ = US$ 945,50.

2 a. Construa um gráfico de Pareto, porque os dados são quantitativos e o gráfico de Pareto posiciona os dados em ordem decrescente de altura, com a barra mais alta posicionada à esquerda.

b. 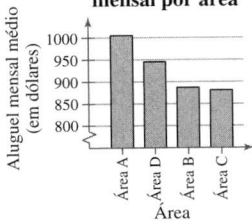 Custo do aluguel mensal por área

c. Sim. Do gráfico de Pareto, você pode ver que a área A tem o maior custo médio de aluguel mensal, seguida pela área D, área B e área C.

3. *Exemplo de resposta:*
  a. Você poderia usar a amplitude e o desvio padrão amostral para cada área.
  b. Área A
  Amplitude = US$ 415.
  $s \approx$ US$ 123,07.
  Área B
  Amplitude = US$ 421.
  $s \approx$ US$ 144,91.
  Área C
  Amplitude = US$ 460.
  $s \approx$ US$ 146,21.
  Área D
  Amplitude = US$ 497
  $s \approx$ US$ 138,70
  c. Não. A área A tem a menor amplitude e desvio padrão, então os aluguéis nas áreas B–D são mais espalhados. Pode haver um ou dois aluguéis baratos que reduzem a média para essas áreas. É possível que as médias populacionais das áreas B–D sejam próximas da média populacional da área A.

4 a. As respostas podem variar.
  b. Localização, clima e população.

Revisão acumulada dos capítulos 1–2

1. A amostragem sistemática é usada porque cada quadragésima escova de dentes de cada linha de produção é testada. É possível que a amostra seja tendenciosa se, por alguma razão, uma linha de produção cometa um erro na mesma periodicidade.

2. A amostragem aleatória simples é usada porque cada número de telefone tem a mesma chance de ser discado e todas as amostras de 1.200 números de telefone têm a mesma chance de serem selecionadas. A amostra pode ser tendenciosa porque a amostra de telefones somente seleciona aqueles indivíduos que possuem telefone, que estão disponíveis e estão dispostos a responder.

3. **Razão para o atraso das bagagens**

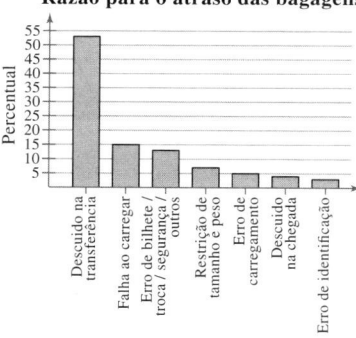

4. Parâmetro. Todos os jogadores da Liga Principal de Beisebol estão incluídos.

5. Estatística. O valor 10% é uma descrição numérica de uma amostra de prováveis votantes.

6. **a.** 95%. **b.** 38.
   c. Para US$ 90.500, $z \approx 4,67$; para US$ 79.750, $z = -2,5$; para US$ 82.600, $z \approx -0,6$. Os salários de US$ 90.500 e US$ 79.750 são incomuns.

7. População: coleção das opiniões de todos os adultos americanos.
   Amostra: coleção das opiniões dos 1.009 adultos americanos pesquisados.

8. População: persistência em refazer a prescrição de todos os pacientes com medicação prescrita.
   Amostra: persistência em refazer a prescrição dos 61.522 pacientes com medicação prescrita estudados.

9. Experimento. O estudo aplica um tratamento (dispositivo para prevenção de derrame) aos indivíduos.

10. Estudo observacional. O estudo não tenta influenciar as respostas dos indivíduos.

11. Quantitativo; razão.

12. Qualitativo; nominal.

13. **a.** Mín. = 0, $Q_1 = 1$, $Q_2 = 10$, $Q_3 = 33$, máx. = 145.
    b. Número de tornado por Estado 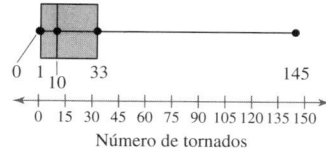
    c. Assimétrica à direita.

14. 88,9.

15. **a.** $\bar{x} \approx 5,49$; mediana = 5,4; moda = nenhuma; tanto a média quanto a mediana descrevem precisamente o comprimento da cauda de um típico jacaré americano.
    b. Amplitude = 4,1; $s^2 \approx 2,34$; $s \approx 1,53$.

16. **a.** Uma inferência a partir da amostra é que o número de mortes em virtude de doença cardíaca em mulheres continuará a decrescer.
    b. Essa inferência pode implicar incorretamente que as mulheres terão menos chance de morrer de doença cardíaca no futuro.

17. **a.**

Classe	Ponto médio	Fronteiras de classe
0–8	4	–0,5–8,5
9–17	13	8,5–17,5
18–26	22	17,5–26,5
27–35	31	26,5–35,5
36–44	40	35,5–44,5
45–53	49	44,5–53,5
54–62	58	53,5–62,5
63–71	67	62,5–71,5

Frequência, f	Frequência relativa	Frequência acumulada
14	0,43750	14
8	0,25000	22
4	0,12500	26
1	0,03125	27
1	0,03125	28
1	0,03125	29
2	0,06250	31
1	0,03125	32

18. Assimétrica à direita.

19. **Frequência relativa entre jogadores e número de pontos marcados**

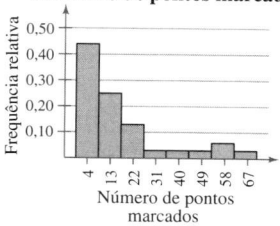

Classe com maior frequência: 0–8.
Classes com menor frequência: 27–35, 36–44, 45–53 e 63–71.

Capítulo 3

Seção 3.1

1. Um resultado é uma única tentativa em um experimento probabilístico, ao passo que um evento é um conjunto de um ou mais resultados.

3. A probabilidade de um evento não pode exceder 100%.

5. A lei dos grandes números afirma que a medida que um experimento é repetido várias e várias vezes, as probabilidades encontradas se aproximarão das probabilidades reais do evento. Os exemplos irão variar.

7. Falso. O evento " obter coroa ou um 1 ou um 3" não é simples porque consiste de dois resultados possíveis e pode ser representado como $A = \{T1, T3\}$.

9. Falso. Uma probabilidade inferior a $1/20 = 0,05$ indica um evento incomum.

11. b. 12. d. 13. c. 14. a.

15. {A, B, C, D, E, F, G, H, I, J, K, L, M, N, O, P, Q, R, S, T, U, V, W, X, Y, Z}; 26.

17. { A♥, K♥, Q♥, J♥, 10♥, 9♥, 8♥, 7♥, 6♥, 5♥, 4♥, 3♥, 2♥, A♦, K♦, Q♦, J♦, 10♦, 9♦, 8♦, 7♦, 6♦, 5♦, 4♦, 3♦, 2♦, A♠, K♠, Q♠, J♠, 10♠, 9♠, 8♠, 7♠, 6♠, 5♠, 4♠, 3♠, 2♠, A♣, K♣, Q♣, J♣, 10♣, 9♣, 8♣, 7♣, 6♣, 5♣, 4♣, 3♣, 2♣ } ; 52.

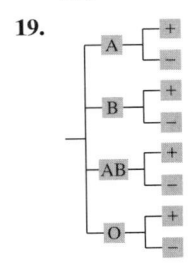

19.

{(A, +), (A, −), (B, +), (B, −), (AB, +), (AB, −), (O, +), (O, −)}, em que (A, +) representa fator Rh positivo com tipo sanguíneo A e (A, −) representa fator Rh negativo com tipo sanguíneo A; 8.

21. 1; evento simples porque é um evento que consiste de um único resultado.

23. 4; não é um evento simples porque é um evento que consiste em mais de um resultado.

25. 200. 31. 0,667. 37. 0,031.
27. 4.500. 33. 0,333. 39. 0,058.
29. 0,083. 35. 0,120.

41. Probabilidade empírica porque os registros da empresa foram usados para calcular a frequência com que uma máquina de lavar quebra.

43. Probabilidade subjetiva porque é mais provavelmente baseada em um palpite.

45. Probabilidade clássica porque cada resultado no amostral é igualmente provável de ocorrer.

47. 0,896.
49. 0, 803.
51. 0,042; incomum.
53. 0,208; não é incomum.
55 a. 1.000. b. 0,001. c. 0,999.
57. {SSS, SSR, SRS, SRR, RSS, RSR, RRS, RRR}.
59. {SSR, SRS, RSS}.
61. 0,718.
63. 0,033.
65. 0,275.
67. Sim. O evento no Exercício 37 pode ser considerado incomum porque sua probabilidade é menor ou igual a 0,05.
69 a. 0,5. b. 0,25. c. 0,25.
71. 0,812.
73. 0,188.
75 a. 0,367.
   b. 0,125.
   c. 0,042; este evento é incomum porque sua probabilidade é menor ou igual a 0,05.
77. A probabilidade de selecionar aleatoriamente uma pessoa que beba chá que não tenha nível universitário.

79 a.

Soma	Probabilidade
2	0,028
3	0,056
4	0,083
5	0,111
6	0,139
7	0,167
8	0,139
9	0,111
10	0,083
11	0,056
12	0,028

b. As respostas podem variar.
c. As respostas podem variar.

81. O primeiro jogo; a probabilidade de ganhar o segundo jogo é $1/11 \approx 0,091$, que é menor que $1/10$.

83. $13 : 39 = 1 : 3$.

85. p = número de resultados bem-sucedidos.
    q = número de resultados malsucedidos.

$$P(A) = \frac{\text{número de resultados bem-sucedidos}}{\text{número total de resultados}} = \frac{p}{p+q}$$

Atividade 3.1

1 e 2 As respostas podem variar.

Seção 3.2

1. Dois eventos são independentes quando a ocorrência de um dos eventos não afeta a probabilidade de ocorrência do outro evento, ao passo que dois eventos são dependentes quando a ocorrência de um dos eventos afeta a probabilidade de ocorrência do outro evento.
3. A notação $P(B|A)$ significa a probabilidade do evento B ocorrer, dado que o evento A ocorreu.
5. Falso. Se dois eventos são independentes, então $P(A|B) = P(A)$.
7. **a.** 0,115.   **b.** 0,078.
9. Independente. O resultado da primeira retirada não afeta o resultado da segunda retirada.
11. Dependente. O resultado de um pai ter olhos castanhos afeta o resultado de uma filha ter olhos castanhos.
13. Dependente. A soma das jogadas depende de quais números saíram na primeira e na segunda jogadas.
15. Eventos: apneia do sono moderada a severa e hipertensão; dependente. Pessoas com apneia do sono moderada a severa são mais propensas a ter hipertensão.
17. Eventos: uso de telefone celular e desenvolver câncer; independentes. Usar telefone celular não causa câncer.
19. 0,019.   **21.** 0,002.
23. **a.** 0,032.
    b. 0,672.
    c. 0,328.
    d. O evento em (a) é incomum porque sua probabilidade é menor ou igual a 0,05.
25. **a.** 0,036.
    b. 0,656.
    c. 0,344.
    d. O evento em (a) é incomum porque sua probabilidade é menor ou igual a 0,05.
27. **a.** 0,000006.
    b. 0,624.
    c. 0,376.
    d. O evento em (a) é incomum porque sua probabilidade é menor ou igual a 0,05.
29. **a.** 0,108.
    b. 0,76.
    c. Não, isto não é incomum porque a probabilidade não é menor ou igual a 0,05.
31. 0,045.   **33.** 0,444.   **35.** 0,167.
37. **a.** 0,074.   **b.** 0,999.
39. 0,954.

Seção 3.3

1. $P(A \text{ e } B) = 0$ porque A e B não podem ocorrer ao mesmo tempo.
3. Verdadeiro.
5. Falso. A probabilidade de que o evento A ou o evento B irão ocorrer é $P(A \text{ ou } B) = P(A) + P(B) - P(A \text{ e } B)$.
7. Não são mutuamente exclusivos. Um candidato presidencial pode perder o voto popular e ganhar a eleição.
9. Não são mutuamente exclusivos. Um docente de escola pública pode ser mulher e ter 25 anos de idade.
11. Mutuamente exclusivos. Uma pessoa não pode ser republicana e democrata.
13. 0,625.   **15.** 0,126.
17. **a.** 0,308.   **b.** 0,538.   **c.** 0,308.
19. **a.** 0,066.   **b.** 0,41.   **c.** 0,838.   **d.** 0,198.
21. **a.** 0,949.   **b.** 0,612.   **c.** 0,388.   **d.** 0,286.
23. **a.** 0,533.   **b.** 0,974.   **c.** 0,533.
25. **a.** 0,461.   **b.** 0,762.   **c.** 0,589.   **d.** 0,922.
27. Não; se dois eventos A e B são independentes, então $P(A \text{ e } B) = P(A) \cdot P(B)$. Se dois eventos são mutuamente exclusivos, então $P(A \text{ e } B) = 0$. O único cenário em que dois eventos podem ser independentes e mutuamente exclusivos é quando $P(A) = 0$ ou $P(B) = 0$.
29. 0,55.

Atividade 3.3

1. As respostas podem variar.
2. A probabilidade teórica é 0,5, então a linha verde deveria ser colocada no ponto 0,5.

Seção 3.4

1. O número de arranjos ordenados de n objetos tomados de r em r.
   Exemplo de resposta: Um exemplo de um arranjo é o número de maneiras de acomodar você e três amigos em dois assentos.
3. Falso. Combinação de n objetos tomados de r em r geram agrupamentos não ordenados com r dos n objetos.
5. Verdadeiro.
7. 15.120.   **9.** 56.   **11.** 0,076.   **13.** 0,030.
15. Permutação. A ordem dos oito carros em fila importa.
17. Combinação. A ordem não importa porque a posição de um capitão é a mesma que a do outro.
19. 5.040.   **21.** 720.   **23.** 117.600.
25. 96.909.120.
27. 320.089.770.
29. 50.400.   **31.** 4.845.   **33.** 142.506.

35. 6.240.
37. 86.296.950.
39. 0,033.
41. 0,005.
43 a. 0,016.　　　　　**b.** 0,385.
45. 0,00002.
47. $2{,}70 \times 10^{-19}$.
49 a. 658.008.　　　　**b.** 0,0000015.
51. 0,192.　**53.** 0,265.　**55.** 0,933.
57. 0,086.　**59.** 0,066.　**61.** 0,001.

Usos e abusos do Capítulo 3

1 a. 0,000001.　**b.** 0,001.　**c.** 0,001.
2. A probabilidade de que uma pessoa selecionada aleatoriamente tenha uma pick up ou uma SUV pode ser igual a 0,55 se ninguém na cidade tiver tanto uma pick up quanto uma SUV. A probabilidade não pode ser igual a 0,60 porque 0,60 > 0,25 + 0,30.

Exercícios de revisão do Capítulo 3

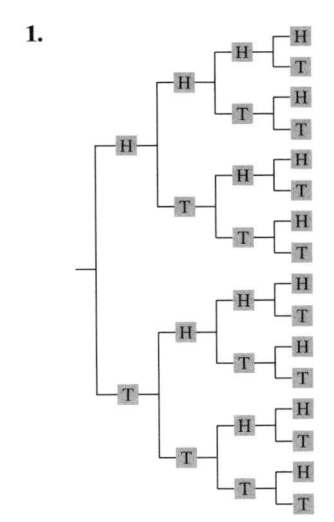

1.

{HHHH, HHHT, HHTH, HHTT, HTHH, HTHT, HTTH, HTTT, THHH, THHT, THTH, THTT, TTHH, TTHT, TTTH, TTTT}; 4.

3. {janeiro, fevereiro, março, abril, maio, junho, julho, agosto, setembro, outubro, novembro, dezembro}; 3.
5. 84.
7. Probabilidade empírica, porque contagens anteriores foram usadas para calcular a frequência de uma peça defeituosa.
9. Probabilidade subjetiva, porque é baseada em uma opinião.
11. Probabilidade clássica, porque todos os resultados no evento e no espaço amostral podem ser contados.
13. 0,42.　**15.** $1{,}25 \times 10^{-7}$.　**17.** 0,317.
19. Independente. Os resultados dos quatro primeiros lançamentos da moeda não afetam o resultado do quinto lançamento da moeda.
21. Dependente. O resultado de tirar notas altas afeta o resultado de ser premiado com uma bolsa de estudos.
23. 0,025; sim, o evento é incomum porque sua probabilidade é menor ou igual a 0,05.
25. Mutuamente exclusivos. Uma bala de goma não pode ser completamente vermelha e completamente amarela.
27. Mutuamente exclusivos. Uma pessoa não pode ser registrada para votar em mais de um estado.
29. 0,9.　　　　　　　　**31.** 0,538.
33. 0,583.　　　　　　　**35.** 0,177.
37. 0,239.　　　　　　　**39.** 0,482.
41. 110.　　　　　　　　**43.** 35.
45. 2.730.　　　　　　　**47.** 2.380.
49. 0,000009.
51 a. 0,955.　　　　　　**b.** 0,0000008.
　c. 0,045.　　　　　　**d.** 0.9999992.
53 a. 0,071.　　　　　　**b.** 0,005.
　c. 0,429.　　　　　　**d.** 0,114.

Problemas do Capítulo 3

1. 450.000.
2 a. 0,483.　**b.** 0,471.　**c.** 0,500.
　d. 0.748.　**e.** 0,040.　**f.** 0,536.
　g. 0,102.　**h.** 0.572.
3. O evento em (e) é incomum porque sua probabilidade é menor ou igual a 0,05.
4. Não são mutuamente exclusivos. Um golfista pode marcar a melhor rodada em um torneio de quatro rodadas e ainda perder o torneio.
Dependente. Um evento pode afetar a ocorrência do segundo evento.
5. 657.720.
6 a. 2.481.115.　**b.** 1.　**c.** 2.572.999.
7 a. 0,964.
　b. 0,0000004.
　c. 0,9999996.

Estatísticas reais – Decisões reais do Capítulo 3

1 a. *Exemplo de resposta*: Investigar o número de senhas possíveis a partir do uso de diferentes conjuntos de caracteres, tais como letras minúsculas e maiúsculas, números e caracteres especiais.
　b. Você poderia usar a definição de probabilidade teórica, o princípio fundamental da contagem e a regra da multiplicação.

2 a. *Exemplo de resposta*: Permitir letras minúsculas, letras maiúsculas e dígitos numéricos.

b. *Exemplo de resposta*: Como há 26 letras minúsculas, 26 letras maiúsculas e 10 dígitos numéricos, existem 26 + 26 + 10 = 62 escolhas para cada dígito. Então, há 62^8 senhas de 8 dígitos e a probabilidade de adivinhar uma senha corretamente em uma tentativa é $1/62^8$, o que é menor que $1/60^8$.

3 a. Sem a exigência, o número de códigos PIN possíveis é $10^5 = 100.000$. Com a exigência, o número de códigos PIN possíveis é $A_{10,5} = 10 \cdot 9 \cdot 8 \cdot 7 \cdot 6 = 30.240$.

b. *Exemplo de resposta*: Não, embora a exigência provavelmente desencorajaria os clientes de escolherem códigos PIN previsíveis, o número de códigos PIN possíveis diminuiria significativamente e o código PIN mais popular, 12345, ainda seria permitido.

Capítulo 4

Seção 4.1

1. Uma variável aleatória associa um valor numérico a cada resultado de um experimento probabilístico. Exemplos: as respostas podem variar.

3. Não. O valor esperado pode não ser um valor possível de x para uma tentativa, mas ele representa o valor médio de x ao longo de um grande número de tentativas.

5. Falso. Na maioria das aplicações, variáveis aleatórias discretas representam dados contáveis, enquanto variáveis aleatórias contínuas representam dados medidos.

7. Falso. A média da variável aleatória de uma distribuição de probabilidade descreve um resultado típico. A variância e o desvio padrão da variável aleatória de uma distribuição de probabilidade descrevem como os resultados variam.

9. Discreta; a presença é uma variável aleatória que é contável.

11. Contínua; a distância percorrida é uma variável aleatória que deve ser medida.

13. Discreta; o número de livros em uma biblioteca universitária é uma variável aleatória que é contável.

15. Contínua; o volume de sangue coletado para um exame é uma variável aleatória que deve ser medida.

17. Discreta; o número de mensagens colocadas a cada mês em uma rede social é uma variável aleatória que é contável.

19 a.

x	$P(x)$
0	0,01
1	0,17
2	0,28
3	0,54

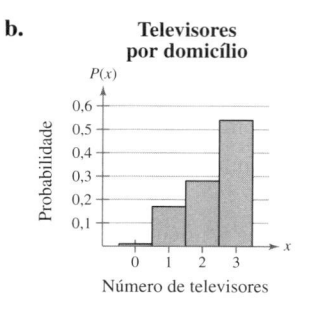

b. Televisores por domicílio

21 a. 0,45. **b.** 0,82. **c.** 0,99.

23. Sim, porque a probabilidade é menor que 0,05.

25. 0,22. **27** Sim.

29 a. $\mu \approx 0,5; \sigma^2 \approx 0,8; \sigma \approx 0,9$.

b. A média é 0,5, então o número médio de cachorros por domicílio é de, aproximadamente, 0 ou 1 cachorro. O desvio padrão é 0,9, então a maioria dos domicílios difere da média por não mais que cerca de 1 cachorro.

31 a. $\mu \approx 1,5; \sigma^2 \approx 1,5; \sigma \approx 1,2$.

b. A média é 1,5, então o lote médio de cadeiras de camping tem 1 ou 2 defeitos. O desvio padrão é 1,2, então a maioria dos lotes difere da média por não mais que cerca de 1 defeito.

33 a. $\mu \approx 2,0; \sigma^2 \approx 1,0; \sigma \approx 1,0$.

b. A média é 2,0, então o furacão médio que atinge o território norte-americano é um furacão de categoria 2. O desvio padrão é 1,0, então a maioria dos furacões difere da média por não mais que 1 nível de categoria.

35. Um valor esperado de 0 significa que o dinheiro ganho é igual ao dinheiro gasto, representando um ponto de equilíbrio.

37. –$ 0,05.

39. $ 38.800.

41. 2.998; 26.

Seção 4.2

1. Cada tentativa é independente das demais quando o resultado de uma não afeta o resultado de quaisquer outras tentativas.

3 a. $p = 0,75$. **b.** $p = 0,50$. **c.** $p = 0,25$.
Conforme a probabilidade aumenta, o gráfico se move de assimétrico à direita para assimétrico à esquerda, porque o valor maior de p (0,75) implica menores frequências para valores iniciais da variável (barras menores).

5 a. $x = 0,1$. **b.** $x = 0,5$. **c.** $x = 4,5$.

7. $\mu = 20; \sigma^2 = 12; \sigma \approx 3,5$.

9. $\mu \approx 32,2; \sigma^2 \approx 23,9; \sigma \approx 4,9$.

11. Experimento binomial. Sucesso: domicílio possui um console de videogame. $n = 8; p = 0,49; q = 0,51$. $x = 0, 1, 2, 3, 4, 5, 6, 7, 8$.

13. Não é um experimento binomial porque a probabilidade de um sucesso não é a mesma para cada tentativa.

15 a. 0,251. **b.** 0,483. **c.** 0,099.

17 a. 0,255. **b.** 0,414. **c.** 0,995.

19 a. 0,263. **b.** 0,238. **c.** 0,762.

21 a. 0,039. **b.** 0,952. **c.** 0,589.

23 a.

x	P(x)
0	0,000426
1	0,006057
2	0,036893
3	0,124838
4	0,253460
5	0,308760
6	0,208959
7	0,060607

b. 100º aniversário

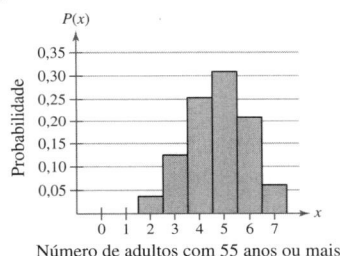

Assimétrica à esquerda

c. Os valores 0, 1 e 2 são incomuns porque suas probabilidades são menores que 0,05.

25.

x	P(x)
0	0,007230
1	0,049272
2	0,146905
3	0,250282
4	0,266504
5	0,181618
6	0,077356
7	0,018827
8	0,002005

b. Desempenho no trabalho

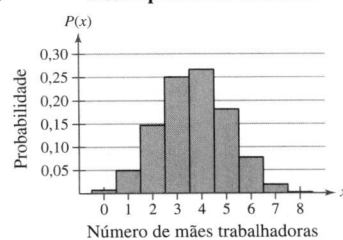

c. Os valores 0, 1, 7 e 8 são incomuns porque suas probabilidades são menores que 0,05.

27 a. 4,1.
b. 1,7.
c. 1,3.
d. Em média, 4,1 de cada 7 eleitores americanos acham que a maioria dos livros escolares coloca a correção política à frente da exatidão. O desvio padrão e de cerca de 1,3, então a maioria das amostras de 7 eleitores americanos diferiria da média por, no máximo, 1,3 eleitores americanos.

29 a. 1,9.
b. 1,3.
c. 1,1.
d. Em média, 1,9 de cada 6 adultos acham que existiu vida em Marte em algum momento. O desvio padrão e de cerca de 1,1, então a maioria das amostras de 6 adultos diferiria da média por no máximo 1,1 adulto.

31 a. 4,7.
b. 1,0.
c. 1,0.
d. Em média, 4,7 de cada 6 trabalhadores sabem como o seu presidente se parece. O desvio padrão é de cerca de 1,0, então a maioria das amostras de 6 trabalhadores diferiria da média por no máximo 1,0 trabalhador.

33. 0,033.

Atividade 4.2

1–3. As respostas podem variar.

Seção 4.3

1. 0,080. **3.** 0,062. **5.** 0,175. **7.** 0,251.

9. Em uma distribuição binomial, o valor de x representa o número de sucessos em n tentativas. Em uma distribuição geométrica, o valor de x representa a primeira tentativa que resulta em um sucesso.

11 a. 0,082. **b.** 0,469. **c.** 0,531.

13 a. 0,092. **b.** 0,900. **c.** 0,809.

15 a. 0,231. **b.** 0,868. **c.** 0,132.

17 a. 0,002; incomum.
b. 0,006; incomum.
c. 0,980.

19 a. 0,329. **b.** 0,878. **c.** 0,122.

21 a. 0,138. **b.** 0,256. **c.** 0,285.

23 a. 0,333. **b.** 0,759. **c.** 0,575.

25 a. 0,157. **b.** 0,497. **c.** 0,995.

27 a. 0,12542.
b. 0,12541; os resultados são aproximadamente os mesmos.

29 a. $\mu = 1.000$; $\sigma^2 = 999.000$; $\sigma \approx 999,5$.
  b. 1.000 vezes.
  Perder dinheiro. Em média, você ganharia $ 500 uma vez em cada 1.000 vezes que você jogasse na loteria. Então, o ganho líquido seria –$ 500.

31 a. $\sigma^2 = 3,9$; $\sigma \approx 2,0$; o desvio padrão é 2,0 tacadas, então a maioria das pontuações de Phil por buraco difere da média por não mais que 2,0 tacadas.
  b. 0,385.

Usos e abusos do Capítulo 4

1. 40; 0,081.   **2.** 0,739.

3. A probabilidade de encontrar no máximo 36 de 100 adultos que preferem a marca A é 0,239. Então, a afirmação do fabricante é confiável porque não é um evento incomum.

4. A probabilidade de encontrar no máximo 25 de 100 adultos que preferem a marca A é 0,0012. Então, a afirmação do fabricante não é confiável porque é um evento incomum.

Exercícios de revisão do Capítulo 4

1. Discreta; o número de bombas em uso em um posto de gasolina é uma variável aleatória que é contável.

3 a.

x	P(x)
0	0,189
1	0,409
2	0,283
3	0,094
4	0,025

  b. Rebatidas por jogo. Assimétrica à direita.

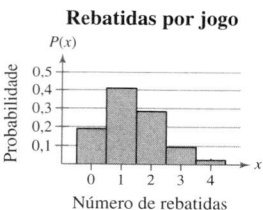

5. Sim.

7 a. $\mu \approx 2,8$; $\sigma^2 \approx 1,7$; $\sigma \approx 1,3$.
  b. A média é 2,8, então o número médio de telefones celulares por domicílio é de, aproximadamente, 3. O desvio padrão é 1,3, então a maioria dos domicílios difere da média por não mais que cerca de 1 telefone celular.

9. –$ 3,13.

11. Experimento binomial.
  Sucesso: um confeito azul é selecionado.
  $n = 12$; $p = 0,24$; $q = 0,76$;
  $x = 0, 1, 2, 3, 4, 5, 6, 7, 8, 9, 10, 11, 12$.

13 a. 0,254.
  b. 0,448.
  c. 0,194.

15 a. 0,196.
  b. 0,332.
  c. 0,137.

17 a.

x	P(x)
0	0,092
1	0,281
2	0,344
3	0,211
4	0,065
5	0,008

  b. Esposas que ganham mais que seus maridos. Assimétrica à direita.
  c. O valor 5 é incomum porque sua probabilidade é menor que 0,05.

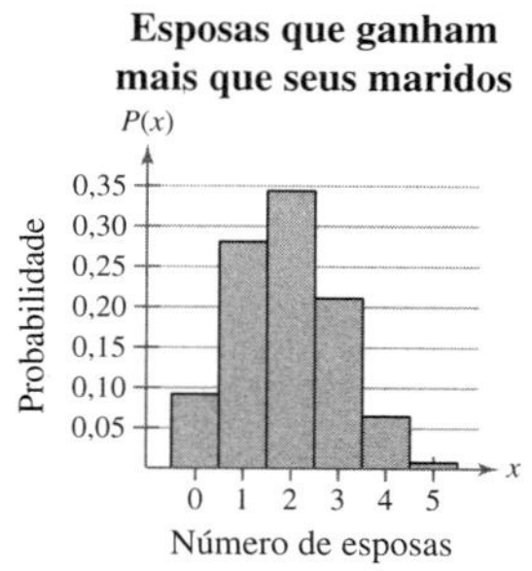

19 a. 1,1.
  b. 1,0.
  c. 1,0.
  d. Em média, 1,1 de cada 8 motoristas não possuem seguro. O desvio padrão é de cerca de 1,0, então a maioria das amostras de 8 motoristas diferiria da média por, no máximo, 1 motorista.

21 a. 0,134.
  b. 0,186.
  c. 0,176.

23 a. 0,164.
  b. 0,201.
  c. 0,012; incomum.

25 a. 0,140.
  b. 0,238.
  c. 0,616.

Problemas do Capítulo 4

1 a. Discreta; o número de relâmpagos que ocorrem em Wyoming durante o mês de junho é uma variável aleatória que é contável.
  b. Contínua; o combustível (em galões) usado por um jato durante a decolagem é uma variável aleatória que tem um número infinito de resultados possíveis e não pode ser contada.
  c. Discreta; o número de lançamentos de dados necessários para que um indivíduo obtenha um cinco é uma variável aleatória que é contável.

2 a.

x	P(x)
0	0,237
1	0,412
2	0,211
3	0,088
4	0,035
5	0,018

  b. Computadores por domicílio. Assimétrica à direita.

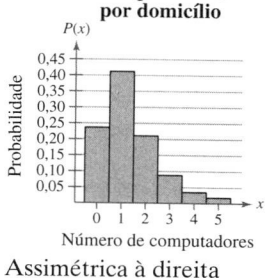

c. $\mu \approx 1,3; \sigma^2 \approx 1,3; \sigma \approx 1,1$; a média é 1,3, então o número médio de computadores por domicílio é 1,3. O desvio padrão é 1,1, então a maioria dos domicílios diferirá da média por não mais que cerca de 1 computador.

d. 0,053.

3 a. 0,221. **b.** 0,645. **c.** 0,008.

4 a.

x	P(x)
0	0,00001
1	0,00039
2	0,00549
3	0,04145
4	0,17618
5	0,39933
6	0,37715

b. **Cirurgias bem-sucedidas**

Assimétrica à esquerda

c. $\mu = 5,1; \sigma^2 \approx 0,8; \sigma \approx 0,9$; em média 5,1 de cada 6 pacientes têm uma cirurgia bem-sucedida. O desvio padrão é 0,9, então a maioria das amostras de 6 cirurgias diferiria da média por no máximo 0,9 cirurgia.

5 a. 0,175. **b.** 0,440. **c.** 0,007.
6 a. 0,043. **b.** 0,346. **c.** 0,074.
7. O evento em (a) é incomum porque sua probabilidade é menor que 0,05.

Estatísticas reais – Decisões reais do Capítulo 4

1 a. *Exemplo de resposta*: Calcule a probabilidade de obter 0 gravidez clínica em 10 ciclos TRA selecionados aleatoriamente.

b. Binomial. A distribuição é discreta porque o número de gravidezes clinicas é contável.

2. $n = 10, p = 0,368$.

x	P(x)
0	0,01017
1	0,05920
2	0,15511
3	0,24085
4	0,24542
5	0,17148
6	0,08321
7	0,02769
8	0,00605
9	0,00078
10	0,00005

Exemplo de resposta: Como $P(0) \approx 0,010$, este evento é incomum, mas não impossível.

3 a. Suspeita, porque a probabilidade é menor que 0,05.

b. Não suspeita, porque a probabilidade é maior que 0,05.

Capítulo 5

Seção 5.1

1. As respostas podem variar.
3. 1.
5. As respostas podem variar.
   Semelhanças: as duas curvas terão a mesma linha de simetria.
   Diferenças: a curva com o desvio padrão maior será mais estendida que a curva com o desvio padrão menor.
7. $\mu = 0, \sigma = 1$.
9. "A" distribuição normal padrão é usada para descrever uma distribuição normal específica ($\mu = 0, \sigma = 1$). "Uma" distribuição normal é usada para descrever uma distribuição normal com quaisquer média e desvio padrão.
11. Não, o gráfico cruza o eixo x.
13. Sim, o gráfico satisfaz as propriedades da distribuição nzormal.
    $\mu \approx 18,5, \sigma \approx 2$
15. Não, o gráfico é assimétrico à direita.
17. 0,0968. **19.** 0,0228. **21.** 0,4878.
23. 0,5319. **25.** 0,0050. **27.** 0,7422.
29. 0,6387. **31.** 0,4979. **33.** 0,9500.
35. 0,2006 (*tecnologia*: 0,2005).

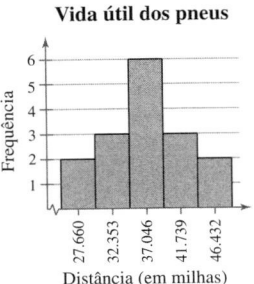

37 a. **Vida útil dos pneus**

É razoável assumir que as vidas úteis são normalmente distribuídas porque o histograma é simétrico e em forma de sino.

b. 37.234,7; 6.259,2.

c. A média amostral de 37.234,7 horas é menor que a afirmada, então, em média, os pneus na amostra duraram por um período mais curto. O desvio padrão da amostra de 6.259,2 é maior que o afirmado, logo, os pneus da amostra tinham uma variação maior na vida útil que a afirmada pelo fabricante.

39 a. $x = 1.920 \to z \approx 1{,}34$;
$x = 1.240 \to z \approx -0{,}82$;
$x = 2.200 \to z \approx 2{,}22$;
$x = 1.390 \to z \approx -0{,}34$.

b. $x = 2.200$ é incomum porque seu correspondente escore-z (2,22) recai a mais que dois desvios padrão da média.

41. 0,9750.
43. 0,9775.
45. 0,6826 (*tecnologia*: 0,6827).
47. 0,9265.   **49.** 0,01148.   **51.** 0,3133.
53. 0,901 (*tecnologia*: 0,9011).
55. 0,0098 (*tecnologia*: 0,0099).
57.

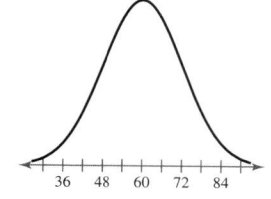

A curva da distribuição normal é centrada em sua média (60) e tem 2 pontos de inflexão (48 e 72) representando $\mu \pm \sigma$.

59. (1) A área sob a curva é:
$$(b - a)\left(\frac{1}{b - a}\right) = \frac{b - a}{b - a} = 1.$$

(Como $a < b$, você não tem que se preocupar com divisão por 0).

(2) Todos os valores da função densidade de probabilidade são positivos, porque $\frac{1}{b - a}$ é positivo quando $a < b$.

Seção 5.2

1. 0,4207.
3. 0,3446.
5. 0,1787 (*tecnologia*: 0,1788).
7 a. 0,1210 (*tecnologia*: 0,1205).
 b. 0,6949 (*tecnologia*: 0,6945).
 c. 0,1841 (*tecnologia*: 0,1850).
 d. Nenhum evento incomum, porque todas as probabilidades são maiores que 0,05.
9 a. 0,1539 (*tecnologia*: 0,1548).
 b. 0,4276 (*tecnologia*: 0,4274).
 c. 0,0202 (*tecnologia*: 0,0203).
 d. O evento em (c) é incomum porque sua probabilidade é menor que 0,05.
11 a. 0,0062.
 b. 0,7492 (*tecnologia*: 0,7499).
 c. 0,0004.

13. 0,3650 (*tecnologia*: 0,3637).
15. 0,2512 (*tecnologia*: 0,2528).
17 a. 83,65% (*tecnologia*: 83,71%).
 b. 456 pontuações (*tecnologia*: 458 pontuações).
19 a. 70,19% (*tecnologia*: 70,16%).
 b. 18 homens.
21. Fora de controle, porque há um ponto distante a mais que três desvios padrão além da média.
23. Fora de controle, porque há nove pontos consecutivos abaixo da média, e dois de três pontos consecutivos recaem a mais que dois desvios padrão da média.

Seção 5.3

1. −0,81.
3. 2,39.
5. −1,645.
7. 1,555.
9. −1,04.
11. 1,175.
13. −0,67.
15. 0,67.
17. −0,38.
19. −0,58.
21. −1,645; 1,645.
23. −1,18.
25. 1,18.
27. −1,28; 1,28.
29. −0,06; 0,06.
31 a. 68,97 polegadas.
 b. 62,26 polegadas (*tecnologia*: 62,24 polegadas).
33 a. 160,72 dias (*tecnologia*: 160,73 dias).
 b. 220,22 dias (*tecnologia*: 220,33 dias).
35 a. 7,75 horas (*tecnologia*: 7,74 horas).
 b. 5,43 horas e 6,77 horas.
37 a. 11,38 libras (*tecnologia*: 11,39 libras).
 b. 6,59 libras (*tecnologia*: 6,60 libras).
39. 32,61 onças.
41. 7,93 onças.

Seção 5.4

1. 150; 3,536.   **3.** 150; 1,581.
5. Falso. A medida que o tamanho de uma amostra aumenta, a média da distribuição das médias amostrais não muda.
7. Falso. Uma distribuição amostral é normal quando ou $n \geq 30$ ou a população é normal.
9. (c), porque $\mu_{\bar{x}} = 16{,}5$, $\sigma_{\bar{x}} = 1{,}19$ e o gráfico se aproxima de uma curva normal.

11.

Amostra	Média
501; 501	501
501; 546	523,5
501; 575	538
501; 602	551,5
501; 636	568,5
546; 501	523,5
546; 546	546
546; 575	560,5
546; 602	574
546; 636	591
575; 501	538
575; 546	560,5
575; 575	575
575; 602	588,5
575; 636	605,5
602; 501	551,5
602; 546	574
602; 575	588,5
602; 602	602
602; 636	619
636; 501	568,5
636; 546	591
636; 575	605,5
636; 602	619
636; 636	636

$\mu = 572; \sigma \approx 46,31$
$\mu_{\bar{x}} = 572; \sigma_{\bar{x}} \approx 32,74$
As médias são iguais, mas o desvio padrão da distribuição amostral é menor.

13.

Amostra	Média
93; 93; 93	93
93; 93; 95	93,67
93; 93; 98	94,67
93; 95; 93	93,67
93; 95; 95	94,33
93; 95; 98	95,33
93; 98; 93	94,67
93; 98; 95	95,33
93; 98; 98	96,33
95; 93; 93	93,67
95; 93; 95	94,33
95; 93; 98	95,33
95; 95; 93	94,33
95; 95; 95	95
95; 95; 98	96
95; 98; 93	95,33
95; 98; 95	96
95; 98; 98	97
98; 93; 93	94,67
98; 93; 95	95,33
98; 93; 98	96,33
98; 95; 93	95,33
98; 95; 95	96
98; 95; 98	97
98; 98; 93	96,33
98; 98; 95	97
98; 98; 98	98

$\mu \approx 95,3; \sigma \approx 2,05$
$\mu_{\bar{x}} \approx 95,3; \sigma_{\bar{x}} \approx 1,18$
As médias são iguais, mas o desvio padrão da distribuição amostral é menor.

15. 0,9726; não é incomum.

17. 0,0351 (*tecnologia*: 0,0349); incomum.

19. $\mu_{\bar{x}} = 154; \sigma_{\bar{x}} \approx 1,478.$

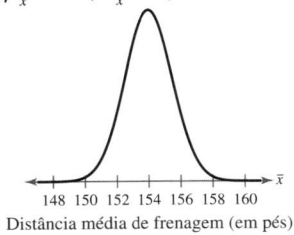

Distância média de frenagem (em pés)

21. $\mu_{\bar{x}} = 498$; $\sigma_{\bar{x}} \approx 25{,}938$.

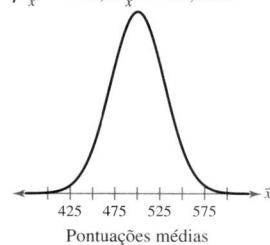

425 475 525 575 $\bar{x}$
Pontuações médias

23. $\mu_{\bar{x}} = 10$; $\sigma_{\bar{x}} = 0{,}36$.

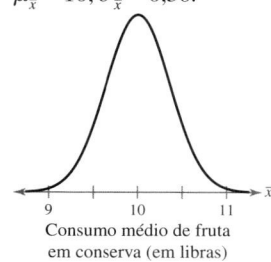

9 10 11 $\bar{x}$
Consumo médio de fruta em conserva (em libras)

25. $n = 24$; $\mu_{\bar{x}} = 154$; $\sigma_{\bar{x}} \approx 1{,}045$;
$n = 36$; $\mu_{\bar{x}} = 154$; $\sigma_{\bar{x}} \approx 0{,}853$.

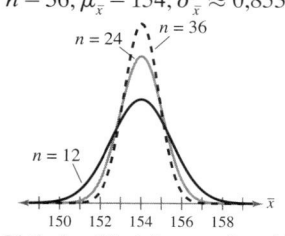

150 152 154 156 158 $\bar{x}$
Distância média de frenagem (em pés)

A medida que o tamanho da amostra aumenta, o desvio padrão das médias amostrais diminui, enquanto a média das médias amostrais permanece constante.

27. 0,0015; cerca de 0,15% das amostras de 35 especialistas terá um salário médio menor que US$ 60.000. Este é um evento extremamente incomum.

29. 0,9412 (*tecnologia*: 0,9407); cerca de 94% das amostras de 32 postos de gasolina naquela semana terão um preço médio entre US$ 3.781 e US$ 3.811.

31. ≈ 0 (*tecnologia*: 0,0000008); quase não há chance de que uma amostra aleatória de 60 mulheres terem uma altura média maior que 66 polegadas. Este evento é quase impossível.

33. É mais provável selecionar uma amostra de 20 mulheres com uma altura média menor que 70 polegadas, porque a amostra de 20 tem uma probabilidade maior.

35. Sim, é bastante improvável que você tivesse amostrado aleatoriamente 40 latas com uma média igual a 127,9 onças porque ela está a mais que 3 desvios padrão da média das médias amostrais.

37 a. 0,3085.
  b. 0,0008.
  c. Embora haja uma chance de cerca de 31% de que uma tábua cortada pela máquina terá um comprimento maior que 96,25 polegadas, há uma chance de menos de 1% de que a média de uma amostra de 40 tábuas cortadas pela máquina terá um comprimento maior que 96,25 polegadas. Como há uma chance de menos de 1% de que a média de uma amostra de 40 tábuas terá um comprimento maior que 96,25 polegadas, este é um evento incomum.

39. Sim, o fator de correção finita deveria ser usado; 0,0003.

41. 0,0446 (*tecnologia*: 0,0448); a probabilidade de que menos que 55% de uma amostra de 105 habitantes seja a favor da construção de uma nova escola de ensino médio é cerca de 4,5%. Como a probabilidade é menor que 0,05, este é um evento incomum.

Atividade 5.4

1 e 2. As respostas podem variar.

Seção 5.5

1. Não pode usar a distribuição normal.
3. Não pode usar a distribuição normal.
5. a.
6. d.
7. c.
8. b.
9. A probabilidade de obter menos que 25 sucessos; $P(x < 24{,}5)$.
11. A probabilidade de obter exatamente 33 sucessos; $P(32{,}5 < x < 33{,}5)$.
13. A probabilidade de obter no máximo 150 sucessos; $P(x < 150{,}5)$.
15. Binomial: $P(5 \leq x \leq 7) \approx 0{,}549$.
Normal: $P(4{,}5 < x < 7{,}5) = 0{,}5463$ (*tecnologia*: 0,5466).
Os resultados são praticamente os mesmos.
17. Pode usar a distribuição normal; $\mu = 11{,}1$; $\sigma \approx 2{,}644$.
19. Não pode usar a distribuição normal, porque $nq < 5$.
21. Pode usar a distribuição normal; $\mu = 32{,}5$; $\sigma \approx 3{,}373$.
23. Pode usar a distribuição normal.
  a. 0,0817 (*tecnologia*: 0,0841).

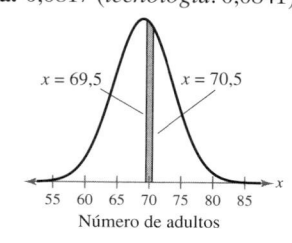

$x = 69{,}5$ $x = 70{,}5$
55 60 65 70 75 80 85 x
Número de adultos

b. 0,4562 (*tecnologia*: 0,4570).

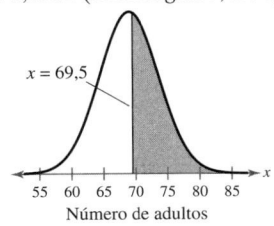

c. 0,5438 (*tecnologia*: 0,5430).

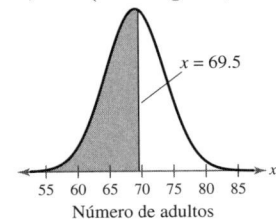

d. Nenhum evento é incomum, porque todas as probabilidades são maiores que 0,05.

25. Pode usar a distribuição normal.
 a. 0,9418 (*tecnologia*: 0,9414).

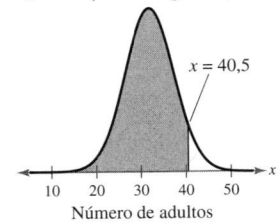

 b. 0,0003.

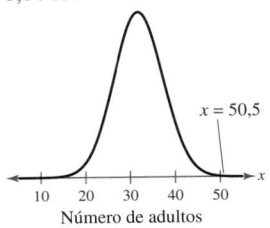

 c. 0,3790 (*tecnologia*: 0,3805).

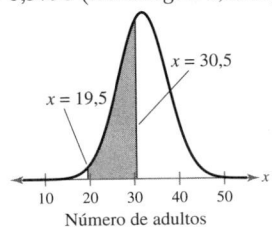

 d. O evento em (b) é incomum, porque sua probabilidade é menor que 0,05.

27. Não pode usar a distribuição normal, porque $nq < 5$.
 a. 0,1045.   **b.** 0,6491.   **c.** 0,0009.
 d. O evento em (c) é incomum, porque sua probabilidade é menor que 0,05.

29 a. ≈ 0.
 b. 0,1788 (*tecnologia*: 0,1779).
 c. 0,9985.

31. Altamente improvável. As respostas irão variar.

33. 0,1020.

Usos e abusos do Capítulo 5

1 a. Não é incomum; uma média amostral de 115 está a menos que 2 desvios padrão da média populacional.
 b. Não é incomum; uma média amostral de 105 está a menos que 2 desvios padrão da média populacional.

2. As idades dos estudantes em uma escola de ensino médio podem não ser normalmente distribuídas.

3. As respostas podem variar.

Exercícios de revisão do Capítulo 5

1. $\mu = 15; \sigma = 3$.

3. A curva B tem a maior média porque sua linha de simetria acha-se mais à direita.

5. 0,6772.

7. 0,6293.

9. 0,7157.

11. 0,00235 (*tecnologia*: 0,00236).

13. 0,4495.

15. 0,4365 (*tecnologia*: 0,4364).

17. 0,1336.

19. $x = 17 \rightarrow z = -0,75$;
 $x = 29 \rightarrow z \approx 1,56$;
 $x = 8 \rightarrow z \approx -2,48$;
 $x = 23 \rightarrow z \approx 0,40$.

21. 0,8997.

23. 0,9236 (*tecnologia*: 0,9237).

25. 0,0124.

27. 0,8944.

29. 0,2266.

31. 0,2684 (*tecnologia*: 0,2685).

33 a. 0,2177 (*tecnologia*: 0,2180).
 b. 0,4133 (*tecnologia*: 0,4111).
 c. 0,0034 (*tecnologia*: 0,0034).

35. O evento em (c) é incomum porque sua probabilidade é menor que 0,05.

37. −0,07.

39. 2,455 (*tecnologia*: 2,457).

41. 1,04.

43. 0,51.

45. 117,48 pés.

47. 133,27 pés.

49. 131,88 pés.

51.

Amostra	Média
0, 0	0
0, 1	0,5
0, 2	1
0, 3	1,5
1, 0	0,5
1, 1	1
1, 2	1,5
1, 3	2
2, 0	1
2, 1	1,5
2, 2	2
2, 3	2,5
3, 0	1,5
3, 1	2
3, 2	2,5
3, 3	3

$\mu = 1,5; \sigma \approx 1,118$
$\mu_{\bar{x}} = 1,5; \sigma_{\bar{x}} \approx 0,791$

As médias são iguais, mas o desvio padrão da distribuição amostral da média é menor.

53. $\mu_{\bar{x}} = 85,6; \sigma_{\bar{x}} \approx 3,465$

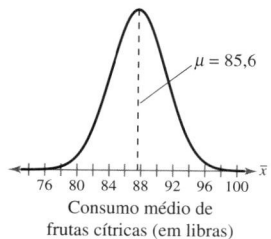

55 a. 0,0035.
  b. 0,7513 (*tecnologia*: 0,7528).
  c. $\approx$ 0.
  d. As probabilidades em (a) e (c) são menores e a probabilidade em (b) é maior.

57 a. 0,9918.
  b. 0,8315.
  c. 0,0745.

59 a. 0,1685 (*tecnologia*: 0,1690).
  b. $\approx$ 0 (*tecnologia*: 0,0001).

61. Não pode usar a distribuição normal porque $nq < 5$.

63. A probabilidade de obter pelo menos 25 sucessos; $P(x > 24,5)$.

65. A probabilidade do obter exatamente 45 sucessos; $P(44,5 < x < 45,5)$.

67. A probabilidade do obter menos de 60 sucessos; $P(x < 59,5)$.

69. Pode-se usar a distribuição normal.
  a. 0,0091 (*tecnologia*: 0,0092).

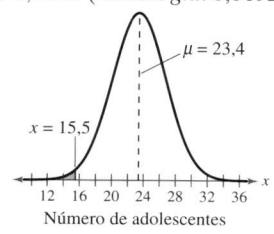

  b. 0,1064 (*tecnologia*: 0,1059).

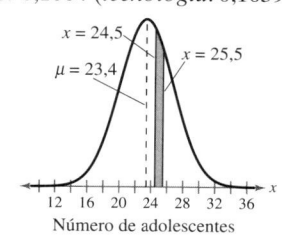

  c. 0,0170 (*tecnologia*: 0,0171).

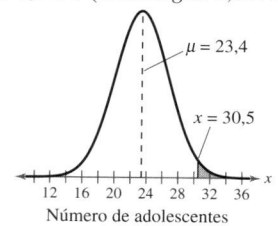

  d. Os eventos em (a) e (c) são incomuns porque suas probabilidades são menores que 0,05.

Problemas do Capítulo 5

1 a. 0,9945.
  b. 0,9990.
  c. 0,6212 (*tecnologia*: 0,6211).
  d. 0,83685 (*tecnologia*: 0,83692).

2 a. 0,0233 (*tecnologia*: 0,0231).
  b. 0,9929 (*tecnologia*: 0,9928).
  c. 0,9198 (*tecnologia*: 0,9199).
  d. 0,3607 (*tecnologia*: 0,3610).

3. 0,0475 (*tecnologia*: 0,0478); sim, o evento é incomum porque sua probabilidade é menor que 0,05.

4. 0,2586 (*tecnologia*: 0,2611); não, o evento não é incomum porque sua probabilidade é maior que 0,05.

5. 21,19%.

6. 503 pessoas (*tecnologia*: 505 pessoas).

7. 125.

8. 80.

9. 0,0049; cerca de 0,5% das amostras de 60 pessoas terá uma pontuação média de QI maior que 105. Este é um evento muito incomum.

10. É mais provável selecionar uma pessoa com uma pontuação com QI maior que 105 porque o erro padrão da média é menor que o desvio padrão.
11. Pode-se usar a distribuição normal; $\mu = 39,6$, $\sigma \approx 2,180$.
12 a. 0,0301 (*tecnologia*: 0,0300).
   b. 0,4801 (*tecnologia*: 0,4817).
   c. 0,0551 (*tecnologia*: 0,0549).
   d. O evento em (a) é incomum, porque sua probabilidade é menor que 0,05.

Estatísticas reais – Decisões reais do Capítulo 5

1 a. 0,4207.
   b. 0,9988.
2 a. 0,3264 (*tecnologia*: 0,3274).
   b. 0,6944 (*tecnologia*: 0,6957).
   c. média.
3. As respostas podem variar.

Revisão acumulada dos capítulos 3–5

1 a. $np = 8,4 \geq 5$; $nq = 31,6 \geq 5$.
   b. 0,9911.
   c. Sim, porque a probabilidade é menor que 0,05.
2 a. 3,1.
   b. 1,6.
   c. 1,3.
   d. 3,1.
   e. O tamanho de um domicílio familiar, na média, é aproximadamente de 3 pessoas. O desvio padrão é 1,3, então a maioria dos domicílios difere da média por não mais que cerca de 1 pessoa.
3 a. 2,0.
   b. 1,9.
   c. 1,4.
   d. 2,0.
   e. O número de faltas para o jogador em um jogo, na média, é aproximadamente 2 faltas. O desvio padrão é cerca de 1,4, então o número de faltas do jogador difere da média por não mais que cerca de 1 ou 2 faltas.
4 a. 0,813.   b. 0,3.   c. 0,571.
5 a. 43.680.   b. 0,019.
6. 0,7642.
7. 0,0010.
8. 0,7995.
9. 0,4984.
10. 0,2862.
11. 0,5905.
12 a. 0,0200
   b. 0,3204.

   c. 0,0006.
   d. Os eventos em (a) e (c) são incomuns porque suas probabilidades são menores que 0,05.
13 a. 0,049.   b. 0,0149.   c. 0,9046.
14 a. 0,246.
   b. 0,883.
   c. Dependente.
   P(ser um professor da rede pública, tendo 20 anos ou mais ou experiência no ensino em tempo integral) $\neq$ P(ser um professor da rede pública).
   d. 0,4195.
15 a. $\mu_{\bar{x}} = 70$; $\sigma_{\bar{x}} \approx 0,190$.
   b. 0,0006.

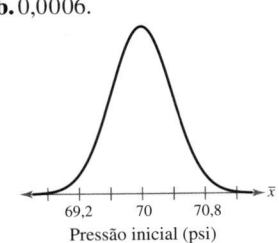

Pressão inicial (psi)

16 a. 0,0548.   b. 0,6547.   c. 52,2 meses.
17 a. 495.
   b. 0,002.
18 a.

x	$P(x)$
0	0,000006
1	0,0001
2	0,0014
3	0,0090
4	0,0368
5	0,1029
6	0,2001
7	0,2668
8	0,2335
9	0,1211
10	0,0282

b. **Preocupados com roubo de identidade**

Assimétrica à esquerda

c. Os valores 0, 1, 2, 3, 4, e 10 são incomuns porque suas probabilidades são menores que 0,05.

Capítulo 6

Seção 6.1

1. É mais provável que você esteja correto usando uma estimativa intervalar, porque é improvável que uma estimativa pontual seja exatamente igual a média populacional.

3. d; a medida que o nível de confiança aumenta, z_c aumenta, originando intervalos mais amplos.

5. 1,28.   7. 1,15.   9. −0,47.

11. 1,76.   13. 1.861.   15. 0,192.

17. c.   18. d.   19. b.

20. a.   21. (12,0; 12,6).   23. (9,7; 11,3).

25. $E = 1,4; \bar{x} = 13,4$.   27. $E = 0,17; \bar{x} = 1,88$.

29. 126.   31. 7.

33. $E = 1,95; \bar{x} = 28,15$.

35. (3,58; 3,68); (3,57; 3,69).
    Com 90% de confiança, você pode dizer que o preço médio populacional está entre US$ 3,58 e US$ 3,68. Com 95% de confiança, você pode dizer que o preço médio populacional está entre US$ 3,57 e US$ 3,69. O IC de 95% é mais amplo.

37. (2.532,20; 2.767,80).
    Com 95% de confiança, você pode dizer que o custo de reposição médio populacional está entre US$ 2.532,20 e US$ 2.767,80.

39. (2.556,87; 2.743,13) [*tecnologia*: (2.556,9; 2.743,1)].
    O intervalo de confiança com $n = 50$ é mais amplo porque é retirada uma amostra menor, dando menos informação a respeito da população.

41. (2.546,06; 2.753,94) [*tecnologia*: (2.546,1; 2.753,9)].
    O intervalo de confiança com $\sigma = 425,00$ é mais amplo por causa do aumento da variabilidade da população.

43. a. Um aumento no nível de confiança ampliará o intervalo de confiança.
    b. Um aumento no tamanho da amostra estreitará o intervalo de confiança.
    c. Um aumento no desvio padrão populacional ampliará o intervalo de confiança.

45. (22,5; 25,7); (21,6; 26,6).
    Com 90% de confiança, você pode dizer que o tempo médio está entre 22,5 e 25,7 minutos. Com 99% de confiança, você pode dizer que o tempo médio está entre 21,6 e 26,6 minutos. O IC de 99% é mais amplo.

47. 89.

49. a. 121 porções.
    b. 208 porções.
    c. O IC de 99% requer uma amostra de tamanho maior porque é necessária mais informação da população para estar 99% confiante.

51. a. 32 latas.
    b. 87 latas.
    c. $E = 0,15$ requer uma amostra de tamanho maior. À medida que a margem de erro diminui, uma amostra maior deve ser retirada para obter-se informação suficiente da população de modo a assegurar a precisão desejada.

53. a. 42 bolas de futebol
    b. 60 bolas de futebol.
    c. $\sigma = 0,3$ requer uma amostra de tamanho maior. Por causa do aumento da variabilidade na população, é necessário um tamanho maior de amostra de modo a assegurar a precisão desejada.

55. a. Um aumento no nível de confiança aumentará o tamanho mínimo da amostra necessária.
    b. Um aumento na margem de erro diminuirá o tamanho mínimo da amostra necessária.
    c. Um aumento no desvio padrão populacional aumentará o tamanho mínimo da amostra necessária.

57. a. 0,707.   b. 0,949.   c. 0,962.   d. 0,975.
    e. O fator de correção de população finita se aproxima de 1 à medida que o tamanho da amostra diminui e o tamanho da população permanece o mesmo.

59. a. (6,2; 11,0).   b. (10,3; 11,5).
    c. (40,2; 40,4).   d. (54,7; 58,7).

Seção 6.2

1. 1,833.   5. 2,664.

3. 2,947.   7. 0,686.

9. (10,9; 14,1).

11. (4,1; 4,5).

13. $E = 3,7; \bar{x} = 18,4$.

15. $E = 9,5; \bar{x} = 74,1$.

17. 6,0; (29,5; 41,5); com 95% de confiança, você pode dizer que o tempo médio de deslocamento da população está entre 29,5 e 41,5 minutos.

19. 8,16; (71,84; 88,16); com 95% de confiança, você pode dizer que o custo médio de reparo da população está entre US$ 71,84 e US$ 88,16.

21. 6,4; (29,1; 41,9); com 95% de confiança, você pode dizer que o tempo médio de deslocamento da população está entre 29,1 e 41,9 minutos. Este intervalo de confiança é ligeiramente mais amplo que aquele encontrado no Exercício 17.

23. 8,15; (71,85; 88,15); com 95% de confiança, você pode dizer que o custo médio de reparo da população está entre US$ 71,85 e US$ 88,15. Este intervalo de confiança é ligeiramente mais estreito que aquele encontrado no Exercício 19.

25 a. 1.764,2. **b.** 252,4.
c. (1.537,9; 1.990,5) [*tecnologia*: (1.537,9; 1.990,4)].
27 a. 7,49. **b.** 1,64.
c. (6,28; 8,70) [*tecnologia*: (6,28; 8,69)].
29 a. 71.968,06. **b.** 15.426,35.
c. (65.603,08; 78.333,04) [*tecnologia*: (65.603; 78.333)].
31. Use a distribuição t porque σ é desconhecido e $n \geq 30$. (26,0; 29,4); com 95% de confiança, você pode dizer que o IMC médio da população está entre 26,0 e 29,4.
33. Use a distribuição t porque σ é desconhecido e $n \geq 30$. (20,7; 22,7); com 95% de confiança, você pode dizer que o rendimento médio da população está entre 20,7 e 22,7 milhas por galão.
35. Não pode usar a distribuição normal padrão ou a distribuição t porque σ é desconhecido, $n < 30$ e não sabemos se os tempos são normalmente distribuídos.
37. Não; eles não estão fabricando bolas de tênis aceitáveis, porque o valor t para a amostra é $t = 10$, o qual não está entre $-t_{0,99} = -2,797$ e $t_{0,99} = 2,797$.

Atividade 6.2

1 e 2. As respostas irão variar.

Seção 6.3

1. Falso. Para estimar o valor de p, a proporção populacional de sucessos, use a estimativa pontual $\hat{p} = x/n$.
3. 0,661; 0,339.
5. 0,423; 0,577.
7. $E = 0,014$; $\hat{p} = 0,919$.
9. $E = 0,042$; $\hat{p} = 0,554$.
11. (0,557; 0,619) [*tecnologia*: (0,556; 0,619)].
(0,551; 0,625) [*tecnologia*: (0,550; 0,625)].
Com 90% de confiança, você pode dizer que a proporção populacional de homens americanos com idade de 18 a 64 anos que dizem que foram ao dentista no ano passado está entre 55,7% (*tecnologia*: 55,6%) e 61,9%; com 95% de confiança, você pode dizer que está entre 55,1% (*tecnologia*: 55,0%) e 62,5%. O intervalo de confiança de 95% é ligeiramente mais amplo.
13. (0,438; 0,484).
Com 99% de confiança, você pode dizer que a proporção populacional de adultos americanos que dizem que começaram a pagar contas on-line no ano anterior está entre 43,8% e 48,4%.
15. (0,549; 0,591) [*tecnologia*: (0,550; 0,591)].
17 a. 601 adultos.
b. 600 adultos.
c. Tendo uma estimativa da proporção populacional diferente de 0,5, então reduz o tamanho da amostra mínima.
19 a. 752 adultos. **b.** 737 adultos.
c. Tendo uma estimativa da proporção populacional diferente de 0,5, então reduz o tamanho da amostra mínima.
21 a. (0,653; 0,727). **b.** (0,681; 0,759).
c. (0,582; 0,658). **d.** (0,715; 0,785).
23 a. (0,274; 0,366).
b. (0,511; 0,609).
25. Não, é improvável que as duas proporções populacionais sejam iguais, porque os intervalos de confiança estimando as proporções populacionais não se sobrepõem. Os intervalos de confiança de 99% são (0,260; 0,380) e (0,496; 0,624). Embora esses intervalos sejam mais amplos, eles ainda não se sobrepõem.
27. (0,304; 0,324) é aproximadamente um IC de 95,2%.
29. Se $n\hat{p} < 5$ ou $n\hat{q} < 5$, a distribuição amostral de $\hat{p}$ pode não ser normalmente distribuída, então z_c não pode ser usado para calcular o intervalo de confiança.
31.

$\hat{p}$	$\hat{q} = 1 - \hat{p}$	$\hat{p}\hat{q}$	$\hat{p}$	$\hat{q} = 1 - \hat{p}$	$\hat{p}\hat{q}$
0,0	1,0	0,00	0,45	0,55	0,2475
0,1	0,9	0,09	0,46	0,54	0,2484
0,2	0,8	0,16	0,47	0,53	0,2491
0,3	0,7	0,21	0,48	0,52	0,2496
0,4	0,6	0,24	0,49	0,51	0,2499
0,5	0,5	0,25	0,50	0,50	0,2500
0,6	0,4	0,24	0,51	0,49	0,2499
0,7	0,3	0,21	0,52	0,48	0,2496
0,8	0,2	0,16	0,53	0,47	0,2491
0,9	0,1	0,09	0,54	0,46	0,2484
1,0	0,0	0,00	0,55	0,45	0,2475

$\hat{p} = 0,5$ dá o valor máximo de $\hat{p}\hat{q}$.

Atividade 6.3

1 e 2. As respostas irão variar.

Seção 6.4

1. Sim.
3. $\chi_R^2 = 14,067$; $\chi_L^2 = 2,167$.
5. $\chi_R^2 = 32,852$; $\chi_L^2 = 8,907$.
7. $\chi_R^2 = 52,336$; $\chi_L^2 = 13,121$.
9 a. (7,33; 20,89).
b. (2,71; 4,57).
11 a. (755; 2.401).
b. (27; 49).

13a. (0,0440; 0,1837). **b.** (0,2097; 0,4286).
Com 95% de confiança, você pode dizer que a variância populacional está entre 0,0440 e 0,1837, e o desvio padrão populacional está entre 0,2097 e 0,4286 polegadas.

15a. (0,0305; 0,1915). **b.** (0,1747; 0,4376).
Com 99% de confiança, você pode dizer que a variância populacional está entre 0,0305 e 0,1915, e o desvio padrão populacional está entre 0,1747 e 0,4376 horas.

17a. (6,63; 55,46). **b.** (2,58; 7,45).
Com 99% de confiança, você pode dizer que a variância populacional está entre 6,63 e 55,46, e o desvio padrão populacional está entre US$ 2,58 e US$ 7,45.

19a. (128; 492). **b.** (11; 22).
Com 95% de confiança, você pode dizer que a variância populacional está entre 128 e 492, e o desvio padrão populacional está entre 11 e 22 grãos por galão.

21a. (9.104.741; 25.615.326). **b.** (3.017; 5.061).
Com 80% de confiança, você pode dizer que a variância populacional está entre 9.104.741 e 25.615.326, e o desvio padrão populacional está entre $ 3.017 e $ 5.061.

23a. (7,0; 30,6). **b.** (2,6; 5,5).
Com 98% de confiança, você pode dizer que a variância populacional está entre 7,0 e 30,6, e o desvio padrão populacional está entre 2,6 e 5,5 minutos.

25. Sim, porque todos os valores no intervalo de confiança são menores que 0,5.

27. *Exemplo de resposta*: Ao contrário de um intervalo de confiança para uma média populacional ou proporção, um intervalo de confiança para uma variância populacional não tem uma margem de erro. As extremidades esquerda e direita devem ser calculadas separadamente.

Usos e abusos do Capítulo 6

1 e 2. As respostas irão variar.

Exercícios de revisão do Capítulo 6

1 a. 103,5. **b.** 11,7.

3. (91,8; 115,2); com 90% de confiança, você pode dizer que o horário médio de despertar populacional está entre 91,8 e 115,2 minutos após às 5:00.

5. $E = 1,675; \bar{x} = 22,425$.

7. 78 pessoas.

9. 1,383.

11. 2,624.

13. 11,2.

15. 0,7.

17. (60,9; 83,3).

19. (6,1; 7,5).

21. (2.676; 3.182); com 90% de confiança, você pode dizer que o custo médio anual de combustível populacional está entre US$ 2.676 e US$ 3.182.

23. 0,461; 0,539. **25.** 0,540; 0,460.

27. (0,427; 0,495) [*tecnologia*: (0,426; 0,495)].
Com 95% de confiança, você pode dizer que a proporção populacional de adultos americanos que dizem que a economia é a questão mais importante que o país enfrenta hoje está entre 42,7% (*tecnologia*: 42,6%) e 49,5%.

29. (0,514; 0,566) [*tecnologia*: (0,514; 0,565)].
Com 90% de confiança, você pode dizer que a proporção populacional de adultos americanos que dizem que já trabalharam no turno da noite em algum momento de suas vidas está entre 51,4% e 56,6% (*tecnologia*: 56,5%).

31a. 385 adultos.
b. 359 adultos.
c. Tendo uma estimativa da proporção populacional diferente de 0,5, então reduz o tamanho da amostra mínima.

33. $\chi_R^2 = 23,337; \chi_L^2 = 4,404$.

35. $\chi_R^2 = 24,996; \chi_L^2 = 7,261$.

37a. (27,2; 113,5).
b. (5,2; 10,7).
Com 95% de confiança, você pode dizer que a variância populacional está entre 27,2 e 113,5, e o desvio padrão populacional está entre 5,2 e 10,7 onças.

Problemas do Capítulo 6

1 a. 6,848. **b.** 0,859.
c. (5,989; 7,707) [*tecnologia*: (5,990; 7,707)].
Com 95% de confiança, você pode dizer que o tempo médio populacional está entre 5,989 (*tecnologia*: 5,990) e 7,707 minutos.

2. 39 estudantes universitários.

3 a. $\bar{x} = 6,61; s \approx 3,38$.
b. (4,65; 8,57); com 90% de confiança, você pode dizer que o tempo médio populacional está entre 4,65 e 8,57 minutos.
c. (4,79; 8,43); com 90% de confiança, você pode dizer que o tempo médio populacional está entre 4,79 e 8,43 minutos. Este intervalo de confiança é mais estreito que aquele de (b).

4. (28.379; 35.063); com 95% de confiança, você pode dizer que o salário médio anual populacional está entre US$ 28.379 e US$ 35.063.

5 a. 0,762.
b. (0,740; 0,784); com 90% de confiança, você pode dizer que a proporção populacional de adultos americanos que acham que os Estados Unidos deveriam por mais ênfase na produção de energia doméstica a partir da energia solar está entre 74,0% e 78,4%.
c. 752 adultos.

6 a. (5,41; 38,08).
b. (2,32; 6,17); com 95% de confiança, você pode dizer que o desvio padrão populacional está entre 2,32 e 6,17 minutos.

Estatísticas reais – Decisões reais do Capítulo 6

1 a. Sim, houve uma mudança no nível médio de concentração, porque o intervalo de confiança para o ano 1 não se sobrepõe ao intervalo de confiança para o do ano 2.

b. Não, não houve uma mudança no nível médio de concentração, porque o intervalo de confiança para o ano 2 se sobrepõe ao intervalo de confiança para o ano 3.

c. Sim, houve uma mudança no nível médio de concentração, porque o intervalo de confiança para o ano 1 não se sobrepõe ao intervalo de confiança para o do ano 3.

2. As concentrações de cianeto na água potável aumentaram ao longo do período de três anos.

3. A amplitude do intervalo de confiança para o ano 2 pode ter sido causada pela maior variação nos níveis de cianeto que nos outros anos, que pode ser o resultado de *outliers*.

4. As respostas irão variar.

a. *Exemplo de resposta*: A distribuição amostral das médias amostrais foi usada porque a "concentração média" foi usada. A média amostral é a estimativa pontual menos tendenciosa da média populacional.

b. *Exemplo de resposta*: Não, porque, tipicamente, σ é desconhecido. Ele poderia ter usado o desvio padrão amostral.

Capítulo 7

Seção 7.1

1. Os dois tipos de hipóteses usadas em um teste de hipótese são a hipótese nula e a hipótese alternativa.
A hipótese alternativa é o complemento da hipótese nula.

3. Você pode rejeitar ou não rejeitar a hipótese nula.

5. Falso. Em um teste de hipótese, você assume que a hipótese nula é verdadeira.

7. Verdadeiro.

9. Falso. Um valor p pequeno em um teste irá favorecer a rejeição da hipótese nula.

11. $H_0: \mu \leq 645$ (afirmação); $H_a: \mu > 645$.

13. $H_0: \sigma = 5$; $H_a: \sigma \neq 5$ (afirmação).

15. $H_0: p \geq 0{,}45$; $H_a: p < 0{,}45$ (afirmação).

17. c; $H_0: \mu \leq 3$

18. d; $H_0: \mu \geq 3$.

19. b; $H_0: \mu = 3$.

20. a; $H_0: \mu \leq 2$.

21. Unilateral à direita.

23. Bilateral.

25. $\mu > 6$.
$H_0: \mu \leq 6$; $H_a: \mu > 6$ (afirmação).

27. $\sigma \leq 320$.
$H_0: \sigma \leq 320$ (afirmação); $H_a: \sigma > 320$.

29. $\mu < 45$.
$H_0: \mu \geq 45$; $H_a: \mu < 45$ (afirmação).

31. Um erro tipo I ocorrerá quando a verdadeira proporção de novos clientes que retornam para comparar seu próximo móvel for pelo menos 0,60, mas você rejeita $H_0: p \geq 0{,}60$.
Um erro tipo II ocorrerá quando a verdadeira proporção de novos clientes que retornam para comparar seu próximo móvel for menor que 0,60, mas você não rejeita $H_0: p \geq 0{,}60$.

33. Um erro tipo I ocorrerá quando o verdadeiro desvio padrão da duração de uma partida for menor ou igual a 12 minutos, mas você rejeita $H_0: \sigma \leq 12$.
Um erro tipo II ocorrerá quando o verdadeiro desvio padrão da duração de uma partida for maior que 12 minutos, mas você não rejeita $H_0: \sigma \leq 12$.

35. Um erro tipo I ocorrerá quando a verdadeira proporção de candidatos que se tornam policiais for, no máximo, 0,20, mas você rejeita $H_0: p \leq 0{,}20$.
Um erro tipo II ocorrerá quando a verdadeira proporção de candidatos que se tornam policiais for maior que 0,20, mas você não rejeita $H_0: p \leq 0{,}20$.

37. H_0: a proporção de proprietários que têm um alarme de segurança é maior ou igual a 14%.
H_a: a proporção de proprietários que têm um alarme de segurança é menor que 14%.
$H_0: p \geq 0{,}14$; $H_a: p < 0{,}14$.
Unilateral à esquerda, porque a hipótese alternativa contém <.

39. H_0: o desvio padrão da pontuação de um percurso de 18 buracos para um golfista é maior ou igual a 2,1 tacadas.
H_a: o desvio padrão da pontuação de um percurso de 18 buracos para um golfista é menor que 2,1 tacadas.
$H_0: \sigma \geq 2{,}1$; $H_a: \sigma < 2{,}1$.
Unilateral à esquerda porque a hipótese alternativa contém <.

41. H_0: a duração média dos jogos de beisebol do time é maior ou igual a 2,5 horas.
H_a: a duração média dos jogos de beisebol do time é menor que 2,5 horas.
$H_0: \mu \geq 2{,}5$; $H_a: \mu < 2{,}5$.
Unilateral à esquerda, porque a hipótese alternativa contém <.

43. Hipótese alternativa.
  a. Há evidência suficiente para suportar a afirmação do cientista de que o período médio de incubação para ovos de cisne é menor que 40 dias.
  b. Não há evidência suficiente para suportar a afirmação do cientista de que o período médio de incubação para ovos de cisne é menor que 40 dias.

45. Hipótese nula.
  a. Há evidência suficiente para rejeitar a afirmação do pesquisador de que o desvio padrão do tempo de vida do cortador de grama é no máximo 2,8 anos.
  b. Não há evidência suficiente para rejeitar a afirmação do pesquisador de que o desvio padrão do tempo de vida do cortador de grama é no máximo 2,8 anos.

47. Hipótese alternativa.
  a. Há evidência suficiente para suportar a afirmação do pesquisador de que menos de 16% das pessoas não fizeram consulta de saúde no ano passado.
  b. Não há evidência suficiente para suportar a afirmação do pesquisador de que menos de 16% das pessoas não fizeram consulta de saúde no ano passado.

49. $H_0: \mu \geq 60; H_a: \mu < 60$.

51 a. $H_0: \mu \geq 15; H_a: \mu < 15$.
  b. $H_0: \mu \leq 15; H_a: \mu > 15$.

53. Se você diminui α, então você está diminuindo a probabilidade de que você irá rejeitar H_0. Portanto, você está aumentando a probabilidade de não rejeitar H_0. Isso poderia aumentar β, a probabilidade de não rejeitar H_0 quando H_0 é falsa.

55. Sim; se o valor p é menor que $\alpha = 0,05$, então também é menor que $\alpha = 0,10$.

57 a. Não rejeita H_0 porque o intervalo de confiança inclui valores maiores que 70.
  b. Rejeita H_0 porque o intervalo de confiança está localizado inteiramente à esquerda de 70.
  c. Não rejeita H_0 porque o intervalo de confiança inclui valores maiores que 70.

59 a. Rejeita H_0 porque o intervalo de confiança está localizado inteiramente à direita de 0,20.
  b. Não rejeita H_0 porque o intervalo de confiança inclui valores menores que 0,20.
  c. Não rejeita H_0 porque o intervalo de confiança inclui valores menores que 0,20.

Seção 7.2

1. No teste z, usando região(ões) de rejeição, a estatística de teste é comparada com valores críticos. O teste z, usando valor p, compara o valor p com o nível de significância α.

3. a. Não rejeita H_0.
  b. Rejeita H_0.
  c. Rejeita H_0.

5. a. Não rejeita H_0.
  b. Não rejeita H_0.
  c. Não rejeita H_0.

7. a. Não rejeita H_0.
  b. Rejeita H_0.
  c. Rejeita H_0.

9. $p = 0,0934$; rejeita H_0.

11. $p = 0,0069$; rejeita H_0.

13. $p = 0,0930$; não rejeita H_0.

15 a. $p = 0,3050$.
  b. $p = 0,0089$.
  Um valor p maior corresponde a uma área maior.

17. Não rejeita H_0.

19. Valor crítico: $z_0 = -1,88$; região de rejeição: $z < -1,88$.

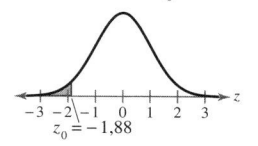

21. Valor crítico: $z_0 = 1,645$; região de rejeição: $z > 1,645$.

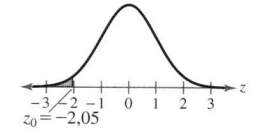

23. Valores críticos: $-z_0 = -2,33$; $z_0 = 2,33$; regiões de rejeição: $z < -2,33$; $z > 2,33$.

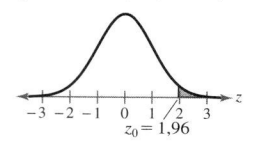

25 a. Não rejeita H_0 porque $z < 1,285$.
  b. Não rejeita H_0 porque $z < 1,285$.
  c. Não rejeita H_0 porque $z < 1,285$.
  d. Rejeita H_0 porque $z > 1,285$.

27. Rejeita H_0. Há evidência suficiente, ao nível de significância de 5%, para rejeitar a afirmação.

29. Rejeita H_0. Há evidência suficiente, ao nível de significância de 2%, para suportar a afirmação.

31 a. A afirmação é "a pontuação bruta média para os candidatos ao curso é maior que 30".
  $H_0: \mu \leq 30; H_a: \mu > 30$ (afirmação).
  b. 2,83.
  c. 0,0023.
  d. Rejeita H_0.
  e. Há evidência suficiente, ao nível de significância de 1%, para suportar a afirmação do estudante de que a pontuação bruta média para os candidatos ao curso é maior que 30.

33 a. A afirmação é "o consumo médio anual de queijo cheddar por uma pessoa nos Estados Unidos é de no máximo 10,3 libras".
  $H_0: \mu \leq 10,3$ (afirmação); $H_a: \mu > 10,3$.
  b. $-1,90$.
  c. 0,9713 (*tecnologia*: 0,9716).
  d. Não rejeita H_0.

e. Não há evidência suficiente, ao nível de significância de 5%, para rejeitar a afirmação do grupo de consumidores de que o consumo médio anual de queijo cheddar por uma pessoa nos Estados Unidos é de, no máximo, 10,3 libras.

35 a. A afirmação é "o tempo médio que os fumantes levam para parar de fumar permanentemente é 15 anos".
$H_0: \mu = 15$ (afirmação); $H_a: \mu \neq 15$
b. −0,15.
c. 0,8808 (*tecnologia*: 0,8800).
d. Não rejeita H_0.
e. Não há evidência suficiente, ao nível de significância de 5%, para rejeitar a afirmação de que o tempo médio que os fumantes levam para parar de fumar permanentemente é 15 anos.

37 a. A afirmação é "o conteúdo médio de cafeína por garrafa de 12 onças em bebidas à base de cola é 40 miligramas".
$H_0: \mu = 40$ (afirmação); $H_a: \mu \neq 40$.
b. $-z_0 = -2,575; z_0 = 2,575$.
Regiões de rejeição: $z < -2,575; z > 2,575$.
c. −0,477.
d. Não rejeita H_0.
e. Não há evidência suficiente, ao nível de significância de 1%, para rejeitar a afirmação da empresa de que o conteúdo médio de cafeína por garrafa de 12 onças em bebidas à base de cola é 40 miligramas.

39 a. A afirmação é "o conteúdo médio de sódio em um sanduíche do café da manhã é não mais que 920 miligramas".
$H_0: \mu \leq 920$ (afirmação); $H_a: \mu > 920$.
b. $z_0 = 1,28$; região de rejeição: $z > 1,28$.
c. 1,84.
d. Rejeita H_0.
e. Há evidência suficiente, ao nível de significância de 10%, para rejeitar a afirmação do restaurante de que o conteúdo médio de sódio em um de seus sanduíches do café da manhã é não mais que 920 miligramas.

41 a. A afirmação é "o nível médio de dióxido de nitrogênio em Calgary é maior que 32 partes por bilhão".
$H_0: \mu \leq 32; H_a: \mu > 32$ (afirmação).
b. $z_0 = 1,555$; região de rejeição: $z > 1,555$.
c. −1,49.
d. Não rejeita H_0.
e. Não há evidência suficiente, ao nível de significância de 6%, para suportar a afirmação do cientista de que o nível médio de dióxido de nitrogênio em Calgary é maior que 32 partes por bilhão.

43. Fora. Quando a estatística de teste padronizada está dento da região de rejeição, $p < \alpha$.

Seção 7.3

1. Especifique o nível de significância α e os graus de liberdade, g.l. = $n - 1$. Encontre o(s) valor(es) crítico(s) usando a tabela da distribuição t na linha com $n - 1$ g.l. Quando o teste de hipótese é:

(1) unilateral à esquerda, use a coluna "Unilateral, α" com sinal negativo.
(2) unilateral à direita, use a coluna "Unilateral, α" com sinal positivo.
(3) bilateral, use a coluna "Bilateral, α" com sinal negativo e positivo.

3. Valor crítico: $t_0 = -1,328$; região de rejeição: $t < -1,328$.

5. Valor crítico: $t_0 = 1,717$; região de rejeição: $t > 1,717$.

7. Valores críticos: $-t_0 = -2,056; t_0 = 2,056$; regiões de rejeição: $t < -2,056; t > 2,056$.

9 a. Não rejeita H_0 porque $t > -2,086$.
b. Não rejeita H_0 porque $t > -2,086$.
c. Não rejeita H_0 porque $t > -2,086$.
d. Rejeita H_0 porque $t < -2,086$.

11. Não rejeita H_0. Não há evidência suficiente, ao nível de significância de 1%, para rejeitar a afirmação.

13. Rejeita H_0. Há evidência suficiente, ao nível de significância de 1%, para rejeitar a afirmação.

15 a. A afirmação é "o preço médio de um utilitário esportivo com 3 anos (em boas condições) é US$ 20.000".
$H_0: \mu = 20.000$ (afirmação); $H_a: \mu \neq 20.000$.
b. $-t_0 = -2,080; t_0 = 2,080$.
Regiões de rejeição: $t < -2,080; t > 2,080$.
c. 1,51.
d. Não rejeita H_0.
e. Não há evidência suficiente, ao nível de significância de 5%, para rejeitar a afirmação de que o preço médio de um utilitário esportivo com 3 anos (em boas condições) é US$ 20.000.

17 a. A afirmação é: "a dívida média do cartão de crédito para pessoas físicas é maior que US$ 5.000".
$H_0: \mu \leq 5.000; H_a: \mu > 5.000$ (afirmação).
b. $t_0 = 1,688$; região de rejeição: $t > 1,688$.
c. 1,19.
d. Não rejeita H_0.
e. Não há evidência suficiente, ao nível de significância de 5%, para suportar a afirmação de que a dívida média do cartão de crédito para pessoas físicas é maior que US$ 5.000.

19 a. A afirmação é: "a quantidade média de lixo reciclado por adultos nos Estados Unidos é maior que 1 libra por pessoa por dia".
$H_0: \mu \leq 1; H_a: \mu > 1$ (afirmação).
b. $t_0 = 1,356$; região de rejeição: $t > 1,356$.
c. 6,57.
d. Rejeita H_0.
e. Há evidência suficiente, ao nível de significância de 10%, para suportar a afirmação do ambientalista de que a quantidade média de lixo reciclado por adultos nos Estados Unidos é maior que 1 libra por pessoa por dia.

21 a. A afirmação é: "o salário médio anual para trabalhadores homens de período integral, maiores de 25 anos e sem diploma de ensino médio é US$ 26.000".
$H_0: \mu = $ US$ 26.000 (afirmação); $H_a: \mu \neq$ US$ 26.000.

b. $-t_0 = -2{,}262; t_0 = 2{,}262$.
Regiões de rejeição: $t < -2{,}262; t > 2{,}262$.
c. $-0{,}64$
d. Não rejeita H_0.
e. Não há evidência suficiente, ao nível de significância de 5%, para rejeitar a afirmação do serviço de informação de emprego de que o salário médio para trabalhadores homens de período integral, maiores de 25 anos e sem diploma de ensino médio é US$ 26.000.

23 a. A afirmação é: "a velocidade média dos veículos é maior que 45 milhas por hora".
$H_0: \mu \leq 45; H_a: \mu > 45$ (afirmação).
b. 0,0052.
c. Rejeita H_0.
d. Há evidência suficiente, ao nível de significância de 10%, para suportar a afirmação do condado de que a velocidade média dos veículos é maior que 45 milhas por hora.

25 a. A afirmação é: "a profundidade média de mergulho da baleia franca do atlântico norte é 115 metros".
$H_0: \mu = 115$ (afirmação); $H_a: \mu \neq 115$.
b. 0,1447.
c. Não rejeita H_0.
d. Não há evidência suficiente, ao nível de significância de 10%, para rejeitar a afirmação de que a profundidade média de mergulho da baleia franca do atlântico norte é 115 metros.

27 a. A afirmação é: "o tamanho médio da turma para cursos integrais é menor que 32 alunos".
$H_0: \mu \geq 32; H_a: \mu < 32$ (afirmação).
b. 0,0344.
c. Rejeita H_0.
d. Há evidência suficiente, ao nível de significância de 5%, para suportar a afirmação do folheto de que o tamanho médio da turma para cursos integrais é menor que 32 alunos.

29. Use a distribuição t porque σ é desconhecido, a amostra é aleatória e a população é normalmente distribuída.
Não rejeite H_0. Não há evidência suficiente, ao nível de significância de 5%, para rejeitar a afirmação da empresa de carros de que o consumo médio de combustível para o sedã de luxo seja de pelo menos 23 milhas por galão.

31. Mais provável; as caudas de uma curva de distribuição t são mais grossas que aquelas de uma curva de distribuição normal padrão. Então, se você usar incorretamente uma distribuição amostral normal padrão em vez de uma distribuição amostral t, a área sob a curva nas caudas será menor que seria para o teste t, significando que o(s) valor(es) crítico(s) se encontrarão mais próximos da média. Isso torna mais provável que a estatística de teste esteja na(s) região(ões) de rejeição. Esse resultado é o mesmo, independente se o teste é unilateral à esquerda, unilateral à direita ou bilateral; em cada caso, a grossura da cauda afeta a localização do(s) valor(es) crítico(s).

Atividade 7.3

1–3. As respostas irão variar.

Seção 7.4

1. Se $np \geq 5$ e $nq \geq 5$, então a distribuição normal pode ser usada.

3. Não pode usar a distribuição normal.

5. Pode usar a distribuição normal.
Não rejeita H_0. Não há evidência suficiente, ao nível de significância de 5%, para suportar a afirmação.

7. Pode usar a distribuição normal.
Não rejeita H_0. Não há evidência suficiente, ao nível de significância de 5%, para rejeitar a afirmação.

9 a. A afirmação é: "menos de 25% dos adultos americanos são fumantes".
$H_0: p \geq 0{,}25; H_a: p < 0{,}25$ (afirmação).
b. $z_0 = -1{,}645$; região de rejeição: $z < -1{,}645$.
c. $-1{,}86$.
d. Rejeita H_0.
e. Há evidência suficiente, ao nível de significância de 5%, para suportar a afirmação do pesquisador de que menos que 25% dos adultos americanos são fumantes.

11 a. A afirmação é: "no máximo 75% dos adultos americanos acham que os motoristas estão mais seguros usando celulares com as mãos livres do que os segurando".
$H_0: p \leq 0{,}75$ (afirmação); $H_a: p > 0{,}75$.
b. $z_0 = 2{,}33$; região de rejeição: $z > 2{,}33$.
c. 0,57.
d. Não rejeita H_0.
e. Não há evidência suficiente, ao nível de significância de 1%, para rejeitar a afirmação de que no máximo 75% dos adultos americanos acham que os motoristas estão mais seguros usando celulares com as mãos livres do que os segurando.

13 a. A afirmação é: "mais que 80% das mulheres com idade de 20 a 29 anos são maiores que 62 polegadas".
$H_0: p \leq 0{,}80; H_a: p > 0{,}80$ (afirmação).
b. $z_0 = 1{,}28$; região de rejeição: $z > 1{,}28$.
c. $-0{,}31$
d. Não rejeita H_0.
e. Não há evidência suficiente, ao nível de significância de 10%, para suportar a afirmação de que mais que 80% das mulheres com idade de 20 a 29 anos são maiores que 62 polegadas.

15 a. A afirmação é: "menos que 35% das famílias americanas possuem um cachorro".
$H_0: p \geq 0{,}35; H_a: p < 0{,}35$ (afirmação).
b. $z_0 = -1{,}28$; região de rejeição: $z < -1{,}28$.
c. 1,68.
d. Não rejeita H_0.
e. Não há evidência suficiente, ao nível de significância de 10%, para suportar a afirmação da sociedade humanitária de que menos que 35% das famílias americanas possuem um cachorro.

17. Não rejeita H_0. Não há evidência suficiente, ao nível de significância de 5%, para rejeitar a afirmação de que pelo menos 52% dos adultos são mais propensos a comprar um produto quando há amostra grátis.

19 a. A afirmação é: "menos que 35% das famílias americanas possuem um cachorro".
$H_0: p \geq 0{,}35; H_a: p < 0{,}35$ (afirmação).
b. $z_0 = -1{,}28$; região de rejeição: $z < -1{,}28$.
c. 1,68.
d. Não rejeita H_0.
e. Não há evidência suficiente, ao nível de significância de 10%, para suportar a afirmação da sociedade humanitária de que menos que 35% das famílias americanas possuem um cachorro.
Os resultados são os mesmos.

Atividade 7.4

1 e 2. As respostas irão variar.

Seção 7.5

1. Especifique o nível de significância α. Determine os graus de liberdade. Determine os valores críticos usando a distribuição χ^2. Para um teste unilateral à direita, use o valor que corresponde ao g.l. e a α; para um teste unilateral à esquerda, use o valor que corresponde ao g.l. e a $1 - \alpha$; para um teste bilateral use o valor que corresponde ao g.l. e a $\frac{1}{2}\alpha$, e g.l. e a $1 - \frac{1}{2}\alpha$.

3. O requisito de uma distribuição normal é mais importante quando se está testando um desvio padrão do que quando se está testando uma média. Quando a população não é normal, os resultados de um teste qui-quadrado podem ser enganosos, porque o teste qui-quadrado não é tão robusto quanto os testes para a média populacional.

5. Valor crítico: $\chi_0^2 = 38{,}885$; região de rejeição: $\chi^2 > 38{,}885$.

7. Valor crítico: $\chi_0^2 = 0{,}872$; região de rejeição: $\chi^2 < 0{,}872$.

9. Valor crítico: $\chi_L^2 = 60{,}391; \chi_R^2 = 101{,}879$; regiões de rejeição: $\chi^2 < 60{,}391; \chi^2 > 101{,}879$.

11 a. Não rejeita H_0 porque $\chi^2 < 6{,}251$.
b. Não rejeita H_0 porque $\chi^2 < 6{,}251$.
c. Não rejeita H_0 porque $\chi^2 < 6{,}251$.
d. Rejeita H_0 porque $\chi^2 > 6{,}251$.

13. Não rejeita H_0. Não há evidência suficiente, ao nível de significância de 5%, para rejeitar a afirmação.

15. Rejeita H_0. Há evidência suficiente, ao nível de significância de 10%, para rejeitar a afirmação.

17 a. A afirmação é "a variância dos diâmetros em certo modelo de pneu é 8,6".
$H_0: \sigma^2 = 8{,}6$ (afirmação); $H_a: \sigma^2 \neq 8{,}6$.
b. $\chi_L^2 = 1{,}735; \chi_R^2 = 23{,}589$; regiões de rejeição: $\chi^2 < 1{,}735$; $\chi^2 > 23{,}589$.
c. 4,5.
d. Não rejeita H_0.
e. Não há evidência suficiente, ao nível de significância de 1%, para rejeitar a afirmação de que a variância dos diâmetros em certo modelo de pneu é 8,6.

19 a. A afirmação é "o desvio padrão de um teste de ciências dos alunos do oitavo ano é menor que 36 pontos".
$H_0: \sigma \geq 36; H_a: \sigma < 36$ (afirmação).
b. $\chi_0^2 = 13{,}240$; região de rejeição: $\chi^2 < 13{,}240$.
c. 18,076.
d. Não rejeita H_0.
e. Não há evidência suficiente, ao nível de significância de 10%, para suportar a afirmação do administrador de que o desvio padrão de um teste de ciências dos alunos do oitavo ano é menor que 36 pontos.

21 a. A afirmação é: "o desvio padrão dos tempos de espera dos pacientes é não mais que 0,5 minutos".
$H_0: \sigma \leq 0{,}5$ (afirmação); $H_a: \sigma > 0{,}5$.
b. $\chi_0^2 = 33{,}196$; região de rejeição: $\chi^2 > 33{,}196$.
c. 47,04.
d. Rejeita H_0.
e. Há evidência suficiente, ao nível de significância de 10%, para rejeitar a afirmação de que o desvio padrão dos tempos de espera dos pacientes é não mais que 0,5 minutos.

23 a. A afirmação é: "o desvio padrão dos salários anuais é diferente de US$ 5.500".
$H_0: \sigma = 5.500; H_a: \sigma \neq 5.500$ (afirmação).
b. $\chi_L^2 = 5{,}009; \chi_R^2 = 24{,}736$; regiões de rejeição: $\chi^2 < 5{,}009$; $\chi^2 > 24{,}736$.
c. 26,01.
d. Rejeita H_0.
e. Há evidência suficiente, ao nível de significância de 5%, para suportar a afirmação de que o desvio padrão dos salários anuais é diferente de US$ 5.500.

25. Valor $p = 0{,}3558$; não rejeita H_0.

27. Valor $p = 0{,}0033$; rejeita H_0.

Usos e abusos do Capítulo 7

1. As respostas irão variar.
2. $H_0: p = 0{,}57$; as respostas irão variar.
3. As respostas irão variar.
4. As respostas irão variar.

Exercícios de revisão do Capítulo 7

1. $H_0: \mu \leq 375$ (afirmação); $H_a: \mu > 375$.
3. $H_0: p \geq 0{,}205; H_a: p < 0{,}205$ (afirmação).
5. $H_0: \sigma \leq 1{,}9; H_a: \sigma > 1{,}9$ (afirmação).
7 a. $H_0: p = 0{,}41$ (afirmação); $H_a: p \neq 0{,}41$.
b. Um erro tipo I ocorrerá quando a verdadeira proporção de adultos americanos que dizem que o dia da Terra ajudou a aumentar a consciência ambiental é 41%, mas você rejeita $H_0: p = 0{,}41$.

Um erro tipo II ocorrerá quando a verdadeira proporção não é 41%, mas você não rejeita H_0: $p = 0,41$.

c. Bilateral, porque a hipótese alternativa contém ≠.

d. Há evidência suficiente para rejeitar a afirmação do noticiário de que a proporção de adultos americanos que dizem que o dia da Terra ajudou a aumentar a consciência ambiental é 41%.

e. Não há evidência suficiente para rejeitar a afirmação do noticiário de que a proporção de adultos americanos que dizem que o dia da Terra ajudou a aumentar a consciência ambiental é 41%.

9 a. H_0: $\sigma \leq 50$ (afirmação); H_a: $\sigma > 50$.

b. Um erro tipo I ocorrerá quando o verdadeiro desvio padrão do teor de sódio em uma porção de certa sopa é não mais que 50 miligramas, mas você rejeita H_0: $\sigma \leq 50$. Um erro tipo I ocorrerá quando o verdadeiro desvio padrão do teor de sódio em uma porção de certa sopa é mais que 50 miligramas, mas você rejeita H_0: $\sigma \leq 50$.

c. Unilateral à direita porque a hipótese alternativa contém >.

d. Há evidência suficiente para rejeitar a afirmação do produtor de sopa de que o desvio padrão do teor de sódio em uma porção de certa sopa é não mais que 50 miligramas.

e. Não há evidência suficiente para rejeitar a afirmação do produtor de sopa de que o desvio padrão do teor de sódio em uma porção de certa sopa é não mais que 50 miligramas.

11. 0,1736; não rejeita H_0.

13 a. A afirmação é "o consumo anual médio de café por uma pessoa nos Estados Unidos é 23,2 galões".
H_0: $\mu = 23,2$ (afirmação); H_a: $\mu \neq 23,2$.
b. −3,16.
c. 0,0016.
d. Rejeita H_0.
e. Há evidência suficiente, ao nível de significância de 5%, para rejeitar a afirmação de que o consumo anual médio de café por uma pessoa nos Estados Unidos é 23,2 galões.

15. Valor crítico: $z_0 = -2,05$; região de rejeição: $z < -2,05$.

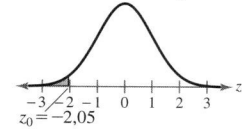

17. Valor crítico: $z_0 = 1,96$; região de rejeição: $z > 1,96$.

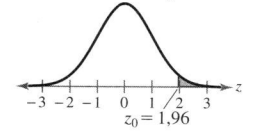

19. Não rejeita H_0 porque $-1,645 < z < 1,645$.

21. Não rejeita H_0 porque $-1,645 < z < 1,645$.

23. Não rejeita H_0. Não há evidência suficiente, ao nível de significância de 5%, para rejeitar a afirmação.

25. Não rejeita H_0. Não há evidência suficiente, ao nível de significância de 1%, para suportar a afirmação.

27 a. A afirmação é "o custo médio anual para criar um filho (com idade até 2 anos), por famílias em áreas rurais, é US$ 11.060".
H_0: $\mu = 11.060$ (afirmação); H_a: $\mu \neq 11.060$.
b. $z_0 = -2,575$; $z_0 = 2,575$.
Regiões de rejeição: $z < -2,575$; $z > 2,575$.
c. −2,54.
d. Não rejeita H_0.
e. Não há evidência suficiente, ao nível de significância de 1%, para rejeitar a afirmação de que o custo médio anual para criar um filho (com idade até 2 anos), por famílias em áreas rurais, é US$ 11.060.

29. Valores críticos: $-t_0 = -2,093$; $t_0 = 2,093$; regiões de rejeição: $t < -2,093$; $t > 2,093$.

31. Valor crítico: $t_0 = -2,977$; região de rejeição: $t < -2,977$.

33. Rejeita H_0. Há evidência suficiente, ao nível de significância de 0,5%, para suportar a afirmação.

35. Rejeita H_0. Há evidência suficiente, ao nível de significância de 1%, para rejeitar a afirmação.

37 a. A afirmação é: "o custo médio mensal de entrar para uma academia é US$ 25".
H_0: $\mu = 25$ (afirmação); H_a: $\mu \neq 25$.
b. $-t_0 = -1,740$; $t_0 = 1,740$; regiões de rejeição: $t < -1,740$; $t > 1,740$.
c. 1,64.
d. Não rejeita H_0.
e. Não há evidência suficiente, ao nível de significância de 10%, para rejeitar a afirmação do anúncio de que o custo médio mensal de entrar para uma academia é US$ 25.

39 a. A afirmação é: "o gasto médio por aluno, em escolas públicas, nos ensinos fundamental e médio é maior que US$ 12.000".
H_0: $\mu \leq 12.000$; H_a: $\mu > 12.000$ (afirmação).
b. 0,000097.
c. Rejeita H_0.
d. Há evidência suficiente, ao nível de significância de 1%, para suportar a afirmação da publicação educacional de que o gasto médio por aluno, em escolas públicas, nos ensinos fundamental e médio é maior que US$ 12.000.

41. Pode usar a distribuição normal.
Não rejeita H_0. Não há evidência suficiente, ao nível de significância de 5%, para rejeitar a afirmação.

43. Pode usar a distribuição normal.
Rejeita H_0. Há evidência suficiente, ao nível de significância de 3%, para rejeitar a afirmação.

45 a. A afirmação é "mais de 60% dos adultos americanos acham que os resgates bancários feitos pelo governo federal foram ruins para os Estados Unidos".
H_0: $p \leq 0,60$; H_a: $p > 0,60$ (afirmação).
b. $z_0 = 2,33$; região de rejeição: $z > 2,33$.
c. −1,41 (*tecnologia*: −1,40).
d. Não rejeita H_0.

e. Não há evidência suficiente, ao nível de significância de 1%, para suportar a afirmação de que mais de 60% dos adultos americanos acham que os resgates bancários feitos pelo governo federal foram ruins para os Estados Unidos.

47. Valor crítico: $\chi_0^2 = 30{,}144$; região de rejeição: $\chi^2 > 30{,}144$.
49. Valor crítico: $\chi_0^2 = 63{,}167$; região de rejeição: $\chi^2 > 63{,}167$.
51. Rejeita H_0. Há evidência suficiente, ao nível de significância de 10%, para suportar a afirmação.
53. Não rejeita H_0. Não há evidência suficiente, ao nível de significância de 5%, para rejeitar a afirmação.
55 a. A afirmação é "a variância das espessuras do parafuso é no máximo 0,01".
    H_0: $\sigma^2 \leq 0{,}01$ (afirmação); H_a: $\sigma^2 > 0{,}01$.
  b. $\chi_0^2 = 49{,}645$; região de rejeição: $\chi^2 > 49{,}645$.
  c. 172,8.
  d. Rejeita H_0.
  e. Há evidência suficiente, ao nível de significância de 0,5%, para rejeitar a afirmação do fabricante de parafusos de que a variância é no máximo 0,01.
57. Você pode rejeita H_0 ao nível de significância de 5% porque $\chi^2 = 43{,}94 > 41{,}923$.

Problemas do Capítulo 7

1 a. A afirmação é: "o tamanho médio do chapéu para um homem é de pelo menos 7,25".
    H_0: $\mu \geq 7{,}25$ (afirmação); H_a: $\mu < 7{,}25$.
  b. Unilateral à esquerda, porque a hipótese alternativa contém <; teste z, porque σ é conhecido e a população é normalmente distribuída.
  c. *Exemplo de resposta*: $z_0 = -2{,}33$; região de rejeição: $z < -2{,}33$; $-1{,}28$.
  d. Não rejeita H_0.
  e. Não há evidência suficiente, ao nível de significância de 1%, para rejeitar a afirmação da empresa de que o tamanho médio do chapéu para um homem é de pelo menos 7,25.

2 a. A afirmação é: "o custo médio diário de refeições e acomodação para 2 adultos viajando em Nevada é mais que US$ 300".
    H_0: $\mu \leq 300$; H_a: $\mu > 300$ (afirmação).
  b. Unilateral à direita, porque a hipótese alternativa contém >; teste z, porque σ é conhecido e $n \geq 30$.
  c. *Exemplo de resposta*: $z_0 = 1{,}28$.
    Região de rejeição: $z > 1{,}28$; 3,16.
  d. Rejeita H_0.
  e. Há evidência suficiente, ao nível de significância de 10%, para suportar a afirmação da agência de turismo de que o custo médio diário de refeições e acomodação para 2 adultos viajando em Nevada é mais que US$ 300.

3 a. A afirmação é: "o salário médio de trabalhadores em tempo integral com idade entre 25 e 34 anos com grau de mestre é menor que US$ 70.000".
    H_0: $\mu \geq 70.000$; H_a: $\mu < 70.000$ (afirmação).
  b. Unilateral à esquerda, porque a hipótese alternativa contém <; teste t, porque σ é desconhecido e a população é normalmente distribuída.
  c. *Exemplo de resposta*: $t_0 = -1{,}761$; região de rejeição: $t < -1{,}761$; $-2{,}46$.
  d. Rejeita H_0.
  e. Há evidência suficiente, ao nível de significância de 5%, para suportar a afirmação da agência de que o salário médio de trabalhadores em tempo integral, com idade entre 25 e 34 anos e com grau de mestre é menor que US$ 70.000.

4 a. A afirmação é: "os participantes do programa têm uma perda de peso média de pelo menos 10 libras após 1 mês".
    H_0: $\mu \geq 10$ (afirmação); H_a: $\mu < 10$.
  b. Unilateral à esquerda, porque a hipótese alternativa contém <; teste t, porque σ é desconhecido e $n \geq 30$.
  c. *Exemplo de resposta*: $t_0 = -2{,}462$; região de rejeição: $t < -2{,}462$; $-2{,}831$.
  d. Rejeita H_0.
  e. Há evidência suficiente, ao nível de significância de 1%, para rejeitar a afirmação de que os participantes do programa têm uma perda de peso média de pelo menos 10 libras após 1 mês.

5 a. A afirmação é: "menos que 10% dos micro-ondas precisam de conserto durante os primeiros 5 anos de uso".
    H_0: $p \geq 0{,}10$; H_a: $p < 0{,}10$ (afirmação).
  b. Unilateral à esquerda, porque a hipótese alternativa contém <; teste z porque $np \geq 5$ e $nq \geq 5$.
  c. *Exemplo de resposta*: $z_0 = -1{,}645$; região de rejeição: $z < -1{,}645$; 0,75.
  d. Não rejeita H_0.
  e. Não há evidência suficiente, ao nível de significância de 5%, para suportar a afirmação do fabricante de fornos de micro-ondas de que menos que 10% de seus micro-ondas precisam de conserto durante os primeiros 5 anos de uso.

6 a. A afirmação é: "o desvio padrão das pontuações do teste de leitura do SAT é 114".
    H_0: $\sigma = 114$ (afirmação); H_a: $\sigma \neq 114$.
  b. Bilateral, porque a hipótese alternativa contém $\neq$; teste qui-quadrado, porque o teste é para um desvio padrão e a população é normalmente distribuída.
  c. *Exemplo de resposta*: $\chi_L^2 = 9{,}390$; $\chi_R^2 = 28{,}869$; região de rejeição: $\chi^2 < 9{,}390$; $\chi^2 > 28{,}869$; 28,323.
  d. Não rejeita H_0.
  e. Não há evidência suficiente, ao nível de significância de 10%, para rejeitar a afirmação do administrador da escola pública de que o desvio padrão das pontuações do teste de leitura do SAT é 114.

Estatísticas reais – Decisões reais do Capítulo 7

1. As respostas irão variar.
2. Não rejeita H_0. Não há evidência suficiente, ao nível de significância de 5%, para suportar a afirmação da Pepsi-Co de que mais que 50% dos consumidores de refrigerante de cola preferem Pepsi® a Coca-Cola®.
3. Conhecer a marca pode influenciar as decisões dos participantes.
4. As respostas irão variar.

Capítulo 8

Seção 8.1

1. Duas amostras são dependentes quando cada elemento de uma amostra corresponde a um elemento da outra amostra. Exemplo: os pesos de 22 pessoas antes de iniciar um programa de exercícios e os pesos das mesmas 22 pessoas 6 semanas após terem iniciado o programa de exercícios.
   Duas amostras são independentes quando a amostra selecionada de uma população não está relacionada com a amostra selecionada da outra população. Exemplo: os pesos de 25 gatos e os pesos de 20 cachorros.

3. Use valores p.

5. Dependente, porque os mesmos jogadores de futebol americano foram selecionados.

7. Independente, porque lanchas diferentes foram selecionadas.

9. Rejeita H_0.

11. Rejeita H_0. Há evidência suficiente, ao nível de significância de 1%, para rejeitar a afirmação.

13. Não rejeita H_0. Não há evidência suficiente, ao nível de significância de 5%, para suportar a afirmação.

15. a. A afirmação é "as distâncias médias de frenagem são diferentes para os dois tipos de pneus".
    $H_0: \mu_1 = \mu_2; H_a: \mu_1 \neq \mu_2$ (afirmação).
    b. $-z_0 = -1,645; z_0 = 1,645$; regiões de rejeição: $z < -1,645; z > 1,645$.
    c. $-2,786$
    d. Rejeita H_0.
    e. Há evidência suficiente, ao nível de significância de 10%, para suportar a afirmação do engenheiro de segurança de que as distâncias médias de frenagem são diferentes para os dois tipos de pneus.

17. a. A afirmação é: "a velocidade do vento na região A e menor que na região B".
    $H_0: \mu_1 \geq \mu_2; H_a: \mu_1 < \mu_2$ (afirmação).
    b. $z_0 = -1,645$; região de rejeição: $z < -1,645$.
    c. $-1,94$
    d. Rejeita H_0.
    e. Há evidência suficiente, ao nível de significância de 5%, para suportar a afirmação de que a velocidade do vento na região A é menor que na região B.

19. a. A afirmação é: "estudantes do sexo masculino e do sexo feminino no ensino médio têm a mesma pontuação no ACT".
    $H_0: \mu_1 = \mu_2$ (afirmação); $H_a: \mu_1 \neq \mu_2$.
    b. $-z_0 = -2,575; z_0 = 2,575$; regiões de rejeição: $z < -2,575; z > 2,575$.
    c. 0,202.
    d. Não rejeita H_0.
    e. Não há evidência suficiente, ao nível de significância de 1%, para rejeitar a afirmação de que estudantes do sexo masculino e do sexo feminino no ensino médio têm a mesma pontuação no ACT.

21. a. A afirmação é "o preço médio de venda de casas em Spring, Texas, é o mesmo que em Austin, Texas".
    $H_0: \mu_1 = \mu_2$ (afirmação); $H_a: \mu_1 \neq \mu_2$.
    b. $z_0 = -2,575; z_0 = 2,575$; regiões de rejeição: $z < -2,575; z > 2,575$.
    c. 2,02.
    d. Não rejeita H_0.
    e. Não há evidência suficiente, ao nível de significância de 1%, para rejeitar a afirmação de que o preço médio de venda de casas em Spring, Texas, é o mesmo que em Austin, Texas.

23. a. A afirmação é: "crianças entre 6 e 17 anos passavam mais tempo assistindo televisão em 1981 do que as crianças de 6 a 17 anos passam hoje".
    $H_0: \mu_1 \leq \mu_2; H_a: \mu_1 > \mu_2$ (afirmação).
    b. $z_0 = 1,645$; região de rejeição: $z > 1,645$.
    c. 2,59.
    d. Rejeita H_0.
    e. Há evidência suficiente, ao nível de significância de 5%, para suportar a afirmação do sociólogo de que crianças entre 6 e 17 anos passavam mais tempo assistindo televisão em 1981 do que as crianças de 6 a 17 anos passam hoje.

25. Elas são equivalentes por meio de manipulação algébrica da equação.
    $\mu_1 = \mu_2 \Rightarrow \mu_1 - \mu_2 = 0$

27. $H_0: \mu_1 - \mu_2 \leq 10.000; H_a: \mu_1 - \mu_2 > 10.000$ (afirmação).
    Rejeita H_0. Há evidência suficiente, ao nível de significância de 5%, para suportar a afirmação de que a diferença nos salários médios anuais de microbiologistas em Maryland e na Califórnia é maior que US$ 10.000.

29. US$ $13.255 < \mu_1 - \mu_2 <$ US$ 21.185.

Seção 8.2

1. (1) Os desvios padrão populacionais são desconhecidos.
   (2) As amostras são selecionadas aleatoriamente.
   (3) As amostras são independentes.
   (4) As populações são normalmente distribuídas ou cada tamanho de amostra é de pelo menos 30.

3. a. $-t_0 = -1,714; t_0 = 1,714$. b. $-t_0 = -1,812; t_0 = 1,812$.

5. a. $t_0 = -1,746$.
   b. $t_0 = -1,943$.

7. a. $t_0 = 1,729$.
   b. $t_0 = 1,895$.

9. Não rejeita H_0. Não há evidência suficiente, ao nível de significância de 1%, para rejeitar a afirmação.

11. Rejeita H_0. Há evidência suficiente, ao nível de significância de 5%, para rejeitar a afirmação.

13 a. A afirmação é: "os custos médios anuais de alimentação para cães e gatos são os mesmos".
$H_0: \mu_1 = \mu_2$ (afirmação); $H_a: \mu_1 \neq \mu_2$.
b. $t_0 = -1{,}753$; $t_0 = 1{,}753$; regiões de rejeição: $t < -1{,}753$; $t > 1{,}753$.
c. 3,83.
d. Rejeita H_0.
e. Há evidência suficiente, ao nível de significância de 10%, para rejeitar a afirmação de que os custos médios anuais de alimentação para cães e gatos são os mesmos.

15 a. A afirmação é: "o comprimento médio da fêmea adulta do *Zalembius rosaceus* é diferente no outono e no inverno".
$H_0: \mu_1 = \mu_2$; $H_a: \mu_1 \neq \mu_2$ (afirmação).
b. $t_0 = -2{,}678$; $t_0 = 2{,}678$; regiões de rejeição: $t < -2{,}678$; $t > 2{,}678$.
c. 3,26.
d. Rejeita H_0.
e. Há evidência suficiente, ao nível de significância de 1%, para suportar a afirmação de que o comprimento médio da fêmea adulta do *Zalembius rosaceus* é diferente no outono e no inverno.

17 a. A afirmação é: "o rendimento domiciliar médio é maior no condado de Allegheny do que no condado de Erie".
$H_0: \mu_1 \leq \mu_2$; $H_a: \mu_1 > \mu_2$ (afirmação).
b. $t_0 = 1{,}761$; região de rejeição: $t > 1{,}761$.
c. 3,19.
d. Rejeita H_0.
e. Há evidência suficiente, ao nível de significância de 5%, para suportar a afirmação do diretor de pessoal de que o rendimento domiciliar médio é maior no condado de Allegheny do que no condado de Erie.

19 a. A afirmação é: "o novo tratamento faz diferença na resistência à tração de barras de aço".
$H_0: \mu_1 = \mu_2$; $H_a: \mu_1 \neq \mu_2$ (afirmação).
b. $-t_0 = -2{,}831$; $t_0 = 2{,}831$; regiões de rejeição: $t < -2{,}831$; $t > 2{,}831$.
c. -2,76.
d. Não rejeita H_0.
e. Não há evidência suficiente, ao nível de significância de 1%, para suportar a afirmação de que o novo tratamento faz diferença na resistência à tração de barras de aço.

21 a. A afirmação é: "o novo método de ensino de leitura produz maiores notas no teste de leitura do que o método antigo".
$H_0: \mu_1 \geq \mu_2$; $H_a: \mu_1 < \mu_2$ (afirmação).
b. $t_0 = -1{,}303$; região de rejeição: $t < -1{,}303$.
c. -4,286 (*tecnologia*: -4,295).
d. Rejeita H_0.
e. Há evidência suficiente, ao nível de significância de 10%, para suportar a afirmação de que o novo método de ensino de leitura produz maiores notas no teste de leitura do que o método antigo.

23. $11 < \mu_1 - \mu_2 < 35$.

25. $40 < \mu_1 - \mu_2 < 312$.

Seção 8.3

1. (1) As amostras são selecionadas aleatoriamente.
(2) As amostras são dependentes.
(3) As populações são normalmente distribuídas ou o número n de pares de dados é pelo menos 30.

3. Não rejeita H_0. Não há evidência suficiente, ao nível de significância de 5%, para suportar a afirmação.

5. Rejeita H_0. Há evidência suficiente, ao nível de significância de 10%, para rejeitar a afirmação.

7. Rejeita H_0. Há evidência suficiente, ao nível de significância de 1%, para rejeitar a afirmação.

9 a. A afirmação é: "pneumonia causa perda de peso em ratos".
$H_0: \mu_d \leq 0$; $H_a: \mu_d > 0$ (afirmação).
b. $t_0 = 3{,}365$; região de rejeição: $t > 3{,}365$.
c. $\overline{d} = 1{,}05$; $s_d \approx 0{,}345$.
d. 7,455 (*tecnologia*: 7,456).
e. Rejeita H_0.
f. Há evidência suficiente, ao nível de significância de 1%, para suportar a afirmação de que pneumonia causa perda de peso em ratos.

11 a. A afirmação é: "um cochilo após o almoço reduz o tempo que um homem leva para uma arrancada de 20 metros após uma noite de apenas 4 horas de sono".
$H_0: \mu_d \leq 0$; $H_a: \mu_d > 0$ (afirmação).
b. $t_0 = 2{,}821$; região de rejeição: $t > 2{,}821$.
c. $\overline{d} = 0{,}097$; $s_d \approx 0{,}043$.
d. 7,134 (*tecnologia*: 7,140).
e. Rejeita H_0.
f. Há evidência suficiente, ao nível de significância de 1%, para suportar a afirmação de que um cochilo após o almoço reduz o tempo que um homem leva para uma arrancada de 20 metros após uma noite de apenas 4 horas de sono.

13 a. A afirmação é "terapia com um tecido macio e manipulação vertebral ajudam a reduzir o período de tempo que pacientes sofrem de dores de cabeça".
$H_0: \mu_d \leq 0$; $H_a: \mu_d > 0$ (afirmação).
b. $t_0 = 2{,}764$; região de rejeição: $t > 2{,}764$.
c. $\overline{d} \approx 1{,}255$; $s_d \approx 0{,}441$.
d. 9,438 (*tecnologia*: 9,429).
e. Rejeita H_0.
f. Há evidência suficiente, ao nível de significância de 1%, para suportar a afirmação de terapeuta de que terapia com um tecido macio e manipulação vertebral ajudam a reduzir o período de tempo que pacientes sofrem de dores de cabeça.

15 a. A afirmação é "treinamento de alta intensidade reduz o percentual de gordura corporal das mulheres".
$H_0: \mu_d \leq 0$; $H_a: \mu_d > 0$ (afirmação).
b. $t_0 = 1{,}895$; região de rejeição: $t > 1{,}895$.
c. $\overline{d} = 2{,}475$; $s_d \approx 2{,}172$.
d. 3,223 (*tecnologia*: 3,222).
e. Rejeita H_0.

f. Há evidência suficiente, ao nível de significância de 5%, para suportar a afirmação de que treinamento de alta intensidade reduz o percentual de gordura corporal das mulheres.

17a. A afirmação é "as avaliações de produtos mudaram do ano passado para este ano".
$H_0: \mu_d = 0; H_a: \mu_d \neq 0$ (afirmação).
b. $-t_0 = -2{,}365; t_0 = 2{,}365$; região de rejeição: $t < -2{,}365$; $t > 2{,}365$.
c. $\bar{d} = -1; s_d \approx 1{,}309$.
d. $-2{,}161$ (*tecnologia*: $-2{,}160$).
e. Não rejeita H_0.
f. Não há evidência suficiente, ao nível de significância de 5%, para suportar a afirmação de que as avaliações de produtos mudaram do ano passado para este ano.

19a. A afirmação é "ingerir um novo cereal como parte de uma dieta diária diminui os níveis de colesterol total no sangue".
$H_0: \mu_d \leq 0; H_a: \mu_d > 0$ (afirmação).
b. $t_0 = 1{,}943$; região de rejeição: $t > 1{,}943$.
c. $\bar{d} \approx 2{,}857; s_d \approx 4{,}451$.
d. $1{,}698$.
e. Não rejeita H_0.
f. Não há evidência suficiente, ao nível de significância de 5%, para suportar a afirmação de que o novo cereal diminui os níveis de colesterol total no sangue.

21. Sim; $p \approx 0{,}0073 < 0{,}05$, então você rejeita H_0.

23. $-1{,}76 < \mu_d < -1{,}29$.

Seção 8.4

1. (1) As amostras são selecionadas aleatoriamente.
(2) As amostras são dependentes.
(3) $n_1 \bar{p} \geq 5, n_1 \bar{q} \geq 5, n_2 \bar{p} \geq 5$ e $n_2 \bar{q} \geq 5$.

3. Pode usar a distribuição normal; não rejeita H_0. Não há evidência suficiente, ao nível de significância de 1%, para suportar a afirmação.

5. Pode usar a distribuição normal; rejeita H_0. Não há evidência suficiente, ao nível de significância de 10%, para rejeitar a afirmação.

7 a. A afirmação é: "há diferença na proporção dos indivíduos que usaram palmilhas magnéticas e os que usaram palmilhas não magnéticas, e se sentem completamente ou em grande parte melhor após 4 semanas".
$H_0: p_1 = p_2; H_a: p_1 \neq p_2$ (afirmação).
b. $-z_0 = -2{,}575; z_0 = 2{,}575$; regiões de rejeição: $z < -2{,}575$, $z > 2{,}575$.
c. $-1{,}24$.
d. Não rejeita H_0.
e. Não há evidência suficiente, ao nível de significância de 1%, para suportar a afirmação de que há diferença na proporção dos indivíduos que usaram palmilhas magnéticas e os que usaram palmilhas não magnéticas, e se sentem completamente ou em grande parte melhor após 4 semanas.

9 a. A afirmação é "a proporção de homens com idade entre 18 e 24 anos que se matricularam na faculdade é menor que a proporção de mulheres com idade entre 18 e 24 anos que se matricularam na faculdade".
$H_0: p_1 \geq p_2; H_a: p_1 < p_2$ (afirmação).
b. $z_0 = -1{,}645$; região de rejeição: $z < -1{,}645$.
c. $-1{,}24$.
d. Não rejeita H_0.
e. Não há evidência suficiente, ao nível de significância de 5%, para suportar a afirmação de que a proporção de homens com idade entre 18 e 24 anos que se matricularam na faculdade é menor que a proporção de mulheres com idade entre 18 e 24 anos que se matricularam na faculdade.

11a. A afirmação é "a proporção de motoristas que usam cinto de segurança é maior no sul que no nordeste".
$H_0: p_1 \leq p_2; H_a: p_1 > p_2$ (afirmação).
b. $z_0 = 1{,}645$; região de rejeição: $z > 1{,}645$.
c. $1{,}90$.
d. Rejeita H_0.
e. Há evidência suficiente, ao nível de significância de 5%, para suportar a afirmação de que a proporção de motoristas que usam cinto de segurança é maior no sul que no nordeste.

13. Não, não há evidência suficiente, ao nível de significância de 5%, para rejeitar a afirmação de que a proporção de adultos nos Estados Unidos que são a favor da construção de novas usinas nucleares em seu país é a mesma que a proporção de adultos da Grã-Bretanha que são a favor da construção de novas usinas nucleares em seu país.

15. Sim, há evidência suficiente, ao nível de significância de 1%, para suportar a afirmação de que a proporção de adultos na França que são a favor da construção de novas usinas nucleares em seu país é maior que a proporção de adultos na Espanha que são a favor da construção de novas usinas nucleares em seu país.

17. Não, não há evidência suficiente, ao nível de significância de 5%, para suportar a afirmação de que a proporção de homens com idade entre 18 e 24 anos morando na casa dos pais era maior em 2012 que em 2000.

19. Sim, há evidência suficiente, ao nível de significância de 1%, para rejeitar a afirmação de que a proporção de pessoas com idade entre 18 e 24 anos morando na casa dos pais em 2000 era a mesma para homens e mulheres.

21. $-0{,}038 < p_1 - p_2 < -0{,}022$.

Usos e abusos do Capítulo 8

1. As respostas irão variar.

2. Cego: os pacientes não sabem a qual grupo (medicamento ou placebo) pertencem. Duplo cego: ambos o pesquisador e o paciente não sabem a qual grupo (medicamento ou placebo) que o paciente pertence.

Exercícios de revisão do Capítulo 8

1. Dependentes, porque os mesmos adultos foram amostrados.

3. Independentes, porque veículos diferentes foram amostrados.

5. Não rejeita H_0. Não há evidência suficiente, ao nível de significância de 5%, para rejeitar a afirmação.

7. Rejeita H_0. Há evidência suficiente, ao nível de significância de 10%, para suportar a afirmação.

9 a. A afirmação é: "o teor médio de sódio dos sanduíches de frango do restaurante A é menor que o teor médio de sódio dos sanduíches de frango do restaurante B".
 $H_0: \mu_1 \geq \mu_2; H_a: \mu_1 < \mu_2$ (afirmação).
 b. $z_0 = -1,645$; região de rejeição: $z < -1,645$.
 c. $-2,82$.
 d. Rejeita H_0.
 e. Há evidência suficiente, ao nível de significância de 5%, para suportar a afirmação de que o teor médio de sódio dos sanduíches de frango do restaurante A é menor que o teor médio de sódio dos sanduíches de frango do restaurante B.

11. Rejeita H_0. Há evidência suficiente, ao nível de significância de 5%, para rejeitar a afirmação.

13. Não rejeita H_0. Não há evidência suficiente, ao nível de significância de 5%, para rejeitar a afirmação.

15. Rejeita H_0. Há evidência suficiente, ao nível de significância de 1%, para suportar a afirmação.

17 a. A afirmação é: "os alunos do terceiro ano ensinados com as atividades de leitura dirigida tiveram pontuação maior que aqueles ensinados sem as atividades".
 $H_0: \mu_1 \leq \mu_2; H_a: \mu_1 > \mu_2$ (afirmação).
 b. $t_0 = 1,684$; região de rejeição: $t > 1,684$.
 c. 2,267.
 d. Rejeita H_0.
 e. Há evidência suficiente, ao nível de significância de 5%, para suportar a afirmação de que os alunos do terceiro ano ensinados com as atividades de leitura dirigida tiveram pontuação maior que aqueles ensinados sem as atividades.

19. Rejeita H_0. Há evidência suficiente, ao nível de significância de 1%, para rejeitar a afirmação.

21. Rejeita H_0. Há evidência suficiente, ao nível de significância de 10%, para rejeitar a afirmação.

23 a. A afirmação é: "suplementos de cálcio podem reduzir a pressão sanguínea sistólica dos homens".
 $H_0: \mu_d \leq 0; H_a: \mu_d > 0$ (afirmação).
 b. $t_0 = 1,383$; região de rejeição: $t > 1,383$.
 c. $\bar{d} = 5; s_d \approx 8,743$.
 d. 1,808.
 e. Rejeita H_0.
 f. Há evidência suficiente, ao nível de significância de 10%, para suportar a afirmação de que suplementos de cálcio podem reduzir a pressão sanguínea sistólica dos homens.

25. Pode usar a distribuição normal; não rejeita H_0. Não há evidência suficiente, ao nível de significância de 5%, para suportar a afirmação.

27. Pode usar a distribuição normal; rejeita H_0. Há evidência suficiente, ao nível de significância de 10%, para suportar a afirmação.

29 a. A afirmação é: "a proporção de indivíduos que estão livres da dor é a mesma para os dois grupos".
 $H_0: p_1 = p_2$ (afirmação); $H_a: p_1 \neq p_2$.
 b. $-z_0 = -1,96; z_0 = 1,96$; regiões de rejeição: $z < -1,96; z > 1,96$.
 c. 5,62 (tecnologia: 5,58).
 d. Rejeita H_0.
 e. Há evidência suficiente, ao nível de significância de 5%, para rejeitar a afirmação de que a proporção de indivíduos que estão livres da dor é a mesma para os dois grupos.

Problemas do Capítulo 8

1 a. A afirmação é: "a nota média na avaliação de ciências dos estudantes homens do ensino médio é maior que a nota média das estudantes mulheres do ensino médio".
 $H_0: \mu_1 \leq \mu_2; H_a: \mu_1 > \mu_2$ (afirmação).
 b. Unilateral à direita, porque H_a contém >; teste z, porque σ_1 e σ_2 são conhecidos, as amostras são aleatórias, as amostras são independentes e $n_1 \geq 30$ e $n_2 \geq 30$.
 c. $z_0 = 1,645$; região de rejeição: $z > 1,645$.
 d. 0,85.
 e. Não rejeita H_0.
 f. Não há evidência suficiente, ao nível de significância de 5%, para suportar a afirmação de que a nota média na avaliação de ciências dos estudantes homens do ensino médio era maior que a nota média das estudantes mulheres do ensino médio.

2 a. A afirmação é: "as notas médias em uma avaliação de ciências para meninos e meninas do quarto ano são iguais".
 $H_0: \mu_1 = \mu_2$ (afirmação); $H_a: \mu_1 \neq \mu_2$.
 b. Bilateral, porque H_a contém $\neq$; teste t, porque σ_1 e σ_2 são desconhecidos, as amostras são aleatórias, as amostras são independentes e as populações são normalmente distribuídas.
 c. $-t_0 = -2,779; t_0 = 2,779$; regiões de rejeição: $t < -2,779; t > 2,779$.
 d. 0,151.
 e. Não rejeita H_0.
 e. Não há evidência suficiente, ao nível de significância de 1%, para rejeitar a afirmação do professor de que as notas médias em uma avaliação de ciências para meninos e meninas do quarto ano são iguais.

3 a. A afirmação é: "o seminário ajuda os adultos a aumentarem sua pontuação de crédito".
$H_0: \mu_d \geq 0; H_a: \mu_d < 0$ (afirmação).
  b. Unilateral à esquerda, porque H_a contém <; teste t, porque ambas as populações são normalmente distribuídas e as amostras são dependentes.
  c. $t_0 = -2,718$; região de rejeição: $t < -2,718$.
  d. $-5,07$.
  e. Rejeita H_0.
  f. Há evidência suficiente, ao nível de significância de 1%, para suportar a afirmação de que o seminário ajuda os adultos a aumentarem sua pontuação de crédito.

4 a. A afirmação é "a proporção de adultos americanos que são a favor da aplicação de testes obrigatórios para avaliar quão bem as escolas estão educando os estudantes é menor que há 9 anos atrás".
$H_0: p_1 \geq p_2; H_a: p_1 < p_2$ (afirmação).
  b. Unilateral à esquerda, porque H_a contém <; teste z, porque você está testando proporções, as amostras são aleatórias, as amostras são independentes e as quantidades $n_1\bar{p}, n_2\bar{p}, n_1\bar{q}$ e $n_2\bar{q}$ são pelo menos 5.
  c. $z_0 = -1,645$; região de rejeição: $z < -1,645$.
  d. $-6,09$ (*tecnologia*: $-6,13$).
  d. Rejeita H_0.
  e. Há evidência suficiente, ao nível de significância de 5%, para suportar a afirmação de que a proporção de adultos americanos que são a favor da aplicação de testes obrigatórios para avaliar quão bem as escolas estão educando os estudantes é menor que há 9 anos atrás.

Estatísticas reais – Decisões reais do Capítulo 8

1 a. *Exemplo de resposta*: Divida os registros em grupos de acordo com as idades dos pacientes internados e, então, selecione aleatoriamente registros de cada grupo.
  b. *Exemplo de resposta*: Divida os registros em grupos de acordo com as regiões geográficas e, então, selecione aleatoriamente uma ou mais regiões.
  c. *Exemplo de resposta*: Numere em ordem a partir do um para cada registro, escolha aleatoriamente um número em um grupo inicial e, então, selecione um registro a cada 50 registros.
  d. *Exemplo de resposta*: Atribua um número de 1 a N para cada registro e, então, use uma tabela de números aleatórios para gerar uma amostra de números.

2 a. As respostas irão variar.
  b. As respostas irão variar.

3. Use um teste t; independentes; sim, você precisa saber se as distribuições das populações são normais ou não; sim, você precisa saber se as variâncias populacionais são iguais ou não.

4. Não há evidência suficiente, ao nível de significância de 10%, para aceitar a afirmação de que há diferença no tempo médio de internação para os pacientes. A decisão não aceita a afirmação.

Revisão acumulada dos capítulos 6–8

1 a. (0,128; 0,172).
  b. Há evidência suficiente, ao nível de significância de 5%, para suportar a afirmação do pesquisador de que mais de 12% das pessoas que frequentam faculdade de dois anos têm 40 anos ou mais.

2. Há evidência suficiente, ao nível de significância de 10%, para suportar a afirmação de que o aditivo de combustível melhorou o desempenho.

3. (25,94; 28,00); distribuição z.

4. (2,59; 4,33); distribuição t.

5. (10,7; 13,5); distribuição t.

6. (7,85; 8,57); distribuição z.

7. Há evidência suficiente, ao nível de significância de 10%, para suportar a afirmação do pediatra de que o peso médio ao nascer de um bebê único é maior que o peso médio ao nascer de um bebê que tem um gêmeo.

8. $H_0: \mu \geq 33; H_a: \mu < 33$ (afirmação).

9. $H_0: p \geq 0,19$ (afirmação); $H_a: p < 0,19$.

10. $H_0: \sigma = 0,63$ (afirmação); $H_a: \sigma \neq 0,63$.

11. $H_0: \mu = 2,28; H_a: \mu \neq 2,28$ (afirmação).

12 a. (5,1; 22,8).
  b. (2,3; 4,8).
  c. Não há evidência suficiente, ao nível de significância de 1%, para rejeitar a afirmação do farmacêutico de que o desvio padrão do número médio de medicações crônicas tomadas por idosos na comunidade é, no máximo, 2,5 medicamentos.

13. Há evidência suficiente, ao nível de significância de 5%, para suportar a afirmação da organização de que as pontuações médias no SAT para homens atletas e não atletas em uma faculdade são diferentes.

14 a. (37.732,2; 40.060,7).
  b. Não há evidência suficiente, ao nível de significância de 5%, para rejeitar a afirmação de que os ganhos médios anuais para tradutores é US$ 40.000.

15. Não há evidência suficiente, ao nível de significância de 10%, para rejeitar a afirmação de que as proporções de jogadores sofrendo lesões na cabeça e no pescoço são as mesmas para os dois grupos.

16 a. (41,5; 42,5).
  b. Há evidência suficiente, ao nível de significância de 5%, para rejeitar a afirmação do zoólogo de que o período médio de incubação para avestruzes é pelo menos 45 dias.

17. Um erro tipo I ocorrerá quando a verdadeira proporção de donos de cachorros que vestem seus animais com roupas for 0,18, mas você rejeita H_0. Um erro tipo II ocorrerá quando a verdadeira proporção de donos de cachorros que vestem seus animais com roupas for diferente de 0,18, mas você não rejeita H_0.

Capítulo 9

Seção 9.1

1. Cresce.
3. A faixa de valores para o coeficiente de correlação é –1 a 1, inclusive.
5. *Exemplo de resposta*: Correlação linear positiva perfeita: preço por galão de gasolina e custo total de gasolina. Correlação linear negativa perfeita: distância da porta e altura da rampa para cadeira de rodas.
7. r é o coeficiente de correlação amostral, enquanto ρ é o coeficiente de correlação populacional.
9. Correlação linear negativa forte.
11. Correlação linear negativa perfeita.
13. Correlação linear positiva forte.
15. c; Você esperaria uma correlação linear positiva entre idade e renda.
16. d; Você não esperaria que idade e altura fossem correlacionadas.
17. b; Você esperaria uma correlação linear negativa entre idade e saldo dos empréstimos estudantis.
18. a; Você esperaria que a relação entre idade e temperatura corporal fosse praticamente constante.
19. Variável explanatória: quantidade de água consumida. Variável resposta: perda de peso.
21a. [gráfico de dispersão: Pressão sanguínea sistólica (em milímetros de mercúrio) vs Idade (em anos)]
   b. 0,908.
   c. Correlação linear positiva forte; conforme a idade aumenta, a pressão sanguínea sistólica tende a aumentar.
23a. [gráfico de dispersão: Tempo (em segundos) vs Peso máximo (em quilogramas)]
   b. –0,975.
   c. Correlação linear negativa forte; conforme o peso máximo para uma repetição de meio agachamento aumenta, o tempo para uma arrancada de 10 metros tende a diminuir.
25a. [gráfico de dispersão: Dividendos por ação (em dólares) vs Lucros (em dólares)]
   b. 0,967.
   c. Correlação linear positiva forte; conforme os lucros por ação aumentam, os dividendos por ação tendem a aumentar.
27. O coeficiente de correlação fica mais forte, indo de $r \approx 0{,}908$ para $r \approx 0{,}969$.
29. O coeficiente de correlação fica mais fraco, indo de $r \approx -0{,}975$ para $r \approx -0{,}655$.
31. Não há evidência suficiente, ao nível de significância de 1%, para concluir que há uma correlação linear significativa entre o peso dos veículos e a variabilidade na distância de frenagem em uma superfície seca.
33. Há evidência suficiente, ao nível de significância de 1%, para concluir que há uma correlação linear significante entre o peso máximo para uma repetição de meio agachamento e o tempo para uma arrancada de 10 metros.
35. $r \approx -0{,}975$; o coeficiente de correlação permanece inalterado quando os valores de x e os valores de y são trocados.

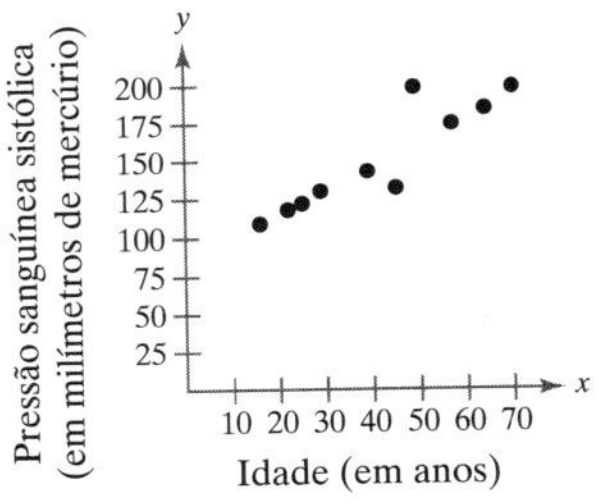

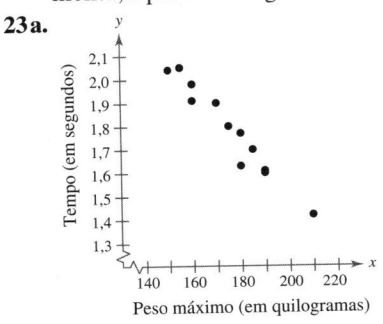

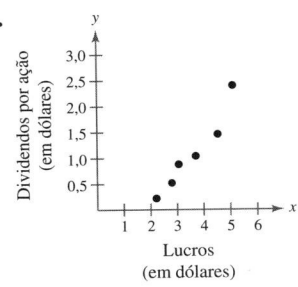

Atividade 9.1

1–4. As respostas irão variar.

Seção 9.2

1. Um resíduo é a diferença entre o valor observado de y e o valor previsto de y na reta de regressão para a coordenada x do dado. Um resíduo é positivo quando o ponto está acima da reta, negativo quando o ponto está abaixo da reta e zero quando o valor observado de y é igual ao valor previsto de y.
3. Substitua um valor de x na equação de uma reta de regressão e resolva para $\hat{y}$.
5. A correlação entre variáveis deve ser significativa.

7.	b.	8.	a.
9.	e.	10.	c.
11.	f.	12.	d.
13.	c.	14.	b.
15.	a.	16.	d.

17. $\hat{y} = 0{,}065x + 0{,}465$.

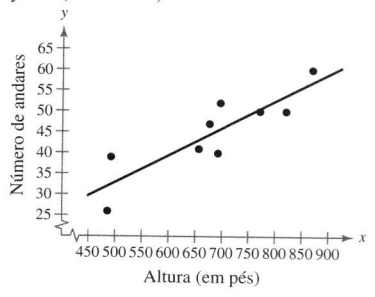

a. 52 andares.
b. 49 andares.
c. Não é apropriado prever o valor de y para $x = 400$, porque $x = 400$ está fora do intervalo dos dados observados.
d. 41 andares.

19. $\hat{y} = 7{,}451x + 37{,}449$.

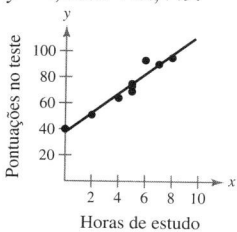

a. 60.
b. 86.
c. Não é apropriado prever o valor de y para $x = 13$, porque $x = 13$ está fora do intervalo dos dados observados.
d. 71.

21. $\hat{y} = -2{,}044x + 520{,}668$.

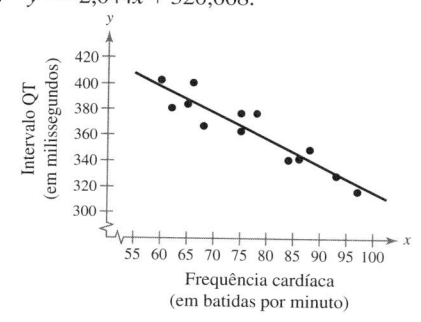

a. Não é apropriado prever o valor de y para $x = 120$, porque $x = 120$ está fora do intervalo dos dados observados.
b. 384 milissegundos.
c. 337 milissegundos.
d. 351 milissegundos.

23. $\hat{y} = 2{,}472x + 80{,}813$.

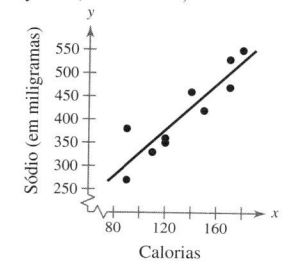

a. 501,053 miligramas.
b. 328,013 miligramas.
c. 426,893 miligramas.
d. Não é significativo prever o valor de y para $x = 210$, porque $x = 210$ está fora do intervalo dos dados observados.

25. $\hat{y} = 1{,}870x + 51{,}360$.

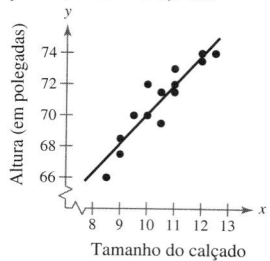

a. 72,865 polegadas.
b. 66,320 polegadas.
c. Não é apropriado prever o valor de y para $x = 15{,}5$, porque $x = 15{,}5$ está fora do intervalo dos dados observados.
d. 70,060 polegadas.

27. Correlação linear positiva forte; conforme os anos de experiência das enfermeiras registradas aumentam, seus salários tendem a aumentar.

29. Não, não é apropriado prever um salário para uma enfermeira registrada com 28 anos de experiência porque $x = 28$ está fora do intervalo dos dados observados.

31 a. $\hat{y} = -4{,}297x + 94{,}200$.

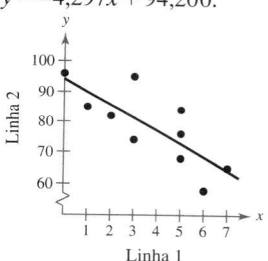

b. $\hat{y} = -0{,}141x + 14{,}763$.

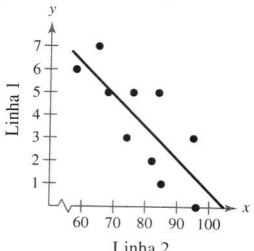

c. A inclinação da reta mantém o mesmo sinal, mas os valores de m e b mudam.

33 a. $\hat{y} = 0{,}139x + 21{,}024$.

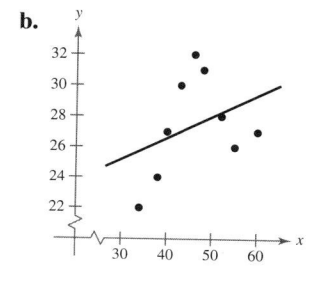

b.

c. Resíduo

d. O gráfico de resíduos mostra um padrão, porque os resíduos não flutuam em torno de 0. Isso implica que a reta de regressão não é uma boa representação da relação entre as duas variáveis.

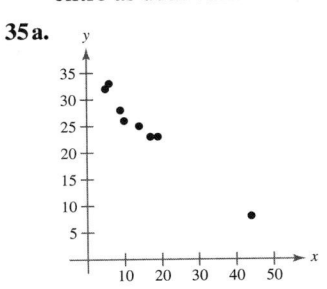

35 a.

b. O ponto (44; 8) pode ser um *outlier*.

c. O ponto (44; 8) não é um ponto influente porque as inclinações e interceptos em y das retas de regressão com e sem o ponto incluído não são significativamente diferentes.

37. $\hat{y} = 654{,}536x - 1.214{,}857$.

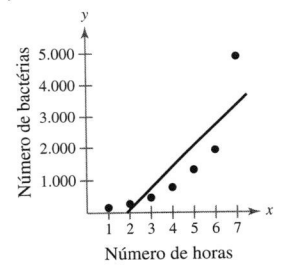

39. $y = 93{,}028(1{,}712)^x$.

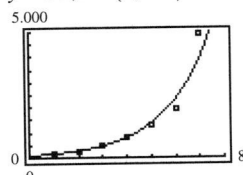

41. $\hat{y} = -78{,}929x + 576{,}179$.

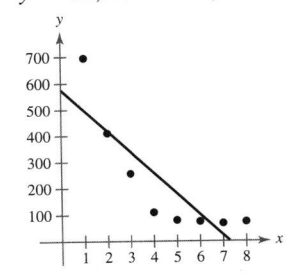

43. $y = 782{,}300x^{-1{,}251}$.

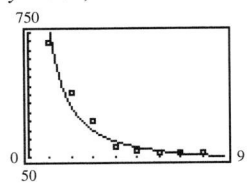

45. $y = 25{,}035 + 19{,}599 \ln x$.

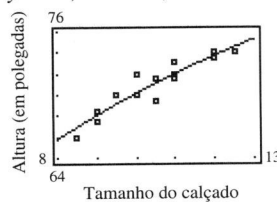

47. A equação logarítmica é um modelo melhor para os dados. O gráfico da equação logarítmica ajusta os dados melhor que a reta de regressão.

Atividade 9.2

1–4. As respostas irão variar.

Seção 9.3

1. A variação total é a soma dos quadrados das diferenças entre os valores de y em cada para ordenado e a média dos valores de y dos pares ordenados, ou $\sum(y_i - \bar{y})^2$.

3. A variação não explicada é a soma dos quadrados das diferenças entre os valores de y observados e os valores de y previstos, ou $\sum(y_i - \hat{y}_i)^2$.

5. Duas variáveis que têm correlação linear positiva ou negativa perfeita possuem um coeficiente de correlação de 1 ou −1, respectivamente. Em ambos os casos, o coeficiente de determinação é 1, o que significa que 100% da variação na variável resposta é explicada pela variação na variável explanatória.

7. 0,216; cerca de 21,6% da variação é explicada. Cerca de 78,4% da variação é não explicada.

9. 0,916; cerca de 91,6% da variação é explicada. Cerca de 8,4% da variação é não explicada.

11 a. 0,798; cerca de 79,8% da variação no lucro total pode ser explicada pela relação entre o número de emissões e o lucro e, cerca de 20,2% da variação é não explicada.

b. 8.054,328; o erro padrão da estimativa do lucro para um número específico de emissões é cerca de 8.054.328.000.

13 a. 0,992; cerca de 99,2% da variação nas vendas pode ser explicada pela relação entre a área quadrada total e as vendas e, cerca de 0,8% da variação é não explicada.

b. 19,440; o erro padrão da estimativa das vendas para uma área quadrada total específica é cerca de US$ 19.440.000.000.

15 a. 0,967; cerca de 96,7% da variação no salário dos funcionários do governo federal pode ser explicada pela relação entre o salário dos funcionários do governo estadual e federal e, cerca de 3,3% da variação é não explicada.

b. 25,152; o erro padrão da estimativa do salário médio semanal dos funcionários do governo federal para um salário médio semanal específico de um funcionário do governo estadual é cerca de US$ 25,15.

17 a. 0,779; cerca de 77,9% da variação na quantidade de óleo cru importado pode ser explicada pela relação entre a quantidade de óleo cru produzido e a quantidade importada e, cerca de 22,1% da variação é não explicada.
b. 212,197; o erro padrão da estimativa da quantidade de óleo cru importado para uma quantidade específica de óleo cru produzido é cerca de 212.197 barris por dia.

19 a. 0,899; cerca de 89,9% da variação na venda de veículos novos da General Motors pode ser explicada pela relação entre as vendas de veículos novos da Ford e da General Motors e cerca de 10,1% da variação é não explicada.
b. 357,721; o erro padrão da estimativa das vendas de novos veículos da General Motors para uma quantidade específica de vendas de veículos novos da Ford é cerca de 357.721 veículos novos.

21. $40.083,251 < y < 82.572,581$.
Você pode estar 95% confiante de que o lucro estará entre US$ 40.083.251.000 e US$ 82.572.581.000 quando o número de ofertas iniciais for 450 emissões.

23. $1.042,535 < y < 1.117,687$.
Você pode estar 90% confiante de que as vendas estarão entre US$ 1.042.535.000.000 e US$ 1.117.687.000.000 quando a área quadrada total for 5,75 bilhões.

25. $1.014,026 < y < 1.196,606$.
Você pode estar 99% confiante de que o salário médio semanal dos funcionários do governo federal estará entre US$ 1.014,03 e US$ 1.196,61 quando o salário médio semanal para os funcionários do governo estadual for US$ 800.

27. $9.114,586 < y < 10.285,940$.
Você pode estar 95% confiante de que a quantidade de óleo cru importado estará entre 9.114.586 e 10.285.940 barris por dia quando a quantidade de óleo cru produzida for 5.550.000 barris por dia.

29. $2.737,169 < y < 4.437,831$.
Você pode estar 95% confiante de que a venda de veículos novos para a General Motors estará entre 2.737.169 e 4.437.831 veículos novos quando as vendas de veículos novos para a Ford for 2.628.000 veículos novos.

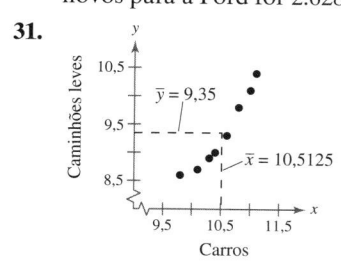

31.

33. 0,934; cerca de 93,4% da variação nas idades medianas dos caminhões leves pode ser explicada pela relação entre as idades medianas dos carros e dos caminhões leves e, cerca de 6,6% da variação é não explicada.

35. Não rejeita H_0. Não há evidência suficiente, ao nível de significância de 1%, para suportar a afirmação de que há uma relação linear entre peso e número de horas dormidas.

37. $-57,491 < B < 288,941$; $105,536 < M < 228,264$.

Seção 9.4

1 a. 18.832,7 libras por acre.
b. 18.016,4 libras por acre.
c. 17.350,6 libras por acre.
d. 16.190,3 libras por acre.

3 a. 7,5 pés cúbicos.   **c.** 51,9 pés cúbicos.
b. 16,8 pés cúbicos.   **d.** 62,1 pés cúbicos.

5 a. $\hat{y} = -2.075,2 + 20,9x_1 + 35,071x_2$.
b. 8,721; o erro padrão da estimativa das vendas previstas dados uma área quadrada total e um número de shoppings específicos é cerca de US$ 8,721 bilhões.
c. 0,998; o modelo de regressão múltipla explica cerca de 99,8% da variação.

7. 0,997; cerca de 99,7% da variação em y pode ser explicada pela relação entre as variáveis; $r^2_{adj} < r^2$.

Usos e abusos do Capítulo 9

1 e 2. As respostas irão variar.

Exercícios de revisão do Capítulo 9

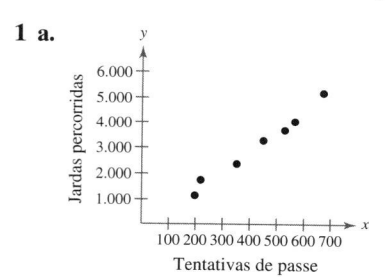

1 a.

b. 0,991.
c. Correlação linear positiva forte; conforme o número de tentativas de passe aumenta, o número de jardas percorridas tende a aumentar.

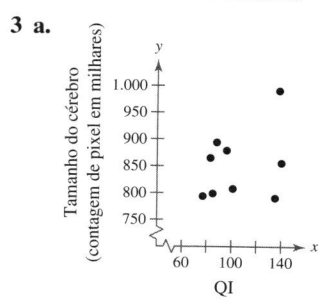

3 a.

b. 0,338.
c. Correlação linear positiva fraca; o QI não parece ser relacionado ao tamanho do cérebro.

5. Há evidência suficiente, ao nível de significância de 5%, para concluir que há uma correlação linear significativa entre as tentativas de passe do quarterback e as jardas percorridas.

7. Não há evidência suficiente, ao nível de significância de 1%, para concluir que há uma correlação linear significante entre o QI e o tamanho do cérebro.

9. $\hat{y} = 0,038x - 3,529$.

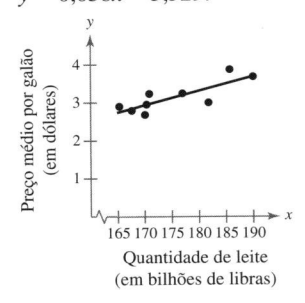

a. Não é apropriado prever o valor de y para $x = 150$, porque $x = 150$ está fora do intervalo dos dados originais.
b. US$ 3,12.
c. US$ 3,31.
d. Não é apropriado prever o valor de y para $x = 210$, porque $x = 210$ está fora do intervalo dos dados originais.

11. $\hat{y} = -0,086x + 10,450$.

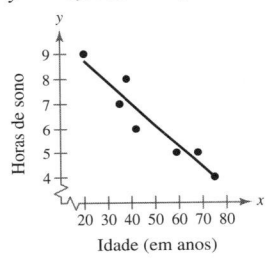

a. Não é significativo prever o valor de y para $x = 16$, porque $x = 16$ está fora do intervalo dos dados originais.
b. 8,3 horas.
c. Não é significativo prever o valor de y para $x = 85$, porque $x = 85$ está fora do intervalo dos dados originais.
d. 6,15 horas.

13. 0,203; cerca de 20,3% da variação é explicada. Cerca de 79,7% da variação é não explicada.

15. 0,412; cerca de 41,2% da variação é explicada. Cerca de 58,8% da variação é não explicada.

17. a. 0,679; cerca de 67,9% da variação na eficiência de combustível dos sedans compactos esportivos pode ser explicada pela relação entre seus preços e eficiências de combustível e, cerca de 32,1% da variação é não explicada.
b. 1,138; o erro padrão da estimativa da eficiência de combustível dos sedans compactos esportivos para um preço específico de um sedan compacto esportivo é cerca de 1,138 milhas por galão.

19. $2,997 < y < 4,025$.
Você pode estar 90% confiante de que o preço por galão de leite estará entre US$ 3,00 e US$ 4,03 quando 185 bilhões de libras de leite forem produzidas.

21. $4,866 < y < 8,294$.
Você pode estar 95% confiante de que as horas de sono estarão entre 4,866 e 8,294 para um adulto que tenha 45 anos de idade.

23. $16,119 < y < 25,137$.
Você pode estar 99% confiante de que a eficiência de combustível do sedan compacto esportivo que custa US$ 39.900 estará entre 16,119 e 25,137 milhas por galão.

25. a. $\hat{y} = 3,6738 + 1,2874x_1 - 7,531x_2$.
b. 0,710; o erro padrão da estimativa do teor de monóxido de carbono previsto, para dado teor específico de alcatrão e nicotina, é cerca de 0,710 miligramas.
c. 0,943; o modelo de regressão múltipla explica cerca de 94,3% da variação em y.

27. a. 21,705 milhas por galão.   c. 30,1 milhas por galão.
b. 25,21 milhas por galão.   d. 25,86 milhas por galão.

Problemas do Capítulo 9

1. Os dados aparentam ter uma correlação linear positiva. Conforme x cresce, y tende a crescer.

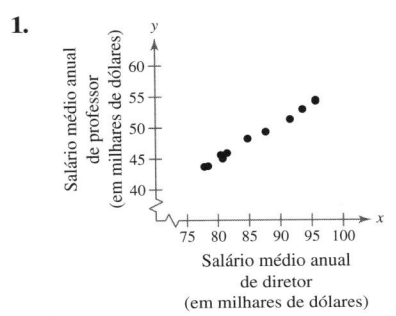

2. 0,998; correlação linear positiva forte; conforme os salários médios anuais dos diretores de escolas públicas aumentam, os salários médios anuais dos professores de escolas públicas tendem a aumentar.

3. Rejeita H_0. Há evidência suficiente, ao nível de significância de 5%, para concluir que há uma correlação linear significante entre os salários médios anuais dos diretores de escolas públicas e os salários médios anuais dos professores de escolas públicas.

4. $\hat{y} = 0,587x - 2,051$.

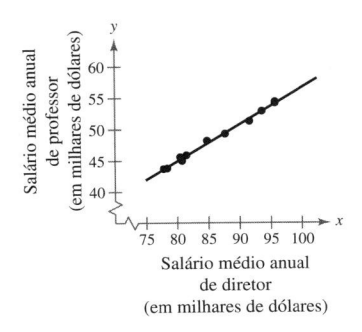

5. US$ 51.072,50.

6. 0,995; cerca de 99,5% da variação nos salários médios anuais dos professores de escolas públicas pode ser explicada pela relação entre os salários médios anuais dos diretores e professores de escolas públicas e, cerca de 0,5% da variação é não explicada.

7. 0,307; o erro padrão da estimativa do salário médio anual de professores de escolas públicas para um salário médio anual específico de diretores de escolas públicas é cerca de US$ 307.

8. $47.559 < y < 49.009$.

Você pode estar 95% confiante de que o salário médio anual de professores de escolas públicas estará entre US$ 47.559 e US$ 49.009 quando o salário médio anual de diretores de escolas públicas for US$ 85.750.

9 a. US$ 95,26
   b. US$ 70,28.
   c. US$ 67,74
   d. US$ 59,46.

Estatísticas reais – Decisões reais do Capítulo 9

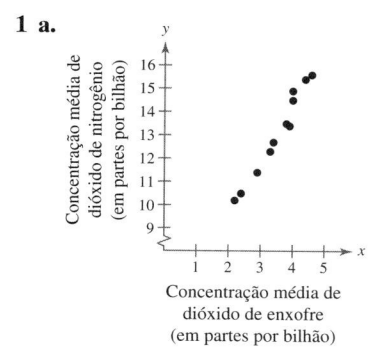

1 a.

Parece que há uma correlação linear positiva. Conforme a concentração média de dióxido de enxofre cresce, a concentração média de dióxido de nitrogênio tende a crescer.

b. 0,983; há uma correlação linear positiva forte.

c. Há evidência suficiente, ao nível de significância de 5%, para concluir que há uma correlação linear significativa entre as concentrações médias de dióxido de enxofre e as concentrações médias de dióxido de nitrogênio.

d. $\hat{y} = 2,390x + 4,674$.

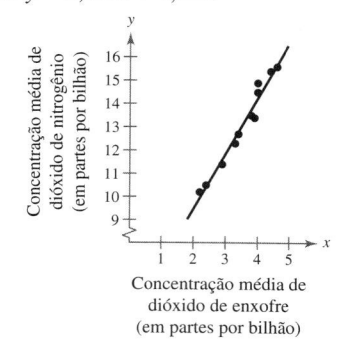

Sim, a reta parece ser um bom ajuste.

e. Sim, para valores de x que estão dentro do intervalo do conjunto de dados.

f. $r^2 \approx 0,967$; cerca de 96,7% da variação nas emissões de dióxido de nitrogênio podem ser explicadas pela variação nas emissões de dióxido de enxofre, e cerca de 3,3% da variação é não explicada.

$s_e \approx 0,363$; o erro padrão da estimativa da concentração média de dióxido de nitrogênio para uma concentração média de dióxido de enxofre específica é cerca de 0,363 partes por bilhão.

2. $9,724 < y < 11,574$.

Você pode estar 95% confiante de que a concentração média de dióxido de nitrogênio estará entre 9,724 e 11,574 partes por bilhão quando a concentração média de dióxido de enxofre for 2,5 partes por bilhão.

Capítulo 10

Seção 10.1

1. Um experimento multinomial é um experimento probabilístico que consiste de um número fixo de tentativas independentes nas quais há mais que dois resultados possíveis para cada tentativa. A probabilidade de cada resultado é constante, e os resultados são classificados em categorias.

3. 45.

5. 57,5.

7 a. H_0: a distribuição das idades dos espectadores é 22% com idades de 2 a 17, 21% com idades de 18 a 24, 24% com idades de 25 a 39, 14% com idades de 40 a 49 e 19% com 50 ou mais anos. (Afirmação.)

H_a: a distribuição de idades difere da distribuição esperada.

b. $\chi_0^2 = 7,779$; região de rejeição: $\chi^2 > 7,779$.

c. 18,781. d. Rejeita H_0.

e. Há evidência suficiente, ao nível de significância de 10%, para rejeitar a afirmação de que a distribuição das idades dos espectadores e a distribuição esperada são as mesmas.

9 a. H_0: a distribuição dos dias em que as pessoas pedem comida para entrega é 7% domingo, 4% segunda-feira, 6% terça-feira, 13% quarta-feira, 10% quinta-feira, 36% sexta-feira e 24% sábado.

H_a: a distribuição de dias difere da distribuição esperada. (Afirmação.)

b. $\chi_0^2 = 16,812$; região de rejeição: $\chi^2 > 16,812$.

c. 17,595. d. Rejeita H_0.

e. Há evidência suficiente, ao nível de significância de 1%, para concluir que a distribuição de dias difere da distribuição esperada.

11 a. H_0: a distribuição do número de crimes de homicídio na Califórnia, por estação, é uniforme. (Afirmação.)

H_a: a distribuição de homicídios por estação não é uniforme.

b. $\chi_0^2 = 7,815$; região de rejeição: $\chi^2 > 7,815$.

c. 1,487.

d. Não rejeita H_0.

e. Não há evidência suficiente, ao nível de significância de 5%, para rejeitar a afirmação de que distribuição do número de crimes de homicídio na Califórnia por estação é uniforme.

13a. H_0: a distribuição das opiniões de pais americanos sobre se uma educação superior vale a despesa é 55% concorda plenamente, 30% concorda parcialmente, 5% não concorda nem discorda, 6% discorda parcialmente e 4% discorda plenamente.

H_a: a distribuição de opiniões difere da distribuição esperada. (Afirmação.)

b. $\chi_0^2 = 9{,}488$; região de rejeição: $\chi^2 > 9{,}488$.
c. 65,236.
d. Rejeita H_0.
e. Há evidência suficiente, ao nível de significância de 5%, para concluir que a distribuição das opiniões dos pais americanos sobre se uma educação superior vale a despesa difere da distribuição esperada.

15a. H_0: a distribuição de possíveis compradores de casas pelo tamanho que eles querem que seja sua próxima casa é uniforme.

H_a: a distribuição de possíveis compradores de casas pelo tamanho que eles querem que seja sua próxima casa não é uniforme. (Afirmação.)

b. $\chi_0^2 = 5{,}991$; região de rejeição: $\chi^2 > 5{,}991$.
c. 10,308.
d. Rejeita H_0.
e. Há evidência suficiente, ao nível de significância de 5%, para concluir que a distribuição de possíveis compradores de casas pelo tamanho que eles querem que seja sua próxima casa não é uniforme.

17a. As frequências esperadas são 17, 63, 79, 34 e 5.
b. $\chi_0^2 = 13{,}277$; região de rejeição: $\chi^2 > 13{,}277$.
c. 0,613
d. Não rejeita H_0.
e. Não há evidência suficiente, ao nível de significância de 1%, para rejeitar a afirmação de que as pontuações de teste são normalmente distribuídas.

Seção 10.2

1. Encontre a soma da linha e a soma da coluna na qual a célula está localizada. Calcule o produto dessas somas. Divida o produto pelo tamanho da amostra.

3. *Exemplo de resposta*: Tanto para o teste qui-quadrado para independência quanto para o teste qui-quadrado para a qualidade do ajuste, você está testando uma afirmação sobre dados que estão em categorias. Contudo, o teste qui-quadrado para a qualidade do ajuste tem somente um valor de dado por categoria, ao passo que o teste qui-quadrado para independência tem múltiplos valores de dados por categoria.

Ambos os testes comparam frequências observadas e esperadas. Todavia, o teste qui-quadrado para a qualidade do ajuste simplesmente compara as distribuições, enquanto que o teste qui-quadrado para independência as compara e, depois, tira uma conclusão sobre a dependência ou independência das variáveis.

5. Falso. Se as duas variáveis de um teste qui-quadrado para independência são dependentes, então você pode esperar uma grande diferença entre as frequências observadas e as esperadas.

7. (a)–(b)

Resultado	Atleta		Total
	Alongou	Não alongou	
Lesionado	18 (20,82)	22 (19,18)	40
Não lesionado	211 (208,18)	189 (191,82)	400
Total	229	211	440

9. (a)–(b)

Bancário	Preferência			Total
	Novo procedimento	Antigo procedimento	Sem preferência	
Caixa	92 (133,80)	351 (313,00)	50 (46,19)	493
Representante de serviço ao cliente	76 (34,20)	42 (80,00)	8 (11,81)	126
Total	168	393	58	619

11. (a)–(b)

Gênero	Tipo de carro				Total
	Compacto	Grande	Utilitário	Caminhonete/van	
Masculino	28 (28,6)	39 (39,05)	21 (22,55)	22 (19,8)	110
Feminino	24 (23.4)	32 (31,95)	20 (18,45)	14 (16,6)	90
Total	52	71	41	36	200

13a. H_0: o nível de habilidade em uma matéria é independente da localização. (afirmação)

H_a: o nível de habilidade em uma matéria é dependente da localização.

b. g.l. = 2; $\chi_0^2 = 9{,}210$; região de rejeição: $\chi^2 > 9{,}210$.
c. 0,297.
d. Não rejeita H_0.
e. Não há evidência suficiente, ao nível de significância de 1%, para rejeitar a afirmação de que o nível de habilidade em uma matéria é independente da localização.

15a. H_0: o número de vezes que ex-fumantes tentaram parar é independente do gênero.

H_a: o número de vezes que ex-fumantes tentaram parar é dependente do gênero. (Afirmação.)

b. g.l. = 2; $\chi_0^2 = 5{,}991$; região de rejeição: $\chi^2 > 5{,}991$.
c. 0,002
d. Não rejeita H_0.

e. Não há evidência suficiente, ao nível de significância de 5%, para concluir que o número de vezes que ex-fumantes tentaram parar é dependente do gênero.

17 a. H_0: as razões são independentes do tipo de trabalhador.
H_a: as razões são dependentes do tipo de trabalhador. (Afirmação.)
  b. g.l. = 2; χ_0^2 = 9,210; região de rejeição: χ^2 > 9,210.
  c. 7,326.
  d. Não rejeita H_0.
  e. Não há evidência suficiente, ao nível de significância de 1%, para concluir que as razões para educação continuada são dependentes do tipo de trabalhador.

19 a. H_0: o tipo de colisão é independente do tipo de veículo.
H_a: o tipo de colisão é dependente do tipo de veículo. (Afirmação.)
  b. g.l. = 2; χ_0^2 = 5,991; região de rejeição: χ^2 > 5,991.
  c. 139,041 (tecnologia: 139,035).
  d. Rejeita H_0.
  e. Há evidência suficiente, ao nível de significância de 5%, para concluir que o tipo de colisão é dependente do tipo de veículo.

21 a. H_0: quem pede dinheiro emprestado para a faculdade em uma família é independente da renda da família.
H_a: quem pede dinheiro emprestado para a faculdade em uma família é dependente da renda da família. (Afirmação.)
  b. g.l. = 6; χ_0^2 = 16,812; região de rejeição: χ_0^2 > 16,812.
  c. 37,99.
  d. Rejeita H_0.
  e. Há evidência suficiente, ao nível de significância de 1%, para concluir que quem pede dinheiro emprestado para a faculdade em uma família é dependente da renda da família.

23. Não rejeita H_0. Não há evidência suficiente, ao nível de significância de 5%, para rejeitar a afirmação de que as proporções de mortes em colisões de veículos motorizados envolvendo homens e mulheres são as mesmas para cada faixa etária.

25. Unilateral à direita.

27.

Situação	Grau de instrução			
	Ensino médio incompleto	Ensino médio completo	Ensino superior incompleto	Ensino superior completo
Empregado	0,049	0,171	0,103	0,283
Desempregado	0,009	0,023	0,011	0,016
Fora da força de trabalho	0,070	0,119	0,054	0,091

29. Algumas das frequências esperadas são menores que 5.

31. 46,7%.

33.

Situação	Grau de instrução			
	Ensino médio incompleto	Ensino médio completo	Ensino superior incompleto	Ensino superior completo
Empregado	0,384	0,546	0,613	0,725
Desempregado	0,074	0,073	0,065	0,041
Fora da força de trabalho	0,543	0,380	0,321	0,234

35. 7,4%.

Seção 10.3

1. Especifique o nível se significância α. Determine os graus de liberdade para o numerador e o denominador. Use a Tabela B.7 no Apêndice B para encontrar o valor crítico F.

3. (1) As amostras devem ser aleatórias, (2) as amostras devem ser independentes e (3) cada população deve ter uma distribuição normal.

5. 2,54.   **7.** 2,06.   **9.** 9,16.   **11.** 1,80.

13. Não rejeita H_0. Não há evidência suficiente, ao nível de significância de 10%, para suportar a afirmação.

15. Não rejeita H_0. Não há evidência suficiente, ao nível de significância de 1%, para rejeitar a afirmação.

17. Rejeita H_0. Há evidência suficiente, ao nível de significância de 1%, para rejeitar a afirmação.

19 a. H_0: $\sigma_1^2 \leq \sigma_2^2$; H_a: $\sigma_1^2 > \sigma_2^2$ (Afirmação.)
  b. F_0 = 2,11; região de rejeição: F > 2,11.
  c. 2,17.
  d. Rejeita H_0.
  e. Há evidência suficiente, ao nível de significância de 5%, para suportar a afirmação da empresa A de que a variância da vida de seus eletrodomésticos é menor que a variância da vida dos eletrodomésticos da empresa B.

21 a. H_0: $\sigma_1^2 = \sigma_2^2$; H_a: $\sigma_1^2 \neq \sigma_2^2$ (Afirmação.)
  b. F_0 = 9,20; região de rejeição: F > 9,20.
  c. 1,66.
  d. Não rejeita H_0.
  e. Não há evidência suficiente, ao nível de significância de 5%, para concluir que as variâncias dos tempos de espera diferem entre as duas faixas etárias.

23 a. H_0: $\sigma_1^2 = \sigma_2^2$ (afirmação); H_a: $\sigma_1^2 \neq \sigma_2^2$.
  b. F_0 = 2,635; região de rejeição: F > 2,635.
  c. 1,282
  d. Não rejeita H_0.
  e. Não há evidência suficiente, ao nível de significância de 10%, para rejeitar a afirmação do administrador de que os desvios padrão das notas do teste de avaliação de ciências de alunos do oitavo ano são os mesmos nos bairros 1 e 2.

25 a. $H_0: \sigma_1^2 \leq \sigma_2^2; H_a: \sigma_1^2 > \sigma_2^2$ (Afirmação.)
  b. $F_0 = 1{,}59$; região de rejeição: $F > 1{,}59$.
  c. 1,87.
  d. Rejeita H_0.
  e. Há evidência suficiente, ao nível de significância de 5%, para concluir que o desvio padrão dos salários anuais para atuários é maior em Nova York do que na Califórnia.

27. Unilateral à direita: 14,73.
  Unilateral à esquerda: 0,15.

29. (0,340; 3,422).

Seção 10.4

1. $H_0: \mu_1 = \mu_2 = \mu_3 = \ldots = \mu_k$
  H_a: pelo menos uma das médias é diferente das demais.

3. O MS_B mede as diferenças relacionadas ao tratamento dado a cada amostra. O MS_W mede as diferenças relacionadas aos valores dentro da mesma amostra.

5 a. $H_0: \mu_1 = \mu_2 = \mu_3$.
  H_a: pelo menos uma média é diferente das demais. (Afirmação.)
  b. $F_0 = 3{,}89$; região de rejeição: $F > 3{,}89$.
  c. 4,80.
  d. Rejeita H_0.
  e. Há evidência suficiente, ao nível de significância de 5%, para concluir que pelo menos um custo médio por onça é diferente dos demais.

7 a. $H_0: \mu_1 = \mu_2 = \mu_3$.
  H_a: pelo menos uma média é diferente das demais. (Afirmação.)
  b. $F_0 = 6{,}36$; região de rejeição: $F > 6{,}36$.
  c. 12,10.
  d. Rejeita H_0.
  e. Há evidência suficiente, ao nível de significância de 1%, para concluir que pelo menos um peso médio de aspirador de pó é diferente dos demais.

9 a. $H_0: \mu_1 = \mu_2 = \mu_3 = \mu_4$.
  H_a: pelo menos uma média é diferente das demais. (Afirmação.)
  b. $F_0 = 2{,}84$; região de rejeição: $F > 2{,}84$.
  c. 0,62.
  d. Não rejeita H_0.
  e. Não há evidência suficiente, ao nível de significância de 5%, para concluir que pelo menos uma idade média é diferente das demais.

11 a. $H_0: \mu_1 = \mu_2 = \mu_3 = \mu_4$ (Afirmação.)
  H_a: pelo menos uma média é diferente das demais.
  b. $F_0 = 2{,}28$; região de rejeição: $F > 2{,}28$.
  c. 7,49.
  d. Rejeita H_0.
  e. Há evidência suficiente, ao nível de significância de 10%, para rejeitar a afirmação de que as pontuações médias são as mesmas para todas as regiões.

13 a. $H_0: \mu_1 = \mu_2 = \mu_3 = \mu_4 = \mu_5 = \mu_6$.
  H_a: pelo menos uma média é diferente das demais. (Afirmação.)
  b. $F_0 = 2{,}53$; região de rejeição: $F > 2{,}53$.
  c. 2,28.
  d. Não rejeita H_0.
  e. Não há evidência suficiente, ao nível de significância de 5%, para concluir que o salário médio é diferente em pelo menos uma das regiões.

15. Não rejeitar todas as hipóteses nulas. A interação entre o meio de propaganda e a duração desta não tem efeito na avaliação e não há diferença significativa nas médias das avaliações.

17. Não rejeitar todas as hipóteses nulas. A interação entre idade e gênero não tem efeito nas notas finais e não há diferença significativa nas médias das notas finais.

19. $CV_{Scheffé} = 7{,}78$.
  $(1, 2) \to 8{,}05 \to$ Diferença significativa.
  $(1, 3) \to 0{,}01 \to$ Diferença não significativa.
  $(2, 3) \to 6{,}13 \to$ Diferença não significativa.

21. $CV_{Scheffé} = 10{,}98$.
  $(1, 2) \to 34{,}81 \to$ Diferença significativa.
  $(1, 3) \to 59{,}55 \to$ Diferença significativa.
  $(2, 3) \to 3{,}30 \to$ Diferença não significativa.

Usos e abusos do Capítulo 10

1 e 2. As respostas irão variar.

Exercícios de revisão do Capítulo 10

1 a. H_0: a distribuição das quantias de mesada é 29% menos que US$ 10, 16% US$ 10 a US$ 20, 9% mais que US$ 21 e 46% não dão.
  H_a: a distribuição das quantias difere da distribuição esperada. (Afirmação.)
  b. $\chi_0^2 = 6{,}251$; região de rejeição: $\chi^2 > 6{,}251$.
  c. 4,886.
  d. Não rejeita H_0.
  e. Não há evidência suficiente, ao nível de significância de 10%, para concluir que a distribuição das quantias que os pais dão como mesada difere da distribuição esperada.

3 a. H_0: a distribuição das respostas dos alunos de golfe sobre o que eles precisam de mais ajuda é 22% aproximação e balanço, 9% tacada inicial, 4% finalização e 65% tacadas curtas. (Afirmação.)
  H_a: a distribuição das respostas difere da distribuição esperada.
  b. $\chi_0^2 = 7{,}815$; região de rejeição: $\chi^2 > 7{,}815$.
  c. 0,503.
  d. Não rejeita H_0.
  e. Há evidência suficiente, ao nível de significância de 5%, para concluir que a distribuição das respostas dos alunos de golfe é a mesma que a distribuição esperada.

5 a. $E_{1,1} = 141,3$; $E_{1,2} = 352,2$; $E_{1,3} = 285,6$; $E_{1,4} = 270,9$; $E_{2,1} = 329,7$; $E_{2,2} = 821,8$; $E_{2,3} = 666,4$; $E_{2,4} = 632,1$.

b. H_0: os anos de experiência de ensino em tempo integral são independentes do gênero.

H_a: os anos de experiência de ensino em tempo integral são dependentes do gênero. (Afirmação.)

c. g.l. = 3; $\chi_0^2 = 11,345$; região de rejeição: $\chi^2 > 11,345$.

d. 0,635.

e. Não rejeita H_0.

f. Não há evidência suficiente, ao nível de significância de 1%, para concluir que os anos de experiência de ensino em tempo integral são dependentes do gênero.

7 a. $E_{1,1} = 145,8$; $E_{1,2} = 128,79$; $E_{1,3} = 46,17$; $E_{1,4} = 21,87$; $E_{1,5} = 62,37$; $E_{2,1} = 34,2$; $E_{2,2} = 30,21$; $E_{2,3} = 10,83$; $E_{2,4} = 5,13$; $E_{2,5} = 14,63$.

b. H_0: a condição de uma espécie é independente do grupo vertebrado. (Afirmação.)

H_a: a condição de uma espécie é dependente do grupo vertebrado.

c. g.l. = 4; $\chi_0^2 = 13,277$; região de rejeição: $\chi^2 > 13,277$.

d. 56,503.

e. Rejeita H_0.

f. Há evidência suficiente, ao nível de significância de 1%, para rejeitar a afirmação de que a condição de uma espécie (em perigo ou ameaçada) é independente do grupo vertebrado.

9. 2,295. **11.** 2,39.

13. 2,06. **15.** 2,08.

17 a. $H_0: \sigma_1^2 \leq \sigma_2^2$; $H_a: \sigma_1^2 > \sigma_2^2$. (Afirmação.)

b. $F_0 = 1,92$; região de rejeição: $F > 1,92$.

c. 1,72.

d. Não rejeita H_0.

e. Não há evidência suficiente, ao nível de significância de 10%, para suportar a afirmação de que a variação na produção de trigo é maior no condado de Garfield do que no condado de Kay.

19 a. $H_0: \sigma_1^2 = \sigma_2^2$; $H_a: \sigma_2^2 \neq \sigma_2^2$. (Afirmação.)

b. $F_0 = 7,01$; região de rejeição: $F > 7,01$.

c. 1,17.

d. Não rejeita H_0.

e. Não há evidência suficiente, ao nível de significância de 1%, para suportar a afirmação de que a variância da pontuação na prova das mulheres é diferente daquela dos homens.

21 a. $H_0: \mu_1 = \mu_2 = \mu_3 = \mu_4$.

H_a: pelo menos uma média é diferente das demais. (Afirmação.)

b. $F_0 = 2,29$; região de rejeição: $F > 2,29$.

c. 6,19.

d. Rejeita H_0.

e. Há evidência suficiente, ao nível de significância de 10%, para concluir que pelo menos uma quantia média gasta com energia é diferente das demais.

Problemas do Capítulo 10

1 a. H_0: a distribuição do grau de instrução para pessoas nos Estados Unidos com idade no intervalo 30–34 anos é 12,4% com ensino médio incompleto, 30,4% com ensino médio completo, 16,7% com ensino superior incompleto, 9,6% com grau de tecnólogo, 19,8% com grau de bacharel e 11,1% com pós-graduação.

H_a: a distribuição do grau de instrução para pessoas nos Estados Unidos com idade no intervalo 30–34 anos difere da distribuição esperada. (Afirmação.)

b. $\chi_0^2 = 11,071$; região de rejeição: $\chi^2 > 11,071$.

c. 4,25.

d. Não rejeita H_0.

e. Não há evidência suficiente, ao nível de significância de 5%, para concluir que a distribuição para pessoas nos Estados Unidos com idade no intervalo 30–34 anos difere da distribuição de pessoas com 25 anos ou mais.

2 a. H_0: idade e grau de instrução são independentes.

H_a: idade e grau de instrução são dependentes. (Afirmação.)

b. $\chi_0^2 = 15,086$; região de rejeição: $\chi^2 > 15,086$.

c. 9,783.

d. Não rejeita H_0.

e. Não há evidência suficiente, ao nível de significância de 1%, para concluir que grau de instrução é dependente da idade.

3 a. $H_0: \sigma_1^2 = \sigma_2^2$; $H_a: \sigma_1^2 \neq \sigma_2^2$ (Afirmação.)

b. $F_0 = 4,43$; região de rejeição: $F > 4,43$.

c. 1,35.

d. Não rejeita H_0.

e. Não há evidência suficiente, ao nível de significância de 1%, para concluir que as variâncias no salário anual para Ithaca, NY, e Little Rock, AR são diferentes.

4 a. $H_0: \mu_1 = \mu_2 = \mu_3$ (afirmação).

H_a: pelo menos uma média é diferente das demais.

b. $F_0 = 2,44$; região de rejeição: $F > 2,44$.

c. 4,52.

d. Rejeita H_0.

e. Há evidência suficiente, ao nível de significância de 10%, para rejeitar a afirmação de que o salário médio anual é o mesmo para todas as três cidades.

Estatísticas reais – Decisões reais do Capítulo 1

1. Não rejeita H_0. Não há evidência suficiente, ao nível de significância de 1%, para concluir que a distribuição de respostas difere da distribuição esperada.

2 a. $E_{1,1} = 15$; $E_{1,2} = 120$; $E_{1,3} = 165$; $E_{1,4} = 185$; $E_{1,5} = 135$; $E_{1,6} = 115$; $E_{1,7} = 155$; $E_{1,8} = 110$; $E_{2,1} = 15$; $E_{2,2} = 120$; $E_{2,3} = 165$; $E_{2,4} = 185$; $E_{2,5} = 135$; $E_{2,6} = 115$; $E_{2,7} = 155$; $E_{2,8} = 110$.

b. Há evidência suficiente, ao nível de significância de 1%, para concluir que as idades das vítimas estão relacionadas com o tipo de fraude.

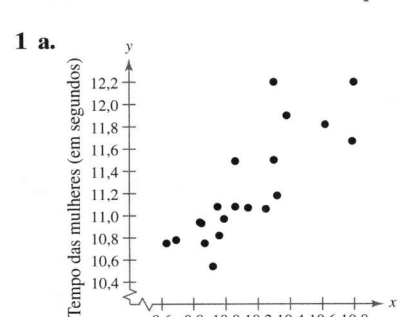

Revisão acumulada dos capítulos 9 e 10

1 a.

$r \approx 0,823$, correlação linear positiva forte

b. Há evidência suficiente, ao nível de significância de 5%, para concluir que há uma correlação linear significante entre os tempos dos vencedores das corridas de 100 metros para homens e mulheres.

c. $y = 1,225x - 1,181$.

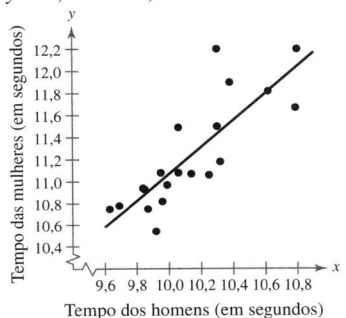

d. 10,95 segundos.

2. Há evidência suficiente, ao nível de significância de 10%, para rejeitar a afirmação de que as despesas médias são as mesmas para todas as quatro regiões.

3 a. 19.899 libras por acre.
b. 20.949 libras por acre.

4. Não há evidência suficiente, ao nível de significância de 10%, para rejeitar a afirmação do administrador de que os desvios padrão das notas de teste de leitura para alunos do oitavo ano são os mesmos no Colorado e em Utah.

5. Não há evidência suficiente, ao nível de significância de 5%, para rejeitar a afirmação de que as distribuições são as mesmas.

6. Não há evidência suficiente, ao nível de significância de 5%, para concluir que as avaliações dos adultos sobre o filme são dependentes do gênero.

7 a. 0,733; cerca de 73,3% da variação na altura pode ser explicada pela relação entre o comprimento do osso metacarpo e a altura e, cerca de 26,7% da variação é não explicada.

b. 4,255; o erro padrão da estimativa da altura para um comprimento específico do osso metacarpo é cerca de 4,255 centímetros.

c. $168,026 < y < 190,83$; você pode estar 95% confiante de que a altura estará entre 168,026 e 190,83 centímetros quando o comprimento do osso metacarpo for 50 centímetros.

Apêndice C

Apêndice C

1. Os valores observados são geralmente representados no eixo horizontal. Os escores-z esperados são representados no eixo vertical.

3. Como os pontos parecem seguir um padrão não linear, você pode concluir que os dados não vêm de uma população que tem uma distribuição normal.

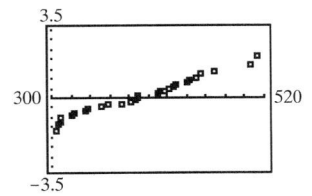

5.

Como os pontos são aproximadamente lineares, você pode concluir que dos dados vêm de uma população que tem uma distribuição normal.

Índice de aplicações

Alimentação e nutrição
Açúcar, 461, 482, 486, 487
Água, 287, 451
Alimento geneticamente modificado, 270, 304
Alimentos integrais, 26
Alimentos mais saudáveis, 26
Amendoim, 382, 495
Ardência de pimentas, 50
Bala de goma, 171
Bananas, 243
Barras de cereais, 381, 385
Bebidas esportivas, 373
Cachorros-quentes, 460
Café, 77, 243, 291, 292, 352, 381, 385, 496
Cafeína, 96, 97, 351, 450, 499
Calorias, 337, 460, 461, 486, 487
Cardápio, 147, 166
Cenouras, 243
Cereal, 207, 317, 418, 487
Chá verde, 325
Chá, 139, 325, 385
Chocolate amargo, 379, 380, 494, 495
Consumo de carne, 269
Consumo de fruta, 269
Desperdício de alimentos, 2
Despesa com alimentação fora de casa, 383
Despesas com alimentação, 271
Espinafre, 483
Estocando peixes, 5
Farinha de aveia, 112
Fast food, 31, 352, 518, 531
    quantia gasta com, 406
Fruta em conserva, 255
Fruta seca, 381
Gordura, 50, 232, 372, 373, 411, 417, 459, 464, 486, 487
Imposto especial sobre alimentos pouco nutritivos, 156
Informação nutricional, 147, 486
Leite
    consumo, 229
    processamento, 372
    produção, 482, 483
    recipientes, 255
M&M's, 211, 494, 495
Maças, 61, 243
Máquina de venda, 243
Milho, toxina, 165
Pedido para viagem, 496

Produção de couve-flor, 478
Produção de sorgo, 478
Proteína, 409, 459
Queijo, 287, 351
Recheios de pizzas, 167
Restaurante, 31, 114, 136, 147, 166, 167, 352, 383, 427, 428, 450, 506, 518
    tempo de espera para atendimento, 384, 514
Salmonela, 328
Segurança alimentar, 509, 510
Sódio, 286, 352, 381, 427, 428, 460
Sopa, 381
Sorvete, 242, 243, 256, 305, 499, 500, 502, 503
Supermercado, 215, 231, 232
Teste de paladar, 50
Tomates, 385
Vegetais em conserva, 255
Xarope de milho com altos índices de frutose, 351

Análise combinatória
Código de segurança, 166, 172, 173
Letras, 166
Placas de carro, 170
Senha, 166, 174

Biologia e ciências da vida
Água
    condutividade, 357
    contaminantes, 317
    níveis de pH, 516
    qualidade, 312, 317
Alce, 18
Animais de estimação, 8, 57, 96, 406
Árvores, 14, 162, 377, 473, 474, 478, 485
Avestruz, 436
Bactéria, 28, 217, 462,
Baleia-franca do Atlântico Norte, 360
Bezerros, 179
Cachorros, 171, 186, 367, 436, 460
Carvalhos-brancos, 249
Cerejeira, 478
Cisnes, 337
Clonagem, 366,
Coelhos, 204, 205
Conjunto de dados de Iris de Fisher, 58
Elefantes, 408, 478
Espécies de animais, 450
Espécies em perigo e ameaçadas, 531

Esquilos, 316,
Flores boca-de-leão, 138
Focas, 360, 431, 460
Gatos, 171, 239, 367, 406,
Genética, 33, 138, 200
Gorilas, 48, 49
Grou-canadense, 268
Iguanas, 118
Índice de qualidade do ar, 114
Jacarés, 122, 123
Lixo, 354, 360
Mastite clínica em um rebanho leiteiro, 217
Morcegos frugívoros de Mariana, 50
Morcegos nariz de porco, 268, 269
Moscas-da-fruta, 111
Moscas-domésticas, 62
Peixe *Zalembius rosaceus*, 406
Peixe, 478, 531
Produtos orgânicos, 198
Puma, 310
Relação predador-presa, 25
Salmão, 132, 143
Siris-azuis, 406
Soja, 26
Solo, 485, 516
Tartaruga de caixa oriental, 217, 218
Truta, 205

Casa e construção
Aluguel mensal de apartamento, 118
Construção, 138, 256, 293, 347,
Imóveis, 68, 118, 136, 151, 168, 326, 332, 334, 428, 514
Pensão completa, 251
Pés quadrados, área construída, 67, 85, 86, 460, 479
Ponte Tacoma Narrows, 204
Preço das casas, 68, 252, 399, 460, 514, 527
Sistema de segurança, 137, 172
Subdivisão, tipos de moradia, 162
Tamanho da casa, 326, 332, 334, 498
Valor de condomínios, 67

Ciências da natureza
Água do mar, 286
Aquecimento global, 14, 274, 299
Aterro sanitário, 354
Chuva ácida, 485
Contaminação do solo, 7, 166
Dia da Terra, 381

Dias ensolarados e chuvosos, Seattle, Washington, 137
Dias limpos, maio, São Francisco, Califórnia, 197
Dias nublados, junho, Pittsburgh, Pensilvânia, 196
Dióxido de nitrogênio, 352, 485, 486
Economizar água e eletricidade, 256
Energia solar, 316
Erupções no Old Faithful, Parque Nacional de Yellowstone, 45, 96, 256, 441, 447, 450, 456, 458
Espessura do gelo, 61
Furacões, 26, 186, 207, 212
Impacto negativo no meio ambiente, 304
Incêndios florestais, 481
Nevasca
    Condado central de New York, 254
    Nome, Alasca, 185
Poluição da água, 166
Poluição do ar, 31
Precipitação
    Orlando, Flórida, 13
    São Francisco, Califórnia, 312
    Savannah, Geórgia, 207
Previsão do tempo, 168, 176
Proteger o meio ambiente, 430, 431
Relâmpagos, 212
Temperatura
    Cleveland, Ohio, 48
    Denver, Colorado, 13
    Sacramento, Califórnia, 29
Terremotos, 239
Tornados, 122, 185, 212

Ciências políticas

Câmara dos Deputados, idades dos membros da, 73, 158,
Primeira-dama dos Estados Unidos, 122
Eleições gerais, Virgínia, 137
Avaliação do desempenho do deputado, 414, 415
Cargos, 274
Candidatos à presidência, 154
Rezoneamento, 312, 313
Senado, 154, 158, 159, 166
Juízes da suprema corte,
    idades, 115
    nomes, 199
Presidentes dos Estados Unidos
    filhos, 51
    melhores, 147
    partido político, 7
    pesos, 94
    piores, 147
Eleitores, 7, 8, 35, 132, 136, 137, 138, 198, 199, 200, 201, 274, 303, 313, 414, 473, 474,
Partidos políticos, 7, 15, 67, 158
112º congresso, 14, 15
Congresso, 5, 14, 15, 23, 154, 158, 159, 199, 264,
Índice de aprovação do presidente, 17, 23

Computadores

Compras pela internet, 67
Computador(es), 8, 166, 212, 213, 304
    reparos, 294, 336
    salário de engenheiros de software, 312
Contas on-line, 304
Facebook, 4, 61, 74, 156, 271
Ferramentas de busca, 299, 301
Internet, 30, 67, 70, 171, 337, 392, 393
Laptop, 336
Monitores, 253
Preocupação com dados usados sem conhecimento, 271
Sites de redes sociais, 61, 131, 133, 279
Spam, 264
Tablets, 317
Unidade de disco, 528
Vídeos online, 316

Demográficos

Altura, 451, 461, 464
    de homens, 76, 88, 108, 110, 234, 242
    de mulheres, 49, 88, 89, 108, 234, 242, 267
    e comprimento do osso metacarpo, 538
Carro novo, 127
Carros por domicílio, 96
Casamento, 94
Códigos postais, 23, 29
Cores dos olhos, 14, 146
Crianças por domicílio, 90, 91
Domicílio, 274
Gerações, 198
Idade da noiva, 94
Idade de aposentados, 26
Idade, 1, 7, 22, 26, 29, 31, 49, 67, 76, 89, 90, 94, 97, 118, 137, 195, 207, 212, 213, 259, 261, 263, 265, 273, 349, 385, 424, 473, 474, 533,
Informações sobre médicos, 31
Melhores anos para os Estados Unidos, 29
Nascimentos, 207, 220, 498
Netos, 155
Peso de recém-nascidos nos Estados Unidos, 220, 243
Pesquisas mais admiradas, 318
População
    Condado de West Ridge, 21, 22, 23
    Estados Unidos, 213
    cidades, 2, 10
Preço médio de residências novas, 117
Preferência religiosa, 171
Seleção de funcionários, 168
Sustento de filhos após a faculdade, 6
Tamanho do sapato/calçado, 49, 442, 461
Taxas de desemprego dos Estados Unidos, 114

Economia e finanças

Ações, 6, 8, 62, 112, 139, 140, 170, 202, 286, 472, 484, 515, 516
    McDonald's, 484
Análise de lucro e prejuízo, 184, 186
Aposentadoria confortável, 198
Auditoria/pesquisa, 130, 213, 305
Caixa eletrônico, 51
Cartão de crédito, 111, 252, 336, 360, 396, 535, 537
Comissão, 18, 112
Compradores que retornam, 336
Contas de serviços públicos, 96, 107, 234
Contas individuais de aposentadoria, 473
Custo para criar filhos, 349, 382
Erros nos salários, 208
Exportações dos Estados Unidos, 77
Gasto com livros, 50
Gastos antes de viajar, 91
Gerenciamento de dinheiro, 497
Hipotecas, 7, 57, 295
Impostos, 367
Industrial, 7, 62, 179
Investimentos, 62
Lucros e dividendos, 452
Maiores instituições de caridade, 11
Média industrial do Dow Jones, 7
Melhoria econômica, 188315
Mercado de ações, 6, 139, 140
Mesada, 530
Método de declaração de imposto, 490, 491, 493
Pontuação de crédito, 430
Potência mundial, 8
Poupança de adolescentes, 270
Poupança para emergências, 146
Poupando mais dinheiro, 315
Previsão de lucros, 6
Produto interno bruto, 62, 439, 440, 443, 444, 449, 450, 455, 457, 458, 466, 467, 468, 469, 470, 471, 475
Renda dos proprietários de imóveis, 7
Renda familiar, 97, 507,
Renda, 451
Resgates bancários, 383
Salários, 5, 8, 29, 58, 62, 63, 64, 73, 75, 97, 98, 115, 117, 122, 255, 295, 348, 351, 360, 376, 384, 395, 396, 400, 428, 437, 461, 472, 475, 476, 517, 524, 527, 535
Saldo de conta, 75
Situação financeira, 167
Tempos de espera da Receita Federal, 359

Educação

Acesso à educação superior, 122, 497
Apresentação de trabalho de história, 173
Atitudes em relação à segurança, 506
Atividades de leitura, 428
Atividades extracurriculares, 186, 325, 331, 333
Aulas, 75, 170, 211
Biologia, 24, 61, 110, 155

Bolsa de estudos, 170
Cadeiras em uma sala de aula, 289
Coeficiente de rendimento, 75, 76, 294, 440, 479
Conquistas e localização da escola, 506
Contribuição anual de ex-alunos, 440, 444, 447, 456
Créditos da faculdade, 73
Curso de estatística, 21, 76
Custos da faculdade, 8, 497
Despesa por estudante, 383
Dever de casa, 69, 75
Diploma, 271, 360, 403, 404
Diretor da faculdade, 30
Educação continuada, 507
Educação, plano de estudos, 425
Empréstimo e educação, 507
Escola pública, 154
  alternativa, 171
Estudante
  comitê consultivo, 164
  empréstimos, 451, 567
  hábitos de bebida, 26
  hábitos de sono, 211, 297
  número de identidade, 14
  resultado de pesquisas, 63
  tempo gasto na internet, 392
Estudantes atletas, 185
Estudantes em uma faculdade, 21
Estudantes planejando estudar na área de saúde, 425
Experiência de ensino, 531
Faculdade de enfermagem, 146
Faculdade de medicina, 144, 386
Faculdade de negócios, 14
Faculdades comunitárias, 435
Física, 20, 29, 74, 317
Formação musical, 402
Graduados na faculdade, 265
Grupo experimental, 166
Hábitos de estudo, 30, 479
Horas de aula, 361, 451
Horas de estudo, 460
Idades dos alunos, 64, 68, 127, 266, 283, 286, 287
Língua estrangeira, 265
Livros digitais, 148, 195
Livros, 185, 286
Matrícula, 424
Mensalidade (*tuition*), 73, 101, 106, 337, 361
Métodos de ensino, 407
Nível da turma, 74
Nível mais alto, 12
Normas escolares, 199
Nota final, 75, 76, 115, 122, 477, 478
Notas de avaliação no SAT, 97, 105, 187, 229, 234, 235, 255, 294, 317, 384, 416, 425, 435, 479, 532
Notas em testes de leitura, 537
Notas no LSAT, 73
Notas no MCAT, 49, 351
Notas/pontuações em testes/provas, 61, 69, 70, 73, 75, 76, 96, 108, 110, 115, 116, 122, 132, 135, 243, 254, 259, 261, 392, 460, 476, 498

cola, 207
Orientação para calouros, 213
Planos para depois do ensino médio, 31
Politicamente correto, 199
Pontuação no ACT, 229, 234, 268, 399
Preços dos dormitórios, 115
Problema, 136, 188
Professora de escola pública, 154
Razão entre o número de alunos e-professores, 114
Realização educacional
  e emprego, 508
  e idade, 533
  e local de trabalho, 502
Redações, 254
Salários dos professores, 535, 536
Tamanho da turma, 361
Teste de avaliação de ciências, 376, 430, 517
Teste de avaliação de história americana, 517
Teste de avaliação de matemática, 403
Teste de avaliação escolar, 430
Teste do Estado de Nova York
  de linguagem 8º ano, 221
  Matemática 8º ano, 221
Títulos, 55, 56
  e gênero, 172
Vocabulário, 451, 452

Engenharia

Ajustes em máquina, 272
Altura de edifícios
  Atlanta, Geórgia, 459
  Houston, Texas, 114
Altura de montanhas-russas, 48, 568
Arruela, 311
Capacidade de resfriamento, 459
Cortador de madeira, 255
Diâmetros de inserção, 532
Distribuição de líquido, 236
Engrenagens, 235
Parafusos, 311, 312, 384
Peças do motor, 236
Pregos, 235
Resistência à tração, 407
Taxa de vazão, 336
Turbina de vento, 7
Velocidade de foguete, 178

Entretenimento

Bilhetes de rifa, 172, 187
Blog político, 49
Celebridades, 265
Classificação da Nielsen, 15, 16, 26
Competição de canto, 166
Discos, 15
  Os Beatles, 117
Dispositivo móvel, 259, 262
Duração das músicas, 111
DVDs, 20
DVRs, 135, 286
Estações de rádio, 116

Faixa etária americana, 90, 110, 255, 273,
Filme(s), 10, 11, 13, 26, 30, 108, 117, 146, 214, 322
  classificação, 154, 506, 538
Idade dos fãs de concertos de rock, 66
Ingressos para Broadway, 15
Jogo banco imobiliário, 142
Jogo de azar, 186
Jukebox, 167
Leitor de livros digitais, 195
Leitura, 29
Lista de músicas de um DJ, 166
Livros mais vendidos, 14, 130
Loteria Mega Millions, 164
Loteria, 136, 164, 166, 167, 168, 198, 208
Mídia, 8, 26, 36
Músicas potencialmente ofensivas, 199
Noite de Ano Novo, 29
Notícias, 30, 112, 198, 211, 265, 313, 381, 509
Oscar, 111, 130
Parque de diversões, 336
Presença em show de rock, 185
Programa de TV, 15, 26
Rede social, 185
Revista, 115, 172
Roleta, 134, 187
Sistema de *Home theater*, 326
Televisão via Satélite, 115
Televisão, 13, 14, 15, 16, 26, 109, 115, 116, 124, 135, 190, 207, 208, 209, 211, 286, 311, 365, 385, 399, 418, 482, 483, 528
  LCD, 253, 311
  The price is right, 124
Tocador de MP3, 254, 360
Videogames, 30, 166, 190, 198, 336

Esportes

Alongamento, 505
Basquete, 172, 526, 527
  alturas, 63, 65, 93, 567
  Chris Paul, 274
  Dwight Howard, 213
  Dwyane Wade, 117
  LeBron James, 202, 203
  pesos, 93
  pontos por jogo, 417,
  saltos verticais, 115,
Beisebol, 185, 337, 460, 526, 527
  campeonato mundial, 186,
  Derek Jeter 211
  liga principal, 29, 117, 122, 437,
  média de rebatidas, 97, 201, 202, 233, 416,
  totais de *home run*, 12
Corrida a pé, 166
Corrida cross-country, 173
Corrida de bicicleta, 172
Corrida de cavalos, 167, 211
Daytona, 161
Esporte favorito, 265
Esqui, 166
Força máxima
  altura de salto e, 452, 453
  arrancada e, 452, 453

Frequência cardíaca de treinamento, 249
Futebol americano, 10, 526, 527
    chute, 293
    concussões, 84,
    faculdade, 15, 138,
    jardas por corrida, 293, 295, 481
    Liga nacional, 73, 263, 271,
    peso, 116
    pesos de supino, 398
    Super Bowl, 61, 104
    Tom Brady, 207
    vencedores, 94
Futebol, 14, 137, 269, 287
Golfe, 7, 29, 77, 125, 173, 208, 265, 337, 369, 408, 517, 530
Hóquei, 160, 212, 435, 526, 527
Lacrosse, 166
Maratona da cidade de Nova York, 62
Maratona de Boston, 30
Olimpíadas
    800 metros livres, 96
    Contagem de medalha, 62
    mergulho masculino, 15
    tempos nos 100 metros, 537
Softball, 166, 265
Tempos de prova, 50
Tênis de treinamento, 412, 413
Tênis, 295
Time favorito, 126
Times esportivos populares, 31
Tour de France, 110
Treinamento para maratona, 297
Treinamento, 297, 298, 416, 417
Venda de material esportivo, 117
Vôlei, 75

Governo

Better Business Bureau, 57
Comissão de Valores Mobiliários, 35
Comissão do Senado, 158
Contagem do censo dos Estados Unidos, 5
Declaração de Independência, 51
Departamento de Energia, preços da gasolina, 4
Eleitores registrados, 7, 35, 313
Governadores republicanos, 8
Imposto de renda, 380
Salários, 472, 473, 474, 526
Sistema legal nos Estados Unidos, 327

Lei

Convenção de Genebra, 274
Exame de advocacia da Califórnia, 170
Fraude, 56, 57, 534, 535
Honorários, 8
Imigração, 115
Oficial de paz da Califórnia
    Teste de procedimentos e formação, 170
Pensão alimentícia, 249
Policiais, 30, 336
Posse de arma, 211
Proibição da prática de skate, 31, 137

Regulação de empresas petrolíferas, 316
Roubo de identidade, 275
Seleção de júri, 145, 166
Sistema de justiça, 213
Teor de álcool no sangue, 30
Tribunal, 264
Velocidade, 360

Mortalidade

Acidentes com veículos motores, 185, 508, 531
Acidentes relacionados ao consumo de álcool, 507
Ataques de tubarão, 212
Homicídios, 497
Mortes por tornados, 212
Mulheres com doenças cardíacas, 123
Tempos de resposta da emergência, 49, 295, 376

Negócios

500 maiores empresas, 29, 178
Afirmação do fabricante, 228
Amostras grátis, 367, 368
Classificação dos críticos/Avaliações de produtos, 186, 417
Comitê consultivo, 163, 164
Conselho administrativo, 161
Controle de qualidade, 34, 35, 126, 170
Custos de websites, 312
Departamentos, 29, 33, 163, 494
Erros de embarque, 336
Executivos, 110, 172
Fabricante de vidro, 207
Falências, 208
Indústria de bebidas, 139, 287
Indústrias de manufatura, 99, 100
Lucro, 3, 6, 472, 474
Patrimônio líquido dos acionistas para o Wal-Mart, 479
Presença no Facebook, 4, 74
Propaganda, 366, 413, 469, 528, 531
    e vendas, 469
Redução de estoque, 56, 57
Site de pequenas empresas, 194
Tamanhos de empresas, 170
Telemarketing, 534
Unidades/peças defeituosas, 167, 168, 173, 207, 363
Vendas, 29, 50, 63, 68, 115, 117, 151, 152, 180, 207, 252, 472, 473, 474, 479, 485, 523, 528
Vendedor, 15, 178, 274, 355, 523, 528

Psicologia

Características passivo-agressivos, 179, 180,
Distúrbios alimentares, 73
Escala de inteligência de Wechsler, 276
Experimento, 30
Grupo experimental, 166
QI, 108, 141, 270, 276, 277, 398, 443, 481, 482,
Tempos de reação, 50, 568
Testes psicológicos, 276, 392

Transtorno obsessivo-compulsivo, 508

Saúde e medicina

Academia de ginástica, 234
Adiamento de consulta médica, 7
Analgésicos, 518, 521, 522, 525
Anormalidade no ritmo cardíaco, 8
Antialérgico, 310
Anticancerígeno, 423
Artrite, 25, 263, 426
Asma, 367
Assistência à saúde para idosos, 265
Assistência médica
    avaliação, 274
    consultas, 337, 490
    reforma, 122
Câncer de mama, 27, 28, 146
Câncer de pulmão, 337
Câncer e telefones celulares, 146
Câncer, sobreviventes ao, 195
Cáries, 482
Cirurgia no Ligamento cruciforme anterior, 143
Cirurgia no manguito rotador, 144, 189
Cirurgia
    bariátrica, 342, 343
    procedimento, 188, 258
    sobrevivência, 148
    transplante cardíaco, 207, 242, 517
    transplante de córnea, 213
    transplante de rim, 242, 408
    Tratamento, 335
Cochilo após o almoço, 416
Colesterol, 7, 73, 112, 234, 235, 240, 241, 287, 325, 418, 422, 518
Comportamento oral, 17
Comprimento do fêmur, 49, 568
Concentração de cobre sérico, 431
Confiabilidade do teste, 148
Consulta com prestador de serviço de saúde, 29
Dentista, 25, 209, 304, 316
Diabetes, 2, 17, 420
Diabético, 17, 420
Dieta, 391, 399, 409, 411, 418, 427, 451
Dispositivo para prevenção de derrame, 122
Doença mental, 213
Doenças cardiovasculares, 25, 31
Dores de cabeça, 416, 521, 522
Enfermagem, 61, 146, 150, 156
Enxaquecas, 30, 429
Erros na medicação, 62
Estresse, 78, 146
Exercícios, 116, 504
Fascite plantar, 423
Ficha de admissão de um consultório médico, 15
Força da mão, 417
Frequência cardíaca, 75, 293, 460
Fumo, 2, 20, 31, 139, 142, 173, 212, 351, 367, 390, 391, 506
Gene BRCA, 146
Gravidez,
    duração da, 94
    estudo sobre, 30

Gripe, 8, 20, 173
Hipotireoidismo, 30
Hospitais, 51, 76, 431
Índice de massa corporal (IMC), 30, 75, 295
Ingestão de gordura saturada, 50
Inibidor de apetite, 411
Intervalo QT, 460
Ioga, 64, 383, 390, 391, 421, 423
Leitos de hospitais, 76
Lesão musculoesquelética, 506
Medicações crônicas, 435
Medicamento para o coração, 337
Médicas, 18, 490
Médicos, falar a verdade, 315
Medidas corporais, 464
Níveis de triglicerídeos, 50, 232, 233, 568
Obesidade, 8, 198
Percentual de gordura corporal, 417, 464
Peso, 11, 64, 65, 73, 398, 409, 427
Pesquisa de células-tronco, 24
Plano de saúde, 32
Pneumonia, 416
Prescrição de medicamentos, 26, 122
Pulsação, 51, 440, 441
Quantidade de carboidrato, 381, 385, 487, 518
Recuperação, 132
Salários de enfermeiras registradas, 295, 461
Salários de técnicos de terapia respiratória, 534
Sangue
  doação, 7, 150, 152
  exame, 185
  pressão, 31, 61, 62, 122, 392, 452, 459
  tipo, 136, 147, 270
Solução intravenosa, 515
Sono, 8, 25, 30, 146, 211, 242, 297, 416, 418, 461, 474, 475, 482, 483
  privação, 8, 25, 30
Sono, apneia e pressão sanguínea alta, 146
Suplementos de cálcio, 429
Tamanho dos cérebros, 481
Tecnologia de reprodução assistida, 147, 214
Temperatura do corpo, 12, 362, 363, 415, 451
Tempo de consulta médica, 530
Tempo de espera em hospitais, 295, 376
Tempo de hospitalização, 76, 295, 431
Testando um fármaco, 265, 418
Teste de HIV, 303
Teste fitoterápico, 418
Tratamento com drogas, 508
Vacina contra a gripe, 8, 20
Vacina, 28
Vírus da dengue, 146
Vitaminas, 17, 18, 305, 417
Xarope, 311, 312, 351

Trabalho

Abertura de vaga, 31
Acidentes, 438
Aluguel de escritórios, 85, 93
Anos de serviço, 50
Armazém, 167, 172
Comitês, 163, 167, 209
Desempenho no trabalho, 199
Dia de trabalho, 348
Dias de férias, 109
Distância de carro, 294, 314
Emprego, 22, 31, 58
  oportunidades iguais, 168
  solicitações, 15, 172
Entrevista, 75
Faltas por doença, 74, 211
Ganhos 109, 184, 312, 316, 403, 404, 435
  por hora, 109, 337
Greve, 132
Hora de despertar, 314
Horas extras, 185, 186, 269
Horas trabalhadas por semana, 278, 280, 282, 284
Largar o emprego, 497
Mesa desarrumada, 199
Objetivos de carreira, 507
Presidente, 199
  idades, 61
Salários anuais, 95, 97, 98, 122, 295, 351, 360, 376, 461, 472, 517, 533
Tempo de deslocamento casa / trabalho, 48, 60, 74, 185, 286, 294, 398
Tempo de trabalho e tempo de lazer, 501, 504
Tempo perdido, 523
Trabalhadores por indústria, 138
Trabalhar doente, 264
Trabalhar durante aposentadoria, 30
Trabalho à distância 264
Turno da noite, 315

Variados

Aniversário, 127, 148, 149, 154, 173, 199
Ar condicionado, 192
Área de calamidade pública, 26
Arqueologia, 75, 94, 166
Arranjo floral, 275
Aspiradores de pó, 526
Balões de ar quente, 14
Banco, 23, 51, 174, 305, 312
Bola numerada, 146
Bolas de gude, 188
Cadeiras de acampamento, 186
Câmeras de segurança, 367
Câmeras digitais, 312, 315
Caridade, 11, 156, 187, 304
Cartas, 124, 125, 129, 136, 139, 141, 142, 143, 146, 151, 164, 165, 168, 170, 172, 188, 190, 198
Cassino, 148
Cigarros, 2, 142, 483
Código Pin, 30, 174
Colares, 166
Comida para animais, 406
Compra de roupas, 198
Compras escondidas, 192, 261
Conferência, 155
Consumo de eletricidade, 351
Cortadores de grama, 337
Crianças com comportamento agressivo, 425
Custo de energia, 532, 533
Custos com refeição e alojamento, 251, 252, 397, 398
Defeitos em calculadoras, 172
Dia de São Patrício (*Saint Patrick's Day*), 214
Dia favorito da semana, 63
Eficiência energética, 459
Eletrodomésticos, 516
Emissões de dióxido de
  carbono, 439, 440, 443, 444, 449, 450, 455, 457, 458, 466, 467, 468, 469, 470, 471, 475
Energia eólica, 399
Energia nuclear, 207
Engatinhar, 466
Enrolar a língua, 170
Erros tipográficos, 207, 213
Estação de pesagem, 210
Estação do ano favorita, 63
Exploração espacial, 385
Falhas de energia, 73
Férias, 109, 304, 397, 398
Filmadora, 63
Fornalhas, 325, 331
Ganhar um prêmio, 139, 207, 418
Gás natural, 537
Gasolina, volume de, 178
Gorjeta, 317
Grelhas a gás, 483
Hinderburg, explosão, 8
Horário de verão, 212
Índice de bem-estar, 527
Inicial do nome do meio, 135
Lâmpadas Fluorescentes, 352
Lâmpadas, 295, 352
Lançamento de dado, 35, 73, 76, 125, 126, 129, 133, 135, 136, 137, 141, 142, 143, 146, 150, 151, 155, 157, 171
Lançamento de moeda, 35, 125, 132, 134, 135, 136, 141, 142, 143, 146, 168, 170, 211, 327, 499
Lava-jato, 166
Ligações telefônicas, 373, 374
Limpeza doméstica, 151
Linha de pesca, 374, 375
Loja favorita, 26
Máquina de distribuição de água, 287
Máquina de lavar, 136, 399
Meias, 171
Memória, 8
Mensagens de texto, 52, 53, 54
Meses do ano, 170
Micro-ondas, 167, 294, 384
Modelos de filas, 215
Montagem de paraquedas, 329
Morar com os pais, 424
Morar só, pesquisa, 74
Mozart, 174, 175
Navegadores por sistema de posicionamento global (GPS), 38, 39, 41, 43, 44, 45, 46

Nível de cloro em uma piscina, 372
Número do distintivo de policiais, 30
Números de telefone, 11, 30, 170
Óleo, 63, 138, 325, 331, 332, 333, 360, 473, 474
OVNI
    acreditar em, 304
    ver, 130
Pasta de dentes, 170, 208, 209, 526
Pesquisa com consumidores, 8
Pesquisa de opinião, 14
Pesquisa, lentes de contato, óculos, 74, 156
Plantação de batata-doce, 537
Porta-retratos digital, 66
Posto de gasolina, 115, 210
Praias de parque estadual, 172
Presentes do dia dos namorados, 57
Prevenção para desastre, 136
Produção de trigo, 532
Pulseiras, 166
Quartos de hotel, 74, 501, 504
Recall de segurança, 198
Recesso escolar, 8, 30
Reciclagem, 130, 360
Refrigerador, 286, 337
Relógios, 212, 337
Remodelar cafeteria, 19
Roleta/Disco, 134, 137
Rompimento (de relacionamento), 207
Seleção aleatória de números, 21, 22, 25, 135, 136, 137, 246
Serviço de teste ao consumidor, 77
Sexo de crianças, 170
Sistemas de extinção de incêndio, 351
Smartphones, 32, 35, 298, 299, 300, 301
Sudoku, 160
Tamanho de artigos de jornal, 73
Tamanho de chapéu, 384
Telefones celulares, 7, 53, 146, 190, 191, 211, 231, 248, 264, 270, 364, 365, 367
Tempos de espera em mercado, 14
Tinta
    danos, 335
    latas, 255, 287
    tempo de secagem, 336
Trilha de obstáculos, 418
Usinas nucleares, 101, 103, 104, 424
Valor de fazendas, 269, 458
Velocidade do som, 452
Ver fantasmas, 304

Verificar e-mail, 14, 316
Vida em Marte, 199
Vida útil da bateria de um tocador de MP3, 360
Volume líquido de latas, 287
Voos das naves espaciais, 116
Xadrez, 276, 336

Veículos motorizados e transportes

Aulas de direção defensiva, 451
Aviões, 109, 166
    atrasos com bagagem, 122
    consumo de combustível, 212
Bagagem de mão, 74
Bateria automotiva, 326, 332
Bicicleta
    capacete, 262
    pneus, 274
Bilhetes de estacionamento, 119, 146
Caminhonetes, 14, 116, 421
Capacidade de reboque, 116
Capacidades de carga, 14
Carros usados
    custo, 355,
    seguro, 356
Carros,
    acidentes, 142, 204, 451
    carona solidária, 194, 534
    concessionárias de, 26, 116, 171, 292, 325, 331, 333, 528
    proprietário de, 450, 506
Cavalos-vapor, 30
Cilindradas, 482, 483
Combustível
    consumo de, 517
    eficiência de combustível, 29, 72, 76, 77, 78, 108, 315, 427, 482, 483, 484
Congestionamento, 305
Departamento de veículos motorizados
    tempos de espera, 358, 359
Digitando ao dirigir, 26
Distância de frenagem, 240, 254, 269, 399, 452
Infrações de estacionamento, 119
Lanchas, 398
Mortes, 14

Motocicletas, 62, 312,
Motoristas perigosos, 301
Motoristas sem seguro, 212
Motoristas, 61
    exame de direção, 170
    hábitos de direção, 25
    tempo de direção, 250, 251
Multas de trânsito, 211
Parada (*pit-stop*), 341
Petroleiro, 207
Pneus, 110, 111, 228, 243, 275, 341, 376, 399
Preço de um carro, 9, 483
Preços da gasolina, 255, 256, 286, 304
Preocupações em viagens, 500, 501, 503, 504
Quadriciclo, 336
Quilometragem, 77, 115, 268, 294, 314, 323, 324, 337, 342, 347, 360, 361, 382, 399, 435, 482, 483
Rodovia interestadual, 163
Roubo, 56, 57, 61, 275
Sinal de trânsito, 253
Sistema de segurança de garagem, 137
Táxi, 337
Tempos de aceleração, 315
Teste de colisão, 488, 489
Teste de piloto, 207
Transmissão, 286, 347
Transporte público, 265, 398
Troca de óleo, 325, 331, 332, 333, 360
Uso do cinto de segurança, 421, 424
Veículo híbrido, 324
Veículo
    colisões, 507
    custos, 404, 526
    fabricantes, 150
    ocupantes, 421
    próprio, 169, 531
    sistema de segurança, 128
    tamanho, 29
    velho, 474
    vendas, 473, 474
Velocidade de veículos, 60, 96, 107, 231, 341, 382
Viagem aérea, 304, 305
Voos, 116

Índice remissivo

A
Aleatorização, 19
Amostra(s), 3
   aleatória, 21
      simples, 21
   dependentes, 391
   emparelhada, 391
   estratificada, 22
   independentes, 391
   pareada, 391
   por conglomerado, 23
   por conveniência, 23
   sistemática, 23
   tendenciosa, 21
Amostragem, 21
   aleatória, 3
   de médias amostrais, 245
      propriedades da, 245
   de proporções amostrais, 256
   distribuição amostral, 245
   para a diferença de médias
      amostrais, 394
   para a diferença entre as
      proporções amostrais, 394
   para a média das diferenças de
      dados emparelhados em amostras
      dependentes, 410
   por conglomerado, 23
   por conveniência, 23
Amplitude, 37, 38
   interquartil (aiq), 102
      usando para identificar *outliers*,
         103
   média, 78
   para valores de probabilidade, 132, 153
Análise da variância com um fator, 518
   teste, 519
      encontrando a estatística de
         teste para, 520
Análise exploratória de dados, 52
Ângulo central, 55
Aproximação normal para uma
   distribuição binomial, 258
Assimétrica
   à direita, 71
   à esquerda, 71
   negativamente, 71
   positivamente, 71

B
Bimodal, 66
Blocos, 19
Boxplot, 103
   modificado, 111

C
Calculando
   a estatística de teste para o teste
      ANOVA com um fator, 519, 520
   a frequência esperada para células
      da tabela de contingência, 499
   a média de uma distribuição de
      frequência 70
   a variância e o desvio padrão
      amostral, 83
   áreas sob a curva normal padrão,
      224, 542
   o erro padrão da estimativa, 467
   o valor p para um teste de
      hipótese, 338
   um coeficiente de correlação
      linear, 443
   um tamanho mínimo de amostra
      para estimar p, 302
      para estimar μ, 284
   valores críticos
      em uma distribuição t, 352, 353
      na distribuição F, 511
      na distribuição normal padrão, 344
      para um teste qui-quadrado, 369
Categorias, 489
Cegamento, 19
Célula, 499
Censo, 3, 21
Centro, 37
Chances, 139
   de ganhar, 139
   de perder, 139
Classe, 37
   amplitude de, 37
   fronteiras de, 42
   marca, ponto médio, 40
Coeficiente
   de correlação linear, 442
      calculando o, 443
      de Pearson, 442
      teste t para, 448
      usando tabela para testar o,
         445, 446
   de determinação, 466
   de variação, 86, 92, 93
Coeficiente de correlação produto-
   -momento de Pearson, 442
Coeficiente de determinação, 466
Com reposição, 22
Combinação de n objetos tomados r a r,
   162, 163
Complemento do evento e, 133, 153
Conglomerados (agrupamentos), 23
   de dados, 72
Conjuntos de dados
   centro do (medidas centrais), 37
   construindo uma distribuição de
      frequência a partir do, 38
   forma dos, 37
   emparelhados, 57
   variabilidade dos, 37
Construindo
   um gráfico de frequência
      acumulada, 45
   um intervalo de confiança para a
      diferença entre duas medias, 408
   um intervalo de confiança para a
      diferença entre duas proporções, 425
   um intervalo de confiança para a
      média
         σ conhecido, 281
         σ desconhecido, 291
   um intervalo de confiança para
      a média das diferenças de dados
      pareados, 418
   um intervalo de confiança para a
      proporção, 299
   um intervalo de confiança para a
      variância, 309
   um intervalo de confiança para o
      desvio padrão populacional, 309, 310
   um intervalo de previsão para y
      dado um valor específico de x, 469
   uma distribuição de frequência
      com base em um conjunto de
      dados, 38
   uma distribuição discreta de
      probabilidade, 179
   uma estimativa intervalar, 278
   uma ogiva, 45
Controle estatístico de processo (CEP), 235
Controle
   gráfico, 235
   grupo, 17
Correção de continuidade, 260
Correlação, 438
   e causalidade, 450
   linear negativa, 439
   linear positiva, 439
   não linear, 439
Curva normal padrão, encontrando
   áreas sob a, 224, 542
Curva normal, 218, 219

D
Dados agrupados
   desvio padrão para, 90

média de, 69
Dados, 3
    agrupamento, 72
    outliers, 53, 67, 68
    qualitativo, 9
    quantitativo, 9
Decil, 105
Dependente(s)
    amostras, 391
    eventos, 141, 142
    variáveis aleatórias, 187
    variável, 438
Desenhando um *boxplot*, 104
Desvio padrão, 81
    amostral, 83
        para dados agrupados, 90
    de uma distribuição binomial, 196
    de uma distribuição de frequência, 90
    de uma variável aleatória discreta, 183
    estimativa conjunta do, 401
    estimativa pontual para , 307
    intervalo de confiança para, 309
    populacional, 81
    teste qui-quadrado para o, 372, 379
Diagrama
    boxplot, 103
    de árvore, 126
    de caixa-e-bigodes lado a lado, 111
    de dispersão, 57, 439
    de pontos, 54
    de probabilidade normal, 566
    de resíduos, 462
    quantil-quantil, 566
    ramo e folha lado a lado, 63, 64
    ramo e folha, 52
Desvio, 80
    explicado, 465
    médio absoluto (DMA), 98
    não explicado, 465
    total, 465
Diagrama de caixa-e-bigode (*boxplot*), 103
    desenhando um, 104
    lado a lado, 111
Diagrama de dispersão, 57, 439
Diagrama de pontos, 54
Distribuição de probabilidade
    amostral, 245
        de médias amostrais, 245
    binomial, 190, 205, 206
    contínua, 218
    discreta, 179
        construção, 179
    geométrica, 202, 206
    hipergeométrica, 208
    normal padrão, 222
    normal, 218
        propriedades de uma 222
    Poisson, 203, 204, 206
    qui-quadrado, 307
    uniforme, 230
    Distribuição
    amostral, 245
        das medias amostrais, 245
    binomial, 205, 206
        aproximação normal para uma, 258
        desvio padrão, 196
        média, 196
        parâmetros populacionais, 196
        variância, 196
    contínua de probabilidade, 218
    de frequência, 37
        assimétrica à direita (assimetria positiva), 71
        assimétrica à esquerda (assimetria negativa), 71
        construindo a partir de um conjunto de dados, 38
        desvio padrão de uma, 90
        média de uma, 70
        retangular, 71
        simétrica, 71
        uniforme, 71
    de probabilidade binomial, 190, 205, 206
    discreta de probabilidade, 179
    f, 510, 511
    geométrica, 202, 206
        média, 208
        variância, 208
    hipergeométrica, 208
    normal bivariada, 469
    normal padrão, 222, 540
        calculando áreas sob, 224, 542
        calculando valores críticos na, 344, 345
        propriedades da, 222, 540
    normal, 218, 219
        propriedades da, 218
        usando para aproximar probabilidades binomiais, 261
    Poisson, 203, 206
        variância, 208
    qui-quadrado, 307
    t, 288, 289
        construindo um intervalo de confiança para a média populacional, 290, 291
        encontrando valores críticos na, 352
        propriedades da, 288, 289
    uniforme, 230
Duas amostras
    teste F para comparar variâncias, 513
    teste t, 401
    teste z
        para a diferença entre as médias, 395
        para a diferença entre as proporções, 420

E

e, 204
Efeito
    Hawthorne, 19
    interação, 525
    placebo, 19
    principal, 525
Elementos de um experimento bem planejado, 19
Equação
    de regressão múltipla, 475, 476
    de uma reta de regressão, 455
    exponencial, 462
    logarítmica, 463
    potência, 462, 463

Erro padrão,
    da estimativa, 467
        encontrando , 467
    da média, 245
Erro
    amostral, 21, 245, 279
    da media, padrão, 245
    de estimativa
        máximo, 279
        padrão, 467
    margem de, 279
    tipo I, 327
    tipo II, 327
    tolerância, 279
Escore padrão, 107
Escore-z, 107
    transformando em um valor x, 238
Espaço amostral, 125
Estatística de teste padronizada, 329
    para a diferença entre as médias
        no teste t emparelhado, 411
        no teste z, 395
    para a diferença entre as proporções, 420
    para o coeficiente de correlação, 448
    para um teste qui-quadrado
        para a variância, 372, 379
        para o desvio padrão, 372, 379
    para um teste t
        duas amostras, 401
        para uma média 354, 355, 378
    para um teste z
        duas amostras; 395
        para uma média, 340, 378
        para uma proporção, 364, 378
Estatística de teste, 329
    para o teste da diferença entre as médias, 395, 411
    para o teste da diferença entre as proporções, 420
    para o teste de análise de variância com um fator, 519
    para o teste de uma média
        σ conhecido, 341, 378
        σ desconhecido, 355, 378
    para o teste de uma proporção, 364, 378
    para o teste do coeficiente de correlação, 448
    para um teste F para duas amostras, 513
    para um teste qui-quadrado, 372, 379
        para teste de independência, 501
        para teste de qualidade do ajuste, 491
    para um teste t para duas amostras, 401
    para um teste z para duas amostras, 395
Estatística, 3, 4
    descritiva, 5
    história da, linha do tempo, 33, 34
    inferencial, 5
Estimador não viesado (não tendencioso), 83, 277
Estimando p com amostra de tamanho mínimo, 302
Estimando μ com amostra de tamanho mínimo, 284

Estimativa
    conjunta para o desvio padrão, 401
    erro padrão da, 467
    intervalar, 278
    pontual, 277
        para p, 298
        para σ, 307
        para σ^2, 307
Estrato, 22
Estudo estatístico, planejando um, 17
Estudo observacional, 17
Estudo
    estatístico, planejando um, 17
    observacional, 17
Evento simples, 126
Evento(s) 125
    complementar de um, 133, 153
    dependentes, 142
    independentes, 142, 153
    mutuamente exclusivos, 149, 153
    simples, 126
Experimento, 17
    bem planejado, elementos de um, 18
    binomial, 187, 188
        notação para, 188
    duplo cego, 19
    multinomial, 199, 200, 489
    natural, 26
    probabilístico, 125

F

Falso positivo, 148
Fator de correção
    finita, 256
    população finita, 288
Fatorial, 159
Folha (ramo e folha), 52
Forma da distribuição, 37
Fórmula, probabilidade binomial, 189
Frequência acumulada, 40
    gráfico, 45
        construção, 45
Frequência marginal, 499
Frequência, 37
    acumulada, 40
    conjunta, 500
    esperada, 490
        para as células de uma tabela
            de contingência, 499
    marginal, 499
    observada, 490
    relativa, 40
        condicional, 508, 509
        histograma de, 42
Função densidade de probabilidade, 219

G

g.l.$_D$, na distribuição F, 510
g.l.$_N$, na distribuição F, 510
Gráfico
    de controle, 235
    de frequência acumulada, 45
    de Pareto, 56
    de pizza, 55
    de probabilidade normal, 566
    de resíduos, 462
    enganoso (tendencioso), 63

quantil-quantil, 566
série temporal, 59
Graus de liberdade na distribuição F, 510, 511
    correspondente à variância no
        denominador, 510
    correspondente à variância no
        numerador, 510
Grupo de tratamento, 17

H

Hipótese estatística, 324
Hipótese nula
    duas amostras, 394
    uma amostra, 324
Hipótese
    alternativa, 324, 394
    estatística, 324
    nula, 324, 394
Histograma
    de frequência, 42
    de frequência relativa, 44

I

Inclinação
    intervalo de confiança para, 475
    teste de hipótese para, 474
Independente (s)
    amostras, 391
    eventos, 141, 142
    variáveis aleatórias, 187
    variável, 438
Índice de assimetria de Pearson, 98
Intervalo de confiança, 280, 281
    para s_1^2/s_2^2, 517
    para a diferença entre duas médias, 406
    para a diferença entre duas
        proporções populacionais, 425
    para a inclinação, 474
    para a media das diferenças de
        dados emparelhados, 418
    para o intercepto em y, 475
    para um desvio padrão
        populacional, 309
    para uma media populacional, com
        σ conhecido, 281
        σ desconhecido, 291
    para uma proporção populacional, 299
    para uma variância populacional, 309
Intervalo(s), 37
    de confiança, 280, 281
        para σ, 309
        para σ^2, 309
    de previsão, 469, 470
        construindo, 470
    de previsão c, 570

L

Lacunas, 68
Lei dos grandes números, 131
Limite
    inferior de classe, 37
    superior de classe, 37
Linha do tempo da história da
    estatística, 33, 34

Linha do tempo, história da estatística, 33, 34
Logarítmica
    equação, 463
    transformação, 462

M

Margem de erro, 279
Média(s), 64
    aparada, 78
    de uma distribuição binomial, 196
    de uma distribuição de frequência, 70
    de uma distribuição geométrica, 208
    de uma variável aleatória discreta, 182
    diferença entre
        teste t para, 401
        teste z para, 395
    dos quartis, 111
    erro padrão da, 245
    global, 519, 520
    grande, 520
    ponderada, 69
    teste t para, 354, 355
    teste z para, 340, 341
Mediana, 64, 65
Médias amostrais
    distribuição amostral de, 245
    distribuição amostral para a
        diferença de, 394
Medida de tendência central, 64
Mensuração
    nominal nível de, 10, 12, 13
    ordinal nível de, 10, 12, 13
    intervalar nível de, 10, 11, 12, 13
    de razão nível de, 10, 11, 12, 13
Moda, 64, 66
Mutuamente exclusivo, 149, 153

N

n fatorial, 159
Não correlacionado, 439
Negativamente assimétrica, 71
Nível de confiança, 279
Nível de mensuração
    nominal, 10, 12, 13
    ordinal, 10, 12, 13
    intervalar, 10, 11, 12, 13
    de razão, 10, 11, 12, 13
Nível de significância, 329, 446
Notações para experimento binomial, 188

O

Ogiva, 45
    construindo, 45
Outlier, 53, 67, 68
    usando a amplitude interquartil
        para identificar, 103

P

Parâmetro (s), 4
    de uma distribuição binomial, 196
Passos para o teste de hipótese, 334
Percentil, 105
    que corresponde a uma valor
        específico de x, 106
Perguntas de pesquisa

abertas, 26
fechadas, 26
Permutação, 159, 163
   (arranjo) de n elementos tomados r a r, 160,163
   com elementos repetidos, 161, 163
Pesquisa, 18
Placebo, 17
   efeito, 19
Planejamento experimental (variável de confusão), 18, 19
   blocos aleatorizados, 19
   pares combinados, 20
   completamente aleatorizado, 19
Planejando um estudo estatístico, 16, 17
Poder do teste, 329
Polígono de frequência, 43
Ponto influente, 462
Ponto médio, 40
Ponto
   de inflexão, 219
   influente, 462
População, 3
   coeficiente de correlação da
      usando a Tabela B.11 para testar o, 446
      usando o teste t para o, 448
   construindo intervalo de confiança para a média da
      σ conhecido, 281
      σ desconhecido, 291
   desvio padrão da, 80
      construindo um intervalo de confiança para o, 309, 310
      estimativa pontual para o, 307
   parâmetros de uma distribuição binomial, 196
   Proporção da, 298
      construindo um intervalo de confiança para a, 300
   Variância da, 81
      construindo um intervalo de confiança para a, 309, 310
      estimativa pontual para a, 307
Positivamente assimétrica, 71
Primeiro quartil, 100
Princípio fundamental da contagem, 127, 163
Probabilidade
   binomial
      formula para cálculo 189
      usando a distribuição normal para aproximar, 261
   clássica, 129, 153
   condicional, 140, 141
   de que o primeiro sucesso ocorra na tentativa de número x, 202, 205, 206
   empírica, 130, 153
   estatística, 130
   experimento (probabilístico) de, 125
   fórmula, binomial, 189
   função densidade de, 219
   geométrica, 202
   gráfico, normal, 566
   Regra da Adição para, 150, 153
   Regra da Multiplicação para, 142, 153

   regra, amplitude de domínio da, 132, 153
   resumo de, 153
   subjetiva, 132
   teórica (clássica), 129
   valor p, 330
Processo amostral
   com reposição, 22
   sem reposição, 22
Proporção
   amostral, 256
   populacional, 298
      intervalo de confiança para, 300
      teste z para uma, 364
Proporções amostrais, distribuição amostral de, 256
Propriedades
   da distribuição amostral de médias amostrais, 245
   da distribuição normal padrão, 222, 540
   da distribuição qui-quadrado, 307, 308
   da distribuição t, 289
   de uma distribuição normal, 218, 219
P-value (valor p) 330
   para um teste de hipótese, encontrando o, 339
   regra de decisão baseada no, 333, 338
   usando para o teste z para uma média, 341

Q

Quadrado de Punnett, 138
Quadrado médio
   dentro, 519
   entre, 519
Quartil, 100, 105,106
   primeiro, 100
   segundo, 100
   terceiro, 100
Qui-quadrado
   distribuição, 307
   teste de independência, 501
   teste de qualidade do ajuste, 489, 491
      instruções para, 492
   teste
      encontrando valores críticos para, 369
      instruções para, 372
      para a variância, 372, 379
      para o desvio padrão, 372, 379

R

Ramo e folha, 52
Realizando
   um teste da análise de variância com um fator, 519
   um teste qui-quadrado para a qualidade do ajuste, 492
   um teste qui-quadrado para independência, 502
Região
   crítica, 344
   de rejeição, 344
      regra de decisão baseada na, 346
Regra da adição para a probabilidade de A ou B, 150, 153, 176, 177

aproximando probabilidades binomiais, 261
área de uma região, sob uma curva normal padrão, 224
fórmula alternativa
   para a variância e o desvio padrão, 97
   para obter o valor padronizado z para o teste da proporção, 368
hipótese alternativa
   duas amostras, 394
   uma amostra, 324
teste com análise de variância (ANOVA)
   com dois fatores, 525
   com um fator, 518, 519
Regra
   da adição, 150, 153
   da multiplicação, 142, 153
      para a probabilidade de A e B, 142, 153
   de arredondamento, 65, 129, 182, 281, 301, 311, 456
   de decisão
      baseada na região de rejeição, 346
      baseada no valor p, 333, 338
   empírica (ou regra 68-95-99,7), 88
   para amplitude de valores de probabilidade, 132, 153
Replicação, 20
Reposição
   com, 22
   sem, 22
Resíduos, 454
Resultado, 125
Resumo
   de distribuições discretas de probabilidade, 205, 206
   de testes de hipótese, 377, 378, 379
   dos cinco números (boxplot), 104
   dos princípios de contagem, 163
   dos quatro níveis de mensuração, 12, 13
   sobre probabilidade, 153
Reta (linha)
   de melhor ajuste, 454
   de regressão, 446, 454
      desvio sobre uma, 465
      equação da, 455
      tipos de variação sobre uma, 465, 466
Retangular, distribuição de frequência, 71

S

Segundo quartil, 100
Sem reposição, 22
Separatrizes, 100
Séries temporais, 58
   gráfico, 58
Sigma (letra grega), 39
Significância, nível de, 329, 446
Simétrica, distribuição de frequência, 71
Simulação, 18
Soma de quadrados, 81
Status (state), 3

T

Tabela de contingência, 499
Tamanho da amostra, 20
　mínimo para estimar p, 302
　mínimo para estimar μ, 284
Teorema
　de Bayes, 148
　de Chebyshev, 89
　do limite central, 247
Terceiro quartil, 100
Teste bilateral, 330
Teste de análise de variância com dois fatores, 525
Teste
　bilateral, 330
　de análise de variância com dois fator, 525
　de análise de variância com um fator, 519
　de hipótese, 323
　de homogeneidade das proporções, 508
　de independência qui-quadrado, 501
　de qualidade do ajuste, qui-quadrado, 489, 491, 492
　f para comparar duas variâncias, 513
　poder do, 329
　qui-quadrado
　　para a variância, 372
　　para independência, 501
　　para o desvio padrão, 372
　　para qualidade do ajuste, 489, 591
　Scheffé, 528
　t
　　para a diferença entre as médias, 411
　　para a diferença entre duas médias, 401
　　para o coeficiente de correlação, 448
　　para uma média, 354, 355, 378
　　unilateral à direita, 330
　　unilateral à esquerda, 330
Teste de hipótese, 323
　bilateral, 330
　encontrando o valor p para, 339
　nível de significância, 329
　para a média
　　σ conhecido, 338
　　σ desconhecido, 352
　para a variância, 372
　para inclinação, 474
　para o desvio padrão, 372
　para uma proporção, 363, 364
　passos para, 334
　resumo sobre, 377, 378, 379
　unilateral à direita, 330
　unilateral à esquerda, 330
Teste z
　duas amostras
　　teste para a diferença entre duas proporções, 420
　　teste para a diferença entre duas médias, 395
　para a média, 340, 341, 378
　　estatística de teste para, 340, 341, 378
　　usando regiões de rejeição para, 346
　　lidando com valores p para, 340
　para a proporção, 363, 364, 378
　　estatística de teste para, 363, 364, 378
Transformação
　linear, 187
　　de uma variável aleatória, 187
　logarítmica, 462
Transformações para alcançar linearidade, 462
Transformando um escore-z em um valor x, 238
Tratamento, 17

U

Unidade experimental, 17
Uniforme, distribuição de frequência 71
Usando
　a amplitude interquartil para identificar *outliers*, 103
　a distribuição normal para aproximar probabilidades binomiais, 261
　o teste de qui-quadrado para variância ou desvio padrão, 371, 372
　o teste t
　　para testar o coeficiente de correlação, 448
　　para a diferença entre duas médias, 411
　　para uma média, 354, 355
　regiões de rejeição para um teste z para média, 347
　Tabela B.11 para testar o coeficiente de correlação, 446
　um teste F para comparar duas variâncias, 513
　um teste t para testar a diferença entre as médias, 401
　um teste z para duas amostras para testar a diferença entre médias, 395
　um teste z para testar a diferença entre proporções, 420
　um teste z para testar uma proporção, 364
　valores p para um teste z para média, 341

V

Valor esperado, 184
　de uma variável aleatória discreta, 184
Valor
　crítico, 279, 344
　　na distribuição normal padrão, 344
　　na distribuição t, 352, 353
　　para o teste qui-quadrado, 369
　de probabilidade, (valor p) 330
　esperado, 184
　p, 330
　　para um teste de hipótese, encontrando o, 339
　　regra de decisão baseada no, 333, 338
　　usando para o teste z para uma média, 341
Variabilidade, 37
Variação
　coeficiente de, 86, 92
　explicada, 465, 466
　não explicada, 465, 466
　total, 465
Variância(s)
　(quadrado médio)
　　dentro, 519
　　entre, 519
　amostral, 83
　análise de, com dois fatores, 525
　análise de, com um fator, 519
　de uma distribuição binomial, 196
　de uma distribuição geométrica, 208
　de uma distribuição Poisson, 208
　de uma variável aleatória discreta, 183
　estimativa pontual para, 307
　intervalo de confiança para, 309
　populacional, 81
　teste F para comparar duas, 513
　teste qui-quadrado para, 371, 372, 379
Variável aleatória, 177
　contínua, 177, 178
　dependente, 187
　discreta, 177
　　desvio padrão de uma, 183
　　média de uma, 184
　　valor esperado de uma, 184
　　variância de uma, 183
　　x, 177
　independente, 187
　transformação linear de uma, 187
Variável(is)
　aleatória, 177. *Ver também* Variável aleatória
　de confusão, 18
　dependentes, 438
　explanatória, 438
　independentes, 438
　omitida, 450
　relação causa e efeito entre, 450
　resposta, 438

Z

Zero natural, 11

Sobre os autores

Ron Larson é Ph.D. em matemática pela Universidade do Colorado (1970). Naquela época, aceitou um cargo na Universidade Estadual da Pensilvânia, onde permanece até hoje como professor de matemática. Larson é o autor principal de mais de duas dúzias de livros de matemática usados desde a sexta série até todos os níveis de cálculo. Muitas de suas obras, como a décima edição do seu livro de cálculo, são líderes de mercado. Larson é também um dos pioneiros no uso de multimídia e internet para expandir o aprendizado da matemática. Autor de programas de multimídia que abrangem desde o ensino fundamental até os níveis de cálculo, Larson é membro de diversos grupos profissionais e palestrante frequente em encontros regionais e nacionais na área da matemática.

Betsy Farber é bacharel em matemática pela Universidade Estadual da Pensilvânia, com mestrado em matemática pela Faculdade de Nova Jersey. Desde 1976 ensinou todos os níveis de matemática na Faculdade Comunitária do Condado de Bucks em Newtown, Pensilvânia, onde atuou como professora. Era particularmente interessada no desenvolvimento de novas formas de tornar a estatística relevante e interessante para seus alunos e ensinou a disciplina de diversas formas — com a calculadora TI-83 Plus, com o Minitab, pelo ensino a distância e em aulas tradicionais. Membro da American Mathematical Association of Two-Year Colleges (AMATYC), é autora de *The Student Edition of Minitab* e *A Guide to Minitab*. Trabalhou como editora-consultora para *Statistics, A First Course* e escreveu tutoriais de computador para o CD-ROM correlacionado aos livros da série *Streeter* de matemática. Infelizmente Betsy faleceu durante a produção deste livro após batalhar contra uma doença.

Fórmulas-chave

Capítulo 2

Amplitude de classe = $\dfrac{\text{amplitude dos dados}}{\text{número de classes}}$

(arredondar para um número próximo maior e mais conveniente)

Ponto médio = $\dfrac{\text{(limite inferior da classe)} + \text{(limite superior da classe)}}{2}$

Frequência relativa = $\dfrac{\text{frequência da classe}}{\text{tamanho da amostra}} = \dfrac{f}{n}$

Média populacional: $\mu = \dfrac{\Sigma x}{N}$

Média amostral: $\bar{x} = \dfrac{\Sigma x}{n}$

Média ponderada: $\bar{x} = \dfrac{\Sigma (x \cdot w)}{\Sigma w}$

Média de uma distribuição de frequência: $\bar{x} = \dfrac{\Sigma (x \cdot f)}{n}$

Amplitude = (valor máximo) − (valor mínimo)

Variância populacional: $\sigma^2 = \dfrac{\Sigma (x - \mu)^2}{N}$

Desvio padrão populacional: $\sigma = \sqrt{\sigma^2} = \sqrt{\dfrac{\Sigma (x - \mu)^2}{N}}$

Variância Amostral: $s^2 = \dfrac{\Sigma (x - \bar{x})^2}{n - 1}$

Desvio padrão amostral: $s = \sqrt{s^2} = \sqrt{\dfrac{\Sigma (x - \bar{x})^2}{n - 1}}$

Desvio padrão amostral para distribuição de frequência:

$s = \sqrt{\dfrac{\Sigma (x - \bar{x})^2 f}{n - 1}}$

Regra empírica (ou regra 68-95-99,7) Para conjuntos de dados com distribuições que são aproximadamente simétricas e com forma de sino.

1. Cerca de 68% dos dados encontram-se na região de mais ou menos um desvio padrão da média.
2. Cerca de 95% dos dados encontram-se na região de mais ou menos dois desvios padrão da média.
3. Cerca de 99,7% dos dados encontram-se na região de mais ou menos três desvios padrão da média.

Teorema de Chebyshev A proporção de qualquer conjunto de dados que se encontra na região de mais ou menos k desvios padrão ($k > 1$) da média é, pelo menos $1 - \dfrac{1}{k^2}$

Escore padrão: $z = \dfrac{\text{valor} - \text{média}}{\text{desvio padrão}} = \dfrac{x - \mu}{\sigma}$

Capítulo 3

Probabilidade clássica (ou teórica):

$P(E) = \dfrac{\text{número de resultados no evento } E}{\text{número total de resultados no espaço amostral}}$

Probabilidade empírica (ou estatística):

$P(E) = \dfrac{\text{frequência do evento } E}{\text{frequência total}} = \dfrac{f}{n}$

Probabilidade de um evento complementar: $P(E') = 1 - P(E)$

Probabilidade de ocorrência dos eventos A e B:

$P(A \text{ e } B) = P(A) \cdot P(B|A)$

$P(A \text{ e } B) = P(A) \cdot P(B)$ se A e B são independentes

Probabilidade de ocorrência de A ou B:

$P(A \text{ ou } B) = P(A) + P(B) - P(A \text{ e } B)$

$P(A \text{ ou } B) = P(A) + P(B)$ se A e B são mutuamente exclusivos

Arranjo de n objetos tomados r a r:

$A_{n,r} = \dfrac{n!}{(n-r)!}$ onde $r \leq n$

Permutação com elementos repetidos: n_1 iguais, n_2 iguais, ..., n_k iguais:

$\dfrac{n!}{n_1! \cdot n_2! \cdot n_3! \ldots n_k!}$

onde : $n_1 + n_2 + n_3 + \ldots + n_k = n$

Combinação de n objetos tomados r a r.

$C_{n,r} = \dfrac{n!}{(n-r)!r!}$ onde $r \leq n$

Capítulo 4

Média de uma variável aleatória discreta: $\mu = \Sigma x P(x)$

Variância de uma variável aleatória discreta:
$\sigma^2 = \Sigma(x-\mu)^2 P(x)$

Desvio padrão de uma variável aleatória discreta:
$\sigma = \sqrt{\sigma^2} = \sqrt{\Sigma(x-\mu)^2 P(x)}$

Valor esperado: $E(x) = \mu = \Sigma x P(x)$

Probabilidade binomial de x sucessos em n tentativas:

$P(x) = {}_nC_x p^x q^{n-x} = \dfrac{n!}{(n-x)!x!} p^x q^{n-x}$

Parâmetros populacionais de uma distribuição binomial:

Média: $\mu = np$ Variância: $\sigma^2 = npq$

Desvio Padrão: $\sigma = \sqrt{npq}$

Distribuição geométrica: a probabilidade de que o primeiro sucesso ocorra na tentativa número x é $P(x) = pq^{x-1}$ onde $q = 1 - p$

Distribuição de Poisson: a probabilidade de exatamente x ocorrências em um intervalo contínuo é $P(x) = \dfrac{\mu^x e^{-\mu}}{x!}$ onde $e \approx 2{,}71828$ e μ é o número médio de ocorrências por unidade de intervalo.

Capítulo 5

Escore padrão ou escore-z: $z = \dfrac{\text{valor} - \text{média}}{\text{desvio padrão}} = \dfrac{x - \mu}{\sigma}$

Transformando um escore-z em um valor x: $x = \mu + z\sigma$

Teorema do limite central ($n \geq 30$ ou população é normalmente distribuída):

Média da distribuição amostral da média: $\mu_{\bar{x}} = \mu$

Variância da distribuição amostral da média: $\sigma_{\bar{x}}^2 = \dfrac{\sigma^2}{n}$

Desvio padrão da distribuição amostral (Erro padrão da média): $\sigma_{\bar{x}} = \dfrac{\sigma}{\sqrt{n}}$

Escore-$z = \dfrac{\text{valor} - \text{média}}{\text{desvio padrão}} = \dfrac{\bar{x} - \mu_{\bar{x}}}{\sigma_{\bar{x}}} = \dfrac{\bar{x} - \mu}{\sigma/\sqrt{n}}$

Capítulo 6

Intervalo de confiança c para μ: $\bar{x} - E < \mu < \bar{x} + E$,

onde $E = z_c \dfrac{\sigma}{\sqrt{n}}$ quando σ é conhecido, a amostra é aleatória e, ou a população é normalmente distribuída ou $n \geq 30$, ou $E = t_c \dfrac{s}{\sqrt{n}}$ quando σ é desconhecido, a amostra é aleatória e, ou a população é normalmente distribuída ou $n \geq 30$.

Tamanho mínimo de amostra para estimar μ: $n = \left(\dfrac{z_c \sigma}{E}\right)^2$

Estimativa pontual para p, a proporção populacional de sucessos: $\hat{p} = \dfrac{x}{n}$

Intervalo de confiança c para uma proporção populacional p (quando $np \geq 5$ e $nq \geq 5$): $\hat{p} - E < p < \hat{p} + E$, onde $E = z_c \sqrt{\dfrac{\hat{p}\hat{q}}{n}}$

Tamanho mínimo de amostra para estimar p: $n = \hat{p}\hat{q}\left(\dfrac{z_c}{E}\right)^2$

Intervalo de confiança c para a variância populacional σ^2:

$\dfrac{(n-1)s^2}{\chi_R^2} < \sigma^2 < \dfrac{(n-1)s^2}{\chi_L^2}$

Intervalo de confiança c para o desvio padrão populacional σ:

$\sqrt{\dfrac{(n-1)s^2}{\chi_R^2}} < \sigma < \sqrt{\dfrac{(n-1)s^2}{\chi_L^2}}$

Capítulo 7

Teste z para uma média μ: $z = \dfrac{\bar{x} - \mu}{\sigma/\sqrt{n}}$, onde σ é conhecido, a amostra é aleatória e, ou a população é normalmente distribuída ou $n \geq 30$.

Teste t para uma média μ: $t = \dfrac{\bar{x} - \mu}{s/\sqrt{n}}$, onde σ é desconhecido, a amostra é aleatória e, ou a população é normalmente distribuída ou $n \geq 30$. (g.l. $= n - 1$)

Teste z para uma proporção p (onde $np \geq 5$ e $nq \geq 5$):

$z = \dfrac{\hat{p} - \mu_{\hat{p}}}{\sigma_{\hat{p}}} = \dfrac{\hat{p} - p}{\sqrt{pq/n}}$

Teste qui-quadrado para uma variância σ^2 ou um desvio padrão σ:

$\chi^2 = \dfrac{(n-1)s^2}{\sigma^2}$ (g.l. $= n - 1$)

Capítulo 8

Teste z usando duas amostras para a diferença entre duas médias (σ_1 e σ_2 são conhecidos, as amostras são aleatórias e independentes e, ou as populações são normalmente distribuídas ou ambos $n_1 \geq 30$ e $n_2 \geq 30$):

$$z = \frac{(\bar{x}_1 - \bar{x}_2) - (\mu_1 - \mu_2)}{\sigma_{\bar{x}_1 - \bar{x}_2}}$$

onde $\sigma_{\bar{x}_1 - \bar{x}_2} = \sqrt{\dfrac{\sigma_1^2}{n_1} + \dfrac{\sigma_2^2}{n_2}}$

Teste t usando duas amostras para a diferença entre duas médias (σ_1 e σ_2 são desconhecidos, as amostras são aleatórias e independentes e, ou as populações são normalmente distribuídas ou ambos $n_1 \geq 30$ e $n_2 \geq 30$):

$$t = \frac{(\bar{x}_1 - \bar{x}_2) - (\mu_1 - \mu_2)}{s_{\bar{x} - \bar{x}_2}}$$

Se as variâncias populacionais são iguais, g.l. = $n_1 + n_2 - 2$ e

$$s_{\bar{x}_1 - \bar{x}_2} = \sqrt{\frac{(n_1 - 1)s_1^2 + (n_2 - 1)s_2^2}{n_1 + n_2 - 2}} \cdot \sqrt{\frac{1}{n_1} + \frac{1}{n_2}}$$

Se as variâncias populacionais não são iguais, g.l. é o menor de $n_1 - 1$ ou $n_2 - 1$ e

$$s_{\bar{x}_1 - \bar{x}_2} = \sqrt{\frac{s_1^2}{n_1} + \frac{s_2^2}{n_2}}$$

Teste t para a diferença entre médias (as amostra são aleatórias e dependentes e, ou as populações são normalmente distribuída ou $n \geq 30$)

$$t = \frac{\bar{d} - \mu_d}{s_d/\sqrt{n}} \quad \text{onde } \bar{d} = \frac{\Sigma d}{n}, s_d = \sqrt{\frac{\Sigma(d - \bar{d})^2}{n - 1}}$$

e g.l. = $n - 1$

Teste z usando duas amostras para a diferença entre duas proporções (as amostras são aleatórias e independentes, e $n_1\bar{p}, n_1\bar{q}, n_2\bar{p}$ e $n_2\bar{q}$ são pelo menos 5):

$$z = \frac{(\hat{p}_1 - \hat{p}_2) - (p_1 - p_2)}{\sqrt{\bar{p}\bar{q}\left(\dfrac{1}{n_1} + \dfrac{1}{n_2}\right)}}, \text{ onde } \bar{p} = \frac{x_1 + x_2}{n_1 + n_2}$$

Capítulo 9

Coeficiente de correlação de Pearson:

$$r = \frac{n\Sigma xy - (\Sigma x)(\Sigma y)}{\sqrt{n\Sigma x^2 - (\Sigma x)^2}\sqrt{n\Sigma y^2 - (\Sigma y)^2}}$$

Teste t para o coeficiente de correlação:

$$t = \frac{r}{\sqrt{\dfrac{1 - r^2}{n - 2}}} = (\text{g.l} = n - 2)$$

Equação de uma reta de regressão: $\hat{y} = mx + b$,

onde $m = \dfrac{n\Sigma xy - (\Sigma x)(\Sigma y)}{n\Sigma x^2 - (\Sigma x)^2}$ e

$b = \bar{y} - m\bar{x} = \dfrac{\Sigma y}{n} - m\dfrac{\Sigma x}{n}$

Coeficiente de determinação:

$$r^2 = \frac{\text{variação explicada}}{\text{variação tota}} = \frac{\Sigma(\hat{y}_i - \bar{y})^2}{\Sigma(y_i - \bar{y})^2}$$

Erro padrão da estimativa: $s_e = \sqrt{\dfrac{\Sigma(y_i - \hat{y}_i)^2}{n - 2}}$

Intervalo de previsão c para y: $\hat{y} - E < y < \hat{y} + E$, onde

$$E = t_c s_e \sqrt{1 + \frac{1}{n} + \frac{n(x_0 - \bar{x})^2}{n\Sigma x^2 - (\Sigma x)^2}} \quad (\text{g.l.} = n - 2)$$

Capítulo 10

Qui-quadrado: $\chi^2 = \Sigma \dfrac{(O - E)^2}{E}$

Teste para a qualidade do ajuste: g.l. = $k - 1$

Teste para independência:

g.l. = (nº de linhas − 1)(nº de colunas − 1)

Teste F para a comparação de duas amostras para variâncias: $F = \dfrac{s_1^2}{s_2^2}$, onde

$s_1^2 \geq s_2^2$, g.l.$_N = n_1 - 1$ e g.l.$_D = n_2 - 1$

Teste da análise de variância com um fator:

$$F = \frac{MS_B}{MS_W} \quad \text{onde } MS_B = \frac{SS_B}{\text{g.l.}_N} = \frac{\Sigma n_i(\bar{x} - \bar{\bar{x}})^2}{k - 1}$$

e $MS_W = \dfrac{SS_W}{\text{g.l.}_D} = \dfrac{\Sigma(n_i - 1)s_1^2}{N - k}$

(g.l.$_N = k - 1$, g.l.$_D = N - k$)